福建
2020
社会发展年鉴
FUJIAN SOCIAL DEVELOPMENT YEARBOOK

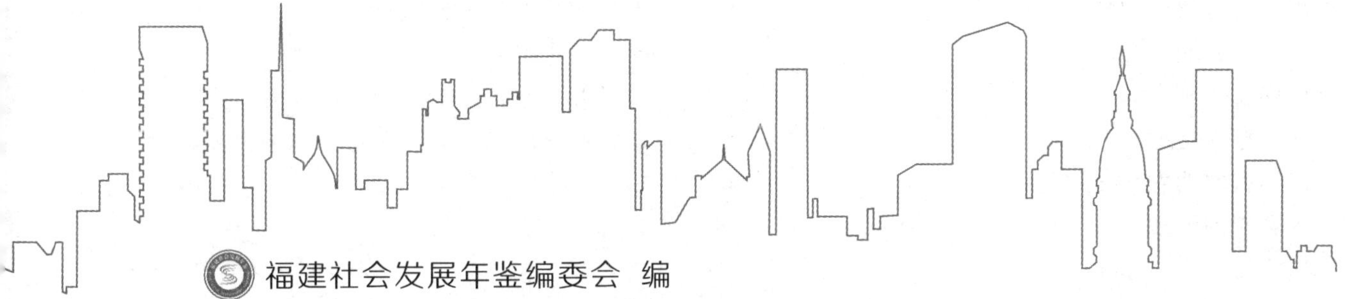

福建社会发展年鉴编委会 编

海峡出版发行集团 | 福建科学技术出版社
THE STRAITS PUBLISHING & DISTRIBUTING GROUP | FUJIAN SCIENCE & TECHNOLOGY PUBLISHING HOUSE

特 别 致 谢

下列单位为本书编撰提供了翔实的资料和数据、大量的信息和稿件，海峡出版发行集团福建科学技术出版社为本书出版进行了精心的审读与编校，在此一并致以真诚的谢意！

福建省人民政府、各设区市、县（市、区）人民政府
福建省发展和改革委员会
福建省卫生健康委员会
福建省国有资产管理委员会
福建省教育厅
福建省科学技术厅
福建省文化和旅游厅
福建省人力资源和社会保障厅
福建省工业和信息化厅
福建省住房和城乡建设厅
福建省财政厅
福建省公安厅
福建省民政厅
福建省退役军人事务厅
福建省应急管理厅
福建省生态环境厅
福建省司法厅
福建省民族与宗教事务厅
福建省自然资源厅
福建省水利厅
福建省审计厅
福建省农业农村厅
福建省商务厅
福建省交通运输厅
福建省统计局
福建省新闻出版局
福建省广播电视局
福建省体育局
福建省医疗保障局
福建省市场监督管理局
福建省药品监督管理局
福建省地方金融监督管理局
国家税务总局福建省税务局
福建省林业局
福建省海洋与渔业局
福建省粮食和物资储备局
福建省精神文明建设指导委员会办公室
福建省人民政府外事办公室
福建省人民防空办公室
中共福建省委老干部局
中国人民银行福州中心支行
中华人民共和国福州、厦门海关
中华人民共和国福建、厦门出入境检验检疫局
福建社会科学院
福建省总工会
中国共产主义青年团福建省委员会
福建省妇女联合会
福建省社会科学界联合会
福建省文学艺术界联合会
福建省残疾人联合会
福建省老年人体育协会
福建省扶贫基金会（福建省扶贫开发协会）
福建省统计学会

（以上单位排名不分先后）

《2020 福建社会发展年鉴》
编　委　会

《2020 福建社会发展年鉴》
编　辑　部

编 辑 说 明

一、《2020 福建社会发展年鉴》是系统汇集福建社会发展基本情况和重要文献的地方性、综合性和资料性年刊，内容涵盖上年度福建社会发展的各项事业。正式出版，国内外公开发行。

二、编辑出版《2020 福建社会发展年鉴》旨在宣传福建社会发展的目标任务，反映福建社会事业的新进展、新成就和新情况、新问题，总结经验，提供信息，承载历史，服务当今。

三、《2020 福建社会发展年鉴》所录资料的时限为 2019 年 1 月 1 日至 12 月 31 日，部分收录资料上溯至上年度，内容分为：文献特载、大事纪要、发展探索、热点透视、生态文明、区域概览、统计数据、政策选编、荣誉成果和年度人才，共十篇，比较客观、详实地记载 2019 年福建社会事业发展的实际情况。

四、《2020 福建社会发展年鉴》中的一些论述仅代表作者观点，所引用的数据和资料均采用政府各部门正式发布的数据和资料。由相关单位提供的稿件，因统计口径不尽相同，个别数据可能有差异。读者如需引用数据和资料，请向相关单位查证，以相关单位提供的数据和资料为准。

五、《2020 福建社会发展年鉴》编辑出版工作，得到了省委、省政府，各设区市和县（市、区）政府，平潭综合实验区管委会，省直各有关单位，各有关社会组织和社会各界人士的关心指导和大力支持，在此一并致以衷心的感谢。在本书编撰过程中，参考、引用了一些专著或资料，因联系渠道的制约，无法一一与原作者取得联系，请有关作者看到本书后与编委会联系，我们将支付稿酬并致以谢忱。限于经验和水平，工作难免存在疏漏和欠妥之处，谨请广大读者指正，以期进一步改进和完善。

目　录

第一篇　文献特载

第二篇　大事纪要

第三篇　发展探索

第四篇 热点透视

第五篇 生态文明

第六篇　区域概览

第七篇　统计数据

第八篇　政策选编

第十篇　年度人才

第一篇

文献特载

中共福建省委深入贯彻《中共中央关于坚持和完善中国特色社会主义制度、推进国家治理体系和治理能力现代化若干重大问题的决定》的实施意见

2019 年 12 月 23 日福建日报刊登：为深入学习贯彻习近平总书记重要讲话和党的十九届四中全会精神，全面落实《中共中央关于坚持和完善中国特色社会主义制度、推进国家治理体系和治理能力现代化若干重大问题的决定》（以下简称《决定》），加快新时代新福建建设，结合实际提出如下实施意见。

一、指导思想

坚持以马克思列宁主义、毛泽东思想、邓小平理论、“三个代表”重要思想、科学发展观、习近平新时代中国特色社会主义思想为指导，深入学习贯彻党的十九大和十九届二中、三中、四中全会精神，深入学习贯彻习近平总书记重要讲话重要指示批示精神，全面贯彻落实习近平总书记在参加十三届全国人大二次会议福建代表团审议时的重要讲话精神，增强“四个意识”，坚定“四个自信”，做到“两个维护”，坚持党的领导、人民当家作主、依法治国有机统一，坚持解放思想、实事求是，坚持改革创新，突出坚持和完善支撑中国特色社会主义制度的根本制度、基本制度、重要制度，着力固根基、扬优势、补短板、强弱项，构建系统完备、科学规范、运行有效的制度体系，加强系统治理、依法治理、综合治理、源头治理，切实把党中央坚持和完善中国特色社会主义制度、推进国家治理体系和治理能力现代化的重要部署落实到省域治理的全过程各方面，着力把制度优势更好转化为治理效能，推进新时代新福建治理现代化。

二、主要目标

党中央《决定》指出：“坚持和完善中国特色社会主义制度、推进国家治理体系和治理能力现代化的总体目标是，到我们党成立一百年时，在各方面制度更加成熟更加定型上取得明显成效；到二〇三五年，各方面制度更加完善，基本实现国家治理体系和治理能力现代化；到新中国成立一百年时，全面实现国家治理体系和治理能力现代化，使中国特色社会主义制度更加巩固、优越性充分展现。”紧紧围绕党中央提出的“三步走”目标，立足福建实际，在能先行的领域奋力先行、能突破的领域率先突破，努力推进新时代新福建治理现代化，为坚持和完善中国特色社会主义制度、推进国家治理体系和治理能力现代化作出更大贡献。

三、总体要求

必须始终坚持党的集中统一领导，以党的领导制度为统领，全面落实支撑中国特色社会主义制度的根本制度、基本制度、重要制度，切实把党的领导贯穿新时代新福建治理各领域各方面各环节。

必须始终坚持以习近平新时代中国特色社会主义思想为指导，坚定不移按照习近平总书记擘画的蓝图、指引的方向前进，把传承和弘扬习近平总书记在福建工作时的探索实践、创新理念与推进治理体系和治理能力现代化紧密结合起来，让习近平新时代中国特色社会主义思想在福建治理实践中落地生根。

必须始终坚持以人民为中心，牢固树立为人

民谋幸福的鲜明价值取向，把实现好、维护好、发展好最广大人民根本利益作为制度建设的出发点和落脚点，顺应民心、尊重民意，关注民情、致力民生，让改革发展成果更多更公平惠及全体人民，让各项制度得到人民拥护、充满生机活力。

必须始终坚持改革创新，在遵循党中央统一部署和国家法律制度规定的基础上，紧密结合实际，大胆探索，先行先试，大力推进制度创新和实践创新，加快建立健全党中央明确的国家治理急需的制度、满足人民对美好生活新期待必备的制度，不断推动各方面制度的完善和发展。

四、重点任务

（一）坚持和完善党的领导制度体系，充分发挥党总揽全局、协调各方的领导核心作用

1. 严格落实不忘初心、牢记使命的制度。持续完善“大学习”机制，坚持用习近平新时代中国特色社会主义思想武装头脑、教育人民、指导工作，加强对习近平总书记在福建工作时探索实践和创新理念的研究阐释。坚持把不忘初心、牢记使命作为加强党的建设的永恒课题和党员干部的终身课题，总结提炼主题教育经验做法，形成长效机制，锤炼党员干部忠诚干净担当的政治品格。全面贯彻党的基本理论、基本路线、基本方略，持续推进党的理论创新、实践创新、制度创新。

2. 严格落实“两个维护”的制度机制。把“两个维护”体现在各项制度规定中，体现在各级党组织和广大党员的行动上。认真贯彻落实党中央对重大工作的领导体制，优化党委议事协调机构，确保党对重大工作的领导落到实处。深化贯彻落实习近平总书记重要讲话重要指示批示精神和党中央决策部署“三四八”贯彻机制，严格执行请示报告制度，确保贯彻落实深入具体、持之以恒、全面到位，确保党中央政令畅通、令行禁止。构建上下贯通、执行有力的严密组织体系。优化组织设置，实现党的组织和党的工作全覆盖。

3. 坚决贯彻党的全面领导制度。认真落实党领导人大、政府、政协、监察机关、审判机关、检察机关、武装力量、人民团体、企事业单位、基层群众自治组织、社会组织等制度，健全各级党委（党组）工作制度，确保各级各方面在党的统一领导下，各就其位、各司其职、各尽其责、有序协同。落实党领导各项事业的具体制度，健全完善党领导经济社会各方面重要工作的制度规定，把党的领导贯穿于坚持高质量发展落实赶超、加快新时代新福建建设全过程各方面。进一步理顺党政机构职责关系，构建系统完备、科学规范、运行有效的市县机构职能体系和简约高效的基层管理体制。

4. 认真落实为人民执政、靠人民执政的各项制度。坚持和完善密切联系群众的制度，把尊重民意、汇集民智、凝聚民力、改善民生贯彻到全部工作之中，巩固党的执政基础。深入践行群众路线，落实“四下基层”“四个万家”等制度机制，推行机关事业单位党组织和在职党员到社区报到、乡村干部服务群众等制度，推动党员干部经常深入基层、服务群众。强化党建引领基层治理，健全村党组织领导乡村治理机制。创新互联网时代群众工作机制，走好网上群众路线，提高服务群众质量和效率。深化群团改革，健全联系群众、服务群众的群团工作体系，把群众紧紧团结在党的周围。

5. 建立健全提高党的执政能力和领导水平制度。坚持民主集中制，完善发展党内民主和实行正确集中的相关制度，健全党委常委会向全委会定期报告工作并接受监督制度，提高党委把方向、谋大局、作决策、保落实的能力。健全决策机制，完善党委（党组）议事规则和决策程序，坚持和完善重大决策调查研究、科学论证、风险评估等制度，强化决策执行、评估、监督。改进党的领导方式和执政方式，增强各级党组织特别是基层党组织的政治功能和组织力。完善担当作为的激励机制，深化落实省委关心关爱基层干部二十条措施，健全干部待遇激励保障体系。推动容错纠错具体化、制度化，建立为被诬告陷害的党员和公职人员澄清正名机制。深化“十个专题”培训，实施“一把手”政治能力提升计划，促进各级领导干部发扬斗争精神、增强斗争本领。

6. 完善全面从严治党制度。贯彻新时代党的建设总要求，落实“五抓五看”“八个坚定不移”具体要求，建立健全以党的政治建设为统领，全面推进党的各方面建设的体制机制。坚持新时代党的组织路线，健全党管干部、选贤任能制度，推进素质培养、知事识人、选拔任用、从严管理、正向激励“五个体系”建设，全面推行蹲点调研、一线考核、专项考核办法，建立健全领导干部政治素质识别和评价机制。严格党内政治生活，完善和落实“三会一课”、民主生活会、领导干部双重组织生活、主题党日等制度。用好古田会议会址等红色资源，深入开展党性教育，打造具有福建特色的党内政治文化品牌。严明政治纪律和政治规矩，推行领导班子运行和政治生态评估机制，全面净化党内政治生态。建立健全解决党自身问题的长效机制，完善和落实全面从严治党责任制度，大力纠治形式主义、官僚主义，坚决同一切影响党的先进性、弱化党的纯洁性的问题作斗争。

（二）坚持和完善人民当家作主制度体系，扎实推进社会主义民主政治建设

1. 坚持和完善人民代表大会制度这一根本政治制度。支持和保证各级人大及其常委会依法行使职权，健全人大对“一府一委两院”监督制度，充分运用法定监督方式，加强对重大决策部署贯彻落实情况、法律实施和制度执行的监督检查。密切人大代表同人民群众的联系，健全人大常委会联系代表机制，推进人大代表联系群众活动室规范化建设，更好发挥人大代表作用。健全人大组织制度、选举制度和议事规则，完善论证、评估、评议、听证制度。适当增加基层人大代表数量，不断优化代表结构。加强各级人大及其常委会建设，完善县级人大组织设置，推行才溪镇人大主席团“1479 工作法”。

2. 坚持和完善中国共产党领导的多党合作和政治协商制度。健全相互监督特别是中国共产党自觉接受监督、对重大决策部署贯彻落实情况实施专项监督等机制，落实各级民主党派委员会直接向同级中共党委提出建议制度，完善支持民主党派和无党派人士履行职能制度。发挥人民政协作为政治组织和民主形式的效能，提高政治协商、民主监督、参政议政水平，努力建设“政协大省”。健全人民政协专门协商机构制度机制，提高协商议政质量，促进协商成果的采纳、落实和反馈。调整优化界别设置，健全发扬民主和增进团结相互贯通、建言资政和凝聚共识双向发力的程序机制。推动政协协商与其他协商形式有机结合、统筹推进，完善协商于决策之前和决策实施之中的落实机制，持续深化有事好商量、众人的事情由众人商量的制度化实践。

3. 巩固和发展最广泛的爱国统一战线。坚持大统战工作格局，促进政党关系、民族关系、宗教关系、阶层关系、海内外同胞关系和谐。完善统战工作领导小组机制，健全专题会议、请示报告、督查检查、重大事项统筹协调等工作制度。加强和改进新时代党的民营经济统战工作。加强党外代表人士队伍建设，健全同党外知识分子沟通联络机制，发挥新的社会阶层人士重要作用。优化与港澳、海外重点社团和代表性人士常态化工作联络机制。健全宗教工作体制机制，提高宗教工作法治化水平。

4. 推进民族团结进步事业发展。坚持各民族一律平等，保障少数民族合法权益。完善差别化区域政策，优化转移支付，健全对口挂钩帮扶民族乡、民族村机制，推动民族文化传承保护、创新发展，支持和帮助民族乡村加快发展。加强民族团结宣传教育，深入持久开展民族团结进步创建。做好城市民族工作，健全少数民族流动人口服务管理体系。

5. 增强基层群众自治活力。完善基层群众自治机制，拓宽人民群众反映意见和建议的渠道，提升基层服务效能。完善城乡社区、社会组织、社会工作“三社联动”机制，创新“互联网 + 社会组织管理服务”模式，促进社会组织健康有序发展。健全政府与工会联席会议制度，健全以职工代表大会为基本形式的企事业单位民主管理制度，形成省、市、县、乡镇、社区（村）企业五级贯通、上下联动的职工服务体系，推进基层工会规范化建设，维护职工合法权益。

（三）坚持和完善中国特色社会主义法治体系，持续深化法治福建建设

1. 完善立法体制机制。完善党委领导、人大主导、政府依托、各方参与的立法工作格局，提高立法质量和效率。加强重要领域立法，突出民营经济发展、优化营商环境、生态环境保护、红色文化传承、保障和改善民生、闽台融合发展等特色立法，加强平潭综合实验区、福州新区、“海丝”核心区等先行先试区域的立法。坚持开门立法、科学立法、依法立法，畅通立法渠道，扩大社会各方有序参与立法的途径和方式。坚持立改废释并举，及时修改和废止不适应改革和经济社会发展要求的法规规章。

2. 完善宪法法律实施机制。建立健全备案审查制度，加强备案审查能力建设，确保法规规章规范性文件不同宪法法律相抵触，维护国家法制统一、尊严、权威。健全宪法学习宣传教育制度，全面落实宪法宣誓制度。完善行政裁量权基准制度，推进执法尺度统一规范。深化执行联动机制建设，构建源头治理综合治理执行难工作格局。完善食品药品、安全生产、环境保护、劳动保障、医疗卫生等民生重点领域的执法机制。深化行政执法和刑事司法衔接机制，健全行政执法机关、检察机关、审判机关信息共享、案情通报、案件移送制度。

3. 健全社会公平正义法治保障制度。加强人权法治保障，保证人民依法享有广泛的权利和自由、承担应尽的义务。完善法律援助制度，健全司法救助体系。强化人权司法保障，健全冤假错案防范和纠正机制。完善律师制度，加强律师事务所管理。深入推进全民守法，加大全民普法工作力度，落实“谁执法谁普法”普法责任制。完善公共法律服务体系，推进公共法律服务实体、热线、网络平台融合发展。

4. 健全司法权力运行和执法规范化保障机制。全面落实司法责任制，完善审判制度、检察制度，落实办案质量终身负责制和错案责任倒查问责制。深化以审判为中心的刑事诉讼制度改革，落实认罪认罚从宽制度，完善“分调裁审”机制。加强对执法司法活动的监督，保证行政权、监察权、审判权、检察权得到依法正确行使，坚决排除对执法司法活动的干预。全面落实行政执法责任制，加大对执法不作为、乱作为、选择性执法、利益驱动执法等行为的追责力度。加强和改进公益诉讼工作，完善生态环境公益诉讼制度。

（四）坚持和完善中国特色社会主义行政体制，着力构建人民满意的服务型政府

1. 构建优化协同高效的政府职能体系。巩固深化机构改革成果，科学设置机构，合理配置职能，优化行政决策、行政执行、行政组织、行政监督体制，健全部门协调配合机制。深化事业单位改革，加快推进政事分开、事企分开、管办分离，强化事业单位公益属性。深化乡镇（街道）机构改革，不断提升基层社会管理和公共服务水平。优化行政区划设置，提高中心城市和城市群综合承载和资源优化配置能力，实行扁平化管理，形成高效率组织体系。加快推进分领域财政事权和支出责任划分改革，建立权责清晰、财力协调、区域均衡的财政关系，形成稳定的各级政府事权、支出责任和财力相适应的制度。

2. 健全“马上就办、真抓实干”工作机制。健全“马上就办”服务标准，推进省、市、县、乡“四级四同”，实现同一事项无差别审批。推进政府数字化转型，健全完善便民审批服务机制，全面落实“一趟不用跑”和“最多跑一趟”，打造全省一体化政务服务平台，实现“马上办、掌上办”，提供24小时不打烊服务，让企业和群众办事像网购一样方便。

3. 打造市场化、法治化、国际化的一流营商环境。全面实行市场准入负面清单制度，推动“非禁即入”普遍落实。深化商事制度集成化改革，全面推进“证照分离”改革，进一步压缩企业开办时间和行业经营许可办理时间。建立全省统一的工程建设项目审批和管理体系，推进审批流程再造，实行多评合一、多审合一。实行行业准入、资质标准等无差异监管机制，促进不同所有制企业公平竞争。健全以公平为核心原则的产权保护制度，强化知识产权保护运用。对标国际先进水平，完善营商环境评估机制，补齐营商环境短板弱项。建立政府重大经济决策主动向企业家问计求策的程序性规范。

4. 建设法治政府、诚信政府。维护宪法和法律权威，构建职责明确、依法行政的政府治理体系，建设法治政府。全面推行行政执法“三项制度”，全面打造“双随机、一公开”监管升级版，推动跨部门联合监管，推进“互联网+监管”，完善信用监管机制，严格市场监管、质量监管、安全监管，完善违法严惩制度。健全“政府承诺+社会监督+失信问责”机制，建设诚信政府。

（五）坚持和完善社会主义基本经济制度，努力当好高质量发展排头兵

1. 深化国有企业改革。完善现代企业制度，健全完善国有企业法人治理结构，建立国有企业领导人员分类分层管理制度，改革国有企业工资决定机制。推动国有资产监管职能转变，稳妥推进国有企业混合所有制改革，推进综合改革“双百行动”、员工持股等改革试点，形成以管资本为主的国有资产监管体制。实施国有企业集聚发展战略，促进转型升级，推动国有资本向优势产业、优势企业、企业主业集中。支持民营企业参与国有企业混合所有制改革，与国有资本共同设立发展基金。

2. 创新发展“晋江经验”。完善企业家健康成长制度机制，引导企业家发扬“敢为天下先、爱拼才会赢”的闯劲，心无旁骛坚守实业、做精主业。制定实施民营经济发展条例，完善构建亲清政商关系的政策体系。健全领导干部挂钩联系重点民营企业和重点商会制度，健全“政企直通车”制度，完善民营企业服务体系。健全支持中小企业发展制度，形成“个转企、小升规、规改股、股上市”的梯度培养机制。实施“引金入闽”等工程，提高金融服务实体经济能力，持续优化金融生态。健全风险监测预警、早期干预和应急处置机制，有效防范化解金融风险。

3. 完善促进产业发展体制机制。构建支撑高质量发展的现代产业体系，深入实施实体经济“百千万”行动，加快推进百亿龙头成长计划、千亿集群培育计划、万亿有效投资计划。实施新兴产业倍增工程，完善“一个行业、一个规划、一个政策”工作机制。深入实施传统产业“智造”工程，健全支持企业技术改造政策体系，完善省技改基金管理办法，加快推进工业互联网“十百千万”培育工程。完善园区建设标准化体系，构建促进园区高质量发展新体制。完善服务业高质量发展机制，推动先进制造业与现代服务业深度融合。深入实施“数字福建”战略，高起点建设国家数字经济创新发展试验区。加快数据资源整合共享，完善区块链、物联网、大数据、5G商用、人工智能等产业发展规划和政策，加快形成与数字经济发展相适应的制度和政策体系。

4. 构建有利于创新创业创造的体制机制。加快完善创新研发平台体系，支持福厦泉国家自主创新示范区先行先试，加强省创新实验室、重点实验室、工程研究中心、制造业创新中心等高水平创新平台建设，建好省创新研究院，加快“卡脖子”关键核心技术攻关。构建高技术企业成长加速机制，完善创新支持政策，发挥优势龙头企业在产业链协同创新中的头雁效应，建立以企业为主体、市场为导向、产学研深度融合的技术创新体系。创新促进科技成果转化机制，完善科技成果转移转化服务体系。完善省级科技重大专项管理机制，健全科研机构、项目、人才评价体系。完善科技人才、技能人才发现培养激励机制，建立人才服务体系，加大产业领军团队支持力度，打造柔性引才“福建模式”。

5. 完善闽东北闽西南协同发展区建设机制。建立健全以发展规划为统领、空间规划为基础、专项规划和区域规划为支撑的统一规划体系，健全以区域主体功能定位为依据的差异化政策和考核评价体系，促进形成主体功能明显、优势互补、高质量发展的区域经济布局。完善区域协同发展机制，发挥福州都市区和厦漳泉都市区带动作用，推动基础设施互联互通、产业配套协作、生态保护联防联治、公共服务共建共享，推动中心城市和城市群高质量发展。建立健全长效普惠性的扶持机制和精准有效的差别化支持机制，推动中央苏区、革命老区、少数民族聚居区、海岛等欠发达地区加快发展。

6. 健全城乡融合发展体制机制。深入实施乡村振兴战略，健全省委统一领导、市县推进落实、乡村组织实施、部门合力共为、责任层层压实的体制机制。完善乡村规划体系，坚持留白、留绿、留旧、留文、留魂推进村庄分类与村庄规划。完善农业农村优先发展和保障粮食安全的制度政策。深化农村集体产权制度改革，巩固提升福建林改经验。创新农村集体经济运行机制，发展壮大农村集体经济。巩固完善农村基本经营制度，培育新型农业经营主体，健全农业社会化服务体系。坚持和深化新时代科技特派员制度，助力脱贫攻坚和乡村振兴。完善促进全省城乡居民收入持续稳定增长机制。

7. 建设更高水平开放型经济新体制。健全对外贸易多元化机制，深入实施“百展万企”、“助力万企成长”工程，积极对接国家多双边合作战略成果，扩大高质量产品和服务进口。完善招商引资工作体系，强化主动招商、精准招商、产业链招商。完善投资贸易自由化便利化工作机制，推动自由贸易试验区成为改革开放新高地。加快“海丝”核心区建设，深化与“一带一路”沿线国家和地区交流合作，扎实推进“丝路海运”“丝路飞翔”“数字丝路”“人文海丝”“生态海丝”“海丝茶道”等重点工程建设。

（六）坚持和完善繁荣发展社会主义先进文化的制度，加快推进文化强省建设

1. 坚持马克思主义在意识形态领域指导地位的根本制度。健全用党的创新理论武装党员、教育人民工作体系，健全党委（党组）理论学习中心组等各层级学习制度，完善学习教育、研究阐释、宣传普及等制度机制，健全对象化、分众化、互动化、通俗化的理论宣讲机制。加强马克思主义理论研究，实施哲学社会科学创新工程，创新学科建设、学术评价、教学考核等制度机制。加强和改进学校思想政治教育，深化新时代学校思想政治理论课改革创新，建立全员、全程、全方位育人体制机制。落实意识形态工作责任制，完善阵地建设和管理制度，旗帜鲜明反对和抵制各种错误观点，坚决打赢防范化解意识形态领域重大风险攻坚战。

2. 坚持以社会主义核心价值观引领文化建设制度。推动理想信念教育常态化、制度化，建立健全党史、新中国史、改革开放史教育机制。深化精神文明创建制度机制，深化拓展新时代文明实践中心建设，实施公民道德建设工程，开展时代楷模、八闽楷模、道德模范、最美人物、身边好人等典型推荐选树和学习宣传。实施中华优秀传统文化传承发展工程和红色基因传承工程，健全文化和自然遗产、红色资源保护利用机制，加强历史文化名城名镇名村、传统村落和历史建筑保护，延续福建文脉，筑牢文化自信根基。完善青少年理想信念教育齐抓共管机制，健全完善学校、家庭、社会“三结合”教育网络。健全志愿服务体系，推动学雷锋志愿服务广泛开展。完善诚信建设长效机制，推进诚信福建建设。

3. 健全人民文化权益保障制度。坚持以人民为中心的工作导向，实施文艺高峰工程，健全完善文艺精品和文化产品创作生产传播的引导扶持机制。以办好中国电影金鸡奖颁奖典礼和丝绸之路国际电影节等为抓手，健全影视繁荣创作机制，扩大影视等文化产品供给。完善城乡公共文化服务体系，以老区苏区为重点加大文化扶贫力度，健全“结对子、种文化”工作机制，推动基层文化惠民工程扩大覆盖面、增强实效性。健全支持开展群众性文化活动、公共文化服务多元投入等机制，建好百姓大舞台，为人民群众提供更精准、更有效的文化服务。

4. 完善坚持正确导向的舆论引导工作机制。坚持党管媒体原则，构建网上网下一体、内宣外宣联动的主流舆论格局。推动媒体深度融合发展，加快发展“智慧广电”，建强“新福建”“海博TV”等平台，推进县级融媒体中心建设，建立全媒体传播体系。改进和创新正面宣传，完善舆论监督制度，健全重大舆情和突发事件舆论引导机制，完善新闻通气、新闻发布机制。健全出版管理制度。落实互联网企业信息管理主体责任，建立健全网络综合治理体系。

5. 建立健全把社会效益放在首位、社会效益和经济效益相统一的文化创作生产体制机制。深化文化体制改革，加快完善文化管理体制和生产经营机制。深化文化行政管理体制改革、文化单位分类改革，完善国有文化资产管理体制机制。推进文化领域供给侧结构性改革，完善现代文化产业体系和市场体系，完善以高质量发展为导向的文化经济政策。加大国有文化企业改革力度，实施文化产业龙头促进计划，健全引导新型文化业态健康发展机制。完善文化创作体系，建立健全福建戏曲传承保护机制，打造一批闽派文艺品牌。创新文艺作品和文化活动评价机制，完善倡导讲品位讲格调讲责任、抵制低俗庸俗媚俗的工作机制。加快完善文化和旅游融合发展体制机制，深入实施文化旅游融合示范工程，打响“全福游、有全福”品牌。

（七）坚持和完善统筹城乡的民生保障制度，不断增进人民福祉

1. 健全有利于更充分更高质量就业的促进机制。实施就业优先政策，完善对灵活就业、新就业形态的支持政策体系。健全公共就业服务和终身职业技能培训制度，完善高校毕业生、退役军人就业创业服务体系，对就业困难人员实行托底帮扶。坚决防止和纠正就业歧视，营造公平就业制度环境。健全劳动关系协调机制，建立劳动关系风险防控机制，构建和谐劳动关系。

2. 构建服务全民终身学习的教育体系。坚持教育优先发展，聚焦办好人民满意的教育，完善立德树人体制机制，深化教育领域综合改革，加强师德师风建设，培育德智体美劳全面发展的社会主义建设者和接班人。完善办园体制和投入机制，多渠道扩大普惠性学前教育资源供给。加快推进义务教育优质均衡发展，完善特殊教育体系，健全教育对口帮扶机制，全面启动实施普通高中新课程。实施职业教育产教融合发展工程，加快建设现代职业教育体系。深化高等教育教学制度改革，全面实施国家级和省级一流本科专业建设"双万计划"。支持和规范民办教育、合作办学。构建覆盖城乡的家庭教育指导服务体系。健全老年教育管理体制。发挥网络教育和人工智能优势，完善面向人人的继续教育健康发展机制，建设学习型社会。

3. 完善覆盖全民的社会保障体系。深入实施全民参保计划，健全基本养老保险制度，构建多层次医疗保障体系，筑牢兜底保障制度防线，稳步提高保障水平。健全特殊困难群体保障机制，统筹完善社会救助、社会福利、慈善事业、优抚安置等制度，健全退役军人工作体系和保障制度，完善农村留守儿童和妇女、老年人、残疾人关爱服务体系。高质量打赢脱贫攻坚战，巩固脱贫攻坚成果，建立和落实解决相对贫困的长效机制。加快建立多主体供给、多渠道保障、租购并举的住房制度。

4. 强化提高人民健康水平的制度保障。加快推进健康福建建设，实施全民健康保障工程，推动区域医疗中心建设，深入实施医疗"创双高"项目建设，提高"互联网 + 医疗健康"示范省建设水平。巩固提升"三明医改"经验，持续深化医药卫生体制改革，推动"三医联动"走向"全联"、"深动"。建立健全现代医院管理制度，推进县域紧密型医共体和城市医联体建设，推动医疗资源下沉。加大医疗人才培养力度。大力推进中医药传承创新发展。加强疾病防控体系建设，健全重特大疾病医疗保险和救助制度。优化生育政策，健全妇幼健康、婴幼儿照护服务体系。大力发展养老服务业，建设居家社区机构相协调、医养康养相结合的养老服务体系。

（八）坚持和完善共建共治共享的社会治理制度，建设更高水平的平安福建

1. 建立健全平安福建建设工作协调机制。发挥平安建设责任制龙头作用，健全五级书记一起抓、党政同责共同抓、行业部门联动抓、纵向到底横向到边的责任落实体系。完善专项治理机制，对重点行业、重点领域、重点问题开展专项整治。推广"互联网 + 群防群治"等创新手段，建立平安建设实绩与群众获得感挂钩制度。建立健全长效常治机制，依法严打黑恶势力，深挖彻查"关系网""保护伞"，铲除黑恶势力滋生蔓延土壤。

2. 完善正确处理新形势下人民内部矛盾有效机制。深化开门接访、进门约访、登门走访、上门回访"四门四访"工作机制，健全领导干部接访约访和带案下访、包案落实制度。全面推广"最多投一次"阳光信访工作机制，有序推进"信访评理室"建设，广泛推行信访评理和初信初访事项简易听证评议机制，完善"诚信建设 + 信访"综合惩戒机制。坚持和发展新时代"枫桥经验"，加强行业性、专业性调解组织建设，完善多元化纠纷解决体系，巩固提升福建特色的海上"枫桥经验"。整合各类便民服务热线，建立健全矛盾纠纷应急流转调解机制。健全社会心理服务体系和危机干预机制。完善落实重大决策社会稳定风险评估机制，健全社会公示听证、专家咨询、信访风险预测、合法性审查等制度。

3. 完善社会治安防控体系。建立健全问题联治、工作联动、平安联创的工作机制，提高社会治安立体化法治化专业化智能化水平。弘扬新时代"漳州 110"精神，创新完善打击违法犯罪新机制，依法严厉打击严重犯罪和多发性犯罪。建立健全风险隐患滚动排查机制，实行问题清单、责任清单、销号清单"三单"管理。坚持专群结合、群防群治，组建专职巡防队伍。建立现代科技辅助治安防控机制，推进综治中心、网格化信息平台、“雪亮工程”等应用平台规范化建设、实体化运行、实战化运用，打造“智慧天网”。

4. 健全公共安全体制机制。完善和落实安全生产责任和管理制度，建立公共安全隐患排查和安全预防控制体系。完善危险物品“一体化”等安全监管信息平台，健全安全监管机制。构建统一指挥、专常兼备、反应灵敏、上下联动的应急管理体制，强化应急管理体系能力建设，提高防灾减灾救灾能力。持续深化“餐桌污染”治理，加强和改进食品药品安全监管工作，健全食品药品质量追溯制度，防止重特大食品药品安全事故发生。

5. 构建基层社会治理新格局。完善群众参与基层社会治理的制度化渠道。健全党组织领导的自治、法治、德治相结合的城乡基层治理体系，健全社区管理和服务机制，推广完善“六要群众工作法”和军门社区“13335 工作法”，推行网格化管理和服务，发挥群团组织、社会组织作用和行业协会商会自律功能，实现政府治理和社会调节、居民自治良性互动。完善推动社会治理和服务重心向基层下移机制，更好提供精准化、精细化服务。完善社会信用体系，强化信用在社会治理中的作用。

6. 完善国家安全体系。坚持总体国家安全观，健全国家安全体系，增强国家安全能力。完善国家安全领导体制，健全国家安全法规制度体系。构建党委（党组）领导、专业机关指导、有关部门主责的国家安全工作体系，建立健全国家安全工作协调机制。加强国家安全人民防线建设，增强全民国家安全意识，建立健全国家安全风险研判、防控协同、防范化解机制。提高防范抵御国家安全风险能力，坚决防范和严厉打击敌对势力渗透、破坏、颠覆、分裂活动。

（九）坚持和完善生态文明制度体系，全力建设生态文明先导区

1. 构建严密的生态环境管控体系。建立健全国土空间规划和用途统筹协调管控制度，统筹划定落实生态保护红线、永久基本农田、城镇开发边界等空间管控边界以及各类海域保护线，完善国土空间规划动态监测评估预警和实施监管机制。建立以“三线一单”为核心的生态环境分区管控体系，推行固定污染源排污许可“一证式”管理。建立更加严格的资源总量管理和全面节约制度等硬性约束措施，实施能源和水资源消耗、建设用地等总量和强度双控行动。加快危废利用处置能力建设，推进固体废物进口管理制度改革。健全生活垃圾全过程管控体系。完善生态环保行政执法与刑事司法无缝衔接机制。

2. 健全山水林田湖草生态保护修复机制。践行习近平总书记在闽工作期间对木兰溪治理的重要理念，全力实施水环境治理与生态修复、生物多样性保护、水土流失治理及农地生态功能提升、废弃矿山生态修复和地质灾害防治、机制创新与能力建设“五大重点工程”，共抓闽江流域、九龙江流域大保护大修复。深化落实河湖长制。强化自然保护地和湿地监管，深入推进武夷山国家公园体制试点建设和管理机制创新，建立自然保护地体系。实施“三个百千”绿化美化行动。

3. 建立健全环境治理长效机制。提升生态云平台功能，完善污染防治区域联动机制和陆海统筹的生态环境治理体系。创新发展“长汀经验”，推进新一轮水土流失治理。实行全省水系治理“一张图”，严格水源地环境治理。持续深化大气污染综合治理，完善臭氧污染治理体系。加强农业农村环境污染防治和农用地、建设用地土壤环境治理。健全海洋资源保护开发制度，强化重点海域污染防治，严管违法违规用海行为。

4. 完善多元化、市场化生态激励机制。健全自然资源产权制度，建立自然资源统一调查、评价、监测制度。完善自然资源有偿使用制度，深化完善排污权、碳排放权、用能权等资源环境权益交易制度，探索企业资源环境权益抵押贷款等融资模式。开展生态产品市场化改革试点，探索建立不同资源禀赋生态产品价值实现机制。

5. 建立健全绿色发展促进机制。坚持生态产业化，深化自然资源资产产权制度等改革，创建绿色发展试点示范区。坚持产业生态化，完善绿色生产和消费的法规制度和政策导向，发展绿色金融，推进市场导向的绿色技术创新。完善绿色产业引导机制，推动现有制造业向智能化、绿色化和服务型转变，加快形成节约能源资源和保护生态环境的产业结构、增长方式、消费方式。

6. 严明生态环境保护责任制度。落实生态环境保护党政领导目标责任制，完善生态文明建设目标评价考核制度。强化环境保护、自然资源管控、节能减排等约束性指标管理，严格落实企业主体责任和政府监管责任。开展领导干部自然资源资产离任审计，落实生态补偿和生态环境损害赔偿制度，实行生态环境损害责任终身追究制。深入推进生态环境保护综合行政执法改革，深化落实生态环境保护督察制度。健全生态环境监测和评价制度，加快构建陆海统筹、天地一体、上下协调、信息共享的生态环境监测网络。

（十）坚持和完善服从服务国家大局的制度机制，更好发挥福建在全国一盘棋中的功能作用

1. 大力建设军民融合深度发展典范区域。坚决贯彻习近平强军思想，落实军委主席负责制的各项制度规定，推动新时代驻闽部队备战打仗能力全面提升。大力推动基础设施建设、国防科技工业、军队保障社会化、国防动员现代化等领域军民融合深度发展。深化国防动员体制改革，完善国防动员体系，建立国防动员、应急体系与军队有效衔接制度。健全新时代党政军警民合力强边固防工作机制。巩固军政军民团结，健全完善双拥共建工作体系。实施全民国防教育，增强全民国防意识。加快推进军民融合发展法治化，形成全要素、多领域、高效益军民融合深度发展格局。

2. 坚决贯彻“一国两制”方针。积极探索海峡两岸融合发展新路，服务祖国和平统一进程。完善海峡论坛等民间交流机制化平台，为探索“两制”台湾方案凝聚共识。坚持能通先通、能动先动，探索闽台经贸合作畅通、基础设施联通、能源资源互通、行业标准共通新路径，推进与金门马祖通水、通电、通气、通桥。拓展和完善经济特区、自由贸易试验区、平潭综合实验区、“海丝”核心区等对台先行先试的制度创新体系，提升台商投资区、台湾农民创业园等平台建设水平，推进厦金、福马率先融合发展。深化闽台人才交流合作，完善台湾青年来闽实习就业创业开放机制和市场机制，持续推进基本公共服务均等化、普惠化、便捷化，构建台胞台企登陆的第一家园服务体系。加快推进闽台基层治理交流合作，鼓励台胞参与城市管理和基层治理。深化闽台文化交流机制，持续实施亲情乡情延续工程，推动搭建闽台城市交流平台，促进两岸同胞心灵契合。完善闽港、闽澳合作会议机制，深入推进闽港闽澳“并船出海”。实施便利香港、澳门居民在闽发展的政策措施。全面对接粤港澳大湾区建设。

3. 提升外事工作水平。坚决维护党中央权威和集中统一领导，严格执行党的外事纪律和规矩，加强外事统筹协调，确保党中央外交大政方针和战略部署落到实处。主动融入“一带一路”建设，加快完善对外交往布局，优化国际友城布局，深耕重点友好国家，发挥闽籍华人华侨优势，加强华人华侨新生代工作，健全国际传播和对外文化交流机制，放大对外交往特色品牌效应。

（十一）坚持和完善党和国家监督体系，推动形成决策科学、执行坚决、监督有力的权力运行机制

1. 健全党和国家监督制度。完善党内监督体系，落实各级党组织监督责任，保障党员监督权利。健全完善管党治党主体责任和监督责任贯通联动机制，完善领导班子内部监督制度。牢牢把握“两个维护”首要任务，丰富和完善监督在一线跟进的方式方法，推进政治监督具体化、常态化。健全完善巡视巡察上下联动的领导体制和工作机制，建立健全巡视巡察整改日常监督机制和报告制度，规范省直单位内部巡察，巩固提升市县巡察。深化纪检监察体制改革，深化“五抓五重”制度机制，推进纪检监察工作双重领导体制具体化、程序化、制度化。完善派驻监督体制机制，加强派驻机构制度建设和服务保障。积极探索推进纪律监督、监察监督、派驻监督、巡视巡察监督统筹衔接的制度，健全人大监督、民主监督、行政监督、司法监督、群众监督、舆论监督制度，发挥审计监督、统计监督作用，促进党内监督与其他各类监督有机贯通、相互协调。

2. 完善权力配置和运行制约机制。坚持权责法定，科学配置权力、明晰权力边界、严格职责权限，完善机构改革后的权责清单。健全分事行权、分岗设权、分级授权、定期轮岗制度，规范工作流程，强化权力制约。推动用权公开，完善党务、政务、司法和各领域办事公开制度，建立权力运行可查询、可追溯的反馈机制。盯紧公权力运行各个环节，深化运用“四种形态”，完善发现问题、纠正偏差、精准问责的有效机制，压减权力设租寻租空间。

3. 构建一体推进不敢腐、不能腐、不想腐体制机制。坚持无禁区、全覆盖、零容忍，坚持重遏制、强高压、长震慑，坚持受贿行贿一起查，坚决查处政治问题和经济问题交织的腐败案件，坚决斩断“围猎”和甘于被“围猎”的利益链，坚决破除权钱交易的关系网，巩固和发展反腐败斗争压倒性胜利。深化标本兼治，推动审批监管、执法司法、工程建设、资源开发、金融信贷、公共资源交易、公共财政支出等重点领域监督机制改革。运用“制度＋科技”手段，充分发挥扶贫（惠民）资金在线监管平台作用，建设工程领域招投标在线监管平台，延伸拓展“1＋X”监督机制，推动纪检监察机关专责监督与职能部门监管的衔接联动。完善一体推进追逃防逃追赃工作机制，持续开展“天网行动”。创新廉政教育机制，深入开展警示教育，增强不想腐的自觉。

五、组织保障

1. 全面对标对表，严格责任落实。各级党委和政府要坚决扛起责任，对党中央《决定》部署的目标任务，逐条逐项细化工作措施、制定具体方案，确保事事有着落、件件有回音。构建一体推动、一体落实的有效机制，建立健全推动工作落实的责任链条，以抓铁有痕、踏石留印的韧劲，推动各项工作落深落细落实，推动各方面制度和治理体系更加完善、不断发展。

2. 突出领导带头，抓好制度执行。各级党委和政府、各级领导干部要强化制度意识，带头维护制度权威，做制度执行的表率，带动全社会自觉尊崇制度、严格执行制度、坚决维护制度，确保党和国家重大决策部署、重大工作安排都按照制度要求落到实处。加强对制度执行的监督，强化制度的严肃性、权威性，坚决杜绝在制度执行上做选择、搞变通、打折扣等现象。

3. 强化宣传教育，坚定制度自信。运用各类宣传平台阵地，组织开展丰富多样的主题宣传活动，用群众喜闻乐见的方式，讲好中国制度、福建治理的故事，营造浓厚的社会氛围。把制度自信教育贯穿国民教育全过程，把制度自信的种子播撒进青少年心灵。教育引导广大干部群众充分认识中国特色社会主义制度的本质特征和优越性，坚定不移走中国特色社会主义道路。

4. 加强队伍建设，提升治理能力。把提高治理能力作为新时代干部队伍建设的重大任务，加强思想淬炼、政治历练、实践锻炼、专业训练，推动广大干部提高运用制度干事创业能力，严格按照制度履行职责、行使权力、开展工作。落实好干部标准，树立正确用人导向，把制度执行力和治理能力作为干部选拔任用、考核评价的重要依据，引导广大干部在推进治理体系和治理能力现代化上展现更大作为。加快人才制度和政策创新，支持各类人才为新时代新福建建设贡献智慧和力量。

全省各级党组织和广大党员干部群众要更加紧密地团结在以习近平同志为核心的党中央周围，以习近平新时代中国特色社会主义思想为指导，坚定信心，保持定力，锐意进取，开拓创新，推进新时代新福建治理现代化，为实现“两个一百年”奋斗目标和中华民族伟大复兴的中国梦作出新的更大贡献。

中共福建省委
关于加强和改进新时代机关党的建设的意见

（2019 年 12 月 2 日）

为深入学习贯彻习近平新时代中国特色社会主义思想和党的十九大及十九届二中、三中、四中全会精神，认真贯彻新时代党的建设总要求和党的组织路线，坚持依规治党，落实省委“五抓五看”“八个坚定不移”要求，以党的政治建设为统领，着力深化理论武装，着力夯实基层基础，着力推进正风肃纪，坚持围绕中心、建设队伍、服务群众，全面提高全省机关党的建设质量，切实做好“三个表率”，锻造模范机关、过硬队伍，根据《中共中央印发〈关于加强和改进中央和国家机关党的建设的意见〉的通知》精神，结合实际，提出如下意见。

一、带头做到“两个维护”，全面推进机关党的政治建设

（一）增强“两个维护”的定力和能力。党和国家各级机关地位重要，肩负的责任重大，机关党的建设具有特殊重要性，对其他领域党建起着表率和风向标作用。各级机关首先是政治机关，必须旗帜鲜明讲政治，自觉同党的基本理论、基本路线、基本方略对标对表，同党中央决策部署对标对表，切实做到党中央提倡的坚决响应、党中央决定的坚决照办、党中央禁止的坚决杜绝。把党中央关于加强党的政治建设的部署要求细化为具体措施，贯彻到机关党建全过程和事业发展各方面，为坚持和完善中国特色社会主义制度、推进国家治理体系和治理能力现代化服务。按照贯彻落实习近平总书记重要讲话、重要指示批示精神和贯彻落实党中央决策部署的“三四八”工作机制要求，把“两个维护”体现在不折不扣贯彻党中央决策部署的行动上，体现在履职尽责、做好本职工作的实效上，体现在党员、干部的日常言行上。实施“一把手”政治能力提升计划，组织开展党员领导干部政治能力专题培训。强化支撑中国特色社会主义制度的根本制度、基本制度、重要制度的宣传教育，引导机关党员、干部带头维护制度权威，做制度执行的表率。开展“让党中央放心、让人民群众满意的模范机关”创建工作。大力加强对党忠诚教育，充分利用我省丰富的红色资源、红色基地等，坚持和完善重温入党誓词、入党志愿书以及党员过“政治生日”等政治仪式，发展积极健康的党内政治文化。

（二）严明党的政治纪律和政治规矩。把学习和遵守党章作为基础性经常性工作来抓，做到深学细照笃行。机关党员、干部要强化自我约束，特别要自觉规范工作时间之外的政治言行。各级党组织要加强教育警示，引导党员、干部始终做政治上的明白人、老实人。把遵守政治纪律和政治规矩情况贯穿到干部考察、年度考核、谈心谈话、日常监督各环节。对违反党的政治纪律和政治规矩的言行要坚决批评制止，问题严重的要严肃处理。对推进党的政治建设特别是遵守党的政治纪律和政治规矩情况进行监督检查。

（三）严肃党内政治生活。经常学习、严格执行新形势下党内政治生活若干准则，落实“三会一课”、民主生活会、党员领导干部过双重组织生活、党员领导干部讲党课等制度，深入推进党支部主题党日。党员、干部应当在民主生活会、组织生活会上把群众反映、巡视巡察反馈、组织约谈函询、个人需报告的重大事项和有关问题说清楚。机关基层党组织要定期检查党员参加组织生活的情况并向全体党员通报，机关工委要对各部门党员领导干部参加双重组织生活的情况进行跟踪督促，有关情况向同级党委报告。贯彻民主集中制，坚持集体领导和个人分工负责相结合，各级党组织主要负责人要带头发扬民主、善于集中、敢于负责。

二、带头深化理论武装，做学懂弄通做实习近平新时代中国特色社会主义思想的表率

（四）做到理论学习走在前。把系统掌握马克思主义理论作为看家本领，把深入学习贯彻习近平新时代中国特色社会主义思想作为首要政治任务。按照党中央统一部署，扎实开展党内集中学习教育。健全完善党组（党委）理论学习中心组常态化学习习近平新时代中国特色社会主义思想制度，发挥领导干部领学促学作用。把集中学习研讨和个人自学结合起来，深入开展“大学习”经验交流活动，充分发挥“学习强国”等网络学习平台作用，及时学习领会习近平总书记的最新讲话、重要指示批示、重要文章，学习领会习近平总书记对福建工作的重要指示批示和关于本部门本领域工作的重要论述，做到学习跟进、认识跟进、行动跟进，把学习成果落实到干好本职工作、推动事业发展上。推动理想信念教育常态化、制度化，加强中国特色社会主义和中国梦宣传教育，加大政策宣传、成就宣传和形势教育力度。弘扬和践行社会主义核心价值观，大力推动机关精神文明建设。加强宪法和法治宣传教育，引导党员、干部做尊法学法守法用法的模范。加强道德建设，选树机关道德模范。

（五）抓好年轻干部的理论学习。开展强化政治理论、增强政治定力、提高政治能力、防范政治风险专题培训，创造条件让年轻干部在斗争实践中经风雨、见世面、长才干、壮筋骨。加强对机关年轻党员、干部深入学习习近平新时代中国特色社会主义思想的指导，推动成立青年理论学习小组、开展青年读书活动、评选青年学习标兵等，推动年轻干部深入学习习近平新时代中国特色社会主义思想以及党史、新中国史、改革开放史，教育引导年轻干部做到信念坚、政治强、本领高、作风硬。坚持以老带新，搞好传帮带，教育引领机关青年健康成长成才。

（六）严格落实意识形态工作责任制。部门党组（党委）要加强对意识形态工作的领导，及时了解掌握动态，加强舆情研判，敢于发声亮剑，引导党员、干部明辨是非、澄清模糊认识，坚决反对和抵制各种错误思潮和负面言论。落实主管主办责任，加强本部门本领域意识形态阵地建设和管理，积极稳妥做好重大突发事件和热点敏感问题的舆论引导。

（七）加强和改进思想政治工作。认真落实思想政治工作定期分析报告制度，针对干部职工思想状况，及时有效加以引导。建立健全重大情况党内通报制度。坚持并完善谈心谈话制度，善于利用重要节点开展谈心谈话，做到岗位变动必谈、组织处理必谈、发生家庭变故必谈、发现苗头性问题必谈。不断提高思想政治工作水平，防止简单以政治学习和集体谈话代替一对一的思想政治工作。

三、以提升组织力为重点，锻造坚强有力的机关基层党组织

（八）严密党的组织体系。树立大抓基层鲜明导向，健全基层党组织，优化基层党组织设置，加强对部门所属事业单位、企业、学校等基层党组织建设的分类指导。以提升组织力为重点，突出政治功能，全面激发基层党组织生机活力。紧紧围绕贯彻落实党中央决策部署推进基层党建工作，推动机关党建工作与业务工作深入融合、相互促进。严格执行基层党组织按期换届规定。坚持以先进带中间、督后进，有效解决一些基层党组织弱化、虚化、边缘化问题，推动基层党组织全面进步、全面过硬。注重探索创新，积极推进“智慧党建”。

（九）实施党支部整体提升工程。全面落实《中国共产党党和国家机关基层组织工作条例》、《中国共产党支部工作条例（试行）》相关规定，推进党支部标准化、规范化建设，扎实稳妥开展党支部“达标创星”活动，使每个支部都成为党旗高高飘扬的战斗堡垒。选优配强党支部书记和委员，党支部书记原则上由本部门本单位党员主要负责人担任，履行第一责任人职责。建立党支部委员履职培训制度，新任党支部书记必须在任职6个月内接受集中培训。建立健全党组（党委）班子成员联系指导党支部工作制度。充分发挥党支部在选人用人中的监督作用，党员、干部选拔任用、评优评先应听取所在党支部意见。

（十）严格党员教育管理监督。强化党员教育培训和实践锻炼，着力打造高素质党员队伍。发挥好支部管到人头的特点，落实好党的组织生活制度，把党员管住管好。通过佩戴党员徽章、创建党员先锋岗等，引导党员增强党员意识、发挥主体作用，使每个党员都成为一面鲜红的旗帜。坚持严管和厚爱相结合，落实党内激励关怀帮扶制度。提高发展党员质量，稳妥处置不合格党员。有针对性地加强对青年党员、派驻国（境）外机构工作党员、离退休干部职工党员、流动党员的分类管理。加强基层党组织对党员的日常监督管理，引导党员干部严格按照制度履行职责、行使权力、开展工作。

（十一）加强机关党务干部队伍建设。按照规定比例配齐配强机关专职党务工作人员。机关党建任务较重、工作力量不足的，应在现有基础上适当增加人员。机关党委书记，应由政治过硬、熟悉党务工作，分管或协管干部人事工作的部门党组（党委）成员兼任。有条件的可实行机关纪委书记专职化。新任机关党委专职副书记、机关纪委书记年龄一般应能任满一届，连续任职一般不超过两届。机关党委、机关纪委负责人出缺，应在6个月内补齐。建立新任党组织书记任职谈话制度。有计划地推进党务干部和业务干部交流。专兼职党务工作经历均纳入干部履历。严把党务干部入口关，把政治强、业务精、作风好的优秀干部放到党务岗位培养锻炼。加强和改进专兼职党务干部教育培训。机关工委定期组织对所属基层党组织专职党务干部履职情况的考核，考核情况向同级党委报告并抄送党委组织部和所在部门党组（党委），工作业绩突出的注重提拔使用。

（十二）进一步加强对群团工作的领导。部门党组（党委）要定期研究部署群团工作，建立健全关心重视和支持群团工作的机制，充分发挥群团组织桥梁纽带作用。完善党建带群建制度机制，按照分级管理、以同级党委领导为主的体制，理顺机关工会、共青团、妇女组织等群团组织隶属关系，各级机关工委按党组织隶属关系统一领导直属机关群团工作，指导直属机关各级党组织做好党的群众工作。实施干部职工身心健康服务工程。

四、持之以恒正风肃纪，建设风清气正的政治机关

（十三）持续深化纠“四风”工作。持之以恒贯彻落实中央八项规定及其实施细则精神，对贯彻落实情况进行督促检查。对形式主义、官僚主义问题，注重从思想观念、工作作风和领导方式上找根源、抓整改。全面落实《中共中央办公厅关于解决形式主义突出问题为基层减负的通知》，改进文风会风，规范督查检查考核和问责，实实在在地为基层减负。

（十四）带头传承弘扬密切联系群众优良作风。大力弘扬习近平总书记在福建工作时倡导的“四下基层”“马上就办、真抓实干”“滴水穿石”等优良作风。坚持重大决策调研先行，广泛听取群众意见，提倡蹲点调研、“解剖麻雀”。完善和落实机关党员、干部直接联系群众制度，创新互联网时代群众工作机制。深化机关单位党组织和在职党员“双报到”制度，扎实推动在职党员到居住地社区、小区报到服务，学会做群众工作的方法。

（十五）加强机关党的纪律建设和反腐败斗争。将党规党纪学习作为理论学习中心组学习、党支部学习和干部教育培训重要内容。对新入职党员、干部及时开展纪律和廉政教育，开展任前廉政教育和任职廉政谈话。坚持纪在法前、纪严于法，深化运用监督执纪“四种形态”，注重抓早抓小、防微杜渐。对发生严重违纪问题的部门，坚持“一案双查”，严肃追究主体责任和监督责任。定期开展对执纪审查工作情况的检查考核。深入开展“忠诚守纪、担当作为”警示教育活动，建立健全党员干部廉政档案，加大违法违纪典型案件通报力度。定期召开警示教育大会。凡查结的党员领导干部违纪违法案件，须在本地本部门组织开展警示教育。

五、严格落实主体责任，加强对机关党的建设的领导

（十六）建立健全机关党建工作责任制。部门党组（党委）要认真履行全面从严治党主体责任，经常研究机关党建工作，定期向同级党委报告履责情况。部门党组（党委）书记要自觉扛起抓机关党建第一责任人职责，其他班子成员落实“一岗双责”，抓好职责范围内的党建工作。机关党委作为部门机关党建工作专责机构，在同级机关工委、部门党组（党委）领导下，负责组织推动本部门机关党建任务落实。各有关部门要各负其责、密切配合，形成抓机关党建工作合力。各级机关工委要履行好统一领导本级机关党的工作的职责，指导督促各部门党组（党委）落实机关党建主体责任。

（十七）完善督促推动机关党建工作落实的机制。各级机关工委负有对部门党组（党委）履行机关党建主体责任、落实机关党建重点工作和重要制度督查的职责，要与巡视巡察对接，推动存在问题整改，重要情况及时向同级党委报告。健全完善党组（党委）书记、机关党委书记和基层党组织书记抓党建述职评议考核制度。各部门在领导班子和领导干部年度考核中，应加大抓党建工作的权重，对党组织负责人履行党建责任情况形成评价意见，作为确定考核等次的重要依据。开展绩效考评、文明单位考评的部门要把党建工作情况列入检查考评重要内容。

（十八）加强党建工作保障。构建务实管用的机关党建工作制度体系，推动全面从严治党法规制度贯彻执行。建立健全机关党委专职副书记列席重要会议制度，专职副书记列席部门党组（党委）会、党员领导干部民主生活会、党组（党委）理论学习中心组学习和涉及部门改革发展全局、党的建设、干部人事、干部职工切身利益等重要议题会议。机关工委党建业务经费列入同级财政预算。建立健全机关基层党组织党建活动经费使用管理制度，机关基层党组织党建活动经费，原则上在部门公用经费和党费中列支。加强机关党建理论研究，推动提高机关党的建设质量。

福建省高级人民法院工作报告

——2020 年 1 月 12 日在福建省第十三届人民代表大会第三次会议上

福建省高级人民法院院长　吴偕林

各位代表：

现在，我代表福建省高级人民法院向大会报告工作，请予审议，并请省政协各位委员和其他列席人员提出意见。

2019 年的主要工作

2019 年，在省委领导、省人大监督和最高人民法院指导下，省法院以习近平新时代中国特色社会主义思想为指导，全面贯彻党的十九大和十九届二中、三中、四中全会精神，认真落实省委十届八次、九次全会精神和省十三届人大二次会议决议，坚持努力让人民群众在每一个司法案件中感受到公平正义的目标，着力服务大局、司法为民、公正司法，推进“七大体系”“七大工程”“七大行动”，各项工作取得新进展。全省法院受理各类案件 103.12 万件，同比上升 8.41%，其中新收 94.49 万件，上升 11.49%；办结 95.15 万件，上升 10.03%；未结 7.96 万件，下降 7.82%。省法院受理 1.88 万件，其中新收 1.65 万件，办结 1.68 万件。

一、积极履职作为，服务保障新时代新福建建设

深入学习贯彻习近平总书记在参加十三届全国人大二次会议福建代表团审议时的重要讲话精神，坚决贯彻党中央决策部署及省委工作要求，充分发挥司法职能，为加快新时代新福建建设提供有力司法保障。

服务高质量发展。保障打好防范化解重大风险攻坚战，服务供给侧结构性改革，省法院发布首份金融审判、破产审判白皮书。依法维护金融安全，规范金融秩序，一审审结金融借款、民间借贷等案件 14.47 万件，标的总额 1211.58 亿元。厦门法院在全国首创金融司法协同中心，实行风险联防、多元解纷、一站处理，最高人民法院和省委、省政府主要领导批示肯定，并在全国民商事审判工作会议上作经验介绍。完善破产案件快立快审快判机制，发挥破产重整制度功能，加快出清“僵尸企业”，让有发展前景和挽救价值的企业重获新生，审结强制清算与破产案件 222 件。厦门中院审结厦工机械股份重整案，近 40 亿元债权获得清偿。开展协同发展法治保障行动，创新跨域司法协同中心、平台和机制，服务保障两大协同发展区建设。服务海丝核心区和自贸试验区建设，一审审结涉外、涉港澳、涉侨、海事海商和铁路运输案件 4222 件。福州法院构建“海丝司法保护蓝色屏障”。平潭法院推行“委托公证 + 政府询价 + 异地交付”财产执行云处置模式，入选我省自贸区创新举措。

优化提升营商环境。深入落实司法服务优化营商环境 40 条举措，营造稳定、公平、透明、可预期的法治化营商环境。一审审结商事案件 12.98 万件。开展民营经济服务保障行动，制定和落实 10 条举措，加大审判执行力度，发布典型案例，加强产权平等保护。编撰赠阅《民营经济法律风险防控图解指南》，加强诉讼指引和纠纷预防，帮助民营企业筑牢守法合规经营底线。省法院联合省工商联出台意见，推进经济纠纷多元化解。宁德法院试行失信被执行人信用修复激励机制，三明法院建立金融涉案企业“白名单”制度，厦门海事法院审结首例海事行政垄断案件，有力保护民营企业和企业家合法权益。

保障创新创业创造。发挥知识产权司法保护主导作用，发布知产白皮书，举办主题开放活动，强化行为保全、证据保全，以司法创新保护科技创新。一审审结知识产权案件1.26万件；2起案件入选中国法院50件典型知识产权案例。省法院审结侵害“九牧王”商标权及不正当竞争纠纷案，对恶意侵权提高适用惩罚性赔偿，让权利人获得充分救济，让侵权者付出更高代价。完善知产案件管辖布局，福州知识产权法庭构建互联网诉讼平台，厦门知识产权法庭挂牌成立并创新跨域协同司法机制，打造知产争端解决“福建优选地”。

护航生态文明建设。着力保障污染防治攻坚战和蓝天、碧水、净土保卫战，推进闽江、九龙江、敖江等重点流域协同治理、集中管辖，全省实现驻河长办法官工作室、巡回审判点、联络点全覆盖，共护八闽绿水青山。构建“生态司法+”体系列入我省国家生态文明试验区第三批改革成果复制推广。加强环境公益诉讼、生态环境损害赔偿案件审判。一审审结环境资源案件6648件；追究刑事责任2291人，责令缴纳修复资金791.88万元，补种管护林木7572.6亩。厦门海事法院依法妥处一批海洋生态案件，170公顷红树林保护区退出养殖、还原湿地。南平法院生态司法教育实践基地融合理念传播与法治教育，上万人次参观体验。省法院在最高人民法院新闻发布会上介绍福建生态司法经验。

促进两岸融合发展。服务台胞台企登陆第一家园建设，深化涉台司法创新发展工程，率先出台司法惠台59条措施写入最高人民法院工作报告。完善集中管辖、专业审判机制，推广设立台胞权益保障法官工作室，实行台胞使用台湾居民居住证便利诉讼制度，建立台胞法律援助和司法救助制度。聘任台胞担任陪审员、调解员、审判技术咨询专家等。办结涉台案件1249件，司法互助案件6579件。成功举办2019年海峡两岸司法实务研讨会。

二、依法惩治犯罪，大力推进平安福建建设

贯彻总体国家安全观，以省人大常委会专题审议刑事审判工作为契机，依法有力打击犯罪，保障人民安居乐业、社会安定有序，一审审结刑事案件4.91万件。

纵深推进扫黑除恶专项斗争。创新审判工作机制，“大案联办、难案精办、简案快办”和“认罪认罚从宽、庭审重点攻坚”的做法经验在全国推广。漳州法院率先开展涉黑恶案件相对集中管辖试点。全省法院一审审结涉黑涉恶犯罪及其“保护伞”犯罪案件505件3002人，省法院先后组织3批集中宣判107件694人。着力“打准打深打透”，出台25类常见黑恶犯罪量刑指导意见，设立扫黑除恶审判业务专家库和专家咨询委员会，移送犯罪线索368条，提出司法建议193条。紧盯“打财断血”，制定加强黑恶势力财产处置及执行工作指导意见，开展专项执行，坚决铲除黑恶势力经济基础。省法院获评全国扫黑除恶工作先进单位，并作为全国法院系统和福建省的代表在全国推进会上作经验介绍。

着力保持惩治犯罪高压态势。严厉打击危害国家安全、公共安全、严重暴力、侵财等犯罪，一审审结案件4.56万件；惩治非法集资、网络传销等涉众型经济犯罪，一审审结案件3078件；完善监察调查与刑事司法衔接机制，配合开展境外追逃追赃工作，一审审结贪污、贿赂等职务犯罪案件366件，其中被告人原为省部级干部2人、省管干部5人。严惩妨害安全驾驶、危害食药安全等犯罪，一审审结案件1.80万件。积极参与打击黄赌毒黑拐骗、网络新型犯罪等专项斗争，推进社会治安综合治理。长汀法院运用财产刑打击涉麻涉毒犯罪，受到国家禁毒委通报表扬。

健全刑事审判工作机制。深化以审判为中心的刑事诉讼制度改革，首创“阶梯式从宽量刑机制”，会同司法行政部门推进刑事辩护全覆盖和全面法律援助模式，律师辩护同比增长34.26%，法律援助增长100.09%。贯彻宽严相济刑事政策，加强人权司法保障。生效判决5.49万名罪犯，其中被判处五年以上有期徒刑直至死刑3685人，判处缓刑、管制等非监禁刑1.88万人。完善冤错案件防范纠正机制，宣告20名被告人无罪。依法办理减刑、假释案件20802件，促进罪犯改造。认真落实习近平主席特赦令和全国人大常委会特赦决定，依法圆满完成特赦实施工作，彰显“法安天下、德润人心”。推进少年与家事审判融合发展，开展法治进校园、联动帮教等，教育挽救失足少年，判处未成年犯1212人，同比下降6.48%。漳州法院依法判处性侵未成年养女的被告人无期徒刑，并撤销其监护权，获评全国依法维护妇女儿童权益十大案例。秀屿法院发布专项审判白皮书、举办系列讲座，打造校园“零犯罪”工程。

三、坚持以人民为中心，切实保障人民群众合法权益

积极回应人民群众司法新需求，创新为民谋利、为民办事、为民解忧机制，弘扬社会主义核心价值观，让人民群众有更多公平正义获得感。

服务保障打好脱贫攻坚战和乡村振兴。深入学习贯彻习近平总书记给下党乡乡亲的回信精神，推进挂钩帮扶、驻村扶贫工作，妥善审理涉及精准脱贫、乡村振兴等案件3299件，促进老区苏区发展。加强司法救助，为当事人缓减免交诉讼费1904.75万元，发放司法救助款6141.81万元，让经济确有困难的当事人打得起官司。永安法院服务农村金融改革，对“福笋贷”等绿色金融产品提供协助审查。南平法院设立水利巡回法庭，助力城乡“水美经济”建设。平潭法院升级离岛法律综合服务体系，实现“离岛纠纷不离岛”。

完善民生权益保障机制。坚持民生保障优先，一审审结涉及家事、医疗、教育、劳动等民事案件28.76万件。出台家事审判指导意见，创新财产申报、离婚冷静期等制度，一审审结家事案件4.22万件。建立健全医患纠纷司法鉴定和诉调对接机制，参与创建“平安医院”。健全劳动人事争议裁审衔接机制和道路交通损害赔偿纠纷一体化处理平台。莆田法院出台仲裁与诉讼衔接意见，化解400多人企业欠薪劳动纠纷。新罗法院建立商业险预先垫付机制，保障交通事故伤者及时得到救治。严格实施《英雄烈士保护法》，顺昌法院判处侮辱消防烈士被告人有期徒刑并责令公开赔礼道歉、消除影响，坚定维护英雄烈士尊严。加强军地“法治结对”共建，联合评定“全省优秀涉军维权合议庭”。省法院民一庭获评全国全面停止军队有偿服务工作先进单位。

加大切实解决执行难力度。巩固深化“基本解决执行难”成果，执结案件35.41万件，执行到位金额705.90亿元，同比分别上升20.12%、52.34%，有财产可供执行案件执结率97.16%，上升4.28个百分点，依法判处拒执罪360件391人。完善全省执行联动机制、联合惩戒平台和应急指挥系统，健全保全中心建设、司法拍卖辅助、失信名单管理、执行调查令等制度，深化智慧、高效、协同、规范、阳光、认同六大机制。全面落实服务民企“八个一律”“八项举措”，开展涉金融、民生民企等“亮剑八闽”专项行动，推广“善执惠商”机制，央视作专题报道。开展根治欠薪冬季攻坚行动，执结拖欠农民工工资案件5070件，兑现执行款9876.64万元。全媒体直播“夏季风暴”“暖冬行动”，以阳光执行促进自觉履行。我省法院“一案双查”制度和分段集约执行模式在全国法院推行，省法院等4个集体和4名个人获评全国法院“基本解决执行难”先进单位和个人。

推进行政争议实质性化解。依法保护行政相对人合法权益，支持促进法治政府建设，一审审结行政诉讼案件6822件，办结行政非诉执行案件8637件。加强行政争议多元调处中心建设，促进行政争议实质性化解。宁德法院上汽基地项目司法行政多元调处中心实现“无一人员上访、无一矛盾激化、无一群体性事件发生”。完善省市县三级府院联席会议制度，深化行政案件跨行政区域管辖改革。编发行政审判白皮书，最高人民法院和省委、省政府主要领导批示肯定。率先探索国家赔偿案件回访制度，建立国家赔偿、司法救助与社会救助衔接机制，审结国家赔偿与司法救助案件1254件。出台加强文化与自然遗产司法保护10项措施，福州法院设立古厝与文化遗产保护巡回法庭。开展“宪法宣传周”活动，200多位省直机关厅处级干部观摩省法院行政案件庭审。

全面推进“两个一站式”建设。坚持和发展新时代“枫桥经验”，加快建设一站式多元解纷机制和一站式诉讼服务中心。坚持把非诉讼纠纷解决机制挺在前面，推进诉源治理减量工程，完善调解前置程序和律师调解、商会调解机制，全省法院设立诉调对接中心159个，人大代表、政协委员调解工作室23个。漳州中院与36个部门行业协同构建“漳州市多元解纷平台”。全省法院以调解、撤诉方式结案22.36万件。加快现代化诉讼服务体系建设，全面建成标准化诉讼服务中心，推广“移动微法院”，推行“马上办、就近办、一次办、网上办、掌上办、刷脸办”，当事人网上缴纳诉讼费占总数的22.33%。泉州中院提供全天候、多元化的自助诉讼服务、社会公共服务和司法公开。打造跨域诉讼服务3.0版，由立案拓展至送达、取证等86个项目，努力让老百姓“少跑一次腿、少等一分钟、少费一点心、少误一次工”，充分享受“家门口的诉讼服务”。截至目前，共完成省内、省际跨域立案6.8万件。省法院在最高人民法院新闻发布会上作经验介绍，央视等近60家全国媒体同步开展福建法院“一站解纷争”全媒体直播，2150万网友在线围观，展示了一堂生动的全民法治公开课。

四、深入改革创新，推进审判体系和审判能力现代化

贯彻中央关于政法领域全面深化改革的实施意见和最高人民法院“五五改革纲要”，推动司法改革举措落地见效。全省法院法定审限内结案率99.96%，一审、二审后当事人服判息诉的达98.35%。

完善和落实司法责任制。突出法官办案主体地位，强化院庭长监督管理职责，完善审判组织、主审法官、法官助理、书记员权责清单和工作规范，推进新型审判团队实质化运作。普遍建立主审法官会议制度，完善审判委员会工作机制，率先在省级法院审判委员会邀请辩护律师参会陈述意见。完善法院审级职能定位，强化审级监督，审结一审案件47.41万件，二审案件5.05万件，申诉、申请再审及再审案件10683件。支持检察机关履行法律监督职责，受理抗诉再审案件48件，审结45件，改判、发回重审13件。加强法官与律师良性互动，共同促进司法公正。

深化司法体制综合配套改革。加强司法人员分类管理、职业保障、人财物统一管理改革，完成新一批法官入额遴选、等级晋升，推进法官助理、司法警察职务职级改革。坚持优化协同高效，顺利完成基层法院内设机构改革，由1206个减为750个，精简37.81%。推进繁简分流、轻重分离、快慢分道，在25家法院开展破解“案多人少”矛盾试点工作。全省法院一审适用简易程序的占75.01%。闽侯法院创新智慧管理平台，占法官数8%的速裁团队审结55.48%的案件；晋江法院推行“速调、速裁、速执”模式，办案时限平均缩短25天。健全新型审判管理体系，完善案例指导、类案指引等适法统一制度，一体推进个案公正、类案公正、社会公正。开展审判执行精品工程，评选优秀庭审、案例、裁判文书、司法建议。加强人民陪审员选任、管理，全省6184名人民陪审员参审案件10.03万件。

加强信息化和智慧法院建设。打造办案智能化平台，加强电子卷宗随案生成和深度应用，推进诉讼档案跨域查询。试点推广刑事案件智能辅助办案系统，探索再审审查、减刑假释等案件“全流程全在线”办理。建成全省法院司法大数据平台和司法建议平台，实现静默化、可视化管理。加强福建法院“一站两微八端”建设，深化阳光司法，及时推送案件审判执行流程信息179.14万条，裁判文书上网70.73万篇，庭审直播8.80万场，让公平正义看得见。思明法院举办全国法院首场5G+VR庭审全媒体直播。省法院获全国法院“最具影响力新媒体奖”。

五、坚持忠诚干净担当，建设新时代高素质法院队伍

坚持全面从严治党、从严治院，落实省委“五抓五看”“八个坚定不移”部署要求，推进革命化正规化专业化职业化建设，打造政治过硬、本领高强的法院队伍。全省法院91个集体、101名个人获省级以上表彰，黄志丽、洪彦伟、秦传熙法官分别入选全国“最美奋斗者”、“最强执行干警”和福建省“十大法治人物”。

扎实开展“不忘初心、牢记使命”主题教育。聚焦主题、紧扣主线，贯彻守初心、担使命，找差距、抓落实的总要求，把学习教育、调查研究、检视问题、整改落实贯穿全过程，开展新思想学实深化行动，做到学思用贯通、知信行合一，增强“四个意识”，坚定“四个自信”，做到“两个维护”。加强调查研究，深刻检视问题，落实省委“找差距、抓落实、解难题、化积案”行动部署，推进“8+7+1”专项整治和上下联动整改，落实222条整改措施，着力解决人民群众在司法领域的操心事、烦心事、揪心事。省法院在全省主题教育专项整治工作推进会上作经验介绍。

着力培养高层次人才队伍。认真落实职务职级并行制度，完善干部培养、选拔、管理、使用工作机制。推进司法人才培树工程，加强优秀年轻干部梯次培养。健全审判业务专家评定管理机制，开展“闽法问道”专家“门诊”15次，发挥专业指导作用。深化司法素能提升行动，创新信息化教育培训平台，院校合作共建司法人才协同培养基地，省法院举办培训班30期、培训2.09万人次。注重实战实用实效，加强岗位练兵、技能竞赛和传帮带，全省法院选派310名干警到上下级法院学习锻炼。

加大激励关爱干警力度。开展庆祝新中国成立70周年系列活动，组织学习党史、新中国史、改革开放史，大力弘扬爱国主义精神。健全“1263”机关党建工作机制，深化“三级联创”，创新“智慧党建”。开展激励关爱十大行动，促进干警安心安身安业，2个法官权益保障案例被中国法官协会发文推广。发挥工青妇等群团作用，学习弘扬先进典型，深化文明行业、文明单位、青年文明号创建活动。

狠抓正风肃纪和反腐倡廉。落实“两个责任”，出台20条举措，整治形式主义突出问题，切实为基层减负。抓好省委主体责任交叉检查整改，强化司法巡查和司法作风检查。深化廉政文化建设，运用身边人身边事以案示警、以案明纪。加强司法改革背景下廉政风险防控机制建设，自主研发应用监督平台“清风”系统，实现纪律作风督察智能化、常态化。落实中央八项规定精神，运用“四种形态”，一体推进不敢腐、不能腐、不想腐。坚持无禁区、全覆盖、零容忍，从严监督执纪问责，查处58名违纪违法人员。

六、始终坚持党的领导，自觉接受人大监督

按照省委“三四八”贯彻机制要求，深入学习贯彻习近平总书记重要讲话重要指示批示精神，认真贯彻《中国共产党政法工作条例》，坚决执行党领导审判机关各项制度，把党的绝对领导落实到法院工作各领域各方面各环节。自觉接受人大及其常委会监督，坚持大会报告和专项报告制度，认真落实决议决定和审议意见。着力高质量办理反馈、常态化沟通联络、全要素吸纳转化，完善定向联络、集中走访和参与监督等制度，全省法院办复代表建议212件，其中省法院办复30件。接受政协民主监督，参与省政协多元化解纠纷机制专题协商，邀请各民主党派、工商联、无党派人士和人民团体开展专题调研，全省法院办复委员提案114件，其中省法院办复14件。省法院以服务保障民营经济、“一站式”多元解纷为主题，邀请人大代表、政协委员等开展专项视察。接受监察监督、检察监督，接受人民法院监督员和新闻媒体、社会各界监督，加强民意沟通，改进法院工作。

各位代表，过去一年法院工作的开展进步，是各级党委、人大、政府、政协、监委、检察院和人大代表、政协委员以及社会各界、广大人民群众关心支持帮助的结果。在此，我谨代表全省法院表示衷心感谢和崇高敬意！

我们也清醒地认识到，法院工作仍然存在问题和不足。一是服务保障高质量发展落实赶超的作用发挥仍需加强，还不能完全满足人民群众日益增长的司法需求；二是案件总量继续攀升，诉源治理、审判监督管理、切实解决执行难等长效机制仍需完善；三是各地司法改革任务落地落实不平衡，改革的系统性、整体性、协同性有待增强；四是队伍素质能力需进一步提升，有的干警作风不正、不实，个别人员以案谋私、违法违纪，损害了司法公信形象。对此，我们将采取有力措施切实加以解决。

2020年的主要任务

2020年是全面建成小康社会和“十三五”规划收官之年。全省法院要以习近平新时代中国特色社会主义思想为指导，全面贯彻党的十九大和十九届二中、三中、四中全会精神，落实党中央决策部署及省委工作要求，坚持稳中求进工作总基调，坚持新发展理念，坚持司法工作目标主线，为推进新时代新福建治理现代化履职尽责担当，为确保全面建成小康社会和“十三五”规划圆满收官提供有力服务保障。

一要坚持党的领导、人大监督，坚定不移走中国特色社会主义法治道路。深入学习贯彻习近平新时代中国特色社会主义思想，坚持党的领导制度体系，深化落实省委“三四八”贯彻机制，增强“四个意识”，坚定“四个自信”，做到“两个维护”。坚持人民代表大会制度这一根本政治制度，自觉接受人大及其常委会监督，创新和完善接受代表监督方式，推进社会公平正义法治保障制度建设任务落地落实，真正做到让党放心、让人民满意。

二要自觉服从服务大局，充分发挥司法职能作用。找准司法服务保障大局的结合点切入点着力点，着力营造和维护市场化、法治化、国际化营商环境，支持法治政府和服务型政府建设，支持民营经济、外商投资企业发展，服务闽台融合发展，服务区域协同发展，保障坚决打赢“三大攻坚战”，推进高质量发展落实赶超、加快新时代新福建建设。保持惩治犯罪高压态势，圆满完成扫黑除恶专项斗争三年为期目标，推进建设更高水平的平安福建、法治福建。

三要融入社会治理体系，增强人民群众获得感幸福感安全感。坚持以人民为中心，强化民生领域司法保障，把便民惠民司法做到老百姓心坎里。健全执行工作长效机制，强化公正规范、善意文明执行，向“切实解决执行难”目标迈进。深化“两个一站式”建设，完善人民调解、行政调解、司法调解联动工作体系，加强诉源治理、多元解纷，优化提升跨域诉讼服务3.0版，让人民群众获得感幸福感安全感更加充实、更有保障、更可持续。强化法治保障作用，完善共建共治共享的基层社会治理新格局，推进新时代新福建治理现代化。

四要加强系统集成、协同高效，提升司法改革整体效应。坚持问题导向、目标导向、结果导向，突出制度建设这条主线，全面落实司法责任制，深化综合配套改革，加强智慧法院建设，实现改革举措有机衔接、融会贯通，推动审判体系和审判能力现代化，确保司法公正高效权威，努力让人民群众在每一个司法案件中感受到公平正义。落实全国人大常委会决定，积极稳妥推进福州、厦门开展民事诉讼程序繁简分流改革试点工作。做好向省人大常委会专项报告生态司法保护工作。

五要坚持全面从严，着力锻造新时代过硬司法铁军。始终把政治建设摆在首位，推进队伍革命化正规化专业化职业化。落实不忘初心、牢记使命的制度，加强机关党的建设和基层党组织建设，加强思想淬炼、政治历练、实践锻炼，锤炼忠诚干净担当的政治品格。深化干警激励关爱行动，创新完善教育培训体系模式，强化法官权益保障。加强党风廉政建设和反腐败斗争，一体推进不敢腐、不能腐、不想腐机制建设，推动全面从严治党、从严治院向纵深发展。

各位代表，新的一年，我们将更加紧密地团结在以习近平同志为核心的党中央周围，在省委领导、人大监督下，认真贯彻落实本次大会精神，不忘初心、牢记使命，锐意进取、真抓实干，为加快新时代新福建建设、全面建成小康社会、实现“两个一百年”奋斗目标作出新的更大贡献！

福建省人民检察院工作报告

——2020 年 1 月 12 日在福建省第十三届人民代表大会第三次会议上

福建省人民检察院检察长　霍　敏

各位代表：

现在，我代表福建省人民检察院向大会报告工作，请予审议，并请省政协各位委员和其他列席人员提出意见。

2019 年主要工作

2019 年是中华人民共和国成立 70 周年。检察机关完成内设机构重塑性改革，以崭新面貌开启新时代检察工作新征程。在省委和最高人民检察院领导下，在省人大及其常委会有力监督下，全省检察机关坚持以习近平新时代中国特色社会主义思想为指导，全面贯彻党的十九大和十九届二中、三中、四中全会精神，紧紧围绕新时代新福建建设，持续践行“讲政治、顾大局、谋发展、重自强”检察工作总要求，忠实履行宪法法律赋予的法律监督职责，各项工作取得新的进展。全年共办理各类案件 193723 件，比升 5. 8%，其中审查逮捕各类案件 30789 件 44174 人，审查起诉各类案件 54327 件 74907 人，办理公益诉讼案件 1169 件，办理刑事、民事、行政诉讼监督案件 107438 件次。

一、围绕中心服务大局，为新时代新福建建设提供有力司法保障

持续深入学习贯彻习近平新时代中国特色社会主义思想和党的十九大精神，切实加强党的政治建设，坚持党对检察工作的绝对领导，增强“四个意识”，坚定“四个自信”，做到“两个维护”。严格执行请示报告制度，落实意识形态工作责任制。坚决贯彻党中央决策部署，深入学习贯彻习近平总书记在参加十三届全国人大二次会议福建代表团审议时重要讲话精神，落实省委十届八次、九次全会部署，提供检察环节服务保障。

全力营造有利于创新创业创造的法治环境。省检察院制定实施服务民营经济创新创业创造“16 条意见”，与省工商联逐项逐级落实协作配合机制。依法严惩严重破坏市场经济秩序犯罪，积极参与打击非法集资专项行动和互联网金融风险专项整治，批捕破坏金融管理秩序、金融诈骗等犯罪 1450 人，起诉 1655 人。厦门市检察机关起诉一起以“金融创新”为幌子，自行开发软件提供互联网虚假交易服务案件，案值达千亿元；平潭综合实验区检察院创新自贸检察“税案双查”机制。加大知识产权保护力度，批捕制假售假犯罪 659 人，起诉 1145 人。努力保障民营企业家依法经营、放手发展，对涉嫌犯罪的民营企业负责人，能不捕的不捕、能不诉的不诉、能不判实刑的就提出宽缓量刑建议。开展涉非公经济案件立案监督和羁押必要性审查专项活动，提出释放或变更强制措施建议 113 件。排查涉民营企业刑事诉讼“挂案”及刑事申诉积案 94 件，正在逐案开展清理。福州市检察院牵头建立重大涉民营企业案件会商协作三项机制，泉州市检察院牵头建立知识产权快速维权六方协作机制，莆田市检察院逐一分析研判五大传统行业法律风险并提出对策建议，宁德市检察院在重点项目企业推行“驻企检务”“流动检务”“检企联防”等工作模式，受到企业欢迎。

强化闽台融合发展法治保障。努力为建成台胞台企登陆的第一家园贡献检察力量，省检察院制定实施的服务保障台胞台企“18条意见”，写入最高检工作报告，涉台检察联络室相关做法被纳入省委《关于探索海峡两岸融合发展新路的实施意见》。漳州市检察机关持续开展为台企台商办实事办好事活动，平潭综合实验区检察院引进台湾司法社工参与青少年帮教。注重加强两岸法律界交流合作，发挥好对台司法互助二级联络窗口作用，举办第五届海峡两岸检察制度研讨会。我省“司法服务＋司法保障＋司法交流”涉台检察模式得到最高检和中央台办肯定。

增强老区苏区脱贫奔小康法治力量。严惩侵吞、私分扶贫资金等犯罪，主动把扶危济困的国家司法救助深度融入精准脱贫工程，将因案致贫返贫的案件当事人或其近亲属纳入司法救助，共发放救助金615万余元。开展协助解决农民工讨薪问题专项监督，帮助859名农民工追讨欠薪2165万元。继续做好援藏援疆工作，选派11名干警开展对口援助。省检察院认真做好挂钩扶贫云霄县工作，牵头落实帮扶项目55个、帮扶资金3858万余元，云霄县10459名贫困人口全部脱贫，全县脱贫摘帽。宁德市检察机关实行“定点扶贫＋造血扶智＋乡村治理”多元化扶贫措施。

深入推进扫黑除恶专项斗争。提前介入涉黑涉恶犯罪202件，批捕1490人，起诉3045人。省检察院对涉黑和重大涉恶案件统一严格把关，确保依法办案，做到是黑恶犯罪一个不放过，不是黑恶犯罪一个不凑数。侦查机关以涉黑涉恶移送审查起诉的，检察机关不认定230件；未以涉黑涉恶移送的，依法认定83件。将摸排“保护伞”线索作为办案必经环节，向纪委监委移送线索331条，决定逮捕35人，起诉49人。落实“打财断血”责任，组织黑恶案件财产刑执行专项检察，监督财产刑执行1234人。针对涉海涉砂涉毒违法犯罪、未成年人涉黑等突出问题，提出193件检察建议督促整治。省检察院获全国扫黑除恶专项斗争先进单位。

加大生态环境司法保护力度。批捕破坏环境资源犯罪813人，起诉1796人。南平市检察机关建立跨区域协作机制，打击破坏武夷山国家公园生态资源犯罪，开展国家级水产种质资源保护专项行动；漳浦县检察院针对中央环保督察通报问题，提前介入、依法批捕破坏矿山资源犯罪43人。结合办案落实生态修复机制，督促补植林木6288亩、放养鱼苗4亿多尾，募集生态修复基金766万元。主动将生态司法保护从陆地向江河湖海延伸，沿海检察机关跨区域协作，开展“守护海洋”检察公益诉讼专项监督，提出检察建议143件，监督行政机关履职95件次。三明市检察院与市河长办开展饮用水源地环境保护行政执法督查和法律监督专项行动，莆田市检察机关全方位参与木兰溪全流域综合治理。

二、忠实履行职责，推动“四大检察”全面协调充分发展

秉持检察官客观公正立场履行检察职责，以求极致精神努力提供优质检察产品。

着力做优刑事检察工作。牢记检察官既是犯罪的追诉者，也是无辜的保护者，努力以高质量刑事检察工作守护社会公正。全面落实“捕诉一体”工作机制，共批捕各类刑事犯罪35909人，起诉67336人。坚决维护国家政治安全和社会秩序，做好庆祝新中国成立70周年安保维稳工作，严惩故意杀人、绑架等严重暴力犯罪，批捕1588人，起诉1740人；持续打击抢劫、抢夺、盗窃等多发性侵财犯罪，批捕6864人，起诉8787人。提前介入社会高度关注的邱日辉持刀杀人并劫车撞人案、吴谢宇弑母案等，依法从快批捕起诉。贯彻宽严相济刑事政策，对涉嫌犯罪但无需逮捕的不批捕3139人，对犯罪情节轻微、依法可不判处刑罚的不起诉3600人。坚持不懈纠防冤错案件，对不构成犯罪或证据不足的不批捕4835人，不起诉784人。积极参与反腐败斗争，共受理各级监委移送职务犯罪案件393件475人，决定逮捕224人，起诉400人。落实与监委衔接配合机制，提前介入调查213件次，结合办案移送违纪违法线索245条，监委已立案调查27人。依法履行修改后刑诉法赋予检察机关对司法人员侵犯公民权利、损害司法公正犯罪的侦查权，查办司法人员相关职务犯罪8件8人。

突出加强对刑事立案、侦查、审判、执行活动重点环节的监督。紧盯有案不立、有罪未究和不当立案、越权管辖等问题，探索在公安执法办案管理中心设立派驻检察室，督促立案201件、撤案302件；通过严审细查追加逮捕683人，追加起诉1017人；对违法取证、适用强制措施不当等提出书面纠正意见543件次；对认为确有错误的刑事裁判提出抗诉162件，法院已改判、发回重审91件。武平县检察院对一起强迫卖淫、协助组织卖淫案追加逮捕4名嫌疑人并移送背后“保护伞”线索，监委从中立案调查1人。围绕刑罚执行、监管执法活动等，同步审查减刑、假释、暂予监外执行41837人，监督纠正334人；对审前、审中可不继续羁押的提出释放或变更强制措施建议，被采纳3015人；核查被判处罚金刑、没收财产刑罪犯50179人，提出从严掌握减刑、假释意见142件。全面推行监狱检察方式改革，对19个监狱开展巡回检察25次，发现执法不规范等问题576个。开展特赦同步监督，对特赦提请不当的提出检察意见21件。

着力做强民事检察工作。牢固树立精准监督理念，优先选择有引领价值的典型案件加强监督，共办理各类民事检察案件2672件。通过抗诉发挥对类案指导作用，以检察建议等方式促进个案纠正，共提出民事抗诉和再审检察建议188件，已被采纳132件。对1101件依法不支持监督申请的案件，做好化解矛盾、服判息诉工作。注重把监督从裁判结果向诉讼过程延伸，对违法采取保全措施、违法送达、适用审判程序错误、超期审理等问题，提出检察建议120件。监督、支持法院解决执行难，组织开展民事非诉执行、“终结本次执行”等专项监督，提出检察建议514件，纠正消极执行、选择性执行、明显超标的执行等问题。针对民间借贷、劳动争议、离婚财产纠纷等领域虚假诉讼多发现象，开展虚假诉讼领域深层次违法行为专项监督，查处虚假诉讼116件，从中移送犯罪线索，相关部门已立案29人。龙岩市检察机关纠正18起假借农民工讨薪为名的司法确认案件，6名涉案当事人被刑事立案。省检察院就加强防范和查处虚假劳动仲裁，向有关部门提出检察建议，促进完善劳动仲裁制度。

着力做实行政检察工作。围绕维护司法公正、促进依法行政的共同法治目标，办理各类行政检察案件824件，其中生效行政裁判结果监督、行政审判人员违法行为监督、行政执行监督案件分别比升23.9%、66.7%、46.8%。针对群众反映强烈的行政争议案件难以进入实体审理程序问题，开展专项监督促进实质性化解，已排查38件。加大行政非诉执行监督力度，提出检察建议243件。厦门市同安区检察院对行政机关未执行法院8起行政非诉执行裁定，依法监督纠正，促成建立非法占地案件强制执行联动机制。探索对诉讼活动中涉及的行政处罚开展监督，提出意见31件。泉州市洛江区检察院对部分个体工商户以党政机关办公所在地虚假注册问题，开展专项监督，督促全面排查并立案403件。针对不规范处置没收违章建筑物现象，排查案件52件，向相关部门提出建议，省政府领导已批示有关部门重视抓好落实。

着力做好公益诉讼工作。省委全面深化改革委员会出台《关于支持检察机关依法开展公益诉讼工作的意见》，全省各级党委、人大、政府出台支持公益诉讼工作意见28份，各级人大常委会听取和审议专项报告40次，创造了良好条件。一年来，通过诉前程序办结案件1101件，提起公益诉讼68件，督促治理被损毁的耕地、林地、湿地2700亩，督促清理固体废物、生活垃圾2300余吨，督促追回各类资金11.18亿元。着眼共同解决问题，努力以最少司法投入获得最佳社会效果，通过检察建议、告知函等，促进检察监督与行政执法良性互动，93%接受检察监督的行政机关主动纠错或依法履职。我省运用诉前圆桌会议机制促进解决公益难题的做法，在全国检察机关推广。贯彻英雄烈士保护法，顺昌县检察院对侮辱四川凉山消防烈士案提起刑事附带民事公益诉讼，用法律手段捍卫英烈尊严。积极探索拓展公益诉讼办案范围，福州市检察机关对“福州古厝”开展公益保护，惠安县检察院督促对古城墙等文物采取保护措施。省检察院与福州军事检察院建立公益诉讼协作机制，共同维护国防利益。

三、坚持以人民为中心，在国家治理体系和治理能力现代化中发挥积极作用

主动融入国家治理体系和治理能力现代化，

紧盯人民群众的操心事、烦心事、揪心事，办好民生案件、为民实事。

全面落实认罪认罚从宽制度。为更好化解社会矛盾、降低司法成本，履行检察官在刑事诉讼中指控犯罪的主导责任，积极开展刑事和解、社会调查评估、派驻值班律师等工作，全面收集审查罪轻、罪重的量刑情节和证据，适用认罪认罚从宽制度审结案件26417件33485人，占同期办结案件数50.6%。客观公正提出量刑建议27993人，法院采纳率92%。对8581件案件适用速裁程序，平均办案时间9天。

将心比心妥善处理群众信访。践行新时代“枫桥经验”，实行“群众来信件件有回复”，对25581件来信，能够回复的全部做到“7日内程序回复、3个月内办理过程或结果答复”。不止于程序答复和结案，注重解决群众反映问题，各级院检察长接访1517件次。相关做法得到最高检肯定并在全国推广。针对多年申诉、各方关注案件，邀请代表委员、人民监督员等公开听证，以公开促公信，推动问题解决。

用心用情做好未成年人检察工作。对涉嫌轻微犯罪并有悔罪表现的未成年人，不批捕390人、不起诉368人；应当依法惩戒的，批捕1110人、起诉1790人。严厉打击性侵、拐卖、校园欺凌等伤害未成年人犯罪，批捕1726人、起诉2226人。漳州市检察机关办理一起性侵未成年养女案，牵头有关部门同步推进司法救助、医疗救治、心理疏导、生活安置、动态观护等工作，入选全国依法维护妇女儿童权益十大案例。落实最高检“一号检察建议”，联合省教育厅、公安厅开展预防校园性侵专项行动，提请省委政法委牵头11家单位出台暂行办法，对与未成年人密切接触行业，实行侵害未成年人强制报告、性侵未成年人违法犯罪从业禁止等机制。推动“法治教育示范校”创建工作，常态化开展法治进校园活动，94名检察长兼任中小学法治副校长。

全力保障食品药品安全。落实食品药品安全“四个最严”要求，参与中央食品药品监管执法司法督察反馈意见整改，强化行政执法与刑事司法衔接，会同市场监管等部门开展专项行动，起诉制售假药劣药、有毒有害食品等犯罪239人，建议行政执法机关移送相关案件52件。深化“保障千家万户舌尖上的安全”专项监督，开展中小学校园、幼儿园及周边食品安全等领域公益诉讼专项监督，办理危害中小学、农贸市场、网络外卖食品安全的公益诉讼案件349件。督促相关职能部门严格监管，5766家不合格网络餐饮商户得到整改。三明市检察机关针对黄粿中添加硼砂问题向有关部门提出检察建议，促成专项整治食品加工小作坊。

建好用好六大特色检察展示平台。主动融入法治社会建设，立足检察职能特点和业务特色，建成生态检察、未成年人检察、公益诉讼、服务非公经济发展、涉台检察、红色检察基因传承教育等六个特色检察展示平台，打造弘扬法治精神、引领法治进步的窗口。依托平台邀请代表委员参加主题视察、检察开放日等活动，2万多名企业家、公司高管、在校师生、台商台胞和社会各界代表走进展示平台。一些地方党委政府和行政部门把平台列入主题教育联系点、普法宣传教育基地、党校实践教学基地和行政执法人员现场教学点，助力提升地方法治竞争力。

四、落实新时代党的建设总要求，打造过硬检察队伍

适应新时代更高更严要求，牢记初心使命，提升检察监督能力，加强队伍监督管理，努力让党放心、让人民满意。

扎实开展“不忘初心、牢记使命”主题教育。全省检察机关分两批开展主题教育，抓实学习教育、调查研究、检视问题、整改落实四项重点措施。落实省委“找差距、抓落实、解难题、化积案”行动，查找突出问题124个，开展专项整治，取得阶段性成效。以主题教育为契机，持续深化党建工作，强化党性教育和职业道德教育，提振队伍精气神。

全面完成检察机关内设机构改革。根据最高检部署，开展全省检察机关内设机构改革。省检察院设立15个检察业务部门和相关内设机构，市县两级院设置内设机构812个，精简33.7%。省检察院与设区市院业务机构总体对应，基层院对应设立办案组或独任检察官。持续落实司法体制综合配套改革，全省遴选员额检察官174人，159

人因离开办案部门等原因退出员额。入额院领导直接办案11072件，检察长列席审委会261人次。

稳步提升队伍素质能力。落实“双赢多赢共赢”“在办案中监督、在监督中办案”等新时代司法、检察理念，分级分类开展大规模教育培训，省检察院直接培训43189人次。开办“新福建检察大讲堂”，领导干部上讲台讲课855场次。推行检察官教检察官制度，组建民事行政诉讼监督专家咨询委员会，用好“检答网”解决新型疑难复杂案件问题。注重检察理论研究，我省论文在多项全国性区域性法学论坛获奖数位居全国检察机关前列。推行部门职责和个人岗位说明书制度，激励担当作为，全省有235个集体和个人获省级以上表彰，32个案件入选最高检指导性案例、典型案例。

持之以恒加强纪律作风建设。落实全面从严治党、全面从严治检，自觉接受最高检党组巡视，立行立改存在问题。组织对27个单位开展系统内巡视、巡察，发现问题805个，对被法院列入失信人员、过问或干预、插手检察办案等问题开展自查自纠。严格落实中央八项规定精神及其实施细则，集中整治形式主义、官僚主义取得阶段性成效。聚焦司法责任制和“捕诉一体”机制改革后的廉政风险防控，强化内部监督，优化检务管理，加强案件流程监控、质量评查、业务分析研判和情况通报。自觉接受各级纪委监委及其派驻机构监督，严肃查处19名违纪违法检察人员。

五、自觉接受监督制约，确保检察权依法正确行使

始终牢记人民检察院宗旨，坚持监督者更要接受监督，自觉在监督下做好工作。

自觉接受人大监督。落实省十三届人大二次会议精神，全面梳理代表意见，逐项研究落实。省检察院向省人大常委会专题报告民事行政检察工作，认真贯彻落实审议意见。精心办结并反馈代表建议230件，办理转交案件和事项79件，配合开展专题调研和执法检查112次。重视与代表经常性联系，邀请专题视察、参加检务活动等3777人次。

自觉接受民主监督。向政协通报检察工作，办结并答复政协委员提案25件。加强与各民主党派、工商联和无党派人士沟通联络，广泛听取意见建议。邀请1270名工商界人士参与“检察护航民企发展”开放日活动，展示检察机关亲清护企新成效。

自觉接受履职监督。加强与监察机关沟通协调，既互相配合又互相制约。依法慎重审查公安机关提请复议复核的不批捕、不起诉案件，改变原决定23人。针对撤回起诉、法院宣告无罪案件，开展专项调研分析。尊重和保障律师依法执业，开展专项监督，办理反映侵犯律师执业权利案件11件。支持人民监督员、特约检察员、专家咨询委员履职。

自觉以公开促公正。推进全省三级检察院12309检察服务中心建设运行，同步开展手机、网络等平台建设及应用，为群众提供“一站式”服务。公开案件程序性信息87114件、法律文书43948份。自觉接受舆论监督，及时回应社会关切。加大检察宣传力度，全面推进“一网两微八端”新媒体阵地建设，讲好检察故事。

全省各级党委、人大、政府、政协、监委、法院、社会各界和人大代表、政协委员的关心、支持、帮助，有力推动了检察工作发展。在此，我代表全省检察机关表示衷心感谢和崇高敬意！

我们清醒地认识到，工作中还存在问题和不足：一是落实新理念新要求还有差距，服务大局思维和眼界不够开阔，成效还有待提升。二是“四大检察”发展不全面、不协调、不充分的问题仍然较为突出，民事、行政检察工作短板明显。三是改革后的内设机构还处于磨合阶段，司法体制综合配套改革落实不够到位，检务管理机制亟待优化。四是检察队伍素质能力还有短板和弱项，基层基础薄弱、信息化建设滞后等问题依然存在。五是管党治党政治责任落实不够到位，少数检察人员违纪违法问题时有发生。对这些问题和不足，我们将采取有力措施，认真加以解决。

2020年主要任务

2020年是全面建成小康社会和“十三五”规划收官之年。全省检察机关要坚持以习近平新时代中国特色社会主义思想为指导，全面贯彻党的十九大和十九届二中、三中、四中全会精神，落实省委十届八次、九次全会部署，忠实履行宪法法律赋予的法律监督职责，在推进国家治理体系和治理能力现代化中体现检察担当。

一是立足职能服务保障新时代新福建建设。旗帜鲜明讲政治，增强“四个意识”，坚定“四个自信”，做到“两个维护”。坚决贯彻党中央决策部署，落实省委和最高检工作要求，落实省委“三四八”贯彻机制，围绕推进扫黑除恶专项斗争、服务打好三大攻坚战、保障民营经济发展等重点工作，落实检察环节服务保障措施。认真贯彻中共中央、国务院《关于营造更好发展环境支持民营企业改革发展的意见》，妥善办理涉民营企业案件，引导民营企业守法合规经营。

二是全面充分履行法律监督职能。严惩极端暴力犯罪，突出惩治多发性侵财犯罪和电信网络诈骗、非法集资、黄赌毒等犯罪。强化刑事诉讼监督，依法查办司法人员相关职务犯罪。加大对民事、行政生效裁判监督力度，常态化开展虚假诉讼和执行活动等领域深层次违法行为监督。向省人大常委会专题报告公益诉讼工作，突出办理生态环境和食品药品安全领域公益诉讼案件。持续做好“群众来信件件有回复”、落实认罪认罚从宽制度、检察建议参与社会治理等工作，推进新时代新福建治理现代化。

三是坚持不懈狠抓改革和队伍建设。推进司法体制综合配套改革各项任务落实，完善检察官员额退出、动态调整和惩戒机制。巩固内设机构改革成果，健全与新的内设机构相适应的工作模式。落实“不忘初心、牢记使命”长效机制，全面加强检察人员政治素质、业务素质、职业道德素质建设，加快检察信息化建设，推进检察监督能力现代化。加强对基层检察院分类指导，帮助解决实际困难，切实为基层减负。

四是始终在人大监督支持下做好检察工作。拓宽接受监督渠道，健全接受监督制度机制。落实人大及其常委会决议和决定，主动报告工作，配合开展执法检查和专题调研，用心办好代表建议和交办事项，密切联络代表。定期向社会公布办理案件总体情况，全面推行公开听证，发布一批典型案例，让人民群众真切感受到“看得见的公正”。

各位代表，新的一年，全省检察机关要更加紧密团结在以习近平同志为核心的党中央周围，不忘初心、牢记使命，认真落实本次省人大会议部署，忠实履行各项法律监督职责，为全面建成小康社会、加快新时代新福建建设作出新的更大贡献！

关于福建省2019年国民经济和社会发展计划执行情况及2020年国民经济和社会发展计划草案的报告

——2020年1月11日在福建省第十三届人民代表大会第三次会议上

福建省发展和改革委员会

各位代表：

受福建省人民政府委托，现将福建省2019年国民经济和社会发展计划执行情况及2020年国民经济和社会发展计划草案提请省十三届人大三次会议审议，并请省政协各位委员和其他列席人员提出意见。

一、2019年国民经济和社会发展计划执行情况

2019年，全省各级各部门坚持以习近平新时代中国特色社会主义思想为指导，全面贯彻党的十九大和十九届二中、三中、四中全会精神，深入贯彻落实习近平总书记对福建工作的重要讲话重要指示批示精神，增强“四个意识”、坚定“四个自信”、做到“两个维护”，按照党中央、国务院和省委决策部署，坚持稳中求进工作总基调，坚持新发展理念，坚持以供给侧结构性改革为主线，坚持高质量发展落实赶超，认真执行省十三届人大二次会议审议批准的《政府工作报告》和2019年国民经济和社会发展计划，落实省人大财政经济委员会的审查意见，全力做好“六稳”工作，全省经济运行总体平稳、稳中提质。

初步统计，2019年全省生产总值同比增长8%左右，总量跃上4万亿元台阶；一般公共预算总收入增长2%，地方一般公共预算收入增长1.5%；固定资产投资增长6%；进出口增长7.8%，其中出口增长8.7%；实际使用外资增长3.3%；社会消费品零售总额增长10%；居民消费价格总水平上涨2.6%；城镇登记失业率3.5%；城镇居民人均可支配收入增长8.3%，农村居民人均可支配收入增长9.8%；节能减排降碳年度目标可以实现。

一年来国民经济和社会发展成效主要体现在六个方面：

（一）着力提升产业素质，供给质量得到改善

创新能力进一步增强。制定营造有利于创新创业创造良好发展环境实施意见，高成长企业达406家，全年新增高新技术企业700家，每万人发明专利拥有量11.1件、增长12.8%。实施福建省工程研究中心三年行动计划，推动223项关键技术开展攻关，宁德时代国家工程研究中心技术攻关步伐加快。加快组建省创新研究院。打造高水平实验室，光电信息、能源材料、化学工程、能源器件等首批4家省创新实验室启动建设。第十七届中国·海峡创新项目成果交易会共对接合同项目7106项、总投资1786亿元。科技特派员制度深入实施，乡镇覆盖率达到100%。实施数字经济领跑行动，成功举办第二届数字中国建设峰会，获批设立国家数字经济创新发展试验区，5G商用正式启动，人工智能双百工程顺利实施，数字经济规模约1.7万亿元。

制造业高质量发展取得新成效。开展主导产业研究和梳理，实施千亿产业集群推进计划，规上工业增加值增长8.8%，高技术产业和三大主导产业增加值分别增长12.3%、9.8%，产值超千亿元集群达18个、主营业务收入超百亿元工业企业45家，国家专精特新“小巨人”企业10家、国家级制造业单项冠军企业（产品）22家。福州新型功能材料、厦门新型功能材料、厦门生物医药及莆田新型功能材料等四个集群纳入国家战略性新兴产业集群发展工程，战略性新兴产业增加值达5400亿元。海洋生产总值1.18万亿元、增长11%。中化泉州乙烯、古雷炼化一体化等石化重大项目加快推进，中沙古雷乙烯项目正式列入国家石化产业规划布局，上汽宁德基地、莆田钧石能源HDT高效异质结太阳能电池一期项目投产，组织实施重点技改项目738项，省技改基金扩大至120亿元。

现代服务业平稳增长。新增国家A级物流企业54家，总数达377家，居全国第四位；厦门市入选2019年国家物流枢纽建设名单；厦门市、泉州市入选家政服务业提质扩容“领跑者”行动重点推进城市。金融业运行平稳，不良贷款率下降至1.14%，“海峡科创板”推出，118家科创型企业举行签约挂牌仪式。“全福游、有全福”品牌打响，全省接待国内外游客5.36亿人次、增长16.5%，旅游总收入8058亿元、增长22%。新经济领域服务业加快发展，规上互联网平台营业收入增长39.9%。

农业生产保持稳定。粮食安全省长责任制考核取得优异成绩，得到国家通报表扬。划定800万亩水稻生产功能区，建成高标准农田130万亩。十大乡村特色产业全产业链总产值突破1.7万亿元、千亿产业增至8个。全面实施特色现代农业“五千工程”，累计创建省级以上特色农产品优势区84个、现代农业产业园60个，形成安溪铁观音、古田食用菌等一批产值超百亿元产业强县。优质绿色农产品供给明显增加，质量安全监测总体合格率98.6%。非洲猪瘟疫情有效防控。

（二）着力拓展内需市场，需求结构逐步改善

投资结构继续优化。围绕万亿有效投资计划，实施稳投资26条措施，加大基础设施重点领域补短板力度。制造业投资增长16.2%，其中高技术制造业投资增长17%。

全力推进“五个一批”项目攻坚。深化“五个一批”项目推进机制，强化正向激励，全省入库“五个一批”项目34915个，总投资18.4万亿元，其中本年新增开工项目3083个、总投资8004亿元。1200个省在建重点项目完成投资4948亿元，完成年度计划的108%。宁德时代一汽动力电池、泉州泉港百宏年产250万吨精对苯二甲酸、漳州古雷奇美化工ABS及AS、龙岩龙净环保输送装备及智能制造等项目开工建设。福州地铁2号线开通试运营，平潭海峡公铁大桥正式合龙即将通车，泉州三安半导体、三明建宁明一生态乳业加工、南平铝业轻量化车厢和物流车等项目投产或部分投产。厦门新机场、长乐机场二期扩建工程立项获批。

消费市场持续增长。出台完善促进消费体制机制进一步激发居民消费潜力实施方案及进一步促进消费增长若干措施。成功举办首届福建商圈（步行街）博览会暨消费品采购会，打造“闽货卖全球、全球买闽货”商贸对接平台。实施促进夜间消费用电激励举措，因地制宜培育一批富有地方特色的夜间经济集聚区。建立“电商富农”产销机制，新创建8个国家级电子商务进农村综合示范县，网上商品零售额增长24.1%。

（三）着力推进改革开放，发展活力不断增强

营商环境持续优化。聚焦企业关切，持续减环节减时限减负担，实现开办企业时间、不动产一般登记和抵押登记时间压缩至5个工作日以内。切实减轻企业负担，全年新增减税降费超过600亿元。完成清理拖欠民营企业中小企业账款年度目标任务。企业养老保险缴费费率降至16%。全年新登记各类市场主体97.6万户，增长9.4%。社会信用体系建设稳步推进。

深化“放管服”改革。推行“政府做的好不好群众来打分”的“好差评”制度。落实市场准入负面清单制度，推动“非禁即入”普遍实现。加快推进“互联网+政务服务”，全省依申请审批服务事项网上可办率97.55%。推进投资项目审批制度改革，企业投资项目前置审批事项从原来的76项减少至40项。推进工程建设项目审批“四统一”，全面推行“双随机、一公开”监管，行政审批和公共服务事项“一趟不用跑”和“最多跑一趟”占比超过90%。推进全省政务服务事项“四级四同”，“放管服”改革标准化工作走在全国前列。

重点领域改革取得新进展。财税改革持续深化，明确共同财政事权转移支付项目，出台基本公共服务保障地区标准备案办法。完善金融风险监测、评估和处置机制，设立总规模150亿元的省级纾困基金，互联网金融风险专项整治扎实有效。稳步推进电力体制改革，加快实施增量配电业务试点项目。水、电、天然气等价格改革持续推进，全面完成工商业用电并类，全省一般工商业电价降幅达10.02%。大力推进公共资源交易机制改革。加快完善国有企业法人治理结构，推进国有资本投资、运营公司改革试点，推动国有企业混合所有制改革。

积极应对经贸摩擦。建立“六稳”情况部门通报会商机制，加快落实稳定和促进外经贸发展政策措施，进出口13306.7亿元，其中出口8277.9亿元、进口5028.8亿元，进口规模跃居全国第7位。新设外商投资企业2300家，实际使用外资315.4亿元。

海丝核心区、福建自贸试验区等改革试点加快推进。深入推进海丝核心区建设，积极实施丝路海运、丝路飞翔、数字丝路等八大工程。成功举办首届丝路海运国际合作论坛，加入丝路海运的国际集装箱航线达到60条，突破1800个航次。丝路飞翔空中航线近400条。继续扩大海上丝绸之路博览会、国际电影节等影响。扩大经贸合作，与共建“一带一路”国家和地区贸易额增长16.3%。积极推进自贸试验区改革创新，深化方案136项重点试验任务实施率达92%；累计推出410项创新举措，其中全国首创157项，对台89项。

闽台、闽港澳侨交流不断深化。落实落细惠台措施，获批设立“海峡两岸集成电路产业合作试验区”和“海峡两岸生技和医疗健康产业合作区”，平潭至高雄货运、客运航线实现首航并常态化运营。向金门地区供水稳定运行，向马祖近期供水工程启用，与金马通电通气通桥前期工作有序推进。入闽台胞超过387万人次，来闽实习就业创业台湾青年超过3.6万人。闽港、闽澳新一轮交流合作取得新进展，成功举办闽港“一带一路”高峰研讨会，第六届世界闽商大会顺利召开。

（四）着力优化区域布局，城乡发展更趋协调

闽东北、闽西南协同发展区建设加快推进。深入贯彻落实中央财经委员会第五次会议精神，推动形成优势互补高质量发展的区域经济布局，出台关于建立更加有效的区域协调发展新机制的实施方案，编制完成闽东北、闽西南协同发展区发展规划，实施区域协作项目226个。重大协作项目取得突破，福州至长乐机场城际铁路、厦门地铁6号线漳州角美延伸段、双龙铁路开工建设；漳汕高铁完成预可研审查。

脱贫攻坚取得新成效。深入贯彻习近平总书记给下党乡乡亲的回信精神，严格按照“一个都不掉队”“两不愁三保障”要求，全面实施精准扶贫精准脱贫基本方略，全省建档立卡贫困人口全部脱贫，贫困村全部摘帽，剩下的6个省级扶贫开发工作重点县全部达到退出标准。做好产业扶贫、就业扶贫、金融扶贫、教育扶贫、医疗扶贫、低保兜底等精准帮扶工作。出台关于做好革命老区中央苏区脱贫奔小康工作的实施意见。理顺对口支援工作机制，加大工作推进力度。

深入实施乡村振兴战略。深入实施乡村振兴十大行动，推进50个重点县（市、区）、100个特色乡镇、1000个建制村试点示范建设。实施农村人居环境整治“一革命四行动”，开展村庄清洁行动，农村无害化卫生户厕覆盖率达95%，83个村开展生活垃圾干湿分类试点。发布首批30个“金牌旅游村”，寿宁县下党村等11个村入选全国乡村旅游重点村。农村承包地确权登记颁证全面到户，农村集体产权制度改革覆盖全省。

新型城镇化建设扎实有序推进。常住人口城镇化率、户籍人口城镇化率分别达到66.5%、50.3%。制定促进城乡融合发展实施方案，持续推动国家级、省级新型城镇化试点，继续探索新型城镇化路径。特色小镇创建取得新进展，宁德锂电新能源小镇创建经验被国家选为全国典型示范小镇总结推广。

（五）着力推进生态文明建设，生态环境保持优良

扎实推进国家生态文明试验区建设。38项重点改革任务全面组织实施，连江生态产品市场化改革等第三批12项改革成果在全省复制推广，莆田木兰溪系统治理、南平深化集体林权制度改革等22项改革经验在全国复制推广，实现“三年三步走、年年出成果”。试验区创新探索实践入选十大“2019中国改革年度案例”。

大力推动绿色发展。统筹推进省市县国土空间规划编制工作，全面推开全省区域空间生态环境评价。加强滨海湿地保护，推动武夷山国家公园体制试点。组织实施绿色产业指导目录，在8个县开展生态产品市场化改革试点。建立多元化、市场化生态保护补偿机制，落实全流域生态保护补偿。落实能耗总量与强度“双控”，有序发展新能源和可再生能源。完善环境权益交易体系，全省排污权累计成交金额13.13亿元。全面推进生活垃圾分类，厦门市连续六个季度在住建部考评中排名全国第一。

坚决打好污染防治攻坚战。实施“1+7+N”污染防治攻坚战作战计划，九市一区城市空气质量优良天数比例98.4%，全省12条主要河流143个水质评价断面总体水质为优，Ⅰ—Ⅲ类水质比例96.5%；全省近岸海域优良水质比例80%。坚决打赢蓝天保卫战，加快推进核电、天然气等清洁能源项目建设，有效减少60%以上的污染天数。坚决打好碧水保卫战，深入推进闽江流域山水林田湖草生态保护修复，加大九龙江、木兰溪等重点流域整治力度，县级及以上饮用水水源地水质达标率100%，全省9个设区市建成区87条黑臭水体基本消除黑臭。坚决推进净土保卫战，完成农用地土壤详查工作，全部完成2385个重点行业企业地块的基础信息采集，实现乡镇生活垃圾转运系统全覆盖，行政村生活垃圾治理常态化。

（六）着力保障和改善民生，人民群众获得感持续增加

为民办实事项目全面落实。27件省委省政府为民办实事项目完成年度目标任务，省级以上补助资金下达140.7亿元，占年度计划的126.8%。民生相关支出占一般公共预算支出比重为76.7%。修订缓解生猪市场价格周期性波动调控预案，将冻肉储备调节工作纳入“菜篮子”市长负责制，强化猪肉市场应急保障能力。全面启动平价商店销售机制，严格落实物价上涨挂钩联动机制，累计向547万余人次困难群众发放价格临时补贴2.8亿元。房地产市场保持平稳健康发展，完成棚户区改造6.4万套。严格落实安全生产责任，各类生产安全事故起数、死亡人数分别下降17.3%和8.2%，没有发生重大以上事故。

就业保持稳定。落实创业带动就业政策，新建10家省级创业孵化基地。做好高校毕业生、退役军人、农民工、就业困难人员等重点群体就业工作。实施职业技能提升行动，推进重点群体职业技能提升培训。城镇新增就业64.3万人，城镇失业人员再就业25.3万人，就业困难人员就业3.74万人，均完成年度任务。

教育事业稳步发展。教育事业发展主要指标稳中有升、位居全国前列，学前三年入园率98.6%，九年义务教育巩固率99%，高中阶段毛入学率97.2%，高等教育毛入学率56.7%，主要劳动年龄人口受过高等教育比重达26.3%。统筹推进县域内城乡义务教育一体化改革发展，制定实施高中教育质量提升计划，扎实推进高考综合改革，深入推进国家和省级“双一流”建设。落实扩大普惠性学前教育资源、推进义务教育质量提升、职业院校基础能力建设工程，完成200所公办幼儿园建设任务。义务教育阶段大班额数占比下降到1.6%，超过70%小规模学校达到省定基本办学标准。

医疗健康服务更加完善。福州滨海新城医院、复旦中山厦门医院列入首批国家区域医疗中心。实施全民健康保障工程，省儿童医院、妇产医院、疾控中心、川大华西厦门医院等医疗卫生项目加快建设。进一步推广三明医改经验，率先全省跟进国家药品集中采购和使用试点，全省半数以上县域组建紧密型医共体。推进县级公立医院能力提升项目，69个县（市、区）已建成33个县域消毒供应中心、37个县域临床检验中心、45个县域病理检查中心、46个县域医学影像中心、55个县域心电诊断中心和34个县域远程会诊中心。新建130个基层医疗卫生机构中医馆。积极创建国家“互联网+医疗健康”示范省，三级医疗机构39项检查检验结果实现网络互认。

养老、文旅、体育等社会事业加快发展。推

进居家和社区养老服务改革试点，全面取消养老机构设立许可，实施社会服务兜底工程、城企联动普惠养老专项行动，新增各类养老服务床位1.5万张，街道和中心乡镇居家养老服务照料中心覆盖率由80.1%提高到90.7%，建制村养老服务设施覆盖率由53%提高到64.5%。文化公共服务建设迈出新步伐，广播电视业加快发展，福州成功申办2020年第44届世界遗产大会，第28届金鸡百花电影节在厦门成功举办。全域生态旅游和优质旅游加快发展，武夷山市、永泰县、武平县列入首批国家全域旅游示范区，平潭国际旅游岛加快建设。新建90个多功能运动场、60个笼式足球场、30个笼式篮球场和30个门球场，漳州市、南安市入选全国社会足球场地设施建设专项行动试点城市。

总的看，2019年全省经济运行保持在合理区间，主要指标增速好于全国，经省十三届人大二次会议审议通过的国民经济和社会发展计划主要预期指标完成情况总体较好。GDP、进出口、城乡居民人均可支配收入、就业、物价、节能减排等指标运行情况符合或好于年度预期目标，投资指标与预期目标存在一些差距，经济社会发展还面临不少困难和问题。一是经济下行压力较大。受中美经贸摩擦、全球经济下行等因素影响，企业投资、生产、经营更趋谨慎。二是实体经济发展仍较困难。企业竞争力有待提高，实体经济特别是中小企业融资难融资贵问题依然存在，原材料、劳动力等成本仍然较高。三是高质量发展短板制约仍有待突破。全社会研发投入仍然低于全国平均水平，科技成果转化率不高，创新资源相对薄弱，创新领军人才匮乏，企业创新引领能力不强，发展新动能有待进一步增强。教育、医疗、养老等公共服务领域短板还不少。四是营商环境仍需不断优化。对标国际国内先进水平、对标企业和群众的期待，营商环境还有不少短板弱项，“放管服”改革有待进一步深化，市场主体的获得感、满意度还有待提高。面对这些困难和问题，我们要高度重视，着力加以解决。

二、2020年国民经济和社会发展主要预期目标和任务

政府工作报告提出2020年经济社会发展工作的总体要求是：以习近平新时代中国特色社会主义思想为指导，全面贯彻党的十九大和十九届二中、三中、四中全会精神，坚决贯彻党的基本理论、基本路线、基本方略，增强“四个意识”、坚定“四个自信”、做到“两个维护”，紧扣全面建成小康社会目标任务，坚持稳中求进工作总基调，坚持新发展理念，坚持以供给侧结构性改革为主线，坚持以改革开放为动力，推动高质量发展落实赶超，坚决打赢三大攻坚战，全面做好“六稳”工作，统筹推进稳增长、促改革、调结构、惠民生、防风险、保稳定，保持经济运行在合理区间，努力在营造良好发展环境上再创佳绩，在推动两岸融合发展上作出示范，做好革命老区、中央苏区脱贫奔小康工作，加快建设机制活、产业优、百姓富、生态美的新福建，确保全面建成小康社会和“十三五”规划圆满收官，得到人民认可、经得起历史检验。

2020年经济社会发展的主要预期目标是：全省生产总值同比增长7%—7.5%；一般公共预算总收入增长2.5%左右，地方一般公共预算收入增长2%左右；固定资产投资增长7.5%左右；进出口增长3%，实际使用外资增长3%；社会消费品零售总额增长9.5%，居民消费价格总水平涨幅3.5%左右；城镇登记失业率控制在4.2%以内；城镇居民、农村居民人均可支配收入分别增长8%和8.5%；完成节能减排降碳目标。

为实现上述目标，重点要做好七个方面工作：

（一）切实加快构建现代化经济体系

深入实施创新驱动发展战略。大力实施质量强省、知识产权强省战略，加快提升企业技术创新能力，扶持一批国家级企业技术中心，完善科技人才、技能人才发现培养激励机制，建立与科研人员科研能力和贡献相称的薪酬分配制度，大力引进海内外高层次科技人才团队，提升人才综合服务水平。打造国家级、省级梯次布局的高水平创新平台体系，力争在新材料、新能源领域再获批设立国家工程研究中心。以高端人才为先导、机制创新为引擎，高标准建好省创新研究院、创新实验室。全社会研发经费投入增长22%，力争高新技术企业突破5000家。深入实施科技创新链和产业链精准对接，办好第18届中国·海峡创新项目成果交易会。实施军民融合产业发展专项行动，推动军民融合深度发展和国防动员体系建设。坚持和深化新时代科技特派员制度。

大力推动制造业高质量发展。发挥优势提升产业基础能力，对接国家工业强基工程专项行动，实施一批省级工业强基工程重点项目，争取形成20个产值超千亿元集群。提升产业链发展水平，梳理主要产业链缺失与薄弱环节，加强建链、延链、补链、壮链。加快主导产业梳理，推动现有三大主导产业内涵深化、外延拓展，围绕战略性新兴产业、数字经济、海洋经济、生态经济等领域进行扶持培育，推动形成新的主导产业。推进传统制造业优化升级，促进传统产业向数字化、网络化、智能化、绿色化、服务化升级，组织实施500项省重点技改项目，省技改投资基金扩大至200亿元，力争技改投资增长10%以上。加快培育和发展新兴产业，战略性新兴产业增加值突破6000亿元。开展工业园区标准化建设试点，盘活园区土地，落实退城入园政策。推动海洋产业发展，海洋生产总值突破1.3万亿元。

依靠市场机制和现代科技创新推动服务业发展。推动先进制造业和现代服务业深度融合发展。继续发展总部经济，大力争取闽商回归，吸引央企和省外大型民企在闽设立区域总部。推动生产性服务业向专业化和价值链高端延伸，推进冷链物流、港区物流基础设施建设以及高速公路服务区和落地互通服务业示范工程项目。支持银行业金融机构加强产品创新和信贷服务，支持符合条件的企业扩大区域性股权融资、知识产权质押融资和债券融资。推动生活性服务业向高品质和多样化升级，打造全域生态旅游省，深入实施“放心游福建”服务承诺。

发展特色现代农业。推进800万亩水稻生产功能区建设，实施地力提升“3323工程”，粮食指导性计划播种面积1250万亩、总产500万吨。推动农村一二三产业深度融合，力争十大乡村特色产业全产业链总产值突破2万亿元。大力发展农产品深加工，积极培育休闲农业、乡村物流、乡村旅游等新产业新业态。创建250个优质农产品标准化示范基地。加强农产品质量安全监管，大力推进源头赋码、“一品一码”。实施生猪产业转型升级三年行动计划，生猪存栏恢复到900万头。

推动数字经济加快发展。高标准办好第三届数字中国建设峰会。总结推广“数字福建”20年建设经验，高水平推进国家数字经济创新发展试验区建设，深化政务数据和社会数据融合应用，围绕数字丝路、智慧海洋、卫星应用等方面组织开展区域特色试验。实施区块链技术创新和产业培育专项行动，支持5G技术创新、产品研发和示范应用，建成百项人工智能应用示范项目，推动中电、华为、浪潮等自主生态基地、京东数字经济产业园、百度人工智能、海康威视物联网产业基地、比特大陆区域总部等一批数字经济重点项目加快建设，力争数字经济规模超2万亿元。

（二）切实培育内需新增长点

强化“五个一批”机制。狠抓产业项目特别是新兴产业、现代服务业项目储备招商，大力推进产业链延伸、产业群壮大项目建设，推动形成项目滚动接续良好态势。紧盯关键环节，聚焦要素制约，促进项目尽早开工、多形成实物工作量。全力协调服务，做好竣工验收，推动尽快投产达产。谋划梳理一批战略性、基础性、支撑性和投资带动力强的重大项目，对部分拟在“十四五”实施的重大项目，积极创造条件争取提前实施。

深化重大项目攻坚。深入开展重大项目集中开工、“重中之重”项目集中协调，初步计划安排全省重点项目1565个、年度投资5000亿元，计划新开工重点项目155个，建成或部分建成155个。重点推进福厦客专、福平铁路、衢宁铁路、兴泉铁路、福州地铁、厦门地铁、莆炎高速公路尤溪中仙至建宁段、霞浦核电、漳州核电、省委党校新校区、省儿童医院、省妇产医院等在建重大项目加快建设，推动厦门新机场、长乐机场二期扩建工程等重大项目尽快开工建设。全年新增高速公路通车里程400公里、铁路营业里程260公里、电力装机容量200万千瓦。

强化项目资金和要素保障。加强重大工程项目与财政性建设资金、债券资金、银行贷款、社会资本等匹配。用好用足地方政府专项债券资金，继续谋划后续批次专项债券项目。加强用地用林用海等协调服务，提高用地环评等前期手续办理效率，做好征地拆迁、市政配套、水电接入等准备工作，推动项目加快实施。

拓展补短板领域投资。实施新一轮基础设施补短板工程，加大综合交通网络、轨道交通、市政管网、5G、物流枢纽、冷链物流、海铁联运、港口集疏运等领域投资力度。加大城镇老旧小区改造、城乡历史风貌保护利用、城市停车场、农村饮水安全巩固提升、新一轮农网改造升级等补短板力度，优化生成一批新的补短板投资工程包。落实鼓励民间投资各项政策措施，推介一批优质项目，激发民间有效投资活力。

促进消费扩容提质。完善促进消费体制机制，挖掘消费潜力，力争社会消费品零售总额突破1.7万亿元。扩大智能产品和绿色产品供给，推进老旧家用汽车、家电、公交车等报废更新升级，支持新能源汽车、5G手机等消费。加快线上线下融合等新消费发展，鼓励建设一批新消费体验馆，创建一批省级示范商圈、步行街，推动便利店品牌化连锁化发展。大力发展夜间经济，培育特色精品夜市，建设一批夜间经济示范区。推动文化旅游消费升级，推动创建文化旅游消费示范和试点城市。推动医养结合，着力培育一批家政龙头企业。促进户外运动等体育消费。进一步释放农村网购和乡村旅游消费潜力，推动工业品下乡、农产品进城双向流动。加强商品流通网络建设，推动冷链物流、智慧物流、国际物流发展。组织好中国品牌日活动。

（三）切实推进更高水平对外开放

统筹推进海丝核心区建设。扩大丝路海运品牌效应，办好第二届丝路海运国际合作论坛。加快推进丝路飞翔，加密空中航线。加快实施数字丝路，拓展数字经济合作领域。培育丝路投资品牌，引导我省优势产能行业加快全球布局。支持跨境电商仓储物流企业加快“一带一路”沿线海外仓布局。推动实施人文海丝等重点工程。推动与日本关西地区合作，探索建立福建至关西地区“海空大通道”，高位对接“神户医疗产业都市”。推动福建和印度泰米尔纳德邦、泉州市和金奈城建立友好关系。

促进进出口平衡发展。落实落细国务院和我省稳外贸系列措施，保护产业链稳定发展。继续深入实施“百展万企”“助力万企成长”工程，加快壮大市场主体，支持企业拓展多元市场。大力推进市场采购贸易方式、跨境电商等新业态。鼓励企业通过进博会、海关特殊监管区等平台扩大进口。

优化双向投资水平。加强外商投资促进和保护，落实外商投资法及配套法规，推动新开放领域招商引资，全面落实外商投资准入前国民待遇加负面清单管理制度。统筹用好国外优惠贷款，谋划确定新一批备选项目。引导境外投资健康有序发展，切实规范企业境外经营行为。发挥自贸试验区改革开放试验田作用，力争取得更多标识度高、影响力大的制度创新成果。

深化闽台港澳交流合作。加快应通尽通，探索闽台经贸合作畅通、基础设施联通、能源资源互通、行业标准共通新路径。推动闽台优势产业融合发展，增强各类载体和平台承载能力。完善福建自贸试验区、平潭综合实验区等对台先行先试的制度创新体系，继续推进与金门马祖通水、通电、通气、通桥。落实落细各项惠台利民政策措施，持续推进基本公共服务均等化、普惠化、便捷化，健全台湾青年来闽实习就业创业的开放机制和市场机制，逐步构建完善台胞台企登陆的第一家园服务体系。深化闽台文化交流，完善海峡论坛等民间交流机制化平台。发挥闽籍侨亲、侨商优势，加强闽港、闽澳合作会议机制建设，推进“并船出海”，打造综合服务平台，主动对接粤港澳大湾区建设。

（四）切实深化改革优化环境

打造市场化法治化国际化营商环境。全面落实国务院《优化营商环境条例》，强化评估督导，推出有针对性的营商环境改革举措。完善构建亲清新型政商关系的政策体系，建立政府重大经济决策主动向企业家问计求策的程序性规范。弘扬优秀企业家精神，加大企业家队伍特别是年轻企业家培养力度。制定营造更好发展环境支持民营企业改革发展的实施意见，支持民营企业心无旁骛做实业，营造各种所有制主体依法平等使用资源要素、公开公平公正参与竞争、同等受到法律保护的市场环境。开展“信易贷”平台建设，有效拓宽中小微企业融资渠道。落实减税降费政策，进一步清理规范涉企收费，降低企业用电、用气、物流等成本。继续深化商事制度改革，推进我省商事登记监管条例立法。推动实施分级分类监管，构建以信用为基础的新型监管机制。

深入推进“放管服”改革。践行“马上就办”，努力提高全程网办率、“一趟不用跑”“最多跑一趟”事项占比，增强政务数据汇聚共享、一网通办、异地可办等能力。构建以闽政通APP为基础架构的全省一体化掌上便民服务平台。推动“集成套办”，全面梳理“一件事”集成套餐服务涉及多部门服务事项；加快“一窗通办”，加强线上线下融合。深化工程建设项目审批制度改革。进一步压减行政许可和企业开办时间。

扎实推进重点领域改革。推进新时代新福建治理现代化，认真落实省委十届九次全会部署，抓好11个方面53项重点任务的落实。加快金融体制改革，提高上市公司质量，支持符合条件的企业到境内外资本市场上市融资，推动中小银行聚焦主责主业，深化农村信用社改革，鼓励保险公司回归保障功能。坚决落实金融风险防范处置责任，做好重点领域风险防控工作。深化财税体制改革，加快推进我省分领域财政事权和支出责任划分改革，加强政府债务管理，防范化解隐性债务风险。深化国资国企改革，实施国企改革三年行动，加快推进综合改革“双百行动”试点、员工持股试点、国有资本投资运营公司改革试点。推动“僵尸企业”尽快出清，盘活有效资产。深化电力市场化改革，持续推进增量配电业务改革，进一步规范试点项目配电设施建设和运营。修订我省定价目录，进一步缩减政府定价项目。继续推进水电油气等商品价格改革。

（五）切实优化区域发展格局

加快闽东北、闽西南两大协同发展区建设。努力推动都市圈建设和湾区经济发展。抓好闽东北、闽西南协同发展区发展规划实施。加强基础设施互联互通，推进铁路、城际轨道交通、高速公路等基础设施统筹规划和协同建设。加强产业配套协作，完善共建园区利益共享制度，提升32个山海协作产业园建设水平。加强公共服务资源共享，加快建设一批公共服务平台，支持集团化办学办医、远程教学医疗、教师和医护人员轮岗交流，支持有条件的三级医院异地设置分支机构。

深入实施乡村振兴战略。全面推进乡村振兴试点示范，培育各具特色的福建乡村振兴示范样板。持续实施“一革命四行动”，打好村庄清洁行动战役。稳慎推进农村宅基地管理与改革，推进农村承包地“三权分置”、农村集体产权制度改革。建设新型农业经营体系，实施农民合作社规范提升行动、家庭农场培育计划等，引导小农户融入现代农业发展轨道。

统筹推进新型城镇化。优化城镇化空间布局，提升中心城市对周边城市辐射带动作用，加快培育发展中小城市，分类发展小城镇，持续开展特色小镇创建示范。加快推动城乡融合发展，推进城乡要素合理配置、基本公共服务普惠共享、基础设施一体化，推进国家城乡融合发展试验区建设。

加快老区苏区发展步伐。落实做好革命老区中央苏区脱贫奔小康工作的实施意见和推进革命老区发展条例，支持老区苏区加快建设铁路、高速公路、“四好农村路”，办好老区苏区教育，提高医疗卫生服务水平。支持老区苏区强化产业支撑和人才支撑，推进红色旅游景区建设。深化闽粤、闽赣省际边界地区合作。

（六）切实推动绿色发展

加快生态文明先导区建设。总结国家生态文明试验区建设成效，强化改革成果复制推广，继续加强整体设计、提升思路，提炼成行之有效的制度。深入探索生态产品价值实现路径，着力推动生态产品市场化改革，完善多元化市场化生态保护补偿机制和绿色金融支持体系。完善自然资源资产产权制度，探索推进差别化用途管制，完成全省自然生态空间统一确权登记。健全完善生态司法保护制度体系和生态文明法制保障机制，建立更加成熟更加定型的生态文明制度体系。

持续推进生态环境保护治理和修复。突出精准治污、科学治污、依法治污，全面打好污染防治攻坚战，深入实施蓝天保卫战三年作战计划，完善臭氧污染防控体系，强化区域联防联控。深入实施水污染防治行动计划，全面落实河湖长制，共抓闽江、九龙江等重点流域大保护大治理，巩固小流域、饮用水水源地和城市建成区黑臭水体整治等成果，城市污水处理率达94%。持续实施土壤污染防治行动计划，严格建设用地环境准入，推进耕地安全利用与治理修复，新增建设用地控制在国家下达的用地计划指标范围内。加强海洋环境保护陆海统筹，持续加强重点海域综合治理。推进重要湿地生态系统保护和修复，实施生物多样性保护工程。大力实施“三个百千”绿化美化行动，完成植树造林90万亩。

着力推动产业绿色发展。组织实施绿色产业指导目录，探索建立促进绿色发展的政策配套制度。实施绿色制造工程，推进绿色工厂、绿色园区建设，开发绿色设计产品。强化生态红线意识，严禁山区盲目发展落后产能的工业项目或园区。实行资源总量管理和全面节约制度，完成国家下达的万元地区生产总值能耗降低目标，万元地区生产总值用水量降低6.6%。

切实提高全民生态自觉。组织开展绿色生活创建，积极开展节约型机关、绿色家庭、绿色学校、绿色社区、绿色出行、绿色建筑等创建工作。全面推行生活垃圾分类，加快推进市政公用工程设施和城乡公共服务设施绿色化，新增城市公园绿地面积900公顷以上。积极倡导绿色消费，提倡绿色出行。

（七）切实做好惠民生各项工作

确保高质量打赢脱贫攻坚战。加快补齐“三保障”和饮水安全短板，巩固拓展脱贫攻坚成果，确保贫困人口、贫困地区与全省一道进入全面小康社会。构建防止返贫和稳定脱贫长效机制，及时做好返贫人口和新发生贫困人口的监测和帮扶，持续强化产业、就业、教育、健康、生态、兜底保障等精准扶贫措施，促进已脱贫建档立卡贫困人口稳定脱贫。深入推进项目支援、产业合作、智力帮扶、交往交流交融等援疆援藏工作，深度开展闽宁合作，全面提升各领域东西部扶贫协作和对口支援工作水平。

深入落实就业优先政策。稳定就业总量，改善就业结构，提升就业质量。突出抓好重点群体就业，落实好援企稳岗等各项政策，健全失业风险防范应急机制，全面落实促进毕业生就业政策措施，对就业困难人员实行托底帮扶。大力推进职业技能提升行动，计划三年内完成补贴性职业技能培训75万人次，其中2020年完成25万人次。

进一步提高民生领域公共服务水平。完善教育公共服务体系，有效解决进城务工人员子女上学难问题。九年义务教育巩固率保持在98%以上，高中阶段教育毛入学率保持在96%以上。持续推进国家和省级“双一流”建设，打好全面振兴本科教育攻坚战，加快推进天津大学福州国际校区建设。加大省级医疗卫生资金投入力度，加快国家区域医疗中心建设，积极支持省属医院“创双高”。实现紧密型医共体县域全覆盖，推进多层次医保体系建设。积极应对人口老龄化，优化生育政策。完善社会保障体系，参加城镇职工基本养老保险人数和基本医疗保险人数分别增长1.5%、0.35%。推进公共文化服务体系建设取得新突破，继续实施福建省舞台艺术精品工程。加快发展智慧广电，积极发展广播电视和网络视听产业，繁荣影视创作，推动影视基地建设。兜住基本生活底线，确保养老金按时足额发放。重视解决好“一老一小”问题，加强面向社区的养老服务供给和设施建设，全年新增各类养老床位不少于1万张，居家社区养老服务照料中心覆盖所有街道和中心城区乡镇，持续扩大普惠性学前教育资源，支持社会力量发展普惠性托育服务。实施公共体育普及工程，落实全国社会足球场地设施建设专项行动。落实安全生产责任和管理制度，全力防范化解重大安全风险。

全力做好保供稳价工作。继续做好粮食安全省长责任制和“菜篮子”市长负责制工作，实行省级粮食储备订单收购直补和最低收购价政策，继续实行引粮入闽奖励政策，大力实施优质粮食工程，保障粮油肉蛋果蔬等重要农产品市场供应和价格稳定。加强价格监测预警，落实好平价商店销售机制、社会救助和保障标准与物价上涨挂钩联动机制。坚持房子是用来住的原则，加大城市困难群众住房保障工作，加快培育和发展住房租赁市场，做好城镇老旧小区改造。健全稳地价、稳房价、稳预期长效管理调控机制，促进房地产市场平稳健康发展。

各位代表，做好“十四五”规划编制工作是今年一项十分重要的任务。要做深做实前期研究，按照统一规划体系要求，认真谋划一批事关全局发展的重大政策、重大工程和重大举措，同步编制一批省级重点专项规划，凝聚各方智慧力量，高质量推进《纲要》编制，努力使“十四五”规划顺应人民期盼、引领经济社会发展。

各位代表，做好2020年经济社会发展工作意义重大、任务艰巨。我们要更加紧密地团结在以习近平同志为核心的党中央周围，以习近平新时代中国特色社会主义思想为指导，不折不扣贯彻落实党中央、国务院和省委决策部署，认真落实省十三届人大三次会议决议，自觉接受人大法律监督和工作监督、政协民主监督、监察机关监督，高度重视省人大代表和政协委员意见建议，改革创新、锐意进取，为全面建成小康社会，建设机制活、产业优、百姓富、生态美的新福建而努力奋斗！

2019 年福建省国民经济和社会发展统计公报

福建省统计局
国家统计局福建调查总队

2020 年 2 月 27 日

初步核算，全年实现地区生产总值 42395.00 亿元，比上年增长 7.6%。其中，第一产业增加值 2596.23 亿元，增长 3.5%；第二产业增加值 20581.74 亿元，增长 8.3%；第三产业增加值 19217.03 亿元，增长 7.3%。三次产业增加值占地区生产总值的比重，第一产业为 6.1%，第二产业为 48.6%，第三产业为 45.3%。全年人均地区生产总值 107139 元，比上年增长 6.7%。

全年网络零售额 4589.2 亿元，比上年增长 24.8%。全年限额以上批发和零售企业实现网上商品零售额 1223.30 亿元，增长 24.1%。全年互联网重点企业实现互联网业务收入 617.4 亿元，比上年增长 4.4%。

年末常住人口 3973 万人，比上年末增加 32 万人。其中，城镇常住人口 2642 万人，占总人口比重（常住人口城镇化率）为 66.5%，比上年末提高 0.7 个百分点。全年出生人口 51 万人，出生率为 12.9‰；死亡人口 24.1 万人，死亡率为 6.1‰；自然增长率为 6.8‰。年末户籍人口数为 3896.47 万人，比上年末增加 35.16 万人。

表 1　2019 年年末人口数及其构成

指　　标	年末数（万人）	比重（%）
常住人口	3973	100.0
其中：城镇	2642	66.5
乡村	1331	33.5
其中：男性	2021	50.9
女性	1952	49.1
其中：0—14 岁	671	16.9
15—64 岁	2932	73.8
65 岁及以上	370	9.3

全年城镇新增就业 64.3 万人，有 25.3 万名城镇失业人员实现了再就业。年末城镇登记失业率为 3.5%，比上年末下降 0.21 个百分点。

图1 2015—2019年城镇新增就业人数

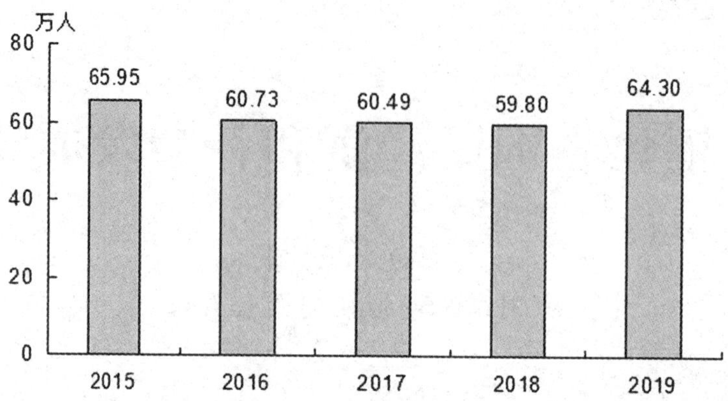

全年居民消费价格比上年上涨2.6%。工业生产者出厂价格上涨0.6%。工业生产者购进价格下降1.0%。固定资产投资价格上涨1.5%。农产品生产者价格上涨6.9%。12月份，福州市、厦门市、泉州市新建商品住宅销售价格同比分别上涨4.2%、3.9%和3.0%。

图2 2019年居民消费价格月度涨跌幅度

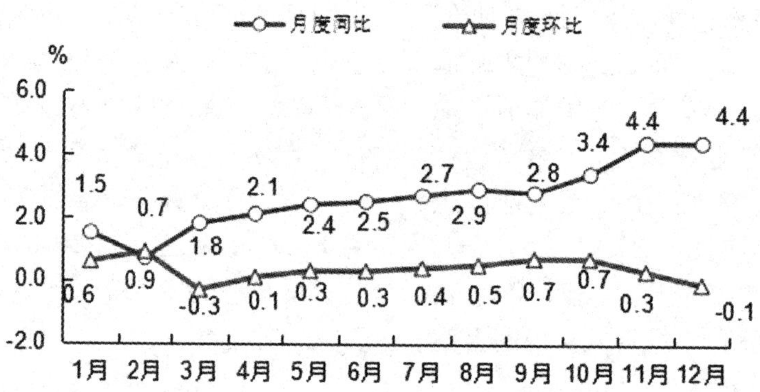

图3 2019年工业生产者价格同比指数情况(上年同月=100)

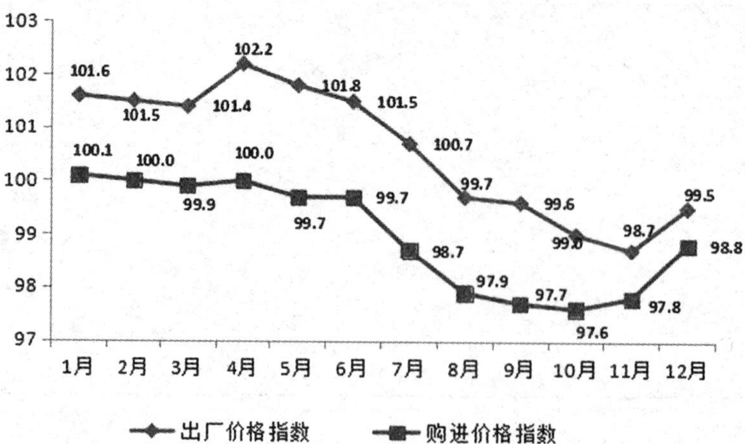

表 2　2019 年居民消费价格比上年涨跌幅度

指　　标	全　省（%）		
		城　市	农　村
居民消费价格总水平	2.6	2.6	2.7
食品烟酒	7.3	7.2	7.6
衣着	2.7	3.2	1.1
居住	0.5	0.4	0.6
生活用品及服务	0.6	0.7	0.4
交通和通信	-2.2	-2.2	-2.3
教育文化和娱乐	1.4	1.3	1.8
医疗保健	1.4	1.6	0.8
其他用品和服务	3.1	3.0	3.6

表 3　2019 年福州市、厦门市、泉州市新建商品住宅销售价格涨跌幅度（月度同比）

月份	1 月	2 月	3 月	4 月	5 月	6 月	7 月	8 月	9 月	10 月	11 月	12 月
福州	8.7	8.9	9.8	10.6	12.9	10.8	9.9	8.1	7.4	6.6	4.7	4.2
厦门	-0.3	0.0	0.7	1.1	0.4	1.2	2.6	3.6	3.3	2.7	2.9	3.9
泉州	1.6	1.1	1.1	1.4	1.6	1.3	1.9	1.5	1.7	2.5	2.3	3.0

全年一般公共预算总收入 5147.04 亿元，比上年增长 2.0%，其中，地方一般公共预算收入 3052.72 亿元，增长 1.5%；一般公共预算支出 5097.25 亿元，增长 5.5%。全省（含厦门）税收收入（含海关代征）4818.19 亿元，下降 0.1%。

图4　2015—2019年一般公共预算总收入及其增长速度

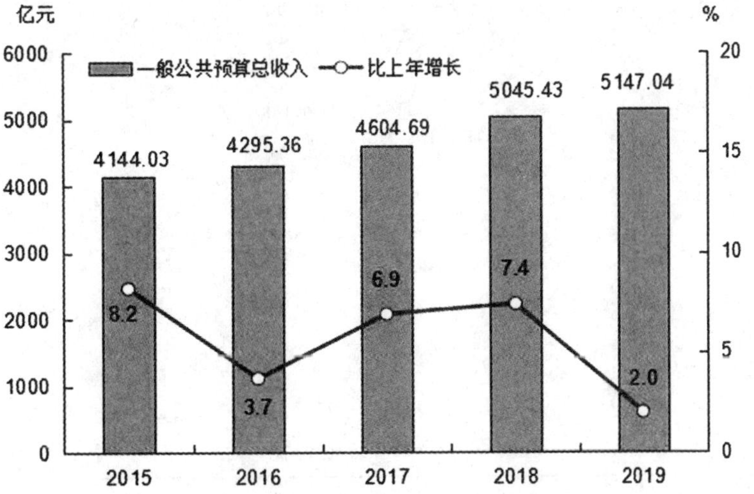

二、农业

全年农林牧渔业总产值4636.57亿元，比上年增长3.6%。粮食种植面积1233.65万亩，比上年减少16.62万亩，其中稻谷面积898.85万亩，减少30.56万亩；烟叶种植面积75.29万亩，增加2.45万亩；油料种植面积116.26万亩，增加3.13万亩；蔬菜种植面积869.70万亩，增加32.21万亩。

全年粮食产量493.90万吨，比上年减少4.68万吨，下降0.9%。其中，稻谷产量388.79万吨，减少9.52万吨，下降2.4%。

图5 2015—2019年粮食产量及其增长速度

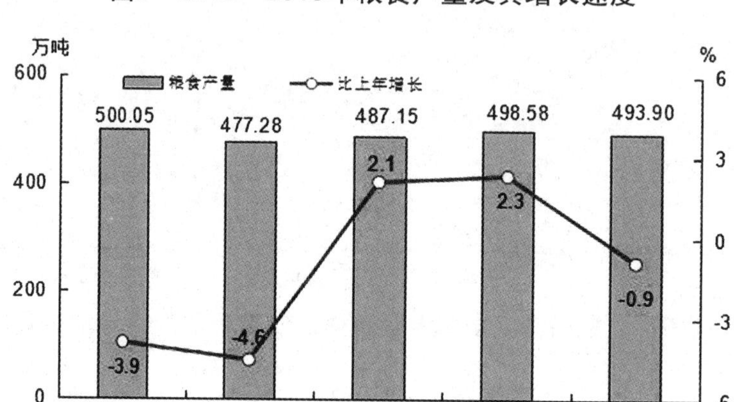

表4 2019年主要农产品产量

产品名称	产量（万吨）	比上年增长（%）
粮食	493.90	-0.9
春收	23.05	6.7
夏收	75.79	-5.9
秋收	395.07	-0.3
油料	22.03	3.7
其中：花生	21.04	3.5
油菜籽	4.00	3.0
糖料	26.25	0.5
甘蔗	26.25	0.5
烤烟	9.40	-12.0
茶叶	43.99	5.2
水果	727.21	6.9
蔬菜	1437.33	5.2
食用菌	133.36	5.6

全年肉蛋奶总产量317.26万吨，比上年增长0.8%。肉类总产量253.53万吨，下降1.0%。其中，猪肉产量103.03万吨，下降8.9%；主要禽肉产量141.87万吨，增长3.7%；牛肉产量2.14万吨，增长10.4%；羊肉产量2.22万吨，增长8.5%。年末生猪存栏641.52万头，下降19.8%；生猪出栏1297.26万头，下降8.7%。牛奶产量14.46万吨，增长4.6%。

全年水产品产量814.58万吨，比上年增长4.1%。其中，淡水产品产量91.05万吨，增长4.6%；海洋捕捞212.81万吨，下降1.6%；海水养殖510.72万吨，增长6.7%。

三、工业和建筑业

全年全部工业增加值16170.45亿元，比上年增长8.7%。规模以上工业增加值增长8.8%，其中，国有控股企业增长5.5%。在规模以上工业中，分经济类型看，国有企业增加值增长8.9%，集体企业增长4.2%，股份制企业增长9.9%，外商及港澳台商投资企业增长6.7%；私营企业增长10.2%。分轻重工业看，轻工业增长7.6%，重工业增长10.2%。分工业门类看，采矿业增长2.3%，制造业增长9.2%，电力、热力、燃气及水生产和供应业增长3.5%。工业产品销售率97.15%，与上年持平。

图6　2019年规模以上工业增加值增长速度(月度同比)

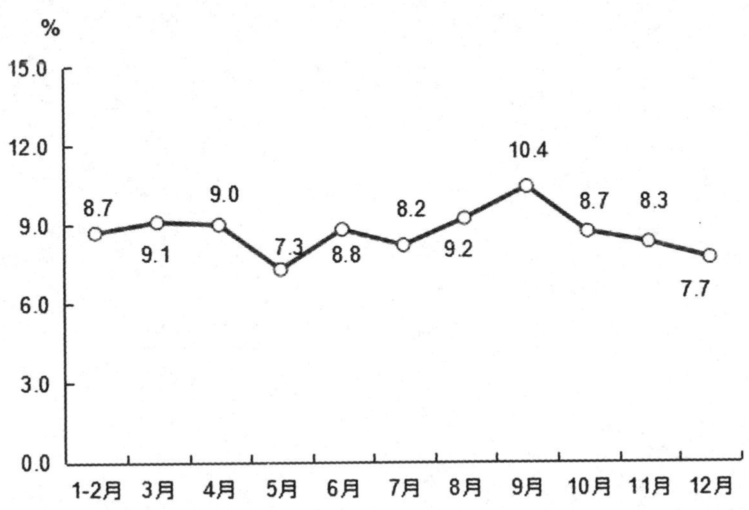

规模以上工业的38个行业大类中有12个增加值增速在两位数。其中，化学原料和化学制品制造业增长22.4%，有色金属冶炼和压延加工业增长21.0%，化学纤维制造业增长16.4%，计算机、通信和其他电子设备制造业增长12.0%，医药制造业增长11.5%，电气机械和器材制造业增长10.3%。规模以上工业中三大主导产业增加值增长9.8%。其中，机械装备产业增长5.7%；电子信息产业增长12.0%；石油化工产业增长13.5%。六大高耗能行业增长13.4%，占规模以上工业增加值的比重为25.8%。工业战略性新兴产业增长8.1%，占规模以上工业增加值的比重为23.8%。高技术制造业增长12.3%，占规模以上工业增加值的比重为11.8%。装备制造业增长7.9%，占规模以上工业增加值的比重为22.7%。

表5 2019年规模以上工业企业主要工业产品产量

产品名称	单位	产量	比上年增长（%）
纱	万吨	580.91	-0.2
布	亿米	102.75	-0.2
化学纤维	万吨	849.31	17.5
卷　烟	亿支	879.13	2.8
彩色电视机	万台	790.85	-19.3
原　煤	万吨	831.72	-10.2
发电量	亿千瓦时	2572.94	4.5
其中：火电	亿千瓦时	1406.13	0.1
水电	亿千瓦时	442.35	36.0
粗　钢	万吨	2390.28	13.8
钢　材	万吨	3737.66	22.4
十种有色金属	万吨	73.41	49.0
其中：精炼铜（电解铜）	万吨	64.85	85.7
原铝（电解铝）	万吨	8.29	-41.0
水　泥	万吨	9443.13	7.5
硫　酸（折100%）	万吨	342.65	43.9
纯　碱（碳酸钙）	万吨	29.07	16.5
烧　碱	万吨	38.98	5.2
农用氮、磷、钾化学肥料（折纯）	万吨	90.27	10.4
发电设备	万千瓦	55.01	33.9
汽　车	万辆	16.95	-29.7
其中：轿车	万辆	0.78	-11.8
集成电路	亿块	9.56	37.9
移动通信手持机	万台	1802.92	66.2
微型计算机设备	万台	2192.40	84.6

注：发电量为全社会口径。

全年规模以上工业企业实现利润3815.07亿元，比上年增长7.4%。分经济类型看，国有企业实现利润5.16亿元，增长33.7%；集体企业4.38亿元，下降23.4%；股份制企业2520.68亿元，增长8.6%；外商及港澳台商投资企业1248.68亿元，增长5.1%；私营企业1564.41亿元，增长11.3%。规模以上工业企业资产负债率50.8%，比上年下降0.5个百分点；每百元主营业务收入中的成本为86.34元，营业收入利润率为6.70%。

全年全社会建筑业实现增加值4482.03亿元，比上年增长6.4%。具有资质等级的总承包和专业承包建筑业企业完成建筑业总产值13164.43亿元，增长14.0%。

四、固定资产投资

全年固定资产投资（含铁路）比上年增长6.0%。其中，固定资产投资（不含跨区项目）增长5.9%。

在固定资产投资中，第一产业投资下降1.3%；第二产业投资增长14.2%，其中，工业投资增长15.5%；第三产业投资增长2.8%。基础设施投资下降8.0%，占固定资产投资的比重为26.0%。民间投资增长5.6%，占固定资产投资的比重为57.0%。高技术产业投资增长2.8%，占固定资产投资的比重为5.8%。从到位资金情况看，全年到位资金比上年增长7.3%。其中，国家预算资金增长7.1%，国内贷款下降8.5%，利用外资增长120.2%，自筹资金增长11.6%，其他资金增长1.2%。

图7　2015—2019年固定资产投资增长速度

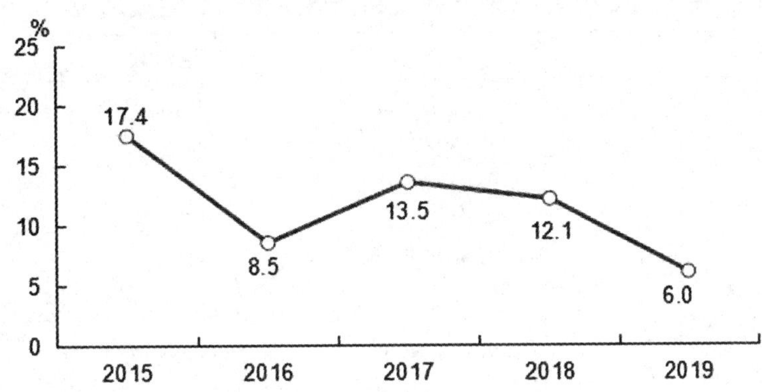

表6　2019年各行业固定资产投资情况

行　　业	投资额比上年增长（%）
农、林、牧、渔业	-0.5
采矿业	18.6
制造业	16.2
电力、热力、燃气及水的生产和供应业	10.0
建筑业	-87.8
批发和零售业	-45.0
交通运输、仓储和邮政业（含铁路）	-11.9
住宿和餐饮业	-11.6
信息传输、软件和信息技术服务业	-14.1
金融业	-5.4
房地产业	15.4
租赁和商务服务业	16.7
科学研究和技术服务业	-20.7
水利、环境和公共设施管理业	-7.2
居民服务、修理和其他服务业	-31.4
教育	36.5
卫生和社会工作	24.8
文化、体育和娱乐业	5.1
公共管理、社会保障和社会组织	-53.0

全年房地产开发投资5673.13亿元，比上年增长14.8%。其中，住宅投资4076.31亿元，增长17.9%；办公楼投资272.72亿元，增长26.5%；商业营业用房投资450.01亿元，下降1.7%。年末商品房待售面积1862.04万平方米，比上年末减少17.09万平方米。年末商品住宅待售面积532.54万平方米，比上年末增加9.67万平方米。

全年新开工建设城镇保障性安居工程住房6.43万套（户），基本建成城镇保障性安居工程住房4.92万套。

表7　2019年房地产开发和销售主要指标完成情况

指　　标	单位	绝对数	比上年增长（%）
投资完成额	亿元	5673.13	14.8
其中：住宅	亿元	4076.31	17.9
其中：90平方米及以下	亿元	1220.87	15.8
房屋施工面积	万平方米	34140.18	4.0
其中：住宅	万平方米	22456.97	6.8
房屋新开工面积	万平方米	6398.36	-11.2
其中：住宅	万平方米	4615.00	-9.0
房屋竣工面积	万平方米	2882.29	-22.9
其中：住宅	万平方米	1813.90	-22.7
房屋销售面积	万平方米	6456.13	3.9
其中：住宅	万平方米	5073.73	6.1
本年实际到位资金	亿元	6873.76	4.9
其中：国内贷款	亿元	822.32	-3.9
其中：个人按揭贷款	亿元	1131.46	12.1
本年土地购置面积	万平方米	1031.70	-19.8
土地购置费	亿元	2151.91	9.3

1200个在建省重点项目完成投资4948亿元。全年建成或部分建成194个项目，新开工210个项目。

五、国内贸易

全年社会消费品零售总额15749.69亿元，比上年增长10.0%。按销售单位所在地统计，城镇消费品零售额14239.73亿元，增长9.8%；乡村消费品零售额1509.96亿元，增长11.5%。按消费形态统计，商品零售额14171.31亿元，增长10.0%；餐饮收入额1578.38亿元，增长10.3%。

图8　2015—2019年社会消费品零售总额及其增长速度

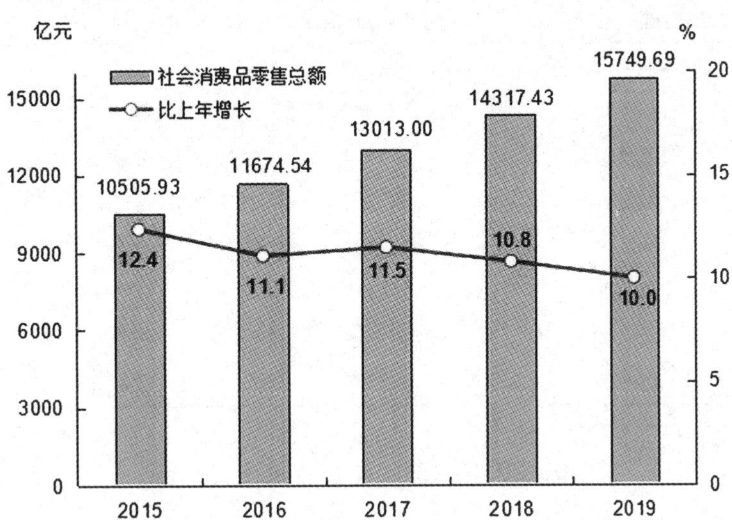

在限额以上企业商品零售额中，建筑及装潢材料类零售额比上年增长15.2%，粮油食品类增长13.9%，服装鞋帽针纺织品类增长14.3%，金银珠宝类增长10.7%，家具类增长17.8%，文化办公用品类增长27.6%，化妆品类增长13.2%，石油及制品类增长7.9%，日用品类增长24.5%，家用电器和音响器材类增长11.3%，汽车类增长5.2%，体育、娱乐用品类增长27.8%，通讯器材类增长14.9%。

六、对外经济

全年进出口总额13306.70亿元，比上年增长7.8%。其中，出口8277.86亿元，增长8.7%；进口5028.83亿元，增长6.3%。进出口顺差3249.03亿元。

表8　2019年进出口主要分类情况

指　　标	绝对数（亿元）	比上年增长（%）
进出口总额	13306.70	7.8
出口额	8277.86	8.7
其中：一般贸易	5925.67	7.6
加工贸易	1436.58	-13.3
其中：机电产品	3013.57	8.2
其中：高新技术产品	979.11	-4.8
进口额	5028.83	6.3
其中：一般贸易	3780.40	10.7
加工贸易	744.61	-9.5
其中：机电产品	1081.93	-21.7
其中：高新技术产品	763.58	-26.9

表9　2019年对主要国家和地区进出口情况

国家和地区	出口额（亿元）	比上年增长（%）	进口额（亿元）	比上年增长（%）
美国	1506.33	-5.9	235.88	-45.5
欧盟	1490.15	9.2	376.17	10.1
东盟	1651.21	27.4	834.51	1.9
日本	439.94	2.8	212.53	-10.6
香港地区	502.04	1.4	7.32	13.3
台湾地区	332.90	4.5	415.62	-11.1
韩国	230.92	3.9	182.17	-20.3
沙特阿拉伯	114.62	80.4	389.14	14.7

图9　2015—2019年货物进出口总额

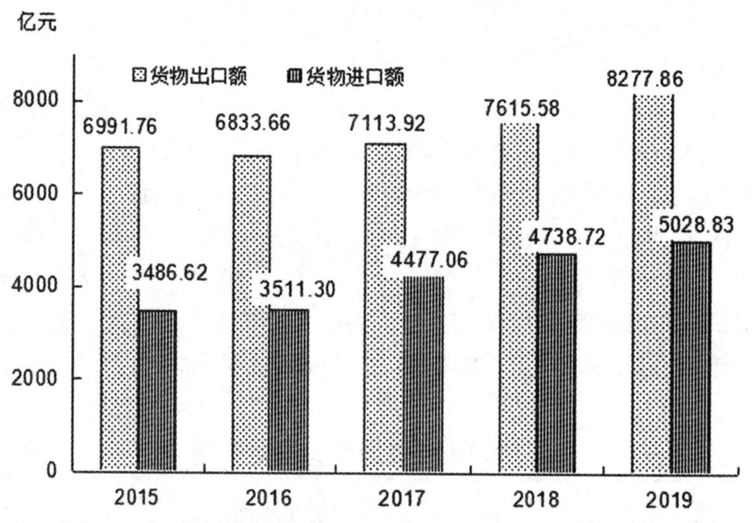

新设外商直接投资企业2391家，比上年下降1.2%。实际使用外商直接投资315.4亿元，增长3.3%。

表10　2019年各行业外商直接投资情况

行　　业	实际使用金额（万元）	比上年增长（%）
总计	3154093	3.3
其中：农、林、牧、渔业	9191	-90.1
制造业	1641422	2.6
电力、燃气及水的生产和供应业	16136	-30.7
交通运输、仓储和邮政业	50532	-39.8
批发和零售业	172613	-15.2
房地产业	328396	113.0
租赁和商务服务业	310373	42.8
居民服务、修理和其他服务业	504	-88.3

备案和核准对外直接投资项目267个，比上年增长8.5%，中方协议投资额38.3亿美元，比上年下降30.5%。对外直接投资额43.2亿美元，增长52.0%。

全年对外承包工程完成营业额10.2亿美元，比上年下降6.1%；对外劳务合作劳务人员实际收入总额8.5亿美元，下降4.1%。

七、交通、邮电和旅游

全年交通运输、仓储和邮政业实现增加值1484.58亿元，比上年增长9.5%。公路通车里程109785.16公里，比上年增长0.8%。其中，海西高速公路网通车里程5535.32公里，增长3.6%。铁路营业里程3509.5公里，与上年持平。全年货运量133692.85万吨。货物周转量8296.63亿吨公里。

表11　2019年各种运输方式完成货物运输量情况

指　　标	单位	绝对数
货运量	万吨	133692.85
铁路	万吨	4085.53
公路	万吨	87317.00
水运	万吨	42262.61
民航	万吨	27.71
货物周转量	亿吨公里	8296.63
铁路	亿吨公里	191.61
公路	亿吨公里	962.48
水运	亿吨公里	7135.60
民航	亿吨公里	6.94

全年客运量49379.03万人，比上年下降4.0%。旅客周转量1190.02亿人公里，增长3.2%。

表12　2019年各种运输方式完成旅客运输量情况

指　　标	单位	绝对数	比上年增长（%）
客运量	万人	49379.03	-4.0
铁路	万人	12741.12	5.3
公路	万人	31199.27	-8.5
水运	万人	1820.58	-5.6
民航	万人	3618.06	8.7
旅客周转量	亿人公里	1190.02	3.2
铁路	亿人公里	396.25	2.9
公路	亿人公里	189.99	-10.4
水运	亿人公里	2.66	-3.5
民航	亿人公里	601.13	8.6

全年沿海港口新增货物通过能力744万吨。沿海港口完成货物吞吐量5.95亿吨，比上年增长6.6%。其中，外贸货物吞吐量2.38亿吨，比上年增长13.0%。集装箱吞吐量1725.97万标箱，增长4.8%。

年末汽车保有量681.28万辆（含三轮汽车和低速货车），比上年末增长9.2%，其中，私人汽车保有量591.4万辆，增长8.5%。轿车保有量415.12万辆，增长9.0%，其中私人轿车保有量379.61万辆，增长8.2%。

全年完成邮电业务总量3880.76亿元，比上年增长53.7%。其中，邮政业务总量646.01亿元，增长29.5%；电信业务总量（按2015不变单价测算）3234.74亿元，增长59.8%。邮政业全年完成邮政函件业务4755.16万件，包裹业务60.01万件，快递业务量26.20亿件。年末电话用户总数5484万户，增长3.7%。其中，固定电话用户763.7万户，增长4.2%；移动电话用户4720.3万户，增长3.7%。（固定）互联网宽带接入用户1779万户，增长9.2%；固定宽带家庭普及率为133.3%，比上年提高17.5个百分点。其中，光纤宽带用户1633.6万户，增长14.7%；光纤用户渗透率达91.8%。移动互联网用户3915.8万户，移动宽带用户普及率为104.4%，比上年提高3.5个百分点。其中，4G用户达3878.7万户，同比增长6.8%，4G用户渗透率达82.2%。

图10　2015—2019年快递业务量

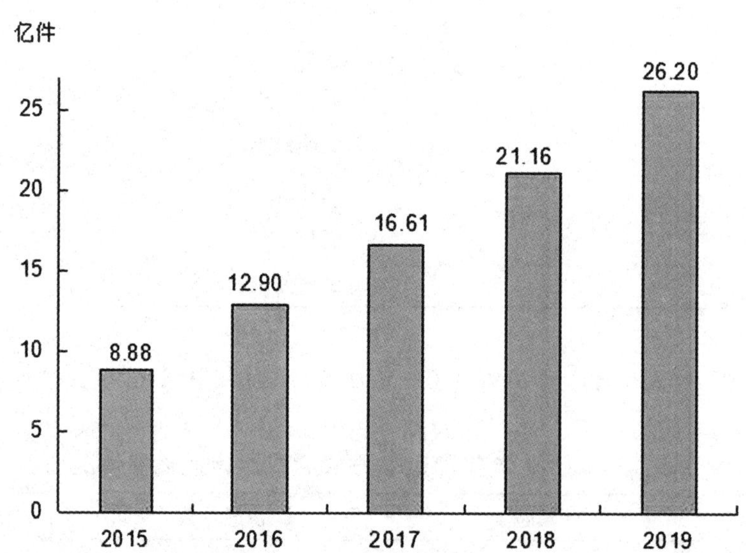

图11　2015—2019年末电话用户数

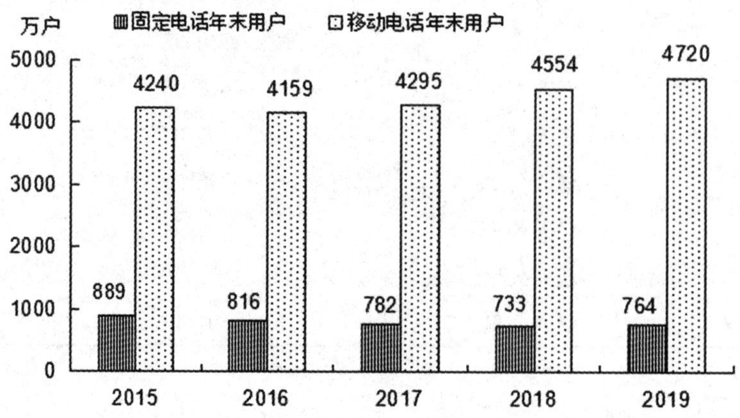

全年接待入境游客958.28万人次，比上年增长6.3%。其中，接待外国人373.23万人次，增长8.4%；台湾同胞387.64万人次，增长6.6%；港澳同胞197.4万人次，增长2.0%。在入境旅游者中，过夜游客869.65万人次，增长6.9%。国际旅游外汇收入102.43亿美元，增长12.7%。全年接待国内旅游人数52697.08万人次，增长16.7%；国内旅游收入7393.43亿元，增长22.6%。旅游总收入8101.21亿元，增长22.1%。

八、金融

年末金融机构本外币各项存款余额49836.41亿元，比上年末增长8.8%；金融机构本外币各项贷款余额52640.82亿元，比上年末增长13.2%。

年末农村合作金融机构人民币各项贷款余额4391.25亿元，比上年末增长13.6%。中资金融机构人民币个人消费贷款余额18920.34亿元，比上年末增长17.2%。

表13　2019年全部金融机构本外币存贷款情况

指　　标	年末数（亿元）	比上年末增长（%）
各项存款余额	49836.41	8.8
其中：住户存款	21192.86	14.4
非金融企业存款	14883.48	5.9
其中：人民币存款	48754.92	9.1
各项贷款余额	52640.82	13.2
其中：短期贷款	16815.19	11.9
中长期贷款	32412.59	13.0
其中：人民币贷款	51396.64	13.8

年末境内A股上市公司139家，比上年增加6家，总市值19021.74亿元，增长34.7%；B股上市公司数量为1家，总市值6.36亿元，增长46.9%。

全年内外资保险公司保费收入1174.8亿元，比上年增长8.6%，其中，财产险保费收入338.4亿元；人身险保费收入836.4亿元（寿险保费收入585.0亿元，健康险和意外伤害险保费收入251.4亿元）。支付各类赔款及给付364.2亿元，其中，财产险赔款193.9亿元，寿险业务给付84.1亿元，健康险和意外伤害险赔款及给付86.1亿元。

九、人民生活和社会保障

全年居民人均可支配收入35616元，比上年增长9.1%；扣除价格因素，实际增长6.3%。按常住地分，农村居民人均可支配收入19568元，比上年增长9.8%，扣除价格因素，实际增长6.9%；城镇居民人均可支配收入45620元，比上年增长8.3%，扣除价格因素，实际增长5.6%。

全年居民人均生活消费支出25314元，比上年增长10.1%，扣除价格因素，实际增长7.3%。按常住地分，农村居民人均生活消费支出16281元，增长9.0%，扣除价格因素，实际增长6.1%；城镇居民人均生活消费支出30946元，增长9.9%，扣除价格因素，实际增长7.1%。

图12 2015—2019年居民人均可支配收入及其实际增长速度

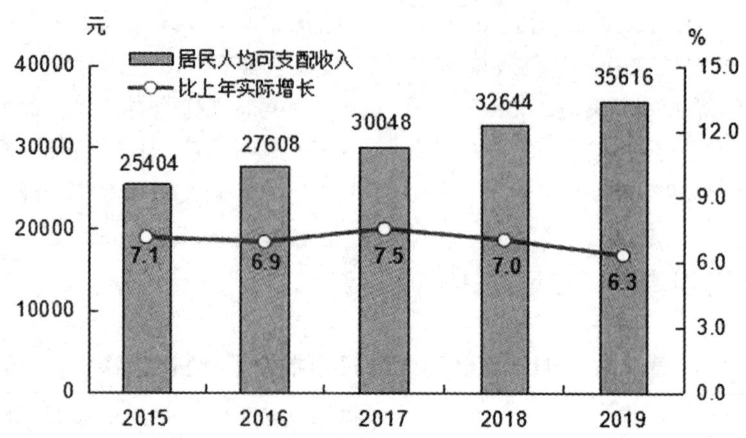

年末参加城镇职工基本养老保险人数 1137.34 万人，比上年末增加 63.08 万人。其中，参保的职工 938.2 万人，参保的离退休人员 199.14 万人。企业参加基本养老保险离退休人员为 151.09 万人，全部实现养老金按时足额发放。参加基本医疗保险人数 3788.10 万人，其中，参保职工 841.38 万人，参保的城乡居民 2946.72 万人。参加失业保险人数 610.62 万人，比上年末增加 40.35 万人。

年末领取失业保险金人数 5.91 万人，比上年末增加 0.86 万人；纳入城市最低生活保障的居民 6.07 万人，比上年末减少 0.01 万人；纳入农村最低生活保障的居民 40.68 万人，比上年末增加 2.88 万人；城乡特困人员 6.79 万人。我省现行标准贫困人口已全部实现脱贫（其中，2019 年脱贫 465 人），2019 年“造福工程”搬迁 3924 人。

年末各类养老床位数增至 23.2 万张，每千名老人拥有养老床位 35.5 张。建立社区服务中心（站）3753 个。全年销售社会福利彩票 42.74 亿元，筹集福利彩票公益金 13.01 亿元。

十、教育和科学技术

全年研究生教育招生 2.01 万人，在校生 5.87 万人，毕业生 1.33 万人。普通高等教育招生 30.20 万人（当年高职扩招 6 万人），在校生 86.12 万人，毕业生 20.02 万人。普通高校毕业生就业率为 96.8%。中等职业教育（不含技工校）招生 13.01 万人，在校生 33.48 万人，毕业生 11.04 万人。普通高中招生 22.19 万人，在校生 63.93 万人，毕业生 21.02 万人。初中招生 48.32 万人，在校生 136.46 万人，毕业生 39.95 万人。普通小学招生 62.18 万人，在校生 334.40 万人，毕业生 48.79 万人。特殊教育招生 0.50 万人，在校生 2.68 万人，毕业生 0.41 万人。学前教育在园幼儿 169.59 万人。九年义务教育巩固率为 99.03%，高中阶段毛入学率为 97.18%。

图13　2015—2019年各类学校招生人数

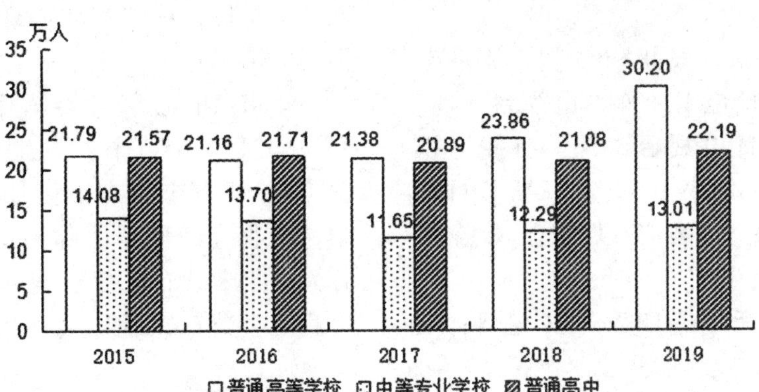

全省已布局建设18家省级产业技术研究院和31家省级产业技术创新战略联盟。拥有国家重点实验室10个、省创新实验室4个、省级重点实验室216个、国家级工程技术研究中心7个、省级工程技术研究中心527个、省级新型研发机构102家。建设国家专业化众创空间备案示范3家、国家备案众创空间50家、省级众创空间277家。科技企业孵化器备案178家，孵化器总面积353.43万平方米，在孵企业3521家、在孵企业从业人员47886人。入库备案科技型中小企业2520家、省级高新技术企业2000家。新认定国家高新技术企业1920家，总数4800家；新增国家企业技术中心10家、国家技术创新示范企业4家，新认定省级企业技术中心48家；新认定省科技小巨人领军企业503家，总数2301家。专利申请受理153279件，其中发明专利申请30083件；专利授权98955件，其中发明专利授权8963件。截至2019年底，共存有效发明专利43791件，同比增长13.7%；每万人口发明专利拥有11.112件，同比增长12.8%。全年共登记技术合同8786项，成交额145.94亿元。

年末共有1338家机构通过检验检测资质认定，比上年增加158家，国家产品质量监督检验中心23个，省级产品质量监督检测中心40个。现有独立的认证机构8个、分支机构28个，累计获得78367张产品及管理体系认证证书。共有法定计量技术机构68个，全年强制检定工作计量器具119.8万台（件）。全年参与制修订国家标准123项、行业标准65项，发布地方标准87项，累计共参与制修订国家标准2594项、行业标准1245项，发布地方标准1328项。

年末共有国家级地面气象观测站70个，高空气象观测站3个，天气雷达站9个，风廓线雷达站19个，大型海洋气象浮标站5个。共有地球物理台站（点）43个，前兆测项405个，测震台站（点）120个，强震动观测站位（点）123个，GPS观测基准站61个。共有470个渔业资源环境监测站位、306个近岸海域环境监测站位、7个重点海水养殖水域监测区域、16个重点海域的34个生物质量样品、海漂垃圾监测区域航拍段79.3公里，共有26个海上水文气象观测浮标站位、22个沿海自动验潮站、1对中程高频地波雷达站、1套卫星遥感信息反演软件、3套海床基观测系统、5套船基自动站、1套海岛基站。测绘地理信息部门审批通过了公开出版地图347件。

十一、文化、卫生和体育

年末文化系统共有国有艺术表演团体69个，公共图书馆90个，文化馆97个，博物馆103个，非国有博物馆35个。文化系统各类艺术表演团体演出0.94万场，本年度首演剧目88个，观众436.95万人次，其中，政府采购公益性演出4160场，观众146.53万人次；各级公共图书馆组织各类讲座2678次，书刊文献外借3525.41万册，总流通人数3228.11万人次；各级文化馆组织举办展览1376个，组织文艺活动3331次、培训班8679期和公益性讲座751次，服务978.85万人次；博物馆举办324个基本陈列和854个临时展览，共有3644.22万人次参观，其中，未成年人参观1032.79

万人次。举办社会教育活动2465次，共有452.29万人次参加。

年末共有影院325家，银幕1864块，年度电影票房21.45亿元。广播电台4座，电视台5座，广播电视台68座，教育电视台1座。有线电视用户727.73万户，数字化率100%。广播节目综合覆盖率为99.61%；电视节目综合覆盖率为99.70%。

全年出版图书4387种，总印数1.31亿册；报纸42种（不含校报、副版），总印数7.64亿份；期刊174种，总印数0.22亿册。年末共有各级各类档案馆126个。

年末共有各级各类医疗卫生机构2.78万个，其中，医院677个，卫生院882个，村卫生室17603个。年末共有卫生技术人员26.2万人，其中，执业（助理）医师9.8万人，注册护士11.6万人。年末共有医疗机构床位20.1万张，乡村医生和卫生员2.1万人。

图14　2015—2019年卫生机构床位数和卫生技术人员数

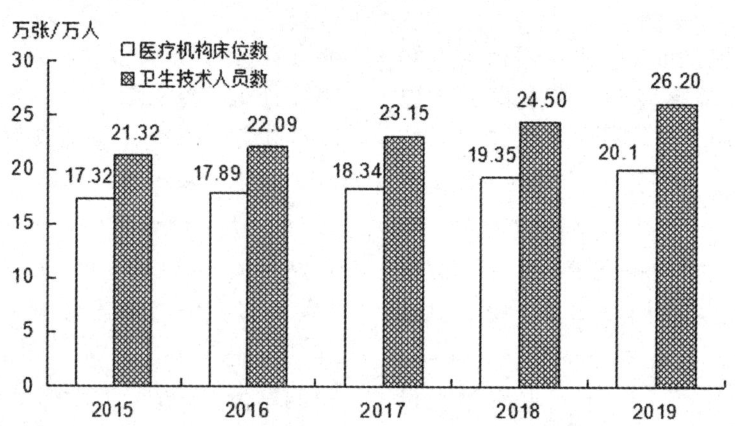

全年我省运动员在世界三大赛中共获得8金1银3铜，在全国最高级别比赛中共获得26金24银18铜。为民办实事项目新建90个多功能运动场、60个笼式足球场、30个笼式篮球场、30个门球场和7个体育公园。以福建省全民健身运动会为抓手，带动全省各地组织各类群众性活动3500多场，直接参与人数170多万人次。社会体育指导员人数约8.65万名。新增国家级体育产业基地4项，省级体育产业示范基地2项、特色基地1项、示范单位13项、示范项目11项。全年销售体育彩票91.54亿元。

十二、资源、环境和安全生产

全年全社会用电量增长3.8%。

全年植树造林总面积107.2万亩，占任务的119.1%，其中，人工荒山造林15.0万亩（含非规划林地造林2.8万亩）；人工迹地更新面积58.0万亩，低产低效林改造19.9万亩。商品材产量577.8万立方米，比上年增长0.7%。竹材产量9.29亿根，增长1.8%。城市（县城）新增建成区绿地面积2296公顷，建成区绿地率40.2%；城市（县城）新增公园绿地面积1069公顷，人均公园绿地面积14.7平方米。

全省森林覆盖率66.80%。鲤城区、明溪县、光泽县、松溪县、上杭县、寿宁县等6个县（区）获得第三批国家生态文明建设示范县（区）称号。截至2019年底，厦门市、泉州市获得国家生态市命名，福州市通过国家生态市考核验收，漳州市、三明市获得省级生态市命名；65个县（市、区）获得省级以上生态县（市、区）命名，其中，32个县获得国家级生态县命名；519个乡镇（街道）获得国家级生态乡镇（街道）命名。初步建立各级各类自然保护地名录369处，其中，世界自然及双遗产2处、国家公园体制试点1处、自然保护区112处、风景名胜区54处、森林公园157处、国家湿地公园8处、地质公园25处、国家级海洋7处、市级海洋特别保护区3处；保护小区3300多处，据初步统计全省自然保护地面积约3062万亩。

全省12条主要河流整体水质为优，Ⅰ－Ⅲ类水质比例为96.5%；118个县级以上集中式生活饮用水源地水质达标率为100%；饮用水综合合格率99.8%。列入国家考核的35个国控点位中，近岸海域一、二类海水水质面积占比80%。

全省九市一区空气质量达标天数比例98.3%，PM2.5年均浓度下降至每立方米24微克。9个设区市、平潭综合实验区、12个县级市和长乐区、建阳区城市空气质量达到国家《环境空气质量标准》（GB3095－2012）标准。上述24个城市中，区域声环境质量“较好”的城市11个；道路交通声环境质量“好”的城市13个，“较好”的城市8个。

市县生活垃圾无害化处理率99.77%，市县污水处理率95.08%。

地质灾害造成直接经济损失4291.85万元。共发生森林火灾27起，其中，一般火灾5起，较大火灾22起；受害面积227.1公顷；森林火灾发生率和受害率分别为0.33次/十万公顷和0.03‰，未发生重特大森林火灾。全年海洋灾害造成直接经济损失约0.64亿元，比上年减少94.45%。全年发生（现）海洋赤潮9次，比上年增加4次；累计赤潮面积110.5平方公里，比上年增加72.5平方公里。

发生各类生产安全事故1420起、死亡850人，分别比上年下降17.7%和9.5%，没有发生重特大事故。亿元地区生产总值生产安全事故死亡人数0.020人，比上年下降23.1%。

注：1. 本公报未包括金门县和连江县的马祖列岛。

2. 本公报所列数据为初步统计数，部分合计数或相对数由于单位取舍不同而产生的计算误差，均不做机械调整。

3. 本公报地区生产总值、各产业增加值按现价计算，增长速度按可比价格计算。

4. 本公报卫生机构数含村卫生室。

资料来源：

本公报中城镇新增就业、登记失业率、社会保障数据来自省人社厅；财政数据来自省财政厅；税收数据来自省税务局；重点项目投资数据来自省发改委；新建公路里程、公路运输、水运、港口货物吞吐量数据来自省交通运输厅；铁路数据来自中国铁路南昌局集团有限公司；户籍人口数据、民用汽车数据来自省公安厅；保障性住房、城市污水处理、公园绿地面积数据来自省住建厅；货物进出口数据来自福州海关；外商直接投资、对外直接投资、对外承包工程、对外劳务合作等数据来自省商务厅；邮政业务数据来自省邮政管理局；互联网业务收入、电话用户、电信业务总量等数据来自省通信管理局；旅游、艺术表演团体、博物馆、公共图书馆、文化馆数据来自省文旅厅；货币金融数据来自人行福州中心支行；上市公司数据来自福建证监局；保险业数据来自福建银保监局；省级企业技术中心数据来自省工信厅；产业技术重大研发平台、工程技术研究中心、技术合同等数据来自省科技厅；教育数据来自省教育厅；专利数据、质量检验数据来自省市场监督管理局；气象数据来自省气象局；地震数据来自省地震局；测绘数据、各类地质灾害数据来自省自然资源厅；水产品产量数据、海洋数据来自省海洋渔业局；广播、电视数据来自省广电局；电影、报纸、期刊、图书数据来自省委宣传部；档案数据来自省档案局；体育数据来自省体育局；卫生数据来自省卫健委；低保数据来自省民政厅；扶贫、造福搬迁工程数据来自省农业农村厅；环境监测数据来自省生态环境厅；水资源数据来自省水利厅；安全生产数据来自省应急管理厅；林业数据来自省林业局；其他数据来自福建省统计局和国家统计局福建调查总队。

第二篇

大事纪要

一月

1 日上午，根据国家统一部署，福建省第四次全国经济普查登记工作全面展开。福建省第四次全国经济普查领导小组赴福州检查指导经济普查现场登记工作。

2 日，2019 年的第一个工作日，省长唐登杰主持召开座谈会，征求省各民主党派、工商联和无党派人士对省政府工作和即将提交省十三届人大二次会议审议的《省政府工作报告（征求意见稿)》的意见和建议。省委常委、统战部长雷春美出席会议。座谈会上，民革省委会主委邓力平、民盟省委会主委阮诗玮、民建省委会主委吴志明、民进省委会主委严可仕、农工党省委会主委刘献祥、致公党省委会主委薛卫民、九三学社省委会主委洪捷序、台盟省委会专职副主委柯连妹、省工商联主席王光远、无党派人士代表黄玲先后发言。大家就深化供给侧结构性改革、推进两大协同发展区建设、转变政府职能、优化营商环境、支持民企发展、保护知识产权、加快乡村振兴、发挥侨的优势、培育引进人才、扩大消费需求、发展养老服务和托育服务等提出具体建议。

2 日，全省残疾人工作视频会议在福州召开。副省长、省政府残工委主任郑建闽出席会议并讲话，省残联第七届主席团名誉副主席陈绍军出席会议。会议指出，过去的一年，全省各级各部门坚持把残疾人事业纳入工作总体布局，持续加大对残疾人事业的投入，残疾人工作基础进一步夯实，残疾人民生持续改善，残疾人社会参与度明显提升，全省残疾人工作扎实有效，亮点纷呈。

2 日下午，省人民政府与省高级人民法院举行联席会议，共商进一步加强营商环境法治保障，完善营商环境司法保护，努力提升福建营商环境竞争力，加快形成法治化、国际化、便利化一流营商环境。省长唐登杰，副省长田湘利、郑新聪，省法院院长吴偕林出席会议。会上，省法院有关负责同志介绍了全省法院司法服务优化营商环境情况和下一步工作重点，省发改委负责同志汇报了我省优化营商环境工作情况。

3 日，省长唐登杰和省直有关部门负责同志到福州市，与福州各界代表座谈交流，征求大家对省政府工作和即将提交省十三届人大二次会议审议的《政府工作报告》(征求意见稿）的意见和建议。省委副书记、福州市委书记王宁出席会议。座谈会直奔主题，福州市四套班子、福州新区主要负责同志及部分在榕省人大代表、省政协委员直抒己见。大家围绕闽台融合、乡村振兴、支持民企、生态保护、促进创新成果运用、建设旅游共享平台、发展智慧教育、培育有机农业、改善村容村貌等，对政府工作和完善工作报告提出了许多中肯的意见。

3—4 日，水利部党组书记、部长鄂竟平在莆田、泉州等地，调研木兰溪全域治理、城乡供水一体化、河湖长制、安全生态水系建设、综合治水试验、小水电绿色发展、农村饮水安全等工作。副省长李德金参加调研。

4 日，省长唐登杰和省直有关部门负责同志赴厦门市，与厦门各界代表座谈，就省政府工作和即将提交省十二届人大二次会议审议的《政府工作报告》（征求意见稿)，广泛征求意见。座谈会上，厦门市四套班子及部分在厦省人大代表、省政协委员直奔主题、畅所欲言。大家围绕深化供给侧结构性改革、推进更高层次对外开放、先行先试深化闽台融合、发挥侨的优势助力“一带一路”建设以及推进乡村振兴、支持民企发展、壮大平台经济、发展深度旅游、保护知识产权等，对改进政府工作和完善工作报告提出了许多建设性的意见。

4日，全省交通运输工作视频会议召开。会前，于伟国书记、唐登杰省长对交通运输工作作出批示，充分肯定去年全省交通运输系统取得的工作成效，对今年工作提出明确要求。

4日，省长唐登杰在福州会见了台置连江县县长刘增应一行，祝贺他在去年底台湾“九合一”选举中成功连任。唐登杰说，我们将深入学习贯彻习近平总书记在《告台湾同胞书》发表40周年纪念会上的重要讲话精神，秉持两岸一家亲理念，认真落实中央出台的“31条惠及台胞措施”及福建“66条实施意见”，继续率先同台湾同胞分享新福建建设机遇，率先为两岸应通尽通创造条件，为祖国和平统一大业作出更大贡献。刘增应希望两地在经贸、旅游、交通等领域进一步深化合作，更好造福两地人民。

4日，副省长李德金带领省直相关部门负责同志，深入德化、南安、安溪等地调研传统村落和古民居保护开发、重大水利项目建设等工作，现场踏勘中国传统村落德化县国宝乡佛岭村、南安市官桥镇漳里村蔡氏古民居、安溪白濑水利枢纽工程部分移民安置先行工程项目等，勉励大家要聚焦重点、攻坚突破，确保一季度“开门红”，确保全年目标圆满实现。

5日，全省安全生产工作视频会议召开。省委书记于伟国在会上强调，要深入学习贯彻习近平总书记关于安全生产的重要指示和重要论述，全面落实党中央和国务院关于安全生产的决策部署，绷紧思想之弦，扛起重大责任，从年初就要狠抓工作落实，防范和遏制重特大事故发生，确保全省安全生产形势持续稳定好转，确保人民生命财产安全。省长唐登杰主持会议。

7日，在收听收看全国春运电视电话会议后，我省召开全省春运电视电话会议，副省长、省春运工作领导小组组长郑新聪出席会议并讲话。会议指出，今年春运客流大，尤其是节前客流相对较为集中，群众自驾出行明显增多，保安全、保通畅任务仍然十分艰巨。省委、省政府高度重视，多次就春运工作提出要求，各地区、各有关部门和单位务必克服麻痹厌战思想，切实把抓好春运保障及安全作为当前一项重要工作；各级各有关部门特别是各级春运工作领导机构要落实责任，进一步完善春运工作协调、运行、保障、安全等制度，加强协同协作，坚持力量下沉，确保信息通畅；铁路、民航、交通运输、公安、应急管理等部门要强化措施、全力履职，共同保障春运工作安全、平稳、有序，确保人民群众过上一个欢乐祥和的新春佳节。

7—8日，副省长李德金带领省直相关部门负责同志，赴漳州华安、长泰、漳浦、云霄等地，宣传中央农村工作会议精神，调研乡村振兴战略实施情况。

8日，按照省委统一安排，省委副书记、省长唐登杰参加福州市晋安区委常委班子民主生活会。这次民主生活会的主题是强化创新理论武装，树牢“四个意识”，坚定“四个自信”，践行“两个维护”，勇于担当作为，以求真务实作风坚决把党中央决策部署落到实处。会前，唐登杰审阅了民主生活会方案、区委常委班子对照检查材料和个人对照检查材料，与主要领导谈心谈话，并对开好民主生活会提出要求。

8日，全省财政工作视频会议召开。会前，省委书记于伟国、省长唐登杰对财政工作作出批示，充分肯定过去一年全省财政系统取得的工作成效，对今年工作提出明确要求。会议强调，要认真贯彻落实中央经济工作会议、全国财政工作会议和省委十届七次全会、省委经济工作会议的部署，加力提效，实施积极财政政策，落实更大规模的减税降费，降低实体经济成本，着力涵养财源，统筹收支平衡，确保财政稳健运行和促进经济社会持续健康发展两不误、两兼顾；要深化财税领域改革，持续推进财政事权和支出责任划分改革，全面实施预算绩效管理，认真落实税收制度改革，增强发展新动能；要加强政府债务管理，开“前门”，堵“后门”，建立健全规范举债机制，切实防范化解债务风险，用好用足专项债务限额，抓紧抓实债券发行工作，充分发挥规范举债对经济发展的促进作用；要加强财政干部队伍建设，以党的政治建设为统领，加强财政权力运行监督，突出干部履职能力建设，打造知责、明责、履责、尽责的财政干部队伍。

9日，省政府党组书记、省长唐登杰主持召开省政府党组会议，深入学习习近平总书记2019年新年贺词和在全国政协新年茶话会、《告台湾同胞书》发表40周年纪念会、中共中央政治局民主生活会上的重要讲话精神，部署贯彻意见。会议贯彻省委经济工作会议部署，细化落实一季度实现“开门红”的工作措施。会议听取了省政府党组巡视整改工作进展汇报，部署推进下一阶段整改工作，强调要继续坚持问题导向，持续推动巡视整改落地见效，坚决防止问题反弹，巩固深化整改成果，以实际行动和成效体现“四个意识”、落实“两个维护”。

9日，省长唐登杰主持召开省政府常务会议，确定2019年度省重点项目安排方案，并明确进行动态调整；研究《福建省安全生产警示通报和约谈制度》《福建省安全生产事故隐患挂牌督办办法》《福建省较大生产安全事故查处挂牌督办办法》，决定取消《福建省组织机构代码管理办法》等5部省政府规章设定的10项证明事项和《福建省政府质量奖管理办法》等5件省政府及办公厅规范性文件设定的5项证明事项。会议要求，全省各级各部门要认真贯彻落实习近平总书记关于安全生产的重要指示和重要论述，牢固树立安全发展理念，坚持“党政同责、一岗双责、齐抓共管、失职追责”，认真落实安全生产通报约谈和挂牌督办等相关制度办法，加强警示教育，排查处置隐患，有效遏制重特大生产安全事故，切实维护人民群众生命财产安全。会议强调，要按照国务院部署，把清理证明事项作为优化营商环境的一项重要工作，坚决取消没有法律法规依据的各种无谓证明，大力推进证明事项告知承诺制，切实解决企业群众办事难办事慢等问题。要加强对已取消证明事项的公布公开、宣传解读，强化监督检查，巩固清理成果，防止反弹回潮。

9日，全省外事工作视频会议召开。会前，省委书记于伟国、省长唐登杰对外事工作作出批示，充分肯定去年全省外事系统取得的工作成效，对今年工作提出明确要求。省委常委、秘书长、宣传部部长梁建勇出席会议并讲话，副省长郭宁宁主持会议。会议强调，要提高政治站位，进一步用习近平新时代中国特色社会主义外交思想武装头脑，推动我省外事工作不断迈上新台阶，要讲好福建故事，扩大福建的国际“朋友圈”，推动与相关国家和地区之间交流越来越密切，不折不扣贯彻落实党中央对外大政方针和决策部署。

9日，全省第二十五次见义勇为英雄模范表彰大会在福州召开。省委常委、政法委书记王洪祥出席大会并讲话，省人大常委会副主任黄琪玉出席会议，副省长田湘利主持会议，省政协副主席魏克良、省级老同志陈荣春出席会议。大会表彰全省见义勇为模范（群体）和先进个人（群体）共37人，省政府授予林兴春等7人“福建省见义勇为模范（模范群体）”荣誉称号；省见义勇为人员奖励和保护工作委员会授予周国荣等30人“福建省见义勇为先进个人”荣誉称号。大会还为受表彰的模范和先进个人及见义勇为志愿者先进集体颁发奖励金共330万元。

9日，副省长郭宁宁在福州会见波兰驻华大使赛熙军一行。赛熙军表示，波兰高度重视与福建省开展全方位交流合作，愿意在共建“一带一路”“16+1合作”机制框架下，推动双方建立高层级对话机制，推动双方投资与贸易迈上新台阶。

9日晚，由省妇联、省企业与企业家联合会共同主办，省女企业家协会、省女企业家商会联合承办的学习宣传贯彻习近平总书记重要讲话和中国妇女十二大精神“让爱回家”2019新年原创音乐会在福州举行。省委常委周联清，省人大常委会党组副书记、副主任黄琪玉，副省长郭宁宁，省政协副主席阮诗玮、刘献祥，全国人大华侨委员会委员叶双瑜，省十二届人大常委会副主任刘群英，省法院院长吴偕林，省检察院检察长霍敏，省级老同志袁启彤、郑义正、陈增光、王美香、马新岚出席。本场新年音乐会分为《望》《寻》《归》三大乐章。十余首原创曲目都是经过用心策划、倾力打造的精品之作，旋律优美、寓意深远，搭配令人耳目一新的舞蹈及剧情编排，生动讲述爱与家的故事。

10日，由福州市政府、中国联通福建省分公司、中国联通网络技术研究院共同主办的“5G联通智慧生活”创新应用峰会在福州举行。中国联通党组副书记、总经理李国华到会并致辞。

10日，省政府召开全省冬春森林防灭火工作视频会议。副省长李德金出席会议并讲话。他指出，当前我省已进入森林防灭火紧要期，各级各有关部门务必充分认识做好今冬明春森林防灭工作的极端重要性，切实加强组织领导，狠抓各项工作落实，全力以赴抓好冬春森林防灭火工作。

10日，我省各级公安机关组织开展形式多样的“110宣传日”活动，副省长、省公安厅厅长田湘利在省公安厅指挥中心视频慰问全省公安110民警。田湘利通过视频与各地公安机关指挥中心及110一线民警实时连线，对民警表示慰问和敬意。他指出，公安110接处警工作是公安执法工作的重要环节，是公安机关密切联系群众的纽带桥梁，要始终坚持改革创新，完善主动预警、精细布警、多维接警、动中处警和智能化指挥、精准化服务、标准化执法、专业化建设“四警四化”工作，推动全省公安110服务提档升级，更好满足人民对美好生活的向往需求。

10日，全省商务工作视频会议召开。会前，省委书记于伟国、省长唐登杰对全省商务工作作出重要批示，充分肯定去年全省商务系统取得的成绩，并对今年工作提出明确要求。副省长郑新聪出席会议并讲话。

10日，省委召开农村工作会议，深入学习贯彻习近平总书记关于做好“三农”工作的重要论述，全面落实中央农村工作会议部署，总结去年“三农”工作，研究今明两年必须完成的硬任务，部署2019年农业农村工作。省委书记于伟国讲话，省长唐登杰主持会议。于伟国要求，各级党委要切实加强对“三农”工作的全面领导，扎实把方向、管大局、定政策、促落实。要把五级书记抓“三农”工作的责任坚决扛起来，把各方面主体参与乡村振兴的力量有效聚起来，把实绩考核的正确导向进一步树起来，稳扎稳打、久久为功，确保取得实实在在的效果。省领导王宁、黄琪玉、李德金、洪捷序在省主会场参加会议。

10日，全省公安机关扫黑除恶专项斗争推进会在福州召开，副省长、省公安厅厅长田湘利出席会议并讲话。会议要求迅速将思想和行动统一到全国、全省扫黑除恶专项斗争视频会议精神上来，站在为新中国成立70周年大庆创造安全稳定环境的政治高度，扎实推动全省公安机关扫黑除恶专项斗争向纵深发展。

10日，全省扫黑除恶专项斗争视频会在福州召开。省委常委、政法委书记、省扫黑除恶专项斗争领导小组常务副组长王洪祥出席会议并讲话，副省长、省公安厅厅长、省扫黑除恶专项斗争领导小组副组长田湘利主持会议，省法院院长吴偕林、省检察院检察长霍敏出席会议。会议要求，各地各部门要不折不扣贯彻落实好会议精神，提升认识抓落实，聚焦重点抓落实，强化领导抓落实。要把打伞破网作为扫黑除恶专项斗争向纵深开展的重要抓手，紧盯突出问题，通力配合、精准发力、久久为功，不放过任何蛛丝马迹，依法严惩保护伞、堵塞漏洞盲区，确保扫出声势、扫出成效，以实际行动取信于民。

11日，全省民政工作视频会议在福州召开。会前，省委书记于伟国、省长唐登杰对全省民政工作作出重要批示，充分肯定去年全省民政系统取得的成绩，并对今年工作提出明确要求。副省长郑建闽出席会议并讲话。会议指出，各级各部门要认清形势，站位全局，深化对民政工作重要性的认识。各级民政部门要保持清醒，积极应对民政事业在社会救助、养老服务、社会事务、信息化建设等方面面临的困难挑战；要深刻领会，准确把握新时代对民政工作的新要求，不断增强人民群众的获得感、幸福感和安全感。要突出重点，主动作为，助力脱贫攻坚，在强化民生保障上有新成效；补齐养老短板，在健全服务体系上有新突破；激发基层活力，在创新社会治理上有新举措；加强专项事务管理，在提供高质量服务上有新作为。

11日，全省农业农村局长会议召开。副省长李德金出席会议并讲话。会议强调，要按照省委、省政府的部署要求，把各项工作落细落实落深，全面推进乡村振兴。一要提高站位，增强做好“三农”工作的使命感、责任感和紧迫感。迅速将思想和行动统一到中央和省委的部署要求上来，抓好各项任务的落实。二要奋力攻坚，确保如期完成今明两年农业农村各项工作任务。聚焦乡村振兴，坚决打赢脱贫攻坚战，打好农村人居环境整治第一战；加快完善规划体系，开展试点示范；实施特色现代农业“五千工程”，围绕龙头和品牌做大做强特色产业；提高畜禽废弃物资源化利用水平，推动农业绿色发展；深化农村改革，破解农村产权制度改革等难点。三要加强学习，提高服务“三农”的素质和能力。强化政策宣传贯彻，提升调查研究、做群众工作、应对复杂问题等能力。四要强化统筹，加强党对农村工作的领导。坚持“五级书记”抓“三农”工作，争取农民群众广泛参与和支持。

12 日，福建日报报道：连日来，省政府领导分别到各设区市和平潭综合实验区，就省政府工作和即将提交省十三届人大二次会议审议的《政府工作报告（征求意见稿）》，广泛征求意见。省长唐登杰先后到福州市、厦门市征求意见。受省长唐登杰委托，副省长杨贤金到泉州市，副省长李德金到漳州市、龙岩市，副省长田湘利到南平市，副省长郑新聪到莆田市、平潭综合实验区，副省长郑建闽到宁德市，副省长郭宁宁与省政府顾问团座谈，认真听取意见建议。在征求意见座谈会上，与会同志充分肯定过去一年新福建建设成效，并围绕实施创新驱动发展战略、深化改革扩大开放、加快乡村振兴、区域协调发展、提升生态文明建设水平、补齐民生事业短板以及提振精气神、优化营商环境等，对改进政府工作和完善《政府工作报告》提出了许多建设性意见。

12 日，省十三届人大常委会第八次会议在福州举行。会议宣布，经各有关方面共同努力，省十三届人大二次会议各项筹备工作基本就绪，将于 14 日在福州召开。受省委书记、省人大常委会主任于伟国委托，省人大常委会副主任张广敏主持会议。省人大常委会副主任黄琪玉、邓力平、潘征、吴洪芹、檀云坤，秘书长刘道崎和其他组成人员出席会议。副省长郭宁宁，省监委负责人、省法院院长吴偕林、省检察院检察长霍敏列席会议。会议还审议了省人大常委会关于省十三届人大一次会议代表建议、批评和意见办理情况的综合报告。

12 日，福建省公共信息资源统一开放平台和海丝卫星数据服务中心正式开通。十二届全国政协副主席王钦敏出席开通仪式并致辞。

12 日，全省人力资源和社会保障工作视频会议在福州召开。会前，省委书记于伟国、省长唐登杰对全省人社工作作出批示，充分肯定去年全省人社系统取得的成绩，并对今年工作提出明确要求。副省长郑新聪出席会议并讲话。另悉，1 月 11 日，在收听收看完国务院农民工工作领导小组会议暨保障农民工工资支付工作电视电话会议后，我省紧接着召开全省电视电话会议，对进一步做好我省农民工工作及保障农民工工资支付工作作出安排，提出一套严格的保障措施。

12 日，省委召开全省党委（党组）书记抓基层党建工作述职评议会。省委书记于伟国主持会议并讲话。省委副书记唐登杰、王宁，省领导雷春美、胡昌升、梁建勇、周联清、王洪祥出席会议。中央组织部有关同志到会指导点评。会前，于伟国具体审定述职评议实施方案，详细审阅述职报告。会上，九个设区市市委书记和平潭综合实验区党工委书记先后就抓基层党组织建设工作情况和下一步工作思路进行了述职。各位同志述职后，于伟国一一点评，在肯定成绩的同时，一针见血地指出各地各部门工作中存在的突出问题，并分别提出了相关整改措施要求及今后努力方向。中组部有关同志作了深入点评，并对进一步抓好新一年基层党建工作提出明确要求。省委常委，省委党建工作领导小组成员，省纪委、省委组织部负责同志，部分党的十九大代表和我省“两代表一委员”（党代表、人大代表和政协委员）、基层党员干部和群众代表等进行了现场评议。

13 日，省政协十二届二次会议在福州开幕。省政协主席崔玉英，副主席王惠敏、魏克良、洪捷序、薛卫民、张兆民、杜源生、王光远、阮诗玮、刘献祥，秘书长陆开锦在主席台前排就座。省委书记于伟国，省委副书记、省长唐登杰，东部战区领导徐起零、廖可铎，省领导王宁、雷春美、胡昌升、梁建勇、周联清、王洪祥、苏保成在主席台就座，祝贺大会召开。9 时，王惠敏宣布省政协十二届二次会议开幕。全体起立，雄壮的国歌声响彻会场。会议首先审议通过了政协第十二届福建省委员会第二次会议议程。崔玉英代表十二届省政协常委会向大会作工作报告。报告指出，一年来，省政协始终把习近平新时代中国特色社会主义思想作为统揽工作的总纲，把坚持和发展中国特色社会主义作为巩固共同思想政治基础的主轴，在全国政协有力指导和中共福建省委正确领导下，树牢“四个意识”，坚定“四个自信”，坚决做到“两个维护”，围绕中心、服务大局，坚持建言资政和凝聚共识双向发力，不断推动我省政协事业创新发展，为建设“机制活、产业优、百姓富、生态美”的新福建作出了积极贡献。受十二届省政协常委会委托，魏克良向大会作关于省政协十二届一次会议以来提案工作情况的报告。省政协十二届一次会议以来，政协委员、政协各参加单位和专门委员会共提交提案810件，经审查立案769件，分送97个承办单位办理，已全部办复。省政协各专门委员会向大会提交了书面工作报告。应邀出席大会并在主席台就座的还有：省领导张广敏、黄琪玉、邓力平、潘征、吴洪芹、檀云坤、杨贤金、李德金、田湘利、郑新聪、郑建闽、郭宁宁，省法院院长吴偕林，省检察院检察长霍敏，全国人大、全国政协专委会领导叶双瑜、张帆、陈义兴，省级领导彭锦清、李红、何泽中，驻闽部队领导王滨、杨诚、陈宏、吴宏志、赵树新、黄少安、姚火照，省级老领导陈明义、黄小晶、袁启彤、游德馨、梁绮萍、林开钦、何少川、黄瑞霖、邹尔均、方忠炳、郑义正、王建双、黄文麟、陈荣春、陈增光、周厚稳、张家坤、贾锡太、陈营官、黄贤模、林强、曹德淦、谢先文、曾喜祥、潘心城、金能筹、王耀华、陈家骅、吴新涛、陈旭、刘德章、陈芸、王美香、马潞生、叶家松、袁锦贵、庄先、李祖可、李川、叶继革、陈桦、苏增添、陈伦、刘群英、刘可清、陈荣凯、杨根生、陈绍军、马新岚、倪英达，省直有关部门负责人，省各民主党派、工商联、有关人民团体负责人，民族、宗教界人士代表，无党派人士代表，其他代表性人士。

13日下午，参加省政协十二届二次会议的委员分组审议十二届省政协常委会工作报告和提案工作情况的报告。省领导于伟国、唐登杰、崔玉英、雷春美、梁建勇、周联清、杨贤金、李德金、郑新聪、郑建闽、郭宁宁、王惠敏、魏克良、洪捷序、薛卫民、张兆民、王光远、阮诗玮、刘献祥，陈义兴，李红，省级老领导游德馨、梁绮萍参加小组审议或讨论，与委员们面对面深入交流，鼓励大家积极建言献策，广泛凝聚力量，更好服务新时代新福建建设。

13日下午，省长唐登杰参加省政协十二届二次会议特邀第二组审议，认真听取委员们的意见建议。省政协副主席王惠敏参加审议。审议中，委员们直奔主题，庄莉、李兴湖、揭光武、林武、廖世铢、吕孟静、林韶雯、鲁颂宾等先后发言，认真审议省政协常委会工作报告，并围绕大力支持民企发展、加快港口整合步伐、促进快递业绿色发展、推动平潭开放开发、引进用好创新人才、整合资源支持企业“走出去”、加强对台文化交流、开展个税递延型养老保险试点等提出具体工作建议。

14日上午，省十三届人大二次会议在福建会堂隆重开幕。担任第一次全体会议执行主席并在主席台前排就座的有：于伟国、张广敏、雷春美、黄琪玉、邓力平、潘征、吴洪芹、檀云坤、刘道崎。大会由执行主席、主席团常务主席于伟国主持。省长唐登杰，东部战区领导廖可铎，省政协主席崔玉英，省领导王宁、刘学新、梁建勇、周联清、王洪祥、苏保成和主席团其他成员在主席台就座。省十三届人大实有代表557人，到会535人，符合法定人数。9时整，于伟国宣布：省十三届人大二次会议开幕。全体起立，会场响起雄壮的国歌。省长唐登杰代表省政府向大会作政府工作报告。报告分为三个部分：一、2018年工作回顾；二、坚持高质量发展落实赶超，扎实做好2019年工作；三、持续深化服务型政府建设。大会还审查了福建省2018年国民经济和社会发展计划执行情况及2019年国民经济和社会发展计划草案的报告、福建省2018年预算执行情况及2019年预算草案的报告。在主席台就座的还有：省领导杨贤金、李德金、田湘利、郑新聪、郑建闽、郭宁宁、王惠敏、魏克良、洪捷序、薛卫民、张兆民、杜源生、王光远、阮诗玮、刘献祥，省法院院长吴偕林，省检察院检察长霍敏，全国人大、全国政协专委会委员叶双瑜、张帆、陈义兴，省级领导彭锦清、李红、何泽中，驻闽部队领导王滨、张玉生、杨学勇、曹勇，省级老同志陈明义、黄小晶、袁启彤、游德馨、梁绮萍、林开钦、何少川、黄瑞霖、张明俊、邹尔均、方忠炳、郑义正、王建双、黄文麟、陈荣春、陈增光、周厚稳、洪永世、张家坤、贾锡太、陈营官、洪华生、黄贤模、林强、曹德淦、谢先文、曾喜祥、潘心城、金能筹、王耀华、陈家骅、陈旭、刘德章、陈芸、王美香、马潞生、叶家松、袁锦贵、庄先、李祖可、李川、叶继革、徐谦、陈桦、苏增添、陈伦、刘可清、陈荣凯、杨根生、马新岚、倪英达，在港澳的闽籍全国政协委员等。列席会议的有：不是省十三届人大代表的省人大常委会各委办室局负责同志、派驻机关纪检组负责同志，省人民政府组成人员、副秘书长，省监察委员会副主任，省高级人民法院副院长，省人民检察院副检察长，在闽十三届全国人大代表，设区市和平潭综合实验区人民法院院长、人民检察院检察长，厦门海事法院院长，县级人大常委会主任；不是省十三届人大代表的十二届省政协委员、省直有关单位负责人。

14—15日，参加省十三届人大二次会议的代表分组审议政府工作报告和计划、预算报告，审议相关草案；参加省政协十二届二次会议的委员分组讨论政府工作报告和计划、预算报告，继续分组审议省政协常委会工作报告和关于提案工作情况的报告，分组审议相关事项和草案。省领导于伟国、唐登杰、崔玉英、雷春美、刘学新、梁建勇、苏保成、张广敏、黄琪玉、邓力平、潘征、吴洪芹、檀云坤、杨贤金、李德金、郑新聪、郭宁宁、王惠敏、魏克良、洪捷序、薛卫民、张兆民、杜源生、王光远、阮诗玮、刘献祥，全国人大、全国政协专委会委员叶双瑜、陈义兴，省级领导彭锦清、何泽中，以及驻闽部队领导和省级老同志等参加了审议、讨论并听取意见。

15日，省委书记于伟国来到省十三届人大二次会议漳州代表团参加审议，深入听取代表的意见建议。审议中，檀云坤、刘向东、丁勇、吴洪池、李笃妙、巫燕华、薛从福、林伯琪等代表先后发言，结合审议政府工作报告，围绕进一步打造富美新漳州、促进闽西南协同发展区建设、优化城市生态环境、推动旅游产业发展、加快补齐民生短板、助力民企转型升级、推动闽台深化交流和构建现代化基础设施体系等问题提出了意见建议。于伟国认真听取并与代表们进行讨论交流。

15日下午，省长唐登杰来到他所在的省十三届人大二次会议龙岩代表团，与代表们共同审议《政府工作报告》，听取意见建议。李德金、马新岚参加审议。审议中，许维泽、林兴禄、陈金龙、王波、吴哲彦、马勇、钟亮生、陈碧珍、陈荣水、马水清、廖卓文等代表认真审议、踊跃建言。

16日上午，省十三届人大二次会议举行第二次全体会议。于伟国、唐登杰、崔玉英、王宁、雷春美、刘学新、梁建勇、苏保成等在主席台就座。省十三届人大常委会副主任张广敏作省人大常委会工作报告，省高级人民法院院长吴偕林作省法院工作报告，省人民检察院检察长霍敏作省检察院工作报告。大会由主席团常务主席、执行主席黄琪玉主持，531名代表出席大会。会议表决通过省十三届人大二次会议选举办法，关于设立省十三届人大社会建设委员会、监察和司法委员会的决定，以及关于上述两个专门委员会主任委员、副主任委员、委员人选的表决办法。担任昨天大会执行主席并在主席台前排就座的有：马新岚、王宁、叶双瑜、庄稼汉、杜源生、邱奕多、陈桦、林宝金、袁启彤、袁毅、黄琪玉、康涛、梁建勇、彭锦清、韩兴华。其他省领导和主席团成员在主席台就座。出席省政协十二届二次会议的委员列席会议。

16日，参加省十三届人大二次会议的代表分组审议省人大常委会工作报告，推选监票人，酝酿、讨论候选人和人选名单等；参加省政协十二届二次会议的委员分组讨论省法院、省检察院工作报告，继续讨论省政府工作报告和计划、预算报告。省领导唐登杰、王宁、刘学新、苏保成、黄琪玉、邓力平、潘征、吴洪芹、檀云坤、杨贤金、郭宁宁、魏克良、张兆民、杜源生，省检察院检察长霍敏，全国人大专委会委员叶双瑜，省级领导何泽中，以及驻闽部队领导和省级老同志等参加了审议、讨论并听取意见等。

16日下午，省委召开省政协港澳委员座谈会，听取意见建议。省委书记于伟国在会上讲话，省长唐登杰主持座谈会，省政协主席崔玉英出席。座谈会气氛热烈，吴换炎、黄毅辉、张宗真、曾志龙、李少林、俞凯、陈奕廷、陈清泉等先后发言，围绕推动高质量发展落实赶超、深化闽台融合发展、密切闽港闽澳交流合作、弘扬中华优秀文化、推动科技成果转化、吸引侨界青年人才返乡创业等，踊跃建言献策。于伟国希望，广大港澳委员积极协商议政，多建睿智谋事之言、多献务实管用之策，为港澳长期繁荣稳定、推进“一国两制”成功实践奉献智慧力量。省委、省政府将一如既往地重视支持港澳委员履职尽责，不断完善联系沟通机制，继续做好服务保障工作，让大家在闽投资兴业更舒心更安心更放心。省委、省人大常委会、省政府、省政协领导，在闽全国人大、全国政协专委会委员，省法院、省检察院领导，省直有关部门主要负责同志，各设区市、平潭综合实验区主要负责同志等参加了座谈。

16日下午，省长唐登杰来到省十三届人大二次会议南平代表团，与代表们一起审议省人大常委会工作报告，并听取对省政府工作的意见建议。刘学新、何泽中、陈桦参加审议。审议中，袁毅、林善平、徐尚华、汤文兴、黄爱华、丘毅、诸建华、余向红、童忠喜、雷和孙等代表直奔主题、踊跃发言，认真审议省人大常委会工作报告，并围绕培育绿色产业、武夷新区建设、山区教育发展、健康医疗扶贫、金融服务实体经济、森林生态银行试点、帮扶城镇贫困居民等，提出了许多针对性强的建议。

17日下午，省政协十二届二次会议圆满完成各项议程在福州闭幕。大会执行主席崔玉英、王惠敏、魏克良、洪捷序、薛卫民、张兆民、杜源生、王光远、阮诗玮、刘献祥、陆开锦在主席台前排就座。省委书记于伟国，省委副书记、省长唐登杰，东部战区领导廖可铎，省领导王宁、雷春美、胡昌升、刘学新、周联清、苏保成等到会祝贺。出席大会并在主席台就座的还有：省人大常委会、省政府领导，省法院、省检察院领导，省级领导，驻闽部队领导，省级老领导，省直有关部门负责人、设区市政协主席和各界人士代表。会议通过了《中国人民政治协商会议第十二届福建省委员会第二次会议决议》，听取了省政协十二届二次会议提案审查情况的报告。截至15日12时，大会共收到提案824件，经审查立案773件。

18日上午，省十三届人大二次会议举行第三次全体会议。于伟国、唐登杰、王宁、雷春美、胡昌升、刘学新、梁建勇、周联清、王洪祥、苏保成等在主席台就座。大会选举工作由大会主席团主持。担任本次全体会议执行主席的是：王洪祥、刘群英、许维泽、苏保成、苏增添、何泽中、张广敏、张玉生、陈伦、陈明义、陈善光、胡昌升、郭锡文、黄小晶。主席团常务主席、执行主席张广敏主持会议。省十三届人大实有代表557人，昨天上午出席535人，出席人数符合法定人数。大会首先表决通过总监票人、监票人名单。接着，采用无记名投票方式进行选举。本次选举的省人大常委会副主任、委员实行差额选举。代表们认真填写选票后，投下庄严的一票。经选举，雷春美当选为省十三届人大常委会副主任，兰斯文、徐铮当选为省十三届人大常委会委员。

18日，福建日报报道，省两会前夕，省委书记于伟国、省长唐登杰代表省委、省政府，与九个设区市和平潭综合实验区党政负责同志签订了2019年平安建设（综治工作）责任书和生态环境保护目标责任书。于伟国在讲话中指出，建设更高水平的平安福建、更具魅力的美丽福建，是坚持高质量发展落实赶超，加快新时代新福建建设的题中之意。责任书是军令状，是动员令。各地要知责、明责、履责、尽责，发扬斗争精神，勇于担当作为，不断推动全省平安建设和生态环境保护工作取得新突破，为坚持高质量发展落实赶超和新福建建设作出更大贡献。省领导王宁、黄琪玉、檀云坤、田湘利、杜源生，省法院领导吴偕林、检察院领导霍敏，武警福建总队领导曹勇出席签字仪式。省委常委、政法委书记王洪祥通报了2018年平安建设（综治工作）责任书落实情况，省委常委、秘书长梁建勇主持签字仪式。根据通报，2018年底，全省群众安全感率、执法工作满意率分别达98.45%、96.75%，平安建设连续多年保持全国优秀行列。2018年，全省水、大气、生态环境质量继续保持全优，保持全国领先。全省12条主要河流Ⅰ-Ⅲ类水质比例高于全国平均水平24.8个百分点，九市一区城市空气平均达标天数比例高于全国平均水平15.7个百分点，森林覆盖率66.8%，连续40年保持全国首位。

18日下午，省十三届人大二次会议圆满完成各项议程在福州闭幕。省委书记、省人大常委会主任、大会主席团常务主席于伟国主持会议并讲话。担任昨天下午大会执行主席的是：于伟国、张广敏、雷春美、黄琪玉、邓力平、潘征、吴洪芹、檀云坤、刘道崎。省十三届人大实有代表557人，昨天下午出席533人，出席人数符合法定人数。省长唐登杰，东部战区领导廖可铎，省领导王宁、雷春美、胡昌升、刘学新、梁建勇、周联清、王洪祥、苏保成在主席台就座。大会表决通过《关于福建省人民政府工作报告的决议》《关于福建省2018年国民经济和社会发展计划执行情况及2019年国民经济和社会发展计划的决议》《关于福建省2018年预算执行情况及2019年预算的决议》《关于福建省人民代表大会常务委员会工作报告的决议》《关于福建省高级人民法院工作报告的决议》《关于福建省人民检察院工作报告的决议》。随后，大会举行宪法宣誓仪式。本次大会选举的省人大常委会副主任、省人大常委会委员，表决通过的省人大社会建设委员会、监察和司法委员会主任委员、副主任委员、委员进行了宣誓。

18日下午，省长唐登杰主持召开2019年省政府第一次全体会议，对《政府工作报告》提出的主要任务和重点工作进行细化分解、明确责任，强调要大力弘扬“马上就办、真抓实干”优良作风，以钉钉子精神和滚石上山的韧劲，撸起袖子加油干，以实际成效兑现向全省人民作出的庄严承诺。省领导杨贤金、李德金、田湘利、郑建闽、郭宁宁，以及省直各单位、各设区市政府、平潭综合实验区管委会和中央驻闽单位负责人等参加会议。

19日，中共福建省纪委十届四次全体会议在福州召开。会议深入学习贯彻习近平新时代中国特色社会主义思想和党的十九大精神，全面贯彻落实习近平总书记在十九届中央纪委三次全会上的重要讲话精神和中央纪委全会部署，研究部署2019年我省全面从严治党工作。省委书记于伟国出席会议并讲话，省长唐登杰传达十九届中央纪委三次全会精神，省委常委、省纪委书记、省监委主任刘学新作了题为《以新气象新担当新作为推进全面从严治党，为坚持高质量发展落实赶超提供坚强保障》的工作报告。省委、省人大常委会、省政府、省政协领导，省法院、省检察院领导，全国政协专委会领导，全国人大、全国政协专委会委员，省级领导等出席会议。

21日，全省宣传部长会议在福州召开。省委常委、秘书长、宣传部长梁建勇，副省长杨贤金出席会议。会议强调，要加强党对宣传思想工作的全面领导，以党的政治建设为统领全面推进宣传系统党的建设，以机构改革为契机提升治理能力和水平，以增强“四力”为途径提升队伍素质，为做好宣传思想工作提供坚强保障。会议期间还套开了全省网信办主任会议、全省文明办主任会议、全省讲师团团长会议、全省文化和旅游工作会议、全省广播电视工作会议。

21日，全省文化和旅游工作会议在福州召开。会议传达了省委书记于伟国和省委常委、秘书长、宣传部长梁建勇对我省文化和旅游工作的批示，副省长杨贤金出席会议并讲话。会议强调，要用习近平新时代中国特色社会主义思想和党的十九大精神统领文化和旅游工作，坚持以提供优秀文化产品和优质旅游产品为抓手，努力在出精品、攀高峰上取得新突破，完善公共文化服务体系，创新体制机制，不断满足人民过上美好生活的新期待。坚持以文物保护利用改革为重点，切实把文化遗产保护好、利用好、传承好，全力推动文物领域各项改革发展举措落地，确保文物安全，鼓励文化文物单位大力开发创意产品，以推进文旅融合发展为契机，全力让文物“活”起来。深入挖掘福建文化和旅游资源，全力打造“全福游、有全福”品牌。坚持以提升福建文化影响力为目标，持续加强对外对港澳台交流合作，推动福建文化“走出去”。全省文化和旅游系统要坚持以党的政治建设为统领，切实履行全面从严治党的主体责任和监督责任，旗帜鲜明讲政治，多措并举聚人才，扑下身子抓落实。

21日，春运首日，副省长郑新聪带领省直有关部门及福州市相关负责人到福州春运服务一线检查指导，看望慰问一线干部职工，协调有关问题。据预测，2019年我省春运旅客发送量9277万人次，其中铁路旅客1515万人次，同比增长4.6%。目前，各有关单位多措并举，正全力做好保安全、保畅通、优服务等春运各项工作。

21日，副省长郭宁宁率省直有关部门负责人赴柘荣县调研脱贫攻坚工作，开展挂钩帮扶，看望慰问贫困户，致以新春祝福。

22日，全省卫生健康工作视频会议在福州召开。副省长杨贤金出席会议并讲话。会议强调，全省卫生健康系统要认真学习贯彻习近平总书记关于卫生健康工作的重要论述，推动卫生健康事业更高质量发展。坚持预防为主的健康策略，进一步健全公共卫生服务体系，加强重点人群健康服务，提高人民健康素养。持续深化改革不停步，实现“三医联动”改革良性运转，加快构建现代医院管理制度，推动建立符合医疗行业特点的薪酬制度，抓好抓实世行贷款医改促进项目，建立严格规范的医疗卫生行业综合监管制度。深入推进卫生健康补短板，有效扩大卫生健康服务供给，有效提升医疗技术水平，坚决打赢健康扶贫攻坚战。推动中医药振兴发展，凝聚共识共为，在改革中扶持反哺中医，推进中医药服务能力提升。推进“互联网+卫生健康”创新发展，借力信息化和大数据，助推我省卫生健康事业弯道超车。要强化党对卫生健康工作的领导，增强工作推进合力，营造良好的工作氛围，为卫生健康事业发展提供有力保障。

22日，全省体育工作视频会议在福州召开。副省长杨贤金出席会议并讲话。会议强调，要坚持以习近平总书记关于体育工作的重要论述精神统领体育工作，着眼于促进人民健康，着眼于服务发展大局，着眼于弘扬体育精神。坚持以人民为中心，进一步提升全民健身的获得感，全力推动全民运动健身模范市县创建活动，充分激发体育社会组织的活力，创新发展全民健身事业。认真谋划，进一步发展好竞技体育，积极推动竞技体育“一地一品”品牌项目建设，积极备战山西青运会、打好东京奥运会、瞄准陕西全运会，狠抓赛风赛纪和反兴奋剂工作。探索体教融合，进一步加强体育后备人才培养体系建设，切实抓好运动员文化教育，推进青少年体育活动开展，加大足球改革发展力度。全省体育系统要持续加强自身建设，旗帜鲜明讲政治，从严从实立规矩，增强合力促发展，严守安全保底线。

22日，全省广播电视工作会议在福州召开。副省长杨贤金出席会议并讲话。会议强调，全省广播电视系统要深入学习贯彻习近平总书记宣传思想工作重要思想，增强新形势下做好广播电视工作责任感和使命感，为坚持高质量发展落实赶超，奋力推进新时代新福建建设提供更加有力的思想保证、文化支撑和精神力量。要明确行业管理职责，落实政治责任，聚焦主责主业，转变职能健全机制。要站位全局谋划发展，着力做大做强主流思想舆论，持续深入学习宣传习近平新时代中国特色社会主义思想，聚焦主题主线宣传大事要事，提高新闻舆论传播力引导力影响力公信力；着力打造广播电视精品力作，挖掘展现福建特色文化，积极拓展对外传播实效；着力推动事业产业高质量发展，以技术创新推进媒体融合发展，以供给侧改革促进产业优化升级，以优质服务对接乡村振兴战略；着力提升行业管理服务能力和水平，深化“放管服”改革，强化导向管理，创新管理方式。要把党的政治建设摆在首位，突出加强队伍建设，重点加强作风建设，为新时代新福建建设作出新的更大贡献。

21日至23日，全国政协副主席、交通运输部党组书记杨传堂率全国政协农业和农村委员会调研组来闽，围绕推进“四好农村路”建设开展专题调研，并在福州举行调研座谈会听取情况介绍。省政协主席崔玉英主持座谈会。在闽期间，调研组先后赴福州、泉州、龙岩等地，进村入户实地调研，同农村干部群众、基层养护人员、一线“交通人”座谈交流，听取意见建议。全国政协农业和农村委员会副主任陈雷、陈晓华，驻会副主任张效廉，全国政协委员严之尧、常信民等参加调研。

23日，全省科技工作会议在福州召开。会议强调，要坚持以习近平新时代中国特色社会主义思想和党的十九大精神为指导，认真贯彻落实习近平总书记关于科技创新的重要论述，全力加快实施创新驱动发展战略，全面提升科技创新工作水平，为推动我省高质量发展落实赶超提供强大驱动力。要抓政策落地，营造良好创新环境，鼓励产业和企业技术创新，激发科研机构和科研人员创新创业活力，推动区域创新协调发展，加强产业关键技术攻关，促进产业链创新链联动发展。要抓平台建设，加快省实验室等新平台建设，创造更多高质量成果；提升高校科研院所现有平台水平，增强研发和成果转化能力；支持企业建设创新平台，促进产学研用协同创新发展；完善技术转移服务平台，推进成果转化专业化发展。要抓科技特派员制度建设，健全选派机制，完善配套政策措施，全力服务新时代乡村振兴。要以党的政治建设为统领，压紧压实全面从严治党主体责任，进一步提振干部队伍精气神，努力开创福建科技创新工作新局面。

23 日，全省人民防空工作视频会议在福州召开。会前，省委书记于伟国、省长唐登杰分别作出批示指示，充分肯定 2018 年全省人防工作取得的成绩，对 2019 年工作提出明确要求。副省长李德金、省军区副司令员张玉生出席会议并讲话。

23 日，副省长郭宁宁在福州会见韩国驻广州总领事洪性旭一行。洪性旭表示，愿全力以赴推进韩国与福建在经贸等方面的合作，加强高层对话，增进友城交往。

24 日，全省生态环境保护工作会议在福州召开。会前，省委书记于伟国、省长唐登杰对全省生态环境保护工作作出批示，充分肯定一年来全省生态环境保护工作取得的成绩，对今年工作提出了明确要求。

24 日，全省税务工作视频会议召开。会前，省委书记于伟国、省长唐登杰对税务工作作出批示，充分肯定过去一年全省税务系统取得的工作成效，对今年工作提出明确要求。

24 日，全省信息通信工作视频会议在福州召开。

25 日，省委副书记、福州市委书记王宁主持召开第二届数字中国建设峰会筹备工作推进会，贯彻落实省委常委会会议精神，听取省发改委、省数字办和福州市有关筹备工作情况汇报，协调解决具体问题，研究部署下一阶段筹备工作。福州市、省直有关部门负责人参加会议。

25 日，全省住房城乡建设工作会议暨城建工作现场会议在福州召开。会前，省委书记于伟国、省长唐登杰作出批示，充分肯定了去年全省住建系统取得的成绩，对今年工作提出了明确要求。副省长李德金出席会议并讲话。

26 日，副省长杨贤金在榕会见了福光基金捐赠人、香港联合集团创始人李明治，香港中银国际控股有限公司副董事长、福光基金会理事林广兆等一行。李明治、林广兆表示，福光基金会怀着恋祖爱乡、回馈桑梓的深厚情感，今后将继续播下慈善的种子，让慈善的大树根深叶茂，将福光慈善树人的精神进一步发扬光大。

26 日下午，在春节即将来临之际，副省长郑建闽来到福州盲人院福乐家园，参加“两节”全省贫困盲人家庭送温暖活动，看望慰问园区 76 名盲人，为园区盲人发放慰问金和年货。郑建闽代表省委、省政府，向全省残疾人朋友致以节日的祝福和亲切的问候。“两节”全省贫困盲人家庭送温暖活动是省盲协每年常态化开展的扶盲助盲公益活动，2014 年发起至今，共帮扶慰问贫困盲人 2000 多人。

28 日中午，省委书记于伟国、省长唐登杰在福州会见了金门县县长杨镇浯一行。省领导周联清、郭宁宁参加了会见。杨镇浯说，期盼双方在已有的良好合作基础上，在观光旅游、特色产品营销、海域环保治理等方面进一步深化交流、拓展合作，早日实现通水、通电、通气、通桥。

29 日上午，省委书记于伟国、省长唐登杰在福州走访了部分中央驻闽新闻单位和省主要新闻单位，亲切看望一线采编人员，与大家一起深入学习贯彻习近平总书记在中央政治局第十二次集体学习时的重要讲话精神，研究推动我省媒体融合发展迈出更大步伐、取得更大成效，并向全省广大新闻工作者致以新春的问候。省委常委、秘书长、宣传部长梁建勇参加了走访和座谈。

29 日，省红十字会第七届理事会第七次会议在福州召开。副省长、省红十字会会长杨贤金出席会议并讲话。会议强调，2019 年全省各级红十字会要坚持改革创新和问题导向，以改革统领全局，以改革破解难题，创新机制体制，夯实基层基础，更加广泛联系、服务和团结基层群众，努力开创我省红十字事业新局面。要坚持强化自身建设，切实把党的政治建设放在首位，改进工作作风，依法治会兴会，努力在新时代展现新作为、创造新业绩，为促进高质量发展落实赶超，推进新时代新福建建设作出更大的贡献。会议为 2018 年度获得省红十字人道金（银、铜）质奖章的爱心企业、人士颁发奖章。福建省红十字会理事、捐赠者代表等约 120 人参加会议。

30日，省委政法工作会议在榕召开。省委书记于伟国在会上强调，要深入学习宣传贯彻习近平新时代中国特色社会主义思想和党的十九大精神，全面贯彻落实习近平总书记在中央政法工作会议上的重要讲话精神，强化忧患意识，坚持底线思维，忠诚履职尽责，全面深入做好新时代政法各项工作，为坚持高质量发展落实赶超、加快新时代新福建建设营造安定稳定的社会环境。省委副书记、省长唐登杰主持会议。省委常委、省委政法委书记王洪祥在会上作工作报告。省人大常委会、省政府、省政协领导，省法院、省检察院和驻闽部队领导等出席会议。省委政法委委员，省有关部门单位和政法各单位负责同志，以及各市、县（市、区）委政法委书记和各市政法各部门负责人参加会议。会议以视频会议形式召开，各市、县（区）、平潭综合实验区设分会场。

30日，省委人才工作领导小组在福州召开会议，总结去年工作，部署今年任务。省委常委、组织部长、省委人才工作领导小组组长胡昌升强调，要按照中央部署和省委要求，用心用情做好引才育才聚才工作，努力把各方面优秀人才汇聚到新福建建设中来。副省长、省委人才工作领导小组副组长郑新聪主持会议。会议审议了《2019年全省人才工作要点》、第二批台湾引才“百人计划”人选等事项，并听取了各设区市和平潭综合实验区去年人才工作专项述职。

30日，全省教育工作视频会议召开。副省长杨贤金出席会议并讲话。会议强调，做好2019年全省教育工作，最根本是要以习近平新时代中国特色社会主义思想和习近平总书记关于教育的重要论述精神为指导，进一步深入学习贯彻全国教育大会精神，坚持党对教育事业的全面领导，全面落实立德树人根本任务，牢牢把握社会主义办学方向。要以高考综合改革为切入口，抓好义务教育和学前教育质量提升，全面提高基础教育质量。要进一步推动高等教育融入经济社会发展大局，优化高等教育体系和人才培养结构，扩大教育开放交流合作水平，全面提升高等教育服务创新发展的能力。要以深化改革为动力，坚持高标准严要求加强师德师风建设，打造高素质专业化创新型教师队伍。要发扬斗争精神，增强斗争本领，着力破解制约教育发展的重难点问题，推动各项重点工作、重点任务落实取得实实在在成效。要坚持以党的政治建设为统领，履行管党治党主体责任，深化作风建设，增强防范化解重大风险工作的能力，维护教育系统安全稳定。

30日，全省挂钩帮扶民族乡暨省民族、宗教工作联席会议及民族宗教局长视频会议在福州召开，会议深入研究分析当前全省民族宗教工作面临的形势和任务，推动中央和省委关于民族宗教工作的重要决策部署落实落细。省委常委、统战部长雷春美出席会议并讲话，副省长郑建闽主持会议。会议要求，要抓好工作衔接，确保机构改革期间各项民族宗教工作平稳有序；要持续做好挂钩帮扶民族乡村工作，加强各民族交往交流交融，依法规范宗教事务管理等重点工作；要及时谋划本地区本部门今年民族宗教工作，切实落实好中央和省里对民族宗教工作的部署和安排。

31日上午，福建省统一战线各界人士迎春茶话会在榕举行。省领导雷春美、邓力平、郑建闽、洪捷序、薛卫民、王光远、阮诗玮、刘献祥，全国政协专委会副主任张帆，老同志林强、王耀华、陈家骅、吴新涛、庄先、李祖可、陈绍军出席茶话会。受省委书记于伟国、省长唐登杰委托，省委常委、统战部长雷春美代表省委、省政府向全省统一战线各界人士和关心支持福建发展的港澳台同胞、海外侨胞，致以节日的问候和诚挚的祝福。省政协副主席、民盟省委会主委阮诗玮代表全省统一战线各界人士致辞。

31日，2019年春节即将来临，省党政领导专程赴东部战区走访慰问。省委书记于伟国、省长唐登杰，东部战区司令员刘粤军、政委何平出席军地座谈会，共叙军地军民鱼水深情，共商军民融合发展之策。于伟国代表省委、省政府和全省广大干部群众，向东部战区广大官兵致以新年问候，对东部战区建设发展取得的成绩表示由衷敬佩，并介绍了福建经济社会发展情况。刘粤军、何平代表东部战区党委机关和广大官兵，对福建关心支持战区建设发展表示感谢，对福建经济社会发展取得的成绩深表钦佩。省党政军领导王宁、王滨、苏保成、郑新聪，厦门市市长庄稼汉，东部战区领导孙和荣、尹洪文、兰政、卢少平参加座谈。

31 日，省委常委、政法委书记王洪祥和省委政法工作会议与会代表围绕学习贯彻习近平总书记在中央政法工作会议上的重要讲话和省委书记于伟国在省委政法工作会议上的讲话精神进行分组讨论。通过学习讨论，大家加深了对习近平总书记关于新时代政法工作重要思想的认识把握，坚定了开创福建政法事业新局面的信心决心。副省长、公安厅长田湘利，省法院院长吴偕林、省检察院检察长霍敏，武警福建总队司令曹勇参加分组讨论。会议同时部署春节和全国两会期间的社会稳定工作。

31 日，全省公安局长会议在福州召开。副省长、公安厅长田湘利出席会议并讲话。会议强调，全省公安机关要把握形势变化，履行好职责任务。要贯彻总体国家安全观，把防范政治安全风险置于首要位置，坚决捍卫国家政治安全。要深入推进平安福建建设，全面升级打防管控措施，最大限度净化治安环境。要全面深化公安改革，回应人民关切，深入实施改革强警战略，加快推动福建公安工作转型升级。要以政治建设为统领，聚焦忠诚干净担当，锻造革命化、正规化、专业化、职业化的公安队伍。

31 日，省供销合作社联合社四届三次理事会暨四届三次监事会在福州召开，副省长李德金出席会议并讲话。会议指出，中央和省委省政府高度重视供销社工作，乡村振兴战略的实施为供销社带来发展新契机，供销社事业大有可为，要在服务“三农”、服务乡村振兴中有更大的作为。

31 日，全省信访局长会议在福州召开。省委常委、政法委书记、省信访工作联席会议总召集人王洪祥出席会议并讲话，副省长田湘利主持会议。会议指出，各级各有关部门要及时传达、深刻领会近期省委省政府领导对信访工作的重要指示精神，准确分析把握信访形势，研究具体工作措施，逐项落实责任；要切实把信访工作摆到社会经济发展大局中，深入开展大排查、大化解、大走访、大帮扶，服务“开门红”等活动，在着力化解信访矛盾、积极维护群众权益中服务大局；要深化改革创新，建立长效机制，心无旁骛做工作，努力为新中国成立 70 周年营造和谐稳定的社会环境。

31 日，福建日报报道，新春佳节将至，于伟国、唐登杰、崔玉英等省委、省人大常委会、省政府、省政协领导，连日来分别带领省拥军优属慰问团走访驻闽部队机关和基层单位，向广大驻闽部队官兵致以新春祝福。每到一处，省领导都与官兵们亲切座谈，简要通报过去一年新福建建设的进展成效。省领导王宁、雷春美、胡昌升、刘学新、梁建勇、周联清、王洪祥、张广敏、杨贤金、李德金、田湘利、郑新聪、郑建闽、郭宁宁等分别带队或参加慰问。

（摘编：李哲）

二月

1 日，福建日报报道：连日来，于伟国、唐登杰、崔玉英等省委、省人大常委会、省政府、省政协领导，分别看望慰问了军地老同志和各界人士代表，送上新春美好祝福。省领导来到每家每户，与受慰问的同志促膝而谈，详细询问工作和生活等情况。受慰问的同志对党委、政府的关心关怀表示由衷感谢，对新福建新成绩表示祝贺，并就做好今年工作提出了建设性意见。省领导走访慰问了在闽全国政协专委会副主任张帆，全国人大、全国政协专委会委员叶双瑜、陈义兴，省级领导干部彭锦清、郑兰荪、李红、何泽中，走访慰问了省级老同志陈明义、黄小晶、袁启彤、游德馨、梁绮萍、林开钦、黄瑞霖、王一士、张明俊、邹尔均、宋峻、方忠炳、郑义正、王建双、黄文麟、施性谋、陈荣春、陈增光、周厚稳、洪永世、张家坤、贾锡太、陈营官、朱亚衍、洪华生、黄贤模、曹德淦、谢先文、曾喜祥、潘心城、金能筹、苍震华、陈旭、刘德章、陈芸、王美香、马潞生、叶家松、袁锦贵、李川、叶继革、陈向先、徐谦、陈桦、苏增添、陈伦、刘群英、张燮飞、刘可清、陈荣凯、杨根生、马新岚、倪英达；走访慰问的部队老同志和老红军代表，省各民主党派、工商联负责人和党外知名人士有：熊兆仁、丁涟沄、王玉清，邓力平、郑建闽、洪捷序、薛卫民、王光远、阮诗玮、刘献祥、叶庆耀、林逸、林强、王耀华、陈家骅、吴新涛、庄先、李祖可、郭振家、陈绍军、吴志明、严可仕；看望了全国改革先锋称号获得者，全国优秀共产党员，全国劳动模范，知识界、文体界、医卫界、教育界代表人士，公安英模和见义勇为先进个人代表，他们是：吴荣南，林丹、章联生、许光园、廖俊波同志家属，胡明华、李丹青、王建民、谢树森、郑秋妹，田昭武、赵玉芬、唐崇惕、谢联辉、张乾二、黄本立、万惠霖、徐洵、洪茂椿、田中群、谢华安、付贤智、焦念志、韩家淮、孙世刚、戴民汉、贺泓、赖爱光、郑金贵、尤民生、陈如凯、张易宁、卢灿忠、吴能远、刘传标、张贤华、谢南、颜振育、徐云丽、李喆、许龙善、谢维泉、王绪绪，林春兰、陈黎华、田云超；还委托有关部门慰问了住在外地的部分老同志、已故老同志家属。

1日，副省长李德金带领省直有关部门负责同志，深入三明市尤溪县、南平市延平区调研非洲猪瘟防控、“大棚房”问题清理整治工作，并走访慰问农村困难群众。调研中，李德金一行还代表省委省政府，看望慰问部分农村建档立卡贫困户。

1日下午，副省长郑建闽带领省、市有关部门负责人赴福州市检查特种设备安全工作，确保全省人民过一个欢乐祥和的春节。

2日上午，福建省2019年春节团拜会在福州西湖宾馆举行。省委书记、省人大常委会主任于伟国，省长唐登杰，东部战区陆军司令员徐起零、政委廖可铎，省政协主席崔玉英，来闽过年的中央和国家部委机关有关领导，省委、省人大常委会、省政府、省政协领导，省法院、省检察院领导，全国政协专委会领导，全国人大专委会委员，省级领导，驻闽部队领导，地方和部队老同志，各界人士代表等出席团拜会。于伟国在会上致辞。

2日中午，省委书记于伟国、省长唐登杰在福州会见了中央人民政府驻香港特别行政区联络办公室主任王志民一行。王志民表示，广大在港闽籍乡亲为香港的繁荣和稳定发挥了重要作用。我们将继续做好牵线搭桥工作，助力闽港充分发挥各自优势，进一步促进闽港实现多领域、全方位的合作。

2日，按照中央和省委部署，省政府党组召开2018年度民主生活会。会议以“强化创新理论武装，树牢‘四个意识’，坚定‘四个自信’，坚决做到‘两个维护’，勇于担当作为，以求真务实作风坚决把党中央决策部署落到实处”为主题，对照党章和党内相关规定，联系思想和工作实际，认真查摆存在的问题，深刻剖析根源，开展批评和自我批评。省政府党组书记、省长唐登杰主持会议，省政府党组成员杨贤金、李德金、田湘利、郑新聪、郭宁宁、黄新銮出席会议，副省长郑建闽列席会议，中央纪委机关、省纪委监委、省委组织部有关同志到会指导。会议通报了省政府党组2017年度民主生活会、2018年巡视整改专题民主生活会整改落实情况，以及2018年度民主生活会准备工作、会前征求意见情况。

2日，省委常委、政法委书记王洪祥，副省长、省公安厅厅长田湘利带领省直政法单位负责同志赴基层政法单位看望慰问一线干警。

2日，受省委书记于伟国、省长唐登杰委托，副省长李德金到省气象台、省防汛抗旱指挥部、省森林防火指挥部、省海洋与渔业局应急办、省农业农村厅应急办，看望慰问应急值班人员，向大家致以新春祝福。

2 日，副省长、省公安厅厅长田湘利带领省直有关部门和福州市政府负责同志，到福州市大型城市综合体等人员密集场所检查消防安全工作情况。

2 日，副省长郑新聪带领省直有关部门负责人走访福州农贸市场、超市，检查节日市场供应情况，并就加强节假日期间全省市场供应保障及食品安全工作作出部署。

3 日，福建日报报道，中华民族传统节日农历春节来临之际，省委书记于伟国、省长唐登杰深入基层慰问干部群众，向大家送上美好的新春祝福。于伟国、唐登杰强调，全省各级党委政府要认真学习宣传贯彻习近平新时代中国特色社会主义思想，坚持以人民为中心的发展思想，牢牢把老百姓的安危冷暖放在心头，实实在在提高人民群众的获得感幸福感安全感，让全省人民过一个欢乐祥和的春节。省领导王宁、梁建勇、王洪祥、田湘利参加了慰问。

4 日除夕夜，副省长、省公安厅长田湘利通过视频连线和深入一线慰问坚守岗位的公安民警、辅警和消防指战员。

12 日，省长唐登杰主持召开省政府常务会议，进一步部署节后全面复产复工；研究《福建省革命文物保护利用工程实施方案》（送审稿），决定报省委；通过《福建省人民政府工作规则》《关于聚焦企业关切进一步推动优化营商环境政策落实的实施意见》《福建省进一步精简企业投资项目前置审批事项实施方案》《福建省畜禽粪污资源化利用整省推进实施方案（2019—2020 年）》。会议还研究了其他事项。会议强调，节后各级各部门要焕发干事创业精气神，加强工作指导和服务保障，紧盯企业和项目复产复工，落实帮扶措施，鼓励增产增效，努力实现一季度“开门红”。福建是革命文物大省，红色资源丰富。要统筹推进革命文物保护、利用、传承，加强革命文物保护修缮和展示传播，更好发挥红色文化的社会教育功能，让革命文物“活”起来、“传”下去。要按照《省政府工作规则》各项要求，全面正确履行政府职能，坚持依法行政，实行科学民主决策，推进政务公开，健全监督制度，持续改进作风，努力建设人民满意的法治政府、创新政府、廉洁政府和服务型政府。要大力践行“马上就办”，及时回应企业关切，打通政策落地“最后一公里”，提高政策知晓度和企业获得感。各级政府各部门要进一步解放思想，坚持依法依规、能简则简、能并则并，深化企业投资项目审批改革，创新事中事后监管，放管结合、优化服务。要全面落实省政府与农业农村部签订的《畜禽粪污资源化利用整省推进合作协议》，提前一年完成国家“十三五”畜禽粪污资源化利用目标。

12 日，由省公安厅举办的厅机关领导干部集训班在福州开班。副省长、省公安厅长田湘利参加集训，并在开班式上讲话。省公安厅举办这期集训班，主要是为了用新思想武装头脑，提高政治站位，增强“四个意识”、坚定“四个自信”、做到“两个维护”，向全警发出做好新一年公安工作的集结号和动员令，推动收心归位、凝神聚力，增强风险意识，强化底线思维，提高斗争本领，坚决做好中华人民共和国成立 70 周年大庆安保维稳工作。同时，着眼提升领导全省公安工作水平，着眼提升服务发展、服务群众、服务基层一线、服务实战的能力，助推保障全省公安工作创新发展。

13 日上午，省委常委、统战部长邢善萍来到位于福州鼓楼区湖东路的同心楼，与省各民主党派、工商联和有关团体座谈，向大家致以新春的祝福，认真听取对今年工作的意见和建议。省领导邓力平、郑建闽、洪捷序、薛卫民、王光远、阮诗玮、刘献祥参加座谈。

13 日，受省委书记于伟国、省长唐登杰委托，省委副书记、福州市委书记王宁，副省长郑新聪率慰问团赴南京、宁波，走访慰问东部战区空军、海军。东部战区空军领导崔学刚、景建峰、卢震、刘沁、赵永远，海军领导王俊德、李鹏程、李道明、赵光庆出席座谈会。

15 日，副省长李德金带领省直有关部门负责同志赴平潭综合实验区，调研乡村振兴、石头厝保护开发和污泥、餐厨垃圾处理等工作，并召开现场办公会协调解决相关问题。李德金强调，要坚持高标准规划建设，建立合理空间布局，进一步完善设备设施，推动实现污泥处理无害化，扩大餐厨垃圾处理覆盖范围，加快补齐城乡基础设施短板；要突出平潭特色，抓好石头厝保护开发，讲好乡村振兴新故事，特别是要从规划顶层上明确“原生态+现代化”格局，以传承农耕文化为载体，引导石头厝民宿产业的创新发展。

18日，省委书记于伟国、省长唐登杰在福州会见了澎湖县县长赖峰伟。省领导梁建勇、周联清、郭宁宁参加会见。

18日，全省对台工作会议在福州召开。会议深入学习贯彻习近平总书记在《告台湾同胞书》发表40周年纪念会上的重要讲话精神，总结2018年工作，部署2019年工作。省委常委周联清出席会议并讲话，副省长郭宁宁主持会议。有关设区市和省直部门作了交流发言。会议表彰了2018年全省对台系统先进集体和先进工作者。

19日，省政府党组书记、省长唐登杰主持召开省政府党组会议，深入学习习近平总书记在十九届中央纪委三次全会、省部级主要领导干部专题研讨班上的重要讲话精神，进一步部署省政府党组贯彻意见。会议传达学习了中央领导同志在《关于监督推动华东五省市做实巡视整改工作的情况汇报》上的批示精神，听取省政府党组巡视整改工作进展汇报，部署下一段整改工作。会议强调，要深入学习贯彻习近平总书记关于巡视工作的重要论述，持之以恒扛起巡视整改重大政治责任，借鉴兄弟省市先进经验做法，坚持问题导向，突出整改实效，举一反三、剖析根源，健全机制、巩固成果，扎实做好巡视“后半篇文章”。

20日，省长唐登杰到平潭调研并主持召开支持平潭综合实验区建设联席会议，检查中央巡视整改落实情况，督导扫黑除恶专项斗争，协调解决相关问题，共同推进平潭新一轮开放开发。联席会上，平潭综合实验区党工委负责同志作了工作汇报，省直有关部门负责同志汇报了实验区总体规划编制等情况并提出具体支持措施。

20日，2018年度省部属高校党委书记抓基层党建工作述职评议会在福州召开。会前，省委书记于伟国审定了述职评议方案。省委常委周联清主持会议并讲话，副省长杨贤金参加会议。会上，14所高校党委书记先后就抓基层党建工作情况、存在问题和下一步工作思路进行述职。会议强调，各高校要以习近平新时代中国特色社会主义思想为指导，认真学习贯彻十九届中央纪委三次全会精神，树牢“四个意识”，坚决做到“两个维护”，全面落实新时代党的建设总要求，按照省委“八个坚定不移”的具体部署，把党的全面领导传导到高校的最基层、最终端。高校党委要进一步增强抓好基层党建工作的责任感使命感，聚焦政治建设，围绕立德树人，进一步提升基层党组织组织力，推动高校思想政治工作创新发展，切实维护高校安全稳定。要压紧压实责任链条，强化工作保障，健全激励机制，使基层更加理直气壮、挺起腰杆抓党建。

20日，全省公共安全领域突出问题大排查大化解大整治攻坚行动视频会在福州召开。省委常委、政法委书记、省攻坚行动领导小组组长王洪祥出席会议并讲话，副省长、省公安厅厅长田湘利主持会议。会上，省公安厅通报了全省公共安全领域存在的突出问题，省教育厅、省交通厅有关负责同志结合部门职责分别在会上发言。

21日，第二十七次全省高校党的建设工作会议在福州召开。省委常委周联清出席会议并讲话，副省长杨贤金主持会议。会议要求，各地各高校要按照新时代党的建设总要求，始终把高校党建和思想政治工作作为办学治校的首要任务，持续推进理念思路、内容形式、方法手段创新，把加强党的全面领导落到实处，把党建和思想政治工作重点任务落到实处，把党建和思想政治工作责任落到实处，以推动高校改革发展的实际举措和成效，为加快建设机制活、产业优、百姓富、生态美的新福建作出更大贡献。

22日，全省教育大会在福州召开。省委书记、省委教育工作领导小组组长于伟国在讲话中强调，要深入学习贯彻习近平总书记关于教育的重要论述和全国教育大会精神，加快推进教育现代化和教育强省建设，办好人民满意的教育，交出新时代教育工作的满意答卷，为新时代新福建建设提供强大支撑。省长、省委教育工作领导小组第一副组长唐登杰主持会议。省委、省人大常委会、省政府、省政协领导，省法院、省检察院领导出席会议。省委教育工作领导小组成员，各设区市、平潭综合实验区和省直有关单位、全省各高校的主要负责人及分管负责同志等参加了会议。会上，省委编办、省发改委、省财政厅、省人社厅，厦门市、泉州市丰泽区、三明市泰宁县有关负责同志作了交流发言。

22 日，来自全省各设区市、平潭综合实验区党委政府和省直有关单位的“一把手”们齐聚榕城，实地观摩福州城市建设管理成效，交流探讨城市发展经验，进一步激发全省各地比学赶超，加快提升城市建设管理水平，努力让群众享有更加美好的家园。省委书记于伟国在观摩点评会上讲话。省长唐登杰出席点评会。省委副书记、福州市委书记王宁，省领导梁建勇、檀云坤、李德金、杜源生参加了观摩或点评会。

23 日，副省长李德金带领省直有关部门负责人赴宁德调研海上养殖综合整治、城市规划建设等工作。

25 日，全省第四次全国经济普查工作视频会议召开。

25 日，副省长李德金带领省直有关部门负责人赴永泰县调研美丽乡村、历史文化名镇名村和水利工作，察看了永泰县梧桐镇白杜村、嵩口镇月洲村、大樟溪嵩口绿水瘫水坝水利项目、嵩口镇历史文化街区。李德金希望福州市和永泰县按照全省农村人居环境整治会议部署，深入开展“一革命四行动”，坚持生态优先、因地制宜，持续抓好美丽乡村建设，切实改善农村人居环境。

26 日，省长唐登杰主持召开省政府常务会议，研究《关于加快推进退役军人服务保障体系建设的通知》（送审稿），决定报省委；听取 2018 年度福建省营商环境评估情况报告，部署加快“大棚房”问题专项清理整治，通过《福建省粮食安全保障办法》、改革完善省属公办普通本科高校和高职院校生均拨款制度有关方案。会议还研究了其他事项。会议指出，各级各有关部门要认真贯彻习近平总书记关于退役军人工作的重要指示批示精神，按照有机构、有编制、有人员、有经费、有保障和全覆盖的要求，加快建立健全退役军人服务保障体系，确保组建目标、职责任务、服务保障落实到位，全面做好就业创业扶持、优抚帮扶、走访慰问、权益保障等工作，切实提升退役军人服务保障水平。会议指出，营商环境没有最好，只有更好。要按照中央和省委部署，进一步夯实责任、深入排查、强化整改、加强督导，全力打好“大棚房”问题专项清理整治行动“春季攻坚战”，确保 3 月底前按时保质完成整治任务。要举一反三、完善机制，规范设施农业用地监管，坚决制止农地非农化，加强自然资源领域违法违纪问题的专项整治，切实落实最严格的耕地保护制度。会议审议通过了《福建省粮食安全保障办法》。会议强调，要坚持教育优先发展战略，按照全省教育大会部署，深化高校办学体制和教育管理改革，强化对教育的投入和保障，进一步加强省属高校生均拨款经费管理，完善绩效评价、提高使用效率，落实高校办学自主权，增强我省高等教育事业发展活力。

27 日上午，省委副书记、福州市委书记王宁主持召开第二届数字中国建设峰会筹备工作座谈会，听取筹备工作进展情况汇报，研究部署有关工作。受中央网信办主任庄荣文委托，中央网信办副主任杨小伟带队来榕指导峰会筹备工作。会上，省数字办汇报了我省总体筹备进展情况、下一步工作安排及需要提请协调解决的问题，省委宣传部汇报了峰会总体宣传建议方案和新闻发布会建议工作方案，福州市汇报了会务和各项筹备工作进展情况，省市相关单位作发言。26 日下午至 27 日，杨小伟一行实地检查了福州海峡国际会展中心会场。

27 日，在收听收看全国政策性粮食库存数量和质量大清查动员视频会议后，省政府即召开全省视频会议，动员部署全省政策性粮食库存数量和质量大清查工作。会议强调，各级各部门要深入学习贯彻习近平总书记关于粮食安全的重要指示精神，进一步提高政治站位，以高度的使命感和责任感，坚定不移落实好国家粮食安全战略，全力以赴做好政策性粮食库存大清查工作，查清查实库存实底，堵住储备环节漏洞，切实守住库存粮食数量真实、质量良好、存储安全的底线。

27 日，省侨联十届三次全委会议在福州召开，传达学习中央书记处重要指示精神和中国侨联十届二次全委会议精神，总结 2018 年工作，部署 2019 年任务。省委常委、统战部长邢善萍，副省长郭宁宁出席会议。会上，福建省侨商会与省中小企业服务中心签订了建立侨企产融合作对接服务平台协议。

27日，全省房屋安全隐患排查整治专项行动动员部署视频会召开。受唐登杰省长的委托，副省长李德金出席并讲话。会议指出，各地要紧盯重点，迅速行动，全面开展排查整治，确保“一房一档”，分类处置，彻底整治，销号管理；要坚持疏堵结合，加快实施城市棚户区改造，引导农村合理有序建房，加快探索利用集体土地建设公共租赁房，满足合理建房住房需求；要坚持“党委领导、政府负责、行业主管、市县主责、乡镇（街道）落实”，切实强化属地责任、主体责任，对落实不到位、工作推进不力的相关责任人，要严肃追责问责。要建立从省到市到县到乡镇的指挥和工作体系，建立投诉举报制度，实施包片负责制；加强日常安全监管，建立房屋安全和“两违”网格化巡查机制；加强宣传引导，提高群众建房住房的质量安全意识，切实保障人民生命财产安全，为我省高质量发展落实赶超和新福建建设提供有力保障。

27日，省禁毒委召开全省禁毒重点整治工作视频推进会，深入贯彻习近平总书记等中央领导关于禁毒工作的重要指示批示精神，全面落实全国禁毒重点示范创建暨宣传教育工作会议和省委省政府领导有关批示要求，调整确定全省禁毒重点整治地区，部署下一阶段全省禁毒重点整治工作。副省长、省公安厅厅长、省禁毒委主任田湘利出席会议并讲话。

27日，副省长郭宁宁在福州会见意大利驻广州总领事白露茜。白露茜表示，希望以友城关系为纽带，进一步推动意大利与福建在文化、教育、科技、经贸等方面务实合作。

28日上午，海峡基金港暨海峡基金业综合服务平台在海峡股权交易中心正式启动。副省长郭宁宁出席启动仪式。

28日，省委书记、省委全面深化改革委员会主任于伟国主持召开省委全面深化改革委员会第三次会议。会议强调，各级各部门要认真学习贯彻习近平总书记在中央全面深化改革委员会第六次会议上的重要讲话精神，全面深入贯彻落实党中央的各项决策部署，坚持解放思想，坚定新时代改革再出发的信心决心，坚持牵“牛鼻子”、盯目标任务，聚焦重点难点、“卡脖子”瓶颈，继续打硬仗、啃硬骨头，以钉钉子精神推动改革落深落细落实，确保干一件成一件，为高质量发展落实赶超激发更多的活力动力，用实实在在的改革成效迎接中华人民共和国成立70周年。省委全面深化改革委员会副主任唐登杰、王宁出席会议。省委全面深化改革委员会委员出席，相关单位负责同志列席会议。

（摘编：李哲）

三月

1日，省政府教育督导委员会2019年度全体会议召开。副省长、省政府教育督导委员会主任杨贤金主持会议并讲话。会议强调，要进一步增强督导的针对性、实效性，继续把督政摆在首位，把省委、省政府关于教育发展规划、财政投入、公共资源优先满足教育的要求落到实处。要推动督学工作往下沉，深入教育教学一线，及时发现问题并督促整改，确保党和国家的教育方针在学校落地生根。加强重点问题的专项督导，把教师编制、待遇的政策措施以及校园安全等工作要求落到实处。完善贯彻大中小幼的教育质量评估制度，促进基础教育质量整体提高。要进一步健全完善教育督导体制机制，创新教育督导的方式方法，强化督导结果运用，推动教育督导“长牙齿”，发挥好刚性约束和引领指导作用。

1日，在收听收看全国推进“大棚房”问题专项清理整治行动电视电话会议后，我省紧接着召开全省视频会议。副省长李德金出席会议并讲话。开展“大棚房”问题专项清理整治行动是一项严肃的政治任务。各地各部门要坚持问题导向，聚焦突出问题和薄弱环节，精准施策、分类处置，坚决彻底整治整改到位。要进一步压实属地管理责任，对所有“大棚房”问题实行清单式管理，对疑似“大棚房”问题的图斑逐一对比，一宗一档，逐宗逐条梳理、排查、整治、销号。要加快整治整改进度，对标对表、挂图作战；要实事求是、依法依规，强化工作落实，确保按时保质全面完成整治整改任务。要健全联防联控、联合执法、联合监督的工作机制，研究完善相关用地政策，从源头上解决“大棚房”问题。要加强宣传引导，确保社会安定稳定。

1日，全省扫黑除恶专项斗争领导小组（扩大）会议在福州召开。副省长、省公安厅厅长田湘利出席会议并讲话。省法院院长吴偕林、省检察院检察长霍敏出席会议。会议强调，当前，扫黑除恶专项斗争进入“船到中流浪更急”的深水区、攻坚期，要充分认识自身存在的短板不足，找准攻坚突破的靶向。要紧盯涉黑涉恶重大案件、黑恶势力经济基础、背后“关系网”“保护伞”不放，攻坚大案要案，依法快审快判，全面整治重点行业领域，不断取得突破性战果；要以实战、实用、实效为导向，分阶段、分领域完善策略方法，不断提升专项斗争工作层次；要大力宣传专项斗争中涌现出来的先进典型，唱响“正气歌”，进一步激发群众参与热情；要探索一批经验做法，以点带面推动专项斗争，在形成压倒性态势基础上，突出“深挖根治”阶段性要求，为新中国成立70周年和推进新福建建设创造安全稳定的社会环境。

2日，副省长李德金带领省直有关部门负责人赴连江县调研美丽乡村、历史文化街区和农业工作，察看了连江县丹阳镇三落厝、东湖镇天竹村、温麻历史文化街区、福州昌育农业开发有限公司、丹阳华翔蛋鸡场、琯头镇南国风水产养殖公司。

3日，十三届全国人大二次会议福建代表团在京成立。代表团推选于伟国为团长，唐登杰、刘学新、王洪祥、张广敏、邓力平为副团长。省委书记、省人大常委会主任于伟国主持福建代表团第一次全体会议。会议审议了十三届全国人大二次会议主席团和秘书长名单草案、大会议程草案，传达学习了十三届全国人大二次会议代表团召集人会议精神，通报了代表团有关工作事项。

4日，全省医疗保障工作座谈会在福州召开。会前，省委书记于伟国、省长唐登杰对医疗保障工作作出批示，充分肯定去年我省医疗保障工作成效，对今年工作提出明确要求。

4日，副省长郭宁宁在福州会见德国驻广州总领事冯马丁一行。冯马丁表示，福建近年来的发展速度令人赞叹，未来将全力以赴推进德国与福建在经贸、旅游等方面的深入交流合作，积极推动高层对话，增进友城交往，为福建居民赴德旅游提供便利。

4日下午，省委书记、省人大常委会主任于伟国，省长唐登杰，亲切看望了参加全国两会报道的部分中央和境外驻闽媒体、福建日报及福建省广播影视集团新闻工作者。于伟国要求大家深入学习贯彻习近平总书记关于党的新闻舆论工作的重要论述，唱响主旋律、弘扬正能量，传播好两会精神，讲述好两会故事，贯彻好两会部署，努力营造意气风发、朝气蓬勃的良好氛围。省领导刘学新、梁建勇、张广敏一同看望。

4—6日，副省长李德金带领省直有关部门负责人，赴南平市邵武、光泽、武夷山等地调研乡村振兴、脱贫攻坚、自然资源管理、武夷山国家公园建设等工作。李德金一行实地察看了兔业发展、种鸡场和兽药疫苗基地建设、林下经济和林产品加工、农民专业合作社、美丽乡村建设、“大棚房”整治整改、武夷山国家公园科技宣教中心选址等。

5日，省直有关部门负责人到宁德调研“科技特派员”和“四好农村路”工作落实情况，实地查看宁德时代新能源公司电化学储能技术国家工程研究中心建设进展情况。

5日，省委党校、福建行政学院举行2019年春季学期开学典礼。副省长、福建行政学院院长杨贤金出席并讲话。

5日下午，参加十三届全国人大二次会议的福建代表团举行全体会议，审议政府工作报告。全国人大常委会副委员长、中华全国妇女联合会主席沈跃跃参加审议。省委书记、省人大常委会主任、代表团团长于伟国主持会议，省长、代表团副团长唐登杰参加审议。中国证监会党委书记、主席易会满，中央和国家机关有关负责同志等列席会议。审议中，冯鸿昌、张沁荣、余红胜、黎立璋、吴金笔、林文耀、曾云英、刘远、陆銮眉等代表也先后作了发言。大家就推动实施乡村振兴战略、深化绿色金融改革、促进制造业转型升级、优化精准扶贫工作、加快推动两岸融合发展、加强新时代技术工人队伍建设、提升城市治理水平等方面，结合实际，畅所欲言，提出了积极的意见建议。

6日，福建省人民政府与中国科学技术大学在安徽合肥签署战略合作协议。副省长杨贤金、中国科学技术大学党委书记舒歌群代表双方在协议书上签字。根据合作协议，双方将进一步深化省校战略合作，按照优势互补、共同发展原则，推进新福建建设和中国科学技术大学实力整体提升。

6日下午，北京人民大会堂福建厅灯光璀璨，正面巨幅漆画《武夷之春》与入门屏壁上描绘的厦门鼓浪屿风光相得益彰。十三届全国人大二次会议福建代表团在这里举行全团审议，并向境内外媒体开放。来自人民日报、新华社、中央广播电视总台、台湾中天电视台、香港商报、华尔街日报、法新社、塔斯社等100多家境内外媒体的记者参加采访。

7日上午和下午，参加十三届全国人大二次会议的福建代表团分别举行全体会议和小组会议，审查计划报告和预算报告。全国人大常委会副委员长、中华全国妇女联合会主席沈跃跃，省委书记、省人大常委会主任、代表团团长于伟国参加审议，省长、代表团副团长唐登杰主持全体会议并发言。国家卫生健康委主任马晓伟，中央和国家机关有关负责同志到会听取意见。结合审议政府工作报告和审查计划报告、预算报告，代表们从不同角度对国家发展提出意见建议，并为加快新时代新福建建设鼓与呼。

8日上午，参加十三届全国人大二次会议的福建代表团召开全团会议，传达学习贯彻习近平总书记参加内蒙古、甘肃代表团审议时和在看望参加全国政协十三届二次会议的文艺界社科界委员时的重要讲话精神。福建团代表、全国人大常委会副委员长、中华全国妇女联合会主席沈跃跃讲话。代表团团长、省委书记、省人大常委会主任于伟国指出，习近平总书记的重要讲话是我们做好工作的根本指导，要结合福建实际，深入学习领会、全面贯彻落实，持之以恒推进生态文明建设，坚决打赢脱贫攻坚战，扎实做好文化文艺工作和哲学社会科学工作，确保党中央各项决策部署在福建落地见效。代表团副团长、省长唐登杰参加会议。李钺峰、刘学新、王洪祥、张荣、林兴禄、许维泽、刘远、林文耀、章联生、张玉珍等代表从各自工作实际出发，畅谈了学习体会。

8日，省防指召开全体成员会议，认真贯彻落实党中央、国务院和国家防总的决策部署和省委、省政府的工作要求，会商研判今年防汛形势，部署下阶段重点工作。省防指总指挥、副省长李德金出席会议并讲话。

8日，全省消防工作电视电话会议召开，总结去年全省消防工作情况，分析当前火灾形势，部署今年工作任务。副省长、省消防工作联席会议总召集人田湘利出席会议并讲话。会议还安排了宣传贯彻《福建省消防安全责任制实施办法》的专题授课。

9日上午，参加十三届全国人大二次会议的福建代表团举行全体会议，审议全国人大常委会工作报告。全国人大常委会副委员长、中华全国妇女联合会主席沈跃跃，代表团团长、省委书记、省人大常委会主任于伟国，代表团副团长、省长唐登杰参加审议。沈跃跃、王毅、邓力平、李钺峰、张志军既以代表身份参加审议，又以全国人大常委会组成人员身份到会听取审议意见。

9 日下午，参加十三届全国人大二次会议的福建代表团召开全团会议，传达学习贯彻习近平总书记参加河南代表团审议时的重要讲话精神。福建团代表、全国人大常委会副委员长、中华全国妇女联合会主席沈跃跃出席会议。代表团团长、省委书记、省人大常委会主任于伟国强调，要坚决把思想和行动统一到习近平总书记重要讲话精神上来，进一步深化对实施乡村振兴战略、做好“三农”工作重大意义的认识，全力抓好粮食安全、供给侧结构性改革、绿色农业发展、农村基础设施建设、乡村治理和深化改革等各项工作，奋力推动福建乡村振兴和“三农”工作再上新台阶。代表团副团长、省长唐登杰参加会议。

11 日，省委书记于伟国利用全国两会休息时间主持召开省委专题学习会，传达学习习近平总书记在参加十三届全国人大二次会议福建代表团审议时的重要讲话精神，研究我省贯彻落实意见。他强调，全省各级党组织和广大党员干部要认真学习宣传贯彻习近平总书记重要讲话精神，将其作为重大政治任务，作为检验“四个意识”“四个自信”“两个维护”的重大标尺，原原本本学、深入系统学、长期不懈学、知行合一学，推动全省兴起新一轮“大学习”热潮，真正把对习近平总书记的深厚爱戴之情，转化为加快新时代新福建建设的实际行动。省长唐登杰、省政协主席崔玉英参加会议。在京参加全国两会的省各套班子成员和省直有关部门、各设区市和平潭综合实验区负责同志参加会议。

11 日下午，副省长李德金带领省直有关部门负责人调研福州新区规划建设工作。李德金一行先后察看了海峡文化艺术中心、道庆洲大桥、东南大数据产业园研发楼二期、数字中国峰会会展中心、机场二期项目等。

12 日，福建省扶贫基金会、扶贫开发协会第四届理事（会员）大会第六次会议召开。省人大常委会副主任黄琪玉，副省长李德金，省政协副主席魏克良，省扶贫“两会”会长叶继革，省扶贫“两会”咨询组组长陈增光出席会议。

12 日下午，福建代表团举行全体会议，审议外商投资法草案修改稿，审议最高人民法院工作报告、最高人民检察院工作报告。中共中央政治局委员、国务院副总理孙春兰参加福建代表团审议。福建团代表、全国人大常委会副委员长、中华全国妇女联合会主席沈跃跃，代表团团长、省委书记、省人大常委会主任于伟国，代表团副团长、省长唐登杰参加审议。最高人民法院、最高人民检察院有关负责同志到会听取意见。

13 日，出席十三届全国人大二次会议的福建代表团举行小组会议，审议最高人民法院工作报告、最高人民检察院工作报告。福建团代表、全国人大常委会副委员长、中华全国妇女联合会主席沈跃跃，代表团团长、省委书记、省人大常委会主任于伟国，代表团副团长、省长唐登杰参加审议。最高人民法院、最高人民检察院有关负责同志到会听取意见。

12—14 日，副省长郭宁宁带领省直有关部门负责同志，赴龙岩、漳州、泉州、莆田调研两岸融合发展和金融服务。调研期间，先后察看了漳平台湾农民创业园、华安县送坑高山族聚居村（漳台交流基地）、中国闽台缘博物馆、泉州台商投资区、湄洲湾北岸妈祖健康城等，走访了部分台资企业，并召开座谈会，了解台商台胞台青在闽就业创业和生产生活情况。

13 日、14 日晚，由省文化和旅游厅出品、省歌舞剧院创排的民族歌剧《松毛岭之恋》在北京参加由文化和旅游部主办的“2019 年全国舞台艺术优秀剧目暨优秀民族歌剧展演”，取得圆满成功。文化和旅游部党组书记、部长雒树刚，全国人大常委会副秘书长王曙光，中国文联党组成员、书记处书记、副主席陈建文，中国文联副主席、原文化部副部长董伟，中国文联原副主席杨承志；福建省领导崔玉英、张广敏、杨贤金，以及部分老红军后代、首都观众观看了演出。《松毛岭之恋》取材于发生在闽西革命老区的真实故事，是福建省为传承弘扬红色文化，深入挖掘代表性革命文化题材创排的大型民族歌剧，是福建省艺术精品创作“火花茶会”机制重点策划和指导的剧目，先后入选文化和旅游部“中国民族歌剧传承发展工程”2017 年度首批重点扶持剧目、2018 年度首批“优中选优”滚动扶持剧目。福建此次入选展演的还有《平凡的世界 · 黄土地》和芗剧

《谷文昌》，入选数居全国第一。

14日下午，福建代表团举行全体会议。会议审议了关于政府工作报告、年度计划、年度预算、全国人大常委会工作报告、最高人民法院工作报告、最高人民检察院工作报告的决议草案，审议了外商投资法草案建议表决稿，审议了关于接受个别委员辞职请求的决定，对大会期间代表团工作情况进行小结。代表团团长、省委书记、省人大常委会主任于伟国主持会议，代表团副团长、省长唐登杰参加审议。

15日上午，福建省、福州市“3·15”国际消费者权益日宣传活动在福建会堂举办。活动以“信用让消费更放心”为主题，旨在着力推动消费领域信用体系建设，营造放心消费环境。省人大常委会副主任吴洪芹、副省长郑建闽、省政协副主席洪捷序参加宣传活动。活动现场以电视专题片的形式展示了2018年各相关部门在贯彻实施消法、维护市场经济秩序、保护消费者权益和促进经济持续健康发展等方面的工作成效和亮点。省市场监管局、福州海关分别作权威发布。省消委会对2019年消费维权年主题进行了解读。省美容化妆品产业商会、省室内设计师协会等企业代表分别就规范预付式消费和装饰装修设计行业自律等发表诚信宣言。活动现场还举行了“一品一码，共治共享”福建省食品安全信息追溯类别品种发布仪式，宣布从今年4月起，我省将分阶段对粮食及其制品、畜产品及其制品、禽产品及其制品等11大类食品以及涉及的相关具体生产经营主体实施食品安全信息追溯。

15日，由省委组织部、省委党校主办的新福建大讲堂举行视频报告会，面向省、市、县（市、区）三级同步直播。中国工程院院士、同济大学副校长吴志强应邀作《人工智慧城市的规划与发展》专题报告。副省长杨贤金主持报告会。吴志强院士详细介绍了人工智能的发展，系统推演了人工智能在城乡规划中的实践，并对人工智能在未来城市规划发展中的运用提出了独到的见解、意见和建议。

17日，由省科协、教育厅、科技厅、生态环境厅、关工委共同主办的第34届福建省青少年科技创新大赛在福州三中圆满落幕。副省长杨贤金，省关工委主任刘群英出席巡展活动和闭幕式。十三届全国政协常委、中科院院士、省科协主席郑兰荪，中科院院士谢华安参加“院士与青少年面对面——共话创新”活动，并出席大赛闭幕式。本届大赛吸引了全省九个设区市及台湾地区的青少年和科技辅导员带来722个项目参赛，评出青少年科技创新项目、科技辅导员科技创新项目、优秀科技实践活动、少年儿童科学幻想绘画、“十佳优秀科技辅导员”等奖项。

18日，省委书记、省人大常委会主任于伟国主持召开全省领导干部会议，于伟国传达了习近平总书记在全国两会党员负责同志会议和参加福建代表团审议时的重要讲话精神，省长唐登杰、省政协主席崔玉英和省人大常委会党组书记、副主任张广敏分别传达了全国两会有关精神。省委、省人大常委会、省政府、省政协领导，在闽的全国人大、全国政协专委会成员，省级领导干部，省级老同志以及中央驻闽、省直有关部门负责同志出席会议。会议以视频方式召开，各市、县、区和平潭综合实验区设分会场。

19日，省委教育工委、省教育厅召开会议，传达学习习近平总书记在学校思想政治理论课教师座谈会上的重要讲话精神。副省长杨贤金出席会议并讲话。会议强调，要把学习贯彻习总书记在学校思想政治理论课教师座谈会上的重要讲话精神，与学习贯彻习总书记近年来关于教育的重要论述结合起来，联系习总书记在福建工作期间对教育的要求，进一步学深悟透做实，全面贯彻党的教育方针，解决好培养什么人、怎样培养人、为谁培养人这个根本问题，把立德树人的根本任务贯穿教育教学全过程。

20日上午，省委书记于伟国、省长唐登杰，东部战区陆军司令员徐起零、政委廖可铎，省政协主席崔玉英，省委副书记、福州市委书记王宁等来到位于福州新区三江口的南江滨东大道西侧马杭洲河绿化地块，与省委、省人大常委会、省政府、省政协领导，省法院、检察院和驻闽部队领导，以及省直、福州市直机关干部、驻闽部队官兵一道，共同参加主题为“携手绿化八闽，共建宜居家园”的全民义务植树活动，用实际行动为清新福建再添新绿。近三年来，全省累计参加义务植树人数达5800多万人次，完成植树超过2亿株，“植绿、护绿、爱绿、兴绿”已成为全社会的广泛共识和自觉行动。目前，我省森林覆盖率达66.8%，连续40年居全国首位，提前两年实现森林覆盖率、森林蓄积量“双增”目标，全省植被生态质量跃居全国首位，是我国水、大气、生态环境质量最优的省份之一。

20日，副省长郭宁宁在福州会见日本财团理事长尾形武寿一行。日本财团将继续发挥桥梁纽带作用，积极推动日本和福建友好关系向前发展。

20日，省长唐登杰主持召开省政府常务会议，进一步学习贯彻全国安全生产、应急管理等有关会议精神，深化部署全省安全生产和应急管理工作；审议《福建省人民政府安委会2019年工作要点》和《关于福建省2018年法治政府建设情况的报告》（送审稿），决定报省委研究；部署推进全省妇女儿童事业发展，通过《福建省加快平台经济发展实施意见》。会议还研究了其他事项。会议指出，安全生产是红线、底线、生命线，要严字当头、时刻绷紧。各级各部门要把隐患当做事故对待，做好建筑房屋、危化品、道路交通、海上安全、消防安全、非煤矿山等重点行业领域隐患排查、风险防控，从源头上减少事故发生，提高防灾减灾救灾能力，坚决防范遏制重特大事故。会议强调，要深入学习贯彻习近平总书记全面依法治国新理念新思想新战略，不折不扣落实党中央、国务院和省委关于法治建设的各项决策部署，深入推进依法行政，加快建设法治政府。会议听取了我省妇女发展纲要、儿童发展纲要（2011—2020年）实施情况汇报，强调要把妇女儿童工作纳入法规政策、纳入经济社会发展总体规划和专项规划、纳入政府工作日程和责任考核、纳入财政预算、纳入为民办实事项目，推进妇女儿童事业与经济社会协调发展。

21日，省委书记、省委财经委员会主任于伟国主持召开省委财经委员会第一次会议，深入学习贯彻习近平总书记关于加强党中央对经济工作的集中统一领导重要论述，研究部署我省财经工作。省长、省委财经委员会副主任唐登杰，省委财经委员会委员出席会议。会议审议通过了省委财经委工作规则、财经办工作细则和省委财经委2019年工作要点，研究通过了推动高质量发展、建立更加有效的区域协调发展新机制等文件。

22日，省委书记于伟国、省长唐登杰与在闽台胞台商代表座谈交流，围绕深入贯彻习近平总书记在《告台湾同胞书》发表40周年纪念会上重要讲话精神和在参加十三届全国人大二次会议福建代表团审议时就对台工作提出的重要指示重要要求，听取台湾同胞呼声，共同交流探讨如何更好地打造“台胞台企登陆的第一家园”。省领导梁建勇、邢善萍、郭宁宁参加了座谈。

25日，省委举办全省领导干部坚持底线思维着力防范化解重大风险专题班，省委书记于伟国出席开班式并讲话。于伟国强调，要坚持以习近平新时代中国特色社会主义思想为指导，深入学习贯彻习近平总书记在省部级主要领导干部坚持底线思维着力防范化解重大风险专题研讨班和在参加十三届全国人大二次会议福建代表团审议时的重要讲话精神，进一步强化防范化解重大风险的政治自觉、思想自觉、行动自觉，推进更高水平的平安福建建设，有效保持经济持续健康发展和社会大局稳定，为高质量发展落实赶超、加快新时代新福建建设提供有力保障。省长唐登杰主持开班式，省政协主席崔玉英出席。省委、省人大常委会、省政府、省政协领导同志，省法院、省检察院主要负责同志参加了开班式。全省各设区市、县（市、区）和平潭综合实验区党政主要领导，省直各部门主要负责人，省各民主党派、工商联主要负责人参加专题班学习。

25日晚，省委常委、秘书长、宣传部长梁建勇，副省长郭宁宁在榕会见了由俄罗斯卡累利阿自治共和国副行政长官季莫费耶夫和副总理波德萨德尼科率领的代表团一行。卡累利阿与福建友好关系稳步发展，交流交往取得了积极成效。希望今后持续深化两省州在经贸、文化、旅游、医疗等方面的交流合作，实现互利共赢。

26日，福建日报报道：近日，东部战区陆军组织驻闽部队1500余名官兵在长汀县开展植树造林、水土流失治理活动。25日，副省长李德金代表省委省政府看望慰问部队，并参加植树造林活动。东部战区陆军政治委员廖可铎，政治工作部副主任秦云峻参加活动。此次活动将持续5天，计划造林 800 亩，抚育施肥 5000 亩。此项活动从 2013 年以来已开展了 6 年。

26 日，“全福游、有全福”——2019 福建旅游全媒体推介会在北京人民网 1 号演播大厅举行。副省长杨贤金出席推介会并致辞。推介会上，省文旅厅正式发布了《全福游、有全福》旅游形象宣传片和“从福州到福州”“从厦门到厦门”2 条大环线以及红色经典集福之旅、绿色生态享福之旅、古色民俗纳福之旅、蓝色滨海亲福之旅等 4 条特色支线，著名女高音歌唱家王庆爽、央视导演夏蒙、主持人李小萌、中国“友谊奖”获得者潘维廉分别作为推介人。现场还为知名闽籍演员姚晨颁发“福建旅游形象大使”聘书。本次推介会采用“现场推介 媒体直播”的方式，全程通过人民网、今日头条、一直播、新浪微博、斗鱼和海博 TV 等网络平台全球同步在线直播，截至当晚 8 点累计观看次数突破 3000 万人次。

27 日，省长唐登杰主持召开省政府常务会议，研究加快推进福厦泉国家自主创新示范区建设、新设省级台湾农民创业园等工作。会议审议通过了《2019 年福厦泉国家自主创新示范区建设工作要点》。会议审议了设立省级台湾农民创业园相关事宜和支持政策，决定报省委研究。会议还研究了其他事项。

27 日，省政府党组书记、省长唐登杰主持召开省政府党组会议，进一步学习习近平总书记在参加十三届全国人大二次会议福建代表团审议时的重要讲话精神，研究细化落实措施。省政府党组成员分别发言并结合工作实际提出具体贯彻意见。

27 日，受省委书记于伟国的委托，省委副书记、福州市委书记王宁在连城县主持召开我省老区苏区脱贫奔小康工作座谈会，与来自老区苏区的市、县、乡、村代表一起，深入学习贯彻习近平总书记在参加十三届全国人大二次会议福建代表团审议时的重要讲话精神，围绕如何加快推进我省老区苏区脱贫奔小康，认真听取大家的意见建议。副省长李德金参加会议。

27 日上午，省十三届人大常委会第九次会议在福州举行第一次全体会议。受省委书记、省人大常委会主任于伟国委托，省人大常委会副主任张广敏主持会议。省人大常委会副主任雷春美、黄琪玉、邓力平、潘征、吴洪芹、檀云坤，秘书长刘道崎和其他组成人员出席会议。副省长杨贤金，省监委负责人、省法院院长吴偕林、省检察院检察长霍敏列席会议。省直有关单位负责同志，部分全国人大代表、省人大代表，省人大常委会机关各部门和派驻机关纪检组、各设区市人大常委会和平潭综合实验区人大工委的负责同志列席了会议。会议了传达全国人代会和全省领导干部会议精神，听取了 9 项报告和说明。当日上午和下午，省人大常委会组成人员分组审议了有关法规案，并提出意见和建议。

28 日，在收听收看全国森林草原防灭火和防汛抗旱工作电视电话会议后，省政府紧接着召开全省电视电话会议进行传达贯彻。省森防指总指挥、省防指总指挥、副省长李德金出席会议并讲话。

28—29 日，国家发展改革委副主任罗文带领调研组来闽就“加快推进高质量发展”开展专题调研。28 日，省委书记于伟国、省长唐登杰在福州与调研组一行座谈。调研组一行深入福州、宁德等地，深入了解重点项目建设、城市规划、研发机构和高科技企业发展等情况，听取意见建议。

29 日，台盟福建省委十届七次常委会在榕召开。会议传达学习贯彻习近平总书记在参加十三届全国人大二次会议福建代表团审议时的重要讲话精神和全国两会精神，传达台盟十届六次中常会精神，传达学习贯彻全省领导干部会议、中共福建省委十届七次全会、全省统战部长会议和全省对台工作会议精神。台盟中央副主席、副省长、台盟省委会主委郑建闽出席会议并讲话。

29 日，第六届世界闽商大会协调会在福州召开，研究大会筹备方案，部署下阶段工作。省委常委、统战部长邢善萍，副省长郑新聪出席会议。今年闽商大会将于 6 月 18 日在福州举行，与第十七届中国・海峡项目成果交易会、第九届福建省民营企业产业项目对接洽谈会“三会合一”召开；计划举办福建省非公有制社会主义经济优秀建设者表彰、《闽商蓝皮书》首发、“闽商大数据”上线、闽商高峰论坛等活动。

29 日，省委书记于伟国、省长唐登杰与在闽企业家、专家代表座谈，共同学习贯彻习近平总书记在参加十三届全国人大二次会议福建代表团审议时的重要讲话精神，交流探讨如何更好地营造有利于创新创业创造良好发展环境，最大限度释放全社会创新创业创造动能，加快高质量发展落实赶超。省领导梁建勇、邢善萍、杨贤金、郑新聪、郭宁宁、王光远参加座谈。

29日晚，由省委宣传部、省双拥办、省军区政治工作局联合主办，省爱国拥军促进会协办的首届福建省“国防人物”颁奖仪式在福州举行。省委副书记、福州市委书记王宁，副省长郑新聪，省军区副政治委员李弘出席活动并为获奖人选颁奖。此次“国防人物”新闻宣传活动，前后历时近半年，全省军地各级各部门围绕评选要求，共向活动组委会推荐110名人选，经初审、网络公示投票、评委会集体评审等环节，最终评选确定73653部队某连连长蒯威等15名省“国防人物”正式人选以及94755部队二级军士长曾八云等15名省“国防人物”提名奖获得者。颁奖仪式共分“忠诚使命”“军嫂奉献”“最美老兵”“拥军融合”“国教先锋”和“动员支前”六个篇章，运用视频推介、情景朗诵、人物访谈、配乐渲染、歌舞礼赞等方式，讴歌福建军民同心、共筑国防的爱国情怀和高尚情操，感染教育人民群众、感召激励部队官兵为实现强国兴军的伟大目标奋勇前进。

（摘编：周忠志）

四月

1日晚，省森防指召开全省森林防灭火工作紧急视频会议，对森林防灭火工作进行再部署，省森防指总指挥、副省长李德金出席会议并讲话。

2日，省委常委、统战部长邢善萍，副省长郭宁宁在榕会见了马来西亚福建社团联合会访问团一行。

2日晚，受省委书记于伟国、省长唐登杰委托，副省长郭宁宁在福州会见老挝人民革命党中联部代表团一行。

2日，第二届数字中国建设峰会的新闻发布会在国务院新闻办新闻发布厅举行，国家互联网办公室副主任杨小伟，省委副书记、福州市委书记王宁，国家发改委创新和高技术发展司司长伍浩，工业和信息化部总经济师王新哲出席发布会并回答了记者提问。本届峰会将于5月6日至8日在福建省福州市举行。

2日，闽西南协同发展区建设工作座谈会在厦门召开。省委书记于伟国强调，要深入学习贯彻习近平新时代中国特色社会主义思想和党的十九大精神，全面贯彻落实习近平总书记在参加十三届全国人大二次会议福建代表团审议时的重要讲话精神，贯彻新发展理念，以开拓进取的气魄、扎实有力的工作，推动闽西南协同发展区朝着更深、更广、更紧密融合的方向迈进，形成高质量的区域一体化发展和区域竞争新格局。省长唐登杰主持会议。

3日，按照省委统一部署，省委副书记、省长唐登杰到福州，对福州市委学习贯彻习近平新时代中国特色社会主义思想和党的十九大精神，以及2018年度全面从严治党主体责任落实情况进行检查。此前，省委第二检查组通过多种形式，对福州市委落实全面从严治党主体责任等方面情况进行了全面摸底和实地检查，列出了问题清单，提出了问责建议。

4日，省信访局与福建江夏学院签署合作框架协议暨信访工作理论与实践研究院（以下简称研究院）成立活动在福州举行。副省长田湘利到会致辞。研究院的设立是我省信访系统和高校系统深入学习贯彻习近平新时代中国特色社会主义思想的又一重大举措，必将推动全省信访工作理论建设和实践创新迈向更高水平和层次。要以提高科研能力和实践能力为基础，政学研协同创新，着力锻造一支高素质的信访干部队伍，为福建高质量发展落实赶超作出积极贡献。

7日，中华一家亲·2019海峡两岸各民族欢度“三月三”节暨福建省第八届“三月三”畲族文化节、第十二届海峡两岸少数民族丰收节在漳浦开幕。国家民委副主任郭卫平，省委常委、统战部长邢善萍，省人大常委会副主任雷春美，副省长郑建闽，省政协副主席阮诗玮等出席开幕仪式。

11日，省长唐登杰主持召开省政府常务会议，听取第二届数字中国建设峰会筹备情况汇报，落细落实相关工作；听取2018年度全省机关效能建设和绩效考评情况汇报，研究《2019年度福建省绩效管理工作方案》（送审稿），决定报省委研究；通过《关于建立正向激励机制促进经济社会高质量发展的若干措施》；研究制定《福建省降低社会保险费率综合工作方案》。会议还研究了其他事项。会议指出，办好第二届数字中国建设峰会，是中央交给我省的重要政治任务。各地各部门要认真贯彻习近平总书记重要指示和对首届峰会的贺信精神，进一步提高认识，全力以赴，突出特色、增强实效，确保峰会越办越好。会议强调，要认真总结机关效能建设行之有效的经验做法，坚持马上就办，强化责任担当，深化绩效考评，促进作风持续转变、服务不断优化、工作有效落实。要持续深化“放管服”改革，全面落实“一趟不用跑”和“最多跑一趟”，让办事像网购一样方便。要创新提升绩效管理，优化考评方法和指标体系，推动各级各部门更好地服务高质量发展。要统筹规范督查检查考核工作，力戒形式主义，切实为基层减负。为强化正向激励鲜明导向，省政府决定从经济增长、民生短板、创新驱动、生态环境、营商环境、效能考核等6个方面拓展激励领域，提出了38项激励措施。会议强调，降低社会保险费率，是减轻企业负担、完善社会保险制度的重要举措。各级各有关部门要不折不扣落实党中央、国务院决策部署，统筹考虑降低社会保险费率、完善社会保险制度、稳步推进社会保险费征收体制改革，确保如期实施，确保企业社保缴费实际负担有实质性下降。要做好政策解读宣传，及时回应企业和退休职工关切。要扎实做好资金保障和待遇落实工作，确保广大退休职工养老金按时足额发放。

11日，省公安厅召开全省公安机关“践行新使命、忠诚保大庆”实践活动动员部署会。副省长、省公安厅厅长田湘利出席会议并讲话。会议要求，全省公安机关要迅速把思想和行动统一到公安部和省厅党委的部署上来，把实践活动与学习贯彻习近平新时代中国特色社会主义思想紧密结合起来，引导广大民警进一步增强“四个意识”、坚定“四个自信”、做到“两个维护”，坚持和发展新时代“枫桥经验”，学习推广新时代“漳州110”，以实战为导向，从严从难摔打队伍，全面提升全省公安队伍革命化、正规化、专业化、职业化建设水平，为新中国成立70周年创造安全稳定的政治社会环境。

11日至12日，国务院发展研究中心党组书记马建堂来闽调研并出席2019年福建省政策咨询工作会议。11日，省委书记于伟国在福州与调研组一行座谈。在闽期间，马建堂还就发挥长三角一体化战略辐射带动作用、深化闽台经济社会融合发展等课题，深入到南平、平潭等地调研，听取意见建议。省领导梁建勇、杨贤金、郭宁宁参加相关活动。

15日，省妇女儿童工作委员会会议在福州召开。会议贯彻落实国务院妇儿工委七届一次全会精神，总结交流工作，部署下阶段任务。副省长、省妇儿工委主任郭宁宁出席会议并讲话。国务院妇女儿童工作委员会办公室常务副主任王卫国作了题为《贯彻落实男女平等基本国策推动两纲目标任务全面达标》的专题辅导。

16日，省政府党组书记、省长唐登杰主持召开省政府党组会议，深入学习贯彻习近平总书记在中央政治局审议《中国共产党党组工作条例》《中国共产党党员教育管理工作条例》时的重要讲话精神，进一步学习新修订的《中国共产党党组工作条例》。与会党组成员结合实际开展学习研讨，进一步学习习近平总书记关于党的政治建设的重要论述和《中共中央关于加强党的政治建设的意见》《中国共产党重大事项请示报告条例》，部署省政府党组贯彻意见。

16 日，省人大常委会水污染防治法执法检查组全体会议在福州召开，听取省政府及有关部门汇报。省人大常委会党组书记、副主任张广敏出席会议并讲话，党组副书记、副主任雷春美主持会议，副主任潘征、檀云坤出席会议。根据省人大常委会 2019 年监督工作计划安排，省人大常委会执法检查组将于 4 月至 7 月在全省开展水污染防治法执法检查。本次执法检查将首次采取三级联动、引入第三方评估方案。当天上午，全国人大代表、省环境科学研究院副院长张玉珍和福州大学法学院教授、中国环境科学学会环境法分会副会长邹雄给执法检查组成员作了专题讲座。

16 日，副省长杨贤金在福州会见台湾逢甲大学董事长高承恕一行。期待双方在教师培训、人才培养、创新创业等方面进一步深化交流、拓展合作，实现互利共赢。

18 日上午（美国纽约时间），应联合国经济社会事务部邀请，副省长郑建闽率福建代表团在纽约联合国总部参加“菌草技术”：“一带一路”倡议促进落实联合国 2030 年可持续发展议程重要贡献高级别会议并发言。共有 21 个国家高级官员和专家参加会议。

15—19 日，全国政协常委、港澳台侨委员会副主任裘援平率调研组来闽，与福建省政协联合开展“国际经贸环境变化对港澳台侨企业的影响及对策”专题调研。在闽期间，调研组一行前往福州、泉州、厦门等地，与省委省政府、市委市政府有关部门、有关民主党派和群团组织负责人，以及企业负责人和专家学者座谈交流，实地考察港澳台侨企业并召开多次调研座谈会。全国政协常委、港澳台侨委员会副主任、台盟中央专职副主席吴国华，福建省副省长郭宁宁，省政协副主席王惠敏参加了相关活动。

21 日，根据国务院安委会统一部署，公安部副部长杜航伟率国务院安委会安全生产和消防工作第三考核巡查组来闽开展为期 10 天的考核巡查工作。省委书记于伟国、省长唐登杰在福州与考核巡查组一行座谈。22 日，考核巡查组召开工作汇报会。省政府有关负责人汇报了 2018 年度全省安全生产和消防工作情况，表示要全力配合考核巡查，深入查找安全生产工作的薄弱环节和突出问题，坚决防范遏制重特大安全事故发生。副省长田湘利参加相关活动。

22 日，闽宁互学互助对口扶贫协作第二十三次联席会议在福州举行。会议深入学习贯彻习近平总书记关于扶贫工作的重要论述和关于东西部扶贫协作重要讲话精神，进一步提升闽宁对口扶贫协作工作。省委书记于伟国、宁夏回族自治区党委书记石泰峰讲话，自治区政府主席咸辉介绍了经济社会发展、脱贫攻坚和闽宁扶贫协作开展情况，省长唐登杰主持会议，自治区政协主席崔波出席会议。省领导王宁、梁建勇、杨贤金、杜源生，自治区领导姜志刚、赵永清、王和山、马汉成等参加会议。会上，副省长杨贤金与自治区政府副主席王和山签署了联席会议纪要。两省区有关部门负责人签署了协作协议，宁夏有关地区与福建高校、企业签订了一批项目合作协议。

22 日至 24 日，在省委书记于伟国、省长唐登杰分别陪同下，由宁夏回族自治区党委书记石泰峰、自治区主席咸辉带领的自治区党政代表团在闽考察交流、互学互鉴，共商推动闽宁协作上新水平。代表团一行先后到福州、泉州、厦门等地，深入考察了我省经济发展、改革开放、城市建设、科技创新、基层治理等方面的经验做法，亲切看望宁夏在闽挂职干部和务工人员。24 日，代表团在厦门举行闽宁企业合作交流恳谈会，推介宁夏产业发展重点、营商环境建设等情况，并现场签约 34 个协作项目。宁夏回族自治区领导崔波、姜志刚、赵永清、王和山、马汉成参加考察，福建省领导王宁、胡昌升、梁建勇、杨贤金、郑新聪、杜源生分别参加相关活动。

23 日，全省高考综合改革工作部署视频会议召开。副省长杨贤金出席会议并讲话。会议指出，高考综合改革是党中央、国务院作出的重大决策部署，是教育领域“牵一发而动全身”的重大改革。他要求，各级各有关部门和学校要提高政治站位，充分认识高考综合改革的重要性和复杂性，进一步增强信心，按照省委、省政府要求和高考综合改革精神，把我省高考综合改革各项工作落实到位。要切实做好高考综合改革方案宣传解读，讲深讲准讲透方案精神，让全社会知晓“为什么改”“改了什么”“如何推进”；要分层分类、权威专业做好政策培训，各级教育行政部门和学校要主动宣传、释疑解惑，让改革措施广为知晓、深入人心；要增强宣传解读的科学性、针对性、实效性，使改革赢得广大学生和家长的理解支持和认同。要切实增强稳妥推进高考综合改革的整体合力，强化组织领导，加强改革的工作和政策协同；强化要素保障，尽快补齐教育软硬件短板；强化风险防控，确保高考综合改革方案平稳落地。

23日，按照省委省政府工作安排，应博鳌亚洲论坛秘书处邀请，副省长郭宁宁在菲律宾马尼拉出席博鳌亚洲论坛马尼拉会议全体大会并致辞。博鳌亚洲论坛马尼拉会议由博鳌亚洲论坛主办，菲华商联总会等多家菲律宾全国性工商组织合办，以“共同行动促进新时代共同发展”为主题。

25日，省委书记于伟国主持召开全省坚持高质量发展落实赶超工作分析会，深入学习贯彻习近平总书记在参加福建代表团审议、中央政治局会议分析研究当前经济形势和经济工作、中央财经委员会第四次会议等重要讲话精神，研究我省一季度经济运行和坚持高质量发展落实赶超工作情况，对全省工作检查进行总结，对下一阶段工作进行部署。省长唐登杰在会上通报有关情况并作具体部署。省领导王宁、胡昌升、刘学新、苏保成、张广敏、杨贤金、郑新聪出席会议。各设区市和平潭综合实验区管委会的党委、政府主要负责同志在各地分会场，通过视频参加了会议。

26日，团省委、省创建青年文明号活动组委会联合在福州举办“青春心向党建功新福建”新时代福建千家青年文明号“三服务一先锋”行动誓师大会。副省长杨贤金出席活动并讲话。

28日，老挝人民革命党中央总书记、国家主席本扬·沃拉吉率老挝代表团访问福建。省委书记于伟国、省长唐登杰在福州会见了代表团一行，并共同出席老挝文化旅游推介活动、缔结友好省仪式。老挝人民革命党中央政治局委员占西·普西坎、坎藩·蓬玛塔，中联部部长宋涛等出席活动。会见后，唐登杰代表福建省政府与琅勃拉邦省委书记兼省长坎康·占塔维苏签署共建友好省关系协议书。老挝代表团全体成员，中国驻老挝大使姜再冬，中联部副部长王亚军，文旅部副部长张旭，省领导王宁、梁建勇、郭宁宁分别参加相关活动。

29日，省长唐登杰主持召开省政府常务会议，审议《关于推进〈落实中央经济工作会议主要任务分工方案〉重点工作的实施方案》《福建省全面推行行政执法公示制度执法全过程记录制度重大执法决定法制审核制度实施方案》《福建省人民政府关于民办教育分类管理改革的通知》（送审稿），决定报省委研究。会议听取第十七届“6·18”、第六届世界闽商大会等筹备情况汇报，研究部署相关工作。会议指出，贯彻落实中央经济工作会议精神，既是做好经济工作的要求，也是重大政治责任，要进一步细化落实措施，建立健全任务分工、汇报协调、督促检查等工作机制，突出抓好深化供给侧结构性改革、打好三大攻坚战、加快高质量发展、深化改革开放等重点工作，保持经济社会持续健康发展的良好态势。会议强调，要深入贯彻习近平总书记关于全面依法治国的重要论述，按照国办指导意见要求，2019年年底前全省各级行政执法部门在行政处罚、行政强制、行政检查、行政征收征用、行政许可等行为中推行行政执法公示、执法全过程记录、重大执法决定法制审核“三项制度”，实现执法信息公开透明、执法全过程留痕、执法决定合法有效，全面提高执法效能，促进严格规范公正文明执法。要加快构建行政执法信息化体系，加大组织保障力度，推动“三项制度”全面落实。会议强调，要突出教育的社会效益、公益属性，对民办学校实行非营利性和营利性分类管理，促进从学前教育到高等教育、从学历教育到非学历教育，层次类型多样的民办教育健康发展。要坚持平稳分类过渡，坚持差别化扶持，精准落实激励政策，促进民办学校办出特色、办出水平。要鼓励支持社会力量兴办教育，吸引更多社会资源进入教育领域，有效增加优质教育服务供给。

29日，“五一”国际劳动节即将到来之际，省委书记于伟国、省长唐登杰在福州市看望慰问劳动模范和一线职工，向全省广大劳动者致以节日的诚挚问候和美好祝愿。省领导王宁、黄琪玉、郑新聪参加看望慰问。

29 日晚，副省长杨贤金在福州会见了由老挝琅勃拉邦省省委副书记、省人民议会主席赛沙蒙·空塔翁率领的老挝琅勃拉邦省代表团一行。琅勃拉邦与福建有着深厚的友谊，希望双方进一步深化教育合作，并拓展在贸易、投资、旅游等方面的交流合作，推动双方友好关系持续稳步发展。

30 日，全省推进扫黑除恶专项斗争视频会在福州召开。省委常委、省纪委书记、省监委主任、省扫黑除恶专项斗争领导小组副组长刘学新出席会议并讲话。副省长、省公安厅厅长田湘利，省法院院长吴偕林、省检察院检察长霍敏、武警福建总队司令曹勇出席会议。会议指出，开展扫黑除恶专项斗争是以习近平同志为核心的党中央作出的重大决策部署。全省各地各部门要深入学习贯彻习近平总书记关于扫黑除恶专项斗争的重要指示精神，增强“四个意识”，坚定“四个自信”，做到“两个维护”，严格按照党中央和省委部署要求，进一步强化政治责任、提升打击力度、推进打伞破网、彰显治乱成效，扎实做好督导“后半篇文章”。

30 日，国务院安委会安全生产和消防工作第三考核巡查组在福州召开考核巡查意见反馈会。考核巡查组组长、公安部副部长杜航伟向省委、省政府反馈考核巡查意见。省委书记于伟国作表态发言，省长唐登杰主持。省领导田湘利，省安委会成员单位主要负责人等参加了会议。

30 日下午，省委书记于伟国主持召开座谈会，传达学习贯彻习近平总书记在纪念五四运动 100 周年大会上的重要讲话精神。省领导与各界青年代表一道，共同交流学习心得，回顾五四历史、缅怀五四先驱、发扬五四精神，激励全省广大青年以“青春之我”“奋斗之我”创造无愧于党、无愧于人民、无愧于时代的光辉业绩。省长唐登杰，省领导雷春美、杨贤金、杜源生出席座谈会。会上，徐澄钰、王微、蔡伟月、王家政、何文波、范姜峰等来自高校、公安、农村、民企、科技等基层一线和在闽创业的台籍青年代表，结合自身实际作了发言。

（摘编：周忠志）

五月

3 日，在第二届数字中国建设峰会即将开幕之际，省领导王宁、梁建勇带领省直和福州市有关部门负责人来到福州海峡国际会展中心，检查峰会筹备工作情况。

5 日下午，第二届数字中国建设成果展览会在福州海峡国际会展中心开馆。国家网信办副主任杨小伟，工信部副部长陈肇雄，省领导王宁、郑建闽，中央部委有关负责人，省直有关部门、福州市负责人等出席开馆仪式并参观展览。第二届数字中国建设成果展览会以“以信息化培育新动能，用新动能推动新发展，以新发展创造新辉煌”为主题，设置综合、数字政府、数字经济、智慧社会、数字生活、数字福建、主宾省等七大展区，吸引了包括华为、百度、阿里、联想、浪潮、科大讯飞等数字经济龙头企业在内的 421 个单位参展，涉及全国 31 个省（区、市）和港澳台地区的政府、机构或企业，其中各类百强企业和独角兽企业61家。展示内容涵盖电子政务、智慧城市、大数据、物联网、人工智能、区块链、工业互联网等领域。核心展区位于5、6、7、8、10号馆，总面积5.6万平方米。此外，位于长乐的数字中国会展中心展览面积6000平方米，围绕数字健康、智慧社会、网络科技、数字经济等主题，集中展示72家企业（单位）在数字化技术应用方面的成果。

6日，在福州召开省政府贯彻实施“一法一例”情况汇报会。受全国人大委托，4月24日至30日省人大常委会执法检查组已赴龙岩、泉州，开展《中华人民共和国中小企业促进法》及《福建省促进中小企业发展条例》实施情况检查。省人大常委会副主任邓力平出席会议并讲话，副省长郑新聪及省政府有关部门负责人在会上汇报了相关情况。

8日，为期3天的第二届数字中国建设峰会完成各项议程，在福州落幕。十二届全国政协副主席、国家电子政务专家委员会主任王钦敏，省领导王宁、梁建勇、薛卫民，工业和信息化部总经济师王新哲以及国家有关部委负责同志、院士专家、企业代表等出席闭幕式。会上举行了数字中国产业发展联盟“数字化转型领航计划”发起仪式。闭幕会前还举行了政策发布，国家文物局、中央党校（国家行政学院）、司法部、生态环境部、农业农村部、国家卫生健康委、国家广电总局、国家航天局等部门有关负责人作政策解读。

9日，省公安厅召开党委扩大会议，传达学习全国公安工作会议和习近平总书记重要讲话精神。副省长、省公安厅党委书记、厅长田湘利主持会议。会议强调，要坚定不移走改革强警之路，提升公安现代化水平；要大力加强公安队伍革命化、正规化、专业化、职业化建设，全力打造新时代公安铁军。

9日，副省长李德金带领农业农村、住建等省直有关部门负责人，赴福清市、长乐区调研乡村振兴工作，实地察看了台湾农民创业园建设、设施农业发展、美丽乡村试点示范、农产品电商等工作推进情况。

10日，福建日报报道，根据省人大常委会2019年监督工作计划，今年将以三级联动方式，开展教师法及我省实施办法实施情况的检查。9日下午，执法检查组在榕召开汇报会，正式启动这项工作。省人大常委会党组书记、副主任张广敏出席会议并讲话，副主任吴洪芹主持会议。副省长杨贤金及省政府有关部门负责人汇报了我省贯彻实施“一法一办法”的相关情况。省人大常委会秘书长刘道崎出席会议。

10日，省委政法委员会召开2019年第一次全体会议。会议传达学习了习近平总书记在全国公安工作会议上的重要讲话，以及全国公安工作会议和省委常委会会议精神，研究贯彻意见。副省长、省公安厅长田湘利，省法院院长吴偕林、省检察院检察长霍敏出席会议。会议强调，要坚持不懈用习近平新时代中国特色社会主义思想武装头脑、指导实践、推动工作，把党的绝对领导贯穿政法工作全过程各方面。要切实履行新时代政法机关的使命任务，以中华人民共和国成立70周年大庆安保维稳为主线，以平安建设为抓手，推动扫黑除恶专项斗争向纵深发展，全力维护国家政治安全和全省社会大局稳定。要坚持以政治建设为统领，大力加强革命化、正规化、专业化、职业化建设，锻造高素质过硬政法队伍。

12日，省减灾委、省应急管理厅、省广播影视集团共同开展“5·12”防灾减灾日现场应急演练暨福建省百场千人应急培训活动启动仪式、防灾减灾论坛等一系列活动。今年全国“防灾减灾日”的主题是“提高灾害防治能力，构筑生命安全防线”。上午9点，应急演练在福建中医药大学旗山校区正式开始。首先由消防救援、紧急医学救援等我省主要救援组织及蓝豹救援等10个民间应急救援队，展示应急抢险的精神面貌。随后启动现场应急演练暨福建省百场千人应急培训活动，现场响起了地震警报声，由省蓝豹救援队带领学生，演练地震发生时的正确逃生方式。消防救援队、红十字会工作人员等演练了应急搜救行动。现场的志愿者交流学习了心肺复苏等抢救技能以及应急逃生技巧。

13日，省公安厅召开全省公安机关视频会议。副省长、省公安厅厅长田湘利主持会议并讲话。会议强调，全省公安机关和广大公安民警务必牢牢把握习近平总书记关于新时代公安工作重要思想的精神实质，迅速掀起学习宣传贯彻的热潮；要牢牢把握坚持党对公安工作的绝对领导，矢志不渝做中国特色社会主义事业建设者、捍卫者；要牢牢把握新时代公安机关的使命任务，为新中国成立70周年大庆营造安全稳定的政治社会环境；要牢牢把握坚定不移改革强警的发展方向，深化公安机关机构改革，深入实施大数据战略，深化“放管服”改革，完善人民警察管理制度，着力提升新时代福建公安机关核心战斗力；要牢牢把握公平正义的核心价值追求，提高队伍执法素养，健全执法监督机制，坚决维护民警执法权威，努力在建设法治公安上取得新成效；要加强队伍思想政治教育，加强领导班子建设，加强过硬本领建设，加强纪律作风建设，着力打造新时代福建公安铁军。

13日，全省就业创业工作暨普通高等学校毕业生就业创业工作电视电话会议在福州召开。副省长杨贤金主持会议，副省长郑新聪出席会议并讲话。

14日，福建日报报道，副省长李德金率省直有关单位负责人，赴福州永泰县、晋安区和龙岩上杭县、新罗区调研农村人居环境整治工作，现场察看农村厕所改造、垃圾污水治理、村容村貌提升等工作推进情况。

14—18日，按照中央统一部署，中央扫黑除恶第15督导组进驻福建，对我省扫黑除恶专项斗争和第一轮督导整改情况进行“回头看”。5月14日上午，督导组召开“回头看”汇报会，支树平组长传达了中央扫黑除恶督导“回头看”总体要求和督导组工作安排。省委书记于伟国代表省扫黑除恶专项斗争领导小组汇报了福建省贯彻中央扫黑除恶第一轮督导反馈意见整改落实情况，并作表态发言。省委副书记、省长唐登杰主持会议。中央扫黑除恶第15督导组全体成员，省领导王宁、胡昌升、刘学新、梁建勇、田湘利、吴偕林、霍敏、曹勇以及省扫黑除恶专项斗争领导小组成员单位主要负责同志参加会议。

15日，省长唐登杰主持召开省政府常务会议，听取近期我省食品安全工作情况汇报，审议《福建省党政领导干部食品安全责任制实施细则》（送审稿），听取2018年度设区市党委政府扶贫开发工作成效考核、12个县退出省级扶贫开发工作重点县和第十一届海峡论坛筹备等工作情况汇报，决定一并报省委研究。会议还研究了其他事项。会议指出，民以食为天，保障食品安全是各级政府义不容辞的责任。要认真贯彻落实习近平总书记关于食品安全的重要指示批示精神，进一步提升政治站位，严格执行中办国办印发的《地方党政领导干部食品安全责任制规定》，坚持党政同责、一岗双责，全面落实“四个最严”要求，确保全省人民群众“舌尖上的安全”。要积极运用数字福建建设成果，加快推进食品安全“一品一码”全过程追溯体系建设。要坚持底线思维和问题导向，盯紧重点领域，加强日常监管，补齐弱项短板，不断提高食品安全工作能力和水平。当前脱贫攻坚已进入关键阶段，要一鼓作气、顽强作战，强化责任落实，攻克坚中之坚，切实改进作风，确保如期全面打赢脱贫攻坚战。要巩固脱贫成果，着力解决“两不愁三保障”突出问题，稳定脱贫攻坚政策，健全长效机制，确保扶贫工作务实、脱贫过程扎实、脱贫结果真实。海峡论坛是两岸民间交流的重要平台。要深入学习贯彻习近平总书记关于对台工作的重要论述特别是在《告台湾同胞书》发表40周年纪念会和参加十三届全国人大二次会议福建代表团审议时的重要讲话精神，聚焦论坛主题，扩大民间交流，凝聚广泛共识。要落细落实筹备工作，注重安全有序，加强协同配合，周到细致服务，确保论坛成功举办、越办越好。要借助论坛平台，发挥福建优势，积极探索海峡两岸融合发展新路，努力把福建建成台胞台企登陆的第一家园。

15日，省委书记于伟国、省长唐登杰在福州与财政部副部长程丽华带领的财政部调研组一行，就深入落实减税降费政策、加快高质量发展进行交流座谈。

15日，省政协召开今年首场专题协商会，围绕“我省数字经济协同发展机制构建”进行协商。省政协主席崔玉英主持会议，省政协副主席王惠敏、魏克良、薛卫民、张兆民、杜源生、王光远，秘书长陆开锦出席会议。

15日以来，我省出现连续强降雨过程，多地发生短时强降雨。省委省政府高度重视，省委书记于伟国、省长唐登杰多次作出指示批示，要求各地各部门高度戒备，完善落实联动机制，进一步强化预报预警，强化应急值守，强化调度指挥，强化精准防御，强化责任落实。要迅速组织力量，深入排查重点区域、重点部位安全隐患，防范强降雨及泥石流、山体滑坡、城乡渍涝等次生灾害，及时果断提前转移危险区域人员，确保人民群众生命安全。

16日，2019年全省普通高考考试安全工作视频会议在福州召开，会议研究部署今年普通高考考试安全工作。副省长、省招委会主任杨贤金出席会议并讲话。

16日，省政府组织收听收看全国促进生猪生产保障市场供应视频会议，并召开全省视频会议进行贯彻部署。副省长李德金出席会议并讲话。

17日，第二届海丝博览会暨第二十一届海交会投资促进大会在海峡国际会展中心举行。省委副书记、福州市委书记王宁，斯里兰卡旅游发展和宗教事务部国务部长兰吉特·阿鲁维哈，中国人民对外友好协会副会长宋敬武，省领导周联清、李德金，国家部委有关负责人，外国使领馆官员，城地组织亚太区、国际友城、对口协作城市、对口帮扶城市、商协会、重点客商代表等1000多人出席活动。

17—18日，甘肃省党政代表团来闽学习考察。18日，两省在福州召开扶贫协作座谈会，就进一步深化对口扶贫协作、推动闽甘共同发展进行深入交流。福建省委书记、省人大常委会主任于伟国，甘肃省委书记、省人大常委会主任林铎在会上讲话。福建省委副书记、省长唐登杰出席座谈会。在闽期间，代表团先后赴厦门、福州等地，考察了厦门国贸控股集团和福州飞凤山智能公园、甘肃岷县农特馆等项目，并就深入推进定西市与福州市、临夏州与厦门市扶贫协作进行交流。甘肃省领导宋亮、王嘉毅，福建省领导王宁、胡昌升、郑新聪、郑建闽参加了有关活动。

18日下午，中央扫黑除恶第15督导组督导福建省“回头看”情况反馈会在福州召开。中央扫黑除恶第15督导组组长支树平反馈本次督导“回头看”有关情况，省委书记于伟国主持会议并作表态发言。中央扫黑除恶第15督导组全体成员，省领导刘学新、郑新聪、田湘利、吴偕林、霍敏、曹勇以及省扫黑除恶专项斗争领导小组成员单位主要负责同志参加会议。

19日，庆祝第二十九次全国助残日暨第九届闽台残疾人文化周活动开幕式在福州举行。省委常委周联清宣布活动开幕，副省长、省残工委主任郑建闽致开幕词，省级老同志李祖可、陈绍军出席开幕式。整场开幕演出分为追梦·勇往直前、助梦·共享阳光、筑梦·风雨同舟、圆梦·相亲相爱四个篇章，来自我省残疾人艺术团、台湾“向日光”视障乐团、台湾云林县青年复健协会、台湾心灯启智教养院的两岸残障朋友们，与助残志愿者们互动演出、同台献艺，精彩的轮椅舞、太鼓、乐器合奏、手语诗等表演，为现场的观众带来震撼心灵的视听洗涤。在开幕现场，还举行爱心助残先进单位和个人以及志愿者工作先进单位表彰活动。本届文化周期间，同时还开展了闽台两岸残疾人书画联展及现场展示、《我和我的祖国》快闪活动、闽台残疾人文化赴泉州龙岩交流巡演等系列活动。闽台残疾人文化周作为我省残疾人工作的一个重要品牌，每年5月举行，已经连续举办了九届。

19日晚，省防指总指挥、副省长李德金再次主持会商会，分析研判本轮强降雨态势和影响，细化部署防御工作，并视频连线武平、长汀等地基层乡镇，进行点对点指挥调度。会商指出，本轮强降雨具有强度强、范围广、时间长等特点，预计19日晚上至20日20时，中南部沿海部分仍有暴雨、局部大暴雨。

20日，省长唐登杰主持召开省政府常务会议，审议通过《福建省2019年地质灾害防治方案》，听取全省范围持续性强降雨相关影响情况汇报，部署近期我省防灾减灾、恢复重建等工作；审议通过《福建省人民政府关于在市场监管领域全面推行“双随机、一公开”跨部门联合监管的意见》。会议还研究了其他事项。会议指出，我省是地质灾害易发多发地区，要深入贯彻习近平总书记关于防灾减灾救灾工作的重要论述，坚持以人民为中心，坚持以防为主、防治结合，层层落实防治责任，建立高效科学的自然灾害防治体系，提高全社会自然灾害防治能力。这一轮全省范围持续性强降雨还将继续，各级各部门要发扬连续作战精神，继续抓紧抓实各项防御工作，把灾害可能带来的损失降到最低。会议强调，要按照国务院部署，在全省市场监管领域全面推行“双随机、一公开”跨部门联合监管，力争到2020年上半年实现全覆盖、常态化，以科学有效的“管”，促进更大力度的“放”，保障更加便利的“服”，大力营造有利于创新创业创造的良好发展环境，坚决破除制约市场活力发挥的各类障碍，加快建设开放型经济新体制。

20日，省政府党组书记、省长唐登杰主持召开省政府党组会议，深入学习习近平总书记在中央财经委员会第四次会议上的重要讲话精神，部署贯彻意见。

22日，中共福建省委十届八次全会在福州召开。全会主要任务是，以习近平新时代中国特色社会主义思想为指导，深入学习贯彻习近平总书记在参加十三届全国人大二次会议福建代表团审议时的重要讲话和对福建工作的重要指示批示精神，对营造有利于创新创业创造的良好发展环境、探索海峡两岸融合发展新路、推进老区苏区脱贫奔小康和加强新时代党的建设等作出深入部署，动员全省干部群众牢记重托、奋力前行，坚持高质量发展落实赶超，谱写新时代新福建建设新篇章。省委书记于伟国代表省委常委会向全会作报告。省委副书记、省长唐登杰，省委副书记王宁，省领导刘学新、梁建勇、周联清、邢善萍、郑新聪，省委委员、候补委员出席会议。全会讨论了《中共福建省委关于深入学习宣传贯彻习近平总书记在参加十三届全国人大二次会议福建代表团审议时重要讲话精神的决定》和4个具体实施意见，表决通过了《中国共产党福建省第十届委员会第八次全体会议决议》。

22日，省委书记于伟国、省长唐登杰、省政协主席崔玉英在福州会见了香港福建社团联会访问团，与乡亲们畅叙乡情、共话发展。香港福建社团联会将秉持创会宗旨，巩固壮大爱国力量，坚定不移支持特区政府依法施政，积极参与新福建建设，推动“一国两制”事业不断向前。香港中联办副主任杨建平对福建长期关心支持香港中联办工作表示感谢，希望香港福建社团联会继续发扬优良传统，广泛团结各界力量，打造爱国爱港爱乡的坚强铁军。省领导邢善萍、郭宁宁参加会见。

23日，大型电视纪实类节目《您好，110》在福州开机，省委常委、宣传部长梁建勇，副省长、公安厅长田湘利出席开机仪式。为进一步弘扬漳州110精神，充分展示我省公安队伍对党忠诚、服务人民、执法公正、纪律严明的良好精神风貌，省公安厅和省广播影视集团合作推出《您好，110》，向新中国成立70周年献礼。该节目以福建110赤诚为民、打造平安为切入口，围绕人民警察是“人民的保护神”的主题，采用跟踪纪实方式，在全省范围内拍摄城市、山区和海岛偏远地方警察的现实工作，拍摄对象涉及派出所、巡警、交警、刑警、特警等多个警种，人物形象涵盖基层民警、业务能手、专家型警察等，生动展现基层一线公安民警的感人故事。《您好，110》将在2019年国庆节前后在东南卫视播出第一季12集节目（每集40分钟）。

23日，全省殡葬管理改革工作推进会在福州召开。副省长李德金出席会议并讲话，副省长郑建闽主持会议。会议指出，省委、省政府坚决贯彻落实党中央决策部署，高度重视殡葬管理改革工作。各级各部门要提高站位，切实增强殡葬管理改革责任感和紧迫感。从政治性、重要性、艰巨性、紧迫性等方面深化认识，坚持堵疏结合、标本兼治，不断满足人民群众基本殡葬服务需求。要明确目标，扎实稳妥开展专项整治工作。开展全省性摸底排查，对违建坟墓分期分类整治，巩固去年殡葬领域突出问题专项整治行动成果，加强部门联合执法，力争上半年前取得显著成效。要补齐短板，加强公益性殡葬设施建设管理，落实属地责任和部门责任，加强协同配合、注重正面引导、严格督查问责，有序推进殡葬管理改革各项工作。

23日，福建省“千企帮千村”精准扶贫行动推进会暨民企参与实施乡村振兴战略工作会议在福州召开。全国工商联副主席谢经荣，省委常委、统战部长邢善萍，副省长李德金，省政协副主席、省工商联主席王光远出席会议。会上表彰了一批

"千企帮千村"工作先进企业、商会，发出了助力老区苏区脱贫攻坚和参与实施乡村振兴战略的倡议，举行了乡村振兴结对帮扶签约仪式。会后，邢善萍、王光远一行调研了永泰梧桐镇春光村"千企帮千村"精准扶贫项目与美丽乡村建设。3年多来，全省共有1282家民营企业和商会组织结对帮扶1326个贫困村，占全省建档立卡贫困村的58%，实施各类扶贫项目2764项，投入资金6.47亿元，受帮扶贫困群众近4万人。

24日，我省东西部扶贫协作工作上半年推进会在榕召开。会议通报中央2018年脱贫攻坚成效考核情况，总结我省去年以来东西部扶贫协作工作，特别是分析当前存在的主要困难，协调解决相关问题，研究部署下半年工作。省委副书记、福州市委书记王宁出席会议并讲话，副省长郑建闽主持会议。会议听取了省扶贫办、省援宁工作队、福州援定西工作队、厦门援临夏工作队以及福州、厦门、漳州、泉州、莆田市的工作汇报。

24—25日，根据省委书记于伟国、省长唐登杰的要求，副省长李德金带领省直有关部门负责人赴连城县、永安市，察看并指导"5·15"特大暴雨灾后恢复生产和重建工作，并在连城县召开挂钩帮扶座谈会，研究推动脱贫攻坚工作。

25日下午，根据省委书记于伟国、省长唐登杰的要求，省防指总指挥、副省长李德金主持召开会商会，进一步分析研判新一轮强降雨天气情况，研究部署强降雨防御工作。25日至28日，我省又将经历一次明显的强降雨过程，预计过程累计雨量50—150毫米，局部200毫米，部分地区伴有强对流天气。

27日，省委理论学习中心组举行专题学习会。中共中央统战部秘书长陈宗荣应邀到会，作"新时代宗教工作要牢牢坚持'四个根本'"的专题报告。省委书记于伟国参加会议并讲话。省长唐登杰，省政协主席崔玉英，省委、省人大常委会、省政府、省政协领导参加学习。省委常委、统战部部长邢善萍主持学习会。陈宗荣从"根本目的是积极引导宗教与社会主义相适应""根本标准是能否将信教群众团结在党和政府周围""根本理念是以导的态度和方式对待宗教""根本保证是加强和改进党对宗教工作的领导"等四个方面阐述了学习习近平总书记关于宗教工作重要论述的体会，对做好新时代宗教工作作了深入系统的讲解。

27日，经省委同意，由省委改革办（财经办）、省委党校共同承办的全省党委改革财经系统综合业务培训班在榕开班。省委书记于伟国作出批示。省委常委、秘书长、改革办（财经办）主任郑新聪出席并作开班动员。本次培训班主要任务是深入学习贯彻习近平总书记参加十三届全国人大二次会议福建代表团审议时重要讲话精神和对福建工作的一系列重要指示批示精神，按照省委十届八次全会部署，结合落实省委书记于伟国的批示要求，加强理论武装，学习业务知识，提升党委改革财经系统同志的综合素质，进一步增强研究谋划、统筹协调、督促落实的能力，不断提高改革财经系统服务大局工作的质量和水平。省委深改委各专项工作小组牵头单位和相关成员单位、省委财经委各成员单位以及各设区市委、平潭综合实验区党工委改革办（财经办）有关负责同志和业务骨干参加培训。

28日上午，省十三届人大常委会第十次会议在福州举行第一次全体会议。省委书记、省人大常委会主任于伟国主持会议。省人大常委会副主任张广敏、雷春美、黄琪玉、邓力平、吴洪芹，秘书长刘道崎和其他组成人员出席会议。省监委负责人、省法院院长吴偕林和省检察院检察长霍敏列席会议。会议听取了14项报告和说明。

28日，省委常委、秘书长、副省长、省直机关工委书记郑新聪到省委省直机关工委调研机关党建工作，了解省直机关党的工作情况。

29日，全省推进医改工作电视电话会议召开。省委书记于伟国、省长唐登杰对医改工作作出指示、批示。副省长杨贤金出席会议并讲话。会议要求，要进一步增强深化医改的责任感和紧迫感，总结推广三明医改经验，进一步激发"三医联动"机制活力；加快推进医保领域和公立医院改革，深化县域综合医改；坚持预防为主理念，加快健康扶贫工程、医疗卫生人才队伍和信息化建设。要坚持问题导向、加强跟踪指导、强化宣传引导，狠抓落实，确保完成各项医改任务。

29日，省委书记、省委全面深化改革委员会主任于伟国主持召开省委全面深化改革委员会第五次会议。会议强调，当前我省发展正处于重要战略机遇期，也面临着日趋错综复杂的形势。各级各部门要深入学习贯彻习近平总书记在参加十三届全国人大二次会议福建代表团审议时的重要讲话精神，按照省委十届八次全会部署，保持战略定力，坚定信心决心，聚精会神做好我们自己的事情，以深化改革破解发展中的困难问题，不断增强创新活力、增加发展动能。省长、省委全面深化改革委员会副主任唐登杰出席会议。会议审议通过了《关于民办教育分类管理改革的通知》《福建省疾控中心综合改革试点方案》《关于推进国有资本投资、运营公司改革试点的实施方案》《关于推进省级行政事业单位经营性国有资产集中统一监管实施意见》。省委全面深化改革委员会委员出席，相关单位负责同志列席会议。

30 日，农村人居环境整治暨“厕所革命”现场会在宁德市召开。中共中央政治局委员、国务院副总理胡春华出席会议并讲话。他强调，要深入贯彻习近平总书记重要指示精神，按照党中央、国务院决策部署，全面深入推进农村人居环境整治，大力开展农村“厕所革命”，按时保质完成三年行动目标任务。会后，胡春华到宁德市蕉城区金涵畲族乡、霍童镇、八都镇，实地了解农村人居环境整治和改厕工作情况。省委书记于伟国、省长唐登杰分别陪同调研或参加会议。中央农办主任、农业农村部部长韩长赋主持会议。国务院副秘书长孟扬，生态环境部副部长黄润秋，水利部副部长田学斌，卫生健康委副主任于学军出席会议。中央和国家有关部委领导，各省区市有关负责同志等参加了会议。省领导王宁、郑新聪、李德金分别参加了有关活动。

30 日，副省长郭宁宁在福州会见第九届世界华侨华人社团联谊大会访闽代表团一行。郭宁宁代表省委省政府向访问团一行表示欢迎，并简要介绍了福建省情和近年来经济社会发展情况。马来西亚—中国总商会总会长陈友信希望在福建多考察、多学习，将更好地发挥海外侨胞的桥梁纽带作用，弘扬好中华优秀文化，为“一带一路”和家乡建设发展作出新贡献。

31 日下午，省防指召开会商会，分析研判新一轮强降雨趋势，研究部署防范应对工作。省防指总指挥、副省长李德金主持会商并作工作部署。会商指出，本轮强降水过程时间较长、范围较广、降水集中并伴有短时强对流天气。预计 5 月 31 日至 6 月 3 日，全省大部有强降水，过程累积雨量 100—180 毫米，局部可达 280 毫米。

（摘编：吴强）

六月

1 日，副省长郑建闽率省直有关部门、福州市政府负责人前往福州市儿童福利院，看望慰问孤残儿童，为孩子们送去节日的祝福。近期，全省各地纷纷开展丰富多彩的关爱活动，让孤残儿童过一个快乐的节日。省民政厅、财政厅下拨省级福彩公益金 100 万元，为全省福利机构在院儿童赠送节日慰问品。

1 日下午，省防指再次会商研判强降雨发展趋势，强化部署防御工作。省防指总指挥、副省长李德金出席会议并讲话。据会商研判，本轮强降雨强度大、范围广、雨区集中、存在叠加。预计到 2 日早，福州、莆田、泉州、三明、龙岩有暴雨，局部大暴雨，24 小时雨量 50—120 毫米，局部可达 150 毫米。

2 日晚，省防指总指挥、副省长李德金再次主持召开会商会，强化部署强降雨防御工作，并与永泰、安溪、涵江、城厢等重点县区、乡镇视频连线，点对点指导调度。据会商研判，2 日傍晚至 3 日白天，漳州、厦门、泉州、莆田、福州、宁德大部、龙岩大部、三明大部和南平（延平、建瓯）有暴雨，沿海地区局部大暴雨，24 小时降雨量 50—120 毫米、局部 150 毫米。

3 日，省政府举行法治专题学习讲座，邀请司法部行政执法协调监督局副巡视员、法学博士方军作“行政执法和行政决策”主题报告。省长唐登杰主持并讲话。方军同志曾参与行政处罚法等多部法律法规的起草工作，在推进政府依法行政、规范行政决策等方面有深入研究和丰富实践。讲座中，他重点对中央近期出台的《关于全面推行行政执法公示制度执法全过程记录制度重大执法决定法制审核制度的指导意见》和《重大行政决策程序暂行条例》进行了解读，并提出具体贯彻建议。省领导杨贤金、李德金、田湘利、郑建闽、郭宁宁，省政府组成部门负责同志等参加学习。

3 日，省长唐登杰主持召开省政府常务会议，审议通过了《福建省全面开展工程建设项目审批制度改革实施方案》《关于加快推进农业机械化和农机装备产业转型升级的实施意见》和《健康福建建设领导小组工作规则》《2019 年健康福建建设重点工作任务及分工方案》。会议指出，要按照省委、省政府关于健康福建建设的总体部署，认真实施“健康福建 2030”规划纲要和行动计划，扎实推进 2019 年健康福建建设。要聚焦人民群众关切，抓住重点、突破难点，梳理存在的突出短板和弱项，有针对性地一项一项推动解决，不断增强人民群众获得感、幸福感。要精心组织实施健康促进、健康服务、健康扶贫、健康环境、健康产业五大工程，着力构建信息服务、科技创新、对外交流三大平台，强化体制机制、资金投入、人才队伍、食品药品安全、法治建设五大保障，推动健康福建建设不断取得新成效。

3 日，全国人大常委会副委员长、民建中央主席郝明金，全国政协副主席、民建中央常务副主席辜胜阻来闽参加民建十一届七次中常委会议。省委书记、省人大常委会主任于伟国，省长唐登杰，省政协主席崔玉英与部分参会代表座谈交流。

4 日上午，根据省人大常委会 2019 年监督工作计划，省人大常委会将于 6—7 月在全省开展渔业法及我省实施办法执法检查。执法检查组在榕召开汇报会，省人大常委会党组副书记、副主任黄琪玉出席会议并讲话。副省长李德金及省政府有关部门负责人汇报了贯彻落实渔业法及我省实施办法的情况。

4 日，全省“不忘初心、牢记使命”主题教育工作会议在福州召开。会议深入学习贯彻习近平总书记在“不忘初心、牢记使命”主题教育工作会议上的重要讲话精神，认真落实党中央《关于在全党开展“不忘初心、牢记使命”主题教育的意见》，对全省主题教育进行动员部署。省委书记于伟国主持会议并作动员讲话。中央第三指导组组长于迅出席会议并讲话。省长唐登杰，省政协主席崔玉英，省委、省人大常委会、省政府、省政协领导出席会议。会议以视频会议形式开至各县（市、区）。在榕第一批单位和省管高校主要负责人，省委主题教育领导小组成员及办公室负责同志，省委巡回指导组负责同志等在主会场参加会议。

4 日，省委常委、组织部长、副省长、省招委会主任杨贤金率省直有关部门负责人，实地查看屏东中学考点情况，召开考前检查视频会，对各地高考工作进行再强调再部署。

5 日，省政府党组书记、省长唐登杰主持召开省政府党组会议，认真学习贯彻习近平总书记在“不忘初心、牢记使命”主题教育工作会议上的重要讲话和党中央《关于在全党开展“不忘初心、牢记使命”主题教育的意见》精神，以及全省主题教育工作会议精神，研究部署省政府党组主题教育工作。会议还研究了其他事项。

7 日，省防指就防汛防暴雨工作进一步会商部署。省委省政府高度重视高考和端午节期间的防汛防暴雨工作，省委书记于伟国、省长唐登杰专门作出批示。据会商研判，7 日夜里到 8 日白天，南平、三明、龙岩等地还将有暴雨，局部有大暴雨。

7日，2019年中华龙舟大赛（福州站）决赛在海峡国际会展中心浦下河段龙舟池举行，来自各地的龙舟健儿齐聚榕城，展开巅峰对决。省委副书记、福州市委书记王宁宣布大赛开幕，省委常委、组织部长杨贤金出席开幕式。中华龙舟大赛是国内赛事级别最高、竞技水平最高、奖金总额最高的顶级龙舟赛，今年开展8站赛事，福州是第4站。本站赛事由国家体育总局社会体育指导中心、中央广播电视总台体育频道、中国龙舟协会、福建省体育局、福州市政府主办，共有来自全国各地的66支队伍参赛，比赛设标准龙舟和传统龙舟比赛，分成职业组、青年组和精英公开组，分别参与100米、200米、500米直道项目的角逐。此外，为弘扬和传承福州传统龙舟文化，组委会还穿插安排了龙舟民俗文艺表演和龙舟巡游展示。

8日下午，省防指召集有关部门会商分析新一轮强降雨形势，并召开全省视频会议，动员部署防御工作。省防指总指挥、副省长李德金出席会议并讲话。17时，省防指启动防暴雨Ⅳ级应急响应。据会商研判，8至9日，我省北部地区有持续性暴雨，局部大暴雨；10日夜间起，雨带逐渐南移，全省大部有大雨到暴雨，局部大暴雨；11日，雨带进一步南压，12至14日，中南部有暴雨。预计未来4天累计雨量，南平、三明可达150—350毫米，局部500毫米，其余地市80至200毫米。

10日，省防指总指挥、副省长李德金再次召集气象、水利、应急、水文等有关部门，认真落实省委书记于伟国、省长唐登杰的工作要求，会商本轮强降雨发展趋势，研究完善防汛工作机制，强化部署防御工作。会商指出，目前雨区正在南移东扩，预计今天傍晚到夜里，漳州大部、龙岩南部、莆田大部、平潭、泉州（市区、南安、晋江）、福州（长乐、福清）有暴雨，过程雨量50～100毫米。

10—11日，省委书记于伟国深入龙岩长汀县，瞻仰红色旧址，重温革命历程，看扶贫项目，与老区苏区干部群众共同学习习近平新时代中国特色社会主义思想，话初心、听意见、说期望、议发展。于伟国强调，要深入学习贯彻习近平总书记在参加十三届全国人大二次会议福建代表团审议时重要讲话精神，饮水思源，苦干实干，确保老区苏区脱贫奔小康；要传承红色基因，弘扬革命精神，坚持群众路线，组织开展好“不忘初心、牢记使命”主题教育。省领导杨贤金、郑新聪参加调研。

11日，中宣部在江西于都、瑞金和福建长汀、宁化举行“壮丽70年·奋斗新时代——记者再走长征路”主题采访活动启动仪式。中共中央政治局委员、中宣部部长黄坤明出席并讲话，强调要牢记习近平总书记不忘初心使命、传承革命精神的嘱托，坚定理想信念，保持革命意志，用双脚踏寻革命先辈的足迹，用镜头和笔触描绘新中国70年的壮美画卷，激励全国人民奋力走好新时代的长征路。省委书记、省人大常委会主任于伟国在长汀会场出席活动并致辞。中宣部副部长、中央广播电视总台台长慎海雄，人民日报社总编辑庹震，省委副书记王宁，省委常委、组织部部长、副省长杨贤金，省委常委、秘书长郑新聪分别在长汀、宁化会场参加活动。省委常委、宣传部部长梁建勇在江西于都会场参加活动。来自全国30多家媒体的500余名新闻记者参加启动仪式。

11日，省委书记于伟国与来闽参加“壮丽70年·奋斗新时代——记者再走长征路”主题采访活动的中宣部副部长、中央广播电视总台台长慎海雄一行，在龙岩长汀进行交流座谈。省领导杨贤金、郑新聪参加了座谈。

13日，全国政协副主席、台盟中央主席苏辉一行来闽调研并将出席海峡论坛·第十届海峡两岸船政文化研讨会。省委书记于伟国、省长唐登杰、省政协主席崔玉英在福州与调研组一行座谈交流。省领导郑建闽、刘献祥参加座谈。

13日，省委常委会开展“不忘初心、牢记使命”主题教育集中学习研讨。省委书记、省委“不忘初心、牢记使命”主题教育领导小组组长于伟国主持并讲话。省长唐登杰，省政协主席崔玉英和省委常委同志参加学习研讨。在上午省委理论学习中心组学习会上，全国党建研究会常务理事、中央党校教授祝灵君作“始终牢记中国共产党人的初心和使命”专题报告，从不忘人民立场、不忘理想信念、不忘复兴大任、不忘政治本色四个层面，深入讲述了中国共产党人初心使命的丰富内涵和实践要求。下午，与会同志共同观看了

《习近平带领新一届中央政治局常委瞻仰上海中共一大会址和浙江嘉兴南湖红船》《习近平在江西考察》等中央电视台新闻视频，省委常委，省人大常委会、省政协党组书记围绕“践行初心使命”主题逐一作了发言，交流学习心得体会。省人大常委会、省政府、省政协领导，省高级人民法院、省人民检察院领导，省直各有关单位主要负责同志等参加学习。

13日晚，省防指再次组织成员单位召开会商会，贯彻落实省委书记于伟国、省长唐登杰批示要求，研判部署暴雨山洪地灾防御工作。省防指总指挥、副省长李德金参加会商会并讲话。据会商研判，本轮降雨过程将于14日明显减弱，但前期我省雨水较多，全省多地地质灾害风险等级高，而且地质灾害存在滞后性，当前防御工作重点已由防暴雨转为防地灾。

13日，为期3天的2019年中国北京世界园艺博览会“福建日”活动在北京市延庆区开幕。中国国际贸易促进委员会副会长张慎峰、国家林业和草原局副局长彭有冬、福建省副省长李德金为活动揭幕并致辞，随后参加了巡园巡馆活动。“福建日”活动以“展示清新福建、促进合作共赢”为主题，突出宣传八闽生态文明建设成果，展示福建绿色农业、花卉园艺、旅游、文化发展特色和成就。其间，福建省生态文明建设成果展、福建林业生态建设暨花卉产业发展成就展、福建绿色食品展、福建名茶品鉴活动、“全福游、有全福”旅游推介、福建特色文艺表演及非遗展览展示等活动，将一一亮相。

15日，省委书记于伟国、省长唐登杰在厦门会见了率团前来参加第十一届海峡论坛的中国国民党副主席兼秘书长曾永权一行。省领导胡昌升、周联清、郑新聪、郭宁宁参加了会见。

15日，习近平总书记关于侨务工作重要论述研讨会在厦门大学召开，中国侨联主席万立骏、副主席隋军，副省长郭宁宁，厦门大学党委书记张彦出席。习近平总书记在福建工作近18年，留下极其宝贵的物质财富和精神财富。按照总书记确定的创新思路、擘画的发展蓝图，历届省委、省政府凝聚侨心、汇集侨智、发挥侨力、维护侨益，奋力开创福建高质量发展与侨务工作新局面。

15日，第八届海峡两岸民生气象论坛在厦门举行。副省长李德金、中国气象局副局长宇如聪出席开幕式。通过举办本届论坛，推动两岸气象界在更大范围、更宽领域开展深度交流合作，共同提升气象监测预报预警和服务水平，为增进两岸同胞福祉作出新的更大贡献。

15日，两岸特色乡镇交流暨现代农业融合发展对接活动在厦门举行。农业农村部国家首席兽医师李金祥、副省长李德金出席对接活动。

16日，中共中央政治局常委、全国政协主席汪洋在厦门出席第十一届海峡论坛并致辞。全国政协副主席、台盟中央主席苏辉，十届全国人大常委会副委员长、中国关工委主任顾秀莲，十二届全国政协副主席王家瑞，刘结一、朱小丹、肖亚庆、黄晓薇、万立骏、黄志贤等中央和国家部委领导，于伟国、唐登杰、崔玉英等省领导，中国国民党副主席兼秘书长曾永权、新党主席郁慕明等台湾政党代表和台湾有关县市代表、主办单位代表，以及台湾各界人士等1000多人出席了论坛大会。在出席论坛期间，在于伟国等省领导的陪同下，汪洋还深入闽江学院、网龙台湾青年就业创业基地、厦门（集美）闽台研学旅行基地、玉晶光电（厦门）有限公司调研，并与在大陆工作学习的台湾青年代表座谈。他勉励台湾青年树立正确的历史观、国家观、民族观，看清时和势、认清义和利，做堂堂正正的中国人。要用自己的亲身经历和感受，向更多台湾同胞讲好在大陆学习创业的故事，讲好大陆发展变化的故事，增进两岸同胞相互了解，促进心灵契合。各地区和有关部门要继续抓好惠台利民政策措施的落实，解决好台湾青年在就学、就业、创业中遇到的实际困难，助力更多台湾青年在大陆追梦、筑梦、圆梦。论坛开幕前，汪洋会见了出席论坛的部分两岸嘉宾和主办单位代表。苏辉参加会见。在闽期间，汪洋还看望了福建省政协机关和统战部干部职工。

16日，第十一届海峡影视季在厦门拉开帷幕。当晚举办了本届海峡影视季“光影航程”颁奖典礼，国家广播电视总局副局长范卫平，国台办副主任龙明彪，福建省委常委、组织部长、副省长杨贤金，台湾文化创意产业联盟协会荣誉理事长李永萍等出席活动。海峡影视季是海峡论坛的重要活动之一，由国家广播电视总局、福建省人民政府主办，台湾有关机构参与主办。经过十一年发展，海峡影视季成为汇聚两岸高水准影视作品的文化盛会，在推动两岸影视互动和交流，促进两岸影视文化产业融合发展中发挥了越来越重要的作用。本届海峡影视季还举办第四届海峡两岸青年微电影展和海峡两岸电子竞技邀请赛等系列活动，将两岸影视的展示、表彰、论坛、洽商等融为一体，进一步推动了海峡两岸影视精品宣传展示与影视产业交流合作。

16 日，两岸智库论坛在厦门举办。国务院发展研究中心副主任隆国强、副省长郭宁宁出席论坛并致辞。本届两岸智库论坛以“两岸和平统一与民族伟大复兴”为主题，从学者视角和理论层面，围绕扩大两岸民间交流、增进两岸同胞福祉等深入交流研讨，为坚定不移地坚持“九二共识”、推动两岸关系和平发展鼓与呼，充分体现了两岸智库和专家学者的责任与担当。两岸和平发展关乎两岸全体同胞的共同利益和福祉，祖国和平统一关乎中华民族的伟大复兴。两岸智库同仁将进一步探讨两岸如何共享机遇，在合作中共同发展，为实现中华民族伟大复兴汇集智慧、提供良策，为深化两岸融合发展注入新的动力。

16 日下午，第十七届中国 · 海峡项目成果交易会、第六届世界闽商大会召开在即，省直有关部门负责人前往福州海峡国际会展中心，实地检查展馆，现场协调部署有关筹备工作。检查中就技术成果转化、项目对接落地中遇到的审批、资金、要素保障等问题作了专题协调，明确了具体意见。

16 日下午，台湾人才登陆第一家园论坛暨闽台人才融合发展成果展在厦门举办。中央台办、国台办主任刘结一，省委常委周联清，省委常委、组织部长杨贤金，新党主席郁慕明，台湾中华民族致公党主席陈柏光等出席开幕式。本次论坛活动征集签约项目 75 个，涉及台湾人才引进、创业基地合作、智能制造等。成果展分为 8 个板块，集中展示了福建对台人才项目技术交流合作、台湾人才来闽创新创业等成果。

17 日，省委书记于伟国、省长唐登杰在福州分别会见了新加坡金鹰集团主席陈江和、正威国际集团董事局主席王文银等来闽参加第六届世界闽商大会、第十七届中国 · 海峡项目成果交易会和第九届福建省民营企业产业项目对接洽谈会的部分嘉宾。省领导邢善萍参加了会见。

19 日，省院共建中国工程科技发展战略福建研究院领导小组第一次会议在福州召开。中国工程院原院长、中国工程院主席团名誉主席周济院士出席会议。会议审议通过了福建研究院章程，审定通过了学术委员会组成人名单和福建研究院院长、执行院长、副院长人选，研究确定了首批 11 个咨询研究项目。

20 日，省长唐登杰主持召开省政府常务会议，研究进一步推进通关便利化，持续优化我省口岸营商环境；部署抓好农业生产、保障农产品有效供给的措施。会议还研究了关心关爱残疾人、促进残疾人事业发展等工作。会议强调，各级政府各部门要高度重视残疾人事业，关心关爱残疾人特殊群体，切实保障残疾人合法权益，统筹推进贫困残疾人脱贫攻坚、残疾人基本公共服务托底补短等工作，确保“全面建成小康社会，残疾人一个也不能少”。

20 日，省防指召开全省强降雨防御工作视频会，贯彻落实习近平总书记重要指示精神，按照省委于伟国书记、唐登杰省长批示要求，分析研判新一轮强降雨发展态势，安排部署防御工作。省防指总指挥、副省长李德金出席会议。会议指出，本轮降雨过程强度大、范围广、持续时间长，强降雨时段恰逢中考和周末，且存在雨区叠加、地灾风险较高、部分水库蓄水较满等不利因素；本轮降雨结束后，紧接着又将进入台风多发季节，防汛防台风形势严峻。

20 日，由省食安办、福州市食安办联合主办，省直、市直相关单位联合协办的“2019 年福建省暨福州市食品安全宣传周启动仪式”在西湖公园晨曦广场举行，副省长郑建闽出席活动并宣布食品安全宣传周活动正式启动。各有关部门在活动现场举办食品安全工作成效、食品安全法律法规知识及消费常识现场展示及咨询等活动。活动现场还举行了《食安之歌》快闪表演，并通过宣传展板、有奖问答、发放宣传资料等形式，向市民科普食品安全知识。今年宣传周活动主题是“尚德守法　食品安全让生活更美好”，在6月20日至26日活动期间，全省各地将开展食品安全主题宣传。

21日，第六次全省自强模范暨扶残助残先进表彰大会在福州举行。省委常委周联清出席大会并讲话，副省长郑建闽主持大会，省人大常委会副主任雷春美、省政协副主席杜源生出席大会。习近平总书记对残疾人这个特殊群体格外关心、格外关注，强调“全面建成小康社会，残疾人一个也不能少”。省委、省政府认真贯彻党中央决策部署，始终把残疾人工作作为一项重要民生工程抓紧抓实。大会表彰了一批“全省自强模范”“全省扶残助残先进集体、先进个人”等。

21日，省委书记、省委“不忘初心、牢记使命”主题教育领导小组组长于伟国主持召开省委常委会主题教育集中学习暨省委理论学习中心组学习会。中央党校（国家行政学院）副校（院）长谢春涛教授应邀到会作专题报告。省长唐登杰，省政协主席崔玉英，省委、省人大常委会、省政府、省政协领导参加学习。会上，谢春涛教授围绕“学习习近平总书记关于不忘初心、牢记使命重要论述”主题，从坚持和发展马克思主义、坚定共产主义远大理想、坚定中国特色社会主义信念、坚持全心全意为人民服务宗旨等方面作了深入阐述。

21日，省委书记于伟国、省长唐登杰在福建会堂与参加全国自强模范暨助残先进表彰大会的我省代表进行座谈，鼓励大家再接再厉、努力创造更加幸福美好的生活。于伟国与大家亲切握手并合影留念，向全省221万残疾人及其亲属致以亲切问候，向关心支持我省残疾人事业发展的社会各界人士表示感谢。于伟国说，各位自强模范和助残先进以自强不息、奋发向上的精神，努力实现自我价值，取得了人生道路上不平凡的业绩，事迹十分感人、催人奋进，值得全社会学习。全国自强模范谢启明、全国助残先进个人林建肯表示，将进一步发挥好示范带动作用，珍惜荣誉、不懈努力，热心公益、回馈社会，用勤劳双手创造无愧于时代的精彩人生。省领导周联清、郑新聪、雷春美、郑建闽、杜源生参加了座谈。

21日，省公安厅在福州开展“不忘初心、牢记使命”主题教育第一次集中学习研讨。副省长、省公安厅厅长田湘利主持会议。

22日，省防指召开会商会，传达贯彻省委书记于伟国、省长唐登杰批示和工作要求，分析研判本轮强降雨态势和影响，细化部署防御工作。省防指总指挥、副省长李德金主持会商，并与部分市、县、乡视频连线，提出具体要求。21日至22日中午，我省北部地区出现暴雨到大暴雨，预计未来我省仍有较强降雨过程。22日13时，省防指提升防暴雨应急响应至Ⅲ级。会商指出，22日白天到夜里，南平、三明、宁德、福州、平潭，龙岩长汀、连城、武平、上杭、漳平，莆田仙游、涵江、城厢、荔城，泉州德化等地有暴雨到大暴雨，局部特大暴雨，并伴有强对流天气；24小时雨量50—150毫米，局部可达250毫米，最大小时雨量90毫米。

23日下午，省防指再次召开会商会，传达贯彻省委书记于伟国、省长唐登杰的工作要求，研判强降雨发展态势，对防御工作进行再部署再落实。省防指总指挥、副省长李德金主持会商，并与龙岩市视频连线，点对点指导防御工作。据气象部门预测，23日晚间至24日早上，我省中部地区有暴雨；24日至25日，内陆地区有大雨到暴雨，局部大暴雨；25日至26日，全省有大雨到暴雨，局部大暴雨。

24日，省防指召开会商会，传达贯彻省委书记于伟国、省长唐登杰批示要求，分析强降雨发展态势，进一步部署防御工作。省防指总指挥、副省长李德金主持会商，并与龙岩市视频连线，进行点对点指导。据会商研判，24日晚至25日早，我省中南部有暴雨，局部大暴雨。25日至26日，沿海地区有暴雨到大暴雨。26日至27日，小到中雨，中南部沿海局部大雨到暴雨。

24日，2019年省招委会第二次会议召开。会议研究确定今年我省高考各科类、批次最低录取控制分数线，部署下一阶段招生录取工作。省委常委、组织部长、副省长、省招委会主任杨贤金出席会议并讲话。录取工作是高校招生的关键环节，各级各有关部门要从讲政治、讲大局和维护社会安定稳定的高度，强化统筹协调和责任担当，坚持高标准、严要求，落细落小落实各项制度规定，确保我省招生录取平稳顺利，让考生和家长满意，让党和政府放心。

25日，省防指组织有关成员单位召开会商会，贯彻省委书记于伟国、省长唐登杰指示要求，部署当前防汛防台风工作。省防指总指挥、副省长李德金主持会商。

26日是第32个国际禁毒日，正逢林则徐“虎门销烟”180周年。25日，我省举行形式多样的国际禁毒日主题宣传暨纪念林则徐“虎门销烟”180周年活动。省委书记于伟国对我省禁毒工作作出批示，省长唐登杰出席主会场活动并与全省禁毒功模代表座谈。漳州市公安局禁毒支队副支队长李继闽代表全省禁毒功模发言，表示将珍惜荣誉、再接再厉，以对党和人民高度负责的精神，立足新形势新变化，继续在各自岗位上履好职、立新功，为全省禁毒事业贡献更多力量。在福建博物院主会场，我省举办了“林则徐禁毒教育基地”授牌、为奥运会冠军林清峰颁发“福建省禁毒形象大使”聘书等系列活动。主会场和福州、厦门、龙岩3个分会场同时举行禁毒誓师。此次活动，全省共公开销毁毒品3.46吨。省领导檀云坤、田湘利、杜源生，老同志林强出席相关活动。

26日，省委书记、省委“不忘初心、牢记使命”主题教育领导小组组长于伟国带领省四套班子领导和省级领导干部来到龙岩古田这块红土地，开展主题教育集中学习研讨，深切缅怀革命先辈，进行革命传统教育，集体重温入党誓词。中央第三指导组组长于迅、副组长姜平，省长唐登杰，省政协主席崔玉英等参加。位于古田会议会址北侧的毛主席纪念园依山而建，庄严肃穆。大家在毛泽东雕像前肃立致敬、敬献花篮。于伟国、于迅上前整理花篮上的缎带，带领大家向毛泽东雕像三鞠躬，缓步绕行雕像一周，深情缅怀老一辈革命家的丰功伟绩。在古田会议纪念馆，大家认真听取讲解，不时询问交流，共同缅怀当年的峥嵘岁月。参观展馆后，于伟国带领大家面向鲜红的中国共产党党旗，整齐列队，高举右拳，重温入党誓词。省委、省人大常委会、省政府、省政协领导，省法院、省检察院领导，中央第三指导组成员等参加了集中学习。

26至27日，省领导“不忘初心、牢记使命”主题教育集中学习读书班在龙岩上杭县古田镇举行。省委书记、省委主题教育领导小组组长于伟国，中央第三指导组组长于迅、副组长姜平，省长唐登杰，省政协主席崔玉英等参加。省四套班子领导和省级领导干部听取辅导报告，进行认真自学，深入交流研讨，接受了一次深刻的思想政治洗礼。集中学习期间，大家紧紧围绕习近平总书记关于“不忘初心、牢记使命”主题教育的重要论述，认真研读《习近平新时代中国特色社会主义思想学习纲要》，读原著、学原文、悟原理，进一步加深了对习近平新时代中国特色社会主义思想重大意义、科学体系、丰富内涵、实践要求的理解。大家听取了福建师范大学郑传芳教授作的“政治建设是党的根本性建设”和古田干部学院副院长曾汉辉作的“坚定理想信念，从古田再出发”等专题报告，观看了《初心·宁德篇》专题片，并先后围绕“加强政治建设”“坚定理想信念”“牢记为民宗旨”等专题开展了集中交流发言。

27日，省委书记、省委“不忘初心、牢记使命”主题教育领导小组组长于伟国在龙岩古田主持召开省委常委会扩大会议暨省委主题教育领导小组第三次会议，传达学习贯彻习近平总书记在中央政治局第十五次集体学习时的重要讲话精神，贯彻落实中央主题教育领导小组印发的《关于抓好第一批主题教育学习教育、调查研究、检视问题、整改落实工作的通知》精神，深入扎实推进全省主题教育工作。中央第三指导组组长于迅、省长唐登杰、省政协主席崔玉英出席会议。省委、省人大常委会、省政府、省政协领导，省法院、省检察院领导，中央第三指导组成员等参加了会议。

28日，全省公安工作会议在福州召开。省委书记于伟国出席会议并讲话，强调要以习近平新时代中国特色社会主义思想为指导，深入学习贯彻习近平总书记关于加强新时代公安工作的重要论述，全面落实中央政法工作会议、全国公安工作会议部署要求，奋力谱写新时代我省公安事业发展新篇章，为坚持高质量发展落实赶超、加快新时代新福建建设创造安全稳定的政治社会环境。

省领导王宁、胡昌升、郑新聪、田湘利出席。各设区市和平潭综合实验区党委主要负责同志和政法委、公安局主要负责同志，省直有关部门主要负责人等参加了会议。

28日，十二届省政协常委会召开第十一次会议，就“加快闽东北、闽西南两大协同发展区建设”举行今年首场专题议政性常委会会议。省委书记于伟国出席会议并讲话，省政协主席崔玉英主持会议。会上，省政协副主席魏克良对本次协商议题的调研情况作了综述，并从七个方面提出了意见建议。严可仕、景浓、郭学军、杨琳、王国利、陈晓东、郑斌、刘埭、龚友群、林治良、伍长南等委员，围绕推进两大协同发展区建设中的深化区域协同联动、老区苏区发展、城市扩容提质、产业集群培育、医疗卫生共享、湾港一体发展、区域科技创新等方面作了发言。省发改委、生态环境厅、交通运输厅、卫健委等有关部门负责人对委员们提出的问题作了回应，并提出加强和改进工作的具体措施。副省长李德金，省政协副主席王惠敏、魏克良、薛卫民、张兆民、杜源生、王光远、阮诗玮、刘献祥，省政协秘书长陆开锦参加了会议。

28日，公安部全国公安工作会议精神宣讲团来闽宣讲，副省长，省公安厅党委书记、厅长田湘利会见宣讲团成员并出席报告会。公安部宣讲团第八组组长、公安部网安局副局长李彤作宣讲报告。宣讲报告指出，习近平总书记出席全国公安工作会议并发表重要讲话，充分体现了以习近平同志为核心的党中央对公安工作的高度重视和关心关怀，为新时代公安工作明确了大政方针、指明了前进方向、提供了根本遵循。宣讲报告用“七个深刻认识、七个牢牢把握”，深刻解读了习近平总书记在全国公安工作会议上的重要讲话精神。

（摘编：吴强）

七月

1日，省委书记于伟国以普通党员身份，参加所在的省委办公厅秘书一处党支部和福州市台江区洋中街道金斗社区基层党员共同开展的主题党日活动，共同庆祝中国共产党的98岁生日。于伟国一行走进金斗社区一站式服务大厅，关注“红色服务”项目，详细了解社区便民服务和基层党建开展情况。在社区活动室，党员们围坐一起，围绕“悟初心、守初心、践初心”主题展开讨论。省领导王宁、杨贤金、郑新聪参加了活动。

1日，省委书记于伟国在福州与农业农村部副部长于康震以及中央外办、外交部、人力资源社会保障部、商务部、海关总署、国家移民管理局、国家外汇管理局、中国海警局等九部委“支持远洋渔业发展”联合调研组一行座谈。省领导王宁、郑新聪参加座谈。

1日，在中国共产党成立98周年纪念日到来之际，省委副书记、福州市委书记王宁，省委常委、组织部长杨贤金赴福州市市民服务中心、鼓楼区调研基层党建工作，为福州市党群服务中心揭牌。福州市党群服务中心内设党群交流互动平台、党群服务窗口和党员政治生活馆三大功能区域，集党员教育管理服务、群众生活便利服务、城市基层治理服务于一体，已入驻党群部门4家、政府部门40家，可提供416项服务事项。

1日，省委非公企业和社会组织工委召开工作会议，省委常委、组织部部长杨贤金强调，要深入学习贯彻习近平新时代中国特色社会主义思想，按照中央部署和省委要求，坚持实际、实质、实效，精准施策、精准发力，推动全省非公企业和社会组织实现“党建强、发展强”目标。

1日，省公安厅举行庆祝中国共产党成立98周年暨“一先两优”表彰大会。副省长，公安厅党委书记、厅长田湘利出席大会并为全厅党员民警上一堂“不忘初心、牢记使命”主题党课。会议强调，各级公安机关党组织和广大党员民警要始终保持学思践悟的恒心，切实做到理论学习有收获；要始终保持对标看齐的忠心，切实做到思想政治受洗礼；要始终保持善作善成的信心，切实做到干事创业敢担当；要始终保持心中有民的公心，切实做到为民服务解难题；要始终保持修身律己的戒心，切实做到清正廉洁作表率。牢记初心使命，以实际行动做好当前各项公安工作，为建设新福建作出新的更大贡献，以优异成绩向新中国成立70周年献礼。

2日，省长唐登杰主持召开省政府常务会议，按照全国深化“放管服”改革优化营商环境电视电话会议部署，研究我省贯彻意见；学习贯彻《中央生态环境保护督察工作规定》，深入推进中央环保督察反馈问题整改落实；审议通过了《福建省加强滨海湿地保护严格管控围填海实施方案》和《福建省促进政务新媒体健康有序发展七条措施》。会议还研究了其他事项。会议指出，近年来，我省以“放管服”改革推动营商环境优化，有效激发了市场主体活力和社会创造力，有力促进了经济平稳健康发展。要把深化“放管服”改革作为促进“六稳”的重要举措，进一步精简行政许可事项，全面推进“证照分离”改革，全面开展工程建设项目审批制度改革，加大降本减负力度，推行“双随机、一公开”监管和信用监管，创新审批服务方式，在更大范围实现“一网通办、全程网办”，为坚持高质量发展落实赶超创造良好环境。改革过程中，各级政府各部门领导干部要带头深入调查研究，在实际体验中发现问题、消除堵点，切实增强企业和群众获得感。会议强调，中办、国办首次以党内法规形式印发《中央生态环境保护督察工作规定》，进一步彰显了党中央、国务院加强生态文明建设和生态环境保护的坚强意志和坚定决心，将为依法推动生态环保督察向纵深发展发挥重要保障作用。要深入贯彻习近平生态文明思想，认真学习贯彻《工作规定》，坚决扛起生态环保的政治责任，持之以恒抓好第一轮中央环保督察反馈问题的整改，坚决打赢我省污染防治攻坚战，精心守护好福建的绿水青山。会议指出，建好、用好、管好政务新媒体，对促进服务型政府建设具有重要意义。要坚持政治引领，落细落实意识形态工作责任制，明确功能定位，规范营运管理，走好网上群众路线。要突出优质高效，加强内容建设，优化用户体验，打造一批优质精品账号和应用，加快建设以“中国福建”和“闽政通”为龙头的全省政务新媒体矩阵体系，更好推进政务公开、优化政务服务。要落实管理责任，严格审核把关，强化安全防护，保障政务新媒体健康有序发展。

2日，经省委、省政府同意，全省减税降费及深化统计改革培训班在省委党校举办。本次培训班为期两天，全省市、县两级分管财税、统计的领导干部参加。

5日，外交部蓝厅灯光璀璨，以“新时代的中国：生态福建 丝路扬帆”为主题的外交部福建全球推介活动在这里隆重举行，各国嘉宾齐聚一堂，共同感受福建发展的新成就新面貌。国务委员兼外交部部长王毅、省委书记于伟国出席主题推介并致辞，外交部党委书记齐玉出席活动，省长唐登杰进行推介。印尼、日本、法国等国驻华大使先后致辞。这次全球推介活动，必将让更多各国朋友了解福建，更好促进福建与世界各国的友谊与合作。活动吸引了来自140个国家的驻华使节、国际组织代表，及部分世界500强企业、知名跨国企业负责人、台港澳侨代表和中外媒体记者等约500余人出席。推介会前，王毅与于伟国、唐登杰就深化部省合作进行了交流座谈，并与部分出席活动的驻华大使共同参观了主题展览展示。展览展示分为“习近平主席的福建情缘”“奋进70年：福建故事”“生态福建　绿色发展”“丝路扬帆　共同繁荣”“闽台融合　第一家园”“山海文明　仪象万千”和非遗展区等部分，采用实物、多媒体、工艺展示、互动体验等方式，生动鲜活地展示了福建文化魅力和发展成果。活动期间，于伟国、唐登杰与参加活动的各国驻华大使和驻华机构代表就进一步深化经贸交往、友城合作、人员往来等进行了互动交流。外交部领导乐玉成、张汉晖，省领导郑新聪、郭宁宁出席了有关活动。

6日，由台盟中央主办、台盟福建省委会承办的“2019两岸学生乡土文化研习营”在厦门大学开营。来自台湾的近百名青年学生参加研习营。台盟中央副主席、福建省副省长、台盟福建省委会主委郑建闽，厦门大学党委书记张彦等出席开营式。厦门大学党委书记张彦在致辞中介绍了厦门大学的校史，热情欢迎研习营学生前来求学。7月6日至11日，研习营将在厦门、南平、泉州等地实地走访。

6日，省防指召开会商会，贯彻落实省委书记于伟国、省长唐登杰工作要求，分析研判本轮强降雨发展趋势，安排部署防御工作。省防指总指挥、副省长李德金出席会议并讲话。会商指出，本轮强降雨雨势大、范围广，预计6日下午到7日白天，三明大部、南平（光泽、邵武、建阳、建瓯、顺昌、延平）、宁德（福安、霞浦）、福州（福清、长乐、市区、永泰、闽侯）、莆田（涵江）、平潭有暴雨，局部大暴雨，并伴有强对流天气。

7日晚上，省防指召开全省强降雨防御工作视频会议，贯彻落实省委书记于伟国、省长唐登杰工作要求，分析研判本轮强降雨发展趋势，全面动员部署防御工作。省防指总指挥、副省长李德金在上杭县会场出席会议并讲话。会商指出，3日以来，47个县（市、区）284个乡镇雨量超过100毫米。预计7日夜里至11日，西部、北部地区仍有大雨到暴雨，局部大暴雨，累积雨量100～150毫米，局部250毫米，并伴有强对流天气。省防指于7日15时启动防暴雨Ⅳ级应急响应。

8日，副省长、省公安厅厅长田湘利以普通党员身份，参加所在的省公安厅办公室党支部和罗源县公安局白塔派出所党支部联合开展的“悟初心、守初心、践初心”主题党日活动。在白塔乡，全体党员民警瞻仰了中国工农红军北上抗日先遣队罗源（百丈）指挥部旧址，缅怀了革命先烈的英雄气概和爱国情怀，共同重温了入党誓词，并围绕“悟初心、守初心、践初心”主题开展座谈交流。

9日，省防指召集有关成员单位进行会商，认真贯彻省委书记于伟国、省长唐登杰指示精神和工作要求，进一步研判当前雨情水情，强化部署防御工作。省防指总指挥、副省长李德金主持会商并讲话。据会商研判，本轮强降雨持续时间长、过程雨量大、强降水区域集中。预计9日至10日，西部、北部有暴雨，局部大暴雨。10日至11日，全省大部有大雨到暴雨，局部大暴雨。11日至12日，北部有大雨到暴雨。9日11时，省防指启动防暴雨Ⅲ级应急响应。

10日，省政府党组书记、省长唐登杰主持召开省政府党组会议，学习中央纪委《关于贯彻习近平总书记重要批示精神，深入落实中央八项规定精神的工作意见》，部署贯彻意见；审议《福建省河长制规定（草案）》，决定报省委。会议还研究了《省政府党组“不忘初心、牢记使命”主题教育具体安排细化方案》等事项。

10日，省委副书记、省长唐登杰以普通党员身份来到省革命历史纪念馆，参加所在的省政府办公厅综合处党支部开展的“不忘初心、牢记使命”主题党日活动，重温红色历史，接受革命教育和精神洗礼。

10日，全国政协副主席、党组副书记张庆黎来闽考察并主持召开部分省区市政协主要负责同志座谈会。省委书记于伟国、省长唐登杰、省政协主席崔玉英与考察组一行、参加会议的全体同志座谈。

10日，全省生活垃圾分类工作现场会在厦门召开。副省长李德金出席会议。会议还就工程建设项目审批制度改革、房屋安全隐患排查整治等工作作出部署。会前，与会代表进行了实地调研。

12日，省委书记于伟国深入福州市鼓楼区、仓山区和高新技术开发区调研，推动历史文化遗存保护，督促推进内河水体治理，了解当前企业发展面临的问题困难，研究解决措施。于伟国强调，全省各部门要在“不忘初心、牢记使命”主题教育中，扎实推进“找差距、抓落实、解难题、化积案”行动，努力啃下经济发展和改善民生中的“硬骨头”，把主题教育的成效体现在经济社会发展和民生利益改善上。省领导王宁参加调研。

13 日，省防指召集有关成员单位举行会商会，传达学习李克强总理等中央领导的重要批示精神和省委书记于伟国、省长唐登杰批示要求，分析研判强降水形势，部署当前防汛抢险救灾工作。省防指总指挥、副省长李德金出席会议并讲话。据会商研判，13 日下午到夜间，南平大部、三明（建宁、泰宁、宁化、清流、将乐、明溪）和龙岩（长汀）有暴雨，局部大暴雨。14 日，中北部地区有大雨到暴雨。15 日，降雨减弱。

15 日，中央第二生态环境保护督察组对福建省开展生态环境保护督察工作动员会在福州召开，督察组组长黄龙云、副组长刘华就做好督察工作分别作了讲话，福建省委书记于伟国作了动员讲话，会议由福建省长唐登杰主持。根据安排，中央第二生态环境保护督察组督察进驻时间为 1 个月。进驻期间（2019 年 7 月 15 日—8 月 15 日）设立专门值班电话：0591 - 88362369，专门邮政信箱：福州市 A0315 邮政信箱。督察组受理举报电话时间为每天 8：00—20：00。根据党中央、国务院要求和督察组职责，中央生态环境保护督察组主要受理福建省生态环境保护方面的来信来电举报。其他不属于受理范围的信访问题，将按规定交由被督察地区处理。

15 日，全省第九批援藏干部人才欢送座谈会在榕举行。省委书记于伟国、省长唐登杰、省政协主席崔玉英出席。按照中央安排，今年我省选派第九批 72 位干部人才支援西藏昌都市，其中党政干部 22 人、专技人才 50 人。座谈中，魏东、林谋东、蒋海明、许爱珍代表援藏干部人才作了发言，表示要牢记使命，迅速融入，扎实工作，扎根高原，为援藏事业贡献力量。省领导杨贤金、郑新聪、张广敏出席座谈会。

16 日，省公安厅召开“不忘初心、牢记使命”主题教育调查研究成果交流会。副省长、省公安厅厅长田湘利主持会议。

17 日上午，省防指召开防御第 5 号台风“丹娜丝”工作视频会议，传达贯彻省委书记于伟国、省长唐登杰批示精神，会商研判台风发展趋势，动员部署防御工作。省防指总指挥、副省长李德金出席会议并讲话。17 日 12 时，省防指启动防台风Ⅳ级应急响应。

17 日，省公安厅在福州举办全国人民满意的公务员集体和个人先进事迹报告会暨福建革命史讲座，深入推进“不忘初心、牢记使命”主题教育。会前，副省长、省公安厅厅长田湘利会见了报告团成员。现场还举办了“福建公安大讲堂”，进行福建革命史讲座。

17 日，省委书记于伟国、省长唐登杰在福州会见了日本驻华大使横井裕带领的访问团一行。访问团将认真落实两国领导人达成的重要共识，共同推动中日“一带一路”国际合作示范区落地建设，进一步提升双方合作水平。副省长郭宁宁参加会见。

19 日上午，国务院新闻办公室在北京举行以“坚定不移推动绿色发展的福建实践——加快建设高素质高颜值的新福建”为主题的庆祝新中国成立 70 周年福建专场新闻发布会，来自境内外媒体的 89 位记者参会。省委书记、省人大常委会主任于伟国作主题发布并回答记者提问。省委副书记、省长唐登杰回答有关提问。随后，媒体记者围绕深入推进生态文明试验区建设、探索海峡两岸融合发展新路、营造有利于创新创业创造的良好发展环境、打造 21 世纪海上丝绸之路核心区、加强与“一带一路”沿线国家合作、大力发展数字经济、加快推动脱贫攻坚和革命老区中央苏区全面奔小康，以及武夷山国家公园试点建设、加快新能源产业发展、支持民营经济做大做强等方面纷纷提问。于伟国、唐登杰用一组组亮眼的数字、一个个鲜活生动的例子、一项项具体举措和成果，逐一回答了大家的问题，现场气氛活跃。省委常委、宣传部部长梁建勇，省委常委、秘书长郑新聪出席。国务院新闻办公室新闻局局长、新闻发言人胡凯红主持新闻发布会。发布会现场同步举办了以“新时代新福建”为主题的展示，共分为“绿水青山　生态福建”“创新驱动　实业兴闽”“闽台融合　第一家园”“开放逐浪　丝路远航”“今日闽道　四通八达”五大板块和“丝海匠心　多彩非遗”展区，向与会的境内外媒体展示了高素质高颜值的新福建。

21—23 日，江西省党政代表团来福建考察交流。23 日，闽赣两省在福州召开座谈会，深入学习贯彻习近平新时代中国特色社会主义思想，共商推动两省交流合作上新水平。福建省委书记于伟国、江西省委书记刘奇讲话，福建省省长唐登杰、江西省省长易炼红分别介绍两省经济社会发展情况，福建省政协主席崔玉英、江西省政协主席姚增科出席。在闽期间，代表团先后赴厦门、宁德、福州等地，考察了自贸试验区建设、文化遗产保护、民生改善和城乡发展等情况。福建省领导王宁、胡昌升、郑新聪、张广敏、李德金，江西省领导李炳军、殷美根、赵力平、周萌、胡世忠、吴晓军、肖毅参加了有关活动。

22日，我省召开落实中央生态环境保护督察部署切实抓好边督边改工作视频会议，深入贯彻落实党中央决策部署，落实全省督察动员会和省委书记于伟国、省长唐登杰批示要求，对进一步做好配合督察工作、推进边督边改进行再动员、再检查、再落实。中央生态环境保护督察组相关同志列席会议。

22日，省委、省政府召开工作通报会，向老同志通报2019年上半年全省经济社会发展情况。受省委书记于伟国和省长唐登杰委托，省委常委、秘书长郑新聪作工作通报，副省长郑建闽主持会议。通报指出，今年以来，省委省政府坚持以习近平新时代中国特色社会主义思想为指导，树牢“四个意识”、坚定“四个自信”、做到“两个维护”，坚持稳中求进工作总基调，坚持新发展理念，扎实做好“六稳”工作，统筹做好稳增长、促改革、调结构、惠民生、防风险、保稳定工作，保持了经济社会持续健康发展，“稳”的格局更加牢固，“好”的态势更加凸显，“暖”的底色更加明显。主题教育、经济建设、改革开放、生态环保和全面从严治党等各个方面都取得新的进步。希望各位老同志发挥经验丰富的优势，一如既往关心省委、省政府的工作，积极建言献策，奋力谱写新时代新福建建设新篇章。

24日，省长唐登杰轻车简从，率省直有关部门负责同志直奔莆田基层一线，实地检查中央生态环境保护督察反馈问题和转办信访件整改落实情况。

25日，省长唐登杰主持召开省征兵领导小组会议，贯彻落实全国征兵工作电视电话会议精神，总结点评去年征兵工作情况，部署推进今年全省征兵工作。省军区司令员王滨、政委苏保成，省委常委、秘书长郑新聪，省军区副政委姚火照出席会议。

26日，省长唐登杰主持召开省政府常务会议，学习贯彻习近平总书记对贵州水城“7·23”特大山体滑坡灾害作出的重要指示精神，部署强化灾害防范工作；贯彻落实全国安全生产电视电话会议精神，部署加强全省安全生产工作；听取首批福建省实验室筹建情况汇报，研究第二届中国国际进口博览会我省参会筹备、推进开发区创新提升、保障建设用砂供应等工作。会议指出，今年以来我省连续遭遇多轮强降雨，防台防汛形势严峻。要坚持以人民为中心，坚决克服麻痹思想和侥幸心理，本着对人民极端负责的精神强化灾害防范，不断提升防灾减灾救灾水平。要压紧压实责任，全面排查隐患，加强预测预报、会商分析、精准部署和应急处置，严防山洪、滑坡、泥石流等自然灾害，确保人民群众生命财产安全。

26日，九龙江流域河湖长制工作现场会在厦门召开。受省委书记、省总河长于伟国和省长、省总河长唐登杰委托，副省长、省副总河长兼九龙江河长李德金在会上听取有关设区市河长述职，总结2018年九龙江流域河湖长制工作，研究部署下阶段工作。会前，李德金带领有关设区市河长和省直部门负责人沿九龙江北溪巡河，实地检查了河湖长制落实情况。

26日下午，省十三届人大常委会第十一次会议圆满完成各项议程闭幕。会议通过三项法规，批准两项设区市法规和2018年省级决算。省委书记、省人大常委会主任于伟国主持会议。省人大常委会副主任张广敏、雷春美、黄琪玉、邓力平、潘征、吴洪芹、檀云坤，秘书长刘道崎和其他组成人员出席会议。省政府副省长田湘利，省监委、省法院负责人，省检察院检察长霍敏列席会议。

26日晚，省公安厅在福州举行“不忘初心、牢记使命”2019年度公安民警荣誉仪式，一批工作业绩突出的集体和个人获得表彰。副省长、省公安厅厅长田湘利出席活动并为民警颁奖。荣誉仪式上，9个立功先进集体代表、11名立功个人代表受到表彰；20名分别从警30年、20年的民警代表受颁金质、银质荣誉章；7名退休民警代表受颁光荣退休纪念牌。同时，进行新警代表入警宣誓。

28 日，福州古厝保护与文化传承论坛开幕式暨主论坛在福州海峡国际会展中心举行。住房和城乡建设部副部长黄艳，国家文物局党组副书记、副局长顾玉才，省委副书记、福州市委书记王宁出席论坛并致辞。省委常委、宣传部长梁建勇，副省长李德金，十一届省政协副主席陈义兴出席论坛。开幕式上，15 位专家学者受聘为福州古厝保护与文化传承专家顾问，举行了《福州古厝》修订再版发布活动，北京、南京、福州、厦门等 30 多个城市共同发布了《福州古厝保护与文化传承论坛福州宣言》。500 多位专家学者、业界人士参加活动，福州市长尤猛军主持开幕式并作主旨发言，国际古迹遗址理事会原副主席郭旃、以色列政府文物管理局保护部原主任乔拉・索拉、同济大学常务副校长伍江、日本国际古迹遗址理事会国家委员会副主席苅谷勇雅等先后作主旨发言。

29 日，省委书记于伟国、省长唐登杰在福州会见了由全国政协常委、澳门福建同乡总会会长许健康率领的澳门福建同乡总会访问团一行。澳门福建同乡总会始终秉承“爱国爱澳，团结互助”的创会宗旨，发挥好桥梁纽带作用，引导广大在澳闽籍乡亲积极投身家乡建设，为澳门的繁荣稳定、为家乡的美好前景作出应有的贡献。省领导邢善萍、郑新聪、郭宁宁参加会见。

29 日下午，按照省委“不忘初心、牢记使命”主题教育总体部署，省委副书记、省长唐登杰以“坚定信仰、忠诚践行习近平新时代中国特色社会主义思想，加快推动新时代新福建建设”为题，为省政府班子成员及办公厅机关党员干部上专题党课。中央主题教育第三指导组组长于迅出席，省领导李德金、郑建闽、郭宁宁等参加。

30 日，省直有关部门负责人赴南平市延平区，实地检查垃圾焚烧发电、危险废物综合处置等项目及中央生态环境保护督察信访件办理情况。

31 日，在建军节即将到来之际，福建省“八一”军政座谈会在福州召开。省领导与驻闽部队官兵欢聚一堂，共叙鱼水深情，共话双拥共建，共促军民融合发展。省委书记于伟国讲话，省长唐登杰主持，省政协主席崔玉英出席。省委、省人大常委会、省政府、省政协领导参加会议，驻闽部队领导在会上发言。

（摘编：康明辉）

八月

“八一”建军节前夕，省委书记于伟国、省长唐登杰等分别赴驻闽部队和武警部队基层单位走访慰问，代表省委、省政府和 3900 万福建人民向官兵们致以节日祝福和亲切问候。省领导王宁、梁建勇、郑新聪、郭宁宁分别带队或参加慰问驻闽部队基层单位官兵。

1 日，省委常委会召开主题教育专题调研成果交流会。省委书记、省委主题教育领导小组组长于伟国指出，调查研究是贯穿“不忘初心、牢记使命”主题教育始终的要求，要坚持以调查研究深化学习、检视问题、破解难题、推动工作，着力解决人民群众反映强烈的突出问题和发展中的难题短板，真正使调研的过程成为加深对党的创新理论领悟的过程，成为保持同人民群众血肉联系的过程，成为推动事业发展的过程。中央主题教育第三指导组组长于迅、副组长姜平和指导组成员全程参与和指导交流会。省长唐登杰出席。

1日，中央依法治国办食品药品监管执法司法督察第二反馈组向我省反馈督察情况。省委常委、省纪委书记、省监委主任、省委全面依法治省委员会委员刘学新主持督察反馈会议，副省长郑建闽作表态发言。省法院、检察院、公安厅有关负责同志，省直相关部门主要负责同志和督察组实地督察地市政府分管同志参加会议。督察要求，福建省委、省政府要进一步提高政治站位，切实查找工作中存在的差距和问题，根据督察反馈意见，抓紧研究制定整改方案，确保整改任务落地落实。要严肃追责问责，促进食品药品安全责任落实，确保习近平总书记“四个最严”的重要要求落地见效。省领导表示，此次督察是对我省食品药品安全监管工作深化问题整改、提高监管水平的有力指导和推动，我们坚决拥护，诚恳接受，照单全收，立即整改。全省各级各有关部门要进一步提高站位、压实责任、聚焦问题、精准发力，认真对照反馈意见，做到即知即改、立行立改、坚决整改，推动我省食品药品安全工作再上新台阶。要坚持目标导向，以满足人民群众期待为基准，找准差距，埋头苦干，做好食品药品监管执法司法督察的“下半篇文章”，用法治维护好人民群众生命安全和身体健康。

2日，省政府党组书记、省长唐登杰主持召开省政府党组会议暨“不忘初心、牢记使命”主题教育领导小组会议，深入学习习近平总书记在中央政治局第十五次集体学习、中央和国家机关党的建设工作会议、内蒙古考察指导开展主题教育时的重要讲话精神，按照中央主题教育领导小组关于在主题教育中开展专项整治和对照党章党规找差距的有关部署和省委要求，落实落细省政府党组贯彻落实意见。会议研究部署贯彻落实习近平总书记重要指示批示精神“回头看”工作。会议强调，要结合开展主题教育，进一步提升政治站位，不断增强贯彻落实的自觉性、主动性、坚定性，推动“回头看”工作常态化，力戒形式主义、官僚主义，大力弘扬“马上就办、真抓实干”优良作风，确保习近平总书记重要指示批示精神在八闽大地落地生根。会议审议了《省政府党组检视问题清单及整改措施》。

2日，全省公安机关学习推广新时代晋江刑警“背包”精神现场会在晋江召开。副省长、公安厅长田湘利出席会议并讲话，公安部刑侦局、新闻宣传局领导，省直有关部门领导和各设区市公安局领导参加会议。

2日下午，根据省人大常委会2019年监督工作计划，省人大常委会将在全省开展《福建省促进闽台农业合作条例》执法检查，执法检查组在榕召开汇报会，省人大常委会副主任吴洪芹主持会议并讲话。副省长李德金在会上汇报了我省贯彻执行条例的情况。省直相关部门负责人参加会议。据了解，执法检查组将赴漳州、泉州、三明、莆田等地进行检查。同时，委托福州、龙岩市人大常委会对本行政区域内条例实施情况进行检查。

4日至5日，省长唐登杰率省直有关部门负责同志深入南平市和宁德市基层调研，指导推进扶贫开发工作，现场督办中央生态环保督察反馈问题整改，推动信访积案化解在基层。唐登杰来到挂钩帮扶的政和县，进园区企业，到田间地头，与当地干部群众共商脱贫攻坚、加快发展之策。

5日，副省长李德金率省直有关部门负责人，深入龙岩市永定区、连城县现场检查推动中央生态环保督察工作，挂钩督办突出生态环境问题和重点信访件。

6日，省领导在省委党校集中进行“不忘初心、牢记使命”主题教育学习研讨。省委书记、省委主题教育领导小组组长于伟国作主题报告，省长唐登杰，省政协主席崔玉英等参加。省四套班子领导和省级领导干部听取辅导报告，认真读原著、学原文、悟原理，集中时间、精力开展学习研讨。

6日，我省与天津大学在福州签订了省校战略合作框架协议。省委书记于伟国、省长唐登杰，天津大学校长金东寒出席签约仪式。唐登杰、金东寒分别代表双方签订合作协议。根据协议，双方将建立更加紧密的合作关系，在国际校区共建、战略决策咨询、科技创新与成果转化、学科和人才队伍建设等方面开展合作。省领导杨贤金，天津大学副校长胡文平出席。

7日，省委书记于伟国、省长唐登杰在福州与来闽出席2019届引进生座谈会的北京大学、清华大学、中国人民大学、复旦大学、上海交通大学、同济大学、北京协和医学院、中国科学院大学等全国重点高校负责人座谈。座谈中，清华大学党委书记陈旭、中国人民大学党委书记靳诺、同济大学党委书记方守恩、北京大学副校长龚旗煌、中国科学院大学党委副书记高随祥、复旦大学党委副书记尹冬梅、上海交通大学副校长王伟明、北京协和医学院研究生院常务副院长李利民先后讲话，高度赞赏福建省委省政府重视人才、渴求人才、用好人才。大家表示，将进一步加强与福建在人才、科技、教育、产业项目等方面合作，向福建推介更多的优秀人才和创新成果，为新时代新福建建设汇聚更多智慧和力量。省领导杨贤金，中国人民大学党委副书记吴付来、副校长杜鹏，同济大学党委副书记徐建平参加座谈。

7 日，第七届海峡青年节主要活动之一——2019 年海峡青年（福州）峰会在福州海峡文化艺术中心举行，近 1500 名来自海峡两岸的嘉宾和青年代表参加峰会。国台办副主任龙明彪，省委副书记、福州市委书记王宁，副省长郭宁宁，中华全国青年联合会副主席李嵘，台籍全国政协委员、香港中文大学名誉研究员凌友诗等出席峰会。本届峰会以“追梦·筑梦·圆梦”为主题，5 位台湾青年代表发表了主旨演讲，分享了他们在大陆求学、就业、创业、生活的故事，畅谈惠台措施带来的获得感，表达了对深化融合发展的期待与信心。

7 日，省防指召开全省视频会议，贯彻落实省委书记于伟国、省长唐登杰工作要求，全面分析台风“利奇马”发展趋势，动员部署各项防御工作。省防指总指挥、副省长李德金出席会议并讲话。会商指出，今年第 9 号台风“利奇马”具有移动缓慢、多台风影响、近海加强、风大浪高等特点，目前正逐步向闽浙沿海靠近，可能给我省带来较大影响。预计台风中心经过附近海域最大阵风可达 16 级；8—10 日，我省中北部渔场将先后出现 5.5 米以上巨浪，最高将有 10 米狂涛，厦门及以北沿海将出现 2.5 米以上大浪和 0.7—1.2 米的风暴增水。7 日 11 时，省防指启动防台风 IV 级应急响应。

8 日，省政府党组书记、省长唐登杰主持召开专题会议，深入学习贯彻习近平总书记关于“不忘初心、牢记使命”重要论述，以自我革命精神对照党章党规找差距，推动主题教育深入开展。会前，省政府党组同志认真学习了《中国共产党党内重要法规汇编》，逐段逐句学习党章、《关于新形势下党内政治生活的若干准则》《中国共产党纪律处分条例》。会上，各位党组同志结合学习研讨，联系思想工作实际，把自己摆进去、把职责摆进去、把工作摆进去，深入检视分析，逐条查摆问题，相互诚恳提醒，经受了一次严格的党内政治生活锻炼。

8 日，副省长、第二届全国青年运动会福建省代表团团长郑建闽在太原看望了我省的部分参赛运动员、教练员和工作人员。第二届全国青年运动会于 8 月 8 日至 18 日在山西省举办，共设 49 个大项、1868 个小项。截至 7 日，我省共有 1376 名运动员报名参加 25 个大项、666 个小项的比赛，通过预赛的激烈竞争，其中 954 名运动员获得决赛资格。在开幕式前已经完成的比赛中，我省运动员奋勇拼搏，共斩获 41 枚金牌、39 枚银牌、54 枚铜牌。

8 日中午和晚上，省防指两次召集有关成员单位再次会商部署第 9 号台风“利奇马”防御工作，贯彻落实省委书记于伟国、省长唐登杰批示和工作要求，分析研判台风发展态势，强化部署防御工作。省防指总指挥、副省长李德金出席会商会。会商指出，“利奇马”已加强为超强台风，近中心最大风力 18 级，正逐渐向闽浙沿海靠近。预计 9 日—11 日，我省北部渔场海域最大阵风可达 15 级，中北部沿海地区最大阵风可达 12 级。中北部各大渔场将出现 5.5 米以上巨浪，最大将出现 13 米的狂涛；厦门及以北沿海将出现 2.5 米以上大浪。北部地区将出现大雨到暴雨、局部大暴雨，宁德、南平、福州等地过程雨量 50 ~ 150 毫米，局部达 250 毫米。省防指于 8 日 14 时启动防台风 III 级应急响应。

9 日下午，省防指召开防御台风“利奇马”视频会议，贯彻落实习近平总书记重要指示和李克强总理批示精神，认真落实省委书记于伟国、省长唐登杰的批示要求，对防台风工作再动员再部署。省防指总指挥、副省长李德金出席会议并讲话。据会商研判，第9号台风“利奇马”将于10日凌晨在浙江台州到乐清一带沿海登陆，登陆时强度可达强台风或超强台风级别。

14日，省长唐登杰主持召开省政府常务会议，深入学习习近平总书记在中央政治局会议分析研究当前经济形势、部署下半年经济工作时的重要讲话精神，研究通过具体贯彻意见；听取2019厦门国际投资贸易洽谈会筹备情况汇报，部署推进相关工作；审议《福建省深化改革加强食品安全工作行动方案》《福建省职业技能提升行动实施方案（2019—2021年）》。会议强调，要认真贯彻党中央、国务院决策部署，把职业技能培训作为保持就业稳定、缓解结构性就业矛盾的关键举措，面向职工、就业重点群体、建档立卡贫困劳动力等各类劳动者，开展大规模职业技能培训，构建终身职业技能培训体系，加快建设知识型、技能型、创新型劳动者大军。要增加职业技能培训有效供给，充分调动企业、职业院校和社会培训机构等参与培训的积极性，更加注重针对性和实效性，建立健全培训档案，完善激励引导机制，强化政策宣传和组织协调，到2021年全省开展各类补贴性职业技能培训75万人次。

15日，副省长、省公安厅党委书记、厅长田湘利为省公安厅党员干部作了题为“学深悟透习近平新时代中国特色社会主义思想，不断加强公安机关能力建设”的主题教育专题党课。

15日，全国政协副主席苏辉率全国政协委员考察团来闽，就“新中国成立70周年伟大成就”开展考察。省委书记于伟国、省长唐登杰、省政协主席崔玉英16日在福州与考察团一行座谈交流。全国政协常委解学智、全国政协委员邢书成，省领导郑建闽、张兆民参加座谈。

15—20日，全国政协副主席苏辉率领全国政协新中国成立70周年伟大成就考察团来闽考察。省政协主席崔玉英参加考察并主持汇报会。在闽期间，考察团听取了福建经济社会发展情况的汇报，并先后前往宁德、福州、泉州、龙岩、漳州、厦门等地，深入企业、农村和城市社区与基层委员、群众面对面深入交流，实地考察了解70年来特别是改革开放以来福建省各项事业取得的成就。全国政协委员解学智、邢书成、刘家强、王志国、陈萌山、彭勇、樊绪银等参加考察。省领导郑建闽、魏克良、张兆民参加相关活动。

16日，第十九次全省民政会议在榕召开。会议总结党的十八大以来全省民政事业改革发展取得的成绩，部署今后一个时期的民政工作。会前，省委书记于伟国作出批示，省长唐登杰与全国、全省民政系统先进代表座谈。副省长郑建闽参加座谈并在会上作工作部署。会议表彰了全省民政系统先进集体、先进个人，福州市、南平市、宁化县和上杭县先后作了典型发言。

16日，省委书记、省委机构编制委员会主任于伟国主持召开省委机构编制委员会第三次会议。会议强调，要深入学习贯彻习近平总书记在新一届中央机构编制委员会第一次会议、深化党和国家机构改革总结会议上的重要讲话精神，认真抓好《中国共产党机构编制工作条例》的学习宣传和组织实施，为推进高质量发展、加快新时代新福建建设提供有力制度和组织保障。省委机构编制委员会副主任唐登杰、杨贤金出席会议。省委机构编制委员会委员出席会议。

18日，福建日报报道，结合“不忘初心、牢记使命”主题教育，副省长李德金与省住建厅负责人赴福州市，察看鼓楼区、晋安区垃圾分类开展情况，听取基层一线对垃圾分类工作建议；察看了地铁建设综合监控中心和地铁4号线林浦站施工现场，慰问在高温一线辛勤作业的环卫工人和建筑施工人员。

19日晚，“为祖国放歌——第四届全国公安系统文艺汇演”在厦门举行开幕式并进行首场演出。中国文联副主席左中一，全国公安文联主席王俭，福建省副省长、公安厅厅长田湘利出席活动。公安民警及各界群众约1300人观看演出。此次活动由公安部政治部和全国公安文联主办，福建省公安厅、内蒙古自治区公安厅、厦门市公安局承办，是“践行新使命、忠诚保大庆”实践活动的重要内容。活动开展以来，全国各地公安机关共创作出450多部文艺作品，由公安部组织专家遴选出150部，从8月19日至9月4日分别在福建厦门、内蒙古呼和浩特两个片区进行11场演出。

20日，省政府党组书记、省长唐登杰主持召开省政府党组“不忘初心、牢记使命”主题教育领导小组会议，认真落实中央主题教育领导小组和省委要求，扎实推进政府系统“找差距、抓落实、解难题、化积案”行动有关工作。

22 日，台盟福建省委会在福州召开“不忘合作初心，继续携手前进”主题教育动员部署会，副省长、台盟省委会主委郑建闽出席会议。会议传达学习台盟中央部署主题教育的主席会议精神，审议通过了台盟福建省委会“不忘合作初心，继续携手前进”主题教育方案和领导小组方案。

23 日，省政协召开“以河长制为抓手，推动我省水污染防治上新台阶”专题协商会。省政协主席崔玉英主持会议，副省长李德金出席会议并讲话。

23 日，省防指召开防御台风“白鹿”工作视频会议，贯彻落实国家防总工作部署和省委书记于伟国、省长唐登杰的批示精神，分析研判台风发展趋势，动员部署防御工作。省防指总指挥、副省长李德金出席会议并讲话。据会商研判，台风“白鹿”具有近海生成、趋势稳定、穿台入闽、“回南风”较强、浪雨影响明显等特点，预计 25 日凌晨至上午在福建中部到广东东部一带沿海登陆。受其影响，23 日夜间至 25 日，闽中、闽南、台浅渔场和中南部沿海最大阵风可达 12 级，台湾海峡南部海域将出现 4—6 米巨浪到狂浪，福州及以南沿海将出现 2.5 米以上大浪。沿海地区将有大雨到暴雨，其中南部沿海地区大暴雨，过程雨量 80—150 毫米、局部 250 毫米，小时雨强最大 80 毫米。省防指 23 日 11 时启动了防台风Ⅳ级应急响应。

24 日，福建日报报道：国务院副总理、国务院医改领导小组组长孙春兰 21 日至 23 日在福建调研并出席医改推进现场会。她强调，要深入贯彻习近平总书记关于深化医药卫生体制改革的重要指示精神，认真落实党中央、国务院决策部署，发挥三明医改典型引领作用，推动新时代医改走深走实、扩大成效。在福建期间，孙春兰来到三明市尤溪县总医院和西城镇卫生院、龙岩市古田镇卫生院和上郭车村卫生室，向医务人员、患者详细了解药品价格、医院管理、医联体建设、健康服务、医务人员待遇等情况。她希望福建省继续在医改的一些关键环节改革上进一步取得突破、创造经验，为全国作出示范和表率。省委书记于伟国，省长唐登杰，国家卫生健康委员会主任马晓伟，国务院副秘书长丁向阳，国家医保局局长胡静林，省领导郑新聪等分别陪同调研或参加会议。

24 日上午，省委书记于伟国、省长唐登杰到省防汛抗旱指挥部，详细了解 2019 年第 11 号台风“白鹿”的路径、强度及风雨影响，并召开全省视频会议，进一步部署防御台风各项工作。唐登杰就防御台风作了具体部署。省领导胡昌升、郑新聪、李德金、田湘利分别在主会场和地方分会场参加了视频会。

24 日晚，省防指再次召集有关成员单位，认真贯彻省委书记于伟国、省长唐登杰批示和工作要求，会商研判台风“白鹿”最新动态，强化部署防御工作，并与厦门、漳州、泉州等地视频连线，点对点指导。省领导李德金、田湘利参加会商和连线。会商指出，台风“白鹿”将于 25 日凌晨在福建漳浦到广东澄海一带沿海登陆，登陆强度最大可能为强热带风暴级。受其影响，24 日夜里至 25 日上午，闽中、闽南、台浅渔场和中南部沿海阵风 11—13 级，闽东渔场西部阵风 9—10 级，北部沿海阵风 9 级，台风中心经过的附近海域阵风 12—14 级；24 日夜里至 25 日白天，南部地区部分县（市、区）有 9—13 级阵风。24 日夜里至 25 日夜里，全省沿海和南部有暴雨到大暴雨，中南部有大雨到暴雨，过程雨量 80—150 毫米，局部 250 毫米。省防指 24 日 18 时启动防台风Ⅱ级应急响应。

25 日，副省长、第十届全国残疾人运动会暨第七届特殊奥林匹克运动会福建省代表团团长郑建闽在天津看望了我省的部分参赛运动员、教练员和工作人员。第十届残疾人运动会暨第七届特殊奥林匹克运动会于 8 月 25 日至 9 月 1 日在天津举行。福建代表团总人数为 311 人，共参加 26 个项目的比赛。其中，第十届残疾人运动会夏季残奥项目 10 项、冬季残奥项目 1 项、群众组项目 6 项；第七届特殊奥林匹克运动会项目 9 项。在前期已经完成的比赛中，福建代表团已获得 5 枚金牌、9 枚银牌和 11 枚铜牌。

26 日省政府党组召开“不忘初心、牢记使命”专题民主生活会，按照习近平总书记关于“四个对照”“四个找一找”的重要要求，盘点收获、检视问题、深刻剖析，推动省政府班子进一步增强“四个意识”、坚定“四个自信”、做到“两个维护”，更好履职尽责、团结奋进，牢记初心使命，重整行装再出发，在新时代把党的自我革命推向深入。省政府党组书记、省长唐登杰主持会议并作小结。中央第三指导组、省委组织部有关同志到会指导。

27日，第18届世界中学生运动会组委会成立大会暨第一次全体会议在晋江召开。会议听取了世中运筹备工作进展及下一步工作计划汇报，审议了总体工作方案等事项。组委会主席、教育部部长陈宝生，组委会主席、省长唐登杰出席会议并讲话。会后，陈宝生、唐登杰等来到晋江市第二体育中心，共同考察了世中运主场馆建设情况。教育部副部长钟登华出席会议。

27日，省公安厅党委召开“不忘初心、牢记使命”专题民主生活会。副省长、省公安厅党委书记、厅长田湘利主持会议并讲话。会议指出，要充分运用好这次民主生活会成果，认真按照省委、省政府和公安部的部署要求，在加强政治建设、抓实问题整改、履职尽责担当、从严管党治警上做好表率，团结带领全省公安机关和广大民警，扎实做好防风险、保安全、护稳定工作。

28—29日，全省公安特警跨区域拉动增援暨实战演练在泉州举行。省委常委周联清，副省长、公安厅长田湘利，副省长郭宁宁，武警福建省总队政委黄少安出席演练活动。29日上午9时，周联清下达演练指令，来自全省9个设区市公安局、平潭综合实验区公安局及福州、厦门铁路公安处的12支特警队伍分别开展狙击步枪应用射击、长短枪应用射击、团体T字警棍术、极限体能、特警枪械基础战术、空地协同楼宇突击战术等多科目演练。演练现场还展示了特警装备、特种车辆、安检排爆、武器警械、侦查技术、警用航空等一批高精尖装备。

29日，省委机关党的建设工作会议在福州召开。省委书记、省委党建工作领导小组组长于伟国出席会议并讲话，强调要认真学习贯彻习近平总书记在中央和国家机关党的建设工作会议上的重要讲话精神，深入贯彻落实习近平总书记在参加十三届全国人大二次会议福建代表团审议时的重要讲话中关于党的建设的重要要求，紧密结合“不忘初心、牢记使命”主题教育，深化落实省委“五抓五看”“八个坚定不移”具体部署，充分发挥省直机关示范引领作用，全面提高全省机关党的建设质量。省委副书记、省长唐登杰，省政协主席崔玉英出席会议。省委副书记王宁主持会议。省委、省人大常委会、省政府、省政协领导，省高级人民法院、省人民检察院领导出席会议。省委党建工作领导小组成员，省直有关部门、中直单位驻闽机构党组（党委）主要负责同志等参加会议。各设区市、平潭综合实验区党委（党工委）主要负责同志，党建工作领导小组成员等通过视频参加会议。

29日，全省深入学习贯彻习近平总书记重要论述，加强新时代文化和自然遗产保护利用工作会议在福州召开。省委书记于伟国主持会议并讲话，强调要深入学习贯彻习近平总书记关于文化和自然遗产保护工作的重要论述，认真学习贯彻习近平总书记在甘肃考察时的重要讲话精神和《〈福州古厝〉序》，进一步增强做好新时代文化和自然遗产保护工作的政治自觉、思想自觉、行动自觉，把八闽大地上一批批一个个文化和自然遗产的“真宝贝”精心呵护好，传承八闽文脉，增强文化自信，推进新时代新福建建设。省长唐登杰出席会议。省文旅厅、住建厅、自然资源厅、林业局，省人大常委会法工委，福州市、厦门市、长汀县负责同志作了发言。省领导王宁、胡昌升、梁建勇、郑新聪、李德金、郑建闽，省直有关部门负责人参加了会议。各设区市和平潭综合实验区党委、政府主要负责人等通过视频参加了会议。

30日，中共中央宣传部在北京向全社会宣传发布杨春的先进事迹，追授他“时代楷模”称号。省委常委、宣传部长梁建勇，副省长、省公安厅厅长田湘利出席发布仪式。杨春生前是宁德市公安局蕉城分局副局长。他从部队转业到公安机关28年，以铁一般的理想信念奋战在维护稳定、服务群众第一线，忠诚履行人民公安为人民的庄严承诺，在平凡岗位上做出了不平凡的业绩。2019年1月23日凌晨，因长期超负荷工作，杨春同志突发疾病，牺牲在工作岗位上，年仅49周岁。

2019年6月，杨春被追授为全国“人民满意的公务员”。7月16日，中共福建省委追授杨春同志“全省优秀共产党员”称号。7月31日，人力资源和社会保障部、公安部联合追授杨春同志“全国公安系统一级英雄模范”称号。“时代楷模”发布仪式现场，宣读了《中共中央宣传部关于追授杨春同志“时代楷模”称号的决定》，播放了反映杨春先进事迹的短片。中宣部、公安部等有关部委领导，杨春的亲属、同事，公安部部属院校学生代表等参加了发布仪式。

30日上午，福建省第二届善行八闽——海峡公益慈善项目大赛在福州顺利落下帷幕。副省长郑建闽出席颁奖仪式并为获奖项目颁奖。福建省第二届善行八闽——海峡公益慈善项目大赛是我省贯彻落实《中华人民共和国慈善法》的一项重要举措，由省民政厅指导，省慈善总会主办，省海峡社会组织研究院承办。大赛于今年5月启动，历时四个月，共收到参赛项目180个。经过社会公示、专家评委评审、决赛路演等环节，福建省同人助残志愿者服务中心参赛的“同人i就业——残疾人职业技能培训”项目荣获特等奖，福建省妇女儿童发展基金参赛的“母亲健康1+1——救助两癌贫困妇女”等项目分获一、二、三等奖。本届大赛突出扶贫攻坚，紧扣打赢脱贫攻坚战中心任务，参赛项目中有69个项目与扶贫攻坚有关。

31日，2019年国家统一法律职业资格考试客观题（计算机化考试）开考。省人大常委会副主任檀云坤，副省长田湘利，省政协副主席刘献祥，省法院院长吴偕林、省检察院检察长霍敏，以及相关部门负责人在福建师范大学旗山校区考场巡考。本次国家统一法律职业资格考试全省共设置9个考区16个考点227个考场，其中福州设3个考点，厦门4个考点，泉州2个考点，宁德2个考点，漳州、莆田、三明、南平、龙岩考区各1个考点。今年我省客观题考试报名人数达14804人，全省港、澳、台考生报名人数227名（台湾考生197名，香港考生29名，澳门考生1名）。报名考生最大年龄70岁，年龄最小19岁，平均年龄28岁。法院系统报名人数达1102人，检察院系统292人，公安系统946人，司法行政系统506人，律师业230人，公证业65人，仲裁机构37人。2019年国家统一法律职业资格考试主观题考试时间定于10月13日，设置福州、厦门、泉州3个考区。今年主观题考试也实行计算机化考试，考生使用计算机考试确有困难的，可申请使用纸笔考试，纸笔考试考点设在福州、厦门考区。

（摘编：康明辉）

九月

4日，省长唐登杰主持召开省政府常务会议，审议通过《福建省加快5G产业发展实施意见》《福建省河长制规定》《关于进一步促进消费增长的若干措施》，部署我省农村电网改造升级、稳定生猪生产保障市场供应等工作。会议强调，要深入贯彻落实习近平生态文明思想，坚持守土有责、守土尽责，认真抓好《福建省河长制规定》宣传解读、落地实施，确保我省河道保护监管工作继续走在全国前列。要坚持问题导向，以中央环保督察为契机，着力化解一批水环境保护和治理的难题积案，让群众真切感受新成效新变化。要坚持系统思维，推进山水林田湖草系统治理，保护好福建的绿水青山。会议指出，要坚持高质量高标准推进新一轮农村电网改造升级，切实与实施乡村振兴战略、打赢脱贫攻坚战结合起来，与推进城乡一体化、缩小城乡差距结合起来，与降低企业成本、优化营商环境结合起来，大力实施“两率一户”提升工程和配网标准化示范工程，促进城乡用电服务均等化。会议强调，要认真贯彻中央部署，结合福建实际，落实属地责任，加大政策扶持，综合施策稳定生猪生产，切实有效保障猪肉市场供应。

4日上午，第四届全省“人民满意的公务员”和“人民满意的公务员集体”表彰大会在福州举行。会前，省委书记于伟国、省长唐登杰与我省第九届全国“人民满意的公务员”和“人民满意的公务员集体”、第四届全省“人民满意的公务员”和“人民满意的公务员集体”受表彰的代表座谈，希望全省广大公务员要认真学习领会习近平总书记在中央党校（国家行政学院）中青年干部培训班开班式上发表的重要讲话精神，向受表彰的先进个人和集体学习，不忘初心、牢记使命，发扬斗争精神，增强斗争本领，以无愧于时代、无愧于人民、无愧于历史的业绩，为“人民满意”这份崇高荣誉增光添彩。大会表彰了30名全省“人民满意的公务员”和15个全省“人民满意的公务员集体”。省领导郑新聪、李德金参加了有关活动。

5日，福建日报报道：日前，中国红十字会第十一次全国会员代表大会在京开幕，中共中央总书记、国家主席、中央军委主席习近平在人民大会堂亲切会见全体代表。福建省立医院主任护师李红作为我国唯一的第47届南丁格尔奖章获得者，受到了习近平总书记的会见。4日，省委书记于伟国、省长唐登杰在福州会见了载誉归来的李红。省领导郑新聪、郭宁宁参加会见。南丁格尔奖是红十字国际委员会为表彰在护理事业中作出卓越贡献人员的最高荣誉。李红是南丁格尔奖评选以来，我省第三位获此殊荣的护理工作者。

5日，省长唐登杰在广西南宁会晤了一同出席2019年泛珠三角区域合作行政首长联席会议的广东省省长马兴瑞一行。马兴瑞代表广东省委、省政府感谢福建长期以来给予的关心支持。他说，广东将抓住重大发展机遇，加强与福建的沟通协作，全力支持两省跨区域交通通道建设，推进生态环境协同保护，实现合作发展、互利共赢。

6日，2019年泛珠三角区域合作行政首长联席会议在广西南宁市召开。省长唐登杰出席会议并作主题发言，表示要坚持以习近平新时代中国特色社会主义思想为指导，深入贯彻党中央、国务院决策部署，在推进新时代新福建建设进程中，进一步深化泛珠合作，全面对接粤港澳大湾区建设，更好地服务国家重大战略的实施。会议听取了2018年以来泛珠三角区域合作情况通报，审议相关重要事项，共同签署了《2019年泛珠三角区域合作行政首长联席会议纪要》。泛珠合作各方一致同意，2020年泛珠三角区域合作行政首长联席会议由海南省承办。

6日，在收听收看全国秋冬季森林草原防灭火工作电视电话会议后，省政府对全省森林防灭火工作进行全面部署。副省长李德金出席会议并讲话。

10日，福建日报报道，第35个教师节即将来临之际，省委书记于伟国、省长唐登杰与全省优秀教师代表围坐一堂，听心声、话教育，并代表省委、省政府向全省广大教师和教育工作者致以崇高的敬意和节日的问候。于伟国要求，全省各级党委和政府要深入贯彻习近平总书记关于教育工作的重要论述，牢记“福建没有理由不把教育办好”的殷切嘱托，坚决贯彻教育优先发展战略，将教育投入更多向教师倾斜，在全社会弘扬尊师重教的社会风尚。省领导周联清、郑新聪参加了座谈。

10日，在全省深入学习贯彻习近平总书记参加十三届全国人大二次会议福建代表团审议时重要讲话精神半年之际，省委召开年中推进会，主动及时进行“回头看”，对学习贯彻情况进行再检查、再部署、再推动。于伟国强调，必须从践行“四个意识”“两个维护”的政治高度，坚决扛起贯彻落实的政治责任、第一责任，统一思想认识、坚定信心决心，创新完善机制，扎实具体推进，确保落细落实。省长唐登杰主持。于伟国为中国福建光电信息、能源材料、化学工程等创新实验室授牌。省领导王宁、胡昌升、周联清、邢善萍、苏保成、杨贤金、郑新聪、张广敏、田湘利、郑建闽、郭宁宁出席会议。各设区市、县（市、区）和平潭综合实验区主要负责人等在分会场通过视频参加了会议。

10日下午，全省“不忘初心、牢记使命”主题教育第一批总结暨第二批部署会议在榕召开。省委书记、省委“不忘初心、牢记使命”主题教育领导小组组长于伟国强调，要深入学习贯彻习近平总书记关于“不忘初心、牢记使命”主题教育的重要讲话和重要指示批示精神，贯彻落实中央主题教育第一批总结暨第二批部署会议精神，巩固深化第一批主题教育成果，高质量推进第二批主题教育，不断凝聚高质量发展落实赶超的奋进力量。中央主题教育第三巡回督导组组长于迅出席会议并讲话。省长唐登杰出席会议。会议以电视电话会议形式召开。中央主题教育第三巡回督导组成员；省委常委，省人大常委会、省政府、省政协领导成员，省法院、省检察院主要负责人，现职省级领导干部；省直有关部门负责人；各设区市、平潭综合实验区四套班子成员，县（市、区）党委书记，省管企业、高校党委主要负责同志等在主会场和分会场参加会议。

11日，副省长郑建闽带领省直有关部门负责人在福州检查“两节”食品安全、特种设备安全和市场价格情况，确保节日市场繁荣稳定。

12日，福建省暨福州市新兵欢送仪式在福州火车站举行。300名新兵胸戴大红花，带着家乡父老的殷切希望和美好祝福，踏上列车，离开家乡奔赴军营。副省长郭宁宁，省征兵领导小组副组长、省军区副政委姚火照等军地领导出席欢送仪式。

15日晚，由福建省文联、省文化和旅游厅、省舞蹈家协会主办的“我和我的祖国——庆祝中华人民共和国成立70周年福建省优秀舞蹈作品展演”在福州大戏院举行。副省长郑建闽、省政协副主席刘献祥和1000多名榕城观众一同观看展演。展演节目精彩纷呈，题材丰富，舞种多样，福建省舞协街舞委员会、福建师范大学音乐学院、福州闽都文化艺术中心、厦门小白鹭民间舞艺术中心等13个单位表演的民族民间舞、当代舞、芭蕾舞、街舞、拉丁舞、广场舞等，为榕城观众带来一场视听盛宴。

16日，福建省2019年“中国农民丰收节”庆祝活动启动仪式在三明尤溪举行。副省长李德金出席并致辞。

18日，省长唐登杰主持召开省政府常务会议，听取2018年度省科学技术奖有关事项汇报，审议《福建省用能权交易管理暂行办法（草案)》，决定报省委；通过《福建省推进养老服务发展（2019—2022年）行动方案》。会议指出，科技奖励制度是深入实施创新驱动发展战略，营造有利于创新创业创造的良好发展环境的重要举措。要把推进养老服务发展作为重要民生工程，坚持以需求为导向，注重分类指导，加快提质升级，有效满足多样化、多层次养老服务需求。全面放开养老服务市场，引导社会力量广泛参与，促进养老服务业与教育培训、健康、旅游、家政等产业融合发展，增加优质养老服务供给。要建立福建省养老服务联席会议制度，健全有效落实的工作机制，定期检查、通报工作进展，不断增强老年人的获得感、幸福感。

18日，省政府党组书记、省长唐登杰主持召开省政府党组会议暨“不忘初心、牢记使命”主题教育领导小组会议，进一步学习贯彻中央主题教育领导小组《关于巩固深化第一批“不忘初心、牢记使命”主题教育成果的通知》及省委常委会会议、全省主题教育第一批总结暨第二批部署会议精神，审议通过《省政府党组开展“不忘初心、牢记使命”主题教育情况》和《省政府党组“不忘初心、牢记使命”专题民主生活会查摆问题及会前征求意见建议整改落实分工方案》。

16日至18日中共中央政治局委员、中央政法委书记郭声琨在福建调研时强调，要深入学习贯彻习近平新时代中国特色社会主义思想，结合开展“不忘初心、牢记使命”主题教育，坚持以人民为中心，怀着感情倾听群众呼声，带着责任维护群众权益，用为民服务的实际行动践行党的初心和使命。在福州市鼓楼区信访局，郭声琨与来访群众交谈了解诉求；来到宁德市公安局，听取“海上枫桥经验”等介绍；在福州市公安局鼓楼分局南街派出所，郭声琨与一线民警、办事群众交谈，了解社会治安、便民服务等情况。中央政法委秘书长陈一新，省委书记于伟国，国务院副秘书长、国家信访局局长舒晓琴，中央政法委副秘书长雷东生，省领导王宁、郑新聪、田湘利分别参加调研或出席会议。

19日，新疆维吾尔自治区党委书记陈全国在乌鲁木齐与福建代表团一行进行座谈。自治区党委副书记、政府主席雪克来提·扎克尔，自治区人大常委会主任肖开提·依明，自治区党委副书记李鹏新，副省长郑建闽参加座谈。受省委书记于伟国委托，省委副书记、省长唐登杰率福建省代表团赴新疆昌吉州推进落实对口支援工作。座谈会前，陈全国、唐登杰一同考察了自治区推进社会稳定和长治久安工作展、自治区维稳指挥中心等。

19—20日，受省委书记于伟国委托，省委副书记、省长唐登杰率福建省代表团赴对口支援的新疆昌吉州调研考察，认真落实第七次全国对口支援新疆工作会议精神，实地推进支援昌吉州工作，促进两地共同发展。自治区党委副书记、政府主席雪克来提·扎克尔，自治区党委副书记李鹏新，副省长郑建闽一同考察。代表团一行深入昌吉州一线，进新村访农家，进企业看项目，进校园到医院，了解援疆工作开展情况，见证产业援疆合作项目签约，召开对口支援昌吉州工作座谈会。考察期间，唐登杰亲切看望了福建援疆干部人才，与司法行政援疆工作队、援疆公安干警和援疆教育、医疗人才代表亲切互动交流，详细询问他们的生活工作情况，勉励大家牢记初心使命，强化责任担当，发扬优良作风，与昌吉州各族干部群众同甘共苦、并肩作战，圆满完成好对口援疆各项任务。

21日晚，由省委宣传部、省妇联、省广播影视集团主办，省歌舞剧院承办的“中华情思——庆祝中华人民共和国成立七十周年大型原创音乐会”在福州举行。省委常委周联清，副省长郭宁宁，省级老同志游德馨、郑义正、黄贤模、王美香、马新岚出席。本次音乐会以新中国成立以来发生的深刻变革为主线，以“人民心声”为独特的情感切入点，挖掘群众心中对党、对国家的炽热情感，通过音乐创作进行升华提炼，呈现入心入情的原创音乐作品。音乐会分为《光之源》《家之园》《盛之缘》《心之原》《梦之圆》五大篇章，不仅有建国伟业、社会主义建设、改革开放等历史元素，更有“一带一路”、中华民族伟大复兴、不忘初心等时代元素，主题曲《中华情思》将音乐会推向高潮。

22日，福建消防综合应急救援机动支队成立暨大型综合救援演习在福州、三明、漳州三地联合举行。副省长、省公安厅厅长田湘利出席。

22日，副省长、省公安厅厅长田湘利带领省直有关部门负责人深入大型商业综合体、学校等场所检查消防安全工作，为庆祝新中国成立70周年营造良好的消防安全环境。

23日上午，省十三届人大常委会第十二次会议在福州举行第一次全体会议。省委书记、省人大常委会主任于伟国主持会议。省人大常委会副主任张广敏、雷春美、黄琪玉、邓力平、吴洪芹，秘书长刘道崎和其他组成人员出席会议。副省长李德金，省监委负责人、省法院负责人、省检察院检察长霍敏列席会议。会议听取16项报告和说明。省直有关单位负责同志，部分全国人大代表、省人大代表，省人大常委会机关各部门、各设区市人大常委会和平潭综合实验区人大工委的负责同志列席了会议。当日下午，省人大常委会组成人员分组审议了有关法规案，并提出意见和建议。

23日，由省人大常委会办公厅、省文化和旅游厅、省文学艺术界联合会共同主办的“天翻地覆慨而慷”——全省人大系统庆祝中华人民共和国成立70周年书画展在福建博物院举行。省委书记、省人大常委会主任于伟国参观了书画展说“书画作品能见精神、长精神、振精神!”。此次书画展共征集了全国、省、市、县、乡五级人大代表，全省人大系统干部职工和离退休老同志，省人大书画院书画师，省内外和香港、澳门特别行政区及台湾地区的书画名家创作的优秀书法美术作品500多幅，生动展现了我省依法治省和地方人大工作走过的光辉历程，充分展示了全省奋进新时代的精神风貌。省领导张广敏、雷春美、黄琪玉、邓力平、吴洪芹、李德金，省检察院检察长霍敏，全国人大华侨委委员、省人大书画院院长叶双瑜等参加省十三届人大常委会第十二次会议的全体人员一同参观了书画展。

23日晚，“礼赞新中国　我说新福建”短视频主题活动在省广电中心举行优秀作品汇报展演。省委常委、宣传部长梁建勇，省人大常委会副主任吴洪芹，副省长郭宁宁，省政协副主席魏克良等出席汇报展演活动，并为优秀作品颁发证书。活动开展以来，全省广电系统编辑、记者、播音员、主持人近千人积极参与，共策划选题近百个，创作短视频70部，从不同维度反映、讲述、礼赞新中国成立70年来福建取得的辉煌成就。自8月19日起，经过专家评审选出的30部优秀作品陆续在广播电视媒体和新媒体平台展播。

24日，福建日报报道，由台盟福建省委主办，福州、厦门、漳州、泉州、南平、莆田各设区市盟组织协办的“风雨同舟七十年，同心同行新时代”的主题文艺演出在福州举办，共同庆祝中华人民共和国成立70周年。副省长、台盟省委会主委郑建闽出席活动。演出在《我和我的祖国》的乐曲中开场，表演了高山族舞蹈、南音、少儿快板、书法、歌曲、钢琴和古筝演奏等节目，表达了全省台盟盟员热爱祖国，祝福祖国繁荣昌盛的美好祝愿。

24日，省委书记于伟国、省长唐登杰在福州与我省第七届全国道德模范及提名奖、第六届福建省道德模范获得者代表亲切会面座谈。于伟国强调，要深入贯彻落实习近平总书记对全国道德模范表彰活动作出的重要指示精神，倡导好风尚、弘扬正能量，促进全社会向上向善，为奋进新时代、建设新福建提供强大精神力量和道德支撑。第七届全国道德模范、福清市城头镇吉钓岛医生王锦萍，第七届全国道德模范、漳州市东山县百货公司退休干部林建德之子林泽泉，第七届全国道德模范提名奖获得者、三明市尤溪县梅仙镇半山村党支部书记林上斗等在座谈中发言，一致表示，将珍惜荣誉、再接再厉，在各自的岗位上继续艰苦奋斗，不断弘扬传递时代正能量。省领导梁建勇、吴洪芹、郭宁宁、王惠敏参加座谈。

24日，第六届全省道德模范座谈会在榕举办。省委常委、宣传部部长梁建勇出席会议并讲话，省人大常委会副主任吴洪芹、副省长郭宁宁、省政协副主席王惠敏出席会议。新一届我省全国道德模范和福建省道德模范代表，以及往届道德模范代表出席了座谈会。与会领导为第六届福建省道德模范代表颁发奖章。

25日，省长唐登杰主持召开省政府常务会议，进一步细化落实我省国庆期间社会稳定和安全生产工作；听取2018年度福建省粮食安全省长责任制考核情况汇报，部署2019年度考核工作；审议《关于统一规划体系更好发挥发展规划战略导向作用的实施意见》《关于建立国土空间规划体系并监督实施的实施意见》（送审稿）；审议通过《福建省补充耕地指标调剂管理暂行办法》；研究部署打好防范化解金融风险攻坚战工作。会议强调，全省各地各部门要深入贯彻习近平总书记重要指示精神，按照省委部署，坚持守土有责、守土尽责，主要领导要亲力亲为，抓重点部位、抓薄弱环节、抓责任落实，进一步夯实保安全、护稳定各项措施，完善安全预案和应急处置方案，扎实做好信访维稳、安全生产、市场监管、保供稳价等工作，按照严于平时的标准强化值班值守，确保全省人民欢度国庆佳节，为新中国成立70周年营造和谐稳定的良好氛围。会议指出，福建是粮食调入省份，保障粮食安全至关重要。各地各部门要深入贯彻习近平总书记关于保障粮食安全的重要指示，全面加强粮食生产能力、储备能力和流通能力建设，进一步提升我省粮食安全保障水平。要认真组织2019年度考核工作，坚持问题导向，完善考核机制，促进粮食安全责任制落细落实。会议强调，要按照中央部署，统一规划体系，强化规划衔接，注重“多规合一”，科学编制并有效实施发展规划，更好发挥发展规划战略导向作用。会议强调，要坚决贯彻中央部署，坚持稳中求进工作总基调，坚持底线思维，勇于担当、敢于斗争，压实地方政府属地责任、金融机构主体责任和监管部门监管责任，在推动高质量发展中防范化解金融风险，进一步提升金融服务实体经济能力，为新时代新福建建设营造良好的金融生态和发展环境。

25日，省政协召开历史上首次远程协商会，围绕“加强我省全民健身公共服务体系建设”开展协商。省政协主席崔玉英主持会议，副省长李德金出席。会议分别在福州、厦门、龙岩、宁德设立4个分会场，并在南安、晋江、建宁等地设置3个户外连线点。会前，省政协通过“数字福建政协云”手机 App 开展了为期一个月的网络议政，省政协领导带头上网发声建言，各级政协委员和社会各界人士近万人次留言、5000 多人次点赞，实现了委员界别全参与、省市县三级政协全覆盖。会上，省政协副主席阮诗玮作调研情况综合报告，省政协教科卫体委负责人介绍了网络议政开展情况。省政协副主席魏克良，秘书长陆开锦出席会议。

25 日，副省长、省公安厅厅长田湘利带领省直有关部门、福州市相关负责人深入车站、商场、物流企业等，检查道路交通和消防安全工作。

26 日上午，省十三届人大常委会第十二次会议举行联组会议，对我省脱贫攻坚工作情况开展专题询问。省人大常委会副主任张广敏、雷春美、吴洪芹、檀云坤，秘书长刘道崎出席会议，省人大常委会副主任黄琪玉主持会议。副省长李德金以及省直有关部门负责人到场应询。

26 日上午，省十三届人大常委会第十二次会议圆满完成各项议程闭幕。受省委书记、省人大常委会主任于伟国委托，省人大常委会副主任张广敏主持会议。省人大常委会副主任雷春美、黄琪玉、吴洪芹、檀云坤，秘书长刘道崎和其他组成人员出席会议。副省长郭宁宁，省监委负责人，省法院院长吴偕林、省检察院检察长霍敏列席会议。会议表决通过《福建省流动人口服务管理条例》《福建省各级人民代表大会常务委员会讨论决定重大事项的规定》《福建省各级人民代表大会常务委员会信访条例》。会议决定批准《福州市烟花爆竹销售和燃放管理办法》《福州市生活垃圾分类管理条例》《厦门市人民代表大会常务委员会关于修改〈厦门市市政工程设施管理条例〉和〈厦门市节约能源条例〉的决定》《漳州市饮用水水源保护办法》《泉州市晋江洛阳江流域水环境保护条例》《龙岩市中小学校幼儿园规划建设条例》。会议表决通过省十三届人大常委会代表资格审查委员会关于个别代表的代表资格的报告。漳州市人大常委会决定接受吴洪池辞去省十三届人民代表大会代表职务，依照代表法有关规定，吴洪池的代表资格终止。会议表决通过省人大常委会有关任免名单。决定任命林宝金为省人民政府副省长。表决前，拟任命的省政府组成人员作了供职发言。会议举行了宪法宣誓仪式。省直有关单位负责同志，部分全国人大代表、省人大代表，省人大常委会机关各部门、各设区市人大常委会和平潭综合实验区人大工委的负责同志列席了会议。

26 日，福建日报报道：新中国成立 70 周年即将来临，省委书记于伟国、省长唐登杰、省政协主席崔玉英，和省委常委近日分别上门看望慰问部分“庆祝中华人民共和国成立 70 周年”纪念章获得者，向他们送上党中央、国务院、中央军委颁发的珍贵纪念章。颁发纪念章是新中国成立 70 周年系列庆祝活动的重要组成部分，对于加强爱国主义教育，培育和践行社会主义核心价值观，增强中国特色社会主义伟大事业凝聚力和感召力，具有十分重要的意义。据悉，纪念章颁发给：新中国成立前参加革命工作的、健在的老战士老同志；中华人民共和国成立后获得国家级表彰奖励及以上荣誉并健在的人员、因参战荣立一等功以上奖励并健在的军队人员（含退役军人）；为新中国成立作出杰出贡献的国际友人。经中央功勋委核定，我省有 8451 人获得纪念章。

27 日，省长唐登杰在福州会见了第五届福建省“荣誉公民”并向他们颁发荣誉证书。“荣誉公民”是福建省授予外国友人的最高荣誉称号，自 1993 年设立以来，已连续评选五届。本届共评出 8 位“荣誉公民”。副省长郭宁宁参加会见。

27 日，省委书记于伟国在福州会见了受邀参加我省举办中华人民共和国成立 70 周年相关活动的日本长崎县知事中村法道一行。省领导郑新聪、郭宁宁参加会见。

27 日晚，由省直机关工委、省委宣传部、省文旅厅共同举办的“我和我的祖国——‘礼赞新中国　奋进新福建’”省直机关庆祝中华人民共和国成立 70 周年合唱节晚会在福州举行。省委常委、宣传部长梁建勇，省委常委、秘书长、省直机关工委书记郑新聪，省人大常委会党组副书记、副主任雷春美，省政府党组成员、副省长、莆田市委书记林宝金，省政协党组副书记、副主席魏克良出席活动。晚会现场从一曲恢宏的《我爱你，中国》歌声中拉开帷幕，来自省直机关的 52 个厅级单位、3200 名党员干部职工唱出了省直机关广大党员群众热爱祖国的磅礴气势和深切情怀。

27 日晚，我省在榕举办庆祝中华人民共和国成立 70 周年招待会。副省长郭宁宁出席并致辞。招待会前，郭宁宁会见了菲律宾驻厦门总领事付昕伟、新加坡驻厦门总领事池兆森、泰国驻厦门副总领事婉菈葩。日本长崎县知事中村法道等第五届福建省荣誉公民、由美国俄勒冈州众议员杰夫·巴克率领的友好代表团、澳中友协塔斯马尼亚分会会长珍妮特·埃弗里特率领的友好代表团以及在榕外籍专家、闽籍华侨、留学生代表等 300 余人参加了招待会。

29 日晚，由省委省政府主办的庆祝中华人民共和国成立 70 周年闽港澳台四地联欢晚会在省奥体中心举行。省委书记、省人大常委会主任于伟国，省长唐登杰，省政协主席崔玉英，和省委、省人大常委会、省政府、省政协领导，省法院、省检察院领导，全国政协专委会领导，全国人大、全国政协专委会委员，省级领导，省级老同志，以及港澳台闽籍乡亲福建参访团成员，省、市各界代表等一同观看了演出。联欢晚会由闽港澳台四地主持人共同主持，汇集省内外和港澳台知名演员，将闽港澳台四地异彩纷呈的地域元素和中华民族传统文化气质相融合，共同打造了一场浓墨重彩的视听盛宴。四地歌曲联唱和《盛世鼓舞》《相聚在福地》《爱拼才会赢》《百家姓里有根脉》《山海欢歌》《锦绣中华》《龙凤呈祥》《福建如你》等节目精彩纷呈，弘扬传统文化，激荡家国情怀，为新中国成立 70 周年献礼。晚会场面宏大、气势磅礴、高潮迭起，场上场下互动热烈，最后在《我和我的祖国》《歌唱祖国》的乐曲声中，全场观众起立齐声合唱，将晚会推向高潮，并圆满结束。

29 日，省防指召开沿海“六市一区”防御台风“米娜”视频会议，认真贯彻落实省委书记于伟国、省长唐登杰批示和工作要求，分析研判台风趋势，细化部署防御工作。省防指总指挥、副省长李德金在寿宁县参加会议并讲话。会商指出，受今年第 18 号台风“米娜”影响，9 月 29 日晚上至 10 月 1 日，闽外、闽东、闽中渔场和钓鱼岛海域最高将有 16 级阵风和 10 米狂涛，泉州及以北沿海地区最高将有 13 级阵风和 4 米巨浪；台风影响期间恰逢天文大潮期，全省沿海将出现 50～130 厘米的风暴增水，其中闽江口以北沿海高潮位可能达到红色警戒线；9 月 30 日至 10 月 1 日，宁德和福州东北部有大雨到暴雨，其中宁德东北部局部有大暴雨。省防指于 29 日 11 时启动防台风Ⅳ级应急响应。

29 日，省文化和旅游厅、省广播影视集团在福州联合举办“读中华经典　颂时代华章——礼赞新中国 70 华诞诵读大会暨颁奖典礼”。副省长郑建闽出席。全省“读中华经典　颂时代华章——礼赞新中国 70 华诞诵读比赛”于 8 月 10 日正式启动，48 家单位推荐 565 件作品报名参赛。经初赛、复赛和决赛，21 件作品入围决赛。最终，《为祖国而歌》作品的诵读者和《七月的天空》作品的诵读者荣获一等奖。当日举行的诵读大会由《传颂经典》《礼赞中国》《致新时代》三个篇章组成，真挚表达对中国共产党赤忱的爱、对国家和人民深沉的爱。

29 日，省委常委、宣传部部长梁建勇，副省长、公安厅长田湘利出席大型电视纪实类节目《您好，110》节目审片会。该节目以福建 110 赤诚为民、打造平安为切入口，围绕人民警察是人民的保护神的主题，采用跟踪纪实方式，在全省范围内拍摄城市、山区和海岛偏远地方警察的现实工作，拍摄对象涉及派出所、巡警、交警、刑警、特警等多个警种，人物形象涵盖基层民警、业务能手、专家型警察等，生动展现基层一线公安民警的感人故事。在观看了第一季第一集 40 分钟的初样后，梁建勇对节目的主题和立意给予了肯定。《您好，110》将在国庆节后在东南卫视播出第一季 12 集节目。

30 日上午，烈士纪念日向革命烈士敬献花篮仪式在福州文林山革命陵园隆重举行。省委书记、省人大常委会主任于伟国，省长唐登杰，东部战区陆军司令员徐起零，省政协主席崔玉英，与各界代表一起，向烈士纪念碑敬献花篮，深切缅怀革命烈士的丰功伟绩，激励全省人民在习近平新时代中国特色社会主义思想的指引下，秉承先烈遗志，不忘初心、牢记使命、接续奋进，谱写新时代新福建建设新篇章。省委副书记、福州市委书记王宁主持仪式。省委、省人大常委会、省政府、省政协领导，省法院院长、省检察院检察长，驻闽部队官兵代表，军烈属代表，省各民主党派、工商联和无党派人士代表，各人民团体代表，省、福州市机关干部和少先队员代表等参加了敬献花篮仪式。

30日，福建省各界庆祝中华人民共和国成立70周年大会在福州隆重举行。省委书记、省人大常委会主任于伟国讲话。省长唐登杰主持。东部战区陆军司令员徐起零，省政协主席崔玉英出席。黄景图、梁永英、谢华安、吴换炎、张宗真、吴家莹等工人、农民、知识分子和香港、澳门、台湾地区闽籍乡亲代表在会上作了发言。他们为新中国成立以来神州大地、八闽大地发生的翻天覆地变化感到无比骄傲，为祖国的强大、家乡的发展感到无比自豪，共同表示积极投身伟大的新时代，自觉把个人理想融入国家发展伟业，大力弘扬和践行爱国主义精神、奋斗精神，矢志不渝为新时代新福建建设、为中华民族伟大复兴贡献智慧力量。省委、省人大常委会、省政府、省政协领导，省法院院长、省检察院检察长，在闽全国政协专委会领导和全国人大、全国政协专委会委员，驻闽部队领导，在榕省级干部，省级老同志，以及省直单位主要负责人，省各民主党派、工商联和无党派人士代表，省、市各界群众代表，港澳台闽籍乡亲福建参访团代表，驻闽部队官兵代表等1500多人参加了庆祝大会。大会在《歌唱祖国》的雄壮合唱声中圆满闭幕。

30日，在中华人民共和国70周年华诞来临之际，由省委宣传部、省委党史研究和地方志编纂办公室主办，省革命历史纪念馆、福建博物院承办的“新时代　新福建”——福建省庆祝中华人民共和国成立70周年大型主题展在福建博物院隆重展出，展期1个月。省委书记、省人大常委会主任于伟国为主题展揭幕，省长唐登杰，省政协主席崔玉英，省领导王宁、刘学新、梁建勇、周联清、邢善萍、苏保成、杨贤金、郑新聪、张广敏以及港澳台闽籍乡亲福建参访团代表，省、市各界代表，省直机关干部等一同参观了展览。

30日，省防指再次召开会商会，贯彻落实省委书记于伟国、省长唐登杰批示和工作要求，对台风“米娜”防御工作进行再检查再落实。省防指总指挥、副省长李德金参加会商并讲话。据会商研判，受台风影响，9月30日到10月1日，宁德沿海海区阵风12—14级，福州、平潭、莆田沿海海区阵风11—12级，泉州海区阵风9—10级，泉州以南沿海海区阵风8—9级；宁德沿海县市阵风8—12级，福州东北部部分县市阵风7—10级。宁德大部有暴雨到大暴雨，福州东北部有大雨到暴雨、局部大暴雨。省防指于9月30日11时提升防台风应急响应为Ⅲ级。

（摘编：游学荣）

十月

1日，我省庆祝中华人民共和国成立70周年升国旗仪式在福州五一广场举行。省委书记、省人大常委会主任于伟国，省长唐登杰，东部战区陆军司令员徐起零，省政协主席崔玉英，与各界代表等一起出席了升国旗仪式，共同祝福伟大的祖国繁荣昌盛、国泰民安。省委副书记、福州市委书记王宁主持仪式。省委、省人大常委会、省政府、省政协领导，省法院院长、省检察院检察长，驻闽部队官兵代表，省、市机关干部代表，各民主党派、工商联和无党派人士代表，福州社会各界群众代表，港澳台闽籍乡亲福建参访团等参加了升国旗仪式。

8—10 日，全国人大常委会副委员长、九三学社中央主席武维华率全国人大常委会渔业法执法检查组来闽开展执法检查。省委书记、省人大常委会主任于伟国，省长唐登杰与检查组一行在福州进行了座谈。执法检查组在闽期间，分别在福州、宁德开展实地检查，并召开座谈会，听取省政府及有关部门关于贯彻实施渔业法情况汇报。全国人大常委会委员、全国人大农业与农村委员会副主任委员刘振伟，全国人大常委会委员、全国人大农业与农村委员会委员刘玉亭，全国人大常委会委员、浙江省人大常委会副主任姒健敏，全国人大农业与农村委员会委员魏后凯参加执法检查。省领导张广敏、黄琪玉、李德金参加有关活动。

10 日，省人大常委会召开老年人权益保障“一法一例”实施情况专题调研座谈会。根据省人大常委会今年监督工作计划，省人大常委会于 9—10 月对老年人权益保障法和我省老年人权益保障条例实施情况开展专题调研。省人大常委会党组副书记、副主任雷春美以及省有关部门负责人出席会议。

11 日，省委书记于伟国、省长唐登杰在福州会见德国莱法州州长玛卢·德莱尔一行。德国驻华大使葛策、莱法州议会议长亨德瑞克·亨瑞希，省领导郑新聪、郭宁宁，前驻德大使史明德参加会见。会见后，唐登杰与德莱尔共同签署了《福建省政府和莱法州政府关于推动“中德（福建）教育合作与发展中心”建设的备忘录》，双方相关院校、部门签署了具体合作协议。

12 日，省长唐登杰主持召开省政府常务会议，审议通过《福州市海洋经济发展示范区建设总体方案（2019—2025 年）》和《厦门市海洋经济发展示范区建设总体方案（2019—2025 年）》，审议《武夷山国家公园总体规划（2017—2025 年）》及 5 个专项规划。会议还研究了其他事项。

15 日，纪念习近平总书记在文艺工作座谈会上的重要讲话发表五周年暨第十五届“五个一工程”获奖作品表彰座谈会在榕召开。会上宣读了省委书记于伟国、省长唐登杰对我省喜获第十五届“五个一工程”“满堂红”和再获文华表演奖、曹禺剧本奖所作的批示。省委常委、宣传部部长梁建勇出席会议并讲话，副省长郭宁宁主持会议。梁建勇代表省委、省政府向获奖单位和个人表示祝贺。他指出，在 5 年前的今天，习近平总书记亲自主持召开文艺工作座谈会，为新时代中国特色社会主义文艺事业指明了前进的方向，具有重要的里程碑意义。他强调，要深入学习贯彻习近平新时代中国特色社会主义思想特别是关于文艺工作的重要论述，努力创作出更多反映新时代风貌、引领新时代风尚、展现新福建建设成效的文艺精品，推动我省文艺从高原走向高峰。要坚持以人民为中心的创作导向，不断增强“四力”，到新时代新福建建设的大潮中去，激发创作灵感，进行艺术积累，实现美的创造，自觉为人民抒写、为人民抒情、为人民抒怀。要善于从福建深厚的优秀传统文化中汲取营养、创新阐发，更多创作福建特色、福建风格、福建气派的精品力作，进一步打响福建文化品牌。要不断锤炼提升作品的精神高度、文化内涵和艺术价值，创作出思想精深、艺术精湛、制作精良的高峰之作、传世之作。要加强组织领导、规划引导，建强一线创作主力队伍，形成聚力搞创作、竞相出精品的生动局面，推动我省文艺事业繁荣发展。

15 日晚，第六届丝绸之路国际电影节在榕开幕。来自俄罗斯、巴基斯坦、泰国、意大利、斯洛文尼亚、印度尼西亚等 25 个国家的电影业界人士参加本届电影节。省委副书记、福州市委书记王宁，省委常委、宣传部部长梁建勇，副省长郭宁宁，国家电影局副局长李国奇等出席开幕式。

16 日，省委书记、省委全面深化改革委员会主任于伟国主持召开省委全面深化改革委员会第八次会议。会议强调，要认真学习贯彻习近平总书记在中央全面深化改革委员会第十次会议上的重要讲话精神，准确把握改革着力点阶段性变化，加强改革系统集成协同高效，巩固深化改革成果，切实提升治理效能。会议听取了县域集成改革试点筹备工作情况汇报，审议了《福建省工商联深化改革总体方案》。省长、省委全面深化改革委员会副主任唐登杰出席会议。省委全面深化改革委员会委员出席，相关单位负责同志列席会议。

16日晚，在第六届丝绸之路国际电影节上，两岸题材故事影片《妈祖回家》举行首映礼。省委常委、宣传部部长梁建勇，副省长、莆田市委书记林宝金出席。电影《妈祖回家》改编自福建作家王鸿的中篇小说《台北来信》。影片以现实中的莆田人和台北人为原型，讲述了一段特殊背景下的台海历史，用独特视角诠释两岸人民难以割舍的血脉情缘和妈祖文化的巨大魅力，深刻反映了海峡两岸由隔绝到交往交流，由敌视到和平发展的历史变迁。该电影已获得公映许可证，计划于2020年元旦期间进入国内院线公映，并推动在台、港、澳地区及海外市场发行。

16—18日，在第六个国家扶贫日来临之际，省委书记于伟国、省长唐登杰率福建省代表团赴宁夏回族自治区，实打实研究推动闽宁互学互助、对口协作。宁夏回族自治区党委书记石泰峰、自治区主席咸辉一同考察。于伟国一行还看望了省第11批援宁工作队成员。代表团还赴固原市考察对口扶贫协作项目。省领导王宁、胡昌升、郑建闽、王光远，自治区领导姜志刚、赵永清、张柱、王和山分别参加了相关活动。

19日，第18届世界中学生运动会倒计时一周年晚会在晋江全民健身中心举行，来自世界各地的学生代表参加了活动，并表演了精彩的文艺节目。教育部国际合作与交流司司长、世中运组委会执行副主席刘锦，国际中体联主席劳伦特·佩楚卡出席晚会并致辞。晚会还举行了世中运倒计时启动仪式，对外发布世中运赛事会徽，主题口号“在一起，更出彩”，向世中运12位形象大使授牌，并举行了捐赠仪式。

19日，“礼赞新中国　奋进新时代”2019年福建省社会科学普及宣传周活动在榕启动。省委常委、宣传部部长、省社科联主席梁建勇，副省长郭宁宁，省政协副主席杜源生出席活动。活动现场，省领导视察了“礼赞新中国　奋进新时代”广场文化演出、开国大典图片展及“礼赞新中国　建设新福建”主题图片展、“社会科学在你身边”普及咨询、历史文化名人讲坛、“庆祝中华人民共和国成立70周年”现场有奖知识抢答比赛等社科普及活动。省领导还向省、市和在榕部分高校图书馆赠送社科普及读物，并与现场参加比赛的学生共同扫描二维码，启动第11期网上有奖知识竞答活动上线运行。今年宣传周活动从19日开始，紧紧围绕大力宣传新中国成立70年来取得的辉煌成就进行策划组织。宣传周期间，我省采取省、市、县三级联动，在全省各市、县（区）和高校、社科普及基地同时举行，通过开展公益宣传、文艺汇演、展览展示、普及咨询、有奖竞答、社科讲坛、赠送普及读物、场馆开放等主题突出、内容丰富、形式多样的社会科学普及活动，为我省持续兴起爱党爱国热潮、大力弘扬爱国主义精神营造浓厚氛围。

20日晚，第六届丝绸之路国际电影节在福州海峡奥体中心圆满落幕。省委书记于伟国，省长唐登杰，省政协主席崔玉英，省领导王宁、梁建勇、郑新聪、黄琪玉、郭宁宁，陕西省领导牛一兵，以及电影业界人士约4000人出席闭幕式。本届电影节是在新中国成立70周年之际举办的，自10月15日开幕以来，相继展映了《古田军号》等从52个国家和地区征集并精选出的160多部优秀影片，集中展示了“一带一路”沿线国家和地区电影创作的最新成果，凸显了“一带一路”电影文化交流与融合。电影节期间，举办了金丝路传媒荣誉评选、电影展映、电影论坛等六大主体活动，以及电影嘉年华、影迷之夜等95场配套活动，签约了总金额为180多亿元的32个项目。闭幕式演出由“山海的呼唤”“光影的画卷”“梦想的合唱”三个篇章组成，表演了《我们都是追梦人》《我的中国心》等歌舞节目，并进行“一带一路”世界电影人全球融媒体直播互动，展现了中国电影的发展成就和艺术魅力，呈现了一场国际范、科技感、人文味十足的“电影之夜”。闭幕式上，为获得本届电影节传媒荣誉年度动画片、年度纪录片、最受关注女演员、最受关注男演员、年度故事片等奖项的影片、演员进行了颁奖；还进行了电影节会旗交接。第七届丝绸之路国际电影节将在陕西省西安市举办。

20日，2019年全国脱贫攻坚先进事迹巡回报告会在福州举行。会前，省委书记于伟国、省长唐登杰会见了全国妇联书记处书记章冬梅带领的报告团一行。省委副书记、福州市委书记王宁参加会见并主持报告会。省领导郑新聪、李德金参加会见。报告会以视频会议形式举行，各设区市、平潭综合实验区和各县（市、区）设分会场。

22 日，实施乡村振兴战略暨农村人居环境整治推进会在榕召开。省委书记于伟国强调，要深入学习贯彻习近平总书记关于“三农”工作的重要论述和关于实施乡村振兴战略、改善农村人居环境、推进农村改厕工作的重要指示批示精神，深入推进实施乡村振兴战略，坚决打好农村人居环境整治硬仗，绘就美丽宜居乡村新画卷。省长唐登杰主持会议。省领导王宁、郑新聪、潘征、李德金、刘献祥参加会议。会议以视频形式开到市县级。与会代表还现场考察了福州晋安区寿山乡九峰村、前洋村实施乡村振兴和改善人居环境整治情况。福州市晋安区、泉州市泉港区、龙岩市上杭县、宁德市蕉城区主要负责人在会上作了交流发言。

23 日，省长唐登杰主持召开省政府常务会议，部署推进“马上就办”、深化“放管服”改革、持续优化营商环境工作，审议《关于建立健全城乡融合发展体制机制和政策体系的实施方案》，研究设立闽台农业融合发展产业园相关工作。会议还研究了其他事项。会议指出，要大力弘扬“马上就办、真抓实干”优良作风，认真贯彻国务院颁布的《优化营商环境条例》，总结经验、对标先进，着力提升政务服务能力和水平，更好激发市场活力和社会创造力。要聚焦企业关切，深化“放管服”改革，优化“互联网＋政务服务”，强化互联互通、数据共享、业务协同，让“马上就办、一网通办、掌上可办”成为常态。要加强统筹协调，明确时间表、任务书，落实责任分工，攻克难点堵点，让企业和群众办事更方便、体验更好、获得感更强。要全面贯彻中央部署，聚焦城乡要素合理配置、基本公共服务普惠共享、基础设施一体化发展、乡村经济多元化发展、农民收入持续增长等重点任务，建立健全体制机制和政策体系，加快形成工农互促、城乡互补、全面融合、共同繁荣的新型工农城乡关系。要因地制宜、分类施策，加大老区苏区脱贫奔小康支持力度，确保高质量打赢脱贫攻坚战，走具有福建特色的城乡融合发展之路，加快推动乡村振兴和农业农村现代化。

23 日，省委书记于伟国主持召开省承办第 44 届世界遗产大会筹备工作小组会议，深入贯彻落实习近平总书记重要指示和中央领导同志批示精神，研究部署第 44 届世界遗产大会筹备工作。省长唐登杰参加会议。筹办好第 44 届世界遗产大会，是以习近平同志为核心的党中央交给我们的重要政治任务，也为我们提供了重要机遇。全省各级各部门要通过筹办好大会，进一步深入学习宣传贯彻习近平总书记关于文化和自然遗产保护利用、生态文明建设、文明交流互鉴等重要论述，要以此为契机，整治和改善城乡环境，推动全省城乡面貌品质实现新提升，向国际社会充分展示我国、我省文化和自然遗产保护利用工作成就，切实讲好中国故事和福建篇章。省领导梁建勇、郑新聪、李德金、郑建闽参加会议。

24 日，大型原创情景音乐会《第一家园》在福建大剧院上演。这是厦门微风乐集艺术团邀请台湾音乐家杨慕先生及其创办的 A 萌闽南语合唱团，以及两岸众多音乐家、演奏家，共同创作的音乐会。省委常委周联清、省人大常委会副主任雷春美、省政府副省长郭宁宁，与 1000 多名在闽台胞共同观看了演出。这也是融合了民乐、西乐、民谣的大型交响主题歌曲《第一家园》首次上演。首演之后，音乐会还将开启两岸以及“一带一路”的巡演之行。

25 日，省委书记于伟国、省长唐登杰深入福州市烟台山历史风貌区、海峡文化艺术中心、海峡会展中心，详细了解历史文物保护修复情况，部署推进第 44 届世界遗产大会筹备工作。于伟国强调，要把握承办世遗大会的重要契机，努力实现文化和自然遗产保护利用、城乡面貌品质“两个新提升”，通过福州这个窗口，向世界传播好中国风貌、中国形象、中国精神。第 44 届世界遗产大会在福州举办，要把让群众得实惠作为出发点和落脚点，解决好群众关切的突出问题，通过办好大会让全市人民群众受益。省市各有关部门要在国家有关部委的指导下，大力支持配合，共同办成一次高标准、高质量、高水平的世界遗产大会。省领导王宁、梁建勇、郑新聪参加了活动。

25日，省委政协工作会议在福州举行。省委书记于伟国在会上强调，要深入学习贯彻习近平总书记在中央政协工作会议暨庆祝中国人民政治协商会议成立70周年大会上的重要讲话精神，进一步加强和改进新时代我省政协工作，为新福建建设凝聚共识汇聚力量。省长唐登杰主持第一次全体会议。省政协主席崔玉英在第二次全体会议上讲话。省委、省人大常委会、省政府、省政协领导，省法院院长、省检察院检察长，全国政协专委会领导、委员，驻闽部队领导，省级老同志等出席会议。省发改委、民建福建省委会、三明市委、福州市政协、晋江市委、顺昌县政协的有关负责同志作了发言。

25日，县城规划建设管理帮扶培训班在周宁举办，总结交流县城规划建设管理帮扶经验，部署推进帮扶工作，推动提升我省县城规划建设管理水平。副省长李德金出席并讲话。

26日晚，第十六届中国戏剧节在福州市海峡文化艺术中心开幕。省委书记于伟国，省长唐登杰，中国文联党组书记、副主席李屹，省领导王宁、梁建勇、郑新聪、张广敏、林宝金、张兆民出席开幕式。第十六届中国戏剧节由中国文联、中国剧协、福州市政府、福建省文旅厅、福建省文联共同主办，福州市文旅局、福建省剧协承办，主题为“追梦新时代　经典共传承”。本届戏剧节将持续至11月12日，展演来自全国各地的30台优秀剧目，涵盖京剧、豫剧、川剧、闽剧、藏戏、滑稽戏等21个戏曲剧种以及话剧、音乐剧、儿童剧，其中包括福州选送的闽剧《红裙记》《龙台驸马》和音乐剧《茶道》。戏剧节期间，还将举办戏剧创作论坛、戏曲音乐创作论坛，以及闽台交流合作剧目暨福建优秀剧目展演、闽剧文献展等配套活动。开幕式上，中国文联授予著名歌剧表演艺术家郭兰英、越剧表演艺术家王文娟“中国文联终身成就戏剧家”荣誉称号。中国文联、中国剧协有关领导，戏剧界嘉宾、全国各地剧协负责人，戏迷观众等约1000人参加开幕式。

26日晚，副省长、第六届全国残疾人职业技能大赛暨第三届残疾人展能节福建省代表团团长郑建闽在浙江嘉兴看望慰问了我省参赛选手和展能节参展代表。第六届全国残疾人职业技能大赛暨第三届残疾人展能节于10月26日至29日在浙江嘉兴举行，是历届赛事中项目设置最广、参赛人数最多的一届比赛。赛事共设置IT网络系统管理、动漫设计、计算机编程等26个项目，共33个代表团的892名选手参加比赛。此次大赛我省选派20名选手参加动漫设计、美发、蛋糕装饰等15个项目比赛。同时选派2家安置残疾人就业企业和竹木工艺画、建盏、蛋雕、脱胎漆器4个项目参加本次展能节活动。

28日，省防指召开会商会，传达贯彻国务院领导批示精神和国家防总的工作部署，按照省委书记于伟国、省长唐登杰的工作要求，分析研判全省旱情态势，研究部署防旱抗旱工作。省防指总指挥、副省长李德金参加会商。据会商研判，8月以来，我省降雨较常年同期大幅偏少，气温偏高，部分地区出现明显旱兆。经过各地各有关部门的努力，目前全省水库蓄水总体平稳，旱情可防可控。

28日，省政协召开“探索我省传统村落古民居保护新机制”专题协商会。省政协主席崔玉英主持会议，副省长李德金出席会议并讲话。会上，省政协副主席张兆民代表课题调研组作主旨发言，介绍了我省传统村落保护与利用工作取得的成效，并就调研中了解到的困难和问题，提出对策建议。省政协委员、专家学者、工作在传统村落保护第一线的乡村干部代表等12位同志，踊跃谈认识、讲体会、提建议，表达了对传统村落保护与利用的热切关心和期盼。省住建厅、文旅厅、自然资源厅、财政厅等有关部门负责同志，围绕委员和各方代表提出的问题建议，积极回应并作有针对性的释疑解惑，在思想交流和碰撞中深化认识、凝聚共识。崔玉英指出，传统村落古民居承载着乡村历史遗存的精神资源和文化记忆，是历史文化遗产的重要组成部分，保护它们就是保护中华民族的历史记忆。通过社会各界的不懈努力，让八闽大地的传统村落古民居既留得住“形”，又守得住“魂”，真正让深沉古老的历史记忆“活”起来。省政协副主席魏克良、王光远、阮诗玮、刘献祥，秘书长陆开锦出席会议。

31日，全省公安机关70周年大庆安保维稳工作总结表彰大会在福州召开。省委常委、组织部长杨贤金，副省长、省公安厅厅长田湘利出席会议并讲话。会议表彰了一批大庆安保维稳工作先进集体和个人，4 个受表彰集体和个人代表作了发言。在大庆安保维稳工作中，我省公安机关一批先进集体和个人被公安部记功、嘉奖，其中省公安厅荣立集体一等功。

（摘编：游学荣）

十一月

1 日，全国政协副主席梁振英来闽出席闽港"一带一路"高峰研讨会。受省委书记于伟国委托，省长唐登杰在厦门会见了梁振英一行及参会的部分香港嘉宾。省领导胡昌升、洪捷序等参加会见。

1 日，省人大常委会党组召开会议，传达学习党的十九届四中全会精神和省委常委会（扩大）会议精神。省人大常委会党组书记张广敏主持会议。党组副书记雷春美、黄琪玉，党组成员潘征、吴洪芹、刘道崎作交流发言。常委会副主任邓力平列席会议。会议强调，要深入学习四中全会精神，深刻感悟我国国家制度和国家治理体系的 13 个方面显著优势，深刻感悟坚持和完善中国特色社会主义制度、推进国家治理体系和治理能力现代化"三步走"的总体目标和 13 个具体工作要求。把学习贯彻四中全会精神作为当前重大政治任务抓紧抓实。一要在思想上高度认同，切实增强"四个意识"、坚定"四个自信"、做到"两个维护"，切实强化制度意识，自觉尊崇制度、严格执行制度、坚决维护制度。二要在政治上坚决拥护，找准人大定位、发挥人大作用、发出人大声音，加强制度理论研究和宣传教育，引导干部群众充分认识中国特色社会主义制度的本质特征和优越性。三要在行动上紧紧跟随，对标对表，严格按照制度履行职责、行使权力、开展工作，不断提高工作能力和水平，把制度优势转化为治理效能。要倒排序时进度，扎实做好今年工作、谋划好明年工作。

1 日，第十二届海峡两岸（厦门）文化产业博览交易会在厦门国际会议展览中心拉开帷幕。中共中央台办副主任龙明彪、文化和旅游部副部长张旭、福建省副省长郑建闽参观了展览。海峡两岸文博会是唯一以"海峡两岸"命名并由海峡两岸共同举办的国家级大型文化展会，由中共中央台办、文化和旅游部、国家广播电视总局和福建省人民政府联合主办，厦门市人民政府、台湾亚太文化创意产业协会承办。本届海峡两岸文博会以"文旅・共生"为办展理念，围绕"省市名企、工艺艺术、创意设计、数字影视、文创旅游"五大专业板块分为十二大展区，打造海峡两岸文化产业交流交易、文旅项目投资对接的第一平台。

1 日，以"妈祖文化・海洋文明・人文交流"为主题的第四届世界妈祖文化论坛暨第二十一届中国・湄洲妈祖文化旅游节在莆田市湄洲岛举行。全国政协副主席、民革中央常务副主席郑建邦出席会议并宣布论坛开幕，副省长林宝金出席会议并致辞。本届世界妈祖文化论坛由文化和旅游部、自然资源部、中国社会科学院、民革中央委员会、澳门特区政府和福建省人民政府共同主办，除了安排开幕式和主旨演讲外，还同期举办妈祖文化与两岸心灵家园、妈祖文化与海洋生态文明、第五届国际妈祖文化学术研讨会、妈祖与航海、妈祖文化与旅游融合发展、"莆田黄金珠宝产业优化升级"高峰论坛、第二届"一带一路"跨境电商国际合作高峰论坛、妈祖文化与产业融合、妈祖文化与海洋牧场、妈祖文化与医疗健康论坛等10个平行论坛。当天，论坛现场发出了《第四届世界妈祖文化论坛共识》。

2日，闽港"一带一路"高峰研讨会在厦门召开。全国政协副主席梁振英出席研讨会，省委常委、厦门市委书记胡昌升主持会议。全国政协常委、经济委员会副主任林毅夫，全国工商联副主席邱小平，省政协副主席洪捷序，香港中华出入口商会会长林龙安等出席研讨会。

2日，第十二届海峡两岸文博会举办"全福游 有全福"文化旅游投融资合作暨重大项目推介专场活动。副省长郑建闽到会并致辞。会上，还发布了"全福游 有全福"福建文化旅游投融资优选项目。各设区市、平潭综合实验区进行专题推介。

3日下午，福建省同人助残志愿者服务中心（以下简称同人助残）创立30周年庆祝活动在省残疾人体育运动管理中心举行。省市相关单位人员、社会组织代表、志愿者代表、残疾人代表等300多人参加了活动。省人大常委会党组书记、副主任张广敏，副省长郑建闽应邀参加活动。张广敏为同人助残的创始人颁发特殊贡献奖杯和纪念品。郑建闽致辞。活动现场，莆田市永丰鞋业有限公司向同人助残捐赠人民币100万元，用于开展各类助残志愿活动及机构的管理运营等。

4日，省政府党组书记、省长唐登杰主持召开省政府党组会议，认真传达学习贯彻习近平总书记重要讲话和党的十九届四中全会精神，以及省委常委会（扩大）会议精神。会议指出，要深刻认识和把握党的十九届四中全会的重大意义和深远影响，坚定自觉、不折不扣落实党中央决策部署。充分认识党的十九届三中全会以来党和国家事业取得的新的重大进展，更加紧密地团结在以习近平同志为核心的党中央周围。要充分认识中国特色社会主义制度的本质特征和优越性，坚定中国特色社会主义道路自信、理论自信、制度自信、文化自信。要持续转变政府职能，创新行政方式，提高行政效能，坚持为人民服务、对人民负责、受人民监督，加快建设人民满意的服务型政府。要认真履行好推动经济社会发展、管理社会事务、服务人民群众的重大职责，推动新时代新福建建设取得更大成效。

5日，省长唐登杰赴莆田市，深入调研生态环境保护、城乡民生事业统筹发展、经济高质量发展等，强调要深入贯彻落实党的十九届四中全会精神，坚持以高质量发展落实赶超的实际成效检验贯彻落实成果。调研过程中，唐登杰还与在莆创业的台湾青年拉家常、谈工作、话未来，希望台青们像建设自己的家园一样，安心在闽发展，携手共同推进两岸经贸文化交流，共同打造台胞台企登陆第一家园。

6日，省政府与省总工会举行第32次联席会议，深入贯彻习近平新时代中国特色社会主义思想，认真学习党的十九届四中全会精神，落实全心全意依靠工人阶级的方针，广泛凝聚工人阶级智慧和力量，共同推动新时代新福建建设。省长唐登杰主持会议并讲话。省人大常委会副主任、省总工会主席黄琪玉，副省长林宝金出席会议。

6日，福建新一轮开放政策解读和项目对接会在上海举行。对接会旨在借助进口博览会高端平台，宣传推介福建省贸易投资政策和良好营商环境，加强投资项目对接合作与金融支持服务。福建省副省长、省交易团团长郭宁宁出席并致辞。

6日晚，省消防救援总队在福州举办"人民消防心向党"习近平总书记为国家综合性消防救援队伍授旗致训词一周年文艺汇演。副省长田湘利出席活动，并为被应急管理部记集体二等功的福州支队特勤大队颁奖。文艺汇演以"人民消防心向党"为主题，分为铁心向党、铁纪如钢、铁肩担当、铁血为民四个篇章，采取诗歌朗诵、歌舞合唱、杂技表演、情景再现等多种艺术表现形式，全面表现了全省消防救援队伍改革转制以来忠实践行习近平总书记授旗训词精神的新风采、新变化，集中反映了全省消防救援队伍不忘初心、牢记使命，扛旗奔跑、砥砺奋进的生动实践。

7日，省长唐登杰主持召开省政府常务会议，研究《关于促进乡村产业振兴的实施方案》《平潭综合实验区国土空间总体规划（2018—2035年）》，通过促进3岁以下婴幼儿照护服务发展的相关措施。会议指出，产业兴旺是乡村振兴的重要基础。要认真贯彻中央部署，落实高质量发展要求，深化农业供给侧结构性改革，推动农村一二三产业融合发展。要因地制宜、突出特色，绿色引领、创新驱动，做强做优十大乡村特色产业，打响“福”字号系列品牌。要积极引导科技、人才、资本等要素更多向农村下沉，充分发挥科技特派员作用，壮大新型经营主体，完善利益联结机制，有效增加农民收入。要加强资源保护利用，严守耕地和生态保护红线，提高乡村产业可持续发展能力。会议强调，国土空间总体规划是平潭发展的空间蓝图，是各类开发保护建设活动的基本依据。要坚定不移把“一岛两窗三区”的战略定位贯彻落实到规划编制的全过程，注重陆海统筹、区域协调、城乡融合、文化传承，走一条具有平潭特色的高质量发展路子。要坚持“多规合一”，强化国土空间规划对各专项规划的指导约束作用，严格划定三条控制线，做到一张蓝图绘到底。要坚持生态优先，加强山水林田湖草系统治理以及岸线、沙滩、石头厝等资源保护，精心守护平潭的“真宝贝”。婴幼儿照护服务是保障和改善民生的重要内容，要坚持以人民为中心的发展思想，尽力而为、量力而行，以需求和问题为导向，加快发展多种形式的婴幼儿照护服务，支持社会力量兴办托育服务机构，积极构建“以家庭养育为基础、城乡社区和用人单位为依托、机构为补充”的多元化婴幼儿照护服务供给体系。要规范婴幼儿照护机构的管理，明确责任，健全制度，促进健康有序发展。

8 日，习近平总书记亲自授予“人民楷模”国家荣誉称号和奖章的原国家羽毛球队总教练王文教回到家乡福建，省委书记于伟国在福州与他亲切座谈交流，代表省委、省政府向他表示热烈祝贺，对他为党和人民事业作出的杰出贡献致以崇高敬意，并号召全省广大干部群众向人民楷模学习；习近平总书记在国家勋章和国家荣誉称号颁授仪式上强调，伟大出自平凡，平凡造就伟大。王文教同志的先进事迹生动诠释了这句话，您的爱国情怀和为国争光、无私奉献的精神，激励着一代代年轻运动员，无愧于“人民楷模”称号。

8 日，向“人民楷模”王文教学习座谈会在福州举行。副省长郑建闽出席座谈会并讲话。几十年来，王文教始终心怀祖国、忘我工作，坚守初心、无私奉献，为我国的羽毛球事业发展作出了突出贡献。我们要学习王文教忠于祖国、报效祖国的爱国精神，坚守初心、忠于事业的敬业精神，勇于担当、乐为人梯的奉献精神，努力在平凡的岗位上作出不平凡的业绩。

9 日，国家综合性消防救援队伍成立一周年。当天，省消防救援总队在福州市五一广场隆重举行升国旗、迎中国消防救援队队旗、重温入队誓词和全省“119”消防宣传月启动仪式。副省长、省公安厅厅长田湘利出席活动。这也是消防救援队伍改革转隶以来举办的第一个“119”消防宣传月。同时，为“全省消防安全示范社区”、福建省“小小消防员”绘画作文大赛获奖单位和代表颁奖。现场还举办了形式多样的现场实验、互动体验、模拟演示等消防宣传活动。

11 日，省委书记于伟国在福州会见印度驻华大使唐勇胜一行。唐勇胜说，中印领导人不久前在金奈会晤时就建立友好省城关系达成了重要共识，希望在支持友城结好、经贸、文化等方面加强交流合作的基础上，建议重点深化闽印友好交往悠久历史的研究，提高公众认知度，共同书写中印友好关系新篇章。印度驻广州总领事高士等随行来访。省领导郑新聪、郭宁宁参加会见。

12 日，根据党中央统一部署，学习贯彻党的十九届四中全会精神中央宣讲团报告会在福州举行。中央宣讲团成员、国务院发展研究中心副主任张来明作宣讲报告。省委书记于伟国主持报告会并讲话。省长唐登杰出席。会前，省领导会见了宣讲团一行。报告会结束后，听众代表积极踊跃提问，张来明逐一作了回答，并就进一步学习宣传贯彻好党的十九届四中全会精神与大家互动，进行深入交流。在榕期间，宣讲团一行还深入福州部分企业，就学习贯彻四中全会精神开展有针对性的宣讲。省委、省人大常委会、省政府、省政协领导，省法院、省检察院领导，全国政协专委会领导、委员，省级老同志，省直机关有关单位主要负责同志，省委宣讲团成员、中央驻闽主要新闻单位负责人、全省理论骨干学习贯彻党的十九届四中全会精神培训班学员，省直机关、企事业干部职工和离退休老同志代表，高校师生、理论工作者代表等1500 多人在主会场聆听了宣讲报告。

12—13日，全省违建别墅问题清查整治专项行动现场推进会在厦门召开。副省长李德金出席会议并讲话。

13日，省长唐登杰在福州会见了来访的加拿大新斯科舍省省长斯蒂芬·麦克尼尔一行。新斯科舍省十分重视与福建的友好关系，看好福建的广阔发展前景，将竭力推动两省之间的经贸合作与人文交流，在文化、教育等领域持续深化交流合作，携手共创美好未来。副省长郭宁宁参加会见。

12—15日，2019年中央一号文件贯彻落实情况第四督查组来闽督查。14日，省委副书记、福州市委书记王宁和副省长李德金会见了督查组一行。督查组对我省贯彻落实中央一号文件、推进乡村振兴战略工作给予充分肯定，指出福建省在抓特色产业、抓要素激活、抓基层组织、抓典型示范等方面积极探索、成效明显。希望福建持续深入贯彻落实习近平总书记关于“三农”工作的重要论述，加强考核督导，认真梳理各项硬任务，加快村庄规划编制，强化乡村人才培养，持续做强做优乡村特色产业。督查组一行还深入三明沙县、明溪和南平顺昌、延平等地现场考察中央一号文件贯彻落实情况。

15日，省长唐登杰主持召开省政府常务会议，学习贯彻党中央决策部署，研究我省加强新时代退役军人工作；研究《福建省促进革命老区发展条例修正案（草案）》；决定放开部分政府定价经营服务性收费项目。会议还研究了其他事项。会议指出，要深入学习贯彻习近平总书记关于退役军人工作的重要论述，按照党中央的决策部署，发扬福建双拥优良传统，扎实做好退役军人工作，完善体制机制，创新方式方法，确保退役军人就业更加充分、安置更有质量、保障更加有力、服务管理更加规范，在全社会形成关心关爱退役军人的浓厚氛围，激发广大退役军人的自豪感、荣誉感、责任感。会议强调，要深入贯彻落实习近平总书记在参加十三届全国人大二次会议福建代表团审议时的重要讲话精神，带着感情、带着责任做好革命老区、中央苏区脱贫奔小康工作，确保老区苏区在全面建成小康社会进程中一个都不掉队。要以《条例》修订为契机，进一步完善体制机制，坚持同等优先、适当倾斜，在基础设施、公共服务、产业培育、教育发展、生态保护等方面加大支持力度，切实增强可持续发展能力，在老区苏区振兴发展上取得新突破。会议要求，要把清理规范政府定价经营服务性收费作为创新行政方式、提高行政效能、优化营商环境的重要举措，按照党中央、国务院清理规范涉企收费的工作部署，健全主要由市场决定价格的机制，进一步缩减政府定价范围，对已形成竞争的服务一律实行市场调节价，同时加强事中事后监管，完善配套保障措施，不断提高政府定价管理的科学性、规范性和透明度。

15日，省政府举行法治专题学习讲座，邀请全国人大法工委经济法室副主任王翔作外商投资法专题辅导。省长唐登杰主持并讲话。《中华人民共和国外商投资法》将于2020年1月1日起施行。省领导李德金、田湘利、郭宁宁、林宝金，省政府组成部门负责同志等参加学习。

16日，第十三届海峡两岸茶业博览会开馆。全国政协常委、台盟中央专职副主席杨健，全国台联副会长杨毅周，副省长李德金，老同志林强、陈家骅、庄先、陈绍军，以及本届茶博会主办、协办单位代表，海内外茶商、茶企代表及各界友人出席了开馆式。本届茶博会展览主题为“茶民宿”“茶文化”“茶养生”“茶器具”“茶食品”“茶设备”等。展馆面积达4.3万平方米，共设标准展位1360个，比去年增加82个标准展位。茶博会设置台湾馆、“一带一路”展区、省外名优展区、各设区市组团展区、各县（市、区）组团展区、武夷茶认标购茶展区和品牌企业展区。今年，还增设“茶酒两红”展示馆、闽台巾帼馆、大红袍品牌馆、中蒙俄万里茶道主题馆。全国六大茶类、茶具和茶包装品牌企业纷纷参展，共邀请参展企业（商）571家，采购商7000多人。茶博会期间，包括中国有机30年大会、第三届中国（武夷）生态食品博览会在内的许多重量级交流活动都一一亮相，为世界茶人呈现一场文化经贸盛会。

18日，省长唐登杰在福州会见了国家体育总局局长苟仲文一行。国家体育总局将坚持以人民为中心的思想，进一步支持福建发展有特色有影响力的竞技体育，加大力度普及全民健身运动，不断提高人民健康水平。

18日，2019年国际射联步手枪世界杯总决赛在莆田开幕。国家体育总局局长苟仲文、国际射联秘书长拉特那出席开幕式，副省长林宝金宣布开幕。本届比赛由国际射击联合会主办，国家体育总局射击射箭运动管理中心、中国射击协会、福建省体育局、莆田市政府承办。该赛事与奥运会、射击世界锦标赛并列为世界射击项目三大赛，每两年举办一次，这是时隔10年之后再度来到我国。参赛运动员来自俄罗斯、德国等34个国家和地区，将于19日至22日在莆田市体育训练基地同台竞技，角逐步枪和手枪项目的10枚金牌。2015年，莆田市体育训练基地被国家体育总局命名为“国家射击莆田体育训练基地”“国家射箭莆田体育训练基地”。该基地的射击馆为目前国内规模最大、靶位数最多、设备最先进的全天候射击比赛场馆，设施设备达到国际一流水平。

19日，根据省委省政府工作部署，全省脱贫攻坚现场推进会在宁化县召开。省扶贫开发领导小组副组长、副省长李德金出席会议并讲话。

19日，第28届中国金鸡百花电影节在厦门开幕。中共中央政治局委员、中宣部部长黄坤明出席开幕式并致辞。金鸡百花电影节是电影界的盛事，从2019年起金鸡奖将每年评选一次。这是顺应电影快速发展的重要决策，是回应电影工作者呼声的重大举措。本届金鸡百花电影节正式落户厦门，开启了一个新的起点。相信金鸡百花电影节一定会在改革创新的滚滚浪涛中绽放出新时代的精彩与活力，让中国电影这张亮丽的名片更加耀眼夺目。受省委书记于伟国委托，省长唐登杰代表省委、省政府向本届金鸡百花电影节开幕表示热烈祝贺，向各位来宾表示诚挚欢迎。中宣部常务副部长、国家电影局局长王晓晖，省领导胡昌升、梁建勇、郑新聪等出席开幕式。来自电影界的代表1000余人参加开幕式。本届电影节将持续到23日，将评选出中国电影金鸡奖系列奖项。

21日，福建日报报道：副省长李德金带领省直有关部门负责人，赴顺昌、建阳、建瓯、平和、南靖、宁化、清流、建宁、泰宁、将乐等地，走村入户调研督导农村人居环境整治工作。农村人居环境整治是实施乡村振兴战略的重点任务，也是造福百姓的民生工程。各地各有关部门要充分发挥群众的主体作用，尊重群众意愿，做深做细思想工作，引导广大群众积极参与；充分发挥基层干部的积极性、主动性、创造性，合力推进农村人居环境整治攻坚战。

21日，省长唐登杰在福州会见了文化和旅游部党组成员、国家文物局局长刘玉珠一行，感谢国家文物局长期对福建文物保护工作的大力支持。福建将认真贯彻落实习近平总书记关于文化和自然遗产保护利用工作的重要论述，精心筹办第44届世界遗产大会，推动全省文化和自然遗产保护利用工作实现新提升，把老祖宗留下来的文化遗产精心守护好。

21日，全省乡村治理体系暨乡风文明建设现场推进会在晋江市召开。省委副书记、福州市委书记王宁出席会议并讲话，副省长李德金主持会议。会上，王宁充分肯定了晋江先进村和各地的好经验、好做法，要求各地认真学习借鉴，加大典型推广力度，让点上经验在面上开花。会前，各设区市和平潭综合实验区、省直有关部门的负责同志，深入晋江东山村、围头村、西埔村现场了解通过抓党建推动乡村自治、法治、德治融合的鲜活案例。会上，晋江市、永泰县、同安区、福鼎市、长泰县、延平区王台镇、将乐县高唐镇常口村作了交流发言。

21日，学习贯彻习近平总书记为国家综合性消防救援队伍授旗训词精神座谈会在省消防救援总队召开。副省长田湘利出席座谈会并讲话。会议要求，各级各部门要坚持“党政同责、一岗双责、齐抓共管、失职追责”，全面落实消防安全责任制，扎实抓好冬春火灾防控，毫不松懈地做好防范化解重大消防安全风险各项工作。

21日，2019年国际大体联足球世界杯开幕式在晋江举行。副省长李德金出席并宣布开幕，国际大体联主席奥列格·马迪钦和组委会副主席、教育部学生体育协会联合秘书处秘书长薛彦青致辞。

21日，全省冬春火灾防控工作电视电话会议召开，传达国务院安办关于加强冬春季节火灾防控的重点工作任务，对我省相关工作进行部署。

副省长、省消防工作联席会议总召集人田湘利出席会议并讲话。

22日，我省与北京大学在福州签订了新一轮省校战略合作协议。省长唐登杰、北京大学党委书记邱水平出席签约仪式。根据协议，双方将进一步完善合作机制，在战略决策咨询、科技开发与成果转化、教育合作、人才培养和干部交流、医疗卫生、文化发展等方面深化合作。省委常委、组织部长杨贤金，北京大学党委副书记叶静漪出席。当天，北京大学还与宁德市签订了校地合作示范区共建协议。

22日晚，由文化和旅游部、福建省人民政府联合主办，省文化和旅游厅、泉州市人民政府承办的第四届海上丝绸之路国际艺术节在泉州大剧院盛大开幕。文旅部党组成员、故宫博物院院长王旭东，新加坡文化、社区及青年部长兼社区事务署主管部长傅海燕，福建省委常委、宣传部部长梁建勇，副省长郭宁宁出席开幕式。王旭东宣布第四届“海艺节”开幕。本届“海艺节”以“多彩海丝，文明互鉴”为主题，秉承“展示、交流、合作、共享”的理念，共有57个国家和地区的130多个文化团体，1500多名艺术家、专家学者和国际友人莅临泉州参加活动。

22日，在红色农信诞生90周年之际，福建省委党史方志办、龙岩市政府、福建省农信联社在红色圣地古田联合举办“纪念红色农信　践行初心使命”座谈会暨红色农信诞生地展览馆开馆仪式。副省长郭宁宁出席并讲话。座谈会上，与会专家论证得出了“闽西是全国红色农信诞生地、农信初心形成地、农信文化发源地、农信精神孕育地”四个结论，总结了土地革命时期闽西苏区创办信用合作社的重大历史贡献。中国银行业协会向全国农信系统发布了《全国农信系统不忘初心、回归本源倡议书》。

23日上午，作为第四届海上丝绸之路国际艺术节的核心项目之一，第二届海上丝绸之路非物质文化遗产展（以下简称海丝非遗展）开幕；同期，泉州非物质文化遗产馆正式开馆。副省长郭宁宁出席了开幕式和开馆式，并参观了泉州非物质文化遗产馆。本届海丝非遗展以“一条海上丝路，万千非遗瑰宝”为主题，突出非遗保护成果、产品开发创新和项目活态展示三大特色，展出来自亚洲、欧洲、非洲12个国家（含中国）的130个非遗项目，共1000多件展品，众多国家级非遗传承人将现场展示、展演。整个展期从11月23日持续至11月27日，向广大市民开放。海丝非遗展上的每一项非遗项目，均有传承人现场表演，并通过全息成像等新科技，多维、动态展示技艺传承。观众可以现场体验手工制作，在趣味、互动中感受非遗文化。

23日，第四届海上丝绸之路国际艺术节“艺术发展论坛”在泉州举行。文化和旅游部党组成员、故宫博物院院长王旭东，副省长郭宁宁出席论坛。丝绸之路是一条贸易之路，更是一条友谊之路、文化之路、艺术之路，积淀了以和平合作、开放包容、互学互鉴、互利共赢为核心的丝路精神。本次论坛对进一步延伸扩展交流对话，共同加强海丝文化艺术领域的合作研究、学术研讨、主题创作、艺术展演、交流互访具有推动作用。

25日上午，省十三届人大常委会第十三次会议在福州举行第一次全体会议。省委书记、省人大常委会主任于伟国主持会议。省人大常委会副主任张广敏、雷春美、黄琪玉、邓力平、潘征、吴洪芹、檀云坤，秘书长刘道崎和其他组成人员出席会议。副省长林宝金，省监委负责人、省法院院长吴偕林、省检察院检察长霍敏列席会议。省直有关单位负责同志，部分省人大代表以及省人大机关各部门、驻机关纪检监察组，各设区市人大常委会和平潭综合实验区人大工委的负责同志列席了会议。当日下午，省人大常委会组成人员分组审议了有关法规案和决议草案，并提出意见和建议。

26日，万国邮联电子商务时代跨境合作全球大会在厦门召开。这是万国邮联与中国联合举办的首个以跨境电商全球合作为主题的大会。万国邮联国际局总局长比沙尔·侯赛因、中国国家邮政局局长马军胜、中国海关总署副署长李国、中国邮政集团公司董事长刘爱力出席开幕式并致辞。万国邮政联盟是商定世界邮政事物的政府间世界组织。本次大会为期两天，共有102个国家和地区邮政部门和万国邮联、世界海关组织等8个国际组织380余名代表参加。

27 日，省长唐登杰主持召开省政府常务会议，传达贯彻全国安全生产电视电话会议精神，分析研究今年以来全省安全生产形势，部署推进下一阶段工作。会议研究了《福建省文物保护管理条例》《福建省实施〈中华人民共和国会计法〉办法》《福建省体育经营活动管理条例》等地方性法规涉及“放管服”改革部分条款修正案（草案）、规范省级预算内投资管理、2018 年度福建省政府质量奖评审等事宜。

25—28 日，全国人大常委会副委员长张春贤率全国人大常委会调研组到福州、厦门、南平开展社会救助立法调研时强调，要坚持以习近平新时代中国特色社会主义思想为指导，认真贯彻落实党的十九届四中全会精神，加快推进社会救助立法进程，为保障和改善民生提供有力法治保障。省委书记于伟国、省长唐登杰在福州与调研组一行座谈。调研组开展实地调研，并在三地分别召开座谈会，听取省政府及有关部门关于社会救助工作情况汇报，听取基层意见建议，并就重点难点问题进行交流。全国人大社会建设委员会副主任委员宫蒲光，民政部党组成员、副部长王爱文，全国人大社会建设委员会委员郎友良等参加调研。省领导郑新聪、雷春美、李德金参加有关活动。

28—29 日，福建省党政代表团赴上海市学习考察。中共中央政治局委员、上海市委书记李强，省委书记、省人大常委会主任于伟国就深化拓展两地合作深入交流。上海市长应勇、市人大常委会主任殷一璀，省长唐登杰参加有关活动。代表团瞻仰了中共一大会址，并深入上海自由贸易试验区等学习考察。省领导王宁、胡昌升、郑新聪、郭宁宁、林宝金，上海市领导尹弘、陈寅、翁祖亮、诸葛宇杰、许昆林、彭沉雷、方惠萍参加有关活动。

29 日至 30 日，福建省党政代表团赴浙江学习考察。省委书记、省人大常委会主任于伟国与浙江省委书记、省人大常委会主任车俊在杭州就深化闽浙合作进行深入交流。省长唐登杰，浙江省长袁家军参加活动。省领导王宁、胡昌升、郑新聪、林宝金，浙江省领导郑栅洁、陈金彪、黄建发、周江勇参加了有关活动。

30 日，由省委依法治省办、省司法厅、中共顺昌县委、顺昌县政府共同主办的福建省 2019 年宪法宣传周启动暨顺昌县宪法公园开园仪式在顺昌县举行。省人大常委会党组书记、副主任张广敏出席，副省长田湘利出席并致辞，省政协副主席杜源生出席。

30 日，第八届海峡两岸电视艺术节开幕式暨海峡两岸电视艺术家公益演出在平潭举办。副省长郭宁宁出席开幕式并观看了海峡两岸电视艺术家公益演出。海峡两岸电视艺术节以电视传媒为纽带，旨在弘扬中华优秀传统文化，增强中华文化和中华民族认同感，密切两岸同胞感情。本届艺术节还将举办声耀平潭 · 第十一届海峡两岸电视主持新人大赛、第五届海峡两岸影视名家书画展、海峡两岸电视论坛、海峡两岸电视艺术家公益演出等系列活动。开幕式后，著名歌唱家杨洪基、国家一级演员卢奇等艺术家给现场观众带来了一场令人难忘的公益演出。

（摘编：杨立群）

十二月

3日，医疗卫生行业综合监管督察第二督察组进驻福建省开展督察。在督察汇报会上，第二督察组组长、国家医疗保障局副局长李滔介绍了督察的目的、工作安排和要求。第二督察组进驻时间为12月3日—12月7日，设立专门电话：0591－87382787（8：00—20：00），电子邮箱：jdzj504@126.com和ylwshydcjb@163.com，受理来电来信举报。

5日，中共福建省委十届九次全会在福州召开。出席这次全会的省委委员66名、候补委员14名。省委常委会主持会议。省委书记于伟国作工作报告并讲话，省委副书记唐登杰、王宁出席。全会以习近平新时代中国特色社会主义思想为指导，深入学习贯彻党的十九届四中全会精神，讨论了于伟国受省委常委会委托作的工作报告，研究部署推进新时代新福建治理现代化，审议通过了《中共福建省委深入贯彻〈中共中央关于坚持和完善中国特色社会主义制度、推进国家治理体系和治理能力现代化若干重大问题的决定〉的实施意见》和《中国共产党福建省第十届委员会第九次全体会议决议》。全会要求，全省各级党委（党组）要切实加强领导，牢牢把握正确方向，层层压实工作责任，切实强化制度执行，全面提升治理能力，着力把制度优势更好转化为治理效能。省人大常委会、省政府、省政协班子成员，在闽全国人大、全国政协专委会成员，省级老同志，省法院院长、省检察院检察长，省直单位和中直单位驻闽机构党组（党委）主要负责同志，省各民主党派、工商联主要负责人和无党派人士代表，省纪委常委、省监委委员，各设区市市委书记、市长，平潭综合实验区党工委书记、管委会主任，在榕省直单位副厅级以上领导干部，各县（市、区）委书记、县（市、区）长参加会议。

6日，由省委全面依法治省委员会办公室、省委宣传部、省委政法委、省司法厅、省法学会主办，福建法治报社、法制日报社福建记者站承办的第三届“福建省十大法治人物”颁奖礼在福州举行。副省长、省公安厅党委书记、厅长田湘利，省政协副主席杜源生，省法院党组书记、院长吴偕林，省检察院党组书记、检察长霍敏出席活动。活动现场为10名第三届“福建省十大法治人物”获奖者和10位提名奖获得者颁奖。

9日，福建日报报道：省委书记于伟国到福州实地了解省儿童医院、省妇产医院等一批医院建设进展情况，现场协调解决建设中存在的问题。于伟国强调，要把人民健康放在优先发展战略地位，加快补齐医疗卫生短板，让群众享受更多优质医疗资源和服务，推动我省卫生健康事业高质量发展。省领导王宁、郑新聪参加。

10—11日，十二届省政协常委会第十三次会议在福州召开。省政协主席崔玉英主持会议并讲话，副主席王惠敏、魏克良、洪捷序、薛卫民、张兆民、杜源生、王光远、阮诗玮、刘献祥，秘书长陆开锦出席。会议审议通过了关于召开政协第十二届福建省委员会第三次会议的决定，决定于2020年1月10日召开。

10—12日，副省长李德金带领省直有关部门负责人，赴连城、漳平、翔安、同安等地调研督导脱贫攻坚和乡村振兴工作，并在连城召开了挂钩帮扶工作座谈会。

11日，中国人民对外友好协会与福建省人民政府联合主办的2019年“巴斯文化论坛”在福州举办。中国人民对外友好协会会长李小林、副省长郭宁宁、中国国际友好联络会副会长程国平出席论坛开幕式。大熊猫“巴斯”向世界传递了中国人民对和平和友谊的热爱，增进了中国与各国人民之间的相互了解和交流。我们希望携手各国人民珍爱和平、珍视友谊、开放包容、互学互鉴，让中国人民追求幸福的梦想与世界人民的梦想紧密相通，共同推动构建人类命运共同体，实现世界的永久和平与发展。美国前国会参议员马克·科克祝贺巴斯文化论坛开幕，相信论坛将为增进各国民间友好关系发挥重要作用。论坛现场还发布了《巴斯文化宣言》。

12日，上合组织“厦门—2019”网络反恐联合演习在厦门举行。上合组织8个成员国主管机关代表团及地区反恐怖机构执委会代表团参加。上海合作组织地区反恐怖机构执委会主任吉约索夫担任总指挥，公安部反恐专员刘跃进观摩演习并致辞，副省长、省公安厅厅长田湘利一同观摩。此次演习检验了上合组织各成员国主管机关在发现、处置和打击恐怖主义网上活动方面的法律法规、工作流程、技术手段和执法能力，交流了经验做法，进一步提高了各成员国在上合组织地区反恐怖机构执委会的协调下共同打击地区性恐怖组织的能力，对于有效应对当前新安全新挑战具有十分重要的意义。

13日，省委人才工作领导小组在福州召开会议，研究部署下一阶段工作。省委常委、组织部长、省委人才工作领导小组组长杨贤金强调，要认真学习贯彻党的十九届四中全会和省委十届九次全会精神，完善人才发展体制机制，激发人才创新创造活力，支持各类人才为推进新时代新福建治理现代化贡献智慧和力量。副省长、省委人才工作领导小组副组长林宝金主持会议。会议审议了《福建省高层次人才认定和支持办法（试行)》等7个文件。

13日，全省农民工工作暨保障农民工工资支付电视电话会议在福州召开。副省长林宝金出席会议并讲话。会议指出，党中央、国务院高度重视农民工工作，全省各级各有关部门要把思想和行动统一到党中央、国务院的决策部署上来，按照省委省政府的具体工作安排，切实把我省农民工各项工作落到实处，尽最大努力增加农民工收入，根治拖欠农民工工资现象。各级各有关部门要保持定力，坚定做好农民工工作的信心。今冬明春，要攻坚克难，限时解决拖欠农民工工资问题，强化综合治理工作机制，持续强化欠薪源头治理，从源头上预防欠薪问题发生。

14日，闽东北协同发展区联席会议召开。福州、莆田、南平、宁德、平潭主要领导和部分省直部门领导齐聚莆田，传达学习省委书记于伟国在闽西南协同发展区建设工作座谈会上的讲话精神，就加快推进区域联动发展进行讨论研究。省委副书记、福州市委书记王宁出席并讲话，副省长、莆田市委书记林宝金主持。

15日，省律师协会举办的福建省纪念律师制度恢复重建40年大会在福州召开。省人大常委会副主任檀云坤出席会议，副省长田湘利出席会议并讲话，省政协副主席杜源生，全国政协委员、十一届省政协副主席陈义兴，省法院院长吴偕林、省检察院检察长霍敏出席会议，中华全国律师协会副会长岳琴舫出席会议并致辞。

16日，福建省新闻界推进“四力”教育实践工作暨新闻奖颁奖会在榕举行，省委常委、宣传部部长梁建勇，副省长郭宁宁，省政协副主席刘献祥出席会议并为获奖代表颁奖。会议表彰了第29届中国新闻奖我省获奖作品和2018年度福建新闻奖获奖作品、省十佳新闻工作者、福建新闻奖中央和境外媒体获奖作品。据了解，在日前揭晓的第29届中国新闻奖评选中，我省获得一等奖2件，二等奖1件，三等奖7件，是该奖项设立以来我省取得的最好成绩。

17日，省长唐登杰主持召开省政府常务会议，研究了2020年为民办实事项目建议方案，通过了《福建省人民政府关于修改<福建省“古泉州（刺桐）史迹遗址”文化遗产保护管理办法>的决定》。会会议还研究了其他事项。会议指出，每年实施一批为民办实事项目，是省委省政府一以贯之的工作举措。要坚持以人民为中心，注重与全面建成小康目标任务相衔接，尽力而为、量力而行，突出补短板、强弱项，集中力量建好普惠性、基础性、兜底性民生项目，扩大受益面、提高针对性，确保人民群众有更多获得感、幸福感、安全感。要坚持结果导向，健全长效机制，强化协调服务，坚决杜绝形象工程、面子工程，真正把为民办实事项目办实、办好。会议强调，要深入贯彻落实习近平总书记关于文化和自然遗产保护利用的重要论述，认真抓好新修订的保护管理办法的组织实施，全力推动古泉州（刺桐）史迹申遗，促进全省文化和自然遗产保护利用工作实现新提升。

18日，2019年福建统一战线建言献策成果汇报会暨第十五届建言献策论坛在榕举行。省委常委、统战部部长邢善萍，副省长林宝金出席会议并讲话，省领导邓力平、洪捷序、薛卫民、阮诗玮、刘献祥出席会议。会议通报了2019年统一战线建言献策优秀调研报告评审结果，省各民主党派、工商联、无党派人士代表就优秀调研报告作了交流发言，7个省直单位有关负责同志进行现场互动。民进福建省委会主委严可仕作论坛主旨发言。

18日，第六届福建文创晚会在福州上下杭举办。省委常委、宣传部部长梁建勇，副省长郭宁宁参加晚会并为获奖代表颁奖。本届文创奖以“传艺新生·非凡造物”为主题，通过“文创+”模式，按照工艺创新、非遗文创、文博创意、文化旅游、城市IP类等五大类别，面向全国征集作品共计1716件。经评审，共评出金奖作品5件、银奖作品9件、铜奖作品15件，以及特别贡献奖3件、组织促进奖4件。在晚会现场，举办了福建文创奖优秀作品展、文创奖主题市集、文创颁奖晚会等一系列精彩纷呈的节目，吸引了众多市民前来参与互动。近年来，我省不断深化文化体制机制改革，推动文化产业持续健康发展。2018年全省规模以上文化企业营业收入超过4303亿元，位居全国第7位，文化旅游综合实力位居全国前十，文化企业拥有国家级工业设计中心数量位居全国首位。

22日，福建省消防救援总队在福州举行挂牌仪式。副省长、省公安厅厅长田湘利出席活动。省消防救援总队在应急管理部和省委省政府的领导下，主要承担城乡综合性消防救援工作，负责指挥调度相关灾害事故救援行动，重要会议、大型活动消防安全保卫工作；负责火灾预防、消防监督执法以及火灾事故调查处理相关工作，依法行使消防安全综合监管职能，推动落实消防安全责任制；参与拟订消防专项规划，参与起草地方性消防法规、规章草案并监督实施；负责消防安全宣传教育，组织指导社会消防力量建设等工作。同时，根据中央《组建国家综合性消防救援队伍框架方案》部署，省、市、县级分别设消防救援总队、支队、大队，城市和乡镇根据需要按标准设立消防救援站，形成统一高效的领导指挥体系。

24日，省长唐登杰来到福建师范大学，宣讲党的十九届四中全会精神，为青年学生上思政课。课前，唐登杰调研了福建师大“小葵馆”网络思想政治教育成果展示中心，参观了学校老照片馆，听取了学校发展情况介绍，并与部分师生交流座谈。

24日，省公安厅在福建警察学院开展全省公安机关冬季实战大练兵汇报演练。副省长、省公安厅厅长田湘利，武警福建省总队司令员张建超出席活动。汇报演练紧密结合公安工作实战需要，设置了交警指挥手势操、徒手格斗技术、警棍与盾牌术、警犬技术、现场执法行动程序、枪操、警用无人机战法等9个科目，充分展示今年以来全省公安民警实战大练兵成果。今年以来，全省公安机关认真落实全国、全省公安工作会议精神，结合“不忘初心、牢记使命”主题教育和“践行新使命、忠诚保大庆”实践活动，按照公安部部署要求，坚持以赛促练、以训促战，举办了警务实战技能、指挥情报、刑事技术比武竞赛，公安特警跨区域拉动增援等全警实战大练兵活动，全警实战本领、执法能力和综合素质不断提升。

25日，全省退役军人工作会议在福州召开。会前，省委书记于伟国、省长唐登杰作出批示，充分肯定我省退役军人工作取得的成绩，对做好明年工作提出明确要求。省委副书记、福州市委书记王宁出席会议并讲话，省委常委、秘书长郑新聪主持会议，省委常委、省军区政委苏保成，副省长田湘利出席会议。会上向我省全国模范单位和个人颁发了荣誉证书。

25日，省委、省政府在榕召开全省医药卫生体制改革工作推进会。省委书记于伟国强调，要深入学习贯彻习近平总书记关于卫生健康和医药卫生体制改革工作的重要论述，认真贯彻落实党中央、国务院决策部署和孙春兰副总理来闽召开医改推进现场会时的讲话要求，进一步总结推广“三明经验”，推动“三医联动”向“全联、深动”迈进，切实解决看病难、看病贵问题，让群众都看得上病、看得好病。省长唐登杰主持会议，并就抓好我省医改工作提出具体要求。会议对我省出台的《意见》和8个配套文件作了具体解读。三明市在会上作了经验介绍。会前，与会代表赴三明现场观摩学习。省领导王宁、胡昌升、檀云坤、薛卫民出席。各设区市、县（市、区）和平潭综合实验区主要负责人等在分会场通过视频参加会议。

25日，省长唐登杰带领省直有关部门负责同志到省人大常委会机关，听取对省政府工作和即将提交省十三届人大三次会议审议的《政府工作报告（征求意见稿）》的意见建议。座谈会上，省人大常委会领导及各委（室）负责同志站位全局、立足实际，紧扣全面建成小康社会目标任务、加快建设新福建，从贯彻新发展理念、补齐发展短板、有效扩大内需、推动乡村振兴、生态文明建设、文化遗产保护等方面，对省政府工作和修改完善《政府工作报告》提出了富有针对性和建设性的意见建议。省人大常委会党组书记、副主任张广敏，副主任潘征、檀云坤参加座谈。

26日，省计划生育协会第六次会员代表大会在福州开幕。会前，省委书记于伟国、省长唐登杰专门作出批示，充分肯定省计生协会工作取得的成绩，对做好下一步工作提出明确要求。省委副书记、福州市委书记王宁，中国计划生育协会党组书记、常务副会长王培安出席会议并讲话，省领导周联清、潘征、郭宁宁、魏克良出席会议，省计生协会第五届理事会会长黄贤模主持会议。会议通报表扬了省计划生育协会先进单位、先进个人和全省“最美协会人”，为离任的省计生协会第五届理事会会长、常务副会长颁发了荣誉证书。

26日，省长唐登杰主持召开座谈会，征求省各民主党派、工商联、无党派人士对省政府工作和即将提交省十三届人大三次会议审议的《政府工作报告（征求意见稿）》的意见建议。会上，九三学社省委会主委洪捷序、致公党省委会主委薛卫民、省工商联主席王光远、民盟省委会主委阮诗玮、农工党省委会主委刘献祥、民进省委会主委严可仕、民革省委会专职副主委董良瀚、民建省委会专职副主委王宁新、台盟省委会专职副主委柯连妹、无党派人士代表黄玲先后发言。大家充分肯定今年福建发展取得的来之不易成绩，并就改进政府工作、完善报告文稿提出了许多代表性、针对性都很强的意见建议。省委常委、统战部部长邢善萍参加座谈。

27日，省长唐登杰带领省直有关部门负责同志到省政协机关，听取对政府工作和即将提交省十三届人大三次会议审议的《政府工作报告（征求意见稿）》的意见建议。座谈会上，省政协领导和各专委会负责同志围绕全省改革发展稳定大局，就拓展提升主导产业、培养引进创新人才、持续优化营商环境、积极帮扶实体经济、深化闽台融合发展、加强生态文明建设等，提出了许多有深度、接地气的意见建议。省政协主席崔玉英，副主席王惠敏、魏克良、洪捷序、薛卫民、张兆民、杜源生、王光远、刘献祥参加座谈。

28日，第五届“海上丝绸之路”（福州）国际旅游节在福州开幕。副省长郭宁宁、斯里兰卡副大使尤格纳丹，文化和旅游部有关负责人，以及“一带一路”沿线国家和地区的旅游业界人士近千人参加开幕式。本届海丝国际旅游节以“共建海丝之路、共促文旅繁荣”为主题，由文化和旅游部、福建省政府联合主办，福州市政府、福建省文化和旅游厅承办，将持续至2020年1月31日。

29日，福建省森林消防总队在福州举行挂牌仪式。副省长、省公安厅厅长田湘利出席活动。省森林消防总队在应急管理部和省委省政府的领导下，主要承担森林和草原火灾扑救、抢险救援、特种灾害救援等综合任务，负责指挥调度相关救援行动，参与重要会议、大型活动消防安全保卫工作；负责森林和草原火灾预防、消防监督执法以及火灾事故调查处理等相关工作。

28—29日，台盟福建省十届七次全委会在福州召开。副省长、台盟省委会主委郑建闽主持会议并讲话。会议学习贯彻中共十九届四中全会精神、中央经济工作会议精神，传达学习中共福建省委十届九次全会、省委经济工作会议精神，传达学习台盟十届三中全会精神；审议台盟福建省第十届常务委员会2019年工作报告；召开“不忘合作初心，继续携手前进”主题教育活动总结会。

30日，全省各界人士新年茶话会在福州举行。省委书记于伟国强调，要把新中国成立70周年，习近平总书记发表系列重要讲话激发的爱国热情和奋进精神转化到实际工作中，勠力同心、锐意进取，确保全面建成小康社会。省长唐登杰和省各套班子领导出席。省政协主席崔玉英主持。省政协副主席阮诗玮代表各界人士致辞。在闽全国人大、政协专委会领导，省法院、省检察院领导，驻闽部队领导，在榕省级老领导、老同志，省直有关部门和省各民主党派、工商联、人民团体负责人，在榕全国政协委员、省政协委员，先进模范人物和基层代表出席茶话会。

30日，省委召开省级老领导座谈会。省委书记于伟国对老领导们作出的贡献表示钦佩，强调要学习老领导宝贵的精神品质和优良作风，用心用情关心关怀老干部，让老干部更加安心、舒心、暖心。省长唐登杰通报我省经济社会发展情况。省政协主席崔玉英等省领导参加会议。省级老领导陈明义、黄小晶、袁启彤、游德馨、梁绮萍、林开钦、黄瑞霖、张明俊、方忠炳、王建双、黄文麟、陈荣春、陈增光、洪永世、贾锡太、黄贤模、金能筹、陈旭、刘德章、陈芸、王美香、马潞生、叶家松、袁锦贵、叶继革、马新岚、倪英达参加座谈会。

30日，省长唐登杰带领省直有关部门负责同志到福州市，与福州各界代表座谈交流，征求对省政府工作和即将提交省十三届人大三次会议审议的《政府工作报告》（征求意见稿）的意见建议。会上，福州市四套班子、福州新区主要负责同志及部分在榕省人大代表、省政协委员直奔主题、畅谈建议。大家充分肯定今年以来全省发展取得的新成效，并就优化营商环境、壮大海洋经济、强化要素保障、区域协调发展、发挥侨的优势等，提出了许多富有建设性的意见。省委副书记、福州市委书记王宁参加座谈。

（摘编：杨立群）

第三篇

发展探索

福建社会形势分析与预测

2019年是中华人民共和国成立70周年，也是全面建成小康社会和高质量发展落实赶超的关键一年。在以习近平同志为核心的党中央坚强领导下，福建省坚持以习近平新时代中国特色社会主义思想为指导，按照习近平总书记擘画的“机制活、产业优、百姓富、生态美”的新福建发展蓝图，坚持稳中求进工作总基调，坚持新发展理念，坚持以供给侧结构性改革为主线，开拓进取，砥砺前行，加快建设高素质高颜值的新福建，经济社会保持健康稳定发展，社会形势总体保持和谐稳定。

一、2019年福建社会发展基本形势

（一）经济运行总体平稳，发展质量效益进一步改善

2019年福建经济运行延续总体平稳的发展态势，经济结构持续优化。前三季度全省实现地区生产总值25595.01亿元，同比增长8.0%。其中，第一产业增加值1542.91亿元，增长3.5%；第二产业12546.93亿元，增长8.3%；第三产业11505.17亿元，增长8.2%。农业生产增速加快，主要农产品产量实现增长，前三季度全省农林牧渔业总产值为2736.70亿元，按可比价计算比上年同期增长3.6%，增幅比上年同期提高0.4个百分点。其中，农、林、牧、渔业产值分别增长4.0%、4.1%、0.6%和4.6%，农林牧渔服务业产值增长5.6%。工业生产平稳，前三季度，全省规模以上工业增加值同比增长8.8%，比上年同期回落0.3个百分点。分经济类型看，国有控股企业增加值增长8.1%，股份制企业增长10.1%，外商及港澳台商投资企业增长6.4%。分行业看，全省38个大类行业中有33个行业增加值同比增长，增长面达86.8%。产业结构持续优化，新产业新产品增长快速，前三季度全省高技术产业增加值同比增长13.2%，增速高于规模以上工业4.4个百分点。其中，锂离子电池制造、通信终端设备制造、智能消费制造、生物药品制造业等高端制造业增加值同比分别增长34.0%、26.7%、21.6%和17.3%。

（二）着力补齐民生短板，公共服务水平进一步提高

2019年福建为民办实事项目共有27个大项，其中民生事业补短板类11项，实施乡村振兴战略类6项，城乡建设和生态环保补短板类10项，投入资金371.37亿元，其中省级财政（含中央）承担112.3亿元。截至3月底，省级财政（含中央）已下达为民办实事项目资金76.33亿元，完成计划的68%，下达资金超过序时进度的共计21个项目，其中公共就业服务工程、造福工程易地扶贫搬迁工程、城市公共停车设施建设、道路交通安全隐患路段整治、安全生态水系建设、小流域综合治理等6个项目已完成资金下达任务。

公共卫生服务体系建设稳步实施。一是加强疾病预防与健康。持续落实健康福建行动规划，深化健康宣教普及和职业病防治工作，建立健全健康促进工作机制，进一步探索公共卫生领域改革，推进省疾控中心综合改革试点。二是优化医疗卫生资源配置。积极创建国家区域医疗中心，推进县级医院服务能力建设，因地制宜发展多种形式医联体，推进41个县域医共体进入实质运作，建立健全医联体管理体制、运行和评价机制，做实做细家庭医生签约服务，推进乡村卫生服务一体化管理。三是完善医疗保障制度。落实职工医

保基金全省统筹调剂制度，改进城镇职工医保个人账户管理，完善异地就医直接结算政策，扩大按病种收付费改革覆盖面，县域医共体全面实施医保打包支付政策，完善精准扶贫医疗叠加保险政策。四是改善卫生健康服务。以“互联网+医疗健康”示范省建设为契机，加快推进全民健康信息化发展，推进医疗、医保、医药信息共享，加强分级诊疗信息支撑平台建设。

城乡教育资源有效均衡配置。一是统筹推进城乡义务教育一体化建设。深入推动县（市、区）制定实施县域内城乡义务教育一体化建设方案，进一步落实消除义务教育学校大班额专项规划，推进乡村小规模学校标准化建设与评估。推动实施初中质量提升计划，组织省级示范性普通高中建设学校对口帮扶公办初中。二是加强普惠性学前教育资源建设。推进普惠性民办幼儿园认定与管理，进一步提高全省学前教育普惠率。推动乡村小规模学校附设幼儿园（班）精准帮扶。探索学前教育保教点规范建设和管理，继续支持部分山区县开展农村学前教育巡回支教试点。三是优化普通高中教育资源配置。实施高中阶段教育质量提升计划，促进各地进一步优化普通高中教育资源配置，改善课程实施基础条件。四是改善特殊教育资源结构。进一步摸清适龄残疾儿童少年底数，做好教育安置，继续推进特殊教育标准化学校、资源中心、资源教室建设，促进融合教育，支持有条件的地方和特教学校开展自闭症教育研究实践。

公共文化服务体系持续建设。一是提升公共文化服务效能。建设中国（福建）公共数字文化大数据中心，开展新媒体的数字文化服务，推进福建公共文化服务供需对接信息化平台建设。不断提升福建博物院、昙石山博物馆、福建民俗博物馆、非遗博览苑、图书馆、省少儿图书馆等公共文化服务窗口作用，建成一批VR图书阅览室、智慧博物馆等创新型文化展示服务项目。深入推动县级文化馆、图书馆总分馆制、公共文化机构法人治理结构改革。二是推进乡村文化振兴工程。持续建设特色文化设施，在全省推动建设基层综合性文化服务中心，利用古厝、祠堂、礼堂、戏台、乡村游客服务中心等，拓展一批基层特色文化服务中心，组织开展特色文化活动，打造“升级版”“特色版”乡村公共文化服务阵地。实施农耕文化传承保护工程，深入挖掘八闽农耕文化深刻内涵和时代价值。三是完善旅游公共服务体系。认真实施“厕所革命”新三年行动计划，继续推动各地动工兴建一批旅游集散服务中心，不断健全旅游集散服务中心体系。加强乡村旅游公共服务基础配套设施建设，推进旅游要素和公共服务全域覆盖。

（三）就业形势总体平稳，社会保障水平进一步提升

坚持就业优先战略和积极就业政策，积极开展稳企稳岗稳就业，制定鼓励企业吸纳就业、促进高校毕业生就业创业、支持劳动者自主创业等有关政策举措，以及直接面向院校毕业生、登记失业人员、就业困难人员、自主创业人员、返乡农民工等重点群体的就业援助政策，不断挖掘和推广各地就业创业政策落地的好经验、好做法，努力实现更高质量和更充分就业。2019年1—9月，全省城镇新增就业53.03万人，失业人员再就业18.19万人，就业困难人员实现就业2.66万人，城镇登记失业率3.47%，同比下降0.31个百分点，控制在4.2%内。

以深化改革、精准扩面、基金安全、便民经办为着力点，推动建立覆盖全民、城乡统筹、权责清晰、保障适度、可持续的多层次社会保障体系，持续完善健全基本公共服务制度、服务项目、服务设施、服务标准以及“互联网+人社”服务手段，切实加大投入力度，不断优化服务供给，提高公共服务水平，创新领取养老金资格手机刷脸认证等服务方式，群众满意度进一步提升。截止2019年8月底，福建全省基本养老保险参保人数（含离退休）1107.14万人，同比增加64.42万人，增长6.18%；失业保险参保人数为590.95万人，同比减少22.29万人，下降3.63%，领取失业保险金人数为5.73万人，同比增加0.78万人，增长15.76%；工伤保险参保人数为868.51万人，同比增加52.46万人，增长6.43%。

（四）深入实施乡村振兴战略，城乡发展进一步协调

深入实施区域协调发展战略，全面实施乡村

振兴战略，推进城乡区域协调发展向更高水平和更高质量迈进。一是持续推进闽东北、闽西南两大协同发展区建设。推进基础设施互联互通，加快产业配套协作，促进产业合理布局和上下游联动，共建山海协作产业园区，推进教育、医疗卫生和文体等公共服务资源共享，推进生态环境协同保护。二是推进发达地区和欠发达地区联动发展。坚持“输血”和“造血”相结合，推动中央苏区、革命老区、少数民族聚集区、海岛等欠发达地区加快发展，建立健全长效普惠性的扶持机制和精准有效的差别化支持机制，加快补齐产业、基础设施、公共服务等短板，增强脱贫措施的实效性，确保老区苏区等欠发达地区在全面建成小康社会进程中一个都不掉队。三是大力发展特色现代农业。坚持抓龙头、建基地、强品牌，促进一二三产业融合发展，在稳定粮食生产能力，做强做优做大茶叶、蔬菜、水果、畜禽、水产、林竹、花卉苗木7个优势特色产业的基础上，加大食用菌产业、乡村旅游业、乡村物流业的培育力度。四是注重精准扶贫精准脱贫的可持续性。将脱贫攻坚与乡村振兴紧密结合起来，对贫困地区如何提高脱贫效果的可持续性和缓解相对贫困等问题进行前瞻性探索，着重解决收入水平略高于建档立卡的边缘贫困户群体缺乏政策支持等新问题，将致贫后的边缘户及时按照建档立卡动态管理机制纳入扶持对象。

（五）平安建设有序推进，社会治理进一步加强

坚持树立新理念、运用新技术、建立新机制，全力防范化解重大风险，保持社会稳定，不断推进更高水平的平安福建建设。一是发扬新时代“枫桥经验”，加强人民内部矛盾调解，各地形成诸多特色鲜明的创新做法，让田间地头、工地车间、居民小院、街头小巷成为矛盾纠纷的调解现场、矛盾化解的终点。二是深入推进扫黑除恶专项斗争，坚持系统治理、源头治理，加强重点地区排查整治，加强重点行业、领域日常监管，从源头上遏制黑恶势力滋生蔓延。三是着力防范化解涉稳风险，持续加大对新型网络传销、非法集资、黑社会性质高利贷等经济犯罪防范打击力度，坚决遏制涉众型、风险型经济案件高发势头。四是着力打造智慧司法，不断完善新一代智能科技法庭、司法大数据平台、智能中间柜、电子卷宗深度应用系统、执行三色智能服务平台、统一送达平台等，为全省法院审判执行工作、发展态势研判和辅助科学决策提供实时数据支持。

（六）生态文明试验区建设深入推进，生态环境质量继续保持全国前列

福建深入推进国家生态文明试验区建设，持续打好水、大气、土壤三大保卫战，推动加快建设天蓝地绿水清的美丽福建。据省环保厅发布的我省2019年7月份环境质量状况显示，我省生态状况总体保持优良水平。环境空气质量方面，9个设区城市及平潭综合实验区的环境空气质量达标天数比例平均为100%，同比上升1.3个百分点。水环境方面，全省12条主要河流143个水质评价断面总体水质为优。Ⅰ类～Ⅲ类水质比例为95.8%，同比上升3.5个百分点；Ⅰ类～Ⅱ类水质比例为61.5%，同比上升13.2个百分点。各类水质比例如下：Ⅰ类占4.2%，Ⅱ类占57.3%，Ⅲ类占34.3%，Ⅳ类占2.8%，Ⅴ类占0.7%，劣Ⅴ类占0.7%。森林覆盖率继续位居全国首位。生态环境状况指数继续保持全国前列。

二、当前福建社会发展面临的主要问题与挑战

（一）保持经济持续稳定发展仍面临较大的压力

当前国内外经济形势依然复杂严峻，全球经济增长放缓，外部不稳定不确定性因素增多，福建经济面临下行压力较大。一是工业生产回稳的基础还不牢固。工业生产月度间增幅波动幅度较大，4月同比增长9.0%、5月增长7.3%、6月增长8.8%；工业产销衔接状况不理想。二是投资运行仍面临较大下行压力。基础设施投资需求减弱，上半年全省基础设施投资同比下降11.8%。部分生产性服务业投资下降。批发业投资下降62.7%，科学研究和技术服务业投资下降35.8%，信息传输、软件和信息技术服务业投资下降23.7%，金融业投资下降6.5%。新开工项目支撑不足。三是石油及制品、居住类商品增速放缓。上半年全省限额以上石油及制品类商品零售额同比增长8.2%，增幅同比回落4.8个百分点；全省限额以上建筑及装潢材料类商品同比增长23.9%，增幅同比回落3.4个百分点，四是企业用工延续缺工为主，结构性供需差异持续存在。上半年，调查企业缺工率比上年同一调查期提高4.9个百分点。

（二）社会民生保障与人民群众新期待仍有差距

一是人民群众对社会保障的覆盖面、公平度、水平线、稳固性的预期在不断提升，但我国仍处于并将长期处于社会主义初级阶段的基本国情没有变。特别是近年来，社保缴费基数长期偏低，而待遇水平连年刚性增长，受老龄化加剧等综合因素影响，扩面空间下降，而领取待遇人数持续增加。二是城乡区域发展和收入分配差距依然较大，经济发展不平衡不充分问题还广泛存在，人民群众对提高收入水平、规范分配秩序、缩小收入差距的愿望十分迫切。三是我国经济已由高速增长阶段转向高质量发展阶段，正处在转变发展方式、优化经济结构、转换增长动力的攻关期，人口红利下降的同时，企业对劳动者素质要求在提升；传统产业岗位需求减少的同时，新业态就业创业还需要加强；部分地区、行业招工难的同时，一些重点群体也存在就业难的现象。总的来看，就业总量压力不减，持续稳定增长有一定难度，劳动力市场冷热不均、供需错位的现象普遍存在，就业结构性矛盾比较突出，国内外新的影响因素还在增加。四是从建设新福建发展需求来看，人才总量不足、结构也不够优化、创业创新团队紧缺等问题还比较突出。五是在社会保险经办服务、劳动关系调整、公共就业和人才服务等领域，还不同程度地存在规模不足、覆盖不全、质量不高、创新不够等短板。

（三）社会风险隐患仍然存在

一是安全事故形势仍然较为严峻。危化品安全事故多发，2019年前三季度，发生化工领域事故5起、死亡7人，同比上升150%和600%；火灾事故和道路交通运输较大事故仍较突出。二是新业态新领域安全隐患增多。互联网金融、民间借贷领域“套路贷”、高利贷、非法校园贷等金融乱象仍较突出，一些犯罪团伙涉黑涉恶，严重危害人民群众安全和社会和谐稳定。三是食品药品安全隐患仍然存在，对食品药品安全源头监管还较为薄弱，监管效能还有待提高。四是生活中的社会风险屡屡发生。居民小区的高空抛物、高空坠物砸伤行人、乱扔烟蒂引发火灾、不牵绳遛狗导致猛犬当街咬人等等。

三、2020年福建社会发展基本态势与对策建议

2020年，是全面建成小康社会的收官之年，深入贯彻党的十九届四中全会精神，更加紧密地团结地以习近平同志为核心的党中央周围，坚持以习近平新时代中国特色社会主义思想为指导，按照全面建成小康社会的各项要求，紧扣我国社会矛盾的主要变化，坚持稳中求进工作总基调，坚持新发展理念，坚持以供给侧结构性改革为主线，继续统筹推进“五位一体”总体布局和“四个全面”战略布局，坚定信心，锐意进取，开拓创新，突出摭重点、补短板、强弱项，奋力建设“机制活、产业优、百姓富、生态美”的新福建，在保持经济发展“高素质”同时，保持生态环境的“高颜值”，不断提高人民群众的获得感幸福感安全感将会成为整个工作的主轴。

（一）推进创新创业创造“三创”，推动高质量发展落实赶超

创新是引领发展的第一动力，是推动高质量发展的必然要求。要着力营造有利于创新创业创造的良好发展环境，突出创新驱动，突出龙头带动，突出整体提升，切实加快产业转型升级，促进实体经济持续健康发展，引导企业采用新技术、新设备、新材料、新工艺实施技术改造，提升数字化、网络化、智能化水平，深化“互联网+先进制造”。加快实施创新能力突破行动，促进福建支柱产业自主知识产权核心竞争力进一步形成，实施关键核心技术“攻坚”行动和重要信息化系统安全产品等“迭代”计划。推动新一代信息技术、高端装备、新材料、生物医药、新能源及新能源汽车、节能环保、数字创意等战略性新兴产业发展提速、比重提升。注重运用新技术，依托新市场需求，推动车联网、软件信息、新能源和新材料等产业快速增长。密切关注、积极应对中美经贸摩擦，对受影响较大的重点企业、商品进行“一对一”跟踪服务，增强企业应对信心。推进海丝核心区建设走深走实，构建与海丝沿线国家和地区共商共建的国际经贸交流新平台、新引擎，全力推动经济发展“高素质”。

（二）持续兜底线补短板，着力改善民生

牢固树立以人民为中心的发展思想，着力解决人民群众切身利益的“心头事”，把稳就业摆在突出位置，全面推进基本公共服务均等化，加大贫困地区公共资源支持力度，建立健全基本公共服务标准体系，加快补齐教育、医疗、养老等民生事业短板。全面推进第三期学前教育行动方案，继续实施幼儿园建设工程包，新建和改扩建公办幼儿园，支持普惠性民办幼儿园建设，开展形式多样的中小学课后服务，统筹实施中小学校舍安全长效机制、城镇中小学扩容建设工程、初中“壮腰”工程，推进义务教育优质均衡发展。持续全面深化医改，持续深化“三医联动”改革，推进现代医院管理制度建设，完善公立医院人事分配制度，探索建立城镇职工医疗保险基金全省统筹调剂制度，深化基本医疗保险支付方式改革，把更多救命救急的好药纳入医保，以基层医疗卫生服务体系建设为重点，强化公共卫生保障，持续提升基层服务能力，稳步推进分级诊疗，加快医疗机构总床位和紧缺学科床位发展以及省儿童医院、妇产医院、疾控中心等重大项目建设。继续推进养老服务工程建设，保障养老公共服务投入，大力引导社会力量参与养老服务发展，加大“公建民营”改革力度，完善“民办公助”发展机制，健全政府购买养老服务制度，优先保障经济困难的孤寡、失能、高龄等人群服务需求，加大对基层和农村养老服务的支持，推进乡镇敬老院转型升级成区域性养老服务中心，支持社会资本发展普惠性养老服务。大力推进闽东北、闽西南两大协同发展区建设，推动城乡统筹、融合发展，推动先富地区带动后富地区发展。精准落实产业扶贫、搬迁扶贫、就业扶贫、金融扶贫、教育扶贫、健康扶贫等各项扶贫政策，切实做到“两不愁三保障”，从财政转移支付、深化山海协作、推进产业发展、强化人才支撑等方面采取一系列强有力措施，奋力推进福建老区苏区脱贫奔小康。

（三）打好防范化解重大风险攻坚战，加强和创新社会治理

贯彻落实国家实施打好防范化解重大风险攻坚战三年行动方案，集中力量优先处理可能影响经济社会稳定和引发系统性风险的问题。坚持房子是用来住的、不是用来炒的定位，因城施策，分类指导，夯实城市政府责任主体，保持房地产调控政策的延续性和稳定性，加快建立稳定房地产市场长效机制。建立健全公共安全体系，完善安全生产责任制，坚决遏制重特大安全事故，提升防灾减灾救灾能力。全面加强食品药品安全监督管理，坚守食药安全风险底线，保障人民群众舌尖上的安全。做实做细做深社会稳定工作，完善落实社会稳定风险评估机制，坚持以预防为基点有效防范社会风险，构建多元化纠纷解决体系。依托互联网和新媒体，创新社会治理新模式，推动社会治理从单向管理向双向联动、线下向线上线下融合、单纯部门监管向社会协同转变，实现政府治理和社会调节、居民自治良性互动。

（四）深化生态文明试验区建设，不断提升生态文明水平

深入推进大气、水、土壤以及海洋污染防治，着力打好蓝天保卫、柴油货车污染治理、水源地保护、城市黑臭水体治理、闽江流域山水林田湖草生态保护修复、九龙江口和厦门湾综合治理、农业农村污染治理七大标志性战役。激励企业扩大绿色投资，大力推动碳排放权、排污权、用能权交易，加快传统产业智能化、清洁化改造，培育壮大节能环保、清洁生产、清洁能源等产业，发展绿色农业、绿色制造业、生态服务业。创新绿色发展机制，增进绿色福祉，探索以生态产品为要素的产业发展路径，推动绿色发展示范区创建，建立省市县三级联动机制激发绿色发展潜力，培育壮大循环型生态绿色产业。推广“福林贷”等林业金融产品，进一步解决林权分散、零星，抵押贷款难、权益变现周期长等痛点和瓶颈问题。持续建设生态云平台，对全省生态环境数据进行实时全程监测和汇聚整合共享，全力保持生态环境“高颜值”。

（撰稿：福建社会科学院　黎昕　耿羽）

福建社会公共安全治理形势分析与对策

公共安全连着千家万户，是最基本的民生，确保公共安全事关人民群众生命财产安全，事关改革发展稳定大局。2019 年，福建省坚持以习近平新时代中国特色社会主义思想为指引，不断增强风险意识、责任意识，强化协调配合，深入贯彻总体国家安全观，深化平安福建建设，加强公共安全体系建设，不断提高社会治理社会化、法治化、智能化、专业化水平，为高质量发展落实赶超，奋力推进新时代新福建建设，为迎接新中国成立 70 周年营造了和谐稳定的社会环境。

一、2019 年社会公共安全治理主要进展

（一）着力强基固本，推进平安福建建设

坚持党政主导。省委书记、省长连续 21 年与设区市党政主要领导签订综治平安建设责任书。省委省政府下发工作要点，出台责任分解落实意见，对各地个性化问题提出整改意见，并结合每半年和年底的调研督导评定，推动综治平安责任层层传导、逐级压实。省委省政府还出台《关于建设更高水平“平安福建”工作的意见》，决定从 2018 年起用 5 年时间，开展更高水平的“平安福建”创建活动。

不断夯实基层基础。福建通过完善群防群治措施，提升公共安全治理的社会化水平，构建共建共治共享的公共安全治理新格局。一是做深网格服务管理。出台关于加快网格化服务管理信息平台和社区服务窗口整合建设的实施意见，推进“七网八网”统一整合为全省“一张网”、“七员八员”统一整合为网格员，共整合划分 10.7 万个单元网格、配备 12.3 万多名网格员。创新推行“网格化 +”食品药品监管、环境保护监管、道路交通监管和司法送达、金融服务等工作模式，形成职能互补、资源共享、高效便捷、融合共治新模式。二是做实综治中心建设。出台全省综治中心规范化建设指导意见，召开全省现场会部署推进。按照“多中心合一、一中心多用”，推进公安派出所、社区警务站、司法所、人民法庭等基层政法资源整合，发挥“1 +1 >2”的综合效能，变“单科门诊”为“专家会诊”“单打独斗”为“兵团作战”，打造群众呼声有人听、矛盾有人调、信访有人接、诉求有人落实的一体化平台。2018 年 11 月，我省平安建设做法在全国“枫桥经验”纪念大会上交流。三是持续推进“雪亮工程”。“雪亮工程”已建成公共安全视频监控点 57.7 万路，全省联网共享 44.7 万路，推送全国共享平台数量居全国前三位。

（二）防控化解风险，维护社会大局稳定

以公共安全风险防范攻坚为重点，持续深化社会治安专项治理，有力防范公共安全风险。2019 年 2 月 20 日，全省公共安全领域突出问题大排查大化解大整治攻坚行动视频会召开。各地扎实开展攻坚行动，持续深化三年社会治安专项治理，着力防风险、补短板、保平安、促稳定。全省共接报违法犯罪警情比降 10%。深入推进打击电信网络诈骗犯罪专项行动，深化部、省挂牌的重点地区综合整治，全省电信网络诈骗破案数、抓获犯罪嫌疑人数分别比升 25.3%、30.3%，群众损失金额比降 12.4%。组织开展禁毒“两打两控”行动和“飓风肃毒 2019”会战，全面推进毒品问题严重地区重点整治。深入推进打击“食药环”犯罪专项行动，推进蓝天、碧水、净土“三大保卫战”，破坏生态环境、危害食品药品安全等违法犯罪得到有力遏制。加强中小学生欺凌综合治理，

持续开展“护校安全”和“法治教育示范校”活动，校园欺凌案件比降11.1%。深入开展道路交通秩序和安全隐患集中整治行动，全面整治738处重点隐患路段，上半年全省交通安全事故“四项指数”全面下降。全省公共安全领域突出问题大排查大化解大整治攻坚行动取得阶段性成效。2019年上半年，全省群众安全感率、执法工作满意率分别达98.86%、96.68%，再创历史新高。

同时，我省还不断深化矛盾纠纷排查化解。组织开展“大排查早调解护稳定迎国庆”、“四下基层为民服务”、“解难题、化积案”百日行动。省委、省政府领导包案19件信访积案全部推动化解。下发防范化解个人极端案事件意见，指导各地加强预测预警预防。分级分类处置涉众型经济案件，妥善做好中美经贸摩擦引发风险的预警化解和应急处置准备，严防各类矛盾风险交织叠加。上半年全省共排查调处矛盾纠纷56728件，成功率98.5%。信访总量等均呈大幅下降。

（三）保持高压态势，持续深化扫黑除恶专项斗争

全省上下按照中央决策和省委部署，把开展好扫黑除恶专项斗争作为重大政治任务，坚持“五级书记一起抓、党政同责共同抓、行业部门联动抓”，采取有力措施，严厉打击涉黑涉恶违法犯罪活动。全省政法机关坚持把扫黑除恶专项斗争与社会治安问题专项治理三年行动有机结合起来，进一步细化专项斗争成员单位职责，提出深化扫黑除恶工作阶段性方案，推动行业领域监管乱点大排查大起底，适时通报涉黑涉恶腐败问题和充当“保护伞”案例，在全国率先出台黑恶犯罪案件系列证据标准和实务指引等规范性文件。紧盯中央督导组“回头看”反馈问题，强化线索核查、大要案攻坚、打财断血、打伞破网等工作，深入打击“套路贷”“砂霸”“渣霸”等涉黑恶犯罪。开展形式多样的扫黑除恶宣传活动，出台举报奖励办法，认真做好工作专报简报，营造扫黑除恶浓厚氛围。牵头做好扫黑除恶督导整改工作，印发整改任务分解清单和督导问责建议清单，推动中央督导组指出问题的整改落实，切实增强专项斗争实效性。据国家统计局社情民意调查中心调查，我省群众对扫黑除恶斗争成效评价“好”和“比较好”的比例达88.91%，居全国第7位。

（四）食品药品监管力度不断加大，制度建设日趋完善

2019年，福建省各级市场监管机关继续严格落实“四个最严”的工作要求，根据食品安全监管的新形势新特点，增强监管的靶向性和科学性，多举措筑牢食品安全监管的“防护网”。

开展“双随机、一公开”联合抽查。2019年2月，省市场监管局联合省交通运输厅等8个部门共同启动全省企业跨部门“双随机、一公开”联合抽查。福建省“双随机、一公开”抽查企业比例目标设为6%，在上半年、下半年各开展一次抽查，比例分别为1.5%、4.5%。截至2018年底，全省实有企业数1267980户，按上半年计划的1.5%比例测算，随机抽取19823户企业作为抽检对象。联合抽检结果将及时通过监管平台面向社会公示，同时对应当立案查处的资料移交办案机构处理。

继续推进“一品一码”追溯体系建设。一是加快制度建设，“一品一码”立柱架梁的基础性工作基本完成，追溯管理办法、追溯码编码技术规范已发布实施。二是加快平台建设，追溯管理平台已完成建设投入试运行，并与农业、海洋与渔业等主要部门、各设区市、28个重点食用农产品（包括食用水产品）批发市场及部分食品生产经营者的追溯管理系统对接。三是加快数据建设，全省食品生产企业、食品批发经营者、特定食品零售经营者、特定餐饮服务提供者的注册工作均已完成。截至目前，全省已有8.5万家食品生产经营主体上传追溯数据，完成率96.94%，备案食品信息249.36万种，累计上传追溯数据1.46亿条，基本实现食品质量安全顺向可追踪、逆向可溯源、风险可管控，有力守护人民群众“舌尖上的安全”。从2019年4月起，我省将分阶段对粮食及其制品、畜产品及其制品、禽产品及其制品等11大类食品以及涉及的相关具体生产经营主体实施食品安全信息追溯。

开展食品生产环节风险排查整治。聚焦“三个五”精准发力。一是突出五类重点品种。针对风险程度高、监管难度大的重点品种，重点排查乳制品、肉制品、食用植物油、酒类、蜂产品等五类重点品种的安全风险。二是突出五类重点问题。对食品中非法添加非食用物质、超范围超限量使用食品添加剂、掺杂掺假；未能持续保持生产许可条件；卫生环境脏、乱、差；生产记录不完整，不能满足食品安全追溯要求；出厂检验制度落实不到位等五类重点问题开展排查整治。三是突出五类重点对象。将监督抽检多次不合格、在各类检查中存在违法违规行为或屡改屡犯的企业、高风险企业、2019年新开办的企业、供校食品生产企业等五类企业列为排查整治重点对象。

抓好药品安全监管。加强药品、医疗器械、化妆品日常监管，组织抽检1016批次。开展风险隐患排查，扎实推进中药饮片质量集中整治、医疗器械监管专项整治、药品零售企业执业药师“挂证”行为整治等工作。2019年前三季度，省药品监管局立案查处“二品一械”（即药品、化妆品、医疗器械）违法案件1109件，罚款金额2103.82万元，没收所得185.24万元。

（五）筑牢安全生产防线，有效化解隐患

2019年，我省不断织密扎牢安全生产防护网，全省安全生产各项工作取得新的进展，各类生产安全事故实现较大幅度下降，安全生产形势持续稳定好转，为新中国成立70周年和我省坚持高质量发展落实赶超创造稳定的安全生产环境。

进一步细化安全生产责任制。自2018年9月福建省出台《福建省党政领导干部安全生产责任制实施细则》以来，全省上下围绕落实这个安全生产责任体系的“福建方案”，不断明确细则适用对象、职责、具体问责情形，推动全省安全生产工作深入开展。

加强危化品安全隐患排查。2019年3月，省应急管理厅开展全省危险化学品安全生产隐患排查治理，切实夯实各环节责任，有效管控各类安全风险。持续深入开展反“三违”专项行动，切实做到隐患整改“五落实”，凡是风险管控措施不完善、不到位的，要立即组织整改，整改仍然达不到要求的，要坚决停用。严处重罚危化品企业违法违规行为，要求各级应急（安监）部门对重大隐患、关键部位环节、事故多发地区和单位，要开展暗查暗访、联合执法、集中执法，保持高压态势。各地加快构建危化品安全生产长效机制，加强源头管控，规范新改扩建危险化学品建设项目准入，深入开展自动化控制系统改造“回头看”，提高自动化控制水平。

加强煤矿安全生产监管。截至2019年9月，全省40家已复工复产的煤矿全面完成自查自改，并向当地煤矿安全监管部门及时报送“两清单一报告”。超计划完成对82家煤矿的专项执法检查，下达监管监察执法文书170份，排查各类安全生产隐患1517条，责令停产停建煤矿2家，责令15个采掘工作面局部停止作业，对4家煤矿的安全生产违法违规行为进行立案查处。

2019年1月至9月，全省发生各类生产安全事故1019起、死亡649人，同比分别下降24.2%和7.5%，其中较大事故11起，没有发生重大以上事故。

二、社会公共安全治理面临的新情况新问题

（一）安全事故形势仍较为严峻

一是火灾事故隐患仍较为突出。2018年全省共发生火灾6273起，造成83死30伤，其中泉州、福州两地火灾数合占61.8%，电气致灾占38.3%，42.4%发生在居住类场所。市县两级政府共挂牌督办重大火灾隐患单位23家。从“一高一大一化”场所看，全省共有高层建筑20907栋（百米以上超高层建筑644栋）、5万平方米以上大型城市综合体104个（10万平方米以上48个），部分场所消防主体责任落实不到位，存在安全隐患。省内四大石化园区已全面开工，不少企业已投产运行，消防安全风险存在。从“三合一”场所看，全省经营性“三合一”场所普遍存在。从农村消防安全问题看，近三年全省农村村居火灾起数、死亡人数、受伤人数、直接财产损失分别占总数的38.2%、48.1%、25.4%和38.3%，已经成为影响我省农村地区公共安全的突出问题。二是道路运输较大事故同比上升。2019年1—9月，全省道路运输事故5起、死亡15人，同比增加2起、6人，超过2018年度较大道路运输事故总量（4起、12人）。从重点道路看，2018年全省共排查重大隐患路段738处，特别是农村地区道路里程较长（其中三、四级公路约占公路通车里程的80%），路弯陡坡、临水临崖路段较多，交通标志和防护设施缺失老旧。2018年，农村地区事故死亡人数

占全省总数的62.3%。全省高速公路隧道、桥梁占比高，2018年发生在高速桥梁、隧道的事故死亡人数占高速事故总数的32%。从重点车辆看，全省有128辆营运客车、危化品运输车的使用性质及营运资质不一致，912辆“营转非”大客车、15.6万辆农村面包车主体责任落实不到位，存在较大事故隐患。从驾驶人看，春运期间，全省共查处酒驾醉驾等严重交通违法行为13万余起。三是危化品安全事故仍多发。仅应急管理部门许可的危险化学品从业单位就有6000多家，不少单位危化品储存设施不牢靠，保管制度不严格，极易出现管理漏洞和安全事故。今年1—9月，我省发生化工领域事故5起、死亡7人，同比上升150%和600%。四是建筑施工事故多发未有效遏制。2019年1—9月，全省建筑施工事故91起、死亡96人，同比分别上升40.0%和39.1%。五是较大事故同比上升。今年1—9月，全省共发生各类较大事故11起、死亡40人，同比增加2起、7人。

（二）新业态新领域容易滋生隐患

一是新兴行业领域监管手段有待提高。随着移动互联工具和便捷支付手段日益普及，网约房、网约车等增多，因实名登记等管理工作缺乏有效法律依据，容易成为治安管理盲区。寄递“3个100%”、物流“2个100%”制度落实还没有完全到位，公安机关查获的非法买卖枪支、毒品等案件70%以上是通过寄递物流渠道运转的。二是部分大型活动安全防范不到位。一些大型活动安保考虑不周、防范措施不严，特别是在开放性露天场所举办大型活动没有合理严密的分流人员控制措施，极易引发意外事故。三是一些关键信息基础设施安全防护跟不上。“重发展、轻安全”“重应用、轻保护”问题较突出，没有严格落实信息安全等级保护技术和管理要求，安全管理薄弱，漏洞修复不及时，突发网络安全事件的应急处置能力有待提升。

（三）新食品药品监管体制带来的挑战仍待化解

2018年3月13日，十三届全国人大一次会议审议国务院机构改革方案，组建国家市场监督管理总局，不再保留国家食品药品监督管理总局。这既标志着市场监管进入了一个新阶段，也是食品安全监管进入了一个新阶段，不再由各部门各管一段，而是以综合监管模式取而代之。但是，新监管体制也给食药监管工作带来了新挑战。一是监管效能有待提高。市场监管工作不断下沉到基层，而相应的监管人员却未得到有效补充，部分监管环节出现真空。同时，过度依赖“集中整治”“百日行动”等运动式监管方式，信息化监管手段运用不足，使得监管方式过于单一。二是社会共治格局有待加强。企业主体责任落实不到位。一些企业严格落实进货查验、出厂检验、食品安全自查、食品召回等各项制度不到位，甚至依然存在主观故意违法行为。消费者未树立正确的消费观。舆论监督和引导作用有待加强。三是源头管理仍然相当薄弱。农户小而散，在农产品耕种和养殖过程中出现食品安全问题很难被及时发现。食品安全监管重心在加工、流通和餐饮等环节，流通环节检测出的食品安全问题多是发生在源头。对源头食品安全监管相对薄弱。

三、进一步推进社会公共安全治理的对策措施

（一）推动社会公共安全体系创新

党的十九大报告把坚持总体国家安全观明确为新时代坚持和发展中国特色社会主义的14个基本方略之一，并提出了要打造共建、共治、共享的社会治理格局，树立安全发展理念，弘扬生命至上、安全第一的思想，健全公共安全体系，完善安全生产责任制，坚决遏制重特大安全事故，提升防灾减灾救灾能力等具体要求。党的十九届四中全会提出，坚持和完善共建共治共享的社会治理制度，保持社会稳定、维护国家安全；要完善正确处理新形势下人民内部矛盾有效机制，完善社会治安防控体系，健全公共安全体制机制，构建基层社会治理新格局，完善国家安全体系。这些要求对于我省做好当前和今后一个时期的公共安全与应急管理工作指明了方向、提供了基本遵循。建设共建共治共享的社会公共安全体系，核心是社会力量广泛参与。社会公共安全体系建设，需要构建党委领导、政府负责、民主协商、社会协同、公众参与、法治保障、科技支撑的社会公共安全共建共治新模式，不断提高提高社会治理的法制化、社会化、智能化、专业化水平。要继续坚持各级党委政府的主导地位，同时要积极鼓励和引导社会力量有序参与公共安全治理，

充分发挥企事业单位和社会组织、各类专业技术力量在防灾减灾和应急救援中的作用。尤其是要坚持群众路线，组织和动员各方面群众积极参与社会治理，拓展人民群众参与公共安全治理的有效途径，构建起人人参与、人人尽责、人人共享的社会风险治理新格局。

（二）推进食品药品监管体制创新

一是推进食品监管机构职能转变。将职能转变与本轮食品药品监管体制改革紧密结合、同步推进，着力解决政府、社会及市场三者的关系问题，创新监管理念和方式，做好“放管服”改革，把该放的权力放到位，把该管的事务管住管好。二是强化基层食品监管体系建设。重点优化地方各级监管部门间的职能配置，形成事权清晰、责任明确、属地管理、分级负责、覆盖城乡的食品药品安全监管体制。重心下移，优先向县及乡镇街道倾斜与优化配置监管力量、技术装备，形成横向到边、纵向到底的监管体系。以县级行政区为单位，分层布局、优化配置、形成体系，强化县级技术支撑能力建设，将地方政府负总责直接落实到监管能力建设上，不断夯实基层监管力量。推进基层食品安全监管网格化管理，建立覆盖乡村（社区）的食品安全协管网络，做到“定格、定人、定责、定标”。建立职业化、专业化检查员队伍，提高基层监管人员对食品安全的现场检查能力。用信息化手段提升政府食品安全治理能力，采用“大数据”、“互联网＋”等手段实施信息化“智慧监管”。从事前、事发、事中、事后全过程维度，积极防控重大食品安全事故风险。三是构建食品药品安全社会共治格局。落实企业食品药品安全首要责任，发挥好消费者组织、行业协会、媒体等各类社会组织的监督引导作用，努力营造良好的食品药品安全氛围。

（三）进一步落实安全生产责任制

要以综合应急管理机构的组建为契机，进一步抓实安全生产。一要强化安全生产责任落实。持续推动落实《中共中央国务院关于推进安全生产领域改革发展的意见》及我省的实施意见，按照责任分工和时间进度要求，抓好各项工作任务的落实。贯彻落实《地方党政领导干部安全生产责任制规定》和我省的实施细则，牢固树立安全发展理念，增强风险意识，坚守安全底线，勇于担当作为，加强地方党政领导干部和相关部门负责人安全培训，提高对安全生产工作的领导和监管能力，切实担负起“促一方发展，保一方平安”的政治责任。二要强化重点行业领域安全风险防控。全面开展高风险煤矿安全“体检”，强化灾害治理，分类落实限产、停产、关闭处置措施，开展进一步规范煤矿生产建设秩序整治工作。深化危化品安全综合治理，加快实施搬迁改造工程。深化非煤矿山安全专项整治，淘汰不具备安全生产条件的矿山，完成“头顶库”事故隐患三年治理任务。建立长效机制，常态化开展安全生产隐患排查治理，摸清安全风险和事故隐患，集中排查治理各类事故隐患和问题，有效管控各类安全风险。三要创新执法检查方式方法，实施分类分级执法检查，继续扩展企业“双随机、一公开”监管、先进企业安全承诺、高危企业重点监管模式。建立“互联网＋执法检查”工作机制，提高执法信息化水平。加强与“放管服”改革相配套的事中事后安全监管，开展专项“回头看”检查。

（撰稿：福建社会科学院　张学文）

福建科技创新引领作用凸显

我省深入贯彻落实党的十九大有关科技创新的重大决策部署，继续坚定实施创新驱动发展战略，全社会研发活动呈现研发积极性不断提高、研发投入快速增长、研发实力稳步提升，研发引领作用进一步显现等特点。2019 年，我省 R&D 经费投入达 753.75 亿元，居全国第 12 位；经费投入比上年增长 17.3%，增速居第 11 位；R&D 经费投入强度（R&D 经费投入与 GDP 之比）为 1.78%，居第 15 位。同时，我们也要看到，我省建设国家创新型省份，实现经济高质量发展，仍面临着研发投入不足、产学研合作水平偏低、政策扶持效果欠佳等多重挑战。

一、创新环境继续优化

大众创业、万众创新是新常态下经济发展"双引擎"之一，蕴藏着巨大发展潜力。我省坚持以市场为导向，加强政策集成，强化开放共享，创新服务模式，为推进大众创新创业构建良好环境。

（一）财税扶持力度增强

2019 年，全省一般公共财政预算支出中科学技术支出 133.41 亿元，比上年增加 16.57 亿元，增长 14.2%。我省不断完善研发费用加计扣除减免税、高新技术企业所得税减免等政策，支持企业申报高新技术企业，享受研发费用加计扣除减免税、高新技术企业所得税减免，形成创新投入—政策支持—再投入的良性循环。2019 年，全省规模以上工业企业享受研究开发费用加计扣除减免税 37.73 亿元，享受高新技术企业减免税 44.29 亿元。

（二）人才队伍壮大

我省科技人员队伍不断扩大的同时，人员的水平与素质不断提高，已形成了一支具有较大规模和较高水平的科技人才队伍。2019 年，全省国有企事业单位拥有专业技术人员共计 72.9 万余人，其中科学研究人员 7674 人，工程技术人员 82169 人，农业技术人员 12486 人。全省拥有研究生在校生 58710 人，研究生毕业生 13301 人，普通高校在校生 86 万余人，普通高校毕业生 20 万余人。全省拥有 R&D 人员 26.2 万余人，比上年增长 7.5%；R&D 人员折合全时当量为 171451.8 人年，增长 6.5%。

（三）基础研究加强

基础研究是科学技术发展的根基，对社会经济的持续发展具有举足轻重的作用。2019 年，全省基础研究投入 36.13 亿元，比上年增长 45.2%；增幅比上年提高 13.6 个百分点，比全社会 R&D 投入平均增速高 27.9 个百分点；占全社会 R&D 投入总量的 4.8%，比上年提高了 0.9 个百分点。其中，高等院校基础研究投入 19.84 亿元，政府属科研机构基础研究投入 15.05 亿元，分别比上年增长 57.0% 和 33.2%，高校与科研机构的基础研究主体地位进一步加强。

（四）创新活动广泛开展

2019 年，全省有 39.9% 的规模以上企业开展了创新活动，其中有 96.9% 成功实现了创新。至 2019 年底，全省共拥有创新型企业 684 家、高新技术企业 4800 家，拥有国家级众创空间 50 家、非国家级众创空间 318 家。全省在统科技企业孵化器 143 家，在孵企业 3501 家，在孵企业拥有从业人员 4.77 万人，投入研究开发经费 15.92 亿元，申请专利 5793 件，拥有有效发明专利 1477 件。

二、企业创新欣欣向荣

企业是经济活动的基本单元，企业创新能力

的提升，对我省走好加快转型、绿色发展、跨越提升新路，具有十分重要的意义。

（一）研发积极性提高

企业研发热情持续高涨，研发活动的覆盖面进一步扩大。2019 年，全省有 5305 家规模以上工业企业开展了 R&D 活动，比上年增长 23.6%，增幅提高 11.4 个百分点；占比达到 28.9%，提高 4.8 个百分点。分企业规模看，50.0% 的大中型企业开展了 R&D 活动，比上年提高 7.0 个百分点；24.7% 的小微型企业开展了 R&D 活动，提高 3.9 个百分点。分行业看，开展 R&D 活动的企业占比在 50% 以上的行业门类有 5 个，分别是烟草制品业（71.4%）；医药制造业（68.5%）；计算机、通信和其他电子设备制造业（64.0%）；仪器仪表制造业（55.7%）；专用设备制造业（52.0%）。

（二）研发经费投入增长

企业 R&D 经费总量保持较快增长，经费投入强度稳步提高。2019 年，全省规模以上工业企业投入 R&D 经费 598.51 亿元，比上年增长 14.0%。分企业规模看，大中型企业投入经费 410.54 亿元，小微型企业投入经费 187.98 亿元，分别比上年增长 7.4% 和 31.7%。全省规模以上工业企业 R&D 经费投入强度（R&D 经费与营业收入之比）为 1.04%，比上年提高 0.03 个百分点。分行业看，R&D 经费投入强度超过 2% 的行业门类有 5 个，分别为电气机械和器材制造业（2.75%）；计算机、通信和其他电子设备制造业（2.53%）；医药制造业（2.50%）；仪器仪表制造业（2.22%）和专用设备制造业（2.00%）。其中，电气机械和器材制造业和计算机、通信和其他电子设备制造业的 R&D 经费投入强度超过全国平均水平，分别高出 0.60 和 0.38 个百分点。

（三）自主研发实力增强

企业研发机构是企业研发活动的重要载体，是企业自主研发实力的集中体现。近年来，我省大力引导推进企业研发机构的建设，目前全省已有国家级企业技术中心 59 家，省级企业技术中心 532 家。2019 年，全省共计 1703 家规模以上工业企业拥有企业研发机构，比上年增长 12.3%；共设置机构 1879 个，比上年增长 10.7%；机构人员 92984 人，增长 6.4%；机构经费支出 281.18 亿元，增长 8.1%。从企业研发机构的项目开展情况看，规模以上工业企业研发机构共开展 R&D 项目 21689 项，比上年增长 15.9%；投入 R&D 项目经费 598.76 亿元，增长 17.1%。

三、引领作用日益凸显

我省深入实施创新驱动战略，加快实现从要素驱动向创新驱动的根本转变，创新鼓点密集敲响。

（一）专利申请量质齐升

2019 年，全省专利申请受理 153279 件，其中发明专利 30083 件；全省专利授权 98955 件，其中发明专利 8963 件。2019 年，全省每万人口拥有发明专利 11.11 件，比上年增加 1.26 件。2019 年，全省有 2783 家规模以上工业企业进行了专利申请，比上年增长 18.5%；企业专利申请数为 37196 件，比上年增长 18.0%；其中发明专利申请数为 11025 件，增长 11.9%。至 2019 年底，全省规模以上工业企业拥有有效发明专利 34668 件，比上年增长 17.3%；其中 20783 件已被实施，增长 19.9%。

（二）产品结构逐步改善

随着消费结构和消费需求升级，供给侧结构性改革迫在眉睫，倒逼企业积极研发创新，实现产品结构升级蜕变。2019 年，全省规模以上工业企业开展新产品开发项目 22275 项，比上年增长 23.3%，占全部研发项目的 86.7%，比上年提高 3.7 个百分点；新产品开发投入经费 580.63 亿元，增长 16.9%；实现新产品销售收入 5789.31 亿元，增长 9.2%；新产品销售收入占主营业务收入的 10.2%。

（三）引领先进制造业快速发展

2019 年，全省共有规模以上高技术制造业企业 1184 家，比上年增长 17.8%；其中 63.4% 的企业开展 R&D 活动，比规模以上制造业企业平均水平高 33.9 个百分点；投入 R&D 经费 178.00，占规模以上制造业企业 R&D 经费的 30.2%；R&D 经费与主营业务收入之比为 2.79%，比规模以上制造业企业平均水平高 1.69 个百分点。全省规模以上高技术制造业企业专利申请量为 1.02 万件，比上年增长 20.0%；其中发明专利申请 0.45 万件，增长 18.4%；发明专利申请占比达 44.1%，比规模以上制造业平均水平高 14.9 个百分点。

四、快而不强问题仍需关注

近年来，我省加强政策引导作用，研发投入快速增长，投入强度稳步提高，但现有研发水平仍难以有效支撑我省实现高质量发展。

（一）研发经费投入还需加大

我省研发经费投入虽连年增长，但距离建设国家创新型省份实施方案提出的到2020年R&D经费投入强度达全国平均水平的目标还有不小差距。一是与全国平均水平相比仍存在一定差距，2019年我省R&D经费投入强度仍比全国平均水平（2.23%）低0.45个百分点。二是在东部十省中处于落后位置，我省R&D经费投入强度与北京（6.31%）、上海（4.00%）、天津（3.28%）、广东（2.88%）、江苏（2.79%）、浙江（2.68%）等先进省份存在明显差距。三是前沿性研究投入欠缺，2019年我省基础研究和应用研究经费投入为87.00亿元，在R&D经费投入总量中仅占11.5%，比全国平均水平（17.3%）低5.8个百分点，原始创新能力和关键领域核心技术研发能力明显不足。

（二）科研服务资源不足限制发展

与华东地区的其他省份相比，我省虽拥有近百家政府属科研机构，但机构规模较小、研发实力较弱。2019年，全省政府属科研机构投入R&D经费34.09亿元，仅占全社会投入总量的4.5%，比全国平均水平低9.4个百分点，与浙江、安徽等周边省份差距更是悬殊。科研服务资源不足，尤其是产品检验检测能力的不足，限制了企业研发活动的高效率开展，迫使福建企业不得不委托北京、山东、浙江、广东等外省机构进行产品检测检验，但外省科研服务机构通常优先受理其本地企业的服务申请，导致福建企业排队等候时间加长，产品上市周期被迫延长，成本费用更加高昂。

（三）产学合作水平有待提升

产学研合作是将企业、科研院所、高校等不同主体的研发资源优势进行协同和集成。产学研合作水平很大程度上反映了一个地区不同社会分工在功能与资源上的协同程度，也反映技术创新上中下游的对接和耦合效果。目前，我省科技创新链条上各个环节衔接不够紧密，产学研协同创新机制的不完善，导致科技成果转化应用通道不通畅，产学研合作仍处于较低水平。2019年，全省规模以上工业企业委托科研机构和高校开展研发活动的R&D经费支出共计4.74亿元，比上年增长3.5%，明显低于同期企业R&D经费的增长水平，产学研经费支出与企业R&D经费之比由上年的1∶115降至1∶126。

（四）政策扶持力度不尽人意

近年来，我省推出了省级高新技术企业出库奖补、企业研发费用分段补助等政策，鼓励并扶持企业开展科技创新活动，但政府资金投入偏少，政策效果不佳等问题仍然存在。2019年，全省一般公共财政预算支出中，科学技术支出仅占2.6%，比全国平均水平（4.0%）低1.4个百分点。从研发资金结构看，全省规模以上工业企业R&D经费投入中，来自政府部门的资金投入为11.55亿元，占比仅为1.9%。从扶持政策覆盖面看，全省开展了研究开发活动的规模以上工业企业中，仅24.7%享受了研发费用加计扣除减免税政策，政策门槛高、政策实施落地难、政策解读宣传不到位等因素仍制约着政策效果的发挥。

五、建设创新型省份还需加力

我省应继续加快实施创新驱动发展战略，产业、创新、资金、政策“四链融合”，通过加强政策扶持力度、发展科技投融资体系，努力营造创新创业创造良好发展环境，为科技长远发展提供强有力支撑。

（一）向“财政投入”借动力

在进一步加大财政经费支持力度的同时，要充分发挥政府资金对全社会研发经费投入的引导和拉动作用，采取有效措施积极引导全社会加大对科技事业的投入，特别是要引导社会各界对基础和应用研究的重视与投入。建议拨出专项资金，鼓励对前瞻性科学研究和原始创新能力的建设和布局，给予原始创新项目合理的运行周期和收益宽容周期，创造科研人员长期潜心研究的有利环境。同时，要进一步加强顶层设计和统筹协调，推进科研项目管理体制和管理考评机制改革，提升研发经费投入的针对性和有效性，提高研发资金的使用效率。

（二）向“政策创新”借支撑力

进一步完善创新政策体系建设，推动研发费

用加计扣除减免税、高新技术企业减免税、企业研发经费分段补助等扶持政策的有效落实，营造鼓励企业加大研发投入的政策环境。此外，还要改善政策服务，加大政策宣传力度，简化审批流程和办事手续，规范政策执行，建立创新公共服务平台，优化现有的网上办理流程，方便企业高效便捷地享受优惠政策，确保相关政策落地生根。

（三）向“专业人才”借智力

一是在继续贯彻落实我省引进高层次人才的一系列优惠政策基础上，进一步提升现有政策的实施效果，在高层次人才最关心的落户、子女入学和住房等方面给予更多的优惠和扶持，促进政策落地执行；二是创新人才培养方式，通过委托培养、联合培养等形式，鼓励企业与高校、科研院所建立合作关系，充分利用高校、科研院所人才资源，培养适应我省建设和产业发展需要的实用型创新人才；三是丰富人才引进渠道，通过项目建设、学科建设、互培交流、人才集聚效应等形式，鼓励科技人员以兼职和全职等方式流动。

（四）向“结构调整”借推力

一是加快传统产业转型升级，鼓励引导企业改变“一站式”的生产经营模式，推动上下游服务环节外包，提高生产性服务业的市场比重；二是充分挖掘企业潜力，重点扶持一批研发能力强、市场前景好的独角兽企业、准独角兽企业和潜在独角兽企业，发挥企业辐射效应，带动产业链上下游企业，培育新增长点；三是借助移动互联网、云计算、大数据、物联网为代表的新一代信息技术，“嫁接”或“孕育”新兴产业，实现内生增长，从中孵化新的“独角兽”。

（撰稿：福建省统计局　陈昉）

福建省教育厅2019年工作重点

2019年3月5日福建省教育厅网站发布《福建省教育厅2019年工作要点》，明确了今年重点要做好的31件事情。主要内容如下：

总体要求：以习近平新时代中国特色社会主义思想为指导，全面贯彻党的十九大和十九届二中、三中全会精神，深入学习贯彻全国、全省教育大会精神，紧紧围绕统筹推进“五位一体”总体布局和协调推进“四个全面”战略布局，牢固树立“四个意识”，坚定“四个自信”，坚决做到“两个维护”，坚持稳中求进总基调，坚持新发展理念，坚持高质量发展落实赶超，坚持党对教育工作的全面领导，全面贯彻党的教育方针，树立问题导向，深化教育体制机制改革，破解教育热点难点问题，加快推进教育现代化、建设教育强省、办好人民满意的教育，培养德智体美劳全面发展的社会主义建设者和接班人，为加快建设机制活、产业优、百姓富、生态美的新福建提供更有力的人才支撑和智力支持，以优异成绩庆祝中华人民共和国成立70周年。

一、着力加强和改进教育系统党的建设和思想政治工作

1. 加强教育系统党的建设

目标任务：强化教育系统基层党组织政治功能，加强党支部建设，强化民办学校、中外合作办学机构、中小学校党的建设，使各级各类学校成为坚持党的领导的坚强阵地。

工作措施：把2019年作为高校“支部建设年”，用“四个意识”导航、用“四个自信”强基、用“两个维护”铸魂，努力营造良好政治生态。贯彻落实中组部、教育部党组新修订的《中国共产党普通高等学校基层组织工作条例》，研究制定我省高校党建工作测评体系。继续实施高校党组织“对标争先”建设计划，实施高校教师党支部书记“双带头人”培育工程，重点加强教师党支部和研究生党支部建设。抓好《关于加强民办学校党的建设工作的实施意见（试行）》的贯彻落实工作，加强和改进中外合作办学机构党的建设。贯彻落实中组部、教育部党组《关于加强中小学校党的建设工作的意见》，探索实行党组织领导下的校长负责制。

2. 推进教育系统全面从严治党向纵深发展

目标任务：落实各级各类学校党组织党建主体责任，推动全面从严治党向基层延伸。持续做好监督执纪问责工作，加强源头治理，强化警示教育。

工作措施：抓好《中共福建省委教育工委关于把党的政治建设摆在首位落深落细落实全面从严治党主体责任的实施意见》的贯彻落实工作，全覆盖开展落实全面从严治党主体责任情况督查。加强日常监督，落实省委巡视工作要求，巩固教育系统巡视整改工作成果。加强纪律教育，每半年召开一次党风廉政建设和反腐败工作形势分析会。坚决破除形式主义、官僚主义，持续整治师生身边的不正之风和微腐败问题，推动中央八项规定及其实施细则精神和我省实施办法落地生根。

3. 推动思想政治工作创新发展

目标任务：健全完善思想政治工作体系，创新思想政治教育方式方法，打好提高高校思想政治理论课质量和水平攻坚战，着力推进精准思政。

工作措施：实施高校思想政治工作质量提升工程。推进高校“三全育人”综合改革试点区建设，遴选培育一批“三全育人”试点。实施高校思想政治理论课“创优攻坚行动”和“一校一策”集体行动，培育建设一批“思政课程”“课程思政”教育教学精品项目。加强省高校网络思想政治工作中心建设，培育建设一批“易班”品牌项目。推动高校按要求配齐建强专职思政和党务工作队伍。

4. 维护校园和谐稳定

目标任务：保持高度的政治敏锐性和警觉性，树立底线思维、风险意识，及时发现、准确研判各种风险隐患，打赢校园安全稳定和意识形态斗争的主动战、攻坚战。

工作措施：抓好《福建省高校党委意识形态工作责任制实施细则》和网络意识形态工作责任制的贯彻落实工作。健全完善与宣传、公安、网信等部门研判会商制度，牢牢掌握意识形态工作领导权。建立高校师生信教状况动态数据库。加强校园管理，查处和防范校园传教活动。加强少数民族学生管理，成立一批少数民族学生工作室，“一生一策”指导帮助少数民族学生就业创业。

二、着力培养德智体美劳全面发展的社会主义建设者和接班人

5. 完善大中小幼一体化德育体系

目标任务：深入推进习近平新时代中国特色社会主义思想“三进”工作。推进大中小幼一体化德育体系建设，完善立德树人系统化落实机制。建立德智体美劳教育有机融合、协调发展的长效机制。

工作措施：贯彻落实《习近平新时代中国特色社会主义思想进课程教材指导纲要》，抓好“三进”工作。贯彻落实《关于进一步加强和改进新形势下大中小学教材建设的实施意见》，推动成立福建省大中小学教材委员会，加强教材建设统筹指导和规范管理。根据教育部部署，推进义务教育道德与法治、语文、历史等三科统编教材全覆盖。贯彻落实《中小学德育工作指南》《中等职业学校德育大纲》，统筹推进劳动教育、心理健康教育、家庭教育、影视教育及研学实践教育等。深化文明校园创建，推进“一校一品”校园文化建设。建立健全省市县校心理健康教育四级工作机制，培育建设一批中小学心理健康教育特色学校和名师工作室。

6. 推进基础教育内涵建设

目标任务：建立健全基础教育内涵提升机制，扎实推进中小学、幼儿园课程教学改革建设项目，提升教师素质能力，扩大优质教育资源，稳步提高学生综合素质。

工作措施：制定出台《关于深化教育教学改革全面提高义务教育质量的实施意见》。推动各地进一步落实“行政主导、教研协同、学校实施”的中小学、幼儿园教育教学开放制度，完善省级基础教育课程教学改革项目校（基地校）省、市、县三级协同培育机制，遴选一批基础教育改革发展实验区，引导各地和学校聚焦课程教学改革。落实中小学、幼儿园教师分级培训制度。完善基础教育课程教学专家指导队伍建设，加强教研教改专业化指导。开展义务教育质量监测，分析反馈监测结果，指导推进教学。

7. 促进学生身心健康

目标任务：推进学校体育美育改革，切实增加体育锻炼时间，强化近视防控工作责任制。

工作措施：贯彻落实教育部《新时代全面加强和改进学校体育美育工作的意见》《关于切实加强高校美育工作的意见》《体育美育教师和场地建设三年行动计划》等政策文件。制定实施《福建省综合防控儿童青少年近视行动方案》《福建省中小学健康体检管理办法》。贯彻落实《福建省义务教育“体育与健康”课程教学指导意见》《福建省义务教育美术和音乐学科教学指导意见（试行）》《福建省中小学生艺术素质测评指导意见（试行）》《福建省 2021 年初中毕业升学体育考试指导意见》，不断提升儿童青少年身体素质。

8. 加强劳动教育

目标任务：构建实施劳动教育的政策保障体系，开展劳动教育情况考核、评估和督导。

工作措施：贯彻落实教育部《劳动教育指导大纲》，研制加强劳动教育的指导意见。将实践内容纳入中小学相关课程和学生综合素质评价。推动学校因地制宜组织开展校园劳动、志愿服务等劳动实践活动。加强中小学生综合实践基地建设，培育建设一批劳动教育特色学校。

9. 强化家庭教育

目标任务：进一步明确家庭在家庭教育中的

主体责任，充分发挥学校在家庭教育中的重要作用，构建家庭教育社会支持机制。

工作措施：充分发挥家长学校、家长委员会、家长会、家长开放日等作用，密切家校合作。开展家庭教育月主题活动。研究制定家庭教育家长、学校指导手册。制作播出《家长课堂》栏目。

10. 切实减轻中小学生过重课外负担

目标任务：校外培训机构整治成果进一步巩固，中小学办学行为进一步规范，中小学生课外负担得到减轻。

工作措施：根据教育部等九部门《中小学生减负措施》，制定我省实施方案。组织实施《福建省校外培训机构设置标准》，进一步完善校外培训机构治理的长效机制。加大课后服务工作力度，促进各地进一步落实中小学课后服务机制。

三、着力增强人民群众教育获得感

11. 推进学前教育优质普惠发展

目标任务：完善监督体系，多措并举扩大普惠性学前教育资源供给，大力发展公办园，加快发展民办普惠园，推动提高办园质量。

工作措施：推动出台《关于学前教育深化改革规范发展的实施意见》。实施第三期学前教育行动计划，省级补助各地新建、改扩建200所公办园，落实小区配套建设幼儿园政策规定。推动各地落实普惠性学前教育认定管理和扶持政策，提高公办幼儿园在园幼儿比例和普惠性幼儿园覆盖率。落实乡村小规模学校附设幼儿园（班）精准帮扶措施。组织开展小区配套园及幼儿园“小学化”专项治理。

12. 推进义务教育优质均衡发展

目标任务：有效扩大城镇学校学位供给，整体提升乡村小规模学校质量水平，缩小县域内城乡义务教育差距，改善部分地区公办初中相对薄弱现象。

工作措施：贯彻落实省政府《关于统筹推进县域内城乡义务教育一体化改革发展的实施意见》，进一步实施消除义务教育大班额专项规划，全面完成“全面改薄”五年规划任务，推进乡村小规模学校标准化建设评估。促进各地实施薄弱初中质量提升计划，支持优质高中复办（创办）公办初中部，组织省级示范性普通高中建设学校对口帮扶公办初中。推进义务教育管理标准化学校创建，评估认定500所左右管理标准化学校。深化城区学校“小片区管理”、农村薄弱学校“委托管理”、集团化办学等学校管理机制改革。用好国家义务教育适龄儿童就学状况监测数据，实施精准控辍。重点依托寄宿制学校做好留守儿童教育关爱工作。完善随迁子女义务教育入学政策，支持相关市县探索建立积分入学制度。

13. 推进普通高中优质多样发展

目标任务：优化普通高中教育资源配置，稳妥推进高中新课程实施，整体提升办学内涵。

工作措施：实施高中阶段教育质量提升计划，促进各地进一步优化普通高中教育资源配置，改善课程实施基础条件。落实普通高中学业水平考试制度，推进高二年级稳步实施选择性考试科目必修课程走班教学。统筹推进学生发展指导、综合素质评价，全面应用普通高中学生综合素质评价信息管理系统。落实达标高中动态管理机制，完成达标高中复评工作，推动一般普通高中达标晋级。深化示范性高中、高中课改基地项目培育建设，初步构建普通高中多样化特色发展格局。

14. 推进教育脱贫攻坚

目标任务：全面落实教育脱贫攻坚政策，补齐教育发展短板，促进优质教育资源更好惠及贫困地区和民族地区学生，进一步健全家庭经济困难学生资助政策。

工作措施：实施《福建省教育脱贫攻坚三年行动方案（2018—2020年）》，从资金、政策、机制等方面，加强对23个省级扶贫开发工作重点县的教育帮扶。完善义务教育学生“一补”政策，制定家庭困难学生认定办法，实行学生资助信息共享，推进家庭困难学生资助全覆盖。有针对性地做好家庭经济困难和就业困难高校毕业生就业创业工作。鼓励民族乡所在县（区）中职学校开办民族班，落实少数民族高层次骨干人才计划，做好教育对口支援西藏、新疆工作和闽宁教育协作工作。

15. 办好特殊教育

目标任务：残疾儿童教育安置进一步加强，扶持保障措施进一步落实，残疾人受教育水平得到提升。

工作措施：落实我省第二期特殊教育提升计划，进一步摸清适龄残疾儿童少年底数，做好未入学适龄残疾儿童组织入学工作，落实“一人一案”。继续加强特殊教育资源中心（资源教室）建设，组织开展资源教师专项培训，促进融合教育。推进自闭症教育研究实践。

16. 加强国家通用语言文字推广普及和语言资源科学保护

目标任务：增强国家通用语言文字认同感，培育中华民族共同体意识。加大语言资源科学保护力度。

工作措施：开展县域普通话普及情况调查。开展第22届全国推广普通话宣传周活动。加强学校语言文字工作，全省80%的学校完成语言文字工作达标建设。实施中小学“书香墨香校园”建设，推进中华优秀传统文化的历史传承和创新发展。开展“中华经典诵写讲”活动。启动福建语言资源集编纂工作。

四、着力深化教育体制机制改革

17. 统筹谋划加快推进教育现代化

目标任务：深入贯彻全国全省教育大会精神，明确加快推进教育现代化、建设教育强省、办好人民满意教育的时间表、路线图。

工作措施：贯彻落实《关于加快推进新时代教育工作的实施意见》。制定出台《福建教育现代化2035》和《福建省加快推进教育现代化实施方案（2018—2022年）》，指导各地结合实际研制本地推进教育现代化方案。

18. 稳妥推进考试招生制度改革

目标任务：2020年实施新的高职院校分类考试招生制度，2021年实施新的普通高等学校考试招生制度，逐步形成分类考试、综合评价、多元录取的高等学校考试招生模式。

工作措施：稳妥推进高考综合改革，合理安排普通高中学业水平选择性考试的时间与次数。优化高考科目组合模式和选考科目考试成绩计分方式。改革高校招生录取方式。推进高职院校分类考试招生改革。建立“可管可控、责任明晰”“谁主管、谁负责”的考试招生安全机制。进一步规范中小学校招生入学，推动各设区市出台中考中招新方案。

19. 加快推进福建特色现代职业教育发展

目标任务：统筹推进职业教育发展，深化职业教育教学改革，推进职业教育中高职衔接、产教融合、国际交流及优质资源建设。

工作措施：对接国家特色高水平高职学校和专业建设计划，推进省示范性现代职业院校建设工程。落实《关于深化产教融合十五条措施》，开展产教融合试点，推进产业学院建设。推进职教城建设。推进中德（福建）教育合作与发展中心建设，举办中德（福建）职业教育论坛，组建中德（福建）职业教育联盟。探索福建特色“二元制”理论体系，开展教学领域实证研究。办好全省职业院校技能大赛和“职业教育活动周”。配合做好退役军人职业教育培训工作。

20. 推进高等教育内涵式发展

目标任务：健全完善高校分类发展政策体系，建立健全学科专业动态调整机制，提高专业、课程和课堂质量，提升高校科技创新和创新创业服务能力，深化创新创业教育改革，推动高等教育内涵建设上新台阶。

工作措施：落实本科高校“一校一策”目标管理，推进“双一流”和一流应用型高校建设。实施一流专业建设“双万计划”、一流课程建设“双万计划”和“六卓越一拔尖”计划2.0。开展本科教学团队、应用型教学联盟建设，推进课堂创新。实施新一轮“闽江学者”奖励计划、学校人才“三项计划”和研究生导师团队建设。加强研究生教育质量保障体系和研究生教育教学资源平台建设。实施高校科技服务国家战略行动，新建一批省高校重点实验室、工程研究中心、人文社会科学研究基地。实施省自然科学基金高校联合资助项目和第五轮卫生教育联合攻关计划项目。推动高校产学研合作，办好“6·18”高校成果展，促进高校成果转移转化。深化高校创新创业教育教学改革，强化课程体系建设，建立健全创新创业教育与实践生态体系。

21. 支持和规范民办教育健康发展

目标任务：完善民办教育发展政策体系，推进营利性和非营利性民办学校分类管理，支持和规范民办教育发展。

工作措施：推动出台《关于鼓励社会力量兴

办教育促进民办教育健康发展的实施意见》，完善民办教育发展政策。出台《福建省民办学校分类登记实施细则》和《福建省营利性民办学校监督管理暂行办法》，推动民办教育健康规范发展。

22. 推进终身教育发展

目标任务：规范高等学历继续教育管理，完善终身教育服务体系，打造终身教育品牌，推进学习型城市建设。

工作措施：开展高等学历继续教育教学站点年度备案工作，做好高校继续教育招生专业统筹工作。指导推进福建开放大学建设。开展福建省终身教育学分银行试点工作。推进社区教育示范基地、社区教育特色品牌、高校老年大学等终身教育重点项目建设。推进福建老年开放（互联网）大学建设。出台农民工“求学圆梦行动”工作管理暂行办法。推进学习型城市建设。办好“9·28终身教育活动日”暨全民终身学习活动周。

23. 提升教育交流合作水平

目标任务：落实落细省部、省校合作，加快推进教育对外交流合作，引进优质国（境）内外优质教育资源在闽开展合作办学，提升我省教育发展水平。

工作措施：推动教育部、省政府、厦门市政府共同支持厦门大学加快建设世界一流大学。深化我省与同济大学、东华大学开展战略合作。推动省政府与中国科学技术大学、天津大学签署战略合作协议。改革省政府奖学金项目评审和资金分配机制，改善来华留学生学历和生源地结构，加大教师公派出国留学力度。推进“21世纪海上丝绸之路”大学联盟和职业教育联盟建设。支持有条件高校在“一带一路”沿线国家举办学历机构或培训基地。组织港澳台中小学校校长、教师来闽参访交流，推动中小学“姊妹校”建设。办好闽港澳台青少年学生交流系列活动。推动两岸合编高中语文教材编写工作。

五、着力深化新时代教师队伍建设改革

24. 实施师德师风建设工程

目标任务：严格执行教师职业行为规范和处理办法，发掘师德典型、讲好师德故事，增强教师职业荣誉感和责任感。

工作措施：贯彻落实新时代教师职业行为十项准则，开展“师德建设年”活动。建立健全师德失范通报机制。把师德师风作为教师资格定期注册、业绩考核、职称评审、岗位聘用、评优奖励等的第一标准，实行“一票否决”。创新新教师入职宣誓等师德教育模式，加强理想信念教育。开展教书育人楷模先进推荐活动。组织开展第二届“最美教师”寻访活动。办好第35个教师节庆祝活动。

25. 实施教师教育振兴行动计划

目标任务：突出师范院校师范教育主业特色，加强教师专业发展支撑能力建设，提升教师培养培训质量效益。

工作措施：落实省委省政府“推进高水平教师队伍建设”为民办实事项目。落实支持师范院校政策，稳步推进师范专业认证工作。适当扩大公费师范生培养规模。推进县级教师进修学校标准化（示范性）建设，启动教师发展示范校建设。推进中小学名师名校长培养工程。实施职业院校教师素质提高计划。启动建设教师培训信息管理平台。扎实推进省内外师资支教帮扶计划。

26. 深化教师管理综合改革

目标任务：创新编制管理和人员补充方式，缓解教师数量紧缺状况，深化教师管理各环节改革，激发教师队伍活力。

工作措施：推动各地加大编制跨行业统筹配置和跨区域调整力度，增加教师编制总量。探索试点实施“人员控制数”管理办法。深化教师“县管校聘”管理体制改革。启动中小学教师职称评审、特级教师和杰出人民教师评选标准等修订工作。指导各地各校加强教师聘后管理。稳步推进中小学教师资格证定期注册改革。鼓励有条件的地方推进中小学校长职级制改革。推动各地各校依法保障中小学教师待遇。

六、着力夯实教育事业发展基础

27. 完善教育经费投入保障机制

目标任务：健全教育经费投入机制，优化教育经费支出结构，加强教育经费管理，完善非义务教育培养成本分担机制。

工作措施：出台《关于进一步调整优化结构提高教育经费使用效益的实施方案》。加强教育经费执行情况统计监测，督促落实“两个只增不减”

要求。改革省属高校生均拨款制度；推动落实学前教育生均公用经费拨款政策。加强和规范教育经费管理，研究改革公办本科高校收费制度。实施高等学校所属企业体制改革。完善专项资金绩效评价和检查机制。

28. 全面推进依法治教、依法治校

目标任务：加强教育立法普法，转变政府职能，提升教育治理现代化能力和水平。

工作措施：开展《福建省民办教育促进条例》立法调研，推动《福建省实施〈中华人民共和国未成年人保护法〉办法》修订和《福建省学前教育条例》制定工作。加强普法教育，深入开展“学宪法讲宪法”活动。加强规范性文件合法性审查，探索编制规范性文件清单。完善权责清单。深化推进“双随机一公开”，进一步规范事中事后监管。开展“减证便民”活动，实现厅审批和公共服务事项网上可办率不低于90%。

29. 推进教育督导评估科学化规范化

目标任务：加强教育督导体制机制和队伍建设，推动教育督导公开监督和行政问责。

工作措施：做好国务院对省级人民政府履行教育职责评价对接工作。开展对设区市人民政府2018年度履行教育职责督导评估。继续开展“两项督导”“教育强县（市、区）”“中小学校责任督学挂牌督导创新县（市、区）”省级督导评估认定。推动有条件的县（市、区）创建“全国义务教育发展优质均衡县（市、区）”。强化督导结果运用，提升督导服务保障能力。扎实推进义务教育质量监测、义务教育管理标准化学校、职业院校质量保证体系、本科教学工作审核等评估工作，做好IEET工程及科技教育认证工作。

30. 提升教育信息化水平

目标任务：落实教育信息化2.0行动计划，推动新技术与教育教学深度融合，保障教育系统网络信息安全。

工作措施：推进省级教育信息化大平台建设。开展省属中小学智慧校园示范项目建设。开展“福建省中小学教师空间创建”等活动。建成省教育行业网络与信息安全应急处置平台并正式投入运行。开展互联网电子邮件系统安全专项整治行动。

31. 保障校园安全

目标任务：健全完善学校安全工作体制机制，全面做好安全风险防控和隐患排查整治，深入开展全省教育系统扫黑除恶专项斗争，有效防治校园欺凌，保障师生生命安全。

工作措施：深化2018—2022年新一轮“平安校园”创建工作。推进学校安全风险防控体系建设，加强学校安全风险防控和隐患排查整治，强化师生安全教育。推动全省教育系统扫黑除恶专项斗争从打击为主向打击整治并重转变。加强校园欺凌综合治理，健全校园欺凌防治工作机制。严厉打击校闹行为。

（摘编：苏建平）

2019年福建文化和旅游工作主要任务

2019年2月28日，福建省文化和旅游厅办公室下发《福建省文化和旅游厅办公室关于印发2019年福建文化和旅游工作主要任务分工方案的通知》（闽文旅办〔2019〕7号）提出，《2019年福建文化和旅游工作主要任务分工方案》已经2019年2月18日厅党组会研究通过，现印发你们，请按各自职责进一步细化推进方案和工作举措，确保各项工作任务落到实处、取得实效。主要内容如下：

一、把学习贯彻习近平新时代中国特色社会主义思想持续引向深入

1. 强化理论武装。持续深入学习贯彻习近平新时代中国特色社会主义思想和党的十九大精神，认真学习领会习近平总书记在庆祝改革开放40周年大会上的重要讲话精神，牢牢把握正确的政治方向。加强党对文化和旅游工作的全面领导，以实际行动坚决维护习近平总书记核心地位，维护党中央权威和集中统一领导。自觉用习近平新时代中国特色社会主义思想武装头脑、指导实践、推动工作，坚决贯彻落实习近平总书记关于文化和旅游工作的重要指示批示精神，全面落实党的十九大关于文化建设和旅游发展的各项要求。深入贯彻落实省委经济工作会议、全省宣传部长会议等重要会议精神和省政府工作报告，认真抓好相关任务落实。发挥党组理论学习中心组示范带头作用，用好“福建文旅讲坛”等有效载体，不断丰富学习形式和内容。在各类培训中突出党的理论教育和党性教育。开展宣传思想战线增强“四力”教育培训和实践锻炼。

2. 强化导向管理。严格落实意识形态工作责任制，强化抓好意识形态工作的履职自觉，加强阵地管理，严格产品、项目、活动的政治把关、价值把关、导向把关，形成文化和旅游发展正确的政治方向、舆论导向和价值取向。健全文化安全风险评估和督查工作机制。加强文化和旅游市场意识形态管控。制定完善文化和旅游工作导向管理责任清单，进一步梳理文化和旅游等重点阵地的意识形态风险点。将意识形态工作责任制落实情况纳入厅系统检查内容，实现监督检查常态。

3. 强化责任落实。按照省委“八个坚定不移”的要求，持续深入推进全面从严治党，严格落实全面从严治党主体责任和监督责任，抓住“关键少数”，以上率下，一级抓一级。开展形式主义、官僚主义集中整治。做好巡视整改“后半篇文章”，确保十届省委巡视反馈问题整改全部到位。扎实开展“不忘初心、牢记使命”主题教育。严格党内政治生活，加强党员教育培训。持续保持反腐败高压态势，支持驻厅纪检组开展监督执纪问责工作，抓好内部巡察、督查，对党的领导弱化、党的建设缺失、全面从严治党责任落实不到位、维护党的政治纪律和政治规矩失责、贯彻中央八项规定及实施细则精神不力的，坚决予以追究责任，营造风清气正的政治生态和干事创业的良好氛围。扎实推进文明单位创建。

4. 强化依法行政。强化法律法规执行，抓好法律法规和部门规章的准确运用、自觉执行，切实提升法律法规的执行力。落实依法治省措施，加强公共文化服务法、公共图书馆法、文物法、旅游法、非遗法等执法检查，尽快出台我省非遗条例。

二、着力抓好文化和旅游融合发展设计

5. 抓理念融合。以习近平总书记关于文化和旅游融合发展的重要论述精神为指引，充分认识文化建设和旅游发展的重大意义，牢固树立文化、旅游"一盘棋"的思想，坚持"宜融则融，能融尽融，以文促旅，以旅彰文"的工作思路，找准文化和旅游工作的最大公约数、最佳连接点，统筹推进文化事业、文化产业和旅游业融合发展。开展文化事业、文化产业和旅游业融合发展重大课题研究，进一步梳理文旅融合发展思路，尊重融合发展规律，坚决避免片面强调特殊性和完全忽视特殊性两种倾向。

6. 抓职能融合。以机构改革为契机，着力优化内部机构设置和职能配置，加强机构、理念、工作全方位融合，发挥文化加旅游"1+1>2"的效用。全面完成机构改革任务，"三定"方案下发后即将内设处室全部集中办公。按照文化和旅游部将要出台的关于促进文化和旅游融合发展的指导意见和相关规划，制定实施方案，明确机构融合后工作方向，重点抓好工作提升、作风提升、效能提升和发展提升。

7. 抓工作融合。实施"文化+""旅游+"战略，扎实推进融合发展示范工程建设，持续扩大"八闽文化，人文福地""清新福建"的影响力，全力打造"全福游、有全福"品牌。选择文化资源丰富、旅游特色鲜明的地区，打造文化旅游融合发展示范区，争取国家设立南平武夷山朱子文化旅游融合示范区。策划一批文旅融合发展项目，推动一批文化项目进入景区，实施一批特色文化文物旅游小镇建设，提升一批公共文化服务项目中心建设，创新一批连锁经营项目，让更多文化资源、文化要素转化为旅游产品，用文化的养分滋养旅游，丰富旅游的内涵、拓展旅游的空间，推进旅游的特色化、品质化、效益化发展。依托文化文物资源，大力发展红色旅游、遗产旅游，进一步促进研学旅游，将一批博物馆、非遗传习所、古籍展示馆等文化场所纳入旅游线路。支持开发集文化创意、度假休闲、康体养生等主题于一体的文化旅游综合体。加快推进文化和旅游领域相关政策立改废，推动相关行业标准整合。

三、加快推动艺术创作繁荣发展

8. 打造艺术创作精品。紧扣中华人民共和国成立70周年、古田会议召开90周年、全面建成小康社会、中国共产党成立100周年等重要时间节点，全省组织创作打磨10部左右优秀舞台艺术精品，重点推出《松毛岭之恋》《生命》《松绑》《县委书记廖俊波》《谷文昌》《林巧稚》《红土》《平凡的世界》《踏伞行》等精品剧目，形成现实题材、红色题材精品创作的福建影响。充分发挥国家级重大艺术工程和艺术活动的牵引带动作用，深入实施全省舞台艺术精品工程、戏曲保护传承与弘扬工程和主题性美术创作工程，持续推进现实题材创作生产。组织优秀作品和优秀演员入选第十二届中国艺术节、第十六届中国戏剧节等全国重要艺术活动，力争在文华大奖、文华表演奖，中宣部精神文明建设"五个一工程"奖、中国戏剧奖"梅花奖"等评选中创造佳绩。

9. 提升重大文艺活动水平。围绕庆祝中华人民共和国成立70周年，精心组织丰富多彩的文艺演出、展览活动；集中近年新创舞台艺术精品剧目晋京展演；组织话剧《县委书记廖俊波》、芗剧《谷文昌》等剧目省内外巡演；组织舞台艺术精品剧节目赴"一带一路"沿线国家交流演出，选送精品剧节目入台演出；以省内演艺联盟连锁经营为模式，组织精品剧目演出；以全媒体方式，加大文艺精品的曝光率。通过立体式全方位宣传推广，打造福建文艺品牌，树立闽派艺术形象，不断扩大福建文化影响力。

10. 加强艺术创作扶持引导。加强组织化程度，拓展社会联动，深化"火花茶会"机制，组织指导全省文艺院团和有关单位申报国家艺术基金、文化和旅游部剧本扶持工程、国家舞台艺术精品创作扶持工程、中国民族歌剧传承发展工程、戏曲剧本孵化计划等国家级舞台艺术项目，力争更多项目入选。依托省直院团，制定方案、明确重点项目，用3~5年时间分别打造全国民族歌剧创作基地、地方戏曲现代戏创作基地、海峡两岸话剧创作合作基地、全国京剧武戏基地、尹派越剧传承基地、主题性杂技创排基地。做好戏曲普查后续成果运用，筹划建设全国地方戏曲数字化平台、福建戏曲博物馆，服务文化建设和戏曲事业发展。进一步激活民营院团创演活力。指导并试点探索文旅融合演艺创作演出。

四、全面提升公共服务水平

11. 推进乡村文化振兴工程。发挥好乡村文化振兴的牵头作用，建设特色文化设施，在全省推动建设基层综合性文化服务中心，利用古厝、祠堂、礼堂、戏台、乡村游客服务中心等，拓展一批基层特色文化服务中心，组织开展特色文化活动，打造“升级版”“特色版”乡村公共文化服务阵地，今年完成380家省级示范点建设。开展乡镇文化站服务效能专项治理，着力解决“沉睡”问题。实施农耕文化传承保护工程，深入挖掘八闽农耕文化深刻内涵和时代价值。实施乡村文化记忆工程，编辑乡村文化故事和乡村特色文化资源名录丛书，扶持建设乡村文化记忆展示平台，讲好村庄故事。总结推广各地乡村文化振兴好经验、好做法。把发展乡村旅游作为落实乡村振兴战略的重要渠道，打造乡村旅游特色产业，实施乡村旅游富民工程，推进实施全省乡村旅游“百镇千村”提质升级三年（2018—2020 年）行动方案，今年计划提升打造 20 家三星级及以上休闲集镇、60 家三星级及以上旅游村，培育 5 条乡村旅游精品线路，把乡村民宿作为乡村旅游发展的新热。推进旅游扶贫措施精准落实，今年计划持续扶持全省 50 个乡村旅游扶贫重点村，完成对 472 个全国旅游扶贫重点村旅游“百企百村”帮扶专项行动。

12. 提升公共文化服务效能。建设中国（福建）公共数字文化大数据中心，开展新媒体的数字文化服务，推进全省公共文化服务供需对接信息化平台建设。建设旅游服务共享平台。围绕“一机在手、畅游福建”的目标，以方便游客出行和为居民生活提供一站式旅游服务作为出发点和落脚点，通过市场化运营和政府引导购买服务的办法，以手机 APP 为载体，建设世界一流的智慧旅游平台，构建全域旅游大数据中心和智慧旅游服务、智慧监管和智慧政务三个子平台，全面提升游客体验感、满意度。提升福建博物院、昙石山博物馆、福建民俗博物馆、非遗博览苑、图书馆、省少儿图书馆等公共文化服务窗口作用，建成一批 VR 图书阅览室、智慧博物馆等创新型文化展示服务项目。深入推动县级文化馆、图书馆总分馆制、公共文化机构法人治理结构改革，今年完成 10 家图书馆、15 家文化馆。推进泉州市创建国家公共文化服务体系示范区建设，迎接文化和旅游部中期评估检查。探索公共文化服务进重点景区。巩固提升我省 7 个中国民间文化艺术之乡的群众文化活动水平。

13. 完善旅游公共服务体系。认真实施“厕所革命”新三年行动计划，以 A 级景区、乡村旅游“百镇千村”和自驾车营地为重点，注重文旅融合，对接旅游市场和文化场所，新建和改扩建一批旅游厕所。继续推动各地动工兴建一批旅游集散服务中心，不断健全旅游集散服务中心体系。加强乡村旅游公共服务基础配套设施建设，推进旅游要素和公共服务全域覆盖。

五、有效推进文化遗产保护利用和传承发展

14. 推进文物保护工程。弘扬优秀传统文化，加强历史文化名城名镇名村、历史文化街区和传统村落保护，把老祖宗留下来的文化遗产精心守护好，延续福建文脉。抓好乡村历史文化保护线划定工作，争取年内完成。全面推进革命文物保护工程，重点抓好中央苏区（闽西）革命文物保护利用工程。规范世界文化遗产管理，继续开展世界文化遗产巡视。继续做好“古泉州（刺桐）史迹”申遗，海上丝绸之路联合申遗各项准备工作，积极推动“万里茶道”申报世界文化遗产相关工作。继续实施省级传统村落的整体保护维修和展示利用项目。强化文物源头保护，完成文物保护单位的定线落图，推动“多规合一”，文物在线监控平台正式运营。继续推进大遗址保护和考古。推动一批省级文物保护单位提升为国家级文物保护单位，建设昙石山、东溪窑（南靖、华安）、德化窑、永春苦寨坑、将乐岩仔洞、明溪南山、浦城猫耳山、平潭壳丘头等一批考古遗址公园。落实《福建省鼓励社会力量参与文物保护实施意见》，推行文物保护“认养制”。

15. 提升博物馆建设水平。围绕中华人民共和国成立 70 周年等主题举办专题展览活动。参加第二届数字中国建设峰会，举办“数字海丝——让文物活起来论坛”和“数字文物福建展”。抓好革命文物展示利用工作，组织相关博物馆编制馆藏珍贵文物修复方案和馆藏文物预防性保护方案以及数字化保护方案。积极支持新建博物馆的陈列

布展和文物征集。落实《福建省关于进一步促进非国有博物馆的实施意见》《福建省非国有博物馆以奖代补资金管理办法》，进一步规范非国有博物馆办馆行为。在福建博物院增设福建优秀传统文化展览。

16. 加强非遗传承保护利用。进一步完善非遗保护名录体系，开展第六批非遗项目传－承人评定；实施非遗研培计划，举办5期研修班、培训班，提高非遗传承人实践能力；推进传统工艺振兴，着力扶持25家省级非遗生产性保护重点单位，组织推进一批非遗生产性保护示范点建设，重点遴选一批乡村非遗生产性保护传承重点单位。探索非遗进重点景区。拓展非遗展示、宣传、交流、传播活动。建立传统手工艺与创意设计对接平台，促进文化创意、时尚元素融入传统手工艺。加强闽南文化、客家文化、妈祖文化等国家级和省级文化生态保护实验区建设。推进非遗传统戏曲进乡村。

六、培育产业发展新动能

17. 打造文旅融合发展示范基地。引进中国对外文化集团、中国文化传媒集团等文化央企，策划生成“世界岩画谷”、天籁音乐小镇等一批示范性、带动性强的重点文旅融合项目。推动考古遗址公园、工艺博览城、文化主题公园、演艺剧场、文化广场等文化场馆纳入旅游观光项目。加快培育旅游演艺市场，建立按照“一城一剧”的布局，支持重点旅游城市、旅游景区依托各地文化资源禀赋开发、提升旅游演艺产品。继续指导推动10个特色文化文物示范村镇建设。发挥“文化＋”“旅游＋”优势，打造一批创新型工业、农业文化旅游示范区。推进海丝文旅集散和交易中心建设。推进文化产业龙头促进计划，培育一批“专精特新”成长性文化企业。

18. 打造旅游新业态培育基地。下好旅游产品开发“先手棋”，引进国内外大型旅游集团，开发中高端旅游精品，推进全域生态旅游、深度旅游，发展红色旅游、康养旅游，促进邮轮、游艇、旅居车等消费大众化，力争全年实现接待旅游总人数同比增长15%，旅游总收入同比增长20—25%，超额完成赶超任务确定的旅游业增加值目标，实现游客总量、逗留天数、消费总额三个显著增长。编制和实施福建省自驾车露营旅游产业发展专项规划，支持传统景区转型升级，推动自驾车露营与度假休闲旅游融合发展。建设一批基础设施齐全，旅游公共服务比较完善的自驾车露营休闲旅游基地。推动厦门试点实施国际邮轮入境旅游团15天免签政策，支持福州建设中国邮轮旅游发展实验区。持续贯彻落实《福建省百家重点A级旅游景区三年行动提升工程方案（2017—2019年）》，全面完成“重点A级旅游景区创新提升工程”任务，指导各类博物馆、纪念馆、地方特色产业展示馆争创A级旅游景区，指导湄洲岛和冠豸山创建国家5A级旅游景区。贯彻落实全国红色旅游五好讲解员建设行动推进会精神，围绕促进提升我省红色旅游讲解员优质服务水平，推进红色旅游高质量发展。根据文化和旅游部颁布的《全域旅游示范区创建工作导则》、《国家生态旅游示范区管理规程》，积极创建一批国家全域旅游示范区。指导各全域旅游示范区编制全域旅游规划（资源开发处）。持续支持和推动平潭国际旅游岛建设，继续拨付1000万元专项建设资金支持平潭旅游基础设施建设，加大旅行社组织省外游客经平潭口岸赴台旅游的奖励力度，指导平潭打造标志性旅游产品项目。

19. 打造两岸文旅产业交流合作基地。举办第十二届海峡两岸（厦门）文化产业博览交易会，打造两岸文旅产业深度对接平台。会同省台港澳办等建设一批闽台文创产业园区，培育重点闽台文创龙头企业，支持高校双创中心开展涉台服务，开展一系列文创产业双向合作交流。大力引进台湾经纪公司、演艺精品剧目、演艺界人士参与我省旅游演艺产业建设，打造精品商演剧目。支持有条件的文艺院团与台湾演艺机构合作，吸引台湾演艺人员参演我省优秀舞台剧目。引进台湾“简单生活音乐节”等知名演艺品牌。

20. 打造数字文化创新基地。加大数字创意产品开发和服务，推动艺术品、文化文物、非遗等文化资源的数字化转化和开发，建设一批VR数字阅读体验厅、VR体验中心。提升动漫产业整体竞争力，组建动漫产业联盟，推出一批福建文化、旅游元素的动漫作品，形成一批具有市场影响力的知名动漫IP。

21. 打造工艺美术创意基地。加强对传统工艺美术品种、技艺的保护与传承，推出一批工艺美术珍品，培育一批示范性创新创业工艺美术特色区域和大师工作室，打造工艺美术特色区域品牌和产业集群。实施传统工艺与现代文创结合工程，组织创意大赛征集活动，促进传统优势产业转型升级，运用立体画、艺术陶瓷、3D 打印等新工艺，提升陶瓷、漆艺、古典木雕工艺等一批行业产品创新能力。利用传统文化街区，发展创新工场、专业化众创空间等新型孵化模式。

22. 打造文化装备制造特色基地。推动文化装备制造企业升级换代，支持乐器制作、戏服道具、传统造纸等一批传统工艺企业扩大生产经营规模、拓展营销渠道，支持漳州打造“乐器产业之都”。扶持发展舞台装备、游戏游艺设备制造、娱乐设施制造业等企业，提升我省文化装备制造生产水平。

七、大力加强市场监管和培育

23. 推进综合执法改革。按照省委、省政府和文化和旅游部的部署，统筹推进我省文化市场综合执法改革，完善文化市场管理体制，提高文化市场监管和执法办案水平。加强行政执法与刑事司法、信用监管的工作衔接。深化“放管服”改革，持续优化营商环境。科学应用双随机抽查和日常监管等方式，加强文化市场监管。利用创新方法，规范对网络文化、艺术品等市场管理与服务。

24. 培育和促进文化消费。鼓励和引导社会力量以各种方式参与公共文化服务体系建设，实施“互联网 + 公共文化服务”行动，推动文化活动项目与群众文化需求有效对接。推进公共文化机构互联互通，实施文化服务“一卡通”。推进“百姓大舞台”常态化开展文化惠民活动。推广“新福建？新体验—八闽艺文卡”，采取政府补贴方式鼓励文化消费。推动组建“福建剧院联盟”，为各地剧院提供高质量剧目，降低剧场运营成本，解决演出场所闲置等问题。提升“福建文创市集”品牌，促进文创产品开发、展示、交流、交易、体验和消费，打造复合型主题城市艺文活动。推动 18 家国家级、省级文化文物文创开发试点单位结合现代科技和创意设计理念，授权开发文化创意产品。

25. 加强旅游市场综合监管。认真贯彻文化和旅游部关于实施旅游服务质量提升计划的指导意见。以深入实施“放心游福建”服务承诺为核心，加强联动，拓展合力，不断健全全省旅游市场综合服务监管机制，加强旅游安全监管，提升旅游服务品质，为海内外游客来闽旅游营造“放心、舒心、爱心”的旅游消费环境。

26. 持续推进扫黑除恶专项斗争。围绕“两年治根”的总要求，对标对表，逐项落实，拓展摸排线索，履行行业监管职责。重点整治文化娱乐场所、网吧等无证经营、涉黄赌毒等问题，旅游领域过度低价、“黑导”等现象，打好主动仗、攻坚仗、整体仗。

八、全力做好福建旅游营销工作

27. 加强营销顶层设计。委托国内知名研究机构，全面梳理过去五年打响“清新福建”品牌的成功经验，制定系统科学的福建旅游营销五年专题规划，从目标定位、营销策略、项目策划等方面为我省开展国际国内精准营销提供参考和依据。加强营销队伍的培训，不断提高队伍素质，打造专业化营销团队。

28. 打响“全福游、有全福”品牌。深入挖掘福建文化和旅游资源，发挥清新福建和快速铁路环线等优势，打造“全福游、有全福”品牌。研究制定“全福游、有全福”品牌打造工作方案。塑造“全福游、有全福”品牌形象，带动各设区市及重点旅游县市区开发具有地方特色的“全福游、有全福”二级品牌，构建“全福游、有全福”品牌体系。注重“全福游、有全福”整合推广，策划 1 条大环线，4 条特色支线，9 条主题线路，形成线路产品矩阵。策划“全福游、有全福”四季主题活动：春季以龙岩为主场的“两田一楼一山”主题活动，夏季以平潭为主场的“两岸间、大海边、石头厝、新民居”主题活动，秋季以三明为主场的“悠然三明”主题活动，冬季以福州为主场的“逛坊巷，泡温泉”主题活动。同时支持推动各地市围绕本地特点，举办“大厦之门”“绿色宁德”“妈祖故里”“海丝泉州”“花样漳州”“绿色南平　快乐武夷”等营销活动。组织落实好“全福游、有全福”旅游宣传推介等相关活动，实现旅游营销“开门红”。

29. 深耕国内重点市场。推动闽东北协同发展区、闽西南协同发展区强化合作，实现资源和产品的互补和共享。鼓励各地赴重点客源市场开展福建旅游宣传促销活动，并给予补助。参加国内重点展会，扩大“清新福建”影响力。强化央视《新闻联播》等主流媒体宣传，在国内主要报纸、网络、电视等开设宣传专栏、专刊，用好今日头条、微信、新浪、抖音等新媒体平台，加大融媒体营销力度，形成广播电视、平面媒体、户外媒体、移动媒体、高铁和航空媒体相呼应的覆盖传播格局。办好福建旅游生活展。

九、持续深化对外对台港澳交流合作

30. 持续打造对外交流品牌。实施“海丝”文化旅游品牌塑造工程，有效整合文旅资源，在“一带一路”沿线国家建设“福建文化海外驿站”，建立常态化文化交流合作机制。落实部省合作项目，做好第四届海上丝绸之路艺术节、世界妈祖文化论坛，协助开展世界闽南文化节等活动，加强我省友好城市之间的文化交流。

31. 持续深化对台港澳交流合作。认真贯彻中央和省委对台港澳政策，落实《关于促进闽台文化交流合作的若干措施》，推进两岸文化旅游政策先行先试，探索台湾籍人士按条件参与艺术、非遗、旅游方面评奖资质考评的做法，吸引台湾艺术人才、旅游人员到福建就业创业。持续开展“福建文化宝岛行”系列活动，做好以“首来族”为重点的闽台文化交流活动。建立两岸书院联盟。深耕厚植对港澳文化交流，加强文艺团体间的交流合作，参加“澳门回归二十周年庆”系列演出活动，进一步增进港澳特区民众对中华优秀传统文化的了解与认同。创新举办第十五届海峡旅游博览会，充分发挥“清新福建”（台港澳）旅游服务中心的桥梁作用，搭建对港澳台交流合作的平台，立足品牌营销，强化“清新福建”品牌在台港澳的影响力。立足“小三通”优势，促进厦金、榕马文化旅游融合发展。

32. 持续开拓海外旅游市场。完善国际营销布局，在十大客源国设立福建旅游海（境）外推广中心，赋予福建文化宣传内容，有效利用推广中心、福建文化海外驿站以及我省牵头成立的“中国海上丝绸之路旅游推广联盟”，常态化推广福建文化旅游。开展五场次的重点客源国推介活动，并开展企业对接。运营好福建旅游外文网站、Facebook（脸书）、Twitter（推特）、Youtube（优兔）三大国际社交媒体，用好华人头条、《闽声》海外平台，做好福建文化旅游宣传。实施“请进来”营销，邀请境外重点旅行商和媒体来闽踩线。办好第五届海丝国际旅游节。

十、全面加强保障能力建设

33. 推进干部人才队伍建设。做好“三定”实施后的人员定岗、公务员任职宣誓等工作。协调解决事业单位机构编制存在的困难和问题，指导并推动厅属单位做好“定岗、定员、定责、定效”。推进机关干部和厅属单位领导班子的轮岗交流、干部选任工作，优化队伍结构，激发队伍活力。选派优秀年轻干部到基层挂职锻炼，进一步提升综合素质和能力。研究分析厅属事业单位绩效工资总量使用情况，推动落实10%绩效工资增量，激励创新创造积极性。进一步完善文化旅游智库建设，更好发挥文化旅游专家作用；继续推动旅游“百千万”人才培训计划，着力培养高素质旅游人才。推动实施全省文化和旅游系统年度干部培训计划以及厅属事业单位人才招聘。修订出台图书资料专业职称评审意见。

34. 推进机关作风效能建设。用机制、制度规范和推动工作。组织制度修订完善工作，完成《省文化和旅游厅工作制度汇编》。完善厅门户网站及新媒体等宣传工作制度。弘扬“马上就办、真抓实干”的优良作风，深化“四下基层”活动，大兴调查研究之风，强化机关效能建设。探索改进绩效内部考评方式，实行“督考合一”，将年度绩效指标自评与日常工作相结合，定期通报与会商相结合。

35. 推进安全生产。签订安全生产工作责任状，落实安全工作教育、会议、检查制度，建立安全工作隐患清单，推动整改落实。扎实推进平安福建建设。指导开展两次安全工作技能竞赛或安全演练。加大保密检查力度，确保国家秘密安全。年内组织一期保密人员培训。建立完善厅机关工作日和节假日值班机制，修订完善应急预案，加强应急值班值守，营造优质的文化和旅游市场环境。

36. 推进财务保障管理工作。围绕争取资金、强化预算、推进执行、深入统计分析、抓实厅属重点项目、规范政府采购和提高财政绩效，坚持保障与管理并重，完善监督检查体系，加强项目资金执行情况督查，做好扶贫资金监管，推行进度和绩效通报制度。实施财政绩效全方位全覆盖监管，充分发挥资金效益，提高文化和旅游产业资金投向的决策水平。组织协调做好援藏、援疆、援宁等帮扶工作。

37. 推进厅属重点项目建设。推进省演艺中心在7月份前完成主体结构验收工作，争取年底投入使用。按新理念新方式启动省美术馆前期相关工作，推动省美术馆尽快投入建设。推进省图改扩建工程，完成主体结构封顶。

38. 推进老干部工作。以围绕机构改革、政治建设、服务保障、文化建设、自身建设等“五个围绕”为抓手，进一步加强离退休干部思想政治建设和组织建设，落实离退休干部政治生活待遇，发挥老干部余热。

（摘编：王诗诚）

2019年福建省卫生健康工作重点

2019年2月27日福建省卫生健康委员会下发《福建省卫生健康委员会关于印发2019年福建省卫生健康工作要点的通知》（闽卫综〔2019〕22号）提出，《2019年福建省卫生健康工作要点》已经省卫健委委务会议研究通过，现印发给各地相关机构，请认真贯彻落实，主要内容如下：

2019年，将迎来新中国成立70周年，是继续落实好“十三五”专项规划确定的各项任务的关键一年，是机构改革后卫生健康工作的开局之年。全省卫生健康工作的总体思路是：以习近平新时代中国特色社会主义思想为指导，全面深入贯彻党的十九大和省委十届七次全会、省委经济工作会议精神，认真贯彻落实国家卫健委和省委、省政府的决策部署，增强“四个意识”、坚定“四个自信”、坚决做到“两个维护”，全面加强党的领导，紧扣高质量发展落实赶超，聚力抓重点、补短板、强弱项，深化“三医联动”改革，提升医疗质量水平，预防控制重大疾病，积极应对人口老龄化，奋力推进健康福建建设，不断增强人民群众健康获得感，以优异的成绩庆祝中华人民共和国成立70周年。

一、全面加强党的建设

1. 全面推进党的政治、思想、组织、作风和纪律建设，强化全面从严治党主体责任，推动从严治党向纵深发展。稳妥推进机构改革，在机构改革中切实加强党的建设和群团工作，加强和改进党的意识形态工作，认真做好省委巡视整改，继续抓好行风整治专项行动、扫黑除恶专项斗争。

2. 认真贯彻落实中办《关于加强公立医院党的建设工作的意见》以及省委办公厅印发的《福建省加强公立医院党的建设工作实施办法》，以落实公立医院党委领导下的院长负责制和调整设置党组织、加强工作机构为重点，推进公立医院党的建设各项工作落到实处。

3. 认真贯彻《中国共产党支部工作条例（试行）》，统筹推进领导班子和干部队伍、基层党组织和党员队伍建设，突出抓好优秀年轻干部和青年人才培养。建立健全卫生健康行业社会组织党建工作管理体制。

二、构建完善“大卫生、大健康”工作格局

4. 推进健康福建建设。围绕“打造抓手、优化机制、强化考核”的要求，推动出台健康福建建设考评办法、工作规则，进一步完善健康福建建设的领导机制和工作推进机制。结合机构改革设置健康促进内设机构，承担组织、协调、推动健康福建建设相关职能，在健康福建建设领导小组领导下，组织制定健康福建建设阶段性主要任务分工方案，协调推动各项任务落实。

5. 落实好国务院即将发布的《健康中国人行动计划（2019—2030年）》，聚焦重要健康影响因素、重点人群和重点疾病，实施一批健康行动，将健康福建建设具体化、项目化。

6. 发挥各级爱卫会及办公室综合协调、督促检查和参谋助手作用，以建设健康城市、健康乡村以及健康社区、健康企业、健康学校等“健康细胞”为基础，以卫生城镇创建、城乡环境卫生整洁行动、农村“厕所革命”等为载体，将健康福建建设融入教育、交通、城乡建设、生态环境、控烟履约等政策，构建完善“大卫生、大健康”工作格局。完成农村户厕无害化改造15万户。

三、全面落实“三医联动”改革

7. 落实好省委、省政府深化“三医联动”改革的实施意见，发挥“药价保”联动优势，配合省医保部门推动医疗服务价格和医保支付方式改革、职工医保基金全省统筹调剂等工作。积极稳妥组织实施跟进国家药品集中采购和使用试点（简称“4+7”）工作，规范药品耗材合理使用。

8. 持续深化公立医院综合改革，推进医院章程制定，开展建立健全现代医院管理制度省级试点。以建立分级诊疗制度为着力点，因地制宜推动医联体、尤其是县域医共体建设，促进医疗资源下沉共享。进一步规范医疗服务行为，优先配备使用基本药物、国家药品集中采购中选药品、省级阳光采购的高值医用耗材，加强新技术、新项目准入管理，推广应用适宜技术，控制医药费用不合理增长。

9. 完善三级公立医院绩效考核，全面落实国办《关于加强三级公立医院绩效考核工作的意见》，修订完善全省三级公立医院考核指标体系、支撑体系、考核程序，分级分类组织实施，避免“一刀切”，发挥好考核“指挥棒”的作用。

10. 配合研究制定我省医疗卫生领域省与市县财政事权和支出责任划分改革实施方案，健全长效投入增长机制，平稳推进全省卫生健康行业政府会计制度改革。坚持“花钱必问效，无效必问责”，全面实施预算绩效管理。强化审计监督，严格落实审计整改要求，进一步提高财政资金投入效益。

11. 推动省政府办公厅关于医疗卫生行业综合监管实施意见的落实，统筹运用行政、法律、经济和信息等多种手段，提高监管能力和水平。

12. 推进福建妇儿总医院等医疗集团建设，进一步理顺省立金山医院的管理体制问题。以福建医大附属口腔医院为试点，给予灵活的绩效分配、价格调整政策，调动医务人员积极性。

四、加大补齐医疗卫生短板的力度

13. 加快医疗机构总床位和紧缺学科床位发展以及省儿童医院、妇产医院、疾控中心等重中之重项目建设。组织制定世行贷款医改促进项目2019年工作要点，继续抓好项目实施。各地要继续加大县级医院综合能力提升建设的力度，完成县域医疗服务技术平台建设，力争90%的疾病在县域内解决。到2020年，编制床位达到500张的县级公立综合医院的医疗服务能力争取达到国家《推荐标准》要求。

14. 继续鼓励和支持社会资本举办医疗机构，积极争取国家先行先试政策，落实惠台医疗服务措施，协助推动台资医疗产业入闽。

五、持续改进质量提升水平

15. 继续抓好医疗“创双高”，积极创建国家区域医疗中心，落实医疗质量安全核心制度。开展“优质服务基层行”，提升基层卫生服务能力。

16. 实施卫生健康重大人才工程，力争全年卫生专业技术人员新增1.6万人。加大引进和培养高层次医疗人才（团队）力度，持续提升疑难危重症、罕见病诊治水平。做好2019年度医疗卫生类引进生引进工作，引进100名博士，加大柔性引才力度，选送100名优秀人才到国内外进修。加强卫生健康基层人才队伍建设，树立正确的人才流动导向，引导人才下沉。加大人才培养锻炼力度。选派优秀医务人员到援外、援藏、援疆、援宁锻炼，促进青年卫生人才成长。

17. 推进医教协同，做好住院医师规范化培训、定向生和紧缺人才培养。健全适应行业特点的全科医生培养制度。

六、强化公共卫生保障

18. 启动省疾控中心改革试点，充分调动公共卫生专业队伍积极性，保障公共卫生安全。加强疫苗采购、管理等免疫规划工作，组织开展疫苗接种飞行检查。推进严重精神障碍患者救治管理，加强慢性病综合防控示范区建设。

19. 修订《福建省突发公共卫生事件应急预案》，完善卫生应急机制建设，推进市县级卫生应急队伍建设，加强卫生应急队伍精细化管理，完成卫生应急扩充能力建设。做好突发公共卫生事件应急处置、突发事件紧急医学救援和省级以上重大会议活动医疗卫生保障工作。

20. 推动各地妇幼保健机构达标建设，落实“母婴安全”和“儿童健康”行动计划，进一步完善妇幼健康服务体系及各专项网络建设，强化生育全程优质服务，完善出生缺陷防控措施，进一步提高人口质量。

21. 扎实做好基本公共卫生服务工作，基本公共卫生服务人均经费提高到69元。

22. 推进地方特色食品安全地方标准的制定，加强风险监测结果分析和通报会商，建立全省食源性疾病监测平台。抓好全省集中消毒餐饮具“一品一码”追溯系统建设的应用。

23. 加强职业病防控治理，严格职业健康监管执法，推动企业职业病防控主体责任落实。健全防治技术支撑体系，实施劳动者职业健康监护过程监测管控。加强职业健康监管队伍建设，完善职业病防治工作联席会，制定职业健康专家库管理办法。

七、推动中医药振兴发展

24. 继续贯彻实施《福建省中医固本工程三年行动计划（2018—2020年）》和《福建省基层中医药服务能力提升工程“十三五”行动计划》。推进中医“名医名科名院”建设，建设一批学术流派传承工作室，开展学术经验传承研究。推进国家中医临床研究基地、国家区域中医（专科）诊疗中心及各级中医重点专科建设，加快国家中医药传承创新工程重点中医医院项目建设。

25. 推进道地中药材的保护和传承，开展福建省第四次全国中药资源普查，支持区域中药院内制剂平台建设，推动院内优良制剂优势互通。

八、举全系统之力实施健康扶贫攻坚

26. 提高政治站位，采取超常规举措，认真推动实施健康扶贫三年攻坚行动。抓紧落实“1+3”文件，抓好医疗保障扶贫、贫困人口大病和慢病精准救治、贫困地区重点传染病、地方病综合防控、妇女“两癌”防治、基层医疗卫生机构能力提升和健康促进等三年攻坚重点工作。

27. 提高基层医疗卫生机构医疗服务水平，尤其是提高常见病、多发病、慢性病的诊疗服务能力，做实家庭医生签约服务，实行分类管理，重点做好建档立卡贫困人口高血压等4类慢性病的规范管理和服务，提高签约质量，增强群众信任度和获得感。继续组织三级医院“组团式”支援贫困地区县级医院。

28. 扩大贫困人口大病集中救治病种，对大病患者进行集中救治。在深入做好现有13种大病专项救治的基础上，根据我省实际，不断扩大专项救治疾病范围，到2020年逐步扩大到30种大病。

九、创新实施智慧健康工程

29. 争取国家支持“互联网+医疗健康”示范省建设，争取国家省统筹区域全民健康信息平台建设项目和国家健康医疗大数据南方中心落地福建。积极协调国家卫健委与我省共同举办第二届“数字中国”建设峰会数字健康分论坛，并做好相关承办工作。

30. 依托世界银行贷款项目，实施县域医疗信息化服务能力提升工程和慢病一体化管理信息建设，开展“互联网+医疗健康”便民惠民活动，抓好互联网医院示范建设，推进电子健康卡普及应用和家庭医生签约APP平台建设，增进群众健康福祉。

十、做好老龄、法制、计划生育、宣传等工作

31. 认真贯彻省委、省政府应对人口老龄化的各项部署，协调推进老龄委重点工作落实，推动医养资源打通使用，积极推进健康老龄化。细化医养结合政策措施支持，鼓励医疗与养老机构建立医疗服务协作关系，推进医养结合试点和安宁疗护试点工作。

32. 深入实施“七五”普法工作，持续推进“放管服”改革，加大“多证合一”力度，全面落实“双随机一公开”。

33. 加强人口监测和形势分析，完善全面两孩政策配套措施，推进生育登记服务智能审批服务进程，落实计划生育系列奖励扶助制度，加大对计划生育特殊家庭扶助关怀工作力度。健全育幼托幼服务体系。

34. 筹划开展卫生健康系统庆祝新中国成立70周年、新医改10周年、2019年“中国医师节”、“世界卫生日”、“爱国卫生月”、第17个“职业病防治宣传周”活动等重大主题宣传活动，营造尊医重卫的良好氛围。

35. 加强科技创新、对外交流以及闽台卫生健康领域深度合作，推进援外、援疆、援藏、援宁工作取得新成效。

36. 做好规划工作，在“十三五”卫生健康相关规划中期评估基础上，对“十三五”卫生计生专项规划中所列建设项目进行梳理，明确当前重点推动的项目以及下一步着力推动的项目，拟对目前条件尚不成熟、并不急需的项目进行调整。着手筹备编制“十四五”重点规划。

37. 继续做好卫生健康系统反恐、信访维稳、机关效能、安全生产、平安医院创建、改善医疗服务行动、控烟履约、行风建设、干部保健、离退休老干部等各项工作。

（摘编：李哲）

福建人力资源建设的现状、问题与对策

福建省始终坚持人才强省、创新驱动发展战略，以改革为动力，以开放促发展，积极抢占人才制高点，着力破解缺人才难题，让各类人才在八闽大地成长成才、实现价值，为推进高质量发展落实赶超、加快新时代新福建建设提供有效的智力支持和人才支撑。

一、福建人力资源建设现状

（一）人力资源规模保持稳定，城乡就业人员结构进一步优化

到2018年底，福建总人口达到3941万人，比上一年略增30万人，但劳动年龄人口在总人口的比例比上一年下降0.9%，已由2010年的69.3%持续下降到65.0%，全省劳动力人口数量出现负增长，劳动力低成本现象已逆转。全省城乡就业人员2791万人，比上一年减少14.3万人；城乡就业人员结构持续优化，第一、二、三产业就业人员比例由2003年的42.4∶27.8∶29.8持续优化为21.0∶35.2∶43.8。

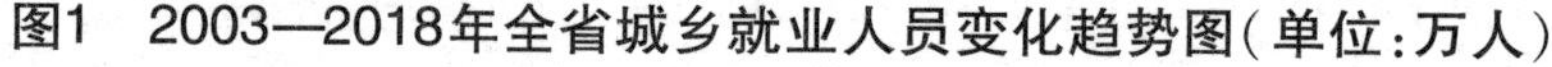
图1 2003—2018年全省城乡就业人员变化趋势图(单位:万人)

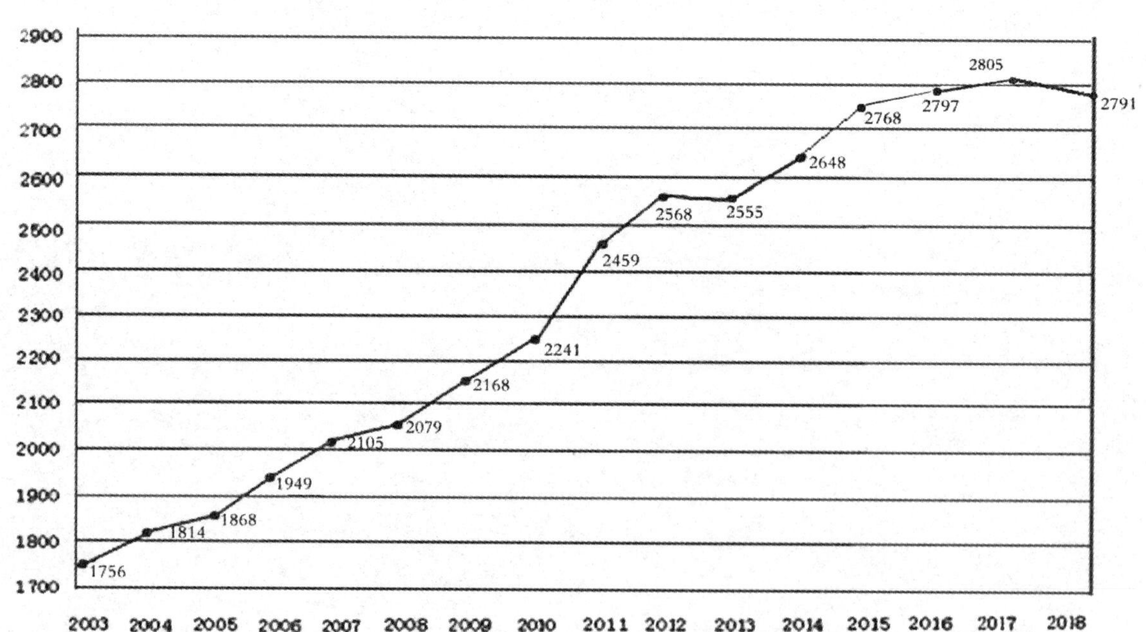

图2　2003—2018年全省就业人员从事产业的比例变化趋势

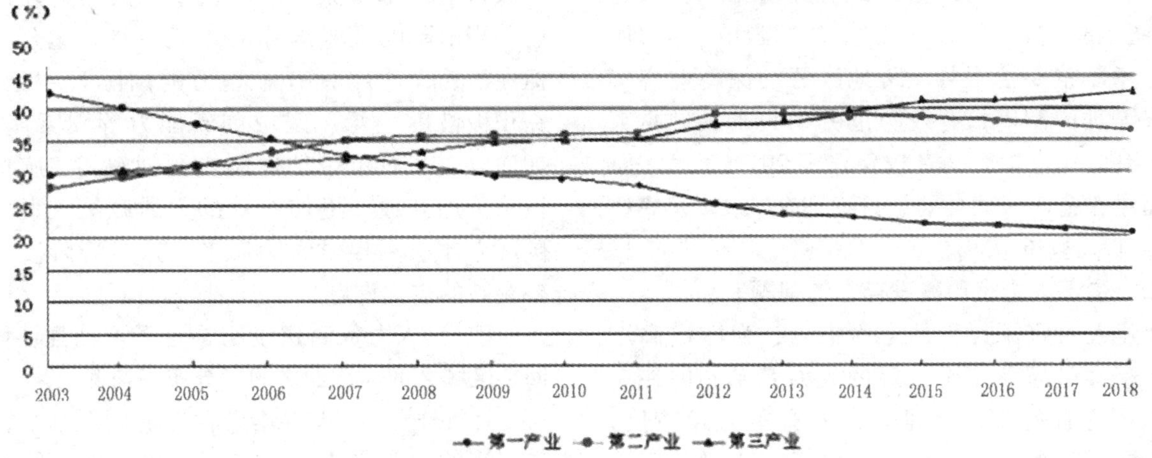

—●—第一产业　—●—第二产业　—▲—第三产业

（二）深化人才发展体制机制改革，人才为经济社会发展的支撑作用显著增强

贯彻落实习近平总书记关于人才工作的重要论述，推进人才发展体制机制改革，精准出台一系列引才用才政策措施，努力突破人才短缺的瓶颈，为经济社会发展注入强劲动力。拓宽全球化视野集聚人才，坚持刚性引进与柔性引进并举、招才引智与招商引资并重、政府推动与市场运作并行，率先为外国高端人才来华工作开辟“绿色通道”，常态化组团赴北京、武汉、成都和欧美日等海内外人才聚集地招聘人才，创建国家级综合性引智试验区“中国福州海西引智试验区”。全省人才发展环境优化，落实福建省人才居住证管理暂行办法、加强人才服务工作八条措施等政策，尤其是福州、厦门等地实施人才“一卡通”制度，为来闽各类人才提供全链条、高质量、高效率服务。全省人才队伍呈现总量不断扩大、质量逐步提升、对经济发展作用日益显著的特点。目前，全省专业技术人才总量达到269万人，技能人才总量达到634.6万人，其中高技能人才111.2万人，人才对经济发展的贡献率居于全国第六位。

（三）大力增加政府公共投入，居民收入、卫生、社会保障等人力资源发展的保障条件不断改善

福建省城乡居民收入稳步增长，2019年第三季度，福建省城镇居民人均可支配收入36113元，同比增长8.4%；福建省农村居民人均可支配收入14487元，同比增长9.7%。各级政府大幅增加公共投入，夯实卫生、教育、社会保障、科技等保障人力资源发展的基础条件。医疗卫生机构和一线技术人员增多，卫生机构床位总数增加，为提高人口健康素质奠定基础。2018年底福建省卫生技术人员24.7万人，比上一年增长6.8%，卫生机构床位数19.3万张，比上一年增长4.9%。全省支撑人力资源建设的保障条件大幅改善，2018年底福建省财政用于教育支出925.1亿元，同比增长9.8%，用于社会保障和就业支出468.2亿元，同比增长18.7%，用于科学技术领域的支出115.3亿元，同比增长15.9%。

（四）和谐劳动关系创建持续深化，劳动者合法权益得到有效维护

推进新时代人力资源市场建设，推动人力资源配置市场化、管理法制化、公共服务均等化、服务产业化、人员调配规范化。劳动关系协调、劳动争议处理、劳动监察执法机制不断完善，构建和谐劳动关系的政策法制环境和社会环境进一步优化。将和谐劳动关系构建工作列入省政府对设区市绩效考评和省综治考评（平安建设）内容，省、市、县（区）成立协调劳动关系三方委员会，定期沟通协商国企改制、最低工资标准、集体协商和集体合同制度实施等劳动关系领域重大问题，形成了厦门“1118”和谐劳动关系创建示范工程、莆田“1+N”矛盾多元调解模式等一批创建品牌。建立劳动关系领域风险防控机制，完善劳动关系监测、预警、部门联动等制度，包括：建立解决企业工资拖欠问题厅际联席会议、企业工资保证金、政府欠薪应急周转金、重大劳动保障违法行为社会公布、拖欠农民工工资“黑名单”管理、劳动保障监察要情报告、跨地区劳动保障监察案件协查等具体制度，有效防范劳动关系领域重大风险，有力地维护劳动者权益。至2019年第一季度，福建省企业劳动合同签订率达97.19%，集体合同签订率达86.02%。

二、福建人力资源建设存在的问题

福建人力资源建设的全面推进，为推进高质量发展落实赶超奠定了良好的人力基础。但在东部沿海发达省份中，福建的人才竞争力还较弱，人才发展不具备优势，全省人力资源建设还面临许多矛盾和困难，这其中既有现实问题，也有长远发展问题。

（一）高层次、创新型人才供给严重不足，国际人才发展的区域竞争力有待提升

虽说现有人才资源基本能满足全省经济社会发展的需要，但人才总量尤其是高端人才紧缺的局面没有根本改观。全省人才队伍虽呈现出总量不断扩大趋势，但高端人才只有大约4900多人，占人才总量的比例偏小。除高端人才总数集聚度指标外，在人才资源总量集聚度、人才资本总量集聚度、专门人才总量集聚度、人才学历结构集聚度、人才资本结构集聚度、专门人才结构集聚度、人才效用集聚度等方面，与沿海的上海、广东、浙江、江苏等省份相比差距明显。随着产业转型升级推进，全省对创新型人才的需求不断增加，但创新型人才供给相对不足。2018年全省信息传输、软件和信息技术服务业从业人员11.42万人，仅占从业人员总数1.94%；金融业从业人员12.28万人，仅占从业人员总数2.08%；科学研究和技术服务业从业人员6.95万人，仅占从业人员总数1.18%。创新型人才资源的不足，为下一步推进人才工作提供了努力方向。此外，国际人才是经济全球化的主导力量。从国际形势看，英美等国移民政策收紧为我国广纳世界人才提供了机遇。福建作为改革开放的前沿阵地，是国内区域国际人才流动的主要集散地。但总的看，我省国际人才引进数量还远远不足，国际人才竞争力在国内仍处于第二梯队位置，福建作为侨乡在吸引国际人才方面的优势仍没有发挥，尤其是对于世界级科学技术专家和战略科学家的引进还严重缺乏。当前国内区域国际人才竞争日趋激烈，如何抓住机遇，建成具有影响力的国际人才聚集区；在积极借助地缘、区域创新能力等因素基础上，如何以人才政策带动体制机制创新，实施更加积极、更加开放、更加有效的人才政策，大力吸引国际人才来闽提供智力服务，这是现阶段迫切需要突破的重大课题。

（二）人力资源建设结构性矛盾凸显，城乡之间、区域之间、行业之间等分布不均衡

1. 农村人才队伍建设存在的问题。当前，乡村振兴的瓶颈是人才振兴。由于长期实行城乡两种不同的资源配置制度，农村的专业服务资源大都由农民自己来负担，造成农村专业人才资源匮乏、专业素质不高、技术能力较低等问题。同时，由于农村人才队伍的结构与功能定位模糊，人员来源广泛且复杂，可分为本地常住的、返乡的、外来的等。由于城乡之间较大差距，农村人才还随时会被城市吸走，农村人才队伍不稳定状态已成为常态。比如，基层卫生机构“空壳化”与城市卫生人才相对集中的问题突出，省、市级大型医疗机构人才集中，基层医疗卫生人才队伍面临人员不足、人才断层、留不住、引不进等问题，制约基层医疗卫生事业发展的人才瓶颈明显。

2. 人力资源发展区域差距明显。福州、厦门、泉州等沿海发达地区人才集聚度相对较高，南平、龙岩、三明等欠发达地区各类人才严重短缺。尤其中国（福建）自由贸易试验区设立以后进一步对于人才的需求，其中厦门片区重点发展两岸新兴产业和现代服务业合作示范区、东南国际航运中心、两岸区域性金融服务中心和两岸贸易中心，福州片区重点建设先进制造业基地、21世纪海上丝绸之路沿线国家和地区交流合作的重要平台、两岸服务贸易与金融创新合作示范区等。随着厦门、福州、平潭三个自贸片区以及福厦泉国家自主创新示范区的建设与发展，全省人才的地区分布差异进一步扩大，对欠发达地区人才队伍建设带来较大压力与挑战。

3. 部分企业施行“机器换工”减少了劳动力需求，同时有些行业和岗位则存在“有业无人”

的招工难现象。全省劳动年龄人口开始负增长，劳动力工资上涨速度加快，劳动密集型制造业的比较优势趋于减弱。尤其是部分用工环境差、薪酬待遇低的中小劳动密集型企业以及对一线技能人才需求较大的企业存在较为突出缺工状态。比如，2019 年一季度的数据显示，全省人力资源市场劳动力供求总量为 161.17 万人次，其中需求人数 88.25 万，求职人数 72.92 万，求人倍率达 1.21。与此同时，福建省劳动力供求总量同比、环比均呈现下滑态势，其中同比下降 33.32%，环比下降 16.24%，主要缘由在于：部分劳动密集型企业逐步施行“机器换工”，传统流水线操作岗位减少；伴随互联网经济发展，新产业、新商业模式深入冲击传统经营模式，部分企业在新技术浪潮中逐步转型或者干脆关闭。再如，当前养老护理工作呈现出新趋势，养老服务不断涌现新需求，特别是失能半失能老年人及其家庭照护需求日渐庞大，而全省现有养老护理从业人员还远不能满足养老服务需求，存在较大用工缺口。总的说，针对城乡之间、区域之间、行业之间分布不均衡状况，围绕聚焦产业人才不足和高技能人才比例不高等问题，迫切需要深入调研、摸清具体情况，才能更好地服务高质量发展落实赶超。

（三）职业教育与培训体系建设仍较薄弱，劳动关系矛盾仍处于多发期

加强职业培训与教育，提高劳动者能力和素质，是缓解人力资源建设结构性矛盾的有效途径。但全省现代职业教育体系仍较薄弱，存在不少亟需解决的问题：产学结合、校企合作模式尚待进一步建立，高技能人才培养与产业发展的紧密度不够，与产业需求相脱节的问题突出；职业教育基础设施投入资金缺口多，职业教育与培训机构“双师型”教师短缺；技能型人才的技术等级制度不健全，高技术产业化导致劳动分工细化，先进的设备和技术需要有较高技能的劳动者操作，新兴的职业岗位层出不穷，但相应的职业资格标准的制定和鉴定却跟不上形势发展需要等。此外，现阶段全省经济转型升级的深层次矛盾传导到劳动用工领域，促使劳动关系矛盾进入多发期。劳动关系领域风险表现在，一些中小企业生产经营困难增多，劳动密集型企业欠薪问题易发；工程建设领域欠薪问题多发，农民工非理性维权现象增多等。加之随着劳动力供求结构重大变化，新生代劳动力占比日益增大，劳动者权利意识不断增强，利益诉求及表达方式更加多元化。这些变化给劳动关系协调、矛盾调处、权益保障等方面提出挑战。

三、进一步推进福建人力资源建设的对策思路

坚持高质量发展落实赶超，人才是引擎。紧紧围绕建设科技创新强省目标，进一步促进发展动能的转换，更加注重把发展建立在提高人力资源质量的基础上，促进“人口红利”向“人才红利”转型，加快福建省人力资源综合竞争力的整体提升。

（一）深入实施人才优先发展战略，加快构建引才留才用才的良好体制机制

1. 坚持“优先论”，把人才资源开发放在科技创新最优先位置。一是树立强烈的人才意识，进一步确立人才工作在推进高质量发展落实赶超中的战略地位。认真贯彻落实习近平总书记关于人才工作的重要论述，持续深化人才发展体制机制改革，加强人才队伍建设。人才是科技创新的第一资源，没有强大人才队伍作支撑，科技创新就是无源之水、无本之木。由于人才工作是一项长期性、基础性工作，短期很难见成效，导致一些部门抓人才工作积极性不高，应坚决消除“人才工作讲起来重要、做起来次要、忙起来不要”的不良现象。二是坚持人才培养和引进“双轮驱动”，加快构建吸引人才、留住人才、用好人才的良好体制机制。坚持以“用”为导向，突出“松绑”“放活”提升创新活力，突出高效服务构筑创业高地，构建更加积极、更加开放、更加有效的人才政策，在人才发展体制机制改革上形成新突破。注重营造创新型人才发展的有利环境，创新评价、激励、流动机制，激发用人主体活力，发挥企事业单位在人才引进、评价和使用中的主体作用。实行严格的知识产权保护制度，让有技术创新能力的人获得创新发明带来的经济收益，充分调动人才的积极性。按照人才成长规律改进人才培养机制，高度重视做好高端人才资源的开发工作，强化对于顶尖型、领军型人才的支持。加强人才载体平台建设，以重大项目、创新平台、创新基地等为载体，健全以企业为主体、市场为导向、产学研相结合的创新体系建设。注重人才政策系统化、集成化，强化人才引领，探索在重大工程实施、重点项目推进、重要载体建设中，把人才评估作为必要环节，以人才结构优化推动产业结构迈向中高端。

2. 发挥区位优势和环境优势，大力提升国际人才竞争力水平。基于国家给予福建发展的战略定位，抓住自主创新示范区建设机遇，注重引进一批站在行业科技前沿、具有国际视野和能力的领军人才，建设福建国际人才高地。进一步加快我省吸引外籍人才的制度和管理体系建设，建立清晰、透明的国际人才信息平台，为境外专家提供签证、工作、生活、子女入学等一站式服务。解决来闽境外专家的社会保险对接问题，对外籍人才来闽工作期间社保的开户服务、缴纳标准、离境衔接等进行明确规定。在前期公安部支持福建自贸试验区的十项出入境新政基础上，借鉴国内先进地区引才经验，探索实行高效便捷的“人才绿卡”制度，在工作和生活各方面为外籍人才提供更多便利。如，北京中关村为具有博士学位的外籍华人开通直接申请永久居留的通道；广东则为原籍广东的华人来华探亲、洽谈商务等提供五年多次往返的签证便利等。此外，留学生作为国际人才的重要储备，应进一步放宽外国留学生在闽实习就业限制，向全球优秀学生放开实习机会，抢夺海外优秀人才苗子。充分利用福建作为侨乡在吸引国际人才的优势，发挥闽籍华侨在海外的桥梁作用，促进携带技术、资金、经验的外籍华人环流或回流。

3. 发挥福建对台独特优势，深化闽台人才交流合作。围绕“逐步为台湾同胞在大陆学习、创业、就业、生活提供与大陆同胞同等的待遇”目标，着力进行政策突破。一是注重发挥人才社团在推动两岸交流合作中的重要作用，支持社会组织搭建闽台人才交流合作平台。支持相关社团组织与台湾相关同业公会、协会等社团组织开展对口联系，积极探索闽台人才交流合作的长效机制，着力在两岸人才双向交流合作方面进行突破。二是充分发挥先行先试的政策优势，进一步把福建自贸试验区打造成“台湾人才聚集区”。优化台湾人才在自贸试验区的软环境，建设具有品牌效应的闽台人力资源交流合作平台。加强自贸试验区闽台人才交流的市场对接，消除闽台人才交流与开发的地域、身份、部门、行业限制，创新自贸试验区人才赴台学习交流的体制机制。充分借鉴台湾职业教育先进经验，深化闽台职业教育合作办学，鼓励企业引进台湾职业教育资源，开展员工职业技能培训等。三是注重发挥中国海峡人才市场的示范带动作用，积极推进闽台人才社会化服务体系建设。目前中国海峡人力资源服务产业园已规划建设六大功能区，即人才公共服务专区、人才交流及招聘服务专区、两岸人力资源外包服务专区、两岸人力资源培训基地、两岸大学生（青年）创业创新孵化基地、人才科技项目转化专区，吸引了八家台湾人力资源机构入驻。充分利用中国海峡人才市场台北联络处的窗口作用，积极为台湾专才提供来闽就业创业、学历学位验证等方面服务，为福建企业招聘台湾专才提供高级人才寻访服务。加快建立符合福建产业发展需要的台湾高层次人才数据库，推进闽台人才中介平台的建设，健全闽台人才的交流、测评、培训、评价、信息咨询等中介服务体系。

（二）加强技能型人力资源的开发建设，着力破解乡村振兴人才瓶颈

1. 突出强化劳动者职业能力建设，大力发展职业教育和职业培训。产业的转型升级不仅需要有新的技术、设备，更需要有与硬件相匹配的人力资源结构，先进的技术、设备必须与高素质的劳动力相结合，才能发挥其作用，这就决定了劳动力构成需要从劳动密集型转向知识密集型。一是大力开展有针对性的职业技能培训。推行终身职业技能培训制度，面向职工、就业重点群体、建档立卡贫困劳动力等各类劳动者，大规模开展职业技能培训，着力提升高技能人才占技能劳动者的比例。切实增加职业技能培训供给，支持企业兴办职业技能培训，推动职业院校扩大培训规模。加强职业技能培训基础能力建设，建设产教融合实训基地和公共实训基地，对实训基地和企业、院校、培训机构的设施设备升级改造予以支持。创新培训方式，健全完善公共就业培训服务平台，推广“互联网＋职业培训”方式。加大资金支持力度，从失业保险基金、就业补助资金、地方人才经费、行业产业发展经费等多种渠道筹集培训资金。推进职业技能培训与评价有机衔接，完善技能人才职业资格评价、职业技能等级认定、专项职业能力考核等多元化评价方式。二是加快构建现代职业教育体系。现阶段职业教育更加注重人的综合能力培养，把职业学校学生培养成为具有人文素养和创新能力的现代人。尤其是人工智能作为引领产业变革的重要驱动力，现阶段培养大批具有创新能力和合作精神的人工智能高技能人才，是职业教育面临的重要任务。大力完善以企业行业为主体、职业院校为基础、学校教育与企业培养紧密联系、政府推动与社会支持相结合的培养体系。进一步发挥企业主体作用，全面推行企业新型学徒制。加强师资队伍建设，职业院校和培训机构实行专兼职教师制度，可按规定自主招聘企业技能人才任教。切实加大政府投入，提高财政预算内教育经费用于职业教育的比重，鼓励民办职业教育机构发展。

2. 加强农村人才队伍建设，让人才红利在乡村振兴中释放能量。《中国共产党农村工作条例》为农村人才队伍建设与发展作了顶层设计和制度保障，当前关键是抓好贯彻落实。一是厘清农村人才队伍基本结构与功能。对于农村产业和经济发展人才队伍的培养和建设，应更多运用市场化的体制机制，出台的政策措施更多地放在创造人才成长的环境、破除人才成长障碍因素等方面；农村公共服务人才的供养、培养和建设则由政府承担，或者以政府主导、社会参与、社会团体和私人机构为补充方式。各地应做好县域农村人才队伍的细化分类统计和统筹使用方案，列出建设与培养目标，将农村人才使用和培养落到实处。二是坚持“输血”和“造血”双管齐下，促进农村人才队伍的自我更新和自我完善。一方面是“输血”，加强“山海”人才协同发展，实施欠发达地区人才扶持工程，引导科技人员到欠发达地区工作，进一步鼓励高校毕业生面向基层、面向欠发达地区就业。当前，选配大学生村官、派驻第一书记等都是有效做法，还要改变农村人才向城市单向流动局面，让走出去的人回流，把经验、技术、资金等带回家乡。另一方面是“造血”，实施农村人才振兴“头雁工程”，培养选拔好村党支部书记，筑牢乡村振兴“主心骨”。优化乡村干事业的营商环境，让人才有信心和决心扎根乡村创业就业。比如，对返乡创业人才和本土产业人才要开辟绿色通道，优化投资项目审批程序，解决融资难、融资贵等难题。

（三）紧扣社会主要矛盾变化，全方位推进和谐劳动关系建设

适应新时代劳动关系和调解仲裁工作的新要求，加快建立规范有序、公正合理、互利共赢、和谐稳定的劳动关系。一是完善构建和谐劳动关系的工作格局。针对劳动关系矛盾进入凸显期与多发期的特点，大力完善劳动关系矛盾监测预警机制，坚决防范劳动关系领域风险。强化对企业劳动用工的指导，推进集体协商和集体合同制度建设，切实提高非公企业劳动合同签订率。推进国有企业工资决定机制改革，全面落实国有企业负责人薪酬制度改革政策。进一步落实各级地方政府的属地监管责任，加强保障农民工工资支付机制建设，扎实保障农民工工资支付。加强协调劳动关系三方机制建设，健全区域性、行业性协调劳动关系三方机制，扩大三方机制覆盖面。二是加强劳动人事争议调解与仲裁工作。坚持“预防为主、基层为主、调解为主”方针，强化劳动报酬、社会保险、解除劳动合同等争议案件处理。加强劳动人事争议预防处理，坚持调解先行，将调解贯穿争议处理全过程，充分发挥协商调解的基础性作用。在完善劳动人事争议多元处理格局的基础上，进一步健全调解仲裁制度机制建设，形成“法律、规章、政策、制度”四级仲裁法律制度体系。加强调解与仲裁衔接，落实委托调解、调解协议仲裁审查确认等制度，充分利用“互联网+调解”等调解手段，大力提升调解仲裁效能。

（撰稿：福建社会科学院　赖扬恩）

第四篇

热点透视

央视直播《共和国发展成就巡礼·福建篇》

2019年8月18日上午10点，中央广播电视总台央视新闻频道直播庆祝中华人民共和国成立70周年大型特别节目《壮丽70年·奋斗新时代——共和国发展成就巡礼·福建篇》（以下简称“福建篇”）。该节目用近一个小时的时间，带领全国观众走遍八闽大地，并通过“清新、创新、融合、人文”这四个关键词，总结了福建省壮丽70年的发展成就，全面展现福建人民沿着习近平总书记擘画的蓝图，坚持高质量发展落实赶超，谱写新时代新福建建设新篇章的生动实践。

“福建篇”的首个关键词是“清新”，森林覆盖率连续40年位居全国第一、中国工程院2019年发布的生态文明指数中排名全国第一、第一个国家生态文明试验区。

“福建篇”第二个关键词是“创新”，在新能源、物联网、装备制造等领域，福建企业用创新突破种种边界。

“福建篇”第三个关键词是“融合”，用镜头记录了在闽台胞的生活，见证了福建正成为台胞台企登陆的第一家园。

最后一个关键词是“人文”。“福建篇”说，习近平总书记在福建工作期间，非常重视历史文化保护，曾为《福州古厝》一书作序等。

（摘编：王诗诚）

福建省庆祝中华人民共和国成立 70 周年大型主题展展出

2019 年 9 月 30 日，在中华人民共和国 70 周年华诞来临之际，由省委宣传部、省委党史研究和地方志编纂办公室主办，省革命历史纪念馆、福建博物院承办的“新时代　新福建”——福建省庆祝中华人民共和国成立 70 周年大型主题展在福建博物院隆重展出，展期 1 个月。省委书记、省人大常委会主任于伟国为主题展揭幕，省长唐登杰，省政协主席崔玉英，省领导王宁、刘学新、梁建勇、周联清、邢善萍、苏保成、杨贤金、郑新聪、张广敏以及港澳台闽籍乡亲福建参访团代表，省、市各界代表，省直机关干部等一同参观了展览。

此次展览分为三大部分，第一部分“当家作主站起来”展现了福建人民在中国共产党的带领下，与全国人民一道为人民政权的建立、巩固和发展做出巨大贡献。第二部分“改革开放富起来”介绍了改革开放以来，福建发展成为中国最开放、最具活力的地区之一，经济社会发展不断取得新成就，福建人民迎来了从温饱不足到小康富裕的伟大飞跃。第三部分“伟大复兴强起来”展示了党的十八大以来，在以习近平同志为核心的党中央坚强领导下，省委、省政府紧紧围绕“五位一体”总体布局和“四个全面”战略布局，坚持高质量发展落实赶超，加快推进新时代新福建建设的壮美篇章。

主题展政治站位高、特色鲜明，突出习近平总书记在闽工作期间的探索和实践，展示了福建贯彻落实习近平总书记战略擘画和重要指示的担当作为，展示了新思想的理论魅力、新福建的发展活力。

主题展形式活泼、表现力强，着力从习近平新时代中国特色社会主义思想的理论渊源和实践渊源入手，讲述了摆脱贫困、数字福建、生态福建、食品安全等“福建故事”；此次展出历史图片近 300 幅、文物实物约 120 件，配合场景模拟和视频、虚拟交互体验等声光电技术，挖掘了 70 年来许多鲜为人知的“福建第一”“福建成就”“福建智慧”，全方位展现福建人民在中国共产党的坚强领导下，始终与时代同步、与祖国同行，历经站起来、富起来到强起来的奋进历程。

（摘编：周忠志）

福建省人大常委会设立40周年最有影响的“十大法规”揭晓

今年是中华人民共和国成立70周年，也是全国人民代表大会成立65周年、地方人大设立常委会40周年。为了更好地回顾地方人大发展历程，总结我省地方立法成果，省人大常委会近期开展了福建省人大常委会设立40周年最有影响的“十大法规”评选活动。2019年9月29日，省人大常委会公布评选结果。

该“十大法规”是：福建省实施《中华人民共和国消费者权益保护法》办法、福建省老年人权益保障条例、福建省行政执法条例、福建省实施《中华人民共和国台湾同胞投资保护法》办法、福建省人民代表大会及其常务委员会立法条例、福建省非物质文化遗产条例、福建省物业管理条例、福建省企业和企业经营管理者权益保护条例、福建省林权登记条例、福建省促进革命老区发展条例。

同时，省人大常委会还公布了获得提名奖的十项法规：福建省人口与计划生育条例、福建省实施《中华人民共和国归侨侨眷权益保护法》办法、福建省禁止非医学需要鉴定胎儿性别和选择性别终止妊娠条例、福建省奖励和保护见义勇为人员条例、福建省海洋环境保护条例、福建省促进茶产业发展条例、中国（福建）自由贸易试验区条例、福建省历史文化名城名镇名村和传统村落保护条例、福建省食品安全条例、福建省生态文明建设促进条例。

（摘编：杨立群）

福建省禁毒工作成效连续四年位居全国前列

2019年5月30日，省公安厅召开2019年福建省禁毒工作新闻发布会，通报去年以来全省禁毒工作有关情况、当前毒情形势以及今年“全民禁毒宣传月”活动安排。

2018年，我省禁毒工作成效被国家禁毒委评定为优秀等级，连续四年位居全国前列。持续深化青少年毒品预防教育工程，全省新发现吸毒人员数持续大幅下降；严打高压更有力，去年全省共破获毒品犯罪案件4582起，抓获毒品犯罪嫌疑人5664名，打掉制贩毒团伙223个，缴获一大批毒品和易制毒化学品；戒治帮扶更务实，积极引导吸毒人员戒断毒瘾、回归社会，同时建成就业安置点42个，阿片类吸毒人员就业安置率达92%。

本次发布会正式拉开今年“全民禁毒宣传月”活动的序幕。省禁毒办将在6月组织开展“6·26”国际禁毒日主题宣传暨纪念林则徐“虎门销烟”180周年活动、禁毒主题书画展、《禁毒之战2019》电视直播节目等一系列宣传活动。

（摘编：苏建平）

福建省十三条“禁令”防范打击“套路贷”

2019年5月12日福建日报报道，近日，省地方金融监督管理局、省打击和处置非法集资工作领导小组办公室、省互联网金融风险专项整治工作领导小组办公室联合发布13条“禁令”，防范打击“套路贷”等非法金融活动。

“套路贷”是对以非法占有为目的，假借民间借贷之名，诱使或迫使被害人签订“借贷”或变相“借贷”“抵押”“担保”等相关协议，通过虚增借贷金额、恶意制造违约、肆意认定违约、毁匿还款证据等方式形成虚假债权债务，并借助诉讼、仲裁、公证或者采用暴力、威胁以及其他手段非法占有被害人财物的相关违法犯罪活动的概括性称谓。

为依法严厉打击“套路贷”等非法金融活动，我省要求：

一、未经有权机关依法批准并取得相应资质，开展或从事放贷业务的任何单位和个人，应立即停止非法放贷行为。

二、不得向在校学生非法开展“校园贷”业务，或以提供服务、销售商品为名，实际收取高额利息（费用）变相放贷。

三、严禁任何单位和个人套取金融机构信贷资金，再高利进行转贷。

四、严禁具备合法放贷资质的机构，超过法律最高限额标准收取贷款利息，实际综合年化利率不得超过36%（典当企业应在典当管理办法规定标准范围内收取利息、综合费用），不得在合同外另行收取费用，或以任何变相方式从事非法高利贷业务。

五、不得以低息、无抵押、无担保、快速放款等为诱饵，以“违约金”“保证金”“中介费”“服务费”等各种名义骗取被害人签订虚高借款合同、阴阳借款合同，借贷双方必须各持一份一致的合同原件。

六、严禁任何单位和个人通过所谓的“谈判”“协商”“调解”或以故意伤害、非法拘禁、侮辱、恐吓、威胁、骚扰等非法手段向借款人及其利害关系人进行软暴力或暴力催收。

七、不得通过制造银行走账流水，造成已向借款人交付全部贷款金额的假象；不得将不合理的高息、罚息等通过制造银行流水及签订“连环合同”方式变造为新的贷款本金。

八、不得以电话故障、系统维护等为名刻意制造逾期陷阱，导致借款人无法还款。

九、不得利用黑恶势力开展或协助开展非法抵押贷款业务；不得通过车辆的抵押、房屋网签等手段，非法变卖、处置借款人车辆、房屋等，侵占借款人财物。

十、严禁金融机构从业人员利用合法金融渠道为“套路贷”等非法金融活动提供服务便利。

十一、严禁执业律师、公证员、仲裁员及相关中介机构为“套路贷”平台以出具律师函、公证函、仲裁书等形式向借款人催收借款，或协助以虚假事实提起诉讼、实施仲裁、办理公证及帮助转移违法犯罪所得。

十二、严禁各级领导干部和公职人员为“套路贷”等非法金融活动充当保护伞或以其他形式站台增信、提供协助支持。

十三、不得设计、制作、张贴、散布、发布各类非法金融广告资讯信息。

（摘编：周忠志）

福建省印发省级打击黑恶势力犯罪举报奖励办法

2019年8月30日福建省公安厅、福建省财政厅印发《福建省公安厅、福建省财政厅关于印发<福建省省级打击黑恶势力犯罪举报奖励办法>的通知》提出，为贯彻落实中央扫黑除恶“回头看”督导和“不忘初心、牢记使命”主题教育有关要求，进一步提高群众举报黑恶势力违法犯罪线索的积极性，省公安厅与省财政厅制定了《福建省省级打击黑恶势力犯罪举报奖励办法》。现印发给你们，各地可结合本地实际参照执行。

福建省省级打击黑恶势力犯罪举报奖励办法

第一条　为深入开展扫黑除恶专项斗争，鼓励群众踊跃举报黑恶势力犯罪线索，严厉打击黑恶势力犯罪，根据《中共中央国务院关于开展扫黑除恶专项斗争的通知》有关精神，特制定本办法。

第二条　根据我国《刑法》、《最高人民法院最高人民检察院公安部司法部关于办理黑恶势力犯罪案件若干问题的指导意见》（法发〔2018〕1号）等有关规定，本办法所指黑恶势力犯罪是指以黑社会性质组织、恶势力犯罪集团、恶势力犯罪团伙等形式纠集在一起，以暴力威胁或其他手段，在一定区域或行业内多次为非作恶，欺压百姓，扰乱经济、社会秩序的犯罪。主要特点一般为三人以上，纠集者较为固定，违法犯罪活动主要为强迫交易、故意伤害、非法拘禁、敲诈勒索、故意毁坏财物、聚众斗殴、寻衅滋事，同时还可能伴随实施开设赌场、组织卖淫、强迫卖淫、贩卖毒品、运输毒品、制造毒品、抢劫、抢夺、聚众扰乱社会秩序、聚众扰乱公共场所秩序、交通秩序以及聚众“打砸抢”等。

第三条　本办法所规范奖励的黑恶势力犯罪线索举报内容包括：

（一）公安机关未发现或掌握的黑恶势力犯罪线索；

（二）已立案侦查的黑恶势力犯罪嫌疑人所实施，但公安机关尚未发现或掌握的犯罪案件；

（三）公安机关正在追捕的黑恶势力犯罪案件犯罪嫌疑人的具体藏匿地点或活动情况。

第四条　本办法的奖励对象为举报福建省范围内黑恶势力违法犯罪活动的公民、法人和其他组织（以下统称举报人）。

第五条　举报人举报时，应尽可能详细提供发生黑恶势力违法犯罪行为的时间、地点、过程等情况，以及犯罪嫌疑人的姓名（绰号）、住址、通讯方式、主要体貌特征、活动路线、藏匿地点及是否持有枪支、管制刀具等情况。

第六条　举报人可采取实名或匿名，通过当面举报、信函、电话、网络通信或其他方式进行举报。

实名举报的应提供举报人姓名、公民身份证号码及联系方式等情况。匿名举报时，举报人可使用6位数以上的密码作为本人代码，办案单位以密码确定举报人并反馈、奖励。

第七条　省公安厅黑恶势力违法犯罪线索举报奖励由公安厅扫黑办具体实施。举报奖励资金由省级财政保障，列入省公安厅经费预算，接受审计、监察部门的监督。

第八条　举报人举报的黑恶势力违法犯罪线索，经查证属实，省级按下列标准对举报人给予一次性奖励：

（一）公安机关查证属实以黑社会性质组织罪名移送审查起诉的，每案奖励人民币50000—100000元；

（二）公安机关查证属实以恶势力犯罪集团移送审查起诉的，每案奖励人民币10000—50000元。

（三）公安机关查证属实以恶势力犯罪团伙移送审查起诉的，每案奖励人民币5000—10000元。

（四）公安机关查证属实以上述常见涉恶罪名移送审查起诉的，每案奖励人民币2000—5000元。

（五）公安机关根据线索抓获在逃黑社会性质组织的组织者、领导者的，每名奖励人民币10000—50000元；抓获在逃黑社会性质组织骨干成员、犯罪集团首要分子的，每名奖励人民币5000—10000元；抓获在逃黑恶势力其他成员的，每名奖励人民币1000—5000元。

同一举报人在同一案件中，分别发挥上述不同作用的，可以分别奖励，但最高不超过20万元。

第九条 对举报线索实行首报奖励和次报补充奖励机制。对多人举报同一线索的，原则上只奖励第一举报人；对于补充举报新线索的，视具体情况予以奖励。举报顺序以省公安厅扫黑办受理举报线索的记录时间为准。

第十条 举报人根据省公安厅发布的公告或通缉令提供黑恶势力违法犯罪线索的，按照公告或通缉令规定的奖金数额予以奖励，不再按本办法重复奖励。但公告或通缉令确定的奖金数额不应低于本办法规定的同档奖励金下限。

第十一条 省公安厅收到举报人举报的黑恶线索，转至各地公安机关核查属实的，由核查地公安机关按当地公安机关举报奖励办法执行，核查地公安机关未出台举报奖励办法的除外。

第十二条 有下列情形之一的，不属于奖励范围：

（一）犯罪嫌疑人、被羁押人员、服刑人员检举揭发的；

（二）公安机关事先掌握的；

（三）国家工作人员在其职责范围内知悉的；

（四）负有特定义务的人员举报的；

（五）当事人及近亲属反映所涉案件及犯罪嫌疑人线索的；

（六）其他不属于奖励范围的情况。

第十三条 举报人提供的黑恶势力违法犯罪线索符合奖励条件的，省公安厅扫黑办应当在移送审查起诉后10日内提出奖励对象和金额，并报省公安厅负责人审批。审批通过后，省公安厅扫黑办在5日内通知举报人领取奖金，匿名举报或无法通知的，应在相关媒体上进行公布。

举报人应当在接到领取奖金通知后30日内，匿名举报人应当在媒体发布领取奖金信息后3个月内，与省公安厅扫黑办联系并领取奖金，逾期不领取的，视为放弃。

第十四条 奖金领取方式：

（一）举报人到办案单位指定地点当面领取奖金的，举报人需提供有效身份证件，并简述线索内容。

（二）举报人委托他人领取奖金的，领取人须携带举报人授权委托书连同本人及举报人有效身份证件，并简述线索内容。

（三）匿名举报人本人或委托他人领取奖金的，需提供举报人代码（匿名举报时提供的密码），并简述线索内容。

第十五条 严禁借举报之名诬告陷害他人或虚报冒领奖金，违者依法追究其法律责任。

第十六条 省公安厅对举报材料严格保密，保障举报人的安全。对违反工作纪律和保密规定造成严重后果的，依法依纪追究其相关责任。

第十七条 人民群众举报犯罪线索的行为，应当受到社会的尊重和法律的保护。对打击报复举报人的，公安机关将及时查处，并依法追究其法律责任。

第十八条 本办法具体解释工作由福建省公安厅扫黑办承担。

第十九条 本办法自公布之日起施行，《福建省公安厅关于打击黑恶势力犯罪举报奖励办法》（闽公综〔2018〕157号）同时停止执行。举报有效期截至2020年12月31日。

（摘编：赵旭东）

福建省开展清理整顿人力资源市场秩序专项执法行动

2019 年 4 月 1 日福建省人力资源和社会保障厅、福建省市场监督管理局下发的《关于开展清理整顿人力资源市场秩序专项执法行动的通知》（闽人社文〔2019〕75 号）提出，为进一步规范人力资源市场秩序，维护公平、规范、竞争有序的就业环境，维护劳动者平等就业权益，根据人力资源社会保障部、市场监管总局《关于开展清理整顿人力资源市场秩序专项执法行动的通知》（人社部明电〔2019〕4 号）的部署要求，省人力资源和社会保障厅、省市场监督管理局决定即日起至 2019 年 4 月 26 日，在全省范围内组织开展清理整顿人力资源市场秩序专项执法行动（以下简称专项执法行动）。现就有关事项通知如下：

一、专项执法行动的目标任务

以习近平新时代中国特色社会主义思想为指导，坚持以人民为中心的发展思想，依法履行市场监管职责，转变监管理念，创新监管方式，对人力资源服务活动中的违法违规行为实施集中整治。通过专项执法行动，进一步规范人力资源市场秩序，为促进劳动者就业营造良好的社会环境，依法维护劳动者平等就业权益。

二、专项执法行动的对象和内容

对依法成立的人力资源服务机构、未经许可或登记但实际从事职业中介和劳务派遣等经营性人力资源服务业务的组织或个人、各类招工用人单位进行专项执法检查，《福建省人力资源劳务中介管理服务暂行规定》（闽人社文〔2016〕237 号）落实情况。内容包括：

（一）人力资源服务机构依法取得营业执照和行政许可（含劳务派遣）情况。其中对互联网招聘平台、家政服务中介及劳务派遣单位要进行重点清查，检查其从业资质、内部制度、收费标准、收费行为、服务台账建立情况和按期提交年度经营报告情况。

（二）人力资源服务机构开展经营活动情况。集中治理参与签订不实高校毕业生就业协议、不履行审查信息义务、发布歧视性招聘信息、哄抬或操纵人力资源市场价格、违法劳动派遣行为以及未经备案的跨地区劳务派遣、扣押劳动者居民身份证和其他证件、非法向劳动者收取财物、介绍不满 16 周岁未成年人就业、未经授权管理流动人员人事档案以及收取流动人员人事档案管理费用和拒收流动人员人事档案等问题。对人力资源服务机构（含劳务派遣）通过组织劳动者非正常频繁更换用人单位，以牟取不正当利益的行为，记入其诚信档案，依法向社会公布。对以暴力、胁迫、欺诈等方式从事人力资源服务涉嫌犯罪的，由人力资源社会保障部门依法移送公安机关立案查处。

（三）用人单位直接招用劳动者情况。对提供或发布虚假招工信息、诱骗劳动者从事传销活动、强迫劳动、违反规定将“乙肝五项”作为体检项目，劳务派遣单位克扣用工单位按照派遣协议支付给被派遣劳动者的劳动报酬，以及其他以招工为名牟取不正当利益或者进行其他违法活动的，由人力资源社会保障部门依法查处；涉嫌构成犯罪的，移送公安机关追究刑事责任。

三、工作要求

（一）加强组织领导，认真抓好落实。各地人力资源和社会保障、市场监管部门要高度重视，将此次专项执法行动作为学习贯彻党的十九大精神，落实党中央关于把稳就业摆在更加突出位置有关决策部署的重要举措，切实加强组织领导，精心组织实施。要结合本地实际，制定专项执法行动实施方案，充实一线执法人员，认真组织执法检查，确保工作任务和措施落实到位。

（二）落实随机抽查，强化监管责任。各地要按照《关于在市场监管领域全面推行部门联合“双随机、一公开”监管的意见》（国发〔2019〕5号）要求，通过公开、公正的方式从名录库中随机抽取检查对象，根据本地实际随机抽取执法检查人员，实施部门联合“双随机”抽查执法行动。对有违法记录的单位要实施重点抽查，做到对违法者“利剑高悬”，对守法者“无事不扰”。

（三）部门联动配合，实施联合惩戒。对检查中发现的违法违规行为，要依法进行处理，并将有关结果统一归集于市场主体名下，通过国家企业信用信息公示系统（福建）依法依规予以公示并实施联合惩戒，形成对人力资源服务违法失信行为的长效制约。要进一步落实《福建省人力资源劳务中介管理服务暂行规定》，加强对劳务派遣机构、职业介绍机构相关信用信息收集，建立健全机构信用档案，并实施分类监管。

（四）畅通维权渠道，加强舆论宣传。各地要进一步畅通举报投诉渠道，充分发挥劳动保障监察举报投诉案件省级联动处理机制作用，为劳动者维权提供高效便捷的服务。要以实施《人力资源市场暂行条例》为契机，积极开展形式多样的普法宣传活动，增强用人单位和人力资源服务机构的诚信守法意识，提高劳动者和求职者依法维权意识。对专项执法行动期间查处的重大违法案件，要按规定及时向社会公布。

请各设区市、平潭综合实验区人力资源和社会保障部门会同市场监管部门对本地区开展专项执法行动情况进行认真总结，并于2019年4月26日前将总结材料（附专项执法行动情况）报省人力资源和社会保障厅劳动监察处。专项执法行动结束后，人力资源社会保障部、市场监管总局将对工作表现突出的单位予以联合通报表扬。

（摘编：黄万良）

中国工程院眼科界唯一院士在福建设立工作站

谢立信院士是我国著名的眼科专家，主要从事眼科角膜病、白内障的应用基础研究和临床诊治，特别在角膜内皮细胞应用理论、感染性角膜病、白内障手术技术改进和眼内植入缓释药物等方面做出了突出贡献，是我国角膜病专业的领军者，白内障超声乳化微创手术的开拓者，中国眼库建设的主要创始人之一，也是目前中国工程院眼科界唯一院士。2019 年 6 月 29 日，福建医科大学附属协和医院举行谢立信院士工作站揭牌仪式。中国工程院院士、山东省眼科研究所名誉所长、青岛眼科医院院长谢立信，省科协负责人以及在榕眼科界专家学者等 100 多人参加活动。

福建医科大学附属协和医院谢立信院士工作站将充分利用谢立信院士团队的资源搭建科研创新平台，开展角膜病等项目基础与临床研究，推动科研立项、成果申报、专利申请、成果转化等相关工作，着力将协和医院打造成一个具有地区特色的高水平的角膜及眼表疾病、眼底病、青光眼、眼视光等眼科疾病诊疗和研究中心，为协和医院乃至全省眼科培养高素质的临床科研人才。

（摘编：吴强）

中国教育大数据应用研究院在福州成立

2019 年 1 月 20 日，中国大数据教育应用论坛在福州举行。会上，由中国大数据应用研究会主席团专家委员会发起组织的中国教育大数据应用研究院正式成立，我省的网龙华渔教育作为执行院长单位承担该研究院的日常运行工作。同时，大会还发起成立“教育大数据产业技术创新战略联盟”。

据了解，研究院将开展大数据在教育领域应用的战略性和前瞻性研究，推动新技术、新模式的实践应用和产业化发展，致力于成为全国领先、国际一流的研究机构，服务于中国教育改革和教育现代化。

研究院联席院长之一、中国工程院院士倪光南表示，中国教育大数据应用研究院和教育大数据产业技术创新战略联盟的成立，将有助于创新教育大数据产业生态，助力教育大数据创新合作模式的发展，提升教育大数据应用的整体水平和产业竞争力，构建具有影响力的大数据产业生态体系。

（摘编：郭虹）

福建省印发进一步促进高校和省属科研院所创新发展政策贯彻落实的七条措施

2019年9月10日福建省科学技术厅、福建省教育厅、福建省财政厅、福建省人力资源和社会保障厅下发《福建省科学技术厅等四部门关于印发《<进一步促进高校和省属科研院所创新发展政策贯彻落实的七条措施>的通知》（闽科综〔2019〕7号）提出，《关于进一步促进高校和省属科研院所创新发展政策贯彻落实的七条措施》已经省政府同意，现印发给你们。

各有关单位要严格按照《关于营造有利于创新创业创造良好发展环境的实施意见》和《七条措施》的责任分工，认真抓好贯彻执行。主要内容如下：

关于进一步促进高校和省属科研院所创新发展政策贯彻落实的七条措施

坚持以习近平新时代中国特色社会主义思想为指导，深入贯彻习近平总书记在参加十三届全国人大二次会议福建代表团审议时的重要讲话和对福建工作的重要指示批示精神，认真落实省委十届八次全会的部署和《关于营造有利于创新创业创造良好发展环境的实施意见》，促进高校和省属科研院所持续创新发展，在落实好赋予科研机构和人员更大自主权已有政策的基础上，提出如下措施。

一、完善科技成果转移转化激励措施

（一）高校、省属科研院所将其持有的科技成果转让、许可或者作价投资给国有全资企业的，可以不进行资产评估；给非国有全资企业的，由单位自主决定是否进行资产评估。高校、省属科研院所通过协议定价方式确定成果转让价格的，应当在本单位公示科技成果名称和拟交易价格。已完成企业化转制的科研院所，按企业国有资产监管相关规定执行。

（二）支持高校、省属科研院所建立技术转移服务机构，科技成果转移转化后，可在科技成果转化净收入中提取不低于10%的比例，用于机构能力建设和人员奖励。

（三）支持高校、省属科研院所试点开展科技成果权属改革，以市场委托方式取得的横向项目，单位可与科技人员约定其成果权属归科技人员所有或部分拥有；对利用财政资金形成的新增职务科技成果，单位可与科技人员共同申请知识产权，赋予科技人员成果所有权。

（四）高校、省属科研院所开展技术开发、技术咨询、技术服务、技术培训等活动取得的净收入视同科技成果转化收入，可留归本单位自主使用，并按照促进科技成果转化政策规定实施奖励。

本条款所指科技成果主要包括：经鉴定或评审（价）的科技成果、专利权、品种权、商标权、新（兽）药证书、著作权（包含计算机软件著作权、科技书刊版权、设计图纸、科技报告、规划设计等）及其邻接权等受知识产权法律法规保护的产权类成果，动植物育种材料、技术秘密、技术标准、试验数据等属于单位科技秘密的专有类成果，以及信息咨询、检验检测等可以通过技术服务取得收益的技术类成果。

责任单位：省科技厅、教育厅、财政厅、人社厅、国资委、市场监督管理局，省属科研院所主管部门

二、放活科技项目经费管理使用

（一）高校、省属科研院所及其二级单位直接从事教学和科研任务的人员（含退离休返聘人员），以及在高校和省属科研院所及其二级单位中担任领导职务的专家学者，其出国（境）开展学术交流合作列支的国际合作与交流费用，同一般性的出访实施导向明确的区别管理。

（二）改进高校、省属科研院所会议管理，只要符合预算要求，决算在报销范围内，会议地点不强制限定在政府指定采购酒店。

（三）对于高校、省属科研院所承担国家和省级科技计划项目配套自筹经费的管理使用，由单位根据实际情况自主确定。

（四）高校、省属科研院所可根据科研活动需要，自主选择固定岗位、短期聘用、第三方外包等多种形式，聘用科研财务助理为科研项目实施提供经费管理和使用服务，其服务费用可在单位业务费、相应科研项目劳务费或间接费用中列支。

责任单位：省财政厅、教育厅、科技厅，省属科研院所主管部门

三、实行横向项目经费自主规范管理

（一）高校、省属科研院所根据科研活动需要，研究制定横向项目经费管理办法，自主确定使用范围、标准和分配方式，并作为评估、检查、审计等依据，实行有别于财政科研经费的分类管理方式。横向项目结余经费可全部奖励项目组成员，或由单位统筹用于开展研发活动。

（二）科技人员承担横向项目与承担政府科技计划项目，在业绩考核、职称评定中同等对待。

（三）符合政府购买服务条件或社会委托获取的财政性规划类、专题调研类、科技服务与管理类项目，按横向项目管理。

责任单位：省财政厅、科技厅、教育厅、人社厅、审计厅，省属科研院所主管部门

四、优化职称评聘和人员招聘机制

（一）高校、省属科研院所无论自主培养或引进的科研人员，对获得国家科学技术奖二等奖及以上（排名前3）、中国发明专利金奖（排名前2）、中国标准创新贡献奖（排名前2）及福建省高层次人才中的特级人才和杰出人才（A类人才）和领军人才（B类人才），聘任时可申请设置特设岗位，不受岗位总量、最高等级和结构比例限制。

（二）高校、省属科研院所引进博士等高层次人才或符合我省年度紧缺急需人才引进指导目录的人才，可采用直接考核方式公开招聘。对于高技能人才和急需的专业技术人员、科辅人员可适当放宽学历等条件限制。

责任单位：省人社厅、人才办、教育厅，省属科研院所主管部门

五、规范单位科研绩效工资管理

（一）省级及以上科学技术奖、专利奖、标准贡献奖奖金不纳入绩效工资总量管理；单位按照不超过主办单位奖励额度给予获奖人员的配套奖励，计入当年本单位绩效工资总量，但不受总量限制，不纳入总量基数。

（二）按照《福建省促进科技成果转化条例》及有关规定给予完成、转化职务科技成果的科研人员的奖励和报酬，通过财政科研项目资金安排用于科研人员的绩效支出，横向委托项目外来经费按单位规定或合同约定给予科研人员的奖励和报酬，计入当年本单位绩效工资总量，但不受总量限制，不纳入总量基数。

（三）对中国科学院院士、中国工程院院士、国家人才计划引进人才、全时全职承担国家关键领域核心技术攻关任务的团队负责人，以及单位聘用的急需紧缺、业内认可、业绩突出的极少数高级专业技术人才、高级管理人才和高端技能人才，可参考人才市场价格合理确定薪酬水平，所需绩效工资总量单列，相应增加单位绩效工资总量。

（四）符合规定的兼职收入和在职创业、离岗创业收入不受本单位绩效工资总量限制，不计入本单位绩效工资总量。

责任单位：省人社厅、财政厅，省属科研院所主管部门

六、支持更加灵活的仪器设备采购

（一）高校、省属科研院所使用省级科研项目经费购买仪器设备或科研服务，按有关规定采购；根据科研工作实际需要，通过政府采购网上超市购买通用货物与服务，可不受网上超市采购限额标准限制。

（二）对高校、省属科研院所科研急需的设备

和耗材，单项或批量采购金额不超过50万元的，可以自行采购；同一预算年度内同一品目设备或耗材自行采购金额累计不超过公开招标数额标准。高校、省属科研院所应规范对急需情形以及科研用途的设备和耗材的认定。

（三）建立“科研仪器设备”政府采购绿色通道。福建省政府采购网上公开信息系统设置“科研仪器设备采购”专区，高校、科研院所自行组织或委托代理机构采购科研仪器设备的，通过该专区实行网上办理。专区功能支持推荐供应商参与竞争性谈判、自行选定单一来源方式论证专家、自行选定进口产品论证专家。

责任单位：省财政厅、省工信厅、教育厅、科技厅，省属科研院所主管部门

七、健全完善内部科研管理制度

（一）支持高校、省属科研院所在科研活动中的选人用人、科研立项、经费使用、成果处置及其收益分配、职称评聘、薪酬分配、出国（境）交流、设备采购、建设项目审批等方面，实行区别于一般事业单位的管理运行模式，提升科研绩效，释放创新创业创造活力。

（二）探索建立科研项目监督、检查、审计等信息共享机制，对同一科研项目，实行监督、检查、审计结果互认，省有关部门可直接运用。在监督、检查、审计过程中出现对相关政策理解不一致的，应及时与政策牵头研究制定部门沟通并调查澄清。

（三）高校、省属科研院所要健全完善内部管理制度，对照党中央、国务院和省里已出台的新政策新要求，认真修订和制定详细可操作的管理制度和办法，确保落实科研人员自主权。高校、省属科研院所主管部门要通过随机抽查等方式加强事中事后监管，防止发生违规行为。

责任单位：省科技厅、教育厅、财政厅、人社厅、人才办、编办、外办、审计厅，高校、省属科研院所及其主管部门

《福建省人民政府关于促进高校科技创新能力提升的若干意见》（闽政〔2016〕37号）和本通知适用于高校和省属科研院所在内的省级科研事业单位。

（摘编：吴强）

福建省实施民办教育分类管理改革

2019年6月3日福建省人民政府下发《福建省人民政府关于民办教育分类管理改革的通知》(闽政〔2019〕7号)提出，社会力量兴办教育是指各种社会力量以捐赠、出资、投资、合作等方式举办或者参与举办法律法规允许的各级各类学校和其他教育机构。改革开放以来，作为社会力量兴办教育主要形式的民办教育不断发展壮大，形成了从学前教育到高等教育、从学历教育到非学历教育，层次类型多样、充满生机活力的发展局面。为贯彻落实《中华人民共和国民办教育促进法》和全国教育大会精神，根据国务院关于鼓励社会力量兴办教育促进民办教育健康发展有关要求，结合我省实际，现就实行民办教育分类管理有关事项通知如下：

一、实施分类管理，促进民办学校分类发展

（一）**建立分类管理制度**。对民办学校（含其他民办教育机构）实行非营利性和营利性分类管理。积极鼓励和大力支持社会力量举办非营利性民办学校。无论是非营利性民办学校还是营利性民办学校都要坚持教育的公益属性，始终把社会效益放在首位。非营利性民办学校举办者不取得办学收益，办学结余全部用于办学。营利性民办学校举办者可以取得办学收益，办学结余依据国家有关规定进行分配。民办学校依法享有法人财产权。举办者自主选择举办非营利性民办学校或者营利性民办学校，依法依规办理登记。

（二）**推进平稳分类过渡**。2017年9月1日前设立的民办学校应当在2022年12月31日前办理分类登记手续，未按期办理的原则上不得转设为营利性民办学校；特殊情况需要转设的，须经主管部门批准。民办学校在未完成分类登记前，原登记为企业法人的按照营利性民办学校管理；原登记为民办非企业法人或事业单位法人的按照非营利性民办学校管理。

选择登记为非营利性民办学校的，应依法修订学校章程，完善法人治理结构和内部管理制度，继续办学。选择登记为营利性民办学校的，应当在政府相关部门监督指导下，由学校组织进行财务清算，依法明确资产权属，按照国家规定缴纳相关税费，重新办理办学许可和法人登记手续，继续办学。以划拨方式取得的用地，不改变土地用途的，应按规定补办土地使用权出让手续，并补缴土地出让金。对用地大、补缴出让金确有困难的，按照“一校一策”的原则，可采取长期租赁、先租后让、租让结合等方式办理用地手续，确保平稳过渡。民办学校要分立为营利性和非营利性民办学校的，分立时要明确资产权属，具体分立和过渡办法由各设区市结合实际情况研究制定。

（三）**健全学校退出机制**。捐资举办的民办学校终止时，清偿后剩余财产统筹用于教育等社会事业。现有民办学校（指2016年11月7日《全国人民代表大会常务委员会关于修改〈中华人民共和国民办教育促进法〉的决定》公布前经批准设立的民办学校，下同）直接选择终止办学的，或现有民办学校选择继续登记为非营利性民办学校后终止办学的，学校财产依法清偿后有剩余的，根据出资者申请，按照国家有关规定给予出资者相应的补偿或者奖励，补偿或奖励后的剩余财产继续用于其他非营利性学校办学。补偿或者奖励金额原则上不超过2017年9月1日前的出资金额与该出资金额的历年折算利息之和，并扣除出资者历年取得的合理回报与合理回报的历年折算利息之和后的金额，具体补偿或奖励办法由学校所属同级人民政府结合实际情况研究制定。现有民办学校选择登记为营利性民办学校的，终止时，民办学校的财产依法清偿后有剩余的，依照《中华人民共和国公司法》有关规定处理。2016 年 11 月 7 日后新设立的民办学校终止时，财产处置按照有关规定和学校章程处理。

自行申请终止办学的民办学校，要严格按照法律法规规定的程序，提出清算和安置方案，经审批机关批准后有序退出；要妥善安置在校学生，实施义务教育的民办学校终止时，审批机关应当协助学校安排学生继续就学。各地要健全民办学校退出机制，制定安置方案和应急预案，确保有序退出，保护师生权益，防范国有资产流失，维护社会稳定。

二、实行差别化扶持，精准落实激励政策

（一）实行差别化用地政策。民办学校建设用地按教育用地管理。符合《划拨用地目录》的非营利性民办学校享受公办学校同等政策，按划拨等方式供应土地，政府如需要征用该地块，应给予适当补偿，如学校需继续办学，应依法依规重新供应土地。营利性民办学校按国家相应的政策供给土地。土地出让计划公布后，同一宗地只有一个意向用地者的，可按协议方式供地。同一宗地有两个或两个以上意向用地者的，应当采用招标拍卖挂牌方式出让。土地使用权人申请改变全部或者部分土地用途的，政府应当将申请改变用途的土地收回，重新依法依规供地。

（二）实行分类收费政策。营利性民办学校收费实行市场调节价，具体收费标准由民办学校自主确定，但不得收取与招生入学挂钩的其他任何费用。非营利性民办学校收费标准根据办学成本、市场需求等因素合理确定。其中，非营利性民办本科高校、高职、中职和技工学校学历教育收费实行市场调节价；未转设的独立学院和中、小学校学历教育收费实行政府制定价格管理。依法加强对民办学校收费行为的监管。

（三）落实税费优惠政策。民办学校按照国家有关规定享受相关税收优惠政策。对企业举办的各类学校、幼儿园自用的房产、土地，免征房产税、城镇土地使用税。对企业支持教育事业的公益性捐赠支出，按照税法有关规定，在年度利润总额 12% 以内的部分，准予在计算应纳税所得额时扣除，超出年度利润总额 12% 的部分，准予结转以后 3 年内在计算应纳税所得额时扣除；个人将其所得对教育等公益慈善事业进行捐赠，捐赠额未超过纳税人申报的应纳税所得额 30% 的部分，可以从其应纳税所得额中扣除。非营利性民办学校与公办学校享有同等待遇，按照税法规定进行免税资格认定后，免征非营利性收入的企业所得税。对符合条件的民办学校及教育机构，其承受的土地、房屋用于教学的，免征契税。符合条件的非营利性民办学校可以接受公民、法人及其他组织的捐赠，享受国家规定的税收优惠，但不得将接受捐赠与招生入学挂钩。民办学校用电、用水、用气等，执行与公办学校相同的价格政策。

（四）创新财政扶持方式。各级政府可因地制宜设立民办教育发展专项资金，将其列入年度同级教育财政预算，并向社会公开，接受国家审计和社会监督，提高资金使用效益。建立健全政府补贴制度，明确补贴的项目、对象、标准、用途。完善购买服务的标准和程序，建立绩效评价制度，制定向民办学校购买就读学位、课程教材、科研成果、职业培训、政策咨询等教育服务的具体政策措施。继续采取购买服务、政府补贴、基金奖励等方式，加大对普惠性民办幼儿园的扶持。鼓励民办学校开发适应市场和社会需要的各类教育公共服务项目，提高承接政府购买服务的能力。各级政府可按照国家关于基金会管理的规定设立民办教育发展基金，充分发挥基金会在筹集社会资源和资金、非营利性民办学校资金支持、民办学校终止办学剩余资产处置等方面的作用。引导营利性民办学校合作设立投资基金，用于学校创新发展，防范办学风险。

三、深化放管服，营造良好发展环境

（一）健全部门协调机制。各级政府要将发展民办教育纳入经济社会发展和教育事业整体规划，加强制度建设、标准制定、政策实施、统筹协调等工作，积极推进民办教育改革发展。省政府建立由省教育厅牵头，省委编办、省发改委、公安厅、民政厅、财政厅、人社厅、自然资源厅、住建厅、人行福州中心支行、税务局、市场监管局、金融监管局、银保监局等部门参加的厅际联席会议制度，建立健全管理体制，完善多部门协调机制，综合解决社会力量办学中的体制机制障碍，研究破解制约民办教育发展的重大问题。各地应建立相应的部门协调机制。要将鼓励支持社会力量兴办教育作为考核各级人民政府改进公共服务方式的重要内容。各地教育督导机构应当依法对民办学校进行督导，建立民办中小学、幼儿园责任督学制度。

（二）**拓展民办教育发展空间**。各地要重新梳理和完善民办学校准入条件和程序，进一步简政放权，吸引更多的社会资源进入教育领域。只要是不属于法律法规禁止进入以及不损害第三方利益、社会公共利益和国家安全的领域，政府不得限制。推广政府和社会资本合作（PPP）模式，鼓励社会资本参与教育基础设施建设和运营管理、提供专业化服务。鼓励金融机构在风险可控前提下开发适合民办学校特点的金融产品，探索办理民办学校未来经营收入、知识产权质押贷款业务，按商业性原则提供银行贷款、信托、融资租赁等多样化的金融服务。支持行业、企业、学校等多元投资主体共建职教集团或实训基地，探索举办混合所有制职业院校，允许以资本、知识、技术、管理等要素参与办学并享有相应权利，在学校管理、人才培养、人员聘用、财务管理等方面充分发挥多元主体办学的体制优势。根据中外合作办学条例，支持社会力量举办外籍人员子女学校。

（三）**改进政府管理方式**。各级政府和有关行政管理部门要积极转变职能，减少事前审批，加强事中事后监管，提高政府管理服务水平。进一步清理涉及民办教育的行政许可事项，向社会公布权力清单、责任清单，严禁法外设权。改进许可方式，简化许可流程，明确工作时限，规范行政许可工作。建立民办教育管理信息系统，推广电子政务和网上办事，逐步实现日常管理事项网上并联办理，及时主动公开行政审批事项，提高服务效率，接受社会监督。民办教育分类管理改革是党中央、国务院的重大决策部署。各级政府、各部门务必高度重视，进一步深入学习民办教育新法新政，准确把握法律和政策内涵，加大宣传力度，广泛凝聚共识，平稳推进民办教育分类管理改革，有效提高民办学校办学质量，确保我省民办教育健康发展。市、县（区）要根据本通知精神，因地制宜，积极探索，稳步推进，抓紧制定出台符合本地实际的具体实施方案和配套措施。

（摘编：郭虹）

全国首家自贸区学院在福建成立

从2019年5月10日福建省政府新闻办举行的福建自贸试验区建设四周年新闻发布会获悉，经省委、省政府审定，省商务厅（自贸办）与厦门大学联合成立全国首个自贸区学院。学院将依托省商务厅（自贸办）在自贸试验区政策、实践上的优势和厦门大学雄厚的学科基础和研究力量，开展自贸试验区理论研究和高水平人才培养，为福建自贸试验区高质量发展提供有力的人才智力支持。

此前，许多高校或研究机构成立了自贸区研究机构，但成立自贸区学院还是首次。据介绍，其目标定位是打造四大基地，即高层次理论研究基地、高水平人才培训基地、高质量政策孵化基地、高级别合作交流基地。

福建自贸试验区成立以来，引领全省深化改革扩大开放的作用日益凸显。为把自贸试验区建设成为新时代改革开放的新高地，亟须建立新型的自贸区学院来培养人才、开展理论研究和决策咨询，在深层次的体制机制改革创新上闯出新路。

（摘编：李哲）

福建省首家本科层次职业教育大学成立

2019年6月4日福建日报报道，近日，教育部同意泉州理工职业学院（本科）更名为泉州职业技术大学，开展本科层次职业教育试点。

泉州职业技术大学是全国首批民办本科层次职业教育试点学校，办学定位于职业教育，突出职业教育属性和特色，培养区域经济社会发展需要的高层次技术技能人才。全日制在校生规模暂定8000人，并根据社会需求和办学条件适时调整。首批设置10个本科专业于2019年正式招收本科生。

（摘编：郭虹）

福建省首个国家考古遗址公园开园

2019年6月2日，我省首个国家考古遗址公园——万寿岩国家考古遗址公园开园。开园仪式上，来自福建各地的小学生们在志愿者的引导下，开展钻木取火比赛。

万寿岩遗址位于三明市三元区岩前镇岩前村。它的发现，把古人类在福建活动的历史提前到18.5万年。2017年12月，万寿岩正式入选第三批国家考古遗址公园。遗址公园规划用地面积81.5公顷，由洞穴遗址、遗址博物馆、宋代五级涌泉生态恢复区、万寿岩山顶生态恢复区等组成，集遗址展示、科普教育、学术研究和生态旅游于一体。

（摘编：彭金龙）

福建省推进乡村文化振兴工程

2019年2月13日，从省文化与旅游厅获悉，2019年，我省将着力推进乡村文化振兴工程，打造“升级版”“特色版”乡村公共文化服务阵地，建设提升1000个乡村特色戏台、100个乡村文化礼堂和100个宗祠文化阵地。

今年，省文旅厅将组织编制福建省乡村文化故事，建设特色文化设施，在全省推动建设基层综合性文化服务中心，利用古厝、祠堂、礼堂、戏台、乡村游客集散中心等，拓展一批基层特色文化服务中心，组织开展特色文化活动，打造“升级版”“特色版”乡村公共文化服务阵地。大力推进乡镇文化站服务效能专项治理，着力解决设施的“沉睡”问题。

（摘编：彭金龙）

福建省印发三级公立医院绩效考核实施方案

2019年6月30日福建省人民政府办公厅下发《福建省人民政府办公厅关于印发福建省三级公立医院绩效考核实施方案的通知》（闽政办〔2019〕36号）提出，《福建省三级公立医院绩效考核实施方案》已经省政府同意，现印发给你们，请认真贯彻执行。方案主要内容如下：

福建省三级公立医院绩效考核实施方案

为推进现代医院管理制度建设，根据《国务院办公厅关于加强三级公立医院绩效考核工作的意见》（国办发〔2019〕4号），结合本省实际，制定本实施方案。

一、工作目标

通过加强三级公立医院绩效考核，推动三级公立医院在发展方式上由规模扩张型转向质量效益型，引导三级公立医院进一步落实功能定位，提高医疗服务质量和效益；在管理模式上由粗放的行政化管理转向全方位绩效管理，改革完善公立医院运行机制和医务人员激励机制，进一步健全公立医院管理模式，实现社会效益和经济效益、当前业绩和长久运营、保持平稳和持续创新相结合。

2019年，在全省启动三级公立医院绩效考核工作，初步建立全省统一绩效考核指标体系和标准化支撑体系，搭建省级绩效考核信息系统，与国家考核平台互联互通，探索建立绩效考核结果运用机制。到2020年，基本建立较为完善的三级公立医院绩效考核体系，三级公立医院功能定位进一步落实，内部管理进一步规范，医疗服务整体效率有效提升。

二、基本原则

（一）**坚持公益性导向原则**。以满足人民群众健康需求为出发点和立足点，服务深化医药卫生体制改革全局，强化绩效考核导向，推动公立医院落实公益性，进一步明确功能定位，落实功能任务。

（二）**坚持属地化管理原则**。按照国家指标体系，统一全省考核平台、考核标准和程序，以点带面、逐级考核。各地按照属地化管理原则，结合当地经济社会发展水平，对不同类别医院设置不同指标和权重，提高考核的针对性和精准度。

（三）**坚持信息化支撑原则**。加强信息化支撑，逐步实现绩效考核数据信息自动抓取，提高绩效考核数据的准确性和客观性，提高绩效考核的工作效率。同时，根据医学规律和行业特点，发挥大数据优势，强化考核数据分析应用，提升医院科学管理水平。

（四）**坚持激励约束原则**。强化绩效考核结果运用，将绩效考核结果与医院院长目标年薪制考核、公立医院综合改革考核以及医院评审评价等工作结合起来，不断改革完善公立医院运行机制和医务人员激励约束机制。

三、考核对象

全省三级公立医院。

鼓励有条件的设区市参照三级公立医院指标考核体系，开展辖区内二级公立医院绩效考核工作。

四、考核指标

结合福建省实际，在国家指标的基础上，制定《福建省三级公立医院绩效考核指标（2019年版）》（见附件）。根据深化公立医院改革需要，可对绩效考核指标实行动态调整，不断完善指标体系。省卫健委应针对医疗“创双高”建设单位，细化部分考核指标要求，促进医疗“创双高”建设。全省三级中医医院绩效考核指标由省卫健委根据国家中医药管理局部署另行制定下发。省市三级综合医院应考核全部指标，县级三级综合医院和专科医院根据医院功能定位和性质选择考核部分指标。

（一）**医疗质量**。通过门诊人次数与出院人次数比、下转患者人次数、四级手术比例、微创手术比例、特需医疗服务占比等指标，考核各级三级公立医院功能定位落实情况。通过代表性单病种质量控制、重点病种及关键技术医疗质量控制、围手术期质量控制、合理用药、检验检查同质化等指标，考核各级三级公立医院医疗质量管理情况。通过预约诊疗、门急诊服务、患者等待时间、医院信息化建设等指标，考核医院服务流程和服务效率。

（二）**运营效率**。通过人力资源配比和人员负荷指标考核医院医疗资源利用效率；通过经济管理指标考核医院经济运行管理情况；通过收支结构指标间接反映政府落实办医责任情况和医院医疗收入结构合理性；通过考核门诊和住院患者次均费用变化情况，衡量医院主动控制费用不合理增长情况。

（三）**持续发展**。人才队伍建设与教学科研能力体现三级医院创新发展和持续健康运行能力，主要通过人才结构考核医务人员队伍稳定性，通过科研经费投入和成果转化指标考核医院创新支撑能力，通过公共信用综合评价等级指标考核医院信用建设。

（四）**社会效益**。通过门诊患者、住院患者满意度及患者投诉处理等指标考核患者获得感。通过医务人员满意度考量医务人员积极性。

五、考核程序

三级公立医院绩效考核工作按照年度实施，考核数据时间节点为上一年度1月1日至12月31日。2019年11月底前，完成全省三级公立医院2018年度绩效考核工作。2020年起，每年2月底前完成上一年度全省三级公立医院绩效考核工作，3月底前完成省级重点监测指标分析工作。

（一）**医院自评**。各三级医院对照绩效考核指标开展自评，根据自评结果，不断调整完善医院内部绩效考核和薪酬分配方案，推动医院科学管理。每年1月底前将上一年度的自评情况逐级报送至省卫健委，并将上一年度全院住院病案首页信息、年度财务报表及其他绩效考核指标所需数据，上传至国家和省级绩效考核信息系统。2019年9月底前，完成2018年度医院自评工作。2020年起，每年1月底前完成上一年度自评工作。

（二）**省市级考核**。各设区市卫健委对辖区内三级医院自评结果进行初审并报送至省卫健委，省卫健委通过省级公立医院绩效考核平台，对全省三级公立医院绩效考核结果进行审核、汇总，必要时开展现场复核，并将考核结果报送国家卫健委。2019年11月底完成全省三级公立医院2018年度省级绩效考核工作。2020年起，每年2月底完成上述工作。

（三）**监测分析**。2019年12月底前，省卫健委牵头完成全省三级公立医院2018年度31个省级重点监测指标（含国家26个重点监测指标）的监测分析，将监测分析结果及时反馈至省市公立医院管理委员会、相关县公立医疗机构管理委员会、省级相关部门和省属三级公立医院，并以适当方式向社会公布。2020年起，每年3月底前完成上述工作。

省卫健委根据工作需要，建立全省三级公立医院绩效考核专家库，指导监督各地开展三级公立医院绩效考核工作，对各地三级公立医院绩效考核结果进行审核，对省级重点监测指标进行监测分析，对完善全省三级公立医院绩效考核提出建议或对策。

六、考核结果运用

（一）**运用于医院评审、评价工作**。省卫健委应根据医院评审评价工作需要，选取部分三级公立医院绩效指标作为年度医院评价考核指标，应用其年度考核结果开展医院评价评审。

（二）**运用于院长目标年薪制考核工作**。各级公立医院管理委员会应充分利用三级公立医院绩效考核结果，开展院长目标年薪制考核，结合各地经济社会发展水平、医院类别和级别、公立医院改革需要，细化考核指标要求，设置指标权重。同时，通过开展院长目标年薪制考核与医院工资总额核定挂钩。

（三）运用于公立医院综合改革考核。省卫健委应综合利用三级公立医院绩效考核结果，对各设区市开展年度公立医院综合改革考核和医改考核。

（四）运用其他相关工作。各地卫健、发改、财政、医保、教育、组织等部门，应当将绩效考核结果作为医院领导班子绩效评价的重要依据，作为各地选拔任用三级公立医院党组织书记、院长和领导班子成员的重要参考依据，作为公立医院发展规划、重大项目立项、财政投入、经费核拨、医保政策调整等工作的重要依据（具体考核运用办法由各部门另行规定）。

七、考核支撑体系建设

（一）提高病案首页质量。三级公立医院要加强住院病案首页数据填写质量管理，严格按照《住院病案首页数据填写质量规范（暂行）》填写住院病案首页。在加强以电子病历为核心的医院信息化建设中，加强住院病案首页信息化管理，逐步实现住院病案首页主动抓取临床数据，减少手动填写项目，实现临床数据标准化和规范化管理，确保住院病案首页数据客观真实。省卫健委委托省病案质控中心负责做好全省三级医院住院病案首页填写的质量控制管理工作。

（二）统一编码和术语集。全省三级公立医院应于2019年8月底前，按照国家卫健委和国家中医药管理局印发的全国统一的疾病分类编码、手术操作编码和医学名词术语、中医病证分类与代码和中医名词术语集，完成电子病历的编码和术语转换工作，全面启用全国统一的疾病分类编码、手术操作编码和医学名词术语，并做好与医保编码的对应工作。

（三）加强满意度调查工作。按照国家卫健委部署，全省三级公立医院全部纳入国家卫健委满意度调查平台，并组织开展满意度调查工作。省卫健委继续组织开展三级医院患者满意度第三方调查工作。国家卫健委满意度调查平台调查结果和省卫健委第三方满意度调查结果按一定权重纳入到三级公立医院绩效考核。

（四）加强考核信息系统建设。2019年7月底前建立省级三级公立医院绩效考核信息系统，并与全国三级公立医院绩效考核信息系统互联互通，利用“互联网+考核”的方式采集客观考核数据。逐步建立完善全省三级公立医院医疗质量监测系统（简称HQMS），作为省级三级公立医院绩效考核信息系统的子系统，汇聚并分析全省三级医院病案首页数据信息，探索应用疾病诊断相关分组系统分析三级医院医疗服务能力和服务质量。

八、组织实施

（一）加强组织领导。各地要充分认识做好三级公立医院绩效考核工作的重要意义，充分发挥绩效考核“指挥棒”作用，促进公立医院主动加强和改进医院管理，加强内涵建设，推动公立医院综合改革和分级诊疗制度建设落地见效。强化组织领导，卫健、财政、发改、教育、人社、医保等部门建立绩效考核协调推进机制，及时出台政策措施，确保绩效考核工作落到实处。各地区、各有关部门要为绩效评价工作提供必要的经费、人员和设施。

（二）明确部门职责分工。各级卫健部门监督指导三级公立医院落实病案首页、疾病分类编码、手术操作编码、医学名词术语“四统一”要求，加强质量控制，建设绩效考核信息系统。各级医管委、卫健、财政、发改、医保、教育、人社、组织等部门要研究建立绩效考核应用机制，财政和医保部门结合绩效考核结果，调整完善政府投入政策和医保政策。

（三）形成改革发展合力。各地、各部门要把绩效考核作为推动深化医改政策落地、将改革政策传导至医院和医务人员的重要抓手，通过深化改革破解体制机制问题，按规定落实政府对符合区域卫生规划公立医院的投入政策，在清理甄别的基础上稳妥化解符合条件的公立医院长期债务。落实公立医院薪酬改革政策。规范推进医联体建设，以三级公立医院带动基层医疗服务能力提升。切实加强综合监管，使日常监管与年度绩效考核互补，形成推动公立医院改革发展合力。

（四）做好督导总结宣传。省卫健委会同相关部门按照职责分工，加强对各地三级公立医院绩效考核工作的指导和监督，及时总结经验，挖掘典型，结合各地实际不断完善三级公立医院绩效考核指标体系，同时逐步推开对所有医疗机构的绩效考核，适时启动区域医疗服务体系绩效考核工作。要加强宣传引导，为三级公立医院绩效考核和医院健康发展营造良好社会舆论环境。各地工作进展情况要定期报省卫健委。

（摘编：康明辉）

福建省开展整治保健市场乱象“百日行动”

2019年2月11日福建日报报道，近日，省市场监管局联合省通信管理局、省公安厅、省民政厅、省住建厅、省农业农村厅、省商务厅、省文旅厅、省卫健委、省广电局、省药监局、省网信办等部门，在全省集中开展联合整治保健市场乱象“百日行动”。

重点查处的违法领域主要有：明示或暗示食品或日用品具有保健、疾病预防或者治疗等功能，对商品性能、功能等作虚假或者引人误解的商业宣传行为；假借健康讲座、专家义诊、免费检查、免费体验、赠送礼品、组织旅游等形式，向老年、病弱等特定消费群体作虚假或者引人误解的商业宣传的行为；利用国家机关、医疗单位、学术机构、行业组织的名义，或者以专家、知名人士、医务人员和消费者等名义，对商品作虚假或者引人误解的商业宣传行为；经营者对其自身资质、所获荣誉等经营者信息作虚假或者引人误解的商业宣传行为；网络交易领域的“刷单炒信”，使消费者对产品的销售状况产生误解的行为；缺乏科学的评奖依据和评奖标准，组织虚假的商品或者经营者荣誉评比的行为。

在虚假广告方面，将重点查处医疗、药品、医疗器械、保健食品等领域的违法广告；以互联网、电视、广播、报刊、户外为重点媒介，查处含有断言功效、保证安全性、说明治愈率等内容的违法广告；严禁利用健康养生节目栏目变相发布医疗、药品、医疗器械、保健食品广告，或者以中医药“预防”“保健”“治未病”等为名，或假借医学理论和术语欺骗、诱使、强迫消费者接受非法诊疗，谋取不正当利益的行为。

（摘编：李哲）

2019中国医院大会奋力推进健康中国建设

2019年7月6日，“不忘初心　牢记使命　奋力推进健康中国建设——2019中国医院大会”在厦门举办。国家卫生健康委党组成员、副主任王贺胜，全国人大教科文卫委员会副主任委员、中国医院协会会长刘谦出席开幕式并致辞。

开幕式上举行了健康扶贫医疗队授旗系列活动，国家卫生健康委为中国医院协会授“健康扶贫医疗总队”队旗，为积极开展健康扶贫工作的8个分支机构授“健康扶贫医疗队”队旗，并为爱心组织和爱心企业代表颁发荣誉证书。活动上还发布了《公立医院章程范本》和中国医院协会第四批医院质量管理团体标准，通报了中国医院协会医院评价体系建设进展及与钉钉（中国）信息技术有限公司合作打造中国医院质量管理数字化评价体系的情况，并为获得“2019年中国医院协会医院科技创新奖”的38个获奖项目颁奖。

（摘编：康明辉）

福建老年体育丰富多彩

2019 年，全省老年体育组织围绕中心、服务大局，扎实开展“不忘初心、牢记使命”主题教育活动；以迎庆中华人民共和国成立 70 周年为主题，组织开展丰富多彩的体育健身活动，讴歌新生活、凝聚奋斗新时代力量；着力加强老年人健身辅导站（点）和辅导员队伍建设；进一步建立健全多元化的体育交流平台（赛事）；继续扎实推进创建“老年人健身康乐家园”；积极推动老年人体育健身场地设施建设；切实加强自身建设，践行服务宗旨，提升服务能力和水平。

礼赞新中国、奋斗新时代。组织开展以“礼赞新中国、奋斗新时代”为主题，全方位、多层次、丰富多彩的老年体育健身活动，讴歌新中国 70 年的辉煌成就，展示老年体育事业发展的丰硕成果，展示新时代老年人健康快乐、积极向上的精神风貌。

福州、厦门、三明、莆田、宁德、平潭、省直机关、邮电、中水十六局等老年体育组织举办了大型专题文体展演活动。漳州市举办系列活动 314 场，参与人数达 3 万余人。泉州市结合第 23 届老年人健身节开展活动，参加人数达数万人次。南平市和县（市、区）两级老体协共组织专场文体演出 60 余场。龙岩市老体协主办了 5 大项体育健身展示交流活动。省地矿局各直属单位都举办了“喜庆新中国 70 华诞”的老年人文体活动。厦门、三明、高校等老体协举办专题书画摄影图片展。省电力老文体协举办“忆初心”主题征文活动，编印“满园春色”老同志书画摄影集。

9 月 26 日下午，由福建省老体协、福州市老体协主办，厦门、宁德、省直机关老体协协办的“礼赞新中国、讴歌新生活”庆祝中华人民共和国成立 70 周年老年体育健身项目展演活动在福州市晋安体育馆举行。福州、厦门、宁德、福清、福安等地和省直机关老体协的 1000 多名老年演出人员以精湛的技艺和整齐划一的团队精神，表演了健身操、秧歌、可乐球操、太极功夫、广场舞、持杖操、戏曲广播操、功气球、柔力球、健身球操、大合唱等，为观众献上一台精彩的体育健身展示盛会，得到各级领导和广大观众的一致点赞。出席观看展演的有省四套班子领导、14 位省级老同志以及省相关部门和福州市领导等。

组织实施 5 年培训计划专题调研。4 月 15 日至 20 日对各设区市和平潭综合实验区开展专项调研工作。调研组着重了解《关于进一步加强福建省老年体育健身辅导员培训工作的通知》（闽体〔2014〕322 号）文件的落实情况和 5 年培训计划实施情况；总结交流做法与经验，分析存在问题和困难，听取辅导站（点）建设和辅导员培训工作的建议与意见。从实地调研和各地汇报材料看，5 年来，绝大部分的设区市老体协和部分县老体协制定了培训计划，辅导站（点）建设和辅导员的培训和管理都取得了积极的成果。

制定辅导员、教练员、裁判员管理办法（试行）。6 月 5 日印发了《福建省老年人体育健身辅导员、教练员、裁判员管理办法（试行）》。《办法》共五章二十三条，对“三员”的资格、职责、义务、权利、管理机制、技术等级、注册建档、培训提高、考核奖惩等都作出了明确的要求和规定。同时省老体协集中时间和人力，对近几年来省老体协组织培训并通过考核合格的 9800 多名辅导员、教练员、裁判员办理发放了相关证书。

调整充实老年人体育健身项目专项工作委员会。2019 年 3 月间经省老体协办公会议研究决定，对各专项委员会组成人员进行调整充实，同时进一步明确各专委会的工作任务、工作职责和管理制度，确定了今后的工作目标与任务。在调整中，采取“强强联合、共建共享”方式，注重发挥人才和技术资源优势，与省排球协会、省武术协会、省桥牌协会、省门球协会及老年网球协会融合协作，加强相关专委会工作力量。省体育局原局长、省排球协会主席徐正国任气排球专委会主任；省财政厅原巡视员、省桥牌协会会长张小平任棋牌专委会主任；省体育局原副巡视员、省武术协会会长甘式光任太极拳专委会顾问；王美香兼任门球专委会主任；马义英兼任柔力球专委会主任；福州海关原关长蔡水官任网球专委会主任。

加大老年人健身项目培训力度。本年度，省老体协分别在福州、厦门、泉州、宁德、建瓯等地举办健身球操、功气球、持杖健走、柔力球（套路）、气排球、扑克80分、太极（八法五步）等培训班8期，培训骨干共447人；在各地进行柔力球（竞技）、地掷球项目巡回培训2期，培训骨干431人。省老体协先后派出43人（不包括厦门）参加全国性有关健身项目的培训。

各设区市，平潭综合实验区、省直及行业系统老体协也加大了培训工作的力度。一批特色优势项目水平提高，健身团队扩大，参加全国、省际和本省比赛取得好成绩。一批大众项目加快推广，走进乡村社区覆盖更多的老年群众。全省初步形成一支推广创新、普及体育健身项目、服务老年人的辅导员队伍，成为发展老年体育事业的重要力量。

建立健全多元化体育交流平台（赛事）。2019年省老体协举办了10项交流活动。3月在福州举办第36届“新春杯”老干部棋牌赛；5月在福州举办全省“榕网·乔丹杯”老年人网球交流活动；6月在福清举办省老年人门球混合双打比赛，在漳州举办全省老年人地掷球项目交流活动；9月在将乐承办全国老年人健身球操交流活动；10月在漳州举办“奥一杯”福建省老年人网球邀请赛，在罗源举办福建省第四届老年人智力运动会，在建瓯举办全省老年人有氧行进操交流活动；11月在莆田举办全省老年人气排球交流活动，在三明举办全省老年人持杖健走交流活动。同时组队参加全国、区域性老年人体育项目比赛。4月由莆田市组队参加在深圳举办的全国老年人气排球（男子组）交流活动；10月，由宁德市组队参加在成都举办的全国老年人气排球（女子组）交流活动；11月，由漳州市组队参加浙江开化举办的全国老年人门球系列赛，由三明市、福州市分别组队参加在江苏常州举办的第五届全国老年人可乐球邀请赛，由福州市组队参加在浙江余姚举办的全国老年人兜球邀请赛等，均取得好成绩。厦门市老体协多次组队参加全国性健身项目交流活动，取得佳绩。全省获全国“气排球之乡”、“健身球操之乡”、“柔力球之乡”的县（市、区）组队参加全国性专项比赛，成绩可嘉。

福州市举办了“红红火火过大年”第十五届万人健步行活动，承办了“2019年美丽中国·全国门球大赛（福州站）暨福建·福州第十三届两岸门球邀请赛”。厦门市“万名老年人新春健步行”“厦门市重阳万名老年人登山周活动”，依然蓬蓬勃勃；漳州市各级老体协结合节庆、纪念日常态化举办展示交流活动。泉州市举办了第23届老年人健身节暨第二届“匹克杯”老年人万人万步走活动。三明市举办了“庆国庆·迎重阳”市区老年人千人健步行活动，承办“全国老年人太极拳健身推广大联动（三明分会场）”活动。莆田市承办“2019年全国老年人太极拳健身推广大联动（莆田分会场）”活动。宁德市全市开展综合性或大型活动15场，健身项目20项，参与人数5万多人次。“闽浙两省边界10县（市）协作区赛”今年先后举行了气排球、门球、地掷球联谊赛。南平市继续打造以武夷山旅游为平台的全国性老年体育活动品牌。“2019武夷山老年健身嘉年华”系列赛活动举办了4项全国性邀请赛，来自全国各地的2200多名老年运动员参加比赛活动。南平市老体协参与承办了2019年福建省“世界健身气功日”活动，近千名健身气功爱好者参加活动。龙岩市老体协举办了全市气排球、门球、柔力球比赛活动和第四届老年人智力运动会。武平县举办闽粤赣八县老体协气排球邀请赛。平潭综合实验区老体协共举办大型健身展示交流活动6场，承办2019年全国老年人健步走大联动平潭分会场活动。

扎实推进创建“老年人健身康乐家园”工作。全省创建“老年人健身康乐家园”工作，初步形成资源共享、共同推进、融合发展的新局面，结出新成果。一是加强调研、检查指导。全省各级老体协进一步加强调研、检查指导、巩固成果，力补短板。4月中旬至10月底，省老体协领导先后深入福清、大田、晋江、同安、南靖、诏安、南平武夷新区、浦城、松溪、屏南、建瓯等县（市、区）调研，针对创建工作实际提出了一些意见和建议，与当地党政领导沟通，协同推进创建工作，取得一定的成效。全省各设区市老体协，平潭综合实验区和部分县（市、区）老体协也开展了调研工作，对创建活动进行检查、考核，对已获评单位进行“回头看”。福州市老体协在“回头看”活动中，调研走访了16个省级、13个市级“康乐家园”示范点。厦门市在考评中按照“六有”标准，做到“五个必”：凡获评省、市级“康乐家园”的必须走到；场地设施是否达标，必须看过；创建工作资料是否齐全，必须查阅；老年人开展体育健身情况以及意见建议，必须听到；创建工作中存在的问题困难，必须问到。泉州市在调研的基础上召开创建工作经验交流会，形成了“沿海学台商投资区、山区学永春县”的新共识。二是坚持标准，加力推进。全省各设区市老体协，平潭综合实验区和绝大部分县（市、区）老体协都召开了创建工作会议。福州市老体协筹措资金50万元奖励各示范点。福清市财政给评为省级“康乐家园”的单位奖补5000元、给市级“康乐家园”的单位奖补3000元。永泰县财政拨给创建活动经费每年5万元，罗源县政府今年拨款5万元作为创建专项经费。厦门市把创建工作纳入各级党政部门年度绩效考评内容，纳入文明城市和文明单位测评指标；“康乐家园”创建工作在文明单位测评总分中权重达到8.3%。三明各县（市、区）以政府文件形式出台了创建“康乐家园”工作实施方案，按2020年底达到80%行政村创建率的要求，分解确定任务数。大田县给省级“康乐家园”每个补助5万元，给获评市级的每个补助3万元。宁德市继续将创建工作列入市委、市政府为民办实事项目，列入各县（市、区）绩效考评和文明单位考核内容。三是认真评审授牌，发挥示范作用。通过省、设区市、县（市、区）三级联创，成绩显著。创建工作得我省各级党委、政府和中国老体协的高度评价，福建日报、福建电视台、中国体育报等主流媒体给予重点报道。2019年4月，“老年人健身康乐家园”被评为2018年度福建省体育大事件之一。本年度，省老体协及各级老体协十分重视创建评审工作，按照“六有”标准，实地考察、筛选上报、认真审核。2019年新评出省级“老年人健身康乐家园”282个。至此，我省有省级“老年人健身康乐家园”1315个，市级3083个，县级8005个，县级创建率为48.04%。

继续推动老年人体育健身场地设施建设。全省各级老年体育组织坚持把场地设施建设作为一项重要工作，新建和改建了一批老年人体育健身活动场所。泉州市委、市政府继续把“百村百座”建设作为为民办实事项目，2019年建成10座老年活动中心，建筑面积5060平方米，配套“三场”2700平方米，总投资4800万元。福州市政府按照市老龄人口人均3元的标准拨给老年人体育场地设施改建修建经费，每年500多万元。2019年，新建成的福清市老年人体育活动中心和罗源县老年人体育活动中心已投入使用。厦门市老体协积极协调市教育局、体育局等相关部门，在去年14所试点学校体育场地设施向社会免费开放的基础上，2019年新增加35所学校。漳州市老体协筹集资金近300万元，完成门球、地掷球场膜结构顶棚搭盖与草皮更新；投资50万元对气排球、乒乓球等场馆提升改造。台商投资区投入60万元改扩建场地设施。三明市明溪县建成县老年人活动中心，大田县、尤溪县、清流县新建了门球场、地掷球场。莆田荔城区西天尾镇老体协、黄石镇惠下村老体协各筹资几十万元用于场地设施建设。宁德市老体协投入70多万元对宁德市老年人体育活动中心一层多功能厅进行改造。霞浦县投资1500万元建设县老年人体育活动中心。福鼎市、屏南县各投入40多万元用于改善场地设施。福安市新增室内活动室150间，室外各类活动场地80个。周宁县新建和扩展室外场地32处，新增室内活动室51处。南平市为迎接第十一届全省老健会，新建门球、地掷球馆项目已正式启动，同时着手规划武夷新区老年人体育活动中心。龙岩市武平县老年人活动中心新建项目于2019年7月16日举行奠基仪式。

（撰稿：兰福生）

福建省启用新版营业执照

2019年3月1日，根据国家市场监管总局的统一部署，当天起全省登记机关启用新版营业执照。与原版营业执照对比，新版营业执照由竖版调整为横版，并同步生成新版电子营业执照并存入电子营业执照库，继续推进电子营业执照跨区域、跨行业、跨领域的应用，鼓励市场主体下载并使用电子营业执照。

此次启用的新版执照，最重要的变化是增加二维码功能。社会各界通过扫描营业执照上的二维码，就能登录“国家企业信用信息公示系统”，直接查询该市场主体的公示信息，包括基础信息、行政许可、行政处罚等信息，方便社会各界了解市场主体情况，进一步扩大营业执照在社会管理领域的重要作用。经营异常、严重违法失信等企业行为，也将无所遁形，为市场主体自律、部门监管和社会共治奠定坚实基础。

（摘编：王诗诚）

福建省出台七项新举措让台胞办证更快更方便

2019年7月3日从福建省公安厅获悉，为进一步提升服务水平，造福台湾同胞，省公安厅出台七项服务台胞台企的新举措。在台湾驾驶证换领大陆驾驶证、办理台湾居民居住证、办理台胞证等方面采取便利措施，缩短办证时限。

在台湾驾驶证换领大陆驾驶证方面，今后市、县两级公安交管部门积极通过开辟“绿色通道”受理，做到现场预约、随到随考，考试合格当场核发大陆驾驶证；同时，将考试业务权限全部下放至县级车管所，方便台胞就近办理业务；对有批量办理驾驶证需求的，开设台胞业务专场。

在办理台湾居民居住证方面，同一县（市、区）内受理点可通城受理台湾居民居住证申领业务；台湾居民居住证制证期限由20个工作日缩短至10个工作日；此外，可依台胞申请办理台湾居民居住证快递至申领人。

在办理台胞证方面，台胞因奔丧、治疗重症、探望危重病人、处理境外突发事件、出境参加紧急会议和谈判、签订合同及入学报到时间临近、已定妥行程但临行前出入境证件遗失损毁等紧急事由急需出境的，经核实台湾居民身份后，即时办理“一次有效台胞证”。

（摘编：郭虹）

第十一届海峡论坛成功举办

第十一届海峡论坛于2019年6月15日至21日在福建成功举办，两岸83家单位和社会团体参加，这是新形势下扩大两岸民间交流、深化融合发展的一次盛会。中共中央政治局常委、全国政协主席汪洋16日在厦门出席第十一届海峡论坛并致辞。全国政协副主席、台盟中央主席苏辉，十届全国人大常委会副委员长、中国关工委主任顾秀莲，十二届全国政协副主席王家瑞，刘结一、朱小丹、肖亚庆、黄晓薇、万立骏、黄志贤等中央和国家部委领导，于伟国、唐登杰、崔玉英等省领导，中国国民党副主席兼秘书长曾永权、新党主席郁慕明等台湾政党代表和台湾有关县市代表、主办单位代表，以及台湾各界人士等1000多人出席了论坛大会。

据国务院台办发言人安峰山26日在北京介绍，本届论坛的特点和成果主要体现在以下几方面：

一是参会规模空前，范围更加广泛。参加论坛的台湾同胞来自30多个界别，人数超过1万名，创历史新高。其中首次来大陆的占20%，首次参加海峡论坛的占40%，来自中南部的基层民众占51%。多场活动参与人数超过往届。

二是聚焦青年需求，服务青年发展。论坛与会台湾青年人数占比超过50%。台湾青年来大陆交流、发展事业的愿望强烈，论坛形式多样的活动回应了他们的需求。包括125名博士在内的300多名台湾人才出席了登陆第一家园论坛。厦门人才对接会为台湾青年提供2300个就业岗位。两岸人才机构达成80余个合作意向。

三是合作领域多元，成果更加丰富。论坛期间，签署了一批投资、贸易、行业合作和基层交流协议。如，妈祖文化周期间签约项目15个；关帝文化节现场签约20个项目；共同家园论坛启动平潭两岸农渔产品交易平台试运营，吸引台湾业者和大陆采购商超过30家；科技专家论坛签署两岸学术交流和科技合作项目32个；50多对闽台特色乡镇、现代农业融合发展项目进行对接并签署合作协议。探讨推动“新四通”、厦金“小四通”，福建推出探索两岸融合发展新路政策措施等也是本届论坛亮点。

四是同胞越走越近，感情更加融洽。论坛充满“两岸一家亲”的同胞情谊。2000余位两岸宗亲相会在海峡老百姓论坛，唱响《我们都是一家人》。600多名同名村台湾乡亲回乡谒祖。200名两岸一线职工代表相聚职工论坛开展技能交流。两岸大学生和家庭同台诵唱经典，两岸家庭代表讲述家风传承故事。

本届海峡论坛受到广泛关注，影响力倍增。据不完全统计，岛内网络和社交媒体报道达1600篇，评论7.6万条，点赞近16万次，岛内网络声量是上届的两倍，关注度是去年同期的十倍，视频信息播放量是去年的二十倍，达304万次，岛内社交媒体用户参与本届论坛的话题互动达350万人次。两岸民众汇聚起推动两岸关系向前发展的巨大力量和历史趋势，是任何人、任何势力都无法阻挡的。

（摘编：王诗诚）

2019年海峡青年（福州）峰会聚焦“追梦·筑梦·圆梦”

2019年8月7日，第七届海峡青年节主要活动之一——2019年海峡青年（福州）峰会在福州海峡文化艺术中心举行，近1500名来自海峡两岸的嘉宾和青年代表参加峰会。国台办副主任龙明彪，省委副书记、福州市委书记王宁，副省长郭宁宁，中华全国青年联合会副主席李嵘，台籍全国政协委员、香港中文大学名誉研究员凌友诗等出席峰会。

王宁在致辞中说，海峡青年节自2013年创办以来，始终围绕“中国梦·中华情”主旋律，成功举办了一系列活动，吸引力越来越强，覆盖面越来越大，融合作用越来越明显，已经发展成为两岸交流合作的重要品牌。当前，我们正全面贯彻落实习近平总书记今年以来对台工作的重要讲话精神，着眼于建设台胞台企登陆的第一家园，认真落实中央和省、福州市各项惠台政策，努力为台湾同胞特别是台湾青年来福建、来福州学习、就业、创业、生活创造更好条件和环境。衷心希望两岸青年以海峡青年节为纽带，加强交流交往，深化情感交融，促进心灵相通，共担时代重任，共促两岸关系和平发展，共同为完成祖国和平统一大业不懈奋斗；热忱欢迎更多台湾青年来到清新福建、有福之州，一起追梦，一起筑梦，一起圆梦。

龙明彪在致辞中表示，海峡青年节举办7年来，规模越来越大，影响越来越广，魅力越来越强，已经成为两岸青年交往、交流、交融、交心的重要平台。习近平总书记勉励两岸青年勇担重任、团结友爱、携手打拼，号召新时代中国青年积极拥抱新时代、奋进新时代，让青春在为祖国、为人民、为民族、为人类的奉献中焕发出更加绚丽的光彩。青年是国家的希望、民族的未来，两岸关系的未来寄希望于两岸青年。希望两岸青年携起手来，以梦想为伴，与责任同行，以奋斗扬帆，投身实现中华民族伟大复兴的事业中，共同开创美好未来。

本届峰会以“追梦·筑梦·圆梦”为主题，5位台湾青年代表发表了主旨演讲，分享了他们在大陆求学、就业、创业、生活的故事，畅谈惠台措施带来的获得感，表达了对深化融合发展的期待与信心。

（摘编：王诗诚）

第四届海上丝绸之路国际艺术节文明互鉴

2019年11月22日晚，由文化和旅游部、福建省人民政府联合主办，省文化和旅游厅、泉州市人民政府承办的第四届海上丝绸之路国际艺术节在泉州大剧院盛大开幕。文旅部党组成员、故宫博物院院长王旭东，新加坡文化、社区及青年部长兼社区事务署主管部长傅海燕，福建省委常委、宣传部部长梁建勇，副省长郭宁宁出席开幕式。王旭东宣布第四届“海艺节”开幕。

举办海上丝绸之路国际艺术节是贯彻落实习近平主席“一带一路”倡议的重要举措。经过5年的发展，海上丝绸之路国际艺术节规模和影响不断扩大，为“一带一路”沿线国家和地区交流优秀文化成果，促进文化合作提供了重要平台，为增进民心相通作出了切实贡献。希望海上丝绸之路国际艺术节继续肩负推动沿线国家文明交流互鉴的重要使命，发扬丝路精神，秉持共商共建共享的原则，继往开来、不断创新。

福建是海上丝绸之路的重要起点和发祥地，也是重要的参与者、见证者，共建“一带一路”为福建与世界各地进一步深化交流合作带来了新机遇。福建省委、省政府认真贯彻落实习近平主席关于共建“一带一路”的重要讲话重要指示批示精神，扎实推进海丝核心区建设，注重发挥福建独特的历史、地缘、人文等综合优势，深入挖掘“海丝”文化资源，推动文艺精品创作、文物保护、文博展览等工作不断取得新成效，为服务共建“一带一路”作出新贡献。

本届“海艺节”以“多彩海丝，文明互鉴”为主题，秉承“展示、交流、合作、共享”的理念，共有57个国家和地区的130多个文化团体，1500多名艺术家、专家学者和国际友人莅临泉州参加活动。

作为第四届海上丝绸之路国际艺术节的核心项目之一，23日上午，第二届海上丝绸之路非物质文化遗产展（以下简称海丝非遗展）开幕；同期，泉州非物质文化遗产馆正式开馆。副省长郭宁宁出席了开幕式和开馆式，并参观了泉州非物质文化遗产馆。

本届海丝非遗展以“一条海上丝路，万千非遗瑰宝”为主题，突出非遗保护成果、产品开发创新和项目活态展示三大特色，展出来自亚洲、欧洲、非洲12个国家（含中国）的130个非遗项目，共1000多件展品，众多国家级非遗传承人将现场展示、展演。整个展期从11月23日持续至11月27日，向广大市民开放。

海丝非遗展上的每一项非遗项目，均有传承人现场表演，并通过全息成像等新科技，多维、动态展示技艺传承。观众可以现场体验手工制作，在趣味、互动中感受非遗文化。

第四届海上丝绸之路国际艺术节“艺术发展论坛”23日在泉州同期举行。文化和旅游部党组成员、故宫博物院院长王旭东，副省长郭宁宁出席论坛。

（摘编：苏建平）

第28届中国金鸡百花电影节推进电影高质量发展

为期5天的第28届中国金鸡百花电影节2019年11月19日在厦门开幕。中共中央政治局委员、中宣部部长黄坤明出席开幕式并致辞。

黄坤明强调，要认真学习贯彻习近平总书记关于推进电影事业发展的重要指示精神，始终牢记殷切嘱托，自觉担当使命责任，不断推动新时代电影事业繁荣发展。希望广大电影工作者坚持守正笃实、崇德尚艺，坚持以人民为中心的创作导向，把创作生产电影精品作为立身之本，自觉践行社会主义核心价值观，更好构筑中国精神、中国价值、中国力量。要抓住中国电影"黄金时代"的历史机遇，勇于开拓创新，推进电影高质量发展，不断推动中国电影从"高原"向"高峰"迈进，实现从电影大国向电影强国跨越。

黄坤明指出，金鸡百花电影节是电影界的盛事，从今年起金鸡奖将每年评选一次。这是顺应电影快速发展的重要决策，是回应电影工作者呼声的重大举措。要充分利用这一平台，讲好中国故事，擦亮"国家名片"，促进提升电影工业化水平，以高标准专业性办出新局面新气象。

中国文联党组书记、副主席李屹在致辞中说，本届金鸡百花电影节正式落户厦门，开启了一个新的起点。相信在广大电影人的关注和支持下，在各有关方面共同努力下，金鸡百花电影节一定会在改革创新的滚滚浪涛中绽放出新时代的精彩与活力，让中国电影这张亮丽的名片更加耀眼夺目。

受省委书记于伟国委托，省长唐登杰代表省委、省政府向本届金鸡百花电影节开幕表示热烈祝贺，向各位来宾表示诚挚欢迎。他表示，我们将坚持以习近平新时代中国特色社会主义思想为指导，牢牢把握社会主义先进文化前进方向，积极推动新时代电影事业和电影产业高质量发展，广泛凝聚人民精神力量，为国家治理体系和治理能力现代化提供深厚支撑。

中宣部常务副部长、国家电影局局长王晓晖，省领导胡昌升、梁建勇、郑新聪等出席开幕式。来自电影界的代表1000余人参加开幕式。

据介绍本届电影节主体活动包括电影节开幕式、国产新片推介展映、由28部外国影片参加的金鸡国际影展、聚焦三地青年导演作品的港澳台影展、包括中国电影高峰论坛在内的三大主题论坛。本届电影节将持续到23日，将评选出中国电影金鸡奖系列奖项。

（摘编：王诗诚）

第四届世界妈祖文化论坛融合海洋文明

2019 年 10 月 31 日至 11 月 2 日，以“妈祖文化海洋文明人文交流”为主题的第四届世界妈祖文化论坛暨第二十一届中国湄洲妈祖文化旅游节将在莆田市湄洲岛举行。

本届论坛采用“1 + 1 + 10 + 8 + 4”架构，包括论坛开幕式、10 个平行论坛、第二十一届中国湄洲妈祖文化旅游节等配套活动。其中，第四届世界妈祖文化论坛开幕式及主旨演讲，主办单位领导及海内外专家学者将深入探讨、交流互动，促进海丝沿线国家和地区的民心相通，推动落实“一带一路”倡议；妈祖文化与两岸心灵家园论坛上，海峡两岸嘉宾学者将共同探讨妈祖文化在推动两岸交流与合作中的作用，激荡起海峡两岸的文化共鸣、心灵契合；妈祖文化与海洋生态文明论坛，将邀请海内外专家学者围绕海洋生态文明建设，从海洋命运共同体视角，深度探讨妈祖文化在保护海洋生态、建设海洋文明中的重要作用与实践意义；第五届国际妈祖文化学术研讨会，海内外专家学者将围绕妈祖文化与和谐海洋、民心相通等主题进行研讨，努力形成有建设性的共识和倡议；妈祖与航海论坛，专家学者将围绕妈祖文化与航海关系进行研讨，进一步推动以妈祖文化所蕴含的开放包容理念开发海洋、建设海洋。

第二十一届中国湄洲妈祖文化旅游节，将举行首批国家级非物质文化遗产——妈祖祭典表演、第四届“湄洲女发髻”表演赛、文化旅游推广大会、海峡两岸妈祖文创展等。值得一提的是，本次论坛还将举办海峡好歌声——首届“妈祖杯”青年歌手大赛决赛暨颁奖晚会，主办方在中国大陆和香港、澳门、台湾地区选拔青年歌手，参加在湄洲岛举行的决赛，挖掘青年音乐人才，促进海峡两岸声乐交流，弘扬妈祖精神，传承中华文化。

本次论坛在妈祖信俗成功申报世界非物质文化遗产 10 周年之际举办，围绕主题和“立德、行善、大爱”的妈祖精神，进一步突出文化交流互鉴，内容更加丰富，形式更加多样，论坛研讨主题更广更有针对性，深化妈祖信俗在促进海峡两岸及“一带一路”沿线国家和地区经贸文化交流合作方面发挥的重要意义，凝聚全球妈祖文化机构和人士共识，强化华人华侨与祖国的精神纽带作用，展示中国倡导和平发展合作共赢的真诚愿望，推动海丝沿线国家和地区的民心交融。

本届论坛由文化和旅游部、自然资源部、中国社会科学院、民革中央、澳门特别行政区政府和福建省人民政府主办，自然资源部宣教中心、中国自然资源报社、中国社会科学院历史研究所，民革中央有关机构、澳门特区政府旅游局、澳门特区政府文化局、民革福建省委、福建省人民政府台港澳事务办公室、福建省文化和旅游厅、福建省自然资源厅、福建省海洋与渔业局、福建省人民政府外事办公室、福建社会科学院、莆田市人民政府、中华妈祖文化交流协会承办。开幕式当天，论坛现场发出了《第四届世界妈祖文化论坛共识》。

（摘编：林学军）

第六届丝绸之路国际电影节光影熠福

2019年10月15日晚，第六届丝绸之路国际电影节在榕开幕。来自俄罗斯、巴基斯坦、泰国、意大利、斯洛文尼亚、印度尼西亚等25个国家的电影业界人士参加本届电影节。省委副书记、福州市委书记王宁，省委常委、宣传部部长梁建勇，副省长郭宁宁，国家电影局副局长李国奇等出席开幕式。

梁建勇代表省委、省政府致辞。他说，近年来，福建坚持把发展电影摆在“一带一路”人文交流的战略位置，以改革为动力，以开放促合作，电影企业超过1000家，每年超过200部电影备案、超过100部电影开拍，票房突破20亿元，产业大发展格局正在形成。作为丝绸之路国际电影节的主办者之一，福建将乘着共建“一带一路”的东风，把电影交流合作的大门打得更开，强化互动机制、畅通合作渠道、构建共赢格局，不断开辟“一带一路”电影交流合作新天地。

第六届丝绸之路国际电影节由国家电影局指导，福建省人民政府、陕西省人民政府共同主办。本届电影节以“光影熠福、丝路扬帆”为主题，将举办“金丝路”传媒荣誉评选、电影展映、电影论坛、电影市场交流、颁奖典礼等六大主体活动，电影嘉年华、影迷之夜等95场配套活动，集中展映从52个国家和地区征集并精选出的160多部优秀影片，展示了“一带一路”沿线国家和地区电影创作的最新成果，凸显了“一带一路”电影文化交流与融合。同时，邀请了《我和我的祖国》《中国机长》《决胜时刻》等红色主题影片剧组代表交流创作心得体会，这是中国电影人用自己所擅长的方式对伟大祖国的深情赞颂和美好祝福。本届电影节签约了总金额为180多亿元的32个项目。

20日晚，第六届丝绸之路国际电影节在福州海峡奥体中心圆满落幕。省委书记于伟国，省长唐登杰，省政协主席崔玉英，省领导王宁、梁建勇、郑新聪、黄琪玉、郭宁宁，陕西省领导牛一兵，以及电影业界人士约4000人出席闭幕式。闭幕式演出由“山海的呼唤”“光影的画卷”“梦想的合唱”三个篇章组成，表演了《我们都是追梦人》《我的中国心》等歌舞节目，并进行“一带一路”世界电影人全球融媒体直播互动，展现了中国电影的发展成就和艺术魅力，呈现了一场国际范、科技感、人文味十足的“电影之夜”。

闭幕式上，为获得本届电影节传媒荣誉年度动画片、年度纪录片、最受关注女演员、最受关注男演员、年度故事片等奖项的影片、演员进行了颁奖；还进行了电影节会旗交接。第七届丝绸之路国际电影节将在陕西省西安市举办。

（摘编：张海生）

第十六届中国戏剧节传承经典

第十六届中国戏剧节于2019年10月26日至11月12日在福州市举办，主题为“追梦新时代　经典共传承”。这是继1993年第三届中国戏剧节在福州成功举办后，时隔26年，中国戏剧节再次落户福州。

第十六届戏剧节由中国文学艺术界联合会、中国戏剧家协会、福州市政府、福建省文化和旅游厅、福建省文学艺术界联合会主办，福州市文化和旅游局、福建省戏剧家协会承办。

中国戏剧节创办于1988年，是戏剧界展示优秀戏剧创作成果的重要平台，具有鲜明的群众性和民间性。中国戏剧节创办30多年来，推出了众多高质量优秀剧目，开展了坦诚严肃的艺术探讨，展示了我国戏剧事业丰硕成果，为繁荣社会主义文艺事业作出了重要贡献。

第十六届中国戏剧节由三大主体活动组成：10月26日晚，开幕式在海峡文化艺术中心举行，开幕大戏为滑稽戏《陈奂生的吃饭问题》；10月26日至11月12日，上演来自全国各地的30台优秀剧目；11月12日晚，闭幕式在福州工人文化宫举行，闭幕大戏为福州市选送的闽剧《红裙记》。

本届戏剧节展演剧目中，优秀现代戏占据半壁江山，包括：川剧《江姐》，京剧《陈毅回川》《红军故事》《光之谷》，河北梆子《人民英雄纪念碑》，评剧《藏地彩虹》，滑稽戏《陈奂生的吃饭问题》等；还有新编历史剧：淮剧《武训先生》、豫剧《张伯行》、黄梅戏《不越雷池》、京剧《游百川》、闽剧《龙台驸马》等；整理改编的京剧《玉簪缘》、闽剧《红裙记》同样体现了推陈出新、继承发展的艺术创作精神。

本届戏剧节期间，市民可以在家门口欣赏到一大批名角的精彩表演，如川剧“梅花大奖”获得者沈铁梅，晋剧“二度梅”获得者谢涛，京剧优秀演员袁慧琴、吕洋，评剧优秀演员王平，闽剧“梅花奖”获得者陈乃春、吴则文，淮剧优秀演员梁伟平，台湾歌仔戏名角唐美云等。

观众可以在福建大剧院、福建凤凰剧院、福州大戏院、福建芳华剧院、福州闽剧艺术传承发展中心等剧院，购买该剧院演出场次的票。

此外，中国剧协还策划了两场致敬新中国成立70周年的戏剧论坛——剧本创作论坛和戏曲音乐创作论坛，邀请全国知名戏剧专家和一线创作人员展开研讨。

（摘编：苏建平）

第五篇

生态文明

福建省坚决禁止生态环保“一刀切”

2019年7月19日中共福建省委办公厅、福建省人民政府办公厅下发《中共福建省委办公厅 福建省人民政府办公厅关于坚决禁止生态环保“一刀切”的通知》提出，2019年7月15日，中央第二生态环境保护督察组正式进驻我省开展生态环境保护督察。随着中央生态环境保护督察向纵深推进，督察震慑和警示效果日益显现。为防止一些地方在督察进驻期间因担心被问责，采取一律停工停业停产等敷衍应对做法，影响人民群众正常生产生活，损害党和政府的形象，现就坚决禁止生态环保“一刀切”，做好中央生态环境保护督察边督边改工作有关事项通知如下。

一、提高政治站位，强化责任担当

中央生态环境保护督察既是对生态文明建设和生态环境保护的“工作体检”，更是对贯彻落实习近平总书记重要指示批示精神和党中央决策部署的“政治体检”，各地各单位要切实提高政治站位、强化责任担当，全力配合支持督察工作。要按照督察整改要求立行立改、边督边改，着力解决人民群众生态环境信访问题，推动突出生态环境问题查处到位、整改到位、问责到位。在整改工作中要制定可行的方案，坚持依法依规，加强政策配套，注重统筹推进，严格禁止“一律关停”“先停再说”等敷衍应对做法，坚决避免集中停工停业停产等简单粗暴行为。

二、准确把握标准，实施分类整改

抓好中央环境保护督察边督边改，要注意准确把握标准，实施分类整改。对工程施工、生活服务业、养殖业、特色产业、工业园区、采石采砂采矿、城市管理等重点行业或领域，特别是涉及民生领域的，要根据实际区别对待、分类施策，切实推动突出生态环境问题整改落实。

（一）**工程施工**。对于依法依规取得施工许可的各类建筑、道路、市政等工程项目，不得采取集中停工措施；对于其中没有达到环境保护要求的，应当针对具体环境问题开展整治，确需停工整治的，需依法实施。对于工程建设项目的正常停工修整，应由施工企业自行安排，不得在督察进驻期间要求集中修整。对于非法工程建设项目，以及环境保护问题突出、群众反映强烈的工程建设项目，应当依法依规查处到位、整治到位。

（二）**生活服务业**。对于具有合法手续的餐饮、洗涤、修理等生活服务业，不得要求集中停工停业；确实存在突出环境污染问题的，应“一家一策”实施整治。对于没有合法手续，且环境污染突出、群众反映强烈的，应当按照环境保护和市场监管的有关规定，依法依规查处到位。对于人民群众环境信访反映的问题，经查实后依法处理，一事一办；需要对相关行业进行整治的，应制定整治方案，加强政策配套，有序推进工作，不得简单采取大面积停工停业等措施。

（三）**养殖业**。畜禽和水产养殖行业环境整治既要加大工作力度，也要把握工作节奏，要注重政策配套，减少负面影响。对于具有合法手续并符合环保要求的，不得采取关停整治措施；对于划入禁养区而未及时清理退出的，要制订工作方案，加强政策衔接，按时序推进，避免短期突击关停，在清理退出过程中尽可能减少养殖户的经济损失；对于没有任何手续，且环境污染突出的小型养殖企业或养殖户，要做细工作，在合理时限内有序整治到位。

（四）**特色产业**。对于具有传统优势，且分布相对集中的地方特色产业，在边督边改过程中要妥善处理，分类施策。对于符合环境保护要求的，不得采取集中停产整治措施；对于环境污染较重、群众反映突出的，应当借势借力，以督察整改为契机，推动产业优化升级，加快园区化、集约化发展，努力提升产业水平，对于群众举报的具体问题，要一事一办，不得简单扩大停产整治范围。

（五）**工业园区**。对于工业园区及其合法企业，不得简单要求停工停产；对于其中达不到环保要求的工业园区及其企业，要实施“一园一策”“一厂一策”，并根据具体环境问题采取整改措施，不得一律采取停产整治方式。对于企业正常停产检修工作，应由企业自行安排，不得要求企业于督察进驻期间集中停产检修。

（六）**采石采砂采矿**。对于具有合法手续且符合环境保护要求的采石采砂采矿企业，不得采取集中停产整治措施；对于具有合法手续，但没有达到环境保护要求的企业，应当根据具体环境问题采取针对性整改措施；对于没有合法手续且达不到环境保护要求的，应当依法整治，需要停产关闭的，坚决停产关闭；对于位于自然保护区、饮用水源地，或其他禁止采石采砂采矿区域的，应根据有关法律法规规定，制定整改方案，限期清理退出。

（七）**城市管理**。督察进驻期间，人民群众对城市环境管理粗问题反映较多，往往成为环境信访的重点，主要涉及违规建设、占道经营、路边烧烤、噪音污染、气味扰民、产城混杂等问题。解决这类问题，要依赖城市管理精细化水平的提升，要依赖城市管理平时工作的到位。对于督察进驻期间此类信访问题，应当做到一事一办，同时也要认真研究，综合施策，不断提升城市现代化管理水平。

另外，对于各类既无相关手续，又无污染治理设施的“小作坊”“散乱污”企业，各地要借势借力推动综合整治，加快淘汰落后产能，促进产业转型升级，推动供给侧结构性改革，切实解决“劣币驱逐良币”问题。各地要结合实际，认真分析“小作坊”“散乱污”企业数量、特点、分布等情况，既要大力整治，也要注重引导，在整治工作中尽可能避免不良社会影响。

三、严肃工作纪律，注重舆情引导

督察整改“一刀切”行为是典型的环境保护乱作为，也是生态环境领域形式主义、官僚主义的重要表现形式，必须坚决反对，严格禁止。

（一）**严守工作纪律**。严格落实督察安排和要求，积极主动接受、全面深入配合，决不允许通过“发通知、打招呼”等临时性关停方式应付生态环保督察，决不允许借生态环保督察名义影响企业正常生产和群众正常生活。

（二）**禁止层层加码**。中央生态环境保护督察边督边改，任务重、时间紧、压力大，各地要为基层整改工作留足时间，不得擅自压缩整改时限，并应当根据具体问题明确整改阶段目标；要为直接负责查处整改工作的单位和人员留足时间，不得层层加码、避免级级提速。

（三）**强化政策统筹**。生态环境保护涉及面广，矛盾复杂，在推进督察整改过程中，既要强力推动，严格执法；又要因地制宜，分类指导。要加强政策配套，强化工作统筹，做到因事施策与综合施策相结合，既要保证督察整改效果，也要避免影响群众生产生活。

（四）**注重舆情引导**。要加强政务信息公开，做好边督边改情况的宣传报道工作，及时回应社会关切。要加强舆情监控，对因私利而故意甚至不实炒作环保“一刀切”问题的，主流媒体要主动发声、引导舆情；对恶意造谣、诋毁党和政府形象的，要依法查处、公开曝光。

（五）**加强查处问责**。中央生态环境保护督察组已明确将把环保“一刀切”作为生态环境领域形式主义、官僚主义的典型问题纳入督察范畴，对问题严重且造成恶劣影响的，严格实施督察问责。各地要认真落实有关要求，加大对环保“一刀切”问题的查处力度，发现一起查处一起，严肃问责，绝不姑息。

（摘编：吴强）

2019 年福建省生态环境状况公报发布

2020 年 6 月 5 日是第 49 个世界环境日。省政府新闻办 3 日召开福建省生态环境状况新闻发布会，发布 2019 年我省生态环境状况公报。公报显示，福建生态环境质量继续保持优良，森林覆盖率 66.8%，继续居全国首位。生态环境状况指数继续保持全国前列。

2019 年，全省水环境质量总体保持优良水平，全省 12 条主要河流Ⅰ至Ⅲ类水质比例 96.5%，同比上升 0.7 个百分点，比全国平均水平高 21.6 个百分点，其中Ⅰ至Ⅱ类优质水比例 61.5%，同比提高 9.8 个百分点。县级及以上集中式生活饮用水源地水质达标率为 100%。

大气环境方面，全省城市环境空气质量保持优良，PM2.5 浓度下降至 24 微克每立方米，比全国平均浓度低三分之一。68 个城市空气质量优良天数比例平均为 99.2%。9 个设区城市空气质量优良天数比例平均为 98.3%，排名依次为：南平、龙岩、宁德、莆田、厦门、福州、三明、泉州和漳州。在全国 168 个重点城市中，厦门、福州环境空气质量分别位列第 4 和第 6 位。

全省近岸海域生态环境状况保持稳定，海水质量总体良好。按点位比例评价，全省近岸海域优良水质（一、二类）比例 85.1%。其中，国家考核点位优良水质比例 80%，优于 72% 的考核目标。

（摘编：杨立群）

2019 年福建省生态环境宣传教育工作重点

2019 年 3 月 28 日福建省生态环境厅下发的《福建省生态环境厅关于印发 <2019 年福建省生态环境宣传教育工作要点 > 的通知》（闽环保宣〔2019〕2 号）提出，为坚持以习近平新时代中国特色社会主义思想指导，深入贯彻落实习近平生态文明思想，全面推进国家生态文明试验区建设，认真落实生态环境部《关于印发〈2019 年全国生态环境宣传教育工作要点〉的通知》（环办宣教〔2019〕13 号）和全省生态环境保护工作会议精神，切实做好我省 2019 年生态环境宣传教育工作，现将《2019 年福建省生态环境宣传教育工作要点》印发给你们。请结合本地实际，认真抓好贯彻落实。

2019 年福建省生态环境宣传教育工作要点

2019 年是中华人民共和国成立 70 周年，是全面建成小康社会和坚持高质量发展落实赶超的关键之年。全省生态环境宣传教育工作要以习近平新时代中国特色社会主义思想为指导，深入贯彻落实习近平生态文明思想，落实全国生态环境保护大会精神、《2019 年全国生态环境宣传教育工作要点》和全省生态环境保护工作会议精神，创新方式方法，紧紧围绕高质量发展落实赶超，做好宣传和舆论引导工作，推动形成人人关心、支持、参与生态环境保护的局面，为福建省打好污染防治攻坚战、全面推进国家生态文明试验区建设营造良好社会氛围。

一、把握新闻宣传的话语权和主导权，做好舆论引导工作

（一）建立健全新闻发言人制度，增强新闻发布效果

1. 继续推进实施例行新闻发布工作。各地要参照省厅《例行新闻发布实施办法》的要求做好当地的例行新闻发布工作，继续完善动态新闻口径库。深入宣传党和国家关于生态环境保护工作的重大决策部署；主动设置议题，及时向社会公众发布权威信息，准确通报生态环境保护政策措施、工作进展等情况；回应社会关注的热点问题等。

2. 继续完善例行新闻发布制度。各地要围绕生态环境中心和重点任务定期常态化开展对外新闻发布。省级生态环境部门至少每两个月召开一次例行新闻发布会；福州、厦门要建立例行新闻发布制度，至少每季度召开一次例行新闻发布会；其他各地级市至少每半年举行一次媒体通气会；通过上下联动，形成全系统新闻发布和舆论引导的强大合力。

（二）强化资源整合，推动生态环境宣传工作量质齐升

1. 建立全省宣传工作“一盘棋”。各地要围绕高质量发展落实赶超，坚定不移推进绿色发展；围绕环境质量导向，坚决打好污染防治攻坚战；围绕提升群众获得感幸福感，加快解决突出环境问题；围绕打造生态环境保护铁军，不断提升支撑保障能力等方面，通过多种形式及时宣传报道当地生态环境重要领域、关键环节、重点措施、进展成效等。省厅将通过建立全省生态环境新闻宣传联络员队伍、组织媒体赴一线采访、共享宣传信息、围绕主题开展伴随式采访、专业培训等形式，加强与各地的上下联动与协调合作。各地要做好当地新闻宣传报道的组织、收集、汇总与报送工作，全省“一盘棋”共同推动我省生态环境宣传工作全面提升。

2. 与新闻媒体建立良性互动关系。各地要做好与媒体日常的沟通对接，积极主动向媒体提供宣传素材，通过举办通气会、解读会、素材分析会议等，向新闻媒体提供生态环境保护工作相关情况。加强日常记者采访服务保障工作，对记者关注的有关话题，积极组织回应。

3. 进一步做好深度报道和专题采访。省厅将组织开展“建设美丽中国”等主题宣传活动，适时组织相关主题伴随式采访，各地要积极参与并做好配合协调工作，共同宣传我省生态环境治理取得的成效，讲好福建省生态环境保护故事

二、加强生态环境舆情监测和研判能力建设

（一）建立健全生态环境舆情处置协调机制

省厅将通过建立生态环境舆情管控系统、完善舆情专题库、组建舆情应对专家团队、举办舆情应对培训班等，进一步提升生态环境舆情管控能力。各地要进一步提高生态环境舆情的监测、搜集、分析、研判和处置能力，做好生态环境舆情管控。

（二）加大生态环境舆情监测和分析研判力度

各地要继续与舆情专业机构合作，做好日常及突发环境事件舆情监测与处置，切实落实热点回应“属地责任”，第一时间做好信息发布和热点回应工作，并及时上报有关情况。

（三）做好突发环境事件舆论引导

各地要建立完善生态舆情监测应急预案，加强环境突发事件舆论引导，掌握新闻话语权，及时处置负面舆情，引导舆论的正确走向。严格按照生态环境部《关于做好2019年突发环境事件应急工作的通知》文件中“突发环境事件事发地政府等要在‘重特大或者敏感事件，5小时内发布权威信息，24小时内举行新闻发布会’”的要求，做好相关信息公开、新闻发布工作。

三、提高政务新媒体应用水平，充分发挥全省生态环境系统政务新媒体矩阵深度传播宣传作用

（一）强化政务新媒体在生态环境宣教中的应用

各地要贯彻落实《国务院办公厅关于推进政务新媒体健康有序发展的意见》，通过开设专题栏目（话题）、开展专题网络互动活动等形式，及时推送我省生态环境重点亮点工作进展情况、政策解读和环保先进典型经验等，增强生态环境新媒体宣传的针对性、导向性和实效性。

（二）关注政务新媒体平台公众留言并做好回应

各地要认真做好公众在本级生态环境部门政务微博微信等新媒体平台留言的审看发布、处理反馈工作，对涉及生态环境部门职责范围的重要敏感问题要及时报告，并协调相关业务部门对合理诉求及时予以解决。各地要及时关注公众在“生态环境部”微博、“福建环境”微博涉及本地生态环境部门职责范围的留言，及时与公众沟通、核实情况，并通过本级生态环境部门政务微博及时跟帖回复。

（三）完善全省生态环境系统新媒体矩阵运行管理

各地要认真落实《全国环保系统新媒体矩阵管理办法（试行）》加强政务新媒体工作的督促指导和培训，严格发布审核程序，落实“每工作日更新”、集中转发、网评员队伍建设等要求，提高新媒体矩阵运行管理水平，并与省厅政务新媒体平台上下联动、同频共振、形成宣传声势。省厅将开展“全省生态环境系统政务微信综合影响力榜单评价”，定期通报各地政务微信工作成效。

四、加强社会宣传工作，大力推进生态文化建设

（一）做好“六·五”环境日宣传

各地要围绕主题、结合实际，针对热点环境问题，精心策划形式新颖、参与广泛、传播力强的宣传活动，九市一区生态环境部门各制作“六·五”环境日主题宣传产品不少于2件，全省联动，做好我省“六·五”环境日宣传。

（二）深入推进“美丽中国，我是行动者”活动

各地要落实生态环境部《关于开展“美丽中国，我是行动者”主题实践活动的通知》要求，主动联系有关部门，面向学校、社区、企业、农村等不同人群，策划开展有针对性的实践活动，引导社会公众主动践行简约适度、绿色低碳的生产和生活方式。生态环境部将对活动中涌现的优秀活动案例、优秀志愿者等进行表扬并广泛宣传推广，各地要注重主题实践活动的总结与报送。

（三）大力推进生态文化建设

1. 策划制作宣传产品。各地要策划制作倡导生态文明价值理念、反映生态环境保护中心工作、展现生态环境队伍形象的宣传产品，尤其要加强可视化强、传播广泛的产品制作推广力度，增强宣传产品的文化内涵。九市一区生态环境部门每年要制作相关宣传产品数量不少于3件（含“六·五”环境日主题宣传产品）。

2. 配合生态环境部组织开展“绿色中国年度人物”评选活动。各地要深入挖掘、积极推荐我省合适人选，发挥典型示范引领作用。

3. 拓宽生态文化宣传渠道。积极引导文化艺术界人士参与生态文化作品创作，并为其了解生态环境保护工作创造条件。鼓励公共文化服务设施增加生态环境保护内容大力拓展生态文化传播渠道。

五、提高公民生态环境意识，推动形成生态环保社会共治大格局

（一）大力宣传《公民生态环境行为规范（试行）》

各地要围绕《公民生态环境行为规范（试行）》，结合地方特色、工作实际和时间节点，积极开发制作相关宣传品。积极探索横向联动，与相关部门、企业、社会组织及关心生态环境保护的各界人士共同进行宣传推广。

（二）深入推进环保设施向公众开放工作

1. 制定年度开放工作计划，确保开放工作按时间节点稳步推进。各地要严格按照原省环保厅、省住建厅《转发生态环境部办公厅住房和城乡建设部办公厅关于进一步做好全国环保设施和城市污水垃圾处理设施向公众开放工作的通知》（闽环保宣〔2018〕8号）等文件精神，结合实际，制定年度实施工作计划，按照序时进度落实环境监测设施、城市污水处理设施、垃圾处理设施、危险废物集中处置或废弃电器电子产品处理设施等向公众开放工作。

2. 完成“2019年，全国所有地级及以上城市四类设施开放比例达到70%”的目标要求。根据生态环境部、住建部对开放工作分阶段目标要求，2019年，福州市、厦门市、漳州市、泉州市要继续做好已列入全国第一、二批向公众开放名单设施单位的开放工作；三明市、莆田市、龙岩市要选择至少1座环境监测设施、1座城市污水处理设施、1座垃圾处理设施、1座危险废物集中处置或废弃电器电子产品处理设施定期向公众开放；各地要向社会公布开放设施单位名单，按照要求开展开放工作。

3. 进一步提升活动影响力和开放效果。各地要逐步探索扩大开放领域，充分利用现有环境教育基地等，搭建公众参与环境保护的开放平台。省厅将适时开展设施开放工作现场调研，对各地完成情况进行通报。各地要加大宣传力度，策划制作宣传解读片、海报、折页等宣传品。

（三）积极培育引导环保社会组织有序参与生态环境保护工作

各地要加强与环保社会组织沟通联系，结合当地实际因地制宜开展工作，通过座谈、培训、购买服务等方式，促进环保社会组织依法有序参与生态环境保护工作。2019年，省厅将新增5家基础较好、有影响力的环保社会组织作为重点培育对象，其中至少包括2家高校环保社团，各地做好相关环保社会组织和高校环保社团的推荐工作。

六、进一步加强资源整合，提高宣教队伍工作能力水平

（一）不断整合宣教资源

1. 构建生态环境宣教大格局。各地要充分调动系统内外力量，有效整合社会资源，与宣传、文明办、教育、团委、妇联等部门联动落实好《福建省环境宣传教育工作实施方案（2016—2020）》年度任务，形成生态环境系统齐抓共管、部门协调联动的生态环境宣教大格局。

2. 有效整合传统媒体与新媒体宣传资源。各地要着力推进传统媒体与新媒体融合互补，开展全媒体融合宣传，继续完善报纸、电视、广播、网站、微博、微信、手机移动端、新闻发布会、环保简报、环境质量发布系统等“十位一体”传统媒体与新媒体融合发展的联动宣传平台，及时发声，正向引导社会舆论。

3. 着力打造《中国环境报》驻福建记者站宣传平台。各地要努力扩大《中国环境报》影响力，认真组织《中国环境报》订阅工作，有效发挥《中国环境报》福建记者站宣传平台作用，发挥好

生态环境主流媒体的力量和舆论阵地作用。

（二）进一步加强宣教队伍建设

省厅将加强对各级生态环境部门宣教工作的统筹指导与业务培训，各地要积极开展新闻写作技能、新媒体、舆情管理等专业技能培训，提高宣教队伍工作能力和水平，全面推动生态环境宣教工作的提升。

七、落实全面从严治党责任，加强全面从严治党宣传工作

（一）落实全面从严治党责任

不断提高政治站位，树牢“四个意识”，坚定“四个自信”，坚决做到“两个维护”。加强作风建设，带头做到政治强、本领高、作风硬、敢担当，按照特别能吃苦、特别能战斗、特别能奉献的生态环保铁军要求，打造风清气正的生态环境宣传教育“尖兵”队伍。

（二）深入开展全面从严治党宣传工作

加强党建宣传机构与宣教部门的联动，巩固重点宣传阵地和成果。落实全面从严治党要求，及时宣传报道好打好污染防治攻坚战的党风廉政建设工作动态、典型案例和实践经验等，内强意识，外树形象，以政治生态的风清气正促进自然生态的天朗气清。

（摘编：康明辉）

中央广播电视总台开播“变害为利　造福人民”专题节目

2019年12月25日晚，在木兰溪防洪工程开工建设20周年之际，中央广播电视总台开播三集专题节目《变害为利　造福人民——习近平生态文明思想在福建木兰溪的先行探索》，报道习近平生态文明思想在福建木兰溪的先行探索。

专题节目第一集，讲述了木兰溪特殊的地质条件、水患的形成原因、悠久的治水历史、防洪工程建设前的技术难题，以及时任福建省委副书记、代省长习近平关心受灾群众、为防洪工程技术攻关所作的各项工作。

据了解，木兰溪是莆仙人民的母亲河，发源于戴云山脉，自西北向东南注入兴化湾，贯穿莆田市全境，干流全长105公里，流域面积1732平方公里。受洪峰、水涝、海潮的影响，木兰溪时常泛滥成灾，给沿岸群众造成重大的生命和财产损失。

资料记载，1999年10月17日，莆田遭受第14号超强台风的猛烈袭击，直接经济损失达31亿元。1999年12月27日，习近平亲临木兰溪防洪工程一期试验段建设现场奠基，并参加义务劳动，标志着木兰溪治理正式拉开序幕。

作为全国首个国家生态文明试验区，福建的青山绿水是一代又一代生态建设者践守初心、接续奋斗的结晶。回望八闽生态文明建设历程，坚守、坚韧、坚定，这些关键词伴随一路。人民的好书记谷文昌带领干部群众苦战风沙，在东山岛建成一道惠及子孙后代的沿海防护林，帮助一方百姓拔掉穷根；莆田20年持续推进木兰溪流域治理工程，成就新中国水利史上“变害为利、造福人民”的生动实践；长汀几代人咬定荒山不放松，演绎出“进则全胜”的长汀巨变，创造出水土流失治理的“长汀经验”……

生态资源是福建最宝贵的资源，生态优势是福建最具竞争力的优势，生态文明建设应当是福建最花力气的建设。生态建设，永远没有句号。生态优等生，执着前行。

（摘编：王诗诚）

生态环境部与福建共建“数字生态”示范省

在2019年5月6日召开的第二届数字中国建设峰会上，生态环境部和福建省政府签署共建“数字生态”示范省战略合作协议，将建立部省合作机制，按照解放思想、改革创新、先行先试、合作共建原则，开展战略合作，共建“数字生态”示范省。

通过合作共建，推动福建省围绕生态文明建设和生态环境监测、监管、决策全过程，全方位推进数字化、网络化，积极拓展深化“生态云”平台建设，广泛发挥“生态云”平台作用，进一步将物联网、大数据、人工智能等新技术应用到国家生态文明试验区建设中，实现“数字＋生态”的深度融合发展。通过合作共建，为福建生态环境治理体系和治理能力现代化创造新模式，推动国家生态文明试验区建设取得新成效，助力打好污染防治攻坚战形成新战果，促进生态环境持续改善、经济社会高质量发展构建新格局。通过合作共建，发挥数字创新引领作用，推进福建省“生态云”创新应用成为全国标杆，为“数字生态”建设积累经验，形成一批可复制、可推广、可示范的应用成果。

（摘编：游学荣）

福建省生态立法促环保

2019年3月27日至28日，福建省十三届人大常委会第九次会议在福州召开。福建省人大常委会在去年工作的基础上，今年继续加大对生态环境保护的工作力度。

在本次会议上，围绕“生态优先，绿色发展”主题，在12项会议议程中有6项涉及生态环境保护。它们是：审议《福建省城乡生活垃圾管理条例（草案修改稿）》，审议福州、漳州、南平、宁德市人大常委会分别报请批准的《福州市城市内河管理办法》《漳州市市区内河管理规定》《南平市城市绿地管理办法》《宁德市霍童溪流域保护条例》，审议省人民政府关于2018年环境状况和环境保护目标完成情况的报告。

2018年9月，福建省人大常委会对《福建省城乡生活垃圾管理条例（草案）》进行第一次审议。之后，经过几个月的深入调研、反复论证、修改完善，这次草案修改稿提交省十三届人大常委会第九次会议审议。在分组审议会上，常委会组成人员对生活垃圾的科学分类、妥善处置、保障机制等提出审议意见。

（摘编：黄万良）

福建省人大常委会批准多部设区市涉生态环保法规

2019年3月28日，省十三届人大常委会第九次会议决定批准《福州市城市内河管理办法》《漳州市市区内河管理规定》《南平市城市绿地管理办法》《宁德市霍童溪流域保护条例》等4部设区市法规，这是今年省人大常委会会议首次批准设区市的法规，实现我省设区市立法“开门红”——4部法规集中涉及生态保护，充分体现我省以习近平生态文明思想为指引，全面加强生态环境保护和设区市人大常委会助力污染防治攻坚战的积极作为。

省人大常委会今年将继续加大对生态环保的工作力度。此次常委会会议还审议《福建省城乡生活垃圾管理条例（草案修改稿）》和省政府关于2018年环境状况和环境保护目标完成情况的报告。

（摘编在；林学军）

福建省九市一区全部晋级国家森林城市

在2019年11月15日召开的全国森林城市建设座谈会上，全国绿化委员会、国家林业和草原局宣布，批准28个城市为国家森林城市。我省南平市、宁德市与平潭综合实验区在列。至此，全省9个设区市和平潭综合实验区已全部晋级国家森林城市。

省“十二五”“十三五”林业发展专项规划中，均明确提出了全省创建国家森林城市、省级森林城市的工作目标。按照计划，我省要在“十三五”期间实现“两个全覆盖”——9个设区市和平潭综合实验区国家森林城市全覆盖，所有县（市）省级森林城市全覆盖。随着南平市、宁德市与平潭综合实验区获批国家森林城市，以及今年11月南安市、石狮市、惠安县、东山县、漳浦县获批省级森林城市（县城），我省比“十三五”规划提前一年实现了“两个全覆盖”的目标。

当前，我省正重点推进“百城千村”绿化美化宜居工程，计划至2022年，全省建成省级森林城市（县城、城镇）100个以上，省级森林村庄1000个以上。

（摘编：林学军）

福建省人大常委会开展水污染防治法执法检查

2019年4月16日，省人大常委会水污染防治法执法检查组全体会议在福州召开，听取省政府及有关部门汇报。根据省人大常委会2019年监督工作计划安排，省人大常委会执法检查组将于4月至7月在全省开展水污染防治法执法检查，以法治力量推动打好碧水保卫战。

本次执法检查将以习近平新时代中国特色社会主义思想和党的十九大精神为指导，深入学习贯彻习近平生态文明思想，紧紧围绕我省国家生态文明试验区建设，重点检查饮用水安全保障制度和措施落实情况，饮用水水源地保护和饮用水安全保障全过程监管等；城市黑臭水体整治、河湖长制和限期达标规划落实情况，流域水环境保护联动协调机制及生态补偿机制建立和实施情况等；重点流域、湖泊和小流域等重点领域水污染防治措施落实情况等；法律责任落实情况，环境执法和司法保障情况；法律实施和措施实行中存在的主要问题，对法律贯彻实施和修订我省水污染防治条例的意见和建议等。

根据省人大常委会2019年监督工作计划，本次执法检查将采用三级联动方式，即省市县三级人大常委会结合实际在各自职责范围内分级实施监督、分级督促整改。省人大常委会执法检查组将分别赴漳州、莆田、南平、龙岩，与当地市县两级人大常委会联合开展执法检查。同时，委托其他设区市人大常委会和平潭综合实验区人大工委开展执法检查工作。据悉，这是三级联动监督方式首次运用在省人大常委会执法检查中。

此外，本次执法检查在方式方法上还作了一些创新：首次引入第三方评估，邀请研究机构和专家为执法检查提供技术支撑和专业参考，增强人大监督的科学性、专业性、客观性和权威性；改进暗访暗查方式，增加随机检查的比例，完善重点污染源“清单式”抽查；完善问卷调查，广泛开展法律的学习宣传等。

省人大常委会环城工委负责人表示，污染防治必须依靠法治、遵循法律，这次执法检查将严格对照水污染防治法法律条文，紧扣法律规定查找分析问题，突出检查我省水生态环境领域的重点问题、重点区域、重点领域，以及各级政府及监管、执法、司法部门和企业等落实法定责任情况；回应民生关切，推动我省饮用水安全、农村水污染治理、城市黑臭水体整治，闽江、九龙江等重点跨流域保护联动和生态补偿等水环境领域突出问题的解决；同时将执法检查与修订我省水污染防治条例等立法调研工作结合起来，打好立法、监督“组合拳”，推动立法进程，增强监督实效。7月下旬，省人大常委会会议将听取和审议该执法检查报告。

（摘编：张海生）

数字生态分论坛助力打好打胜污染防治攻坚战

2019年5月6日，第二届数字中国建设峰会数字生态分论坛在福州举行。本次论坛以“大数据引领生态环境管理转型　助力打好打胜污染防治攻坚战”为主题，探讨和展望新时代生态环境大数据助力生态环境治理的新方法、新理念和新思想，为政府、企业、科研院校等各参与方搭建相互促进、相互交流的共享合作平台。

会上，生态环境部和福建省政府签订部省合作共建“数字生态”示范省战略合作协议。省生态环境厅分别与生态环境部环境发展中心、中国人民财产保险股份有限公司福建省分公司、福建省电子信息集团等签署合作协议。中国科学院院士周成虎、省生态环境厅厅长付朝阳、生态环境部信息中心主任章少民先后作了主旨演讲。

峰会期间还将举办生态环境大数据引领管理转型（全国生态环境系统厅局长沙龙）、生态环境大数据助力亲清服务企业等四个子论坛，聚焦大数据在生态环境不同领域中的应用。第十二届全国政协副主席王钦敏，生态环境部副部长庄国泰，省政协副主席薛卫民出席论坛。

（摘编：郭虹）

福建省四项主要污染物减排超序时进度完成

2019年12月24日福建日报报道，从省生态环境厅获悉，据初步核算，目前全省化学需氧量、氨氮、二氧化硫、氮氧化物等四项主要污染物排放总量较2015年分别下降3.49%、2.75%、24.3%、12.8%，标志着我省超序时进度完成任务。

2019年来，我省组织各地策划生成2019年大气、水环境精准治理减排项目，紧盯污染防治薄弱环节和突出问题，筛选形成大气、水方面省级重点整治项目各100个，部署对火电、炼焦等6个重点涉气，造纸、纺织等6个重点涉水，共12个行业先行启动总量核算工作，主要污染物总量控制工作稳步推进。

（摘编：林学军）

闽江流域山水林田湖草系统治理见成效

2019 年 12 月 9 日福建日报报道，打造一批多生态要素保护修复有机融合、生态技术和工程措施较好衔接、项目建设与科学研究一体的精品示范工程。这是我省于 2018 年在全国率先提出的目标。

2018 年初，闽江流域山水林田湖草生态保护修复项目成为全国第二批山水林田湖草生态保护修复 6 个试点之一，获得财政部奖补资金 20 亿元。项目实施期为 2018—2020 年，涉及三明、南平、福州、龙岩、宁德 5 个设区市共 29 个县（市、区）。

项目重点支持实施水环境治理与生态修复、生物多样性保护、水土流失治理及农地生态功能提升、废弃矿山生态修复和地质灾害防治、机制创新与能力建设“五大重点工程”，总投资 120.91 亿元。

除中央奖补资金和企业出资外，地方出资部分由省和市县按 6∶4 比例承担，省级统筹省直部门不少于 30% 的生态环保专项资金约 50 亿元支持试点建设。同时，通过 EPC、PPP 等模式吸引民间资本 26 亿元参与建设运营。截至 10 月底，资金到位 90.11 亿元，占总投资的 72%；完成投资 83.79 亿元，占总投资的 70%，提前一个月完成年度投资任务。

此外，我省还统筹新增设立 10 亿元正向激励资金，每年对绩效评价较好的试点县（市、区）分档奖励 500 万元—1500 万元，集中支持打造 15 个符合条件的精品示范工程，给予每个 2000 万元奖励。

（摘编：郭虹）

福建省开展百年绿色金库调研活动

2019 年 5 月 26 日福建日报报道，近日，福建省生态文明建设专家到南平市延平区开展实地考察、调研绿色金库活动。专家组先后深入王台镇考察绿色金库、中国科特派第一村主题馆、富屯溪水美乡村建设等项目；到炉下镇详细了解延平区畜禽整治和生猪退养户转产转业情况。同时，听取了延平生态文明建设、乡村振兴、畜禽污染整治转产转业、林业收储、生态银行、科特派等工作汇报。在对王台镇溪后杉木丰产林进行考察后，专家组感叹“如此挺秀、耸立、壮观的百年杉木丰产林实属罕见，一定要加强和高校的联系做好树种基因的科学研究。”

此次调研旨在深入挖掘百年绿色金库的理论内涵，以期树立全省生态文明建设的新典型。

（摘编：游学荣）

福建省开展12个突出生态环境问题专项行动

2019年12月9日福建日报报道，省生态环境厅日前联合工信厅、自然资源厅、住建厅、水利厅等部门，从12个与群众息息相关的突出生态环境问题入手集中开展专项行动。到目前，12个专项行动已陆续启动。专项行动包括臭氧污染防治、碧水（城市黑臭水体、牛奶溪、劣Ⅴ类水体）攻坚“三巩固”、海洋环境突出问题专项整治、工业固废（危废）排查整治、医疗废物排查整治、闽江流域生态保护修复、自然保护区延伸监督、土壤重点监管企业排查整治、源头保障百姓饮用水安全“六个100%”、“千吨万人”饮用水水源地专项整治、开发区生态环境专项整治、生态环境保护领域信访问题排查整治等。

12个专项行动正有序推进。其中，“长空亮剑”专项行动聚焦泉州、漳州等重点区域实施精准下沉监督，9月底10月初传统臭氧季污染高发易发时期污染天数同比减少近10天以上；推进“千吨万人”水源地环境问题整治，发现环境问题144项，完成整治41项；为打造“最美海岸线”，10月底启动海漂垃圾无人机航拍监测，同步排查海岸线保护和入海排污口设置情况，第一期航拍约80公里岸线，及时通报监测结果并督促治理；188家省级重点土壤重点监管企业正在开展用地自行监测，排查污染风险隐患；危险废物专项治理已全面铺开，各地依托专项治理App正在按要求对10个化工园区，257家企业进行全面排查整治。

（摘编：黄万良）

福建省出台农村生活污水处理设施排放标准

2019年12月6日福建日报报道，从省生态环境厅获悉，为推进农村生活污水治理和人居环境改善，我省日前出台《农村生活污水处理设施水污染物排放标准》，填补了农村生活污水的标准体系空白。

根据该标准，农村生活污水处理设施主要接收农村居民生活活动中产生的污水，包括冲厕、洗涤、洗浴和厨房排水、农村公用设施、旅游接待户及旅店饭馆等排水，不包括工业废水和畜禽养殖业废水、医疗机构污水等非生活污水。考虑福建山区多、水网密的省情等因素，标准实行分类分区原则，设置不同级别的控制要求。

（摘编：杨立群）

福建省约6000个村庄达到“绿盈乡村”标准

2019年11月27日，从日前在将乐县召开的全省乡村振兴生态环境工作暨农村生活污水治理现场推进会获悉，截至目前，我省达到“绿盈乡村”标准的村庄约6000个，其中，高级版366个。

我省将对村庄进行梳理分类，因地制宜明确村庄发展类型，分初级版、中级版与高级版三个阶段，梯次推进富有绿化、绿韵、绿态、绿魂的“绿盈乡村”建设。初级版，通过实施“一革命四行动”，将农村的垃圾、污水、厕所、农房、村容村貌等基础问题解决好；中级版，发展特色农业和旅游业，实现农村经济发展与村民增收齐头并进，生活水平不断提高，基本实现小康；高级版，坚持“留白、留绿、留旧、留文、留魂”规划理念，保护好不同村庄的独特味道，让“田园变公园、产品变商品、农居变景点、农村变景区”，形成富有地方特色的乡村生态文明气质。

（摘编：张海生）

福建省6地入选第三批国家生态文明建设示范市县

2019年11月20日福建日报报道，在日前举行的中国生态文明论坛十堰年会上，生态环境部授予第三批84个市县“国家生态文明建设示范市县”称号，我省泉州市鲤城区、明溪县、光泽县、松溪县、上杭县、寿宁县等6个县（市、区）获此殊荣。至此，我省入选国家生态文明建设示范市县累计达16个，数量居全国前列。

据了解，国家生态文明建设示范市县是国家生态市县的“升级版”，也是推进市县生态文明建设的有效载体。评价指标涉及生态制度、生态安全、生态空间、生态经济、生态生活、生态文化六大领域，设置了市级指标37项、县级指标34项。被评为国家生态文明建设示范市县，将在农村环境综合整治、重点生态功能区生态补偿、山水林田湖生态保护修复工程等方面享受政策、项目、资金扶持。

（摘编：康明辉）

2019中国森林旅游节落幕福建省8地获殊荣

2019年10月20日，由国家林业和草原局主办的“2019中国森林旅游节”在江苏省南通市落下帷幕。

福建馆、鼓岭·鼓山馆和武平馆在旅游节上闪亮登场，展示福建优美的森林旅游风光、森林土特产品及精美的文创产品，吸引了大批游客。

旅游节上，长汀汀江源国家级自然保护区获颁“中国森林氧吧”称号；长泰天柱山欢乐大世界旅游度假区、安溪云岭茶庄园、永春乌髻岩森林公园获评2019“最佳森林休闲体验地”；武平东留李园春雪花海、建宁闽江源桃梨花海获评“最美花海”；武平县石径岭森林古道获评“最美古道”；泉州德化九仙山旅游度假区获评“森林健康养生50佳”。

（摘编：黄万良）

福建省新增5个林业碳汇项目

2019年11月10日从省生态环境厅获悉，生态扶贫有新突破，德化县三八林场等5个林业碳汇项目日前通过省林业部门评审、省生态环境部门备案，正式进入碳排放权交易市场交易。此次共签发碳汇65.8万吨，累计实施碳汇林面积23.6万亩。这些林业碳汇全部交易后，将惠及德化县、泰宁县、永泰县、周宁县、古田县、寿宁县、霞浦县、福安市等地林农。

我省推进林业碳汇交易试点两年来，累计实施碳汇林面积70万亩，备案项目12个，签发碳汇184万吨，成交170多万吨，成交额达2600多万元，位居全国前列。

下一步，我省将坚持生态惠民、生态利民、生态为民，持续推动生态扶贫和应对气候变化融合发展，在更高水平上推进林业碳汇交易试点，持续激发碳汇市场活力，切实发挥林业生态效益，实现“生态得保护、林农得利益”双重效应，助力贫困地区早日脱贫奔小康。

（摘编：赵旭东）

福建“生态云”平台开启“智慧环保”新时代

2019 年 10 月 31 日福建日报报道：作为首批国家生态文明试验区和“数字中国”建设的思想源头和实践起点，福建省牢记重托，创新实干，站在打造推动高质量发展和实现赶超战略“生态引擎”的高度，用大数据守护绿水青山，开启“智慧环保”新时代。

2015 年，按照“大平台、大整合、高共享”的集约化建设思路，福建率先启动建设省级“生态云”平台。历时 3 年，该平台于 2018 年 3 月正式上线运行，5 月在全国率先建成省级生态环境大数据平台并投入使用。一年多来，福建充分运用生态云建设成果，着力推动精准治污，引领环境管理转型，为实现生态环境治理体系和治理能力的现代化提供科学助力。

通过全省生态环境数据资源中心，我省率先打破部门壁垒，构建纵向到底、横向到边的数据共享体系，让山水林田湖草有机融合。纵向向上联通了生态环境部，向下贯通至市县级生态环境部门及相关企业；横向则汇聚了相关部门的业务数据、集成物联网数据和互联网数据。截至目前，该平台已汇聚 21 个部门相关厅局，集聚共享 132 类数据 90 余亿条、近 600T 数据。

依托先进的生态云平台，2019 年 4 月 10 日，我省在全国率先建成省级生态环境亲清服务平台并正式上线试运行，目前已注册企业用户 2 万余家，并入选数字峰会数字福建电子政务十佳案例。

平台突出“进门好办事”，做到“四个一”：一个门户、一号通行、一网通办、多表合一；突出“服务更暖心”，做到“四个有”：有政策指导、有亲情提示、有咨询互动、有治理方案；突出“守法更自觉”，创新“四举措”：实施一企一档、增强互动互信、实施差别监管、强化信用奖惩。从被动监管到主动自律，越来越多企业守法更自觉。企业发展动力更足，绿色领跑更强劲。

大气联防联控，精心呵护“福建蓝”。据统计，2018 年全省应用生态云平台开展大气区域联防联控，减少 50% 以上的轻微污染天数。

流域精细管控，精准打好“碧水保卫战”。目前，生态云平台上实现流域脉络“一张图”。通过开展流域精细管控，2018 年，主要河流 Ⅰ ~ Ⅲ 类水质比例从 87.4% 提升到 95.8%，比全国平均水平高 24.8 个百分点。

综合决策科学化、环境管理精细化、污染治理精准化、公共服务便捷化不再是“纸上谈兵”。用数据说话，用数字监管，用数字服务。我省加强大数据应用助推环境管理转型经验得到中央改革办、生态环境部高度肯定，并向全国推广。

为打造“数字生态”福建样板，2019 年 7 月 6 日，省生态环境厅与华为技术有限公司在深圳签署战略合作协议。将利用华为的技术力量，持续优化、提升、拓展生态云平台功能，不断提升我省生态环境治理和监管水平。

（摘编：郭虹）

福建省推进“三个百千”绿化美化行动

2019年8月27日省林业局召开的全省“三个百千”绿化美化行动推进会提出2019年我省继续着力开展“三个百千”绿化美化行动，坚持山上山下、城市乡村、山区沿海绿化美化统筹推进。

截至目前，“百城千村”绿化美化宜居工程已建成49个省级森林城市（县城），今年底有望新增5个；已批复省级森林城镇46个，今年底有望新建成12个以上；已建成省级森林村庄200个，今年底有望新增300个。“百园千道”生态产品共享工程正在开展前期建设工作，目前已申报35个森林公园改造提升项目、55条森林步道，建设长度293公里。“百区千带”森林质量提升工程已建成珍贵树种造林示范区55个，已完成珍贵树种造林81.18万亩；近两年已建成“三沿一环”森林质量提升景观带639公里，造林9.6万亩。

（摘编：康明辉）

福建省加快推进重点行业企业用地土壤污染状况调查

2019年7月1日，从省生态环境厅获悉，2019年我省加快推进重点行业企业用地土壤污染状况调查，截至5月31日，全省的重点行业企业调查基础信息采集工作已完成74%，超过国家平均进度12个百分点。

在调查过程中，我省始终突出问题导向，“对症下药”整改存在问题，扎实推进调查对象核实增补，谨慎删减存疑名单。经过多轮排查，全省新增调查名单地块250多个。同时，完善质量控制管理制度，探索建立调查机构管理制度，强化第三方调查资质审核，组建调查、环评、监测等领域96名专家的专家库负责对调查工作开展检查，目前全省内审通过率达95.8%，外审通过率达88.8%。

为确保调查质量，我省从专家查、省级查、交叉查等三个层面组织开展核查，督促落实调查过程中的各项工作要求。近期国家对我省线上抽查通过率达80%，高出全国平均水平11.4个百分点。

（摘编：张海生）

2019 年福建省城市环境空气质量每月通报

1 月福建省城市环境空气质量通报

根据《环境空气质量标准》（GB3095－2012）、《环境空气质量评价技术规范（试行）》（HJ663－2013）和《城市环境空气质量排名技术规定》（环办监测〔2018〕19 号），对 2019 年 1 月全省县级以上城市空气质量进行评价，具体如下：

一、9 市 1 区环境空气质量

9 个设区城市及平潭综合实验区环境空气质量达标天数比例平均为99.4%（9 个设区城市达标天数比例为99.3%），同比持平。

9 个设区城市环境空气质量综合指数范围为2.77—4.34，首要污染物为细颗粒物。空气质量从相对较好开始排名依次为：南平、三明、龙岩、莆田、福州、厦门、宁德、泉州、漳州。

平潭综合实验区环境空气质量综合指数为2.66，首要污染物为臭氧（详见附表）。

二、县级城市环境空气质量

58 个县级城市（即 12 个县级市、42 个县、4 个县级区，下同）环境空气质量综合指数范围为1.92—3.77，首要污染物主要为细颗粒物。空气质量达标天数比例平均为99.2%，同比下降 0.2 个百分点（详见附表）。空气质量相对较好的 10 个县级城市（第 1 名至第 10 名）分别是大田、武平、将乐、寿宁、周宁、明溪、清流、武夷山、永春、尤溪。

附表 1：

2019 年 1 月设区城市空气质量情况

排名	城市	综合指数	达标天数比例（%）	SO_2	NO_2	PM_{10}	$PM_{2.5}$	CO－95per	O_3-8h－90per	首要污染物
1	南平市	2.77	100	8	23	34	26	1.1	88	细颗粒物
2	三明市	3.02	100	9	25	41	27	1.5	81	细颗粒物
3	龙岩市	3.11	100	12	27	41	25	1.3	97	细颗粒物
4	莆田市	3.34	100	8	27	44	31	1.2	114	细颗粒物
5	福州市	3.35	100	5	33	46	30	1.0	108	细颗粒物
6	厦门市	3.40	100	6	31	51	30	1.0	108	细颗粒物
7	宁德市	3.41	96.8	7	31	44	34	1.2	98	细颗粒物
8	泉州市	3.53	96.8	9	29	50	34	1.0	117	细颗粒物
9	漳州市	4.34	100	6	39	76	41	1.1	116	细颗粒物
－	平潭区	2.66	100	3	18	37	24	0.8	118	臭氧

备注：综合指数为无量纲，CO 浓度单位为 mg/m^3，其他浓度单位均为 $\mu g/m^3$。

附表2：

2019年1月县级城市空气质量情况

设区市	县级城市	达标天数比例（%）	综合指数	首要污染物
福州	连江县	100	2.66	臭氧
	闽清县	100	2.86	细颗粒物
	永泰县	100	3.07	可吸入颗粒物
	长乐区	100	3.09	细颗粒物
	福清市	100	3.26	细颗粒物
	闽侯县	100	3.38	细颗粒物
	罗源县	96.8	3.16	可吸入颗粒物、细颗粒物
莆田	仙游县	100	2.83	细颗粒物
三明	大田县	100	1.92	细颗粒物
	将乐县	100	2.18	可吸入颗粒物
	明溪县	100	2.25	臭氧
	清流县	100	2.32	细颗粒物
	尤溪县	100	2.40	细颗粒物
	沙　县	100	2.76	细颗粒物
	永安市	100	3.45	细颗粒物
	泰宁县	96.8	2.44	细颗粒物
	宁化县	96.8	2.61	细颗粒物
	建宁县	96.8	2.78	细颗粒物
泉州	永春县	100	2.35	细颗粒物
	德化县	100	2.72	可吸入颗粒物、臭氧
	安溪县	100	2.98	细颗粒物
	泉港区	100	3.04	细颗粒物
	晋江市	100	3.20	可吸入颗粒物、细颗粒物
	南安市	100	3.55	细颗粒物
	石狮市	96.8	3.40	细颗粒物
	惠安县	93.5	3.43	细颗粒物
漳州	华安县	100	2.47	细颗粒物
	东山县	100	2.92	细颗粒物
	南靖县	100	3.13	细颗粒物
	诏安县	100	3.18	可吸入颗粒物
	云霄县	100	3.26	细颗粒物
	漳浦县	100	3.37	可吸入颗粒物
	平和县	100	3.62	细颗粒物
	长泰县	100	3.74	细颗粒物
	龙海市	100	3.77	细颗粒物

续表

设区市	县级城市	达标天数比例（%）	综合指数	首要污染物
南平	武夷山市	100	2.33	细颗粒物
	邵武市	100	2.55	细颗粒物
	光泽县	100	2.64	细颗粒物
	建阳区	100	2.84	细颗粒物
	浦城县	100	2.86	细颗粒物
	顺昌县	100	2.90	细颗粒物
	建瓯市	100	3.33	细颗粒物
	松溪县	96.8	2.53	细颗粒物
	政和县	93.5	2.80	细颗粒物
龙岩	武平县	100	2.01	臭氧
	连城县	100	2.53	臭氧
	长汀县	100	2.64	细颗粒物
	永定区	100	2.67	臭氧
	漳平市	100	3.01	细颗粒物
	上杭县	96.8	2.89	细颗粒物
宁德	寿宁县	100	2.23	臭氧
	周宁县	100	2.24	可吸入颗粒物、细颗粒物
	屏南县	100	2.42	臭氧
	古田县	100	2.72	细颗粒物
	霞浦县	100	3.16	二氧化氮
	柘荣县	96.8	2.75	细颗粒物
	福安市	96.8	2.96	细颗粒物
	福鼎市	96.8	3.22	细颗粒物

备注：综合指数越小，表示空气质量相对越好。

2月福建省城市环境空气质量通报

根据《环境空气质量标准》（GB3095－2012）、《环境空气质量评价技术规范（试行）》（HJ663－2013）和《城市环境空气质量排名技术规定》（环办监测〔2018〕19号），对2019年2月全省县级以上城市空气质量进行评价。具体如下：

一、9市1区环境空气质量

9个设区城市及平潭综合实验区的环境空气质量达标天数比例平均为97.9%（9个设区城市达标天数比例为97.6%），同比升高1.8个百分点。

9个设区城市环境空气质量综合指数范围为1.80—3.33，首要污染物为细颗粒物。空气质量从相对较好开始排名，依次为：南平、三明、龙岩、厦门、福州、宁德、莆田、泉州、漳州。

平潭综合实验区环境空气质量综合指数为2.14，首要污染物为臭氧（详见附表1）。

二、县级城市环境空气质量

58个县级城市（即12个县级市、42个县、4个县级区）环境空气质量综合指数范围为1.43—3.20，首要污染物为细颗粒物。空气质量达标天数比例平均为98.0%，同比升高2.3个百分点（详见附表2）。空气质量相对较好的10个县级城市

（第1名至第10名）分别是将乐、建阳、明溪、寿宁、沙县和光泽（并列排名第5名）、清流和武夷山（并列排名第7名）、尤溪、浦城。

附表1：

2019年2月设区城市环境空气质量情况

排名	城市	综合指数	达标天数比例（%）	SO_2	NO_2	PM_{10}	$PM_{2.5}$	CO‾95per	O_3-8h‾90per	首要污染物
1	南平市	1.80	100	6	12	20	16	1.0	64	细颗粒物
2	三明市	2.10	100	9	15	25	18	1.6	48	细颗粒物
3	龙岩市	2.28	100	8	15	31	23	1.0	68	细颗粒物
4	厦门市	2.53	92.9	5	18	35	26	0.9	87	细颗粒物
5	福州市	2.54	96.4	4	21	32	24	1.1	84	细颗粒物
6	宁德市	2.68	96.4	8	18	34	28	1.2	82	细颗粒物
7	莆田市	2.72	100	5	18	34	29	1.0	99	细颗粒物
8	泉州市	2.94	92.9	8	21	39	33	0.8	94	细颗粒物
9	漳州市	3.33	100	4	24	57	34	1.1	96	细颗粒物
-	平潭区	2.14	100	2	12	30	20	0.9	94	臭氧

备注：综合指数为无量纲，CO浓度单位为mg/m^3，其他浓度单位均为$\mu g/m^3$。

附表2：

2019年2月县级城市环境空气质量情况

设区城市	县级行政区	达标天数比例（%）	综合指数	首要污染物
福州	福清市	100	2.41	臭氧
	罗源县	100	2.93	细颗粒物
	连江县	96.4	2.07	臭氧
	闽清县	96.4	2.40	细颗粒物
	长乐区	96.4	2.44	细颗粒物
	闽侯县	96.4	2.48	细颗粒物
	永泰县	96.4	2.63	臭氧
莆田	仙游县	100	2.36	细颗粒物
三明	将乐县	100	1.43	可吸入颗粒物
	明溪县	100	1.50	臭氧
	沙　县	100	1.53	细颗粒物
	尤溪县	100	1.60	细颗粒物
	建宁县	100	1.62	臭氧
	大田县	100	1.66	细颗粒物
	永安市	100	2.22	细颗粒物
	清流县	96.4	1.56	细颗粒物
	泰宁县	96.4	1.71	细颗粒物
	宁化县	96.4	1.74	细颗粒物

续表

设区城市	县级行政区	达标天数比例（%）	综合指数	首要污染物
泉州	德化县	100	2.13	细颗粒物
	永春县	96.4	2.18	细颗粒物
	南安市	96.4	2.98	细颗粒物
	晋江市	92.9	2.52	细颗粒物
	石狮市	92.9	2.70	细颗粒物
	惠安县	92.9	2.87	细颗粒物
	安溪县	89.3	2.59	细颗粒物
	泉港区	89.3	3.01	细颗粒物
漳州	华安县	100	2.22	细颗粒物
	诏安县	100	2.49	可吸入颗粒物、细颗粒物
	漳浦县	100	2.53	可吸入颗粒物
	南靖县	100	2.62	细颗粒物
	云霄县	100	2.63	可吸入颗粒物
	东山县	96.4	2.24	细颗粒物
	长泰县	96.4	2.84	细颗粒物
	龙海市	96.4	2.89	细颗粒物
	平和县	96	3.20	细颗粒物
南平	建阳区	100	1.44	细颗粒物
	光泽县	100	1.53	细颗粒物
	浦城县	100	1.61	可吸入颗粒物、细颗粒物
	松溪县	100	1.64	细颗粒物
	邵武市	100	1.68	细颗粒物
	政和县	100	1.69	细颗粒物
	顺昌县	100	1.75	细颗粒物
	建瓯市	100	1.89	臭氧
	武夷山市	96.4	1.56	细颗粒物
龙岩	连城县	100	1.83	臭氧
	永定区	100	2.10	臭氧
	上杭县	100	2.15	细颗粒物
	漳平市	100	2.25	细颗粒物
	武平县	96.4	1.85	可吸入颗粒物
	长汀县	96.4	2.22	细颗粒物

续表

设区城市	县级行政区	达标天数比例（%）	综合指数	首要污染物
宁德	寿宁县	100	1.52	臭氧
	周宁县	100	1.72	臭氧
	柘荣县	100	1.85	臭氧
	古田县	100	1.92	细颗粒物
	屏南县	100	1.95	臭氧
	霞浦县	100	2.46	细颗粒物
	福鼎市	96.4	2.65	细颗粒物
	福安市	92.6	2.48	细颗粒物

备注：综合指数越小，表示城市空气质量相对越好。

3月福建省城市环境空气质量通报

根据《环境空气质量标准》（GB3095－2012）、《环境空气质量评价技术规范（试行）》（HJ663－2013）和《城市环境空气质量排名技术规定》（环办监测〔2018〕19号），对2019年3月全省县级以上城市空气质量进行评价。具体如下：

一、9市1区环境空气质量

9个设区城市及平潭综合实验区的环境空气质量达标天数比例平均为99.7%（9个设区市达标天数比例为99.6%），同比升高2.0个百分点。

9个设区城市环境空气质量综合指数范围为2.57—4.09，首要污染物主要为细颗粒物。空气质量从相对较好开始排名，依次为：南平、龙岩、三明、宁德、福州、莆田、厦门、泉州、漳州。

平潭综合实验区环境空气质量综合指数为2.42，首要污染物为臭氧（详见附表1）。

二、县级城市环境空气质量

58个县级城市（即12个县级市、42个县、4个县级区）环境空气质量综合指数范围为1.77—3.69，首要污染物主要为臭氧。空气质量达标天数比例平均为99.9%，同比升高0.3个百分点（详见附表2）。空气质量相对较好的10个县级城市（第1名至第10名）分别是将乐、清流和泰宁（并列第2名）、明溪、宁化、武平、周宁、建宁、大田、武夷山。

附表1

2019年3月设区城市环境空气质量情况

排名	城市	综合指数	达标天数比例（%）	SO_2	NO_2	PM_{10}	$PM_{2.5}$	CO－95per	$O_{3_}$8h－90per	首要污染物
1	南平市	2.57	100	8	17	33	23	1.0	102	细颗粒物
2	龙岩市	2.87	100	9	23	37	24	0.8	116	臭氧
3	三明市	3.05	100	8	24	39	27	1.4	103	细颗粒物
4	宁德市	3.19	100	7	24	42	30	1.1	117	细颗粒物
5	福州市	3.20	100	5	28	44	28	0.8	127	细颗粒物
6	莆田市	3.30	100	6	25	43	32	0.9	135	细颗粒物
7	厦门市	3.45	100	6	33	45	30	0.7	136	细颗粒物

续表

排名	城市	综合指数	达标天数比例（%）	SO_2	NO_2	PM_{10}	$PM_{2.5}$	CO－95per	O_3_8h－90per	首要污染物
8	泉州市	3.60	100	10	30	48	33	0.8	136	细颗粒物
9	漳州市	4.09	96.8	8	36	60	38	1.0	137	细颗粒物
–	平潭区	2.42	100	2	13	33	21	0.8	128	臭氧

备注：综合指数为无量纲，CO浓度单位为 mg/m^3，其他浓度单位均为 $\mu g/m^3$。

附表2

2019年3月县级城市环境空气质量情况

设区城市	县级行政区	达标天数比例（%）	综合指数	首要污染物
福州	永泰县	100	2.46	臭氧
	连江县	100	2.54	臭氧
	闽清县	100	2.66	细颗粒物
	长乐区	100	2.97	细颗粒物
	福清市	100	3.08	臭氧
	闽侯县	100	3.15	细颗粒物
	罗源县	96.8	3.34	细颗粒物
莆田	仙游县	100	2.48	细颗粒物
三明	将乐县	100	1.77	臭氧
	泰宁县	100	1.80	臭氧
	清流县	100	1.80	臭氧
	明溪县	100	1.87	臭氧
	宁化县	100	1.93	臭氧
	建宁县	100	2.06	臭氧
	大田县	100	2.15	细颗粒物
	尤溪县	100	2.32	臭氧
	沙　县	100	2.39	二氧化氮
	永安市	100	3.03	细颗粒物
泉州	永春县	100	2.44	臭氧
	德化县	100	2.78	臭氧
	泉港区	100	2.94	臭氧
	安溪县	100	2.97	细颗粒物
	惠安县	100	3.19	细颗粒物
	晋江市	100	3.21	臭氧
	石狮市	100	3.33	细颗粒物
	南安市	100	3.69	可吸入颗粒物

续表

设区城市	县级行政区	达标天数比例（%）	综合指数	首要污染物
漳州	东山县	100	2.56	可吸入颗粒物
	华安县	100	2.62	臭氧
	诏安县	100	2.69	臭氧
	南靖县	100	2.83	臭氧
	云霄县	100	2.85	可吸入颗粒物
	漳浦县	100	2.91	臭氧
	平和县	100	3.01	细颗粒物
	长泰县	100	3.47	细颗粒物
	龙海市	100	3.56	细颗粒物
南平	武夷山市	100	2.18	臭氧
	松溪县	100	2.35	细颗粒物
	建阳区	100	2.36	臭氧
	顺昌县	100	2.44	细颗粒物
	浦城县	100	2.46	臭氧
	政和县	100	2.50	细颗粒物
	光泽县	100	2.54	臭氧
	邵武市	100	2.69	细颗粒物
	建瓯市	100	2.88	臭氧
龙岩	武平县	100	1.95	臭氧
	长汀县	100	2.20	细颗粒物、臭氧
	上杭县	100	2.28	臭氧
	永定区	100	2.30	臭氧
	连城县	100	2.38	臭氧
	漳平市	100	2.91	细颗粒物
宁德	周宁县	100	2.04	可吸入颗粒物、细颗粒物、臭氧
	寿宁县	100	2.30	臭氧
	屏南县	100	2.41	臭氧
	柘荣县	100	2.47	臭氧
	古田县	100	2.58	臭氧
	福安市	100	2.84	细颗粒物
	霞浦县	100	2.89	细颗粒物
	福鼎市	100	3.14	细颗粒物

备注：综合指数越小，表示城市空气质量相对越好。

4 月福建省城市空气环境质量通报

根据《环境空气质量标准》（GB3095－2012）、《环境空气质量评价技术规范（试行）》（HJ663－2013）和《城市环境空气质量排名技术规定》（环办监测〔2018〕19 号），对 2019 年 4 月全省县级以上城市空气质量进行评价。具体如下：

一、9 市 1 区环境空气质量

9 个设区城市及平潭综合实验区的环境空气质量达标天数比例平均为 99.7%（9 个设区城市达标天数比例为 99.6%），同比升高 7.4 个百分点。

9 个设区城市环境空气质量综合指数范围为 2.58—3.65，首要污染物为细颗粒物。空气质量从相对较好开始排名，依次为：南平、龙岩、三明、厦门、宁德、福州、莆田、泉州、漳州。

平潭综合实验区环境空气质量综合指数为 2.41，首要污染物为臭氧（详见附表 1）。

二、县级城市环境空气质量

58 个县级城市（即 12 个县级市、42 个县、4 个县级区）环境空气质量综合指数范围为 1.41—3.77，首要污染物为臭氧。空气质量达标天数比例平均为 100.0%，同比升高 2.9 个百分点（详见附表 2）。空气质量相对较好的 10 个县级城市（第 1 名至第 10 名）分别是泰宁、清流、宁化、将乐、明溪、武平、长汀、建宁、浦城、周宁。

附表 1

2019 年 4 月设区城市环境空气质量情况

排名	城市	综合指数	达标天数比例（%）	SO_2	NO_2	PM_{10}	$PM_{2.5}$	CO－95per	O_3-8h－90per	首要污染物
1	南平市	2.58	100	7	15	34	22	1.0	114	臭氧
2	龙岩市	2.94	100	10	23	38	25	1.0	110	细颗粒物
3	三明市	3.06	100	7	23	43	27	1.7	90	细颗粒物
4	厦门市	3.14	100	6	32	37	27	0.7	122	二氧化氮
5	宁德市	3.32	100	6	26	46	29	1.3	121	细颗粒物
6	福州市	3.36	100	5	27	53	29	0.9	126	细颗粒物
7	莆田市	3.43	96.7	6	24	49	33	1.0	134	细颗粒物
8	泉州市	3.57	100	11	30	53	30	0.8	132	细颗粒物
9	漳州市	3.65	100	10	29	55	30	1.2	130	细颗粒物
－	平潭区	2.41	100	2	14	30	23	0.6	127	臭氧

备注：综合指数为无量纲，CO 浓度单位为 mg/m^3，其他浓度单位均为 $\mu g/m^3$。

附表 2

2019 年 4 月县级城市环境空气质量情况

设区市	县级行政区	达标天数比例（%）	综合指数	首要污染物
福州	永泰县	100	2.53	可吸入颗粒物
	连江县	100	2.68	臭氧
	闽清县	100	3.01	细颗粒物
	长乐区	100	3.18	细颗粒物
	福清市	100	3.19	臭氧
	闽侯县	100	3.50	细颗粒物
	罗源县	100	3.60	可吸入颗粒物

续表

设区市	县级行政区	达标天数比例（%）	综合指数	首要污染物
莆田	仙游县	100	2.75	细颗粒物
三明	泰宁县	100	1.41	臭氧
	清流县	100	1.55	臭氧
	宁化县	100	1.56	臭氧
	将乐县	100	1.66	臭氧
	明溪县	100	1.71	臭氧
	建宁县	100	1.89	臭氧
	大田县	100	1.96	细颗粒物
	尤溪县	100	2.18	臭氧
	沙　县	100	2.47	二氧化氮
	永安市	100	3.23	细颗粒物
泉州	永春县	100	2.56	臭氧
	德化县	100	2.65	臭氧
	泉港区	100	2.93	臭氧
	惠安县	100	3.08	细颗粒物
	石狮市	100	3.08	臭氧
	安溪县	100	3.11	细颗粒物
	晋江市	100	3.42	可吸入颗粒物
	南安市	100	3.77	可吸入颗粒物
漳州	东山县	100	2.23	臭氧
	诏安县	100	2.35	臭氧
	云霄县	100	2.67	可吸入颗粒物
	南靖县	100	2.70	臭氧
	华安县	100	2.71	臭氧
	漳浦县	100	2.76	臭氧
	平和县	100	3.02	细颗粒物
	长泰县	100	3.37	细颗粒物
	龙海市	100	3.39	细颗粒物
南平	浦城县	100	1.90	臭氧
	松溪县	100	2.03	臭氧
	武夷山市	100	2.06	臭氧
	顺昌县	100	2.06	细颗粒物
	政和县	100	2.27	可吸入颗粒物、细颗粒物
	建阳区	100	2.28	臭氧
	光泽县	100	2.29	臭氧
	邵武市	100	2.40	细颗粒物
	建瓯市	100	2.48	臭氧

续表

设区市	县级行政区	达标天数比例（%）	综合指数	首要污染物
龙岩	武平县	100	1.78	臭氧
	长汀县	100	1.84	臭氧
	连城县	100	2.25	臭氧
	上杭县	100	2.25	臭氧
	永定区	100	2.45	臭氧
	漳平市	100	2.53	臭氧
宁德	周宁县	100	1.93	臭氧
	寿宁县	100	2.14	臭氧
	屏南县	100	2.35	臭氧
	古田县	100	2.43	细颗粒物
	柘荣县	100	2.46	臭氧
	福安市	100	2.84	细颗粒物
	霞浦县	100	2.96	二氧化氮
	福鼎市	100	2.97	细颗粒物

备注：综合指数越小，表示城市空气质量相对越好。

5月福建省城市环境空气质量通报

根据《环境空气质量标准》（GB3095－2012）、《环境空气质量评价技术规范（试行）》（HJ663－2013）和《城市环境空气质量排名技术规定》（环办监测〔2018〕19号），对2019年5月全省县级以上城市空气质量进行评价。具体如下：

一、9市1区环境空气质量

9个设区城市及平潭综合实验区的环境空气质量达标天数比例平均为97.4%（9个设区城市达标天数比例为97.5%），同比升高1.3个百分点。

9个设区城市环境空气质量综合指数范围为2.43—3.35，首要污染物为臭氧。空气质量从相对较好开始排名，依次为：南平、龙岩、三明、厦门、莆田、宁德、福州、泉州、漳州。

平潭综合实验区环境空气质量综合指数为2.47，首要污染物为臭氧（详见附表1）。

二、县级城市环境空气质量

58个县级城市（即12个县级市、42个县、4个县级区）环境空气质量综合指数范围为1.59—3.36，首要污染物为臭氧。空气质量达标天数比例平均为99.9%，同比升高0.2个百分点（详见附表2）。空气质量相对较好的10个县级城市（第1名至第10名）分别是清流、泰宁、明溪、宁化、武平、长汀、大田、将乐、沙县、连城。

附表1

2019年5月设区城市环境空气质量情况

排名	城市	综合指数	达标天数比例（%）	SO_2	NO_2	PM_{10}	$PM_{2.5}$	CO－95per	O_3-8h－90per	首要污染物
1	南平市	2.43	100	6	12	32	20	0.9	124	臭氧
2	龙岩市	2.52	100	9	19	36	20	0.9	95	臭氧
3	三明市	2.77	100	5	20	39	23	1.4	100	细颗粒物

续表

排名	城市	综合指数	达标天数比例（%）	SO_2	NO_2	PM_{10}	$PM_{2.5}$	CO⁻95per	O_3-8h⁻90per	首要污染物
4	厦门市	2.95	100	6	24	41	25	0.6	128	臭氧
5	莆田市	3.01	93.5	5	18	48	24	0.7	148	臭氧
6	宁德市	3.02	100	5	19	45	24	1.0	140	臭氧
7	福州市	3.13	100	5	22	50	25	0.8	141	臭氧
8	泉州市	3.28	93.5	10	25	50	24	0.7	145	臭氧
9	漳州市	3.35	90.3	10	20	52	27	0.8	155	臭氧
-	平潭综合实验区	2.47	96.8	2	10	37	22	0.6	141	臭氧

备注：综合指数为无量纲，CO浓度单位为 mg/m^3，其他浓度单位均为 $\mu g/m^3$。

附表2

2019年5月县级城市环境空气质量情况

设区市	县级行政区	达标天数比例（%）	综合指数	首要污染物
福州	永泰县	100	2.54	臭氧
	连江县	100	2.60	臭氧
	罗源县	100	2.68	臭氧
	福清市	100	2.86	臭氧
	闽清县	100	2.89	细颗粒物
	长乐区	100	3.15	臭氧
	闽侯县	100	3.30	臭氧
莆田	仙游县	100	2.39	臭氧
三明	清流县	100	1.59	臭氧
	泰宁县	100	1.61	臭氧
	明溪县	100	1.65	臭氧
	宁化县	100	1.69	臭氧
	大田县	100	1.75	臭氧
	将乐县	100	1.76	臭氧
	沙　县	100	1.84	臭氧
	建宁县	100	2.05	臭氧
	尤溪县	100	2.14	臭氧
	永安市	100	2.43	细颗粒物

续表

设区市	县级行政区	达标天数比例（%）	综合指数	首要污染物
泉州	永春县	100	2.38	臭氧
	德化县	100	2.49	臭氧
	安溪县	100	2.57	臭氧
	惠安县	100	2.78	臭氧
	石狮市	100	2.89	臭氧
	晋江市	100	3.25	臭氧
	泉港区	96.8	2.77	臭氧
	南安市	96.8	3.36	可吸入颗粒物
漳州	诏安县	100	2.23	臭氧
	东山县	100	2.31	臭氧
	云霄县	100	2.34	臭氧
	华安县	100	2.42	细颗粒物、臭氧
	南靖县	100	2.57	臭氧
	漳浦县	100	2.64	臭氧
	平和县	100	2.84	臭氧
	长泰县	100	3.05	细颗粒物
	龙海市	100	3.17	可吸入颗粒物
南平	松溪县	100	2.13	臭氧
	浦城县	100	2.16	臭氧
	顺昌县	100	2.17	细颗粒物
	武夷山	100	2.32	臭氧
	政和县	100	2.36	臭氧
	建瓯市	100	2.41	臭氧
	光泽县	100	2.49	臭氧
	建阳区	100	2.49	臭氧
	邵武市	100	2.50	细颗粒物
龙岩	武平县	100	1.73	臭氧
	长汀县	100	1.74	臭氧
	连城县	100	1.89	臭氧
	上杭县	100	2.08	臭氧
	漳平市	100	2.10	臭氧
	永定区	100	2.20	臭氧

续表

设区市	县级行政区	达标天数比例（%）	综合指数	首要污染物
宁德	周宁县	100	2.00	臭氧
	屏南县	100	2.25	臭氧
	寿宁县	100	2.32	臭氧
	古田县	100	2.37	臭氧
	柘荣县	100	2.49	臭氧
	福鼎市	100	2.49	臭氧
	霞浦县	100	2.86	可吸入颗粒物
	福安市	100	3.00	细颗粒物

备注：综合指数越小，表示城市空气质量相对越好。

6月福建省城市环境空气质量通报

根据《环境空气质量标准》（GB3095－2012）、《环境空气质量评价技术规范（试行）》（HJ663－2013）和《城市环境空气质量排名技术规定》（环办监测〔2018〕19号），对2019年6月全省县级以上城市空气质量进行评价。具体如下：

一、9市1区环境空气质量

2019年6月，9个设区城市及平潭综合实验区的环境空气质量达标天数比例平均为97.7%（9个设区城市达标天数比例为97.8%），同比下降0.3个百分点。9个设区城市环境空气质量综合指数范围为2.03—2.65，首要污染物为臭氧。空气质量从相对较好开始排名，依次为南平、龙岩、厦门、莆田、宁德、泉州、福州、漳州、三明。平潭综合实验区环境空气质量综合指数为1.80，首要污染物为臭氧（详见附表1）。

2019年1—6月，9个设区城市及平潭综合实验区的环境空气质量达标天数比例平均为98.6%（9个设区市达标天数比例为98.6%），同比升高1.8个百分点。9个设区城市环境空气质量综合指数范围为2.45—3.58，首要污染物为臭氧。空气质量从相对较好开始排名依次为南平、龙岩、三明、厦门、福州、莆田、宁德、泉州、漳州。平潭综合实验区环境空气质量综合指数为2.39，首要污染物为臭氧（详见附表2）。

二、县级城市环境空气质量

2019年6月，58个县级城市（即12个县级市、42个县、4个县级区）环境空气质量综合指数范围为1.25—2.64，首要污染物为臭氧。空气质量达标天数比例平均为99.7%，同比升高0.3个百分点（详见附表2）。空气质量相对较好的10个县级城市（第1名至第10名）分别是泰宁、周宁、长汀、清流和将乐（并列第4名）、明溪、宁化、云霄、大田、浦城。空气质量相对较差的10个县级城市（倒数第1名至第10名）分别是长乐、闽侯、南安和闽清（并列第3）、福安、惠安、福鼎、龙海、晋江、长泰（详见附表3）。

2019年1—6月，58个县级城市环境空气质量综合指数范围为1.78—3.38，首要污染物为臭氧。空气质量达标天数比例平均为99.5%，同比升高0.9个百分点（详见附表4）。空气质量相对较好的10个县级城市（第1名至第10名）分别是将乐和泰宁（并列第1名）、清流、明溪、武平、宁化、大田、周宁、建宁和长汀（并列第9名）；空气质量相对较差的10个县级城市（倒数第1名至第10名）分别是：南安、龙海、长泰、闽侯、罗源、长乐、平和、惠安、晋江、石狮。

附表 1

2019 年 6 月设区城市环境空气质量情况

排名	城市	综合指数	达标天数比例（%）	SO_2	NO_2	PM_{10}	$PM_{2.5}$	CO－95per	O_3-8h－90per	首要污染物
1	南平市	2.03	100	6	12	23	14	0.8	112	臭氧
2	龙岩市	2.08	96.7	8	15	24	13	0.8	105	臭氧
3	厦门市	2.13	100	4	18	25	16	0.6	103	臭氧
4	莆田市	2.46	96.7	5	14	35	19	0.8	127	臭氧
5	宁德市	2.48	100	2	17	35	19	1.0	118	臭氧
6	泉州市	2.56	96.7	8	21	34	17	0.7	120	臭氧
7	福州市	2.58	96.7	4	19	35	20	0.9	119	臭氧
8	漳州市	2.60	93.3	8	18	36	18	0.8	128	臭氧
9	三明市	2.65	100	7	19	33	18	1.5	110	臭氧
–	平潭综合实验区	1.80	96.7	2	7	19	16	0.6	114	臭氧

备注：综合指数为无量纲，CO 浓度单位为 mg/m^3，其他浓度单位均为 $\mu g/m^3$。

附表 2

2019 年 1—6 月设区城市空气质量情况

排名	城市	综合指数	达标天数比例（%）	SO_2	NO_2	PM_{10}	$PM_{2.5}$	CO－95per	O_3-8h－90per	首要污染物
1	南平市	2.45	100	7	15	30	20	1.0	112	臭氧
2	龙岩市	2.65	99.4	9	20	35	22	1.0	100	细颗粒物
3	三明市	2.85	100	7	21	37	24	1.6	95	细颗粒物
4	厦门市	3.01	98.9	6	26	39	26	0.8	122	臭氧
5	福州市	3.10	98.9	5	25	44	26	1.0	125	臭氧
6	莆田市	3.11	97.8	6	21	42	28	1.0	134	臭氧
7	宁德市	3.12	98.9	6	23	41	28	1.2	120	细颗粒物
8	泉州市	3.28	96.7	9	26	46	28	0.8	131	臭氧
9	漳州市	3.58	96.7	8	28	56	31	1.0	130	细颗粒物
–	平潭综合实验区	2.39	98.9	2	12	31	21	0.8	131	臭氧

备注：综合指数为无量纲，CO 浓度单位为 mg/m^3，其他浓度单位均为 $\mu g/m^3$

附表3

2019年6月县级城市空气质量情况

设区市	县级行政区	达标天数比例（%）	综合指数	首要污染物
福州	永泰县	100	2.06	臭氧
	罗源县	100	2.15	臭氧
	福清市	100	2.22	臭氧
	闽清县	100	2.52	细颗粒物
	闽侯县	100	2.60	臭氧
	连江县	96.7	2.21	臭氧
	长乐区	96.7	2.64	臭氧
莆田	仙游县	100	1.81	臭氧
三明	泰宁县	100	1.25	臭氧
	清流县	100	1.45	臭氧
	将乐县	100	1.45	臭氧
	明溪县	100	1.46	臭氧
	宁化县	100	1.49	臭氧
	大田县	100	1.60	臭氧
	建宁县	100	1.71	臭氧
	尤溪县	100	1.72	臭氧
	沙　县	100	1.76	臭氧
	永安市	100	2.16	臭氧
泉州	永春县	100	1.83	臭氧
	安溪县	100	2.01	臭氧
	德化县	100	2.07	臭氧
	惠安县	100	2.42	臭氧
	南安市	100	2.52	臭氧
	石狮市	96.7	2.07	臭氧
	泉港区	96.7	2.24	臭氧
	晋江市	96.7	2.32	臭氧
漳州	云霄县	100	1.58	臭氧
	漳浦县	100	1.74	臭氧
	东山县	100	1.86	臭氧
	南靖县	100	1.86	臭氧
	华安县	100	1.89	臭氧
	平和县	100	2.07	臭氧
	长泰县	100	2.26	细颗粒物、臭氧
	龙海市	100	2.34	可吸入颗粒物
	诏安县	96.7	1.74	臭氧

续表

设区市	县级行政区	达标天数比例（%）	综合指数	首要污染物
南平	浦城县	100	1.62	臭氧
	武夷山市	100	1.71	臭氧
	松溪县	100	1.92	臭氧
	政和县	100	1.94	臭氧
	邵武市	100	1.97	臭氧
	顺昌县	100	1.97	臭氧
	建瓯市	100	1.99	臭氧
	建阳区	100	2.05	臭氧
	光泽县	100	2.09	臭氧
龙岩	长汀县	100	1.44	臭氧
	武平县	100	1.68	臭氧
	上杭县	100	1.73	臭氧
	连城县	100	1.76	臭氧
	漳平市	100	1.80	臭氧
	永定区	100	1.80	臭氧
宁德	周宁县	100	1.39	臭氧
	屏南县	100	1.79	臭氧
	寿宁县	100	1.82	臭氧
	柘荣县	100	1.89	臭氧
	古田县	100	2.01	臭氧
	霞浦县	100	2.07	臭氧
	福鼎市	100	2.40	臭氧
	福安市	100	2.50	臭氧

备注：综合指数越小，表示环境空气质量相对越好。

附表 4

2019 年 1—6 月县级城市空气质量情况

设区市	县级行政区	达标天数比例（%）	综合指数	首要污染物
福州	福清市	100	2.89	臭氧
	永泰县	99.4	2.58	臭氧
	闽清县	99.4	2.91	细颗粒物
	闽侯县	99.4	3.13	细颗粒物
	连江县	98.9	2.5	臭氧
	长乐区	98.9	3.04	细颗粒物
	罗源县	98.9	3.08	臭氧
莆田	仙游县	100	2.51	臭氧

续表

设区市	县级行政区	达标天数比例（%）	综合指数	首要污染物
三明	将乐县	100	1.78	臭氧
	明溪县	100	1.81	臭氧
	大田县	100	1.93	细颗粒物
	尤溪县	100	2.12	臭氧
	沙　县	100	2.19	臭氧
	永安市	100	2.81	细颗粒物
	清流县	99.4	1.79	臭氧
	建宁县	99.4	2.09	臭氧
	泰宁县	98.9	1.78	臭氧
	宁化县	98.9	1.91	臭氧
泉州	德化县	100	2.59	臭氧
	永春县	99.4	2.33	臭氧
	南安市	98.9	3.38	可吸入颗粒物
	安溪县	98.3	2.79	细颗粒物
	晋江市	98.3	3.01	臭氧
	惠安县	97.8	3.02	细颗粒物
	石狮市	97.7	3	臭氧
	泉港区	97.2	2.89	臭氧
漳州	华安县	100	2.45	细颗粒物、臭氧
	云霄县	100	2.64	臭氧
	南靖县	100	2.64	臭氧
	漳浦县	100	2.73	臭氧
	东山县	99.4	2.39	臭氧
	诏安县	99.4	2.52	臭氧
	平和县	99.4	3.03	细颗粒物
	长泰县	99.4	3.23	细颗粒物
	龙海市	99.4	3.26	细颗粒物
南平	浦城县	100	2.17	臭氧
	建阳区	100	2.31	臭氧
	光泽县	100	2.32	臭氧
	顺昌县	100	2.32	细颗粒物
	邵武市	100	2.36	细颗粒物
	建瓯市	100	2.56	臭氧
	武夷山市	99.4	2.13	臭氧
	松溪县	99.4	2.16	细颗粒物、臭氧
	政和县	98.9	2.32	细颗粒物

续表

设区市	县级行政区	达标天数比例（%）	综合指数	首要污染物
龙岩	连城县	100	2.17	臭氧
	永定区	100	2.32	臭氧
	漳平市	100	2.47	臭氧
	武平县	99.4	1.88	臭氧
	长汀县	99.4	2.09	臭氧
	上杭县	99.4	2.34	臭氧
宁德	周宁县	100	2.03	臭氧
	寿宁县	100	2.14	臭氧
	屏南县	100	2.3	臭氧
	古田县	100	2.46	细颗粒物
	霞浦县	100	2.79	细颗粒物
	柘荣县	99.4	2.37	臭氧
	福鼎市	98.9	2.93	细颗粒物
	福安市	98.3	2.88	细颗粒物

备注：综合指数越小，表示城市空气质量相对越好。

7 月福建省城市环境空气质量通报

根据《环境空气质量标准》（GB3095－2012）、《环境空气质量评价技术规范（试行）》（HJ663－2013）和《城市环境空气质量排名技术规定》（环办监测〔2018〕19 号），对 2019 年 7 月全省县级以上城市空气质量进行评价。具体如下：

一、9 市 1 区环境空气质量

9 个设区城市及平潭综合实验区的环境空气质量达标天数比例平均为 100%，同比上升 1.3 个百分点。

9 个设区城市环境空气质量综合指数范围为 1.88—2.50，首要污染物为臭氧。空气质量从相对较好开始排名，依次为南平、龙岩、厦门、宁德、莆田、三明、福州、漳州、泉州。

平潭综合实验区环境空气质量综合指数为 1.47，首要污染物为臭氧（详见附表 1）。

二、县级城市环境空气质量

58 个县级城市（即 12 个县级市、42 个县、4 个县级区）环境空气质量综合指数范围为 1.01—2.51，首要污染物为臭氧。空气质量达标天数比例平均为 99.8%，同比上升 0.1 个百分点（详见附表 2）。空气质量相对较好的 10 个县级城市（第 1 名至第 10 名）分别是泰宁、清流、宁化和建宁（并列第 3 名）、周宁、武夷山、大田和尤溪（并列第 7 名）、长汀、将乐。空气质量相对较差的 10 个县级城市（倒数第 1 名至第 10 名）分别是晋江、惠安和闽清（并列倒数第 2 名）、南安和闽侯（并列倒数第 4 名）、长乐、福清、石狮、泉港、连江。

附表 1

2019 年 7 月设区城市环境空气质量情况

排名	城市	综合指数	达标天数比例（%）	SO_2	NO_2	PM_{10}	$PM_{2.5}$	CO-95per	O_3-8h-90per	首要污染物
1	南平市	1.88	100	6	10	25	13	0.7	99	臭氧
2	龙岩市	2.03	100	9	14	28	13	0.8	89	臭氧
3	厦门市	2.05	100	4	17	28	15	0.6	93	臭氧
4	宁德市	2.06	100	3	14	31	12	0.8	109	臭氧
5	莆田市	2.38	100	5	11	40	19	0.6	122	臭氧
6	三明市	2.42	100	7	17	33	17	1.2	99	臭氧
7	福州市	2.45	100	4	17	37	17	0.7	122	臭氧
8	漳州市	2.49	100	7	16	35	18	0.8	122	臭氧
9	泉州市	2.50	100	8	20	38	17	0.5	116	臭氧
-	平潭综合实验区	1.47	100	2	6	22	14	0.4	76	臭氧

备注：综合指数为无量纲，CO 浓度单位为 mg/m^3，其他浓度单位均为 $\mu g/m^3$。

附表 2

2019 年 7 月县级城市环境空气质量情况

设区市	县级行政区	达标天数比例（%）	综合指数	首要污染物
福州	永泰县	100	1.83	臭氧
	罗源县	100	2.09	臭氧
	连江县	100	2.13	臭氧
	福清市	100	2.39	臭氧
	长乐区	100	2.40	臭氧
	闽侯县	100	2.47	臭氧
	闽清县	100	2.48	细颗粒物
莆田	仙游县	100	1.94	可吸入颗粒物、臭氧
三明	泰宁县	100	1.01	臭氧
	清流县	100	1.24	臭氧
	宁化县	100	1.26	臭氧
	建宁县	100	1.26	臭氧
	大田县	100	1.40	可吸入颗粒物
	尤溪县	100	1.40	臭氧
	将乐县	100	1.45	臭氧
	明溪县	100	1.47	臭氧
	沙　县	100	1.85	臭氧
	永安市	100	1.99	细颗粒物、臭氧

续表

设区市	县级行政区	达标天数比例（%）	综合指数	首要污染物
泉州	永春县	100	1.71	细颗粒物
	德化县	100	1.97	臭氧
	安溪县	100	2.12	臭氧
	泉港区	100	2.16	臭氧
	南安市	100	2.47	可吸入颗粒物、臭氧
	石狮市	96.8	2.19	臭氧
	惠安县	96.8	2.48	臭氧
	晋江市	96.8	2.51	臭氧
漳州	华安县	100	1.46	臭氧
	云霄县	100	1.56	臭氧
	东山县	100	1.67	臭氧
	漳浦县	100	1.74	可吸入颗粒物
	南靖县	100	1.75	臭氧
	诏安县	100	1.80	臭氧
	平和县	100	1.86	臭氧
	长泰县	100	1.97	细颗粒物
	龙海市	100	2.10	可吸入颗粒物
南平	武夷山	100	1.36	臭氧
	浦城县	100	1.54	臭氧
	松溪县	100	1.64	臭氧
	建瓯市	100	1.65	臭氧
	邵武市	100	1.69	臭氧
	顺昌县	100	1.70	臭氧
	建阳区	100	1.75	臭氧
	政和县	100	1.81	臭氧
	光泽县	100	1.90	细颗粒物
龙岩	长汀县	100	1.42	臭氧
	武平县	100	1.68	臭氧
	漳平市	100	1.78	臭氧
	连城县	100	1.78	臭氧
	上杭县	100	1.78	臭氧
	永定区	100	1.89	臭氧

续表

设区市	县级行政区	达标天数比例（%）	综合指数	首要污染物
宁德	周宁县	100	1.35	一氧化碳
	寿宁县	100	1.53	臭氧
	屏南县	100	1.57	臭氧
	古田县	100	1.67	臭氧
	柘荣县	100	1.68	臭氧
	霞浦县	100	2.00	臭氧
	福安市	100	2.01	臭氧
	福鼎市	100	2.04	臭氧

备注：综合指数越小，表示城市空气质量相对越好。

8月福建省城市环境空气质量通报

根据《环境空气质量标准》（GB3095－2012）、《环境空气质量评价技术规范（试行）》（HJ663－2013）和《城市环境空气质量排名技术规定》（环办监测〔2018〕19号），对2019年8月全省县级以上城市空气质量进行评价。具体如下：

一、9市1区环境空气质量

9个设区城市及平潭综合实验区的环境空气质量达标天数比例平均为100%，同比升高1.0个百分点。

9个设区市环境空气质量综合指数范围为2.10—2.66，首要污染物为臭氧。空气质量从相对较好开始排名依次为宁德、南平、福州、龙岩、厦门和莆田（并列第5名）、三明、泉州、漳州。

平潭综合实验区环境空气质量综合指数为1.77，首要污染物为臭氧（详见附表1）。

二、县级城市环境空气质量

58个县级城市（即12个县级市、42个县、4个县级区）环境空气质量综合指数范围为1.39—2.86，首要污染物为臭氧。空气质量达标天数比例平均为99.7%，同比下降0.2个百分点（详见附表2）。空气质量相对较好的10个县级城市（第1名至第10名）分别是：泰宁、华安、将乐、周宁、清流、云霄、古田和寿宁（并列第7名）、大田、明溪。空气质量相对较差的10个县级城市（倒数第1名至第10名）分别是：晋江、石狮、永安、惠安和闽清（并列倒数第4名）、南安、长乐、泉港和闽侯（并列倒数第8名）、福清。

附表1

2019年8月设区城市环境空气质量情况

排名	城市	综合指数	达标天数比例（%）	SO_2	NO_2	PM_{10}	$PM_{2.5}$	CO－95per	O_3-8h－90per	首要污染物
1	宁德市	2.10	100	4	10	30	14	1.0	112	臭氧
2	南平市	2.13	100	7	9	26	16	0.8	122	臭氧
3	福州市	2.35	100	4	13	32	16	0.8	135	臭氧
4	龙岩市	2.36	100	9	16	32	16	0.7	113	臭氧
5	厦门市	2.38	100	4	19	30	16	0.8	119	臭氧
5	莆田市	2.38	100	5	9	35	17	0.8	143	臭氧

续表

排名	城市	综合指数	达标天数比例（%）	SO_2	NO_2	PM_{10}	$PM_{2.5}$	CO－95per	O_3-8h－90per	首要污染物
7	三明市	2.59	100	6	16	35	20	1.1	119	臭氧
8	泉州市	2.62	100	7	18	36	17	0.6	144	臭氧
9	漳州市	2.66	100	6	18	35	17	0.8	148	臭氧
–	平潭综合实验区	1.77	100	2	5	28	12	0.5	122	臭氧

备注：综合指数为无量纲，CO 浓度单位为 mg/m^3，其他浓度单位均为 $\mu g/m^3$。

附表 2

2019 年 8 月县级城市环境空气质量情况

设区市	县级行政区	达标天数比例（%）	综合指数	首要污染物
福州	永泰县	100	1.91	臭氧
	罗源县	100	2.06	臭氧
	福清市	100	2.37	臭氧
	闽侯县	100	2.38	臭氧
	长乐区	100	2.39	臭氧
	闽清县	100	2.45	细颗粒物
	连江县	96.8	2.09	臭氧
莆田	仙游县	100	1.84	臭氧
三明	泰宁县	100	1.39	臭氧
	将乐县	100	1.58	臭氧
	清流县	100	1.60	臭氧
	大田县	100	1.71	臭氧
	宁化县	100	1.72	臭氧
	明溪县	100	1.72	臭氧
	尤溪县	100	1.81	臭氧
	建宁县	100	1.81	臭氧
	沙　县	100	1.89	臭氧
	永安市	100	2.58	臭氧
泉州	永春县	100	1.82	臭氧
	德化县	100	2.05	臭氧
	安溪县	100	2.09	臭氧
	泉港区	100	2.38	臭氧
	南安市	100	2.40	臭氧
	晋江市	100	2.86	臭氧
	石狮市	96.8	2.63	臭氧
	惠安县	90.3	2.45	臭氧

续表

设区市	县级行政区	达标天数比例（%）	综合指数	首要污染物
漳州	华安县	100	1.51	臭氧
	云霄县	100	1.67	臭氧
	南靖县	100	1.78	臭氧
	漳浦县	100	1.83	臭氧
	东山县	100	1.91	臭氧
	诏安县	100	2.01	臭氧
	长泰县	100	2.11	臭氧
	平和县	100	2.14	臭氧
	龙海市	100	2.27	可吸入颗粒物
南平	松溪县	100	1.79	臭氧
	武夷山	100	1.85	臭氧
	建瓯市	100	1.94	臭氧
	政和县	100	1.95	臭氧
	邵武市	100	2.02	臭氧
	顺昌县	100	2.09	臭氧
	建阳区	100	2.15	臭氧
	光泽县	100	2.34	臭氧
	浦城县	100	2.35	臭氧
龙岩	漳平市	100	1.77	臭氧
	长汀县	100	1.78	臭氧
	武平县	100	1.81	臭氧
	连城县	100	1.87	臭氧
	上杭县	100	1.92	臭氧
	永定区	100	2.03	臭氧
宁德	周宁县	100	1.59	臭氧
	古田县	100	1.70	臭氧
	寿宁县	100	1.70	臭氧
	霞浦县	100	1.82	臭氧
	屏南县	100	1.87	臭氧
	福安市	100	1.98	臭氧
	柘荣县	100	2.01	臭氧
	福鼎市	100	2.30	臭氧

备注：综合指数越小，表示城市空气质量相对越好。

9 月福建省城市环境空气质量通报

根据《环境空气质量标准》（GB3095－2012）、《环境空气质量评价技术规范（试行）》（HJ663－2013）和《城市环境空气质量排名技术规定》（环办监测〔2018〕19 号），对 2019 年 9 月全省县级以上城市空气质量进行评价。具体如下：

一、9 市 1 区环境空气质量

9 个设区市及平潭综合实验区的环境空气质量达标天数比例平均为 92.3%，同比下降 5.7 个百分点。

9 个设区市环境空气质量综合指数范围为 2.54—3.23，首要污染物为臭氧。空气质量从相对较好开始排名，依次为莆田、南平、福州和宁德（并列第 3 名）、厦门、泉州、龙岩、三明、漳州。

平潭综合实验区环境空气质量综合指数为 1.93，首要污染物为臭氧（详见附表 1）。

二、县级城市环境空气质量

58 个县级城市（即 12 个县级市、42 个县、4 个县级区）环境空气质量综合指数范围为 1.94—3.44，首要污染物为臭氧。空气质量达标天数比例平均为 96.8%，同比下降 2.0 个百分点（详见附表 2）。空气质量相对较好的 10 个县级城市（第 1 名至第 10 名）分别是泰宁、霞浦、将乐、武平、华安和寿宁（并列第 5 名）、周宁、屏南、永春、清流。空气质量相对较差的 10 个县级城市（倒数第 1 名至第 10 名）分别是：光泽、永安、建阳、浦城、石狮、龙海、邵武和晋江（倒数并列第 7 名）、顺昌、平和（详见附表 2）。

附表 1

2019 年 9 月设区城市环境空气质量情况

排名	城市	综合指数	达标天数比例（%）	SO_2	NO_2	PM_{10}	$PM_{2.5}$	CO－95per	O_3-8h－90per	首要污染物
1	莆田市	2.54	90.0	6	11	39	17	0.6	153	臭氧
2	南平市	2.58	96.7	8	14	32	19	0.7	147	臭氧
3	福州市	2.59	90.0	4	14	36	18	0.8	152	臭氧
3	宁德市	2.59	90.0	5	13	37	17	0.8	155	臭氧
5	厦门市	2.68	90.0	4	17	36	19	0.6	158	臭氧
6	泉州市	2.81	90.0	8	18	40	18	0.6	160	臭氧
7	龙岩市	3.00	100	11	22	40	22	0.7	142	臭氧
8	三明市	3.19	93.3	6	22	42	23	1.3	153	臭氧
9	漳州市	3.23	90.0	8	22	50	24	0.8	152	臭氧
–	平潭综合实验区	1.93	93.3	2	4	28	12	0.5	150	臭氧

备注：综合指数为无量纲，CO 浓度单位为 mg/m^3，其他浓度单位均为 $\mu g/m^3$。

附表2

2019年9月县级城市环境空气质量情况

设区市	县级行政区	达标天数比例（%）	综合指数	首要污染物
福州	永泰县	100	2.28	臭氧
	罗源县	100	2.29	臭氧
	闽清县	100	2.67	细颗粒物
	闽侯县	100	2.72	臭氧
	福清市	96.7	2.51	臭氧
	长乐区	96.7	2.52	臭氧
	连江县	86.7	2.55	臭氧
莆田	仙游县	100	2.31	臭氧
三明	泰宁县	100	1.94	臭氧
	将乐县	100	2.02	臭氧
	清流县	100	2.24	臭氧
	大田县	100	2.28	臭氧
	宁化县	100	2.33	臭氧
	沙　县	96.7	2.35	臭氧
	尤溪县	96.7	2.40	臭氧
	永安市	96.7	3.36	臭氧
	明溪县	93.3	2.33	臭氧
	建宁县	93.3	2.60	臭氧
泉州	德化县	100	2.55	臭氧
	南安市	100	2.74	臭氧
	永春县	96.7	2.22	臭氧
	安溪县	96.7	2.51	臭氧
	晋江市	90.0	2.88	臭氧
	惠安县	86.7	2.50	臭氧
	泉港区	76.7	2.71	臭氧
	石狮市	76.7	2.93	臭氧
漳州	华安县	100	2.16	臭氧
	南靖县	100	2.32	臭氧
	东山县	100	2.36	臭氧
	漳浦县	100	2.43	臭氧
	长泰县	100	2.79	臭氧
	平和县	100	2.84	臭氧
	龙海市	100	2.89	臭氧
	云霄县	96.7	2.26	臭氧
	诏安县	93.3	2.54	臭氧

续表

设区市	县级行政区	达标天数比例（%）	综合指数	首要污染物
南平	松溪县	100	2.30	臭氧
	政和县	100	2.49	臭氧
	邵武市	100	2.88	臭氧
	浦城县	100	2.95	臭氧
	建阳区	100	3.01	臭氧
	光泽县	100	3.44	臭氧
	顺昌县	96.7	2.86	臭氧
	建瓯市	93.3	2.74	臭氧
	武夷山	83.3	2.71	臭氧
龙岩	武平县	100	2.13	臭氧
	连城县	100	2.29	臭氧
	上杭县	100	2.64	臭氧
	漳平市	100	2.64	臭氧
	长汀县	96.7	2.32	臭氧
	永定区	96.7	2.74	臭氧
宁德	霞浦县	100	2.01	臭氧
	周宁县	100	2.17	臭氧
	福鼎市	100	2.42	臭氧
	寿宁县	96.7	2.16	臭氧
	屏南县	96.7	2.18	臭氧
	古田县	96.7	2.41	臭氧
	福安市	96.7	2.63	臭氧
	柘荣县	90.0	2.58	臭氧

备注：综合指数越小，表示城市空气质量相对越好。

10月福建省城市环境空气质量通报

根据《环境空气质量标准》（GB3095－2012）、《环境空气质量评价技术规范（试行）》（HJ663－2013）和《城市环境空气质量排名技术规定》（环办监测〔2018〕19号），对2019年10月全省县级以上城市空气质量进行评价。具体如下：

一、9市1区环境空气质量

9个设区城市及平潭综合实验区的环境空气质量达标天数比例平均为98.4%，同比升高5.9个百分点。

9个设区城市环境空气质量综合指数范围为2.89—3.88，首要污染物为臭氧。空气质量从相对较好开始排名，依次为宁德、南平、莆田、福州、厦门、龙岩、泉州、三明、漳州。

平潭综合实验区环境空气质量综合指数为2.33，首要污染物为臭氧（详见附表1）。

二、县级城市环境空气质量

58个县级城市（即12个县级市＋42个县＋4个县级区）环境空气质量综合指数范围为2.25—3.83，首要污染物为臭氧。空气质量达标天数比例平均为99.2%，同比升高5.2个百分点。空气质量相对较好的10个县级城市（第1名至第10名）分别是泰宁、将乐、福鼎、寿宁、霞浦、清流和武平（并列第6名）、屏南、周宁、华安。空气质量相对较差的10个县级城市（倒数第1名至第10名）分别是永安、平和、长泰、建阳、晋江、浦城、南安、石狮、光泽和龙海（倒数并列第9名）（详见附表2）。

附表1

2019年10月设区城市环境空气质量情况

排名	城市	综合指数	达标天数比例（%）	SO_2	NO_2	PM_{10}	$PM_{2.5}$	CO⁻95per	O_3-8h⁻90per	首要污染物
1	宁德市	2.89	100	6	16	47	25	0.8	130	臭氧
2	南平市	2.95	100	8	18	41	27	0.8	129	臭氧
3	莆田市	3.08	100	7	13	53	28	0.7	144	臭氧
4	福州市	3.11	100	5	16	49	27	0.9	150	臭氧
5	厦门市	3.23	90.3	8	15	50	29	0.7	160	臭氧
6	龙岩市	3.31	100	13	25	50	29	0.8	117	细颗粒物
7	泉州市	3.46	96.8	10	22	55	28	0.7	155	臭氧
8	三明市	3.50	100	7	26	50	31	1.2	133	细颗粒物
9	漳州市	3.88	96.8	10	26	66	32	1.0	154	臭氧
–	平潭综合实验区	2.33	100	3	6	32	20	0.7	147	臭氧

备注：综合指数为无量纲，CO浓度单位为mg/m^3，其他浓度单位均为$\mu g/m^3$。

附表2

2019年10月县级城市环境空气质量情况

设区市	县级行政区	达标天数比例（%）	综合指数	首要污染物
福州	罗源县	100	2.60	臭氧
	永泰县	100	2.66	可吸入颗粒物、臭氧
	连江县	100	2.93	臭氧
	闽清县	100	3.01	细颗粒物
	长乐区	100	3.04	臭氧
	闽侯县	100	3.26	臭氧
	福清市	96.8	3.03	臭氧
莆田	仙游县	100	2.75	可吸入颗粒物
三明	泰宁县	100	2.25	细颗粒物
	将乐县	100	2.27	臭氧
	清流县	100	2.46	臭氧
	沙　县	100	2.55	臭氧
	明溪县	100	2.64	臭氧
	宁化县	100	2.64	臭氧
	大田县	100	2.72	细颗粒物
	尤溪县	100	2.83	臭氧
	建宁县	100	2.87	细颗粒物
	永安市	100	3.83	细颗粒物

续表

设区市	县级行政区	达标天数比例（%）	综合指数	首要污染物
泉州	永春县	100	2.62	臭氧
	德化县	100	2.93	臭氧
	惠安县	100	2.97	臭氧
	南安市	100	3.37	可吸入颗粒物
	安溪县	96.8	3.11	臭氧
	晋江市	90.3	3.42	臭氧
	石狮市	86.7	3.34	臭氧
	泉港区	83.9	3.24	臭氧
漳州	华安县	100	2.53	细颗粒物
	云霄县	100	2.74	臭氧
	南靖县	100	2.91	细颗粒物
	漳浦县	100	3.08	臭氧
	诏安县	100	3.09	臭氧
	龙海市	100	3.28	可吸入颗粒物
	长泰县	100	3.53	细颗粒物
	平和县	100	3.58	细颗粒物
	东山县	96.8	2.97	臭氧
南平	政和县	100	2.68	细颗粒物
	松溪县	100	2.70	细颗粒物
	武夷山市	100	2.87	臭氧
	顺昌县	100	3.03	细颗粒物
	建瓯市	100	3.15	细颗粒物
	邵武市	100	3.21	细颗粒物
	光泽县	100	3.28	细颗粒物
	浦城县	100	3.38	细颗粒物
	建阳区	100	3.51	细颗粒物
龙岩	武平县	100	2.46	细颗粒物
	连城县	100	2.57	臭氧
	长汀县	100	2.58	臭氧
	漳平市	100	2.82	臭氧
	永定区	100	2.93	臭氧
	上杭县	100	3.01	细颗粒物

续表

设区市	县级行政区	达标天数比例（%）	综合指数	首要污染物
宁德	福鼎市	100	2.39	臭氧
	寿宁县	100	2.42	臭氧
	霞浦县	100	2.45	细颗粒物
	屏南县	100	2.47	臭氧
	周宁县	100	2.51	可吸入颗粒物
	古田县	100	2.81	细颗粒物、臭氧
	柘荣县	100	2.85	臭氧
	福安市	100	2.98	细颗粒物

备注：综合指数越小，表示城市空气质量相对越好。

11月福建省城市环境空气质量通报

根据《环境空气质量标准》（GB3095－2012）、《环境空气质量评价技术规范（试行）》（HJ663－2013）和《城市环境空气质量排名技术规定》（环办监测〔2018〕19号），对2019年11月全省县级以上城市空气质量进行评价。具体如下：

一、9市1区环境空气质量

9个设区城市及平潭综合实验区的环境空气质量达标天数比例平均为98.3%，同比下降1.7个百分点。

9个设区城市环境空气质量综合指数范围为2.88—4.07，首要污染物为臭氧。空气质量从相对较好开始排名，依次为莆田、宁德、南平、福州、厦门、泉州、龙岩、三明、漳州。

平潭综合实验区环境空气质量综合指数为2.25，首要污染物为臭氧（详见附表1）。

二、县级城市环境空气质量

58个县级城市（即12个县级市、42个县、4个县级区）环境空气质量综合指数范围为2.11—4.11，首要污染物为臭氧。空气质量达标天数比例平均为99.8%，同比升高5.2个百分点。空气质量相对较好的10个县级城市（第1名至第10名）分别是福鼎、将乐、泰宁、寿宁、屏南、周宁、永春、罗源、华安、仙游。空气质量相对较差的10个县级城市（倒数第1名至第10名）分别是永安、龙海、长泰、平和、建阳、建瓯和光泽（倒数并列第6名）、闽清、邵武、上杭（详见附表2）。

附表1

2019年11月设区城市环境空气质量情况

排名	城市	综合指数	达标天数比例（%）	SO_2	NO_2	PM_{10}	$PM_{2.5}$	CO－95per	O_3-8h－90per	首要污染物
1	莆田市	2.88	96.7	7	15	51	22	0.7	134	臭氧
2	宁德市	2.97	100	6	21	48	25	0.8	120	臭氧
3	南平市	3.09	100	9	23	43	27	0.8	125	臭氧
4	福州市	3.10	100	6	22	49	24	0.7	140	臭氧
5	厦门市	3.12	96.7	6	21	51	24	0.7	144	臭氧
6	泉州市	3.20	96.7	8	22	54	23	0.8	142	臭氧

续表

排名	城市	综合指数	达标天数比例（%）	SO_2	NO_2	PM_{10}	$PM_{2.5}$	CO－95per	O_3-8h－90per	首要污染物
7	龙岩市	3.54	100	13	30	54	29	0.8	123	细颗粒物
8	三明市	3.62	100	8	33	52	30	1.3	120	细颗粒物
9	漳州市	4.07	100	11	34	69	33	0.9	142	可吸入颗粒物
–	平潭综合实验区	2.25	93.3	2	10	31	17	0.6	143	臭氧

备注：综合指数为无量纲，CO浓度单位为 mg/m^3，其他浓度单位均为 $\mu g/m^3$。

附表2

2019年11月县级城市环境空气质量情况

设区市	县级行政区	达标天数比例（%）	综合指数	首要污染物
福州	罗源县	100	2.57	臭氧
	永泰县	100	2.73	臭氧
	福清市	100	2.78	臭氧
	连江县	100	2.79	臭氧
	长乐区	100	3.08	臭氧
	闽侯县	100	3.28	臭氧
	闽清县	100	3.51	细颗粒物
莆田	仙游县	100	2.65	可吸入颗粒物
三明	将乐县	100	2.22	臭氧
	泰宁县	100	2.30	细颗粒物
	大田县	100	2.67	细颗粒物
	清流县	100	2.76	细颗粒物
	沙　县	100	2.77	臭氧
	明溪县	100	2.81	臭氧
	宁化县	100	2.94	细颗粒物
	建宁县	100	2.95	细颗粒物
	尤溪县	100	2.98	臭氧
	永安市	100	4.11	细颗粒物
泉州	永春县	100	2.51	臭氧
	惠安县	100	2.68	臭氧
	德化县	100	2.82	臭氧
	安溪县	100	2.97	细颗粒物
	南安市	100	3.08	可吸入颗粒物
	石狮市	96.7	3.15	臭氧
	晋江市	96.7	3.25	臭氧
	泉港区	93.3	3.01	臭氧

续表

设区市	县级行政区	达标天数比例（%）	综合指数	首要污染物
漳州	华安县	100	2.64	细颗粒物
	云霄县	100	2.78	可吸入颗粒物
	南靖县	100	2.84	细颗粒物
	东山县	100	2.95	臭氧
	漳浦县	100	3.02	可吸入颗粒物
	诏安县	100	3.20	可吸入颗粒物、臭氧
	平和县	100	3.66	可吸入颗粒物
	长泰县	100	3.70	细颗粒物
	龙海市	100	3.79	可吸入颗粒物
南平	武夷山	100	2.76	臭氧
	政和县	100	2.77	细颗粒物
	松溪县	100	3.00	细颗粒物
	浦城县	100	3.11	细颗粒物
	顺昌县	100	3.20	细颗粒物
	邵武市	100	3.49	细颗粒物
	建瓯市	100	3.55	细颗粒物
	光泽县	100	3.55	细颗粒物
	建阳区	100	3.65	细颗粒物
龙岩	武平县	100	2.67	细颗粒物
	连城县	100	2.68	可吸入颗粒物
	长汀县	100	2.97	细颗粒物
	漳平市	100	3.17	臭氧
	永定区	100	3.21	臭氧
	上杭县	100	3.31	细颗粒物
宁德	福鼎市	100	2.11	可吸入颗粒物
	寿宁县	100	2.43	臭氧
	屏南县	100	2.45	臭氧
	周宁县	100	2.50	臭氧
	霞浦县	100	2.71	臭氧
	柘荣县	100	2.84	细颗粒物、臭氧
	福安市	100	2.95	细颗粒物
	古田县	100	3.08	可吸入颗粒物

备注：综合指数越小，表示城市空气质量相对越好。

12 月和 1—12 月福建省城市环境空气质量通报

根据《环境空气质量标准》（GB3095－2012）、《环境空气质量评价技术规范（试行）》（HJ663－2013）和《城市环境空气质量排名技术规定》（环办监测〔2018〕19 号），对2019 年12 月和1—12 月全省县级以上城市空气质量进行评价。具体如下：

一、9 市 1 区环境空气质量

2019 年 12 月，9 个设区城市及平潭综合实验区的环境空气质量达标天数比例平均为 99.4%，9 个设区城市的环境空气质量达标天数比例平均为 99.3%。9 个设区城市环境空气质量综合指数范围为 3.05—4.09，首要污染物为细颗粒物。空气质量从相对较好开始排名，依次为南平、莆田和宁德（并列第 2 名）、福州、厦门、泉州、龙岩、三明、漳州。平潭综合实验区环境空气质量综合指数为 2.37，首要污染物为臭氧（详见附表 1）。

2019 年 1—12 月，9 个设区城市及平潭综合实验区的环境空气质量平均达标天数比例为 98.3%，9 个设区城市的环境空气质量平均达标天数比例为 98.3%。9 个设区城市环境空气质量综合指数范围为 2.61—3.57，首要污染物为臭氧。空气质量从相对较好开始排名，依次为南平、龙岩、宁德、莆田、厦门、福州、三明、泉州、漳州。平潭综合实验区环境空气质量综合指数为 2.25，首要污染物为臭氧（详见附表 2）。

二、县级城市环境空气质量

2019 年 12 月，58 个县级城市（即 12 个县级市、42 个县、4 个县级区，以下同）环境空气质量综合指数范围为 1.75—4.16，首要污染物为臭氧。空气质量达标天数比例平均为 100%，同比升高 0.2 个百分点。空气质量相对较好的 10 个县级城市（第 1 名至第 10 名）分别是福鼎、周宁、将乐和寿宁（并列第 3 名）、泰宁、南靖、明溪、永春和华安（并列第 8 名）、连城。空气质量相对较差的 10 个县级城市（倒数第 1 名至第 10 名）分别是龙海、永安、南安、平和、长泰、安溪、建瓯和石狮（倒数并列第 7 名）、晋江、建阳（详见附表 3）。

2019 年 1—12 月，58 个县级城市环境空气质量综合指数范围为 1.90—3.22，首要污染物为臭氧。空气质量达标天数比例平均为 99.3%，同比升高 0.7 个百分点。空气质量相对较好的 10 个县级城市（第 1 名至第 10 名）分别是泰宁、将乐、清流和武平（并列第 3 名）、周宁、寿宁、明溪、大田、宁化、屏南。空气质量相对较差的 10 个县级城市（倒数第 1 名至第 10 名）分别是龙海、南安、永安、晋江、长泰、闽侯、石狮和平和（倒数并列第 7 名）、长乐、惠安（详见附表 4）。

附表 1

2019 年 12 月份设区城市环境空气质量排名情况

排名	城市	综合指数	达标天数比例（%）	SO_2	NO_2	PM_{10}	$PM_{2.5}$	CO－95per	O_3 8h－90per	首要污染物
1	南平市	3.05	100	9	27	38	28	1.0	101	细颗粒物
2	莆田市	3.14	100	8	24	48	29	0.8	110	细颗粒物
2	宁德市	3.14	96.8	6	26	42	31	1.2	96	细颗粒物
4	福州市	3.26	100	5	33	46	28	0.9	108	二氧化氮
5	厦门市	3.31	100	6	32	44	31	0.8	111	细颗粒物
6	泉州市	3.37	96.8	5	31	49	33	0.7	111	细颗粒物
7	龙岩市	3.48	100	12	34	52	29	1.0	97	二氧化氮
8	三明市	3.53	100	10	35	50	30	1.4	89	二氧化氮
9	漳州市	4.09	100	9	41	67	38	0.9	104	细颗粒物
-	平潭综合实验区	2.37	100	3	17	27	19	1.0	116	臭氧

备注：综合指数为无量纲，CO 浓度单位为 mg/m^3，其他浓度单位均为 $\mu g/m^3$，平潭不参与排名。

附表 2

2019 年 1—12 月份设区城市环境空气质量排名情况

排名	城市	综合指数	达标天数比例（%）	SO_2	NO_2	PM_{10}	$PM_{2.5}$	$CO^{-}95per$	O_3-$8h^{-}90per$	首要污染物
1	南平市	2.61	99.7	7	16	32	21	1.0	124	臭氧
2	龙岩市	2.89	99.7	10	22	39	22	1.0	117	臭氧
3	宁德市	2.93	98.4	6	20	40	24	1.2	123	臭氧
4	莆田市	2.98	97.8	6	18	43	25	1.0	138	臭氧
5	厦门市	2.99	97.5	6	23	40	24	0.8	136	臭氧
6	福州市	3.00	98.6	5	22	42	24	0.9	138	臭氧
7	三明市	3.05	99.5	7	23	40	24	1.4	119	臭氧
8	泉州市	3.23	96.4	9	24	45	26	0.8	144	臭氧
9	漳州市	3.57	97.3	8	27	55	29	1.0	142	臭氧
–	平潭综合实验区	2.25	98.4	2	10	29	18	0.8	136	臭氧

备注：综合指数为无量纲，CO 浓度单位为 mg/m^3，其他浓度单位均为 $\mu g/m^3$，平潭不参与排名。

附表 3

2019 年 12 月县级城市环境空气质量情况

设区市	县级行政区	达标天数比例（%）	综合指数	首要污染物
福州	永泰县	100	2.65	细颗粒物
	连江县	100	2.65	二氧化氮
	罗源县	100	2.84	细颗粒物
	福清市	100	2.96	二氧化氮
	闽清县	100	3.21	细颗粒物
	长乐区	100	3.22	细颗粒物
	闽侯县	100	3.23	二氧化氮
莆田	仙游县	100	2.72	可吸入颗粒物
三明	将乐县	100	2.19	可吸入颗粒物
	泰宁县	100	2.35	细颗粒物
	明溪县	100	2.41	可吸入颗粒物
	大田县	100	2.54	细颗粒物
	清流县	100	2.69	细颗粒物
	建宁县	100	2.75	细颗粒物
	沙　县	100	2.79	可吸入颗粒物
	尤溪县	100	2.92	细颗粒物
	宁化县	100	2.93	细颗粒物
	永安市	100	3.76	细颗粒物

续表

设区市	县级行政区	达标天数比例（%）	综合指数	首要污染物
泉州	永春县	100	2.42	细颗粒物
	德化县	100	2.74	二氧化氮
	泉港区	100	2.91	二氧化氮
	惠安县	100	3.01	细颗粒物
	晋江市	100	3.27	细颗粒物
	石狮市	100	3.30	细颗粒物
	安溪县	100	3.33	细颗粒物
	南安市	100	3.72	可吸入颗粒物
漳州	南靖县	100	2.39	细颗粒物
	华安县	100	2.42	细颗粒物
	云霄县	100	2.73	可吸入颗粒物
	东山县	100	2.76	细颗粒物
	漳浦县	100	3.01	细颗粒物
	诏安县	100	3.13	细颗粒物
	长泰县	100	3.49	细颗粒物
	平和县	100	3.60	细颗粒物
	龙海市	100	4.16	细颗粒物
南平	武夷山市	100	2.46	臭氧
	政和县	100	2.67	细颗粒物
	松溪县	100	2.72	细颗粒物
	顺昌县	100	2.99	细颗粒物
	光泽县	100	3.00	细颗粒物
	邵武市	100	3.05	细颗粒物
	浦城县	100	3.18	细颗粒物
	建阳区	100	3.24	细颗粒物
	建瓯市	100	3.30	细颗粒物
龙岩	连城县	100	2.44	可吸入颗粒物
	武平县	100	2.57	细颗粒物
	长汀县	100	2.90	细颗粒物
	永定区	100	2.97	二氧化氮
	上杭县	100	3.05	可吸入颗粒物
	漳平市	100	3.06	细颗粒物

续表

设区市	县级行政区	达标天数比例（%）	综合指数	首要污染物
宁德	福鼎市	100	1.75	可吸入颗粒物
	周宁县	100	2.18	可吸入颗粒物
	寿宁县	100	2.19	臭氧
	屏南县	100	2.52	臭氧
	古田县	100	2.52	细颗粒物
	霞浦县	100	2.56	细颗粒物
	柘荣县	100	2.73	细颗粒物
	福安市	100	3.00	细颗粒物

备注：综合指数越小，表示城市空气质量相对越好。

（来源：福建省生态环境厅网站　摘编：康明辉）

2019年福建省地表水环境质量状况及变化情况排名

根据我省148个省考断面和587个小流域考核断面的水质监测结果，参照生态环境部印发的《城市地表水环境质量排名技术规定（试行）》，对2019年1—12月各城市水质、重点流域水质综合指数等进行排名。

一、设区市省考断面水质排名情况

2019年1—12月，按省考断面评价，各设区市水质从相对较好开始排名，依次为：宁德、三明、泉州、南平、龙岩、厦门、莆田、福州、漳州。

与上年相比，全省9个设区市的省考断面水质均有不同程度改善，按照改善幅度从大到小排序，具体名次为：厦门、三明、福州、漳州、龙岩、宁德、南平、莆田、泉州。

福建省城市省考断面水质排名表（2019年1—12月）

设区市	水质总体状况排名	设区市	水质变化情况排名
宁德市	1	厦门市	1
三明市	2	三明市	2
泉州市	3	福州市	3
南平市	4	漳州市	4
龙岩市	5	龙岩市	5
厦门市	6	宁德市	6
莆田市	7	南平市	7
福州市	8	莆田市	8
漳州市	9	泉州市	9

二、重点流域省考断面水质排名情况

2019年1—12月，按省考断面评价，全省12条重点流域总体水质从相对较好开始排名，依次为：交溪、霍童溪、晋江、闽江、敖江、汀江、萩芦溪、木兰溪、九龙江、漳江、东溪、龙江。

与上年相比，12条流域水质均有不同程度改善，按照改善幅度从大到小排序，依次为：漳江、敖江、闽江、九龙江、龙江、交溪、木兰溪、汀江、霍童溪、晋江、萩芦溪、东溪。

福建省重点流域水质排名表（2019 年 1—12 月）

流域名称	水质总体状况排名	流域名称	水质变化情况排名
交　溪	1	漳　江	1
霍童溪	2	敖　江	2
晋　江	3	闽　江	3
闽　江	4	九龙江	3
敖　江	5	龙　江	4
汀　江	6	交　溪	5
萩芦溪	7	木兰溪	6
木兰溪	8	汀　江	7
九龙江	9	霍童溪	8
漳　江	10	晋　江	9
东　溪	11	萩芦溪	10
龙　江	12	东　溪	11

三、设区市小流域考核断面水质排名情况

2019 年 1—12 月，按小流域考核断面评价，各设区市水质从相对较好开始排名，依次为：三明、宁德、厦门、南平、莆田、泉州、龙岩、福州、漳州。

与上年相比，各市小流域水质均有不同程度改善，按照改善幅度从大到小排序，依次为：厦门、漳州、莆田、泉州、龙岩、三明、南平、宁德、福州。

福建省城市小流域考核断面水质排名表（2019 年 1—12 月）

设区市	水质总体状况排名	设区市	水质变化情况排名
三明市	1	厦门市	1
宁德市	2	漳州市	2
厦门市	3	莆田市	3
南平市	4	泉州市	4
莆田市	5	龙岩市	5
泉州市	6	三明市	6
龙岩市	7	南平市	7
福州市	8	宁德市	8
漳州市	9	福州市	9

（来源：福建省生态环境厅网站，摘编：康明辉）

2019 年福建省地表水双月水质考核结果

1—2 月福建省地表水水质考核结果

根据《福建省地表水水质考核办法（试行）》（闽政办〔2016〕23 号），现将 2019 年 1—2 月水质考核结果公布如下。

一、总体情况

结合手工及自动监测结果，列入考核的 101 个断面中，有 93 个断面达到考核要求，其中有 50 个达到Ⅰ－Ⅱ类水质要求，有 12 个断面未达考核要求；监测的 119 个集中式生活饮用水水源地中，全部达到考核要求。

二、排名在前十位的县（市、区）

分别是大田县（第 1），新罗区（第 2），将乐县（并列第 3）、泰宁县（并列第 3）、漳平市（并列第 3），连城县（第 6），三明市辖区（并列第 7）、明溪县（并列第 7），建宁县（并列第 10）、清流县（并列第 10）、永安市（并列第 10）、邵武市（并列第 10）。

三、排名在后十位的县（市、区）

分别是石狮市（并列第 67）、晋江市（并列第 67），平和县（第 65），龙海市（第 64），永春县（并列第 63）、宁化县（并列第 63），漳浦县（并列第 61）、泉港区（并列第 61），福清市（第 59），霞浦县（并列第 58）、福安市（并列第 58）、鲤城区（并列第 58）、丰泽区（并列第 58）、安溪县（并列第 58）。

四、未达到考核要求的断面情况

有 12 个主要流域考核断面超过Ⅲ类水质标准，石狮市龟背闸、晋江杏坂水闸断面水质不稳定；有 10 个县（市、区）交接断面未能达到考核目标，分别是：宁化肖家、永春东关桥、石狮市龟背闸、晋江杏坂水闸、南靖洪濑汤坑桥（考核平和县）、长泰洛宾、军垦沙头锦埔（考核漳州市本级/龙海市）、建瓯房村、古田黄田（考核延平）、闽清雄江（考核宁德市本级/古田县）；另有 2 个国考（非交接）断面未能达到考核目标，为泉州南安霞东桥和闽侯大樟溪口。

3—4 月福建省地表水水质考核结果

根据《福建省地表水水质考核办法（试行）》（闽政办〔2016〕23 号），现将 2019 年 3—4 月水质考核结果公布如下。

一、总体情况

结合手工及自动监测结果，列入考核的 101 个断面中，83 个断面达到考核要求（其中，48 个为Ⅰ－Ⅱ类水质），18 个断面未达考核要求。监测的 115 个集中式生活饮用水水源地，全部达到考核要求。

二、排名在前十位的县（市、区）

分别是大田县（并列第 1）、漳平市（并列第 1），周宁县（第 3），新罗区（第 4），龙海市（第 5），连江县（并列第 6）、将乐县（并列第 6）、诏安县（并列第 6）、沙县（并列第 6），建宁县（并列第 10）、顺昌县（并列第 10）、政和县（并列第 10）。

三、排名在后十位的县（市、区）

分别是云霄县（并列第 67）、长汀县（并列第 67）、鲤城区（并列第 67）、晋江市（并列第 67）、丰泽区（并列第 67），泉港区（并列第 62）、福清市（并列第 62），平和县（第 60），蕉城区（第

59)，永春县（并列第58）、宁化县（并列第58）。

四、未达到考核要求的断面情况

18个断面（17个主要流域断面、1个小流域断面）超过Ⅲ类水质标准，其中，福清海口桥、杏坂水闸、罗源花园溪（小流域）断面水质为劣Ⅴ类。未能达到考核目标的断面分别是：福清海口桥、宁化肖家、德化冷水坑桥、永春东关桥、鲟埔（考核晋江）、晋江杏坂水闸、南靖洪濑汤坑桥（考核平和县）、云霄高塘渡口（考核漳州市本级/云霄县）、建瓯房村、长汀美溪桥、八都（考核宁德市本级/蕉城区）、双口渡（考核宁德市本级/古田县）、南安霞东桥、厦门隘头潭、建瓯七里街、雁石桥、上杭李家坪。

5—6月福建省地表水水质考核结果

根据《福建省地表水水质考核办法（试行）》（闽政办〔2016〕23号），现将2019年5—6月水质考核结果公布如下。

一、总体情况

结合手工及自动监测结果，列入考核的101个断面中，有86个断面达到考核要求，其中有46个达到Ⅰ－Ⅱ类水质要求，有15个断面未达考核要求；监测的115个集中式生活饮用水水源地中，全部达到考核要求。

二、排名在前十位的县（市、区）

分别是福鼎市（第1）、建宁县（并列第2）、福安市（并列第2）、周宁县（并列第2）、松溪县（第5）、大田县（并列第6）、仙游县（并列第6）、政和县（并列第6）、蕉城区（并列第9）、寿宁县（并列第9）。

三、排名在后十位的县（市、区）

分别是鲤城区（并列第65）、晋江市（并列第65）、丰泽区（并列第65）、云霄县（第64）、龙海市（第63）、泉港区（第62）、长泰县（并列第60）、石狮市（并列第60）、福清市（第59）、古田县（第58）。

四、未达到考核要求断面情况

15个断面（13个主要流域断面，2个小流域断面）超过Ⅲ类水质标准，未达到考核目标。未达到考核目标的13个主要流域断面为：三明市宁化肖家，泉州市鲟埔、晋江杏坂水闸、南安霞东桥、山美水库库心，漳州市长泰洛宾、云霄高塘渡口、南溪浮宫桥，南平市武夷山兴田、建瓯房村、古田黄田（考核南平市），宁德市双口渡，厦门市隘头潭。

未能达到考核目标的2个小流域是：福州市连江牛溪、罗源花园溪。

7—8月福建省地表水水质考核结果

根据《福建省地表水水质考核办法（试行）》（闽政办〔2016〕23号），现将2019年7—8月水质考核结果公布如下。

一、总体情况

结合手工及自动监测结果，列入考核的101个断面中，有89个断面达到考核要求，其中有48个达到Ⅰ－Ⅱ类水质要求，有12个断面未达考核要求；监测的115个集中式生活饮用水水源地全部达到考核要求。

二、排名在前十位的县（市、区）

分别是蕉城区（第1）、福鼎市（并列第2）、周宁县（并列第2）、政和县（并列第2）、连江县（并列第5）、华安县（并列第5）、松溪县（并列第5）、武平县（第8）、德化县（第9）、闽清县（并列第10）、南安市（并列第10）、漳平市（并列第10）、建瓯市（并列第10）。

三、排名在后十位的县（市、区）

分别是晋江市（第67）、鲤城区（并列第65）、丰泽区（并列第65）、诏安县（第64）、福清市（第63）、漳浦县（并列第61）、石狮市（并列第61）、龙海市（第60）、武夷山市（并列第57）、顺昌县（并列第57）、明溪县（并列第57）。

四、未达到考核要求断面情况

12个断面（主要流域断面有11个，小流域断面1个）未达到考核目标（Ⅱ类或Ⅲ类水质）。未达到考核目标的11个主要流域断面是：漳州市诏安澳子头、南溪浮宫桥，泉州市永春东关桥、南安霞东桥、鲟埔、晋江杏坂水闸，三明市明溪水口角溪，南平市武夷山兴田、顺昌浪石、古田黄田（考核延平），宁德市古田双口渡。此外，福州市罗源花园溪小流域断面未能达到考核目标。

9—10 月福建省地表水水质考核结果

根据《福建省地表水水质考核办法（试行）》（闽政办〔2016〕23 号），现将全省 2019 年 9—10 月双月水质考核结果公布如下。

一、总体情况

根据监测，列入双月考核的 101 个断面中，84 个断面达到考核要求（其中 38 个达到Ⅰ－Ⅱ类水质），17 个断面未达考核要求；监测的 115 个集中式生活饮用水水源地全部达到考核要求。

二、排名前十位的县（市、区）

双月考核水质排名前 10 位的县（市、区）分别是：长乐区（第 1）、华安县（第 2）、将乐县（第 3）、三明市辖区（三元区、梅列区，第 4）、沙县（第 5）、宁化县（并列第 6）、周宁县（并列第 6）、建宁县（并列第 8）、漳平市（并列第 8）、武夷山市（并列第 8）。

三、排名后十位的县（市、区）

双月考核水质排名后 10 位的县（市、区）分别是：鲤城区（并列第 65）、晋江市（并列第 65）、丰泽区（并列第 65）、石狮市（第 64）、永定区（第 63）、福清市（第 62）、大田县（第 61）、漳浦县（第 60）、漳州市辖区（芗城区、龙文区，第 58）、莆田市辖区（秀屿区、城厢区、荔城区、涵江区，并列第 56）、屏南县（并列第 56）、惠安县（并列第 56）。

四、未达到考核要求断面具体情况

17 个断面（主要流域断面有 16 个，小流域断面 1 个）未达到国家及我省考核要求。其中，16 个主要流域断面分别是：福州市福清海口桥、闽侯大樟溪口，漳州市上坂，泉州市鲟埔、南安霞东桥、石狮市龟背闸、晋江市杏坂水闸，三明市永安安砂水库下游（考核清流县）、将乐万全（考核泰宁县）、大田高才，莆田市三江口，南平市建瓯房村、顺昌浪石、古田黄田（考核延平区），龙岩市青溪，宁德市闽清雄江（考核古田县）。在小流域方面，福州市罗源花园溪小流域断面未能达到考核目标。

11—12 月福建省地表水水质考核结果

根据《福建省地表水水质考核办法（试行）》（闽政办〔2016〕23 号），现将全省 2019 年 11—12 月双月水质考核结果公布如下。

一、总体情况

根据监测，列入双月考核的 100 个断面中，90 个断面达到考核要求（其中 54 个达到Ⅰ－Ⅱ类水质），10 个断面未达考核要求；监测的 115 个集中式生活饮用水水源地全部达到考核要求。

二、排名前十位的县（市、区）

双月考核水质排名前 10 位的县（市、区）分别是：长汀县（第 1）、漳平市（并列第 2）、华安县（并列第 2）、南靖县（并列第 2）、将乐县（第 5）、福州市辖区（并列第 6）、明溪县（并列第 6）、德化县（并列第 8）、新罗区（并列第 8）、建宁县（第 10）。

三、排名后十位的县（市、区）

双月考核水质排名后 10 位的县（市、区）分别是：石狮市（并列第 66）、晋江市（并列第 66）、泉港区（第 65）、闽清县（第 64）、莆田市辖区（第 63）、漳浦县（第 62）、鲤城区（并列第 58）、丰泽区（并列第 58）、安溪县（并列第 58）、长乐区（并列第 58）。

四、未达到考核要求断面具体情况

有 10 个主要流域断面未达到国家及我省考核要求，分别是：福州市闽侯下西园（考核闽清县）、闽侯大樟溪口，莆田市三江口，三明市永安安砂水库下游（考核清流县）、大田高才，泉州市石狮龟背闸、晋江杏坂水闸，南平市建瓯七里街、古田黄田（考核延平区），福州市闽清雄江（考核宁德古田县）。

（来源：福建省生态环境厅网站，摘编：康明辉）

2019年福建省主要流域水环境双月质量状况

1—2月福建省主要流域水环境质量状况

2019年1月—2月，全省12条主要河流143个水质评价断面总体水质为优。Ⅰ类～Ⅲ类比例为94.4%，同比提高4.2个百分点；Ⅰ类～Ⅱ类比例为59.4%，同比提高16.7个百分点。各类水质具体比例如下：Ⅰ类占6.3%，Ⅱ类占53.1%，Ⅲ类占35.0%，Ⅳ类占3.5%，Ⅴ类占2.1%，无劣Ⅴ类。

12条主要河流中，闽江、萩芦溪、交溪、霍童溪、敖江、晋江、汀江、漳江和东溪等9条河流水质为优，九龙江和木兰溪2条河流水质为良好，龙江水质为轻度污染。

143个评价断面中，连城黄坊、南靖洪濑汤坑桥、南靖安后、长泰洛宾、河口、三江口、福清倪浦桥和福清海口桥等8个断面水质未达到Ⅲ类水质标准，主要超标项目为总磷、五日生化需氧量和氨氮等。

3—4月福建省主要流域水环境质量状况

2019年3—4月，全省12条主要河流143个水质评价断面总体水质为优。Ⅰ类～Ⅲ类比例为93.7%，同比上升8.4个百分点；Ⅰ类～Ⅱ类比例为52.4%，同比上升0.7个百分点。各类水质具体比例如下：Ⅰ类占4.2%，Ⅱ类占48.3%，Ⅲ类占41.3%，Ⅳ类占4.2%，Ⅴ类占1.4%，劣Ⅴ类占0.7%。

12条主要河流中，闽江、萩芦溪、交溪、霍童溪、晋江和东溪等6河流水质为优，九龙江、木兰溪、敖江、汀江和漳江等5条河流水质为良好，龙江水质为中度污染。

143个评价断面中，南靖洪濑汤坑桥、南靖安后、雁石桥、三江口、福清倪浦桥、福清海口桥、连江荷山渡口、长汀美溪桥和云霄高塘渡口等9个断面水质未达到Ⅲ类水质标准，主要超标项目为总磷、氨氮和化学需氧量等。

5—6月福建省主要流域水环境质量状况

2019年5—6月，全省12条主要河流143个水质评价断面总体水质为优。Ⅰ类～Ⅲ类比例为93.0%，同比上升2.8个百分点；Ⅰ类～Ⅱ类比例为54.5%，同比上升11.8个百分点。各类水质具体比例如下：Ⅰ类占3.5%，Ⅱ类占51.0%，Ⅲ类占38.5%，Ⅳ类占5.6%，Ⅴ类占0.7%，劣Ⅴ类占0.7%。

12条主要河流中，闽江、萩芦溪、交溪、霍童溪、敖江、晋江、汀江等7河流水质为优，九龙江、木兰溪、漳江、东溪等4条河流水质为良好，龙江水质为中度污染。

143个评价断面中，南靖靖城桥、上坂、南靖安后、三江口、福清前洋桥、福清倪浦桥、福清海口桥、南安霞东桥、云霄高塘渡口、诏安澳子头等10个断面水质未达到Ⅲ类水质标准，主要超标项目为总磷、氨氮、化学需氧量和溶解氧。

7—8月福建省主要流域水环境质量状况

2019年7—8月，全省12条主要河流143个水质评价断面总体水质为优。Ⅰ类～Ⅲ类比例为95.8%，同比上升4.9个百分点；Ⅰ类～Ⅱ类比例为64.3%，同比上升18.1个百分点。各类水质具体比例如下：Ⅰ类占4.2%，Ⅱ类占60.1%，Ⅲ类占31.5%，Ⅳ类占2.1%，Ⅴ类占0.7%，劣Ⅴ类占1.4%。

12条主要河流中，闽江、九龙江、木兰溪、萩芦溪、交溪、霍童溪、敖江、晋江、汀江、漳江、东溪等11河流水质为优，龙江水质为轻度污染。

9—10月福建省主要流域水环境质量状况

2019年9—10月，全省12条主要河流143个水质评价断面总体水质为优。Ⅰ类～Ⅲ类比例为93.7%，同比上升0.7个百分点；Ⅰ类～Ⅱ类比例为49.0%，同比下降2.0个百分点。各类水质具体比例如下：Ⅰ类占4.2%，Ⅱ类占44.8%，Ⅲ类占44.8%，Ⅳ类占4.2%，Ⅴ类占1.4%，劣Ⅴ类占0.7%。

12条主要河流中，闽江、九龙江、萩芦溪、交溪、霍童溪、敖江、晋江、漳江、东溪等9条河流水质为优，木兰溪和汀江2条河流水质良好，龙江水质为轻度污染。

11—12月福建省主要流域水环境质量状况

2019年11—12月，全省12条主要河流143个水质评价断面总体水质为优。Ⅰ类～Ⅲ类比例为93.7%，同比持平；Ⅰ类～Ⅱ类比例为61.5%，同比上升4.9个百分点。各类水质具体比例如下：Ⅰ类占4.9%，Ⅱ类占56.6%，Ⅲ类占32.2%，Ⅳ类占3.5%，Ⅴ类占1.4%，劣Ⅴ类占1.4%（主要超标项目为氨氮、总磷、COD、溶解氧）。

（来源：福建省生态环境厅网站　摘编：康明辉）

2019年福建省县级以上集中式生活饮用水水源水质每月状况

1月福建省县级以上集中式生活饮用水水源水质状况

一、监测情况

2019年1月，全省9个设区城市及平潭综合实验区共监测118个集中式生活饮用水水源（取水口），其中地表水水源111个（河流型55个，湖库型56个）、地下水源7个。

（一）监测点位

1. 地表水水源：河流型水源在水厂取水口上游100米附近处设置监测断面，水厂在同一河流有多个取水口，可在最上游100米处设置监测断面；湖库型水源原则上按常规监测点位采样，在每个水源取水口周边100米处设置1个监测点位进行采样。河流及湖库采样深度为水面下0.5米处。

2. 地下水水源：具备采样条件的，在抽水井采样。如不具备采样条件，在自来水厂的汇水区（加滤前）采样。

（二）监测项目

1. 地表水水源

①设区城市和平潭综合实验区：监测项目为《地表水环境质量标准》（GB3838－2002）表1的基本项目（24项）、表2的补充项目（5项）和表3的优选特定项目（33项），共62项。其中，湖库型地表水饮用水源加测叶绿素a和透明度2项，共64项。

②县级城市：监测项目为《地表水环境质量标准》（GB3838－2002）表1的基本项目（24项）、表2的补充项目（5项）和表3的优选特定项目（33项），共62项。其中，湖库型地表水饮用水源加测叶绿素a和透明度2项，共64项。

2. 地下水饮用水源

监测项目为《地下水质量标准》（GB/T 14848－2017）中23项（见环函〔2005〕47号）。

各地可根据当地污染实际情况，适当增加区域特征污染物。

二、评价标准及方法

（一）地表水水源

地表水水源水质评价根据《地表水环境质量标准》（GB3838－2002）Ⅲ类标准限值进行评价。基本项目按照《地表水环境质量评价方法（试行）》（环办〔2011〕22号）进行评价，补充项目、特定项目采用单因子评价法进行评价。

（二）地下水水源

地下水水源水质评价执行《地下水质量标准》（GB/T 14848－2017）Ⅲ类标准限值，采用单因子评价法进行评价。评价项目为《地下水质量标准》（GB/T 14848－2017）中23项（见环函〔2005〕47号）。

三、评价结果

（一）总体情况

监测的118个集中式生活饮用水水源均达标（达到或优于Ⅲ类标准），达标率为100%（详见附表）。

（二）地表水水源

111个地表水水源均达标，达标比例为100%。其中，有74个达到或优于Ⅱ类标准，占66.6%。

（三）地下水水源

7个地下水水源均达标，达标比例为100%。

备注：

1. 集中式生活饮用水水源，是指进入输水管网送到用户的和具有一定取水规模（供水人口一般大于1000人）的在用、备用和规划水源。

2. 集中式生活饮用水水源和饮用水的区别：饮用水水源为原水，居民饮用水为末梢水，水源水经自来水厂净化处理达到《生活饮用水卫生标准》的要求后，进入居民供水系统作为饮用水。

附表

2019年1月福建省县级以上集中式生活饮用水水源水质状况

序号	省份名称	行政区划	点位名称	水源地类型	水体类型	达标情况	超标指标及超标倍数
1	福建省	福州市	福州市西区、北区水厂闽江原厝取水口	地表水	河流	达标	
2	福建省	福州市	福州市城门水厂闽江南港取水口	地表水	河流	达标	
3	福建省	福州市	福州市马尾水厂白眉水库取水口	地表水	湖库	达标	
4	福建省	福州市	福州市新东区水厂塘坂取水口	地表水	河流	达标	
5	福建省	福州市	福州市飞凤山水厂水源取水口	地表水	河流	达标	
6	福建省	福清市	福清市宏路水厂东张水库取水口	地表水	湖库	达标	
7	福建省	福清市	福清市新水厂东张水库取水口	地表水	湖库	达标	
8	福建省	福清市	福清市旧水厂东张水库取水口	地表水	湖库	达标	
9	福建省	福清市	福清市新水厂闽江调水峡南取水口	地表水	河流	达标	
10	福建省	福清市	福清市旧水厂闽江调水峡南取水口	地表水	河流	达标	
11	福建省	长乐市	长乐市炎山水厂炎山矶头取水口	地表水	河流	达标	
12*	福建省	闽侯县	闽侯县自来水公司叶洋泵站取水口	地表水	河流	达标	
13	福建省	连江县	连江县塘坂水厂塘坂取水口	地表水	河流	达标	
14	福建省	罗源县	罗源县八井水厂反调节库取水口	地表水	湖库	达标	
15	福建省	罗源县	罗源县可湖水厂西溪水库取水口	地表水	湖库	达标	
16	福建省	罗源县	罗源县洋尾水厂东岩调节水库取水口	地表水	湖库	达标	
17	福建省	闽清县	闽清县白石坑水厂闽江白石坑取水口	地表水	河流	达标	
18	福建省	闽清县	闽清县塔山水厂闽江猴山取水口	地表水	河流	达标	
19	福建省	闽清县	闽清县贵坑水厂爱焦涧取水口	地表水	河流	达标	
20	福建省	永泰县	永泰县南区水厂大樟溪取水口	地表水	河流	达标	
21	福建省	永泰县	永泰县青云山水厂天门窗水库取水口	地表水	湖库	达标	
22	福建省	永泰县	永泰县第二自来水厂水源取水口	地表水	河流	达标	
23	福建省	厦门市	厦门市莲坂水厂、集美水厂石兜、坂头水库取水口	地表水	湖库	达标	
24	福建省	厦门市	厦门市高殿水厂、杏林水厂九龙江北溪取水口	地表水	河流	达标	
25	福建省	厦门市	厦门市同安梅山水厂汀溪水库取水口	地表水	湖库	达标	
26	福建省	莆田市	莆田市莆田水厂东圳水库取水口	地表水	湖库	达标	
27	福建省	莆田市	莆田市涵江水厂外渡水库取水口	地表水	湖库	达标	
28	福建省	仙游县	仙游县仙游水厂古洋水库取水口	地表水	湖库	达标	
29	福建省	三明市	三明市富兴堡水厂东牙溪水库取水口	地表水	湖库	达标	

续表

序号	省份名称	行政区划	点位名称	水源地类型	水体类型	达标情况	超标指标及超标倍数
30	福建省	三明市	三明市下洋水厂东牙溪水库取水口	地表水	湖库	达标	
31	福建省	永安市	永安市北区水厂沙溪取水口	地表水	河流	达标	
32	福建省	永安市	永安市铁路水厂后溪取水口	地表水	河流	达标	
33	福建省	永安市	永安市南区水厂洛溪水库取水口	地表水	湖库	达标	
34	福建省	明溪县	明溪县城北水厂罗翠水库取水口	地表水	湖库	达标	
35	福建省	清流县	清流县自来水厂严坊溪取水口	地表水	河流	达标	
36	福建省	宁化县	宁化县沙子甲水厂寨头里水库取水口	地表水	湖库	达标	
37	福建省	大田县	大田县自来水公司坑口水库取水口	地表水	湖库	达标	
38	福建省	尤溪县	尤溪县自来水厂大池水库取水口	地表水	湖库	达标	
39	福建省	尤溪县	尤溪县东村溪兴头水库取水口	地表水	湖库	达标	
40	福建省	沙县	沙县第一水厂洞天岩水库取水口	地表水	湖库	达标	
41	福建省	沙县	沙县第二水厂下村洋水库取水口	地表水	湖库	达标	
42	福建省	沙县	沙县第三水厂马岩水库取水口	地表水	湖库	达标	
43	福建省	将乐县	将乐县下村水厂漠村溪取水口	地表水	河流	达标	
44	福建省	泰宁县	泰宁县北溪水厂际头水库取水口	地表水	湖库	达标	
45	福建省	建宁县	建宁县自来水公司王坪栋水库取水口	地表水	湖库	达标	
46	福建省	泉州市	泉州市北水厂北高干渠取水口	地表水	河流	达标	
47	福建省	泉州市	泉州市湄丰水厂、泉港第三水厂泗洲水库取水口	地表水	湖库	达标	
48	福建省	泉州市	泉州市湄丰水厂、泉港第三水厂黄塘溪取水口	地表水	河流	达标	
49	福建省	泉州市	泉州市金浦水厂晋江干流金鸡拦河旧闸取水口	地表水	河流	达标	
50	福建省	泉州市	泉州市三水厂晋江干流金鸡拦河旧闸取水口	地表水	河流	达标	
51	福建省	石狮市	石狮市石狮水厂南高干渠取水口	地表水	河流	达标	
52	福建省	晋江市	晋江市田洋水厂南高干渠取水口	地表水	河流	达标	
53	福建省	南安市	南安市美林水厂晋江东溪取水口	地表水	河流	达标	
54	福建省	惠安县	惠安县城南水厂黄塘溪取水口	地表水	河流	达标	
55	福建省	惠安县	惠安县北关水厂菱溪水库取水口	地表水	湖库	达标	
56	福建省	安溪县	安溪县城关水厂晋江西溪吾都取水口	地表水	河流	达标	
57	福建省	永春县	永春县第三自来水厂晋江东溪湖洋溪取水口	地表水	河流	达标	
58	福建省	德化县	德化县第二水厂国宝溪取水口	地表水	河流	达标	
59	福建省	漳州市	漳州市第一水厂九龙江西溪康山取水口	地表水	河流	达标	
60	福建省	漳州市	漳州市第二水厂九龙江北溪鳌浦取水口	地表水	河流	达标	
61	福建省	漳州市	漳州市福糖水厂九龙江北溪内林取水口	地表水	河流	达标	
62	福建省	龙海市	龙海市自来水厂九龙江北溪江东桥取水口	地表水	河流	达标	
63	福建省	云霄县	云霄县自来水厂车圩溪取水口	地表水	河流	达标	

续表

序号	省份名称	行政区划	点位名称	水源地类型	水体类型	达标情况	超标指标及超标倍数
64	福建省	漳浦县	漳浦县自来水厂梁山水库取水口	地表水	湖库	达标	
65*	福建省	漳浦县	漳浦县自来水厂澎水水库取水口	地表水	湖库	达标	
66	福建省	诏安县	诏安县自来水厂亚湖水库取水口	地表水	湖库	达标	
67	福建省	长泰县	长泰县自来水公司龙津溪福信取水口	地表水	河流	达标	
68	福建省	东山县	东山县供水公司红旗水库取水口	地表水	湖库	达标	
69	福建省	南靖县	南靖县自来水公司象溪取水口	地表水	河流	达标	
70	福建省	平和县	平和县自来水公司花山溪取水口	地表水	河流	达标	
71	福建省	华安县	华安县自来水厂九龙江北溪取水口	地表水	河流	达标	
72	福建省	南平市	南平市安丰水厂建溪取水口	地表水	河流	达标	
73*	福建省	南平市	南平市新建村水厂照溪（五星桥水库）取水口	地表水	湖库	达标	
74	福建省	邵武市	邵武市通明水务公司苦竹湾取水口	地下水	地下水	达标	
75*	福建省	武夷山市	武夷山市石雄水厂西溪取水口	地表水	河流	达标	
76	福建省	武夷山市	武夷山市三菇水厂崇阳溪取水口	地表水	河流	达标	
77	福建省	建瓯市	建瓯市东门水厂松溪取水口	地表水	河流	达标	
78	福建省	建瓯市	建瓯市新区水厂七里街水库取水口	地表水	湖库	达标	
79	福建省	建阳市	建阳市狮子山水厂崇阳溪取水口	地表水	河流	达标	
80	福建省	顺昌县	顺昌县派溪水厂院尾水库取水口	地表水	湖库	达标	
81	福建省	浦城县	浦城县东区水厂南浦溪取水口	地表水	河流	达标	
82	福建省	浦城县	浦城县西区水厂东风水库取水口	地表水	湖库	达标	
83	福建省	光泽县	光泽县自来水厂西关水坝取水口	地表水	河流	达标	
84	福建省	松溪县	松溪县杉溪水厂杉溪取水口	地表水	河流	达标	
85	福建省	松溪县	松溪县来龙水厂钱园桥水库取水口	地表水	湖库	达标	
86	福建省	政和县	政和县珠山水厂宝岭水库取水口	地表水	湖库	达标	
87	福建省	龙岩市	龙岩市莲花水厂地下取水口	地下水	地下水	达标	
88	福建省	龙岩市	龙岩市西桥水厂地下取水口	地下水	地下水	达标	
89	福建省	龙岩市	龙岩市东宫下水厂地下取水口	地下水	地下水	达标	
90	福建省	龙岩市	龙岩市凤凰水厂富溪三级水库大坝取水口	地表水	湖库	达标	
91	福建省	龙岩市	龙岩市新区水厂黄岗水库取水口	地表水	湖库	达标	
92	福建省	龙岩市	龙岩市东南洋水厂东肖水库取水口	地表水	湖库	达标	
93	福建省	漳平市	漳平市自来水厂大坂三级电站取水口	地表水	河流	达标	
94	福建省	漳平市	漳平市铁路水厂双洋溪取水口	地表水	河流	达标	
95	福建省	长汀县	长汀县自来水股份有限公司正方水库取水口	地表水	湖库	达标	
96	福建省	永定县	永定县龙寨水厂龙寨水库取水口	地表水	湖库	达标	
97	福建省	上杭县	上杭县石禾仓水厂丰村溪取水口	地表水	河流	达标	
98	福建省	上杭县	上杭县兰地水厂汀江横滩取水口	地表水	河流	达标	

续表

序号	省份名称	行政区划	点位名称	水源地类型	水体类型	达标情况	超标指标及超标倍数
99	福建省	武平县	武平县北门水厂捷文水库取水口	地表水	湖库	达标	
100	福建省	连城县	连城县自来水公司竹光地下取水口	地下水	地下水	达标	
101	福建省	连城县	连城县自来水公司波洋地下取水口	地下水	地下水	达标	
102	福建省	连城县	连城县自来水公司罗坊鲜水塘地下取水口	地下水	地下水	达标	
103	福建省	宁德市	宁德市二水厂金涵水库取水口	地表水	湖库	达标	
104	福建省	宁德市	宁德市德源自来水厂陈家洋水库取水口	地表水	湖库	达标	
105	福建省	宁德市	宁德市盛源自来水公司盛源水库取水口	地表水	湖库	达标	
106*	福建省	宁德市	宁德市三水厂官昌水库取水口	地表水	湖库	达标	
107	福建省	福安市	福安市城关二水厂交溪桃花岛取水口	地表水	河流	达标	
108	福建省	福安市	福安市城东水厂留洋水库取水口	地表水	湖库	达标	
109	福建省	福鼎市	福鼎市二水厂南溪水库取水口	地表水	湖库	达标	
110	福建省	霞浦县	霞浦县北山里水厂溪西水库取水口	地表水	湖库	达标	
111	福建省	古田县	古田县城关水厂桃溪水库取水口	地表水	湖库	达标	
112	福建省	屏南县	屏南县第一自来水厂汤坑溪取水口	地表水	河流	达标	
113	福建省	屏南县	屏南县第二自来水厂引水工程取水口	地表水	河流	达标	
114	福建省	屏南县	屏南县第二自来水厂南峭溪取水口	地表水	河流	达标	
115	福建省	寿宁县	寿宁县自来水有限公司六六溪水库取水口	地表水	湖库	达标	
116	福建省	周宁县	周宁县深洋水厂李园水库取水口	地表水	湖库	达标	
117	福建省	柘荣县	柘荣县自来水厂新荣溪水库取水口	地表水	湖库	达标	
118	福建省	平潭县	平潭县自来水公司三十六脚湖取水口	地表水	湖库	达标	

注：

1. 闽侯县自来水公司叶洋泵站取水口：水源地范围调整（闽政文［2017］48号），取水泵站变更，监测点位随取水口调整，2019年1月变更点位名称。

2. 漳浦县自来水厂澎水水库取水口：漳浦县澎水水库饮用水水源保护区新增（闽政文［2018］330号）并向漳浦县自来水厂供水，2019年1月开始监测。

3. 南平市新建村水厂照溪（五星桥水库）取水口：南平市新建水厂水源保护区（西溪、上洋溪）水源保护区取消（闽政文［2018］322号），新建水厂改由照溪（五星桥水库）水源地取水，2019年1月开始监测。

4. 武夷山市石雄水厂西溪取水口：武夷山市石雄水厂西溪饮用水水源地范围调整（闽政文［2018］334号），2019年1月变更取水口监测点位。

5. 宁德市三水厂官昌水库取水口：宁德市官昌水库水源保护区调整（闽政文［2018］323号），2019年1月开始监测。

6. 漳浦县自来水厂鹿溪取水口：漳浦县自来水厂（鹿溪）水源保护区取消（闽政文［2018］340号），2019年1月停止监测。

7. 南平市新建村水厂西溪取水口：南平市新建水厂水源保护区（西溪、上洋溪）水源保护区取消（闽政文［2018］322号），2019年1月停止监测。

2月福建省县级以上集中式生活饮用水水源水质状况（2019年）

一、监测情况

2019年2月，全省9个设区市及平潭综合实验区共监测119个集中式生活饮用水水源（取水口），其中地表水水源112个（河流型55个，湖库型57个）、地下水源7个。

（一）监测点位

1. 地表水水源：河流型水源在水厂取水口上游100米附近处设置监测断面，水厂在同一河流有多个取水口，可在最上游100米处设置监测断面；湖库型水源原则上按常规监测点位采样，在每个水源取水口周边100米处设置1个监测点位进行采样。河流及湖库采样深度为水面下0.5米处。

2. 地下水水源：具备采样条件的，在抽水井采样。如不具备采样条件，在自来水厂的汇水区（加滤前）采样。

（二）监测项目

1. 地表水水源

①设区城市和平潭综合实验区：监测项目为《地表水环境质量标准》（GB3838－2002）表1的基本项目（24项）、表2的补充项目（5项）和表3的优选特定项目（33项），共62项。其中，湖库型地表水饮用水源加测叶绿素a和透明度2项，共64项。

②县级城市：监测项目为《地表水环境质量标准》（GB3838－2002）表1的基本项目（24项）、表2的补充项目（5项），共29项。其中，湖库型地表水饮用水源加测叶绿素a和透明度2项，共31项。

2. 地下水饮用水源

监测项目为《地下水质量标准》（GB/T 14848－2017）中23项（见环函〔2005〕47号）。

各地可根据当地污染实际情况，适当增加区域特征污染物。

二、评价标准及方法

（一）地表水水源

地表水水源水质评价根据《地表水环境质量标准》（GB3838－2002）Ⅲ类标准限值进行评价。基本项目按照《地表水环境质量评价方法（试行）》（环办〔2011〕22号）进行评价，补充项目、特定项目采用单因子评价法进行评价。

（二）地下水水源

地下水水源水质评价执行《地下水质量标准》（GB/T 14848－2017）Ⅲ类标准限值，采用单因子评价法进行评价。评价项目为《地下水质量标准》（GB/T 14848－2017）中23项（见环函〔2005〕47号）。

三、评价结果

（一）总体情况

监测的119个集中式生活饮用水水源均达标（达到或优于Ⅲ类标准），达标率为100%（详见附表）。

（二）地表水水源

112个地表水水源均达标，达标比例为100%。其中，有75个达到或优于Ⅱ类标准，占67.0%。

（三）地下水水源

7个地下水水源均达标，达标比例为100%。

备注：

1. 集中式生活饮用水水源，是指进入输水管网送到用户的和具有一定取水规模（供水人口一般大于1000人）的在用、备用和规划水源。

2. 集中式生活饮用水水源和饮用水的区别：饮用水水源为原水，居民饮用水为末梢水，水源水经自来水厂净化处理达到《生活饮用水卫生标准》的要求后，进入居民供水系统作为饮用水。

附表

2019年2月福建省县级以上集中式生活饮用水水源水质状况

序号	省份名称	行政区划	点位名称	水源地类型	水体类型	达标情况	超标指标及超标倍数
1	福建省	福州市	福州市西区、北区水厂闽江原厝取水口	地表水	河流	达标	
2	福建省	福州市	福州市城门水厂闽江南港取水口	地表水	河流	达标	
3	福建省	福州市	福州市马尾水厂白眉水库取水口	地表水	湖库	达标	
4	福建省	福州市	福州市新东区水厂塘坂取水口	地表水	河流	达标	
5	福建省	福州市	福州市飞凤山水厂水源取水口	地表水	河流	达标	
6	福建省	福清市	福清市宏路水厂东张水库取水口	地表水	湖库	达标	
7	福建省	福清市	福清市新水厂东张水库取水口	地表水	湖库	达标	
8	福建省	福清市	福清市旧水厂东张水库取水口	地表水	湖库	达标	
9	福建省	福清市	福清市新水厂闽江调水峡南取水口	地表水	河流	达标	
10	福建省	福清市	福清市旧水厂闽江调水峡南取水口	地表水	河流	达标	
11	福建省	长乐市	长乐市炎山水厂炎山矶头取水口	地表水	河流	达标	
12	福建省	闽侯县	闽侯县自来水公司叶洋泵站取水口	地表水	河流	达标	
13	福建省	连江县	连江县塘坂水厂塘坂取水口	地表水	河流	达标	
14	福建省	罗源县	罗源县八井水厂反调节库取水口	地表水	湖库	达标	
15	福建省	罗源县	罗源县可湖水厂西溪水库取水口	地表水	湖库	达标	
16	福建省	罗源县	罗源县洋尾水厂东岩调节水库取水口	地表水	湖库	达标	
17	福建省	闽清县	闽清县白石坑水厂闽江白石坑取水口	地表水	河流	达标	
18	福建省	闽清县	闽清县塔山水厂闽江猴山取水口	地表水	河流	达标	
19	福建省	闽清县	闽清县贵坑水厂爰焦涧取水口	地表水	河流	达标	
20	福建省	永泰县	永泰县南区水厂大樟溪取水口	地表水	河流	达标	
21	福建省	永泰县	永泰县青云山水厂天门窗水库取水口	地表水	湖库	达标	
22	福建省	永泰县	永泰县第二自来水厂水源取水口	地表水	河流	达标	
23	福建省	厦门市	厦门市莲坂水厂、集美水厂石兜、坂头水库取水口	地表水	湖库	达标	
24	福建省	厦门市	厦门市高殿水厂、杏林水厂九龙江北溪取水口	地表水	河流	达标	
25	福建省	厦门市	厦门市同安梅山水厂汀溪水库取水口	地表水	湖库	达标	
26	福建省	莆田市	莆田市莆田水厂东圳水库取水口	地表水	湖库	达标	
27	福建省	莆田市	莆田市涵江水厂外渡水库取水口	地表水	湖库	达标	
28	福建省	仙游县	仙游县仙游水厂古洋水库取水口	地表水	湖库	达标	
29	福建省	三明市	三明市富兴堡水厂东牙溪水库取水口	地表水	湖库	达标	
30	福建省	三明市	三明市下洋水厂东牙溪水库取水口	地表水	湖库	达标	
31	福建省	永安市	永安市北区水厂沙溪取水口	地表水	河流	达标	
32	福建省	永安市	永安市铁路水厂后溪取水口	地表水	河流	达标	
33	福建省	永安市	永安市南区水厂洛溪水库取水口	地表水	湖库	达标	

续表

序号	省份名称	行政区划	点位名称	水源地类型	水体类型	达标情况	超标指标及超标倍数
34	福建省	明溪县	明溪县城北水厂罗翠水库取水口	地表水	湖库	达标	
35	福建省	清流县	清流县自来水厂严坊溪取水口	地表水	河流	达标	
36	福建省	宁化县	宁化县沙子甲水厂寨头里水库取水口	地表水	湖库	达标	
37	福建省	大田县	大田县自来水公司坑口水库取水口	地表水	湖库	达标	
38	福建省	尤溪县	尤溪县自来水厂大池水库取水口	地表水	湖库	达标	
39	福建省	尤溪县	尤溪县东村溪兴头水库取水口	地表水	湖库	达标	
40	福建省	沙县	沙县第一水厂洞天岩水库取水口	地表水	湖库	达标	
41	福建省	沙县	沙县第二水厂下村洋水库取水口	地表水	湖库	达标	
42	福建省	沙县	沙县第三水厂马岩水库取水口	地表水	湖库	达标	
43	福建省	将乐县	将乐县下村水厂漠村溪取水口	地表水	河流	达标	
44	福建省	泰宁县	泰宁县北溪水厂际头水库取水口	地表水	湖库	达标	
45	福建省	建宁县	建宁县自来水公司王坪栋水库取水口	地表水	湖库	达标	
46	福建省	泉州市	泉州市北水厂北高干渠取水口	地表水	河流	达标	
47	福建省	泉州市	泉州市涠丰水厂、泉港第三水厂泗洲水库取水口	地表水	湖库	达标	
48	福建省	泉州市	泉州市涠丰水厂、泉港第三水厂黄塘溪取水口	地表水	河流	达标	
49	福建省	泉州市	泉州市金浦水厂晋江干流金鸡拦河旧闸取水口	地表水	河流	达标	
50	福建省	泉州市	泉州市三水厂晋江干流金鸡拦河旧闸取水口	地表水	河流	达标	
51	福建省	石狮市	石狮市石狮水厂南高干渠取水口	地表水	河流	达标	
52	福建省	晋江市	晋江市田洋水厂南高干渠取水口	地表水	河流	达标	
53	福建省	南安市	南安市美林水厂晋江东溪取水口	地表水	河流	达标	
54	福建省	惠安县	惠安县城南水厂黄塘溪取水口	地表水	河流	达标	
55	福建省	惠安县	惠安县北关水厂菱溪水库取水口	地表水	湖库	达标	
56	福建省	安溪县	安溪县城关水厂晋江西溪吾都取水口	地表水	河流	达标	
57	福建省	永春县	永春县第三自来水厂晋江东溪湖洋溪取水口	地表水	河流	达标	
58	福建省	德化县	德化县第二水厂国宝溪取水口	地表水	河流	达标	
59	福建省	漳州市	漳州市第一水厂九龙江西溪康山取水口	地表水	河流	达标	
60	福建省	漳州市	漳州市第二水厂九龙江北溪鳌浦取水口	地表水	河流	达标	
61	福建省	漳州市	漳州市福糖水厂九龙江北溪内林取水口	地表水	河流	达标	
62	福建省	龙海市	龙海市自来水厂九龙江北溪江东桥取水口	地表水	河流	达标	
63	福建省	云霄县	云霄县自来水厂车圩溪取水口	地表水	河流	达标	
64	福建省	漳浦县	漳浦县自来水厂梁山水库取水口	地表水	湖库	达标	
65	福建省	漳浦县	漳浦县自来水厂澎水水库取水口	地表水	湖库	达标	
66	福建省	诏安县	诏安县自来水厂亚湖水库取水口	地表水	湖库	达标	
67	福建省	长泰县	长泰县自来水公司龙津溪福信取水口	地表水	河流	达标	

续表

序号	省份名称	行政区划	点位名称	水源地类型	水体类型	达标情况	超标指标及超标倍数
68	福建省	东山县	东山县供水公司红旗水库取水口	地表水	湖库	达标	
69	福建省	南靖县	南靖县自来水公司象溪取水口	地表水	河流	达标	
70	福建省	平和县	平和县自来水公司花山溪取水口	地表水	河流	达标	
71	福建省	华安县	华安县自来水厂九龙江北溪取水口	地表水	河流	达标	
72	福建省	南平市	南平市安丰水厂建溪取水口	地表水	河流	达标	
73	福建省	南平市	南平市新建村水厂照溪（五星桥水库）取水口	地表水	湖库	达标	
74	福建省	邵武市	邵武市通明水务公司苦竹湾取水口	地下水	地下水	达标	
75*	福建省	邵武市	邵武市熙春水厂大乾水库取水口	地表水	湖库	达标	
76	福建省	武夷山市	武夷山市石雄水厂西溪取水口	地表水	河流	达标	
77	福建省	武夷山市	武夷山市三菇水厂崇阳溪取水口	地表水	河流	达标	
78	福建省	建瓯市	建瓯市东门水厂松溪取水口	地表水	河流	达标	
79	福建省	建瓯市	建瓯市新区水厂七里街水库取水口	地表水	湖库	达标	
80	福建省	建阳市	建阳市狮子山水厂崇阳溪取水口	地表水	河流	达标	
81	福建省	顺昌县	顺昌县派溪水厂院尾水库取水口	地表水	湖库	达标	
82	福建省	浦城县	浦城县东区水厂南浦溪取水口	地表水	河流	达标	
83	福建省	浦城县	浦城县西区水厂东风水库取水口	地表水	湖库	达标	
84	福建省	光泽县	光泽县自来水厂西关水坝取水口	地表水	河流	达标	
85	福建省	松溪县	松溪县杉溪水厂杉溪取水口	地表水	河流	达标	
86	福建省	松溪县	松溪县来龙水厂钱园桥水库取水口	地表水	湖库	达标	
87	福建省	政和县	政和县珠山水厂宝岭水库取水口	地表水	湖库	达标	
88	福建省	龙岩市	龙岩市莲花水厂地下取水口	地下水	地下水	达标	
89	福建省	龙岩市	龙岩市西桥水厂地下取水口	地下水	地下水	达标	
90	福建省	龙岩市	龙岩市东宫下水厂地下取水口	地下水	地下水	达标	
91	福建省	龙岩市	龙岩市凤凰水厂富溪三级水库大坝取水口	地表水	湖库	达标	
92	福建省	龙岩市	龙岩市新区水厂黄岗水库取水口	地表水	湖库	达标	
93	福建省	龙岩市	龙岩市东南洋水厂东肖水库取水口	地表水	湖库	达标	
94	福建省	漳平市	漳平市自来水厂大坂三级电站取水口	地表水	河流	达标	
95	福建省	漳平市	漳平市铁路水厂双洋溪取水口	地表水	河流	达标	
96	福建省	长汀县	长汀县自来水股份有限公司正方水库取水口	地表水	湖库	达标	
97	福建省	永定县	永定县龙寨水厂龙寨水库取水口	地表水	湖库	达标	
98	福建省	上杭县	上杭县石禾仓水厂丰村溪取水口	地表水	河流	达标	
99	福建省	上杭县	上杭县兰地水厂汀江横滩取水口	地表水	河流	达标	
100	福建省	武平县	武平县北门水厂捷文水库取水口	地表水	湖库	达标	
101	福建省	连城县	连城县自来水公司竹光地下取水口	地下水	地下水	达标	
102	福建省	连城县	连城县自来水公司波洋地下取水口	地下水	地下水	达标	

续表

序号	省份名称	行政区划	点位名称	水源地类型	水体类型	达标情况	超标指标及超标倍数
103	福建省	连城县	连城县自来水公司罗坊鲜水塘地下取水口	地下水	地下水	达标	
104	福建省	宁德市	宁德市二水厂金涵水库取水口	地表水	湖库	达标	
105	福建省	宁德市	宁德市德源自来水厂陈家洋水库取水口	地表水	湖库	达标	
106	福建省	宁德市	宁德市盛源自来水公司盛源水库取水口	地表水	湖库	达标	
107	福建省	宁德市	宁德市三水厂官昌水库取水口	地表水	湖库	达标	
108	福建省	福安市	福安市城关二水厂交溪桃花岛取水口	地表水	河流	达标	
109	福建省	福安市	福安市城东水厂留洋水库取水口	地表水	湖库	达标	
110	福建省	福鼎市	福鼎市二水厂南溪水库取水口	地表水	湖库	达标	
111	福建省	霞浦县	霞浦县北山里水厂溪西水库取水口	地表水	湖库	达标	
112	福建省	古田县	古田县城关水厂桃溪水库取水口	地表水	湖库	达标	
113	福建省	屏南县	屏南县第一自来水厂汤坑溪取水口	地表水	河流	达标	
114	福建省	屏南县	屏南县第二自来水厂引水工程取水口	地表水	河流	达标	
115	福建省	屏南县	屏南县第二自来水厂南峭溪取水口	地表水	河流	达标	
116	福建省	寿宁县	寿宁县自来水有限公司六六溪水库取水口	地表水	湖库	达标	
117	福建省	周宁县	周宁县深洋水厂李园水库取水口	地表水	湖库	达标	
118	福建省	柘荣县	柘荣县自来水厂新荣溪水库取水口	地表水	湖库	达标	
119	福建省	平潭综合实验区	平潭县自来水公司三十六脚湖取水口	地表水	湖库	达标	

注：邵武市熙春水厂大乾水库饮用水水源（闽政文〔2019〕4号）于2019年2月开始监测。

3月福建省县级以上集中式生活饮用水水源水质状况（2019年）

一、监测情况

2019年3月，监测全省9个设区市及平潭综合实验区118个已正式供水的县级以上集中式生活饮用水水源，其中地表水水源111个（河流型55个，湖库型56个）、地下水源7个。

（一）监测点位

1. 地表水水源：河流型水源在水厂取水口上游100米附近处设置监测断面，水厂在同一河流有多个取水口，可在最上游100米处设置监测断面；湖库型水源原则上按常规监测点位采样，在每个水源取水口周边100米处设置1个监测点位进行采样。河流及湖库采样深度为水面下0.5米处。

2. 地下水水源：具备采样条件的，在抽水井采样。如不具备采样条件，在自来水厂的汇水区（加滤前）采样。

（二）监测项目

1. 地表水水源

①设区城市和平潭综合实验区：监测项目为《地表水环境质量标准》（GB3838－2002）表1的基本项目（24项）、表2的补充项目（5项）和表3的优选特定项目（33项），共62项。其中，湖库型地表水饮用水源加测叶绿素a和透明度2项，共64项。

②县级城市：监测项目为《地表水环境质量标准》（GB3838－2002）表1的基本项目（24项）、表2的补充项目（5项）和表3的优选特定项目（33项），共62项。其中，湖库型地表水饮用水源加测叶绿素a和透明度2项，共64项。

2. 地下水饮用水源

监测项目为《地下水质量标准》（GB/T 14848－

2017）表1中39项。

各地可根据当地污染实际情况，适当增加区域特征污染物。

二、评价标准及方法

（一）地表水水源

地表水水源水质评价根据《地表水环境质量标准》（GB3838－2002）Ⅲ类标准限值进行评价。基本项目按照《地表水环境质量评价方法（试行）》（环办〔2011〕22号）进行评价，补充项目、特定项目采用单因子评价法进行评价。

（二）地下水水源

地下水水源水质评价执行《地下水质量标准》（GB/T 14848－2017）Ⅲ类标准限值，采用单因子评价法进行评价。评价项目为《地下水质量标准》（GB/T 14848－2017）表1中39项。

三、评价结果

（一）总体情况

118个集中式生活饮用水水源达标比例为100%。（详见附表）。

（二）地表水水源

111个地表水水源达标比例为100%。其中，有59个达到或优于Ⅱ类标准，占53.2%。

（三）地下水水源

7个地下水水源均达标，达标比例为100%。

备注：

1. 集中式生活饮用水水源，是指进入输水管网送到用户的和具有一定取水规模（供水人口一般大于1000人）的在用、备用和规划水源。

2. 集中式生活饮用水水源和饮用水的区别：饮用水水源为原水，居民饮用水为末梢水，水源水经自来水厂净化处理达到《生活饮用水卫生标准》的要求后，进入居民供水系统作为饮用水。

附表

2019年3福建省县级以上集中式生活饮用水水源水质状况

序号	省份名称	行政区划	点位名称	水源地类型	水体类型	达标情况	超标指标及超标倍数
1	福建省	福州市	福州市西区、北区水厂闽江原厝取水口	地表水	河流	达标	
2	福建省	福州市	福州市城门水厂闽江南港取水口	地表水	河流	达标	
3	福建省	福州市	福州市马尾水厂白眉水库取水口	地表水	湖库	达标	
4	福建省	福州市	福州市新东区水厂塘坂取水口	地表水	河流	达标	
5	福建省	福州市	福州市飞凤山水厂水源取水口	地表水	河流	达标	
6	福建省	福清市	福清市宏路水厂东张水库取水口	地表水	湖库	达标	
7	福建省	福清市	福清市新水厂东张水库取水口	地表水	湖库	达标	
8	福建省	福清市	福清市旧水厂东张水库取水口	地表水	湖库	达标	
9	福建省	福清市	福清市新水厂闽江调水峡南取水口	地表水	河流	达标	
10	福建省	福清市	福清市旧水厂闽江调水峡南取水口	地表水	河流	达标	
11	福建省	长乐市	长乐市炎山水厂炎山矶头取水口	地表水	河流	达标	
12	福建省	闽侯县	闽侯县自来水公司叶洋泵站取水口	地表水	河流	达标	
13	福建省	连江县	连江县塘坂水厂塘坂取水口	地表水	河流	达标	
14	福建省	罗源县	罗源县八井水厂反调节库取水口	地表水	湖库	达标	
15	福建省	罗源县	罗源县可湖水厂西溪水库取水口	地表水	湖库	达标	
16	福建省	罗源县	罗源县洋尾水厂东岩调节水库取水口	地表水	湖库	达标	
17	福建省	闽清县	闽清县白石坑水厂闽江白石坑取水口	地表水	河流	达标	
18	福建省	闽清县	闽清县塔山水厂闽江猴山取水口	地表水	河流	达标	

续表

序号	省份名称	行政区划	点位名称	水源地类型	水体类型	达标情况	超标指标及超标倍数
19	福建省	闽清县	闽清县贵坑水厂爰焦涧取水口	地表水	河流	达标	
20	福建省	永泰县	永泰县南区水厂大樟溪取水口	地表水	河流	达标	
21	福建省	永泰县	永泰县青云山水厂天门窗水库取水口	地表水	湖库	达标	
22	福建省	永泰县	永泰县第二自来水厂水源取水口	地表水	河流	达标	
23	福建省	厦门市	厦门市莲坂水厂、集美水厂石兜、坂头水库取水口	地表水	湖库	达标	
24	福建省	厦门市	厦门市高殿水厂、杏林水厂九龙江北溪取水口	地表水	河流	达标	
25	福建省	厦门市	厦门市同安梅山水厂汀溪水库取水口	地表水	湖库	达标	
26	福建省	莆田市	莆田市莆田水厂东圳水库取水口	地表水	湖库	达标	
27	福建省	莆田市	莆田市涵江水厂外渡水库取水口	地表水	湖库	达标	
28	福建省	仙游县	仙游县仙游水厂古洋水库取水口	地表水	湖库	达标	
29	福建省	三明市	三明市富兴堡水厂东牙溪水库取水口	地表水	湖库	达标	
30	福建省	三明市	三明市下洋水厂东牙溪水库取水口	地表水	湖库	达标	
31	福建省	永安市	永安市北区水厂沙溪取水口	地表水	河流	达标	
32	福建省	永安市	永安市铁路水厂后溪取水口	地表水	河流	达标	
33	福建省	永安市	永安市南区水厂洛溪水库取水口	地表水	湖库	达标	
34	福建省	明溪县	明溪县城北水厂罗翠水库取水口	地表水	湖库	达标	
35	福建省	清流县	清流县自来水厂严坊溪取水口	地表水	河流	达标	
36	福建省	宁化县	宁化县沙子甲水厂寨头里水库取水口	地表水	湖库	达标	
37	福建省	大田县	大田县自来水公司坑口水库取水口	地表水	湖库	达标	
38	福建省	尤溪县	尤溪县自来水厂大池水库取水口	地表水	湖库	达标	
39	福建省	尤溪县	尤溪县东村溪兴头水库取水口	地表水	湖库	达标	
40	福建省	沙县	沙县第一水厂洞天岩水库取水口	地表水	湖库	达标	
41	福建省	沙县	沙县第二水厂下村洋水库取水口	地表水	湖库	达标	
42	福建省	沙县	沙县第三水厂马岩水库取水口	地表水	湖库	达标	
43	福建省	将乐县	将乐县下村水厂漠村溪取水口	地表水	河流	达标	
44	福建省	泰宁县	泰宁县北溪水厂际头水库取水口	地表水	湖库	达标	
45	福建省	建宁县	建宁县自来水公司王坪栋水库取水口	地表水	湖库	达标	
46	福建省	泉州市	泉州市北水厂北高干渠取水口	地表水	河流	达标	
47	福建省	泉州市	泉州市涠丰水厂、泉港第三水厂泗洲水库取水口	地表水	湖库	达标	
48	福建省	泉州市	泉州市涠丰水厂、泉港第三水厂黄塘溪取水口	地表水	河流	达标	
49	福建省	泉州市	泉州市金浦水厂晋江干流金鸡拦河旧闸取水口	地表水	河流	达标	
50	福建省	泉州市	泉州市三水厂晋江干流金鸡拦河旧闸取水口	地表水	河流	达标	
51	福建省	石狮市	石狮市石狮水厂南高干渠取水口	地表水	河流	达标	

续表

序号	省份名称	行政区划	点位名称	水源地类型	水体类型	达标情况	超标指标及超标倍数
52	福建省	晋江市	晋江市田洋水厂南高干渠取水口	地表水	河流	达标	
53	福建省	南安市	南安市美林水厂晋江东溪取水口	地表水	河流	达标	
54	福建省	惠安县	惠安县城南水厂黄塘溪取水口	地表水	河流	达标	
55	福建省	惠安县	惠安县北关水厂菱溪水库取水口	地表水	湖库	达标	
56	福建省	安溪县	安溪县城关水厂晋江西溪吾都取水口	地表水	河流	达标	
57	福建省	永春县	永春县第三自来水厂晋江东溪湖洋溪取水口	地表水	河流	达标	
58	福建省	德化县	德化县第二水厂国宝溪取水口	地表水	河流	达标	
59	福建省	漳州市	漳州市第一水厂九龙江西溪康山取水口	地表水	河流	达标	
60	福建省	漳州市	漳州市第二水厂九龙江北溪鳌浦取水口	地表水	河流	达标	
61	福建省	漳州市	漳州市福糖水厂九龙江北溪内林取水口	地表水	河流	达标	
62	福建省	龙海市	龙海市自来水厂九龙江北溪江东桥取水口	地表水	河流	达标	
63	福建省	云霄县	云霄县自来水厂车圩溪取水口	地表水	河流	达标	
64	福建省	漳浦县	漳浦县自来水厂梁山水库取水口	地表水	湖库	达标	
65	福建省	漳浦县	漳浦县自来水厂澎水水库取水口	地表水	湖库	达标	
66	福建省	诏安县	诏安县自来水厂亚湖水库取水口	地表水	湖库	达标	
67	福建省	长泰县	长泰县自来水公司龙津溪福信取水口	地表水	河流	达标	
68	福建省	东山县	东山县供水公司红旗水库取水口	地表水	湖库	达标	
69	福建省	南靖县	南靖县自来水公司象溪取水口	地表水	河流	达标	
70	福建省	平和县	平和县自来水公司花山溪取水口	地表水	河流	达标	
71	福建省	华安县	华安县自来水厂九龙江北溪取水口	地表水	河流	达标	
72	福建省	南平市	南平市安丰水厂建溪取水口	地表水	河流	达标	
73	福建省	南平市	南平市新建村水厂照溪（五星桥水库）取水口	地表水	湖库	达标	
74	福建省	邵武市	邵武市通明水务公司苦竹湾取水口	地下水	地下水	达标	
75	福建省	邵武市	邵武市熙春水厂大乾水库取水口	地表水	湖库	达标	
76	福建省	武夷山市	武夷山市石雄水厂西溪取水口	地表水	河流	达标	
77	福建省	武夷山市	武夷山市三菇水厂崇阳溪取水口	地表水	河流	达标	
78	福建省	建瓯市	建瓯市东门水厂松溪取水口	地表水	河流	达标	
79	福建省	建瓯市	建瓯市新区水厂七里街水库取水口	地表水	湖库	达标	
80	福建省	建阳市	建阳市狮子山水厂崇阳溪取水口	地表水	河流	达标	
81	福建省	顺昌县	顺昌县派溪水厂院尾水库取水口	地表水	湖库	达标	
82	福建省	浦城县	浦城县东区水厂南浦溪取水口	地表水	河流	达标	
83	福建省	浦城县	浦城县西区水厂东风水库取水口	地表水	湖库	达标	
84	福建省	光泽县	光泽县自来水厂西关水坝取水口	地表水	河流	达标	
85	福建省	松溪县	松溪县杉溪水厂杉溪取水口	地表水	河流	达标	
86	福建省	松溪县	松溪县来龙水厂钱园桥水库取水口	地表水	湖库	达标	

续表

序号	省份名称	行政区划	点位名称	水源地类型	水体类型	达标情况	超标指标及超标倍数
87	福建省	政和县	政和县珠山水厂宝岭水库取水口	地表水	湖库	达标	
88	福建省	龙岩市	龙岩市莲花水厂地下取水口	地下水	地下水	达标	
89	福建省	龙岩市	龙岩市西桥水厂地下取水口	地下水	地下水	达标	
90	福建省	龙岩市	龙岩市东宫下水厂地下取水口	地下水	地下水	达标	
91	福建省	龙岩市	龙岩市凤凰水厂富溪三级水库大坝取水口	地表水	湖库	达标	
92	福建省	龙岩市	龙岩市新区水厂黄岗水库取水口	地表水	湖库	达标	
93	福建省	龙岩市	龙岩市东南洋水厂东肖水库取水口	地表水	湖库	达标	
94	福建省	漳平市	漳平市自来水厂大坂三级电站取水口	地表水	河流	达标	
95	福建省	漳平市	漳平市铁路水厂双洋溪取水口	地表水	河流	达标	
96	福建省	长汀县	长汀县自来水股份有限公司正方水库取水口	地表水	湖库	达标	
97	福建省	永定县	永定县龙寨水厂龙寨水库取水口	地表水	湖库	达标	
98	福建省	上杭县	上杭县石禾仓水厂丰村溪取水口	地表水	河流	达标	
99	福建省	上杭县	上杭县兰地水厂汀江横滩取水口	地表水	河流	达标	
100	福建省	武平县	武平县北门水厂捷文水库取水口	地表水	湖库	达标	
101	福建省	连城县	连城县自来水公司竹光地下取水口	地下水	地下水	达标	
102	福建省	连城县	连城县自来水公司波洋地下取水口	地下水	地下水	达标	
103	福建省	连城县	连城县自来水公司罗坊鲜水塘地下取水口	地下水	地下水	达标	
104	福建省	宁德市	宁德市二水厂金涵水库取水口	地表水	湖库	达标	
105	福建省	宁德市	宁德市德源自来水厂陈家洋水库取水口	地表水	湖库	达标	
106	福建省	宁德市	宁德市盛源自来水公司盛源水库取水口	地表水	湖库	达标	
107	福建省	福安市	福安市城关二水厂交溪桃花岛取水口	地表水	河流	达标	
108	福建省	福安市	福安市城东水厂留洋水库取水口	地表水	湖库	达标	
109	福建省	福鼎市	福鼎市二水厂南溪水库取水口	地表水	湖库	达标	
110	福建省	霞浦县	霞浦县北山里水厂溪西水库取水口	地表水	湖库	达标	
111	福建省	古田县	古田县城关水厂桃溪水库取水口	地表水	湖库	达标	
112	福建省	屏南县	屏南县第一自来水厂汤坑溪取水口	地表水	河流	达标	
113	福建省	屏南县	屏南县第二自来水厂引水工程取水口	地表水	河流	达标	
114	福建省	屏南县	屏南县第二自来水厂南峭溪取水口	地表水	河流	达标	
115	福建省	寿宁县	寿宁县自来水有限公司六六溪水库取水口	地表水	湖库	达标	
116	福建省	周宁县	周宁县深洋水厂李园水库取水口	地表水	湖库	达标	
117	福建省	柘荣县	柘荣县自来水厂新荣溪水库取水口	地表水	湖库	达标	
118	福建省	平潭综合实验区	平潭县自来水公司三十六脚湖取水口	地表水	湖库	达标	

4月福建省县级以上集中式生活饮用水水源水质状况

一、监测情况

2019年4月，全省9个设区市及平潭综合实验区共监测已正式供水的115个集中式生活饮用水水源（取水口），其中地表水水源108个（河流型54个，湖库型54个）、地下水源7个。

（一）监测点位

1. 地表水水源：河流型水源在水厂取水口上游100米附近处设置监测断面，水厂在同一河流有多个取水口，可在最上游100米处设置监测断面；湖库型水源原则上按常规监测点位采样，在每个水源取水口周边100米处设置1个监测点位进行采样。河流及湖库采样深度为水面下0.5米处。

2. 地下水水源：具备采样条件的，在抽水井采样。如不具备采样条件，在自来水厂的汇水区（加滤前）采样。

（二）监测项目

1. 地表水水源

①设区城市和平潭综合实验区：监测项目为《地表水环境质量标准》（GB3838－2002）表1的基本项目（24项）、表2的补充项目（5项）和表3的优选特定项目（33项），共62项。其中，湖库型地表水饮用水源加测叶绿素a和透明度2项，共64项。

②县级城市：监测项目为《地表水环境质量标准》（GB3838－2002）表1的基本项目（24项）、表2的补充项目（5项），共29项。其中，湖库型地表水饮用水源加测叶绿素a和透明度2项，共31项。

2. 地下水饮用水源

监测项目为《地下水质量标准》（GB/T 14848－2017）表1中39项。

各地可根据当地污染实际情况，适当增加区域特征污染物。

二、评价标准及方法

（一）地表水水源

地表水水源水质评价根据《地表水环境质量标准》（GB3838－2002）Ⅲ类标准限值进行评价。基本项目按照《地表水环境质量评价方法（试行）》（环办〔2011〕22号）进行评价，补充项目、特定项目采用单因子评价法进行评价。

（二）地下水水源

地下水水源水质评价执行《地下水质量标准》（GB/T 14848－2017）Ⅲ类标准限值，采用单因子评价法进行评价。评价项目为《地下水质量标准》（GB/T 14848－2017）表1中39项。

三、评价结果

（一）总体情况

115个集中式生活饮用水水源达标比例为100%（详见附表）。

（二）地表水水源

108个地表水水源达标比例为100%。其中，有62个达到或优于Ⅱ类标准，占56.9%。

（三）地下水水源

7个地下水水源均达标，达标比例为100%。

备注：

1. 集中式生活饮用水水源，是指进入输水管网送到用户的和具有一定取水规模（供水人口一般大于1000人）的在用、备用和规划水源。

2. 集中式生活饮用水水源和饮用水的区别：饮用水水源为原水，居民饮用水为末梢水，水源水经自来水厂净化处理达到《生活饮用水卫生标准》的要求后，进入居民供水系统作为饮用水。

附表

2019 年 4 月福建省县级以上集中式生活饮用水水源水质状况

序号	省份名称	行政区划	点位名称	水源地类型	水体类型	达标情况	超标指标及超标倍数
1	福建省	福州市	福州市西区、北区水厂闽江原厝取水口	地表水	河流	达标	
2	福建省	福州市	福州市城门水厂闽江南港取水口	地表水	河流	达标	
3	福建省	福州市	福州市马尾水厂白眉水库取水口	地表水	湖库	达标	
4	福建省	福州市	福州市新东区水厂塘坂取水口	地表水	河流	达标	
5	福建省	福州市	福州市飞凤山水厂水源取水口	地表水	河流	达标	
6*	福建省	福清市	福清市东张水库取水口	地表水	湖库	达标	
7*	福建省	福清市	福清市闽江调水峡南取水口	地表水	河流	达标	
8	福建省	长乐市	长乐市炎山水厂炎山矾头取水口	地表水	河流	达标	
9	福建省	闽侯县	闽侯县自来水公司叶洋泵站取水口	地表水	河流	达标	
10	福建省	连江县	连江县塘坂水厂塘坂取水口	地表水	河流	达标	
11	福建省	罗源县	罗源县八井水厂反调节库取水口	地表水	湖库	达标	
12	福建省	罗源县	罗源县可湖水厂西溪水库取水口	地表水	湖库	达标	
13	福建省	罗源县	罗源县洋尾水厂东岩调节水库取水口	地表水	湖库	达标	
14	福建省	闽清县	闽清县白石坑水厂闽江白石坑取水口	地表水	河流	达标	
15	福建省	闽清县	闽清县塔山水厂闽江猴山取水口	地表水	河流	达标	
16	福建省	闽清县	闽清县贵坑水厂爱焦涧取水口	地表水	河流	达标	
17	福建省	永泰县	永泰县南区水厂大樟溪取水口	地表水	河流	达标	
18	福建省	永泰县	永泰县青云山水厂天门窗水库取水口	地表水	湖库	达标	
19	福建省	永泰县	永泰县第二自来水厂水源取水口	地表水	河流	达标	
20	福建省	厦门市	厦门市莲坂水厂、集美水厂石兜、坂头水库取水口	地表水	湖库	达标	
21	福建省	厦门市	厦门市高殿水厂、杏林水厂九龙江北溪取水口	地表水	河流	达标	
22	福建省	厦门市	厦门市同安梅山水厂汀溪水库取水口	地表水	湖库	达标	
23	福建省	莆田市	莆田市莆田水厂东圳水库取水口	地表水	湖库	达标	
24	福建省	莆田市	莆田市涵江水厂外渡水库取水口	地表水	湖库	达标	
25	福建省	仙游县	仙游县仙游水厂古洋水库取水口	地表水	湖库	达标	
26	福建省	三明市	三明市富兴堡水厂东牙溪水库取水口	地表水	湖库	达标	
27	福建省	三明市	三明市下洋水厂东牙溪水库取水口	地表水	湖库	达标	
28	福建省	永安市	永安市北区水厂沙溪取水口	地表水	河流	达标	
29	福建省	永安市	永安市铁路水厂后溪取水口	地表水	河流	达标	
30	福建省	永安市	永安市南区水厂洛溪水库取水口	地表水	湖库	达标	
31	福建省	明溪县	明溪县城北水厂罗翠水库取水口	地表水	湖库	达标	
32	福建省	清流县	清流县自来水厂严坊溪取水口	地表水	河流	达标	
33	福建省	宁化县	宁化县沙子甲水厂寨头里水库取水口	地表水	湖库	达标	

续表

序号	省份名称	行政区划	点位名称	水源地类型	水体类型	达标情况	超标指标及超标倍数
34	福建省	大田县	大田县自来水公司坑口水库取水口	地表水	湖库	达标	
35	福建省	尤溪县	尤溪县自来水厂大池水库取水口	地表水	湖库	达标	
36	福建省	尤溪县	尤溪县东村溪兴头水库取水口	地表水	湖库	达标	
37	福建省	沙县	沙县第一水厂洞天岩水库取水口	地表水	湖库	达标	
38	福建省	沙县	沙县第二水厂下村洋水库取水口	地表水	湖库	达标	
39	福建省	沙县	沙县第三水厂马岩水库取水口	地表水	湖库	达标	
40	福建省	将乐县	将乐县下村水厂漠村溪取水口	地表水	河流	达标	
41	福建省	泰宁县	泰宁县北溪水厂际头水库取水口	地表水	湖库	达标	
42	福建省	建宁县	建宁县自来水公司王坪栋水库取水口	地表水	湖库	达标	
43	福建省	泉州市	泉州市北水厂北高干渠取水口	地表水	河流	达标	
44	福建省	泉州市	泉州市湄丰水厂、泉港第三水厂泗洲水库取水口	地表水	湖库	达标	
45	福建省	泉州市	泉州市湄丰水厂、泉港第三水厂黄塘溪取水口	地表水	河流	达标	
46	福建省	泉州市	泉州市金浦水厂晋江干流金鸡拦河旧闸取水口	地表水	河流	达标	
47	福建省	泉州市	泉州市三水厂晋江干流金鸡拦河旧闸取水口	地表水	河流	达标	
48	福建省	石狮市	石狮市石狮水厂南高干渠取水口	地表水	河流	达标	
49	福建省	晋江市	晋江市田洋水厂南高干渠取水口	地表水	河流	达标	
50	福建省	南安市	南安市美林水厂晋江东溪取水口	地表水	河流	达标	
51	福建省	惠安县	惠安县城南水厂黄塘溪取水口	地表水	河流	达标	
52	福建省	惠安县	惠安县北关水厂菱溪水库取水口	地表水	湖库	达标	
53	福建省	安溪县	安溪县城关水厂晋江西溪吾都取水口	地表水	河流	达标	
54	福建省	永春县	永春县第三自来水厂晋江东溪湖洋溪取水口	地表水	河流	达标	
55	福建省	德化县	德化县第二水厂国宝溪取水口	地表水	河流	达标	
56	福建省	漳州市	漳州市第一水厂九龙江西溪康山取水口	地表水	河流	达标	
57	福建省	漳州市	漳州市第二水厂九龙江北溪鳌浦取水口	地表水	河流	达标	
58	福建省	漳州市	漳州市福糖水厂九龙江北溪内林取水口	地表水	河流	达标	
59	福建省	龙海市	龙海市自来水厂九龙江北溪江东桥取水口	地表水	河流	达标	
60	福建省	云霄县	云霄县自来水厂车圩溪取水口	地表水	河流	达标	
61	福建省	漳浦县	漳浦县自来水厂梁山水库取水口	地表水	湖库	达标	
62	福建省	漳浦县	漳浦县自来水厂澎水水库取水口	地表水	湖库	达标	
63	福建省	诏安县	诏安县自来水厂亚湖水库取水口	地表水	湖库	达标	
64	福建省	长泰县	长泰县自来水公司龙津溪福信取水口	地表水	河流	达标	
65	福建省	东山县	东山县供水公司红旗水库取水口	地表水	湖库	达标	
66	福建省	南靖县	南靖县自来水公司象溪取水口	地表水	河流	达标	
67	福建省	平和县	平和县自来水公司花山溪取水口	地表水	河流	达标	

续表

序号	省份名称	行政区划	点位名称	水源地类型	水体类型	达标情况	超标指标及超标倍数
68	福建省	华安县	华安县自来水厂九龙江北溪取水口	地表水	河流	达标	
69	福建省	南平市	南平市安丰水厂建溪取水口	地表水	河流	达标	
70	福建省	南平市	南平市新建村水厂照溪（五星桥水库）取水口	地表水	湖库	达标	
71	福建省	邵武市	邵武市通明水务公司苦竹湾取水口	地下水	地下水	达标	
72	福建省	邵武市	邵武市熙春水厂大乾水库取水口	地表水	湖库	达标	
73	福建省	武夷山市	武夷山市石雄水厂西溪取水口	地表水	河流	达标	
74	福建省	武夷山市	武夷山市三菇水厂崇阳溪取水口	地表水	河流	达标	
75	福建省	建瓯市	建瓯市东门水厂松溪取水口	地表水	河流	达标	
76	福建省	建瓯市	建瓯市新区水厂七里街水库取水口	地表水	湖库	达标	
77	福建省	建阳市	建阳市狮子山水厂崇阳溪取水口	地表水	河流	达标	
78	福建省	顺昌县	顺昌县派溪水厂院尾水库取水口	地表水	湖库	达标	
79	福建省	浦城县	浦城县东区水厂南浦溪取水口	地表水	河流	达标	
80	福建省	浦城县	浦城县西区水厂东风水库取水口	地表水	湖库	达标	
81	福建省	光泽县	光泽县自来水厂西关水坝取水口	地表水	河流	达标	
82	福建省	松溪县	松溪县杉溪水厂杉溪取水口	地表水	河流	达标	
83	福建省	松溪县	松溪县来龙水厂钱园桥水库取水口	地表水	湖库	达标	
84	福建省	政和县	政和县珠山水厂宝岭水库取水口	地表水	湖库	达标	
85	福建省	龙岩市	龙岩市莲花水厂地下取水口	地下水	地下水	达标	
86	福建省	龙岩市	龙岩市西桥水厂地下取水口	地下水	地下水	达标	
87	福建省	龙岩市	龙岩市东宫下水厂地下取水口	地下水	地下水	达标	
88	福建省	龙岩市	龙岩市凤凰水厂富溪三级水库大坝取水口	地表水	湖库	达标	
89	福建省	龙岩市	龙岩市新区水厂黄岗水库取水口	地表水	湖库	达标	
90	福建省	龙岩市	龙岩市东南洋水厂东肖水库取水口	地表水	湖库	达标	
91	福建省	漳平市	漳平市自来水厂大坂三级电站取水口	地表水	河流	达标	
92	福建省	漳平市	漳平市铁路水厂双洋溪取水口	地表水	河流	达标	
93	福建省	长汀县	长汀县自来水股份有限公司正方水库取水口	地表水	湖库	达标	
94	福建省	永定县	永定县龙寨水厂龙寨水库取水口	地表水	湖库	达标	
95	福建省	上杭县	上杭县石禾仓水厂丰村溪取水口	地表水	河流	达标	
96	福建省	上杭县	上杭县兰地水厂汀江横滩取水口	地表水	河流	达标	
97	福建省	武平县	武平县北门水厂捷文水库取水口	地表水	湖库	达标	
98	福建省	连城县	连城县自来水公司竹光地下取水口	地下水	地下水	达标	
99	福建省	连城县	连城县自来水公司波洋地下取水口	地下水	地下水	达标	
100	福建省	连城县	连城县自来水公司罗坊鲜水塘地下取水口	地下水	地下水	达标	
101	福建省	宁德市	宁德市二水厂金涵水库取水口	地表水	湖库	达标	
102	福建省	宁德市	宁德市德源自来水厂陈家洋水库取水口	地表水	湖库	达标	

续表

序号	省份名称	行政区划	点位名称	水源地类型	水体类型	达标情况	超标指标及超标倍数
103	福建省	宁德市	宁德市盛源自来水公司盛源水库取水口	地表水	湖库	达标	
104	福建省	福安市	福安市城关二水厂交溪桃花岛取水口	地表水	河流	达标	
105	福建省	福安市	福安市城东水厂留洋水库取水口	地表水	湖库	达标	
106	福建省	福鼎市	福鼎市二水厂南溪水库取水口	地表水	湖库	达标	
107	福建省	霞浦县	霞浦县北山里水厂溪西水库取水口	地表水	湖库	达标	
108	福建省	古田县	古田县城关水厂桃溪水库取水口	地表水	湖库	达标	
109	福建省	屏南县	屏南县第一自来水厂汤坑溪取水口	地表水	河流	达标	
110	福建省	屏南县	屏南县第二自来水厂引水工程取水口	地表水	河流	达标	
111	福建省	屏南县	屏南县第二自来水厂南峭溪取水口	地表水	河流	达标	
112	福建省	寿宁县	寿宁县自来水有限公司六六溪水库取水口	地表水	湖库	达标	
113	福建省	周宁县	周宁县深洋水厂李园水库取水口	地表水	湖库	达标	
114	福建省	柘荣县	柘荣县自来水厂新荣溪水库取水口	地表水	湖库	达标	
115	福建省	平潭综合实验区	平潭县自来水公司三十六脚湖取水口	地表水	湖库	达标	

注：

1. 福清市东张水库取水口：同一取水口不同水厂的点位合并，名称变更（原：福清市宏路水厂东张水库取水口）。
2. 福清市闽江调水峡南取水口：同一取水口不同水厂的点位合并，名称变更（原：福清市新水厂闽江调水峡南取水口）。
3. 福清市新水厂东张水库取水口、福清市旧水厂东张水库取水口，同一取水口不同水厂的点位合并。
4. 福清市旧水厂闽江调水峡南取水，同一取水口不同水厂的点位合并。

5月福建省县级以上集中式生活饮用水水源水质状况（2019年）

一、监测情况

2019年5月，全省9个设区市及平潭综合实验区共监测已正式供水的115个集中式生活饮用水水源（取水口），其中地表水水源108个（河流型54个，湖库型54个）、地下水源7个。

（一）监测点位

1. 地表水水源：河流型水源在水厂取水口上游100米附近处设置监测断面，水厂在同一河流有多个取水口，可在最上游100米处设置监测断面；湖库型水源原则上按常规监测点位采样，在每个水源取水口周边100米处设置1个监测点位进行采样。河流及湖库采样深度为水面下0.5米处。

2. 地下水水源：具备采样条件的，在抽水井采样。如不具备采样条件，在自来水厂的汇水区（加滤前）采样。

（二）监测项目

1. 地表水水源

①设区城市、平潭综合实验区：监测项目为《地表水环境质量标准》（GB3838－2002）表1的基本项目（24项）、表2的补充项目（5项）和表3的优选特定项目（33项），共62项。其中，湖库型地表水饮用水源加测叶绿素a和透明度2项，共64项。

②县级城市：监测项目为《地表水环境质量标准》（GB3838－2002）表1的基本项目（24项）、表2的补充项目（5项）和表3的优选特定项目（33项），共62项。其中，湖库型地表水饮用水源加测叶绿素a和透明度2项，共64项。

2. 地下水饮用水源

监测项目为《地下水质量标准》（GB/T 14848－

2017）表1中39项。

各地可根据当地污染实际情况，适当增加区域特征污染物。

二、评价标准及方法

（一）地表水水源

地表水水源水质评价根据《地表水环境质量标准》（GB3838－2002）Ⅲ类标准限值进行评价。基本项目按照《地表水环境质量评价方法（试行）》（环办〔2011〕22号）进行评价，补充项目、特定项目采用单因子评价法进行评价。

（二）地下水水源

地下水水源水质评价执行《地下水质量标准》（GB/T 14848－2017）Ⅲ类标准限值，采用单因子评价法进行评价。评价项目为《地下水质量标准》（GB/T 14848－2017）表1中39项。

三、评价结果

（一）总体情况

115个集中式生活饮用水水源达标比例为100%。（详见附表）。

（二）地表水水源

108个地表水水源达标比例为100%。其中，有62个达到或优于Ⅱ类标准，占57.4%。

（三）地下水水源

7个地下水水源均达标，达标比例为100%。

备注：

1. 集中式生活饮用水水源，是指进入输水管网送到用户的和具有一定取水规模（供水人口一般大于1000人）的在用、备用和规划水源。

2. 集中式生活饮用水水源和饮用水的区别：饮用水水源为原水，居民饮用水为末梢水，水源水经自来水厂净化处理达到《生活饮用水卫生标准》的要求后，进入居民供水系统作为饮用水。

附表

2019年5月福建省县级以上集中式生活饮用水水源水质状况

序号	省份名称	行政区划	点位名称	水源地类型	水体类型	达标情况	超标指标及超标倍数
1	福建省	福州市	福州市西区、北区水厂闽江原厝取水口	地表水	河流	达标	
2	福建省	福州市	福州市城门水厂闽江南港取水口	地表水	河流	达标	
3	福建省	福州市	福州市马尾水厂白眉水库取水口	地表水	湖库	达标	
4	福建省	福州市	福州市新东区水厂塘坂取水口	地表水	河流	达标	
5	福建省	福州市	福州市飞凤山水厂水源取水口	地表水	河流	达标	
6	福建省	福清市	福清市东张水库取水口	地表水	湖库	达标	
7	福建省	福清市	福清市闽江调水峡南取水口	地表水	河流	达标	
8	福建省	长乐市	长乐市炎山水厂炎山矶头取水口	地表水	河流	达标	
9	福建省	闽侯县	闽侯县自来水公司叶洋泵站取水口	地表水	河流	达标	
10	福建省	连江县	连江县塘坂水厂塘坂取水口	地表水	河流	达标	
11	福建省	罗源县	罗源县八井水厂反调节库取水口	地表水	湖库	达标	
12	福建省	罗源县	罗源县可湖水厂西溪水库取水口	地表水	湖库	达标	
13	福建省	罗源县	罗源县洋尾水厂东岩调节水库取水口	地表水	湖库	达标	
14	福建省	闽清县	闽清县白石坑水厂闽江白石坑取水口	地表水	河流	达标	
15	福建省	闽清县	闽清县塔山水厂闽江猴山取水口	地表水	河流	达标	
16	福建省	闽清县	闽清县贵坑水厂爱焦涧取水口	地表水	河流	达标	
17	福建省	永泰县	永泰县南区水厂大樟溪取水口	地表水	河流	达标	
18	福建省	永泰县	永泰县青云山水厂天门窗水库取水口	地表水	湖库	达标	

续表

序号	省份名称	行政区划	点位名称	水源地类型	水体类型	达标情况	超标指标及超标倍数
19	福建省	永泰县	永泰县第二自来水厂水源取水口	地表水	河流	达标	
20	福建省	厦门市	厦门市莲坂水厂、集美水厂石兜、坂头水库取水口	地表水	湖库	达标	
21	福建省	厦门市	厦门市高殿水厂、杏林水厂九龙江北溪取水口	地表水	河流	达标	
22	福建省	厦门市	厦门市同安梅山水厂汀溪水库取水口	地表水	湖库	达标	
23	福建省	莆田市	莆田市莆田水厂东圳水库取水口	地表水	湖库	达标	
24	福建省	莆田市	莆田市涵江水厂外渡水库取水口	地表水	湖库	达标	
25	福建省	仙游县	仙游县仙游水厂古洋水库取水口	地表水	湖库	达标	
26	福建省	三明市	三明市富兴堡水厂东牙溪水库取水口	地表水	湖库	达标	
27	福建省	三明市	三明市下洋水厂东牙溪水库取水口	地表水	湖库	达标	
28	福建省	永安市	永安市北区水厂沙溪取水口	地表水	河流	达标	
29	福建省	永安市	永安市铁路水厂后溪取水口	地表水	河流	达标	
30	福建省	永安市	永安市南区水厂洛溪水库取水口	地表水	湖库	达标	
31	福建省	明溪县	明溪县城北水厂罗翠水库取水口	地表水	湖库	达标	
32	福建省	清流县	清流县自来水厂严坊溪取水口	地表水	河流	达标	
33	福建省	宁化县	宁化县沙子甲水厂寨头里水库取水口	地表水	湖库	达标	
34	福建省	大田县	大田县自来水公司坑口水库取水口	地表水	湖库	达标	
35	福建省	尤溪县	尤溪县自来水厂大池水库取水口	地表水	湖库	达标	
36	福建省	尤溪县	尤溪县东村溪兴头水库取水口	地表水	湖库	达标	
37	福建省	沙县	沙县第一水厂洞天岩水库取水口	地表水	湖库	达标	
38	福建省	沙县	沙县第二水厂下村洋水库取水口	地表水	湖库	达标	
39	福建省	沙县	沙县第三水厂马岩水库取水口	地表水	湖库	达标	
40	福建省	将乐县	将乐县下村水厂漠村溪取水口	地表水	河流	达标	
41	福建省	泰宁县	泰宁县北溪水厂际头水库取水口	地表水	湖库	达标	
42	福建省	建宁县	建宁县自来水公司王坪栋水库取水口	地表水	湖库	达标	
43	福建省	泉州市	泉州市北水厂北高干渠取水口	地表水	河流	达标	
44	福建省	泉州市	泉州市湄丰水厂、泉港第三水厂泗洲水库取水口	地表水	湖库	达标	
45	福建省	泉州市	泉州市湄丰水厂、泉港第三水厂黄塘溪取水口	地表水	河流	达标	
46	福建省	泉州市	泉州市金浦水厂晋江干流金鸡拦河旧闸取水口	地表水	河流	达标	
47	福建省	泉州市	泉州市三水厂晋江干流金鸡拦河旧闸取水口	地表水	河流	达标	
48	福建省	石狮市	石狮市石狮水厂南高干渠取水口	地表水	河流	达标	
49	福建省	晋江市	晋江市田洋水厂南高干渠取水口	地表水	河流	达标	
50	福建省	南安市	南安市美林水厂晋江东溪取水口	地表水	河流	达标	
51	福建省	惠安县	惠安县城南水厂黄塘溪取水口	地表水	河流	达标	

续表

序号	省份名称	行政区划	点位名称	水源地类型	水体类型	达标情况	超标指标及超标倍数
52	福建省	惠安县	惠安县北关水厂菱溪水库取水口	地表水	湖库	达标	
53	福建省	安溪县	安溪县城关水厂晋江西溪吾都取水口	地表水	河流	达标	
54	福建省	永春县	永春县第三自来水厂晋江东溪湖洋溪取水口	地表水	河流	达标	
55	福建省	德化县	德化县第二水厂国宝溪取水口	地表水	河流	达标	
56	福建省	漳州市	漳州市第一水厂九龙江西溪康山取水口	地表水	河流	达标	
57	福建省	漳州市	漳州市第二水厂九龙江北溪鳌浦取水口	地表水	河流	达标	
58	福建省	漳州市	漳州市福糖水厂九龙江北溪内林取水口	地表水	河流	达标	
59	福建省	龙海市	龙海市自来水厂九龙江北溪江东桥取水口	地表水	河流	达标	
60	福建省	云霄县	云霄县自来水厂车圩溪取水口	地表水	河流	达标	
61	福建省	漳浦县	漳浦县自来水厂梁山水库取水口	地表水	湖库	达标	
62	福建省	漳浦县	漳浦县自来水厂澎水水库取水口	地表水	湖库	达标	
63	福建省	诏安县	诏安县自来水厂亚湖水库取水口	地表水	湖库	达标	
64	福建省	长泰县	长泰县自来水公司龙津溪福信取水口	地表水	河流	达标	
65	福建省	东山县	东山县供水公司红旗水库取水口	地表水	湖库	达标	
66	福建省	南靖县	南靖县自来水公司象溪取水口	地表水	河流	达标	
67	福建省	平和县	平和县自来水公司花山溪取水口	地表水	河流	达标	
68	福建省	华安县	华安县自来水厂九龙江北溪取水口	地表水	河流	达标	
69	福建省	南平市	南平市安丰水厂建溪取水口	地表水	河流	达标	
70	福建省	南平市	南平市新建村水厂照溪（五星桥水库）取水口	地表水	湖库	达标	
71	福建省	邵武市	邵武市通明水务公司苦竹湾取水口	地下水	地下水	达标	
72	福建省	邵武市	邵武市熙春水厂大乾水库取水口	地表水	湖库	达标	
73	福建省	武夷山市	武夷山市石雄水厂西溪取水口	地表水	河流	达标	
74	福建省	武夷山市	武夷山市三菇水厂崇阳溪取水口	地表水	河流	达标	
75	福建省	建瓯市	建瓯市东门水厂松溪取水口	地表水	河流	达标	
76	福建省	建瓯市	建瓯市新区水厂七里街水库取水口	地表水	湖库	达标	
77	福建省	建阳市	建阳市狮子山水厂崇阳溪取水口	地表水	河流	达标	
78	福建省	顺昌县	顺昌县派溪水厂院尾水库取水口	地表水	湖库	达标	
79	福建省	浦城县	浦城县东区水厂南浦溪取水口	地表水	河流	达标	
80	福建省	浦城县	浦城县西区水厂东风水库取水口	地表水	湖库	达标	
81	福建省	光泽县	光泽县自来水厂西关水坝取水口	地表水	河流	达标	
82	福建省	松溪县	松溪县杉溪水厂杉溪取水口	地表水	河流	达标	
83	福建省	松溪县	松溪县来龙水厂钱园桥水库取水口	地表水	湖库	达标	
84	福建省	政和县	政和县珠山水厂宝岭水库取水口	地表水	湖库	达标	
85	福建省	龙岩市	龙岩市莲花水厂地下取水口	地下水	地下水	达标	
86	福建省	龙岩市	龙岩市西桥水厂地下取水口	地下水	地下水	达标	

续表

序号	省份名称	行政区划	点位名称	水源地类型	水体类型	达标情况	超标指标及超标倍数
87	福建省	龙岩市	龙岩市东宫下水厂地下取水口	地下水	地下水	达标	
88	福建省	龙岩市	龙岩市凤凰水厂富溪三级水库大坝取水口	地表水	湖库	达标	
89	福建省	龙岩市	龙岩市新区水厂黄岗水库取水口	地表水	湖库	达标	
90	福建省	龙岩市	龙岩市东南洋水厂东肖水库取水口	地表水	湖库	达标	
91	福建省	漳平市	漳平市自来水厂大坂三级电站取水口	地表水	河流	达标	
92	福建省	漳平市	漳平市铁路水厂双洋溪取水口	地表水	河流	达标	
93	福建省	长汀县	长汀县自来水股份有限公司正方水库取水口	地表水	湖库	达标	
94	福建省	永定县	永定县龙寨水厂龙寨水库取水口	地表水	湖库	达标	
95	福建省	上杭县	上杭县石禾仓水厂丰村溪取水口	地表水	河流	达标	
96	福建省	上杭县	上杭县兰地水厂汀江横滩取水口	地表水	河流	达标	
97	福建省	武平县	武平县北门水厂捷文水库取水口	地表水	湖库	达标	
98	福建省	连城县	连城县自来水公司竹光地下取水口	地下水	地下水	达标	
99	福建省	连城县	连城县自来水公司波洋地下取水口	地下水	地下水	达标	
100	福建省	连城县	连城县自来水公司罗坊鲜水塘地下取水口	地下水	地下水	达标	
101	福建省	宁德市	宁德市二水厂金涵水库取水口	地表水	湖库	达标	
102	福建省	宁德市	宁德市德源自来水厂陈家洋水库取水口	地表水	湖库	达标	
103	福建省	宁德市	宁德市盛源自来水公司盛源水库取水口	地表水	湖库	达标	
104	福建省	福安市	福安市城关二水厂交溪桃花岛取水口	地表水	河流	达标	
105	福建省	福安市	福安市城东水厂留洋水库取水口	地表水	湖库	达标	
106	福建省	福鼎市	福鼎市二水厂南溪水库取水口	地表水	湖库	达标	
107	福建省	霞浦县	霞浦县北山里水厂溪西水库取水口	地表水	湖库	达标	
108	福建省	古田县	古田县城关水厂桃溪水库取水口	地表水	湖库	达标	
109	福建省	屏南县	屏南县第一自来水厂汤坑溪取水口	地表水	河流	达标	
110	福建省	屏南县	屏南县第二自来水厂引水工程取水口	地表水	河流	达标	
111	福建省	屏南县	屏南县第二自来水厂南峭溪取水口	地表水	河流	达标	
112	福建省	寿宁县	寿宁县自来水有限公司六六溪水库取水口	地表水	湖库	达标	
113	福建省	周宁县	周宁县深洋水厂李园水库取水口	地表水	湖库	达标	
114	福建省	柘荣县	柘荣县自来水厂新荣溪水库取水口	地表水	湖库	达标	
115	福建省	平潭综合实验区	平潭县自来水公司三十六脚湖取水口	地表水	湖库	达标	

6月福建省县级以上集中式生活饮用水水源水质状况

一、监测情况

2019年6月，全省9个设区市及平潭综合实验区共监测已正式供水的115个集中式生活饮用水水源（取水口），其中地表水水源108个（河流型54个，湖库型54个）、地下水源7个。

（一）监测点位

1. 地表水水源：河流型水源在水厂取水口上游100米附近处设置监测断面，水厂在同一河流有多个取水口，可在最上游100米处设置监测断面；湖库型水源原则上按常规监测点位采样，在每个水源取水口周边100米处设置1个监测点位进行采样。河流及湖库采样深度为水面下0.5米处。

2. 地下水水源：具备采样条件的，在抽水井采样。如不具备采样条件，在自来水厂的汇水区（加滤前）采样。

（二）监测项目

1. 地表水水源

①设区城市、平潭综合实验区：监测项目为《地表水环境质量标准》（GB3838－2002）表1的基本项目（24项）、表2的补充项目（5项）和表3的优选特定项目（33项），共62项。其中，湖库型地表水饮用水源加测叶绿素a和透明度2项，共64项。

②县级城市：监测项目为《地表水环境质量标准》（GB3838－2002）表1的基本项目（24项）、表2的补充项目（5项），共29项。其中，湖库型地表水饮用水源加测叶绿素a和透明度2项，共31项。

2. 地下水饮用水源

监测项目为《地下水质量标准》（GB/T 14848－2017）表1中39项。

各地可根据当地污染实际情况，适当增加区域特征污染物。

二、评价标准及方法

（一）地表水水源

地表水水源水质评价根据《地表水环境质量标准》（GB3838－2002）Ⅲ类标准限值进行评价。基本项目按照《地表水环境质量评价方法（试行）》（环办〔2011〕22号）进行评价，补充项目、特定项目采用单因子评价法进行评价。

（二）地下水水源

地下水水源水质评价执行《地下水质量标准》（GB/T 14848－2017）Ⅲ类标准限值，采用单因子评价法进行评价。评价项目为《地下水质量标准》（GB/T 14848－2017）表1中39项。

三、评价结果

（一）总体情况

115个集中式生活饮用水水源达标比例为100%。（详见附表）。

（二）地表水水源

108个地表水水源达标比例为100%。其中，有65个达到或优于Ⅱ类标准，占60.2%。

（三）地下水水源

7个地下水水源均达标，达标比例为100%。

备注：

1. 集中式生活饮用水水源，是指进入输水管网送到用户的和具有一定取水规模（供水人口一般大于1000人）的在用、备用和规划水源。

2. 集中式生活饮用水水源和饮用水的区别：饮用水水源为原水，居民饮用水为末梢水，水源水经自来水厂净化处理达到《生活饮用水卫生标准》的要求后，进入居民供水系统作为饮用水。

附表

2019年6月福建省县级以上集中式生活饮用水水源水质状况

序号	省份名称	行政区划	点位名称	水源地类型	水体类型	达标情况	超标指标及超标倍数
1	福建省	福州市	福州市西区、北区水厂闽江原厝取水口	地表水	河流	达标	
2	福建省	福州市	福州市城门水厂闽江南港取水口	地表水	河流	达标	
3	福建省	福州市	福州市马尾水厂白眉水库取水口	地表水	湖库	达标	
4	福建省	福州市	福州市新东区水厂塘坂取水口	地表水	河流	达标	
5	福建省	福州市	福州市飞凤山水厂水源取水口	地表水	河流	达标	
6	福建省	福清市	福清市东张水库取水口	地表水	湖库	达标	
7	福建省	福清市	福清市闽江调水峡南取水口	地表水	河流	达标	
8	福建省	长乐市	长乐市炎山水厂炎山矶头取水口	地表水	河流	达标	
9	福建省	闽侯县	闽侯县自来水公司叶洋泵站取水口	地表水	河流	达标	
10	福建省	连江县	连江县塘坂水厂塘坂取水口	地表水	河流	达标	
11	福建省	罗源县	罗源县八井水厂反调节库取水口	地表水	湖库	达标	
12	福建省	罗源县	罗源县可湖水厂西溪水库取水口	地表水	湖库	达标	
13	福建省	罗源县	罗源县洋尾水厂东岩调节水库取水口	地表水	湖库	达标	
14	福建省	闽清县	闽清县白石坑水厂闽江白石坑取水口	地表水	河流	达标	
15	福建省	闽清县	闽清县塔山水厂闽江猴山取水口	地表水	河流	达标	
16	福建省	闽清县	闽清县贵坑水厂爰焦涧取水口	地表水	河流	达标	
17	福建省	永泰县	永泰县南区水厂大樟溪取水口	地表水	河流	达标	
18	福建省	永泰县	永泰县青云山水厂天门窗水库取水口	地表水	湖库	达标	
19	福建省	永泰县	永泰县第二自来水厂水源取水口	地表水	河流	达标	
20	福建省	厦门市	厦门市莲坂水厂、集美水厂石兜、坂头水库取水口	地表水	湖库	达标	
21	福建省	厦门市	厦门市高殿水厂、杏林水厂九龙江北溪取水口	地表水	河流	达标	
22	福建省	厦门市	厦门市同安梅山水厂汀溪水库取水口	地表水	湖库	达标	
23	福建省	莆田市	莆田市莆田水厂东圳水库取水口	地表水	湖库	达标	
24	福建省	莆田市	莆田市涵江水厂外渡水库取水口	地表水	湖库	达标	
25	福建省	仙游县	仙游县仙游水厂古洋水库取水口	地表水	湖库	达标	
26	福建省	三明市	三明市富兴堡水厂东牙溪水库取水口	地表水	湖库	达标	
27	福建省	三明市	三明市下洋水厂东牙溪水库取水口	地表水	湖库	达标	
28	福建省	永安市	永安市北区水厂沙溪取水口	地表水	河流	达标	
29	福建省	永安市	永安市铁路水厂后溪取水口	地表水	河流	达标	
30	福建省	永安市	永安市南区水厂洛溪水库取水口	地表水	湖库	达标	
31	福建省	明溪县	明溪县城北水厂罗翠水库取水口	地表水	湖库	达标	
32	福建省	清流县	清流县自来水厂严坊溪取水口	地表水	河流	达标	
33	福建省	宁化县	宁化县沙子甲水厂寨头里水库取水口	地表水	湖库	达标	

续表

序号	省份名称	行政区划	点位名称	水源地类型	水体类型	达标情况	超标指标及超标倍数
34	福建省	大田县	大田县自来水公司坑口水库取水口	地表水	湖库	达标	
35	福建省	尤溪县	尤溪县自来水厂大池水库取水口	地表水	湖库	达标	
36	福建省	尤溪县	尤溪县东村溪兴头水库取水口	地表水	湖库	达标	
37	福建省	沙县	沙县第一水厂洞天岩水库取水口	地表水	湖库	达标	
38	福建省	沙县	沙县第二水厂下村洋水库取水口	地表水	湖库	达标	
39	福建省	沙县	沙县第三水厂马岩水库取水口	地表水	湖库	达标	
40	福建省	将乐县	将乐县下村水厂漠村溪取水口	地表水	河流	达标	
41	福建省	泰宁县	泰宁县北溪水厂际头水库取水口	地表水	湖库	达标	
42	福建省	建宁县	建宁县自来水公司王坪栋水库取水口	地表水	湖库	达标	
43	福建省	泉州市	泉州市北水厂北高干渠取水口	地表水	河流	达标	
44	福建省	泉州市	泉州市涓丰水厂、泉港第三水厂泗洲水库取水口	地表水	湖库	达标	
45	福建省	泉州市	泉州市涓丰水厂、泉港第三水厂黄塘溪取水口	地表水	河流	达标	
46	福建省	泉州市	泉州市金浦水厂晋江干流金鸡拦河旧闸取水口	地表水	河流	达标	
47	福建省	泉州市	泉州市三水厂晋江干流金鸡拦河旧闸取水口	地表水	河流	达标	
48	福建省	石狮市	石狮市石狮水厂南高干渠取水口	地表水	河流	达标	
49	福建省	晋江市	晋江市田洋水厂南高干渠取水口	地表水	河流	达标	
50	福建省	南安市	南安市美林水厂晋江东溪取水口	地表水	河流	达标	
51	福建省	惠安县	惠安县城南水厂黄塘溪取水口	地表水	河流	达标	
52	福建省	惠安县	惠安县北关水厂菱溪水库取水口	地表水	湖库	达标	
53	福建省	安溪县	安溪县城关水厂晋江西溪吾都取水口	地表水	河流	达标	
54	福建省	永春县	永春县第三自来水厂晋江东溪湖洋溪取水口	地表水	河流	达标	
55	福建省	德化县	德化县第二水厂国宝溪取水口	地表水	河流	达标	
56	福建省	漳州市	漳州市第一水厂九龙江西溪康山取水口	地表水	河流	达标	
57	福建省	漳州市	漳州市第二水厂九龙江北溪鳌浦取水口	地表水	河流	达标	
58	福建省	漳州市	漳州市福糖水厂九龙江北溪内林取水口	地表水	河流	达标	
59	福建省	龙海市	龙海市自来水厂九龙江北溪江东桥取水口	地表水	河流	达标	
60	福建省	云霄县	云霄县自来水厂车圩溪取水口	地表水	河流	达标	
61	福建省	漳浦县	漳浦县自来水厂梁山水库取水口	地表水	湖库	达标	
62	福建省	漳浦县	漳浦县自来水厂澎水水库取水口	地表水	湖库	达标	
63	福建省	诏安县	诏安县自来水厂亚湖水库取水口	地表水	湖库	达标	
64	福建省	长泰县	长泰县自来水公司龙津溪福信取水口	地表水	河流	达标	
65	福建省	东山县	东山县供水公司红旗水库取水口	地表水	湖库	达标	
66	福建省	南靖县	南靖县自来水公司象溪取水口	地表水	河流	达标	
67	福建省	平和县	平和县自来水公司花山溪取水口	地表水	河流	达标	

续表

序号	省份名称	行政区划	点位名称	水源地类型	水体类型	达标情况	超标指标及超标倍数
68	福建省	华安县	华安县自来水厂九龙江北溪取水口	地表水	河流	达标	
69	福建省	南平市	南平市安丰水厂建溪取水口	地表水	河流	达标	
70	福建省	南平市	南平市新建村水厂照溪（五星桥水库）取水口	地表水	湖库	达标	
71	福建省	邵武市	邵武市通明水务公司苦竹湾取水口	地下水	地下水	达标	
72	福建省	邵武市	邵武市熙春水厂大乾水库取水口	地表水	湖库	达标	
73	福建省	武夷山市	武夷山市石雄水厂西溪取水口	地表水	河流	达标	
74	福建省	武夷山市	武夷山市三菇水厂崇阳溪取水口	地表水	河流	达标	
75	福建省	建瓯市	建瓯市东门水厂松溪取水口	地表水	河流	达标	
76	福建省	建瓯市	建瓯市新区水厂七里街水库取水口	地表水	湖库	达标	
77	福建省	建阳市	建阳市狮子山水厂崇阳溪取水口	地表水	河流	达标	
78	福建省	顺昌县	顺昌县派溪水厂院尾水库取水口	地表水	湖库	达标	
79	福建省	浦城县	浦城县东区水厂南浦溪取水口	地表水	河流	达标	
80	福建省	浦城县	浦城县西区水厂东风水库取水口	地表水	湖库	达标	
81	福建省	光泽县	光泽县自来水厂西关水坝取水口	地表水	河流	达标	
82	福建省	松溪县	松溪县杉溪水厂杉溪取水口	地表水	河流	达标	
83	福建省	松溪县	松溪县来龙水厂钱园桥水库取水口	地表水	湖库	达标	
84	福建省	政和县	政和县珠山水厂宝岭水库取水口	地表水	湖库	达标	
85	福建省	龙岩市	龙岩市莲花水厂地下取水口	地下水	地下水	达标	
86	福建省	龙岩市	龙岩市西桥水厂地下取水口	地下水	地下水	达标	
87	福建省	龙岩市	龙岩市东宫下水厂地下取水口	地下水	地下水	达标	
88	福建省	龙岩市	龙岩市凤凰水厂富溪三级水库大坝取水口	地表水	湖库	达标	
89	福建省	龙岩市	龙岩市新区水厂黄岗水库取水口	地表水	湖库	达标	
90	福建省	龙岩市	龙岩市东南洋水厂东肖水库取水口	地表水	湖库	达标	
91	福建省	漳平市	漳平市自来水厂大坂三级电站取水口	地表水	河流	达标	
92	福建省	漳平市	漳平市铁路水厂双洋溪取水口	地表水	河流	达标	
93	福建省	长汀县	长汀县自来水股份有限公司正方水库取水口	地表水	湖库	达标	
94	福建省	永定县	永定县龙寨水厂龙寨水库取水口	地表水	湖库	达标	
95	福建省	上杭县	上杭县石禾仓水厂丰村溪取水口	地表水	河流	达标	
96	福建省	上杭县	上杭县兰地水厂汀江横滩取水口	地表水	河流	达标	
97	福建省	武平县	武平县北门水厂捷文水库取水口	地表水	湖库	达标	
98	福建省	连城县	连城县自来水公司竹光地下取水口	地下水	地下水	达标	
99	福建省	连城县	连城县自来水公司波洋地下取水口	地下水	地下水	达标	
100	福建省	连城县	连城县自来水公司罗坊鲜水塘地下取水口	地下水	地下水	达标	
101	福建省	宁德市	宁德市二水厂金涵水库取水口	地表水	湖库	达标	
102	福建省	宁德市	宁德市德源自来水厂陈家洋水库取水口	地表水	湖库	达标	

续表

序号	省份名称	行政区划	点位名称	水源地类型	水体类型	达标情况	超标指标及超标倍数
103	福建省	宁德市	宁德市盛源自来水公司盛源水库取水口	地表水	湖库	达标	
104	福建省	福安市	福安市城关二水厂交溪桃花岛取水口	地表水	河流	达标	
105	福建省	福安市	福安市城东水厂留洋水库取水口	地表水	湖库	达标	
106	福建省	福鼎市	福鼎市二水厂南溪水库取水口	地表水	湖库	达标	
107	福建省	霞浦县	霞浦县北山里水厂溪西水库取水口	地表水	湖库	达标	
108	福建省	古田县	古田县城关水厂桃溪水库取水口	地表水	湖库	达标	
109	福建省	屏南县	屏南县第一自来水厂汤坑溪取水口	地表水	河流	达标	
110	福建省	屏南县	屏南县第二自来水厂引水工程取水口	地表水	河流	达标	
111	福建省	屏南县	屏南县第二自来水厂南峭溪取水口	地表水	河流	达标	
112	福建省	寿宁县	寿宁县自来水有限公司六六溪水库取水口	地表水	湖库	达标	
113	福建省	周宁县	周宁县深洋水厂李园水库取水口	地表水	湖库	达标	
114	福建省	柘荣县	柘荣县自来水厂新荣溪水库取水口	地表水	湖库	达标	
115	福建省	平潭综合实验区	平潭县自来水公司三十六脚湖取水口	地表水	湖库	达标	

7 月福建省县级以上集中式生活饮用水水源水质状况

一、监测情况

2019 年 7 月，全省 9 个设区市及平潭综合实验区共监测 115 个集中式生活饮用水水源（取水口），其中地表水水源 108 个（河流型 54 个，湖库型 54 个）、地下水源 7 个。

（一）监测点位

1. 地表水水源：河流型水源在水厂取水口上游 100 米附近处设置监测断面，水厂在同一河流有多个取水口，可在最上游 100 米处设置监测断面；湖库型水源原则上按常规监测点位采样，在每个水源取水口周边 100 米处设置 1 个监测点位进行采样。河流及湖库采样深度为水面下 0.5 米处。

2. 地下水水源：具备采样条件的，在抽水井采样。如不具备采样条件，在自来水厂的汇水区（加滤前）采样。

（二）监测项目

1. 地表水水源

①设区城市、平潭综合实验区：监测项目为《地表水环境质量标准》（GB3838－2002）表 1 的基本项目（24 项）、表 2 的补充项目（5 项）和表 3 的优选特定项目（33 项），共 62 项。其中，湖库型地表水饮用水源加测叶绿素 a 和透明度 2 项，共 64 项。

②县级城市：监测项目为《地表水环境质量标准》（GB3838－2002）表 1 的基本项目（24 项）、表 2 的补充项目（5 项）和表 3 的优选特定项目（33 项），共 62 项。其中，湖库型地表水饮用水源加测叶绿素 a 和透明度 2 项，共 64 项。

2. 地下水饮用水源

监测项目为《地下水质量标准》（GB/T 14848－2017）表 1 中 39 项。

各地可根据当地污染实际情况，适当增加区域特征污染物。

二、评价标准及方法

（一）地表水水源

地表水水源水质评价根据《地表水环境质量标准》（GB3838－2002）Ⅲ类标准限值进行评价。基本项目按照《地表水环境质量评价方法（试行）》（环办〔2011〕22 号）进行评价，补充项目、特定项目采用单因子评价法进行评价。

（二）地下水水源

地下水水源水质评价执行《地下水质量标准》（GB/T 14848－2017）Ⅲ类标准限值，采用单因子评价法进行评价。评价项目为《地下水质量标准》（GB/T 14848－2017）表1中39项。

三、评价结果

（一）总体情况

115个集中式生活饮用水水源达标比例100%。（详见附表）。

（二）地表水水源

108个地表水水源达标比例100%。其中，有70个达到或优于Ⅱ类标准，占64.8%。

（三）地下水水源

7个地下水水源均达标，达标比例100%。

备注：

1. 集中式生活饮用水水源，是指进入输水管网送到用户的和具有一定取水规模（供水人口一般大于1000人）的在用、备用和规划水源。

2. 集中式生活饮用水水源和饮用水的区别：饮用水水源为原水，居民饮用水为末梢水，水源水经自来水厂净化处理达到《生活饮用水卫生标准》的要求后，进入居民供水系统作为饮用水。

附表

2019年7月福建省县级以上集中式生活饮用水水源水质状况

序号	省份名称	行政区划	点位名称	水源地类型	水体类型	达标情况	超标指标及超标倍数
1	福建省	福州市	福州市西区、北区水厂闽江原厝取水口	地表水	河流	达标	
2	福建省	福州市	福州市城门水厂闽江南港取水口	地表水	河流	达标	
3	福建省	福州市	福州市马尾水厂白眉水库取水口	地表水	湖库	达标	
4	福建省	福州市	福州市新东区水厂塘坂取水口	地表水	河流	达标	
5	福建省	福州市	福州市飞凤山水厂水源取水口	地表水	河流	达标	
6	福建省	福清市	福清市东张水库取水口	地表水	湖库	达标	
7	福建省	福清市	福清市闽江调水峡南取水口	地表水	河流	达标	
8	福建省	长乐市	长乐市炎山水厂炎山矶头取水口	地表水	河流	达标	
9	福建省	闽侯县	闽侯县自来水公司叶洋泵站取水口	地表水	河流	达标	
10	福建省	连江县	连江县塘坂水厂塘坂取水口	地表水	河流	达标	
11	福建省	罗源县	罗源县八井水厂反调节库取水口	地表水	湖库	达标	
12	福建省	罗源县	罗源县可湖水厂西溪水库取水口	地表水	湖库	达标	
13	福建省	罗源县	罗源县洋尾水厂东岩调节水库取水口	地表水	湖库	达标	
14	福建省	闽清县	闽清县白石坑水厂闽江白石坑取水口	地表水	河流	达标	
15	福建省	闽清县	闽清县塔山水厂闽江猴山取水口	地表水	河流	达标	
16	福建省	闽清县	闽清县贵坑水厂爱焦涧取水口	地表水	河流	达标	
17	福建省	永泰县	永泰县南区水厂大樟溪取水口	地表水	河流	达标	
18	福建省	永泰县	永泰县青云山水厂天门窗水库取水口	地表水	湖库	达标	
19	福建省	永泰县	永泰县第二自来水厂水源取水口	地表水	河流	达标	
20	福建省	厦门市	厦门市莲坂水厂、集美水厂石兜、坂头水库取水口	地表水	湖库	达标	
21	福建省	厦门市	厦门市高殿水厂、杏林水厂九龙江北溪取水口	地表水	河流	达标	

续表

序号	省份名称	行政区划	点位名称	水源地类型	水体类型	达标情况	超标指标及超标倍数
22	福建省	厦门市	厦门市同安梅山水厂汀溪水库取水口	地表水	湖库	达标	
23	福建省	莆田市	莆田市莆田水厂东圳水库取水口	地表水	湖库	达标	
24	福建省	莆田市	莆田市涵江水厂外渡水库取水口	地表水	湖库	达标	
25	福建省	仙游县	仙游县仙游水厂古洋水库取水口	地表水	湖库	达标	
26	福建省	三明市	三明市富兴堡水厂东牙溪水库取水口	地表水	湖库	达标	
27	福建省	三明市	三明市下洋水厂东牙溪水库取水口	地表水	湖库	达标	
28	福建省	永安市	永安市北区水厂沙溪取水口	地表水	河流	达标	
29	福建省	永安市	永安市铁路水厂后溪取水口	地表水	河流	达标	
30	福建省	永安市	永安市南区水厂洛溪水库取水口	地表水	湖库	达标	
31	福建省	明溪县	明溪县城北水厂罗翠水库取水口	地表水	湖库	达标	
32	福建省	清流县	清流县自来水厂严坊溪取水口	地表水	河流	达标	
33	福建省	宁化县	宁化县沙子甲水厂寨头里水库取水口	地表水	湖库	达标	
34	福建省	大田县	大田县自来水公司坑口水库取水口	地表水	湖库	达标	
35	福建省	尤溪县	尤溪县自来水厂大池水库取水口	地表水	湖库	达标	
36	福建省	尤溪县	尤溪县东村溪兴头水库取水口	地表水	湖库	达标	
37	福建省	沙县	沙县第一水厂洞天岩水库取水口	地表水	湖库	达标	
38	福建省	沙县	沙县第二水厂下村洋水库取水口	地表水	湖库	达标	
39	福建省	沙县	沙县第三水厂马岩水库取水口	地表水	湖库	达标	
40	福建省	将乐县	将乐县下村水厂漠村溪取水口	地表水	河流	达标	
41	福建省	泰宁县	泰宁县北溪水厂际头水库取水口	地表水	湖库	达标	
42	福建省	建宁县	建宁县自来水公司王坪栋水库取水口	地表水	湖库	达标	
43	福建省	泉州市	泉州市北水厂北高干渠取水口	地表水	河流	达标	
44	福建省	泉州市	泉州市湄丰水厂、泉港第三水厂泗洲水库取水口	地表水	湖库	达标	
45	福建省	泉州市	泉州市湄丰水厂、泉港第三水厂黄塘溪取水口	地表水	河流	达标	
46	福建省	泉州市	泉州市金浦水厂晋江干流金鸡拦河旧闸取水口	地表水	河流	达标	
47	福建省	泉州市	泉州市三水厂晋江干流金鸡拦河旧闸取水口	地表水	河流	达标	
48	福建省	石狮市	石狮市石狮水厂南高干渠取水口	地表水	河流	达标	
49	福建省	晋江市	晋江市田洋水厂南高干渠取水口	地表水	河流	达标	
50	福建省	南安市	南安市美林水厂晋江东溪取水口	地表水	河流	达标	
51	福建省	惠安县	惠安县城南水厂黄塘溪取水口	地表水	河流	达标	
52	福建省	惠安县	惠安县北关水厂菱溪水库取水口	地表水	湖库	达标	
53	福建省	安溪县	安溪县城关水厂晋江西溪吾都取水口	地表水	河流	达标	
54	福建省	永春县	永春县第三自来水厂晋江东溪湖洋溪取水口	地表水	河流	达标	
55	福建省	德化县	德化县第二水厂国宝溪取水口	地表水	河流	达标	

续表

序号	省份名称	行政区划	点位名称	水源地类型	水体类型	达标情况	超标指标及超标倍数
56	福建省	漳州市	漳州市第一水厂九龙江西溪康山取水口	地表水	河流	达标	
57	福建省	漳州市	漳州市第二水厂九龙江北溪鳌浦取水口	地表水	河流	达标	
58	福建省	漳州市	漳州市福糖水厂九龙江北溪内林取水口	地表水	河流	达标	
59	福建省	龙海市	龙海市自来水厂九龙江北溪江东桥取水口	地表水	河流	达标	
60	福建省	云霄县	云霄县自来水厂车圩溪取水口	地表水	河流	达标	
61	福建省	漳浦县	漳浦县自来水厂梁山水库取水口	地表水	湖库	达标	
62	福建省	漳浦县	漳浦县自来水厂澎水水库取水口	地表水	湖库	达标	
63	福建省	诏安县	诏安县自来水厂亚湖水库取水口	地表水	湖库	达标	
64	福建省	长泰县	长泰县自来水公司龙津溪福信取水口	地表水	河流	达标	
65	福建省	东山县	东山县供水公司红旗水库取水口	地表水	湖库	达标	
66	福建省	南靖县	南靖县自来水公司象溪取水口	地表水	河流	达标	
67	福建省	平和县	平和县自来水公司花山溪取水口	地表水	河流	达标	
68	福建省	华安县	华安县自来水厂九龙江北溪取水口	地表水	河流	达标	
69	福建省	南平市	南平市安丰水厂建溪取水口	地表水	河流	达标	
70	福建省	南平市	南平市新建村水厂照溪（五星桥水库）取水口	地表水	湖库	达标	
71	福建省	邵武市	邵武市通明水务公司苦竹湾取水口	地下水	地下水	达标	
72	福建省	邵武市	邵武市熙春水厂大乾水库取水口	地表水	湖库	达标	
73	福建省	武夷山市	武夷山市石雄水厂西溪取水口	地表水	河流	达标	
74	福建省	武夷山市	武夷山市三菇水厂崇阳溪取水口	地表水	河流	达标	
75	福建省	建瓯市	建瓯市东门水厂松溪取水口	地表水	河流	达标	
76	福建省	建瓯市	建瓯市新区水厂七里街水库取水口	地表水	湖库	达标	
77	福建省	建阳市	建阳市狮子山水厂崇阳溪取水口	地表水	河流	达标	
78	福建省	顺昌县	顺昌县派溪水厂院尾水库取水口	地表水	湖库	达标	
79	福建省	浦城县	浦城县东区水厂南浦溪取水口	地表水	河流	达标	
80	福建省	浦城县	浦城县西区水厂东风水库取水口	地表水	湖库	达标	
81	福建省	光泽县	光泽县自来水厂西关水坝取水口	地表水	河流	达标	
82	福建省	松溪县	松溪县杉溪水厂杉溪取水口	地表水	河流	达标	
83	福建省	松溪县	松溪县来龙水厂钱园桥水库取水口	地表水	湖库	达标	
84	福建省	政和县	政和县珠山水厂宝岭水库取水口	地表水	湖库	达标	
85	福建省	龙岩市	龙岩市莲花水厂地下取水口	地下水	地下水	达标	
86	福建省	龙岩市	龙岩市西桥水厂地下取水口	地下水	地下水	达标	
87	福建省	龙岩市	龙岩市东宫下水厂地下取水口	地下水	地下水	达标	
88	福建省	龙岩市	龙岩市凤凰水厂富溪三级水库大坝取水口	地表水	湖库	达标	
89	福建省	龙岩市	龙岩市新区水厂黄岗水库取水口	地表水	湖库	达标	
90	福建省	龙岩市	龙岩市东南洋水厂东肖水库取水口	地表水	湖库	达标	

续表

序号	省份名称	行政区划	点位名称	水源地类型	水体类型	达标情况	超标指标及超标倍数
91	福建省	漳平市	漳平市自来水厂大坂三级电站取水口	地表水	河流	达标	
92	福建省	漳平市	漳平市铁路水厂双洋溪取水口	地表水	河流	达标	
93	福建省	长汀县	长汀县自来水股份有限公司正方水库取水口	地表水	湖库	达标	
94	福建省	永定县	永定县龙寨水厂龙寨水库取水口	地表水	湖库	达标	
95	福建省	上杭县	上杭县石禾仓水厂丰村溪取水口	地表水	河流	达标	
96	福建省	上杭县	上杭县兰地水厂汀江横滩取水口	地表水	河流	达标	
97	福建省	武平县	武平县北门水厂捷文水库取水口	地表水	湖库	达标	
98	福建省	连城县	连城县自来水公司竹光地下取水口	地下水	地下水	达标	
99	福建省	连城县	连城县自来水公司波洋地下取水口	地下水	地下水	达标	
100	福建省	连城县	连城县自来水公司罗坊鲜水塘地下取水口	地下水	地下水	达标	
101	福建省	宁德市	宁德市二水厂金涵水库取水口	地表水	湖库	达标	
102	福建省	宁德市	宁德市德源自来水厂陈家洋水库取水口	地表水	湖库	达标	
103	福建省	宁德市	宁德市盛源自来水公司盛源水库取水口	地表水	湖库	达标	
104	福建省	福安市	福安市城关二水厂交溪桃花岛取水口	地表水	河流	达标	
105	福建省	福安市	福安市城东水厂留洋水库取水口	地表水	湖库	达标	
106	福建省	福鼎市	福鼎市二水厂南溪水库取水口	地表水	湖库	达标	
107	福建省	霞浦县	霞浦县北山里水厂溪西水库取水口	地表水	湖库	达标	
108	福建省	古田县	古田县城关水厂桃溪水库取水口	地表水	湖库	达标	
109	福建省	屏南县	屏南县第一自来水厂汤坑溪取水口	地表水	河流	达标	
110	福建省	屏南县	屏南县第二自来水厂引水工程取水口	地表水	河流	达标	
111	福建省	屏南县	屏南县第二自来水厂南峭溪取水口	地表水	河流	达标	
112	福建省	寿宁县	寿宁县自来水有限公司六六溪水库取水口	地表水	湖库	达标	
113	福建省	周宁县	周宁县深洋水厂李园水库取水口	地表水	湖库	达标	
114	福建省	柘荣县	柘荣县自来水厂新荣溪水库取水口	地表水	湖库	达标	
115	福建省	平潭综合实验区	平潭县自来水公司三十六脚湖取水口	地表水	湖库	达标	

8月福建省县级以上集中式生活饮用水水源水质状况

一、监测情况

2019年8月，全省9个设区市及平潭综合实验区共监测115个集中式生活饮用水水源（取水口），其中地表水水源108个（河流型54个，湖库型54个）、地下水源7个。

（一）监测点位

1. 地表水水源：河流型水源在水厂取水口上游100米附近处设置监测断面，水厂在同一河流有多个取水口，可在最上游100米处设置监测断面；湖库型水源原则上按常规监测点位采样，在每个水源取水口周边100米处设置1个监测点位进行采样。河流及湖库采样深度为水面下0.5米处。

2. 地下水水源：具备采样条件的，在抽水井采样。如不具备采样条件，在自来水厂的汇水区

（加滤前）采样。

（二）监测项目

1. 地表水水源

①设区城市、平潭综合实验区：监测项目为《地表水环境质量标准》（GB3838－2002）表1的基本项目（24项）、表2的补充项目（5项）和表3的优选特定项目（33项），共62项。其中，湖库型地表水饮用水源加测叶绿素a和透明度2项，共64项。

②县级城市：监测项目为《地表水环境质量标准》（GB3838－2002）表1的基本项目（24项）、表2的补充项目（5项），共29项。其中，湖库型地表水饮用水源加测叶绿素a和透明度2项，共31项。

2. 地下水饮用水源

监测项目为《地下水质量标准》（GB/T 14848－2017）表1中39项。

各地可根据当地污染实际情况，适当增加区域特征污染物。

二、评价标准及方法

（一）地表水水源

地表水水源水质评价根据《地表水环境质量标准》（GB3838－2002）Ⅲ类标准限值进行评价。基本项目按照《地表水环境质量评价方法（试行）》（环办〔2011〕22号）进行评价，补充项目、特定项目采用单因子评价法进行评价。

（二）地下水水源

地下水水源水质评价执行《地下水质量标准》（GB/T 14848－2017）Ⅲ类标准限值，采用单因子评价法进行评价。评价项目为《地下水质量标准》（GB/T 14848－2017）表1中39项。

三、评价结果

（一）总体情况

115个集中式生活饮用水水源达标比例100%。（详见附表）。

（二）地表水水源

108个地表水水源源达标比例100%。其中，有65个达到或优于Ⅱ类标准，占60.2%。

（三）地下水水源

7个地下水水源均达标，达标比例100%。

备注：

1. 集中式生活饮用水水源，是指进入输水管网送到用户的和具有一定取水规模（供水人口一般大于1000人）的在用、备用和规划水源。

2. 集中式生活饮用水水源和饮用水的区别：饮用水水源为原水，居民饮用水为末梢水，水源水经自来水厂净化处理达到《生活饮用水卫生标准》的要求后，进入居民供水系统作为饮用水。

附表

2019年8月福建省县级以上集中式生活饮用水水源水质状况

序号	省份名称	行政区划	点位名称	水源地类型	水体类型	达标情况	超标指标及超标倍数
1	福建省	福州市	福州市西区、北区水厂闽江原厝取水口	地表水	河流	达标	
2	福建省	福州市	福州市城门水厂闽江南港取水口	地表水	河流	达标	
3	福建省	福州市	福州市马尾水厂白眉水库取水口	地表水	湖库	达标	
4	福建省	福州市	福州市新东区水厂塘坂取水口	地表水	河流	达标	
5	福建省	福州市	福州市飞凤山水厂水源取水口	地表水	河流	达标	
6	福建省	福清市	福清市东张水库取水口	地表水	湖库	达标	
7	福建省	福清市	福清市闽江调水峡南取水口	地表水	河流	达标	
8	福建省	长乐市	长乐市炎山水厂炎山矾头取水口	地表水	河流	达标	
9	福建省	闽侯县	闽侯县自来水公司叶洋泵站取水口	地表水	河流	达标	
10	福建省	连江县	连江县塘坂水厂塘坂取水口	地表水	河流	达标	

续表

序号	省份名称	行政区划	点位名称	水源地类型	水体类型	达标情况	超标指标及超标倍数
11	福建省	罗源县	罗源县八井水厂反调节库取水口	地表水	湖库	达标	
12	福建省	罗源县	罗源县可湖水厂西溪水库取水口	地表水	湖库	达标	
13	福建省	罗源县	罗源县洋尾水厂东岩调节水库取水口	地表水	湖库	达标	
14	福建省	闽清县	闽清县白石坑水厂闽江白石坑取水口	地表水	河流	达标	
15	福建省	闽清县	闽清县塔山水厂闽江猴山取水口	地表水	河流	达标	
16	福建省	闽清县	闽清县贵坑水厂爱焦涧取水口	地表水	河流	达标	
17	福建省	永泰县	永泰县南区水厂大樟溪取水口	地表水	河流	达标	
18	福建省	永泰县	永泰县青云山水厂天门窗水库取水口	地表水	湖库	达标	
19	福建省	永泰县	永泰县第二自来水厂水源取水口	地表水	河流	达标	
20	福建省	厦门市	厦门市莲坂水厂、集美水厂石兜、坂头水库取水口	地表水	湖库	达标	
21	福建省	厦门市	厦门市高殿水厂、杏林水厂九龙江北溪取水口	地表水	河流	达标	
22	福建省	厦门市	厦门市同安梅山水厂汀溪水库取水口	地表水	湖库	达标	
23	福建省	莆田市	莆田市莆田水厂东圳水库取水口	地表水	湖库	达标	
24	福建省	莆田市	莆田市涵江水厂外渡水库取水口	地表水	湖库	达标	
25	福建省	仙游县	仙游县仙游水厂古洋水库取水口	地表水	湖库	达标	
26	福建省	三明市	三明市富兴堡水厂东牙溪水库取水口	地表水	湖库	达标	
27	福建省	三明市	三明市下洋水厂东牙溪水库取水口	地表水	湖库	达标	
28	福建省	永安市	永安市北区水厂沙溪取水口	地表水	河流	达标	
29	福建省	永安市	永安市铁路水厂后溪取水口	地表水	河流	达标	
30	福建省	永安市	永安市南区水厂洛溪水库取水口	地表水	湖库	达标	
31	福建省	明溪县	明溪县城北水厂罗翠水库取水口	地表水	湖库	达标	
32	福建省	清流县	清流县自来水厂严坊溪取水口	地表水	河流	达标	
33	福建省	宁化县	宁化县沙子甲水厂寨头里水库取水口	地表水	湖库	达标	
34	福建省	大田县	大田县自来水公司坑口水库取水口	地表水	湖库	达标	
35	福建省	尤溪县	尤溪县自来水厂大池水库取水口	地表水	湖库	达标	
36	福建省	尤溪县	尤溪县东村溪兴头水库取水口	地表水	湖库	达标	
37	福建省	沙县	沙县第一水厂洞天岩水库取水口	地表水	湖库	达标	
38	福建省	沙县	沙县第二水厂下村洋水库取水口	地表水	湖库	达标	
39	福建省	沙县	沙县第三水厂马岩水库取水口	地表水	湖库	达标	
40	福建省	将乐县	将乐县下村水厂漠村溪取水口	地表水	河流	达标	
41	福建省	泰宁县	泰宁县北溪水厂际头水库取水口	地表水	湖库	达标	
42	福建省	建宁县	建宁县自来水公司王坪栋水库取水口	地表水	湖库	达标	
43	福建省	泉州市	泉州市北水厂北高干渠取水口	地表水	河流	达标	

续表

序号	省份名称	行政区划	点位名称	水源地类型	水体类型	达标情况	超标指标及超标倍数
44	福建省	泉州市	泉州市湄丰水厂、泉港第三水厂泗洲水库取水口	地表水	湖库	达标	
45	福建省	泉州市	泉州市湄丰水厂、泉港第三水厂黄塘溪取水口	地表水	河流	达标	
46	福建省	泉州市	泉州市金浦水厂晋江干流金鸡拦河旧闸取水口	地表水	河流	达标	
47	福建省	泉州市	泉州市三水厂晋江干流金鸡拦河旧闸取水口	地表水	河流	达标	
48	福建省	石狮市	石狮市石狮水厂南高干渠取水口	地表水	河流	达标	
49	福建省	晋江市	晋江市田洋水厂南高干渠取水口	地表水	河流	达标	
50	福建省	南安市	南安市美林水厂晋江东溪取水口	地表水	河流	达标	
51	福建省	惠安县	惠安县城南水厂黄塘溪取水口	地表水	河流	达标	
52	福建省	惠安县	惠安县北关水厂菱溪水库取水口	地表水	湖库	达标	
53	福建省	安溪县	安溪县城关水厂晋江西溪吾都取水口	地表水	河流	达标	
54	福建省	永春县	永春县第三自来水厂晋江东溪湖洋溪取水口	地表水	河流	达标	
55	福建省	德化县	德化县第二水厂国宝溪取水口	地表水	河流	达标	
56	福建省	漳州市	漳州市第一水厂九龙江西溪康山取水口	地表水	河流	达标	
57	福建省	漳州市	漳州市第二水厂九龙江北溪鳌浦取水口	地表水	河流	达标	
58	福建省	漳州市	漳州市福糖水厂九龙江北溪内林取水口	地表水	河流	达标	
59	福建省	龙海市	龙海市自来水厂九龙江北溪江东桥取水口	地表水	河流	达标	
60	福建省	云霄县	云霄县自来水厂车圩溪取水口	地表水	河流	达标	
61	福建省	漳浦县	漳浦县自来水厂梁山水库取水口	地表水	湖库	达标	
62	福建省	漳浦县	漳浦县自来水厂澎水水库取水口	地表水	湖库	达标	
63	福建省	诏安县	诏安县自来水厂亚湖水库取水口	地表水	湖库	达标	
64	福建省	长泰县	长泰县自来水公司龙津溪福信取水口	地表水	河流	达标	
65	福建省	东山县	东山县供水公司红旗水库取水口	地表水	湖库	达标	
66	福建省	南靖县	南靖县自来水公司象溪取水口	地表水	河流	达标	
67	福建省	平和县	平和县自来水公司花山溪取水口	地表水	河流	达标	
68	福建省	华安县	华安县自来水厂九龙江北溪取水口	地表水	河流	达标	
69	福建省	南平市	南平市安丰水厂建溪取水口	地表水	河流	达标	
70	福建省	南平市	南平市新建村水厂照溪（五星桥水库）取水口	地表水	湖库	达标	
71	福建省	邵武市	邵武市通明水务公司苦竹湾取水口	地下水	地下水	达标	
72	福建省	邵武市	邵武市熙春水厂大乾水库取水口	地表水	湖库	达标	
73	福建省	武夷山市	武夷山市石雄水厂西溪取水口	地表水	河流	达标	
74	福建省	武夷山市	武夷山市三菇水厂崇阳溪取水口	地表水	河流	达标	
75	福建省	建瓯市	建瓯市东门水厂松溪取水口	地表水	河流	达标	
76	福建省	建瓯市	建瓯市新区水厂七里街水库取水口	地表水	湖库	达标	

续表

序号	省份名称	行政区划	点位名称	水源地类型	水体类型	达标情况	超标指标及超标倍数
77	福建省	建阳市	建阳市狮子山水厂崇阳溪取水口	地表水	河流	达标	
78	福建省	顺昌县	顺昌县派溪水厂院尾水库取水口	地表水	湖库	达标	
79	福建省	浦城县	浦城县东区水厂南浦溪取水口	地表水	河流	达标	
80	福建省	浦城县	浦城县西区水厂东风水库取水口	地表水	湖库	达标	
81	福建省	光泽县	光泽县自来水厂西关水坝取水口	地表水	河流	达标	
82	福建省	松溪县	松溪县杉溪水厂杉溪取水口	地表水	河流	达标	
83	福建省	松溪县	松溪县来龙水厂钱园桥水库取水口	地表水	湖库	达标	
84	福建省	政和县	政和县珠山水厂宝岭水库取水口	地表水	湖库	达标	
85	福建省	龙岩市	龙岩市莲花水厂地下取水口	地下水	地下水	达标	
86	福建省	龙岩市	龙岩市西桥水厂地下取水口	地下水	地下水	达标	
87	福建省	龙岩市	龙岩市东宫下水厂地下取水口	地下水	地下水	达标	
88	福建省	龙岩市	龙岩市风凰水厂富溪三级水库大坝取水口	地表水	湖库	达标	
89	福建省	龙岩市	龙岩市新区水厂黄岗水库取水口	地表水	湖库	达标	
90	福建省	龙岩市	龙岩市东南洋水厂东肖水库取水口	地表水	湖库	达标	
91	福建省	漳平市	漳平市自来水厂大坂三级电站取水口	地表水	河流	达标	
92	福建省	漳平市	漳平市铁路水厂双洋溪取水口	地表水	河流	达标	
93	福建省	长汀县	长汀县自来水股份有限公司正方水库取水口	地表水	湖库	达标	
94	福建省	永定县	永定县龙寨水厂龙寨水库取水口	地表水	湖库	达标	
95	福建省	上杭县	上杭县石禾仓水厂丰村溪取水口	地表水	河流	达标	
96	福建省	上杭县	上杭县兰地水厂汀江横滩取水口	地表水	河流	达标	
97	福建省	武平县	武平县北门水厂捷文水库取水口	地表水	湖库	达标	
98	福建省	连城县	连城县自来水公司竹光地下取水口	地下水	地下水	达标	
99	福建省	连城县	连城县自来水公司波洋地下取水口	地下水	地下水	达标	
100	福建省	连城县	连城县自来水公司罗坊鲜水塘地下取水口	地下水	地下水	达标	
101	福建省	宁德市	宁德市二水厂金涵水库取水口	地表水	湖库	达标	
102	福建省	宁德市	宁德市德源自来水厂陈家洋水库取水口	地表水	湖库	达标	
103	福建省	宁德市	宁德市盛源自来水公司盛源水库取水口	地表水	湖库	达标	
104	福建省	福安市	福安市城关二水厂交溪桃花岛取水口	地表水	河流	达标	
105	福建省	福安市	福安市城东水厂留洋水库取水口	地表水	湖库	达标	
106	福建省	福鼎市	福鼎市二水厂南溪水库取水口	地表水	湖库	达标	
107	福建省	霞浦县	霞浦县北山里水厂溪西水库取水口	地表水	湖库	达标	
108	福建省	古田县	古田县城关水厂桃溪水库取水口	地表水	湖库	达标	
109	福建省	屏南县	屏南县第一自来水厂汤坑溪取水口	地表水	河流	达标	
110	福建省	屏南县	屏南县第二自来水厂引水工程取水口	地表水	河流	达标	

续表

序号	省份名称	行政区划	点位名称	水源地类型	水体类型	达标情况	超标指标及超标倍数
111	福建省	屏南县	屏南县第二自来水厂南峭溪取水口	地表水	河流	达标	
112	福建省	寿宁县	寿宁县自来水有限公司六六溪水库取水口	地表水	湖库	达标	
113	福建省	周宁县	周宁县深洋水厂李园水库取水口	地表水	湖库	达标	
114	福建省	柘荣县	柘荣县自来水厂新荣溪水库取水口	地表水	湖库	达标	
115	福建省	平潭综合实验区	平潭县自来水公司三十六脚湖取水口	地表水	湖库	达标	

9月福建省县级以上集中式生活饮用水水源水质状况

一、监测情况

2019年9月，全省9个设区市及平潭综合实验区共监测115个集中式生活饮用水水源（取水口），其中地表水水源108个（河流型54个，湖库型54个）、地下水源7个。

（一）监测点位

1. 地表水水源：河流型水源在水厂取水口上游100米附近处设置监测断面，水厂在同一河流有多个取水口，可在最上游100米处设置监测断面；湖库型水源原则上按常规监测点位采样，在每个水源取水口周边100米处设置1个监测点位进行采样。河流及湖库采样深度为水面下0.5米处。

2. 地下水水源：具备采样条件的，在抽水井采样。如不具备采样条件，在自来水厂的汇水区（加滤前）采样。

（二）监测项目

1. 地表水水源

①设区城市、平潭综合实验区：监测项目为《地表水环境质量标准》（GB3838－2002）表1的基本项目（24项）、表2的补充项目（5项）和表3的优选特定项目（33项），共62项。其中，湖库型地表水饮用水源加测叶绿素a和透明度2项，共64项。

②县级城市：监测项目为《地表水环境质量标准》（GB3838－2002）表1的基本项目（24项）、表2的补充项目（5项）和表3的优选特定项目（33项），共62项。其中，湖库型地表水饮用水源加测叶绿素a和透明度2项，共64项。

2. 地下水饮用水源

监测项目为《地下水质量标准》（GB/T 14848－2017）表1中39项。

各地可根据当地污染实际情况，适当增加区域特征污染物。

二、评价标准及方法

（一）地表水水源

地表水水源水质评价根据《地表水环境质量标准》（GB3838－2002）Ⅲ类标准限值进行评价。基本项目按照《地表水环境质量评价方法（试行）》（环办〔2011〕22号）进行评价，补充项目、特定项目采用单因子评价法进行评价。

（二）地下水水源

地下水水源水质评价执行《地下水质量标准》（GB/T 14848－2017）Ⅲ类标准限值，采用单因子评价法进行评价。评价项目为《地下水质量标准》（GB/T 14848－2017）表1中39项。

三、评价结果

（一）总体情况

115个集中式生活饮用水水源达标比例100%（详见附表）。

（二）地表水水源

108个地表水水源达标比例100%。其中，有65个达到或优于Ⅱ类标准，占60.2%。

（三）地下水水源

7个地下水水源均达标，达标比例100%。

备注：

1. 集中式生活饮用水水源，是指进入输水管网送到用户的和具有一定取水规模（供水人口一般大于1000人）的在用、备用和规划水源。

2. 集中式生活饮用水水源和饮用水的区别：饮用水水源为原水，居民饮用水为末梢水，水源水经自来水厂净化处理达到《生活饮用水卫生标准》的要求后，进入居民供水系统作为饮用水。

附表

2019年9月福建省县级以上集中式生活饮用水水源水质状况

序号	省份名称	行政区划	点位名称	水源地类型	水体类型	达标情况	超标指标及超标倍数
1	福建省	福州市	福州市西区、北区水厂闽江原厝取水口	地表水	河流	达标	
2	福建省	福州市	福州市城门水厂闽江南港取水口	地表水	河流	达标	
3	福建省	福州市	福州市马尾水厂白眉水库取水口	地表水	湖库	达标	
4	福建省	福州市	福州市新东区水厂塘坂取水口	地表水	河流	达标	
5	福建省	福州市	福州市飞凤山水厂水源取水口	地表水	河流	达标	
6	福建省	福清市	福清市东张水库取水口	地表水	湖库	达标	
7	福建省	福清市	福清市闽江调水峡南取水口	地表水	河流	达标	
8	福建省	长乐市	长乐市炎山水厂炎山矶头取水口	地表水	河流	达标	
9	福建省	闽侯县	闽侯县自来水公司叶洋泵站取水口	地表水	河流	达标	
10	福建省	连江县	连江县塘坂水厂塘坂取水口	地表水	河流	达标	
11	福建省	罗源县	罗源县八井水厂反调节库取水口	地表水	湖库	达标	
12	福建省	罗源县	罗源县可湖水厂西溪水库取水口	地表水	湖库	达标	
13	福建省	罗源县	罗源县洋尾水厂东岩调节水库取水口	地表水	湖库	达标	
14	福建省	闽清县	闽清县白石坑水厂闽江白石坑取水口	地表水	河流	达标	
15	福建省	闽清县	闽清县塔山水厂闽江猴山取水口	地表水	河流	达标	
16	福建省	闽清县	闽清县贵坑水厂爱焦涧取水口	地表水	河流	达标	
17	福建省	永泰县	永泰县南区水厂大樟溪取水口	地表水	河流	达标	
18	福建省	永泰县	永泰县青云山水厂天门窗水库取水口	地表水	湖库	达标	
19	福建省	永泰县	永泰县第二自来水厂水源取水口	地表水	河流	达标	
20	福建省	厦门市	厦门市莲坂水厂、集美水厂石兜、坂头水库取水口	地表水	湖库	达标	
21	福建省	厦门市	厦门市高殿水厂、杏林水厂九龙江北溪取水口	地表水	河流	达标	
22	福建省	厦门市	厦门市同安梅山水厂汀溪水库取水口	地表水	湖库	达标	
23	福建省	莆田市	莆田市莆田水厂东圳水库取水口	地表水	湖库	达标	
24	福建省	莆田市	莆田市涵江水厂外渡水库取水口	地表水	湖库	达标	
25	福建省	仙游县	仙游县仙游水厂古洋水库取水口	地表水	湖库	达标	
26	福建省	三明市	三明市富兴堡水厂东牙溪水库取水口	地表水	湖库	达标	
27	福建省	三明市	三明市下洋水厂东牙溪水库取水口	地表水	湖库	达标	
28	福建省	永安市	永安市北区水厂沙溪取水口	地表水	河流	达标	
29	福建省	永安市	永安市铁路水厂后溪取水口	地表水	河流	达标	

续表

序号	省份名称	行政区划	点位名称	水源地类型	水体类型	达标情况	超标指标及超标倍数
30	福建省	永安市	永安市南区水厂洛溪水库取水口	地表水	湖库	达标	
31	福建省	明溪县	明溪县城北水厂罗翠水库取水口	地表水	湖库	达标	
32	福建省	清流县	清流县自来水厂严坊溪取水口	地表水	河流	达标	
33	福建省	宁化县	宁化县沙子甲水厂寨头里水库取水口	地表水	湖库	达标	
34	福建省	大田县	大田县自来水公司坑口水库取水口	地表水	湖库	达标	
35	福建省	尤溪县	尤溪县自来水厂大池水库取水口	地表水	湖库	达标	
36	福建省	尤溪县	尤溪县东村溪兴头水库取水口	地表水	湖库	达标	
37	福建省	沙县	沙县第一水厂洞天岩水库取水口	地表水	湖库	达标	
38	福建省	沙县	沙县第二水厂下村洋水库取水口	地表水	湖库	达标	
39	福建省	沙县	沙县第三水厂马岩水库取水口	地表水	湖库	达标	
40	福建省	将乐县	将乐县下村水厂漠村溪取水口	地表水	河流	达标	
41	福建省	泰宁县	泰宁县北溪水厂际头水库取水口	地表水	湖库	达标	
42	福建省	建宁县	建宁县自来水公司王坪栋水库取水口	地表水	湖库	达标	
43	福建省	泉州市	泉州市北水厂北高干渠取水口	地表水	河流	达标	
44	福建省	泉州市	泉州市湄丰水厂、泉港第三水厂泗洲水库取水口	地表水	湖库	达标	
45	福建省	泉州市	泉州市湄丰水厂、泉港第三水厂黄塘溪取水口	地表水	河流	达标	
46	福建省	泉州市	泉州市金浦水厂晋江干流金鸡拦河旧闸取水口	地表水	河流	达标	
47	福建省	泉州市	泉州市三水厂晋江干流金鸡拦河旧闸取水口	地表水	河流	达标	
48	福建省	石狮市	石狮市石狮水厂南高干渠取水口	地表水	河流	达标	
49	福建省	晋江市	晋江市田洋水厂南高干渠取水口	地表水	河流	达标	
50	福建省	南安市	南安市美林水厂晋江东溪取水口	地表水	河流	达标	
51	福建省	惠安县	惠安县城南水厂黄塘溪取水口	地表水	河流	达标	
52	福建省	惠安县	惠安县北关水厂菱溪水库取水口	地表水	湖库	达标	
53	福建省	安溪县	安溪县城关水厂晋江西溪吾都取水口	地表水	河流	达标	
54	福建省	永春县	永春县第三自来水厂晋江东溪湖洋溪取水口	地表水	河流	达标	
55	福建省	德化县	德化县第二水厂国宝溪取水口	地表水	河流	达标	
56	福建省	漳州市	漳州市第一水厂九龙江西溪康山取水口	地表水	河流	达标	
57	福建省	漳州市	漳州市第二水厂九龙江北溪鳌浦取水口	地表水	河流	达标	
58	福建省	漳州市	漳州市福糖水厂九龙江北溪内林取水口	地表水	河流	达标	
59	福建省	龙海市	龙海市自来水厂九龙江北溪江东桥取水口	地表水	河流	达标	
60	福建省	云霄县	云霄县自来水厂车圩溪取水口	地表水	河流	达标	
61	福建省	漳浦县	漳浦县自来水厂梁山水库取水口	地表水	湖库	达标	
62	福建省	漳浦县	漳浦县自来水厂澎水水库取水口	地表水	湖库	达标	
63	福建省	诏安县	诏安县自来水厂亚湖水库取水口	地表水	湖库	达标	

续表

序号	省份名称	行政区划	点位名称	水源地类型	水体类型	达标情况	超标指标及超标倍数
64	福建省	长泰县	长泰县自来水公司龙津溪福信取水口	地表水	河流	达标	
65	福建省	东山县	东山县供水公司红旗水库取水口	地表水	湖库	达标	
66	福建省	南靖县	南靖县自来水公司象溪取水口	地表水	河流	达标	
67	福建省	平和县	平和县自来水公司花山溪取水口	地表水	河流	达标	
68	福建省	华安县	华安县自来水厂九龙江北溪取水口	地表水	河流	达标	
69	福建省	南平市	南平市安丰水厂建溪取水口	地表水	河流	达标	
70	福建省	南平市	南平市新建村水厂照溪（五星桥水库）取水口	地表水	湖库	达标	
71	福建省	邵武市	邵武市通明水务公司苦竹湾取水口	地下水	地下水	达标	
72	福建省	邵武市	邵武市熙春水厂大乾水库取水口	地表水	湖库	达标	
73	福建省	武夷山市	武夷山市石雄水厂西溪取水口	地表水	河流	达标	
74	福建省	武夷山市	武夷山市三菇水厂崇阳溪取水口	地表水	河流	达标	
75	福建省	建瓯市	建瓯市东门水厂松溪取水口	地表水	河流	达标	
76	福建省	建瓯市	建瓯市新区水厂七里街水库取水口	地表水	湖库	达标	
77	福建省	建阳市	建阳市狮子山水厂崇阳溪取水口	地表水	河流	达标	
78	福建省	顺昌县	顺昌县派溪水厂院尾水库取水口	地表水	湖库	达标	
79	福建省	浦城县	浦城县东区水厂南浦溪取水口	地表水	河流	达标	
80	福建省	浦城县	浦城县西区水厂东风水库取水口	地表水	湖库	达标	
81	福建省	光泽县	光泽县自来水厂西关水坝取水口	地表水	河流	达标	
82	福建省	松溪县	松溪县杉溪水厂杉溪取水口	地表水	河流	达标	
83	福建省	松溪县	松溪县来龙水厂钱园桥水库取水口	地表水	湖库	达标	
84	福建省	政和县	政和县珠山水厂宝岭水库取水口	地表水	湖库	达标	
85	福建省	龙岩市	龙岩市莲花水厂地下取水口	地下水	地下水	达标	
86	福建省	龙岩市	龙岩市西桥水厂地下取水口	地下水	地下水	达标	
87	福建省	龙岩市	龙岩市东宫下水厂地下取水口	地下水	地下水	达标	
88	福建省	龙岩市	龙岩市凤凰水厂富溪三级水库大坝取水口	地表水	湖库	达标	
89	福建省	龙岩市	龙岩市新区水厂黄岗水库取水口	地表水	湖库	达标	
90	福建省	龙岩市	龙岩市东南洋水厂东肖水库取水口	地表水	湖库	达标	
91	福建省	漳平市	漳平市自来水厂大坂三级电站取水口	地表水	河流	达标	
92	福建省	漳平市	漳平市铁路水厂双洋溪取水口	地表水	河流	达标	
93	福建省	长汀县	长汀县自来水股份有限公司正方水库取水口	地表水	湖库	达标	
94	福建省	永定县	永定县龙寨水厂龙寨水库取水口	地表水	湖库	达标	
95	福建省	上杭县	上杭县石禾仓水厂丰村溪取水口	地表水	河流	达标	
96	福建省	上杭县	上杭县兰地水厂汀江横滩取水口	地表水	河流	达标	
97	福建省	武平县	武平县北门水厂捷文水库取水口	地表水	湖库	达标	
98	福建省	连城县	连城县自来水公司竹光地下取水口	地下水	地下水	达标	

续表

序号	省份名称	行政区划	点位名称	水源地类型	水体类型	达标情况	超标指标及超标倍数
99	福建省	连城县	连城县自来水公司波洋地下取水口	地下水	地下水	达标	
100	福建省	连城县	连城县自来水公司罗坊鲜水塘地下取水口	地下水	地下水	达标	
101	福建省	宁德市	宁德市二水厂金涵水库取水口	地表水	湖库	达标	
102	福建省	宁德市	宁德市德源自来水厂陈家洋水库取水口	地表水	湖库	达标	
103	福建省	宁德市	宁德市盛源自来水公司盛源水库取水口	地表水	湖库	达标	
104	福建省	福安市	福安市城关二水厂交溪桃花岛取水口	地表水	河流	达标	
105	福建省	福安市	福安市城东水厂留洋水库取水口	地表水	湖库	达标	
106	福建省	福鼎市	福鼎市二水厂南溪水库取水口	地表水	湖库	达标	
107	福建省	霞浦县	霞浦县北山里水厂溪西水库取水口	地表水	湖库	达标	
108	福建省	古田县	古田县城关水厂桃溪水库取水口	地表水	湖库	达标	
109	福建省	屏南县	屏南县第一自来水厂汤坑溪取水口	地表水	河流	达标	
110	福建省	屏南县	屏南县第二自来水厂引水工程取水口	地表水	河流	达标	
111	福建省	屏南县	屏南县第二自来水厂南峭溪取水口	地表水	河流	达标	
112	福建省	寿宁县	寿宁县自来水有限公司六六溪水库取水口	地表水	湖库	达标	
113	福建省	周宁县	周宁县深洋水厂李园水库取水口	地表水	湖库	达标	
114	福建省	柘荣县	柘荣县自来水厂新荣溪水库取水口	地表水	湖库	达标	
115	福建省	平潭综合实验区	平潭县自来水公司三十六脚湖取水口	地表水	湖库	达标	

10月福建省县级以上集中式生活饮用水水源水质状况

一、监测情况

2019年10月，全省9个设区市及平潭综合实验区共监测115个集中式生活饮用水水源（取水口），其中地表水水源108个（河流型54个，湖库型54个）、地下水源7个。

（一）监测点位

1. 地表水水源：河流型水源在水厂取水口上游100米附近处设置监测断面，水厂在同一河流有多个取水口，可在最上游100米处设置监测断面；湖库型水源原则上按常规监测点位采样，在每个水源取水口周边100米处设置1个监测点位进行采样。河流及湖库采样深度为水面下0.5米处。

2. 地下水水源：具备采样条件的，在抽水井采样。如不具备采样条件，在自来水厂的汇水区（加滤前）采样。

（二）监测项目

1. 地表水水源

①设区城市、平潭综合实验区：监测项目为《地表水环境质量标准》（GB3838－2002）表1的基本项目（24项）、表2的补充项目（5项）和表3的优选特定项目（33项），共62项。其中，湖库型地表水饮用水源加测叶绿素a和透明度2项，共64项。

②县级城市：监测项目为《地表水环境质量标准》（GB3838－2002）表1的基本项目（24项）、表2的补充项目（5项），共29项。其中，湖库型地表水饮用水源加测叶绿素a和透明度2项，共31项。

2. 地下水饮用水源

监测项目为《地下水质量标准》（GB/T 14848－

2017）表 1 中 39 项。

各地可根据当地污染实际情况，适当增加区域特征污染物。

二、评价标准及方法

（一）地表水水源

地表水水源水质评价根据《地表水环境质量标准》（GB3838－2002）Ⅲ类标准限值进行评价。基本项目按照《地表水环境质量评价方法（试行)》（环办〔2011〕22 号）进行评价，补充项目、特定项目采用单因子评价法进行评价。

（二）地下水水源

地下水水源水质评价执行《地下水质量标准》（GB/T 14848－2017）Ⅲ类标准限值，采用单因子评价法进行评价。评价项目为《地下水质量标准》（GB/T 14848－2017）表 1 中 39 项。

三、评价结果

（一）总体情况

115 个集中式生活饮用水水源达标比例 100%（详见附表）。

（二）地表水水源

108 个地表水水源达标比例 100%。其中，有 74 个达到或优于Ⅱ类标准，占 68.6%。

（三）地下水水源

7 个地下水水源均达标，达标比例 100%。

备注：

1. 集中式生活饮用水水源，是指进入输水管网送到用户的和具有一定取水规模（供水人口一般大于 1000 人）的在用、备用和规划水源。

2. 集中式生活饮用水水源和饮用水的区别：饮用水水源为原水，居民饮用水为末梢水，水源水经自来水厂净化处理达到《生活饮用水卫生标准》的要求后，进入居民供水系统作为饮用水。

附表

2019 年 10 月福建省县级以上集中式生活饮用水水源水质状况

序号	省份名称	行政区划	点位名称	水源地类型	水体类型	达标情况	超标指标及超标倍数
1	福建省	福州市	福州市西区、北区水厂闽江原厝取水口	地表水	河流	达标	
2	福建省	福州市	福州市城门水厂闽江南港取水口	地表水	河流	达标	
3	福建省	福州市	福州市马尾水厂白眉水库取水口	地表水	湖库	达标	
4	福建省	福州市	福州市新东区水厂塘坂取水口	地表水	河流	达标	
5	福建省	福州市	福州市飞凤山水厂水源取水口	地表水	河流	达标	
6	福建省	福清市	福清市东张水库取水口	地表水	湖库	达标	
7	福建省	福清市	福清市闽江调水峡南取水口	地表水	河流	达标	
8	福建省	长乐市	长乐市炎山水厂炎山矶头取水口	地表水	河流	达标	
9	福建省	闽侯县	闽侯县自来水公司叶洋泵站取水口	地表水	河流	达标	
10	福建省	连江县	连江县塘坂水厂塘坂取水口	地表水	河流	达标	
11	福建省	罗源县	罗源县八井水厂反调节库取水口	地表水	湖库	达标	
12	福建省	罗源县	罗源县可湖水厂西溪水库取水口	地表水	湖库	达标	
13	福建省	罗源县	罗源县洋尾水厂东岩调节水库取水口	地表水	湖库	达标	
14	福建省	闽清县	闽清县白石坑水厂闽江白石坑取水口	地表水	河流	达标	
15	福建省	闽清县	闽清县塔山水厂闽江猴山取水口	地表水	河流	达标	
16	福建省	闽清县	闽清县贵坑水厂爱焦涧取水口	地表水	河流	达标	
17	福建省	永泰县	永泰县南区水厂大樟溪取水口	地表水	河流	达标	
18	福建省	永泰县	永泰县青云山水厂天门窗水库取水口	地表水	湖库	达标	

续表

序号	省份名称	行政区划	点位名称	水源地类型	水体类型	达标情况	超标指标及超标倍数
19	福建省	永泰县	永泰县第二自来水厂水源取水口	地表水	河流	达标	
20	福建省	厦门市	厦门市莲坂水厂、集美水厂石兜、坂头水库取水口	地表水	湖库	达标	
21	福建省	厦门市	厦门市高殿水厂、杏林水厂九龙江北溪取水口	地表水	河流	达标	
22	福建省	厦门市	厦门市同安梅山水厂汀溪水库取水口	地表水	湖库	达标	
23	福建省	莆田市	莆田市莆田水厂东圳水库取水口	地表水	湖库	达标	
24	福建省	莆田市	莆田市涵江水厂外渡水库取水口	地表水	湖库	达标	
25	福建省	仙游县	仙游县仙游水厂古洋水库取水口	地表水	湖库	达标	
26	福建省	三明市	三明市富兴堡水厂东牙溪水库取水口	地表水	湖库	达标	
27	福建省	三明市	三明市下洋水厂东牙溪水库取水口	地表水	湖库	达标	
28	福建省	永安市	永安市北区水厂沙溪取水口	地表水	河流	达标	
29	福建省	永安市	永安市铁路水厂后溪取水口	地表水	河流	达标	
30	福建省	永安市	永安市南区水厂洛溪水库取水口	地表水	湖库	达标	
31	福建省	明溪县	明溪县城北水厂罗翠水库取水口	地表水	湖库	达标	
32	福建省	清流县	清流县自来水厂严坊溪取水口	地表水	河流	达标	
33	福建省	宁化县	宁化县沙子甲水厂寨头里水库取水口	地表水	湖库	达标	
34	福建省	大田县	大田县自来水公司坑口水库取水口	地表水	湖库	达标	
35	福建省	尤溪县	尤溪县自来水厂大池水库取水口	地表水	湖库	达标	
36	福建省	尤溪县	尤溪县东村溪兴头水库取水口	地表水	湖库	达标	
37	福建省	沙县	沙县第一水厂洞天岩水库取水口	地表水	湖库	达标	
38	福建省	沙县	沙县第二水厂下村洋水库取水口	地表水	湖库	达标	
39	福建省	沙县	沙县第三水厂马岩水库取水口	地表水	湖库	达标	
40	福建省	将乐县	将乐县下村水厂漠村溪取水口	地表水	河流	达标	
41	福建省	泰宁县	泰宁县北溪水厂际头水库取水口	地表水	湖库	达标	
42	福建省	建宁县	建宁县自来水公司王坪栋水库取水口	地表水	湖库	达标	
43	福建省	泉州市	泉州市北水厂北高干渠取水口	地表水	河流	达标	
44	福建省	泉州市	泉州市湄丰水厂、泉港第三水厂泗洲水库取水口	地表水	湖库	达标	
45	福建省	泉州市	泉州市湄丰水厂、泉港第三水厂黄塘溪取水口	地表水	河流	达标	
46	福建省	泉州市	泉州市金浦水厂晋江干流金鸡拦河旧闸取水口	地表水	河流	达标	
47	福建省	泉州市	泉州市三水厂晋江干流金鸡拦河旧闸取水口	地表水	河流	达标	
48	福建省	石狮市	石狮市石狮水厂南高干渠取水口	地表水	河流	达标	
49	福建省	晋江市	晋江市田洋水厂南高干渠取水口	地表水	河流	达标	
50	福建省	南安市	南安市美林水厂晋江东溪取水口	地表水	河流	达标	
51	福建省	惠安县	惠安县城南水厂黄塘溪取水口	地表水	河流	达标	

续表

序号	省份名称	行政区划	点位名称	水源地类型	水体类型	达标情况	超标指标及超标倍数
52	福建省	惠安县	惠安县北关水厂菱溪水库取水口	地表水	湖库	达标	
53	福建省	安溪县	安溪县城关水厂晋江西溪吾都取水口	地表水	河流	达标	
54	福建省	永春县	永春县第三自来水厂晋江东溪湖洋溪取水口	地表水	河流	达标	
55	福建省	德化县	德化县第二水厂国宝溪取水口	地表水	河流	达标	
56	福建省	漳州市	漳州市第一水厂九龙江西溪康山取水口	地表水	河流	达标	
57	福建省	漳州市	漳州市第二水厂九龙江北溪鳌浦取水口	地表水	河流	达标	
58	福建省	漳州市	漳州市福糖水厂九龙江北溪内林取水口	地表水	河流	达标	
59	福建省	龙海市	龙海市自来水厂九龙江北溪江东桥取水口	地表水	河流	达标	
60	福建省	云霄县	云霄县自来水厂车圩溪取水口	地表水	河流	达标	
61	福建省	漳浦县	漳浦县自来水厂梁山水库取水口	地表水	湖库	达标	
62	福建省	漳浦县	漳浦县自来水厂澎水水库取水口	地表水	湖库	达标	
63	福建省	诏安县	诏安县自来水厂亚湖水库取水口	地表水	湖库	达标	
64	福建省	长泰县	长泰县自来水公司龙津溪福信取水口	地表水	河流	达标	
65	福建省	东山县	东山县供水公司红旗水库取水口	地表水	湖库	达标	
66	福建省	南靖县	南靖县自来水公司象溪取水口	地表水	河流	达标	
67	福建省	平和县	平和县自来水公司花山溪取水口	地表水	河流	达标	
68	福建省	华安县	华安县自来水厂九龙江北溪取水口	地表水	河流	达标	
69	福建省	南平市	南平市安丰水厂建溪取水口	地表水	河流	达标	
70	福建省	南平市	南平市新建村水厂照溪（五星桥水库）取水口	地表水	湖库	达标	
71	福建省	邵武市	邵武市通明水务公司苦竹湾取水口	地下水	地下水	达标	
72	福建省	邵武市	邵武市熙春水厂大乾水库取水口	地表水	湖库	达标	
73	福建省	武夷山市	武夷山市石雄水厂西溪取水口	地表水	河流	达标	
74	福建省	武夷山市	武夷山市三菇水厂崇阳溪取水口	地表水	河流	达标	
75	福建省	建瓯市	建瓯市东门水厂松溪取水口	地表水	河流	达标	
76	福建省	建瓯市	建瓯市新区水厂七里街水库取水口	地表水	湖库	达标	
77	福建省	建阳市	建阳市狮子山水厂崇阳溪取水口	地表水	河流	达标	
78	福建省	顺昌县	顺昌县派溪水厂院尾水库取水口	地表水	湖库	达标	
79	福建省	浦城县	浦城县东区水厂南浦溪取水口	地表水	河流	达标	
80	福建省	浦城县	浦城县西区水厂东风水库取水口	地表水	湖库	达标	
81	福建省	光泽县	光泽县自来水厂西关水坝取水口	地表水	河流	达标	
82	福建省	松溪县	松溪县杉溪水厂杉溪取水口	地表水	河流	达标	
83	福建省	松溪县	松溪县来龙水厂钱园桥水库取水口	地表水	湖库	达标	
84	福建省	政和县	政和县珠山水厂宝岭水库取水口	地表水	湖库	达标	
85	福建省	龙岩市	龙岩市莲花水厂地下取水口	地下水	地下水	达标	
86	福建省	龙岩市	龙岩市西桥水厂地下取水口	地下水	地下水	达标	

续表

序号	省份名称	行政区划	点位名称	水源地类型	水体类型	达标情况	超标指标及超标倍数
87	福建省	龙岩市	龙岩市东宫下水厂地下取水口	地下水	地下水	达标	
88	福建省	龙岩市	龙岩市凤凰水厂富溪三级水库大坝取水口	地表水	湖库	达标	
89	福建省	龙岩市	龙岩市新区水厂黄岗水库取水口	地表水	湖库	达标	
90	福建省	龙岩市	龙岩市东南洋水厂东肖水库取水口	地表水	湖库	达标	
91	福建省	漳平市	漳平市自来水厂大坂三级电站取水口	地表水	河流	达标	
92	福建省	漳平市	漳平市铁路水厂双洋溪取水口	地表水	河流	达标	
93	福建省	长汀县	长汀县自来水股份有限公司正方水库取水口	地表水	湖库	达标	
94	福建省	永定县	永定县龙寨水厂龙寨水库取水口	地表水	湖库	达标	
95	福建省	上杭县	上杭县石禾仓水厂丰村溪取水口	地表水	河流	达标	
96	福建省	上杭县	上杭县兰地水厂汀江横滩取水口	地表水	河流	达标	
97	福建省	武平县	武平县北门水厂捷文水库取水口	地表水	湖库	达标	
98	福建省	连城县	连城县自来水公司竹光地下取水口	地下水	地下水	达标	
99	福建省	连城县	连城县自来水公司波洋地下取水口	地下水	地下水	达标	
100	福建省	连城县	连城县自来水公司罗坊鲜水塘地下取水口	地下水	地下水	达标	
101	福建省	宁德市	宁德市二水厂金涵水库取水口	地表水	湖库	达标	
102	福建省	宁德市	宁德市德源自来水厂陈家洋水库取水口	地表水	湖库	达标	
103	福建省	宁德市	宁德市盛源自来水公司盛源水库取水口	地表水	湖库	达标	
104	福建省	福安市	福安市城关二水厂交溪桃花岛取水口	地表水	河流	达标	
105	福建省	福安市	福安市城东水厂留洋水库取水口	地表水	湖库	达标	
106	福建省	福鼎市	福鼎市二水厂南溪水库取水口	地表水	湖库	达标	
107	福建省	霞浦县	霞浦县北山里水厂溪西水库取水口	地表水	湖库	达标	
108	福建省	古田县	古田县城关水厂桃溪水库取水口	地表水	湖库	达标	
109	福建省	屏南县	屏南县第一自来水厂汤坑溪取水口	地表水	河流	达标	
110	福建省	屏南县	屏南县第二自来水厂引水工程取水口	地表水	河流	达标	
111	福建省	屏南县	屏南县第二自来水厂南峭溪取水口	地表水	河流	达标	
112	福建省	寿宁县	寿宁县自来水有限公司六六溪水库取水口	地表水	湖库	达标	
113	福建省	周宁县	周宁县深洋水厂李园水库取水口	地表水	湖库	达标	
114	福建省	柘荣县	柘荣县自来水厂新荣溪水库取水口	地表水	湖库	达标	
115	福建省	平潭综合实验区	平潭县自来水公司三十六脚湖取水口	地表水	湖库	达标	

11月福建省县级以上集中式生活饮用水水源水质状况

一、监测情况

2019年11月，全省9个设区市及平潭综合实验区共监测115个正式投入使用的集中式生活饮用水水源（取水口），其中地表水水源108个（河流型54个，湖库型54个）、地下水源7个。

（一）监测点位

1. 地表水水源：河流型水源在水厂取水口上游100米附近处设置监测断面，水厂在同一河流有多个取水口，可在最上游100米处设置监测断面；湖库型水源原则上按常规监测点位采样，在每个水源取水口周边100米处设置1个监测点位进行采样。河流及湖库采样深度为水面下0.5米处。

2. 地下水水源：具备采样条件的，在抽水井采样。如不具备采样条件，在自来水厂的汇水区（加滤前）采样。

（二）监测项目

1. 地表水水源

①设区城市、平潭综合实验区：监测项目为《地表水环境质量标准》（GB3838－2002）表1的基本项目（24项）、表2的补充项目（5项）和表3的优选特定项目（33项），共62项。其中，湖库型地表水饮用水源加测叶绿素a和透明度2项，共64项。

②县级城市：监测项目为《地表水环境质量标准》（GB3838－2002）表1的基本项目（24项）、表2的补充项目（5项）和表3的优选特定项目（33项），共62项。其中，湖库型地表水饮用水源加测叶绿素a和透明度2项，共64项。

2. 地下水饮用水源

监测项目为《地下水质量标准》（GB/T 14848－2017）表1中39项。

各地可根据当地污染实际情况，适当增加区域特征污染物。

二、评价标准及方法

（一）地表水水源

地表水水源水质评价根据《地表水环境质量标准》（GB3838－2002）Ⅲ类标准限值进行评价。基本项目按照《地表水环境质量评价方法（试行）》（环办〔2011〕22号）进行评价，补充项目、特定项目采用单因子评价法进行评价。

（二）地下水水源

地下水水源水质评价执行《地下水质量标准》（GB/T 14848－2017）Ⅲ类标准限值，采用单因子评价法进行评价。评价项目为《地下水质量标准》（GB/T 14848－2017）表1中39项。

三、评价结果

（一）总体情况

115个集中式生活饮用水水源达标比例100%（详见附表）。

（二）地表水水源

108个地表水水源达标比例100%。其中，有87个达到或优于Ⅱ类标准，占80.6%。

（三）地下水水源

7个地下水水源均达标，达标比例100%。

备注：

1. 集中式生活饮用水水源，是指进入输水管网送到用户的和具有一定取水规模（供水人口一般大于1000人）的在用、备用和规划水源。

2. 集中式生活饮用水水源和饮用水的区别：饮用水水源为原水，居民饮用水为末梢水，水源水经自来水厂净化处理达到《生活饮用水卫生标准》的要求后，进入居民供水系统作为饮用水。

附表

2019年11月福建省县级以上集中式生活饮用水水源水质状况

序号	省份名称	行政区划	点位名称	水源地类型	水体类型	达标情况	超标指标及超标倍数
1	福建省	福州市	福州市西区、北区水厂闽江原厝取水口	地表水	河流	达标	
2	福建省	福州市	福州市城门水厂闽江南港取水口	地表水	河流	达标	
3	福建省	福州市	福州市马尾水厂白眉水库取水口	地表水	湖库	达标	
4	福建省	福州市	福州市新东区水厂塘坂取水口	地表水	河流	达标	
5	福建省	福州市	福州市飞凤山水厂水源取水口	地表水	河流	达标	
6	福建省	福清市	福清市东张水库取水口	地表水	湖库	达标	
7	福建省	福清市	福清市闽江调水峡南取水口	地表水	河流	达标	
8	福建省	长乐市	长乐市炎山水厂炎山矶头取水口	地表水	河流	达标	
9	福建省	闽侯县	闽侯县自来水公司叶洋泵站取水口	地表水	河流	达标	
10	福建省	连江县	连江县塘坂水厂塘坂取水口	地表水	河流	达标	
11	福建省	罗源县	罗源县八井水厂反调节库取水口	地表水	湖库	达标	
12	福建省	罗源县	罗源县可湖水厂西溪水库取水口	地表水	湖库	达标	
13	福建省	罗源县	罗源县洋尾水厂东岩调节水库取水口	地表水	湖库	达标	
14	福建省	闽清县	闽清县白石坑水厂闽江白石坑取水口	地表水	河流	达标	
15	福建省	闽清县	闽清县塔山水厂闽江猴山取水口	地表水	河流	达标	
16	福建省	闽清县	闽清县贵坑水厂爱焦涧取水口	地表水	河流	达标	
17	福建省	永泰县	永泰县南区水厂大樟溪取水口	地表水	河流	达标	
18	福建省	永泰县	永泰县青云山水厂天门窗水库取水口	地表水	湖库	达标	
19	福建省	永泰县	永泰县第二自来水厂水源取水口	地表水	河流	达标	
20	福建省	厦门市	厦门市莲坂水厂、集美水厂石兜、坂头水库取水口	地表水	湖库	达标	
21	福建省	厦门市	厦门市高殿水厂、杏林水厂九龙江北溪取水口	地表水	河流	达标	
22	福建省	厦门市	厦门市同安梅山水厂汀溪水库取水口	地表水	湖库	达标	
23	福建省	莆田市	莆田市莆田水厂东圳水库取水口	地表水	湖库	达标	
24	福建省	莆田市	莆田市涵江水厂外渡水库取水口	地表水	湖库	达标	
25	福建省	仙游县	仙游县仙游水厂古洋水库取水口	地表水	湖库	达标	
26	福建省	三明市	三明市富兴堡水厂东牙溪水库取水口	地表水	湖库	达标	
27	福建省	三明市	三明市下洋水厂东牙溪水库取水口	地表水	湖库	达标	
28	福建省	永安市	永安市北区水厂沙溪取水口	地表水	河流	达标	
29	福建省	永安市	永安市铁路水厂后溪取水口	地表水	河流	达标	
30	福建省	永安市	永安市南区水厂洛溪水库取水口	地表水	湖库	达标	
31	福建省	明溪县	明溪县城北水厂罗翠水库取水口	地表水	湖库	达标	
32	福建省	清流县	清流县自来水厂严坊溪取水口	地表水	河流	达标	
33	福建省	宁化县	宁化县沙子甲水厂寨头里水库取水口	地表水	湖库	达标	

续表

序号	省份名称	行政区划	点位名称	水源地类型	水体类型	达标情况	超标指标及超标倍数
34	福建省	大田县	大田县自来水公司坑口水库取水口	地表水	湖库	达标	
35	福建省	尤溪县	尤溪县自来水厂大池水库取水口	地表水	湖库	达标	
36	福建省	尤溪县	尤溪县东村溪兴头水库取水口	地表水	湖库	达标	
37	福建省	沙县	沙县第一水厂洞天岩水库取水口	地表水	湖库	达标	
38	福建省	沙县	沙县第二水厂下村洋水库取水口	地表水	湖库	达标	
39	福建省	沙县	沙县第三水厂马岩水库取水口	地表水	湖库	达标	
40	福建省	将乐县	将乐县下村水厂漠村溪取水口	地表水	河流	达标	
41	福建省	泰宁县	泰宁县北溪水厂际头水库取水口	地表水	湖库	达标	
42	福建省	建宁县	建宁县自来水公司王坪栋水库取水口	地表水	湖库	达标	
43	福建省	泉州市	泉州市北水厂北高干渠取水口	地表水	河流	达标	
44	福建省	泉州市	泉州市湄丰水厂、泉港第三水厂泗洲水库取水口	地表水	湖库	达标	
45	福建省	泉州市	泉州市湄丰水厂、泉港第三水厂黄塘溪取水口	地表水	河流	达标	
46	福建省	泉州市	泉州市金浦水厂晋江干流金鸡拦河旧闸取水口	地表水	河流	达标	
47	福建省	泉州市	泉州市三水厂晋江干流金鸡拦河旧闸取水口	地表水	河流	达标	
48	福建省	石狮市	石狮市石狮水厂南高干渠取水口	地表水	河流	达标	
49	福建省	晋江市	晋江市田洋水厂南高干渠取水口	地表水	河流	达标	
50	福建省	南安市	南安市美林水厂晋江东溪取水口	地表水	河流	达标	
51	福建省	惠安县	惠安县城南水厂黄塘溪取水口	地表水	河流	达标	
52	福建省	惠安县	惠安县北关水厂菱溪水库取水口	地表水	湖库	达标	
53	福建省	安溪县	安溪县城关水厂晋江西溪吾都取水口	地表水	河流	达标	
54	福建省	永春县	永春县第三自来水厂晋江东溪湖洋溪取水口	地表水	河流	达标	
55	福建省	德化县	德化县第二水厂国宝溪取水口	地表水	河流	达标	
56	福建省	漳州市	漳州市第一水厂九龙江西溪康山取水口	地表水	河流	达标	
57	福建省	漳州市	漳州市第二水厂九龙江北溪鳌浦取水口	地表水	河流	达标	
58	福建省	漳州市	漳州市福糖水厂九龙江北溪内林取水口	地表水	河流	达标	
59	福建省	龙海市	龙海市自来水厂九龙江北溪江东桥取水口	地表水	河流	达标	
60	福建省	云霄县	云霄县自来水厂车圩溪取水口	地表水	河流	达标	
61	福建省	漳浦县	漳浦县自来水厂梁山水库取水口	地表水	湖库	达标	
62	福建省	漳浦县	漳浦县自来水厂澎水水库取水口	地表水	湖库	达标	
63	福建省	诏安县	诏安县自来水厂亚湖水库取水口	地表水	湖库	达标	
64	福建省	长泰县	长泰县自来水公司龙津溪福信取水口	地表水	河流	达标	
65	福建省	东山县	东山县供水公司红旗水库取水口	地表水	湖库	达标	
66	福建省	南靖县	南靖县自来水公司象溪取水口	地表水	河流	达标	
67	福建省	平和县	平和县自来水公司花山溪取水口	地表水	河流	达标	

续表

序号	省份名称	行政区划	点位名称	水源地类型	水体类型	达标情况	超标指标及超标倍数
68	福建省	华安县	华安县自来水厂九龙江北溪取水口	地表水	河流	达标	
69	福建省	南平市	南平市安丰水厂建溪取水口	地表水	河流	达标	
70	福建省	南平市	南平市新建村水厂照溪（五星桥水库）取水口	地表水	湖库	达标	
71	福建省	邵武市	邵武市通明水务公司苦竹湾取水口	地下水	地下水	达标	
72	福建省	邵武市	邵武市熙春水厂大乾水库取水口	地表水	湖库	达标	
73	福建省	武夷山市	武夷山市石雄水厂西溪取水口	地表水	河流	达标	
74	福建省	武夷山市	武夷山市三菇水厂崇阳溪取水口	地表水	河流	达标	
75	福建省	建瓯市	建瓯市东门水厂松溪取水口	地表水	河流	达标	
76	福建省	建瓯市	建瓯市新区水厂七里街水库取水口	地表水	湖库	达标	
77	福建省	建阳市	建阳市狮子山水厂崇阳溪取水口	地表水	河流	达标	
78	福建省	顺昌县	顺昌县派溪水厂院尾水库取水口	地表水	湖库	达标	
79	福建省	浦城县	浦城县东区水厂南浦溪取水口	地表水	河流	达标	
80	福建省	浦城县	浦城县西区水厂东风水库取水口	地表水	湖库	达标	
81	福建省	光泽县	光泽县自来水厂西关水坝取水口	地表水	河流	达标	
82	福建省	松溪县	松溪县杉溪水厂杉溪取水口	地表水	河流	达标	
83	福建省	松溪县	松溪县来龙水厂钱园桥水库取水口	地表水	湖库	达标	
84	福建省	政和县	政和县珠山水厂宝岭水库取水口	地表水	湖库	达标	
85	福建省	龙岩市	龙岩市莲花水厂地下取水口	地下水	地下水	达标	
86	福建省	龙岩市	龙岩市西桥水厂地下取水口	地下水	地下水	达标	
87	福建省	龙岩市	龙岩市东宫下水厂地下取水口	地下水	地下水	达标	
88	福建省	龙岩市	龙岩市凤凰水厂富溪三级水库大坝取水口	地表水	湖库	达标	
89	福建省	龙岩市	龙岩市新区水厂黄岗水库取水口	地表水	湖库	达标	
90	福建省	龙岩市	龙岩市东南洋水厂东肖水库取水口	地表水	湖库	达标	
91	福建省	漳平市	漳平市自来水厂大坂三级电站取水口	地表水	河流	达标	
92	福建省	漳平市	漳平市铁路水厂双洋溪取水口	地表水	河流	达标	
93	福建省	长汀县	长汀县自来水股份有限公司正方水库取水口	地表水	湖库	达标	
94	福建省	永定县	永定县龙寨水厂龙寨水库取水口	地表水	湖库	达标	
95	福建省	上杭县	上杭县石禾仓水厂丰村溪取水口	地表水	河流	达标	
96	福建省	上杭县	上杭县兰地水厂汀江横滩取水口	地表水	河流	达标	
97	福建省	武平县	武平县北门水厂捷文水库取水口	地表水	湖库	达标	
98	福建省	连城县	连城县自来水公司竹光地下取水口	地下水	地下水	达标	
99	福建省	连城县	连城县自来水公司波洋地下取水口	地下水	地下水	达标	
100	福建省	连城县	连城县自来水公司罗坊鲜水塘地下取水口	地下水	地下水	达标	
101	福建省	宁德市	宁德市二水厂金涵水库取水口	地表水	湖库	达标	
102	福建省	宁德市	宁德市德源自来水厂陈家洋水库取水口	地表水	湖库	达标	

续表

序号	省份名称	行政区划	点位名称	水源地类型	水体类型	达标情况	超标指标及超标倍数
103	福建省	宁德市	宁德市盛源自来水公司盛源水库取水口	地表水	湖库	达标	
104	福建省	福安市	福安市城关二水厂交溪桃花岛取水口	地表水	河流	达标	
105	福建省	福安市	福安市城东水厂留洋水库取水口	地表水	湖库	达标	
106	福建省	福鼎市	福鼎市二水厂南溪水库取水口	地表水	湖库	达标	
107	福建省	霞浦县	霞浦县北山里水厂溪西水库取水口	地表水	湖库	达标	
108	福建省	古田县	古田县城关水厂桃溪水库取水口	地表水	湖库	达标	
109	福建省	屏南县	屏南县第一自来水厂汤坑溪取水口	地表水	河流	达标	
110	福建省	屏南县	屏南县第二自来水厂引水工程取水口	地表水	河流	达标	
111	福建省	屏南县	屏南县第二自来水厂南峭溪取水口	地表水	河流	达标	
112	福建省	寿宁县	寿宁县自来水有限公司六六溪水库取水口	地表水	湖库	达标	
113	福建省	周宁县	周宁县深洋水厂李园水库取水口	地表水	湖库	达标	
114	福建省	柘荣县	柘荣县自来水厂新荣溪水库取水口	地表水	湖库	达标	
115	福建省	平潭综合实验区	平潭县自来水公司三十六脚湖取水口	地表水	湖库	达标	

12月福建省县级以上集中式生活饮用水水源水质状况

一、监测情况

2019年12月，全省9个设区市及平潭综合实验区共监测115个正式投入使用的集中式生活饮用水水源（取水口），其中地表水水源108个（河流型54个，湖库型54个）、地下水源7个。

（一）监测点位

1. 地表水水源：河流型水源在水厂取水口上游100米附近处设置监测断面，水厂在同一河流有多个取水口，可在最上游100米处设置监测断面；湖库型水源原则上按常规监测点位采样，在每个水源取水口周边100米处设置1个监测点位进行采样。河流及湖库采样深度为水面下0.5米处。

2. 地下水水源：具备采样条件的，在抽水井采样。如不具备采样条件，在自来水厂的汇水区（加滤前）采样。

（二）监测项目

1. 地表水水源

①设区城市、平潭综合实验区：监测项目为《地表水环境质量标准》（GB3838－2002）表1的基本项目（24项）、表2的补充项目（5项）和表3的优选特定项目（33项），共62项。其中，湖库型地表水饮用水源加测叶绿素a和透明度2项，共64项。

②县级城市：监测项目为《地表水环境质量标准》（GB3838－2002）表1的基本项目（24项）、表2的补充项目（5项），共29项。其中，湖库型地表水饮用水源加测叶绿素a和透明度2项，共31项。

2. 地下水饮用水源

监测项目为《地下水质量标准》（GB/T 14848－2017）表1中39项。各地可根据当地污染实际情况，适当增加区域特征污染物。

二、评价标准及方法

（一）地表水水源

地表水水源水质评价根据《地表水环境质量标准》（GB3838－2002）Ⅲ类标准限值进行评价。基本项目按照《地表水环境质量评价方法（试行）》（环办〔2011〕22号）进行评价，补充项目、特定项目采用单因子评价法进行评价。

（二）地下水水源

地下水水源水质评价执行《地下水质量标准》（GB/T 14848－2017）Ⅲ类标准限值，采用单因子评价法进行评价。评价项目为《地下水质量标准》（GB/T 14848－2017）表1中39项。

三、评价结果

（一）总体情况

115个集中式生活饮用水水源达标比例100%（详见附表）。

（二）地表水水源

108个地表水水源达标比例100%。其中，有90个达到或优于Ⅱ类标准，占83.3%。

（三）地下水水源

7个地下水水源均达标，达标比例100%。

备注：

1. 集中式生活饮用水水源，是指进入输水管网送到用户的和具有一定取水规模（供水人口一般大于1000人）的在用、备用和规划水源。

2. 集中式生活饮用水水源和饮用水的区别：饮用水水源为原水，居民饮用水为末梢水，水源水经自来水厂净化处理达到《生活饮用水卫生标准》的要求后，进入居民供水系统作为饮用水。

附表

2019年12月福建省县级以上集中式生活饮用水水源水质状况

序号	省份名称	行政区划	点位名称	水源地类型	水体类型	达标情况	超标指标及超标倍数
1	福建省	福州市	福州市西区、北区水厂闽江原厝取水口	地表水	河流	达标	
2	福建省	福州市	福州市城门水厂闽江南港取水口	地表水	河流	达标	
3	福建省	福州市	福州市马尾水厂白眉水库取水口	地表水	湖库	达标	
4	福建省	福州市	福州市新东区水厂塘坂取水口	地表水	河流	达标	
5	福建省	福州市	福州市飞凤山水厂水源取水口	地表水	河流	达标	
6	福建省	福清市	福清市东张水库取水口	地表水	湖库	达标	
7	福建省	福清市	福清市闽江调水峡南取水口	地表水	河流	达标	
8	福建省	长乐市	长乐市炎山水厂炎山矶头取水口	地表水	河流	达标	
9	福建省	闽侯县	闽侯县自来水公司叶洋泵站取水口	地表水	河流	达标	
10	福建省	连江县	连江县塘坂水厂塘坂取水口	地表水	河流	达标	
11	福建省	罗源县	罗源县八井水厂反调节库取水口	地表水	湖库	达标	
12	福建省	罗源县	罗源县可湖水厂西溪水库取水口	地表水	湖库	达标	
13	福建省	罗源县	罗源县洋尾水厂东岩调节水库取水口	地表水	湖库	达标	
14	福建省	闽清县	闽清县白石坑水厂闽江白石坑取水口	地表水	河流	达标	
15	福建省	闽清县	闽清县塔山水厂闽江猴山取水口	地表水	河流	达标	
16	福建省	闽清县	闽清县贵坑水厂爱焦涧取水口	地表水	河流	达标	
17	福建省	永泰县	永泰县南区水厂大樟溪取水口	地表水	河流	达标	
18	福建省	永泰县	永泰县青云山水厂天门窗水库取水口	地表水	湖库	达标	
19	福建省	永泰县	永泰县第二自来水厂水源取水口	地表水	河流	达标	
20	福建省	厦门市	厦门市莲坂水厂、集美水厂石兜、坂头水库取水口	地表水	湖库	达标	
21	福建省	厦门市	厦门市高殿水厂、杏林水厂九龙江北溪取水口	地表水	河流	达标	
22	福建省	厦门市	厦门市同安梅山水厂汀溪水库取水口	地表水	湖库	达标	

续表

序号	省份名称	行政区划	点位名称	水源地类型	水体类型	达标情况	超标指标及超标倍数
23	福建省	莆田市	莆田市莆田水厂东圳水库取水口	地表水	湖库	达标	
24	福建省	莆田市	莆田市涵江水厂外渡水库取水口	地表水	湖库	达标	
25	福建省	仙游县	仙游县仙游水厂古洋水库取水口	地表水	湖库	达标	
26	福建省	三明市	三明市富兴堡水厂东牙溪水库取水口	地表水	湖库	达标	
27	福建省	三明市	三明市下洋水厂东牙溪水库取水口	地表水	湖库	达标	
28	福建省	永安市	永安市北区水厂沙溪取水口	地表水	河流	达标	
29	福建省	永安市	永安市铁路水厂后溪取水口	地表水	河流	达标	
30	福建省	永安市	永安市南区水厂洛溪水库取水口	地表水	湖库	达标	
31	福建省	明溪县	明溪县城北水厂罗翠水库取水口	地表水	湖库	达标	
32	福建省	清流县	清流县自来水厂严坊溪取水口	地表水	河流	达标	
33	福建省	宁化县	宁化县沙子甲水厂寨头里水库取水口	地表水	湖库	达标	
34	福建省	大田县	大田县自来水公司坑口水库取水口	地表水	湖库	达标	
35	福建省	尤溪县	尤溪县自来水厂大池水库取水口	地表水	湖库	达标	
36	福建省	尤溪县	尤溪县东村溪兴头水库取水口	地表水	湖库	达标	
37	福建省	沙县	沙县第一水厂洞天岩水库取水口	地表水	湖库	达标	
38	福建省	沙县	沙县第二水厂下村洋水库取水口	地表水	湖库	达标	
39	福建省	沙县	沙县第三水厂马岩水库取水口	地表水	湖库	达标	
40	福建省	将乐县	将乐县下村水厂漠村溪取水口	地表水	河流	达标	
41	福建省	泰宁县	泰宁县北溪水厂际头水库取水口	地表水	湖库	达标	
42	福建省	建宁县	建宁县自来水公司王坪栋水库取水口	地表水	湖库	达标	
43	福建省	泉州市	泉州市北水厂北高干渠取水口	地表水	河流	达标	
44	福建省	泉州市	泉州市湄丰水厂、泉港第三水厂泗洲水库取水口	地表水	湖库	达标	
45	福建省	泉州市	泉州市湄丰水厂、泉港第三水厂黄塘溪取水口	地表水	河流	达标	
46	福建省	泉州市	泉州市金浦水厂晋江干流金鸡拦河旧闸取水口	地表水	河流	达标	
47	福建省	泉州市	泉州市三水厂晋江干流金鸡拦河旧闸取水口	地表水	河流	达标	
48	福建省	石狮市	石狮市石狮水厂南高干渠取水口	地表水	河流	达标	
49	福建省	晋江市	晋江市田洋水厂南高干渠取水口	地表水	河流	达标	
50	福建省	南安市	南安市美林水厂晋江东溪取水口	地表水	河流	达标	
51	福建省	惠安县	惠安县城南水厂黄塘溪取水口	地表水	河流	达标	
52	福建省	惠安县	惠安县北关水厂菱溪水库取水口	地表水	湖库	达标	
53	福建省	安溪县	安溪县城关水厂晋江西溪吾都取水口	地表水	河流	达标	
54	福建省	永春县	永春县第三自来水厂晋江东溪湖洋溪取水口	地表水	河流	达标	
55	福建省	德化县	德化县第二水厂国宝溪取水口	地表水	河流	达标	
56	福建省	漳州市	漳州市第一水厂九龙江西溪康山取水口	地表水	河流	达标	

续表

序号	省份名称	行政区划	点位名称	水源地类型	水体类型	达标情况	超标指标及超标倍数
57	福建省	漳州市	漳州市第二水厂九龙江北溪鳌浦取水口	地表水	河流	达标	
58	福建省	漳州市	漳州市福糖水厂九龙江北溪内林取水口	地表水	河流	达标	
59	福建省	龙海市	龙海市自来水厂九龙江北溪江东桥取水口	地表水	河流	达标	
60	福建省	云霄县	云霄县自来水厂车圩溪取水口	地表水	河流	达标	
61	福建省	漳浦县	漳浦县自来水厂梁山水库取水口	地表水	湖库	达标	
62	福建省	漳浦县	漳浦县自来水厂澎水水库取水口	地表水	湖库	达标	
63	福建省	诏安县	诏安县自来水厂亚湖水库取水口	地表水	湖库	达标	
64	福建省	长泰县	长泰县自来水公司龙津溪福信取水口	地表水	河流	达标	
65	福建省	东山县	东山县供水公司红旗水库取水口	地表水	湖库	达标	
66	福建省	南靖县	南靖县自来水公司象溪取水口	地表水	河流	达标	
67	福建省	平和县	平和县自来水公司花山溪取水口	地表水	河流	达标	
68	福建省	华安县	华安县自来水厂九龙江北溪取水口	地表水	河流	达标	
69	福建省	南平市	南平市安丰水厂建溪取水口	地表水	河流	达标	
70	福建省	南平市	南平市新建村水厂照溪（五星桥水库）取水口	地表水	湖库	达标	
71	福建省	邵武市	邵武市通明水务公司苦竹湾取水口	地下水	地下水	达标	
72	福建省	邵武市	邵武市熙春水厂大乾水库取水口	地表水	湖库	达标	
73	福建省	武夷山市	武夷山市石雄水厂西溪取水口	地表水	河流	达标	
74	福建省	武夷山市	武夷山市三菇水厂崇阳溪取水口	地表水	河流	达标	
75	福建省	建瓯市	建瓯市东门水厂松溪取水口	地表水	河流	达标	
76	福建省	建瓯市	建瓯市新区水厂七里街水库取水口	地表水	湖库	达标	
77	福建省	建阳市	建阳市狮子山水厂崇阳溪取水口	地表水	河流	达标	
78	福建省	顺昌县	顺昌县派溪水厂院尾水库取水口	地表水	湖库	达标	
79	福建省	浦城县	浦城县东区水厂南浦溪取水口	地表水	河流	达标	
80	福建省	浦城县	浦城县西区水厂东风水库取水口	地表水	湖库	达标	
81	福建省	光泽县	光泽县自来水厂西关水坝取水口	地表水	河流	达标	
82	福建省	松溪县	松溪县杉溪水厂杉溪取水口	地表水	河流	达标	
83	福建省	松溪县	松溪县来龙水厂钱园桥水库取水口	地表水	湖库	达标	
84	福建省	政和县	政和县珠山水厂宝岭水库取水口	地表水	湖库	达标	
85	福建省	龙岩市	龙岩市莲花水厂地下取水口	地下水	地下水	达标	
86	福建省	龙岩市	龙岩市西桥水厂地下取水口	地下水	地下水	达标	
87	福建省	龙岩市	龙岩市东宫下水厂地下取水口	地下水	地下水	达标	
88	福建省	龙岩市	龙岩市凤凰水厂富溪三级水库大坝取水口	地表水	湖库	达标	
89	福建省	龙岩市	龙岩市新区水厂黄岗水库取水口	地表水	湖库	达标	
90	福建省	龙岩市	龙岩市东南洋水厂东肖水库取水口	地表水	湖库	达标	
91	福建省	漳平市	漳平市自来水厂大坂三级电站取水口	地表水	河流	达标	

续表

序号	省份名称	行政区划	点位名称	水源地类型	水体类型	达标情况	超标指标及超标倍数
92	福建省	漳平市	漳平市铁路水厂双洋溪取水口	地表水	河流	达标	
93	福建省	长汀县	长汀县自来水股份有限公司正方水库取水口	地表水	湖库	达标	
94	福建省	永定县	永定县龙寨水厂龙寨水库取水口	地表水	湖库	达标	
95	福建省	上杭县	上杭县石禾仓水厂丰村溪取水口	地表水	河流	达标	
96	福建省	上杭县	上杭县兰地水厂汀江横滩取水口	地表水	河流	达标	
97	福建省	武平县	武平县北门水厂捷文水库取水口	地表水	湖库	达标	
98	福建省	连城县	连城县自来水公司竹光地下取水口	地下水	地下水	达标	
99	福建省	连城县	连城县自来水公司波洋地下取水口	地下水	地下水	达标	
100	福建省	连城县	连城县自来水公司罗坊鲜水塘地下取水口	地下水	地下水	达标	
101	福建省	宁德市	宁德市二水厂金涵水库取水口	地表水	湖库	达标	
102	福建省	宁德市	宁德市德源自来水厂陈家洋水库取水口	地表水	湖库	达标	
103	福建省	宁德市	宁德市盛源自来水公司盛源水库取水口	地表水	湖库	达标	
104	福建省	福安市	福安市城关二水厂交溪桃花岛取水口	地表水	河流	达标	
105	福建省	福安市	福安市城东水厂留洋水库取水口	地表水	湖库	达标	
106	福建省	福鼎市	福鼎市二水厂南溪水库取水口	地表水	湖库	达标	
107	福建省	霞浦县	霞浦县北山里水厂溪西水库取水口	地表水	湖库	达标	
108	福建省	古田县	古田县城关水厂桃溪水库取水口	地表水	湖库	达标	
109	福建省	屏南县	屏南县第一自来水厂汤坑溪取水口	地表水	河流	达标	
110	福建省	屏南县	屏南县第二自来水厂引水工程取水口	地表水	河流	达标	
111	福建省	屏南县	屏南县第二自来水厂南峭溪取水口	地表水	河流	达标	
112	福建省	寿宁县	寿宁县自来水有限公司六六溪水库取水口	地表水	湖库	达标	
113	福建省	周宁县	周宁县深洋水厂李园水库取水口	地表水	湖库	达标	
114	福建省	柘荣县	柘荣县自来水厂新荣溪水库取水口	地表水	湖库	达标	
115	福建省	平潭综合实验区	平潭县自来水公司三十六脚湖取水口	地表水	湖库	达标	

（来源：福建省生态环境厅网站　摘编：康明辉）

2019 年福建省排污权指标市场加权平均价汇总表

第一季度福建省排污权指标市场加权平均价汇总表

受让地区	标的名称	2019 第一季度市场加权平均价（元/年吨）
全省	化学需氧量	13794. 02
	氨氮	17315. 02
	二氧化硫	7482. 01
	氮氧化物	6011. 12
福州	化学需氧量	13435. 44
	氨氮	20488. 43
	二氧化硫	8546. 17
	氮氧化物	4068. 10
厦门	化学需氧量	14324. 66
	氨氮	13424. 89
	二氧化硫	9681. 38
	氮氧化物	6300. 00
漳州	化学需氧量	12770. 14
	氨氮	12793. 64
	二氧化硫	9891. 04
	氮氧化物	5234. 73
泉州	化学需氧量	16596. 63
	氨氮	35309. 87
	二氧化硫	9463. 95
	氮氧化物	11988. 15
莆田	化学需氧量	12418. 97
	氨氮	16896. 55
	二氧化硫	7214. 90
	氮氧化物	4135. 40

续表

受让地区	标的名称	2019 第一季度市场加权平均价（元/年吨）
南平	化学需氧量	-
	氨氮	-
	二氧化硫	-
	氮氧化物	-
三明	化学需氧量	-
	氨氮	-
	二氧化硫	-
	氮氧化物	-
龙岩	化学需氧量	12587. 54
	氨氮	18652. 70
	二氧化硫	7349. 95
	氮氧化物	4175. 81
宁德	化学需氧量	13898. 57
	氨氮	17553. 59
	二氧化硫	9811. 59
	氮氧化物	5468. 47
平潭	化学需氧量	-
	氨氮	-
	二氧化硫	-
	氮氧化物	-

2019 年第二季度福建省排污权指标市场加权平均价汇总表

受让地区	标的名称	2019 第二季度市场加权平均价（元/年吨）
全省	化学需氧量	15036. 17
	氨氮	18039. 05
	二氧化硫	8545. 33
	氮氧化物	4829. 9
福州	化学需氧量	22150. 44
	氨氮	25016. 08
	二氧化硫	8059. 4
	氮氧化物	4233. 88

续表

受让地区	标的名称	2019 第二季度市场加权平均价（元/年吨）
厦门	化学需氧量	11344.33
	氨氮	10699.4
	二氧化硫	8263.84
	氮氧化物	4498.77
漳州	化学需氧量	11174.14
	氨氮	17994.95
	二氧化硫	8544.45
	氮氧化物	4541.35
泉州	化学需氧量	17592.25
	氨氮	53616.52
	二氧化硫	11795.58
	氮氧化物	9951.7
莆田	化学需氧量	10250
	氨氮	14446.85
	二氧化硫	8197.24
	氮氧化物	4145.21
南平	化学需氧量	–
	氨氮	12050
	二氧化硫	10000
	氮氧化物	4360
三明	化学需氧量	10050
	氨氮	10050
	二氧化硫	8240
	氮氧化物	4146.14
龙岩	化学需氧量	14016.96
	氨氮	18355.42
	二氧化硫	8425.73
	氮氧化物	4177.27
宁德	化学需氧量	11520.4
	氨氮	19154.89
	二氧化硫	9706.12
	氮氧化物	7216.99
平潭	化学需氧量	–
	氨氮	–
	二氧化硫	–
	氮氧化物	–

2019 年第三季度福建省排污权指标市场加权平均价汇总表

受让地区	标的名称	2019 第三季度市场加权平均价（元/年吨）
全省	化学需氧量	12572
	氨氮	17126.27
	二氧化硫	8609.04
	氮氧化物	5715.16
福州	化学需氧量	17470.41
	氨氮	35099.93
	二氧化硫	8129.49
	氮氧化物	4450.12
厦门	化学需氧量	10000
	氨氮	10000
	二氧化硫	8424.77
	氮氧化物	4219.62
漳州	化学需氧量	15073.64
	氨氮	27267.52
	二氧化硫	8793.46
	氮氧化物	5131.07
泉州	化学需氧量	15398.59
	氨氮	15878.51
	二氧化硫	9598.43
	氮氧化物	13587.36
莆田	化学需氧量	14152.25
	氨氮	27861.84
	二氧化硫	12537.82
	氮氧化物	10268.82
南平	化学需氧量	14747.45
	氨氮	40821.8
	二氧化硫	8081.99
	氮氧化物	4052.16
三明	化学需氧量	10600
	氨氮	10100
	二氧化硫	9671.16
	氮氧化物	5643.91

续表

受让地区	标的名称	2019 第三季度市场加权平均价（元/年吨）
龙岩	化学需氧量	15201.31
	氨氮	22018.67
	二氧化硫	10172.53
	氮氧化物	8245.58
宁德	化学需氧量	17527.35
	氨氮	31043.69
	二氧化硫	9442.97
	氮氧化物	5928.33
平潭	化学需氧量	–
	氨氮	–
	二氧化硫	–
	氮氧化物	–

第四季度福建省排污权指标市场加权平均价汇总表

受让地区	标的名称	2019 第四季度市场加权平均价（元/年吨）
全省	化学需氧量	16964.98
	氨氮	19949.52
	二氧化硫	10624.05
	氮氧化物	9539.57
福州	化学需氧量	21024.49
	氨氮	33794.07
	二氧化硫	15864.63
	氮氧化物	15670.61
厦门	化学需氧量	–
	氨氮	–
	二氧化硫	9100.65
	氮氧化物	10090.41
漳州	化学需氧量	20179.13
	氨氮	27389.7
	二氧化硫	9615.36
	氮氧化物	9160.8

续表

受让地区	标的名称	2019 第四季度市场加权平均价（元/年吨）
泉州	化学需氧量	24837.14
	氨氮	45963.11
	二氧化硫	13227.79
	氮氧化物	15023.36
莆田	化学需氧量	16500.22
	氨氮	16160
	二氧化硫	9666.75
	氮氧化物	9493.88
南平	化学需氧量	19937.03
	氨氮	21363.62
	二氧化硫	10002.48
	氮氧化物	8526.9
三明	化学需氧量	11113.58
	氨氮	10510.61
	二氧化硫	9818.13
	氮氧化物	6234.48
龙岩	化学需氧量	17553.22
	氨氮	19034.2
	二氧化硫	10985.86
	氮氧化物	9963.52
宁德	化学需氧量	21606
	氨氮	22903.46
	二氧化硫	9813.88
	氮氧化物	9907.07
平潭	化学需氧量	-
	氨氮	-
	二氧化硫	9797.43
	氮氧化物	9000

（来源：福建省生态环境厅网站　摘编：康明辉）

第六篇

区域概览

福州市社会发展综述

2019年，在以习近平同志为核心的党中央坚强领导下，在省委、省政府和市委的直接领导下，福州市以习近平新时代中国特色社会主义思想为指导，全面贯彻党的十九大和十九届二中、三中、四中全会精神，认真落实习近平总书记对福建、福州工作的重要讲话和重要指示批示精神，凝心聚力、攻坚突破、奋勇争先，各项工作都取得了新的进展。根据第四次全国经济普查以及省统计局对福州市地区生产总值的初步修订结果，全市地区生产总值突破9200亿元，同口径增长8.6%；一般公共预算总收入1095亿元，下降2%（剔除减税降费因素，同口径增长9.2%）；地方一般公共预算收入668亿元，下降1.8%（剔除减税降费因素，同口径增长8.1%）；出口总额1803亿元，增长10.2%；实际利用外资60亿元，增长8.3%；社会消费品零售总额5116亿元，增长9.5%；城镇居民人均可支配收入47791元，增长7.5%；农村居民人均可支配收入21069元，增长8.5%；固定资产投资增长10%；居民消费价格总水平上涨2.5%；城镇登记失业率2.7%。完成省下达的减排降碳任务。

一年来社会发展方面的工作主要体现在：

城市品质快速提升。旗山湖、晋安湖全面开挖，晋安河直排闽江通道建成投用，修复排水管网1130公里，城区内涝治理初见成效。新建永久截污管道60公里、雨污水管网472公里，清除内河淤泥39万立方米，城区99条主干河道、23条支流黑臭水体治理基本完成。全市造林绿化6.6万亩，中心城区种植乔木7万株，提升林荫大道62条，新建串珠公园102个、滨河绿道100.8公里，完成拆墙透绿535处、边角地绿化238处，“绿进万家、绿满榕城”专项行动有效展开。实施连片旧屋区改造45个、老旧小区整治80个、立面景观整治157个、小街巷整治98条，利用零星地块建设街头小公园105个，市民居住环境得以改善。实施橘园洲东桥头、三环跨福飞路高架等城区缓堵项目381个，南台大道主线、环岛路主线等172条新改扩建市政道路竣工通车，交通健康指数上升6.9%，高峰延时指数下降3.4%。更新公交车519辆，优化公交线路67条，改建公交站台101个，新建公共充电桩2011台、公共停车泊位1.5万个，开通地铁公交接驳专线11条，城市公交体系进一步完善。新建自来水供水管网327公里、燃气管网179公里、公厕320座，完成市区路灯节能增亮综合改造，启动城市大脑建设，城市公用设施进一步健全。实施缆化下地550项，整治沿街箱柜1548个，拆除围挡240万平方米，规范电动自行车管理，实施闽江沿线规划管控，城市精细化管理水平持续提高。建设垃圾分类屋（亭）4747座，红庙岭焚烧发电厂三期、餐厨垃圾处置厂等9个项目建成投用，五城区生活垃圾分类全面推开。清理批而未供土地3.9万亩，处置“两违”1238万平方米，一批历史遗留问题得到有效解决。滨海新城落地国电投氢能等产业项目133个，建成数字中国会展中心等基础设施项目22个，路网水网电网绿网初步形成，规划体系不断完善。三江口片区落地亚升集团总部等产业项目8个，建成三江口大桥等基础设施项目12个。长乐机场第二跑道立项获批，福州港集装箱吞吐量突破340万标箱，地铁2号线开通运营，绕城高速东南段等4个高速公路项目建成通车，城际铁路F1线（福州火车站—长乐机场）动工建设，城市承载能力日益增强。

入选全国首批城市体检试点城市、国家城镇老旧小区改造试点城市。城市空气质量在全国省会城市排名第3。

乡村振兴稳步推进。全市农林牧渔业总产值增长3.6%，粮食安全省长责任制考核全省第1。新建设施农业2775亩，建设全国数字农业试点2个，新增省级现代农业智慧园2个、省级农业物联网应用基地6个，闽清梅溪镇、福清一都镇入选全国“一村一品”示范村镇，实现所有乡镇市级科技特派员全覆盖。海洋生产总值突破2600亿元，福州（连江）国家远洋渔业基地获批，福州海洋研究院挂牌成立，深海“振渔1号”“福鲍1号”养殖试验进展顺利，更新改造远洋渔船67艘，首艘磷虾捕捞船赴南极作业，福州金鱼获国家农产品地理标志认证。农村生活污水处理率达86%、无害化厕所普及率达97.9%，新改建农村公路209.6公里，93个重大水利项目完成年度投资计划，所有建制村通客车。打造美丽乡村400个，整治裸房3026栋，657个村完成“村植千树”，晋安九峰村、前洋村成为省级示范样板。整治提升高速公路、高速铁路沿线人居环境931公里。整治违建坟墓6万余台。治理水土流失13万亩。完成补充耕地1.2万亩。全面消除薄弱村。少数民族聚居区、革命老区、海岛等欠发达地区加快发展。援宁援藏援疆、东西部扶贫协作等工作深入开展，福州与定西扶贫劳务协作模式入选联合国“全球减贫案例”。

名城保护全面提速。成功举办福州古厝保护与文化传承论坛，成功申办第44届世界遗产大会。冶山、新店遗址公园建设全面提速。屏山公园、于山公园完成改造。上下杭、朱紫坊、烟台山历史风貌区基本修复。马尾船政文化城启动建设。温麻、和平街、昙石山等15个特色历史文化街区即将建成开放。中山路、池后弄、浮头街等51条传统老街巷得到保护整治。严复故居、宏琳厝等135处文物和历史建筑完成保护修缮。鼓岭旅游度假区获评全国新兴森林旅游地。永泰庄寨建筑群入选第八批全国重点文物保护单位。福州茉莉花茶窨制工艺入选国家级非遗代表性项目保护实践优秀案例。

营商环境明显优化。营商环境“前沿距离”分数排名较2018年底提升11位，城市信用综合排名进入全国前三，获评全国社会信用体系建设示范城市。行政审批办理时限压缩比例全国第1，企业开办时间压缩至2个工作日以内，一般不动产登记压缩至4个工作日，市级审批服务事项“最多跑一趟”“一趟不用跑”占比分别达93%、57.2%，进口和出口整体通关时间分别压缩65.6%、85.1%，出口退税办理时间压缩至3.4个工作日，“执行合同”时间缩短至418天。精简、下放审批服务事项229个。e福州“一码通行”应用覆盖全市。运用“一企一议”协调机制帮助企业解决问题4642个。落实减税降费146.4亿元。不良贷款率降至全省最低。

民生福祉日益增进。各级财政用于民生支出737亿元，占一般公共预算支出的77.4%。完成为民办实事项目17项52件。新改扩建幼儿园20所、中小学37所，建成智慧教室2285间，普惠性幼儿园学额覆盖率提高到85.4%。福州滨海实验学校、福州三中晋安校区等建成开学，天津大学福州国际校区动工建设并开始招生。市妇幼保健院新院等17个重点医卫项目加快建设，国家区域医疗中心、复旦大学附属华山医院福建医院落户福州，晋安、闽清、永泰被确定为紧密型医共体国家级试点县，全市新增医疗床位1500张。成功举办第十六届中国戏剧节、庆祝新中国成立70周年焰火晚会等多场大型文艺活动。成功举办举重世界杯、世界女子围棋大赛、福州国际马拉松等多项大型体育赛事。新建居家社区养老服务照料中心27个、农村幸福院210个。城镇新增就业13万人。免除五城区居民基本殡葬服务费。建设安置型商品房3.7万套，新增供应租赁住房4546套。成立市应急指挥中心，整治市县两级重大安全隐患点422个，安全生产和食品药品安全态势基本平稳。执法工作满意率、扫黑除恶好评率居全省第1，群众安全感率居全省第2，社会安定稳定。军门社区“13335”工作法在全国推广。全国文明城市、国家卫生城市创建工作取得新成效。民族团结进步事业深入推进，宗教工作法治化水平不断提升。侨情调查顺利完成，华侨华人新生代工作得到加强。信访、行政复议、司法行政、仲裁以及军民融合、国防动员、退役军人服务、民兵预备役、双拥、海防、人防、反走私等工作继续加强。广播影视、新闻出版、哲学社会科学、文学艺术、统计、科普、气象、防震、地方志、档案、老龄、青少年、妇女儿童、残疾人、慈善、红十字等各项事业健康发展。

政府建设切实加强。扎实开展“不忘初心、牢记使命”主题教育，认真学习《习近平在福州》采访实录，“四个意识”更加牢固，“四个自信”更加坚定，“两个维护”更加坚决。弘扬“马上就办、真抓实干”优良作风，开展“基层减负年”“作风建设年”“服务基层年”系列活动，政府透明度指数居全国49个较大城市第8位，战略性新兴产业培育、事中事后监管等工作得到国务院办公厅通报表扬。贯彻中央八项规定及实施细则精神，严守廉洁制度，完善审计管理体制，整治“虚僵躲拖腐”突出问题，全年实施效能问责146人次。认真执行市人大及其常委会决定决议，自觉接受人大法律监督、工作监督，提请市人大常委会审议地方性法规草案6件，办复省、市人大代表建议481件，满意率达99%。自觉接受市政协民主监督，支持市政协开展协商民主实践，召开政府政协联席会、协商会28场，办复省、市政协提案487件，满意率达100%。

2020年福州市工作总体要求是：以习近平新时代中国特色社会主义思想为指导，全面贯彻党的十九大和十九届二中、三中、四中全会精神，坚决贯彻党的基本理论、基本路线、基本方略，增强“四个意识”、坚定“四个自信”、做到“两个维护”，紧扣全面建成小康社会目标任务，坚持稳中求进工作总基调，坚持新发展理念，坚持以供给侧结构性改革为主线，坚持以改革开放为动力，坚持高质量发展，坚决打赢三大攻坚战，全面做好“六稳”工作，以“数字福州”“海上福州”“平台福州”建设为主攻方向，开展“抓项目促跨越”专项行动，确保全面建成小康社会和“十三五”规划圆满收官，奋力推动新时代有福之州、幸福之城建设迈上新台阶、实现新跨越。经济社会发展的主要预期目标是：地区生产总值增长8%，地方一般公共预算收入增长3%，固定资产投资增长10%，社会消费品零售总额增长9.5%，进出口总额增长3%，实际利用外资增长3%，城镇居民人均可支配收入增长7.5%，农村居民人均可支配收入增长8%，居民消费价格总水平涨幅控制在3%以内，城镇登记失业率控制在3.5%以内，完成节能减排降碳任务。

（摘编：李哲）

鼓楼区社会发展概况

2019年是中华人民共和国成立70周年，是全面建成小康社会、推动高质量发展落实赶超的关键一年。一年来，在市委、市政府和区委的正确领导下，鼓楼区以习近平新时代中国特色社会主义思想为指导，全面贯彻党的十九大和十九届二中、三中、四中全会精神，坚持稳中求进工作总基调，开拓进取、加压奋进，各项工作取得了新进展。实现地区生产总值1800亿元左右，增长8.5%左右，一般公共预算总收入50.5亿元，地方一般公共预算收入30亿元；社会消费品零售总额增长9%，规模以上工业增加值增长8.8%，城镇以上固定资产投资同口径增长8%，实际利用外资4亿元，外贸进出口总额增长3.5%，城镇居民人均可支配收入增长8%左右。在2019年中国城区综合竞争力百强排名中名列第23名，获评全省唯一的中国最具投资价值城区，在全国十个服务业综合改革示范典型区域评估中位列第四。

一年来社会发展方面的主要工作和成效体现在：

对标“高水准”，品质城区展现新魅力。宜居环境持续改善。全面改造屏山公园、于山公园、黎明湖公园并对市民开放。推进城市慢行系统建设，打通西湖左海—北江滨、省体—金牛山2条47.7公里长慢行步道，完成福山郊野公园二期建设。加快水系综合治理，完成19条内河整治，建成26个串珠公园、33公里长滨河绿道。实施闽江两岸贯通工程（鼓楼段），完成高铁沿线花廊绿廊建设。扎实推进“绿进万家、绿满榕城”行动，完成拆墙透绿130处7274米、边角地绿化100处1.4万平方米、立体绿化50处1.8万平方米，新增绿地1万平方米，全区绿化覆盖率40.92%，绿地率34.72%，人均公园绿地面积10.62平方米。辖区环境空气质量达标率99.4%，西北区饮用水源保护区水质连续24年100%达标。河湖长制全面落实。中央环保督察反馈问题有效整改。老城更新有序推进。加大整治提升力度，完成25个老旧小区综合整治、24处建筑立面精准整治和21条传统老街巷整治，打造了以中山路为主轴的“一路七巷”示范精品。加快旧屋区征迁改造，实施程厝里等13个项目27万平方米房屋征迁，完成卧湖路56号等6个零星旧屋区改造。有效破解逾期安置难题，建成万科登俊园等4个安置房项目，完成筑路机械厂等8个安置房项目回迁选房工作，华润万象城等15个地块85万平方米安置房建设进展顺利。

着力“惠民生”，社会事业迈上新台阶。民生支出占一般公共预算支出比重达78%；完成10项共51件为民办实事项目。教育事业优质发展。获评省级基础教育改革发展实验区。新改扩建3所公办幼儿园，新开办2所社区微型精品幼儿园，开展小区配套幼儿园治理工作，学前教育普惠率达88.71%，公办学6额覆盖率达49.18%。新改扩建达明小学、杨桥中学等10所中小学，新增学位900个。钱塘小学教育集团横向拓展办学模式持续深化，延安中学教育集团形成全市首个十五年一贯制办学模式；茶园山中心小学、杨桥中学挂牌成为中国科学院大学福建学院附属小学和附属中学，并分别设立“卢嘉锡班”；延安中学实现全市公立学校中考16连冠，杨桥中学连续三年争先进位。实施“强师工程”，探索实行“共享教师”“常青教师”制度，在全省率先聘请义务教育阶段台湾全职教师。在全市率先推进校内课后托管服务试点，服务学生1.1万余人。健康事业扩面提升。扩建改造南街、华大等6个街镇社区卫生服务中心，场所达标率80%。东街街道社区卫生服务中心试点“互联网+医疗健康服务中心”建设，荣获第三届全国基层卫生信息化应用创新大赛三等奖。通过全国基层中医药工作先进单位复审评审，实现社区卫生服务中心标准化中医馆全覆盖。儿童口腔疾病综合干预、出生缺陷预防干预典型经验在全市推广。社会保障不断完善。新增就业2.67万人，失业人员再就业0.31万人。观风亭社区养老服务照料中心、汤边社区家园、金牛山社区家园投入运营，推出全区首家“长者食堂”。全年累计为低保、失独等特殊困难老年人和80周岁以上老年人购买居家养老服务券727万元。持续为鼓楼户籍人员购买民生综合意外险，为60周岁以上老年人购买意外伤害险和第三者财产损失险。发放低保、临时救助、残疾人两项补贴、特困人员供养金等各类救助补助金572万元。居民医保征缴做到应保尽保，基本实现全覆盖。文体旅事业协调发展。组建全市首支文物保护志愿服务总队，认领保护未定级不可移动文物120处。以书院文化为主题，打造鳌峰坊历史文化街区，完成《福州鳌峰史话》编纂。深化文化惠民工程，举办“文薮鼓楼．雅颂鳌峰”等主题活动120余场次。成功举办区第十四届全民健身运动会等体育赛事。旅游总收入250.8亿元，比增20.7%。福道入选2019年度中国体育旅游精品推荐项目。脱贫攻坚深入开展。加强与岷县、永泰县对口协作，筹集和拨付帮扶资金6322万元。在全市首创“技能扶贫”模式，推动15个扶贫协作项目落地岷县，对口扶贫24项任务全面完成。

聚焦“强服务”，营商环境得到新优化。政务服务效能提速。深化“放管服”改革，区级“最多跑一趟”和“一趟不用跑”审批服务事项占比分别达94.3%和53.68%。实施“串改并”再造，企业开办时间压缩至6个工作小时。个体工商户智能化登记系统实现街镇全覆盖，1万多家个体工商户通过系统申领营业执照，业务量居全省首位。简易注销登记“多点办理”全面推行。辖区各类市场主体突破11万户。惠企服务水平提升。深化重点企业服务直通车机制，全区干部跟踪服务企业7107家次，召开“一企一议”专题协调会279场。先后召开5场“政银企”对接会，助力破解企业融资难题。在全市率先打造“企业服务中心2.0旗舰店”，引入省中小企业商会“服务之窗”，为企业提供优质高效服务。召开第8二届服务企业大会，举办首届“优化营商环境宣传周”、首届企业运动会。全年兑现各类惠企政．策奖励4.42亿元，减税降费25亿元。

深挖“精细化”，社会治理再上新水平。公众诉求有效回应。12345便民（惠企）服务平台共受理有效诉求件5万余件，群众满意率99.89%。受理市“智慧福州”管理服务中心批转件14.3万余件，办结率99.98%，居五城区首位。社区治理持续创新。承办第二届全国社区工作大讲堂，军门社区工作法入选中组部“不忘初心、牢记使命”主题教育学习案例，获评“2019中国改革年度案例”；落实“参与式预算”微实事协商机制；全面推行“居民恳谈日”，全新打造“社区幸福通”微信公众号，拓宽居民群众参与社区治理渠道。公共安全稳定向好。整治市区两级重大安全隐患点33个，建成小区电动自行车充电桩300处，完成重点单位微型消防站提升改造336家，整治1344个小区消防通道。在全省率先推进商务楼宇老旧电梯修复更新。扫黑除恶专项斗争扎实推进，全区刑事案件总量持续下降。“平安鼓楼”微信公众号在全国政法机关微信影响力排名中位列前茅。风险防控成效显著。打好防范化解金融风险攻坚战，创建全省首家防范非法集资宣传教育示范点。完善“1235”矛盾纠纷多元调处体系，排查调解纠纷1174起，成功率达99%以上。完善“智慧食安”监管平台，开展药械安全专项整治，食品药品安全形势平稳。民族宗教、侨务、台港澳事务、国防动员、人防等工作扎实开展，退役军人服务保障体系不断健全。工会、共青团、妇女儿童、老龄、残疾人、科普、慈善等工作全面发展。

（摘编：杨立群）

台江区社会发展概况

2019年，在市委、市政府和区委的坚强领导下，在区人大、区政协的监督支持下，台江区以习近平新时代中国特色社会主义思想为指导，全面贯彻落实党的十九大和十九届二中、三中、四中全会精神，凝心聚力，攻坚克难，推动高质量发展落实赶超，各项工作取得了新进展。全区地区生产总值517亿元，增长8.7%；一般公共预算总收入25.6亿元，增长8.5%；地方一般公共预算收入16.48亿元，增长8%；规模以上工业增加值增长8%；社会消费品零售总额453亿元，增长11%；固定资产投资146亿元，增长20%；进出口总额106.7亿元，增长9.5%；实际利用外资6.24亿元。通过一年的努力，台江发展呈现新变化、展现新局面，社会发展方面主要体现在：

城区环境改观明显。落实“1+X”全面系统集成工作法，高质量推进老旧小区、小街巷、拆墙透绿、零星绿地、立面景观等整治项目。完成了南公园、同晖两片最大的旧屋区改造，打通了23条遗留多年的断头路、瓶颈路，破解了卫生脏乱差、占道经营、夜排档等城市管理顽疾。海峡金融商务区灯光秀连续两年登上央视，空气优良率创近年来新高。“最靓闽江北、最旺苏万宝、最美白马河、最红中平路”成为有福之州不可或缺的风景线。

民生投入力度更大。将有限财力最大限度地向民生领域倾斜，财政用于民生支出16.6亿元，占一般公共预算支出比重达84%。城镇登记失业率控制在3%，居民人均可支配收入增长8%。下大力气优化公共服务供给，启动了坊巷小学、南公小学、行政服务中心、社会福利中心建设，实施了3个农贸市场改造提升，破解了一批多年来想解难解、想办未办的民生难题，台江的“民生温度”更加暖心。

围绕文化传承，加强古厝保护。推动古厝保护制度化运作，完善古厝档案资料库，全面完成历史建筑挂牌保护工作。新增永德会馆等区级文物保护单位7处，修缮保护文保单位22处、历史建筑8处、传统风貌建筑27处，修缮数量为历年之最。上下杭、苍霞、南公园三大片区保护建设加快推进，生顺茶栈、罗氏绸布庄旧址、浣花庄等一批极具乡愁的老建筑完成修复，苍霞特色历史文化街区将于春节前开街；南公园历史建筑群保护规划通过专家评审，保留不可移动文物11处、历史风貌建筑30处。大力推进古厝活化利用，海丝文化博物馆、福州美术馆、台江码头文化博物馆等一批优秀文化展示平台纷纷走进古厝，举办“历史文化街区保护与复兴分论坛”“闽菜文化展”等活动近百场。加强非物质文化遗产保护传承，新增市级非遗传承示范基地2个、市级非遗传承人6名、区级非遗传承人14名，耳聋伯元宵获评省级非遗项目，台江区非遗展示馆建成开放。

围绕宜居宜业，提升精细化管理水平。启动实施260个、总投资35亿元的新一轮城市品质提升项目。水系治理加快清盘扫尾，12条内河全面整治提升，22个串珠公园建成开放。高标准整治荷塘路等20条小街巷、南禅新村等20个老旧小区，同步推进100条道路通信缆化下地、47处零星绿地建设、120处拆墙透绿。闽江北岸中央商务区、太平汀洲、柔远雅苑等片区路网实现贯通。两大商务区标识系统基本建成，滨江市民广场及商务区休闲景观平台加快建设。上下杭等10个重点区域61栋精准景观整治全面落实，顺利完成国庆70周年焰火晚会和灯光秀等重大任务。大力推进城市精细化管理，创新实施“路街巷长制”，早夜市、交通缓堵等十二个领域专项整治取得实效。全面推行垃圾精准分类“四定”，建成垃圾分类屋（亭）695座，投放分类垃圾桶1.5万个，垃圾分类居民参与率达90%。电动自行车规范管理全面加强，机动三轮车联合整治取得新成效。坚决打好污染防治攻坚战，顺利完成中央第二轮环保督察迎检工作，46件环保督察反馈问题有效整改。

围绕民生改善，办好为民实事。十大类67项为民办实事项目基本按计划完成。新增城镇就业9560人，安置下岗失业人员2793人，动态消除“零就业”家庭。发放低保、临时救助、优抚对象补助等各类抚恤补助金8500万元。回迁安置群众4000多户，排查安全隐患房屋1700多栋。推广“家园事务服务中心”管理模式，有效破解老旧小区长效管理问题。光明小学等11个学校建设修缮工程全面完成，治理回收小区配套幼儿园11所，新增公办及普惠性幼儿园学位3700多个，学前教育普惠率达81%。继续实施社区卫生服务中心能力提升工程，“一院一品”基层特色科室实现街道全覆盖，顺利通过全国基层中医药工作先进单位复审。3个街道居家社区养老服务照料中心建成投用，实现“一街一中心”。改造提升10个街道（社区）综合文化站（中心），建成10条健身路径。我区荣获“福建省科普示范区”称号。“平安台江”建设扎实推进，“四级巡防”“访调对接”等社会治理亮点纷呈，顺利通过省级社区治理和服务创新实验区验收，扫黑除恶好评率、群众安全感率居全省领先行列。

围绕干事创业，加强政府自身建设。认真学习贯彻习近平新时代中国特色社会主义思想，深入开展“不忘初心、牢记使命”主题教育，扎实推进“基层减负年”“作风建设年”等系列活动。大力弘扬“马上就办、真抓实干”优良作风，全面落实一线工作法、项目工作法，“双随机一公开”工作频次增加2倍以上。持续优化营商环境，建成区行政服务中心新址，行政审批和公共服务事项平均办理时限压缩至法定时限的20%，“最多跑一趟”占比达97%。高效落实“一企一议”等协调服务机制，帮助企业解决问题274个，兑现扶持企业资金约8000万元，减税降费10亿元。严格执行中央八项规定及实施细则精神，坚决整治形式主义、官僚主义和“虚僵躲拖腐”不良作风，效能问责11人次。加强法治政府建设，自觉接受区人大及其常委会的法律监督、工作监督和区政协的民主监督，办结人大代表建议127件、政协委员提案139件，满意率均为100%。与此同时，改革和物价、人事、地方志、档案、广播电视、新闻出版、民族宗教、外事侨务、对口协作、防风防汛、应急管理、信访以及老龄、妇女儿童、退役军人、残疾人、慈善等事业加快发展，国防动员、兵员征集、后备力量建设、双拥共建等工作也取得新成绩。

2020年是全面建成小康社会和“十三五”规划收官之年。做好今年工作，对推进高质量发展跨越赶超、打造幸福之城核心区具有重要意义。台江区工作总体要求是：以习近平新时代中国特色社会主义思想为指导，全面贯彻党的十九大和十九届二中、三中、四中全会精神，坚决贯彻党的基本理论、基本路线、基本方略，增强“四个意识”、坚定“四个自信”、做到“两个维护”，紧扣全面建成小康社会目标任务，坚持稳中求进工作总基调，坚持新发展理念，坚持以供给侧结构性改革为主线，坚持以改革开放为动力，推进高质量发展跨越赶超，坚决打赢三大攻坚战，全面做好“六稳”工作，统筹推进稳增长、促改革、调结构、惠民生、防风险、保稳定，保持经济运行在合理区间，确保全面建成小康社会和“十三五”规划圆满收官，加快建设幸福之城核心区，争当新时代新征程上的省会排头兵。经济社会发展的主要预期目标是：地区生产总值增长8.6%；规模以上工业增加值增长8.5%；一般公共预算总收入同口径增长1%；地方一般公共预算收入同口径增长3%；固定资产投资增长15%；社会消费品零售总额增长12%；实际利用外资增长3%；城镇居民人均可支配收入增长7.5%；确保完成市下达的节能减排降碳任务。

（摘编：林学军）

仓山区社会发展概况

2019年，在市委、市政府和区委的正确领导下，仓山区以习近平新时代中国特色社会主义思想为指导，深入贯彻落实党的十九大和十九届二中、三中、四中全会精神，主动融入“三个福州”，全力建设“两个仓山”，深入实施“项目年”“招商年”“三产年”，大力开展产业转型提升、征迁旧改提速、绿化仓山提质、干事创业提效等专项行动，经济社会发展取得新成效。根据第四次全国经济普查对地区生产总值的初步修订结果，全区地区生产总值突破780亿元，同口径增长8.8%；一般公共预算总收入43.9亿元，增长2.2%（剔除减税降费因素，同口径增长13.9%）；地方一般公共预算收入28.5亿元，增长0.6%（剔除减税降费因素，同口径增长9.5%）；社会消费品零售总额651亿元，增长10.5%；固定资产投资增长12.6%；居民人均可支配收入44536元，增长8.0%；进出口总额260亿元，增长22%；实际利用外资14亿元，完成年计划的147%。完成市下达的节能减排降碳任务。“五个一批”第二季度考评位居全省第1，“招商年”综合考评位居全市第1，“项目年”综合考评位居全市前列，获评全国科技创新百强区、全国绿色发展百强区、国家城乡融合发展试验区。

一年来社会发展的工作成效主要体现在：

三江口开发日新月异。全面完成樟岚收储一二三地块等20个项目征迁，交地3415亩、拆迁72万平方米。基础设施持续完善，建成三江口大桥等基础设施项目12个。开展海绵城市建设试点，建成盛景黄山北区海绵化改造等试点项目30个。产业发展持续推进，新引进亚升集团总部等产业项目58个，总投资107.4亿元。公共配套持续健全，福州学校等10个项目有序推进。三江口“最美区域”建设呈现塔吊林立、钩机轰鸣的火热场面。

坚持强建设精管理，城市品质日益提升。市政配套加快完善。加大交通治堵力度，完成缓堵硬件项目45项，南台大道、环岛路等主干路网相继通车，新建公共停车场20个，新增停车位1738个。加强市政设施管护，完成22条道路505盏市政路灯防漏电改造，完成21条道路281个箱柜整治。扎实开展农村人居环境整治，完成31个行政村生活污水治理，实现全区102个行政村全覆盖。持续推进“厕所革命”，新建城乡公厕50座，改造农村公厕12座，建成城市管理驿站22座。

城市管理更加精细。持续推进智慧化城市管理服务，智慧城管（一期）项目顺利通过验收。完成金建一期、傲梅苑等17个老旧住宅小区综合整治提升，整治面积73.2万平方米。建成垃圾分类屋（亭）1155个，实现全区583个小区全覆盖，800名垃圾分类督导员受聘上岗，生活垃圾分类工作全面铺开。开展“市容环境卫生整治月”等系列专项行动，大力整治学生街等重点区域，全区市容环境明显改善。开展电动自行车规范管理，免费换发新式号牌39227面，回收电动车145辆。铁腕整治“两违”，拆除“两违”155.6万平方米。深入开展自建民房安全隐患大排查大整治专项行动，共摸排房屋39826栋，分类处置隐患房屋728栋。墓地生态整治持续推进，整治违建坟墓1951台。

城区环境持续改善。扎实推进“四位一体”建设，完成拆墙透绿121处、零星地块及边角地绿化整治130处、通信及电力缆化下地42.8公里、小街巷改造15条，征收零星旧房27处、2.7万平方米。深入开展“绿化仓山”提质行动，完成南台大道等道路沿线绿化提升改造约15万平方米、屋顶绿化30处、墙体绿化20处、山体林相景观改造150亩，全区新增提升绿地面积36.2万平方米。完成烟台山公园改造并对市民开放。有序推进环境整治，完成高铁、闽江沿线环境整治、南二环等重要线路景观提升、城区夜景灯光提升等任务181项。水系治理取得实效，31条主河道整治“卷地毯”攻坚基本完成，飞凤河、马洲支河等11条主河道通过验收；建成滨河串珠公园34个，面积16.7万平方米；新增滨河步道30千米。加大环境保护力度，完成污染源整治745个，关停“散乱污”企业51家，3个市级水源地水质达标率保持100%。

坚持补短板促民生，群众幸福指数持续提升。社会保障不断完善。加大民生投入，区级财政民生支出31.5亿元，占一般公共预算支出的77%。完成8大类30项为民办实事项目。健全社会保障救助体系，累计发放各类补贴资金3166万元。持续开展“春风行动”等公共就业服务专项行动，新增城镇就业1.5万人，失业人员再就业2482人。新建成居家养老照料中心2个、农村幸福院6所，全区养老机构和床位数量均位居全市第1。农村集体产权制度改革取得实效，113个村（居）基本完成经营性资产股份合作制改革。加大安置回迁力度，完成44个征迁项目2608套安置房的选房工作，实现安置回迁21.9万平方米。落实对口帮扶工作，成功推动春晖制衣、超大集团等4家企业投资项目落地临洮，对口帮扶成效走在全市前列。

公共服务不断健全。坚持教育事业优先发展，金山八期中学等5所中小学校建成投用，新增中小学学位8505个；完成58所小区配套幼儿园使用权移交，新认定普惠性民办幼儿园18所，增加普惠学位近5000个，普惠性幼儿园学位覆盖率提高到80%；推动盖山中学、首山小学与新时代双语学校开展合作办学，教学质量稳步提升；腾出岗位面向区属临聘教师公开招考，进一步提高福利待遇，临聘教师队伍更加稳定。医疗健康服务水平不断提升，市妇幼保健院新院、孟超肝胆医院（金山院区）加快建设；新设置各类民营医疗机构68家。积极开展爱国卫生运动，有效防控登革热疫情。文体事业加快发展，区图书馆金山新馆建成投用，严复纪念馆、台屿乡村博物馆等16个村（微型）博物馆建成并对外开放；烟台山特色文化街区将于春节前开街；实施陈靖姑故居提升改造，举办第十二届闽台陈靖姑民俗文化旅游节；完成严复故居、福庐等10处文物修缮；油纸伞、建新洪塘高跷、杰瑞堂彩绘玻璃等3个项目入选省非物质文化遗产名录，福州茉莉花茶窨制工艺入选国家级非遗代表性项目保护实践优秀案例。优化、提升镇（街）文化站和村（社区）综合文化服务中心44个，提升、建设体育设施41个。配合办好福州市庆祝新中国成立70周年焰火燃放、中华龙舟大赛等重大活动、赛事；组织元宵灯会等文化惠民活动208场。

基层治理不断加强。新成立3个社区，完成22个标杆社区、41个达标社区创建。织密治安防控“七张网”，创新“金山微众”等社会治理新模式，各类警情数同比下降3.5%，刑事发案数同比下降8.2%。加大信访积案和征迁矛盾化解力度，息访息诉历史积案45件，签约化解已拆未签个案371件。纵深推进扫黑除恶专项斗争，破获九类涉恶案件253起，打掉黑社会性质组织和恶势力犯罪集团、团伙6个，综合效能位居全市前列。深化“一品一码”“明厨亮灶”等社会共治平台建设，食品安全形势良好。严格落实安全生产责任，深入开展消防安全、危化品安全等17项安全大排查大整治专项行动，整治安全隐患15008项，全区安全生产保持平稳态势。统计、物价、侨台、广电、慈善、民族宗教、档案、地方志、红十字、妇女儿童、青少年等事业发展迅速，国防动员、退役军人服务、民兵预备役、人民防空、双拥共建等工作也取得新进展。

（摘编：王诗诚）

晋安区社会发展概况

2019年，在市委、市政府和区委的坚强领导下，晋安区坚持以习近平新时代中国特色社会主义思想为指导，全面贯彻党的十九大和十九届二中、三中、四中全会精神，坚持稳中求进工作总基调，紧盯高质量发展落实赶超，忠诚履职、担当作为，有力推动幸福新晋安建设取得新成效。全年实现地区生产总值815.8亿元，增长9%；一般公共预算总收入37.8亿元；地方一般公共预算收入24.2亿元；规上工业增加值增长8.7%；固定资产投资额556亿元，增长11.6%；社会消费品零售总额1001亿元，增长12.2%；进出口总额200亿元，增长15%；实际利用外资6.8亿元；城镇居民人均可支配收入4.81万元，增长7.1%；农村居民人均可支配收入2.16万元，增长9.2%。

回首一年来，在宏观经济下行压力不减、竞争氛围日益浓厚的形势下，全区上下进一步强化"排头兵"意识，抓项目坚强有力，促发展扎实稳健，各项事业稳中有进、成果丰硕。"项目年""招商年""三产年"专项行动稳居全市第一方阵；民政部、司法部"宪法进社区主题日"全国主场活动，交通运输部"我家门前那条路"福建展示周活动等相继在该区举办；农村人居环境整治等多项工作走在全省前列，探索形成了一批可复制、可推广的"晋安经验"。

一年来社会发展方面的工作和成效主要体现在：

聚焦高品质建设，城市功能配套日终完善。深入实施旧屋区改造，加快推进新一轮城市品质提升，实现城市"旧貌换新颜"。新启动28个整改项目，完成13个连片旧屋区清盘扫尾，征收房屋面积400万平方米。出让土地33幅、1617亩。开工建设安置型商品房150万平方米，顺利回迁20个征迁项目、3300多套安置房。实施了六大类69项民生基础设施项目，新（改）建城区道路21公里，新店外环路、站东互通、华林路延伸段等重点道路工程加快建设，完成100条道路缆化下地，改造桂香街等22条小街巷。新建公共停车场15个，新增停车泊位1700个、充电桩330个。实施二环、三环、福马路等重点道路景观提升工程610项，整治提升老旧小区11个。深入落实"河湖长制"，完成28条内河水系综合治理，加快10条主流整治扫尾。鹤林片区海绵城市试点顺利完成，晋安湖公园全面开工，全省最大的单体蓄水池——斗门调蓄池建成投用。开展"绿进万家、绿满榕城"项目150个，"拆墙通绿"130处，新增绿化面积63万平方米，45公里的"吉道"全面贯通（光明港公园至国家森林公园），城市生态福利持续升级。进一步规范电动车管理，启动新式号牌换发工作。垃圾精准分类"四定"工作有效展开，建成垃圾分类屋（亭）907座、宣教屋30座，新建公厕42座。全省规模最大的益凤建筑垃圾资源化项目建成投产。"两违"综合治理、"大棚房"整治等工作有效落实。深入推进国家生态文明试验区建设，持续打好碧水、蓝天、净土三大保卫战，基本完成第二次全国污染源普查，顺利通过第二轮中央生态环境保护督察。

实施农村人居环境整治行动。九峰村、前洋村成为全省美丽乡村建设示范样板，九峰村获评农业农村部"中国美丽休闲乡村"、住建部"美好环境与幸福生活"共同缔造活动精选试点村。启动24个乡村振兴重点村建设，完成16个美丽村建设提升。巩固"四好农村路"创建成果，新（改）

建山区道路9条、30公里，完成农村公路养护提升工程（生命防护工程）17项、65公里，成功打造鼓宦线、前九线等北峰环线全景公路。开展“村植千树”绿化行动，完成造林绿化2.2万亩、森林抚育6000亩、封山育林1.3万亩。

聚焦高水平保障，社会发展成果普惠共享。加大民生保障力度，各级财政用于民生支出21.1亿元，占一般公共预算支出73%。21件省市级、81件区级为民办实事项顺利完成。福州三中晋安校区等6个学校工程建成投用，新增学位5300个。学前教育优质发展，新引进5所省属公办园，普惠率、公办学额率位居全市前列。在全省率先开展少先队改革试点，区教育局获评福建少先队事业贡献集体（全省教育系统3家获评）。该区获评省级义务教育阶段人工智能教育实验区。省儿童医院、省妇产医院、省疾控中心加快建设，区医院、区妇幼保健院改扩建一期工程建成投用，岳峰、宦溪、茶园社区卫生服务中心（卫生院）完成改造提升。深化医药卫生体制改革，区公立医疗集团启动运行，区医院获评“二甲”综合医院，该区列入国家级紧密型县域医共体建设试点。古厝保护、文物保护、非遗传承等工作稳步推进，新店古械遗址公园（一期）项目完成征迁，寿山石馆完成数字化提升。建成公共图书馆总分馆服务体系，改造提升155个村（社区）文化服务中心，启用八·一七革命纪念馆等一批爱国主义教育基地。热烈庆祝新中国成立70周年，举办“奋进新晋安·共筑幸福城”图片展等主题活动100多场。全民健身和竞技体育同步发展，建成1个多功能运动场、30务健身路径等体育设施，游泳、射箭、举重、羽毛球等优势青少年运动项目屡获佳绩。养老服务资源更加丰富，区社会福利中心一期投入运营，新增养老床位300张。试点开办茶园街道养老助餐食堂，王庄、象园街道实现社区居家养老服务站专业化运营。健全完善城乡社会保障体系，养老保险参保扩面4200多人，城乡居民和城镇职工基本医疗保险参保扩面2万人，发放城乡低保金、临时救助金、残疾人补贴1600多万元。新建区退役军人服务中心，实现乡镇（街道）、村（社区）两级退役军人服务站全覆盖。就业形势保持平稳，城镇新增就业1.9万人。巩固脱贫攻坚成果，持续深化与甘肃渭源、陕西延川、宁德霞浦等地东西部扶贫和山海协作，落实各类帮扶资金6000万元。国防动员、预备役、双拥、人防等工作持续加强，统计、审计、科普、气象、地方志、档案、民族宗教、工会、共青团、妇女儿童、老龄、残疾人、慈善等各项事业全面发展。“晋安新智荟”品牌列入全国新阶人士统战工作实践创新基地重点项目。区直属机关离退休干部党总支获评全国离退休干部先进集体。

聚焦高指数目标，社会环境保持和谐稳定。深入开展全国农村社卧自理实验区创建工作，实施71项创新性项目，建成两岸社区交流中心，上线运行“晋我家”智慧社区管理平台。

推行“三社联动”工作模式，培育“村童妈妈聚乐部”等社会组织品牌，社区治理内涵不断丰富。区禁毒教育基地揭牌开放，社区矫正监管指挥中心建成投用，刑罚执行一体化工作走在全省前列。该区获评全国“七五”普法中期先进区（全市唯一）。持续开展“扫黑除恶”“利剑护航”等专项行动，打击黑恶势力组织13个，刑事案件同比下降11.6%。基层网格化服务管理体系逐步健全，新建综治中心200个，各类综治信息数据实现整合共享。积极创建国家食品安全示范城市，加强餐桌污染治理、食品药品监管、“一品一码”全过程追溯体系建设，第三方评估食品安全工作模式入选全国社会共治提名案例。强化区域安全风险评估成果运用，深入排查整治自建民房、道路交通、危化品、消防等领域安全隐患，全面加强应急管理、防灾减灾等工作，社会保持安定稳定。

（摘编：郭虹）

马尾区社会发展概况

2019年，在市委、市政府和区委的正确领导下，马尾区以习近平新时代中国特色社会主义思想为指导，全面贯彻党的十九大和十九届二中、三中、四中全会精神，坚持稳中求进工作总基调，统筹推进稳增长、促改革、调结构、惠民生、防风险、保稳定，保持定力，砥砺前行，推动高质量发展落实赶超，各项工作取得了新的进展。全区地区生产总值587亿元，增长7.5%；一般公共预算总收入34.8亿元，下降2.8%；地方一般公共预算收入22.7亿元，下降5.4%；固定资产投资200亿元，下降35%；社会消费品零售总额232亿元，增长11%；进出口总额230亿元，下降23.6%；城镇居民人均可支配收入52776元，增长7.6%；农村居民人均可支配收入26930元，增长7%。完成市下达的节能减排降碳任务。顺利完成第四次全国经济普查。连续两年荣获全国科技创新百强区、全国新型城镇化质量百强区等称号。

一年来社会发展的主要工作和成效是：

强功能、优生态，城乡品质稳步提升。大力开展“7+3”专项行动，实施新一轮城市品质提升项目156个。基础设施逐步完善。地铁2号线马尾延伸段通过国家发改委专家评审。东部快速通道、港口路下穿、福马路提升改造等12条道路加快推进，铁南西路三期等4条道路建成投用，三江口大桥、东南绕城高速（琅岐段）顺利通车。新辟优化公交线路15条，新增公交车23辆、公共充电桩75台、公共停车泊位958个，建成琅岐公交枢纽站。实施缆化下地50项、夜景灯光工程13项，新建改造公厕9座、雨污管网45公里。天台水库、琅岐海峡水厂、福州主城区与马尾供水干管连接线工程完工，新建供水管网20公里。城乡面貌明显改观。完成“两高”沿线人居环境整治项目406个、闽江两岸管控整治项目26个、闽江两岸贯通工程8.7公里。水系综合治理扎实推进，磨溪河整治一期工程等5个项目加快建设，魁岐河综合治理一期基本完成。“绿满榕城·绿进万家”行动深入实施，天马山生态公园人行天桥启动建设，实施拆墙透绿52处、边角地绿化20处，新增绿地面积22万平方米。群众居住条件持续改善，改造连片旧屋区5个、零星旧房地块11个、老旧小区8个，整治小街巷11条。城市管理更加精细。罗星街道、马尾镇推行生活垃圾分类“四定”取得成效，建成生活垃圾分类屋（亭）362座，在全市首创生活垃圾“公交化”收运等4项工作机制。琅岐镇、亭江镇实施生活垃圾干湿分类。坚持减存量、控增量，拆除“两违”建筑10.3万平方米。全面加强电动自行车规范管理，完成第三批交通缓堵项目48个，城区道路日均堵情下降3.4%。生态环境持续优化。坚决打好污染防治攻坚战，中央环保督察反馈问题有效整改，国家生态示范工业园区通过复核，空气质量优良率达98.8%，水源地水质达标率保持100%。河（湖）长制全面落实，小流域水环境综合整治扎实推进，闽江国控琯头断面、白眉溪省控小流域水质达标率100%。第二次全国污染源普查工作全面完成。乡村振兴卓有成效。启动建设乡村振兴试点镇1个、试点村10个，新建提升美丽乡村12个。设立益农信息区级运营中心和50个村级服务站。农村人居环境“一革命五行动”深入开展，整治农村“裸房”2.7万平方米、违建坟墓5985台，新建农村污水管网21.2公里、三格式化粪池310个，完成农村公路养护生态示范提升工程45公里，提前两年实现行政村生活垃圾清扫保洁市场化全覆盖。

抓改革、促开放，发展活力持续迸发。深化供给侧结构性改革，大力营造有利于创新创业创造的良好发展环境。营商环境不断优化。“放管服”改革持续推进，企业开办、常规不动产登记、项目审批时限分别压缩至3天、4天、90天，“最多跑一趟”“一趟不用跑”事项分别达93.1%和51.2%。启用全国首个全流程电子化投标保函系统，开设全省首个涉外登记“一窗受理”服务窗口，全省首创现场刻章“零延时”服务，全市率先推行“茉莉分”在工程建设招投标领域应用。对外开放不断扩大。国家综合保税区创建工作稳步推进。利用外资水平不断提高，实际利用外资10.5亿元，增长158.9%。福州物联网产业基地、马尾基金小镇获评福建自贸（2015—2019年）最佳创新平台，被省自贸办认定创新举措6项，其中全国首创2项。依法保护华侨权益，侨情和港澳乡情调查工作全面完成，华人华侨新生代工作持续加强。对台交流不断深化。建成投用马尾琅岐码头，开通琅岐至马祖新航线。揭牌运营大陆首个台湾社工服务中心，全国首创“台湾社工引进和服务机制”。成功举办第十七届“两马同春闹元宵”、第十四届“两马”体育联谊赛、首届闽台两岸食品安全高峰论坛等活动。

补短板、惠民生，人民福祉不断增进。坚持以人民为中心的发展思想，不断保障和改善民生，促进发展成果普惠共享。为民办实事项目全面完成。原州区、寿宁县帮扶协作任务全面落实，援藏、援疆、援甘等工作扎实开展。公共服务水平稳步提升。基础教育向均衡化优质化方向发展，实施教育建设项目9个，新增学位570个，普惠性幼儿园覆盖率达83.9%，亭江第二中心小学等6所学校通过省级“义务教育管理标准化学校”评估，师大二附中通过省一级达标校复查，开发区职专被认定为省规范化中等职业学校。卫生健康服务水平逐步提升，成立马尾区总医院和镇街分院，与省市三甲医院合作进一步加强，形成紧密型医共体。建立全省首家县区标准化代谢性疾病管理中心，通过省级慢性非传染性疾病综合防控示范区验收。多层次养老服务体系加快构建，区社会福利中心基本建成，新建农村幸福院9所，提升居家养老服务站6个，居家社区养老服务照料中心实现镇街全覆盖。社会保障体系不断健全。退休人员养老金待遇、城乡居民基础养老金标准、居民医保人均筹资水平稳步提高，城乡低保保持动态规范管理。新增城镇就业人口8585人，城镇登记失业率降至1.4%，劳动保障监察大队获评“全国整顿人力资源市场秩序专项行动突出成绩单位”。建成保障性住房2121套、17.4万平方米，1972户涉迁群众喜迁新居。文化体育事业繁荣发展。隆重举办庆祝中华人民共和国成立70周年系列活动。编创首部船政题材闽剧《马江魂》，原创闽剧《龙台驸马》参加第十六届中国戏剧节。古厝保护深入开展，举办船政工业遗产保护与发展专题论坛，完成121处历史建筑保护挂牌工作，闽安迴龙桥、邢港码头被列为海丝史迹点。承办举重世界杯暨东京奥运会资格赛、福州国际公路自行车赛（马尾赛段）等大型体育赛事，我区运动员李雯雯揽获世界举重锦标赛抓举、挺举、总成绩三项冠军。社会保持安定稳定。安全生产态势保持平稳，整治市区两级重大安全隐患点33个，消防救援大队获评“全国消防监督管理工作先进单位”。食品药品安全形势良好，实现学校食堂“视频厨房”全覆盖。扫黑除恶专项斗争向纵深推进，群众安全感率、执法工作满意率再创历史新高。社区治理深入推进，创建标杆社区7个、达标社区23个，马限社区“民意导向法”被确认为全省第二批优秀社区工作法。加强矛盾纠纷排查，调解各类矛盾纠纷2789件，完成法律援助案件360件。荣获“全省‘七五’普法中期先进区”称号。民族宗教、信访、行政复议、防灾减灾、国防动员、退役军人服务保障、双拥共建、民兵预备役、海防、人防、反走私等工作继续加强。广播影视、新闻出版、哲学社会科学、统计、科普、气象、防震、地方志、档案、老龄、共青团、妇女儿童、残疾人、慈善等各项事业全面发展。

（摘编：赵旭东）

长乐区社会发展概况

2019年，在市委、市政府和区委的正确领导下，长乐区坚持以习近平新时代中国特色社会主义思想为指导，全面贯彻党的十九大和十九届二中、三中、四中全会精神，坚持高质量发展落实赶超，打好防范化解重大风险、精准脱贫、污染防治三大攻坚战，积极融入“数字福州”“海上福州”“平台福州”建设，深入开展“项目年”“招商年”“三产年”专项行动，扎实开展“大干100天，当好排头兵”主题竞赛活动，全力推动各项事业发展，较好地完成了年初确定的各项任务。全区地区生产总值增长9%；规模以上工业总产值增长10.8%；农林牧渔业总产值增长3.9%；一般公共预算总收入增长2.5%，其中地方一般公共预算收入增长3.8%；固定资产投资增长16%；社会消费品零售总额增长6%；实际利用外资完成2.1亿元；进出口总值完成136亿元；居民人均可支配收入增长8.1%。完成市下达的节能减排降碳目标。“五个一批”第一、第三季度正向激励综合考评分别位列全省第4名、第3名。顺利完成第四次全国经济普查。2019年10月，在人民日报公布的全国综合实力百强区中位列第56位，比2018年前进了4位。

一年来社会发展的主要工作和成效是：

坚持规划引领，城市品质有效提升。完成首占“两站”周边控制性详细规划、城区中小学教育设施布局专项规划等7项规划编制。大力推进旧屋区、老旧小区改造，营前瀛洲、航城江莲、吴航东关三大片区改造，和平街特色历史文化街区、琴江首里街改造提升稳步推进，吴航东鳌花园等6个老旧小区改造工作进展顺利。交通基础设施日益完善，机场二期项目启动征迁，长平高速陆上部分、东南绕城高速长乐段顺利通车，福平铁路、长福高速长乐段、道庆洲过江通道、三营澳大桥等项目加快建设；松下港区航道二期项目主体完工，防波堤二期、牛头湾作业区12#和13#泊位加快建设；城区及周边交通路网不断完善，龙景路拓宽改造、凤翔路建成通车，营滨路改造工程、会堂南路（203省道至龙景路）、岱岭隧道及连接线一期工程启动建设。供水供电工程取得进展，总投资9.21亿元的8个供水项目有序展开，炎山取水泵站扩建、东区水厂至漳港环岛干管等6个项目基本建成，新远航水厂、炎山泵站至远航水厂原水管道等2个项目进展顺利；古槐井门500千伏变电站投入使用，文武砂四站、漳港百户、鹤上路北等3座新扩建110千伏变电站提前送电。城市环境更加宜居，完成机场高速林荫大道景观改造提升、城区和首占营前新区等主干道及闽江口公园绿化提升，洞江湖公园一期、南山生态公园二期、郑和公园景观提升完成主体建设。大力推进内涝预警、公共停车等智能控制管理平台建设，新增公共停车泊位1500个，城市精细化、智能化管理水平有效提升。房屋质量安全隐患排查整治工作取得实效，“两违”和大棚房、违建别墅整治等专项行动持续推进，处置“两违”110万平方米。

坚持绿色发展，生态环境全面提升。持续实施水、大气、土壤污染防治行动计划，完成全国第二次污染源普查，认真抓好中央第二轮生态环境保护督察、国家海洋督察等反馈问题整改，全面落实“河湖长制”“滩长制”，大力开展陈塘港、“散乱污”企业（作坊）等综合整治，完成支河道清淤疏浚58条，整治“散乱污”企业（作坊）3

批共58家。建成污水管网462公里，完成滨海污水处理厂二期扩建及提标改造工程，全区污水处理能力达20万吨/日。生活垃圾分类试点等工作进展顺利，车里垃圾填埋场改造提升项目加快推进。强化要素保障，完成第三次全国国土调查，土地整理1.48万亩，新增耕地274亩，耕作层表土剥离再利用21万立方米，改造整治耕地1400多亩，处置批而未供土地6279亩、闲置土地2018亩。植树造林4080亩，封山育林1.69万亩，“村植千树”完成124个村，森林覆盖率达26.67%，空气质量优良率达99.18%。东洛岛保护与开发利用示范项目建设基本完成。实施闽江流域长乐段山水林田湖草生态保护修复项目17个，完成投资2.3亿元。认真开展闽江沿线长乐段规划管控和整治提升，扎实推进闽江河口湿地保护区保护提升工作，加强滨海湿地保护，严格管控围填海，治理水土流失1.37万亩。

坚持补齐短板，民生福祉持续增进。民生投入持续加大，区财政用于民生领域支出达46.91亿元，占一般公共预算支出的71.1%。教育、医疗卫生、养老等188个民生补短板项目完成投资196.98亿元，七类35个为民办实事项目完成投资31.6亿元。学前教育普惠发展，通过推动城镇小区配套幼儿园治理、改造城区公办幼儿园、新建乡镇中心幼儿园、扩容提升农村小学学前班等，新增公立学位1600多个，全区普惠学额占比率达85%。教育质量不断提升，长乐一中、华侨中学通过省一级达标高中复查，全区考取清华大学、北京大学等全国重点名校人数创下历史新高，长乐职专被确定为国家中等职业教育改革发展示范学校，教育“两项督导”省级评估认定顺利通过，教师“县管校聘”省定改革试点圆满完成，新高考综合改革稳步推进。深化医药卫生体制改革，完善区总医院和120急诊急救网络建设，实施区总医院智慧医疗提升工程。医疗卫生补短板项目持续推进，区人民医院加快建设，区医院外科综合大楼、江田中心卫生院扩建提升项目建成投用，空港医院、古槐中心卫生院新院、松下卫生院扩建项目竣工，湖南、罗联卫生院新院动建。30个社区开展居家养老政府购买服务，4个街道推进居家社区养老服务照料中心建设，建成25个农村幸福院及金峰镇、玉田镇敬老院；推动医养结合，椿萱乐、文福苑老年公寓建设进展顺利，24家养老机构与医疗机构签订合作协议。就业形势总体稳定，新增城镇就业8826人，转移农村富余劳动力6418人，全面完成养老保险村（社区）便民信息化平台建设，社会保险覆盖面持续扩大，城乡居民养老保险和被征地农民养老保障待遇进一步提高。房地产市场保持稳定，保障性安居工程顺利推进，新开工棚改安置房200套，新增公租房配租565套。精准脱贫成果持续巩固，与定西漳县的东西部扶贫协作、南平松溪的对口帮扶和宁德周宁的山海协作持续深化。区慈善总会等社团组织积极开展扶贫济困、医疗救助、老区帮扶、见义勇为等活动，累计救助金额2388.63万元，受益群众5.67万人次。文体事业蓬勃发展，组织开展“庆祝中华人民共和国成立70周年”等各类活动70余场，承办第二届“吴清源杯”世界女子围棋赛暨“博思杯”2019年世界人工智能围棋大赛、2019年环福州·永泰国际公路自行车赛长乐赛段等大型赛事，组队参加福州市传统龙舟邀请赛、第十六届“全国武术之乡”武术比赛等赛事，举办区第七届全民健身运动会，建设高级版镇级综合文化站3个、村级综合文化服务中心46个。历史文化保护传承工作有序开展，获评2018—2020年度中国民间文化艺术（闽剧）之乡，梅花镇入选第六批省级历史文化名镇，九头马古民居完成第一期修缮工程，213处不可移动文物划定保护“红线”。社会治理不断完善，社会治安持续稳定，扫黑除恶专项斗争向纵深发展，“平安长乐”和“七五”普法工作进一步深化。建成区公安AI算力中心，滨海新城AI无人警亭入选全国政法智能化建设智慧警务十大创新案例。文明创城、安全生产、突发事件应急处置、食品药品安全、防汛防台等工作有序开展，第三次全市侨情与港澳乡情调查顺利完成。

（摘编：苏建平）

福清市社会发展概况

2019年，在中华人民共和国成立70周年光辉成就的巨大鼓舞下，在上级和市委的坚强领导下，福清市坚持以习近平新时代中国特色社会主义思想为指导，全面贯彻党的十九大和十九届二中、三中、四中全会精神，着力稳增长、促改革、调结构、惠民生、防风险、保稳定，迎难而上，奋力拼搏，有力推动经济社会持续健康发展。全市地区生产总值1200亿元，比增8.7%；农业总产值178.4亿元，比增4.0%；规模以上工业总产值1951.9亿元，比增8.3%；一般公共预算总收入139.2亿元，同口径比增8.7%；地方一般公共预算收入85亿元，同口径比增11.3%；全社会消费品零售总额503.8亿元，比增10.5%；城镇居民人均可支配收入48750元，比增8.5%，农村居民人均可支配收入24990元，比增9.0%，较好地完成了年初确定的各项任务。

一年来，经济社会发展稳中有“进”：一是实力增进。入选2019年度福建省县域经济实力“十强”和县域经济发展“十佳”，是全省唯一荣获“双料”荣誉的县市。在全国综合实力百强县市排名提升至第18位，连续四年实现晋位升级。二是产业奋进。产业集群发展战略深入实施，四大园区规上工业总产值突破1500亿元，融侨开发区规上工业产值首破千亿大关，成为福州市首个千亿产业园，跻身国家级开发区百强榜单。三是改革求进。入选福州市唯一的全省先行开展县域集成改革试点县市，探索推进7大类30项改革措施，自贸区福清区块外贸空箱智能化监管等2项创新举措获评全国首创，农村集体产权制度改革做法被农业农村部作为典型经验在全国刊发推介。四是城乡共进。完成2019年重点项目征迁，拆迁总建筑面积69.3万平方米，全面启动利桥历史特色文化街区建设。三年来共实施六期重点项目征迁，拆迁总建筑面积233万平方米，完成16个旧片区拆迁，“城区道路畅通工程”建成通车101条（段）市政道路，市民出行更加畅通，城市面貌明显提升。乡村振兴“八项重点工作”深入推进，生命公园建设模式被列为全省殡葬改革典型经验，“同置业、壮村财”工程实现所有行政村村集体经营性收入均突破10万元，乡贤促进会累计筹集资金8.6亿元，成为引领乡风文明、助推乡村振兴的新动力。

一年来，社会发展方面主要抓好了以下几项工作：

全力以赴提升城市品质。加强城市基础设施系统化网络化建设，着力完善城市功能，营造更加舒适优美的人居环境。基础设施建设全面提速，完成中心城区景观风貌、老城区整治规划、国土空间开发保护现状评估等6项规划编制工作。长福高速主线路基全部完成，滨海大通道累计通车20.2公里，福厦高铁福清西站各项建设有序推进。实施环城路融宽环路B段等146条市政道路建设，建成通车市政道路31条共16.3公里。完成32.2公里国省县道改造，实施48.5公里农村公路改造。城市功能有机更新，完成新改建供水管网19.8公里，雨水管道24.9公里，燃气管道21.6公里。完成福清动车站改扩建工程，龙江汽车客运站全面封顶，新开通28条城乡道路客运一体化线路。新增电动汽车公共充电桩260个，新投入165辆纯电动公交车，新增道路停车泊位1018个。城市管理更加精细，“智慧福清”APP投入试运行，建成“智慧城管”综合执法平台，推行环卫智能化监管系统，提高城市管理数字化水平。开展“三车”整治，实现对重点营运车辆实时动态监控，不停车超限检测系统投入使用，顺利推进非标电动车上牌工作。建成农贸市场食品安全追溯管理云平台，完成融北农贸市场等6家“农+超”改造提升，试点开展生活垃圾分类工作。“绿色福清”深入实施，开展“村植千树”绿化行动，植树造林面积7842亩，建成龙江湿地公园A段、虎溪西园、东门口袋公园等一批串珠公园和街头绿地，新增绿道8.5公里，绿地45公顷。中央公园环山慢道部分建成开放，45亩主题花海、30亩城市菜地点缀其中。文明风尚更加彰显，深化文明城市创建，积极践行社会主义核心价值观，推进新时代文明实践中心建设。城头镇吉钓岛村医王锦萍获评第七届全国道德模范荣誉称号，是福州市首位全国道德模范。深化“文明福清·书香玉融”“我们的节日”等系列活动，扎实推进志愿服务工作，全市注册志愿者数量突破20万人，发起志愿活动项目17307个。

乡村治理有序推进，投入3.3亿元打造95个美丽乡村，深化“清沟、扫地、摆整齐”行动，完成裸房整治483栋，新增绿化面积8.2万平方米，处置各类违建1195宗、面积224.5万平方米。加大古厝保护力度，完成第二批历史建筑公布工作，一都镇东山村入选第五批“中国传统村落”名录。高山镇前王村获评全国乡村治理示范村，高山镇获评全国乡村治理示范乡镇。建成农村幸福院348家，投入运营334家，打造农村幸福院“3+N”升级版。推进移风易俗，倡导节地生态殡葬，建成生命公园209个。完成1523口“一村一池塘”建设，基本实现全市所有自然村全覆盖，让千村水源“活”起来。开展全省城乡供水一体化建设试点，先行启动龙高片区供水一体化建设，建成龙田水厂至高山供水主管道、高山加压泵站等供水骨干工程，完成龙田、江镜等部分村供水工程建设。

全力以赴保障和改善民生。抓好172件为民办实事项目，市财政用于民生支出85.8亿元，占一般公共预算支出的73.6%。教育基础更加夯实，完成14所城乡公办中小学和6所幼儿园新改扩建，新增学位4800个，新认定112所普惠性民办幼儿园。实施集团化办学，成立滨江小学和福清三中等2个教育集团、11个初中教研联盟。三华职业技术学校被认定为省级规范化中等职业院校，福建师范大学福清分校独立设置本科正式更名为福建技术师范学院。健康福清加快建设，实施福清市医院急救中心扩建等15个医疗卫生“补短板”项目，市中医院住院大楼主体封顶，海口镇中心卫生院职工周转房竣工使用。全面深化公立医院综合改革，落实院长目标年薪考核制，制定紧密型医疗健康共同体建设实施方案，加快推进分级诊疗体系建设。福清市医院获评中国医院质量管理奖，福清市医院胸痛中心通过国家级认证，成为省内首家县级医院标准版胸痛中心。市中医院获评二甲中医院，渔溪中心卫生院升级为二级综合性医院并更名为福清市第四医院。落实高层次卫技人才奖励政策，新招收30名临床医学类硕士研究生。持续强化食品药品安全监管，食品抽检合格率达98.5%。文体事业精彩纷呈，融籍女排运动员林莉在2019年女排世界杯中表现出色，成为该市第一位荣获世界杯冠军运动员。成功承办环福州·永泰国际公路自行车赛福清赛段等赛事，侨乡街舞团亮相央视春晚。市老年人体育活动中心、工人文化宫建成投入使用，基本形成城市社区“10分钟体育健身圈”。深入推进“文化惠民乐万家”工程，举办“三象合一”石齐艺术展等高水平艺术展览和文艺演出。加强文化遗产保护传承，南少林宗鹤拳和佾舞入选第五批国家级非物质文化遗产代表性项目推荐名单。社会保障不断完善，融侨、洪宽人力资源市场挂牌成立，新增城镇就业2.2万名，转移农村富余劳动力5250名。城乡居民基本医疗保险财政补助标准提高至550元，基本公共卫生服务财政补助标准提高至69元。建成保障性住房4901套。城区6家五星级居家养老服务照料中心、39个居家养老服务站建成运营，新增养老床位数1231张。健全完善退役军人服务保障体系，扎实做好退役军人安置就业、优抚褒扬工作。

（摘编：康明辉）

闽侯县社会发展概况

2019年是中华人民共和国成立70周年，也是八闽首邑儿女激情创业的奋进之年。闽侯县坚持以习近平新时代中国特色社会主义思想为指导，在上级党委、政府和县委的正确领导下，迎难而上、奋勇争先，推动高质量跨越式发展实现新突破。全年地区生产总值突破700亿元，增长8.7%；固定资产投资完成560亿元，增长15%；一般公共预算总收入完成115.2亿元、一般公共预算收入完成71.8亿元，总量均保持全省县（市）区前列。县域经济综合竞争力再上全国百强榜，县域经济实力连续十年入围全省“十强”。

一年来，社会发展方面的工作和成效主要有：

城乡环境实现了全面提升。启动编制三个城市组团“358城市化提升规划”，完成《闽侯县总体规划修编2017—2035》、8个乡镇总规、10个片区控规编制及生态红线评估、城镇开发边界线划定工作。闽侯二桥、旗山湖等一批重大城市功能配套项目加快实施，南通大道一期等11个交通项目建成通车，荆溪河道整治等4个水利项目竣工完成，新增沙堤、鸿尾2个高速落地互通，总数增至14个、全省县级第一，新增公共停车泊位4650个。县城旧城改造二期、三期征迁基本完成，安平浦流域综合整治、公交停车场等项目加快推进。农村人居环境切实改善，新建改造公厕62座，新建农村公路105公里，修复水利水毁工程36处，市下达农村危房改造任务全面完成。城乡美化绿化工作成效明显，依法整治“两违”面积135.8万平方米、“大棚房”15宗，整治裸房5575栋面积130万平方米，“三线”及国宾大道景观改造提升任务基本完成，造林绿化及森林经营面积4.8万亩，森林覆盖率提高到59.3%，获评“全国绿化模范单位”。数字城管和12345政府公共服务系统等平台作用充分发挥，城乡管理工作有所改善。污染防治攻坚战持续发力，中央环保督察反馈问题有效整改，县域空气优良率达98.6%；县垃圾焚烧发电厂如期建成，垃圾分类试点工作启动实施，农村生活垃圾治理顺利通过省市考评验收；河湖长制工作扎实推进，江心岛、乌龙江祥谦段河岸等生态修复提升工作成效明显，治理水土流失6000亩，建成污水管网102公里，县级以上集中式饮用水水源地水质达标率、闽江流域干流优良水Ⅰ－Ⅲ类比例、省控小流域Ⅲ类以上水质比例均达100%。

社会事业开创了良好局面。委托福州至一教育入驻管理闽侯二中、虎峰初级中学，与福建师大合作共建闽侯六中，完成《闽侯县中小学幼儿园布局专项规划》，设立闽侯县教育基金；县第二实验小学等17个教育项目建成投用，新增各类学位9318个，普惠性幼儿园学额覆盖率比市下达目标高8.7个百分点；23所中小学通过省级义务教育管理标准化验收，县实验小学入围教育部基础教育信息化应用典型案例，东南学校获评全国教育系统先进集体，肖守凑同志获评全国优秀教师，新增市级学科带头人、骨干教师16名，名优骨干教师数量居七县（市）区前列。全面落实医药卫生体制改革措施，基层医疗卫生机构诊疗量占63.1%，药价平均降幅52%；县医院新病房大楼等10个医疗卫生项目加快建设，竹岐卫生院新院建成投用；招聘卫生专技人员123名，在全市率先试行村医“乡聘村用”管理模式，白沙镇获评国家级卫生乡镇。县社会福利中心投入运营，青口、上街、荆溪、白沙照料中心及小箬、廷坪敬老院建成投用，每千名老年人床位数提高到27.7张，比增6.8%。“两点”“三共”“四联”文化惠民工程扎实推进，青橄榄合唱团喜获中国“新时代、新作品”合唱展演最高荣誉，新增健身路径55条，定向越野赛等群众文体活动蓬勃开展。完成2处国家级、18处省级文物保护单位落点工程，成功申报非遗传承基地2个，新增非遗项目4个、传承人5名。县融媒体指挥中心建成投用，广电网络闽侯分频道云平台正式上线。全国文明城市创建工作扎实推进，黄思林等3人获评福州市道德模范，白沙大目溪村入选福州淳朴民风榜样村，该县被确定为建设新时代文明实践中心第二批全国试点县。

民生保障得到了切实强化。财政民生支出达85亿元，占一般公共财政预算支出的81.9%。完成57项总投资20亿元的省市县三级为民办实事项目。城镇新增就业8197人、农村富余劳动力转移就业4103人，大中专毕业生就业创业省级资助项目获奖数全市第一，祥鑫铝业获评全国模范劳动关系和谐企业。精准脱贫“两不愁三保障”工作全面落实，13个老区村加快发展，东西部对口帮扶工作取得明显成效。“三医联动”的医疗保障体系更加健全，职工基本养老保险扩面9500人、比增12%。征迁安置面积56万平方米，保障性住房配租1701套、配租率99%。成立县应急指挥中心，投用县消防救援业务用房，整合社会应急救援力量7支，整改安全隐患2474个。“平安闽侯”建设深入推进，扫黑除恶专项斗争破获涉黑涉恶案件160起，闽侯四级巡防工作经验在全市推广，“七五”普法成效明显。民族、信访、行政复议、爱国卫生、计生服务、关心下一代以及国防动员、双拥共建、民兵预备役、退役军人服务保障体系建设、人防等工作持续加强，诚信建设、防汛防台、防震减灾、气象、保密、档案、党史方志、老年教育、共青团、妇女儿童、红十字、残疾人、慈善等各项事业全面发展。

政府自身展现了应有担当。深入开展“不忘初心、牢记使命”主题教育，广大干部“四个意识”更加牢固，“四个自信”更加坚定，“两个维护”更加坚决，47个单位被授予市级以上荣誉称号。大力弘扬和传承“马上就办、真抓实干”精神，力戒形式主义、官僚主义，整肃“虚僵躲拖腐”不良作风，效能问责18人次。驰而不息贯彻落实中央八项规定精神，加大审计监督力度，推进政务公开和权力运行公开，深化政府系统党风廉政建设。认真执行县人大及其常委会决定决议，自觉接受县人大及其常委会的法律监督、工作监督。自觉接受县政协的民主监督，积极支持县政协开展民主协商。办复省市县三级人大代表建议142件、政协委员提案132件，满意率均达100%。

2020年是全面建成小康社会和“十三五”规划收官之年。根据县委部署，2020年闽侯县工作的总体要求是：以习近平新时代中国特色社会主义思想为指导，全面贯彻党的十九大和十九届二中、三中、四中全会精神，统筹推进“五位一体”总体布局，协调推进“四个全面”战略布局，坚持稳中求进工作总基调，坚持新发展理念，充分发挥区位优势，主动融合福州主城发展，聚焦打造“省会副中心”，以“到一线去”系列专项行动为抓手，搭建一个干事创业平台、攻坚一批重大重点项目、打造一个生态宜居家园，加快推动城郊到城市、农民到市民两个转变，争当全市排头兵，奋力实现闽侯高质量跨越式发展。根据这一总体要求，2020年经济社会发展主要预期目标是：地区生产总值增长8.3%；第一产业增加值增长4.5%；第二产业增加值增长8.4%；第三产业增加值增长8.7%；一般公共预算总收入增长1.5%；固定资产投资增长11%；出口总额增长3%；实际利用外资增长3%；社会消费品零售总额增长9.8%；城乡居民人均可支配收入增长7.5%；城镇登记失业率控制在3%以内；全面落实节能、减排、降碳任务。

（摘编：周忠志）

连江县社会发展概况

2019年，连江县在市委、市政府和县委的正确领导下，以习近平新时代中国特色社会主义思想为指导，深入贯彻落实习近平总书记对福建、福州工作的指示精神，持续“迈两步、兴三业”，坚持高质量发展落实赶超，主动融入“海上福州”“数字福州”“平台福州”建设，深入开展“项目年”“招商年”“三产年”等专项行动，迎难而上、奋力攻坚，各项工作都取得了新的进展。全县地区生产总值550亿元，比增8.1%；一般公共预算总收入51.1亿元，比增5%；地方一般公共预算收入33.4亿元，比增4.5%；固定资产投资387.5亿元，比增16%；工业用电量13.1亿千瓦时，比增9.2%；社会消费品零售总额202亿元，比增11.8%；实际利用外资8.67亿元，比增1523.5%；进出口总额75.24亿元，比增3.9%；城镇居民人均可支配收入39212元，比增7.6%；农村居民人均可支配收入19567元，比增9.8%；城镇登记失业率1.6%；完成市下达的减排降碳任务。

一年来，社会发展的主要工作及成效是：

抓品质提颜值，城乡面貌明显改善。温麻历史文化街区魁龙坊对外开放，化龙街、天王前街传统街区即将建成。改造含光生态公园、西江滨智能体育公园等设施景观，建成城市绿道2.1公里。完成杭浦沟改造，建成敖江流域防洪治理工程（文新段）。县城区第一水厂、罗仑水厂改造等项目完工。连江垃圾发电厂二期工程并网发电，城乡环卫一体化一期项目顺利运行。全年植树造林6320亩，完成水土保持综合治理1万亩。县级以上集中式饮用水水源地水质达标率100%，空气质量保持全市第二。城市综合治理应用场景平台加快建设，处置“两违”面积67万平方米。扎实推进电动自行车安全等专项整治，新增公交线路4条，改造城区公交站点候车亭26个。福州东南绕城高速连江段建成通车，正式融入福州半小时城市生活圈。104国道连江至晋安段改线工程全面完工，228国道下岐至东边段通车，琯头岭段路面“白改黑”等工程竣工，升级改造莲花山等5座隧道。境内高铁、高速和闽江、敖江沿线环境整治扎实推进，“青山挂白”现象得到有效治理。大力保护沿海岸线资源，持续清理海漂垃圾，更换养殖塑胶浮球22万粒。

抓融合促示范，对台交流持续深化。提升经贸合作畅通，成功举办“连江论坛”、海峡两岸农业绿色发展与乡村振兴论坛，对接签订了民宿发展、深水抗风浪网箱养殖等6项合作协议，全年完成对台进出口贸易额831万美元。台湾青年就业创业基地投用，已有多家台资企业申请入驻。推进基础设施联通，向马祖近期供水工程启用，榕马通水陆地管道工程（远期）动建，与马祖供电联网前期工作进展顺利。黄岐进镇公路建成通车，口岸疏解能力有效提升，黄岐至马祖海上客运航线往来游客超5万人次。加快能源资源互通，大力保护海洋生态，两岸渔业增殖放流实现制度化。深化行业标准共通，马祖澳两岸黄岐鱼丸制作手艺人共同获评“福州市非物质文化遗产传承人”称号。连江济雅医院与马祖医院开展合作，组织三批次大陆群众赴马祖健康检查，两岸医学专家联合义诊等活动深入开展。

抓民生补短板，社会事业加快发展。坚持教育优先发展，温泉小学、连江一中鲤鱼山分校建成投用。“两项督导”通过省“两项督导”通过省级评估，连江一中、黄如论中学通过省一级达标校复评、创建。第三实验小学教师刘仁增荣获国家“万人计划”教学名师称号，透堡中学教师庄珍钦荣获“全国优秀教师”称号。全省第三个“钱学森班”落户浦口中心小学。高考本科上线率不断攀升，中考四项重点指标位居福州七县市第一。教师进修校获评省示范校，连江职专获评省规范化中等职业学校。县医院新院、精神病医院加快建设，浦口卫生院新院、下宫卫生院病房综合楼等17个项目完工，闽川医院投入运营。小沧畲族乡获评“国家卫生乡镇”。县社会福利中心投用，晓澳居家养老日间照料中心、41所农村幸福院相继建成。新增城镇就业2743人，转移农村富余劳动力4319人。新建乡镇宣传文化长廊14个，开展文化惠民公益演出130余场，高级版基层综合性文化服务中心加快建设。

推进食品安全整治，取缔“黑作坊”27家。扎实开展“防风险保平安迎大庆”专项行动，安全生产形势总体平稳。在全市率先启动渔船组织化管理工作。深入推进扫黑除恶专项斗争，新增破获涉恶案件60起，打掉黑恶势力2伙。民族宗教、信访维稳、综治平安、司法行政、双拥共建、民兵预备役、军民融合、打击走私、工青妇、慈善等各项工作取得新成效。

抓作风重实效，履职能力有效增强。深入开展“不忘初心、牢记使命”主题教育，扎实推进“大干100天，推动高质量发展”攻坚行动，做到主题教育、政府中心工作两手抓、两不误、两促进。深入贯彻落实“八个坚定不移”，全面从严治党向纵深推进。落实“基层减负年”，会议、文件分别减少43%、55%。持续“提振精气神”，整治“虚僵躲拖腐”，开展联合督查8次，约谈31人次，效能问责2人，移送司法机关3人。坚持“一企一议”“企业服务日”“重大项目协调例会”等机制，全年为企业协调解决问题300余个。机构改革稳步推进，国有企业市场化转型步伐加快。行政监察、审计监督力度不断加大。全面推行电子政务、视频会议等系统，实现市、县、乡、村四级智网全覆盖，“三公”经费支出持续下降。认真执行县人大及其常委会决定决议，自觉接受县人大及其常委会的法律监督、工作监督。自觉接受县政协民主监督，积极支持县政协开展民主协商。办复103件人大代表建议和176件政协委员提案，满意率创历年新高。

（摘编：黄万良）

闽清县社会发展概况

2019年，在市委、市政府和县委的正确领导下，闽清县以习近平新时代中国特色社会主义思想为指导，全面贯彻落实党的十九大和十九届二中、三中、四中全会精神，坚持高质量发展落实赶超，主动融入“三个福州”建设，深入开展“项目年”“招商年”“三产年”“春季大会战”等专项行动，经济社会发展取得了新成效。根据第四次全国经济普查以及市统计局对该县地区生产总值的初步修订结果，全县地区生产总值323亿元，增长9%；一般公共预算总收入28.9亿元，同口径增长7.6%，其中地方一般公共收入15.8亿元，同口径增长9.4%；固定资产投资突破百亿元，增长21.7%；社会消费品零售总额62.7亿元，增长13%；城镇居民人均可支配收入34010元，增长8%；农村居民可支配收入15609元，增长9%。全面完成市下达的节能减排降碳任务。以综合评价第一名再次荣获“福建省县域经济发展十佳县”称号。

一年来，社会发展方面的主要工作和成效是：

突出统筹兼顾，城乡品质日益提升。魅力新城加速崛起。投入14.5亿元，在“三年大变样”基础上向“五年现城样”目标大步迈进，建成新城三期景观、二期路网、支路三等基础设施，动建法院、公安、移动等部门服务大楼及府前广场地下停车场项目，县实验中学、第三实验小学、第二幼儿园正式开学，江滨生态公园、科技馆、游泳馆已成为越来越多闽清人幸福感的标志。老城品质不断提升。投入18.5亿元，基本完成猴山、南山、新旧城二通道三大片区征迁扫尾，完成梅溪路等3条城区道路“白改黑”，整治光明路、学林路等3条背街小巷，改造智能化路灯2400盏、雨污分离管网7.4公里，新增公共停车位594个。加强城区园林景观维护和绿地绿化带重建补植，完成台山公园景观改造、城区重要桥梁立体绿化等一批市政提升项目。梅城印记历史文化街区二期春节前对外开放。实施公共停车位市场化管理，开展城区静态交通整治，推进恒翔冠城等4个小区单位垃圾分类试点，交通秩序、市容市貌明显好转。大交通建设取得突破。投入18亿元，建成横五线、联一线等15条84.9公里道路，备受群众期盼的梅溪新城至省璜“大通道”全线贯通，127县道省璜至谷洋段、塔庄茶口连接线等9条52.3公里道路加快建设，实现内联外拓、四通八达。落实“路长制”管理，激发“四好农村路”建设活力，新建农村道路30公里，完成养护示范提升路120公里、道路安保工程94公里。城乡公交一体化有序推进，梅溪新城公交总站投入运营，新建公交客运站台5个，优化更新公交线路3条，投放新能源公交车15部，居民出行更加便捷。城乡面貌焕然一新。大力实施乡村振兴战略，以“六清”专项行动为抓手，坚持县四套班子领导带头每月一拉练，推进全域环境整治常态化、长效化，处置“两违”35.5万平方米，整治裸房537栋，新建城乡公厕45座、三格式化粪池4574户。深入推进202省道、127县道沿线风貌整治，实施金沙、省璜、东桥、雄江等镇区道路“白改黑”，新建、提升美丽乡村62个。提升“两高一水”沿线人居环境81公里。整治违建坟墓1805台。申报省级传统村落23个，下祝洋头村入选省级历史文化名村，云龙后垅村列入省重点改善提升传统村落。城乡环卫一体化全面实施，县生活垃圾焚烧发电厂、环卫基地、10个乡镇垃圾中转站加快建设，铺设城乡污水管网5.7公里。实施梅溪流域河道综合整治、安全生态水系下祝段等17个水利项目，整治河道65公里，修建生态护岸60公里，治理水土流失1.13万亩。在全市率先实施城乡供水一体化项目，兴建东桥水厂，铺设城乡供水主干管道21公里。

突出精准施策，三大攻坚成效明显。脱贫攻坚持续发力。建立农村困难边缘群众动态管理机制，完善"家"字工作法，"一稳定、两不愁、三关注、四保障"等工作全面落实。大力扶持村集体经济发展，统筹各级专项资金1480万元，委托绿色金融（福州）投资管理有限公司进行资本运作，145个"薄弱村"全面消除。污染防治深入开展。全面完成第二次全国污染源普查，基本完成第二轮中央环保督察反馈问题整改和销号工作。实施县垃圾无害化处理场渗滤液调节池改造，综合整治"散乱污"企业64家，新建安全生态水系20公里、造林绿化1.45万亩。河（湖）长制工作成效明显，畜禽养殖污染专项整治成果持续巩固。城区空气优良率达99.7%，县乡集中饮用水源地和主要干流水质达标率保持100%。风险防范扎实有效。政银企联动协作持续深化，金融服务实体经济进一步加强，全县金融机构贷款余额101.2亿元，增长18.9%，互联网金融风险和非法集资专项整治深入开展，银行业不良贷款风险总体可控，地方政府债务余额严控在核定限额内。社会信用体系加快建设，新增信用乡镇2个、信用村42个。

突出共建共享，人民生活持续改善。民生保障有效落实。县财政用于民生支出25.8亿元，占一般公共预算总支出80%。完成50件为民办实事项目。积极落实就业扶持政策，建成乡镇就业和社会保障服务平台6个，新增城镇就业1853人，转移农村富余劳动力3988人。退休人员养老金待遇、城乡居民基础养老金标准、城乡低保补助标准稳步提高。公共服务不断优化。建成闽清高级中学教学办公综合楼、金沙学校体艺楼等一批项目，新增公办幼儿园3所，新建中小学2所，增加学位2840个。完成县教师进修校搬迁改造，闽清一中新校区天儒楼主体封顶，县青少年校外活动中心投入使用。白南中心小学等7所学校通过"义务教育管理标准化学校"市级评估，闽清一中通过省一级达标校复评验收。闽清职专委托福建船政交通职业学院管理办学模式取得新成效，校企合作实现零突破。县总医院运行机制不断完善，与市一医院、孟超肝胆医院实现双向转诊。深入实施儿童脑发育公益普惠优智工程，与省康复医院共建中医少儿康复科。改扩建乡镇卫生院3所、村卫生所（室）23家，建设东桥120急救分中心。建成县智慧养老服务信息平台，实施白樟下炉、上莲莲埔、三溪上洋等田园式养老试点，新增乡镇居家养老照料中心7个、社区居家养老服务站8个、农村幸福院36个、养老床位522张。文体事业繁荣发展。县体育中心加快改造，建成市级全民健身中心1个，新增健身路径20条，提升改造行政村农民健身工程6个。闽清籍运动员池再林荣获第十届亚洲青少年武术锦标赛剑术冠军。文物保护利用和非物质文化遗产保护传承进一步加强，新增市级非遗项目传承基地2个、市级代表性传承人3人，新建乡村非遗传习所5个。举办"歌颂祖国　唱响礼乐""万人拼国旗"等庆祝新中国成立70周年系列活动。社会治理成效明显。深入实施城乡社区治理三年行动，完成88个达标社区（村）、28个标杆社区（村）建设。"平安闽清"建设持续推进，扫黑除恶专项斗争深入开展，全省禁毒重点关注县实现"摘帽"，市对县信访工作考核连续四年获得全市第一。深入治理"餐桌污染"，建设"食品放心工程"，省级食品安全社会共治示范县通过验收。应急管理体系不断完善，安全生产形势持续向好，获评全市遏制重特大事故试点工作先进单位。民族宗教、信访维稳、司法行政、双拥共建、民兵预备役、军民融合等工作继续加强，广播电视、哲学社会科学、统计、科普、气象、防震、爱国卫生、老区建设、档案、老龄、青少年、妇女儿童、残疾人、慈善、红十字等各项事业健康发展。

（摘编：游学荣）

罗源县社会发展概况

2019年，在市委、市政府和县委的正确领导下，罗源县以习近平新时代中国特色社会主义思想为指导，全面贯彻党的十九大和十九届二中、三中、四中全会精神，落实“六稳”部署，深入开展“项目年”“招商年”“三产年”专项行动，各项工作平稳有序，稳中有进。全县完成地区生产总值267.7亿元，增长8.6%；固定资产投资146.5亿元，增长16.0%；进出口总额24.25亿元，增长7.2%；一般公共预算总收入18.92亿元，地方一般公共预算收入11.25亿元。城镇居民人均可支配收入35691元，增长8.4%；农村居民人均可支配收入16240元，增长9.2%。

一年来社会发展的主要工作和成效是：

统筹全域，联动共进，城乡发展更加协调。城乡基础设施不断完善，精细化管理水平逐步提高，生态文明建设稳步推进，城乡人居环境持续改善。城市宜居品质不断提升。新建、在建房地产项目15个，建筑面积超过150万平方米，4个安置房项目顺利推进。岐阳片区旧城改造全面启动，中心老城“旧貌换新颜”。实施南溪沿岸和凤梅生态公园景观整治，城区绿化覆盖率达47.3%。新增1000个公共停车位，配套44个电动汽车公共充电桩，“停车难”问题进一步缓解。新改建岐阳路网、西二环路、罗中路等市政道路，市政路网进一步完善。整治高速高铁沿线环境，开展火车站站前综合治理，城市对外窗口形象不断提升。

乡村振兴扎实推进。推动乡村振兴4个试点镇、36个试点村建设，新建提升35个美丽乡村。全面完成“厕所革命”公厕建设任务，改造7267户农村户厕，农村生活污水垃圾治理取得成效。新改建农村公路66公里，完成农村公路生命防护工程76公里。争取到乡村振兴专项债券资金1.92亿元。全面开展“政银担”三方合作，降低涉农项目融资成本。举办乡村振兴创业创新大赛，引导创业项目下乡。全面消除集体经营性收入5万元以下薄弱村。

环境质量明显改善。有力推动中央环保督察反馈问题整改，“青山挂白”得到有效整治，累计投入1.27亿元，全面完成关闭矿山生态治理三年行动。有效治理工业污染排放、道路运输、建筑工地扬尘，持续推进大气污染防治。全面落实河（湖）长制，牛蛙养殖污染整治全面完成，海漂垃圾污染得到较好控制，饮用水源地水质达标率100%。完成植树造林和森林经营4.79万亩，创建10个省级“森林村庄”，森林覆盖率达58.3%。

以人为本，加大投入，群众福祉更大提升。坚持共享发展，回应群众期盼，民生相关支出23.4亿元，占一般公共预算支出的76.5%。年度投入2.05亿元，实施16项为民办实事项目。脱贫成效持续巩固。通过省对县年度扶贫工作第三方成效评估考核，就业扶贫入选全国扶贫典型事例。安排县级扶贫资金2660万元，持续帮扶脱贫人口稳定增收。教育发展更加均衡。全面推进基础教育优质发展，教学质量稳步提升，高考成绩创历史新高。完成第三实验幼儿园、洪洋中心幼儿园、凤坂小学、碧里小学等一批教育基础设施建设，白塔、飞竹、霍口3所农村中学恢复原址办学。职业教育、成人教育、特殊教育再上新台阶。健康罗源深入推进。实施“4+7”药品带量采购、临床路径管理、单病种付费等“三医联动”措施。完成县精神病防治院提升、白塔卫生院凤坂分院和凤山社区卫生服务中心修缮改造，加快县医院扩建病房大楼建设。文体事业繁荣发展。举办庆祝新中国成立70周年系列活动、首届“七境茶”文化节、首届杜鹃花文艺奖评选活动。完成九大中心田径场提升改造，新建健身路径20条、运动场地3个，罗源籍运动员在第二届全国青运会上获得2枚铜牌。民族工作跨越发展。举办“畲乡凤来仪”系列活动，“凤凰装”等畲族非物质文化遗产亮相第三届世遗（福州）高峰论坛，畲族文化魅力进一步释放。建成畲族文化民俗村一期项目，强化畲族服饰、畲族医药等非物质文化遗产的传承保护，畲族文化内涵进一步丰富。罗源县委获评全国民族团结进步模范集体，霍口乡福湖畲村获评全省首批“金牌旅游村”。

社会和谐持续稳定。“平安罗源”建设持续深化，“七五”普法扎实推进，全县刑事案件不断下降，社会治安明显好转，扫黑除恶专项斗争成效良好，矛盾纠纷调处机制不断健全完善，信访工作逐步规范有序。实行领导干部安全生产责任清单化管理，防灾减灾救灾能力逐渐增强，食品药品安全状况总体良好，人民群众的安全感、满意率不断提升。社会保障更加完善。全县城镇新增就业2804人，城镇失业人员再就业182人，农业富余劳动力转移就业3812人。城乡居民养老保险覆盖面不断拓展，新增参保11938人。改造提升养老服务场所13家，新建农村幸福院17所、老年活动中心4所，县社会福利中心“公建民营”改革有序推进。

深化改革，扩大开放，体制机制更有活力。把制度创新作为最根本的改革任务，着力补齐短板、加固底板，最大限度激发各方面创新创造活力。体制改革纵深推进。政府机构改革全面完成，组织机构和管理体制进一步优化。简政放权持续深化，“双随机一公开”全面推进，“放管服”改革不断加速。农村集体产权制度改革基本完成，189个村成立农村股份经济合作社，完成股份合作改革。机制创新不断深化。全面实施企业开办“一站式办理、一天开业”、企业注销“一窗受理、八天办结”。减税降费4.2亿元，为企业减负的制度红利加快释放。公共资源交易改革稳步推进。人才引进机制不断完善，在全市率先成立人才发展促进中心，加快紧缺急需人才储备，4人入选“闽都英才”。对外开放持续扩大。罗源湾将军帽作业区1号泊位口岸开放通过市级验收，港口吞吐量突破1500万吨。加强对台交流合作，成功举办海峡两岸少数民族青年交流创新创业论坛、两岸陈靖姑信俗文化节等活动。

锐意进取，砥砺奋进，政府履职更具高效。全面加强政府的政治建设，深入开展“不忘初心、牢记使命”主题教育。扎实推进法治建设，完善政府议事规则和决策程序，严格执行议事决策规定，自觉接受法律监督、工作监督和民主监督，办理答复80件市、县人大代表议案、建议和94件市、县政协委员提案。推进审计监督全覆盖，加强财政资金使用、公共资源交易、国有资产营运等领域监管，纵深推进廉政建设和反腐败斗争。

效能、统计、物价、广电、工会、共青团、妇女儿童、计生服务、科协、工商联、红十字会、残疾人、老龄等各项事业全面发展，国防动员、双拥支前、人防海防、外事、侨务、爱国卫生、老区建设、宗教、气象、地震、应急防灾、社会科学、档案方志等工作全面进步，各社会公益组织为民生社会事业作出积极贡献。

2020年是“十三五”规划的收官之年，是全面建成小康社会的决胜之年，也是“十四五”规划的启动之年。按照县委统一部署，2020年罗源县工作的总体要求是：以习近平新时代中国特色社会主义思想为指导，全面贯彻党的十九大和十九届二中、三中、四中全会精神，坚持稳中求进工作总基调，坚持新发展理念，以供给侧结构性改革为主线，抢抓机遇、迎接挑战，各界大力支持的结果。在此，我代表县人民政府，向全县人民，向人大代表、政协委员、持经济运行在合理区间，统筹推进稳增长、促改革、调结构、惠民生、防风险各项工作，抓重点、补短板、强弱项，加快建设现代化经济体系，全面推进治理现代化，确保全面建成小康社会和“十三五”规划圆满收官，奋力开创新时代新罗源建设的新局面。

（摘编：彭金龙）

永泰县社会发展概况

2019年，在市委、市政府和县委的坚强领导下，永泰县以习近平新时代中国特色社会主义思想为指导，全面贯彻党的十九大和十九届二中、三中、四中全会精神，提振干事创业精气神，推动经济社会发展再上新台阶。社会发展的主要工作及成效体现在：

全域旅游提档升级。荣获首批国家全域旅游示范区。欧乐堡水上乐园建成营业，海洋科普研学基地顺利落成，海洋极地世界晋升3A景区，获评全国海洋科普教育基地。引进山东水发、三源智联、乾景园林等产业龙头企业，云顶、御温泉、赤壁等景区实现重组更新。成功举办第八届环福州·永泰国际公路自行车赛、第三届大青云越野赛、首届闽台张圣君文化旅游节。新增省级乡村旅游村和省级旅游精品示范村8个，梧桐镇荣获省级乡村旅游休闲集镇，月洲村入选全省首批“金牌旅游村”，胜华农业获评省级观光工厂。评定金宿、银宿级民宿13家。智慧旅游平台建成投用，主要旅游景区、交通节点实现旅游导览图和标识标牌全覆盖。全县接待游客数突破1200万人次，旅游总收入54.9亿元，比增25%。

乡村振兴扎实推进。编制并发布《乡村振兴规划》。国家农业绿色发展先行区、海峡两岸农业融合发展产业园和省级农民创业园等“一区两园”建设深入推进。农博会、耕读文化艺术节、李果采摘节和长庆花生节成功举办。开展“永泰绿”农产品区域品牌创建。菜篮公文创产品成为农文旅产业融合新名片。深化农村人居环境综合整治，新建美丽乡村44个，提升14个，新改建农村公厕93座、三格式化粪池7336户，试点推行净化槽农村污水处理技术，打造月洲生活垃圾分类试点村。入选全省大中型水库移民后扶项目建设示范区。完成“村植千树”80个村，建设“三沿一环”森林景观带1271亩，造林绿化2万亩，荣获全国绿化模范单位称号。建成“四好农村路”35公里，获评省级“四好农村路”示范县。成功承办全省乡村文化振兴现场会。永泰庄寨建筑群入选第八批全国重点文物保护单位。新增中国传统村落26个，国家级传统村落数量位居全省首位。梧桐镇白杜村获评全国乡村治理示范村。支持鼓励返乡人员创业，创建同安乡村创客空间，招聘“一懂两爱”村务工作者116名。建立农村困难边缘群众动态跟踪管理机制和支出型贫困家庭最低生活保障机制，薄弱村全面消除，51.8%的村集体年经营性收入达10万元以上，脱贫成效持续巩固。

基础配套日趋完善。二环路古岸桥至马洋桥段全线贯通。刘岐大道东段、县城三环路、南区次一路及大汤西路等配套路网加快建设。355国道濑下至蕉濑段、211省道城峰至大洋段、青云山至联一线等重大交通项目开工建设。闽江防洪工程福州段（三期）、龙峰园防洪排涝工程、南城区排洪工程（二期）建成投用，清凉溪安全生态水系、长庆溪嵩口段中小流域治理全面完成。城峰、葛岭片区和梧桐、嵩口安置房建设进展顺利。保罗环保产业示范基地主体建成，台口垃圾填埋场完成封场整治。新改扩建城乡污水管网29公里、供水管网17公里、供气管网5公里。新增公共停车泊位631个、充电桩46台。小汤山生态公园竣工开园。高速东西出口、南门路等重要节点启动改造。数字城市智慧停车服务平台上线运行。增开公交班次50趟次，开通闽运出租车。沙浮棚户区改造进入攻坚扫尾，居民小区物业、建筑垃圾堆放、户外广告等管理进一步规范。

民生事业加快发展。召开全县教育大会，成立县级教育基金会和17个乡镇教育基金会，推行教师奖励性绩效工资制度改革，中考综合考评跃居七县（市）第二。城建校获得全省测量技能大赛第一。小东坑幼儿园，霞拔、嵩口等乡镇中心幼儿园全面建成，城峰中心小学完成扩建，东门中学、实验幼儿园分园加快建设。深化县域紧密型医共体改革，在全省率先明确县总医院法人地位，推行医保支付改革，建设标准化村卫生所，县域就诊率提升到51.8%。县中医院、妇幼保健院完成搬迁。县中医院通过二级甲等中医医院评审。全国健康促进县扎实创建。食品药品合格率、满意率位居全市前列。新改扩建农村幸福院24个。动建残疾人康复服务中心。建设村级文化服务中心33个。以重点行业领域整治为突破口，持续深化扫黑除恶专项斗争，破获涉黑涉恶案件52起，刑事案件量下降7.1%，法治县创建工作持续深化，平安“三率”位居全市前列。在全市率先成立应急救援指挥中心，创新“应急+保险”工作机制，生产安全事故起数、死亡人数、伤亡人数实现“三下降”。民族宗教、外事侨务、信访、司法以及国防动员、双拥共建和民兵预备役等工作继续加强。科普、气象、防震、地方志、档案、老龄、老区、老干部、妇女儿童、残疾人、慈善等各项事业健康发展。

改革创新不断深化。重点工作攻坚指挥平台案例入选国家《新型智慧城市发展报告（2018—2019)》，并荣获世界智慧城市大赛数字乡村与智慧小镇奖。政府机构改革全面落实。放管服改革持续深化，企业开办流程压缩至1.5个工作日以内，工程建设项目审批时限压缩至90天以内，创新电力建设项目并联审批模式。不动产抵押登记银行直连信息系统在全市率先上线运行，一般抵押登记业务实现24小时内办结。落实减税降费，累计减免企业税费2.3亿元，出口退税办理效率全市第一。深化城投公司等县属重点国有企业改革，启动安置型商品房开发模式。开展全省综合性生态保护补偿试点。深化林地占补平衡和商品林赎买改革，赎买面积6000亩。启动地质灾害保险试点改革。以河长制为基础，探索河湖管理新模式，建设河湖物业服务中心。开展农村宅基地及房屋确权登记试点。在全省率先推行“古树名木保护+保险”工作机制，设立全市首个古树名木司法保护工作点。

2020年，永泰县工作的总体要求是：以习近平新时代中国特色社会主义思想为指导，全面贯彻党的十九大和十九届二中、三中、四中全会精神，紧扣全面建成小康社会目标任务，坚持稳中求进工作总基调，坚持新发展理念，坚持以供给侧结构性改革为主线，坚持以改革开放为动力，坚决打赢三大攻坚战，全面做好“六稳”工作，全面融入“三个福州”建设，开展“抓项目促跨越”“迎世遗促提升”等专项行动，加快三产融合、产城融合、城乡融合步伐，确保全面建成小康社会和“十三五”规划圆满收官，奋力推动“生态旅游城、人居幸福地”的新永泰建设迈上新台阶、实现新跨越。全年经济社会发展主要预期目标是：地区生产总值增长10%；一般公共预算总收入增长5%，地方一般公共预算收入增长5.1%；固定资产投资增长15%；规模以上工业增加值增长10.3%；建筑业增加值增长9%；第三产业增加值增长14.5%；社会消费品零售总额增长14%；出口总值增长7%；实际利用外资增长10%；城镇居民和农村居民人均可支配收入均增长10%。主要污染物排放和单位地区生产总值能耗控制在市下达指标内。

（摘编：张海生）

厦门市社会发展综述

2019年是中华人民共和国成立70周年。厦门市坚持以习近平新时代中国特色社会主义思想为指导，全面贯彻落实党的十九大和十九届二中、三中、四中全会精神，在市委的坚强领导下，坚持稳中求进工作总基调，坚持新发展理念，着力稳增长、促改革、调结构、惠民生、防风险、保稳定，全力落实“六稳”措施，推进高质量发展落实赶超，经济社会保持平稳健康发展。全年地区生产总值增长8%左右；固定资产投资增长9%；财政总收入1328.5亿元，增长1.7%，其中，地方级财政收入768.3亿元，增长1.8%；城乡居民人均可支配收入增幅高于经济增速；居民消费价格上涨3%；完成年度节能减排任务。

一年来社会发展的主要工作和成效是：

营商环境更加优化。对标世界一流标准，出台52条优化营商环境措施，营商环境建设继续走在全国前列。深化“放管服”改革，取消行政许可事项9项，精简前置审批项目14项，97%的事项实现“一网通办”。实施70条便民办税新措施，网上申报、缴税率超过99%。推行建设项目环评审批告知承诺制，31类项目实现环评批复立等可取。全面推广国际贸易单一窗口标准版，压缩通关时间和口岸降费成效明显，在全国十大海运集装箱口岸营商环境评测中位列第一。实施《厦门经济特区社会信用条例》，城市信用体系更加完善。

自贸试验区建设加速推进。更好发挥“保税+”“金融+”等特色优势，新推出全国首创创新举措19项，累计达82项。加快建设14个重点产业平台，融资租赁、进口酒总量居全国前列。在全国率先开展集成电路保税研发试点，获批国家“芯火”双创基地。中欧（厦门）班列开行班次增长32%。“丝路海运”航线开行1575航次。国际集拼货值增长46.8%。跨境金融区块链服务平台业务量位居全国第四。

对外开放步伐加快。实际使用外资134.2亿元，增长25%。进出口贸易总额6412.9亿元，增长6.9%，其中出口增长5.7%。对“海丝”沿线国家出口增长14%。实施外国人144小时过境免签政策。成功举办“丝路海运”国际合作论坛、闽港“一带一路”高峰研讨会、万国邮联跨境合作全球大会、厦门国际海洋周等重大对外交流活动。外事侨务服务发展力度加大，厦门与港澳交流合作持续深化。闽西南协同发展区27个我市牵头项目完成投资252.5亿元。

对台交流合作更加紧密。落实在厦台胞台企同等待遇政策，出台45条措施，打造两岸融合发展示范区。新批台资项目874个，增长10.1%。海峡两岸投资基金落户厦门。“小三通”客运量182万人次。国家级海峡两岸交流基地增至3家。厦金通电、通气、通桥前期工作取得积极进展。成功举办海峡论坛、文博会、旅博会、工博会、海图会等两岸交流活动。对台科技、文化、教育、卫生、体育等各领域交流更加密切。

着力推进跨岛发展，城市功能品质持续提升。“岛内大提升、岛外大发展”稳步推进。岛内策划生成首批30个重大项目，总投资2269亿元；东部城中村整村改造顺利实施，签约率90%以上，完成拆迁361万平方米，安置房开工建设1019套。改造老旧小区70个。岛外新城基地建设提速提效，重大片区分别制定三年行动规划，总投资超6000亿元，完成年度投资超1530亿元；一批骨干路网加速形成，学校、医院、保障房等一批公建配套全面铺开，中航锂电、华为鲲鹏生态基地等一批重大产业项目落地建设，产城融合更加紧密，人气商气加速聚集。

基础设施建设取得重大进展。新机场立项和总规获批，航站区轨道工程等关键项目启动建设，机场大道等骨干项目加快推进。轨道交通1号线稳定运营，2号线开通运营，3号线、4号线、6号线建设按序时推进。第二西通道主隧道贯通，第二东通道加速推进，同安大道等提升改造工程竣工。长泰枋洋水利枢纽工程基本建成，具备蓄水条件。汀溪水库群至翔安输水支线、西水东调管道一期等重点水利工程竣工。新建改造供水管网82公里，完成燃气管线建设100.5公里，投用输变电工程10个、线路64.1公里。

乡村振兴战略深入实施。完成乡村振兴项目投资306亿元。都市现代农业产业集群营业收入增长11.1%。完成92个村庄规划编制，乡村振兴示范村建设成效明显。完成全市“大棚房”和农地非农化问题专项整治。完成1049个自然村农村生活污水治理。在全省率先完成农村集体产权制度改革试点工作。农民人均可支配收入居全省第一。

城市治理更加精细。大力整治高铁高速等重要通道沿线环境，完成房屋整治1584栋。全面完成违建别墅整治自查自纠工作。拆除“两违”801.1万平方米。东坪山整治提升取得阶段性成果。开展房屋安全隐患排查专项行动，整治危房4237栋。国土空间总体规划编制走在全国前列，清理盘活“批而未供”土地22.7平方公里，处置“供而未用”土地6.3平方公里。大力整治露天烧烤、占道经营，市容市貌明显改观。加快推进22条综合治堵措施，完成247处道路安全隐患整治，打通8条断头路，提高翔安隧道等7条主干道路限速。厦门绿色交通获评中华环境奖。入围中国智慧城市十强，“i厦门”荣获2019中国智慧城市创新示范奖。

着力增进民生福祉，发展成果更好惠及全体市民。社会事业加快发展。全力落实教育大会、健康厦门建设大会政策措施，办好群众最关心的身边事。建成幼儿园中小学项目48个，新增学位3.4万个。完成403所无证幼儿园、27所小区配套幼儿园整治提升，普惠性幼儿园覆盖率增至88%。300所小学幼儿园开展课后延时服务，惠及学生5.7万人。厦大附属翔安医院、心血管病医院等一批项目投用，新增床位1900张。马銮湾医院、环东海域医院主体结构封顶；四川大学华西厦门医院和华西厦门研究院开工建设。累计开设36个名医工作室。连续23年蝉联“国家卫生城市”称号。实施《厦门经济特区鼓浪屿世界文化遗产保护条例》，16处文化遗产核心要素获批全国重点文物保护单位。获评中国十佳数字阅读城市。总长23公里的山海健康步道建成投用，新增36个校园对社会开放体育场地，成功举办市运会，群众体育蓬勃开展。厦门马拉松赛获全球“绿色环保奖”。成为2023年亚洲杯足球赛承办城市之一。

民生保障水平提高。完成36个为民办实事项目。新增就业26.2万人，城镇登记失业率2.84%。基本养老参保人数增长6.5%。城乡居民基本医疗保险财政补助标准提高至每人每年680元。低保标准和特困供养人员基本生活标准分别提高至800元和1200元。开工建设保障性住房2.1万套，配租配售1.3万套。建成6个社区养老服务照料中心、25个农村幸福院，爱心护理院改扩建等项目竣工，养老机构医养结合覆盖率达到100%。

社会保持和谐稳定。城乡社区结对帮扶共建机制在全国复制推广。创建国家食品安全示范城市，消费者满意度居全国第五，“菜篮子”市长负责制考评居全国前列。深入推进扫黑除恶专项斗争，大力推进主动创稳，刑事警情下降13.8%，发案数为近十年新低，群众安全感率位居全省第一。健全应急管理和防灾减灾机制，推进消防体制机制改革，整治危化品等重点领域安全隐患，安全生产形势总体平稳。注册志愿者总数超过71万人，志愿活动常态化开展。文明城市创建深入推进，市民道德水准和文明素养持续提升。加强退役军人服务保障，军民融合深度发展，双拥共建继续走在全国前列。民族宗教、档案方志、人防海防、仲裁、信访、粮食、气象工作取得新进展，妇女儿童、青年、老龄、残疾人、红十字、慈善事业实现新进步。

着力打好三大攻坚战，重点任务得到有效落

实。重大风险防控有力有效。出台融资担保公司监督管理办法，建设全国首批地方金融非现场监管系统，成立全国首个金融司法协同工作平台，狠抓非法集资、“套路贷”等专项整治，完成59家地方金融机构排查整治，清退22家不合规网贷信息中介机构。持续压降不良贷款，不良贷款率1.1%。规范政府债务管理，债务风险安全可控。建立房地产市场长效调控机制，加快推进住房租赁市场试点示范城市建设，地价房价稳定在合理区间，房地产市场平稳健康发展。

扶贫协作取得扎实成效。帮扶甘肃省临夏州工作在全国考核中继续位居前列，落实各类帮扶资金6.3亿元，实施扶贫项目416个，援建扶贫车间113个。落实援宁援藏援疆援渝资金2.6亿元，健康扶贫、教育扶贫等重点工程扎实推进。抓好省内6个县对口帮扶协作，形成长效工作机制，各项帮扶举措取得实效。

生态环境质量保持领先。全力做好中央生态环保督察、国家海洋督察反馈问题整改落实，已完成22项，其余7项按序时推进。开展守护蓝天百日攻坚行动，空气质量在全国168个重点城市排名第四。大力实施污水处理“三个一百”计划，开工建设污水处理厂7座，新建污水管网111公里。落实河湖长制，加快小流域综合治理，国、省控断面水质达标率和集中式饮用水源水质达标率均保持100%。清退海域养殖796公顷，近岸海域水质优良面积比例达83.1%，创近年来最好水平。全市土壤环境质量总体良好，危险废物处置利用率、医疗废物集中处置率100%。垃圾分类工作在全国考评中名列第一。新增、改造城市园林绿地521公顷，顺利通过国家生态园林城市创建验收。

着力加强政府自身建设，服务能力持续提升。扎实开展“不忘初心、牢记使命”主题教育，加强中央巡视整改结果运用，有效整治了一批重点问题，持续化解了一批难题积案，效能建设不断增强，干部精气神持续提升。严格落实中央八项规定及实施细则精神，大力整治形式主义、官僚主义，深化“基层减负年”活动，政府发文、办会均压减近一半。“三公经费”持续下降，一般性支出压缩10%。法治政府建设不断加强，自觉接受人大监督、政协监督、监察监督、审计监督和社会监督，认真办理人大代表建议331件、议案2件、政协提案401件，办复率100%。提请市人大常委会审议法规草案和法规修正案11件，制定市政府规章4件。强化廉政风险源头防控，严肃查处侵害群众利益的不正之风和腐败问题，反腐败斗争压倒性态势进一步巩固。

2020年是全面建成小康社会和“十三五”规划收官之年。厦门市坚持以习近平新时代中国特色社会主义思想为指导，全面贯彻党的十九大和十九届二中、三中、四中全会精神，坚决贯彻党的基本理论、基本路线、基本方略，深入贯彻落实习近平总书记对福建、厦门工作的重要指示批示精神，增强“四个意识”、坚定“四个自信”、做到“两个维护”，紧扣全面建成小康社会目标任务，坚持稳中求进工作总基调，坚持新发展理念，坚持以供给侧结构性改革为主线，坚持以改革开放为动力，坚持抓招商促发展，推动高质量发展，坚决打赢三大攻坚战，全面做好“六稳”工作，统筹推进稳增长、促改革、调结构、惠民生、防风险、保稳定，加快建设高素质高颜值现代化国际化城市，为全国全省发展大局作出新的更大贡献。发展的主要预期目标为：地区生产总值增长7.5%左右，固定资产投资增长7.5%，财政总收入和地方级财政收入分别增长3%和2.5%，社会消费品零售总额增长10%，城镇、农村居民人均可支配收入分别增长8%和8.5%，居民消费价格涨幅控制在3.5%左右，完成国家和省下达的节能减排任务。

（摘编：王诗诚）

思明区社会发展概况

2019 年是中华人民共和国成立 70 周年。思明区坚持以习近平新时代中国特色社会主义思想为指导，全面贯彻落实党的十九大和十九届二中、三中、四中全会精神，在市委市政府和区委的坚强领导下，坚持稳中求进工作总基调，坚持以供给侧结构性改革为主线，全力推进高质量发展落实赶超，扎实做好“六稳”工作，深入推进三大攻坚战，经济社会保持平稳健康发展。2019 年全年完成地区生产总值 1896. 46 亿元，经“四经普”数据核对，在 2018 年 GDP 基数增加 275. 5 亿元的基础上，比上年增长 7. 2%；固定资产投资 216. 24 亿元，增长 11. 7%；财政总收入 252. 89 亿元，增长 5%，地方一般公共预算收入 58. 62 亿元，增长 5%；合同利用外资 167. 67 亿元，实际使用外资 20. 79 亿元、内资 991. 58 亿元；城镇登记失业率 2. 93%；年度节能减排任务顺利完成。

一年来社会发展的主要工作和成效：

基层治理持续创新。创设“近邻”机制，推动社区工作重心向聚焦服务转变。官任、巡司顶、鹭江道 3 个社区工作法获评福建省第二批优秀社区工作法。综合监管指挥平台、“摊规点”、城管服务外包等一批城市管理创新试点成效明显。物业纠纷数连续两年分别下降 66%、51%，调处机制不断完善。率先出台餐饮服务业环保规范，油烟监管长效机制初步建立。做好“门前三包”工作。刚柔并济推进垃圾分类，开出罚单 340 张，日均垃圾减量 350 吨，提前 5 个月完成高楼撤桶目标。启用区新时代文明实践中心和 3 个试点实践所（站），3 人入选省道德模范。发布全省首个区级公共文明行为指数，完善片长制、随手拍机制，发起“净走”活动，掀起全民文明创建新风。

平安建设持续深化。大力推进主动创稳，群众安全感率全市第一。扫黑除恶保持高压态势，打掉恶势力犯罪团伙 3 个、恶势力犯罪集团 4 个，全区刑事警情连续 4 年呈两位数下降，莲前派出所获评全国首批百个“枫桥式公安派出所”。完善矛盾纠纷调处机制，扎实开展信访维稳工作。建成投用 3 所“校园食品安全快速检测实验室”，华润万象城成为全省首个明厨亮灶“双 100%”示范商圈。深化建筑施工、交通、危险化学品等重点领域专项整治，安全生产事故数、死亡人数分别下降 4. 2%、25%。率先全省开发“厦门法律援助援务通”微信小程序，公共法律服务更加便捷高效。

三大攻坚战持续推进。多管齐下防控金融风险。参与市金融司法协同中心建设，出台非法集资举报奖励办法，引导 10 家网贷机构良性退出，清理整顿融资租赁和商业保理公司 225 家，受理涉众型金融案件 19 起，挽回群众经济损失 13 亿元。扎实推进脱贫攻坚。安排对口帮扶资金 8598 万元，东西部扶贫协作、省级扶贫开发、山海协作取得新进展。实施教育医疗基础领域扶贫项目 72 个，引进产业帮扶企业 5 家，援建扶贫车间 21 个，组织职业技能培训 640 人，劳务输转至厦门就业 548 人，吸纳建档立卡贫困户就业 298 人，带动 742 人增收达到现行脱贫标准。持续加强污染防治。全力做好中央生态环保督察反馈问题整改。开展守护蓝天百日攻坚行动，完成 25 家企业挥发性有机物治理。全面落实河（湖）长制，试点雨污管网溯源排查，完成 11 个雨污管网改造项目，8 个入海排放口整治完毕、3 个加快推进。危险废物和医疗废物监管监测到位，有效防控土壤污染风险。

民生保障力度不断加大。多措并举做好稳就

业工作，发放各类补贴1.2亿元，惠及8.6万人次，帮扶4.5万人实现再就业。健全“8+1+1”救助体系，精准发放低保、特困、圆梦助学等救助款5392万元，惠及8.4万人。出台私危房解危治理方案，实施“差异化”以奖代补，办结私危房翻改建项目30件，分类处置重大危险房屋165栋。建立健全区、街、居三级退役军人服务保障体系，发放优待、慰问及补助金5950万元，惠及4907人次。出台促进残疾人自主创业补助办法，支持残疾人实现自我造血、提升自我价值。新建和改造提升3个街道居家社区养老服务照料中心，3家照料中心、2家养老机构获评省五星级养老服务设施，率先全市实现街道、社区养老服务机构全覆盖。

文教发展水平不断提升。群惠小学扩建等8个基建项目开工，九幼禾祥分园等新建项目投用，新增及柔性释放学位3820个。省基础教育质量监测综合评定稳居全省前茅。新增9名市级专家型教师培养对象，名师后备队伍进一步充实。发放民办校惠民补助9594万元，完成17所无证幼儿园排查整治。在区属公办小学、幼儿园全面开展课后延时服务。区文化馆重装启用，区青少年宫项目开工建设，实现社区书院全覆盖，更多优质文化资源惠及群众。“思明运动银行”注册人数突破47万，世界休闲体育协会在中国唯一代表处落户思明。新增9所学校（10个校区）体育场地设施面向公众开放，举办“思明文物传承跑”大型群众体育项目，在市第二十届运动会上实现金牌数、奖牌数、团体总分三个第一。2019世界沙滩排球巡回赛厦门·思明站获评国际沙滩排球赛事年度最佳赛区。

卫生健康事业不断进步。新增10个省级卫生社区。试点民营医疗机构承接家庭医生签约服务，开发上门出诊服务信息平台，实现线上预约、医护上门。坚持预防为主，逐步实施多病种分级诊疗，开展爱国卫生运动，重点传染病发病率维持在较低水平。试点国家“老年人心理关爱”项目、特殊家庭“暖心家园”项目，探索引入社会力量助推医养多元化发展。

外事侨务、民族宗教、方志档案、粮食安全等工作取得新进展，人民武装、双拥共建、人防海防、妇女儿童、关心下一代、老龄、残疾人等各项事业取得新成效。

聚力效能提升，政府建设继续加强。始终把政治建设摆在突出位置，扎实开展“不忘初心、牢记使命”主题教育，落实全面从严治党要求，以真抓实干、自我革命、破解难题的实际行动践行初心使命。自觉接受人大及其常委会的法律监督、工作监督和政协的民主监督、监察机关监督，认真办理市、区人大代表议案2件、建议112件，政协委员提案151件，办结率达100%。依法接受审计监督，实施领导干部经济责任任前告知和经济事项离任交接制度。严格落实中央八项规定及其实施细则精神，持之以恒纠“四风”。助力创建“全国法治政府建设示范市”，依法行政全面推进。完善政务公开和新闻发布会制度，全年举办新闻发布会7场。试行全面预算绩效目标管理，建立绩效管理结果与预算安排挂钩机制。大力推进基层减负，督查检查考核事项同比压减69.7%，发文和会议数量均下降超50%。

2020年是全面建成小康社会和“十三五”规划的收官之年，是思明区的机遇之年、发展之年、奋斗之年。思明区要深入贯彻落实党的十九届四中全会精神，把蕴含其中的理念、方法、机制落实到思明区治理的全过程各方面，科学谋划“十四五”规划，全力以赴写好中国之治的思明文章。要紧紧抓住市委市政府作出的“岛内大提升”重大战略部署，举全区之力推进首批涉及思明区的23个在地重点项目，全力以赴破除发展瓶颈、再造核心竞争力。要紧紧围绕全市招商大会、“三高”企业发展大会等会议精神要求，抓好工作落实、项目落地，全力以赴推进高质量发展。新一轮奋斗的时代已经开启！思明区一定要倍加珍惜历史赋予的奋斗舞台，切实肩负起沉甸甸的历史责任，对标先进、争先进位，钻研创新、执着担当，拿出管用的实招、硬招、新招，全力破解“思明之问”，交出一份让党和人民满意的答卷。

（摘编：林学军）

湖里区社会发展概况

2019 年，湖里区坚持以习近平新时代中国特色社会主义思想为指导，全面落实市委、市政府和区委各项工作部署，深入实施“2 +4 + N”发展战略，着力稳增长、促改革、调结构、惠民生、防风险、保稳定，实现经济社会平稳健康发展。这一年，是中华人民共和国成立 70 周年，也是该区接续奋斗、成效显著的一年。湖里区大力推进高质量发展落实赶超，全年实现地区生产总值增长 9%；财政总收入 209.63 亿元、增长 4.11%，区级财政收入 47.99 亿元、增长 1.09%；批发零售贸易业销售额增长 16%；固定资产投资增长 8%，城镇居民人均可支配收入增长 8.2%，主要经济指标基本完成年初既定目标。深入落实“岛内大提升”战略，全力加速东部旧村整村改造，已完成 11 个自然村房屋征收整村签约，占全市征收总量的 60%，创下了湖里新速度。坚持改革创新，用心改善民生，精心雕琢环境，获评国家级健康促进区、全省商务系统先进集体、全省民政系统先进集体、全省人民调解先进集体等荣誉称号，小区治理经验被评为全国创新社会治理典型案例、全国“十大社区发展治理创新案例”，城市管理季度综合考评连续排名全市第一。

一年来社会发展的主要工作和成效：

东部旧村改造全面提速。把加快东部旧村整村改造作为“岛内大提升”重中之重的任务，充分保障被拆迁群众利益，举全区之力推进旧村改造。强化“指挥部 + 国企 + 街道 + 社区”工作机制，探索创新“先商谈、预签约、再公告、后选房”新模式，七大片区土地房屋征收工作大规模快速推进，完成房屋征收签约 352 万平方米，拆除并提交净地 68 万平方米，支付征拆补偿金 44 亿元，投入安置房建设资金 22 亿元。

公共服务扩容提质。教育事业量质齐升，创新出台鼓励社会力量举办优质普惠义务教育学校、幼儿园暂行办法，开办 19 所优质普惠校（园），新增学位 7390 个；全面完成 150 所无证园专项整治；中考学业质量位居全市前列。文体事业繁荣发展，开展“悦游湖里”系列文旅活动，支持举办“F1 摩托艇世界锦标赛大奖赛”“厦门国际时尚周”等品牌赛事活动，在第 20 届市运会上我区取得 164.5 金的历史最好成绩，综合排名全市各区第二。医疗卫生服务体系日益完善，厦门大学附属心血管病医院、如心妇婴医院开业运营，61 家小区卫生服务站、工作室、护理站投入使用，家庭医生签约覆盖率达 32.8%，人均期望寿命达到 82.96 岁。

社会保障不断加强。促进失业人员再就业 2.2 万人，接收高校毕业生 1.1 万人。提高低保和社会救助标准。扎实做好军人退役接收安置、优抚褒扬、就业创业工作。财政支付 8330 万元为辖区居民办理全民医保补贴，辖区 60 周岁以上贫困人口实现全部享受基本养老保险。建成禾山街道老年人日间照料中心，爱鹭老年养护中心、区社会福利服务中心顺利开业，平均每千名老人养老床位达到 80 张。加大与甘肃省东乡县扶贫协作力度，落实扶贫协作资金 7120 万元，共建扶贫车间 12 个，劳务输转 444 人；对口帮扶省内浦城县实现脱贫摘帽。

努力办好为民实事。高度重视安置房建设，启动东部旧改片区等 9 个安置房建设前期工作，加快推进金林湾花园 B 区等 10 个在建安置房，改造提升上湖洪塘等 3 个安置房。顺利完成农村集体产权制度改革，率先全省出台“村改居”社区集体“三资”管理办法，开工建设高林－金林、后埔二期社区发展用地项目。服务保障轨道交通2号线初期运营、3号线基本洞通，推动建成贯穿厦门岛东西向的山海健康步道，建设14个停车项目，完成14条道路改造，实施4个老旧小区改造，新改建20座公厕，建成投用6座人行天桥，改造提升4个农贸市场。

城区管理持续提升。打造“大城管”深化版，完善“路长制”，启用“数字湖里”公共管理集成平台，实现城区管理“覆盖到面、精准到点”。严格城市管理行政执法，拆除历史“两违”752.7万平方米，开出全市“门前三包”处罚第一单。实行“网格＋路巡员”和“智慧＋”环卫保洁新机制，基本实现道路清扫“零死角”。有序推进西部旧村整村更新提升，完成改造并投入使用34栋房屋，总建筑面积2万平方米。不断深化生活垃圾分类工作，实现示范社区全覆盖，直运量率先全市达到70%，生活垃圾分类每月考评连续排名全市第一。

生态环境不断改善。全力配合第二轮中央生态环保督察，率先在全市完成海域退养，专项整治130家“散乱污”企业，严格办理中央督察组交办的48件信访件。完成全国第二次污染源普查工作，省、市危险废物规范化管理考核位居全市各区首位，空气质量优良率达99.4%。全面排查污水管网断头、混接等“病害”问题，启动污水管网建设一期工程。建成寨上公园，开展自贸片区道路绿化提升，基本完成福厦铁路7.8公里沿线环境综合整治任务。

社会治理扎实有效。制定社区职责清单，出台社区减负若干规定，有序推进社区管理体制改革。深入开展小区治理，全区已成立小区党支部355个、小区调委会234家，359个小区纳入物业管理。严格落实食品安全监管责任，积极创建食品安全示范城市。成立13个安全生产专业委员会，分领域开展安全整治行动，事故起数和死亡人数实现“双下降”。扎实开展主动创稳工作，纵深推进扫黑除恶专项斗争，成功打掉全市首例网络空间领域涉恶犯罪团伙，破获全市首起医疗领域恶势力集团案件，1—11月110刑事警情同比下降17%。开展“最多投一次”阳光信访工作试点，调处各类矛盾纠纷3885件，化解信访积案28件，维护了社会和谐稳定。民族宗教、外事侨务、国防动员、粮食、人防、双拥、档案、方志等工作取得新进展，妇女、儿童、青年、老龄、残疾人、红十字、慈善事业实现新进步。

从严治政不断深化。扎实开展“不忘初心、牢记使命”主题教育。顺利完成政府机构改革任务。出台加强编外人员管理意见，统一规范队伍管理。严格落实中央八项规定精神，一般性支出压缩10%，“三公”经费和会议费支出同比减少15%。全面实施预算绩效管理，加强经济责任、财政资金和国资国企审计，对查出的问题及时督促整改。

依法行政扎实推进。坚持政府学法制度，全面推行行政执法三项制度，依法受理行政复议案件57件，主动公开政府信息574件，严格审核规范性文件10件。定期向区人大报告工作、向区政协通报情况，修订区人大代表建议和政协提案办理办法，认真办理建议94件、提案79件，一批代表、委员的“金点子”转化为政府施政“良方”。

行政效能不断提升。启动政务服务“一窗受理、集成服务”改革，“一趟不用跑”事项占比达到75.3%，工程建设项目审批100%网上办理。实行工作“六定”责任落实机制，坚持区政府每月一次专业能力学习讲座、部门两周一次业务学习会制度，坚决反对形式主义、官僚主义，严肃治庸问责28人次，持续提升干部精气神。

2020年是全面建成小康社会和“十三五”规划收官之年，也是推进岛内大提升的关键之年。世界经济增长持续放缓，国内经济下行压力加大，但我国经济稳中向好、长期向好的基本趋势没有变。湖里区要牢记初心使命，抢抓时代发展机遇，跳起摸高、勇争一流、拼搏奋进，不断开创政府工作新局面。经济社会发展主要预期目标为：地区生产总值增长8%左右，财政总收入和区级财政收入分别增长5.65%、2.25%，批发零售贸易业销售额增长16%，固定资产投资增长10%，城镇居民人均可支配收入与经济同步增长，完成省和市下达的节能减排任务。

（摘编：苏建平）

集美区社会发展概况

2019年是中华人民共和国成立70周年。在市委市政府和区委的正确领导下，在区人大和区政协的监督支持下，集美区坚持以习近平新时代中国特色社会主义思想为指导，全面贯彻落实党的十九大和十九届二中、三中、四中全会精神，坚持新发展理念，坚持稳中求进工作总基调，以供给侧结构性改革为主线，扎实推进高质量发展，有力推动“6+7”工作，有效落实“六稳”工作部署，突出现代服务业，突出招商引资，突出项目推动，突出创新发展，经济社会保持平稳健康发展，较好地完成了年初确定的各项任务目标。全年实现地区生产总值增长8.0%；固定资产投资330亿元；规上工业总产值首次突破千亿大关；财政总收入124.5亿元，增长1.0%，其中区级财政收入37.5亿元，增长8.4%；城镇居民人均可支配收入和农民人均可支配收入分别增长8.7%和10.6%；完成年度节能减排任务。上榜“2019中国创新百强区”“2019年度全国综合实力百强区”。

城市功能布局更加完善。集美新城基本完成官任整村征收，片区功能更加优化，人气商气进一步集聚。马銮湾新城完成开发建设规划修编，“两环七横七纵”骨干路网基本形成。全区“两违”管控持续保持高压态势，违建别墅、“大棚房”整治成效显著，新增违建趋零，历史违建逐步消减。全年完成征地4331亩、拆迁70万平方米，市重点项目征地拆迁完成位居全市前列。处置批而未供土地2134亩、供而未用土地2760亩，在岛外各区率先完成上级下达的处置任务。福厦高铁客运专线、地铁4号线、6号线建设提速。新增、优化公交线路16条，建成候车亭20座，投用停车场3个，新增停车位754个，杏东路、集源路等4条道路试点收费停车。新建公园绿地24个，新增绿化面积93.2万平方米，建成区绿化覆盖率居全市前列，高标准完成全市创建国家生态园林城市工作任务。完善垃圾收集转运体系，投用大件废弃物处理厂，完成垃圾分类30个示范小区和10个示范村建设，全区垃圾分类覆盖率达100%。完成荣坪老旧小区改造，园博公寓、珩琦公寓竣工，西客明珠等7个安置房项目加快建设，窗内等35个新增安置房项目加快选址，新增安置房产权证办理371套。宁宝等4家农贸市场完成2.0标准改造。

区域生态治理成效显著。空气质量稳居全市前列，优良率排名全市第一，综合指数排名全市第二。顺利通过第二轮中央生态环保督察，53件主办的信访件办结48件，阶段性办结5件，西海域养殖清退整治工作基本完成。水环境质量显著提升，坂头石兜水库饮用水源地水质达到Ⅲ类标准，省控断面许溪下庄鱼鳞闸及深青溪浦边桥水质均值达到Ⅲ类标准，河湖长制高分通过水利部考核评估。编制完成“三溪”流域系统化治理方案，实施污染源网格化管理，有效解决水环境问题155起。率先全市开展雨污水管网溯源排查，编制海绵城市、污水治理专项规划，生成水环境治理项目44项，策划114个污水设施新建改造项目，实施月美池截污，完成排海口整治项目16个，完成杏林污水处理厂扩容改造。土壤污染源管控更加有力，建成全市首个重金属企业及国省控重点企业环保智能化监控项目，实现更加严格的全过程监管。

乡村振兴战略稳步实施。加快18个农业基础设施建设，搭建区名特优农产品推荐平台，扶持仙景芋、坂头蜜柚等特色产业，做大金玲珑、塔斯曼等高新农业基地，引进并推动嘉康集团总部、文源山等4个现代农业项目。乡村旅游稳步发展，试点首批民宿10家，果乐园、白虎岩休闲农业项目建设加快。深入开展农村人居环境综合整治，市级重点示范村二农、田头基本实现试点示范效果，23个自然村农房整治全面铺开，实现农村污水治理管网全覆盖，田头村入围全国乡村治理示范村。42个村居农村集体产权制度改革按期完成，赋予农民集体资产更多权能。三李城等3个国企合作开发的集体发展项目加快推进，孙厝、东安等2个集体发展项目签约。

民生保障持续改善。全年民生支出51.4亿元，占财政一般预算支出78%以上。促进高质量就业，实现再就业1.5万人。建成农村幸福院6家、镇（街）级居家社区养老服务照料中心2家，基本建成区级养老服务信息展示和监管平台。引进中交集团参与养老社会化运营，推进高端养老社区项目落地。建成退役军人三级服务体系，加大双拥优抚安置力度，发放各类抚恤补助安置经费2408万元。发放全市第一本低保电子证照，残疾人两项补贴对象覆盖率达100%。深化对口帮扶甘肃省和政县工作，劳务输转与培训均位列全市第一。集美（清流）共建产业园位列全省共建园区第三名，帮助清流县顺利实现脱贫摘帽。

社会事业全面发展。新改扩建、移交竣工中小学幼儿园项目14个，新增中小学、幼儿园建设学位6000个。区中小学生社会实践基地开工，小学、幼儿园全面开展课后延时服务，在全市率先完成无证幼儿园整治。14所中小学通过省义务教育管理标准化验收，区特教学校通过省特殊教育标准化学校验收。柔性引进高层次教育人才17人，招聘新教师336人。四川大学华西厦门医院落地并开工。灌口镇中心卫生院提升改造工程竣工，初步达到二级医院水平。在全市率先开通家庭医生服务热线，家庭医生签约突破10万人。软件园三期体育馆开馆，闽南戏曲艺术中心开工建设。成功举办海峡论坛两岸特色庙会、两岸龙舟文化节、集美阿尔勒国际摄影季等高规格品牌活动，嘉庚精神宣传月、嘉庚文化周系列活动更具时代特色，集美街道获评福建省侨乡文化名镇。国家级、省级两岸交流基地和青创基地增至6家，国庆台湾彩车落地集美展示。《集美年鉴》再次获评全国地方志优秀成果一等奖。

社会治理体系更加扎实。圆满完成新中国成立70周年大庆安保，刑事警情下降幅度连续三年稳居全市第一。全力开展主动创稳工作，构建“5+1”的社区矛盾纠纷多元调处模式，积极做好司法救助、社会治安综合保险工作，群众的安全感进一步增强，打掉一批群众反映强烈的涉黑涉恶案件。完成28个“雪亮社区”建设，“家住厦门”智慧小区治理平台试点增至6个，城市公共安全平台、12345热线平台实现多中心合一实体化运作。67个村级党群活动中心全部完成优化提升。建立健全社区工作者考核管理制度，打通常态化晋升通道，树立奖优罚劣的鲜明导向。深化应急管理改革，安全生产形势总体平稳。食品药品安全监管水平得到全面提升，乡厨合作社荣获“厦门市食品安全社会共治十佳优秀案例”。成立集美区新时代文明实践中心，推进6个镇街、4个村居新时代文明实践所（站）试点工作。完善三级宗教工作网络和两级责任制，有力推进宗教工作专项治理。高质量完成第四次全国经济普查数据采集工作。

持续抓好“不忘初心、牢记使命”主题教育，查摆问题18个，已解决问题14个，阶段性解决问题4个。完成政府机构改革，推行权责清单动态管理。激励广大干部勇于担当敢于作为，有力调动干事创业积极性主动性。推动“基层减负年”各项举措落地见效，会议和文件减少45%，机关效能进一步提升。办理区人大代表议案1件、建议84件，区政协提案157件，办复率均为100%。全面推行行政执法“三项制度”，不断强化信访复查、行政复议和行政应诉工作，法治政府建设不断推进。为2名受到不实举报的正处级领导干部公开澄清，查处群众身边腐败和作风问题8起30人，党风廉政建设和反腐败斗争取得积极成效。

（摘编：周忠志）

海沧区社会发展概况

2019年是海沧台商投资区成立30周年，海沧区坚持以习近平新时代中国特色社会主义思想为指导，全面贯彻落实党的十九大和十九届二中、三中、四中全会精神，在市委、市政府和区委的正确领导下，把准稳中求进工作总基调，树牢新发展理念，着力稳增长、促改革、调结构、惠民生、防风险、保稳定，全力落实“六稳”措施，加快推进高质量发展落实赶超，经济社会保持健康发展。全年实现地区生产总值750亿元，增长8%左右；财政总收入178.6亿元，增长2.6%；区级财政收入39.7亿元，增长1.5%；固定资产投资352.5亿元，增长7.5%；规上工业产值1306亿元；规上工业增加值增长8.8%；限上批零增长8%，增幅比去年提高14.2个百分点；城镇居民人均可支配收入增长7.8%；农村居民人均可支配收入增长8%，有望实现全省“十四连冠”。

一年来社会发展的主要工作和成效是：

城乡发展格局持续优化，宜居家园展示新风貌。城区空间有效拓展。加大土地房屋征收工作力度，1—11月交地2673亩，房屋征收52.5万平方米；率先全市完成高铁沿线民宅征收；坪埕、林埭、西园全线完成，水头签约率超94%，东屿进入实质性扫尾。“两违”整治扎实推进，完成东埔北溪4.5万平方米建筑物拆除；1—11月整治“两违”362宗，面积97.4万平方米，腾出用地210.6万平方米。

重点片区建设加快。积极融入马銮湾新城开发建设，“两环七横七纵”骨干路网基本形成，马銮湾国家海绵城市试点建设通过验收。鳌冠片区启动开发，竹兰山采石场生态修复取得成效；海域退养全面完成；鳌冠大道、蓝色海湾工程二期等一批项目前期工作加快推进。东屿CBD片区建设提速，金沙书院启动建设。临港新城进一步拓展，信息产业园水电气配套基本完善，海新西路等一批项目建设加快。

基础设施日臻完善。轨道2号线即将开通运营，海沧货运通道、海翔大道（孚莲路－厦漳界段）建成通车，第二西通道、海新路与疏港通道立交加快推进，轨道6号线马銮湾片区段全线动工。新增公共停车位1130个、新能源充电桩317个，建设改造市政道路9.6公里。建成雨水管网17公里、污水管网16公里。海沧污水处理厂扩建工程开工，全区排水防涝应急指挥平台运行。率先全省探索智慧水务调度系统，新阳片区排水设施智慧调度系统投用。生活垃圾分类实现城乡全覆盖，城区生活垃圾分类直运率达100%，农村生活垃圾分类投放点全面建成。

生态环境巩固提升。1—11月空气质量优良率100%，综合指数排名全市第一。推进国家级生态文明试验区和示范区建设，生态文明建设和环境保护目标考核全市“三连冠”。积极配合第二轮中央生态环保督察，做好督察反馈问题整改。工业、机动车、扬尘“三大污染源”治理持续深化，鳌冠育苗场锅炉整治全面完成。落实“河（湖）长制”，溪流保洁率100%。过芸溪全域消灭劣V类水质，新阳主排洪渠治理成效巩固提升。新增园林绿地104公顷、绿道12公里，完成7500亩生态景观林建设。

民生福祉持续改善，群众获得感取得新提升。社会保障力度加强。基本完成36项省、市、区为民办实事项目。强化就业服务，企业用工信息平台实现村居全覆盖，人力资源市场达成就业意向5万多人次。城乡居民养老保险参保率连续8年实现

100%。完善社会救助和互助政策体系，发放各类帮扶资金1900万元。启动低保标准与物价上涨挂钩机制，提高低保标准。养老服务体系进一步优化，实现村居助老员全覆盖。佳美、佳盛花园一期等14个安置房项目加快建设。推进东西部扶贫协作、山海协作、对口支援工作，落实各类帮扶资金7318万元。

公共服务更加均衡。教育发展提档升级，跻身全省9个“教育强区”之一。202电台搬迁取得实质性进展，为学校建设腾挪空间。洪塘学校等10个项目竣工，新增学位近1.1万个；鼎美中学等7个项目开工；东瑶学校（小学部）等8个项目加快进度。学区化改革深入推进，义务教育薄弱校办学品质提升三年行动顺利实施，中考均分超过全市平均水平。新增2所市级“示范性幼儿园”，持续推进民办园普惠工程，普惠率达95%。医疗供给强基提质，临港社区卫生服务分中心开工建设，东孚街道社区卫生服务中心、马銮湾医院完成封顶。推动海沧医院与北京协和医院、长庚医院与清华大学医学院合作。与复旦中山厦门医院深度开展医疗协作。长庚医院获批“三甲”，实现全区三甲医院零的突破。成功申报首批国家级新市民健康行动项目。文体事业蓬勃发展，完成8个村居综合性文化服务中心达标建设。区老年活动中心主体建筑完成封顶。海丝艺术节、全民悦读等群众性文体活动反响热烈，国际半程马拉松赛、斯巴达勇士赛等品牌赛事成功举办。

社会治理取得实效。扎实推进新时代文明实践中心建设试点工作，实现实践站点村居全覆盖。扫黑除恶专项斗争有力推进，“雪亮工程”加快建设。通过全省第四轮首批平安区达标验收。刑事警情连续4年下降，1—11月降幅8.3%。安全发展示范区创建稳步实施，各重点行业（领域）安全隐患专项整治和“打非治违”成效明显；交通亡人事故同比下降46.4%，降幅全市第一；率先全市推行“山长制”，森林防火工作扎实有效。警民联调新模式全面推广，“海沧e调解”获评全国政法智能化建设优秀解决方案。村（居）工作人员薪酬体系进一步规范，城乡社区工作队伍建设逐步加强。拥军优抚政策落到实处，国防动员建设不断强化。国家食品安全示范城市创建工作稳步推进，港澳、外侨、人防、民族宗教、妇儿、残疾人、档案、红十字等工作取得新进步。

前沿平台优势有效发挥，改革开放激发新活力。两岸融合纵深推进。修订台湾人才引进办法，设立区级台商台胞服务站。落实各项台企优惠政策，新落户台资项目17个。成立海峡城乡发展基金会，新聘11名台胞社区营造员。试点两岸融合社区健康促进项目，全国首创引进台湾医疗专家进社区。开台文化公园成功开园，保生慈济文化节、乐活节等特色品牌活动影响力不断扩大。

营商环境更加优化。顺利通过国家产城融合示范区中期评估。全面落实减税降费各项措施，为企业减负超12亿元。“放管服”改革纵深推进，商事主体开办时限进一步压缩；深化工程建设项目审批制度改革，推行重点项目前期手续帮办代办。推进“智慧政务”，行政审批、公共服务事项100%上网，“一趟不用跑”“最多跑一趟”事项占比达97.6%。信用分级分类监管、红黑名单管理等制度进一步完善。第四次全国经济普查显示，全区法人和产业活动单位约1.5万家，是上轮普查时的2.6倍。

2020年是全面建成小康社会和“十三五”规划的收官之年。海沧区工作的总体要求是：以习近平新时代中国特色社会主义思想为指导，深入学习贯彻党的十九大和十九届二中、三中、四中全会精神，全面贯彻落实习近平总书记对福建、厦门工作的重要指示批示精神，加强党对经济工作的集中统一领导，统筹推进“五位一体”总体布局，协调推进“四个全面”战略布局，坚持稳中求进工作总基调和新发展理念，围绕高质量发展落实赶超，以供给侧结构性改革为主线，以改革开放为动力，落实“六稳”工作要求，树牢“过紧日子”思想，努力建设高素质高颜值的国际一流海湾城区，为全省全市发展大局多作贡献。2020年经济社会主要预期目标是：地区生产总值增长8%，规上工业增加值增长8.6%，固定资产投资增长5%，区级财政收入增长1%，社会消费品零售总额增长12%，城镇居民和农村居民人均可支配收入分别增长7.8%和8%。

（摘编：张海生）

同安区社会发展概况

2019年是中华人民共和国成立70周年，是决胜全面建成小康社会、推动高质量发展实现赶超的关键一年。一年来，在市委、市政府和区委的坚强领导下，在区人大、区政协的监督支持下，同安区坚持以习近平新时代中国特色社会主义思想为指导，贯彻新发展理念，紧扣“三转促发展、三加强惠民生”，统筹推进稳增长、促改革、调结构、惠民生、防风险等工作，全区经济社会平稳健康发展，圆满完成年初确定的目标任务。地区生产总值465亿元，增长8.3%；固定资产投资增长15%；财政总收入96.3亿元，增长6.5%，其中，区级财政收入26.2亿元，增长13.9%；社会消费品零售总额270亿元，增长10%；城镇和农村居民人均可支配收入分别增长8.8%和10%。

社会发展的主要工作和成效是：

营商环境更加优化。深入推进“放管服”改革，行政审批服务预审和工程建设项目审批实现100%网上办理，行政审批和公共服务事项“一趟不用跑”“最多跑一趟”占比超过95%。企业开办时间压缩至2.5个工作日，新增商事主体1.4万户。出台促进总部经济、现代服务业、新经济产业发展等一揽子扶持政策，投入资金8.3亿元，惠及企业3651家次。落实减税降费政策，为企业降本减负12亿元。强化品牌战略，新增“康乐佳”国家级驰名商标，“同安红”“同安凤梨穗”等地理标志商标正式授权。

改旧拓新，建管并举，城乡发展更加协调。基础设施加快建设。外向交通网络更加完善，厦门北动车客整所等3个项目基本建成，福厦高铁、轨道交通4号线等14个项目有序推进。城乡道路进一步优化，中山路等15个道路提升工程加快推进，22个海绵城市项目完成建设，30条农村道路完成改造。污水处理系统逐步完善，工业园区雨污管网完成整改，环城北路等5条道路污水管网建成投用，科技创新园等3个污水处理站投入运行，196个自然村集中纳管和508个自然村分散式污水处理项目全部建成，实现流域内农村生活污水治理全覆盖。内田、上陵等10个自然村人饮工程改造提升基本完成。西山水厂建成调试。

城市品位明显提升。完成高铁、高速沿线第一阶段综合整治。国家生态园林城市创建全面完成，新增绿地160.5公顷，完成造林3006亩。美峰生态公园正式开放，浪漫线二期道路建成贯通。完成7个老旧小区改造和第二轮城市街区立面整治。深入推广“街长制”，实施“门前三包”商家自治联盟、“摊规点”等试点工作。实施畅通城区行动，打通北镇路、坑仔口路等断头路，建成4个公共停车场、385个停车位，新增16个电动汽车充电桩站点，更新投放纯电动公交车13辆。

乡村振兴扎实推进。完成现代农业招商引资34亿元。军营白交祠“初心之路”、“田园竹坝”等示范片区带动有力，农业产业集群总产值突破270亿元。三秀山村荣获“中国美丽休闲乡村”，军营村入选全省首批“金牌旅游村”，汀溪镇入选全省100个乡村振兴特色乡（镇）。建成全市第一个农村人才培训平台，培训致富带头人等209人次，派驻科技特派员24名。邻家公园、综合文化站等一批乡村公共文化服务设施建设提升，“乡村艺术节”“村跑”等基层文体品牌特色凸显，莲花褒歌调《茶乡来了总书记》首次登上中国原生民歌节舞台。创新开展村（居）治理主题活动，全面推行农村基层组织“1246”工作机制，打造

"村务通"掌上村务公开平台，基层党支部标准化规范化建设扎实推进。

聚焦短板，精准发力，民生福祉有力改善。社会保障更加完善。全市首创"三险合一"，惠及83万新老居民。"精准帮扶"信息共享社会救助平台不断完善，累计发放社会救助帮扶资金5321万元，帮助9595名失业人员再就业。开展双拥创建工作，安排优抚资金900万元。完善退役军人服务保障体系，帮扶47名退役军人再就业。完成东西部扶贫协作和省内扶贫开发任务，做好山海协作和援藏工作，落实帮扶资金8758万元，帮助康乐县、诏安县引进6家企业，助推产业扶贫。

公共服务更加优质。教育事业加快发展。完成教育领域投资7.1亿元。后田学校等11个项目建成投用，莲花后埔小学等13所学校改造提升，新增学位8400个。建成全市首个教育公共服务平台"人人通"，《同安区域教育云平台建设探索与实践》荣获全国优秀案例。职业技术学校通过国家中等职业教育改革发展示范学校评估验收。高考贡献率稳居全市前列。医卫水平稳步提升。环东海域医院主体结构封顶，中医院信息系统等5个医疗机构改扩建项目建成投用，疾控中心改造提升等6个项目加快建设。高分通过全国基层中医药工作先进单位复审。标准化村级卫生所增至96个。全区14.5万人签约家庭医生。养老服务体系逐步健全。新增2所养老院，建成镇级照料中心4家、农村幸福院21家。在全市率先实现城乡居家养老信息化服务全覆盖。精心组织新中国成立70周年系列活动，多层次多视角展示同安创新活力和发展成果。新增同安农民画等3个省级非遗项目。歌仔戏《无相欠》获华东六省一市大赛金奖，答嘴鼓《讲阮兜》获省丹桂奖一等奖。

生态环境更加优美。污染防治攻坚战成效突出，空气质量优良率99.7%，汀溪水库饮用水源和国省控断面水质达标率100%。扎实迎接第二轮中央生态环保督察，认真落实第一轮中央环保督察反馈问题整改，基本完成全国第二次污染源普查。全力推进流域综合治理，完成30公里安全生态水系建设和245公里雨污管道排查清淤。有序推进52项生态文明体制改革任务。加快建设智慧环保，全国首个区级生态文明建设目标评价考核平台建成投用，隘头潭水环境质量管理应用平台获省一等奖。"大棚房"专项清理整治圆满完成，复耕复垦面积157.7亩。

社会治理更具成效。实行社区工作清单化管理，试点整合11个村（居）便民服务代办点，重点指导17个无物业小区提升自治管理水平。创新成立区级房东协会，65家村级房东协会基本覆盖外来人口1000人以上的村（居）。积极探索社区治理新路径，凤祥社区"商居共融、诚信共创"工作法获评省优秀案例。创新设立"议理堂"基层调解机构，"三调联动""四位一体"工作机制进一步完善。乡村治理经验在全省现场推进会作典型发言。全面推进移风易俗，累计节约开支4.31亿元，获省纪委通报表扬。

重大风险有力防控。科技强警、智慧公安等智能化治安防控体系逐步建立。扫黑除恶专项斗争有力推进。重大活动安保任务圆满完成。政府债务管理机制更加健全，债务风险安全可控。金融风险防控机制不断完善，银行不良贷款率有效稳控。深入实施安全生产重点领域整治，安全生产总体形势稳中向好。"非洲猪瘟"疫情防控有力。11家平价商店顺利启动，"菜篮子"保供稳价任务较好完成。食品安全国家示范城市创建扎实推进，1990家餐饮生产经营单位纳入"一品一码"信息追溯系统，"明厨亮灶"覆盖率89%。防汛防台和气象减灾体系不断完善。群众安全感进一步提升。

2020年是全面建成小康社会和"十三五"规划的收官之年，同安区聚焦特区发展的新定位新要求，牢牢把握全市加快跨岛发展的历史机遇，建立新机制、引领新常态，在实现高质量赶超发展的征程上迈出坚实步伐。经济社会发展的主要目标是：地区生产总值增8.0%左右，财政总收入和区级财政收入分别增长8.3%、8.0%，规模以上工业产值增长9.5%，固定资产投资增幅与全市保持同步，社会消费品零售总额增长10%，城乡居民人均可支配收入略高于全市平均水平，完成上级下达的节能减排任务。

（摘编：郭虹）

翔安区社会发展概况

2019年，翔安区以习近平新时代中国特色社会主义思想为指导，全面贯彻落实党的十九大和十九届二中、三中、四中全会精神，深入学习贯彻习近平总书记在参加十三届全国人大二次会议福建代表团审议时的重要讲话精神，在市委、市政府和区委的坚强领导下，坚持稳中求进工作总基调，坚持高质量发展落实赶超，着力稳增长、促改革、调结构、惠民生、防风险、保稳定，落实乡村振兴战略，打好三大攻坚战，经济社会发展保持稳中有进、稳中向好的良好态势，较好地完成了年初确定的各项目标任务，市对区上年度绩效评估总分跃居全市第一，实现历史性突破。全年完成地区生产总值663.8亿元，增长9.3%；规模以上工业增加值396.2亿元，增长10.4%；固定资产投资增长9.5%；财政总收入66.95亿元，增长6.3%；区级财政收入20.9亿元，增长5.6%；社会消费品零售总额90.9亿元，增长12.4%；限额以上批发零售额267亿元，增长25.9%；城镇居民人均可支配收入41968元，增长8.3%，农村居民人均可支配收入22467元，增长10.8%。11项对标赶超指标增幅均超过（达到）全省平均水平，6项主要经济指标增幅位居全市前两位，其中，地区生产总值、限额以上批发零售额等2项指标增幅位居全市第一；规模以上工业增加值、农村居民人均可支配收入等4项指标增幅位居全市第二。

一年来，社会发展的主要工作和成效是：

着力严治理护生态，绿色发展成效显著。生态环境有机治理。配合第二轮中央生态环保督察，属地信访交办件为全市各区最少，小光山矿区粉尘污染等一批突出环境问题得到化解，国家海洋督查反馈问题完成整改。依法依规对281家不符合环保要求的“散乱污”企业进行分类整治，坚决防止“一刀切”。污染源普查工作通过国家核查，空气质量优良率达99.7%。落实“双总河（湖）长制”，地表水环境提升改善，古宅水库水质保持Ⅱ类，九溪溪边后断面、曾溪水库水质提至Ⅳ类，浯溪水质保持稳定。

宜居环境有效改善。新增、改造园林绿地94公顷，海绵城市试点建设通过国家住建部考核，建成、提升7个公园绿地，完成高铁高速公路沿线环境整治提升、铁路沿线安全隐患治理，改造火炬（翔安）产业区10条道路。落实农村人居环境整治“一革命四行动”，新改建城乡公厕16座，完成平改坡1500栋、裸房整治782栋，农房平改坡经验成为全省范本。内厝莲塘、新圩云头等8个社区获评“省级农村社区建设示范单位”，农村集体资产确权登记颁证工作基本完成。健全城乡环卫一体化体制，与市属国企合作成立城建集团，生活垃圾分类收集、转运、处理实现全覆盖。

城市环境有序提升。2018年省级文明城区测评位居全省第八。新增管理污水管道200公里，修复人行道7500平方米，“巷灯工程”点亮8万盏、惠及92个村（居）。强化“门前三包”，新建38条标准街，规范141个流动摊点，改造投用新圩农贸市场，市容环卫综合考评全市第三。拆除“两违”230万平方米，“两违”综合治理位居全市首位，完成“大棚房”专项整治及违建别墅清查整治。开展建筑废土集中处置行动，查扣违法违规车辆116部，首次将非法倾倒建筑土头垃圾行为移送审查起诉，开创全国司法先例，得到市政府充分肯定。

深化改革取得新成效。成立全市唯一区级行政审批局，相对集中行政许可权试点方案上报省政府。行政审批服务网上可办率达100%，“一趟不用跑”“最多跑一趟”事项占比超95%。证照实现同步受理，企业设立登记办理时限压缩至1个工作日，新增商事主体超11000家、增长26.6%。落实“六必访”机制，区领导挂钩服务58家“三高”企业，落实减税降费6.3亿元，兑现企业扶持补助2.8亿元，提前完成清理拖欠民营企业中小企业账款工作。推行通关便利化，翔安海关受理报关增长15.9%，监管进出口货值878.8亿元。区级产业引导基金启动运作，首期规模20亿元。借力市属国企实行“乾翔大管家”工业园区综合管理，5个园区综合服务驿站投入使用。

交流合作取得新进展。实际利用外资增长20%，完成率位居全市第一。制定实施《翔安区对标深圳市龙华区行动方案》。落实45条海峡两岸融合发展措施，新批台资项目31个，合同利用台资5914万美元、增长830%。承办翔台医疗健康创新项目对接会、“魅力金嶝”两岸旅游推介会，举办2019厦门（翔安）武林大会、“海峡杯”全国书画作品展等两岸文体活动，宋江阵文化研究会成为全区首个省级对台交流基地。行政服务中心设立“台胞服务窗口”，为在翔居住台胞提供“一站式”服务。积极融入闽西南协同发展，助力漳州云霄提前实现全县脱贫。推进东西部扶贫协作，拨付甘肃永靖援助资金6554万元，帮扶就业1437人，输转建档立卡贫困人员279人。

着力惠民生保稳定，共享发展不断夯实。民生保障覆盖更广。年度为民办实事项目全面完成，财政用于各类民生支出达42亿元。修订升级“民生17条”，被征地人员养老保险新增参保18648人、增长265%，城乡居民养老保险参保11.5万人、参保率达99.4%。完成农村富余劳动力转移就业3169人，失业人员再就业15620人。发放各类困难群体救助资金6167万元，为81个村（居）购买居家养老服务、惠及全区70%老人。九溪小区、东方新城二期竣工，新增保障房5820套，受理保障性租赁房申请1125户，发放保障性住房租金补贴769万元。完善农村发展用地规划。

公共服务供给更足。双十中学初中部、厦门实验小学翔安校区主体封顶，双十中学高中部翔安校区开工建设，建成12个教育项目，增加各类学位4680个。全面完成无证幼儿园整改，新增2所省示范性幼儿园、1所市示范性幼儿园，5所农村完小升格为区直属校。新引进8名高层次教育人才，直招52名应届“双一流”师范院校毕业生，成立翔安校企合作联盟。中高考成绩进步幅度全市最大，省对区教育“两项督导”评估获得肯定。组建全省首个区域健康医疗大数据运营管理中心，家庭医生签约服务13万人，65岁以上老年人签约覆盖率超74%。翔安医院开业运营，第五医院获评中国医院竞争力最高级别“五星级医院”等荣誉称号，各类医疗机构新增床位500个。大嶝八二三炮战喇叭堡旧址、中共同安县委旧址列入第九批省级文物保护单位。成功举办国际短片节，区图书馆“翔安红色记忆”“智绘书”两个项目荣获第二届全国公共图书馆创新创意征集推广活动二等奖，村（居）社区书院覆盖率达70%。

社会治理秩序更稳。扫黑除恶专项斗争纵深推进，打掉涉黑组织1个、涉恶集团团伙4个，打击九类涉黑涉恶犯罪嫌疑人221人，参与侦破“8·21”特大贩毒案，综治“三率”持续提升。信访工作总体平稳，领导干部接访件化解息访率达92%，依法处置商办类地产信访案件，圆满完成中华人民共和国70周年大庆安保维稳任务。建成“雪亮社区”30个，新改建高清监控6683路。整改危化品、工商贸行业等安全隐患6535处，安全生产形势趋稳向好。在全市率先构建镇（街）消防工作实体化格局，新建社区消防工作室119个。发放各类优抚对象抚恤金、补助金2800万元，悬挂退役军人家庭光荣牌8056个，高职扩招招录退役军人902人，办理退役军人社保接续520人。马巷镇位居全国百强镇第48位。民族、宗教、外事、侨务、双拥、粮食、人防、档案、方志、气象工作取得新进展，工会、青年、妇女、儿童、老龄、残疾人、红十字、慈善事业实现新进步。

（摘编：杨立群）

漳州市社会发展综述

2019年是中华人民共和国成立70周年，是决胜全面建成小康社会、坚持高质量发展落实赶超的关键一年。在以习近平同志为核心的党中央坚强领导下，在省委、省政府和市委的正确领导下，漳州市深入学习贯彻习近平新时代中国特色社会主义思想、党的十九大和十九届二中、三中、四中全会精神，认真落实习近平总书记在参加十三届全国人大二次会议福建代表团审议时的重要讲话精神，按照省委十届八次九次全会、市委十一届九次十次全会的部署和省委于伟国书记对漳州提出的“当好高质量发展落实赶超先锋”要求，坚持稳中求进工作总基调，深化供给侧结构性改革，打好三大攻坚战，扎实做好“六稳”工作，加快高质量发展落实赶超，推进“大抓工业、抓大工业”，全力建设工业新城，富美新漳州建设取得新成效。全市地区生产总值完成4741.83亿元，增长7.3%（快报数）；一般公共预算总收入356.2亿元，增长1.2%，地方一般公共预算收入219.41亿元，增长0.3%；规模工业增加值1767.06亿元，增长9.1%；固定资产投资增长0.1%；外贸进出口725.8亿元，增长4.6%；实际利用外资38.1亿元；社会消费品零售总额1222.30亿元，增长9.8%；居民消费价格指数（市辖区）上涨2.7%；城镇居民人均可支配收入38975元，增长8.3%；农村居民人均可支配收入19885元，增长9.3%；城镇登记失业率2.43%；人口自然增长率6.1‰；节能减排降碳年度目标顺利实现。

社会发展的主要工作和成效是：

精准施策解难题，三大攻坚战深入推进。始终把脱贫攻坚作为重大政治任务，紧盯“两不愁三保障”突出问题，扎实推进打赢脱贫攻坚战稳定提质三年行动，市县财政安排脱贫资金5.2亿元、增长9.2%。漳州市电商助力精准扶贫案例入选《全国脱贫攻坚典型案例选编》，2019年6月实现农村建档立卡贫困人口、贫困村、贫困县全域脱贫。坚决打好污染防治翻身仗，抓紧抓实中央和省生态环保督察，国家海洋、耕地保护、土地例行督察以及国家森林督查反馈问题整改，全面排查整治各类污染源，严格落实河（湖）长制，推进黑臭水体整治示范城市建设，新建污水管网187.8公里，常山、蒲姜岭二期垃圾焚烧发电厂投入运行。全市空气质量优良率99.2%、提高4.4个百分点，小流域Ⅰ－Ⅲ类水质比例83.6%、提高29.1个百分点。有效防范化解金融风险，全市不良贷款率1.17%，降幅位居全省前列，政府债务余额严控在核定限额内。

统筹城乡促振兴，人居环境明显提升。探索“多规合一”，编制《漳州市中心城区城市双修专项规划》。实施交通畅通工程，厦门地铁6号线漳州（角美）延伸段正式开工，福厦（漳）客专顺利推进，云平高速、后石港区3#泊位等一批重点工程竣工投用，新改扩建城市道路184.7公里、农村公路225公里，中心城区路网密度提升至7.6公里/平方公里。新建燃气管网295.3公里、公共停车泊位6296个。持续推进“五湖四海”生态项目建设，新增公园绿地3166亩、绿道175.7公里，完成造林绿化15.55万亩，漳浦、东山两县获评省级森林城市（县城），实现全域覆盖。开展“百路千村”专项行动，深化“两违”综合治理，处置“两违”面积823.2万平方米。智慧城管一期建成投用，垃圾分类工作有序推进。实施乡村振兴战略，推进114个美丽乡村建设，“345”示范工程成为全省典范，科技特派员制度在全省率先实现“三个全覆盖”。开展农村人居环境整治“一革命四行动”，深化“两高”沿线环境整治，新建改造城乡公厕460座，整治裸房9882栋，配备在册农村保洁员8507名。建设县乡村三级快递物流配送体系，全市共拓展农村快递物流站点1352个。

扩量提质优服务，民生保障持续改善。加速补齐“四难一差”短板，完成32项为民办实事项目，全市财政民生支出占比79.07%。扩大优质教育供给，新建续建职教园区、漳州一中新高中部等370个教育补短板项目，新增义务教育学位1.66万个、公办幼儿园学位3.5万个，普惠性幼儿园就读幼儿占比88.9%，高考本科上线率再创历史新高。推进优质医疗资源扩容，加快建设市医院总部院区，完成县级医院“五大中心”建设，新增床位4275张、卫技人员3785名。完善养老服务体系，新建农村幸福院305个，新增养老床位4913张，市社会福利中心投入运营，政府购买居家养老服务覆盖1475个村（居）。稳步推进老旧小区、农贸市场改造提升，开工建设保障性安居工程15133套，解决不动产权证办理历史遗留问题4904套，办理既有住宅增设电梯80部。完善公共文化服务体系，提升700个基层综合性文化中心，新增4处全国重点文物保护单位。全民健身广泛开展，竞技体育水平不断提升，在第二届全国青运会上共有89名漳籍运动员获奖。弘扬新时代“漳州110”精神，建立“四警四化”警务新机制，探索建立“社区（乡村）110”，纵深推进扫黑除恶专项斗争。安全生产、食品药品安全、信访形势稳定向好。持续以创业促就业，新增城镇就业3.94万人。完成第四次全国经济普查任务和第七次全国人口普查试点工作。妇女儿童、青少年、残疾人、民族宗教、档案、社会科学、防汛防台、防震减灾、红十字会、退役军人事务、双拥共建和国防动员等工作取得明显成效，外事侨务、援藏援疆援宁等工作扎实开展。

砥砺初心担使命，自身建设有效加强。深入开展“不忘初心、牢记使命”主题教育，主动配合做好省委巡视工作。推进法治政府建设，落实重大行政决策合法性审查制度，提请市人大常委会审议地方性法规草案2件。弘扬“马上就办、真抓实干”优良传统作风，集中整治形式主义、官僚主义，出台为基层减负20条措施，提振干部干事创业精气神。落实全面从严治党主体责任，认真贯彻中央八项规定及实施细则精神和省市实施办法，市本级“三公”经费支出全年下降11.25%。巩固政府机构改革成果，优化职能职责，修订完善市政府工作规则，政府运行更加高效。自觉接受人大的法律监督和工作监督、政协民主监督，办理市人大代表建议154件、政协委员提案312件，办复率均为100%。

2020年是全面建成小康社会和“十三五”规划收官之年，既是决胜期，也是攻坚期。漳州市要以习近平新时代中国特色社会主义思想为指导，全面贯彻党的十九大和十九届二中、三中、四中全会精神，坚决贯彻党的基本理论、基本路线、基本方略，增强“四个意识”、坚定“四个自信”、做到“两个维护”，紧扣全面建成小康社会目标任务，坚持稳中求进工作总基调，坚持新发展理念，坚持以供给侧结构性改革为主线，坚持以改革开放为动力，全面做好“六稳”工作，强化产业支撑，强化项目带动，强化需求牵引，强化放权赋能，强化三大攻坚，强化民生导向，统筹推进稳增长、促改革、调结构、惠民生、防风险、保稳定，加快打造工业新城、建设富美新漳州，奋力当好新时代新福建建设先锋，确保全面建成小康社会和“十三五”规划圆满收官，得到人民认可、经得起历史检验。全市经济社会发展主要预期目标是：地区生产总值增长7.5%—8%；一般公共预算总收入增长2.5%左右，地方一般公共预算收入增长2%左右；固定资产投资增长8%左右；规模工业增加值增长9.8%左右；外贸进出口增长5%左右；实际利用外资增长5%左右；社会消费品零售总额增长9.5%左右，居民消费价格指数（市辖区）涨幅控制在3.5%左右；城镇登记失业率控制在3.6%以内；城镇和农村居民人均可支配收入分别增长9.4%、9.7%左右；全面落实节能减排降碳目标任务。

（摘编：赵旭东）

芗城区社会发展概况

2019年是中华人民共和国成立70周年，是决胜全面建成小康社会、坚持高质量发展落实赶超的关键一年。芗城区坚持以习近平新时代中国特色社会主义思想为指导，认真落实“六稳”工作部署，坚持高质量发展落实赶超，坚决打好三大攻坚战，突出“大抓工业、抓大工业”，扎实开展“三抓三比、十项竞赛”，较好地完成了年初确定的各项目标任务。全年实现地区生产总值694.7亿元，增长8.1%；农林牧渔业总产值17.31亿元，增长4.5%；规模工业总产值966亿元，增长9%，规模工业增加值242亿元，增长8.7%；固定资产投资300亿元，增长6.2%；一般公共预算总收入30.3亿元，比降3.54%；地方一般公共预算收入15.9亿元，比降5.50%；实际利用外资1.58亿元，外贸出口58.6亿元；社会消费品零售总额248.2亿元，增长11%；城镇居民人均可支配收入43680元，增长8.7%，农村居民人均可支配收入19957元，增长10%。年度节能减排降碳任务预计可以完成。

社会发展方面的主要工作和成效有：

全力提升城市、振兴乡村，显著提高城乡品质。扎实开展老城区建设管理“十项行动”，按照“干干净净、整整齐齐、亮亮堂堂、安安全全”总体要求，创新“条块结合、属地吹哨、部门报到”工作机制，着力解决“城市不亮、管理不细、建设不精、交通不畅”问题。大力推进南昌路、胜利路等重点区域、重要节点的亮化工程，完成水仙大街等10条道路改造和店招整治，实施17个背街小巷和13个老旧小区整治，完成5个农贸市场改造建设，市政设施水平有力提升。实施漳州古城等重点区域和主要干道交通秩序整治，完善市区13条主要道路交通安全设施，开展电动车违法行为、共享单车、载客人力三轮车等专项治理，新增公共停车位1000个以上，着力解决市民出行“最后一公里”问题。下足“绣花”功夫，精细化管理城市，集中力量开展“六大攻坚”行动，进一步落实“门前三包”责任区管理制度，确定“门前三包示范店”100家，展现整洁有序、文明和谐的城市管理新面貌。加快城市有机更新，加速推进漳州古城“慧可居”精品酒店、太古桥大厝等重点项目建设；完成益民片区、诗浦片区等重点区域征迁超54万平方米；继续推进西湖生态园、香蕉海、龙文塔遗址公园等生态项目建设。全面实施乡村振兴战略，大力推进乡村振兴重点工作“八项行动”，开展农村人居环境整治、高速公路沿线环境整治、“百路千村”“两违”综合治理和村庄清洁行动“秋冬”战役；新增美丽乡村3个，新建改造城乡公厕20座，拆除违建面积65万平方米，珠里村成为全市首个“无裸房示范村”及全市“三线整治示范村”；新建“四好农村路”8.6公里、安全生命防护工程13.2公里、生态示范路35公里，完成九龙江防洪工程漳州段（二期）芗城段建设。

补齐短板、守好底线，坚决打好三大攻坚战。巩固脱贫成效，实施“七大攻坚工程”，精准落实就业、教育、健康、住房、小额信贷、扶贫车间、低保兜底等扶贫措施，完成26户贫困无房户房屋修建，全区425户1128名建档立卡贫困户迈向高质量稳定脱贫。打好污染防治攻坚战，切实抓好第二轮中央生态环保督察信访件和突出生态问题整改工作，坚持源头治理，全面排查各类污染源。实施市区8条内河27.2公里河道污染源排查和攻坚整治，新建截污管道21公里，完成市政管道清淤210公里；完成41座村庄污水处理站建设，累计铺设村庄污水管网216公里；推进16个工业园区污水处理设施项目建设。持续开展碧水、蓝天、净土保卫战，严格落实河（湖）长制，坚决整治畜禽养殖反弹，丰山溪水质提升到Ⅳ类、大水港稳定Ⅴ类水质、恒坑溪消除黑臭水体，考核断面水质稳定达标，市级集中式饮用水源水质达标率100%。加大工业废气整治力度，完成23家涉挥发性有机物企业整改提升。土壤污染防治工作稳步推进。

着力以民为本、共治共享，推进各项事业全面发展。民生投入不断加大，全年民生支出19.27亿元，占一般公共预算支出的75%以上。基本完成29件年度为民办实事，解决了一批群众关注的民生问题。健全社会保障救助体系，全区1.49万被征地农民养老保障实现全覆盖；截至目前发放养老、失业保险金、被征地农民养老保障金和城乡低保金共6.7亿元；城镇新增就业7107人。加快推进保障性安居工程，动工建设铁塘片区、金安片区等5个安置房，启动利民佳苑1230套限价商品房配售和安得广二期建设，全年安置面积约7万平方米。坚持教育优先发展，被评为漳州市初中教育教学质量先进区、高中教育教学质量达标区；芗城实小新华校区、芗城第三实验小学、芗城实幼东铺头园区等一批新改扩建学校投入使用，新增幼儿园学位735个、小学学位5190个；加强教师队伍建设，多渠道补充149名教师，组建5个区级名师工作室。医疗卫生服务能力持续提升，新增床位305张、医技人员572名。医药卫生体制改革不断深化，依托市人民医院建成影像中心，区域“三大服务平台”“六大中心”进一步完善；持续强化公立医院控费工作，推行医保支付改革和基本药物制度，扎实推进29项基本公共卫生服务。文体惠民力度加大，新建43个基层综合性文化服务中心；锦歌《习总书记有双温暖的手》、芗剧《于谦》等7个文化、文创作品获得省级奖项；成功举办漳州古城文化节、林语堂文化艺术节等活动；实施松洲书院、官园威惠庙等文物保护工程建设。养老服务体系不断完善，新建1个养老服务照料中心、18个居家养老服务站和27所农村幸福院，市社会福利中心完工投用并在全市率先实施公建民营。纵深推进扫黑除恶专项斗争，社会治安持续向好，群众安全感满意率达98.75%，再创新高。深入推进社会治理创新，新建600路视频监控探头和157套人像识别系统，有效提升全区治安防控智能化水平；基层警务融入党务政务改革经验成为全省县域改革基层先进典型，社区（乡村）110暨城乡社区网格治理“2+N”新模式在全市推广。加强矛盾纠纷排查化解，下大力气解难题、化积案，为新中国成立70周年庆祝活动提供坚强有力的信访维稳保障。深化“餐桌污染”治理，推进食品安全“一品一码”追溯平台建设，185家学校食堂实现“明厨亮灶”。扎实推进安全生产风险分级管控和隐患排查治理体系建设，构筑双重预防机制，安全生产形势稳定向好，道路安全四项指数全面下降。完成第四次全国经济普查工作。与此同时，国防动员、民兵预备役、双拥、退役军人事务等工作得到加强，人事、编制、保密、物价、供销、粮储、档案、地震、慈善、老龄、残疾人、工青妇、红十字、计生协、港澳侨台同胞、民族宗教等各项事业也取得新进展。

坚持“不忘初心、牢记使命”，切实加强政府自身建设。扎实开展“不忘初心、牢记使命”主题教育，坚持把政治建设摆在首位，牢固树立“四个意识”，坚定“四个自信”，做到“两个维护”。严格落实中央八项规定及其实施细则精神，驰而不息纠正“四风”。严格执行国务院“约法三章”，区本级“三公”经费支出下降12.73%。认真执行人大决定决议，自觉接受人大、政协和社会监督，办理人大代表建议62件、政协委员提案73件，办结率100%，各民主党派参政议政、民主监督富有成效。政务“五公开”持续推进，行政监督、审计监督继续加强，深入实施重大项目建设廉政风险防控，全年评审、审计项目96个，核减资金1.49亿元，党风廉政建设和反腐败工作有力有效。

（摘编：郭虹）

龙文区社会发展概况

2019年，龙文区深入学习贯彻习近平新时代中国特色社会主义思想，认真落实区委决策部署，争当高质量发展落实赶超先锋，坚决打好三大攻坚战，推进“大抓工业、抓大工业”，宜居宜业、创新创业新龙文建设取得新成效。全年地区生产总值完成361.4亿元、增长7.2%，居全市第2；一般公共预算总收入17.9亿元、增长5.4%，居全市第3；一般公共预算收入11.5亿元、增长12.1%，居全市第2；规模工业总产值335.5亿元、增长10%，居全市第2；固定资产投资288.7亿元、增长8.5%，居全市第3；实际利用外资3亿元、增长6.1%，居全市第2；社会消费品零售总额161.9亿元，增长4.9%；外贸出口31.9亿元；城镇居民人均可支配收入44420元，增长8.4%；农村居民人均可支配收入21378元，增长9.1%。“三抓三比、十项竞赛”综合考评位居全市第二，主要经济指标综合排名全市第一，年度绩效工作被评为优秀等级。

一年来社会发展的工作和成效主要体现在：

推进全方位统筹，城乡建设品质提升。完成城建投资186.1亿元，征地2500亩、拆迁56万平方米。路网进一步完善，联六、联十一线竣工通车，9个市政道路项目完工；九十九湾水系连通工程竣工，“安得广”销售1536套，8个老旧小区完成改造；大力实施乡村振兴，郭坑镇口社村获评省级乡村振兴实绩突出村。

推进系统性治理，人居环境有效改善。开展农村人居环境整治“一革命四行动”，新建29座城市和镇村公厕，整治裸房402栋，铺设农村污水管道34公里。引入垃圾分类智慧系统，建成一批垃圾分类示范路段、试点村。拆违831宗、56万平方米。调整蓝田、朝阳街道行政区划，增设景山街道，省级社区治理和服务创新实验区通过结项验收。铺开高清监控和社区“网格化”，深入开展扫黑除恶，社会稳定面持续向好。

推进精准化施策，三大攻坚有力有效。落实精准脱贫，全面解决“两不愁三保障”问题。打好污染防治攻坚战，创新河湖管理机制，设立“企业河长”，巩固“三禁”成果，水环境质量达标率100%。开展燃煤锅炉整治“回头看”，全面推行已征收房屋绿色环保拆除，空气优良率96.4%。有效防范化解金融风险，企业不良贷款率1.25%，严控在市下达任务内。

推进多元化保障，民生事业发展进步。民生支出12.1亿元，30项为民办实事项目完成投资12.3亿元。闽师大龙文附小等3所学校建成投用，新增学位3690个。建设8家社区卫生服务站，医保参保率97.7%。建设17个基层文化中心，举办全国沙画赛、国际山地自行车赛等活动。新建6所农村幸福院、12个社区居家养老服务站、1所星级居家养老服务照料中心、5个社区爱心互助驿站，低保覆盖面合理化水平达1.1。

推进学习型政府建设，行政效能优化提升。深入开展“不忘初心、牢记使命”主题教育，增强“四个意识”，坚定“四个自信”，做到“两个维护”。执行人大决定决议，自觉接受人大、政协监督，办理人大代表建议41件、政协提案76件，法定期限办复率100%。深化“放管服”改革，推广漳州通“掌上办”，扩大“一趟不用跑”覆盖面。推进国库集中支付电子化改革，“三公”经费持续下降。政府与法院、检察院、工会联席互动机制不断完善。坚持依法行政和廉政建设，政府运行更加规范高效清明。

新冠肺炎疫情发生以后，区委区政府迅速成立应对疫情工作领导小组，采取指挥部集中办公、联合作战、当日会商、定期督办等机制，各级各部门履职尽责，社会各界团结一致，全区疫情防控有力有序有效，成功拦截处置唯一一例输入性病例。突出联防联控，织密社区（村）防控网格，变“硬隔离”为“软防控”，开展“扫楼式”“地毯式”“全覆盖”摸排，共核实11.6万户、32.2万人。常态化防控以来，严格落实“外防输入，内防反弹”，未出现疫情反弹，群众“米袋子”“菜篮子”得到有效保障。全力服务企业、项目复工复产，累计推动2700余家企业，含163家规模以上工业企业、71个在建重点项目100%实现复工复产。出台复工复产帮扶措施，从稳岗补助、返岗补贴等五个方面给予扶持，帮助中小微企业、疫情防控重点保障企业等获得信贷支持，减轻中小企业税费负担1.4亿元。在严峻的形势下，1—5月固定资产投资完成130.35亿元，增长5.7%，居全市第二；一般公共预算总收入9.16亿元，居全市第5；一般公共预算收入6.34亿元，居全市第4；规模工业总产值170.5亿元，增长3.5%。规模工业增加值49亿元，增长3.2%。

2020年是全面建成小康社会和“十三五”规划收官之年，是坚持高质量发展落实赶超的重要一年。龙文区工作总体要求是：以习近平新时代中国特色社会主义思想为指导，全面贯彻党的十九大和十九届二中、三中、四中全会精神，在区委的领导下，紧扣全面建成小康社会目标任务，统筹推进疫情防控和经济社会发展，在疫情防控常态化前提下，保持稳中求进工作总基调，坚持新发展理念，坚持以供给侧结构性改革为主线，坚持以改革开放为动力推动高质量发展，坚决打赢三大攻坚战，全面做好“六稳”“六保”工作，努力当好高质量发展落实赶超先锋，确保全面建成小康社会和“十三五”规划圆满收官。

2020年社会发展方面重点抓好：

坚持不懈治理城市，提高人居品质。坚持以人民为中心发展思想，下足“绣花”功夫，努力打造以人为本的宜居城区。

提升城区治理水平。深化施行“门前三包”，加大无物业老旧小区综合整治、“两违”综合治理以及建筑工地、工业企业、餐饮油烟等重点行业领域空气污染源防治，全面实施主城区生活垃圾分类。

提升农村发展基础。开展“回头看”“回头查”“回头帮”，巩固精准扶贫。启动城乡供水一体化，支持农村公路提标及农村公厕、停车场、公共活动空间建设，推进农村裸房整治、“三线”改造，优化美化农村环境。

提升区域营商环境。聚焦“以产兴城、以城促产”，切实简政放权、放管结合、优化服务，推进“马上办、网上办、就近办、一次办”。注重激发创造创新创业活力，坚持外地引进和本地培养并重，培育具有专业技能与工匠精神的“蓝领”工人。

坚持不懈改善民生，提升幸福指数。继续把新增财力更多投向民生，解决好事关百姓生存发展的“头等大事”和影响百姓日常生活的“关键小事”。

创建教育强区。实施22个教育补短板项目，完善提升教育规划布局，加快市实小龙文校区等8个续建项目、郭坑第二中心幼儿园等8个新开工项目建设，力促漳州三中等更多市直优质资源落户龙文。加大教师招引力度，提高教育教学质量。

打造健康龙文。抓住机遇补上公共医疗卫生短板，促进以慢性病综合防控为主的健康行动，推进郭坑中心卫生院迁建。完善养老服务，继续建设一批养老服务照料中心、居家养老服务站，实施“互联网+养老”，支持社会力量兴办医养结合机构。

建设文体新区。合理布局补齐文体设施，谋划新建区级体育馆，逐步填补文体场馆空白。鼓励引导文体产业发展，支持青蛙王子动漫园等现有文创企业发展壮大。积极创建“武术之乡”，加大文物、文化遗产保护利用，提升龙文文化内涵。

创新社会治理。以疫情防控为契机，深入推进社区治理与社会治理能力建设，毫不松懈打造“平安龙文”。坚持扫黑除恶，严厉打击安全生产违法违规行为，深入开展房屋安全大排查大整治，加强食品药品安全监管。创新各类治理服务平台载体，多元调处矛盾纠纷，维护社会安定稳定。扎实推进退役军人、国防动员、军民融合、民族宗教、档案方志等工作，支持工会、共青团、妇联、工商联、残联、侨联等人民团体积极发挥作用。

（摘编：黄万良）

龙海市社会发展概况

2019年，龙海市坚持以习近平新时代中国特色社会主义思想为指导，深入学习贯彻党的十九大精神，认真贯彻中央、省、漳州和市委的决策部署，深化供给侧结构性改革，做好“六稳”工作，把高质量发展与落实赶超有机统一起来，深入实施“大抓工业、抓大工业”战略，推进重点区域发展、重点项目建设、重点工作落实，经济社会保持平稳健康发展，基本完成年初确定的各项目标任务。全市实现地区生产总值609亿元，增长8%；一般公共预算总收入（不含高新区）32.15亿元，增长5.1%，地方一般公共预算收入（不含高新区）18.96亿元，增长1.34%；固定资产投资290.5亿元，增长8%；规模工业总产值793亿元，增长9.2%；规模工业增加值220亿元，增长8.9%；农业总产值114亿元，增长3%；社会消费品零售总额133.9亿元，增长11%；实际利用外资0.75亿元；城镇居民人均可支配收入40201元，增长8.5%；农村居民人均可支配收入20565元，增长8.5%。年度节能减排降碳任务全面完成。

一年来，社会发展的主要工作和成效是：

城乡建设加快推进。完成城市总体规划编制和多规合一，镇村规划实现全覆盖。实施重点项目75个，完成投资152.7亿元。重点区域有效突破，“一江滨两新区”实施项目91个，完成投资58.6亿元，四馆一中心主体封顶，龙江人道、锦江大道石码段海澄段和6条城市支路建成通车；“南太武南溪湾”实施项目28个，完成投资78.7亿元，高新技术产业园“六路两河两桥”、滨海新城核心区“七路三河两景观”全面推进，锦江大道浮宫段和格林卓岐安居工程、港尾公交枢纽站开工建设。项目建设有力保障，获批农转征3028亩、用林1530亩，处置闲置土地243.7亩。乡村振兴统筹推进，出台乡村振兴专项资金管理办法，整合涉农资金4.4亿元，60个“345示范工程”项目完成投资4亿元；实施农村人居环境“一革命四行动”，开展“两高”沿线整治，推进“百路千村”治理，处置“两违”91.1万平方米，建设美丽乡村8个，完成农村裸房整治2965栋、公厕106座，农村污水治理PPP项目顺利开工；规范提升村干部报酬，提高离任村主干补助标准；双第农场通过国家卫生乡镇验收，浮宫镇田头村入选全国乡村治理示范村镇。

三大攻坚战取得实效。有效防范化解金融风险，不良贷款率由3.74%下降到1.12%，政府债务余额严控在核定限额内。深化“三铁治污、提升三质”，扎实推进中央生态环保督察、土地例行督察、海洋督察、耕地保护督察等反馈问题整改，严格落实河（湖）长制，全面排查整治污染源，建设安全生态水系21公里、南溪清淤3.5公里，严控道路、工地扬尘，全市主要流域和小流域水质全面达标，空气质量稳步提升。高质量完成脱贫攻坚任务，精准落实帮扶措施和财政投入机制，进一步提高低保标准，扩大低保覆盖面，发放扶贫和各类社会保障资金2.4亿元。

民生保障持续改善。实施为民办实事项目23个，完成投资6.5亿元。建设小学、幼儿园24所，新增学位4080个，月港小学、月港幼儿园投入使用，实施提高教学质量奖励办法，龙海一中被评为全省首批示范性普通高中建设学校。提高基本公共卫生服务补助标准，第一医院设立首批省级名医工作室，第二医院完成综合改造提升，全市新增床位401张，实现公办村卫生所全覆盖。引进杭州和睦养老服务机构，社会福利中心一期投入运营，建设一批养老服务中心、服务站和农村幸福院。新增公交线路6条、公共停车位614个；实施农村公路硬化21公里、安保工程85公里。大力推进全民参保，新增参保人员4.4万人。完成第二轮企业改制，安置职工115人。成功举办海峡两岸“三月三”畲族文化节，建设基层综合文化服务中心86个。纵深推进扫黑除恶专项斗争，打掉黑社会性质组织1个、涉恶犯罪集团11个、涉恶犯罪团伙4个。强化安全生产、食品药品、信访维稳工作，社会保持安定稳定。完成第四次全国经济普查。军政军民团结巩固发展，退役军人、妇女儿童、青少年、民族宗教、外事侨务、社会科学、残疾人、红十字会、防震减灾等工作取得新成效，老区苏区、山海协作、援藏援疆等工作扎实开展。

政府建设得到加强。深入开展“不忘初心、牢记使命”主题教育，干部队伍精气神有效提升。落实全面从严治党主体责任，严格贯彻中央八项规定精神，进一步压减“三公”经费，过好政府“紧日子”。弘扬“马上就办、真抓实干”，集中整治形式主义、官僚主义，持续深化“放管服”、商事制度和工程建设项目审批制度等改革，审批服务事项实现“一趟不用跑”和“最多跑一趟”全覆盖。强化依法治市，司法体制改革有序推进，完成政府机构改革。认真执行人大决定决议，自觉接受人大、政协和社会监督，办理人大代表建议45件、政协委员提案62件，办复率100%。

2020年是“十三五”规划的收官之年，是全面完成脱贫任务、全面建成小康社会的决胜之年，也是福建实现赶超目标之年。龙海市坚持以习近平新时代中国特色社会主义思想为指导，全面贯彻党的十九大和十九届二中、三中、四中全会精神，紧扣全面建成小康社会目标任务，坚持稳中求进工作总基调，坚持新发展理念，坚持以供给侧结构性改革为主线，坚持以改革开放为动力，全面做好“六稳”工作，坚定不移“大抓工业、抓大工业，着力建设工业新城”，突出重点区域发展、重点项目建设、重点工作落实，加快高质量发展落实赶超，奋力推进龙海再创业、振雄风。主要预期目标是：地区生产总值增长8%左右，固定资产投资增长8%左右，一般公共预算总收入增长2.3%左右，地方一般公共预算收入增长2.3%左右，规模工业总产值增长9%左右，规模工业增加值增长8.7%左右，社会消费品零售总额增长11.2%左右，出口总值与去年持平，实际利用外资增长166.7%左右，城镇和农村居民人均可支配收入均增长8%左右，城镇登记失业率控制在2.2%以内，落实节能减排降碳任务。

（摘编：周忠志）

漳浦县社会发展概况

2019年，是漳浦发展史上极不平凡的一年。在省委省政府、市委市政府和县委坚强领导下，漳浦县高举习近平新时代中国特色社会主义思想伟大旗帜，全面贯彻党的十九大和十九届二中、三中、四中全会精神，深入开展“不忘初心、牢记使命”主题教育，坚持高质量发展落实赶超，坚决打好三大攻坚战，扎实推进“大抓工业、抓大工业”，攻坚克难、奋勇拼搏，经济社会保持平稳健康发展。全年实现地区生产总值394.3亿元、增长8%；固定资产投资250亿元；规模工业总产值381亿元、增长9.2%；规模工业增加值108亿元、增长9.2%；一般公共预算总收入27.3亿元、增长4.6%；地方一般公共预算收入17.3亿元；社会消费品零售总额145亿元、增长11%；实际利用外资2.8亿元；出口总值41亿元；城镇居民人均可支配收入39231元、增长8.8%；农村居民人均可支配收入21748元、增长9.2%。

成功举办第十届全国石斑鱼产业发展论坛、蝴蝶兰产业高峰论坛、佛昙河豚文化节、六鳌地瓜节、乌石荔枝节，漳浦农业品牌持续打响；成功举办2019海峡两岸各民族欢度“三月三”节，赤岭乡荣获“全国民族团结进步模范集体”；漳浦一中荣获“全国教育系统先进集体”，广播连续剧《闽宁镇》获得第十五届全国精神文明建设“五个一工程”奖，黄道周讲学处入选第八批全国重点文物保护单位，漳浦籍运动员卢云秀荣获世锦赛女子帆板冠军，漳浦文教体影响力逐步扩大。

一年来，社会发展的主要工作和成效是：

坚决扛起生态建设政治责任。第二轮中央生态环保督察给我们上了一堂深刻的警示教育课，暴露出我县在贯彻落实习近平生态文明思想方面存在巨大差距，在经济社会发展中长期存在“重规划、轻实施，重发展、轻保护”的严重问题。全县广大干部群众受到严重警醒、深刻反思，对环保督察组指出的问题全面认领、照单全收，以实际行动坚决扛起生态环境保护和生态文明建设的政治责任。

迅速打响矿山整治歼灭战。全县各级各部门敢于自亮家丑、直面问题，全面开展复垦复绿大行动。四个月来，顶高温、战酷暑，以宁可脱皮掉肉也绝不掉队的决心和勇气，组建13个工作专班、4个督查组统筹推进全县生态环境治理工作，连续下达7批核查整治任务清单，严肃整治持证矿山16家、非法矿山98个、矿产卫片图斑31个、废弃矿山23个、非法洗砂场101个、石板材加工厂299家，抓捕非法采矿案件犯罪嫌疑人73人，党纪政务立案9人，留置干部3名；查获涉案车辆765部，拆除涉矿违建9050平方米，种植绿化苗木129万株，完成复垦复绿11081亩，全县矿山无序开采现象迅速得到遏制，解决了几十年来久拖未决的矿山治理“老大难”问题。整治工作取得阶段性成效，得到上级肯定，全市全面提升矿产资源管理水平现场会在我县召开。

全面完善生态保护机制。以矿山整治专项行动为主抓手，举一反三，全面推动林业、海洋、水环境专项整治。从严从紧设立矿权，实施天上看、地上查、网上管，建立最严格的矿山监管机制。建设污染源大数据库，加大源头治理。

城市更显宜居。投入23.7亿元，实施城建项目113个，威惠庙、旧县衙、和康大道三条城市中轴线脉络逐步彰显，蓝理路、府前唐街、武庙广场、印池公园、龙湖湿地生态园等一批市政项目相继建成，县城主干道全部实现“白改黑、上改下”。新改建公厕64座，新增停车场3处、停车位219个。投入7000万元，完成县污水处理厂扩容提标改造。投入1亿元，实施“雪亮工程”“数字城管”，治安防控更加立体化，城市管理更加精细化，刑事案件及治安案件大幅下降，平安三率稳居全市第一。

乡村更加美丽。投入3600万元，打造湖西苏溪、石榴温斗、大南坂刺塘后等15个市级以上美丽乡村。官浔红霞、深土山尾、六鳌鳌西入选第五批中国传统村落。投入6000万元，实施“百路千村·两违”专项行动，强化铁路、高速、沿海大通道“三线”环境综合整治，整治裸房92栋、平改坡235栋，拆除违建9320平方米。新建盘陀、赤土、深土3座乡镇生活垃圾转运站，绥安大埔在全市首推农村生活垃圾干湿分类。投入1.5亿元，加快推进湖西、前亭、佛昙等乡镇至沿海大通道连接线，万安高速互通口获批，群众出行更加安全便捷。投入1.6亿元，建设南浦、赤湖、长桥、湖西、官浔、赤岭、马坪等7个乡镇56公里安全生态水系，实施绥安、旧镇、大南坂等14个乡镇农村饮水安全项目。

民生更快补齐。全年财政用于民生支出39.3亿元、增长4.4%。荣获省级科普示范县，率先推行台籍科技特派员制度，科技特派员实现行政村全覆盖。漳浦一中通过省一级达标校考评，新续建第二实验幼儿园新园、前亭第二中心幼儿园等9所公办幼儿园。文体中心加快推进，建成府前唐街净凉阁文化广场和87个基层综合性文化服务中心，县图书馆重装开放，闽台畲族文化馆修缮完成。迁建、续建县医院产科及手术室、县疾控中心实验大楼和县第二医院及官浔、六鳌、湖西、赤岭等一批乡镇卫生院主体工程，通过全国基层中医药工作先进单位复审验收。累计发放低保及特困人员保障金7075万元。改造提升养老服务中心7个、居家养老服务站11个，建设农村幸福院42个，建成赤土五星级养老服务照料中心，社会福利中心和乡镇敬老院实现“公建民营”。组建乡镇退役军人服务站17个，投入1000万元为符合政府安置条件退役士兵进行社保接续。新增城镇就业5549人，帮扶安置公益性岗位350个。此外，顺利完成新一轮机构改革；古雷、杜浔、沙西、霞美四镇成建制委托古雷开发区管理，实行“区地合一”。统计审计、安全生产、食品药品、物价粮食、民宗外侨、双拥支前、网络媒体、工青妇残、老干老龄、老区老促等各项工作均取得新进展。

2020年是全面建成小康社会和“十三五”规划收官之年，也是福建实现赶超目标之年，极具特殊意义。漳浦县以习近平新时代中国特色社会主义思想为指导，全面贯彻党的十九大和十九届二中、三中、四中全会精神，落实省委省政府、市委市政府和县委重大决策部署，坚持高质量发展落实赶超，全力推进“大抓工业、抓大工业”，擦亮千年古县，打造食品名城，唱响浪漫之都，奋力谱写新时代富美金漳浦发展新篇章。预期目标是：地区生产总值增长8%，固定资产投资增长8%，规模工业总产值增长8%，规模工业增加值增长7%，一般公共预算总收入增长3%，地方一般公共预算收入增长2%，社会消费品零售总额增长11.5%，实际利用外资增长5%，出口总值增长5%，城镇和农村居民人均可支配收入分别增长9.5%、9%。

（摘编：杨立群）

云霄县社会发展概况

2019 年，云霄县以习近平新时代中国特色社会主义思想为指导，深入学习贯彻党的十九大精神，全面落实习近平总书记对福建工作的重要指示要求，树牢“四个意识”，坚定“四个自信”，坚决做到“两个维护”，在县委的坚强领导下，深入贯彻新发展理念，落实“六稳”工作部署和高质量发展要求，聚精会神抓产业促升级，千方百计办实事惠民生，全县经济社会发展呈现结构更优、效益更好的高质量发展态势，基本完成年初确定的各项目标任务。全年实现地区生产总值 211 亿元，增长 8.2%；农林牧渔业总产值 57.2 亿元，增长 4%；规模以上工业总产值 265 亿元，增长 10.2%；规模以上工业增加值 75.5 亿元，增长 10%；出口总值 6.5 亿元；实际利用外资 3580 万元；固定资产投资 215 亿元，增长 17.67%；公共财政总收入 9.91 亿元；地方公共财政收入 6.31 亿元；社会消费品零售总额 81.73 亿元，增长 12%；城镇居民人均可支配收入 35205 元，增长 8.5%；农村居民人均可支配收入 18442 元，增长 9.7%。三次产业由 2018 年的 18.3∶41.5∶40.2 调整优化为 16.6∶42.2∶41.2 。

社会发展的主要工作和成效是：

重统筹强融合，城乡发展更趋协调。城市品质持续提升，南湖生态园建设全面收官，二期 700 亩园区开园迎宾；滨北新区完成征地 1300 亩，新县医院顺利动工；实施下港片区改造建设，稳步推进威惠庙、旧实小和演武亭安置房项目，新开工房地产面积 20 万平方米，老城新区焕发新活力。交通领域捷报频传，新汽车客运站完成主体工程建设，和田路、沿海大通道（云霄段）全线贯通，国道 324 线（城关段）改造提升工程全线开工，云平高速、国道 324 线隐患整治工程有望春节前实现通车，国道 357 线（陈岱－常山段）路面改造开工在即，山海城一体化交通路网渐趋完善。宜居水平显著提升，实施金霞路北段“白改黑”、将军山景区提升改造工程，“百路千村”两违综合治理行动累计拆违 18.7 万平方米，新增绿化面积 31 万平方米、公共停车位 201 个、LED 路灯 1255 盏，“数字城管”投入使用，“门前三包”有效落实。乡村振兴如火如荼，累计投入支农资金 3.88 亿元，实施特色现代农业“六十工程”，农业大观园累计完成投资 13.5 亿元，新增农民专业合作社 10 家、家庭农场 344 个，新建高标准农田 2.25 万亩、设施农业 4000 亩，新建成 10 个美丽乡村；全力打造“云霄黄观音”公共品牌，地理标志（产品）增至 35 枚，成为全国地标第一县。

织密网兜底线，脱贫攻坚更富成效。落实“六个精准”要求，深入推进“三个五”扶贫工程，投入扶贫专项资金 6870 万元，2019 年 6 月顺利实现全域脱贫。扎实开展“两不愁三保障”回头看，完成所有贫困户住房安全认定。持续推进“养鸡生蛋”工程、“村财增收三年规划”和村级集体经济发展试点工作。开展缓解相对贫困人口试点工作，7 户 25 人“夹心层”群众及时纳入保障对象。扎实推进健康扶贫，累计发放两道医疗叠加保险补助 155 万元，发放城乡低保和五保金 4020 万元、医疗救助金 1073 万元，366 名家庭医生全覆盖签约服务贫困户。精准落实市政府电商扶贫“六条措施”，“一户一店一码”入选“改革开放四十周年福建影响力”案例。创新推行“一村一金融”模式，全年新增扶贫小额信贷 440 万元，发放贴息 46.4 万元。强化扶贫领域监督执纪，全年查处违规案件4起17人，坚决遏制扶贫领域腐败现象。

严整治攻难关，人居环境更为优化。深入践行习近平生态文明思想，实施生态领域项目7个，完成年度投资5.47亿元。突出抓好源头治污，启动山美溪生态修复和清淤疏浚工程，加快实施农村生活污水处理PPP项目，建成下坂、新坡村生活污水一体化处理站，完成黑臭水体管网改造12.4公里、清淤6.2公里；全面落实"双河长制"，清理辖区牛蛙养殖面积156亩，完成生猪规模养殖场标准化升级改造277场；持续抓好峰头水库、车圩溪水源地突出环境问题整治，全县饮用水源水质100%达标；深化推进"一革命四行动"，新建村镇公厕59座，垃圾转运站3座，开展垃圾"干湿"分类试点推广，全县所有农村生活垃圾处理实现市场化运作；扎实开展"两高"沿线环境综合治理，整治裸房181栋，立面提升15栋，平改坡46栋；落实"青山挂白"专项治理，完成造林绿化1.48万亩、封山育林2.3万亩、水土流失综合治理1.3万亩，全县森林覆盖率67.8%；加强湿地生态保护，完成红树林保护区42公顷年度退养任务，顺利通过中央第二轮生态环境保护督察；开展建筑施工及道路扬尘专项整治，县城区空气质量优良天数比例攀升至99.7%。

办实事惠民生，人民生活更有温度。全面完成30项为民办实事项目，全县财政民生支出占比82.8%。办好人民满意教育，投入教育领域资金6.98亿元，新增学位1830个，新招聘教师94名，莆美幼儿园、后汤小学等一批校安工程建成投用，云霄一中获评省级示范性高中，义务教育质量保持在全市先进行列。实施健康云霄战略，投入医疗领域资金1.8亿元，县总医院良性运作，县疾控中心完成主体建设，云陵社区卫生服务中心顺利搬迁，庆泰老人病医院建成投用，新增病床位90张、卫技人员58名，再成立4个名医工作室，医疗服务水平稳步提升。完善养老服务体系，新建1所五星级居家养老服务照料中心、26所农村幸福院，云霄县社会保障服务中心投用在即，居家养老专业化服务实现村居全覆盖。大力发展文化事业，完成73个基层综合性文化服务中心建设，火田镇溪口村入选中国传统村落名录，成功举办2019年中国汽车拉力赛云霄段赛事。深化"平安云霄"建设，深入开展扫黑除恶专项斗争，推行城乡社区网格治理"2+N"模式，招聘"一村一警务助理（打假专员）"195名，"社区（乡村）110"正式上线；全面开展安全生产集中整治，扎实推进"餐桌污染"治理，有效防范和遏制重大事故发生，社会保持安定稳定。聚焦群众饮水安全，实施风吹岭水厂提升改造，七星山自来水厂源水管道工程竣工通水，新建或改造农村供水管网153公里，确保群众喝上"放心水"。扎实开展殡仪制度改革，全面免除城乡居民基本殡葬服务收费，殡仪陋习得到有效遏制。持续推进第三轮"三年卷烟打假综合治理行动"，全年保持制假烟机"零查获"。有效防范化解金融风险，不良贷款率控制在省市下达指标范围内。

2020年是"十三五"规划收官之年，是全面建成小康社会的决胜之年，也是福建实现赶超目标之年。云霄县工作的总体要求是：以习近平新时代中国特色社会主义思想为指导，全面贯彻党的十九大和十九届二中、三中、四中全会精神，坚持稳中求进工作总基调，坚持高质量发展落实赶超战略，紧紧围绕建设"光电之都、能源新城、生态名县、文化古郡"奋斗目标，坚定不移"大抓工业、抓大工业"，统筹推进城乡建设、改革创新、社会治理、民生保障等工作，进一步稳就业、稳金融、稳外贸、稳外资、稳投资、稳预期，加快建设宜居宜业宜游新云霄。主要预期目标是：地区生产总值增长9%，农林牧渔业总产值增长6%，规模以上工业总产值增长9%，固定资产投资增长10%，实际利用外资增长3%，外贸出口增长6%，社会消费品零售总额增长11%，公共财政总收入增长4%，地方公共财政收入增长2%，城镇居民和农村居民人均可支配收入分别增长8%和9%。

（摘编：苏建平）

诏安县社会发展概况

2019年是中华人民共和国成立70周年，是决胜全面建成小康社会、坚持高质量发展落实赶超的关键之年。过去一年，在习近平新时代中国特色社会主义思想的科学指引下，在市委、市政府和县委的正确领导下，诏安县全面贯彻党的十九大和十九届二中、三中、四中全会精神，深入学习贯彻落实习近平总书记在参加十三届全国人大二次会议福建代表团审议时的重要讲话精神，坚持高质量发展落实赶超，旗帜鲜明“大抓工业、抓大工业”，持续深化“三抓三比、十项竞赛”，全县经济社会发展取得新成效。荣获首张国际名片，成为全国第九个、福建首个联合国老龄所认证的“世界长寿乡”；正式退出省级扶贫开发重点县名单，成功实现脱贫摘帽。2019年全县完成地区生产总值301.15亿元，增长5%；第三产业增加值118亿元，增长5%；农林牧渔业总产值90.3亿元，增长5.5%；规模工业总产值380亿元，增长9.6%，其中规模工业增加值110.2亿元，增长9.3%；固定资产投资（不含农户）65亿元；公共财政总收入9.7亿元，其中地方公共财政收入5.9亿元；实际利用外资（验资）2.2亿元，增长4%；出口总值34.1亿元，增长4%；社会消费品零售总额136.9亿元，增长11.5%；城镇居民人均可支配收入34500元，增长8.7%；农村居民人均可支配收入17863元，增长10%。

社会发展的主要工作和成效是：

着力打造宜居城市，生态品质持续提升。持续深化省级文明县城创建工作，城市功能品质不断改善。改造提升城市路网，全面完成江滨公园、梅峰公园及中兴大道、江滨路等九条市政主干道景观提升工程，推进丹诏大道、旧国道诏安大桥至诏安东高速入口段绿化景观提升改造，完成梅园北路、中山西路等五条道路“白改黑”。市政配套设施不断完善，实施31个市政公共配套项目，县城区新建改造完成29座公厕。启动“城市双修”工作，实施纵一路、横一路等道路及配套管网工程，完成县城区污水处理厂扩建工程，南湖、北门塘、南门塘黑臭水体得到有效整治。在全市首推“双街长”制，城区各主干道“门前三包”治理水平得到提升。生态环境质量持续改善，全力抓好中央生态环境保护督察反馈问题及信访件整改，全面开展污染源排查整治工作，出台《诏安县污染源整治实施方案》及九大方面源头治理方案，强化“一源一策”治理，完成污染源整治629个，环境空气质量保持在全市前列。全面开展全流域水质提升综合整治行动，东溪水质稳定在三类标准，赤水溪、公子店溪、梅洲溪等流域水质逐步改善，水流域环境得到提升。

有效落实为民举措，民生福祉不断增进。行政服务中心业务用房等10个为民办实事项目完成投资4.43亿元。教育基础设施持续完善，20个中小学、幼儿园补短板项目全部开工建设，南诏镇中心小学完成搬迁，诏安职校新址、阳光特校新校区（一期）基本完工。教育质量稳步提升，75名高考生被“985”“211”等重点院校录取，获评“漳州市高中教育教学质量达标县”。“翰墨薪传”政策持续开花结果，137名学生被本科艺术院校录取，其中7名学生被清华美院、中国美院等知名美术院校录取，人数创历史新高。医疗资源持续扩容，白洋乡卫生院门诊综合楼基本完工，四都镇、红星乡、太平镇、秀篆镇卫生院门诊综合楼建成投用，新增医疗床位330张，新增卫技人员199

名。全面深化医药卫生体制改革，完成县总医院整合和总体搬迁工作，被列入县域紧密型医共体全国试点县。养老补短板稳步推进，县福利中心投入运营，建成40家农村幸福院。推动社保卡办理提速，在全市率先采取统一批量办卡模式，有效解决“办卡难”问题。成功举办“春至诏安—全国油画名家诏安写生展览活动”，支持高继文等诏籍书画名家外出办展，持续扩大书画品牌影响力。首部数字电影《青梅之恋》成功上映。金星乡歪嘴寨闽粤边区乌山游击队指挥部旧址入选第八批全国重点文物保护单位，实现零的突破。成功举办环东山湾·中国汽车拉力锦标赛诏安赛区赛事。推进基层武装机构规范化建设试点工作，全面完成基干民兵分队整组任务。严格落实安全生产责任制，安全生产形势平稳向好。纵深推进扫黑除恶专项斗争，打掉黑社会性质组织、恶势力犯罪集团、恶势力团伙共9个，破获案件115起，社会大局安定稳定。

坚持忠诚担当清廉，自身建设得到加强。扎实开展“不忘初心、牢记使命”主题教育，严格落实全面从严治党主体责任，加强党风廉政建设和反腐败工作，强化意识形态工作责任制。高标准做好省委巡视“后半篇文章”，深入推进案后整改，全面开展警示教育，工作质量水平持续提升。健全县政府党组理论学习中心组学习制度，制定县政府工作规则，政府运行更加规范高效。持续深化“放管服”改革，成立企业服务中心，优化投资项目审批流程和服务质量。提升“互联网+政务服务”水平，建成“一端全办”服务平台，推动全县所有审批服务事项网上办理，更快更好方便企业和群众办事创业。加强效能问责力度，坚决整治“庸懒散拖”行为，效能问责处理8名党员干部。自觉接受人大、政协和社会监督，办理人大代表建议49件，政协委员提案65件，满意率100%。全面推进依法行政，行政监督、审计监督得到加强。

此外，人事编制、妇女儿童、青少年、广播电视、外事侨台、海防口岸、国防教育、防震减灾、统计审计、工商物价、老龄老干、退役军人事务、双拥共建、人民武装、老区建设、民族宗教、档案保密、地方志、残疾人、气象、红十字会、工会、慈善事业等各项工作都取得明显成效。

2020年是具有特殊意义的一年，是“十三五”规划收官之年，也是实现赶超目标、全面建成小康社会决胜之年。做好今年工作，诏安县要坚持以习近平新时代中国特色社会主义思想为指导，全面贯彻党的十九大和十九届二中、三中、四中全会精神，深入贯彻落实习近平总书记参加十三届全国人大二次会议福建代表团审议时的重要讲话精神，紧扣全面建成小康社会目标任务，坚持稳中求进工作总基调，坚持新发展理念，坚持以供给侧结构性改革为主线，坚持高质量发展落实赶超，全面做好“六稳”工作，统筹推进稳增长、促改革、调结构、惠民生、防风险、保稳定，推动诏安经济社会高质量发展。经济社会发展主要预期目标为：全县地区生产总值增长9%；农林牧渔业总产值增长5.5%；第三产业增加值增长11%；公共财政总收入增长5%；地方公共财政收入增长3%；固定资产投资（不含农户）增长18%；规模工业总产值增长9.7%；规模工业增加值增长9.4%；社会消费品零售总额增长11.5%；实际利用外资增长6%；出口总值增长5%；城镇居民人均可支配收入增长10%；农村居民人均可支配收入增长10%。全年为民办实事初步安排12个项目，总投资3.57亿元，年度计划投资1.86亿元，主要涉及城建、教育、卫生、文化、水利、养老等领域。

（摘编：郭虹）

东山县社会发展概况

2019年，在市委、市政府和县委的领导下，在县人大及其常委会和县政协的监督支持下，东山县认真学习贯彻习近平新时代中国特色社会主义思想和党的十九大精神，坚持高质量发展落实赶超，深化“三抓三比、十项竞赛”活动，推进“大抓工业、抓大工业”，加快建设“生态旅游岛·富美新东山”。全县完成生产总值247.9亿元，增长7.5%；农业总产值81.3亿元，增长4.2%；规模工业总产值373.8亿元，增长9.6%；规模工业增加值106.1亿元，增长9.3%；固定资产投资106.5亿元，增长0.4%；外贸出口总值60.9亿元，下降27.8%；实际利用外资1.7亿元，下降22%；社会消费品零售总额56.4亿元，增长13%；一般公共预算总收入15.6亿元、下降9.3%，地方一般公共预算收入10.4亿元、下降5.7%，剔除减税降费因素，分别增长0.3%和1.7%；城镇居民人均可支配收入39035元，增长8.5%；农村居民人均可支配收入22593元，增长8.7%。

社会发展的主要工作和成效是：

着力创特色、强保障，乡村振兴扎实推进。建立健全“五大机制”，强化城乡一体统筹，乡村振兴省级重点县、市级示范县建设步伐加快。累计投资超6亿元，实施湖尾战地文化园、西崎景村一体化等90个乡村振兴项目。扶持壮大村集体经济，推行“村企合作、项目带动”模式，26个试点村省级补助1300余万元。农村土地确权登记颁证、经营性资产股份合作制改革全面完成。整合精简各类村级干部460人，村（社区）“两委”薪酬待遇每人每月提高800元以上。陈城镇入选全省乡村振兴特色镇，前何村等6个村入选全省乡村振兴示范村，石埔村获评全国乡村治理示范村。稳定提质“两不愁、三保障”成果，766户1745人建档立卡贫困户稳固脱贫，8个贫困村村财收入稳定在10万元以上。

着力夯基础、重管治，城乡环境持续改观。实施城乡基础设施补短板项目63个，新建改造市政道路7.5公里、供水管网17.7公里、燃气管网8公里，新增公共停车位240个，完成7条主干道路灯节能改造。开展“中心城区城市管理提升年”活动，处置“两违”325宗57万平方米。实施农村人居环境整治“一革命四行动”，新建改造公厕8座，改造提升三格化粪池3663个，整治农房（裸房）835栋；实施5个村庄建筑风貌提升、高速公路连接线沿线房屋“平改坡”工作；全市率先实现美丽乡村建设全覆盖。推进水土保持工作，完成造林绿化和森林经营6040亩，获评省级森林城市（县城）。深入开展污染防治攻坚战，排查污染源305个，完成整治99个；行政处罚10家、查封扣押15家。建成东赤港生态园（北区）、樟塘生态水系等项目，全年近岸海域水质、环境空气质量优良率分别为91.2%和99.4%。

着力补短板、惠民生，社会事业不断进步。全县财政民生支出占比76%，47个为民办实事项目完成投资15亿元。一中新校区教学楼、宿舍楼等主体完工，漳州市综合实践基地全面建成投用，公办幼儿园新增学位960个，普惠性学前教育覆盖率超96%，上榜省级基础教育改革发展实验区名单，东山学子勇夺全市高考文科第一名。持续深化医药卫生体制改革，基本完成县医院“五大中心”建设，省级慢性病综合防控示范区创建通过初评，国家卫生县城复审通过察访。深入开展“十大文明行动”，道德模范、身边好人培树等公民道德建设工作成效明显；谷文昌纪念馆获评全国爱国主义教育示范基地。城镇新增就业3300人，城镇登记失业率控制在3.6%以内。提高城乡居民基础养老金、退役军人抚恤补助等标准，发放无力参保老年生活保障金1200万元。新设立美銮等3个社区，城区社会治理体系进一步健全。建成5个五星级养老服务照料中心、养老服务站、幸福院，全市率先实行县社会福利中心及乡镇敬老院“公建民营”。纵深推进扫黑除恶专项斗争，共立九类涉恶案件29起，打掉2个恶势力犯罪集团；做好矛盾纠纷排查化解工作，化解信访件393件，化解率87%；“平安县”创建工作通过省级验收。加强应急体系建设，开展渔业船舶、涉氨制冷、危险化学品等重点行业安全生产隐患排查治理专项行动和综合整治，全县安全生产形势总体平稳。与此同时，完成第四次全国经济普查工作，退役军人服务管理工作经验在全国推广，全省第三代智能化残疾人证首发仪式、全省统计开放日活动在该县举行。工会、妇女儿童、青少年、老干部、民族宗教、外事侨务、双拥共建、国防动员、档案、地方志、社会科学、防汛防台、防震减灾、红十字会、粮食安全等工作也取得新的成效。

着力转作风、提效能，自身建设全面加强。深入开展“不忘初心、牢记使命”主题教育，提振干部干事创业精气神。强化绩效考核导向，效能通报22个单位、问责32人，责令12个单位整改。坚持全面从严治党，严格落实党风廉政建设责任制。自觉接受人大法律监督和工作监督、政协民主监督，办理人大代表建议57件、政协委员提案78件，办结率100%。加强重点领域、关键环节审计监督，完成审计项目34个，增收节支2520万元。建设工程项目招投标79宗、政府采购14宗，资金节约率分别为8.5%和7.2%。顺利完成政府机构改革，基本完成行政综合执法改革和生产经营类事业单位改革。

2020年是全面建成小康社会和“十三五”规划收官之年，既是决胜期、也是攻坚期。根据县委统一部署，东山县要以习近平新时代中国特色社会主义思想为指导，深入学习贯彻党的十九大和十九届二中、三中、四中全会精神，深入学习贯彻习近平总书记对福建工作的重要讲话重要指示批示精神，统筹推进“五位一体”总体布局，协调推进“四个全面”战略布局，落实“六稳”工作要求，围绕坚持高质量发展这一主线，以全域旅游为龙头，以产业支撑为保障，以开放合作为动力，以生态建设为本底，以城乡宜居为特色，以共享发展为愿景，深入实施乡村振兴战略，打赢打好三大攻坚战，主动融入闽西南协同发展区建设，全力推进“大抓工业、抓大工业”，加快建设宜居宜业、宜商宜游的“生态旅游岛·富美新东山”，确保全面建成小康社会和“十三五”规划圆满收官。全县经济社会发展主要预期目标是：生产总值增长7.7%—8.2%；农业总产值增长4.2%左右；规模工业增加值增长9.8%左右；固定资产投资增长8%左右；外贸进出口增长5%左右；实际利用外资增长5%左右；社会消费品零售总额增长10%左右；一般公共预算总收入增长4%左右；地方一般公共预算收入增长3%左右；城镇居民人均可支配收入增长9.4%左右；农村居民人均可支配收入增长9.7%左右。

（摘编：彭金龙）

平和县社会发展概况

2019年，平和县以习近平新时代中国特色社会主义思想为指导，认真贯彻落实党的十九大和十九届二中、三中、四中全会精神，学习贯彻落实习近平总书记重要讲话重要指示批示、西坑调研提出的“五点指示”；强化政治担当，从严从实做好省委巡视整改“后半篇文章”；牢牢把握“守初心、担使命、找差距、抓落实”的要求，扎实开展“不忘初心、牢记使命”主题教育；按照省委提出的加快高质量发展落实赶超目标任务，落实市委“大抓工业、抓大工业”的要求，全力推进“三抓三比、十项竞赛和十七评比”，经济社会保持平稳健康发展。全县地区生产总值完成246亿元，增长7%；公共财政总收入9.37亿元，增长0.15%；地方公共财政收入6.28亿元，增长2.1%；城镇居民人均可支配收入34487元，增长8.5%；农村居民人均可支配收入19360元，增长9.7%。正式退出省级扶贫开发工作重点县，被评为“国家农产品质量安全县”、“中国特色农产品优势区”。

一年来社会发展的主要工作和成效是：

城区功能不断完善。打造75个宜居环境项目，完成投资44亿元。提升改造自来水厂制水工艺和自动化控制系统，改造供水管网13公里，改造5个老旧小区供水设施，保障饮用水安全。加快北环路一期、阳明大桥、飞灰填埋场等项目建设，高南垃圾转运站、中秋埔排涝站等建成投用，新改扩建市政道路13公里、雨水管网10公里、污水管网10公里、燃气管网8公里，新增城市公共停车泊位316个，新改建城市公厕7座。祥丰佳苑、瀚海五凤郡等房地产项目开工建设，完成投资12.9亿元，增长3.93%；销售面积11.5万平方米。建筑业产值完成8亿元。

镇容村貌不断改善。投入9.98亿元，实施乡村振兴战略“345”示范项目81个。全面启动农村人居环境整治三年行动，新建、改造农村公厕20个，完成裸房整治810栋，有效治理农村生活垃圾，国强乡新建村、五寨乡侯门村等美丽乡村建设成效初显。霞寨蜜柚特色小镇、林语堂故居核心区建设持续推进，坂仔自来水工程、国强职工文化广场等建成投用。完成土地整理1.32万亩、旧村复垦323亩、高标准农田3.47万亩。

生态环境不断优化。持续推进中央环保督察、省“三合一”督察、《八闽快讯》等反馈问题整改，加强污染源头排查治理。县城污水处理厂二期扩建、山格污水处理厂二期管网及10个村庄污水处理站建成投用，九峰镇、大溪镇污水处理及管网工程扎实推进。完善“智慧河长”平台管理，实施化肥、农药零增长行动，落实废弃农膜、化肥、农药包装物的回收处理，加大农资打假力度，加强规模养猪场污染治理，基本完成县城建成区的黑臭水体整治，饮用水源水质均为Ⅲ类水以上。有效整治工业炉窑，公交车全部实现纯电动化，完善污染天气应对机制，空气质量优良天数比例达99.6%。开展蜜柚种植区土壤修复示范项目，强化土壤污染管控和修复。植树造林完成1.84万亩。

脱贫质量巩固提升。着力打好“五大战役”，实施“十大专项行动”，开展缓解相对贫困人口试点、产业扶贫保险等特色工作有序推进。实施产业扶贫项目17个、投入5735万元，为1812名幼儿、学生发放就学补助金134.3万元，为9500名贫困户办理社保代缴190万元，为482户贫困户办理小额贷款1759.8万元、支付贴息资金128.4万元，实现扶贫保障对象就医41145人次、补偿资金4117.2万元，为建档立卡贫困户提升居住条件补助675.4万元，有效巩固脱贫成果。积极对接省级对口帮扶的闽侯县，市级对口帮扶的龙文区、南靖县、龙海市，开展项目帮扶。

社会事业全面进步。23项为民办实事项目全部完成。持续推进长宏国际幼儿园、平和一中科技艺术楼等项目建设，金华小学分校实现独立办学，平和一中通过省一级达标高中复评，平和职校通过省级规范化学校验收；高考600分以上36人，8人进入全省理科前1000名，两名学生被北大录取，6所高中全部超额完成市下达的本一、本科任务。持续加快县医院迁建工程、九峰中心卫生院综合楼等项目建设，新增医疗床位103张、儿科床位10张。严厉打击医保基金"欺诈骗保"，落实跟进药品集中采购和使用试点。完成城隍庙、南胜窑址等文物保护修缮；完成县文博中心陈列布展，建成6个乡镇综合文化站、90个村级综合性文化服务中心和3个多功能运动场、2个笼式足球场。《乡村大舞台》走进平和、《中国影像志·平和篇》分别在CCTV农业农村、科教频道播出；语堂书院、阳明书坊分别入选省、市全民阅读示范基地。全民参保工作扎实推进，城乡居民社会养老保险参保率99.3%；就业目标责任制有效落实，新增城镇就业1780人。新建、改造一批养老设施，居家养老专业化服务覆盖230个村（居）。乡风文明持续推进，移风易俗工作被树为全市先进典型。首创"科技特派员+快农贷"，科技特派员实现全覆盖。

平安建设持续深化。扫黑除恶专项斗争纵深推进，严厉打击各类违法犯罪，创新推行"乡村（社区）110"网格治理新模式，群众安全感率位居全市前列。新增350个高清视频监控探头，收编改造社会面监控探头150个，升级改造7座交通治安卡口。五寨乡高峰村入选全国乡村治理示范村。推进食品安全溯源工作，学校食堂"明厨亮灶"实现全覆盖。信访态势平稳可控。严格落实安全生产责任，强化风险管控，加大隐患排查整治力度，安全生产形势安定稳定。

重点改革落地见效。深化"放管服"改革，推广"漳州通APP"网上办事平台，在全市率先推出新设企业"点餐式"免费代办服务，全面推进工程建设项目审批、"一窗受理、集成服务"等改革，设立银行业调解中心、法院金融纠纷诉调对接中心，优化财产登记、水电气网络报装服务，营商环境有效改善。完成政府机构改革，大力推进事业单位改革，统筹推进综合执法改革。农村集体产权制度改革扎实推进，完成农村土地经营承包权确权登记颁证。成功举办第三届"平和创客"创新创业大赛。

2020年是全面建成小康社会和"十三五"规划收官之年，既是决战期，也是攻坚期。平和县工作总体要求是：以习近平新时代中国特色社会主义思想为指导，全面贯彻党的十九大和十九届二中、三中、四中全会精神，深入贯彻落实习近平总书记参加十三届全国人大二次会议福建代表团审议时的重要讲话精神，按照中央、省委省政府、市委市政府和县委的决策部署，增强"四个意识"、坚定"四个自信"、坚决做到"两个维护"，紧扣全面建成小康社会目标任务，坚持稳中求进工作总基调，坚持新发展理念，坚持以供给侧结构性改革为主线，坚持以改革开放为动力，推进高质量发展落实赶超，坚决打赢三大攻坚战，全面做好"六稳"工作，全力推进"大抓工业、抓大工业"，深入实施乡村振兴战略，持续深化"十七评比"，确保全面建成小康社会和"十三五"规划圆满收官，得到人民认可，经得起历史检验。2020年全县经济社会发展主要预期目标是：地区生产总值增长7.5%—8%区间；规模工业总产值增长9%以上；农业总产值增长4.3%以上；固定资产投资增长8%；财政总收入增长1.3%，地方级财政收入增长0.3%；出口总值增长5%；实际利用外资增长3%；社会消费品零售总额增长10%以上；城镇居民、农村居民人均可支配收入分别增长9%、9.7%；落实节能减排降碳任务。

（摘编：游学荣）

南靖县社会发展概况

2019年是中华人民共和国成立70周年，是决胜全面建成小康社会第一个百年奋斗目标的关键之年，也是推进高质量发展落实赶超的攻坚之年。一年来，南靖县坚持以习近平新时代中国特色社会主义思想为指导，深入学习贯彻党的十九大和十九届二中、三中、四中全会精神，在上级党委、政府和县委的正确领导下，在县人大及其常委会、县政协的监督支持下，紧紧围绕高质量发展落实赶超，全力落实“六稳”工作部署，扎实推进“大抓工业　抓大工业”，持续深化“三抓三比十项竞赛”、“三年三攻坚　三抓三重点”，奋力完成年初确定的目标任务。全年完成地区生产总值349.1亿元，增长7.3%；固定资产投资219.8亿元，增长5%；一般公共预算总收入14.4亿元，增长9.3%；地方一般公共预算收入8.7亿元，增长4.3%；税性比重分别达84.2%、74.1%；外贸出口14.5亿元，增长5%；实际利用外资2亿元；社会消费品零售总额58.5亿元，增长10%；城镇和农村居民人均可支配收入分别为35752元、18929元，增长9.6%和9.5%。人口自然增长率4.73‰。年度节能减排任务全面完成。蝉联“福建省经济发展十佳县”称号。

社会发展的主要工作和成效体现在：

县城魅力加快提升。投入4.6亿元，实施市政基础设施、园林绿化等34个项目建设。完成4条市政道路“白改黑”工程，县城路网进一步优化。实施县城供水管网、污水管网等设施建设20.2公里，建成公共停车场5个，新建改造城市公厕8座，县城配套进一步完善。完成中山廊桥景观改建和麒麟山夜景、月眉公园提升改造工程，城东郊野公园投入使用，县城形象进一步提升。严格落实“门前三包”制度，加强店外经营、临时广告牌等整顿清理，县城管理进一步增强。

农村环境更加宜居。扎实推进“一革命四行动”，深入开展农村人居环境整治和“两高”沿线环境整治，完成裸房整治1050栋，屋顶平改坡180栋，新增村庄绿化面积10万平方米，新建改造公厕52座、三格式化粪池及农村户厕3245户。保持“两违”严打高压态势，拆除“两违”面积64.4万平方米。农村污水处理设施PPP项目加快推进，农村生活垃圾实现第三方治理全覆盖，农村人居环境不断改善。书洋镇获评省传统村落景观带，官洋村被评为2019年中国美丽休闲乡村，梧宅村入选省级美丽乡村示范村，7个村被推荐为国家森林乡村，3个村入选省森林村庄。

生态质量持续向好。坚持“三铁治污　提升三质”，全面排查各类污染源，深入开展污染防治专项整治行动，主要流域水质和水质改善情况排名全市前列，县城空气质量达标天数比例达100%，生态环境质量持续改善。扎实推进中央和省生态环保督察、土地例行督查等反馈问题整改；提前一年完成所有水电站最小下泄流量生态改造；4条省挂牌重点小流域全部销号；河长制工作在太湖流域片河湖长制工作会上作典型发言。完成畜禽养殖禁养区重新划定调整，加快推进畜禽粪污资源化利用整县推进项目建设。虎伯寮国家级自然保护区获评全国先进集体；县环境执法大队再获“环境执法大练兵表现突出集体”称号，成为全国唯一的“三连冠”县级单位。

改革开放纵深拓展。按照市委决策部署，稳步推进“区地合一”改革。全面完成县级机构改革和挂牌工作，进一步精简优化机构编制。深入推进综合行政执法改革，统筹配置行政执法职能和执法资源。深化“放管服”改革，加快推进行政服务便民化，扎实做好相对集中行政许可权改革试点工作。积极推进“多证合一”和智能“秒批”，深入推广建筑施工“预许可”，服务质量不断提升。在全省率先开展自然资源统一确权登记工作，并在全省作典型发言。基本完成农村集体产权制度改革任务。深化生态公益林天然商品林管护机制改革，实施重点生态区位商品林赎买全市试点工作。落实落细靖台融合发展新举措，完成省级台湾青年就业创业基地建设，闽台精密机械产业园入选“探索海峡两岸融合发展新路、促进闽台机械产业融合发展”的重点工业园区。

全力巩固脱贫成果。扎实推进打赢脱贫攻坚战稳定提质三年行动，建立脱贫攻坚项目库，实施产业扶贫项目28个，总投资1140万元；全年共拨付扶贫资金2358万元；发放小额信贷资金1180.7万元，惠及贫困户347户，脱贫攻坚成果进一步巩固。

持续增强民生保障。新增城镇就业人员2824人，城镇登记失业率控制在1.92%以内。投资3743.6万元，实施移民项目39个。全面做好优抚安置、残疾人补助和困难救助等工作，县残疾人康复中心竣工投用；认真落实低保、被征地农民养老保险、医疗救助等各类社会保障，共发放补助金6571.1万元，低保覆盖率从1.29%提高到1.5%。加快完善养老服务体系，农村养老服务工作在全省作经验介绍，新建山城镇和贵社区养老服务照料中心、33所农村幸福院，金山、和溪、奎洋等8个镇实现政府购买居家养老服务村（居）全覆盖。

加快发展社会事业。全年财政用于民生支出达20.8亿元。教育方面。投入1.4亿元，推动兰水中学、老年大学等10个项目建成投用，普惠性幼儿园比例达100%；农村小学附属幼儿园精准帮扶、普惠性幼儿园建设工作分别在省、市作典型发言；创新办学机制，成立“1+6”教育集团，实现优质高中集团化办学；高中教育与初中教育再获漳州市教育教学质量先进县称号。卫生方面。投入8380万元，实施县医院病房大楼及和溪、龙山中心卫生院门诊综合楼等项目建设；全面落实乡村医生养老保障政策，公办村卫生所医保终端服务实现全覆盖。县医院获批国家级胸痛中心，县中医院入选“全国全面提升县级医院综合能力”名单。文体方面。建成基层综合性文化服务中心73个，非物质文化遗产传习所3个，全民健身场地设施项目4个；东溪窑遗址被评为第八批全国重点文物保护单位、全省首批省级考古遗址公园，封门坑窑址考古发掘入选“福建十大考古发现”；龙山镇入选“福建特色体育小镇”名单。科技方面。全年有效发明专利131件，每万人口发明专利拥有量3.7件；专利授权总量427件，增长17.1%。厦漳民盟科技创新与交流基地落户丰田。

深入开展平安建设。加快推进法治政府建设，加大社会矛盾纠纷排查和化解力度，纵深推进扫黑除恶专项斗争，强力打击电信诈骗等“二十大乱象”；创新城乡社区网格治理模式，组建成立“土楼110”，实现“乡村（社区）110”建设全覆盖。完成县社区矫正中心建设；扎实推进“七五”普法，获评全省“七五”普法中期先进县，靖城司法所荣获“全国先进司法所”称号。改革完善应急管理体系，深入开展重点行业领域安全专项整治，安全生产形势总体平稳。开展质量提升行动，加快建设质量强县。加强食品安全监管，全力保障群众“舌尖上的安全”。扎实推进第三次全国国土调查工作。基本完成第四次全国经济普查工作。积极开展工青妇、民族宗教、防汛防台、防灾减灾等工作。抓紧抓实国防动员和民兵预备役工作，深入开展支前双拥活动，军政、军民关系进一步密切。县工商联入选全国“五好”县级工商联。

（摘编：林学军）

长泰县社会发展概况

2019年是中华人民共和国成立70周年，面对错综复杂的发展形势，面对持续加大的下行压力，面对环境整治后的短期阵痛，在上级党委、政府和县委的正确领导下，在县人大和县政协的监督支持下，长泰县紧紧依靠全县人民，坚持“稳”字当头、“实”字打底、“干”字为先，深入学习贯彻落实党的十九大和十九届二中、三中、四中全会精神，围绕“在坚持高质量发展落实赶超中走前头、做示范，在厦漳同城化先行示范区中‘打头阵’”发展定位，全力以赴抓好重点区域发展、重点项目建设、重点工作落实，经济社会保持健康稳定发展，再次跻身全省县域经济实力“十强县”。实现地区生产总值295亿元，增长6.3%；规模工业产值630.4亿元，增长8%；固定资产投资208.8亿元，下降5.8%；一般公共预算总收入21.19亿元，下降8.7%，地方一般公共预算收入12.78亿元，下降6.7%；农业总产值28.1亿元，增长3.5%；出口总额69.8亿元，增长3%；社会消费品零售总额44.5亿元，增长10%；城镇居民人均可支配收入40589元，增长8.2%；农村居民人均可支配收入20914元，增长9.2%。

社会发展的主要工作和成效是：

加快城乡一体化，人居环境不断改善。乡村振兴有新成效，县财政投入乡村振兴专项资金1500万元，乡村振兴规划、县域乡村建设规划精心编制。入选全国乡村治理体系建设试点示范县，18个重点村精美打造，岩溪镇、古农村等1镇7村列入省乡村振兴试点镇、村。实施“一革命四行动”“三清两改”大整治，全国农村生活垃圾分类和资源化利用示范县建设有力推进，裸房专项整治三年行动启动实施，整治裸房661座。正高线、汤青线等农村道路扩宽改造完成，“百路千村”“两违”综合治理深入开展，完成“四拆”37.2万平方米，“四整”1614处，农村人居环境持续优化。城区面貌有新提升，城乡总体规划通过市政府审批，人和北路延伸工程、溪东南路建成通车，文昌路等12条道路及管网全面改造，文昌公园绿化提升工程竣工投用。县城区新增停车位200个，建成全市县域首个停车楼。金里棚户区改造一期工程竣工验收，城区危旧房征收安置93户。数字城管平台正式投用，城区建管再上新台阶。文明建设有新突破，省级新时代文明实践中心试点升格为国家级试点，文明实践中心总部建成投用，县融媒体中心启动运转，乡情馆正式开馆，图书馆荣获全国五星级文化助盲志愿服务团队称号，顺利通过全国县级文明城市提名城市年度测评。

全力打好三大攻坚战，发展短板进一步补齐。污染防治攻坚强势推进，污染源排查整治全面开展，八大领域污染防治攻坚卓有成效，强力推进石材企业综合大整治行动，发放拆除奖励资金3亿元，彻底关停整治石材企业1342家，有效解决了长期制约生态发展的突出问题，为发展新兴现代产业清除了落后产能、腾出了发展空间，得到中央环保督察组、市委市政府主要领导的高度肯定。东区污水处理厂提标扩容改造基本完成，金里排涝沟水质提升工程投入运行，全县主要乡镇（场、区）铺设污水管网29公里，建成农村污水处理设施62处、龙津溪枋洋段等安全生态水系项目3个，省控以上断面水质稳定达标，河湖长制考评全市第一。县城区全面禁燃禁售烟花爆竹，县域空气质量优良天数占比99.7%。党政领导生态环境保护目标责任制考核连续三年居全市第一。金融风险精准防控，政银企对接会签订贷款意向突破60亿元，落实率85.2%。全县金融机构新增贷款16.5亿元，增长18.8%。化解不良贷款1.44亿元，不良贷款率降到1.83%。脱贫成果得到巩固，“两不愁、三保障”有效落实，累计投入扶贫资金3215万元，“养鸡生蛋”扶贫长效机制建立健全，建档立卡贫困户稳定脱贫，精准扶贫数据质量全省第一。

发展成果惠及民生，幸福指数逐步提高。民生投入持续加大，全年民生支出18亿元，占全县一般公共预算支出79.9%。13个为民办实事项目完成投资6.08亿元，占年度计125.5%。社会事业加快发展，林墩中心幼儿园、兴泰实验中学等7个项目加快建设，枋洋村幼儿园、古农小学等6所校园建成投用，新增学位1830个，学前教育普惠性占比100%，小学质量监测全市第一、中考成绩居全市前三，教育事业不断进步。创卫、创慢两个国家级项目顺利通过验收，深化现代医院管理制度试点建设，县医院新建工程重新启动，中医院主体竣工，坂里、林墩卫生院建设有序推进。养老服务设施布局专项规划编制实施，完成文泉社区居家养老服务照料中心和9所农村幸福院建设，3所乡镇敬老院主体完工，4所居家养老服务站完善提升，全市首家慈善助老超市正式开业，医养短板进一步补齐。文化体育蓬勃发展，28个基层综合文化服务中心建成投用，小八音大鼓吹等3个项目入选省非遗代表性项目名录，长泰气排球队青年组夺得第五个全国“超级杯”气排球联赛冠军。社会保障不断健全，公益性岗位最低补贴标准提高到1500元，新增公益性就业岗位75个，城镇新增就业3065人，再就业736人，城镇登记失业率控制在2.77%，养老保险参保率、基本医疗保险参保率均保持在95%以上。保障性住房配租2135套，配租率96.7%。社会治理取得实效，扫黑除恶专项斗争深入推进，矛盾纠纷调解成功率99.4%，群众公众安全感率99.3%，综治考评全市首位。安全生产形势平稳向好，事故总量明显下降。第三次国土调查、第四次全国经济普查扎实开展，第七次全国人口普查试点工作获得国家统计局的充分肯定。双拥工作、妇女儿童、民族宗教、审计、残联、气象等工作取得新进展。

机关效能进一步提升，政府机构改革扎实稳定，工作平稳过渡，职能无缝接转，人员有序转隶。县级财政管理绩效综合评价进入全国百强，居全省首位，市对县绩效考评保持全市前三。基层减负年活动扎实有力，政府作风进一步改进。“互联网+”政务服务、“联审联办”全面推行，审批服务事项全部实现“最多跑一趟”，“一趟不用跑”转化率62.7%，当日办结率92.5%。工程建设项目审批制度改革大力推进，社会投资项目审批压缩至法定时限的40%以内。

2020年是“十三五”的收官之年，是全面建成小康社会的决胜之年，也是坚持高质量发展落实赶超的冲刺之年。长泰县工作的总体要求是：以习近平新时代中国特色社会主义思想为指导，全面贯彻党的十九大以来历次全会精神，紧扣全面建成小康社会目标任务，坚持稳中求进工作总基调，坚持新发展理念，坚持以改革开放为动力，围绕“在坚持高质量发展落实赶超中走前头、做示范，在厦漳同城化先行示范区中‘打头阵’”发展定位，统筹做好“六稳”工作，集中开展项目工作攻坚年、工业发展提升年、乡村振兴深化年等“三个年”活动，大力实施污染源头治理、优化营商环境、做强实体经济、补齐民生短板等四大专项行动，突出党建引领、工业发展、项目带动、乡村振兴、要素保障、产业优化、三大攻坚、社会治理等八项重点任务，确保全面建成小康社会和“十三五”规划圆满收官。综合各方面因素，2020年全县发展的主要预期目标是：地区生产总值增长7.5%左右；规模工业总产值增长8%左右；固定资产投资增长8%左右；公共财政预算总收入增长5%左右；外贸出口增长2%左右；社会消费品零售总额增长10%左右；城镇居民人均可支配收入增长8.2%左右；农民人均可支配收入增长8.5%左右。

（摘编：张海生）

华安县社会发展概况

2019年是中华人民共和国成立70周年，也是决胜全面建成小康社会关键之年。在以习近平同志为核心的党中央坚强领导下，在习近平新时代中国特色社会主义思想的科学指引下，华安县深入学习贯彻习近平新时代中国特色社会主义思想和党的十九大、十九届二中、三中、四中全会精神，按照省委十届九次全会、市委十一届十次全会和县委的部署要求，紧紧围绕“大抓工业、抓大工业”，持续深化“三抓三比、十项竞赛”，深入实施乡村振兴战略，做好工业发展、城市建设、生态旅游“三篇文章”，念好茶、林、竹“三字经”，打好三大攻坚战，全力推进高质量发展落实赶超，经济社会呈现平稳健康发展态势。全县地区生产总值完成162亿元，增长8.5%；一般公共预算总收入7.92亿元，增长1.6%；地方一般公共预算收入5亿元，增长2.1%；规模工业总产值241.4亿元，增长9.3%；规模工业增加值67.2亿元，增长9%；固定资产投资94.5亿元，增长16%；外贸出口4.98亿元，增长105%；实际利用外资1.02亿元；社会消费品零售总额37.6亿元，增长10%；城镇居民人均可支配收入3.63万元，增长8.4%；农民人均可支配收入1.94万元，增长9.3%；城镇登记失业率2.08%，年度节能减排降碳任务预计可以完成。

社会发展的主要工作和成效体现在：

致力于城乡环境，扮靓“华安容颜”。城区更加靓丽。县城中心区拆除危旧房5392平方米，发放补偿款1496万元。瀚海五凤城8栋主体封顶；瀚海五凤城三期、荣成二期、江滨大厦开工建设。商品房预售19.81万平方米，二手房交易218套5万平方米。完成麒麟山公园一期、真武山公园景观提升改造；城区坝头公园、铁路公园建成投用。鹰厦铁路华安城区段外移工程完成前期工作。配套更加完善。新改建城市污水管网5.5公里、城市公厕6座，新增绿地面积13.3万平方米、绿道网15公里、公共停车位329个。实施城市水质提升三年行动，城区第二自来水厂试供水。全面落实“路长制”，投入2.07亿元，完成农村公路建设20公里、安防工程218公里，改造提升生态示范路30公里；龙浦大桥和原省道金上线边坡治理工程全部竣工；完成县道清灌缝、公路标线划定165.2公里；湖仙线开工建设；自然村道路全部打通；农村公路养护工作考评全市第一。漳州北部垃圾焚烧发电PPP项目全面开工。乡村更加宜居。全市人居环境整治工作现场会在我县召开，官畲、高石、坪水三个村成为农村人居环境整治全市样板村。开展“一革命四行动”，新改建镇村公厕24座，实施户厕改造612户；完成裸（农）房整治700栋。总投资5.1亿元的农村生活污水处理PPP项目开工建设。投入1800万元，建成5座垃圾中转站，完成91个建制村垃圾治理。开展高速路口、土楼景区沿线环境整治和景观提升改造，全县拆除“两违”57.1万平方米。投入2750万元，创建10个“千村整治、百村示范”美丽乡村。完成造林绿化1.15万亩。

致力于社会事业，聚焦“华安民生”。“幸福感”节节攀升。全县民生事业支出13.6亿元，占公共财政总支出的73.4%，城镇新增就业人员2380人。落实减税降费1.02亿元。发放城乡居民养老保险、被征地农民生活保障金5459万元。完成12所农村幸福院建设，政府购买居家养老服务实现信息服务全覆盖，实体服务覆盖7个乡镇72

个村，综合考评全市第一。“获得感”持续增进。投入9968万元，新建校舍工程18个、3.4万平方米。新招聘教师45人。华丰中心小学等18所小学试行课后延时服务，农村基层中学实行全封闭式管理，教育教学、管理水平和服务质量不断提高。漳州市医院首家挂牌协作医院落户县总医院，县域紧密型医共体进入实质性运作，94家公办村卫生所诊疗量居全市前列；完成卫生应急指挥调度中心、县域医疗技术平台“五大中心”建设，县总医院医技楼顺利封顶，新增床位53张、卫技人员28名，新购急救车5部。长宝山公益性陵园建成投用，全市首个县级公益性公墓开工建设。“五馆一中心”主体完成。建成基层综合文化服务中心、体育活动场所、多功能运动场70个。“安全感”稳步提升。大力推进“平安华安”建设，推行城乡社区网格治理“2+N”模式，成立“营商110”、“社区（乡村）110”，打通基层社会治理“最后一公里”。持续深化扫黑除恶专项斗争，破获各类刑事案件179起，摧毁电信诈骗团伙3个，成功打掉1个恶势力犯罪集团，实现该类案件“零”的突破。新增“一村（社区）一法律顾问”示范点14个，协助调解各类矛盾纠纷414件，社会安定稳定。加强防灾减灾救灾工作，健全应急协调联动机制，完成1771个隐患项目治理。安全生产形势总体稳定向好，生产安全事故和死亡人数同比下降50%。

致力于自身建设，提升“华安效能”。扎实推进审批服务标准化、便民化，行政服务中心受理业务5.74万次，即办件率92.2%，审批时间压缩率97.7%。“最多跑一趟”审批服务事项占比81.4%。推行“两多一模”和联审联办，办理“多评一表”、“多图一审”、模拟审批、并联审批66件。“告知+承诺+即办”的登记服务企业模式被纳入全省创新工作亮点，内资企业年报公示率全省第一。开展专项效能督查11次、效能问责4人。组织各类项目审计和审计调查32个，完成第四次全国经济普查。法治政府建设、廉政建设和反腐工作扎实推进，政府公信力和执行力不断提高。

2020年是具有特殊意义的一年，是“十三五”的收官之年，是全面完成脱贫任务、全面建成小康社会的决胜之年，也是福建完成赶超任务之年。根据县委统一部署，2020年华安县工作总体要求是：坚持以习近平新时代中国特色社会主义思想为指导，全面贯彻党的十九大和十九届二中、三中、四中全会精神，全面贯彻落实习近平总书记对福建工作的重要讲话重要指示批示精神，增强“四个自信”、坚定“四个意识”、坚决做到“两个维护”，认真落实中央和省委、市委、县委决策部署，紧扣全面建成小康社会目标任务，坚持稳中求进工作总基调，坚持新发展理念，坚持推进高质量发展落实赶超，坚持以供给侧结构性改革为主线，深化市场化改革，扩大高水平开放，统筹推进稳增长、促改革、调结构、惠民生、防风险工作，全面做好“六稳”工作，全力推进“大抓工业，抓大工业”，深入实施乡村振兴，坚决打赢三大攻坚战，扎实做好工业发展、城市建设、生态旅游“三篇文章”，着力补齐交通、教育、医疗卫生“三大短板”，念好茶、林、竹“三字经”，加快建设生产发展、生活富裕、生态优美新华安，确保全面建成小康社会和“十三五”规划圆满收官。全县经济社会发展的主要预期目标为：地区生产总值增长8%左右；固定资产投资增长8%左右；规模工业总产值增长8.6%；规模工业增加值增长8.3%；一般公共预算总收入增长5%，地方一般公共预算收入增长5%；实际利用外资增长3.5%；外贸出口总值增长10%；农林牧渔业总产值增长4.4%；社会消费品零售总额增长10%；城镇居民人均可支配收入增长8.5%、农村居民人均可支配收入增长9.5%；节能减排降碳控制在省、市下达指标范围之内。

（摘编：黄万良）

泉州市社会发展综述

2019年是中华人民共和国成立70周年，是泉州改革发展进程中具有重要意义的一年。在中共泉州市委领导下，泉州市以习近平新时代中国特色社会主义思想为指导，全面贯彻习近平总书记参加十三届全国人大二次会议福建代表团审议时的重要讲话和对福建工作的重要指示批示精神，坚决落实党中央、国务院和省委、省政府及市委决策部署，坚持稳中求进工作总基调，践行新发展理念，传承弘扬“晋江经验”，“作答时代命题、聚力赶超攻坚”，“五个泉州”建设迈出新步伐，全面落实“六稳”政策措施，经济运行实现稳中有进。全市生产总值增长8%左右，规模以上工业增加值增长8.5%，第三产业增加值增长8%，主要指标增长平稳。精准帮扶企业发展。组织实施支持民营企业健康发展一揽子政策措施，兑现惠企资金45.5亿元，估算减税降费120亿元。市、县领导“一对一”挂钩联系163家龙头企业，落实“领导干部一线办公”活动周、党政领导与企业家恳谈会制度，设立“政策面对面”平台，开通“12345”企业服务热线，政企保持良性互动。强力推进“项目攻坚2019”。完善项目推进机制，成立要素服务保障专项攻坚组，组织开展“春季攻坚行动”、年中“七个专项攻坚”，推动解决一批久拖未决的项目征迁问题；460个在建重点项目完成投资1400亿元，开工86个、竣工80个；新签约产业项目332个、总投资2557亿元，“五个一批”考评稳居全省前列。

一年来社会发展的主要工作和成效是：

城市建设注重品质品位。开展“城市建设提速年”活动，环湾建成区面积达230平方公里，城镇化率达67.5%。统筹建设古城新城。古城“七个一”示范工程有序推进，中山路示范段改造提升、小山丛竹公园建设接近尾声，爱国路、奎霞巷等断头路打通，“东亚之窗”文创园正式开园。北峰丰州西华洋、台商区白沙、晋东等片区改造开发加快；泉州大剧院、东海工人文化宫、市图书馆新馆投用。福厦客专、兴泉铁路泉州段启动架梁铺轨；厦漳泉城市联盟路泉州段主体工程基本完工，洛江至永春段高速公路接刺桐路北拓前期工作加快推进。后渚大桥东桥头互通工程竣工通车，火车站综合交通枢纽顺利投用。加快提升城市面貌。深化交通廊道沿线环境综合整治，37条城乡重要通道景观风貌持续提升，百崎湖、九十九溪等23个“山水田园城市”项目启动实施，桃花山至观音山绿廊、大坪山步行环线、绿道二期工程向市民开放。实施200个老旧小区整治提升，分类处置安全隐患房屋，推动烂尾项目复工。整治积水节点36处，消除黑臭水体5条，改造农贸市场9家。突出抓好精细管理。制定并实施城市管理精细化标准，出台老旧小区住宅加装电梯扶持措施。依法有序推进垃圾分类工作，进一步扩大试点社区范围，实现学校全覆盖，开工餐厨垃圾处理厂，建成晋江、石狮飞灰填埋场。推动城市交通综合整治，新增停车位近万个，开展国家电动自行车管理提升试点。全市共拆除“两违”415万平方米，清理批而未供、闲置土地2.9万亩，“大棚房”、违建别墅整治成效明显。

发展成果更加惠民利民。“四心”工程、民生“XIN”行动深入实施，33项为民办实事项目顺利完成，超七成五财力投入民生。打好精准脱贫攻坚战。建立防返贫、控新贫、稳脱贫长效机制，经营性收入低于5万元的薄弱村全部消除，支持

1551户贫困户改善住房条件。深化农村人居环境整治。扎实推进“一革命四行动”，农村公厕、生活污水处理设施、三格化粪池建设和农房（裸房）整治等任务全面完成。永春入选全国推进美丽乡村经营管护机制改革试点县。推动教育优先发展。新增公办幼儿园学位1.3万个、中小学学位1.2万个，乡村小规模学校全部实现达标，48.8%的小学开展课后服务试点。乡村教师生活补助政策得到落实。省对市教育督导年度综合评估居全省第二。实施新一轮华侨大学部省市共建工作，支持泉州师院“三步走”战略。黎明职业大学入选国家“双高计划”建设单位，泉州职业技术大学成为全国首批本科层次职业教育试点学校。发展卫生健康事业。15个在建重点医疗项目有序推进，市老年医院、德化县医院医技楼投入使用，市一院城东院区二期病房大楼、光前医院综合病房大楼等主体工程完工；135家基层医疗卫生机构完成达标建设。共新增医疗机构床位3580张、卫技人员3037人。深化与福建医科大学、上海中医药大学的战略协作。提高社会保障水平。实施稳定岗位、招工引才等政策措施，新增城镇就业13万人。在全省率先实施医保“全城通办”，职工“五险”人数增加16.8万人次。建成市社会福利中心（一期），实现街道、重点乡镇居家社区养老服务照料中心全覆盖，全市新增养老床位4442张，列入全国居家和社区养老服务改革试点、家政服务业提质扩容‘领跑者’行动重点推进城市；老龄、老干部工作得到加强。房地产市场保持平稳，基本建成保障性安居工程1.62万套。持续提升文化软实力。新增全国重点文物保护单位13处，启动26项文物保护工程，完成国保单位监测和智慧用电系统建设，建成泉州市文物数据库。“古泉州（刺桐）史迹”申遗工作进展顺利。国家级闽南文化生态保护区正式公布，市非遗馆建成投用，南音成为文旅部“优秀保护实践案例”，安溪获评“世界藤铁工艺之都”。“万千百十”文化惠民服务深入实施，开展文艺精品公益性演出1510场。成功举办国际大体联足球世界杯赛、第十一届市运会。第18届世界中学生运动会筹备工作进展顺利。打好污染防治攻坚战。加强全市流域水环境保护，落实河湖长制，新建改造污水管网219公里，小流域、近岸海域水质达到省定目标，县级以上13个饮用水水源地水质达标率保持100%。完成植树造林9.7万亩、水土流失治理36.2万亩、矿山生态修复63.9万平方米。泉州成为国家节水型城市，新增鲤城入选国家生态文明建设示范区。配合做好中央第二轮生态环境保护督察，狠抓问题整改和机制建设。落实“强基促稳”三年行动。深入推进平安泉州建设，坚决打击涉黑涉恶、网络诈骗，开展矛盾纠纷大排查大化解，依法处置信访违法行为。加强食品药品安全网格化监管，非洲猪瘟疫情有效防控。完成城市安全风险评估，实行领导挂钩安全生产“疑难杂症”，推进41个市级重大安全生产问题整治，推行工业厂房消防建设规范导则，安全生产形势总体稳定。深化军地双拥共建。落实拥军十项举措，着力解决军人“三后”问题，首创“双拥+扶贫”“双拥+和谐家园”模式。民族宗教、人防、海防、气象、地震以及工会、妇女儿童、青少年、残疾人、红十字会、慈善等工作都取得新成效。

改革开放激活蛰伏潜能。全面落实市委确定的61项政府重点改革任务。深化“放管服”改革。开展“营商环境提升年”活动，在全省率先创建企业开办“零费用”城市，全市市场主体突破100万家，网商产业园入驻市场主体达8.6万家；建成市政务数据汇聚与共享应用平台（一期）和“互联网+政务服务”市县乡村四级一体化平台，市政务信息网云平台投入运行。深化金融服务实体经济改革。出台金融服务民营和小微企业政策，在全省率先实施金融支持民营企业“白名单”、政策性融资担保“负面清单”等措施，入选全国深化民营和小微企业金融服务综合改革试点城市。获批设立全省首家市场化征信机构，开启两岸民间征信机构首次合作。实施制造业贷款增量增速提升工程，各项贷款余额增长11.9%。深化国企改革。初步完成市属国企公司制改制，支持在产业引导、片区改造、古城提升、民生保障中发挥积极作用，市属国企资产总额达1450亿元。深化医药卫生体制改革。县级二级以上公立医院全面实施现代医院管理制度，市第一医院医疗集团列入全国百家城市医联体试点，安溪、石狮列入国家紧密型县域医共体建设试点。开展药品和医用耗材采购改革，调整优化174项医疗服务价格。深化海丝先行区建设。密切与海丝沿线国家（地区）经贸合作，贸易总额增长21%，其中出口增长31%，获批国家跨境电子商务综合试验区。打响港澳青年精英故乡行品牌，与海外侨社、侨领联络联谊更加密切，友城间实质性交往持续深化。泉州晋江国际机场旅客吞吐量突破840万人次，国际旅客突破100万人次，国际航线数位居全国地级市第二。新开通海丝沿线国家（地区）海上航线6条，港口货物吞吐量1.25亿吨、集装箱250万标箱。成功举办第四届海丝国际艺术节。深化对台交流合作。推动台胞台企同等待遇政策落地；出台支持泉金客运航线发展措施，客运量超14万人次；累计向金门供水超500万立方米，完成金门供水保障工程项目可研编制工作。

法治思维贯穿政府履职。精心组织开展政府系统“不忘初心、牢记使命”主题教育，实施“领导挂钩民生急忧盼问题”专项行动。开展“法治政府建设年”活动，制定首部实体性政府规章——燃气管道设施保护办法；推动村（社区）法律服务“五在场”、项目攻坚法务保障“六个有”，推行行政执法“三项制度”，实现行政争议调解县域全覆盖。严格执行市人大及其常委会决议决定，自觉接受市人大法律监督和工作监督，主动接受市政协民主监督，认真办理人大代表建议414件、政协提案574件。有序完成政府机构改革。政府带头过紧日子，压缩一般性支出11.3亿元。落实“基层减负年”部署，减少文件、会议50%以上。加强政府廉政建设，强化审计监督，营造风清气正的政治生态。

2020年是全面建成小康社会和“十三五”规划收官之年。做好泉州市工作：要以习近平新时代中国特色社会主义思想为指导，全面贯彻党的十九大和十九届二中、三中、四中全会精神，坚持稳中求进工作总基调，坚定不移贯彻新发展理念，创新发展“晋江经验”，突出经济要稳、城市要聚、民生要实、机制要活，奋力作答“三个时代命题”，有为推进高质量发展落实赶超，更好完成收官任务，科学编制“十四五”规划，加快推动“五个泉州”建设再上新台阶。经济社会发展主要预期目标是：全市生产总值增长7%—7.5%，农林牧渔业总产值增长2%以上，工业增加值增长7.5%左右，第三产业增加值增长8%左右；一般公共预算总收入增长3%，地方一般公共预算收入增长2.5%；固定资产投资增长7.5%左右；实际利用外资增长2%，进出口总额增长3%；社会消费品零售总额增长9%，居民消费价格涨幅控制在3.5%左右；居民收入和经济同步增长；完成节能减排降碳任务。

（摘编：吴强）

鲤城区社会发展概况

2019年鲤城区齐心协力、奋勇争先，坚持高质量发展落实赶超，进一步落实“六稳”工作，推动全区经济持续健康向好，社会保持和谐稳定。2019年实现地区生产总值增长8.5%，一般公共预算总收入增长－3%；一般公共预算收入增长5.9%；全社会固定资产投资增长16%；社会消费品零售总额增长4.5%；居民人均可支配收入增长7.6%。

社会发展主要工作和成效是：

城市品质整体提升。获评国家生态文明建设示范区。中山中路示范段综合提升、小山丛竹公园建设完成，持续做好申遗点保护工作，新增2处全国文保单位。南环路、笋江路等城市主干道完成升级。改造老旧小区7个、背街小巷8条、菜市场9座。生态环境更加优质，全区空气质量优良率98.8%，集中式饮用水源地和地表水水质达标率100%。

发展活力不断增强。与斯里兰卡科特市缔结友城关系获中国友协正式批复。落地外资项目13个、总投资2.5亿元。新增市场主体1.49万家、增长21.7%。全面落实减税降费，减轻企业负担4亿元，兑现各类财政奖励1.34亿元。

民生幸福更有温度。“强基促稳”三年行动、民生“XIN”行动等工作扎实推进，完成35个为民办实事项目。新增就业1.03万人。新增省级义务教育管理标准校3所，普惠性幼儿园覆盖率达83.7%。获评省级慢性病综合防控示范区。实现街道日间照料中心全覆盖。获评全市“强基促稳”工作优秀集体。民族宗教、台港澳侨、防台度汛和防震减灾，以及对口帮扶、妇女儿童、关心下一代、残疾人、慈善等工作都取得新成绩。

自身建设全面加强。深入开展“不忘初心、牢记使命”主题教育。自觉接受区人大及其常委会法律监督、区政协民主监督，人大代表建议、政协提案满意或基本满意率100%。获评全省“七五”普法中期评估先进区。严格执行中央八项规定及实施细则精神，保持正风反腐高压态势。规范政府采购行为，政府采购资金节约率达4.3%。

2020年社会发展主要工作：要以习近平新时代中国特色社会主义思想为指导，深入贯彻党的十九大和十九届二中、三中、四中全会精神及中央省市经济工作部署，统筹疫情防控和经济社会发展，在疫情防控常态化前提下，保持稳中求进工作总基调，紧扣全方位推动高质量发展超越目标，扎实做好“六稳”工作，全面落实“六保”任务，驱动古城商贸振兴和新区城市现代化建设“两大引擎”，打造大泉州文旅、科教、商贸“三大中心”，谋求产业转型、城市提升、文化复兴、民生改善、作风转变“五大突破”，加快提升中心城区经济密度、文化密度、服务密度、幸福密度，奋力实现由全市排序到排名的嬗变，加快建成现代化宜居宜业宜游之城，为建设“五个泉州”作出更大贡献。

综合研判形势，对疫情前考虑的预期目标作了适当调整：地区生产总值增长2.5%，工业增加值增长1%，第三产业增加值增长3.5%；一般公共预算总收入增长1.1%，一般公共预算收入增长1%；全社会固定资产投资增长10%；进出口总额增长2%，实际利用外资（验资口径）增长5%；社会消费品零售总额增长3%；居民人均可支配收入增长3%。

社会发展重点抓好以下方面：

坚定“文化+”方向。坚持“保护文化遗产，提升文化供给，弘扬城市精神”三位一体，推动城市文脉赓续传承。深入推进申遗点保护，全力以赴配合“泉州：宋元中国的世界海洋商贸中心”申遗。配合建设南外宗正司、市舶司展示馆，加快梅石、宝海庵等古城书院恢复、建设、活化。加强文化遗产保护，积极创建国家公共文化服务体系示范区。

打造新地标新景观。主动对接上位在编国土空间规划，高水平完成江南新区城市设计，系统梳理城市建设空间、文化空间、产业空间和各片区开发时序，全力打造泉州次中心及商务中心区。纵深推进片区开发，启动实施史上体量最大的繁荣片区改造项目，集全区之力集中攻坚、分期分批、滚动推进，打造“产城人”融合发展的宜居宜业宜商新城，建设一批留传后世的精品地标建筑，引领提升新区城市能级，支撑带动城市领跑。统筹推进兴贤路中段等片区开发，加快建设中南滨江铭悦、源昌·江南城等7个住宅小区，着力打造城市发展新门户。持续深化古城提质行动，着力打造名城文化会客厅。

社会保障更有力度。稳妥推进社会保险扩面征缴工作，强化社保基金风险管控。实施积极就业创业政策，促进高校毕业生等重点群体就业创业。完善住房保障体系，提速建设金泰花园一期等3个安置房项目。着力落实居家养老服务工程，引进2家专业化养老服务组织，落地一批医养融合发展项目，建立健全6个覆盖全区的老年健康服务体系。强化对受疫情影响困难群众的生活保障，适当提高价格临时补贴标准。做好残疾人两项补贴、最低生活保障、特困供养人员等提标扩面工作。强化退役军人服务保障工作，进一步提高国防教育、后备力量建设、军民融合发展、双拥共建、军转安置、抚恤优待等工作质量。

社会事业更有厚度。推进教育事业高质量发展三年行动，实施鲤城教育新一轮发展“十大工程”。加快福师大泉州附中、江南花园城配套小学等新建扩建项目建设。继续扩充学前教育资源，确保普惠性幼儿园学位数达在园幼儿总数的85%。加强未成年人思想道德建设和心理健康建设，精准关爱下一代。加大公共卫生经费投入，完善公共卫生设施，健全疾病预防和急救体系。提升疫情监测预警能力，落实和完善常态化疫情防控措施。巩固省级慢性病综合防控示范区创建成果。深化基层医疗机构改革，构建分级诊疗服务体系，推进紧密型医联体建设。积极发展3岁以下婴幼儿照护服务。全面推进全民健身活动蓬勃发展，完成社会公共足球场建设任务。

社会治理更有深度。组织实施安全生产专项整治三年行动，持续推进“平安鲤城·雷霆行动”等4个专题、房屋安全与建筑施工等8个专项整治，加强安全监管执法能力、应急管理救援能力建设，坚决防范和遏制各类事故发生。着力深化扫黑除恶专项斗争，打击重点向网络空间、新兴行业领域延伸覆盖。开展信访矛盾化解攻坚，完善“四位一体”民情接待站建设，及时就地化解矛盾纠纷。实现社区“天网工程”全覆盖。深入实施社区集体经济“消薄倍增”专项行动，提高社区工作者待遇。全面推行街巷长制。强化小区物业管理，提升规范化服务水平。继续巩固移风易俗成果。严格落实“四个最严”要求，加大食品药品、医疗器械、特种设备监管整治力度。高质量完成第七次全国人口普查工作。完成妇女、儿童发展纲要目标。出版《鲤城区志》（续志）。打造“十大科学系列”科普品牌，提升全民科学素质。

讲服务高效行政。重实干、抓落实、求实效，健全“马上就办、真抓实干”工作机制，聚力攻坚疫情防控、片区开发、招商选资等急难险重任务。扎实推进总投资2.66亿元的33件为民办实事项目。落实好鼓励激励、容错纠错、能上能下和实绩晾晒等机制，旗帜鲜明为勇于担当的干部撑腰鼓劲。

（摘编：林学军）

丰泽区社会发展概况

2019年，在市委、市政府和区委的领导下，在区人大、区政协的监督支持下，丰泽区坚持以习近平新时代中国特色社会主义思想为指导，认真学习贯彻党的十九大和十九届四中全会精神，坚持稳中求进工作总基调，坚持新发展理念，坚持以供给侧结构性改革为主线，继续打好三大攻坚战，全面做好“六稳”工作，认真落实市委“作答时代命题、聚力赶超攻坚”要求，传承弘扬“晋江经验”，推动高质量发展落实赶超迈出坚实步伐。全年实现地区生产总值比增6.5%，第三产业增加值比增7.5%，社会消费品零售总额比增10.5%，居民人均可支配收入比增6%，一般公共预算总收入32.95亿元，一般公共预算收入19.7亿元，荣获“第七批全国民族团结进步示范区”“全国‘七五’普法中期先进区”“全省基础教育改革发展实验区”“全省科普示范区”等称号。

一年来社会发展的主要工作和成效是：

奋力拓内涵，城市形象有机更新。基础配套更加完善。推进“城市建设提速年”暨提升城市环境品质活动，36个城建项目完成投资13.13亿元。实施民生“XIN”行动，提级改造道路3条，修复道路配套管网破损24处，分类处置化解安全隐患房屋442栋，新建改造公厕20座、停车泊位200个。深化“乡村振兴典型社区”“美丽社区”“社区营造”创建活动，整治提升41个老旧小区，有序整改450个住宅小区雨污管网。完成福厦高铁高速沿线重要路段人居环境综合整治，打造“四季有彩、全年有绿”城市景观带。城市管理更加有序。建成6000路高清视频防控网，数字城管采集立案数突破10万件、案件处置率99%。加快推进垃圾分类全覆盖工作，全区公共机构生活垃圾分类覆盖率60%。加大道路机械保洁、主次干道清洗和洒水降尘力度，持续开展占道经营、海漂垃圾、户外广告、共享单车、渣土车“滴洒漏”等专项整治。全面遏制新增“两违”，完成“大棚房”问题整改。完善社区管理体系，创建8个创新社区治理示范社区，建成3个省级社区综合服务站。开展群众性精神文明创建活动，深化移风易俗，倡导文明节俭新风尚。生态底蕴更加深厚。坚决打好污染防治攻坚战，狠抓中央和省、市生态环保领域巡视巡察反馈问题整改，投入1.63亿元完成泉州湾河口湿地省级自然保护区违建拆除、围垦养殖清退、浔美渠黑臭水体整治等重难点项目，超序时完成第二轮中央环保督察期间群众信访件办理任务。大力治理餐饮油烟和“散乱污”涉气企业，完成10个大气减排项目。全面落实河湖长制，实施内沟河截污改造工程7个，开展东干渠清淤，北渠饮用水源水质Ⅲ类达标率100%，晋江浔埔国控断面水质稳定达标。完成植树造林220亩、绿化提升55万平方米。严格环境监管执法，强化企业环保主体责任。

接力补短板，民生福祉稳步改善。保障体系扩面提级。完成52个为民办实事项目。稳定高校毕业生、退役军人、农民工等重点群体就业创业，开展技能培训2.36万人次，新增城镇就业2.28万人，城镇登记失业率控制在0.93%，发放创业担保贷款人数及额度均居全市前列。降低失业、工伤、基本养老保险缴费费率，为企业及职工减负9000万元。坚决打好精准扶贫攻坚战，着力解决因病因残因灾致贫问题，最低生活保障标准、特困人员供养标准分别提高到每人每月630元、819元，发放社会救助金1400万元。优抚对象抚恤和生活补助标准稳步提高，城镇居民基础养老金、被征地养老保障金分别提高到每人每月 150 元、225 元。区福利中心项目建设有序推进。公共服务普惠均衡。新建、改（扩）建公办学校 8 所，新增优质学位 6500 个。认真执行区人大《关于进一步加快丰泽区学前教育发展的决议》，加强住宅小区配套幼儿园使用管理，普惠性民办幼儿园增至 79 所。教育“五名”工程培育数量位居全市前列。城东中学被确认为“省示范性普通高中建设学校”，泉州工商旅游职业中专被确认为“省第二批规范化职业学校”，我区代表福建省参评“全国智慧教育示范区”。区图书馆动工建设。加快正骨医院北峰院区、国医堂、疾控妇幼综合楼建设，新增规模专科医院 2 家、省级中医重点专科 1 个，正骨医院荣获“星耀中华·最具成长力中国医院创新之星”。新增 16 个医养结合服务点和 5 个康复治疗室，设立全市首个老年健康远程照护中心，居家社区养老服务中心实现全覆盖。积极创建“国家公共文化服务体系示范区”，成功协办 2019 环泉州湾国际公路自行车赛、泉州“海艺节”，新增 6 个多功能运动场，完成 46 条健身路径建设。市区首个“体医融合”实践基地、泉州骨伤科诊疗中心和运动防护中心正式揭牌。社会保持和谐稳定。纵深推进“强基促稳”三年行动，有效处置 65 个社会治理风险点，矛盾纠纷调处成功率 99.94%，中心城区警情 5 分钟到场率 95%，圆满完成重大活动、敏感时期维稳任务。扫黑除恶专项斗争和严打暴恐、禁毒等专项行动取得显著成果，刑事发案数比降 43.7%，综治“三率”稳步提升。严格落实安全生产风险分级管控和隐患排查治理双重预防机制，在全市率先建设投用“智慧用电”系统，推进 23 个市区两级重大安全生产及消防突出问题整治，生产安全事故起数、死亡人数、受伤人数实现“三下降”，消防火灾起数降至近十年最低值。成立餐饮行业协会，推进食品安全“一品一码”可追溯体系建设，维护人民群众“舌尖上的安全”。有效防控非洲猪瘟、“登革热”疫情。同时，自然资源、防汛、民族宗教、文物保护、档案、国防双拥、老干老龄、工青妇儿、物价、粮食安全、红十字、残疾人等工作取得新成效。

2020 年是全面建成小康社会和“十三五”规划收官之年，是开启全面建设社会主义现代化国家新征程的崭新一年。丰泽区工作的总体要求是：坚持以习近平新时代中国特色社会主义思想为指导，全面贯彻党的十九大和十九届二中、三中、四中全会精神，深入学习贯彻中央经济工作会议精神，坚持稳中求进工作总基调，践行新发展理念，坚持高质量发展落实赶超，持续深化供给侧结构性改革，继续打好三大攻坚战，全面落实“六稳”部署，统筹做好稳增长、促改革、调结构、惠民生、防风险、保稳定各项工作，坚持问题导向、目标导向、结果导向，着力聚集创新要素，着力提升城市品质，着力回应民生关切，着力推进丰泽治理现代化，加快建设“产业高端化、功能完善化、环境生态化、生活品质化”现代化城市核心区。经济社会发展主要预期目标：地区生产总值增长 7.5%；一般公共预算总收入增长 5%，一般公共预算收入增长 3%；工业增加值增长 5.5%；第三产业增加值增长 8.7%；全社会固定资产投资增长 8%；社会消费品零售总额增长 11%；实际利用外资（验资口径）2.26 亿元；进出口总额增长 5%；居民人均可支配收入增长 6%；完成上级下达的节能减排等任务。

（摘编：苏建平）

洛江区社会发展概况

2019年，洛江区以习近平新时代中国特色社会主义思想为指导，深入学习贯彻党的十九大和十九届二中、三中、四中全会精神，全面落实中央、省市和区委的决策部署，全力推进产业转型、项目攻坚、城乡建设、民生改善，经济社会保持平稳健康发展。全区地区生产总值增长8.8%；全区规模以上工业产值、工业增加值分别增长15.5%、10.5%，第三产业增加值增长9%，固定资产投资增长12%。一般公共预算总收入21.3亿元，一般公共预算收入12亿元，完成了年初确定的主要目标任务。

统筹城乡促协调。城市建设加速提质。落实市委市政府“城市建设提速年”“提升城市环境品质”活动部署，77个城建项目完成投资12.8亿元。实质性启动阳江片区规划建设，完成阳江新城城市设计，组织实施阳江片区土地收储和市政道路、水系整理、学校等项目建设。配合及启动洛江至永春段高速公路接刺桐路北拓、福诏高速南惠高速联络线（河市—罗溪）前期工作；打通经五路和万安城区一批断头路，万安城区断头路问题基本解决；洛滨北路等主干道加快建设，西环路双阳段、经六路、经十路等前期工作有序推进。系统梳理城乡停车场、过街通道、公交停靠站、排水排污等领域短板，完成一批“XIN”行动和群众急忧盼项目建设。开展城乡环境综合整治，拆除消化“两违”27.6万平方米，完成一批道路景观、街心公园建设和湿地整治，万安城区2处市民公园建成开放。投入3600多万元完成9个老旧住宅小区改造、8个社区3000多户自来水入户工程。推进中心城区垃圾分类，大件垃圾、园林垃圾、有害垃圾收集点建成投入使用。启动“智慧城区”建设，城市管理更加智能、高效。乡村振兴有序开展。107个乡村振兴项目完成投资1.4亿元。深化农村人居环境整治，推进“一革命四行动”，创建4个省级乡村振兴试点村、6个省级“千村整治、百村示范”美丽乡村。投入1700多万元实施虹山道路拓宽、改造和房屋立面整治，虹山乡获评省级乡村振兴特色乡镇。进一步发展壮大村集体经济，全面消除15个年收入5万元以下的“薄弱村”。生态治理扎实推进。加快生态环保基础设施建设，抓好中央和省市生态环保督察反馈问题整改，第二轮中央生态环保督察信访件办结率达75%以上。投入1.3亿元实施22个流域水质提升精准治理项目，解决洛阳江西埭桥水质超标等突出环境问题，阳江泵站进水COD平均浓度首次达标并保持稳定。全面落实河（湖）长制，开展集中式饮用水水源地环保专项行动。委托第三方开展大气污染综合立体移动溯源服务，完成11家企业大气污染精准治理减排项目，空气质量优良天数比例比2018年提高4.6个百分点。配合开展土壤污染地块调查，加强危险废物全过程监管。

以人为本惠民生。社会保障更加有力。落实促进和稳定就业政策，全年新增城镇就业5100多人。扩大基本医疗保险覆盖面，参保率达99.9%。实施全民参保计划，推进基本养老保险精准扩面工作。建立稳脱贫长效机制，延长建房补助和“3+1”医疗保险等脱贫措施，全面落实建档立卡贫困户住房问题。强化特殊困难群体基本保障，发放救助、补助款近1500万元。实施居家社区养老服务工程，建成城乡社区服务站、农村居家养老服务站15个。金秋颐园养老项目、区社会福利中心养老公建民营项目相继建成运营，新增养老床位174张。深化军地双拥共建，建立退役军人服务保障体系。公共服务更为充裕。加快城乡一批中小学基础设施建设，扩充优质教育资源，泉州实验小学洛江校区扩建工程、洛江实验小学第二校区等建成使用，新增中小学学位2100个，全面解决万安城区超大班额问题；小学课后服务试点覆盖12所学校；严格落实城镇新建小区规范配建幼儿园规定，新增公办幼儿园学位450个，普惠性幼儿园覆盖率达82%；泉州十一中创建省一级达标高中通过省教育厅现场考察。洛江区医院加入泉州市第一医院医疗集团，妇幼疾控综合业务用房大楼完成主体封顶，泉州宝璋肿瘤医院落地并即将动工；创新严重精神障碍患者“村医网格化”管理模式，获得全省推广。创建国家公共文化服务体系示范区，区公共文化馆、图书馆建成对外开放，启动区档案馆项目前期工作，改建、提升6个乡镇（街道）综合文化站、42个村（社区）综合文化服务中心。荣获“福建省科普示范区”。创新治理更富成效。实施“强基促稳”三年行动，深入基层开展“大排查、大化解、大走访、大帮扶”，落实领导定期接访制度，解决一批信访积案、老案和民生热点难点问题。推进安全风险摸排和分级分类管控，突出重点行业领域专项整治，安全生产形势保持平稳。加强食品药品安全监管，建设食品安全“一品一码”全过程追溯体系。建成城市安全信息系统，加快打造“智慧警务”，深入开展扫黑除恶专项斗争，综治“三率”稳步提升。同时，民族宗教、统计、外事、老龄、残疾人以及工会、共青团、妇女儿童、科协、慈善等工作取得新成绩。

提升政府执行力。政务服务便捷高效。落实“绿色通道”服务机制，深化“证照分离、多证合一”、不动产登记、工程建设项目审批制度改革，企业开办时间压缩至3个工作日内，不动产登记时限缩短至5个工作日内，工程建设项目审批流程科学合理，时限进一步压缩。推进“互联网+”政务建设，1010项行政审批和服务事项全部进驻省政务服务网洛江分厅运行。履行职责依法依规。开展“法治政府建设年”行动，推行行政执法公示、全过程记录、重大执法决定法制审核制度，完善和落实《洛江区人民政府重大行政决策若干规定》，加强规范性文件审查备案，深化重点领域政务公开。严格执行区人大及其常委会决议决定，认真办理区人大代表建议96件、政协委员提案101件，满意和基本满意率均达100%。有序完成政府机构改革，重新梳理涉改政府部门权责清单，实现权责一致、依法履职。从严治政常抓不懈。深入开展政府系统“不忘初心、牢记使命”主题教育，区政府班子成员带头沉到一线开展调查研究，梳理建立、整治落实检视问题46个，化解积案58项，解决民生急忧盼问题29个。严格落实中央八项规定精神和“基层减负年”部署，加强机关效能建设和政务督查，坚决纠正“四风”特别是形式主义和官僚主义，区政府系统发文数量、会议数量均减少50%以上。通过召开工程建设及招投标领域腐败问题专题警示教育大会、组织旁听庭审、开展集体约谈等形式，加强政府系统廉政警示教育，完善落实土地出让、工程招投标等领域监管制度，围绕财政绩效管理、重大政策落实、生态环境保护等重点领域加强审计监督。

2020年是全面建成小康社会和“十三五”规划收官之年。做好洛江区工作，要以习近平新时代中国特色社会主义思想为指导，全面贯彻党的十九大和十九届二中、三中、四中全会精神，坚持稳中求进工作总基调，坚定不移贯彻新发展理念，突出经济要稳、城市要聚、民生要实、机制要活，有为推动经济社会高质量发展，打造高质产业、品质城区、气质乡村、优质民生，全面建设富有实力、充满活力、独具魅力的智造生态新城区。2020年经济社会发展主要预期目标为：地区生产总值增长8%；农林牧渔业总产值增长2.5%；工业增加值增长8.6%；第三产业增加值增长8%；一般公共预算总收入增长3%，一般公共预算收入增长3%；全社会固定资产投资增长10%；社会消费品零售总额增长11.5%；居民人均可支配收入增长7%；完成省市下达节能减排任务。

（摘编：周忠志）

泉港区社会发展概况

2019年，泉港区以习近平新时代中国特色社会主义思想为指导，全面贯彻党的十九大和十九届二中、三中、四中全会精神，积极倡导践行“泉港好，大家会更好”理念，扎实推进观念立区、主业强区、生态优区、富民兴区、和谐安区，较好地完成了年初确定的目标任务。全年实现地区生产总值增长8%，农林牧渔总产值增长1%，工业增加值增长7.5%，第三产业增加值增长10.2%；一般公共预算总收入下降8%，一般公共预算收入下降26.06%；固定资产投资增长15%；出口商品总值（海关口径）增长2%，实际利用外资（验资口径）增长8%；社会消费品零售总额增长10.5%，居民人均可支配收入增长8%。

社会发展的主要工作和成效体现在：

城市建设扩容提质。统筹推进“一中心、四组团”建设，169个城建项目完成投资120亿元，房地产施工总面积358万平方米，助推城市建成区面积扩大5%、城镇化率提高2个百分点。福厦客专、西部路网、南北七路、惠屿陆岛交通码头等交通基础设施加快推进，公交充电桩完工，新能源公交车全面取代柴油公交车，公交路线覆盖所有行政村。双溪水库大坝封顶，16个小农水重点县工程通过市级年度验收。抓好7个省级乡村振兴试点村、8个“千村整治、百村示范”美丽乡村和302个乡村振兴项目建设，土坑村古建筑群成为我区首个全国重点文物保护单位，樟脚村列入中国历史文化名村、中国传统村落名录，诚峰村列入中国传统村落名录、福建省历史文化名村。城市管理常态长效。健全完善市容环卫、市政维护、园林绿化等运作机制，拆除“两违”建筑37.9万平方米，有效治理超限超载、占道摆摊、渣土车“滴洒漏”等乱象，群众实实在在感受到城市在变好。落实“一革命四行动”，完成农村户厕改造3323户、农村生活污水治理行政村14个，新建改建三格化粪池4577户，生活垃圾无害化处理率100%；推动农村公路养护社会化、专业化，完成“四好农村路”建设28公里；继续推进市政雨污水“七镇连通”工程，累计投入1.5亿元，建设雨污水管道14.7公里。省级文明城区考评居全省第三，1人获得全国道德模范提名奖、1人入围中国好人榜，孝德文化、婚丧简办、崇德向善的文明新风逐渐成为社会共识。城市环境不断优化。坚决抓好中央、省环保督察反馈问题整改，郭厝溪黑臭水体整治取得阶段成效，入海小流域全面消除劣Ⅴ类，饮用水水质100%达标；实施石化行业挥发性有机物治理、石化园区有毒有害气体监测预警体系等项目，空气质量优良率94.8%；基本完成肖厝浅海网箱养殖设施清退，启动升级改造。开展渔业增殖放流，共放流对虾1亿多尾、鱼苗近120万尾。累计投入6.2亿元，春节前基本完成驿坂廊道、通港路、枫慈溪大桥至通港路、祥云路、驿峰西路主路面等道路改造；通过“拆、清、整、绿、遮”措施，完成高铁高速沿线裸房整治641栋、坡屋顶改造518栋、拆违191处、绿化提升35万平方米，“三图五单”等高铁高速沿线环境整治创新做法在全省现场推进会上作典型发言。

安全底线牢牢守住。加快推进石化安控区建设，累计完成征迁协议签订近90%、腾空过半，长期存在的厂村混杂问题逐步解决。出台党政领导干部安全生产责任制规定实施细则，石化应急ABC岗、消防救援联勤联动、安全专家常驻、智慧安监管理、安全生产约谈等制度落地实施，危化品安全监管模式在全市“强基促稳”会上作典型发言。全面抓好应急管理部和省、市安全生产专项检查反馈问题整改，推进危化品、道路交通、消防、食品安全等11项专项整治，共排查隐患1623条，全部按期整改；编制修订突发事件、危化品生产安全等应急预案，通过实战练兵检验预案、磨合机制、锻炼队伍。建立非洲猪瘟联防联控机制，严控非洲猪瘟疫情。惠民举措深入人心。投入1.09亿元，办好28件为民办实事项目；505微心愿特色做法在国务院和新华社网站刊登、获全省机关体制创新案例一等奖。落实就业创业政策，提供创业担保贴息贷款315人，组织技能培训4500人次，促进转移就业4532人。实施全民参保计划，新增参保登记2.5万人。进一步提高养老、低保标准，救急难、“互联网+”居家养老助残向村（居）延伸，2.2万人次困难群众通过低保救助、临时救助、医疗救助、慈善救助、志愿服务等得到暖心帮扶。推进安置房不动产登记，打通上市交易通道。实施安控区涉迁村“离土不离村、乔迁利不减”服务管理创新专项行动，全区101个村（居）完成集体经济组织股份制改革，11个村（居）与区属国企签订壮大村级集体经济合作协议，经营性收入5万元以下薄弱村全面消除。优质资源扩大供给。实施中小学（幼儿园）新改扩建项目20个，新增学位4800个，转移安置安控区随迁子女就学778人，学前教育普惠率达81.3%；美发中学、行政核心区实小分别与福州时代中学、福建师范大学附小合作创办福建师范大学泉港实验中学、福建师范大学泉港实验小学，三川中学、庄重文实验小学分别获评全国教育系统先进单位、中小学中华优秀文化艺术传承学校，山腰中心小学等4所学校获评全国足球特色学校，“区管校聘”改革经验在中国教育报头版头条专题报道。推进妇幼保健院迁址重建、泉港区医院病房楼2#楼项目建设，区级“六大中心”建成投用，基本公共卫生服务工作考核全市第三；泉港区中医医院开业运营。开展第十一届海峡论坛·泉台青年交流汇，举办第七届全民健身运动会，全市创建国家公共文化服务体系示范区经验交流会在我区召开。建成区融媒体中心、有线广播电台。《泉港年鉴（2018卷）》荣获全国年鉴评比优秀成果三等奖。社会环境净化有序。开展“治安最安全、执法最满意、社会最平安”吉祥泉港创建，深化扫黑除恶专项斗争，打掉黑恶组织（团伙）5个39人，缴获无合法手续成品油1763吨、抓获违法犯罪嫌疑人148人。建立人民调解咨询团、巡回导师团，排查调处各类矛盾纠纷1587起、调处成功率99.9%；化解历史信访积案16件，进京到非接待场所信访人数为12年来最少。

2020年是高质量发展落实赶超、全面建成小康社会、“十三五”规划、产城融合行动的收官之年、决胜之年。泉港区工作总体要求是：以习近平新时代中国特色社会主义思想为指导，全面贯彻党的十九大和十九届二中、三中、四中全会精神，落实中央经济工作会议要求，围绕区委“观念立区、主业强区、生态优区、富民兴区、和谐安区”要求，对照本届政府“实现五个翻一番”“建设三个泉港”承诺，坚持稳中求进工作总基调，践行新发展理念，坚决打赢三大攻坚战，全面做好“六稳”工作，统筹推进稳增长、促改革、调结构、惠民生、防风险、保稳定，推动高质量发展。经济社会发展预期目标是：地区生产总值增长7.5%，农林牧渔总产值增长1%，工业增加值增长7.5%，第三产业增加值增长8%；一般公共预算总收入增长8%，一般公共预算收入增长8%；固定资产投资增长8%；出口商品总值（海关口径）增长5%，实际利用外资（验资口径）增长3%；社会消费品零售总额增长9.5%；居民人均可支配收入增长7%。为此，要抓好总投资1605.97亿元的216个区级重点项目，确保完成年度投资292.72亿元。

（摘编：张海生）

石狮市社会发展概况

2019年，石狮市坚持以习近平新时代中国特色社会主义思想为指导，认真贯彻党的十九大和十九届二中、三中、四中全会精神，全面落实上级各项决策部署，积极应对各种困难挑战，较好地完成了年初确定的各项目标任务，保持了经济健康发展和社会大局稳定。全年实现地区生产总值增长7.5%，一般公共预算总收入58.8亿元、增长-9.6%，全体居民人均可支配收入54960元、增长7.8%，经济综合实力晋升至全国中小城市百强第15位。

社会发展的主要工作和成效体现在：

城乡建设提质加速。城市品位显著提升。海岸带开发建设全面铺开，红塔湾旅游路、一重环湾快速路（石狮段）等相继建成通车，镇中路中段、西南一路、回兴路塘后段等“断头路”成功打通，山海城联动发展格局翻开新篇章。海岸带、重要通道沿线环境综合整治成效明显，宝盖山生态公园、环湾湿地公园、红塔湾海岸公园不断完善，十里黄金海岸、万亩城市公园成为新的休闲旅游好去处。坚持创城常态化，促进移风易俗、公益慈善蔚然成风，被列为全国第二批新时代文明实践中心建设试点。在全省率先实施环卫一体化PPP项目，开展7个垃圾分类试点，改造修缮老旧小区11个，新建公共停车泊位1547个，全面拆除中心市区主干道两侧护栏，整治“两违”建筑30.6万平方米。乡村振兴全面推进。大力发展特色现代农业，建成益农科技社82个，培育泉州市级以上农业产业化龙头企业6家，实现镇（街道）科技特派员全覆盖，基本完成农村集体经济成员身份确认和股份合作制改革。扎实推进“一革命四行动”，完成10个重点村“十个一”项目建设，新改建城乡公厕51座，新建农村生活污水收集管网296公里，实现全域生活垃圾治理常态化。生态环境更加宜居。全面抓好中央、省环保督察以及海洋督察反馈问题整改，泉州湾南岸河口湿地水头围堰养殖、梧垵溪跨境流域污染、将军山垃圾填埋场等环保问题得到有序治理。开展打赢蓝天保卫战三年行动，空气优良率提升至95.1%。严格落实河（湖）长制要求，扎实推进23个水系环境综合治理项目，完成三大集控区“一企一管”改造和大堡、锦尚集控区污水处理厂提标改造，被命名为省节水型城市。开展市树市花评选，造林绿化3557亩、整治废弃石窟21.7万平方米，获评省级森林城市。

民生福祉持续增进。全年民生保障支出占财政预算超七成，民生补短板项目扎实推进，23项为民办实事项目顺利完成，全面小康指数排名全国县级市第23位。保障体系扩面提级。建立边缘地带贫困家庭帮扶机制，发放低保、特困、“关爱女孩”五项工程、残疾人“两项补贴”等社会救助资金2028万元。深入排查整治房屋安全隐患，审批石结构房屋改造30.8万平方米。开展养老机构服务质量提升专项行动，建成湖滨社区居家养老服务照料中心，新增医养结合床位192张。教育发展普惠均衡。完成教育类项目投资4.8亿元，第五实验小学第二校区、凤里街道第二中心幼儿园、城北幼儿园等一批学校建成投用，新增学位4170个、普惠性幼儿园33所。石光中学、石狮一中通过省一级达标高中评估；高考再创佳绩，本科上线率达75.2%；入选省级基础教育改革发展实验区，通过省“两项督导”评估验收，获评省教育强市。卫生健康服务不断提升。启动按疾病诊断分组收付费改革试点，跟进“4＋7”药品集中采购，为群众减轻药费负担近1000万元；被列为国家级紧密型医疗卫生共同体建设试点县，获评全国基层中医药工作先进单位、省级慢性病综合防控示范区。文化供给更加丰富。强化文化遗产保护，景胜别墅入选第八批全国重点文物保护单位，华山村入选第五批中国传统村落，蚶江镇被命名为中国民间文化艺术（灯谜）之乡。承办两岸龙狮赛、环泉州湾国际公路自行车赛“城线”赛事，启动建设宝盖山体育公园，改造提升村（社区）综合文化服务中心49个，新建百姓书房2处、街头体育公园2个。社会治理全面加强。深入开展扫黑除恶专项斗争和“强基促稳”三年行动，严打严控涉黑涉恶涉毒和走私等违法犯罪活动，强化道路交通、危险化学品、渔业渔船、消防等领域安全监管，社会总体保持安定稳定。加强农产品“一品一码”可追溯体系建设，严密防控非洲猪瘟疫情，实现校园食堂“明厨亮灶”和快检室全覆盖，获评省级食品安全社会共治示范市。高度重视国防动员能力建设和双拥共建，全面建立退役军人“一中心两站”服务保障体系。圆满完成第四次全国经济普查。此外，信访、人防、档案、地方志、民族宗教、外事侨务、粮食安全、防震减灾等各项工作都取得新成绩。

自身建设不断加强。精心组织开展市政府系统“不忘初心、牢记使命”主题教育，检视整改“民生急忧盼”问题98个，联邦商业城改造取得重大突破、城北片区征迁加快扫尾。开展“法治政府建设年”活动，有序完成政府机构改革，全面推行行政执法“三项制度”，强化普法宣传，建成40个村（社区）法律顾问示范点。主动接受人大法律监督、工作监督，政协民主监督，监委监督，认真办理“加快旅游业发展”议案和人大代表建议137件、政协提案171件。深入贯彻落实中央八项规定及实施细则精神，认真履行意识形态工作责任制要求，严肃抓好各级巡视巡察反馈问题和审计发现问题整改，切实加强政府廉洁建设。

2020年是全面建成小康社会和“十三五”规划收官之年。根据市七届四次党代会精神，今年石狮市工作的总体要求是：坚持以习近平新时代中国特色社会主义思想为指导，全面贯彻党的十九大和十九届二中、三中、四中全会精神，坚持稳中求进工作总基调，坚定践行新发展理念，坚决打好三大攻坚战，全面落实“六稳”工作要求，在坚持高质量发展落实赶超中加快新旧动能转化，在健全完善基层治理体制机制上积极探索实践，在全面小康建设中聚焦解决发展不平衡不充分问题，深入开展“产业攻坚年”“城市提质年”“交通整治年”“民生提档年”“作风建设年”活动，创新转型，实业强市，奋力推进石狮高质量发展。主要预期目标是：地区生产总值增长7～7.5%；一般公共预算总收入增长3%，一般公共预算收入增长2.5%；工业增加值增长7.5%左右；第三产业增加值增长8%左右；固定资产投资增长7.5%左右；实际利用外资增长2%，进出口总额增长5%；社会消费品零售总额增长9%，居民消费价格总水平涨幅控制在3.5%左右；居民收入和经济同步增长；完成节能减排降碳任务。

（摘编：游学荣）

晋江市社会发展概况

2019年是攻坚实施“十三五”规划的关键一年，晋江市坚持以习近平新时代中国特色社会主义思想为指导，全面贯彻党的十九大和十九届二中、三中、四中全会精神，在上级党委、政府和市委的坚强领导下，在市人大、市政协的监督支持下，坚持稳中求进工作总基调，从容应对挑战，积极有效作为，经济社会保持平稳健康发展。全年地区生产总值增长8.0%；一般公共预算总收入220亿元，增长-4.35%，其中本级收入137.9亿元，增长2.0%；城乡居民人均可支配收入4.34万元，增长8.0%。县域经济基本竞争力位居全国第四位，城市投资潜力、营商环境位居全国县域第二位，入选“中国十大慈善城市”，获批全省首批县域集成改革试点。

一年来，社会发展的主要工作和成效是：

以赛兴城提速提质。统筹“办赛事”与“办城市”，扎实推进16个城市专项行动计划，城市颜值和内涵持续提升，晋江元素在外交部、国新办等推介活动上频频亮相。赛事筹办紧凑高效。世中运组委会第一次全体会议顺利召开，赛事LOGO、主题口号和形象大使闪亮揭晓，赛事官网、志愿者招募系统开通启用，足球公园等3个场馆建成投用，第二体育中心、少体校等场馆提速建设，顺利通过国际中体联三次赛前考察，倒计时一周年活动闪耀全城。世界沙滩排球巡回赛、国际马拉松赛、CBA联赛等11项体育赛事成功举办，首届国际大体联足球世界杯精彩上演，16个国家24支球队驰骋绿茵，体育晋江迈向世界。承载功能持续增强。高铁二期征迁顺利收官，晋东新区、紫帽片区加快开发。2个老旧小区完成改造，2个安置房项目实现回迁，国际人才社区启用入住，象山超高端人才社区动工开建。沿海大通道、江滨南路、深安线完成拓改，兴紫大道、晋新路军垦农场段建成通车，厦漳泉联盟路、福厦客专加快推进。晋江机场成为全国首批“一带一路”沿线国家人员出入境便利安排口岸，年吞吐量突破800万人次。2个公交枢纽站投用，公共交通全面实现新能源替代。完成1.5万户二次供水改造，新改建公厕102座。综合管理精细精致。中心市区停车收费启动实施，地下闲置停车位陆续盘活，停车难题有效破解。大数据管理中心建成投用，“数字城管”扩能提级，线上线下联动对接，小区物业、建筑工地、渣土车等专项治理有力推进。10个事故多发点、10个易堵点、35处积水点完成改造。开展133个生活垃圾分类试点，覆盖19个社区和所有学校医院。生态创建扎实有力。认真抓好中央生态环境保护督察反馈意见整改，铁腕推进污染源整治“霹雳”系列行动，查处违法排污企业330家，关停“散乱污”企业245家，石材行业整治成效持续巩固。完成陶瓷企业干燥塔在线监控，晋南热电厂集中供热项目投用。建成农村污水处理项目33个，打通污水“断头网”8条，铺设污水管道47.76公里。安东园、深沪污水处理厂试运行，南港二期扩建、泉荣远东三期提标工程开工建设。加强泉州湾河口湿地、深沪湾古森林遗址等自然保护区保护管理。划定水源保护红线、龙湖工程管理保护范围，深化饮用水源地和金门供水水源保护。实施173个河流整治项目，整治河道41.2公里，引水第二通道、市区生态水系连通工程正式通水，流域水质明显改善。

乡村振兴纵深推进。注重点面发力，推动乡村发展，磁灶、英林2个镇获评省级乡村振兴特色乡镇，瑶前、华海、檗谷等20个村入选省级乡村振兴示范村。发展路径多元拓展。农村土地制度改革三项试点圆满完成，多项成果被新《土地管理法》吸收，农村集体产权制度改革、农村“双创”成为全国典型。新增省级以上农业产业化龙头企业9家，“安海土笋冻”获评国家农产品地理标志。深入开展“城乡环境整治攻坚年”活动，“两高”及重要通道沿线环境整治稳步推进，“三拆一清”“一革命四行动”扎实有力，整治裸房1442栋，拆除“两违”50.7万平方米。植树造林1.65万亩，回填废弃石窟11个，绿化矿山迹地195亩，崎山公园、晋江下游（南岸）生态公园部分开放，九十九溪万亩田园风光初具雏形。乡村治理更加有效。开展乡村善治试验，“三治”融合深入推进，农村治理人才认定机制全国首创，基层议事协商全面推行，“1+3+N”调解格局逐步完善。成功承办全省乡村治理暨乡风文明体系建设现场推进会，获评全国乡村治理体系试点示范县，村庄规划工作成为全国典型。

美好生活更有质感。财政投入86亿元用于民生建设，占本级支出71.13%。惠民实事落细落实。办好29件为民实事和224件“民生微实事”，通过民生观察眼、市民考察团等活动，积极回应“群众点题”，学生配餐、交通出行、课后延时服务等一批难点问题有效破解。237户困难家庭得到暖心帮扶，4166宗石结构危房完成改造。公共服务扩面提质。获评“省级教育强市”，实施122个教育项目，新增优质学位8040个，普惠性幼儿园覆盖率达88.1%。精准做好控辍保学工作。福大科教园迎来首批本科生，泉州职业技术大学正式挂牌，拔萃双语学校顺利开办，晋江一中、养正中学入选全省首批示范性普通高中建设名单。晋江健儿时隔20年重夺泉州市运会金牌总分“双第一”。实施18个医疗卫生项目，新增病床位852张，深化与树兰医疗等优质资源对接，打造3个医疗服务“航空港”，成立全省首个卫生健康人才发展促进会，全国知名专家、院士坐诊1500多人次。全市26万名中小学生享受免费健康体检。深入开展爱国卫生运动，登革热等疫情有效防控，省级慢性病综合防控示范区通过验收。建成4个镇级敬老院、20个居家养老服务站、5个“嵌入式”小型养老机构，新增养老床位653张，社会福利中心老年康复医院投用，社会救助综合改革试点通过国家验收。首届文化旅游节成功举办，第六批市级文保单位和非遗代表性项目正式公布，梧林传统村落提速建设，五店市被确认为中国华侨国际文化交流基地，安海镇、福林村获评第七批中国历史文化名镇名村，晋江入选全国县域旅游竞争力百强。社会治理全面加强。安全生产技术顾问服务全面实施，“智慧消防”建设加快推进。深化扫黑除恶专项斗争，深入开展“强基促稳”三年行动，在全省首创民警背包住村模式，“六守六无”平安系列创建扎实推进，社会治安、信访维稳、安全生产、粮食安全、食品安全等形势保持稳定。公安局刑侦大队获评全国“人民满意的公务员集体”，晋江获评全省“七五”普法中期先进市。此外，民族宗教、统计档案、国防双拥、防灾减灾、对口帮扶、老干老龄、工青妇儿、红十字、残疾人、退役军人等工作都取得新成效。

2020年是全面建成小康社会和“十三五”规划的收官之年，也是“十四五”规划的谋划之年。根据市十三届党代会四次会议精神，晋江市工作的总体要求是：以习近平新时代中国特色社会主义思想为指导，全面贯彻党的十九大和十九届二中、三中、四中全会精神，深入学习贯彻习近平总书记重要讲话重要指示批示精神，全面落实习近平总书记在参加十三届全国人大二次会议福建代表团审议时的重要讲话精神，坚持稳中求进工作总基调，坚持新发展理念，坚持以供给侧结构性改革为主线，坚持以改革开放为动力，坚决打赢三大攻坚战，全面落实省委、泉州市委和晋江市委决策部署，推进县域治理体系和治理能力现代化，决胜高质量赶超、更高水平全面小康、重大赛事举办三大任务，加快国际化创新型品质城市建设，不断创新发展“晋江经验”。

（摘编：王诗诚）

南安市社会发展概况

2019年是中华人民共和国成立70周年，也是南安高质量发展取得显著成效的一年。一年来，在中共南安市委的坚强领导下，在市人大、市政协的监督与支持下，南安市坚持以习近平新时代中国特色社会主义思想为指导，团结依靠全市人民，聚焦聚力高质量发展落实赶超，以新思想定向领航、以新理念指引发展、以新作为实干担当，较好地完成了年初确定的目标任务，新时代现代化新南安建设迈出新步伐。全市地区生产总值1295.44亿元、增长8%，一般公共预算总收入89.23亿元、增长11.6%，一般公共预算收入突破50亿元、增长8.8%，综合实力居全国中小城市百强第29位、最具投资潜力百强第11位、综合经济竞争力百强第40位、工业百强第24位，上榜全面小康指数百强第68位、全国营商环境百强第16位，分别比上年提升5位和30位，被确定为全省乡村振兴重点县。坚持抓项目增后劲。551个重点项目完成投资610多亿元，新对接招商项目219个、总投资980多亿元，民企对接项目投资额居泉州市前列，“五个一批”综合考评再次进入全省前十。全市固定资产投资（不含农户）增长15.5%。坚持稳企业重提升。旗帜鲜明扶持民营经济发展，大力开展政策“面对面”宣讲活动，创新惠企政策代申报机制，兑现惠企资金7.67亿元，减免税费近13亿元。民营企业加快“扩能生根”，4家企业入选省民营企业百强榜单，省“专精特新”中小企业累计达32家、数量居泉州市首位。坚持优保障促发展。在全省率先实行生态资源空间管理委员会制度，生态资源配置和空间管控迈入制度化轨道。优化土地供应方式，创新“可租、可售、可退出”弹性供地模式，盘活存量土地4700多亩。多措并举防范金融风险，帮助企业应急转续贷近50亿元，不良贷款率实现逐年压降。金融服务实体经济作用增强，融资担保额居泉州市前列，新增贷款60亿元。获评全省PPP工作成效先进县市。高质量完成第四次全国经济普查。

社会发展的主要工作和成效是：

致力精建细管，城乡发展显现新面貌。城市承载功能更完善。“五馆一校一场”项目加快实施，新行政服务中心建成投用，67个城建项目完成投资近68亿元，城北新城框架逐步拉开，市区建成区面积拓展至46.4平方公里。城南山水漫道工程全面开工，柳湖水系连通综合整治工程进展加快，“两溪一湾”陈塘示范段主体完工，“两高一通道”沿线环境综合整治扎实推进，涌现丰州燎原等样板经验，城市景观带串绿成链，水清、绿透、城秀、文蕴的滨江城市渐展风姿。市民生活环境更宜居。着力垃圾“回家”、污水“进管”，启动餐厨垃圾处理厂建设，全面推行城乡环卫一体化管理，新建城镇污水管网9.6公里。系统推进停车、应急、消防、防汛等智慧项目应用建设，动真碰硬整治渣土车、施工扬尘、“滴洒漏”等城市顽疾，高压拆违82万平方米，新（改）建市政道路19.5公里，新增公共停车位440个、充电桩160个，群众家门口的变化可观可感。城乡融合发展更协调。投入30.2亿元推进交通建设，兴泉铁路南安隧道顺利贯通，厦漳泉城市联盟高速南安段完成主体工程，创意大道（一期）、大岭公路改造工程实现通车，茂盛路即将全线贯通，南金、南同公路市区路段完成市政化改造，新增公路里程67.6公里，蓬华、金淘成为泉州市“四好农村路”示范镇，“内联外畅”开启新格局。启动国土空间总体规划编制，全域城乡建设规划体系进一步完善，南翼新城同城一体聚合效应更加凸显，东、西溪流域各具特色、竞相发展。水头、石井、仑苍、官桥再次入围全国千强镇，罗东成为新型城镇化建设新典范，全市城镇化率提高至61.2%。全域生态环境更秀美。在全省率先推行“湾长制”，严格落实河（湖）长制，严厉打击取缔“散乱污”企业217家，中央生态环保督察、海洋专项督察整改取得阶段性成效，中小流域劣Ⅴ类水质全部消除，空气质量优良率达99.4%。山美水库水质监测站获评全国“最美水站”。率先在全省制定涉矿土地平整实施意见，完成矿山生态恢复治理346亩、植树造林1.76万亩、水土流失治理8.76万亩，获评省级森林城市。

启动村庄分类规划编制，农村建房实现指标、选址、审批、设计“一套图则”规范化管理。深化发展壮大村集体经济“五种模式”，空壳村、薄弱村基本消除。农村“三资”清理整治成效显著，410个村（社区）成立股份经济合作社，农村集体产权制度改革经验获全省推广。水头、英都成为全省乡村振兴特色镇。落实“两不愁三保障”，建立防返贫、控新贫、稳脱贫长效机制，建档立卡贫困户稳定脱贫。

致力共建共享，民生福祉获得新提升。聚焦民生保障增强，群众获得感不断提高。落实就业优先政策，新增城镇就业1.8万多人。城乡最低生活保障水平持续提升，城乡大病保险最低报销比例提高5个百分点。建成居家养老服务中心和日间照料中心3个、农村幸福院56家，7家“公建民营”市级养老院投入运营，新增养老床位852张。残疾人工作得到新加强，红十字会、慈善事业稳步发展。探索安置型商品房模式，稳妥解决15个安置房项目不动产登记遗留问题。聚焦社会事业繁荣，群众幸福感更加充实。加快优质教育资源扩容提升，中心城区教育资源整合成效明显，已规划建设至第十三小学，新（改、扩）建幼儿园6所、中小学14所，新增幼儿园学位1800个、中小学学位5130个；中高考成绩排名持续晋位，乡村教师生活补助落实到位。优化优质医疗卫生资源布局，南安医院新院区与上海大学合作建设附属医院顺利签约，童昌医院、成功医院新院区启动建设，新增医疗机构床位450张，基层卫生机构“空白村”全面消除，获评全国基层中医药工作先进单位。积极创建国家公共文化服务体系示范区，全省首创星级“百姓书房”模式，市海丝文化博物馆揭牌开馆，中共泉州中心县委旧址完成修缮提升；开展各类文艺汇演、“三下乡”等活动300余场，承办第九届海峡两岸曲艺欢乐汇，获评中国曲艺之乡；新增国家重点文物保护单位3处，丰州进入福建首批“千年古镇”行列，东田、英都良山村分别成为省级历史文化名镇、名村。精神文明建设深入推进，移风易俗展现新风貌。南安运动健儿32人次在国际、国内比赛中斩获奖牌，入选全国社会足球场地设施建设重点推进城市，九都滑翔伞基地进入中国航空飞行营地行列。聚焦社会治理有序，群众安全感持续增强。深入开展“强基促稳”三年行动，大调解、和谐村（社区）创建、“进企入户”大走访、“两代表一委员”联系群众化解矛盾活动室等举措成效显著，成为有影响、可推广的“南安风景”。纵深推进扫黑除恶专项斗争，高压打击“黄赌毒”、电信网络诈骗等违法犯罪活动，群众安全感指数平均达98.1%。官桥司法所获评全国先进司法所。实行应急救援“一键指挥”，安全生产“双重预防”体系有效运行，重点行业领域专项整治实现全覆盖。加强“餐桌污染”治理，食品药品安全有效保障。深化军地双拥共建，建立退役军人服务管理体系，有效解决军人“三后”问题。工会、共青团、妇女儿童、老年人事业持续加强，民族宗教、统计、人防、海防、粮食、物价、气象、地震等工作均取得新成效。

（摘编：康明辉）

惠安县社会发展概况

2019年，在上级党委、政府和县委的坚强领导下，在县人大及其常委会的依法监督和县政协的支持监督下，惠安县坚持以习近平新时代中国特色社会主义思想为指导，认真贯彻落实供给侧结构性改革“巩固、增强、提升、畅通”八字方针，保持定力，主动作为，全县实现生产总值910亿元、增长8.7%，工业增加值522亿元、增长9.2%；完成一般公共预算总收入78.76亿元、一般公共预算收入37.92亿元，分别增长6%和-3.9%；全体居民人均可支配收入35280元、增长8%，受宏观形势、减税降费等因素影响，虽然一些指标有下行，但高质量的态势在上行，位列全国中小城市综合实力百强、全省县域经济十强。

一年来，社会发展方面主要做了以下工作：

全力推进生态环境治理。打好蓝天碧水净土三大保卫战，切实把生态环境保护好，位列全国中小城市绿色发展百强。持续改善大气质量。深化集体林权制度改革，扎实推进“三带一区”建设和农村“四旁”绿化，高铁高速和重要通道沿线环境综合整治基本完成，新增植树造林和森林经营面积3729亩，全县森林覆盖率29.6%，建成区绿化覆盖率43%，获评福建省森林县城。加大空气污染协同防控和重点行业挥发性有机物深度治理力度，建立轻微污染天气应急响应机制，全年空气质量优良天数比例95%。严格管理水资源。坚持问题导向和系统思维，充分发挥“河长制”“湖长制”关键作用，启动林辋溪全流域系统治理，推进东港溪清新流域等6个重点水利项目，统筹实施控源截污、清淤疏浚、引水补源等措施，综合整治河道26公里。完成惠东污水处理厂提标改造，建成净峰污水处理厂，积极推进农村生活污水治理PPP工程，全县共收集处理各类生活生产污水2625万吨，省考以上断面和集中饮用水水源地水质达标率100%。节约集约利用资源。全面开展第三次全国国土调查，“多规合一”“三线划定”工作取得阶段性成果，加快批而未供和闲置土地专项清理，完成“大棚房”问题专项整治，拆除“两违”建筑37.5万平方米，构建国土空间长效管控机制。实施生活垃圾中转站统一市场化管理PPP项目，加快推进垃圾分类。

加大城乡发展统筹力度。开展城市建设提速年活动，城乡一体化发展更趋协调。功能布局不断完善。惠西新城二期控制性详细规划、生态连绵带专项规划及惠东产城融合概念性规划基本完成，覆盖城乡的空间规划管控体系初步形成。兴泉铁路、福厦客运专线惠安段全线架梁施工，联三线黄塘至虎窟段道路工程、县道309线石井至斗尾港拓宽改造等一批重要交通项目顺利实施，“四好”农村路建设取得新进展，全县新增公路通车里程20公里。新购置50辆电动公交车投入运营，新开通3条公交线路，顺利实现城乡公交一体化目标，60周岁以上市民免费乘车全覆盖，群众出行更加绿色便捷。抓好农村饮水安全巩固提升工程，加快全县供水市场整合，县城区供水供电“一户一表”改造分别完成3000户和8500户。管理水平持续提升。实施创建全国文明城市新一轮集中攻坚，深入开展各类群众精神文明创建活动和实践行动，深化移风易俗改革，全面完成21个创城达标提升项目和5个创城特色项目。扎实推进市容环境、秩序管理、消防安全整治行动，常态化运行数字城管平台，持续开展城市管理考评及第三方测评，严格落实“门前三包”规定，县城区实现

"无癖化"目标。推行主干道路面停车收费管理，加大交通违法曝光惩处力度，礼让斑马线等文明交通意识明显增强。农业农村加快发展。出台乡村振兴战略规划，以提升粮食生产能力为目标，兑现各类惠农奖补资金 1.44 亿元，举办农民丰收节系列活动，引进 11 个台湾农业新品种，完成 2.38 万亩高标准农田建设任务，持续抓好非洲猪瘟防控和生猪稳产保供，新增大吨位大马力渔船 5 艘，完成农业总产值 51.1 亿元、增长 4%。强化山海协作和对口帮扶，扎实推进集体产权制度改革，转移培训农村富余劳动力 3000 余人，科技特派员镇域全覆盖。深化农村人居环境整治三年行动，统筹推进村庄规划编制和住宅建设用地规划布点，实施村庄基础设施建设工程，集中力量抓好"一革命四行动""三清一改"和旱厕专项整治，加快建立完善村规民约，崇武镇通过国家卫生乡镇复评，净峰镇西头村、螺城镇梅山村、涂寨镇文峰村、辋川镇辋川村等一批行政村获得中国传统村落及省级森林村庄、美丽乡村、历史文化名村等荣誉。

不断提高群众生活水平。深入实施"强基促稳"和"XIN"行动计划，优先把 78% 本级财力用于保障和改善民生，完成 45 件为民办实事项目。保障水平持续提升。认真落实低保惠民"八条措施"，城乡低保一体化标准提高至每人每月 630 元，把贫困线边缘的低收入群体一并纳入帮扶范围，落实各类社会救助补助资金 1.19 亿元，爱心帮扶基金新筹集善款 450 万元、累计救助各类病灾群众 382 人，脱贫攻坚成效得到进一步巩固提升。居民保基础养老金标准提高到每人每月 160 元，其中征地征海比例 30% 至 70%、70% 以上群众养老金标准分别提高到每人每月 325 元和 540 元，城乡居民养老待遇标准实现"九连涨"。实行工程项目工资专户管理制度，切实保障建筑工人工资按月足额发放。民生事业加快发展。紧紧围绕加快教育现代化战略目标，建立普惠性民办幼儿园政府购买服务机制，普惠性幼儿园覆盖率 79.8%；推进城乡义务教育一体化改革，11 所小学试点课后延时服务，25 所学校通过义务教育管理标准化市级验收；惠安一中入选福建省首批普通高中示范性建设学校名单，荷山中学通过省一级达标高中复评，亮亮中学主体工程顺利完成；健全产教融合、校企合作培养模式，泉州医高专惠安校区正式招生办学，开成职校通过省级示范性现代职业院校建设工程培育项目评估验收。持续深化医药卫生体制改革，积极推行现代医院管理制度，县医院达到国家卫健委县级医院综合服务能力推荐标准、胸痛中心通过国家认定、谢渭芬名医工作室挂牌运作，县中医院通过二级甲等达标评审；深化医联体建设内涵，新增病床位 260 张，建成 42 家一体化管理村卫生所，县域内就诊率 63%、较上年提升 4.17 个百分点，基本公共卫生和疾病预防控制工作取得新进展。落实"4+7"国家组织药品集中采购和使用试点，城乡居民医保报销比例 53.8%、较上年提升 2.14 个百分点，群众看病难、看病贵问题得到有效缓解。实施农村留守老年人关爱服务行动，取消养老机构设立许可，积极推进医养结合，建成县社会福利中心，新增 23 个农村居家养老服务站，镇级敬老院建设实现全覆盖。成功承办第六届中国泉州国际木偶展演系列活动，完成全县 254 处文物点详尽调查任务，实施崇武城墙东西北段修缮等 23 个文物保护工程，县博物馆和图书馆开工建设，新建 12 个标准篮球场、36 条健身路径和 13 个基层综合性文化服务中心示范点。社会治理不断创新。以提高群众安全感为目标，深入推进扫黑除恶专项斗争，建立健全合成快侦工作机制，高效打击各类犯罪活动，平安"三率"水平持续提升。扎实推进"七五"普法，加快法治文化阵地"一地一品"建设，构建矛盾纠纷多元排查化解长效机制。落实"四个最严"要求，推广网络食品安全封签制度，健全食品"一品一码"全过程追溯体系，农村集体聚餐食品安全责任保险制度全覆盖，通过省级食品安全社会共治示范县考评验收。深入落实安全发展理念，积极构建大安全工作格局。扎实推进退役军人信息采集和光荣牌悬挂工作，全面做好优抚安置和双拥工作，军民融合向纵深发展。

（摘编：李哲）

安溪县社会发展概况

2019年，在省委省政府、市委市政府和县委的坚强领导下，在县人大、县政协的监督支持下，安溪县以习近平新时代中国特色社会主义思想为指导，深入贯彻落实党的十九大和十九届二中、三中、四中全会精神，坚持稳中求进工作总基调，坚持新发展理念，推动高质量发展，扎实做好“六稳”工作，三大攻坚战取得关键进展，较好完成了年初确定的目标任务，在全省、全市赶超跨越大局中凸显生力军和顶梁柱作用。更加注重稳扎稳打，经济发展彰显韧劲。面对复杂严峻的经济形势，保持战略定力，坚定不移办好自己的事，以积极的作为和科学的调度，有效对冲下行压力，经济运行继续保持稳中有进、平稳向好的发展态势。全年完成GDP731.49亿元，增长7.9%；工业增加值311.62亿元，增长9%；第三产业增加值301.53亿元，增长8%；一般公共预算总收入51.28亿元，增长2.3%（剔除减税降费等因素，同口径增长12.3%）；一般公共预算收入31.02亿元，增长1.9%（剔除减税降费等因素，同口径增长10.3%）；固定资产投资增长2.8%；实际利用外资1.21亿元，增长27.2%；社会消费品零售总额358.08亿元，增长14.1%；居民人均可支配收入24081元，增长8.8%。在《人民日报》公布的全国百强县排名中，我县综合实力位列第60位、较2018年度提升3位，最具投资潜力位列第21位、绿色发展位列第54位，均提升2位。

社会发展的主要工作和成效是：

更加注重共建共享，民生幸福富有质感。扎实推进“强基促稳”三年行动，持续推进民生补短板四大行动、“XIN”行动计划以及24件为民办实事项目，年度财政民生支出59.54亿元，占一般公共预算支出82.3%，同比提高1.2个百分点。脱贫成效持续巩固。围绕“两不愁三保障”突出问题，进一步加大住房、教育、健康扶贫力度，防返贫、控新贫、稳脱贫机制得到有效落实；深入推进发展壮大薄弱村空壳村集体经济三年行动，创新用好10种强村模式，金谷、参内中化新农村综合服务站投入运营，“薄弱村”全面消除，脱贫攻坚工作取得决定性进展，经省委、省政府实地考核评为优秀。教育事业优先发展。实施永安小学等14个城区学校新改扩建和安溪五中综合楼等29个乡村薄弱校项目，第十一小学扩建和第八、第十五幼儿园等一批项目投入使用，新增学位8000个。普惠性幼儿园覆盖率达72%，提升14个百分点。加强师德师风建设，整治校外培训机构35家，城区中小学校实现课后服务全覆盖。招录县聘编外合同制教师555名。安溪一中入选全省首批示范性普通高中建设学校。竹藤编工作坊荣获第六届全国中小学生艺术节展演一等奖。81家房地产企业捐资教育基金累计达4.3亿元。医疗服务快速提升。建成县医院门诊医技大楼、县妇幼保健院迁建项目，推进9个医疗基础设施项目建设，新增床位584张。实施空中紧急医学救援项目，启动9个乡镇直升机起降坪建设。解决18所乡村卫生所无址办公问题。柔性引进6名高层次人才；创新县级公立医院编制使用备案制，新聘用121名医技人员；全面实行“先诊疗、后付费”，积极推进“门诊诊室结算”和“住院病房结算”，群众就医满意率提升至96.8%；“中医医疗联盟”进一步发挥作用，央视《焦点访谈》专题报道该县共享药房模式；“云总院”建设经验成为全国医改工作先进典型。社会保障日益完善。完成县社会福利中心二期项目主体工程建设，加快推进湖头敬老院及55个农村居家养老设施项目建设，新增养老床位1518个。2.2万人享有免费养老基础信息化服务，1.44万人次享受政府购买线下实体服务。发放城乡低保、特困人员等保障金5541万元。新增就业5736人。残疾人托养中心服务模式入选全国县域残疾人服务典型样本。深化非洲猪瘟防控；猪肉市场供应稳定，价格得到有效平抑。文体事业蓬勃发展。加快国家公共文化服务体系示范区创建工作。组织文化惠民演出139场，国家艺术基金项目安溪高甲戏赴浙赣桂三省巡演15场。新建镇村文体广场65个。安溪铁观音攀岩国训队获全国青运会一金一银。启动李光地宅和祠保护修缮工程，"安溪土楼"入选第八批全国重点文物保护单位，冶铁史迹列入"泉州：宋元中国的世界海洋商贸中心"申报世界文化遗产项目。社会环境稳定有序。纵深推进扫黑除恶专项斗争，破获九类涉恶案件240起，抓获各类涉黑恶人员405人；全力打击整治外流境外诈骗犯罪，实现"两升两降"。致力解决历史遗留不动产登记发证问题，办理完成首次登记项目25个4200套。持续抓好"七五"普法、禁毒整治、信访化解、大庆安保、食品安全、移风易俗等工作。连续五年未发生较大生产安全事故。同时，民族宗教、侨台外事、国防动员、支前双拥、经济普查、地震、科普、气象、档案及工青妇、社会团体等工作取得新成效。

更加注重宜居宜业，城乡环境明显改善。坚持城乡融合发展，加快新型城镇化和乡村振兴。推进城市提升。启动实施城市精细化管理三年行动。解放路西侧、沼涛实小、祥云路等片区改造有序推进。实施18个老旧小区改造提升项目。同德大桥、参岭隧道开工建设，建成吾都水厂至参洋片区给水管道工程和美法段河滨西路景观工程。凤山书院加快建设，绿道北线一期工程示范段建成开放。推进金火完全中学、安溪六中人行天桥建设。城区绿化面积增至1159公顷。严格执行各项调控政策措施，房地产市场健康稳定发展。推进两翼新城建设，加快湖头站前路片区改造，引进新型商贸综合体；龙门城市综合体、官桥盛桥广场等项目扎实推进，国道355线南翼新城过境段建成通车。推进"两高"整治，完成6条城乡重要通道景观提升。扎实开展"大棚房"、违建别墅等问题整治，拆除"两违"41.24万平方米。调整优化公交线路15条，添置使用新能源公交车65辆。推进乡村振兴。编制实施安溪县乡村振兴战略规划，完成土地确权颁证和产权制度改革。大力发展特色农业，福田芦柑、湖头米粉成功注册地理标志证明商标。深入推进农村人居环境整治，新建改造78座城乡公厕和14600个三格化粪池，完成10581户农村户厕无害化改造，所有行政村实现生活污水治理全覆盖；旱厕整治工作得到国务院检查组高度肯定。入选全国农村创新创业典型县。实施2个省级乡村振兴特色乡镇、30个省级乡村振兴试点村和24个省级美丽乡村建设。虎邱镇入选全国乡村治理示范乡镇，城厢经兜村入选全国乡村治理示范村，西坪南岩村、桃舟吾培村入选第五批中国传统村落，芦田福岭村获评2019年中国美丽休闲乡村。实施金谷元口至尚卿路段沥青路面改建、福田高速出口至漳平界路段提级改造；新建成农村公路改造提升工程150公里，改造危桥15座，建设农村公路安全生命防护工程447公里，获评省级"四好农村路"示范县。选派市级科技特派员55名，实现乡镇全覆盖。农民讲师团获评"全国基层理论宣讲先进集体"。推进生态文明建设。配合做好第二轮中央生态环保督察工作，抓好反馈问题整改落实。加强大气污染防治，空气质量优良天数比例提升至98.6%。深化河（湖）长制、山长制。治理水土流失13.1万亩，水土流失率降至17.76%，降幅居全省第一位。植树造林20737亩，创建1个省级森林城镇和4个森林村庄。建成安全生态水系13公里，实施河道治理28公里；推进水电站最小生态下泄流量设备改造，流域水环境达标率100%。推进土壤污染防治，转移处置危险废物3.7万吨。

（摘编：彭金龙）

德化县社会发展概况

2019年，德化县以习近平新时代中国特色社会主义思想为指导，深入学习党的十九届四中全会精神，全面贯彻习近平总书记对福建工作的重要讲话重要指示批示精神，在上级党委、政府和县委的坚强领导下，牢牢把握稳中求进工作总基调，积极践行新发展理念，全面实施“三五三”战略，较好地完成县十八届人大三次会议确定的目标任务。强化政策引导，全力攻坚克难，经济运行处在合理区间。实现全县生产总值268亿元，增长8.7%；一般公共预算总收入18.77亿元，增长2.8%；一般公共预算收入11.95亿元，增长1%。政策扶持精准有力。出台进一步推动陶瓷产业跨越发展十八条措施、扶持电子商务创业园、支持全域旅游发展、扶持打造特色精品民宿、延续“瓷艺贷”及“二次抵押”金融业务等一系列政策措施，助推产业发展。实现农业总产值22.6亿元，增长3%；工业增加值116.7亿元，增长9.5%；第三产业增加值104.8亿元，增长7.7%；水电发电量8.95亿千瓦时、产值2.5亿元；规模以上矿山冶炼业产值52.07亿元，增长35%；社会消费品零售总额86亿元，增长11%；固定资产投资增长13%。

注重建管兼顾，狠抓扩容提质，城乡统筹发展取得进展。城市品位明显提升。完成霞田文体园、城西片区控规报批。投入40.24亿元推进32个市政提升工程。实施唐寨山公园提升工程，缨溪公园、驾云亭公园扩建一期、坪埔安置小区公园、龙门桥建成投用。蒲坂高位水厂、污水厂三期工程投入试运行。新增城市道路25公里、沥青路2.5万平方米、隔离护栏17公里、纯电动公交车35部。新改建供水、燃气、污水管网36.8公里。开展城市管理攻坚行动，整治占道经营、扰民烧烤摊点等顽疾，拆除“两违”14.14万平方米，清理批而未供与闲置土地4022.9亩。兴泉铁路德化段和国省干线、通乡镇公路加快建设，城关至嵩口高速公路可研通过省发改委审查，厦沙高速汤城枢纽至德化段拓宽改造正式获批。乡村振兴全面推进。制定实施《德化县乡村振兴发展战略（2018—2022）》，国宝乡入选全省100个乡村振兴特色乡（镇）名单，13个村入选全省乡村振兴试点村，新增中国传统村落13个，列入市级重点扶持传统村落2个，有济村入选全国乡村治理示范村候选名单。开展“一清二整三美化”农村人居环境整治，创建典型示范村57个，41个村实施农村户厕改造整村推进，25个村完成生活污水治理。2条市乡村振兴精品线路建设扎实推进，新建“千村整治、百村示范”美丽乡村18个、美丽乡村景观带3条、“绿盈乡村”62个。2个市级小城市培育试点镇完成投资10.85亿元。生态建设得到加强。扎实做好第二轮中央生态环境保护督察整改工作。投入3.27亿元，加快闽江防洪工程德化段（二期）、美丽库区建设、3条河道治理、4个水利风景区升级和农村饮水安全巩固提升，完成水土流失治理3.91万亩。水电站泄流设施改造87座、退出10座，抓好2个清新流域样板工程和7个安全生态水系项目建设。完成造林绿化2.5万亩，戴云山生态博物馆、生态法治教育馆开馆，创建省级森林村庄10个，获评中国天然氧吧，海峡水泥获评省级绿色工厂，九仙山入选全国森林健康养生50佳。城区环境空气质量优良率、城区饮用水源地水质达标率均达100%。

突出均等普惠，加大民生投入，社会保障水

平不断提高。民生支出21.33亿元，占一般公共预算支出的77%。脱贫成效持续巩固。落实“两不愁三保障”政策，建立防返贫、控新贫、稳脱贫长效机制，农村建档立卡贫困人口未出现返贫现象，实现村财5万元以下的薄弱村全部消除、10万元以上的村达127个。教育普惠优质发展。投入4亿元推进16个教育项目建设，7所公办学校交付使用，新引进4所普惠性民办幼儿园，新增校舍面积5万多平方米、学位5280个，中、高考质量稳步提升，教师进修学校创建“省示范性学校”和县教育“两项督导”分别通过省级评估。医疗水平逐步提升。投入1亿元加快建设县医院医技楼、立体停车楼、妇幼保健院、第三医院和16家中医馆。投入2844万元，推进“互联网+医疗健康”信息化，成立县总医院，建立与三级医院协作网络，组建2个紧密型医共体，建设22家医疗机构协作共享的分级诊疗平台。深入开展健康扶贫、上门评残、“暖心服务”行动、巡回医疗健康服务，“健康德化”建设持续推进。社保体系不断健全。巩固扩大医保覆盖面，推进社保扩面提标，城乡居民养老保险基础养老金最低标准提高至每人每月123元。在全市率先试行非公初级职称自主评聘工作，积极落实就业创业政策，广泛开展就业创业培训，安置公益性岗位83个，加强治欠保支力度，防范和打击虚假仲裁做法在全省推广。新建居家社区养老服务照料中心4个、农村幸福院15个。广泛开展临时救助和慈善救助。老龄、老干部工作得到加强。各项事业协调发展。成立县融媒体中心。国家公共文化服务体系示范区建设扎实推进，建成桂祥图书馆，提升改造乡镇综合文化站、村级综合文化服务中心示范点31个，创建非遗和文创展示基地3家。举办第十届海峡两岸生物多样性与森林保护文化研讨会，戴云山保护区获批省级对台交流基地。荣获2016—2020年度省科普示范县。积极创建全国文明城市，持续推进移风易俗，新时代文明实践工作列入全国试点。深化扫黑除恶专项斗争，创新矛盾纠纷化解机制，扎实推进陶瓷企业“瓶改气”“三合一”场所消防等重点领域专项整治，加强食品药品监管，列入全省第四轮首批平安县创建复核验收县（市）区。完成第四次全国经济普查。双拥共建工作深化发展，拥军支前保障有效落实，兵役征集工作走在省市前列。民族宗教、人防、工青妇、慈善、残疾人、外事侨台、防震减灾等工作也取得新成效。

加快职能转变，提升行政效能，政府自身建设全面加强。精心组织开展县政府系统“不忘初心、牢记使命”主题教育，严格落实解决形式主义突出问题切实为基层减负的各项要求，出台《关于进一步规范县级单位银行账户和资金存放管理》《关于进一步规范政府性投资项目管理工作》等规章制度，政府治理体系不断完善。严格执行县人大及其常委会决议决定，自觉接受县人大法律监督和工作监督，主动接受县政协民主监督，认真办理人大代表建议281件、政协提案163件，满意率和基本满意率达100%。落实政府机构改革，优化职能配置，加强政府自身建设和机关效能建设，持续强化审计监督，营造风清气正的政治生态。

2020年是“十三五”规划收官之年，是全面建成小康社会的决胜之年，是开启全面建设社会主义现代化国家新征程的崭新一年。做好德化县工作必须以习近平新时代中国特色社会主义思想为指导，全面贯彻党的十九大和十九届二中、三中、四中全会精神，坚持稳中求进工作总基调，坚持新发展理念，坚持统筹城乡发展，持续深化供给侧结构性改革，继续打好三大攻坚战，以实施“五个年”活动为抓手，全力推动高质量发展，努力打造海丝路上具有国际影响力的现代化世界瓷都。经济社会发展的主要预期目标是：全县地区生产总值增长7.7%，一般公共预算总收入增长3%，一般公共预算收入增长2.5%，固定资产投资增长9%，进出口总额增长3%，实际利用外资增长2%，社会消费品零售总额增长9.5%，居民人均可支配收入和经济增长基本保持同步，完成节能减排降碳任务。

（摘编：林学军）

永春县社会发展概况

2019年，在上级党委、政府和县委的坚强领导下，在县人大、县政协的监督支持下，永春县坚持以习近平新时代中国特色社会主义思想为指导，深入贯彻落实党的十九大和十九届二中、三中、四中全会精神，牢牢把握稳中求进工作总基调，全面贯彻新发展理念，积极应对各种挑战，全力以赴强产业、稳增长、促发展。全年实现地区生产总值增长8.0%，一般公共预算总收入19.27亿元，一般公共预算收入12.27亿元，全体居民人均可支配收入26993元。

一年来社会发展的主要工作和成效：

城乡环境在综合整治中持续改善。乡村振兴特色彰显。编制完成《永春县实施乡村振兴战略规划》。获评全国农村人居环境整治成效明显激励县，列入全省实施乡村振兴战略重点县。蓬壶镇入选“全国乡村振兴特色产业小镇”，五里街镇列入全国“一村一品”示范村镇。成功举办第二届“农民丰收节”、首届“中国永春芦柑文化旅游节”。“永春芦柑”获批福建十大农产品区域公用品牌、“岵山晚荔”荣获全国优质荔枝擂台赛铜奖。深化“清新桃源·宜居永春”三年行动，创建4个“无裸房乡镇”、10个“无裸房镇区”、100个“无裸房村”。开展城乡人居环境综合治理“百日攻坚”行动，拆除“两违”28.4万平方米。创建10个美丽乡村县级示范村和5个精品村。该县作为起草单位之一的《美丽乡村建设评价》国家标准获批颁布。入选全国推进美丽乡村经营管护机制改革试点县。环保整治有力推进。积极配合第二轮中央生态环保督察，做好反馈问题整改，集中解决38个环境突出问题。实施5个大气重点治理项目，环境空气质量达标天数占比99.4%，综合指数排名全市第一。节能降耗“双控”目标考核全市第一。新改建城区污水管网17公里、排水口15个、农村三格化粪池7093户。新建24座农村污水处理设施，新增98座委托第三方运维管理。完成39家规模生猪养殖场标准化改造，关闭拆除43家牛蛙养殖场。严格落实“河长制”，加快推进全面治水，128个项目完成投资8.47亿元。深入实施《永春县桃溪流域水质提升方案》，汇入桃溪的22条主要支流水质有15条跨类别提升，各乡镇行政交界断面Ⅲ类水质达标率100%，3条河流入选泉州市魅力河道。推进电站生态下泄流量改造，全国农村水电绿色改造现场会在我县召开。有序推进土壤污染防治，完成造林绿化1.52万亩、治理水土流失3.2万亩、补充耕地1699亩。基础设施日益完善。改扩建燃气管网15公里、供水管网35公里，拓宽城区道路3.54公里，新增小绿地、小公园11处。推进“生态连绵带”建设，创建桃溪国家湿地公园。县城区7个单位开展垃圾分类试点，县垃圾填埋场渗滤液处理系统实现市场化运营。新改建“四好农村路”68公里，危桥改造7座，安全生命防护工程70公里。农村公路管养市场化率100%。新建农村电网190公里，改造低压线路92.8公里。无线网络行政村覆盖率100%。

社会事业在稳步发展中持续推进。全年民生投入25.5亿元，占财政支出74.9%。53个县级为民办实事项目完成投资18.28亿元，占年度计划投资105.3%。脱贫成果得到巩固。健全防返贫、控新贫、稳脱贫长效机制，全县稳定脱贫2463户7756人。实施村集体经济消薄倍增专项行动，出台发展壮大村集体经济奖励办法，消除经营性收入1—5万元的薄弱村59个。社会保障加快完善。设立中国海峡人才市场永春分部，新认定高层次人才354人。新增城镇就业4585人，城镇登记失业率1.15%。城乡居民基本养老保险参保率99.98%。安置地质灾害隐患点居民、低保户、特困户、贫困残疾人等22户。建成儿童福利院，扩建安康医院。教育事业再创佳绩。教育“两项督导”获省级优秀，中考全市前50名4人，状元花落永春；高考理科全省前100名2人，文科前50名1人，3人录取清华、北大。新、扩建幼儿园5所、中小学校舍3幢。新成立教育基金会15个，筹集资金2096万元。医疗养老稳步提升。组建县总医院，签订医保基金打包支付协议。3家医疗机构开展总医院框架下的片区医联体试点，爱尔眼科投入使用。推动医养结合，11家中医馆开展老年人康复医疗服务。探索6种养老服务典型模式。建成投用区域性养老中心1个、老年活动中心8个。新建农村幸福院10所、居家养老服务站20所、居家（社区）养老日间照料中心2所。文体事业繁荣发展。创建22个达标乡镇综合文化站，223个村（社区）综合文化服务中心。建设“6982”书吧等“百姓书房”。建成林俊德纪念馆、事迹报告厅，传颂将军精神。五里街古街修缮全面铺开。成立县融媒体中心。4处文保单位获评第八批全国重点文物保护单位。组织群众性体育活动110多场（次），圆满完成环泉州湾国际公路自行车赛永春赛段、第四届海上丝绸之路国际艺术节永春分会场等大型活动承办工作。社会大局安定稳定。实施“强基促稳”三年行动，推进“七五”普法工作，创新“135”庭所共建机制，排查化解各类矛盾纠纷1973件。深化扫黑除恶专项斗争，打掉恶势力集团1个、团伙2个，综治三率排名全市前列。整顿关闭非法违法煤矿，拆除建筑物50.53万平方米、煤场28.78万平方米。持续推进食品“一品一码”可追溯工作，打牢食品安全防线。开展城市安全风险评估调研和企业“智慧用电”“智慧消防”建设，强化隐患排查整治，安全生产保持稳定态势。

自身建设在作风转变中持续加强。精心组织开展县政府系统“不忘初心、牢记使命”主题教育，实施“领导挂钩民生急忧盼问题”专项行动，检视整改问题25个、化解积案17个。在全市率先开展领导干部任前法律知识考试、领导干部年度述法。严格执行县人大及其常委会决议决定、自觉接受法律监督和工作监督，主动接受县政协民主监督。深化机关效能建设，开展专项督查62次，约谈16人次。深化“放管服”改革，承接市级下放11大项39小项审批服务事项，全市首创二手房交易“七窗合一”。实施工程建设项目审批制度改革，全省首创工程建设项目审批“飞行手册”，审批服务效率居全省前列。同时，民兵预备役、退役军人、双拥共建、国防教育、国防动员、军民融合等工作扎实推进，工青妇、科协、计生协会、残联、文联等群团事业取得新成效，统计、民族宗教、供销、城镇集体工业、老干部、老龄、史志、档案、人防、气象、防震减灾等工作全面进步。

2020年是全面建成小康社会和“十三五”规划收官之年，是开启全面建设社会主义现代化国家新征程的崭新一年。永春县工作的指导思想是：坚持以习近平新时代中国特色社会主义思想为指导，全面贯彻党的十九大和十九届二中、三中、四中全会精神，紧扣全面建成小康社会目标，坚持稳中求进工作总基调，坚持新发展理念，坚持以供给侧结构性改革为主线，按照市委“作答时代命题，聚力赶超攻坚”要求，围绕“乡愁故里、生态桃源、美丽永春”建设目标，深入贯彻落实县委“七大行动”，突出产业升级、乡村振兴、城市提质、改革创新、民生补短，推动高质量发展落实赶超，奋力谱写永春绿色崛起新篇！主要预期目标是：地区生产总值增长7.5%，农业总产值增长3.0%，工业增加值增长8.0%，第三产业增加值增长7.8%，一般公共预算总收入增长3.0%，一般公共预算收入增长3.0%，固定资产投资增长8.0%，社会消费品零售总额增长9.5%，实际利用外资增长3.0%，进出口总值增长3.0%，居民收入增长实现和经济增长基本同步。

（摘编：周忠志）

三明市社会发展综述

2019年，三明市深入学习贯彻习近平新时代中国特色社会主义思想和党的十九大、十九届二中、三中、四中全会精神，认真贯彻落实习近平总书记在参加十三届全国人大二次会议福建代表团审议时的重要讲话精神，做实“四篇文章”、推进“四个着力”、深化“五比五晒”，经济持续稳中向好、社会保持和谐稳定。初步统计，全市生产总值2570亿元左右，增长7.8%～8.0%；一般公共预算收入168.41亿元，增长1.63%；地方一般公共预算收入107.76亿元，增长0.11%；固定资产投资增长9.5%；社会消费品零售总额649亿元，增长10.2%；城镇居民人均可支配收入37825元，增长8.5%；农村居民人均可支配收入18178元，增长9.5%；居民消费价格总水平上涨2.6%。社会发展一些重要领域、重点工作有了新的突破：

城市品牌更加凸显。全面打响“风展红旗如画”品牌，邀请中央、省上媒体来明开展红色苏区行采访采风、再走长征路等活动；“中国绿都·最氧三明”品牌影响扩大，三明和泰宁、尤溪被确定为全国森林康养基地试点建设市、县；“满意在三明”品牌更具内涵，解决了一批群众关心关注的教育、医疗、城市管理“五难”等热点难点问题。三明市跻身中国百强品牌城市第40位。

特色改革走在前列。国务院医改领导小组发文向全国进一步推广三明医改经验，全国医改推进现场会在我市召开。探索试行“林票”制度，普惠林业金融持续深化，全省发展绿色金融服务乡村振兴现场会在我市召开。国家扶贫改革试验区工作机制创新做法被国务院扶贫办肯定推广，城市困难家庭“347”精准帮扶工作机制得到民政部肯定，全省脱贫攻坚现场会在我市召开。基础教育“三大机制”改革持续深化，初中“壮腰”工程入选教育部基础教育改革试点项目，我市成为全省唯一入选“福建省基础教育改革实验区”的设区市。

生态质量全省领先。全市河流健康合格率100%，在全省率先实现辖区考核断面水质全面达标，是全省唯一进入国家“水环境质量排名前30位”和“水质变化情况排名前30位”双榜单城市，市区空气质量达标率继续居全省前列，6个县空气质量排名全省县级城市前十位。明溪跻身第三批国家生态文明建设示范县，尤溪、泰宁、将乐、建宁上榜2019中国最美县域。

群众实惠获得更多。三明位列2019中国地级市全面小康指数第67位。2019年高考成绩包揽文科、理科、美术专业三个“全省第一”，本一上线率再创新高，中考成绩位列全省前列、城乡差距全省最小。我市人均医疗费用远低于全国平均水平，全国居家和社区养老服务改革试点中期评估获优秀等次。营商环境持续改善，31个重点对标项目中有18个全省最优，市直46个部门各类审批服务事项办理时限压缩率达81%，全省最短。建成“e三明”政务服务平台，“12345”便民服务平台共受理办结群众反映事项8.85万件，群众满意率达99.8%。

2019年社会发展的主要工作和成效是：

抓优势促发展，“四篇文章”开创新局面。做实中央苏区文章，用好红色资源，在全市开展“风展红旗如画”红色三明故事宣讲比赛，组织宣讲小分队进京赴省开展宣讲，出版发行《风展红旗如画—红色三明故事》，抓好宁化长征出发地等69个革命旧址的陈列展示、修缮，12个县（市、区）全部列入国家第一批革命文物保护利用片区分县名单；用好老区苏区政策，全市向上共争取各类转移支付资金156.36亿元、比增3.05%，全国医改（三明）培训基地、国家级杂交水稻制种基地等一批项目获国家有关部委支持。强化科技创新支撑，制定出台《三明市进一步加快人才集聚若干措施》和《进一步推进三明市农科院加快创新发展十条措施》，三明特色的机械科学研究总院海西分院、氟化工产业技术研究院、石墨烯研究院、新能源产业技术研究院、中国医药工业研究总院三明分院、三明农科院六大科技研发平台建设成效良好，北京石墨烯研究院福建产学研协同创新中心挂牌成立，获评4家省级院士专家工作站。做实绿色生态文章，大力发展文旅康养产业，制定出台《三明市发展全域森林康养产业的意见》，赴厦门、上海开展文旅康养专场招商推介，成功举办森林康养产业发展论坛，与北京林业大学、省林业局签署森林康养合作框架协议，绿都四季行持续开展，全市游客接待量和旅游总收入分别增长17%、25%。做实精神文明文章，出台城市规划建设管理技术规定等18个政策文件，巩固提升全国文明城市创建成果，修订发布《三明市市民文明公约》，全国“志愿之城”建设有效推进，沙县、泰宁列入全国第二批新时代文明实践中心试点县，4人荣获第七届全国道德模范提名奖、2人荣获全国自强模范称号。

抓攻坚促突破，难题化解取得新成效。全力打好三大攻坚战，打好金融风险防范攻坚战，全市不良贷款率降到1.3%以下、为近五年最低，全市贷款余额突破1500亿元，争取地方政府债券资金62.04亿元，地方政府债务控制在省定限额范围内；打好精准脱贫攻坚战，深化国家扶贫改革试验区建设，剩余的31个贫困空壳村、29个建档立卡贫困村、2个市级扶贫开发工作重点乡均已摘帽退出，明溪、宁化2个省级扶贫开发工作重点县达到摘帽条件，清流、建宁、泰宁、将乐等地相对扶贫试点有效开展，31户89名受灾重建贫困户搬入新居；打好污染防治攻坚战，有序推进闽江流域山水林田湖草生态保护修复试点项目建设，持续深化河湖长制，率先在全省开展钢铁烧结机脱硝试点，完成国土绿化和森林经营面积222.1万亩、治理水土流失面积53.8万亩。组织开展环保督察问题整改专项行动，第一轮中央生态环保督察转办的248.5件信访件已全部完成整改，第二轮转办的200.5件已办结185件，整改完成率92.3%；组织开展城市管理“五难”治理专项行动，全市新增停车泊位5779个、新（改）建公厕159座、整治农贸市场23座、治理背街小巷132条、治理物业管理难小区51个。持续推进“依法和谐征迁”攻坚，市区完成征迁1628亩，一批征迁难题取得突破性进展，明溪、大田、建宁等县征迁工作取得明显成效；创新解决市区不动产登记历史遗留问题460件，一批长时间历史问题得到解决。

抓改革促开放，体制机制释放新活力。各项改革不断深化，出台深化提升医改工作18条措施，探索创新“以人民健康为中心”的医改3.0版新经验；圆满完成市、县两级机构改革，深入推进市场监管、生态环境保护、文化市场、交通运输、农业等领域综合行政执法改革，全面推行行政执法公示、执法全过程记录、重大执法决定法制审核“三项制度”；出台促进基础教育高质量发展16条措施和深化基础教育“三大机制”改革14条措施，全市已组建“总校制”学校57个，覆盖学校158个，实现县（市、区）和基础教育各学段两个全覆盖，受益学生约8万人。对外开放持续深化，成功举办第15届林博会，积极推动明台交流，主动融入海丝核心区建设，复制推广福建自贸区第六批创新成果11项，创新“单一窗口”出口信保服务机制，出口“一带一路”沿线国家和地区50亿元、占全市出口总额29.6%。

抓短板促民生，社会事业再上新水平。全市民生支出占一般公共预算支出的79.42%，较上年提高4.27个百分点，28项省、市为民办实事项目全面完成目标任务。全市新增城镇就业1.65万人，城镇登记失业率2.4%。全市基本养老保险参保率达91.8%，退休人员基本养老金调整全面完成，城乡低保和特困供养标准提高惠及4.2万人。落实猪肉保供稳价工作，向低收入群体发放价格临时补贴1700万元、受益59万人次。全市完成棚户区改造2057套。实施教育补短板项目70个，新增中小学学位5090个、幼儿园学位6570个，普惠性学前教育资源覆盖率91.27%，清华、北大等名校录取分布扩展到12个县（市、区）。实施医疗卫生补短板项目68个，新增床位360张，委托各类医学院校招收培养不同层次的本土化医学人才260名。新建居家养老服务照料中心24个、农村幸福院80个，在全省率先开展乡镇敬老院连锁化公建民营。组建市融媒体中心，全省媒体深度融合暨县级融媒体中心建设现场推进会在三明市召开，《大田后生仔》《遇见绿都三明》等新媒体创作引爆网络，泰宁被列为全省网络剧拍摄基地。精心组织开展庆祝新中国成立70周年主题宣传教育系列活动，万寿岩国家考古遗址公园、三明郊野国家地质公园揭碑开园，中国科学院古脊椎动物与古人类研究所万寿岩遗址科研科普基地挂牌成立，沙县水美土堡群、将乐岩仔洞获评第八批国家文物保护单位。三明籍运动员邓薇在举重世锦赛中勇夺3金并打破三项世界纪录，三明市运动员在全国第二届青年运动会、全国第十届残运会分别获得8金、10金优异成绩，成功举办第七届全市运动会，群众性体育活动深入开展。扎实推进扫黑除恶专项斗争，化解信访积案267件，白沙派出所被命名为全国首批“枫桥式公安派出所”，圆满完成新中国成立70周年安保维稳任务。有力有序有效防抗“5·16”“6·6”等暴雨灾害，创新出台全国首个电梯“梯长制”安全管理地方标准，食品药品安全保障水平不断提高，安全生产形势稳定向好。国防建设、双拥优抚等工作进一步加强，市县乡村四级退役军人服务中心（站）实现全覆盖，第四次全国经济普查圆满完成，工会、共青团、妇女儿童、老龄、慈善、红十字、残疾人等事业加快发展，科普、民族宗教、档案、地方志、水文、气象、地震、库区移民、对口援疆等工作取得积极成效。

抓作风促效能，政府服务展现新作为。扎实开展“不忘初心、牢记使命”主题教育，认真抓好省委巡视反馈问题整改“后半篇文章”，全面从严治党深入开展。深化“五比五晒”，实行分组分类“比晒”、靶向考核，完善正向激励机制，全面推行单位内部二级绩效，让干好干坏、干多干少不一样，有效提振干部精气神。坚持依法行政，分别向市人大常委会提出审议《三明市城市扬尘污染防治条例》《三明市公共文明行为促进条例》的议案，主动接受人大法律监督、工作监督和政协民主监督，支持民主党派、工商联和无党派代表人士参政议政，认真办理市人大代表建议233件、市政协提案275件。深化“放管服”改革，深入开展“六最”营商环境对标活动，取消、下放市直部门行政许可或公共服务事项18项、46项，房建市政、交通、水利工程项目审批时间压缩至90个工作日以内，不动产登记业务办理时限压缩至5个工作日，企业开办时间压缩至3.5个工作日，“一趟不用跑”和“最多跑一趟”事项达1173项，占审批和服务事项92.58%，共有工程建设项目审批时间、不动产登记办理时间、进出口整体通关时间、获得用水时间等18个对标项目全省最优。建立政务服务“好差评”制度，“e三明”连接网上便民服务事项94项，开通全程网办事项36项，开通“随手拍”功能，注册用户55万。加强廉政风险防控，完善工程招投标、政府采购管理等制度，制定出台加强政府投资项目管理、强化财政资金监管、全面实施预算绩效管理等规定，有效发挥审计监督作用。认真落实“基层减负年”部署，坚决整治市委梳理出的形式主义、官僚主义10个方面负面清单突出问题，以市政府、市政府办印发的文件、市政府召开的会议分别同比减少49%、45.7%，对基层督查检查考核事项同比减少70%以上。

2020年三明市发展的主要预期目标是：地区生产总值增长7.5%左右；地方一般公共预算收入增长2%；固定资产投资增长8%；外贸出口增长3%；实际利用外商直接投资增长3%；社会消费品零售总额增长10%；居民消费价格涨幅3%左右；城镇登记失业率控制在4.2%以内；城镇居民人均可支配收入增长8.5%，农村居民人均可支配收入增长9.5%；完成节能减排降碳目标。

（于新民）

三元区社会发展概况

2019年，三元区以习近平新时代中国特色社会主义思想为指导，认真贯彻落实习近平总书记在参加十三届全国人大二次会议福建代表团审议时的重要讲话精神，按照高质量发展和“六稳”工作要求，紧紧围绕建设“实力、创新、宜居”新三元的目标定位，同心奋斗，砥砺前行，全区经济社会向高质量发展迈出了坚实步伐。

一年来，保持定力，凝聚合力，主要指标稳中有进。完成地区生产总值178.5亿元，增长8.5%。地方一般公共预算收入4.51亿元，增长3%，其中税收占比80%以上，增长幅度和质量在全市保持高水平。规模以上工业产值、全社会固定资产投资、社会消费品零售总额保持2位数增长，分别增长12%、13%、12%。城镇居民、农村居民可支配收入分别增长8.6%、9%。

一年来，尽力而为，量力而行，民生短板加快补齐。启动了6个教育补短板应急项目，总投资6.06亿元，预计三年内可增加学位6780个。区卫生服务综合大楼封顶，建成台江村卫生所和吉口村卫生所。“乐龄家园”医养结合服务模式持续创新，高标准建成8个农村幸福院。

一年来，持续创新，优化机制，三元经验成效显著。加快商事制度改革，工商企业登记注册压缩至1个工作日，实现了全市最优。践行森林防火新机制，连续33年无森林火灾，在省、市森林防火责任书考核中，我区均位列第一。设立“12345”便民服务平台，建立“一合二制三改进”工作机制，诉求受理满意率100%，居全市第一。大力发扬“亲民、爱民、为民”精神，白沙派出所获全国首批“枫桥式公安派出所”殊荣。

一年来，社会发展重点做好了以下工作：

简政放权向内发力。推进机构改革，平稳有序完成各部门转隶组建工作。建设工程项目实现全程网上审批，建立“四路并进”项目工作推进机制，项目开工时间平均提前100天以上；梳理“一趟不用跑”和“最多跑一趟”事项599项，占总事项数89.1%，行政审批时限压缩至法定时限的22.41%。重点改革向深拓展。启动城东乡区划改革。农业综合改革有序推进，集体产权制度改革工作基本完成；林权改革深入推广，新型经营主体覆盖面达60%，发放“福林贷”近亿元。金融改革不断创新，园区资产按揭贷年内新增贷款2亿多元，发放“金穗快农贷”6720万元。对外开放精准施策。借力“一带一路”，白炭黑出口至全球50多个国家，毅君机械在进博会成功签约高新设备订单，“名佑”食品与比利时代表团签约，产品走向国际市场。主动融入闽西南经济协同区，围绕“3+2”产业和文旅康养产业，突出产业链招商、以商招商、节会招商，开展招商活动86场，签约项目43个，总投资147.5亿元，年产5万吨醋酸钠、园区集中供热等项目落地生成。

城市建管齐抓并进。悦禾汇·永嘉天地商业中心开业，一建·沁园春、康城嘉园等项目基本建成，太阳岛项目扎实推进，城市面貌与日俱新。城市管理“五难”问题治理专项行动深入开展。实施“城市双修”项目23个，白沙公园建成，北山路周边道路环境整治工程完工，实施一批老旧小区微改造和“三供一业”提升，拆墙透绿22处，将生态要素引入城市空间。乡村振兴多管齐下。高标准编制《三元区实施乡村振兴战略规划(2018—2022)》，扎实推进“五个振兴”。实施重大水利项目6个，完成投资约9000万元。建设农村公路26.46公里，打通草洋、居阳等通村公路“最后一公里”。改造农村饮用水设施，自来水普及率达91%。推进“一革命五行动”，形成农村垃圾处理“三元经验”。“大棚房”问题专项整治工作全面完成。生态治理齐抓共管。坚持联合管控，辖区空气质量稳中有升，工业固废物实现“减量化、资源化、无害化”；突出“生态、生产、生活”管控，打造“河湖长制”升级版，小流域水质均达Ⅲ类标准以上。合力攻坚山水林田湖草项目，建成市区饮用水源综合管理中心。强化环保担当，第二轮中央生态环境保护督察信访件全部办结。

紧盯民生扎实服务。切实把发展成效转化为民生福祉，民生支出占年度财政支出77%。城市困难家庭精准帮扶机制作用明显；农村脱贫摘帽成果显著，“两不愁三保障”目标全面实现。就业再就业政策全面落实，培训各类技能人才1789人，城镇失业登记率为2.09%。落实《关于促进基础教育高质量发展的若干措施》，完成十二中扩容项目，建成岩前幼儿园、第三实验幼儿园。计生奖扶各项政策全面落实。文体事业蓬勃发展，扎实推进遗址保护工程和公共体育设施建设，举行万寿岩遗址国际学术交流会，中科院万寿岩遗址科研基地揭牌。持续开展安全生产隐患排查治理专项行动，积极应对“5·16”“6·10”洪涝灾害，实施新亭路、书香世家地灾治理，切实保障人民生命财产安全。压实平安建设责任，圆满完成第二届数字中国建设峰会、新中国成立70周年庆祝活动等重要活动信访维稳安保工作。

党建引领落实到位。始终坚持以党的政治建设为统领，增强“四个意识”，坚定“四个自信”，做到“两个维护”，扎实开展“不忘初心、牢记使命”主题教育，持续推进“两学一做”学习教育常态化制度化。坚持在区委的领导下开展工作，定期向区委常委会汇报工作，健全政府工作规则，严格落实“三重一大”决策制度。落实全面从严治党的主体责任和监管责任，把落实省委巡视整改反馈意见作为重大政治任务，主动认领问题，细化整改措施，各项工作取得明显实效。法治政府建设不断推进，获评全省七五普法中期先进县（区）。自觉接受人大法律监督、政协民主监督和监察监督，办理市区人大代表建议60件，政协提案90件，满意率和落实率均有提升。

2020年是全面建成小康社会和“十三五”规划收官之年，是高质量发展落实赶超的“交卷”之年，落实赶超任务尤为重要、尤为紧迫。三元区工作的总体思路是：以习近平新时代中国特色社会主义思想为指导，全面贯彻党的十九大和十九届二中、三中、四中全会精神，紧扣全面建成小康社会目标任务，坚持党的全面领导，坚持稳中求进工作总基调，坚持新发展理念，坚持以供给侧改革为主线，坚持以改革开放为动力，推动高质量发展落实赶超，坚决打赢三大攻坚战，全面做好“六稳”工作，统筹推进稳增长、促改革、调结构、惠民生、防风险、保稳定工作，积极融入闽西南协同发展区建设，做实“四篇文章”，推进“四个着力”，深化“五比五晒”，奋力在新三明建设征程中当龙头、树标杆，发挥主力军作用。经济社会发展的主要预期目标是：地区生产总值增长8%，其中第三产业增加值增长9%。农业总产值增长4%；规模以上工业增加值增长8.6%；固定资产投资增长10%；社会消费品零售总额增长10%；出口总值增长3%；实际利用外资3300万元；地方一般公共预算收入增长2%；城镇、农村居民人均可支配收入分别增长8.5%和9%。单位生产总值二氧化碳排放降低目标控制在市下达范围内；完成能源消耗总量及强度“双控”目标和主要污染物减排年度任务。

（摘编：周忠志）

梅列区社会发展概况

2019 年，梅列区坚持以习近平新时代中国特色社会主义思想为指导，深入学习贯彻党的十九大和十九届二中、三中、四中全会精神，做实“四篇文章”，推进“四个着力”，深化“五比五晒”，经济持续平稳增长，社会保持和谐稳定，为推动高质量发展落实赶超迈出了坚实步伐。初步统计，全年实现地区生产总值 343.94 亿元，增长 10.3%；地方公共财政收入 7.66 亿元，下降 1.4%；固定资产投资增长 6.1%；社会消费品零售总额 104.3 亿元，增长 12.1%；城镇居民人均可支配收入 44015 元，增长 9.4%；农村居民人均可支配收入 20187 元，增长 10.1%；完成节能减排降碳年度目标。一些重点领域和项目取得突破：

城市面貌持续改观。城投广场、金澜湾等高端住宅区和商业综合体落座北部新区，城市框架逐步拉开。龙岗二期、三纺厂异地搬迁等历时多年的征迁项目实现突破，积极推进老旧小区微改造试点工作，完成 28 个市区拆墙透绿项目，实施城区“一重山”及“两高”沿线景观提升工程，城市人居环境不断改善。

教育质量稳步攀升。辖区中小学省级义务教育“管理标准化学校”和“教改示范校”创建率为全市最高，中考成绩位列全市前茅。全区组建 5 个“总学校”，受益学生突破 2 万人，基本形成义务教育和学前教育“总校制”办学改革链条，入选“省级基础教育改革发展实验区”，基础教育质量走在全市前列。

平安建设纵深推进。立体化治安防控体系日趋完善，基本实现高清视频监控城区全覆盖。扫黑除恶专项斗争保持高压态势，有效遏制涉众型经济犯罪、网络诈骗、“黄赌毒”等群众反映强烈的犯罪行为，群众安全感率逐年提高。圆满完成新中国成立 70 周年安保维稳任务，顺利通过“省级平安区”验收考评。

一年来社会发展的主要工作和成效是：

城区建设步伐加快。开展“依法和谐征迁”攻坚行动，完成斑竹溪弃土场二期、西江滨路拓宽改造等 21 个征迁项目，其中市级重点项目 16 个，共征收土地 1028 亩，征收房屋 3.12 万平方米；全力推动“城市双修”项目建设，沙溪沿河公共自行车道基本形成闭环，完成市区绿化景观提升工程、背街小巷照明工程等 9 个项目，有效改善了城市整体形象。

城市管理更加到位。开展城市管理“五难”治理，新增停车泊位 349 个，新改建公厕 9 座，农贸市场“脏乱差”、背街小巷疏于管治、小区物业缺失等一批难点问题逐步得到解决。生活垃圾分类有序推进，全区日均减少垃圾量 40 余吨。“两违”、夜市经营、“僵尸车”等综合治理取得扎实成效。社区自治模式更加完善，东安社区“优化服务资源”工作法入选全省优秀社区工作法，通过“全省社区治理和服务创新实验区”验收。

文明创建持续深化。以“二次创业”精神推动文明创建，完成新时代文明实践所（站）建设任务，开展“我们的节日”、“邻里节”等主题活动 200 余场，年度入选省级以上道德模范和身边好人共 8 人，居全市第一，文明创建品牌影响力不断提高。加快打造志愿之城，提升改造万达“日月星”志愿服务驿站，成功举办全国优秀志愿服务培训观摩活动，志愿服务工作得到中国志愿服务联合会的“点赞”。

乡村振兴扎实开展。制定乡村振兴战略规划，

“一镇五村”列入省级示范创建点。加快推进产业振兴，推动洋溪镇兴尚老街完成整治改造、顺利重装开街，成功举办“文旅小镇”嘉年华，洋溪田园菊花展吸引周边20余万群众游玩观赏。开展农村人居环境整治竞赛活动，“一革命五行动”扎实推进，拆除临时搭盖建筑1500余处，实施“四好农村路”防护和硬化工程达50公里，完成农村饮水安全巩固提升工程年度建设任务，污水处理、村容村貌等整治工程有序推进，农村人居环境逐步改观。

精准脱贫推进有力。聚焦“两不愁、三保障”要求，持续深化“造血式”扶贫，选派贫困户产业指导员、科技特派员参与产业扶贫，推行长溪村量化折股扶贫、饱饭坑村“福林贷”金融扶贫等产业扶贫模式，贫困村、贫困户实现稳定脱贫。深入开展城市困难家庭精准帮扶，推广精准帮扶“1144”工作法，成立区精准帮扶中心，建立专项基金和信息云平台，整合机关单位、社会团体等各界资源参与结对帮扶，累计帮助222户315人实现脱困，城市困难家庭精准帮扶工作得到国家民政部和省、市的肯定。

污染防治取得实效。严格落实生态环境保护目标责任制，扎实抓好第二轮中央生态环境保护督察整改工作。建筑扬尘、油烟治理等专项整治深入推进，完成造林绿化2700亩，空气优良天数达标率达99.4%。全面落实“河长制”，实施六路黑臭水体整治、台溪水系整治提升等流域治理项目，饮用水源地水质100%达标，流域水质基本保持在Ⅲ类以上。

补齐社会事业短板。民生事业支出占区财政支出比重达80.9%，三路社区居家养老服务照料中心、市区公厕工程等7件为民办实事项目基本完成目标任务。实施沪明小学、贵溪洋中学等总投资5.92亿元的9个教育补短板项目，梅列实幼扩建项目顺利封顶，贵溪洋第二分园投入使用。梅列医院回归公益属性并重新运营，健全三甲医院专家下沉、“互联网+”远程门诊等机制，高血压、糖尿病等慢性病一体化管理扎实推进，基层医疗服务能力不断提高。洋溪敬老院改造、大源村幸福院等一批养老项目投入运营，建成居家智慧养老平台，为居家老人提供“线上+线下”养老服务。开展庆祝新中国成立70周年主题宣传教育系列活动，举办“风展红旗如画”群众性文艺活动74场；梅列籍运动员邓薇年内三度打破世界纪录，夺得举重世界杯、世锦赛、亚锦赛三项桂冠，当选2019年中国十佳运动员，全民健身成为市民群众生活共识，梅列区全民健身运动会成功举办，并受到群众好评。

提高社会保障水平。企业社保、工伤保险、失业保险等超额完成年度参保任务，城乡居民基础养老金提高到每人每月123元，连续2年提高标准。发放创业担保贷款950万元，城镇新增就业3314人，城镇登记失业率为2.26%，控制在任务目标3.5%以内。修订临时救助暂行办法，降低困难群体救助门槛，提高救助比例和金额，全年发放临时救助金同比增长超过50%。

保持社会安定稳定。矛盾纠纷排查化解机制不断完善，到省、市上访人次同比分别下降75%、48.12%。“5·16”“6·10”洪灾抢险救援和灾后重建工作组织有力、处置有效，投入救灾资金近6000万元，全面修复农村水毁设施，军岩路后山、城市绿道等地灾治理工程顺利推进，受灾重建户如期交房，防灾抗灾实现“少损失、零伤亡”。出台党政领导干部安全生产责任制实施细则，深入开展安全生产隐患排查治理和风险分级管控工作，安全生产事故起数、伤亡人数、经济损失实现“三下降”。强化食品药品安全监管，保障重要商品供应，稳定市场价格，确保群众买得放心、吃得健康。

法治建设持续深化。自觉接受人大法律监督、工作监督和政协民主监督，支持民主党派、工商联和无党派人士参政议政，将做大做强市区经济、加强小区物业管理等一批人大代表、政协委员的“金点子”转化为政府工作的“金钥匙”，全年办结区人大代表建议77件、区政协委员提案93件，办复率为100%、满意率为99.4%。认真落实民主集中制，“三重一大”事项充分听取各方意见，做到科学决策、民主决策。依法实行政务公开，及时公开各类政府信息600余件。健全政府法律顾问制度，积极应对行政诉讼，稳妥化解行政争议。

（摘编：王诗诚）

永安市社会发展概况

2019年，永安市以习近平新时代中国特色社会主义思想为指导，深入学习贯彻党的十九大和十九届二中、三中、四中全会精神，认真贯彻落实习近平总书记在参加十三届全国人大二次会议福建代表团审议时的重要讲话精神，团结全市广大干部群众，积极面对各种复杂形势，有效应对各类风险挑战，全市经济社会发展态势喜人。全市完成地区生产总值462亿元，增长8%；地方一般公共预算收入18.1亿元，与上年度基本持平；固定资产投资增长13%；社会消费品零售总额117.2亿元，增长9%；城镇居民人均可支配收入39075元，增长8.5%；农村居民人均可支配收入19475元，增长9%。

2019年社会发展的主要工作和成效是：

靶向发力促改革。深化医药卫生体制改革，总医院被列入省级现代医院管理制度试点，永安市被列为国家级紧密型县域医疗卫生共同体试点县。深化林业改革，启动竹林经营碳汇项目、实施面积约30万亩，开展“国有林场+村委会”合作经营林场面积8171亩，累计完成重点生态区位商品林赎买4.4万亩。深化农村改革，基本完成农村集体产权制度改革，农村土地承包经营权颁证通过三明市级验收；深入实施农村金融改革，创新“福笋贷”“快农贷”等绿色金融产品，“福田贷”“福林贷”累计授信7.3亿元；持续深化“路长制”，农村公路养护管理工作连续7年名列三明市第一。

不遗余力惠民生。城乡建设出实招，城市交通、景观提升等71个项目完成投资14亿元，新增公共停车泊位2392个，拆除“两违”建筑面积5.7万平方米；乡村面貌日益改善，创建省级乡村振兴试点村10个、市级乡村振兴示范点27个，提前一年实现全市行政村冲水式公共厕所全覆盖；基础设施日渐完善，兴泉铁路、溪源水库等重大项目加快推进，新改建城市道路12公里、农村公路41公里、污水管网18公里，实现全市乡镇污水处理设施、垃圾转运系统全覆盖。生态环境见实效，狠抓第二轮中央环保督察整改，组建生态联合执法总队，尼葛开发区异味整治初见成效，环境空气质量优良天数比例99.7%，城区饮用水源达标率100%，龙头国家湿地公园通过验收，成为三明市首个国家湿地公园。人民群众得实惠，7类31项为民办实事项目顺利推进，全年民生支出达20.6亿元、增长17.6%，占地方一般公共预算支出的65%；社会保障不断完善，新增城镇就业3960人，城镇登记失业率2.68%，城乡居民最低生活保障标准提高至每人每月580元；启动4个老旧小区改造，惠及家庭1312户；脱贫攻坚深入推进，1569人建档立卡贫困人口人均收入11440元，35个贫困（空壳）村全部摘帽退出、平均村财收入12万元以上。社会事业办实事，教育事业加快发展，成立燕翔教育发展基金，“总校制”改革有序推进，永安一中学子勇夺全省高考文科第一，“985”“211”院校录取人数创历史新高，新改建幼儿园3所，增加中小学和幼儿园学位2750个，福建水电学院高职扩招1040人；卫健事业不断增强，省级慢性病防控示范区创建通过复评，基层医疗卫生机构门诊人次、住院人次分别增长13.1%和7.1%；养老事业持续提升，新增医养结合床位200张，城区3个居家养老服务照料中心投入使用，完成4所乡镇敬老院改造；文体事业不断进步，唱响“风展红旗如画”品牌，建立小陶镇、燕南街道等7个新时代文明实践所试点，率先在全国搭建“互联网+中国文物安全志愿者行动”服务平台，融媒体中心投入运营，人均体育场地面积达2.8平方米，成功举办第四届农民春晚、首届全国自行车爬坡邀请赛，该市跻身2019中国县级市全面小康指数第82位。

保持定力防风险。防风险是促发展的基础。处置不良贷款3.7亿元，不良率1.44%，比年初下降0.23个百分点。房地产风险化解有力，采取“一企一策”办法，中央佳园二期、合元润城、清竹苑景复工建设，五洲凯旋门进入破产重整，全市商品房销售面积46.6万平方米、增长16.2%，去化周期缩短为15.47个月。国有企业信用风险有效防控，制定债务风险化解方案，建立偿债资金池，到期债务得到接续、化解；用足用活改革试点政策，永安市被列入全省首批土地储备项目预算管理试点，“双创债”二期9亿元成功发行，获得2020年地方政府专项债券提前批3.8亿元。

齐心协力保稳定。稳定压倒一切，以新中国成立70周年大庆为契机，深入推进扫黑除恶，共打掉涉黑涉恶组织、团伙7个，破获案件94起，抓获犯罪嫌疑人257人，9个行业乱象治理取得明显成效。提升应急管理能力，全年未发生较大以上各类安全事故和重大群体性事件，及时果断应对“5·17”“6·10”暴雨洪灾，107户重建户搬入新居。深化“平安永安”建设，“平安铁路”“平安家庭”“平安校园”深入推进，“七五”普法全面开展，“六无”村（社区）达标率稳步提升，特殊人群服务管理逐步精细化；开展“己亥攻坚”会战行动，破获涉毒刑事案件5起；探索信访工作改革，组建12345便民服务中心，实现重大节会期间涉访人员“零”进京到省上访。双拥共建和人民防空、国防后备力量建设不断加强，退役军人服务保障体系实现全覆盖，库区移民工作取得积极成效。

加快政府职能转变。持续加强政府自身建设，始终以政治建设为统领。深入开展“不忘初心、牢记使命”主题教育，把学习贯彻习近平新时代中国特色社会主义思想作为最大任务，增强“四个意识”、坚定“四个自信”、做到“两个维护”，坚决落实上级党委、政府的部署要求，以及市委确定的目标任务，不断增强政治责任感、使命感。始终以依法行政为原则。推进法治政府建设，严格执行重大行政决策程序有关规定，落实合法性审查制度，全面深化政务公开，自觉接受人大法律监督和工作监督、政协民主监督，认真办理人大代表建议160件、政协委员提案170件，支持民主党派、工商联和无党派人士参政议政。始终以优化服务为中心。着力优化营商环境，深化“六最”营商环境对标活动，深入开展“访企业、解难题、促‘六稳’”专项行动，认真落实党政领导与民营企业家恳谈会制度、民营企业诉求受理处置反馈工作机制，帮助企业获得补助资金6500多万元、减少电费成本2700多万元，为企业减税降费2.8亿元。深化“放管服”改革，梳理“一趟不用跑”事项221项、“最多跑一趟”事项442项，工程建设项目审批时间压缩到90个工作日以内，所有工商登记事项实行当场办结；永安市入选《2019中国县域营商环境百强研究白皮书》，位列第38位。始终以遵规守纪为表率。严格执行重大事项请示报告制度，认真落实中央八项规定及实施细则精神和省、市实施办法，持续推进形式主义、官僚主义问题整治，强化审计监督和效能督查，廉政建设不断加强。

2020年永安市经济社会发展主要预期目标是：地区生产总值增长7.5%左右；规模以上工业增加值增长9%；地方一般公共预算收入增长2%；固定资产投资增长8%；出口总值增长3%；社会消费品零售总额增长10%；城镇登记失业率控制在3.5%以内；城镇居民人均可支配收入增长8%左右，农村居民人均可支配收入增长9%左右；完成单位生产总值能耗降低和主要污染物减排年度任务。

（摘编：郭虹）

清流县社会发展概况

2019年，清流县深入学习贯彻习近平新时代中国特色社会主义思想和党的十九大、十九届二中、三中、四中全会精神，做实“四篇文章”，推进“四个着力”，深化“五比五晒”，完成全年经济社会发展主要目标任务，其中地区生产总值129.06亿元，增长8.0%；县级一般公共预算收入4.12亿元，增长5.0%；固定资产投资增长12.1%；社会消费品零售总额29.75亿元，增长11.2%；城镇居民人均可支配收入33200元，增长8.55%；农村居民人均可支配收入17460元，增长10.0%。

“水韵清流·康养福地”品牌迈上新台阶。全县森林覆盖率达78.7%，水质达标率100.0%，城区空气质量优良率99.6%、居全省58个县（市）第三名，绿野乡居森林康养基地入选中国森林康养人家，天芳悦潭森林康养基地入选全国森林康养基地试点建设单位、福建省职工疗养示范基地和三明市十佳森林康养基地，李家冷泉小镇、林畲红色小镇、赖坊古镇获评国家3A级景区，全省唯一温泉国家地质公园通过国家考评验收。

群众幸福感获得新提升。办好10大类32项民生实事，全县教育、医疗等民生支出15.5亿元、占财政支出80.0%。省级扶贫开发重点县顺利退出，林畲镇、里田乡脱贫摘帽，赖坊镇通过市级评审验收，脱贫攻坚取得决定性进展。高考空军招飞人数创历史新高，中考成绩单科、全科合格率继续保持全市前列。

2019年社会发展的主要工作和成效是：

勇于革新，改革开放更加坚定。完成新一轮县级机构改革。农村集体产权制度改革有序推进，完成农村土地确权登记颁证。持续深化林业改革，加快推进新型合作造林，新增林权抵押贷款0.76亿元，福林贷余额0.73亿元。深化基础教育改革，实行小学教学片区化管理、初中总校制办学和初高中一体化衔接试点，教育质量更加优质、均衡。巩固提升“三医联动”改革成果，完善“总医院”运行机制，落实C－DRG收付费、医保支付方式改革，推动人才、资源、病种“三下沉”，基层就诊率、县域内就诊率实现“双上升”。主动融入闽西南协同发展区建设，加强山海协作，增进与集美区交流对接，各领域合作深入开展。完成第四次全国经济普查。统筹全域，人居环境更加舒适。铜锣山绿道休闲公园竣工投入使用，启动实施城区夜景提升改造二期、苏区广场生态修复等工程。供坊火车站、浦梅铁路杨源站站前停车区及道路工程、水东路和山边队地灾治理及13个废弃矿山恢复生态工程开工建设，完成龙郡首府后山水土流失及三处内涝点治理、迎宾大道和屏山路周边河堤道路除险加固、农贸市场综合整治、加油站新建改造等项目建设。加快补齐城乡民生基础设施短板，新改建城乡道路41公里、污水管网10公里、天然气管道9公里、危桥11座，新增公共停车泊位110个、新能源公交车10辆，在城区引进共享电单车，首期260部投入运营。继续按照“一盘一策”化解房地产问题，北山天城化债处置加快推进，磐安国际城更名为凤凰城项目全面恢复开发。编制完成《清流县实施乡村振兴战略规划（2018—2022年）》，嵩溪镇入选省级乡村振兴特色乡镇，10个村入选省级乡村振兴试点村，扎实推进10个省级美丽乡村示范整治村、3个集镇街区、3个精品村建设。深入开展农村“一革命五行动”，新改建乡村公厕19座、三格化粪池794

户；进一步健全“村收集、镇转运、县处理”的垃圾处理模式，城乡环卫设备全面更新；完成省下达乡镇生活污水处理设施年度建设任务，李家乡污水处理厂和管网建设基本完工。村容村貌持续改善，农房建设管理进一步规范。

克难破垒，攻坚成果更加丰硕。持续深入开展金融案件审判执行、打击恶意逃废债等攻坚行动，全年化解不良贷款3100万元，不良率降至1.56%，为近5年最低水平，地方政府债务余额控制在省核定的债务限额范围内。实施消费扶贫和产业提升工程，贫困村贫困户新增花卉种植810亩、豆腐皮生产线48条、村企合作项目65个，贫困发生率降至零。开展生态环境问题整改专项行动，第一、第二轮中央环保督察反馈信访件基本整改到位。深化河湖长制，扎实推进以“工业污染、畜禽养殖污染、城乡生活污水垃圾、涉砂行为、小水电生态”为重点的水环境综合治理，在全市率先实施“政府+企业”“专管员+第三方”河道管养分离模式。完成观音堂存量垃圾移除、九龙湖网箱清理等重难点问题整治。

艰苦奋斗，民生福祉更加殷实。社会保障体系不断完善，新增城镇就业1260人，城镇登记失业率控制在2.47%。坚持教育优先发展，在全市率先实施寄宿生、寄午生营养餐计划，城区第三幼儿园、嵩溪第二中心幼儿园、沙芜中心幼儿园、田源学校学生宿舍楼主体完工，城区第三小学、龙津学校开工建设，新聘教师67名。医疗条件不断改善，完成赖坊卫生院整体搬迁工程和县总医院精神科病房楼建设，县总医院医疗综合大楼建设工程加快推进。唱响“风展红旗如画”品牌，红色故事宣讲成效显著，红色遗址遗迹保护取得新进展。文体惠民活动深入开展，成功举办第二届全县运动会，特步集团生态跑步基地落户清流，新增3个省级“非遗”项目。县档案馆及工人文化宫主体完工。深入开展扫黑除恶专项斗争，有效化解各类矛盾，群众幸福感、安全感和满意度持续提升。严格落实党政领导干部安全生产责任制，强化食品药品安全监管，全力防控非洲猪瘟、松材线虫病，社会保持安定稳定。

自加压力，自身建设更加严实。扎实开展“不忘初心，牢记使命”主题教育，认真抓好省委巡视反馈意见整改“后半篇文章”，全面从严治党深入开展。加快法治政府建设，推进“七五”普法，自觉接受人大法律监督和工作监督、政协民主监督，高度重视、认真办理人大代表建议和政协委员提案。严格落实中央八项规定及实施细则精神，加强效能、政务和审计监督，惩防体系不断完善。完善正向激励，全面实行单位内部二级绩效，有效提振干部干事创业精气神。开展“访企业、解难题、促‘六稳’”专项行动，帮助企业解决难题78项，落实减税降费0.69亿元，清理拖欠民营企业中小企业账款1760万元。全力推广“e三明”平台，成立12345便民服务中心，群众满意率99.6%。深入开展“基层减负年”活动，有效整治形式主义官僚主义突出问题，办文办会、督查检查同比下降51.9%、55.6%。深化“放管服”改革，梳理“最多跑一趟”事项480项、“一趟不用跑”事项358项，企业开办时间压缩至3.5个工作日以内，社会投资项目审批压缩至法定时限的50.0%以内。此外，统筹推进民族、宗教、科协、方志、人防、双拥、民兵预备役、老区、老龄、残疾人、红十字会等工作，支持工会、共青团、妇女儿童等事业加快发展。

2020年清流县经济社会发展的主要预期目标是：地区生产总值增长7.5%；第三产业增加值增长8.5%；县级一般公共预算收入增长2.0%；农林牧渔业总产值增长4.5%；规模以上工业增加值增长8.5%；固定资产投资增长8.5%；外贸出口增长3.0%；实际利用外资（验资口径）增长3.0%；社会消费品零售总额增长10.0%；城镇、农村居民人均可支配收入分别增长8.5%、9.0%；城镇登记失业率控制在4.0%以内；完成能源消耗总量及强度“双控”目标和主要污染物减排年度任务。

（摘编：李哲）

宁化县社会发展概况

2019年，宁化县做实“四篇文章”，推进“四个着力”，深化“五比五晒”暨“项目大比拼”竞赛活动，全县经济社会发展稳中向好。全年完成地区生产总值156.62亿元，增长8%；固定资产投资增长11%；公共财政收入9.64亿元，增长2.92%，其中地方公共财政收入6.72亿元，增长1.43%；社会消费品零售总额49.91亿元，增长13%；城镇居民人均可支配收入30500元，增长9.2%；农村居民人均可支配收入16800元，增长10.6%。

社会发展一些重要领域、重点工作取得了新成效：

生态环境持续优良。全年环境空气质量优良天数比例达99%以上，达到国家二级标准，城区环境空气质量居全省52个县（市、区）第六位，城区饮用水源水质达标率100%，小流域水质断面考核位居全市第二名。

民生福祉不断增强。在2019年普通高考中，宁化县被清华大学、北京大学录取4人，宁化一中在校本一批和本科上线率均居全市县域中学第一名，高分段居全省县域中学第一名。全省脱贫攻坚现场推进会在宁化县召开，脱贫攻坚成效得到省市的充分肯定。

2019年社会发展的主要工作和成效是：

扬优势、树品牌，着力做实“四篇文章”。红色品牌进一步唱响。开展“红五月”系列主题活动，举办红色故事宣讲305场次，启动宁化长征出发地革命旧址群申报国家级文物保护单位，中央苏区（宁化）革命纪念馆建设、《长征国家文化公园（宁化段）总体规划》编制和《风展红旗如画》情景剧创作等工作有序推进，“骑聚红土地·重走长征路”全国自行车公开赛成功举办，中央电视台少儿频道《大手牵小手》走进宁化，中宣部组织的大型主题采访活动“壮丽70年·奋斗新时代——记者再走长征路”在宁化设分会场，“风展红旗如画”品牌深入人心。工业产业进一步做实。立足“专精特新”，出台促进工业经济稳增长措施和非资源性生产企业培育实施方案。生态产业进一步兴起。推进林深水美的生态优势转化为产业优势，实施“中国好粮油”行动示范县项目，坚持稳粮优烟，持续打响“两米两茶一稻种”品牌，淮土薏米获评第十五届林博会“森林食品十珍”。天鹅洞洞天福地康养基地等项目加快推进，天鹅洞景区获评省级生态旅游示范区，4个村获评省级“森林村庄”，宜居宜业宜养新宁化建设全面推进。城乡文明进一步呈现。深入开展群众性精神文明创建活动，推进新时代文明实践中心建设，将公职人员缴纳物业管理费纳入文明单位创建记分考评，城乡居民文明素质进一步提升。实施老城区改造提升工程，改造背街小巷2.5公里，南横街和东大路改造等项目竣工投入使用。开展城市管理“七难”治理攻坚行动，改造停车场5个，新改建公厕8座，启用各类市场4个，拆除“两违”面积1万余平方米，安装人行道栅栏24公里，提升道路绿化、亮化水平，城市面貌焕然一新。实施乡村振兴战略，开展“千村整治、百村示范”工程和“一革命五行动”，建设美丽乡村示范村17个，全县100%乡镇建成生活污水处理设施，100%行政村建立垃圾处理常态机制，行政村公厕覆盖率达80%，新建农村公路55公里，曹坊镇下曹村入选中国传统村落，石壁镇和10个村分别获批省级乡村振兴特色镇和试点示范村。

防风险、破难题，着力打好三大攻坚战。实施“一案一策”处置不良贷款，年末全县不良贷款率1.68%，比年初下降0.21个百分点，为近6年来最低，地方政府债务控制在省定限额范围内。深入推进扫黑除恶专项斗争和“三个专项”行动，禁毒重点关注地区成功摘帽，电信网络新型违法犯罪重点关注地区降档为关注地区，遏制道路交通事故成效明显。全力打好精准脱贫攻坚战。围绕“两不愁三保障”，紧盯已脱贫对象和贫困边缘户，实施精准脱贫“五大巩固提升”工程，全面落实产业、教育、健康、金融和兜底保障等扶贫措施，完成住房安全巩固提升417户、安全饮用水巩固提升96户，贫困人口医保参保率、家庭医生签约率均达100%，所有建档立卡贫困村、空壳村村财收入均超过10万元，剩余的6个建档立卡贫困村和6个空壳村成功摘帽，1个市级扶贫开发工作重点乡预计可实现摘帽，省级扶贫开发工作重点县摘帽退出的各项指标基本完成。全力打好污染防治攻坚战。抓好第二轮中央生态环境保护督察反馈问题整改，扎实推进第二次全国污染普查，深入开展水土流失区治理“攻坚拔寨”和面源污染防治行动，全力打好蓝天、碧水、净土保卫战，国控肖家断面水质均值达到国考断面Ⅱ类标准，植树造林8145亩，建设安全生态水系12公里，综合治理水土流失面积9.25万亩。

补短板、惠民生，着力增强群众幸福感。补齐民生短板，百姓获得感持续提升。实验幼儿园分园、第二城东幼儿园等5个项目竣工投入使用，滨江实验学校、第二城东小学等7个项目有序推进，城区新增学位2520个，教育资源更加均衡。县医院新建PPP项目加快推进，卫校综合实训中心竣工投入使用，宁化卫校升格为三明医学科技职业技术学院分校，县中医院脾胃病科、肛肠科列入省级农村特色专科建设项目，医疗供给更加高效。新建农村幸福院49所、居家社区养老服务照料中心3所，农村养老服务设施覆盖率达93.8%、居全市第二位，养老服务更加优质。补齐城乡基础设施短板，城区投放共享电动自行车800辆，新改建城区污水管网8公里、燃气管道9公里、市政路网10公里、农村供水管网55公里，解决3.25万人饮水安全问题，城乡基础设施更加完善。强化民生保障，百姓归属感持续提升。城镇新增就业2750人，城镇登记失业率控制在2.34%目标以内。城乡居民基本养老保险参保人数新增2.58万人、居全市第一位。积极应对“5·16”“6·6”等洪灾，全县20户灾后恢复重建户全部搬入新居。全面完成房屋安全隐患排查7.27万栋，处置安全隐患房屋2559栋。特困人员集中供养标准提高至分散供养的2倍。全力办好10件为民实事，农村老年活动场所建设、老城区背街小巷改造、东门桥扩建、江滨“义”文化景观工程4个项目完工；中小学及幼儿园建设、隆陂水库自来水源饮水工程、小流域生态水环境综合整治、金水河综合批发市场、“雪亮工程”公共安全视频监控建设联网应用5个项目完成年度目标任务。繁荣社会事业，百姓认同感持续提升。实施科技兴县战略，全社会研究与试验发展经费投入5041万元、增长23%，新增专利授权104件，新建乡镇科技特派员工作站5个，市级以上科技特派员达23人。实施教育强县战略，新增市级特色示范校、特色学校、特色项目校11所，北山革命纪念馆、客家祖地获评省级研学实践教育基地。实施文化立县战略，县融媒体中心建成投入使用，宁化籍运动员熊罗伟在第十五届世界夏季特奥会上勇夺三金，宁化县在第七届市运会上获24金40银51铜好成绩，居全市前列，创历史新高。

转作风、提效能，着力建设服务型政府。执行更高效。大力践行“马上就办、真抓实干”优良作风，推进行政审批制度改革，审批时限压缩76.32%。全面推广“e三明”网上公共服务平台，加快12345便民服务平台建设，全年受理群众诉求2737件，及时查阅率、回复率均达100%。服务更优质。深化“六最”营商环境对标活动，推进企业登记注册改革，新增各类市场主体2857户。加快“互联网+政务服务”建设，1233个审批事项入驻网上办事大厅，实现数据“多跑路”、群众“少跑腿”。执法更规范。坚持依法行政，严格规范执法，自觉接受人大和政协监督，全年共办理人大代表建议72件、政协委员提案154件，办结率、满意率均为100%。

（摘编：周忠志）

建宁县社会发展概况

2019年，建宁县深入学习贯彻习近平新时代中国特色社会主义思想和党的十九大、十九届二中、三中、四中全会精神，在市委、市政府的正确领导下，坚持稳中求进工作总基调，践行新发展理念，围绕做实“四篇文章”，发挥“三大优势”，大力发展“3+1”产业，全面深化“五比五晒”，加快补齐民生短板，经济社会保持良好发展势头。初步统计全年完成地区生产总值120.3亿元，增长8.2%；地方一般公共预算收入3.31亿元，增长1%；固定资产投资55亿元，增长12%；社会消费品零售总额30.8亿元，增长13%；城镇居民人均可支配收入31378元，增长8.5%；农村居民人均可支配收入16940元，增长9.5%，实现了省级扶贫开发工作重点县摘帽，连续三年获评全省县域经济发展“十佳县”。

城市品位不断提升。实施市政基础设施提升工程，新改建市政道路6公里、污水管网5.4公里，新增城区停车泊位382个、公厕4座，建成餐厨垃圾无害化处置项目并投入使用。大力提升城区景观，东山公园二期、金钩山老旧小区改造、中山路立面改造工程、德悦桥至体育公园滨水步道、城区至报国寺绿道等项目序时推进。顺利推动南方国际、万家财富、尚和国际等烂尾楼盘问题化解，城投公司成功开发福源佳苑房地产项目，全县新增商品房有效供给600余套。扎实推进城市“五难”治理，持续开展交通秩序、“两违”等专项整治，城市管理水平显著提升。

乡村环境不断改善。大力实施乡村振兴战略，列入全省乡村振兴重点县，有力推进“一镇十村”省级乡村振兴试点示范建设。加快实施“一革命五行动”，新改建乡村公厕12座，完成三格化粪池建设1200户，建成村庄污水处理设施22个，完成23个村庄房前屋后整治，累计拆违24.8万平方米。加快完善农村基础设施，完成农村公路晋级改造82公里，解决3400余人安全饮水问题。

民生短板不断补齐。加大民生投入，完成为民办实事项目20个，民生支出占财政总支出的80%以上。推进“总校制”改革，完善“多教多酬、优教优酬”教师绩效考核评价制度，建成第二实验幼儿园并投入使用，将屯小学、闽江源幼儿园、溪口中心幼儿园等加快推进，有力改善教育办学条件。深化“三医联动”改革，提高县域内就诊率至91.2%，出院病人随访满意度达92%，全省县级医院满意度调查排名大幅提升。县医院项目加快推进，中医院项目启动建设，74个村卫生所标准化建设基本完成。启动县康养中心建设，新改建黄埠乡敬老院及农村幸福院18所。文化事业繁荣发展，新图书馆投入使用，工人文化宫有序推进，承办2019年福建省青少年羽毛球、排球、篮球锦标赛。社会保障不断加强，农村低保连续提标，企业职工养老保险和工伤保险持续扩面。

平安建设不断深化。开展公共安全领域突出问题大排查、大化解、大整治攻坚行动，有效化解社会矛盾纠纷，群众安全感率达99.8%。纵深推进扫黑除恶专项斗争，成功打掉涉恶团伙8个，破获涉恶类刑事案件17起，抓获涉恶犯罪嫌疑人41人，查处涉恶“保护伞”1起。实施“食品放心工程”，推进“餐桌污染”治理，有效筑牢食品安全防线。实行安全隐患分级分类管理，强化安全隐患排查整治，安全生产形势稳定趋好。

脱贫攻坚实现摘帽。深化“五抓五送”扶贫模式，落实村财增收和小型公益性生产生活设施项目资金2008万元、惠及贫困村42个，发放产业补助资金183万元，新增扶贫小额信贷127户407万元，安排各类公益岗位176个，实现贫困户人均可支配收入达1.4万元以上、贫困（空壳）村村财收入达12万元以上。对标“两不愁、三保障”标准，全面落实精准扶贫医疗叠加保险政策，发放贫困家庭学生助学金、生活补助等440万元，实现建档立卡贫困户住房安全有保障，提前完成贫困乡、贫困（空壳）村、贫困户脱贫任务。

污染防治成效显著。全面推进中央、省生态环境保护督察反馈问题及信访件的整改落实，大力开展餐饮油烟直排、矿山水土流失、河道非法采砂等专项治理，全年空气质量优良率达99.3%，富强石材被评为“全国石材行业绿色矿山建设示范单位”。全面深化“河湖长制”，加快推进综合治水试验县项目建设，省控交接断面地表水水质达国家Ⅱ类标准，水源水质达标率达100%。落实重点生态区位商品林赎买5000亩，山水林田湖草生态保护修复试点、闽江源国家湿地公园试点有序推进，闽江源国家森林公园总体规划顺利获批，高峰村入选国家森林乡村推荐名单。

旗帜鲜明讲政治。把政治建设放在首位，强化习近平新时代中国特色社会主义思想的学习宣传贯彻，扎实推进“不忘初心、牢记使命”主题教育，进一步增强“四个意识”，坚定“四个自信”，做到“两个维护”。持续做好省委巡视整改“后半篇文章”，反馈问题基本整改到位。

依法行政重规范。严格按照法定程序、法定权限、法定职责行使权力，全力推进法治政府建设。严格落实民主集中制和“三重一大”报告制度，自觉接受人大法律监督和工作监督、政协民主监督及社会各界监督，全年共办理人大代表建议127件，政协建议案2件、提案132件、社情民意51件。全面完成县级机构改革任务，有效推进政府职能转变。强化担当抓落实。大力弘扬“马上就办、真抓实干”精神，积极倡导“四下基层”等优良作风，发挥督查问责利器作用，坚决整治“不作为、慢作为、乱作为”行为。用好激励干部担当作为干事创业“三三”机制，畅通事业干部晋升渠道，完善二级绩效考评等正向激励措施，科学容错纠错，有力营造干事创业的良好氛围。深入开展“六最”营商环境对标活动，落实“一趟不用跑”事项89项、“最多跑一趟”事项284项，推广“e三明”“e建宁”网上服务，压缩审批时限75%以上。

廉洁干事守底线。严格落实中央八项规定精神，大力开展形式主义、官僚主义专项整治，全年发文办会均下降30%以上，“三公”经费同比下降8%。坚决落实省委“五抓五看”“八个坚定不移”要求，进一步压实全面从严治党主体责任，强化重点领域、关键环节的监督审计，进一步扎紧制度的“笼子”，坚决从源头上遏制腐败。

此外，顺利完成第四次全国经济普查。国防教育和国防动员、民兵预备役建设水平不断提升。工会、共青团、妇女儿童、退役军人、残疾人等各项事业加快发展，统计、人防、档案、供销、水文、气象、地方志、防震减灾、外事侨务、民族宗教、检验检疫、老龄老干、优抚安置、住房公积金管理等工作有序推进。

2020年建宁县综合各方因素，建宁县经济稳中向好、长期向好的基本趋势没有变，要保持战略定力、增强必胜信心，持续做实“四篇文章”，推进“四个着力”，发挥“三大优势”，做强“3+1”产业，深化“五比五晒”，全力推进高质量发展落实赶超，更好地服务全国和全省、全市大局。2020年的主要预期目标是：地区生产总值增长7.5%；农林牧渔业总产值增长4%；规模以上工业增加值增长8.5%；固定资产投资增长8%；社会消费品零售总额增长10%；地方一般公共预算收入增长2%；城镇居民、农村居民人均可支配收入分别增长8.5%、9.5%。

（摘编：张海生）

泰宁县社会发展概况

2019 年，泰宁县深入学习贯彻习近平新时代中国特色社会主义思想全面落实“六稳”工作，全力做好“四篇文章”、推进“四个着力”、深化“五比五晒”，全县经济社会发展保持稳中向好态势。全年地区生产总值增长 8%；地方一般公共预算收入增长 3%；固定资产投资增长 12%；社会消费品零售总额增长 11%；城镇、农村居民人均可支配收入分别增长 8.5%、9%。

一批工作获得国家荣誉。成为国家农产品质量安全县，列入全国森林康养基地、新时代文明实践中心、妇幼保健机构体制机制创新试点县。上榜 2019 中国最美县域和旅游影响力年度县区，入选全国乡村旅游发展典型案例。际溪村入选全国首批乡村旅游重点村，水际村入选中国美丽休闲乡村。机关事务管理局获评国家级节约型公共机构示范单位，下渠司法所获评全国先进司法所。

一批工作得到上级肯定。“双优”通过省对县教育“两项督导”，作为全省 2 个县（区）代表之一，在全省教育大会上作交流发言。泰宁工作受到全国总工会党组书记、副主席李玉赋的批示肯定，全国山区老区居家和社区养老试点工作得到民政部肯定。代表福建通过国家消除疟疾终审评估验收，松材线虫病绩效承包防治模式和大金湖内河船舶“多证合一”“多检合一”改革试点经验在全省推广。农村风貌管控工作得到市委市政府肯定，全市乡村振兴暨农村人居环境整治现场推进会在泰宁召开。

一批工作走在省市前列。获得全省“五个一批”项目、山水林田湖草生态保护修复试点工作正向激励和公立医院综合改革绩效奖励，成为全省乡村振兴重点县和“七五”普法中期先进县。空气质量位居全省首位，主要流域水质优良比例、饮用水源水质达标率均为 100%。全国文化科技卫生“三下乡”活动福建分会场、全省网络媒体新春走基层活动在泰宁启动，全省首次内陆水上突发事件应急救援综合演练在泰宁举办。粮食安全工作连续三年位居全市前列。不良贷款率为 1.4%，创近六年新低。

一批榜样引领社会风尚。市民林旭获评全国自强模范，水库巡查员熊宝华上榜全国水库管理先进典型。已故税务离休干部蓝筹清深藏功名、坚守初心的先进事迹，得到广泛弘扬。2 位泰宁籍青年入选国庆阅兵方阵，一批泰宁籍运动员在国际国内赛场上崭露头角。

2019 年社会发展的主要工作和成效是：

全域旅游持续升温。实施旅游“12345”发展战略，“夜游九龙潭”等项目投入营业，红军街红色旅游基础设施、大田红军村建设等项目加快推进，寨下大峡谷等景区焕发新活力，丹霞旅游度假区升格省级旅游度假区，崇际村获评省级四星级乡村旅游村，岭下村获评省级红色旅游村。

多种业态持续发力。森林康养成为热点，策划实施森林康养基地 13 个，境元森林康养基地入选全国森林康养基地试点建设单位，晟境农业获评省级养生旅游休闲基地。特色民宿初具规模，发展中高端民宿 16 家，“晟境 · 未茗”成为著名民宿品牌“花筑”旗下一员。影视产业发展迅速，成为福建省影视基地联盟成员单位，城西影视基地开工建设。研学产品受到青睐，全年接待研学旅行、写生创作团队 4.3 万人次。运动休闲品牌升级，成功举办世界华人山地马拉松赛等赛事活动，入选省级体育产业示范基地，“耕读李家”获评省级体育旅游休闲基地。

旅游市场持续旺盛。全方位推介泰宁，高频次亮相央视，举办“骑游苏区”等“风展红旗如画”系列主题活动200余场，自制的《我和我的祖国》等短视频取得较好传播效果，“中国静心之地”品牌影响力进一步扩大。多渠道拓展市场，加大全民营销力度，开展旅游专场推介活动26场次，全年接待游客671.3万人次、增长21.3%，金湖单点再创新高。

营商环境有新改善。出台支持水资源产业、影视产业、建筑业发展等政策文件10余份，落实减税降费3400余万元，全年新增市场主体1048家、增长11.6%。“放管服”改革向纵深推进，全县精简审批和证明材料423项，各类审批服务事项办理时限压缩至法定时限的28.5%，网上可办率达90%。

重点改革落地见效。农村集体产权制度改革稳步推进，土地承包经营权确权发证率达99.1%。推行“场村合作”营林造林1383亩，试行“林票”制度，获得林业碳汇交易指标7.4万亩。新高考改革进展顺利，组建2所初中总校。C－DRG收付费制度体系不断完善，县域就诊率达97.5%。政府机构改革全面完成，组建融媒体中心，金湖交建公司、明城文旅公司投入运营。

基础设施逐步完善。环大金湖生态旅游基础设施、泰中重点中型灌区配套改造等项目开工建设，里家源水库、建泰高速大金湖服务区等项目建成，完成22个农配网升级改造，新建安全生态水系10.3公里，治理中小河流5.3公里、水土流失3.6万亩。城市功能不断完善，法治文化公园、“数字城管”、金城广场等项目建成，新（改）建市政道路4.5公里、雨水管网15公里、供水管网17.2公里。

试点示范有力推进。深化创建全国文明城市三年行动，完成7个老旧社区、12条背街小巷以及金湖农贸市场整治，上戈、北洲农贸市场建成投用，新增停车位590个，设置交通护栏9.3公里。推进“一革命五行动”，梅口乡和10个村纳入省级乡村振兴试点示范。全面落实河湖长制，实施11个山水林田湖草生态保护修复试点项目，全国首发生态环境修复“失信令”，第一轮中央环保督察反馈问题基本整改销号，接受了第二轮中央环保督察。

脱贫成果巩固提升。全面落实贫困对象“两不愁三保障”和相对贫困家庭帮扶工作，为全县所有贫困户购买商业医疗保险、960户贫困户购买产业保险，在龙海市开设“扶贫超市”，年内无群众返贫、致贫。贫困乡、村全部实现“摘帽”，全县村财自有总收入增长10%，水际村“三大协会”扶贫模式入选世界旅游联盟旅游减贫案例。

民生保障持续加强。民生支出占财政总支出的79%，11件为民办实事项目顺利推进，文昌小学、实验小学教学楼、全民健身活动中心、总医院等项目建成或部分建成，开通城关至朱口公交，新增学位2000余个、保障性住房100套。就业形势持续向好，城镇登记失业率为2.37%。

社会事业全面进步。教师正向激励力度进一步加大，高考再创佳绩，公办幼儿园入园率位居全省前列。全面落实39种慢性病药物免费赠送、农村妇女“两癌”免费筛查等政策，家庭医生签约服务率进一步提升。国德山庄开业，乡镇敬老院社会化运营稳步推进，新建养老服务设施9个。选任县级以上科技特派员76名。新增体育设施和全民健身路径25个，崇际村入选全省基层综合性文化服务中心示范点。完成第四次全国经济普查。

社会大局和谐稳定。圆满完成新中国成立七十周年等重大安保维稳任务，妥善解决了一批信访积案。完成三里亭等城投代建房历年欠款清缴工作，实现农民工工资基本无拖欠。顺利通过中央食品药品安全监管执法督察，建成全省首个食品安全智慧监管平台。“平安泰宁”建设持续深化，扫黑除恶专项斗争形成压倒性态势，社会治安、安全生产形势总体平稳。

（摘编：张海生）

明溪县社会发展概况

2019年，明溪县以习近平新时代中国特色社会主义思想为指导，做实“四篇文章”，推进“四个着力”，深化“五比五晒”，克服各种困难和挑战，经济社会保持平稳健康可持续发展态势。全县地区生产总值增长8%；固定资产投资增长12%；地方一般公共财政预算收入增长5%；社会消费品零售总额增长10.5%；城镇居民人均可支配收入增长8.6%；农村居民人均可支配收入增长10.1%，社会发展一些重要领域、重点工作取得新进展新突破。

协调发展高品质。制订实施乡村振兴战略规划，被列为省级乡村振兴重点县，夏阳乡列为省级乡村振兴特色乡（镇），10个村列为省级乡村振兴试点村，旦上村列入第五批中国传统村落，福西村列入全国“千村万寨展新颜”名单，官坊回族村入选第三批中国少数民族特色村寨。

绿色发展高颜值。被命名为“第三批国家生态文明建设示范县”，鸣溪省级湿地公园总体规划获批，5个村命名省级森林村庄，12条主要小流域水质全部达到或优于国家地表水Ⅲ类标准，水质达标率100%，空气质量持续保持全省前列。

共享发展高标准。脱贫攻坚决战决胜，30个建档立卡贫困村全部退出，1641户4922名贫困人口全部脱贫，省级扶贫开发工作重点县正按程序摘帽退出。

一年来，社会发展主要工作成效：

老区苏区加快建设。做好“红色归化”文章。认真贯彻落实《关于做好革命老区中央苏区脱贫奔小康工作的实施意见》等文件精神，争取项目183个，补助资金5.62亿元，一年来全县各级各部门向上争取资金增长4.1%。强化红色遗址保护开发，列入国家第一批革命文物保护利用片区县，完成御帘东方军司令部旧址等15个革命遗址修缮方案编制，建成县革命纪念园，并举行烈士纪念日公祭活动，推动实施胡坊中央苏区红色旅游小镇等10个重点红色文旅项目，“风展红旗如画”品牌深入人心。

县城展现新面貌。成立国土空间规划委员会，“多规合一”“一张蓝图”有序实施。坚持“东进、北拓、中提升”思路，实施“小县大城关”战略，完成北部新区总体规划和控制性详规编制；东部新城加快开发，碧桂园生态公馆、药谷小镇主次干道建设扎实推进中心城区功能不断完善，“三校合一”、电力生产综合大楼、迎宾路立面改造等项目基本完工，实验小学路口、过境线、五里桥等道路提升改造工程加快推进，时代广场、欧侨广场、金茂广场新商圈加快形成，餐饮、商贸、娱乐等消费新业态入驻111家。

美丽乡村呈现新景象。完成村庄分类，开展省级乡村振兴试点村规划编制，龙湖村规划编制经验在全省推广。深入推进“一革命五行动”，完成11个省级美丽乡村创建、5个农房整治试点和7条乡镇主要街道整治，建成三格化粪池2460户、农村公路36公里，农村生活垃圾、生活污水实现常态化治理。

城乡基础设施不断完善。做好“路脉”文章，莆炎高速明溪城关至建宁段、兴泉铁路明溪段、雪城线红色旅游公路项目建设有序推进，高速城区互通连接线、火车站站前广场及附属道路启动实施。做好“水脉”文章，画桥溪安全生态水系建成投用，渔塘溪生态水系综合治理工程开工建设，沙溪流域防洪工程四期扎实推进。加快电网建设，220千伏大焦输变电工程加快推进，完成农网升级改造229公里。

文明创建持续深化。巩固提升省级文明县城创建成果，加强城市精细化智慧化管理，松果共享电单车投入运营，新改建城市给排水等各类管网30公里、道路13公里。扎实开展城市管理“五难”治理专项行动，新增停车泊位654个，新改建城市公厕、旅游公厕9座，实施农贸市场提升改造工程，加快畜禽屠宰摊位建设，规范临时市场7处，完成背街小巷整治4处，6个住宅小区成立业主委员会，进一步规范小区物业管理。

灾后重建工作有序推进。面对50年一遇的“5·16”“6·7”特大暴雨洪灾，全县上下众志成城、团结一心，展开了明溪历史上动员范围最广、投入力量最多的抗灾抢险斗争，打赢了抗灾救灾恢复生产重建攻坚战。各级各部门用好用足省委、省政府做好灾后恢复重建“1+N”政策，向上争取各类资金5000多万元。修复农业生产基础设施149处、复垦灾毁耕地1.23万亩。清理修复道路塌方21万立方米，完成235公里道路水毁修复，18座损毁桥梁部分建成投用。有序推进49户受灾户房屋重建或搬迁安置工作，盖洋镇常坪村慕豪际自然村灾后集中安置点建成投用。

公共服务能力不断提升。全县民生重点支出占一般公共预算支出80.9%，民生短板加快补齐。盖洋、夏阳中学教学楼、药谷小镇幼儿园建成完工，启动实施县一中改扩建、实验小学东部校区建设项目，新增幼儿园、中小学学位540个，普惠性学前教育资源覆盖率达85%。县中医院能力提升项目加快推进，建成基层中医馆6所，农村卫生所开通医保即时结算60家。医养结合有序推进，开办县复康医院，新建社区居家养老服务照料中心、农村幸福院12所，城市、农村养老服务设施覆盖率分别达100%、64.7%。

社会保障更加有力。突出“稳就业”，城镇登记失业率控制在2.44%。推进全民参保和提标扩面，城乡居民养老保险、城乡基本医疗保险参保率分别达97.94%、99.86%。低保、特困供养保障标准分别增长5.1%、41.1%，落实各级优抚救助、扶残助残等政策资金2167万元。

精准脱贫取得决定性胜利。深化产业扶贫，完成新一轮“菜单制”扶贫，建成瀚仙硒锌食用菌扶贫工厂、温庄粮食烘干厂等壮大村集体经济项目；加强就业扶贫，落实雨露计划、创业农户培训等1214人，公益岗位就业覆盖率达81%；推进教育扶贫，建立“一函两单三扶”工作机制，全面兑现教育补助4636人次467.8万元，九年义务教育巩固率达98.42%；完善健康扶贫，构建贫困群众就医保障“六道防线”，贫困群众医疗费用报销比例达95%；加大住房安全保障力度，完成易地搬迁474户、危房改造490户、修缮加固228户，6户贫困户灾后重建搬入新居。实施农村供水工程及饮水安全提升工程339处，农村集中式供水率达96.89%。

污染防治成效明显。全面落实党政领导生态环保目标责任书，完成第二轮中央生态环保督察反馈问题整改，打好“蓝天、碧水、净土”保卫战，深入推进“河（湖）长制”，建成乡镇交界断面水质自动监测及视频监控平台，完成水电站生态改造68座、下泄流量在线监控安装59座，农药使用量、化肥施用量同比下降3.6%、2.4%，畜禽粪污资源化利用率达85%以上，胡贡溪、城岚溪列入全省一级健康河流。

重大风险有效防范。着力推进信贷风险化解，全县不良贷款率1.28%，为近五年最低；地方政府债务控制在省定限额范围内。严格落实安全生产责任制，全面加强危化品、道路交通、非煤矿山、消防、农村危房等重点领域安全风险管控，市县红色隐患整改基本完成，各类安全事故起数、死亡人数“双下降”。平安明溪建设取得新进展、新成效，扫黑除恶专项斗争纵深推进，梓口坊村入选“全国乡村治理示范村”，御帘村获评“全国民主法治示范村”，圆满完成新中国成立70周年等重大活动安保维稳任务。

（摘编：赵旭东）

将乐县社会发展概况

2019 年，将乐县坚持以习近平新时代中国特色社会主义思想为指导，扎实做实“四篇文章”、推进“四个着力”、深化“五比五晒”，经济社会保持平稳健康发展。据初步统计，全县地区生产总值 150.8 亿元，增长 8.5%；地方一般公共预算收入 6.66 亿元，增长 3%；固定资产投资增长 10%；社会消费品零售总额增长 13%；城镇和农村居民人均可支配收入分别增长 9% 和 10.5%。

聚焦百姓盼，倾情发力。多举措强化“两不愁、三保障”落地落实，突出抓好住房保障，建档立卡贫困乡、贫困村、贫困人口实现全部脱贫。教育质量持续提升，高考本一上线人数及本科上线率创历史新高，中考总分平均分保持全市第三。

发力生态美，锲而不舍。13 个山水林田湖草生态保护修复项目累计完成投资 3.48 亿元，占总投资的 76%，获得省级奖补资金 1500 万元。以点带面推进农村人居环境整治，先后在小王村、积善村召开现场推进会，累计投入 5280 万元用于农房整治和美丽乡村建设，腾出了发展空间，整出了乡村美景，展现了干群精气神。新建或改造公厕 27 座，建成农村生活污水处理设施 71 座，农村生活污水处理率不断上升。全省农村污水治理现场会在我县召开。

2019 年社会发展的主要工作和成效是：

改革步伐再加快。医改深入推进，医保打包支付、药品联合限价采购等改革成效明显，县总医院综合能力排在全省县级医院前列，被评为中国县级医院 300 强。发力集体林权制度改革，开发 24 万亩竹林碳汇，发展林下经济 1.2 万亩，新增整乡整村合作造林 6846 亩。幼儿园总园制改革持续深化，通过“结对子”帮扶等方式，带动乡镇园、民办园办学水平提高。融媒体改革经验做法在全省推广。农村土地制度改革、集体产权制度改革等加快推进。

创新动能再加码。校地合作更加紧密，北京林业大学、中山大学材料学院分别在我县建立南方集体林区（福建三明）现代林业国家长期科研基地、本科生实训及中试基地。

生态建设再加力。新增造林绿化 1.87 万亩，森林抚育 14.5 万亩，完成重点生态区位森林资源赎买 5.37 万亩。持续深化“河长制”，加强河道采砂、小水电、畜禽养殖污染等问题整治，龙池溪古镛段、安福口溪万安段和大源段等安全生态水系项目投入使用，治理水土流失 5.5 万亩，水生态环境持续改善，饮用水源地水质达标率 100%。强化扬尘、挥发性有机物、秸秆焚烧等污染控制，节能减排进一步加强，空气质量优良率 100%。全力抓好第二轮中央生态环保督察信访件问题整改。铁路沿线环境综合整治成效显著，累计投入 2986 万元，其中装饰建筑立面 8.4 万平方米、修复治理已毁山体和青山挂白 6 处。

社会保障有温度。坚持就业优先，全年新增就业 1289 人，发放创业担保贷款 810 万元。城乡养老保险、基本医疗保险参保率持续提升。社会救助能力不断加强，救助各类困难群众 3779 人。完成棚户区和危旧房改造 200 户，巩固提升 186 户贫困户住房安全。建成农村幸福院 8 个。积善大桥建成通车，西彦水厂、洋新线、梅花至玉华段公路改建、妇产儿科大楼等民生项目有序建设。完成农村公路建设 29.5 公里、危桥改造 4 座；农村电网升级改造 149.5 公里。

社会事业有热度。全年财政民生支出占比达76%，27件惠民实事基本完成。教育均衡提质，全年教育投入4亿元，杨时小学、上河洲幼儿园、将乐四中综合楼等项目投入使用，新增学位4630个，新招录教师117人，不断加强教师培训。健康将乐加快推进，通过建立健康管理平台，提升慢病防控能力，全县居民健康素养水平从2015年的3.2%提升到17.2%；新增新技术、新项目16项，培育心血管介入、胸痛中心等重点学科；省级慢性病综合防控示范区创建工作通过评估验收。文化事业多点开花，岩仔洞遗址入选国家重点文物保护单位，新建档案馆、党校投入使用，成功举办庆祝新中国成立70周年和“风展红旗如画”系列主题活动及文化惠民活动。

社会治理有深度。深化平安将乐建设，信访形势平稳可控，食品安全形势向好，全年没有发生一起较大及以上生产安全责任事故，群众安全感持续位居全省前列。普法教育扩大覆盖面，建立完善青少年法治教育基地和林则徐禁毒教育基地。城区丧葬不良风气得到改善。有效防范重大风险，政府债务严格实行限额管理，不良贷款率连续3年处于全市低位，非洲猪瘟、登革热疫情得到有效控制，多举措保障猪肉市场稳定。扫黑除恶斗争掀起雷霆攻势，破获涉恶案件12起，打掉恶势力集团1个、涉恶团伙3个30人。

城乡建设有亮度。以人为本推进旧城改造，“拆”出新空间，原县粮食加工厂等地块拆除腾空，全年征拆房屋1.1万平方米。“改”出新面貌，11个集镇和10个美丽乡村建设有序推进；建成安置房3.64万平方米，200户群众喜迁新居。“管”出新秩序，依法拆除违法建筑9.3万平方米，新增停车位200个，占道经营、小区物业等专项整治加强，龟山、玉华安置小区得到有效治理。

主题教育学习有质。按照县委统一部署，扎实开展“不忘初心、牢记使命”主题教育，推动习近平新时代中国特色社会主义思想内化于心外化于行，以实际行动树牢“四个意识”、坚定“四个自信”、坚决做到“两个维护”。持续推动全面从严治党向纵深发展，加强招投标等重点领域廉政风险防控，强化审计监督。认真做好巡视巡察整改“后半篇文章”。有力推进意识形态领域工作，被列为全省乡村讲师团试点县，“微将乐”进入全省政务类微信公众号排行榜20强。

法治建设提升有力。深入推进法治政府建设，切实用科学思维、法治方式处理解决问题。严格执行县委各项决策部署，自觉接受县人大及其常委会的法律监督、县政协的民主监督和社会各界监督；积极回应人大代表和政协委员的关切，办理人大代表建议82件、政协委员提案102件，着力解决了一批群众关注的热点、难点问题。

行政效能提速有效。积极开展“六最”营商环境对标活动，工程建设项目审批制度改革有序推进，实行“一窗受理、集成服务”，审批时限明显减少。大力推广“e三明”网上便民服务平台，累计登记认证2万余人，办结诉求件2500多件，切实增强群众的幸福感获得感。“智慧将乐”建设有序推进，建成云计算中心、智慧城管、平安将乐和智慧政务平台，有力提升城市智慧化管理水平。与此同时，我县第四次全国经济普查工作顺利通过省级验收；民兵预备役、退役军人服务、统计、工商联、民族、宗教、外事侨务、共青团、工会、残联、台联、老龄、妇女儿童、档案、县志等各项工作迈上新台阶。

2020年将乐县全县经济社会发展的主要预期目标是：地区生产总值增长8%；农林牧渔业总产值增长5%；规模以上工业增加值增长9%；固定资产投资（不含农户）增长8%；社会消费品零售总额增长12%；出口总值增长4%；实际利用外资增长4%；地方一般公共预算收入增长2%；城镇居民人均可支配收入增长8.5%；农村居民人均可支配收入增长9%；城镇登记失业率控制在3.7%以内；完成节能减排任务。

（摘编：赵旭东）

沙县社会发展概况

2019年，沙县深入学习贯彻习近平新时代中国特色社会主义思想和党的十九大、十九届四中全会精神，坚持稳中求进工作总基调，全力做好“六稳”工作，大力弘扬“马上就办、真抓实干”精神，深入开展“增激情、敢担当、破难题”和“项目攻坚突破竞赛年”活动，经济持续稳定增长、社会保持和谐稳定。全县地区生产总值完成274.5亿元，增长8%；地方公共财政收入10.22亿元，与上年持平；全社会固定资产投资增长10%；社会消费品零售总额66.69亿元，增长11.5%；城镇居民人均可支配收入38895元，增长8.8%；农村居民人均可支配收入20390元，增长9.5%；居民消费价格水平总体平稳。

社会发展一些重点领域、重点工作有了新的突破：

城市面貌展新颜。建国路提升改造项目投入使用，打通府北路连接线、金沙路西侧延伸段，初步构成“六横六纵”的城区路网。“最美沙县”灯光秀、3D水幕秀、七峰叠翠二期梦幻森林公园成为深受群众喜爱的网红打卡地。

改革创新添活力。新时代文明实践中心被中宣部列入全国试点，农村集体产权制度改革全国试点工作通过农业农村部验收，获批全省3个集成改革试点县之一和全省首批城乡供水一体化建设试点县之一，牵头制订全省乡镇敬老院转型升级工作标准，沙县小吃入选人民网“新中国成立70周年70问”大型全媒体系列报道。

民生事业增福祉。三明沙县机场新增青岛、成都、宁波、郑州往返航线，共开通北上广深等12条航线。省道横五线际口至官庄段基本建成，双溪水库大坝完成主体建设，金古小学、城南水厂竣工。水美土堡群成功申报全国重点文物保护单位。

2019年社会发展的主要工作和成效是：

做实“四篇文章”。按照市委、市政府和县委的部署，扎实做好中央苏区、工业产业、生态产业化、精神文明“四篇文章”。做响红色沙县。发挥中央苏区优势，唱响“风展红旗如画”。激励红色担当，梳理出105项对接事项，谋划马岩水库、北部新城污水处理厂、松柏岩环湖森林度假旅游等141个中央苏区项目，争取十项特殊政策支持，共获得重点流域整治、专项债券资金、老区苏区专项等各类上级资金20.61亿元。讲好红色故事，举办红色故事巡回宣讲活动，开展“巾帼风采·唱响虬城”红歌比赛，创作《红色记忆·沙县》《沙县味道》等红色读本。培育红色产业，加强革命历史文化遗址保护利用，凝翠阁红色革命展陈场馆建设项目进入陈列大纲设计阶段，富口荷山红军遗址通过国家3A级旅游景区评定，推出夏茂镇红色研学基地。做实产业沙县。帮助企业解决各类难题102个，落实减税降费1.03亿元，争取各类补助1956万元。做足绿色沙县。发挥沙县深呼吸小城和空气质量全省排名前列的优势，加快培育生态产业。发展壮大文旅康养产业，出台支持文旅康养产业加快发展的政策，引进福万青少年文化交流基地项目，马岩生态园入选第四批全国森林康养基地和全省首批职工疗休养示范基地，获评全国森林康养最佳目的地。做靓文明沙县。深化文明创建，整合城管110、城监微信平台和社区网格管理，完善微信三级督查机制，实行街长负责制，推行“城管+法院”执法新模式，常态化落实市容市貌管理，巩固全国文明城市创建成果。疏解城市堵点，实施城区人行道提升改造、西山市场提升改造、沙溪南岸污水管网改造等13个城市基础设施补短板项目，城区新增停车位220个，新建或改造公厕6座，改造老旧小区和背街小巷12个。用好“e三明”平台，提供网上便民服务事项76项，注册用户3.78万，共受理各类诉求问题3368件，按时办结率100%，群众满意率98.9%。

民生保障更加有力。全年民生支出19.97亿元，占公共财政总支出的75.68%。保障体系不断完善，行政服务中心人社分中心建成，养老、医疗、失业、工伤、生育等社会保险参保人数达25.7万人次，发放养老金等各类补助8.1亿元。32件为民办实事项目较好落实。教育事业取得突破，总投资4亿元的教育补短板PPP项目启动实施，新建第六幼儿园、沙县一中初中部教学楼、城南中学科技楼等。推进“总校制”办学模式改革，创新教师管理机制，开展校内课后服务试点。高考取得新突破，沙一中学生卓光凯被北京大学录取，本科上线1030人，上线率达67.32%。医疗卫生加快发展，持续深化“三医联动”综合改革，完善家庭医生签约制度，全面实施慢病一体化管理，县总医院成为国家卫健委认定的全市2家、全省12家达标县医院之一。养老服务得到提升，深化乡镇敬老院转型升级，培育5家专业养老机构，新建城西、富口2个居家养老服务照料中心，官庄、文坑等10所农村幸福院，际口、新桥等10所乡村乐龄学堂，探索农村幸福院+乐龄学堂“学养结合”的居家养老模式。文体活动蓬勃发展，开展中国沙县首届青少年跆拳道邀请赛、中国三明自行车公开赛、东南地区海峡两岸第七届公开水域挑战赛等13项体育赛事。打好精准脱贫攻坚战，完成3个建档立卡贫困村、1个贫困空壳村的摘帽退出，全县农村建档立卡贫困对象实现全部脱贫，城市精准脱贫工作稳步推进。社会环境稳定向好，圆满完成庆祝新中国成立70周年安保维稳任务，深入开展扫黑除恶专项斗争，推进禁毒重点整治攻坚，加大矛盾纠纷调处，强化安全生产和食品安全工作，沙县小吃文化城创建省级食品安全示范街。

生态环境不断提升。大力实施乡村振兴战略，完成12个乡（镇、街道）乡村振兴规划，开展“一革命五行动”、村庄清洁行动、铁路和高速公路“两高”沿线整治专项行动，乡镇生活垃圾转运系统实现全覆盖，夏茂镇列入全市乡村振兴综合试验示范镇，凤岗际口、夏茂长阜、高砂渔珠等10个村入选全省“千万工程”试点村。打好污染防治攻坚战，全面实行“河湖长制”，扎实开展生态环境“五项治理”行动，抓好中央环保督察反馈问题整改工作，全县河流健康合格率100%，空气质量达标率99.7%，城区环境空气质量继续保持在优于国家二级标准的水平。

营商环境得到提升。加强党的全面领导，落实意识形态工作责任制，深入开展“不忘初心、牢记使命”主题教育，推进党风廉政建设和反腐败工作，抓好巡视问题整改，落实“基层减负年”部署，坚决整治形式主义、官僚主义和群众身边不正之风、腐败案件，全县查处违反“中央八项规定”精神问题27起31人，查办违法违纪案件113件117人。优化政务环境，深化“放管服”改革，梳理“最多跑一趟”“一趟不用跑”事项618项，推行“妈妈式”服务，推进工程建设项目审批制度改革，完成县级机构改革。严格依法行政，法治政府建设有序推进，自觉接受人大法律监督和工作监督、政协民主监督，办复人大代表建议107件、政协提案84件。

2020年沙县主要预期目标是：地区生产总值增长7.5%，农林牧渔业总产值增长4.2%，规模以上工业增加值增长8.8%，地方公共财政收入增长2%，固定资产投资增长8%，社会消费品零售总额增长11.5%，企业出口总值增长3%，实际利用外资增长3%，城镇居民人均可支配收入增长8.5%，农村居民人均可支配收入增长9%，城镇登记失业率控制在3.9%以内，完成单位生产总值能耗降低和主要污染物减排年度任务。

（摘编：王诗诚）

尤溪县社会发展概况

2019 年，尤溪县全面落实上级决策部署，积极应对各种困难挑战，较好地完成了年初确定的各项目标任务，经济社会发展总体稳中趋好。全县生产总值增长 8%；固定资产投资增长 6.4%；社会消费品零售总额增长 8%；全体居民人均可支配收入增长 10%；地方一般公共预算收入增长 0.77%。

一年来社会发展的工作主要体现在以下方面：

城市功能持续完善。启动国土空间规划编制，完成瑞云园、埔头片区等 5 个重点区域控制性详细规划方案编制；城区路网不断完善，开工建设三奎新城市政道路、东迎宾大道二期、联三线联建至玉池段公路等，环城路解放路白改黑工程建成投入使用，西迎宾大道正式通车；三奎新城二期、埔头片区开发有序推进，基本完成林科所等地块征收，卧龙轩与开元宝邸三、四期等楼盘开工建设，工人文化宫、水南桥等项目有序推进，东三路、青印溪“一河两岸”河滨景观改造主体工程等基本完成，西城中心小学迁建、闽中经贸大厦等项目投入使用。

城市管理全面加强。开展城市管理“五难”治理攻坚行动，全面提升水东新城、建设西街、闽中农贸市场等区域周边市容环境，强化小区物业监管，新增公共停车泊位 231 个、新改建公厕 7 个，三奎头非正规垃圾填埋场整治、城区餐厨垃圾资源化利用和无害化预处理站等项目有序推进；深入开展“两违”治理专项行动，拆除违建面积 11.1 万平方米，腾出土地面积 9.93 万平方米。顺利完成城区环卫市场一体化改革，环卫机械化作业水平提高至 70%。有效治理城区扬尘，城市空气优良天数比例达 99.7%。

乡村面貌日益改善。全力推进中央、省级环保督察反馈问题整改，扎实抓好第二批中央生态环保督察整改工作。深入开展污染防治攻坚战，持续深化河（湖）长制工作，省级重点流域水质均达到Ⅲ类标准，县、乡（镇）集中式饮用水源地、重点湖库水质达标率均为 100%。实施森林质量精准提升工程，完成造林绿化 2.88 万亩，全县森林覆盖率达 76.94%。开展农村人居环境和“两高”沿线环境综合整治，实施“一革命五行动”，完成投资 6821 万元。开展乡村振兴“两带一镇十村”示范点创建，西城镇和城关下村、梅仙半山等 10 个村入选全省乡村振兴试点示范创建镇村，洋中镇省级“小城市”改革试点工作有序推进，该县被列入全国农村创新创业典型县名单。推进农网升级改造、饮水安全等农村“微改造”，总投资 16.57 亿元的城乡供水一体化项目开工建设，新建改造农村路网 25 公里，汶潭水利枢纽完成主体工程建设，莆炎高速永泰梧桐至尤溪中仙段具备通车条件。脱贫攻坚精准高效。建立乡村振兴“资金池”，新培育家庭农（林）场 7 个、专业合作社 6 个，农村居民人均可支配收入达 18686 元，比增 10%。完成造福工程搬迁 5 户 20 人，累计发放扶贫小额信贷 5480.7 万元，扶持 1084 户贫困户发展生产，全县建档立卡贫困户全部实现脱贫，36 个贫困村和 24 个空壳村全部实现摘帽。

民生实事扎实推进。26 个为民办实事项目有序推进，全年民生支出 23.28 亿元，占公共财政支出的 80.3%。落实积极就业创业政策，发放创业担保贷款 359 笔 3590 万元，城镇新增就业 1518 人，城镇登记失业率 2.52%。提高城乡低保、居民基础养老金标准，城乡居民医保基本实现全覆盖。乡镇敬老院改造提升全面完成，建成1个社区居家养老服务照料中心和32个农村幸福院，养老服务体系逐步健全。和兴肉联厂迁建项目建成投入使用，并通过省农业农村厅标准化验收。落实猪肉保供稳价工作，向低收入群体发放价格临时补贴252.6万元、受益8.8万人次。新阳卫生院、洋中卫生院综合楼等项目投入使用，全县新增床位100张。持续深化“三医联动”改革，在全国率先实施健康负责制，落实公办卫生所“七统一”管理制度，建立慢性病分级分类分片分标管理机制，慢性病综合防治示范区通过省级验收，医改工作得到孙春兰副总理充分肯定。

社会事业全面发展。实施城乡教育基础项目20个，第三实验幼儿园、台溪中心小学等8个项目建成投入使用，新增学位3330个；教育质量稳步提升，全市中考第一、第二名考生均在我县，尤溪一中连续6年一本上线率达50%以上，省级教育“两项督导”得到评估组专家一致好评，尤溪职业中专被列为省示范性现代职业院校。深化融媒体改革，“四创四融”被中宣部和国家广播电视总局列为典型案例在全国推广。开展纪念新中国成立70周年系列主题活动，举办福建省中国农民丰收节、联合梯田越野赛等群众性文化体育活动，城乡群众文体生活更加丰富。成功举办第十一届海峡论坛尤溪分会场暨朱熹诞辰889周年、第三届海峡两岸书院创新与融合论坛等活动，“朱子礼乐·儒风雅韵”文化交流团赴台演出，2019年中国古村落文化遗产保护高峰论坛在该县召开。郭居敬“二十四孝”列入第六批省级非物质文化遗产代表性项目名录，该县被列入国家第一批革命文物保护利用片区分县名单。半山村林上斗书记荣获全省乡村振兴先进个人、第七届全国道德模范提名奖，游泳健将柯丽婷被评为全国自强模范，并在全国第十届残运会中获得4金1银。

社会治理不断增强。圆满完成新中国成立70周年安保维稳任务，深入开展“扫黑除恶”专项斗争行动，破获九类涉恶案件44起，打掉九类涉恶团伙20个；破获电信诈骗案79起，打掉电信诈骗团伙3个。开展信访突出问题专项整治攻坚行动，共排查化解各类信访矛盾纠纷124件，调处化解率达93.6%。深入开展“七五”普法，全民法治意识逐步增强。加强金融风险防范，全年处置不良贷款2.35亿元，不良率降至0.92%，居全市最低。认真落实安全生产责任制，安全生产形势持续稳定向好。国防建设、双拥优抚等工作进一步加强，县乡村三级退役军人服务中心（站）实现“全覆盖”。该县第四次经济普查工作顺利通过国家质量抽查，县统计局被评为第四次全国经济普查先进集体。此外，审计、民族宗教、气象服务、防震减灾、消防救援、档案、红十字、老龄老干、妇女儿童、残疾人、计生协会等各项工作都取得新成效。

政府工作高效运行。坚持把政治建设摆在首位，全面履行从严治党主体责任，扎实推进党风廉政建设，强力推动省委巡视反馈问题整改。深入开展“不忘初心、牢记使命”主题教育，专项整治形式主义、官僚主义，全面压减办文、办会和“三公”经费，基层减负成效显现。严格落实意识形态工作责任，牢牢把握意识形态工作主动权。自觉接受人大法律监督、政协民主监督和社会舆论监督，定期向人大报告工作、向政协通报情况，办理人大代表建议96件、政协委员提案98件，满意率、基本满意率达100%。践行“马上就办、真抓实干”优良作风，政务环境不断优化，“最多跑一趟”和“一趟不用跑”事项达85.54%，“e三明”和12345便民服务平台群众诉求办理满意率均达100%。全面完成县级部门机构改革任务。强化财政、审计监督，政府权力运行更加规范。

2020年尤溪县全县经济社会发展主要预期目标是：地区生产总值增长8.1%；农林牧渔业总产值增长4%；规模以上工业增加值增长8.8%；固定资产投资增长8.5%；地方一般公共预算收入增长1%；出口总值增长3%；实际利用外资增长5%；社会消费品零售总额增长8%；全体居民人均可支配收入增长9.3%；城镇登记失业率控制在3%以内，完成市下达的单位生产总值能耗降低及主要污染物减排年度任务。

（摘编：游学荣）

大田县社会发展概况

2019年，大田县深入学习贯彻习近平新时代中国特色社会主义思想和党的十九大、十九届二中、三中、四中全会精神，保持战略定力，勇于攻坚克难，以“五比五晒”竞赛活动为载体，以“十大攻坚会战”为抓手，奋力推动高质量发展落实赶超，经济社会保持平稳健康发展。初步统计，全县地区生产总值243亿元，增长7.8%；地方一般公共预算收入7.66亿元，增长2%；城镇居民人均可支配收入37338元，增长8.2%；农村居民人均可支配收入18291元，增长9.5%。

生态效益更加凸显。桃源最氧睡眠小镇被授予“全国森林康养基地试点建设单位”“中国睡眠康养示范基地”称号，大仙峰·茶美人景区获评国家AAAA级旅游景区，五彩大石景区获评国家AAA级旅游景区，均溪河、文江河流域各监测断面水质达标率连续三年为100%。

民生事业协调发展。城区载客三轮车全面取缔，微公交方便群众绿色安全出行，高考成绩再创佳绩，普通高考本一上线率居10个县（市）第一，大田心血管病高危筛查项目获评国家先进项目点，大田县运动员在2019年残疾人羽毛球世界锦标赛荣获1枚银牌、在全国第十届残运会暨第七届特奥会荣获4枚金牌，28名优秀工作者被授予“庆祝中华人民共和国成立70周年”纪念章。

2019年社会发展的主要工作和成效是：

全力稳增长，发展环境持续优化。聚焦企业关切，优化营商环境。深入开展“六最”营商环境对标活动，以“e三明”为抓手倒逼服务效能提升，大力推进政务服务“一网通办”，全面推进工程建设项目审批制度改革，持续深化“放管服”改革，新登记各类市场主体1.29万户。防范化解风险，稳定金融环境。进一步完善信用联合惩戒平台，持续开展净化金融生态“三大攻坚”行动，全年处置不良贷款3.82亿元，不良率降至1.34%，为近五年来最低；建立融资担保企业“白名单”制度，完善产融对接机制，全县贷款余额突破百亿元；健全政府债务风险预警防控体系，政府性债务规模控制在限额范围内。

强力抓改革，创新活力持续释放。重点改革不断突破。农村土地“三权分置”改革进一步深化，完成农村土地确权登记颁证和农村集体产权制度改革股权颁证，被列为全省农村集体产权制度改革整县推进试点县；推广“福林贷”等林业金融产品，满足林业全产业链贷款需求，全年新增贷款7865万元；财税金融、文化教育、医药卫生等体制机制改革稳步推进。对外开放不断扩大。田台文化交流不断深入，第十四届中国高山茶文化节、海峡两岸孝文化与健康养老研讨会、闽台茶旅房车打卡赛等活动成功举办；对外交流合作持续深化，主动融入闽西南协同发展区建设。

致力促融合，城乡面貌持续改善。城市更加宜居。河滨健身栈道三期、生活垃圾应急填埋场基本建成，良元220千伏输变电工程动工建设，栋山支路、福兴路等市政道路建设有序推进，原汽车站、坪尾仑、鸭蛋山等片区改造加快实施，开展城市供水水质提升三年行动，城乡供水一体化、下岩中型水库等项目稳步推进；打好市容市貌攻坚会战，城市管理“五难”专项治理深入推进，整治背街小巷108条，新建改造城市公厕38座，新改建天然气管道29.84公里、给排水管网11.45公里，新增城市停车位170个。乡村更加美丽。打好农村人居环境整治攻坚会战，抓好“一革命五行动”，实施“2线2镇18村”示范工程，完成乡村道路提升工程363公里、新改拓建农村公路58.2公里，新建改造农村公厕25座，整治裸房657座，建设三格化粪池1643户，完成新一轮农村电网改造升级工程228公里；创建美丽乡村14个，桃源镇入选省级乡村振兴特色乡镇，梅林、元沙等10个村入选省级乡村振兴试点村，仙峰、后华、兰玉3个村获评省级森林村庄。生态更加靓丽。全力打好污染防治攻坚战，扎实抓好第二轮中央生态环境保护督察交办信访件整改销号工作，环境空气综合指数进入全省前十，坑口水库饮用水水源地保护区综合整治及搬迁安置工作稳步推进，新建安全生态水系18公里，湖美高才国控断面水质稳定达到Ⅱ类，水土保持“天地一体化”监管指挥中心建成投入使用，闽江流域山水林田湖草生态保护修复、太华矿区土壤污染风险防控试点等项目顺利实施，综合治理水土流失面积5.81万亩。

倾力惠民生，群众福祉持续增进。脱贫攻坚有力有效。以推进国家扶贫改革试验区建设为抓手，下足绣花功夫，累计发放扶贫小额信贷1.19亿元，建成造福工程易地搬迁集中安置区2个，全县建档立卡贫困人口2798户8437人全部脱贫，68个贫困（空壳）村、2个市级扶贫开发工作重点乡全部摘帽。社会保障逐步完善。21项为民办实事项目基本落实，城乡低保、特困供养人员等社会救助标准进一步提高，新增城镇就业1236人，农村劳动力转移就业3232人，城镇登记失业率2.28%，控制在市下达目标内；新建农村幸福院12个，2家农村幸福院获评省“五星级农村幸福院”，夕阳红闽中康养服务中心二期动工建设，民生医院鸿晖养老服务中心建成投入使用，16个乡（镇）敬老院全面实行“公建民营”运营模式。社会事业协调推进。31个教育补短板项目加快实施，新红星幼儿园等8个项目建成投入使用，新增学位4480个，争取上级教育专项编制1246个；县总医院“六大中心”、石牌卫生院门诊综合楼建成投入使用，大田医养服务中心被列为全省第二批医养结合试点单位，省级慢性非传染性疾病综合防控示范区通过验收；组建县融媒体中心，精心组织开展庆祝新中国成立70周年主题宣传教育系列活动，讲好老区苏区红色故事，唱响“风展红旗如画”品牌，新增省级综合性文化服务中心示范点3个，郭居敬“二十四孝”诗选及怜目唱本、“红釉制作技艺”列入省级非物质文化遗产保护名录，歌曲《大田后生仔》网络点击量突破60亿次；成功举办省青少年羽毛球巡回赛、海峡两岸大学生篮球赛，大田县大体操项目获评省体育产业示范项目。社会环境安定稳定。“平安大田”建设持续深化，扫黑除恶专项斗争、打击治理电信网络新型违法犯罪专项行动深入开展，新中国成立70周年安保维稳工作圆满完成，创建“六无村（社区）”88个，兰玉村入选全国乡村治理示范村，仙亭社区被评为全国综合减灾示范社区，济阳乡获评全省“七五”普法中期先进集体，县乡村三级退役军人服务中心（站）实现全覆盖，信访、安全生产、食品药品监管形势保持稳定，应急管理能力持续加强，精神文明创建不断深化，第三次全国国土调查顺利完成。与此同时，人民武装、国防动员、民兵预备役、人民防空、地方志、档案、审计、统计、库区移民、民族宗教、外事侨务、老龄、老体协、工会、青少年、妇女儿童、残疾人和关心下一代等各项事业取得积极成效。

着力转作风，自身建设持续加强。严格落实中央八项规定及实施细则精神和省、市、县实施办法，认真落实中央“基层减负年”要求，坚决反对形式主义、官僚主义，以县政府、县政府办印发的文件、召开的会议分别同比减少46%、45.5%，对基层督查检查事项同比减少51%，“三公”经费下降29.54%。全面实行二级绩效考评及干部实绩记账办法，落实正向激励和容错纠错机制，有效提振干部干事创业精气神，县生态环境保护指挥中心获评省级“人民满意公务员集体”。自觉接受人大监督、政协监督、纪委监委监督、社会监督和舆论监督，办理人大代表建议议案116件，政协委员提案113件，满意率99.6%。

（摘编：彭金龙）

莆田市社会发展综述

2019年，莆田市深入学习贯彻习近平新时代中国特色社会主义思想、党的十九大和十九届二中、三中、四中全会精神，认真贯彻落实习近平总书记在参加十三届全国人大二次会议福建代表团审议时的重要讲话精神和治理木兰溪的重要理念，全面落实党中央国务院、省委省政府和市委决策部署，坚持稳中求进工作总基调，坚持新发展理念，深化供给侧结构性改革，打好三大攻坚战，扎实做好“六稳”工作，奋力推进高质量发展落实赶超，较好完成了年初确定的目标任务。初步统计，地区生产总值2613亿元、增长8.1%；一般公共预算总收入226.39亿元、增长0.2%，地方一般公共预算收入143.12亿元、增长1.5%；固定资产投资增长9%；社会消费品零售总额845亿元、增长10.7%；居民人均可支配收入3.04万元、增长8.8%；城镇登记失业率1.82%；居民消费价格指数3%以内。

2019年取得了令人欣喜的新成绩，莆田以更高质量的发展、更加全面的进步、更加优美的城市庆祝新中国成立70周年：

这一年，是习近平总书记亲自擘画亲自启动木兰溪治理20周年，以此为契机，持续推进木兰溪流域系统治理，美丽莆田建设跃上新台阶，木兰溪入选全国首批示范河湖，木兰溪生态文明建设实践列为中组部主题教育案例，中央电视台连续三集播出《变害为利造福人民——习近平生态文明思想在福建木兰溪的先行探索》，生态文明的木兰溪样本全国瞩目。

这一年，牢记习近平总书记的嘱托，全面落实《湄洲岛保护管理条例》，打造零排放生态智慧岛，城市智慧汽车基础设施和机制建设试点取得阶段性成果，湄洲岛整体形象和综合保护水平持续提升。第四届世界妈祖文化论坛规模更大、层次更高，日本前首相莅会发表主旨演讲，妈祖文化在服务“一带一路”倡议和构建人类命运共同体中的作用更加凸显。

这一年，全面发力大学城、妈祖健康城建设，莆田学院、湄职院实现搬迁，新工科产业学院新增招生指标1500名；国家级“海峡两岸生技和医疗健康产业合作区”获批设立，高端专科医院集群和亚洲一流的瑞士自闭症康复中心基本建成，妈祖医学院、重离子医院动工建设，“两城”成为城市发展新引擎，城市竞争力得到提升。

2019年社会发展的主要工作和成效是：

久久为功，持续巩固生态文明的木兰溪样本。践行习近平总书记治理木兰溪的重要理念，编制《木兰溪流域水污染防治规划》，落实《莆田市东圳库区水环境保护条例》，全面排查整治入河排水口，木兰溪9条省控主要汇水小流域Ⅰ－Ⅲ类水质比例由55.6%提升至77.8%，木兰溪园头桥站获选全国首批“最美水站”，莆田荣获全国第三批城市黑臭水体治理示范城市、国家蓝色海湾整治项目城市。大气污染热点网格监管模式获评全国十佳“2019年度智慧环保创新案例”，优良天数比例由89.9%提高至97.8%。坚决抓好中央生态环保督察整改，工艺全国先进的工业固废处置项目建成投用，一批群众反映强烈的违建项目、违规砖厂、餐饮油烟污水等问题得到有效解决。

以人为本，统筹推进城乡融合发展。积极融入闽东北协同发展区，高起点规划建设三大片区，巩固提升全国文明城市成果。城市功能配套更加完善，福莆宁城际铁路F2线控制性工程开工建设，壶公路一期、滨溪北路等市政道路竣工投用，一批断头路顺利打通，新改扩建城市道路62公里，新增人行天桥6座；玉湖公园、绶溪公园二期启动区基本建成，新建绿道40公里、口袋公园36个，实现城区“300米见绿、500米见园”；建成全域公共自行车系统，骑行量突破2600万人次，群众出行更加绿色便捷；城市规划展示馆建成开馆。城市更新改造有序推进，实施历史文化街区、传统建筑、传统村落修缮整治工程，新增中国传统村落2处，建成棚改5909套，改造提升11个老旧小区。乡村人居环境不断提升，“百村示范”及12个示范区（带）加快建设，新改建城乡公厕196座、农村三格化粪池6.97万户，乡镇污水处理设施实现全覆盖。

更高起点，推动改革开放再出发。坚持把改革开放作为推动发展的关键一招，统筹推进重点领域改革，在全国首创“自己‘批’、网上办”开卷式审批服务模式，96%审批服务事项实现“一趟不用跑”“最多跑一趟”，在全国率先推行食品药品“证照同办”审批改革；荣获全国第二批社会信用体系建设示范城市，信用监测排名从第223位提升至第16位；成立8家混合所有制企业，推动民营资本参与市属国企改革发展；完成企业化管理事业单位改革。对外开放步伐加快，东南沿海最大的40万吨级铁矿石码头建成投用，开通对台商贸海运航线，成功实现对台铁矿石保税和海上直航常态化，第二届“一带一路”电子商务国际合作高峰论坛、第四届中国电商讲师大赛全国总决赛成功举办，跨境电商通关服务平台成立运营。积极探索海峡两岸融合发展新路，成功举办海峡论坛·妈祖文化活动周、纪念妈祖信俗列入世界非物质文化遗产10周年和台湾渔船直航湄洲30周年等活动，设立大陆首家台胞医保服务中心，新增创业就业和实习实训台胞505人、台企24家。

更加关切，推动民生事业再上新水平。坚持从群众关心关切入手，25项为民办实事项目基本完成，安置房回迁办证等一批问题得到解决。打好精准脱贫攻坚战，贫困村全部摘帽。有效落实援企稳岗政策，在全省率先出台稳定和扩大就业17条措施，举办全省首届返乡大学生创新创业大赛，构建“三个一生”终身职业技能培训体系，新增城镇就业1.83万人；社会保障不断完善，城乡居民社保村级平台实现全覆盖，基本养老保险待遇稳步提升，工伤预防经验向全省推广。教育强市扎实推进，新增普惠性民办幼儿园155所、基础教育学位1.4万个、省级示范校54所、省级名师名校长90名，高考本一上线率提高1.5个百分点；创新职业教育模式，建成华峰学院，教育教学改革不断深化。健康莆田深入推进，“三医联动”改革取得成效，新增病床位1725张，千人均病床位6.07张，人均期望寿命80.52岁，重大慢性病过早死亡率和婴幼儿、孕产妇死亡率低于全国、全省平均水平。文化体育旅游日益繁荣，市级文化“三馆”年接待人次700多万，莆仙戏《踏伞行》荣获第16届中国戏剧节优秀剧目，国际射联步手枪世界杯总决赛、第三届“妈祖杯”海丝国际羽毛球挑战赛、中国仙游国际马拉松比赛、首届海丝动力摩托车文化交流节等大型赛事成功举办，冰雪小镇动工建设。深入开展扫黑除恶专项斗争，打造新时代莆田“110”，社会持续安定稳定；扎实开展安全生产隐患排查行动，安全生产形势总体平稳。退役军人、双拥、民族宗教、粮食安全、食品药品安全、应急管理、档案、工会、妇女儿童、青少年、残疾人、红十字会等工作发挥新作用。

始终坚持把党的政治建设摆在首位，扎实开展“不忘初心、牢记使命”主题教育，始终严明政治纪律和政治规矩，增强“四个意识”、坚定“四个自信”、做到“两个维护”，把守初心、担使命转化为高效便民、廉洁清正的实际行动。全面完成政府机构改革。全面落实意识形态工作责任制。坚决贯彻党风廉政建设各项规定，大力整治群众身边的不正之风和“微腐败”。不折不扣落实“基层减负年”各项措施。严格执行市人大及其常委会决议决定，主动接受法律监督和工作监督，自觉接受市政协民主监督，全年办理人大代表建议165件、政协提案203件，办复率均为100%。完善政府议事规则，严格落实重大行政决策程序和“三重一大”事项决策机制，政府依法行政能力持续提升。2019年政府工作报告共分解任务687项，完成及基本完成任务666项、未完成任务21项，完成率96.9%。

2020年是全面建成小康社会和“十三五”规划收官之年，既是决胜期，也是攻坚期。莆田市工作的总体要求是：以习近平新时代中国特色社会主义思想为指导，全面贯彻党的十九大和十九届二中、三中、四中全会精神，坚决贯彻党的基本理论、基本路线、基本方略，深入贯彻习近平总书记对福建工作的重要讲话重要指示批示精神和治理木兰溪的重要理念，增强“四个意识”、坚定“四个自信”、做到“两个维护”，紧扣全面建成小康社会目标任务，坚持稳中求进工作总基调，坚持新发展理念，坚持以供给侧结构性改革为主线，坚持以改革开放为动力，突出开放招商、强化项目带动，扎实推动高质量发展落实赶超，坚决打赢三大攻坚战，全面做好“六稳”工作，统筹推进稳增长、促改革、调结构、惠民生、防风险、保稳定，保持经济运行在合理区间，努力在营造良好发展环境、推动两岸融合发展、做好老区脱贫奔小康工作上奋力先行，加快建设美丽莆田，确保全面建成小康社会和“十三五”规划圆满收官，得到人民认可、经得起历史检验。主要目标是：地区生产总值增长8%左右，规上工业增加值增长8.5%；一般公共预算总收入增长2.5%，地方一般公共预算收入增长2%；固定资产投资增长9%；进出口增长3%，实际利用外资增长5%；社会消费品零售总额增长11.5%，居民消费价格总水平涨幅3%左右；R&D投入增长20%；城镇登记失业率3%以内；城乡居民人均可支配收入增长9%；完成节能减排降碳目标。

实现上述目标，社会发展要坚持以人民为中心，注重加强普惠性、基础性、兜底性民生建设，满足人民日益增长的美好生活需要，重点做好以下工作：

促进更充分更高质量就业创业。实施就业优先政策，多渠道促进高校毕业生、下岗失业人员、农民工、退役军人等重点群体就业创业，新增城镇就业1.6万人。

加快推进教育现代化发展。新改扩建中小学校幼儿园任务，新增普惠性幼儿园学位1.2万个、中小学学位1.8万个。加快大学城后续工程和妈祖医学院建设，办好新工科产业学院，推动高等教育跨越发展。筹建工艺美术学院，每个县区创办1所校企合作办学示范校、培育5家产教融合型企业，推动职业教育扩量提质。

高质量推进健康莆田建设。深化医药卫生体制改革，落实公立医院药品、医用耗材集中带量采购，切实降低医疗费用。优化扩充医疗资源，传承发展中医药，鼓励引导社会力量举办优质专特医院，组建第三城市医疗集团，深化基层医疗服务体系、仙游县域医共体建设，促进优质医疗资源下沉。

织密扎牢社会保障安全网。促进缴费困难群体应保尽保，新建农村幸福院52个、区域性养老服务中心6个，新增养老床位1000张。坚持“房住不炒”定位，大力推进棚户区改造和老旧小区有机更新，加大安置房建设、回迁、处置和办证力度，新开工棚改7296套。完善低保兜底和社会救助机制，关爱空巢老人和留守儿童，发展残疾人事业。健全退役军人服务体系，完善“光荣之家”制度。

提升城市文化体育软实力。推动市博物馆、图书馆争创国家一级馆，改造提升100个农家书屋。繁荣文化艺术创作，保护传承好莆仙戏、南少林禅武、民间民俗等优秀传统文化，让莆田文化焕发新活力。对接第44届世界遗产大会，落实文化和自然遗产保护利用。全力推进国家历史文化名城申报工作，保护修缮兴化府、萝苜田等历史文化街区和古镇古街古村落。办好第四届“妈祖杯”海丝国际羽毛球挑战赛、第二届中国仙游国际马拉松赛等赛事。

完善共建共治共享的社会治理制度。深化拓展“10+1”公安改革成效，持续深化扫黑除恶专项斗争，建设更高水平的平安莆田。强化安全生产责任制，建立公共安全隐患排查和安全预防控制体系，坚决防范和遏制重特大安全事故发生。完善应急管理能力体系，提升防灾减灾救灾能力。

（摘编：于新民）

仙游县社会发展概况

2019年，仙游县深入贯彻落实习近平总书记在参加十三届全国人大二次会议福建代表团审议时的重要讲话精神和治理木兰溪的重要理念，坚持高质量发展落实赶超，较好地完成了年初确定的目标任务。初步统计，全年实现地区生产总值485亿元，增长8.5%；全社会固定资产投资350.5亿元，增长10%；一般公共预算总收入40.1亿元，增长8.7%，其中地方一般公共预算收入26.3亿元，增长7.5%；社会消费品零售总额120亿元，增长12.9%；居民人均可支配收入24312元，增长9.1%。

这是仙游城市影响力和社会美誉度全面提升的一年。仙游县始终注重发挥仙游特色、仙游优势，全力建设一批有品质、有实力的仙游品牌，力争打造一批可复制、可推广的仙游模式。成功举办第七届红博会、美丽中国仙游首届国际马拉松赛，中国家具产业品牌集群在该县设立联合秘书处。荣获“中国民间文化艺术之乡”“省级卫生县城”“全省七五普法中期先进县”等称号，并再次入选“全国最美县域”。在全国率先推行食品医药“证照合一”审批改革。台湾农民创业园综合考评连续三年荣获全国“优秀”等次。

这是仙游人民获得感幸福感安全感持续增强的一年。仙游县始终牢记为民宗旨，全面打好三大攻坚战，人民生活持续改善。全年民生投入占全县财政总支出的62.2%。全县5940户19758人建档立卡贫困户全部实现脱贫、38个贫困村全部脱帽，脱贫人口数量居全省第二。木兰溪全流域治理全面推进，全县主要流域考核断面水质达标率100%，空气质量优良率保持100%，连续三年居全市第一。森林覆盖率达71.32%，高于全省4.5个百分点。

2019年社会发展的主要工作和成效是：

城乡面貌在建管并举中持续提升。完成县域国土空间开发保护现状评估、4个单元控规修编、4个重点片区城市设计、5个历史文化名村及传统村落保护规划。240个城建固投项目完成投资180.5亿元。“一溪两岸”主城区加快开发，建成区面积扩大2.8平方公里、达27.4平方公里，城镇化率提高2.9个百分点、达48.9%。迎勋路北段、育英路、党校路北段实现通车。东一环北段、东二环北段、北三环东段路基贯通。城区高速出入口连接线及互通匝道拓宽工程竣工通车，新金凤桥完成桥基工程。“三中心一广场”竣工投用，县法院、县公安局业务技术用房实现搬迁。温泉度假中心、现代金融街一期、美食城二期竣工。碧桂园天城、建发玺院、中骏城市综合体等房地产项目相继开工，竣工商品房110万平方米。新增城区停车泊位1137个。投放公共自行车5845辆，群众出行更加便捷。城区卫生保洁“1+N”对外发包运营，在全市率先出台安置房小区物业管理规定。枫亭镇入选全省首批地名文化遗产“千年古镇”、省级森林城镇。榜头镇入选全国综合实力千强镇，工艺小件生产集中区竣工投用，龙腾路建成通车。钟山镇获评全国“一村一品”示范乡镇，九鲤湖景区总体规划获批、修建性详细规划完成编制。乡村振兴战略规划完成编制并全面实施，度尾、钟山列入省级乡村振兴特色镇，22个村列入省级乡村振兴试点村。科技特派员服务乡镇实现全覆盖。农村人居环境整治三年行动深入开展，基本完成铁路沿线环境综合整治，新改建农村三格化粪池19368个。乡风文明建设不断提升，移风易俗工作巩固深化。

三大攻坚战在精准发力中持续推进。脱贫攻坚战有效推进，“两不愁三保障”和老区脱贫奔小康工作全面落实，完成造福工程搬迁724人。污染防治攻坚战深入推进，上级环保督察反馈问题持续有效整改。河（湖）长制全面落实，拆除关闭违规畜禽养殖场199家3.6万平方米，完成排污口整治4044个，整治牛蛙、养鳗场95场。农村生活污水处理工程加快推进，新建污水管网213公里。经济开发区污水处理厂二期工程竣工。排查整治“两无”企业368家。固体废物安全处置率100%。垃圾焚烧发电厂试运营。完成矿山生态恢复11个、治理水土流失4.2万亩。植树造林3.3万亩、赎买商品林3140亩。社硎白洋等6个村荣获省级森林村庄。防范化解重大风险攻坚战取得明显成效，至年底预计化解57家企业不良贷款18.5亿元，不良率为2.2%、下降3.2个百分点，为32家企业办理过桥转贷资金4.6亿元。

民生质量在普惠共享中持续提高。实施为民办实事项目16件完成投资30.4亿元。与中国海峡人才市场签订战略合作协议，在全省推出就业岗位9261个。城镇新增就业5176人，城镇登记失业率控制在2.57%以内。完成全民参保登记，城乡居民基本医疗保险参保缴费率达99.4%、基本养老保险参保率达100%。城乡居民保基础养老金标准提高到138元，实现“六连涨”。城乡低保应保尽保。建成农村幸福院40个、日间照料中心5所。福泽园主体工程封顶。实施棚户区改造1125套，安置房竣工6.7万平方米。安置房办证历史遗留问题有序解决，完成办证1.5万套127.5万平方米，首次登记完成率达100%，办证转移率达79%。“四好农村路”扎实推进，完成农村公路养护提升工程280公里、新改建农村公路80公里、改造危桥10座。优化公交线路5条。城乡供水一体化全面启动。新建改造10千伏电力线路150公里。

社会事业在统筹协调中持续发展。教育强县创建工作深入推进，新认定示范性幼儿园19所、普惠性民办幼儿园65所，创建“义务教育管理标准化学校”54所、“乡村小规模标准化学校”22所。新改扩建小学幼儿园项目13个，建设校舍面积3.9万平方米，新增学位2340个。盖尾中学等9所学校通过省级达标校复评，高考本科上线率53.1%，考取“双一流”高校学生238名。6所学校、3名校长、44名教师列入“名学校名校长名教师”工程后备培养名单。“三医联动”改革持续深化，县总医院获评三级综合医院。医保基金打包支付方式改革落地见效，县域内就诊率达82.9%。县皮防院新址投用，县中医院恢复就诊，瑞峰医院、菜溪、社硎卫生院竣工。新改建标准化村卫生所25家，村卫生所医保终端开通52家。“两孩”政策稳妥实施。仙游籍运动员荣获国家级以上金牌22人次。“六馆”陆续竣工。中共上宫支部红色基地完成修缮提升。新增市级以上非遗项目21个。鲤声剧团晋京参加国庆中国戏曲文化周展演，并赴泰国交流演出。精神文明建设不断深化，省级文明县城创建工作扎实开展，社会风气持续净化。完成第四次全国经济普查、第三次全国国土调查。“平安仙游”建设扎实推进，信访维稳、人民调解工作扎实有效，医患纠纷“仙游解法”在全国推广，全市“网格化+寄递安全管理”现场推进会在该县召开。食品安全深入推进。宋《仙谿志》点校出版。

政府建设在职能转变中持续加强。加强党的全面领导，落实意识形态工作责任制，巡视巡察和经济责任审计反馈问题及时有效整改，严格执行人大及其常委会决议、决定，依法接受人大法律监督和工作监督，主动接受政协民主监督，办理县人大代表建议173件、县政协委员提案170件，办结率均为100%。“放管服”改革持续深化，工程建设项目审批时限进一步压缩，“一窗受理、集成服务”模式逐步规范，95%网上办事大厅服务事项实现“一趟不用跑”“最多跑一趟”，在全市率先推出不动产抵押登记全程网办，县行政服务中心新楼投用，营商环境不断优化。12345便民服务平台受理群众诉求1.3万件，网评满意率99.2%。

（摘编：张海生）

荔城区社会发展概况

2019年，荔城区坚持以习近平新时代中国特色社会主义思想为指导，全力推进高质量发展落实赶超，社会和谐稳定，以更加清新美丽的荔城形象庆祝新中国成立70周年。初步统计，全区生产总值515亿元，增长8.0%；财政总收入43.3亿元，与去年持平，连续8年总量全市第一，地方级财政收入28.3亿元，增长3.0%；固定资产投资325亿元，增长9.5%；社会消费品零售总额205亿元，增长5.0%；居民人均可支配收入37700元，增长8.4%。

2019年社会发展的主要工作和成效是：

坚持以区域协调发展为努力方向，城乡面貌发生深刻变化。推进木兰、莆阳新城、高铁三大片区开发，开工建设磐龙府，新建5个住宅小区，建发央著、保利香盛公馆、建工ECO状元府等楼盘销售火爆。加快安置房项目建设，莆兴路二期沙坂龙渡、莆田四中旧校区改造等12个安置区完成主体建设，南郊濠浦三期、七境园中村、下江头等8个安置区共2345户群众顺利回迁。加强城乡土地规划管理，处置“两违”31.9万平方米。加快补齐基础设施短板，开工建设木兰支线，滨溪北路、壶公路宁海新桥至仕方桥连接段实现通车，完成6个易涝点整治。优化城市出行环境，新增公共自行车5100辆，竣工投用2座人行天桥。新建、改建农村公路9公里，农村公路通车总里程达740公里，实现村村通客车。启动兴化府历史文化街区修缮整治工程，开展历史文物修缮保护。举办一系列庆祝新中国成立70周年活动，宋城庙会、文峰宫·尾暝灯等活动充分彰显莆阳文化魅力。大力发展休闲旅游，后黄景区获评福建省金牌旅游村，象峰村获评福建省四星级乡村旅游村，青垞村获评福建省三星级乡村旅游村。乡村振兴深入推进，乡风文明水平进一步提升。推进农村人居环境整治三年行动，开展垃圾分类试点，加强背街小巷卫生整治，新建城乡公厕22座，完成福厦铁路沿线环境综合整治。

坚持以打好三大攻坚战为主攻重点，决胜全面小康的基础更加坚实。坚决打好污染防治攻坚战，让发展更可持续。建设城乡污水整治PPP工程，新建288公里污水主干管、257公里污水支管、1.79万个三格式化粪池、6座污水处理站、123座污水提升泵井，城镇污水收集处理率达90.8%。建设南洋水系综合治理PPP工程，加快推进木兰溪流域系统治理，全面完成全省首批综合治水试验县试点建设任务，整治河道104公里，建设沿河截污管道17公里。狠抓中央、省、市生态环境保护督察问题整改，开展农田水产养殖场、河湖“清四乱”等专项行动，81场共2076亩水产养殖场有序退出。完成5610个排污口整治，有效治理护城河、下戴河黑臭水体和城区11条脏乱差河道，打通下厝河、桥头河等5处断头河，水质实现跨类别提升，省控断面水质全面消除劣V类，延寿西溪重点流域水质达到III类。完成生态红线调整。强化壶公山生态环境保护，开展“青山挂白”治理。加强饮用水源地保护，完成红山水库周边环境整治。推进涉VOCs企业深度治理，落实轻微污染天气应急管控措施，空气质量优良天数达标率99.1%。新建绿道4公里、口袋公园5个。坚决打好精准脱贫攻坚战，让发展更均衡更充分。聚焦建档立卡贫困户和4个贫困村，实施产业、教育、健康、金融等13大类扶贫行动，建成13个扶贫项目、15个产业扶贫基地，实现“造血”扶贫再升级。坚决防范化解重大风险，让发展更稳健。

坚持分类施策、控新化旧，加大企业不良贷款处置力度，着力做好风险大户的化解工作，共为16家企业办理过桥担保21笔、5.8亿元，化解24家企业不良贷款12亿元，不良余额控制在市里下达的控制数以内。实施综治（网格）“多心合一”模式，基层社会治理实战服务功能得到提升。开展公共安全领域大排查大化解大整治攻坚行动，公共安全领域突出问题得到有效消除。纵深推进扫黑除恶专项斗争，打掉恶势力犯罪集团6个。

坚持把人民群众对美好生活的向往作为奋斗目标，民生福祉得到显著改善。八大类为民办实事项目超额完成投资，群众获得感、幸福感、安全感持续增强。优化城乡教育布局，加快30个教育类项目建设，中心城区9所改扩建学校如期投入使用，新增学位3330个。坚持公办民办并举，推进学前教育普及普惠安全优质发展，新增普惠性民办幼儿园34所，荣获省级“基础教育（学前教育学段）改革发展试验区”称号。提升建设26所村卫生所，区精神病防治院二期项目完成主体建设，实现基层医疗机构“中医馆”全覆盖，通过国家级“慢性病综合防控示范区”考核验收，西天尾镇通过国家级“卫生乡镇”考核验收。报恩寺塔入选第八批全国文物保护单位。第二届全国青运会获得2枚金牌。区档案馆新馆完成主体建设。加快建立多主体供给、多渠道保障、租购并举的住房制度，开工建设保障性安居工程2508套。做好不动产登记历史遗留问题办证工作，完成首次登记办证3.23万套、转移办证9000多套。开展房屋安全隐患排查整治。健全有利于更充分更高质量就业的促进机制，率先推行区级技能大师工作室建设，开展“师带徒”技能培养。城乡居民养老和医疗保险村级便民信息化平台实现全覆盖。充分发挥低保兜底保障作用，开展临时救助。新增社区居家养老服务照料中心1个、农村幸福院15家，为“七大类”老年人购买居家养老服务。推行“网格+留守儿童”工作机制，关爱保护农村留守儿童做法在全省推广。开展“双拥”共建工作，推进军民融合发展，军政军民关系不断密切。成功列入全国第二批新时代文明实践建设试点县区。

坚持以深化改革开放为突破口，全社会创新活力持续迸发。全面完成区级政府机构改革，区政府工作部门23个。深化“放管服”改革，推进工程建设项目审批制度、审批服务便民化、“互联网+政务服务”、“自已‘批’网上办”开卷式审批等改革，“一趟不用跑”和“最多跑一趟”事项占99.7%，90%以上事项可在网上办理，信用体系不断完善，营商环境第三方评估结果全市第一。充分发挥普惠性减税降费逆周期调节作用，全年减免税费约5亿元，有效减轻企业负担。营造良好的外贸出口环境，全年退税约7亿元。成立中国海峡人才市场荔城工作站，与中国海峡人才市场开展人才战略合作。不断深化对台交流，对接19个台湾人才项目。深化民办初中学校摇号招生改革措施，“阳光招生”成为新常态。完成农村集体资产清产核资、村居经营性资产股份合作制改革工作。

持之以恒加强政府自身建设，政府职能和作风进一步转变。严格落实意识形态工作责任制，扎实开展“不忘初心、牢记使命”主题教育，做好省委巡视、市委巡察反馈问题整改落实工作。自觉接受人大及其常委会法律监督、政协民主监督和社会监督，市、区人大代表建议71件和政协提案112件全部办复。全面落实一线考核机制，持续整治不良作风，绩效考评又获全市优秀等次。严格落实“基层减负年”工作，整治文山会海，优化考核方式，为基层松绑减负。不断加大审计监督力度，开展自然资源资产审计。加强和改进行政应诉工作，完善府院良性互动机制。依法办理行政复议案件。全面落实行政执法“三项制度”，营造更加透明、规范有序、公平高效的法治环境。

2020年荔城区经济社会发展主要预期目标为：地区生产总值565亿元，增长8.0%，力争567亿元，增长8.5%；固定资产投资355亿元，增长9.0%，力争360亿元，增长10.5%；财政总收入44.6亿元，增长3.0%，其中地方级财政收入29.1亿元，增长2.9%；规上工业产值778亿元，增长8.4%，其中增加值252.2亿元，增长7.1%；社会消费品零售总额220亿元，增长7.5%，力争225亿元，增长10.0%；外贸出口72亿元，增长2.5%，力争73亿元，增长4.0%；实际利用外资（验资口径）1亿元；农林牧渔业总产值33.5亿元，增长3.2%；居民人均可支配收入41080元，增长9.0%；落实节能减排降碳任务。

（摘编：周忠志）

城厢区社会发展概况

2019年，城厢区坚持稳中求进工作总基调，紧扣高质量发展落实赶超，着力做好“六稳”工作，经济社会保持持续健康发展的良好态势。主要成效体现在“1234”：

“1”——完成“一大目标”。全区生产总值完成443亿元，增长8.2%。固定资产投资增长10%。财政总收入完成34.9亿元，增长1.2%，其中地方级财政收入完成24亿元，增长3.6%。社会消费品零售总额完成270亿元，增长15%。居民人均可支配收入37960元，增长8%，基本实现年初目标。

“2”——激活“两大动能”。一是园区高质量发展的新动能更强，持续推进“三转一市”“五换三名。二是现代服务业的新动能更足，成功承办第二届“一带一路”电子商务国际合作论坛，中国·莆田电子商务区域创新合作中心的成熟电商集聚区。

“3”——打好“三大攻坚战”。一是防范化解重大风险攻坚战方面，年末信贷风险企业不良信贷余额控制在1.5亿元以内，不良率低于1%，实现连续三年“双降”目标。二是精准脱贫攻坚战方面，实现全区741户2230人建档立卡贫困人口稳定脱贫不返贫。三是污染防治攻坚战方面，深入实施“六水共治”工程，整治入河排污口2500个，木兰溪干流、省控小流域、东圳水库水质优良比例100%，全年空气质量达标天数比例95.3%。

“4”——实现“四大突破”。一是“产”的突破，全年实现招商签约项目31个，总投资达100亿元。二是“城”的突破，高起点高标准完成木兰溪两岸地区总体策划和城市设计编制。三是“溪”的突破，实施木兰溪城区段两岸景观整治提升、北渠综合整治、木兰陂世遗公园等全流域综合治理工程，助力木兰溪入选全国示范河湖，木兰溪生态文明建设实践入选中组部主题教育案例。四是“村”的突破，“破壳消薄”工程成效显著，全区120个村（居）集体经济经营性年收入全部实现超10万元。入选省级乡村振兴重点区，华亭镇入选省级特色乡镇，五云、岭下等8个村列入省级试点村，霞皋村列入财政部农村综合性改革试验点，“一村一品”乡村振兴格局初步形成。

上述成绩的取得，源于一年来社会发展做的如下工作：

抓建管并举，城乡的颜值更高了。市民生活更加多姿多彩，实施“绿满城乡·美丽家园”园林绿化提升三年行动，启动绶溪公园二期建设，新建棠坡、洋西等6个口袋公园，新增绿地面积15公顷、绿道6公里，建成区绿化覆盖率达48.1%，人均公园绿地面积15.9平方米；“一溪一园两馆”成为居民休闲娱乐的好去处，绶溪泛舟赏景，南湖公园喷泉赏乐，市美术馆灯光赏夜，市博物馆“我和国旗同框”拍照打卡、“不忘初心、牢记使命—党旗、党徽、党章专题展”等活动，掀起庆祝新中国成立70周年热潮。竣工投用滨溪北路，稳步推进木兰大道、灵华线等线性工程，打通肖厝路、顶黄路、棠坡支一路等3条“断头路”，架设莆田一中、天九湾市场等4座人行天桥，完成泗华、洋西片区6条道路改造，新增公共停车位700多个、公共自行车站点200多个。城市更新管理更加规范，泗华安置房老旧小区完成提升，福兴、育华等老旧小区启动改造；常态化推进创城工作，完善“城管+公安”网格化机制，处置各类城管案件16万多件；开展中心城区道路停车整治，城区交通秩序不断优化；全面铺开全区176个小区生活垃圾分类，经验做法全市交流。美丽乡村更加干净宜居，新建城乡公厕18座，提升农村道路61公里，“四好农村路”建设获评第三批省级示范县区；完成福厦铁路沿线两侧可视范围内裸房立面整治、“平改坡”整治16万平方米，拆除乱搭乱建、畜禽养殖场5.7万平方米，新建绿地3万平方米，城镇生活垃圾无害化处理率达99.5%以上。

抓污染防治，生活的环境更美了。大力实施“六水共治”工程，解决了一批突出环境问题。“治污水”大力创建“污水零直排区”，创新“区级主导、镇街主责、村居主体、群众参与”的农村污水管网建设模式，得到市里的高度肯定，全区88个村的污水处理工程实现全面开工，累计新建污水管网1100公里，新建改造三格化粪池8800户，接管率达90%以上，列入全省全域推进农村污水治理重点县（区）；创新实行水质溯源监测，设置100个村居交界断面监测点位，精准掌握水质动态；强力实施内河综合整治，11条城市内河基本消除劣V类水质。“排涝水”完成沟头、天妃、莆田西等6个片区21条道路雨水管清淤改造，基本解决城区内涝问题。多点发力保卫蓝天，完成286家“两无”企业、103家涉VOCs企业治理提升改造。完成商品林赎买1785亩，植树造林2600亩，全区森林覆盖率达71.8%，持续位居全市第一。

抓民生事业，群众的实惠更多了。坚持把全区财政支出增量的70%以上用于民生事业，17件年度惠民实事基本完成。社会保障不断加强，全面实施全民参保计划，发放低保补助等各类救助资金3.3万人次超2000万元；落实“稳就业”要求，全区城镇新增就业人员3020人，期末城镇登记失业率1.65%；有序开展养老服务工作，新建13所农村幸福院、1所社区日间照料中心；深入推进历史遗留安置房不动产证办理工作，完成38个项目2653户21172套首次登记。教育事业优先发展，新投用圳湖、滨溪等10个幼儿园，新改扩建文献小学、太平小学、区第一实验小学，新增幼儿园学位2850个、小学学位1350个，下黄小学、泗华小学、九华学校、顶墩学校等一批新校区动工建设。新认定17所普惠性民办幼儿园，全区普惠性幼儿园覆盖率达到89%，有效缓解“入园贵”问题。教育集团建设、名校联姻结对、名校带弱校工作稳步推进，优质教育资源总量递增，校际差距逐步缩小。中、高考总分平均分居全市各县区首位，获评莆田市“教育优秀管理县区”。“健康城厢”深入推进，区医院搬迁新址，与省人民医院、厦门大学附属中山医院搭建2个“名医工作室”，与市第一医院共建“联合病房”，带动全区医疗水平整体发展。完成64家村卫生所一体化建设，全部上线远程视频诊疗服务，让更多群众在家门口就能享受市、区医院专家诊疗服务，农村群众就医更加方便了。文体惠民扎实开展，成功举办海丝动力摩托车文化交流节，联发健身跑、环东圳水库单车骑游等群众性体育活动蓬勃开展；新建村级综合文化服务中心30个、智慧体育公园等文体设施16个，巩固提升农家书屋24家。国家知识产权强县工程试点加快建设，7家企业列入省、市级知识产权试点，全区每万人口发明专利拥有量、授权量增长率均居全市第一。“智慧食安”走在全市前列，推进食品安全“一品一码”追溯体系建设，全区93家学校食堂全面推广“明厨亮灶”，在全市率先实现全覆盖。深入开展信访积案专项治理三年行动，化解信访积案94件。纵深推进扫黑除恶专项斗争，严厉打击“村霸”“套路贷”“黄赌毒”、电信诈骗等违法犯罪分子，打掉涉黑组织2个、涉恶集团（团伙）8个，破获九类涉恶案件235起，判决一批涉黑涉恶大案要案。社会治理推陈出新，推广灵川镇信访事项多元调解做法，搭建“多心合一”矛盾纠纷调解平台，打造“零出村枫桥经验”样本；探索建立“妈祖故里家家亲”基层社会治理综合平台，打通服务群众“最后一公里”。“诚信交通+人脸识别”交通管理新模式、“雪亮工程+智能化侦查”、综治（网格）中心“一图一表”等基础性工作不断夯实。

（摘编：苏建平）

涵江区社会发展概况

2019年，涵江区坚持以习近平新时代中国特色社会主义思想为指引，坚持稳中求进工作总基调，深入践行新发展理念，深化供给侧结构性改革，奋力推进高质量发展落实赶超，经济社会各项事业保持平稳健康发展。初步统计，全年可实现地区生产总值570亿元，增长7.1%；社会消费品零售总额146亿元，增长10.4%；固定资产投资331亿元；一般公共预算总收入40.5亿元，其中地方一般公共预算收入23.9亿元；居民人均可支配收入34120元，增长8.3%。

2019年社会发展的主要工作和成效是：

坚持协调发展，城乡一体融合不断深入。城市更新改造有序推进。加快塘北、兴涵水都、国际商贸城三大片区开发，累计出让经营性土地6幅320亩，出让金额18亿元。萝苜田片区入选第三批省级历史文化街区。霞江、黄霞二期、火车站等棚户区改造加快，旧车站、人民街涵东、新港综合体等5个安置区实现回迁，建成棚改房1400套，办理安置房历史遗留产权证1.3万套。乡村振兴战略有力实施。三江口国家级啤酒小镇、萩芦省级体育小镇加快建设，百威中国世界级啤酒博物馆开馆运营。成功举办全省首届返乡大学生创新创业大赛、全区首届"韵味萩芦"体育文化节、湘溪欢乐跑等活动。成立乡村生态产业振兴研究院，新建2个科技特派员工作站，18个村纳入省、市级乡村振兴试点村，江口镇、梧塘镇分别获评省级侨乡文化名镇、省级历史文化名镇。农村人居环境有效改善，整治铁路、高速公路沿线建筑30万平方米，新改建城乡公厕22座、农村三格式化粪池1万多户。城乡配套更加完善。完成乌溪水库清库闭矿、西音水库坝址征迁，启动建设大洋水厂，城乡一体安全供水保障更加有力。新改建农村公路14公里、安保20公里，"四好农村路"规范化标准化管理86公里。四沟嘴、溪口河、北环城路等5个口袋公园投入使用，新增城市绿道6公里、城市停车位1100个。新投放共享单车5000辆，新增公交线路6条、换乘站12个，全市率先开通江口至福清的市际公交。

坚持绿色发展，生态治理成效不断显现。水质提升攻坚行动成效明显。宫口河入选全国第三批城市黑臭水体治理示范河段，木兰溪入海口1500亩湿地纳入国家"蓝色海湾"整治项目，白塘镇、三江口镇成为全省首批镇域"污水零直排"试点。水环境PPP项目11个工作片区全面启动，湘溪、上陇溪、萩芦溪等4条小流域完成治理，清理河湖"四乱"578处，清淤疏浚31公里，建成截污管网38公里，主要河流断面基本消除劣V类。大气环境治理深入实施。创新热点网格监管模式，新设热点网格4个。推动重点领域治理，133家企业完成Vocs治理，982家餐饮企业完成油烟污染治理，空气优良天数比例提高到96%。生态保护和污染防治力度加大。中央、省、市环保督察32项反馈问题完成整改，62项环保信访问题得到解决。造林绿化4700亩、封山育林1.2万亩、森林抚育2.4万亩。

坚持开放发展，转型升级后劲不断增强。对外合作步伐加快。协同发展区基础互联互通工作取得新突破，江涵大桥纳入省发改委预备项目盘，城际铁路F2段启动规划，新建福厦铁路完成控制性工程征迁。成功举办妈祖文化与产业融合平行论坛、海峡两岸暨香港澳门道教大会香活动，设立大陆首个台胞医保服务中心。签约中信旅游研学中心项目，引进全球第三大手机模组制造商，开工建设福英泰高端柔性模组项目。发展后劲更加坚实。发行莆田高新公司二期企业债12.3亿元，争取地方政府债券3.3亿元。联十一线涵江段路基完工，三华路、华涵路等配网工程即将投用。华兴轻量化玻璃瓶一期项目厂房封顶，荣龙机械、中粮制罐二期等项目竣工投产，完成制造业投资70亿元。承办全省人防工程平战转换演练现场观摩会，涵城建设公司晋升国家特级建筑企业。园区基础设施加快提升。兴化湾南岸涵江港进港航道启动建设，1－3号码头泊位即将竣工。莆田高新区“一区多园”协同发展步伐加快，“十个一”改造提升工程启动实施，园区综合实力位列全省第6位，比上年度晋升1位。

坚持共享发展，群众生活品质不断提高。坚持以人民为中心的发展思想，量力而行、尽力而为办好民生实事。脱贫攻坚有力有效。聚焦“两不愁三保障”，开发公益性岗位287个，发放扶贫小额信贷2730万元，77个村完成“破壳消薄”，14个贫困村脱贫摘帽全覆盖，1373户3378人实现稳定脱贫。闽宁对口帮扶、涵柘山海协作扎实推进，两名援宁干部受到省政府表彰肯定。基本公共服务持续改善。坚持就业优先，加大援企稳岗力度，新增城镇就业3600人，失业人员再就业750人。推动教育优先发展，通过省、市教育“两项督导”考核，完成湄职院主体搬迁，新认定普惠性民办幼儿园20所，建成教育补短板项目8个，新增中小学学位1200个，六中、侨中完成省一级达标校复评，莆田侨职通过省级示范校阶段性验收。推进医疗资源提质扩容，启动国药东南医院搬迁，新增基层中医馆4家，家庭医生签约人数超过18万人，成功防御非洲猪瘟、登革热疫情，顺利通过全国健康促进区省级评估验收。发放残疾人、养老、优抚等保障资金6500万元，惠及9.7万人次，基本社会养老保险覆盖32万人。居家、社区、机构养老服务覆盖面进一步扩大，新建39所农村幸福院，新增全市首家医养结合社会养老机构。培育和践行社会主义核心价值观，开展摄影展、书画展、文艺汇演等形式多样的庆祝新中国成立70周年主题宣传教育活动，130个集体和4个家庭荣获市级第十四届精神文明先进，2人上榜“中国好人”，5人入选“福建好人榜”。社会治理能力有效提升。扫黑除恶专项斗争深入推进，社会治安持续向好。扎实推进法治政府、法治社会建设，创建市级以上“民主法治示范村”23个，江口镇公共法律服务中心获评全国法律服务工作先进集体。强化安全生产专项整治，加强食品药品监管，信访、综治、维稳等工作扎实推进，33件疑难信访事项有效化解。与此同时，圆满完成第四次全国经济普查任务，国防双拥、退役军人、防灾减灾、妇女儿童、青少年、工会、残疾人等工作取得新进展，民族宗教、港澳侨、工商联、档案、气象、红十字会等工作发挥新作用。

始终把政治建设摆在首位，扎实开展“不忘初心、牢记使命”主题教育，始终严明政治纪律和政治规矩，增强“四个意识”、坚定“四个自信”、做到“两个维护”，把守初心、担使命转化为高效便民、清正廉洁的实际行动。全面完成政府机构改革，组织机构和管理体系进一步优化。坚决贯彻落实党风廉政建设各项部署，大力整治群众身边的不正之风和“微腐败”。严格执行区人大及其常委会的决议决定，主动接受法律监督和工作监督，自觉接受区政协民主监督，办理人大常委会审议意见6件、人大代表建议87件、政协委员提案125件，办结率均为100%。严格落实重大行政决策程序和“三重一大”事项决策机制，健全权力清单、责任清单调整机制，及时向社会公开行政职权事项。

2020年，涵江区经济社会发展的主要预期目标是：地区生产总值增长8%，固定资产投资增长10%，农林牧渔业产值增长3.5%，规模以上工业企业产值增长10%，社会消费品零售总额增长11%，一般公共预算总收入增长3%，其中地方一般公共预算收入增长1.3%，外贸出口总额增长3.1%，居民人均可支配收入增长8.3%，完成节能减排降碳任务。

（摘编：苏建平）

秀屿区社会发展概况

2019年，秀屿区团结依靠全区人民，深入学习贯彻习近平新时代中国特色社会主义思想和党的十九大、十九届二中、三中、四中全会精神，认真贯彻落实习近平总书记在参加十三届全国人大二次会议福建代表团审议时的重要讲话精神和治理木兰溪的重要理念，坚持稳中求进工作总基调，深化供给侧结构性改革，紧扣高质量发展落实赶超，全力抓好稳增长、促改革、调结构、惠民生、防风险等各项工作，较好地完成了全年各项目标任务。初步预计，全年实现地区生产总值385亿元，增长8%；全社会固定资产投资400亿元，下降5%；财政总收入22.3亿元，下降4.5%；社会消费品零售总额68亿元，增长5%；城镇居民人均可支配收入30080元，增长7.5%；农村居民人均可支配收入20760元，增长9.5%。

城乡建设呈现新面貌。持续推动产城融合，主动承接莆田中心城区跨溪南进战略，优化城市功能布局，编制完善高铁片区、东津等10个单元控规。开工建设福莆宁城际铁路F2线预埋工程、沁峤路一期提升工程，加快推进福厦高铁客专建设，清塘大道四期、康定路等市政道路实现通车，完成鳌屿、小日等5条海堤除险加固和3个高海拔村饮水安全改造。出让经营性土地7宗671亩，创历年之最。新开工商品房61万平方米，大唐三盛·国韵世家、中建荔景等新楼盘开盘热销，房地产市场健康运行。常态化创建文明城市，以迎接新中国成立70周年为契机，完成主干道沿线绿化补植、花化彩化。推进土海公园景观提升工程等项目，新建口袋公园5个、绿道6.2公里。“数字城管”建设持续深入，创建生活垃圾分类示范点4个，建成共享单车便民站点66个，增设公共停车泊位700个。推进城乡公交一体化改造，新开通公交线路11条，南日岛实现公交上岛。大力推进“两高”沿线环境综合整治，拆除乱搭乱建2000平方米，整治裸房100栋3万多平方米。持续推进10个省级美丽乡村建设，新建改造公厕28个、三格式化粪池1.2万个，农村人居环境明显改善。乡村振兴扎实推进，开展12个试点村规划编制，打造海洋牧场、康养旅游等2个市级产业示范区，培育营边生态农业园、白山百草园等11个示范项目；落实“四好农村路”机制，新改建农村公路15公里。扎实落实中央生态环境保护督察反馈意见整改，整治重点行业VOCs企业71家，排查整治“两无”企业135家，空气质量优良天数比去年增加28天；全面推行“双河长制”，清淤河道42公里，恢复水域面积39万平方米；开工建设农村污水治理PPP项目，新建污水管网200公里，6个镇交接断面水质基本实现达标；推进海岸线生态修复治理，完成石漠化治理1000多亩，植树造林1.5万亩，生态环境质量持续提升。

民生事业获得新进步。加大民生领域投入力度，完成34个为民办实事项目。建成产业扶贫基地36个，贫困村入股风电产业增加收入150万元，建档立卡贫困人口全部实现脱贫，20个贫困村全部实现摘帽；帮助105名贫困对象实现就业，免费为235户贫困户解决饮水安全问题；开展“精准脱贫－莆商再行动”，29家企业与贫困村结对帮扶，累计落实帮扶资金800多万元。大力实施城区校扩容工程，创办毓英中学四新校区，加快推进市实验小学秀屿校区、区实验小学城东校区等16个项目，新建校舍8万多平方米，新增公立幼儿园2所、普惠性幼儿园6所，增加学位3880个；深化校企合作、产教融合，创办华峰职业技术学院，实现招生即招工、毕业即就业。落实积极就业政策，举办“人才夜市”等招聘活动13场次，组织淘宝直播、技能提升等各类培训69期，新增就业岗位2700多个；有序推进社保精准扩面，城乡居民基础养老金提高到每人每月138元，被征地农民社会保障金发放标准提高到每人每月381元；全省首创政府性投资项目实行人工费分账管理办法，切实保障农民工合法权益。扎实做好退役军人服务管理工作，悬挂光荣牌1.3万块。推进安置房发证工作，完成38个安置区初始登记，转移登记3300多套。落实粮食安全行政首长责任制。加强文化和自然遗产保护利用，笏石镇获评省级历史文化名镇，平海村入选中国传统村落名录；深入推进移风易俗，抵制高价聘金、大操大办等歪风陋习；完善公共文化设施，建成村综合文化服务中心25个；大力实施文化惠民工程，评选2019年度感动秀屿人物，举办“妈祖爱·元宵长”文化旅游月等活动30多场，新时代主旋律更加响亮。落实公立医疗机构管理体制改革，完成区精神病防治院社会化管理，实施区医院内科综合楼、东庄、平海等卫生院提升工程，新增一体化村卫生所10个，基层医疗保障能力有效提升。广泛开展群众性文体活动，成功举办第六届全国海钓邀请赛，新建多功能运动场等体育设施26处。推进医养结合、居家养老服务照料中心等设施建设，新建农村幸福院19个；引入社会化居家养老服务机构，服务对象达1.6万人次。纵深推进扫黑除恶专项斗争，破获九类黑恶案件40起。强化宗教工作目标管理。实施“五治一体”基层善治建设，培育提升善治典型19个和法治宣传教育基地20个，推动形成良好的社会治理生态。落实安全生产工作责任制，全市首推安全风险分级管控及隐患排查治理体系建设，安全生产形势持续好转。此外，国防动员、民兵预备役部队建设、防震减灾、海防、人防等工作不断加强，工青妇、残疾人、保密、档案、侨务等工作取得新进步。

政府建设展现新气象。扎实开展“不忘初心、牢记使命”主题教育，进一步增强“四个意识”，坚定“四个自信”，做到“两个维护”。严格落实意识形态工作责任制。举办智汇大讲堂3期，与浙江大学、西南大学等知名高校合作开展专题培训4次。严格落实全面从严治党要求，深入推进党风廉政建设和反腐败斗争，切实抓好巡视巡察、主体责任、审计反馈问题整改；认真贯彻中央八项规定及实施细则精神，进一步规范行政办公用房，大力整治文山会海等形式主义、官僚主义问题，扎实开展基层减负年活动。深化政府机构改革，机构职能更加科学高效。深入实施“七五”普法，依法开展政务、信息公开，全面推进依法治区。加大“12345”政务服务平台投诉件办理力度，建立效能投诉件动态管理台帐，办结率达100%。自觉接受区人大及其常委会的法律监督和政协的民主监督，办理人大代表意见建议69件、政协委员提案99件。

2020年是全面建成小康社会和“十三五”规划收官之年。秀屿区工作的总体要求是：以习近平新时代中国特色社会主义思想为指导，全面贯彻党的十九大和十九届二中、三中、四中全会精神，深入贯彻落实习近平总书记对福建工作的重要指示精神和治理木兰溪的重要理念，认真贯彻中央、省委经济工作会议部署，紧扣全面建成小康社会目标任务，坚持稳中求进工作总基调，坚持新发展理念，坚持以供给侧结构性改革为主线，坚持以改革开放为动力，推动高质量发展，加快建设现代化经济体系，坚决打赢三大攻坚战，全面做好“六稳”工作，统筹推进稳增长、促改革、调结构、惠民生、防风险、保稳定，加快建设港兴业旺富美秀屿，确保全面建成小康社会和“十三五”规划圆满收官。主要预期目标是：地区生产总值增长8%，规模以上工业总产值增长12%，全社会固定资产投资增长7%，财政总收入增长4.5%，社会消费品零售总额增长6%，外贸出口总额增长6%，实际利用外资预期1.2亿元，农业总产值增长3%，城镇居民人均可支配收入增长8%，农村居民人均可支配收入增长10%。

（摘编：康明辉）

南平市社会发展综述

2019年是中华人民共和国成立70周年，是南平加快绿色发展推动高质量发展落实赶超的关键之年。南平市坚持以习近平新时代中国特色社会主义思想为指导，深入贯彻习近平总书记对福建、对南平工作的重要讲话和指示批示精神，全面落实中央、省委和市委全会作出的决策部署，坚持稳中求进工作总基调，坚持新发展理念，深化供给侧结构性改革，打好三大攻坚战，落实“六稳”工作要求和省委“三四八”机制，深化“四比六促”“项目提升年”活动，加快绿色发展推动高质量发展落实赶超，富美新南平建设迈出了新步伐。初步统计，2019年全市生产总值可突破1980亿元，同口径增长约7%；一般公共预算总收入149.1亿元、增长1%；地方一般公共预算收入96.2亿元、增长1.8%；固定资产投资增长5%；社会消费品零售总额728亿元、增长10.3%；城镇居民、农村居民人均可支配收入3.5万元、1.7万元，分别增长8.1%、8.6%。节能减排降碳完成年度目标。

2019年社会发展的主要工作和成效是：

“三大创新”深入推进亮点纷呈。注重顶层设计，成功召开绿色发展研讨会、新时代生态文明治理现代化高峰论坛，凝聚专家和各方智慧，助推绿色发展。“武夷品牌”走出南平，探索“1+N”母子品牌运作模式，建立健全“武夷山水”品控体系，“武夷品牌”宣介活动在北京、上海、深圳成功举办，“武夷山水”连续两年在中国区域品牌联盟评选中位列前三。“生态银行”成效初显，推动自然资源全域化整合、市场化运作、多元化增值，形成顺昌“森林”、武夷山五夫“文化”、建阳“建盏”、延平巨口“古厝”等多种“生态银行”运作模式，并设立全省首家“林权+金融”模式的绿昌融资担保公司。“水美经济”拓展延伸，创新“商、居、文、体、游”一体的水岸经济模式，建设安全生态水系58公里，水美南平项目完成投资82.6亿元。水利部水规总院以南平为样板，编制《水美城市建设规划导则》，为全国推广制定标准。

致力做精做美，城市面貌明显改善。南平市行政中心驻地正式由延平区迁至建阳区。成立建筑环境艺术委员会，严格中心城市景观风貌管理。成功创建国家森林城市、全国水生态文明城市，获批国家森林康养基地试点建设市。武夷新区规划持续提升，建设持续提速，城市框架基本拉开，绕城高速、快速通道、核心区“四横五纵”路网、引水工程、云谷小区一期、大剧院、市民公园等重大项目和一批搬迁必备的教育、医疗等服务设施投入使用。建阳城区旧城改造和西区生态新城建设加速推进，建盏文化创意园、正达商业中心、考亭古街、武夷悦酒店等一批项目投入使用，为城市带来新景观。延平城区建设同步推进，杨真隧道建成通车，九峰山空中栈道正式开放，闽江水口至沙溪口航道整治工程、新港路一期全面完工。各县（市、区）持续做好市政基础、公共服务设施建设和景观风貌提升，新建改建城市道路140.7公里、绿道150.8公里、管网528.5公里，加快实施一批公共停车场、农超市场、城市公园等补短板项目，城市功能颜值显著提升，城市管理日趋精细，3个县（市）列入国家生态文明建设示范县（市）。

聚力乡村振兴，“三农”工作加快推进。开展“机关联乡村、党建促振兴”活动，实施“十大工程”，成立振兴乡村基金，打造“1带N点”示范模式，126个乡村振兴示范村、21个民企带村共建村和3个圆梦村示范加快推进，新增国家级农业产业强镇2个、全国乡村旅游重点村1个、省首批“金牌旅游村”4个。突出精准脱贫，开展市县乡三级领导干部住村蹲点调研，解决了一批老区苏区脱贫奔小康问题；持续开展医疗扶贫慈善救助、“百企帮百村”等活动，圣农以“公司+村办企业+农户”模式有效助推扶贫；实施“五个一百”示范带动工程，创新运用“七销扶贫”形式，推动贫困群众的产品变商品、收成变收入，顺昌、浦城和松溪脱贫摘帽，政和达到脱贫退出标准，贫困村全部脱贫出列，建档立卡贫困户全部脱贫。开展人居环境整治大会战，新建改造乡村公厕478座、三格化粪池3.5万户，拆除乱建乱搭9.6万平方米、整治农房2.9万栋，基本实现乡镇污水处理设施全覆盖，36个高铁沿线村环境综合整治扎实推进。改善农村生产生活条件，治理水土流失39.6万亩，连续20年实现耕地占补平衡，解决4.2万人的农村饮水安全问题，新改建农村公路351公里，松溪获评“四好农村路”全国示范县。积极应对多轮暴雨洪水灾害，发扬不畏艰险、连续作战的精神，有效抵御雨带叠加、雨势凶猛的汛情，全力开展抗灾救灾和灾后恢复重建，转移安置受灾群众9.8万人次，灾后重建购房已签约136户、分散重建321户、集中重建144户，受灾群众实现温暖过冬。

深化改革开放，发展活力持续释放。重点领域改革强力推进。市县两级机构改革和综合行政执法改革基本完成。“互联网+放管服”改革不断深化，审批服务事项标准化加快推进，工程建设项目审批制度改革全面推开，97.4%的审批服务事项实现“一趟不用跑”和“最多跑一趟”。全年共减税降费19.9亿元。全面实施预算绩效管理加速推进，财政资金使用效益有力提升。完善国有资产监管权责清单和投资负面清单，制定国有企业产业基金管理办法，推进国有资产监管规范化；完成6家企业的混合所有制改革和国有企业职工家属区“三供一业”分离移交。扎实推进国家生态文明试验区改革试点，45项改革任务全部完成，武夷山国家公园体制、生态系统价值核算、重点生态区位商品林赎买等试点工作深入推进。领导干部自然资源资产离任审计“南平做法”成为国家审计署培训科目。金融风险监测预警和应急处置机制持续完善，全市不良贷款率降至1.3%，债务余额严格控制在省政府核定的债务限额之内。组建武夷旅游产业振兴基金，推动武夷山旅游股份公司重组。“南平机制”继续深化，设立科技特派员服务云平台，制定科特派团体标准，成立科特派学院，在全国科特派制度推行20周年总结会议上作典型发言。农村集体产权制度改革稳步实施，104个村完成经营性资产股份合作制改革，农村土地确权颁证率达99.5%。第三次全国国土调查完成质量全省第一，第四次全国经济普查数据顺利通过国家质量抽查。对外开放持续扩大。探索南台融合发展新路，落实“两个同等待遇”，积极推动南台绿色建筑、农业等领域行业标准采认；与台湾南投开展乌龙茶文化交流与合作，与台湾金门签订旅游战略合作协议，成立“同心公司”，共同打造两岸“同心同源”系列产品。主动融入“一带一路”海丝核心区、闽东北协同发展区建设，成功举办闽浙赣皖福州经济协作区第二十一次市长联席会，用好“武夷之友”平台，增进与台港澳青年间的交流。南平与韩国密阳市、北京市东城区缔结友好市（区）关系；武夷山与法国波尔多市、凯阳市在茶、酒、文化等领域开展全方位务实合作。推进武夷山航空口岸扩大开放，年出入境人数达7万余人、增长170%。

增进民生福祉，社会事业全面发展。民生支出占一般公共预算支出比重达82%，26项为民办实事项目全面完成。打好污染防治攻坚战，办结第二轮中央生态环保督察交办信访件204件；全面落实河湖长制，巩固畜禽养殖污染整治成果，境内3条主要河流水质状况优，16个集中式生活饮用水水源地水质达标率100%，森林覆盖率提升至78.29%，空气平均达标天数比例99.6%；顺昌生态巡查机制被中央督查组列为福建省贯彻落实中央一号文件典型经验，光泽“无废城市”试点稳步推进，建阳、武夷山生活垃圾分类试点实施，生态环境质量保持全省前列。突出打赢“教育翻身仗”，编制完成中心城区教育用地布局专项规划，全市新建改扩建公办幼儿园11所，普惠性学前教育资源覆盖率达87.8%，提高12.1个百分点；创建义务教育管理标准化学校164所，乡村小规模学校100%达到省定基本办学标准；高考再创佳绩，“211”以上高校录取887人，增长7.4%。实施“健康南平2030”行动，成功列入DRG付费国家试点，紧密型医共体实现全覆盖，城镇职工、城乡居民医保住院报销比例分别提升8.7%、5.3%，基层医疗卫生机构门诊量占比53.5%，人均基本公共卫生服务经费补助标准从55元提高到69元。“健共体”项目全面启动，通过“互联网+医疗”将基本公共卫生服务向基层延伸。成立中医医疗联盟，建成中医馆24个。延平区通过国家级慢性病综合防控示范区建设验收。强化社会保障，推进城乡统筹就业，城镇新增就业1.8万人，城镇登记失业率2.3%，参加基本养老保险207万人，低保覆盖面达到全市人口的1.6%；建成居家养老服务照料中心25个、农村幸福院231个，新增养老床位1900张，成功列入全国第四批居家和社区养老服务改革试点。推进既有住宅增设电梯工作，改善老旧小区居住环境。推进文体事业发展，持续实施文艺“五个一百”工程，“万里茶道”成功列入中国世界文化遗产预备名单，朱子祭祀大典启动申报国家级非遗，成功举办武夷山国际马拉松赛、中国龙舟公开赛、全国郊野钓鱼大赛等活动，10个县（市、区）全部列入第一批革命文物保护利用片区。深化“平安南平”建设，深入推进扫黑除恶专项斗争，坚决抓好中央扫黑除恶督导反馈问题整改；加强和创新社会治理，持续深入实施“七五”普法，总结推广“四无”平安村创建、高速高铁平安联勤、信访“吸附行动”“接管通”等做法；加强全市城区公共场所养犬管理；强化安全生产和食品药品监管，荣获省政府安全生产和消防工作目标责任管理第一名。有效解决延平库区用电秩序、违规违法开垦茶山等历史遗留问题。大棚房问题专项清理整治通过国家验收，违建别墅清查整治扎实推进。妇女儿童发展纲要全面实施，民族宗教、外事侨务、台港澳事务、老区库区、气象防震、人民防空、档案方志等工作继续加强，群团改革深入推进。全力支持国防和军队建设，扎实推进军民融合深度发展，军政军民关系融洽和谐。

加强自身建设，行政效能有力提升。深入开展“不忘初心、牢记使命”主题教育，坚持把问题整改贯穿主题教育全过程，解决了一批关系群众切身利益问题；组织开展“强担当、抓落实、促发展”专项调研，广泛开展“业务大学习、能力大提升”、对标深圳学习研讨活动，学习弘扬廖俊波精神，引导党员干部增强“四个意识”，坚定“四个自信”，做到“两个维护”。执行市人大及其常委会的决议和决定，组织起草并提请市人大常委会审议通过《南平市革命旧址保护利用条例》《南平市停车场建设和管理办法》，严格落实已出台的地方性法规。办理人大代表议案3件、建议172件，政协提案266件，办复率均为100%。切实履行全面从严治党主体责任，推进政府系统廉政建设和反腐败斗争，严格落实中央八项规定及其实施细则精神和省市实施办法，大力整治形式主义官僚主义等“四风”问题，加强审计监督，深化“随手拍”社会化监督机制，政务公开和权力运行网上公开全面推进。

2020年是全面建成小康社会和“十三五”规划收官之年。南平市发展的主要预期目标：全市生产总值增长7~7.5%；一般公共预算总收入增长3%，地方一般公共预算收入增长2.5%；固定资产投资增长7.5%；外贸出口增长3%；社会消费品零售总额增长10%，居民消费价格总水平涨幅3%左右；城镇登记失业率控制在3.8%以内；城镇居民人均可支配收入增长8%，农村居民人均可支配收入增长8.5%；完成节能减排降碳任务。

（摘编：于新民）

延平区社会发展概况

2019年，延平区始终坚持以习近平新时代中国特色社会主义思想为指导，深入贯彻习近平总书记对福建工作的重要讲话和指示批示精神，全面落实中央、省委、市委和区委的决策部署，坚持稳中求进工作总基调，深化“四比六促”“项目提升年”活动，努力战胜各类风险挑战，各项工作取得新成效。

这一年，延平区深谋实干，培育动能，发展后劲不断积蓄。辖区生产总值405.83亿元，同比增长5.4%；一般公共预算总收入12.19亿元，地方一般公共预算收入7.29亿元；固定资产投资同比增长5.8%；社会消费品零售总额165.35亿元，同比增长11.5%；城镇居民、农村居民人均可支配收入36161元、19162元，同比分别增长8.1%、9.7%。节能减排降碳目标任务全面完成。

这一年，延平区解放思想，改革创新，机制活力日趋增强。通过国家级慢性病综合防控示范区建设验收，列入全国第一批革命文物保护区利用片区。持续打造中国延平乡村艺术季品牌，“中国延平乡村艺术季”活动荣获国际国家信托组织（INTO）颁发的首届遗产保护卓越奖。发布国内首个科技特派员团体标准，全省科技特派员制度推行20周年总结大会现场会在该区召开。“延平百合”荣获2019中国区域品牌影响力排行榜（区域农业产业品牌小宗特产）第9位、荣获2019中国品牌价值评价区域品牌（地理标志产品）110强。

这一年，延平区强化担当，克难攻坚，瓶颈问题逐步破解。牢固树立“一盘棋”思想，坚决服从市行政中心搬迁发展大局，有序承接市级行政职能下放，助力市行政中心搬迁各项工作顺利完成。困扰18年的库区乡镇用电秩序恢复正常，库区群众生产生活用电需求得到切实保障。启动省级文明城区创建工作，打响中心城区人居环境整治“攻坚战”，完善“5+X”联合执法和领导夜巡工作机制，城市环境明显改善。

一年多来，社会发展主要做了以下工作：

重生态、提品质，城乡面貌在科学建管中明显改观。聚焦“巨口乡农村综合性改革试点试验区”“王台镇新型城镇化标准化试点”两个国家级试点，坚持以水美城市建设为载体，统筹推进城乡建设，城乡发展水平持续提升。

基础设施建设不断完善。杨真隧道建成通车，新港路一期全面完工，九峰山空中栈道正式开放，老水东桥景观改造完成，杨真停车场及配套工程加快推进。水美项目完成投资2.1亿元，水土流失治理2.4万亩，新增绿地面积12万平方米，改建中心城区公厕7座。“资源路、旅游路、产业路”项目完成56公里路基、31公里路面。第二轮城区保洁顺利实施一体化运作。开展生活垃圾分类试点，完成餐厨废弃物资源化处理项目。

乡村治理水平不断提升。加快实施乡村振兴战略，王台镇入选全省乡村振兴特色乡镇，樟湖镇剧头村等8个村入选第五批中国传统村落名录，巨口乡上埔村入选福建省历史文化名村，塔前镇虎山村等16个村入选全省乡村振兴试点村，巨口乡九龙村等4个村获批省级乡村旅游特色村。全力推进高铁高速沿线整治，创新开展“整村推进百人大会战”，清理卫生死角和建筑垃圾9.5万处、2.9万吨，拆除旱厕4392座。

三大攻坚战不断推进。全面落实“两不愁三保障”，建档立卡贫困户全面脱贫，40个贫困村全部实现摘帽。建成8个产业扶贫示范村，培育12

家扶贫龙头企业和9家产业合作社。巩固畜禽养殖污染整治成果，开展蓝天、碧水、净土保卫战，严格落实中央生态环境保护督察问题整改，取缔“散乱污”企业17家，金牛水泥等3家企业入选福建省第一批绿色工厂名单。空气质量达标天数比例达到99.7%，森林覆盖率提升至74.1%，集中式生活饮用水水源地水质达标率100%。金融风险稳定可控，不良贷款率下降至0.9%。

强保障、促和谐，百姓福祉在惠民利民中持续改善。牢固树立以人民为中心的发展思想，多办实事，多解难题，不断提升人民群众的获得感、幸福感、安全感，24个为民办实事项目全面落实。

优先发展教育。续建、新建学校项目12个，西芹学校主体建筑竣工，东坑罗源小学、夏道中心幼儿园等5个项目竣工验收。新建、改建公办幼儿园3所，认定普惠性民办幼儿园58所。南平九中高中部艺体办学特色基本形成，区实验小学被确定为省教育科研基地校，南平三中等5所学校通过省级中期教改示范校评估。63位校长及教师被确认为省、市“十三五”第二批中小学名校长、学科教学带头人、骨干教师培养人选。154所学校完成警校联动“一键报警”装置建设，实现学校食堂“明厨亮灶”工程全覆盖。

强化社会保障。“健共体”项目全面启动，延平区总医院进入实质性运作，延平医疗保障局挂牌成立，区精神病院医疗用房改造装修项目竣工。成立中医医疗联盟，建成中医馆10个。完成10个乡镇卫生院、3个社区卫生服务中心建设。完成105个村、社区城乡居民养老和医疗保险便民信息化平台建设。建成农村留守儿童“关爱之家”示范点2个，40个农村幸福院和15个乡镇敬老院改建完成，南泥湾养老院项目竣工验收。人均基本公共卫生服务经费补助标准提高至69元，企业职工养老保险人均养老金提高至每人每月2397.8元，城乡居民养老保险基础养老金提高至每人每月123元。城镇新增就业人员4261人。

优化社会治理。以做好新中国成立70周年大庆安保维稳工作为主线，全面强化防风险、保安全、护稳定、促和谐各项措施，刑事破案率达50.2%，道路交通事故“四项指数”全面下降。纵深推进扫黑除恶专项斗争，共打掉涉黑组织1个、涉恶集团4个，破获涉黑涉恶团伙刑事案件39起，打掉“保护伞”3件5人。平安建设“三率”持续提升，全区群众安全感满意率达99.3%。持续推进“餐桌污染”治理、“食品放心工程”建设，积极开展食品安全专项整治行动，查处违法行为67起，破获食品刑事案件3起，打掉“黑作坊”3个。积极稳妥做好非洲猪瘟防控工作，关闭无证生猪屠宰点27个。扎实开展重点领域安全隐患排查治理和风险管控，全区安全生产形势总体平稳。民族团结进步事业深入推进，宗教工作法治化水平不断提升。工会、共青团、妇女、儿童、老年人工作持续加强，社会福利、残疾人、慈善、人防等工作取得新成效。深入推进军民融合发展，双拥共建创新提升。

转作风、提效能，政府自身建设在真抓实干中不断加强。广泛开展“业务大学习、能力大提升”活动，学习弘扬廖俊波精神。扎实开展第二批“不忘初心、牢记使命”主题教育，解决群众身边最忧最急最盼问题642个。在全省主题教育专项整治工作推进会上，延平区作为全省唯一县（市、区）代表作了经验交流发言。办理区级人大代表建议76件，政协委员提案115件，办复率均为100%。严格落实中央八项规定及其实施细则精神和省市实施办法，大力整治形式主义、官僚主义等“四风”问题。

2020年延平区全区经济社会发展的主要预期目标是：辖区生产总值增长1—2%；一般公共预算总收入增长5.0%，地方一般公共预算收入增长5.0%；固定资产投资增长3.0%；外贸出口增长2.0%；社会消费品零售总额增长7.0%；城镇登记失业率控制在4.0%以内；城镇居民人均可支配收入增长4.0%，农村居民人均可支配收入增长2—3%；完成节能减排降碳任务。

（摘编：杨立群）

建阳区社会发展概况

2019年，建阳区紧抓南平市行政中心搬迁机遇，努力攻坚克难，经济社会发展稳中有进、进中向好。初步统计，2019年全区生产总值220.4亿元，增长6%；一般公共预算总收入19.6亿元、增长6.7%；地方一般公共预算收入13.2亿元、增长2.5%；社会消费品零售总额73.2亿元，增长8.4%；城镇居民人均可支配收入36066元，增长9.1%；农村居民人均可支配收入17378元，增长9.3%。

2019年社会发展的主要工作和成效是：

坚持主动作为、砥砺奋进，服务新区持续加力。把服务南平市行政中心搬迁作为头等大事，全力做好各项服务保障工作。不断创新和完善征迁工作机制，开展“决胜搬迁攻坚战”活动，拔钉子、保施工、促落地，完成武夷新区征地2718.6亩、拆迁2万平方米。全力配合武夷新区建设，绕城高速、引水工程、云谷小区一期等重大项目和一批搬迁必备的教育、医疗等服务设施建成投入使用，南平市行政中心正式迁驻新区。

坚持攻坚克难、精准发力，三大攻坚战果持续巩固。重大风险防控有力。加强政府性债务管理，积极处置存量政府债务，综合债务率15.8%，债务余额控制在省政府确定的债务限额内。健全“政银企司”联动化解机制，全面开展金融机构不良资产压降，不良贷款率降至1%。全力推进非法集资涉案资产处置，审结非法集资刑事案件2起。脱贫攻坚精准有效。全面落实“两不愁三保障”，建档立卡贫困户全部达到脱贫的退出标准，全区所有贫困村实现摘帽。大力实施精准帮扶行动，累计发放扶贫小额信贷资金2692.1万元，落实医疗保障救助金192.8万元，实施危房改造91户。污染防治狠抓不放。全力抓好中央第二轮生态环境保护督察交办信访件问题整改。统筹推进大气、水、土壤等污染防治，清理、整治“散乱污”企业，城市空气优良天数率达100%。水污染防治稳步实施，主要流域水质功能达标率100%。严格落实河湖长制，完成水电站生态改造116座，取缔非法采砂点35处，拆除老旧、废弃砂场29座。土壤污染防治有序推进，完成水土流失综合治理2.8万亩。

坚持统筹兼顾、协调推进，城乡发展水平持续提升。纵深推进“北接西拓”战略，全年实施城建项目40个，完成投资15亿元。城市建设步伐加快。持续推进西区生态城建设，基本实现与新区连片发展，武夷悦酒店、正达商业中心、大井垄高速互通等项目建成投运，长安路隧道双洞贯通，西区生态城二期规划编制全面启动。持续完善城市功能，打造麻阳溪两岸城市慢行系统10公里，中心城区新增绿道21公里、绿地36万平方米、停车位350个，新建改建市政管网15.6公里、城区公厕14座。完成西市街、西桥南路、水东桥改造，双龙桥隧、东入城口三期、嘉禾大道拓宽改造有序推进。改造、新建公园6个，满足人民休闲健身需求。城市管理显著增强。积极开展全国文明城市创建，深入实施“八大提升工程”，第二轮城区保洁顺利实施一体化运作，启动公园、河面卫生保洁市场化运作，开展生活垃圾分类试点，建成餐厨废弃物资源化处理项目。继续推行“5+X”联合执法工作机制，持续提升市容市貌，拆除废旧广告牌匾459处，清理小广告2.6万处。常态化开展拆违禁违，制止违建行为1963起，拆除各类违建489处40.8万平方米。乡村振兴成效初显。

设立1010万元乡村振兴示范村专项补助资金，全力推进水南、三峡、桂林等“一带N点”25个乡村振兴示范村建设，小湖镇荣获“2019中国最美村镇—乡村振兴榜样奖”，麻沙镇水南村获评“中国美丽休闲乡村”。开展人居环境整治大会战行动，推行“党建+人居环境”机制，抓好9个高铁沿线村29公里沿线环境整治，建设美丽乡村18个。深化科技特派员制度，打造科技特派员工作站53个，科技特派员创新创业示范基地79个，谢福鑫同志在全国20周年总结会议上获通报表扬，并在全省会上作发言。农村基础设施不断完善，新改建集镇、农村公厕30座，新建三格化粪池8107户。全面启动城乡供水一体化试点，加快建设乡村供水设施，受益人口超过10万人。“农村四好公路”持续推进，完成县道（三产路）晋级改造62.6公里、农村乡道公路改造37.2公里，建设错车道100个。

坚持以人为本、共建共享，民生福祉持续增进。坚持在发展中补齐民生短板，公共财政用于民生领域支出占比达82.9%，31项为民办实事项目基本完成。社会保障坚实有力。稳步推进就业创业，城镇新增就业3656人，农村劳动力转移就业4502人，登记失业率控制在3%。持续扩大城乡居民养老保险、医疗保险覆盖面，健全社会福利、重大疾病救助体系，全年拨付最低生活保障资金1139.2万元。完成重大安全隐患房屋分类处置1402栋。全力落实保障性安居工程，公租房累计配租入住116套，货币化补贴86户。积极应对多轮暴雨洪水灾害，组织抗灾成效显著，投入资金4410万元，灾后重建有序推进，11户重建户搬入新房。社会事业协调发展。持续提高养老保障水平，建成社区居家养老服务日间照料中心3个、农村幸福院40所，实现公建民营乡镇敬老院7个。深入实施教育强区战略，全年教育投入6亿元，“全面改薄”工程顺利收官，建阳一中图书科技大楼、童游中心小学新校区一期等建成投入使用。持续巩固义务教育基本均衡县国检达标成果，高考“211”以上高校录取人数93人，本科上线率71.8%，居全市第三。持续深化医药卫生体制改革，打造紧密型医共体，建阳总医院实现实质性运作，乡村卫生基本实现“七统一”，建阳作为全市唯一代表参评全国医疗改革示范县，全面启动实施“健共体”项目。全力提升公共卫生服务能力，建阳第一医院医技楼建成投入使用，完成基层诊所标准规范化建设145所，区域内就诊率达86.6%，居全市前列。成功举办庆祝新中国成立70周年系列活动。选派优秀运动员参加2019年福建省青少年锦标赛，取得3金1铜优异成绩。社会大局和谐稳定。全面建设三级公共法律服务平台，深入开展“枫桥经验在建阳”活动，调处矛盾纠纷2057件，成功率99.9%。顺利通过省禁毒委考评验收，禁毒重点关注地区成功“摘帽”。全力推进扫黑除恶专项斗争，打掉涉黑组织3个，恶势力集团4个，涉恶团伙2个，立案调查审查涉黑涉恶腐败和“保护伞”问题线索15件17人。

坚持改革创新、开放合作，发展动力持续激发。重点领域改革成效显著。持续深化“放管服”改革，梳理“一趟不用跑”事项660项，全流程网办407项，企业开办时限压缩至3个工作日内。完成“互联网+放管服”平台建设，1307项行政审批和服务事项纳入福建政务服务网，1281项开通“网上预审”功能。全面落实减税降费政策，累计减免税费1.6亿元。稳步推进工程建设项目审批制度改革，审批时间压减50%以上。持续开展综合治水试验县试点，在全省率先实施公益性水利设施社会化管护机制。区域合作交流不断加强。

坚持优化服务、转变作风，自身建设持续加强。始终把学习教育、调查研究、检视问题和整改落实贯穿全过程，深入开展调查研究，广泛征求各方意见，解决群众身边最忧最急最盼问题300余个。全面开展“业务大学习，能力大提升”活动，学习弘扬廖俊波精神，完善“两法衔接”机制，办理人大代表议案1件、代表建议191件、政协提案108件，办结率100%，满意和基本满意率100%。严格落实中央八项规定及其实施细则精神和省实施办法、市区实施意见，深入开展“基层减负年”活动，全年文件、会议分别减少46%、50%。

（摘编：杨立群）

邵武市社会发展概况

2019年，邵武市坚持以习近平新时代中国特色社会主义思想为指引，实推进“六百工程”，全市经济社会总体保持稳中有进。全年实现地区生产总值275亿元，同比增长6.2%；固定资产投资额226.2亿元，一般公共预算总收入18.8亿元，地方一般公共预算收入12.8亿元，社会消费品零售总额150亿元，城镇居民人均可支配收入37150元，农村居民人均可支配收入19897元。完成上级下达的节能减排任务。

2019年社会发展的主要工作和成效是：

着力夯实“三农”基础，乡村振兴加快实施。全力打好精准脱贫攻坚战。深化挂钩帮扶制度，全面落实“两不愁三保障”，精准扶贫对象（含低保户）“一站式”结算医疗费用补偿金额2205.38万元，发放各类助学资金168.4万元。深入实施产业扶贫“五个一百”示范带动工程，新增小额扶贫贷款292.75万元，打造产业扶贫示范村8个，培育扶贫龙头企业11个，提升扶贫产业合作社9个。全市现行标准下的贫困人口全部脱贫，建档立卡贫困村全部摘帽。深化科技特派员制度，全市建立科特派工作站56个、示范基地147个，实施科技特派员项目97个，推广农业“五新”技术341个。农村生产生活条件持续改善。建设高标准农田8740亩。推进农村饮用水安全巩固提升工程，加快乡村供水一体化进程。全面落实“路长制”，改造农村公路26公里，建设错车台116个。

着力建设水美邵武，城乡面貌持续改善。水美城市建设有序推进。加快补齐城市基础设施短板，完成历史文化名城保护、城市综合交通、公共停车设施、电动汽车充电基础设施专项规划编制工作。解放东路提升改造项目竣工，张三丰大道人行过街天桥和青少年校外活动中心、行政服务中心地下停车场基本建成，新增公共停车位856个。新建（改造）市政管网13.5公里，改造提升城市绿道4.85公里，新增城市绿地3.84万平方米。向上争取老旧小区改造资金1.14亿元，改造老旧小区15个。持续开展以环境卫生、交通秩序、经营秩序、拆违治违为重点的城市环境综合整治，城市环境品质持续提升。乡村面貌明显改善。编制乡村振兴战略规划，建立市领导挂点联系乡村振兴示范村工作机制，扎实推进沿316国道和219省道邵武段26个乡村振兴示范村建设。水北镇龙斗村被认定为全国乡村治理示范村，和平镇、卫闽镇获评福建省四星级休闲集镇，5个村列入省级“一村一品”示范村。深入开展人居环境整治，新建（改造）农村公厕15座、三格化粪池1008户，拆除乱建乱搭5.12万平方米，整治农房259栋，建立“爱心公德超市”“黑白榜”“门前三包”“小手拉大手”等常态长效机制，激励群众主动参与人居环境整治，乡村面貌焕然一新。生态环境持续优化。深入实施大气、水、土壤污染防治行动计划，坚决打好污染防治攻坚战。扎实做好中央、省、南平市生态环保督察和我市自查发现问题整改工作，从严从实从快推动问题整改到位。加大城区周边“散乱污”企业整治力度，完成33家竹木制品、机制炭企业“退城进园”，全年空气质量优良天数比例为100%。全面落实“河湖长制”，持续加大城乡重点流域综合整治力度，城区和园区污水处理厂提标扩容工程加快建设，溪北路和紫东工业园区污水管网改造工程完工，主要流域水质功能达标率为100%。

着力深化改革创新，发展环境不断优化。农村集体产权制度改革稳步推进，66个行政村完成经营性资产股份合作制改革，77个村成立经济合作社。探索推进生态文明体制改革，开展农业“生态银行”探索实践，加快构建资源变资产、资产变资本的转化平台，推进绿水青山转化为金山银山。完善人才发展体制机制，落实各项人才优惠政策，135套人才公寓、20套人才奖励房实现拎包入住，为709名人才发放购（租）房补贴1382.6万元。加大“放管服”改革力度，全面推行“一趟不用跑”和“最多跑一趟”，重点项目实行全程代办服务机制，深入推进“互联网+政务服务”，行政服务中心扩容改造提升（一期）工程建成投入使用。深化商事制度改革，推行企业登记全程电子化，压缩企业开办时间，新增各类市场主体5010户。加大扶持企业力度，全年为各类市场主体减税降费1.88亿元，兑现企业各类奖励扶持资金3100万元。坚决打好防范化解重大风险攻坚战，健全政银企联动机制，稳妥处置各类金融风险，不良贷款率下降至1.11%，地方政府债务余额控制在省上核定限额内。

着力改善民生福祉，百姓获得更多实惠。年初确定的30项为民办实事项目顺利推进，全年民生支出23.3亿元，占财政总支出的79.5%。坚持教育优先发展，第二实验小学、六中城南校区建成投入使用，第一幼儿园迁建、通泰小学分校主体工程竣工。在全省小学质量监测、南平市基础教育质量提升竞赛考评中均位列南平市十县（市、区）第1名。全面实施“健康邵武”行动，市总医院门诊医技综合大楼、市人民医院整体迁建项目加快推进。深化“四医联动”公立医院改革，构建紧密型医共体，推进“健共体”建设，落实分级诊疗、双向转诊制度。城镇职工、城乡居民医保住院报销比例分别提升至67%、58.7%，基层医疗卫生机构门诊量占比达53.57%。新建居家养老服务照料中心4个、农村幸福院8个，新增养老床位408张。文体事业加快发展，古山溪左岸体育中心项目加快建设，投入906万元改善文化体育阵地设施，成功举办全省青少年武术散打锦标赛、张三丰故里·云灵山山地户外节等体育赛事，备战第十七届省运会工作有序推进。社会保障体系不断完善，新增城镇就业1615人，城镇登记失业率1.88%，城乡居民参保率98.3%，全年累计发放城乡低保金2303.7万元。新建保障性安居工程372套，累计配租保障性住房1868套，发放廉租住房补贴1361.54万元。完成农村危房改造73户，分类处置重大安全隐患房屋523栋。加强社会治理创新，完善“民生110”网格化服务机制和“随手拍”社会化监督机制，受理群众服务需求21072件，办结率98.42%，满意率98.57%。深化“平安邵武”建设，扫黑除恶专项斗争和禁毒、电信网络诈骗犯罪重点整治工作纵深推进，积极预防和妥善化解各类矛盾纠纷，刑事案件、生产安全事故、信访总量逐年下降，社会和谐稳定，综治考评连续11年位列南平市十县（市、区）第1名。扎实推进第三次全国土地调查工作，顺利完成第四次全国经济普查。

着力优化政务服务，自身建设不断加强。扎实开展“不忘初心、牢记使命”主题教育，始终把学习教育、调查研究、检视问题和整改落实贯穿全过程。认真落实全面从严治党主体责任，以党的政治建设为统领，扎实推进党的政治建设、思想建设、组织建设、作风建设、纪律建设，把制度建设贯穿其中，不折不扣抓好各级巡视巡察、审计和省委、南平市委全面从严治党主体责任检查反馈问题整改工作。主动接受市人大依法监督和工作监督、市政协民主监督、监察监督、社会监督，认真办理人大代表建议111件、政协委员提案118件，办结率均达100%。广泛听取各民主党派、工商联、人民团体、无党派人士和社会各界的意见。深入实施“七五”普法，被评为全国“七五”普法中期先进城市。严格落实中央八项规定及其实施细则精神和省市实施办法，“三公”经费持续下降。深入开展“机关能力提升年”活动，市政府党组理论学习中心组全年开展集中学习17次，致力提升班子和队伍的能力素质，强化实践锻炼，锤炼过硬作风，力戒形式主义、官僚主义。全面推进政务公开，依法公开各类政策法规、政府信息9779条。高度重视做好意识形态工作，成立市融媒体中心，建成78个新时代文明实践中心（站、所）。

（摘编：黄万良）

武夷山市社会发展概况

2019年是中华人民共和国成立70周年，武夷山撤县建市30周年、申遗成功20周年。武夷山市深入学习贯彻党的十九大和十九届二中、三中、四中全会精神，扎实推进“基层减负”“四比六促”工作，上下一心，攻坚克难，经济社会发展稳中有进。全市实现生产总值202.17亿元，增长8.3%；一般公共预算总收入13.01亿元，增长5.13%，地方一般公共预算收入9.04亿元，增长4.13%；固定资产投资增长5.46%；全社会消费品零售总额63.46亿元，增长10%；旅游接待总人数1669.94万人次，增长10.25%，旅游总收入354.66亿元，增长15.08%；城镇居民人均可支配收入36268.6元，增幅8%；农村居民人均可支配收入18763元，增幅8.5%；商品房销售面积36.64万平方米，比增105.52%。全社会用电量累计6.7亿千瓦时，比增6.2%。

2019年社会发展的主要工作和成效是：

全力提升管建水平，塑造旅游城市形象。管控力度持续加大。完成《武夷山双遗产保护与管理规划》《九曲溪上游村庄整治提升规划》《南门街历史文化街区保护规划》《武夷山市东翼文化旅游带战略策划》等一批规划编制。大力开展违建别墅、“大棚房”整治，拆除违法建筑面积30.48万平方米，处置违法占地24.96万平方米。基础设施加快建设。以创建全国文明城、国家卫生城为目标，大力开展交通秩序、市容市貌、环境卫生等综合整治，全国文明城市通过省级初评、国家卫生城市基本通过国家暗访，星村镇国家卫生乡镇通过省级评估评审。改造危旧房48户、新建（改造）城区公厕7座。全面完成县道水毁修复，纵八线、疏港大道加快建设，北城快速通道建成通车，完成旗山路（正山堂段）、朱子路、柳永路改造工程，启动武夷大道（六期）道路改造工程。新建城市污水管网9.65公里，完成学院至马厂洲段、东峰街西侧污水管网建设，完成石雄水厂生产工艺自动化提升改造。公共服务体系日臻完善。启动“菜场革命”，完成改造提升7个，正在招租2个，在建2个。新行政服务中心搬迁启用，北城公交总站建成使用。四中心一广场的图书馆、文化馆、电影院完成主体建设，音乐厅投入使用。大力推进智慧城市建设，建立智慧环卫管理平台，推行智能化公交服务，研发推广智慧旅游电子合同、服务监测系统、分销平台，《武夷山全域智慧旅游通》入围2019年智慧城市典型地区实践（县级市类别）。

全力推进乡村振兴，推动城乡同步协调。探索创新振兴路径。大力开展“无药无肥”生态茶园试点，建立茶园示范片1.25万亩。积极推广测土配方施肥面积60万亩，建立中稻示范片14个。全面推行“认标购茶”工作，授权使用“商品标”企业105家。深入推进“三品一标”创建，新申报绿色食品认证企业3个、无公害农产品获证企业3个。袁隆平院士工作站“巨稻6号”水稻首次测产验收，亩产达到1676斤。“生态银行”试点经验，受到国家部委密切关注，在央视《新闻联播》头条播报。扎实开展“一革命四行动”。完成全市90个行政村村庄规划编制。新建改建乡村公厕11座，三格化粪池302户。建成7座压缩式生活垃圾转运站，完成38个行政村农村污水收集管网工程设计。完成安防工程66.6公里，启动危桥改造9座，完成3座。建成大安源风景区至横二线、吴屯加油站至瑞岩寺公路一期工程，2个乡镇客运站投入使用。

全力盯紧重点任务，三大攻坚对标见效。打

好脱贫攻坚战。围绕“两不愁三保障”目标，发放扶贫小额信贷4025.9万元，打造产业扶贫示范村8个，培育扶贫龙头企业14家，完成1313户、3336名贫困人口退出任务，21个贫困村全部摘帽。开展易地扶贫拆旧复垦，完成旧房拆除57户，消除地灾风险点2个。资助贫困家庭学生859人次，贫困人口住院和慢性病门诊医疗费用个人支付分别为10.45%、5.38%。打好污染防治攻坚战。严格执行生态保护红线，全面完成国家生态文明试验区（福建）重点改革任务16项。深化武夷山生态系统价值核算试点，经济生态生产总值（GEEP）核算工作走在全省前列。国家公园试点任务加快落实。持续整治违规违法开垦茶山4800亩，复绿造林1.94万亩，查处案件30起。全面落实“河湖长制”、水污染防治行动计划，完成47座水电站生态下泄流量整改。设立全国首个国家公园气象台。建成饮用水水源地水质自动监测站。深入开展第二轮中央生态环境保护督察信访问题整改，9个问题基本整改到位。马厂洲污水处理厂项目加快推进。崇阳溪、九曲溪等各流域优于地表水环境，县级集中式饮用水源地水质功能达标率100%，空气质量综合指数位居南平第一。打好防范化解重大风险攻坚战。严格落实减税降费政策，完善政府债务管理台账，逐步化解政府债务。深入开展金融风险隐患排查化解专项行动，查处非法集资、金融诈骗等违法行为7起。不良贷款率控制在1.37%。

全力补齐民生短板，群众福祉稳步增进。民生事业取得新进展。财政用于民生支出22.99亿元，占财政总支出84.57%。29项为民办实事项目，完成16项、基本完成9项、在建4项。新增城镇就业1658人、转移农村劳动力就业1986人。落实社会保险降费减负政策，按时足额发放离退休人员养老金。社会福利中心荣获“全国敬老文明号”称号，二期附属及装修工程基本完成。引进“互联网+养老”运营团队，建设14个农村幸福院，五夫镇五一村幸福院获评全省五星级养老服务设施。乡镇敬老院全部实现公建民营。文教卫事业稳步推进。顺利通过国家三类城市语言文字评估验收，旅游职业中专被认定为福建省第二批规范化中等职业学校，武夷学院众创空间获得省级认定，引进“我想·艺术学校”。新建兴田南树幼儿园，完成角亭小学、幼儿园教学综合楼主体建设，加快推进实验小学茶场校区、实验幼儿园茶场分园、兴田中小新校区教学楼建设。新招聘中小学、幼儿园学科教师100名。持续加大医疗、医保、医药联动改革力度，深化公立医院改革，完善推动分级诊疗，发展“互联网+医疗健康”，中医院新院大楼项目加快推进。新时代文明实践中心成为全国试点。五夫镇荣获福建首批地名文化遗产“千年古镇”称号。社会治理取得新成效。深化平安武夷建设，大力开展建筑施工安全、道路交通安全等专项治理行动，安全生产形势持续平稳，圆满完成旅游安全事故应急救援综合演练。强化食品药品安全监管，成功创建省级食品安全示范街。扎实开展“扫黑除恶”专项斗争，强化社会治安防控、公共安全体系建设，打掉恶势力犯罪集团5个、犯罪团伙3个，群众安全感99.58%、扫黑成效评价90.5%、执法工作满意率99.1%，在全省均排名前列，25件疑难信访问题和历史遗留问题得到解决，社会大局和谐稳定。

坚持党建引领，提升政府效能。扎实开展“不忘初心、牢记使命”主题教育，收集意见建议1581条，检视问题126个，整改116个。认真落实“履职尽责、担当作为”专题询问，市政府组成部门累计检视问题571个，整改到位456个。全面落实“基层减负年”要求，文件、会议数量分别下降70.94%、65.68%。严格落实中央八项规定精神及其实施细则，强化财政预算约束，“三公”经费支出下降2.44%；主动接受市人大及其常委会的工作监督、法律监督和市政协的民主监督，全年办理市人大代表议案建议79件、市政协委员提案114件，办复率、满意率均达100%。加强社会诚信体系建设，武夷山市综合信用指数在全国县级市排名74。

2020年武夷山市经济社会发展的主要预期目标是：地区生产总值增长7.5%；一般公共预算总收入增长3.5%，地方一般公共预算收入增长3.0%；全社会固定资产投资增长7.5%；社会消费品零售总额增长10%；旅游接待人数增长10%，旅游总收入增长15%；工业总产值增长7.1%；农林牧渔业总产值增长4.1%；城镇居民人均可支配收入增长8%；农村居民人均可支配收入增长8.5%。

（摘编：李哲）

建瓯市社会发展概况

2019年，建瓯市坚持以习近平新时代中国特色社会主义思想为指导，紧紧围绕加快绿色发展推动高质量发展落实赶超这一目标，持续开展“四比六促”和“项目提升年”活动，主动作为，真抓实干，攻坚克难，全市经济社会发展取得较好成效。全年完成地区生产总值290.9亿元，增长7.9%；一般公共预算总收入14.71亿元，增长1.2%，其中，地方一般公共预算收入9.97亿元，增长4.5%；社会消费品零售总额108亿元，增长10.3%；城镇居民人均可支配收入34753元，增长8%；农村居民人均可支配收入18908元，增长9.6%。

抓统筹重协调，城乡环境展现新面貌。持续开展“打赢城市建设管理翻身仗”活动，公园路等7个路段“白改黑”、水西路等2条主次干道建筑立面和下马路等15条背街小巷改造完成，彻底解决管葡市场、盛海市场、公园口路段长期占道经营问题。新建城南等公共停车场3处、停车泊位350个；改造公厕7座，新建移动公厕3座，城区公共服务基础设施和功能配套持续完善。“水美城市三江六岸”PPP项目完成解约，下水南江滨路和防洪堤建设项目完成征迁。智慧城市、智能环卫稳步推进，“街长制”形成常态，并在建安街道试行“巷长制”。扎实推进乡村振兴“1带N点”项目建设，制定全市乡村振兴和小松乡村振兴示范带战略规划，完成农村产权制度改革国家级试点及123个村股份制改革。全面开展人居环境整治，投入资金1亿元，新建、扩建、改建乡镇农贸市场25个，改造乡村小巷780条，拆除乱搭乱建25万平方米，清理垃圾7万吨，评选“星级文明户”“美丽庭院”8000户，新建改造三格化粪池1万个。房村等19个“美丽乡村”项目建设加快，合福铁路沿线环境综合整治扎实推进，新建示范农房540栋，整治裸房682栋，改造农村危房130户。完成农村公路建设57.6公里、县乡道生命防护工程168公里，增设错车道160处，改造危桥5座。衢宁铁路建瓯东站通站道路、站前广场、水厂等配套工程扎实推进。小松镇、东峰镇被列为全省乡村振兴特色乡镇，东游岐头、迪口值源、东峰裴桥列入“第五批中国传统村落”名录。持续抓好生态综合治理，全面开展第二次全国污染源普查，扎实推进第二轮中央生态环保督察问题整改，建成玉山等8个乡镇污水处理设施主体工程，完成小桥溪二期、高阳溪房道段治理及东游、房道集镇饮水安全巩固提升工程，建成城区2个水质自动监测站并与省上联网。实施粪污资源化利用整市推进项目，退出省级水土流失重点治理县市名单。全年空气达标天数比例99.4%，境内3条主要河流水质为Ⅱ类，2个集中式生活饮用水水源地水质达标率100%。国家储备林质量精准提升工程项目有序推进，完成植树造林4.73万亩、集约人工林栽培0.35万亩、现有林改培0.88万亩、商品林赎买2.36万亩。在全省率先启动省级森林城镇创建。入选首批“美丽中国·深呼吸”小城高质量发展实验区。

补短板强弱项，民生事业获得新发展。民生财力保障水平持续提高，民生支出占公共财政支出的81%，17个为民办实事项目完成投资7.68亿元。持续开展“打赢教育翻身仗”活动，一中扩建项目主体建筑基本完成，旭辉集团捐建的体育馆、游泳馆加快建设。城南朱子学校启动项目前期，高铁新区实验学校综合楼、实验幼儿园（鼓楼园）建成投入使用。南平市级核查“两项督导”工作总评达到优秀，被确认为“南平市2018年度政府教育工作优秀县”；顺利通过国家三类城市语言文字工作达标评估验收。持续深化医药卫生体制改革，启动“健共体”项目建设，市总医院进入实质性运转。市第三医院强制医疗服务大楼、迪口卫生院改扩建等项目建成投入使用，市立医院内儿科病房大楼、市妇幼保健院整体搬迁项目进入内部装修。养老事业加快发展，打造以光大百龄帮建瓯颐养中心为龙头、徐墩镇和小松镇为两翼的养老服务示范带；中西医结合医院医养结合项目开工建设，社会福利中心二期主体工程竣工，新建农村幸福院11所、社区居家养老服务照料中心3所。文化体育事业蓬勃发展，迪口值庆桥被列为第八批全国重点文物保护单位，乌衣红曲“三冬老”黄酒酿造技艺、林氏金银器制作技艺、建瓯太保信俗被评为省级第六批非物质文化遗产代表性项目。融媒体中心建设加快，博物馆新馆、东岳庙修缮保护等项目有序推进，五经博士府陈列布展和闽北临委旧址修缮保护工程完成，革命历史纪念馆开馆，新区体育场塑胶跑道建成投入使用。成功举办全省青少年举重锦标赛、足协杯足球赛。开展歌舞娱乐场所综合整治行动，全市96家无证经营场所关停或转型92家、规范经营4家，锦江小区等居住环境明显改善。加快推进社会保障全覆盖，实施城镇职工医疗保险救助机制，参加城镇职工、城乡居民、机关事业养老保险27.78万人，参加工伤保险4.19万人、失业保险1.35万人。城镇登记失业率3.8%。新开工建设保障房1077套，配租廉租房140套。脱贫攻坚战持续推进，实施产业扶贫“五个一百”示范带动工程，打造8个产业扶贫示范村，确定17家扶贫龙头企业，提升5家扶贫产业合作社。为1925户贫困户发放扶贫小额贷款0.96亿元，为全部贫困户购买医疗补充商业保险和大病救助再保险，贫困户参加城乡居民医保100%。全面消除村集体年经营收入5万元以下的软弱村，最后4个贫困村完成脱贫摘帽。

优作风抓落实，政府绩效实现新提升。举办庆祝中华人民共和国成立70周年系列活动，扎实开展“不忘初心，牢记使命”主题教育，解决了一批群众最急最忧最盼的民生问题。认真贯彻落实市委决策部署，自觉接受人大法律监督和政协民主监督，办理人大议案2件、代表建议88件、政协提案92件。广泛听取民主党派、工商联、人民团体、无党派人士和社会各界的意见建议。机构改革全面完成，事业单位改革扎实推进。全面从严治党、依法行政和廉洁行政进一步加强，集中整治形式主义官僚主义，加大审计监督力度。扎实开展第四次全国经济普查，顺利通过全国经普事后数据质量检查验收。不断深化“互联网+政务服务”、商事制度改革，实施“证照分离”106项、“马上办”245项、全流程网办191项、“一趟不用跑”469项，列入重点项目审批服务代办39项。深化精神文明创建，新时代文明实践中心成立，文明实践志愿服务活动全面开展。持续深化“平安建瓯”、扫黑除恶专项斗争，打掉涉恶犯罪集团与团伙3个15人，破获九类刑事案件38起，抓获犯罪嫌疑人98人。加强食品安全四级网格化管理，纳入“一品一码”可追溯系统企业310家。深化信访维稳“接管通”工作机制，全国“两会”、新中国成立70周年等重要节庆安保维稳任务圆满完成。强化应急管理，开展安全生产隐患排查整治和监管执法，加强特大暴雨洪灾防御和灾后重建，投入救助及重建资金0.28亿元，完成小松溪等流域农田水利和交通基础设施抢险修复，川石慈口村避灾点被授予全国综合减灾示范社区，社会保持安全稳定。

2020年建瓯市经济社会发展的主要预期目标是：全市生产总值增长7—7.5%；固定资产投资增长7.5%；一般公共预算总收入增长3%，地方一般公共预算收入增长2.5%；社会消费品零售总额增长7.8%；外贸出口增长3%；城镇居民人均可支配收入增长8%；农村居民人均可支配收入增长8.5%。

（摘编：郭虹）

顺昌县社会发展概况

2019年，顺昌县坚持以习近平新时代中国特色社会主义思想为指导，深入贯彻党的十九大及十九届二中、三中、四中全会精神，不忘初心、牢记使命，勇于担当、积极作为，持续推进“四大攻坚战”，经济社会发展保持总体平稳、稳中有进的良好态势。初步核算，全县地区生产总值142.44亿元，增长8.5%；固定资产投资增长13.9%；财政总收入8.52亿元，地方财政收入5.49亿元，分别增长7.41%和4.23%；社会消费品零售总额40.28亿元，增长10%；城镇居民人均可支配收入32141元，农村居民人均可支配收入16711元，分别增长8.2%和10%。

水美城市加快建设。打好城市建设攻坚战，完善城市总规修编，开展生态红线、河道岸线与生态保护蓝线、村庄规划及国土空间开发保护现状评估工作，统筹融合“多规合一”。实施城市建设攻坚项目21个，完成投资6.69亿元。做好做足山、水、文“三篇文章”，累计建成富金湖慢道10.8公里，挖掘展示水文化，增添城市新景观。完善基础设施和公共配套建设，西郊北路扩建工程、城北西路城市次干道建成通车，中山西路道路改造工程、水南复桥、新城路网、文化艺术馆、图书馆、博物馆、影剧院、一中富州校区、体育中心、老旧小区提升改造等项目建设有序推进。开工建设保障性安居工程1185套。持续开展“643”治理，城区农贸市场搬迁分流工作有序推进。深化志愿者、“随手拍”社会化监督机制，城市面貌和市民文明素质实现双提升，获评“全国最具影响力宜居生态县”。

“三农”基础持续夯实。打好脱贫攻坚战，被省委、省政府公布退出省级扶贫开发工作重点县。新引进种植优新柑橘4500亩。培育新型职业农民793名，新登记注册农民专业合作社20家。在省级层面制作“福稻”“福果”“福菌”宣传片，打造顺昌农业品牌，新增“三品一标”认证农产品10个，“顺昌海鲜菇”纳入中国农业品牌目录2019农产品区域公用品牌。主动融入深圳中国特色社会主义先行示范区建设，在深圳等地开设“武夷山水”授权品牌专卖店5家。获评“福建省农产品质量安全示范县”。坚持“一村一品一特色”，大干“齐天大圣文化特色小镇”、岚下“SC产业示范小镇”、洋墩“柑橘小镇”等特色小镇建设加快推进。持续实施“千村整治、百村示范”工程，完成下沙（黄坑）—坊上—张墩—口前—来布—干山—上湖美丽乡村景观示范带建设，来布村获评“全国乡村治理示范村”。新建改造乡镇公厕10座、村庄公厕103座、三格化粪池3600户，改造农村危房27户，整治“三沿六区”违法违规私建坟墓28座。加快推进“农村四好公路”建设，完成农村公路“单改双”60公里，改造“六标准”县乡道路115公里。

环境质量稳步提升。打好污染防治攻坚战，完成全县小流域19个断面水质监测自动站建设，主要流域省控以上断面地表水水质优良比例和县级集中式饮用水源地水质达标率均为100%；环境空气质量达标天数比例99.7%。第二轮中央生态环境保护督察交办问题全部落实整改。实现12个乡镇（街道）污水处理设施建设全覆盖。完成12宗“大棚房”、3宗违建别墅清理整治和牛蛙养殖污染整治，规范鳗鱼养殖。闽江流域山水林田湖草生态保护修复试点工作被省上树为典型。富屯溪与北门溪综合整治、闽江防洪工程九期（顺昌职中段）建设项目有序推进。完成造林面积1.6万亩，赎买省级重点生态区位林1.69万亩，获评全国绿化模范单位，被列为“2019年全国森林康养基地试点建设县”，振科、大坌、富石、际滨、将军、土垅6个村获评国家级森林乡村。深化“森林生态银行”试点工作，全省首家“林权+金融”绿昌融资担保公司成功获批，完成全国首单竹林碳汇交易6.9万吨124.2万元。深化生态巡查机制，成立生态执法中心，生态巡查管理中心累计受理问题23553件，处理22897件，处理率97.2%；生态执法中心受理案件线索112件，已办结104件；被中央督察组列为福建省贯彻落实中央一号文件典型经验。

民生福祉取得进步。25个为民办实事项目基本完成。实施积极就业政策，城镇登记失业率为3%。推进养老服务工程，县社会福利中心投入运营；建设农村幸福院33个、居家养老服务照料中心4个。优先发展教育，城西小学及幼儿园、高阳幼儿园、郑坊园区小学等项目建设顺利推进。教育“两项督导”通过省级评估验收，顺昌一中通过省一级达标高中复评。深化医药卫生体制改革，县总医院“健共体”建设扎实推进，乡村卫生服务一体化有序开展，县疾控中心、妇幼保健院、精神病专科医院竣工，县总医院郑坊分院建设有序推进，中医康养中心开业运营。完善公共文化服务体系，累计完成10个乡镇（街道）综合文化站、136个村（居）综合性文化服务中心达标建设。举办庆祝新中国成立70周年系列活动。加强文化遗产保护，列入国家第一批革命文物保护利用片区，累计列入县级以上非遗代表性项目40个。落实退役军人优抚安置政策，维护军人军属合法权益。投放新能源公交车36辆，实现12个乡镇（街道）公交线路全覆盖。深化“平安顺昌”建设，深入推进“七五”普法，建成全省首个宪法公园，公共法律服务协理员做法在全省推广。学习“枫桥经验”，信访秩序持续好转，安保维稳有力有效。深化扫黑除恶专项斗争，打掉涉恶犯罪集团3个、涉恶犯罪团伙3个，破获涉黑涉恶九类案件65起。认真贯彻《地方党政领导干部安全生产责任制规定》，积极创建省级食品安全社会共治示范县，群众安全感和满意度持续提升。

改革创新有效深化。深化政府机构改革、市场监管等领域综合行政执法改革，优化职能配置，整合执法职能，提高行政服务效能。深化“放管服”改革，完善“四办”清单，强化“一窗受理、集成服务”，投资650万元完成市县一体化“互联网+”放管服一体化服务平台联网建设，企业开办办理时限统一压缩至3个工作日以内。全年受理各类审批服务事项27.28万件，当日办结率96%。全面实行住所申报承诺制登记、“一址多照”登记、全程电子化登记和“31证合一”及“证照分离”改革，全年新增内资企业511户。建设“三创”空间，鼓励扶持大学生就业创业、创新创造。国有企业改革进入实质性运营。开展银税企合作，为企业办理无还本续贷61笔3.26亿元。

政府建设得到加强。扎实开展“不忘初心、牢记使命”主题教育，严格落实意识形态工作责任制，认真落实中央八项规定精神及其实施细则和省委“五抓五看”“八个坚定不移”要求，开展“基层减负年”活动，实现政府会议、文件下降45%以上目标，“三公”经费下降6%。坚持民主集中制，严格执行“三重一大”决策机制，自觉接受县人大及其常委会的法律监督和工作监督、县政协民主监督、社会监督和舆论监督，办理人大代表建议90件、政协委员提案（来信）90件，满意和基本满意率100%。强化财政、审计监督，完成政府投资项目预算评审47个、结算审计15个，分别核减造价5082万元和2899万元。

2020年顺昌县全县国民经济与社会发展的主要预期目标是：地区生产总值增长7.5—8%；固定资产投资增长10%；财政总收入增长4%，地方财政收入增长3%；社会消费品零售总额增长10%；城镇居民人均可支配收入增长8%，农村居民人均可支配收入增长9%；城镇登记失业率控制在3.8%以内。

（摘编：郭虹）

浦城县社会发展概况

2019年，浦城县以习近平新时代中国特色社会主义思想为指导，坚持新发展理念，深入开展“四比六促”“项目提升年”活动，积极应对“7·9洪灾”并组织灾后恢复重建，各项工作都取得了新的进展。全年实现地区生产总值170亿元，比上年增长7%（下同）；一般公共预算总收入突破10亿元大关，实现10.02亿元，增长2.68%；地方一般公共预算收入6.79亿元，增长2.71%；固定资产投资110.3亿元，增长16.5%；社会消费品零售总额57.75亿元，增长11%；城镇居民人均可支配收入33001元，增长9%；农村居民人均可支配收入15835元，增长9.5%，完成年度节能减排降碳任务。

一年来社会发展的主要工作和成效是：

城乡颜值显著提升。顺利完成村庄规划编制工作，第三次全国国土调查和农村地籍与房屋调查确权工作基本完成。新城梦笔片区、南启动区基础设施建设加速推进，梦笔文化公园、美术馆、体育公园、书香浦城等项目开工建设，“五馆一中心”等项目加速推进。老城改造步伐加快，完成23条12公里城区主次干道及背街小巷道路改造，江滨一期、二期两个老旧小区完成改造提升，新增绿道12公里、污水管网8公里、燃气管道预埋10公里，仙楼山慢行道、北外环道路绿化、梦笔绿化及夜景提升基本完成。新增新能源公交车12辆，城区智慧停车系统投入使用，群众出行更加便捷。深化“两违”综合治理，开展“大棚房”、违建别墅清查整治专项行动，拆除违法建筑27万平方米，237个村（社区）创建“无违建”示范村居。以“三清理三整治一健全”为重要抓手，开展城乡人居环境整治“百日大会战”和“冬季攻坚战”，精准实施农村“厕所革命”、农村垃圾治理行动、农村污水治理行动、农房整治行动、村容村貌提升行动等“一革命四行动”，城乡环境变得更加宜居宜业宜游。城区管理更加精细化，“路段长”升级“片区长”，智慧环卫“1+N”项目市场化服务招标，“门前三包”制度落实到村到户，“最美庭院”和“星级文明户评选”活动初见成效。生活垃圾焚烧发电厂、水北垃圾填埋场二期扩容、建筑废弃物处置及资源再利用项目加快推进，城乡面貌极大改善。

乡村振兴扎实推进。坚持“一张蓝图干到底”，科学制定乡村振兴战略规划，加快“三生融合”步伐，推进26个省市县三级乡村振兴示范村、2个民企带村共建村建设。加快农村集体产权制度改革，286个建制村完成清产核资和集体成员身份认定，82个建制村完成改革和发放集体经济组织登记证。聘请6名在外乡贤担任“名誉村主任”，发挥乡贤资源和人脉优势，推动当地产业发展，带动村民和村财增收，全县286个村集体村财收入6483万元。用好省投资集团农担政策，在全省率先开展农业信贷政担合作，贷款近6000万元。顺利退出省级扶贫开发重点县，持续开展结对帮扶工作，加大医疗、教育、救助等政策性兜底保障力度，全县5195户贫困人口“两不愁三保障”政策全面落实到位。完善稳定脱贫增收机制，持续落实“五个一百”示范带动工程，采取龙头企业“代管”“代种”灵芝、浙贝母、元胡等方式带动597户贫困户，年户均增收500元至3000元，累计成功推荐1376名贫困人口实现就业。全面推进18个美丽乡村建设工作，建成14条“四好农村路”，编制19个乡镇（街道）垃圾转运系统市场化运营方案，新建改造8座乡镇公厕和132座农村公厕，农户厕所无害化改造3000户。积极应对“7.9”洪灾，扎实开展抗灾救灾和灾后重建，累计转移安置受灾群众28000人次，目前落实灾后住房重建（含异地购房）220户，复垦耕地93508亩，修复水毁工程1872处，有力保障群众生命财产安全。

民众福祉持续改善。民生支出占地方一般公共预算支出的78.86%，27项为民办实事项目基本完成。教育质量全面提升，基础教育质量提升竞赛考评排名全市第2位，高考本科上线1039人，浦城一中顺利通过省一级达标校复查。公办园在园幼儿占比达41.2%，普惠性学前教育资源覆盖率93.75%。创建省级义务教育学校管理标准化学校9所，全面完成乡村小规模学校标准化建设。实施教育补短板建设提升工程13个，浦城一中新校区、实验幼儿园、新城学校、新城幼儿园等项目加速推进。实施“健康浦城2030”行动，启动“健共体”项目建设，县总医院开展实质性运作，基层医疗卫生机构诊疗量占比52.33%。县域“六大中心”和健康体检中心、残疾人康复护理中心、精神卫生医养综合楼等项目加快建设。县医保局组建成立，人均基本公共卫生服务经费补助标准提高到69元。坚持援企稳岗，全县新增城镇就业人员1064人，城镇下岗失业人员再就业993人，农村劳动力转移就业4366人，春潮行动培训2648人，城镇失业登记率2.1%。强化社会保障，建成居家养老服务照料中心1个、农村幸福院40个，新增养老床位140张。发展体育事业，积极推进第十七届省运会筹备工作，加快体育场馆建设，广泛开展全民健身活动。打好污染防治攻坚战，抓好中央生态环保督察反馈问题和信访件整改。轻纺企业开展废气收集和污水池挥发性有机物整治，春节期间城区实行禁燃禁放烟花爆竹，空气质量优良天数比例达100%。实施土壤污染防治计划，完成涉镉等重金属重点行业企业整治和20家重点企业土壤详查。全面落实河湖长制，健全畜禽养殖长效防治机制，推行畜禽粪污资源化利用，开展集中式饮用水水源地环境问题专项整治行动，县级集中式饮用水源地环境质量达标率达100%。植树造林21430亩，实施商品林征用和林分改造，森林覆盖率达76.81%。

社会治理更加有效。扫黑除恶专项斗争深入开展，破获九类涉恶犯罪案件61起，抓获犯罪嫌疑人266人，打掉涉黑组织1个、涉恶犯罪集团3个、涉恶犯罪团伙2个。有序推进“雪亮工程”建设，充分发挥城区3个“110执勤岗”辐射作用，路面见警率明显增加，110接报刑事警情下降16.5%。严厉打击非法融资，金融风险防范化解工作扎实推进，不良贷款率降至2.46%。坚持发展新时代“枫桥经验”，积极探索“访调对接”新形式，创新“评理会”机制，12345便民服务平台和“随手拍”受理率、办结率均为100%。改革和加强应急管理，强化安全生产和食品药品监管，没有发生重大安全事故。持续道路隐患排查整治，实现连续三年交通事故死亡人数下降。

政府建设切实加强。深入开展“不忘初心、牢记使命”主题教育活动，严格对标对表检视问题，扎扎实实抓问题整改，解决关系群众切身利益问题99件。落实党中央“基层减负年”工作部署，大力整治“文山会海”，政府文件、会议分别减少49%、61%。创新与县人大常委会的“双联”工作机制，按照“快研究、快落实、快反馈”的工作要求，密切国家机关及其工作人员同人大代表、人民群众的联系，及时回应并解决群众诉求。自觉接受人大、政协和社会舆论监督，101件人大代表建议、103件政协委员提案全部办结。法治浦城建设持续推进，“七五”普法深入实施，建成县、乡、村三级公共法律服务平台，全县各村（社区）法律顾问制度实现全覆盖。加强政务公开，主动公开信息1622条，依申请公开信息15条。推进政府系统廉政建设和反腐败斗争，严格落实中央“八项规定”精神，大力整治“四风”问题，严控“三公经费”支出，审计监督力度不断加大。认真践行“马上就办、真抓实干”工作作风，深化绩效管理和机关效能建设，坚决整治“庸懒散拖”，效能告诫、诫勉教育29人，通报批评4个单位。

（摘编：彭金龙）

光泽县社会发展概况

2019年，光泽县以习近平新时代中国特色社会主义思想为引领，深入贯彻落实党的十九大及十九届二中、三中、四中全会精神，紧紧围绕建设“中国生态食品城”战略目标，坚持稳中求进工作总基调，坚定信心、砥砺奋进，实现经济社会稳中提质的良好态势。全年实现地区生产总值107.5亿元，增长6.0%；固定资产投资46.7亿元，增长18.0%；社会消费品零售总额26.0亿元，增长9.5%；财政总收入6.49亿元，增长3.1%，其中地方级财政收入4.51亿元，增长0.4%；农村居民人均可支配收入15060元，增长10.0%；城镇居民人均可支配收入32030元，增长9.1%。

一年来社会发展的主要工作和成效是：

生态环境日趋优良。污染防治攻坚战有力推进，全面完成第二轮中央环保督察任务。获评国家生态文明建设示范县，成功入选全国“无废城市”建设试点唯一县级代表。高起点、高标准编制“无废城市”建设试点规划方案，生成推进“无废城市”重点项目35个，全面开展生活、工业、农业、建筑垃圾和危险废弃物减量化、资源化、无害化处理。严格落实“河湖长制”，深化绿水维护补偿机制，开展生态文明建设联合执法，全流域水质均达到Ⅱ类及以上标准，重要流域和饮用水源水质达标率100%。新建两座恶臭气体自动监测站，全县88辆出租车全面升级双燃料车型，全年空气质量优良天数比例达100%，PM2.5等6项指标均达到或优于国家二级标准。

人居环境明显改善。打好人居环境整治攻坚战，在全市率先实行垃圾分类试点，创新“九局六长”和“三清三改三挂钩”机制，拆除乱搭建954处3.8万平方米。探索推行“四动”机制，广泛开展小手拉大手、巾帼志愿服务、星级文明户评选、爱心公德超市等活动。持续推进农村“一革命四行动”，全面开展辖区旱厕整治，健全完善“公厕长”制，拆除农村旱厕470座，新建275户三格化粪池，新增5个农房整治试点村、8个美丽乡村，10个乡村振兴“一带N点”示范村建设成效显著。

社会环境更加稳定。深入开展扫黑除恶专项斗争，摸排线索194条，打掉黑恶犯罪团伙6个，破获九类涉黑涉恶案件37起，社会治安持续好转。创新实施“连心联治、吹哨报到”机制，有效破解基层治理难题，一批群众反映的热点难点堵点问题得到解决。加强信访源头治理和积案化解，全面深化连心信访代理制，荣获国家级信访工作“三无县”称号。持续提高金融风险防控能力，启动网络借贷风险整治，开展不良贷款处置，全年累计处置不良贷款1.25亿元。加强食品药品安全监管，全力推进“一品一码”追溯体系建设，抓好非洲猪瘟等重大动物疫病防控，切实保障群众“舌尖上”的安全。完善应急管理体系，安全生产事故起数、死亡人数双下降，安全生产形势稳中向好。

城市管理更加精细。持续巩固省级文明县城创建成果，加强占道经营、乱停乱放、违法广告、运输车辆“滴洒漏”等问题管理，开展城区沿街店面阳篷雨披集中整治行动，实施镇岭农贸市场升级改造，市容市貌明显改善。着力整治居民小区、背街小巷，设立85名巷长、62名网格长专职负责，聚焦“巡管护改”，有效提升小区、小街巷环境卫生管理水平。加快推进数字城管系统建设，建成并投入使用城区智慧停车管理大数据平台。加强“两违”治理，遏制增量，逐步化解存量，完善长效机制，确保城市规划区内“两违”问题负增长。推进“水美城市”建设，打造“山水相融、人水和谐”的亲水型城市，开工建设乌君山大道、西溪右岸滨水景观、卧牛山滨水景观等项目，洄龙潭栈道、橘子洲滨水景观带等项目即将建成，新增滨水景观带6.3公里；纵深推进“水美乡村”建设，打造2条“水美乡村”示范带。

乡村建设持续推进。全面实施乡村振兴战略，制定《福建省光泽县乡村振兴战略规划（2018—2022年）》，完成全部行政村的村庄规划编制。加快农村路网建设，启动农村公路“单改双”约100公里，完成官家巷至崇仁村、崇仁乡至寨里镇二级公路改建工程，稳步推进光大线、撤渡建桥项目。推进农村饮水安全巩固提升工程，完成13公里农村供水管网改造提升建设，农村自来水集中供水率提高到91%以上。投资3500多万元，完成高标准农田建设1.53万亩，其中高效节水灌溉面积800亩。持续推动“三网融合”，农村广电信号覆盖率达98%，光纤网络覆盖所有建制村。继续提升电力保障水平，农村电网改造完成投资6400万元，输电线路跳闸数同比下降32%。

脱贫攻坚成效显著。围绕实现“两不愁三保障”目标，落实教育、医疗、住房等帮扶政策，累计投入扶贫资金6812.96万元，全县1816户4588人全部实现脱贫，27个建档立卡贫困村全部脱贫“摘帽”。持续加大教育扶贫力度，全年补助学生7198人次，发放补助资金658.45万元。不断创新医疗扶贫机制，筹资146万元为5500余个建档立卡贫困人口和低保人口购买医疗商业保险，贫困人口家庭医生签约率达100%。逐步完善住房保障制度，建档立卡贫困户住房均满足要求。深入推进产业扶贫，实施脱贫攻坚产业项目181个，总投资7260.93万元；创新产业扶贫形式，整合贫困户分散的特色资源，实行产业代管、产业托管模式，集中打造优势特色带动产业，有效激活贫困户“造血”功能。

社会事业竞相发展。教育基础不断夯实，第三期学前教育三年行动计划有效实施，“强基壮腰”工程继续推进，茶富中学、三中通过“省级义务教育管理标准化学校”评估验收，中考平均分位列全市第三。旅游产业日臻成熟，建成旅游集散服务中心，欧沪大酒店投入使用，杉关古关隘生态旅游开发项目加快建设，上屯村成功创建省级乡村旅游特色村，南平市第三届旅游产业发展大会光泽分会圆满举办。文体事业稳步推进，入选第六批省级非遗项目2个，成功申报市级非遗项目代表性传承人5人，新增县级文保单位4处；成功举办第三届“水美城市”健步行活动。整合组建县融媒体中心，加强爱国主义、社会主义教育，建成神山青少年国防教育基地；开展“身边好人”推荐工作，推荐省、市先进典型人物9人。

民生实事有效落实。24项为民办实事项目基本完成，占公共财政支出的76%。提升医疗保障能力，在全市率先完成75个公益性村卫生所标准化建设和开通医保终端结算服务。医药卫生体制改革持续发力，有序推进“健共体”项目建设，县总医院进入实质性运作，与省人民医院合作共建医疗联合体协作医院。建成县域医疗“五大中心”，核心专科和薄弱学科建设持续推进，完成县总院血透科扩建，县级医院综合服务能力不断增强。人均基本公共卫生服务经费补助标准提高到69元。加大棚户区改造力度，落实492套保障性住房建设，保障困难群众住有所居。

社会保障坚实有力。健全完善社会救助保障体系，强化救灾救济、临时救助、慈善救助，稳步推进城乡低保工作，实现城乡低保标准一体化。维护退役军人合法权益，构建全覆盖的服务保障体系。切实抓好就业保障，鼓励退役军人、就业困难人员等重点群体多渠道就业创业，城镇新增就业1242人，城镇登记失业率2.83%，控制在年度计划的4%以内。健全养老服务体系，乡镇敬老院全部完成改造提升，新建农村幸福院20个，扎实推进养老机构公建民营社会化改革，民营养老机构占比率达66.67%。统计方法制度改革持续推进，第四次全国经济普查数据顺利通过市级质量抽查。

（摘编：林学军）

松溪县社会发展概况

2019年，松溪县坚持以习近平新时代中国特色社会主义思想为指引，紧紧围绕加快绿色发展推动高质量发展落实赶超的战略目标，全力以赴谋发展、促振兴，持之以恒补短板、强弱项，坚定不移办实事、惠民生，全县经济社会平稳健康发展。全县地区生产总值实现65.11亿元、增长8.6%。一般公共预算总收入3.96亿元、增长1.09%；地方一般公共预算收入2.73亿元、增长0.5%；固定资产投资65.31亿元、增长10.7%；社会销售品零售总额32.4亿元、增长11%；城镇居民人均可支配收入30988元、增长8.5%；农村居民人均可支配收入13450元、增长9.7%。

一年来，社会发展主要做了以下方面工作：

脱贫攻坚成功摘帽。把脱贫攻坚作为重大政治责任和第一民生工程，围绕“两不愁三保障”目标要求精准发力。2019年，县财政投入专项扶贫资金3740万元、增长10.16%，全力保障各类扶贫项目支出。强化产业扶贫，创建8个集中式、居家式就业扶贫车间，介绍公益岗位就业96人，创业培训建档立卡贫困户60人；扶贫小额信贷惠及463户，覆盖24.8%的贫困户。推进健康扶贫，建档立卡常住贫困人口家庭医生签约率达100%，除政策性医疗保险外，县政府为所有贫困户办理医疗商业保险、保费每人480元（女性580元）。落实教育减负，全面实行义务教育及普高建档立卡学生免除学杂费政策，全县义务教育巩固率99.93%。目前，全县建档立卡贫困户2008户6443人全部脱贫，贫困发生率下降至0；在去年30个贫困村出列的基础上，2019年最后一个贫困村南坑村也顺利出列。6月20日，省委、省政府同意我县退出省级扶贫开发工作重点县。

乡村振兴有序推进。聚力“十大工程”，选育郑墩镇万前村等9个村作为“一带N点”示范村。积极培育农业经营组织，新增3家省级家庭农场示范场，建成5个省级优质农产品标准化示范基地、1个省级现代茶叶体系松溪试验站，国家绿色循环优质高效（茶叶）促进项目、2019年度农民创业示范基地项目稳步推进。建成连片粮食产能区11片、面积1万亩，水稻优质覆盖率达98%以上。“三品”认证面积20.57万亩，占比67.6%。全年粮食产量6.81万吨，蔬菜产量10.89万吨，烟叶产量2.2万担，毛茶产量9810吨。完成全县102个村的农村集体产权制度改革，深化“南平机制”创新，选派新一轮科特派116名，覆盖全县9个乡镇（街道）、31个贫困村。移风易俗深入推进，创新村规民约议事、“相约二八·引领新风”“移风易俗1+N”等机制，引导乡风向上向善。

环境整治成效明显。城市方面，以“城市管理提升年”为契机，开展主次干道“文明县城，人人共建共享”主题宣传，突出古城路、枣岭街等重点路段，加大市容整治力度，城区“脏、乱、差”问题持续改善。严肃查处渣土车“滴、洒、漏”行为。持续“两违”严打，全面叫停横垅村“两违”108处，今年共计拆除违建面积4396平方米。堵疏结合，建成茶厂后夜市烧烤集中区；建成南门农贸市场、河东农贸市场、花岩溪早市，引导占道摊点入内经营。农村方面，以“整村推进”“小手拉大手”“门前三包”“美丽家庭”“巾帼志愿服务”等机制为抓手，县级、部门、乡级、村级、党员五级网格合力推进，实现“党员带头干、群众跟着上”的良好局面。8个省级整治项目村完成投资1650万元，完善污水处理等设施，修缮房屋外立面，顺利通过省上第三方验收。创新垃圾分类工作，全县37个行政村正式运行，占比38.54%，自主设计的可降解生物垃圾堆肥池获得国家专利。全面推广“爱心公益超市”，建成12家，实现乡镇（街道）全覆盖。全市城乡人居环境整治大会战现场推进会在我县召开，松溪在会上作典型发言，受到市领导肯定。新建农村公厕22座，基本建成长江村、万前村2个五星级美丽乡村。

基础设施加快改善。交通方面，衢宁铁路线下工程及“三改”工程建设完成，即将架桥铺轨，火车站站前广场主体完工；国道353线松溪段EPC项目完成征地约75%、完成投资3.87亿元，线路框架基本拉开；“四好农村路”创建成果突出，荣获“‘四好农村路’全国示范县”称号，其中郑墩、旧县被命名为市级示范乡镇。水利方面，闽江防洪工程四期项目完成投资9698万元、征地669.1亩、房屋拆迁7650平方米；水系连通项目完成投资4100万元，建成取水口至进洞口输水管道780米，隧洞掘进2895米。城市基础设施方面，北环路征迁取得积极进展，顺利拆除房屋12户，面积4000平方米，线路清表基本完成。完成枣岭街道路白改黑、古城路沥青路面修复工程，进行原纸厂、龙山路、龙中龙等片区的雨污分流和供水管网建设，建成雨污分流管网15公里、供水管网16公里，成功通过全省第一批县域节水型社会达标建设验收。建成人防应急指挥中心，城区警报覆盖率100%。新建2个停车场，增加车位200个。新建1座、改建10座城区公厕。东升商城正式运营，入驻商家53户。中国湛卢冶金博物馆、新武装部、工人文化宫等一批重大项目建设加快推进。

民生保障更加有力。年初确定的31项为民办实事项目基本完成。教育方面，投入2000万元，实施松溪一中、二中达标校补短板；东门幼儿园竣工投入使用，新增学位360个；建成南门幼儿园、溪东廻龙幼儿园综合楼主体。出台《松溪县中小学教学质量奖励方案》，新聘教师65名，组织101名骨干教师进行校际交流，松溪二中等6所学校被确定为省级教改示范校。今年高考本一、本二上线人数达102人、402人，较去年增加29人、32人。卫生健康方面，推进县域“健共体”项目建设，落实总医院“八统一”管理，医改世行贷款15项关联指标基本达标。完成县医院病房楼、现代化手术室改造提升、医学影像诊断中心、心电诊断中心建设。签订县级医院、乡镇卫生院定向委培协议73名，新引进医学紧缺人才28名。实施“4+7”药品带量采购，药价平均下降25%。就业和社会保障方面，城镇新增就业1200人，城镇登记失业率控制在3%以内。推进养老保险制度改革，城镇企业职工基本养老保险参保增长率7.98%。加快县生态养老康复中心项目建设；医养结合护养中心投入使用，收住老人50名；建成2个乡镇敬老院，6个农村幸福院。全年落实城乡低保1393户3492人，发放低保金1205万元。社会治理方面，纵深推进扫黑除恶专项斗争，加强信访维稳和社会治安综合治理，圆满完成中华人民共和国成立70周年大庆安保维稳任务。强化安全生产和食品药品监管，全县未发生较大以上生产安全事故，社会保持安定稳定。抗洪救灾方面，在“6·22”“7·5”两次重大洪灾中，全县上下众志成城，团结动员各乡镇（街道）、县直部门、消防救援大队、武警中队、民兵预备役等一切救援力量，深入一线抗洪抢险，紧急转移安置6068人次，成功解救26批183人，全县无一人伤亡。扎实开展灾后恢复重建工作，迅速抢修受灾道路、供水管道、电力通讯等基础设施，在第一时间确保全县人民灾后生产生活需要。全县88户分散重建住房，春节前可全部入住。

湛卢文化影响扩大。版画产业化成功破题，3家企业获评“福建省最具成长性文化企业”；举办“生态家园·松溪版画晋京作品（福州）巡展”等系列活动，在义乌国际商贸城开设“松溪版画”销售窗口，连续5届荣获“中国民间文化艺术之乡（松溪版画）”称号。建成松溪非遗展示馆，完成“湛卢宝剑”“松溪版画”等非遗项目的提级申报工作，评选花灯戏、湛卢宝剑制作技艺、绿茶制作技艺等非遗传承人40余名。进一步挖掘、传承、弘扬湛卢传统武术文化，成功举办湛卢传统武术邀请赛暨湛卢剑术遴选赛。《揽胜神州　碧水传史　松溪新语》《大美松溪》等宣传片在央视播出，成功举办第三届“千年松溪·百年蔗”旅游文化节、第八届南平市农村文化艺术节、全国京剧票友交流会等活动，进一步提升松溪文化的影响力。

（摘编：周忠志）

政和县社会发展概况

2019年是中华人民共和国成立70周年，也是政和县脱贫攻坚的关键之年。一年来，在以习近平同志为核心的党中央坚强领导下，政和县坚持以习近平新时代中国特色社会主义思想为指导，全面贯彻落实习近平总书记对福建工作的重要讲话和指示批示精神，认真落实上级和县委决策部署，围绕突破“四大经济”工作思路，深化“四比六促”“项目提升年”活动，弘扬廖俊波精神，不忘初心谋发展、奋发有为谱新篇，绿色发展、高质量发展取得实效，富美新政和迈出新步伐。初步统计，2019年全县生产总值增长7.1%；固定资产投资增长16%；财政总收入增长5.1%，地方财政收入增长1%；社会消费品零售总额增长12.5%；城镇、农村居民人均可支配收入分别增长8%、9.5%。

一年来社会发展的主要工作和成效是：

城市建管日趋精细。完成中心城区控制性详规修编和污水管网、城市人防等专项规划编制，邀请北京城建集团提升“水美城市”规划，城市规划馆对外开放。衢宁铁路政和段、南门至火车站公路、高速连接线拓宽改造、过境线林屯至官湖段、元峰大桥至姜屯连接线、城区中元路综合改造等项目加快推进，过境线稻香至林屯段、富竹庄大桥拼宽改造及连接线、南大街提升改造工程等项目按期竣工，城市路网不断完善。七星公园提升改造工程、南门桥小公园、西门环岛夜景工程等项目投入使用，城市颜值持续提升。珠山制水厂扩建工程竣工，城西新区污水供水管网、北门停车场开工建设，城区功能不断完善。三轮车平稳退市，卫生保洁、文明劝导、人车分流等实现常态化，占道经营、乱停乱放、两违打击等专项治理取得实效，一批历史遗留产权问题得到解决，城市管理更加规范。

乡村振兴加快推进。实施农村人居环境整治三年行动，“一革命四行动”取得实效，全县新建改造乡镇公厕4座、村庄公厕16座、农村三格化粪池3910户，清除乡村陈年垃圾1573处，拆除乡村两违3.25万平方米。32个省、市、县乡村振兴试点村、示范村建设扎实推进。东平高速连接线晋级改造工程、桃洋至坂头、念山至大岭旅游公路加快建设，农村危桥改造、生命防护工程等一批项目投入使用。建溪五期防洪工程物流园段扎实推进，铁山段安全生态水系、江上至张屯河道治理基本完成，水土流失治理面积2.55万亩。

绿色生态更加秀美。城乡治理一体化生态巡查中心投入运营，“生态银行”持续深化提升。念山国家湿地公园试点扎实推进，国家储备林质量精准提升工程、山水林田湖草生态保护修复试点项目稳步实施，城区垃圾焚烧厂和澄源、外屯、岭腰污水处理厂加快推进。第二轮中央环保督察交办件高效办理。划定生态红线保护范围。“路长制”“河湖长制”全面落实，河道采砂、畜禽污染等重点整治成果持续巩固。全年造林绿化1.2万亩，森林覆盖率79.5%，被授予“2016—2018年度全国森林防火工作先进单位”，入选首批“美丽中国·深呼吸小城高质量发展实验区”城市。

改革推进更加扎实。县级机构改革、综合行政执法改革基本完成，“互联网+放管服”改革不断深化，审批服务事项标准化加快推进，工程项目审批制度改革全面推开，全县“一趟不用跑”“最多跑一趟”审批服务事项占总事项的95%以上。全年新增市场主体2812户，增长20.2%。减税降费政策全面落实，全年减税降费超过6500万元。预算绩效管理加速推进，财政资金使用效益不断提升。移风易俗、殡葬改革持续深化，乡镇公益性公墓建设扎实推进。

脱贫攻坚更加精准。聚焦“两不愁、三保障”，突出精准、注重实效，坚决打好脱贫攻坚战。制定《政和县爱心扶贫基金管理办法》《政和县健康扶贫基金管理办法》，聘请第三方机构对全县脱贫攻坚、农村危房进行全面评估、鉴定。完成各类技能培训3600多人次，提供扶贫小额担保贷款和涉农小额担保贷款6420万元。产业扶贫保险实现全覆盖。整合40个村扶持村集体经济试点资金2000万元，用于购买开发区厂房出租创收，每个贫困村年均增收3万元。省委统战系统助推力度进一步加大，帮助争取扶贫资金2100万元。石狮政和山海协作持续深化，结对帮扶拓展到乡镇、村。全县建档立卡贫困户全部脱贫、贫困村全部退出、省级扶贫开发工作重点县达到退出标准。

民生事业协调发展。民生支出占一般公共预算支出比重达82.7%。31件为民办实事项目基本完成，10件群众关心的关键小事取得实效。推动设立“廖俊波乡村教育基金”，已受捐900多万元。完成第三实验小学征迁、8所学校改（扩）建，高考本科上线率、中考全科平均分稳步提升。政和医保局挂牌成立，“健共体”、县中医院整体搬迁启动实施，第三医院基本建成，县医院人才周转房投入使用。推进城乡统筹就业，城镇新增就业1160人，城镇登记失业率2.19%。13个幸福院全部建成，社会福利中心实现社会化运营。第十七届省运会筹备工作积极推进，全民健身运动广泛开展。《中国影像志·福建·石圳》在省电视台播放，县级综合档案馆投入使用，新时代文明实践老干部宣讲队受到广大干群欢迎。耕地连续20年实现占补平衡。社会保险征缴顺利移交。第四次全国经济普查、第三次全国国土调查全面完成。

社会大局和谐稳定。扫黑除恶专项斗争纵深推进，禁毒、反电信诈骗成效明显。投入1200万元，建成林则徐禁毒教育基地、10个社区戒毒康复管理工作站、27个禁毒宣教室。畅通信访诉求渠道，成功调处矛盾纠纷1163件。食品药品、道路交通等安全生产形势持续好转，事故起数、受伤人数、经济损失均实现下降，群众安全感持续提升。常态化开展防汛抗旱、森林防火、地质灾害、校园安全、应急救援等演练，应急管理和防灾减灾救灾能力进一步提升。国防动员、后备力量建设实现突破，连续两年在南平市名列第一。

作风建设更加牢固。深入开展“不忘初心、牢记使命”主题教育，严格落实中央八项规定及实施细则精神，自觉抓好省委巡视反馈意见整改。开展“学习廖俊波，我们怎么做”“一月一主题”“政和谈”等学习活动，加强作风建设，锻炼干部队伍。深化“随手拍”社会化监督，持之以恒纠正“四风”。开展实体经济服务月活动，为重点企业协调解决问题127个。坚持重大事项向县委请示报告，主动接受县人大及其常委会和县政协监督，办理人大代表建议议案83件、政协委员提案64件，办复率100%。加强政府投资项目审计监督，节约财政资金9000万元。全面开展国有房产清查整治，“三公”经费支出下降12.7%。加强脱贫攻坚、工程建设等重点领域和关键环节的监管，严肃查处侵害群众利益不正之风和腐败问题。此外，双拥共建、退役军人、民族宗教、外事侨务、库区移民、气象、人防、对台、老龄和关心下一代等工作取得了新进展，工会、团委、妇联、科协、残联、侨联、文联、工商联、计生协等在经济社会发展中发挥了积极作用。

2020年政和县经济社会发展的主要预期指标：地区生产总值增长7.5%；规模以上工业增加值增长8.1%；财政总收入增长3.4%，地方财政收入增长3.2%；固定资产投资增长10%；社会消费品零售总额增长10%；城镇、农村居民人均可支配收入分别增长8%、9.3%；城镇登记失业率控制在4.2%以内。

（摘编：赵旭东）

龙岩市社会发展综述

2019年，龙岩市坚持以习近平新时代中国特色社会主义思想为指导，深入学习贯彻习近平总书记对福建、龙岩工作的重要指示批示精神，增强“四个意识”、坚定“四个自信”、做到“两个维护”，按照中央、省委经济工作会议部署，奋力推进高质量发展落实赶超，全面建成小康社会取得新的重大进展。全市生产总值2635亿元、增长7.6%左右，固定资产投资增长8%，一般公共预算总收入324.9亿元、增长9.5%，地方一般公共预算收入155.6亿元、增长2.9%，城镇居民人均可支配收入38800元、增长8.5%，农村居民人均可支配收入18750元、增长9.3%。

城市功能更加完善。全市新建改造城市道路102公里、绿道135公里、管网506公里，新增城市公共停车位4500个，完成一批交通拥堵节点和易涝点整治。中心城区龙岩大道高架桥主塔顺利封顶，龙岩大道南段二期开工建设，龙腾路改造将于春节前全面完成。火车站北站房周边道路及环境综合整治取得明显成效。基本消除中心城区黑臭水体。华龙社区等棚户区改造取得突破性进展。

区域发展更加协调。积极融入闽西南协同发展区和粤港澳大湾区，进一步拓宽对外通道，厦蓉高速改扩建龙岩段建成通车，龙龙铁路龙岩段、靖永高速开工建设。龙岩新机场选址进入评审阶段。新罗、武平被列为第二批全国新时代文明实践中心试点县。上杭连续四年跻身全省县域经济实力十强县，长汀、连城、武平入选全省县域经济发展十佳县。

脱贫攻坚取得决定性进展。建档立卡贫困人口全部脱贫，贫困村、市级扶贫开发重点乡镇全部摘帽退出，省级扶贫开发工作重点县可如期退出。加快补齐农村基础设施短板，农村饮水安全工程巩固提升、新增受益人口6.7万人，新改建农村公路360公里、改造危桥56座。在全省率先实现“路长制”全覆盖，上杭获评“四好农村路”全国示范县。

农村人居环境整治成效明显。“一革命四行动”顺利实施，无害化卫生厕所普及率达95.3%，完成农房整治169万平方米，乡镇污水处理设施实现全覆盖，武平东留镇“垃圾兑换超市”做法在全省推广。铁路、高速公路沿线环境综合整治成效明显，拆除“空心房”10.5万平方米，新建扩建绿地20万平方米。制定实施村庄规划编制导则，进一步规范村庄建设。1个镇和4个村被评为全国乡村治理示范村镇，7个村入选第七批中国历史文化名村，35个村入选第五批中国传统村落名录。

环境突出问题得到有效治理。扎实抓好中央、省生态环保督察反馈意见整改。严格落实河（湖）长制，加强水环境治理管护。全市3条主要流域水质均为1~3类，82条小流域中有77条达1~3类水质标准、同比提升24.4%。城市空气质量优良天数比例达99.7%，保持全省前列。完成水土流失治理45.8万亩，新增矿山恢复治理1684亩，实施万里安全生态水系项目26个。加快煤炭去产能，关闭退出年产9万吨及以上煤矿28家。

生态建设展现新亮点。全市森林覆盖率达78.9%，保持全省第一。龙岩地质公园正式列入世界地质公园候选名单，龙岩现代林业科技示范园成为全省首个国家级林业科技示范园区，武平中山河、漳平南洋国家湿地公园建设试点通过验收，永定、长汀成功创建全国绿化模范单位，上杭获评国家生态文明建设示范县和国家园林县城，长汀获评国家林下经济示范县。

政务服务效能持续提升。完成政府机构改革、经营类事业单位改革。加大“放管服”改革力度，82%审批服务事项实现“一窗受理”，手机端可办事项新增181项。政务服务等营商环境评价指标居全省前列，登记注册市场主体同比增长13.2%。深化工程建设项目审批制度改革，政府性投资项目审批时限压缩至84个工作日以内，社会投资项目压缩至65个工作日以内。组建“一站式”惠企政策兑现专区，企业申报优惠政策只进“一扇门”。落实减税降费政策，减轻企业税费负担35亿元，清理拖欠民营企业中小企业账款2.2亿元，减征各类保险基金3.2亿元。

探索创新一批工作机制。获国务院批准设立普惠金融改革试验区。e龙岩迭代更新并接入全省统一身份认证平台，入选全国智慧城市十大样板工程。成为全国第三代社保卡发行试点，电子社保卡被列入国家金融科技应用试点。“师带徒”人事人才扶贫工作受全国表彰，农村实用人才职称评审入选全国人才工作创新优秀案例。公立医院改革主要效果指标居全省前列，长汀县公立医院综合改革受国务院通报表彰。在全国率先推行新建商品房“交房即交证”，得到自然资源部肯定和推广。军民融合发展龙岩模式获评全国典型案例。对接原中央苏区振兴发展政策取得新成效，中直单位对口支援龙岩等26个事项得到国家部委支持。

民生保障更加有力。全市公共财政八成以上用于民生支出，26项为民办实事项目基本完成。城镇登记失业率2.66%，新增就业1.87万人。全面建立困难群众基本生活保障机制、低保和特困供养标准自然增长机制，启动社会救助和保障标准与物价上涨挂钩联动机制，较好保障困难群众生活。城乡居民基本养老保险金提高至每人每月148元、高于省定标准25元。城乡居民大病保险报销比例提高至60%、建档立卡贫困人口提高至65%。全国第二批居家和社区养老服务改革试点工作扎实推进，机构养老快速发展，每千名老人拥有床位数41.9张，社区居家养老服务站覆盖率达90%以上。

社会事业加快发展。全面完成义务教育薄弱学校改造任务。全市新增中小学学位2.5万个、幼儿园学位4200个，普惠性幼儿园覆盖率提高至83.4%，中心城区新建扩建15所学校秋季全部投入使用。龙岩技师学院获评国家级高技能人才培训基地，闽西职业技术学院实现扩容提质。实施医疗服务提升行动，推出诊间结算、门诊一站式服务等12项创新举措，群众看病就医更便捷。龙岩市中医院获评三甲医院。红色文化遗存、客家文化保护力度加大，中央红色交通线旧址列入第八批全国重点文物保护单位。

社会保持安定稳定。全市同步启动110勤务机制改革暨社会面防控新机制。深入推进扫黑除恶专项斗争，破获黑恶势力犯罪案件227起、九类涉恶案件433起。打击整治涉麻制毒、电信网络诈骗经验做法在全国推广，被评为全国禁毒示范创建工作先进城市。社会心理服务体系建设列入国家试点。安全生产形势稳中向好，事故起数、死亡人数分别同比下降11.2%和25.6%。食品药品安全放心市创建工作成效明显。积极有效防控非洲猪瘟，保障猪肉市场供应。

政府自身建设加强。隆重庆祝新中国成立70周年，纪念古田会议90周年，进一步提振干事创业精气神，凝心聚力、攻坚克难，奋力推进新时代新龙岩建设。深入开展“不忘初心、牢记使命”主题教育，强化理论武装，锤炼政治品格，为民担当尽责，解决了一批事关群众切身利益的痛点堵点问题，破解了一批多年悬而未决的历史遗留问题。持续加强党风廉政建设，认真贯彻落实中央八项规定及其实施细则精神，大力整治“文山会海”，规范督查检查考核，市政府系统文件、会议分别同比下降58.7%和60%，切实减轻基层负担。

2020年龙岩市经济社会发展主要预期目标是：全市生产总值增长7.2～7.5%；一般公共预算总收入增长3%，地方一般公共预算收入增长3%；固定资产投资增长7.5%；实际利用外资增长6%；社会消费品零售总额增长9.5%；城镇登记失业率控制在4.2%以内；城镇居民人均可支配收入增长8.5%，农村居民人均可支配收入增长9.3%；完成节能减排降碳任务。

为此，社会发展重点做好以下方面工作：

坚持教育优先发展。推进教育强市“八项工程”，突出“五个提升”，努力让每个孩子都享有公平而有质量的教育。统筹推进城乡义务教育一体化改革，深化名校带动工程、城区小片区管理、农村薄弱学校委托管理，扩大优质教育资源覆盖面。落实《龙岩市中小学校幼儿园规划建设条例》，持续实施教育扩容工程，加快中心城区第二批21个应急性基础教育项目建设，确保锦山小学等5所学校秋季招生。探索组建幼儿教育集团，新建公办幼儿园30所，新增普惠性民办幼儿园30所，普惠性幼儿园在园幼儿占85%以上。深化“县管校聘”改革，加大教师区域统筹调配力度。继续实施名师名校长培育工程。支持龙岩学院申请硕士学位授予单位和创建示范性应用型本科高校。推进闽西职业技术学院实施“双高计划”建设。推动龙岩技师学院申报设立龙岩工程职业技术学院。加强民办学校、校外培训机构规范管理。

实施健康龙岩行动。深化医药卫生体制改革，完善分级诊疗体系，推进县域紧密型医共体建设，实施“健共体”等项目，力争县域就诊率提高到90%以上。推进按病种收付费改革，县域内二级公立医院单病种执行比例达50%以上。开展短缺药品保供稳价工作，保障群众基本用药需求。市第一医院分院、市中医院医技综合大楼建成投入使用，新建一批社区卫生服务中心。加强医疗人才队伍建设，扩大儿科、精神科、老年科等医疗卫生服务供给。全面实施医疗服务提升行动，进一步改善群众就医环境。深入推进社会心理服务体系建设国家试点工作，完成130家“三个一百”基层标准化项目建设。重视解决好“一老一小”问题，支持社会力量发展普惠托育服务，加快综合性养老服务机构建设。加强公共体育设施建设和体育场馆社会化运营管理，推进体育健身产业市场化发展。开展食品安全放心工程建设攻坚十大行动，让百姓吃得放心、用得安心。

兜牢基本民生底线。实施更加积极的就业政策，对就业困难人员托底帮扶，全年城镇新增就业1.25万人。健全低保标准动态调整机制，完善困难群众救助体系，确保生活不能自理特困人员集中供养率达50%以上。坚持“应保尽保”原则，推进社保精准扩面和养老保险法定人员全覆盖。健全重特大疾病医疗保险和救助制度，探索实行职工医保个人账户家庭共济。完善农村留守儿童、妇女、老年人、残疾人关心关爱服务体系。用法治手段推动根治拖欠农民工工资问题。建立健全退役军人工作体系和保障制度。完善双拥工作和军民共建机制，扎实开展新一轮全国双拥模范城创建活动。

繁荣闽西特色文化。深化拓展新时代文明实践中心建设试点和群众性精神文明创建活动，培育和践行社会主义核心价值观。深入实施红色文化遗存保护条例，重点抓好古田会议旧址群、长征国家文化公园（长汀段）、中央红色交通线旧址等项目建设，加强红军标语保护管理。持续推进客家文化（闽西）生态保护实验区建设，加强民俗文化、建筑文化、非遗文化等遗产资源开发利用。支持闽西特色文艺精品创作，推动《松毛岭战役》《绝密使命》等影视剧拍摄。扩大基层文化惠民工程覆盖面，丰富群众性文化活动。

提升市域社会治理效能。围绕打造平安龙岩“升级版”，完善群众参与基层社会治理的制度化渠道，畅通和规范群众诉求表达、利益协调、权益保障通道，让群众合法权益得到公平对待和有效维护。纵深推进扫黑除恶专项斗争，确保取得决定性胜利。坚决打击整治外流涉毒涉诈和“食药环”等涉及群众切身利益的违法行为。完善应急救援体系，提高突发事件防范处置和防灾减灾救灾能力。规范政府举债融资，加强政府投资管理，清理化解债务风险。加大不良贷款处置力度，有效打击非法金融活动。高质量开展第七次全国人口普查工作。

（摘编：于新民）

新罗区社会发展概况

2019年，新罗区全面贯彻中央、省、市、区委系列决策部署，坚持稳中求进工作总基调，按照市委市政府“一市两区三组团”“五基地六产业七景区”工作安排，深入开展“产业发展项目建设年”活动，经济社会实现较高质量发展。全年地区生产总值946.5亿元，增长6.6%；一般公共预算总收入36.5亿元，增长0.9%，地方一般公共预算收入24.4亿元，增长1.6%；城镇和农村居民人均可支配收入分别达43405元、22560元，增长8.3%、9.6%。特别是，一年来在各个领域各条战线工作上呈现出新的工作“亮点”：一是政策红利充分释放。突出企业精准帮扶，集中释放了一批含金量高的政策红利，工业18条、服务业66条，数字经济15条、限上商贸培育8条、建筑业20条等相继出台，帮助14家企业转贷解困26笔4.8亿元，全年减税降费7.5亿元，惠及18.61万户次，兑现财政奖励资金6000多万元。卓越新能源公司成为全市首家科创板上市企业。二是脱贫攻坚决战决胜。解决“两不愁三保障”突出问题，脱贫质量全面提升，提前一年实现4个贫困镇、42个贫困村脱贫摘帽；实施产业激励性扶贫项目199个，建档立卡2457户6234人受益，并在全市推广；脱贫攻坚年度考核连续3年位全市第一。三是生态优势巩固提升。天更蓝，中心城市达标天数比例为99.6%，同比提高0.7个百分点，基本实现全年看到清朗天空；水更净，主要流域水质优良比例100%，同比提高25个百分点，25条小流域水质均稳定达到或优于四类，达到三类以上水质有21条；山更青，森林覆盖率达到80%，稳定保持省市前列，深入创建“绿色矿山”，全年完成矿山复绿1168亩。四是城乡面貌日新月异。城区新增绿化面积1373亩，基本消除中心城区黑臭水体，背街小巷全面建立15分钟快速保洁圈，建成垃圾分类示范小区23个。美丽宜居村庄建设取得阶段性成效，农村人居环境整治“一革命四行动”有力落实，建成209个污水处理站点，全区282个行政村基本实现“二无三化”；厦蓉扩容高速、小池互通、国道G358小池至古田公路顺利通车。五是民生保障更加有力。加快补齐民生短板，全年民生支出超30亿元，月山小学、北城小学等11个应急性重点教育项目投入使用，新增义务教育学位8280个，大大缓解中心城区“就学难、择校热”问题；东城、东山等社区卫生中心选址问题得到有效解决，全国健康促进区试点建设通过省级验收，龙岩中心城区人口集聚更加明显，更多群众分享到改革发展成果。

2019年社会发展主要工作和成效有：

抓品质提升，城乡面貌刷新靓丽颜值。城市管理更加精细。推进文明城市长效常态管理，美丽巷道提升、“两违”整治、物业管理、老旧小区改造和铁路沿线整治成效明显，全面铺开中心城区生活垃圾分类工作，中心城区2470户房屋、土地登记历史遗留问题有效解决；火车北站综合客运中心建成使用，城市道路节点提升改造成效明显。美丽乡村有力提升。实施乡村振兴战略，10个乡村振兴综合培育试点村、5个人居环境整治试点村、3个旅游试点村建设扎实推进；完成旧房裸房整治141栋，拆除“空心房”7万平方米，建成农村公厕、垃圾中转站30座。19个省级“千村整治、百村示范”美丽乡村建设基本完成。“路长制”全面落实，“四好农村路”里程进一步延伸。环境整治深入开展。扎实抓好“三合一”督察反馈问题整改，52件中央第二轮环保督察反馈问题按时办结。全面落实河（湖）长制，4个国省控断面水质优良比例、6个集中式生活饮用水源地水质达标率均为100%。深入开展养殖业污染整治，有效防控非洲猪瘟。政策性关闭煤矿8家，去产能72万吨。

抓民生改善，人民群众幸福感显著提高。社会保障提质扩面。完成27个为民办实事项目。新增城镇就业7460人，转移农村劳动力就业1413人，城镇登记失业率2.8%。深化健康养老“三年行动计划”，新增机构养老床位数260张，新建居家养老服务照料中心、农村幸福院53个，阳光托老院等4个养老产业项目建成。“龙盛菜菜姐”生鲜电商平台上线运行。社会事业全面发展。实施义务教育阶段“阳光招生”积分制入学，推进“名校带动工程”，组建教育集团12个，惠及学生4万多名；大力扶持民办普惠性幼儿园，完成皇冠幼儿园等7所幼儿园移交工作，新增普惠性幼儿园学位2590个。深入推进乡村卫生一体化服务管理，新建标准化村卫生所90家。成功举办第二届龙王争霸赛等文体活动，龙岩山歌戏成功入选省第六批非遗名录，我区运动员张靖婧再次在世界性射击赛事上夺冠。第八届世界龙岩同乡联谊恳亲大会在澳大利亚成功举办。社会治理纵深推进。“七五”普法工作获中宣部网推。“雪亮工程”、平安“三级联创”、矛盾纠纷大化解扎实推进。圆满完成新中国成立70周年大庆等重大活动安保维稳。深入推进扫黑除恶专项斗争。电信网络新型违法犯罪、涉麻制毒等区域性突出问题得到有效遏制。坚决预防和遏制重特大安全事故，扎实推进危险化学品、非煤矿山、食品安全等19项专项整治，社会形势保持安定稳定。

抓改革创新，市场活力进一步释放。重点改革不断深化。全面完成新一轮区级政府机构改革，调整设立政府工作部门22个。第四次全国经济普查顺利完成。深化农村集体产权制度改革，土地确权登记颁证工作全面收官。深化国资国企改革，新组建龙传建发集团，四大集团全年投融资能力进一步增强。70%以上进驻审批服务事项实现“一窗”分类受理，“一趟不用跑”“最多跑一趟”高频事项增至161项，推进工程领域审批制度改革，50个进驻事项承诺时限均压缩至法定时限的40%以内。创新支撑稳步提升。设立城市产业创新中心、龙津资本服务平台，为企业提供最前沿、多样化创新创业和资本服务，新增市级众创空间4家，新认定市科技小巨人领军企业17家、国家高新技术企业18家。每万人口发明专利拥有量增至6.1件，居全市第一。

政府自身建设不断加强。深入开展“不忘初心、牢记使命”主题教育，认真开展调查研究，检视反思突出问题，切实抓好整改落实。严格落实中央八项规定精神及实施细则。全面落实中央基层减负要求，文件会议均减少45%以上，督查检查考核更加规范。自觉接受区人大及其常委会的法律监督和区政协的民主监督，全年办理区人大代表建议105件、区政协提案264件，办结率100%。认真听取各民主党派、工商联、各人民团体、无党派人士及社会各界人士意见。机关效能、审计监督、党风廉政建设和反腐败工作持续加强，绩效管理考评连续多年居全市前列。与此同时，国防动员、双拥、退役军人服务、妇女儿童、残疾人事务、民族宗教、外事侨务、地震、人防、计生、统计等各项工作取得新成绩。

2020年新罗区以习近平新时代中国特色社会主义思想为指导，全面贯彻党的十九大和十九届二中、三中、四中全会精神，紧扣全面建成小康社会目标任务，坚持稳中求进工作总基调，坚持新发展理念，围绕推进高质量发展落实赶超，科学编制“十四五”规划，扎实开展“攻坚2020”六大行动，抓实“5个100”，戮力同心、锐意进取，全力建设好新时代新新罗，推动各项事业发展继续在全市当前锋、走前头、作表率。2020年经济社会发展的主要预期目标是：地区生产总值突破千亿，增长7.5%—8%；一般公共预算总收入、地方一般公共预算收入增长3%；规模工业增加值增长8.3%；固定资产投资增长7.5%；社会消费品零售总额增长9.5%；实际利用外资9000万元，外贸出口总值增长3%；城镇、农村居民人均可支配收入增长均9%；各项社会事业协调发展。

（摘编：郭虹）

永定区社会发展概况

2019年，永定区以习近平新时代中国特色社会主义思想为指导，全面贯彻落实党的十九大和十九届二中、三中、四中全会精神，紧紧围绕“重振永定雄风、再创永定辉煌”的时代使命，经济社会发展继续稳步前进。实现全区地区生产总值255亿元、增长8%；一般公共预算总收入16.4亿元、增长0.8%，其中地方一般公共预算收入10.8亿元、增长3.1%；固定资产投资增长13%，其中工业投资增长10%；城镇居民人均可支配收入40750元、增长9.2%；农村居民人均可支配收入19860元、增长9.9%；银行业机构存贷款余额298亿元、增长10.95%；不良贷款率1.3%，下降0.45个百分点；节能减排降碳各项约束性指标完成年度任务。

2019年，全区上下共克时艰、共谋发展，成功顶住了经济下行和产业转型的压力，取得了良好的成绩：荣获“中国最美县域”“全国绿化模范单位”称号；凤城街道金凤社区获“全国综合减灾示范社区”称号；湖坑镇南江村获“全国乡村治理示范村”称号；龙洲集团永定分公司获“全国模范劳动关系和谐企业”称号；“五个一批”项目第三季度获全省正向激励第九名；永定入选文化和旅游部“2019非遗与旅游融合10大优秀案例”。乡贤也捷报频传：赖征田同志获2018年度国家技术发明二等奖、许伟书同志获2018年度国家技术进步二等奖，涂善东教授当选为中国工程院院士。

社会发展主要工作和成效是：

城乡面貌变化明显。统筹抓好城市建设和乡村振兴，城乡环境持续改善。城区功能品质稳步提升。城市干道不断完善，永定大道即将通车，创业大道完成路基工程，连接南山凤凰城的金凤南路实现贯通，东门桥完成提升改造，重铺了东大道和风景桥至龙角桥等道路路面。城建惠民“十个一”工程年度任务基本完成，永定河休闲栈道延伸至博览园段、西溪河“一河两岸”、凤山公园环山栈道等一批群众健身休闲场所春节前可投入使用。城区不断扩容，南山、礼田、寨下新区逐渐完善，城区建成区面积达12平方公里。凤城街道办事处完成办公场所搬迁。乡村振兴战略深入实施。注重示范带动，突出抓好3个市级、10个区级、23个乡（镇）级试点村，派驻乡村振兴工作组和驻村指导员，全面完成试点村规划编制。农村人居环境整治“一革命四行动”有序推进，建成15座乡镇垃圾中转站、21个乡镇污水处理设施，完成空心房和裸房整治19.9万平方米，对农村保洁员、河道专管员、环保网格员进行职能整合优化。集体产权制度改革试点经验作为全省典型之一上报国家农业农村部。基础设施短板加快补齐。虎岗灌洋隧道完成改造，陈东岩太公路实现晋级，永杭高速有望春节前通车，靖永高速、龙湖大桥、高虎公路等道路工程有序推进。汀江防洪工程（一期）永定段项目完工验收，堂堡、合溪、龙潭、古竹、大溪、湖坑六条安全生态水系全面实施。生态环境质量保持优良。顺利通过中央环保督察组下沉督察，一批污染顽疾得到治理，河（湖）长制工作纵深推进，辖区内4个国、省控断面和11条省控小流域综合水质全部达到Ⅲ类水质标准，部分断面达到Ⅱ类水质标准，水环境质量明显好于往年。环境空气质量优良天数达标率99.7%。

要素保障有力有效。组织实施“征地拆迁促

重点项目落地百日攻坚大会战”，完成土地征收1.04万亩、房屋拆迁15.69万平方米。完成补充耕地622亩、高标准农田改造1.9万亩、旧村复垦232亩，产生增减挂钩指标215.8亩，为项目建设提供要素保障。创新投融资模式，实施EPC项目4个，总投资9.93亿元。深化“放管服”改革，全面推行“一窗受理”服务模式，审批环节和办结时限大大缩减。

招商引资成效明显。坚持领导带头招商，压实招商责任，组建招商公司，招商活动更加频繁，全年洽谈储备项目330个，签约合同项目100个。其中，亿元以上项目占比25%，工业项目占比40%，中国土楼云谷、国动通信产业南方基地、制衣产业园等一批大项目、好项目落户永定。

红色资源保护利用。综合保护利用红色资源，改善了伯公凹交通条件，修建后的永昌楼对外开放，创作并常态化演出话剧《信仰》，中央红色交通线旧址列入第八批全国重点文物保护单位，金砂红色小镇开工建设，红色研学游成为新亮点；

民生福祉不断增强。坚持共建共治共享，全年共投入23.9亿元发展民生事业，占一般公共预算支出的83.3%。脱贫攻坚取得决定性胜利。全区4个贫困乡、54个贫困村全部脱贫摘帽，建档立卡贫困人口全部达到“两不愁三保障”，全面完成年度各项脱贫工作任务。实施激励性产业扶贫项目204个，带动全区74.5%的贫困人口增加收入。扶贫小额信贷覆盖面达40.7%，造福工程易地扶贫搬迁2293户，贫困户住房安全认定100%。贫困人口就医实际平均报销比例达92%。公共服务更加优质。“九校联建”工程继续实施，在去年建成3所学校的基础上，今年建成城南小学、城南幼儿园，新增小学学位1620个、幼儿园学位420个，有效缓解城区学位紧张问题。永定一中顺利通过省一级达标高中评估验收。高考再创佳绩，又有183位学子考取“双一流”高校。教师“区管校聘”改革有序推进，成效明显。医疗资源供给不断扩大，永定中医院迁建完成主体工程，恒泰康专科医院竣工开业，新改扩建60所村卫生所，建设省级慢性非传染性疾病防控示范区工作通过省级专家组评估。持续优化文化惠民服务，土楼书吧与图书馆联动管理、通借通还，区博物馆、土楼博物馆累计接待20万人次免费参观。养老体系持续完善，4个省市级居家养老服务照料中心和31个农村幸福院项目建成，11所敬老院实现公建民营。城镇新增就业1260人，城镇登记失业率2.82%。社保范围持续扩大，实现社会保险法定人员全覆盖。社会秩序和谐稳定。持续推进平安永定建设，纵深开展扫黑除恶专项斗争，严厉打击涉麻制毒违法犯罪行为，打击治理电信网络诈骗实现“两升两降”，全区群众安全感率达99.98%，位居全省第一。防灾减灾救灾能力不断提升，安全生产形势稳定向好，劳动关系和谐稳定。国防动员、机构改革、审计、侨台、气象、老龄、残联、移民、宗教等工作均取得新成绩。

政府自身建设有力推进。扎实开展“不忘初心、牢记使命”主题教育，增强“四个意识”、坚定“四个自信”、做到“两个维护”，旗帜鲜明讲政治、守规矩，深入开展形式主义、官僚主义专项整治，广大干部作风有了积极转变。区政府及其各部门自觉接受人大法律监督和工作监督、政协民主监督和社会监督，加强与人大、政协的工作联系。主动向人大及其常委会报告工作，重大事项及时和人大、政协沟通，认真执行人大决定决议，听取采纳人大代表建议和政协提案，共办理代表意见建议194件、满意率100%。

2020年，永定区经济社会主要预期目标是：地区生产总值增长8%；一般公共预算总收入增长3%，地方一般公共预算收入增长3%；全社会固定资产投资增长12%；社会消费品零售总额增长9%；外贸出口总值增长4%；实际利用外资增长7%；城镇、农村居民人均可支配收入分别增长9%、9.5%；城镇登记失业率控制在4.2%以内；完成市下达的节能减排降碳任务。

（摘编：于新民）

上杭县社会发展概况

2019年，上杭县以习近平新时代中国特色社会主义思想为指导，全面贯彻党的十九大和十九届二中、三中、四中全会精神，落实“六稳”工作要求，坚持高质量发展落实赶超，“四个上杭”建设迈出新步伐，较好地完成了年初确定的目标任务。实现地区生产总值391亿元，增长8.6%；财政收入38.74亿元，增长4.26%，其中地方级收入26.5亿元，增长0.9%；固定资产投资增长13.5%；社会消费品零售总额105亿元，增长11.3%；城镇居民人均可支配收入42170元，增长8.2%；农村居民人均可支配收入18320元，增长9.2%。

2019年社会发展主要工作和成效有：

城市品位显著提升。以“六城同创”工作为抓手，实施99个城建项目，完成投资19.2亿元。城区道路交通畅通工程扎实推进，基本完成8条道路改造工程，永杭高速上杭城区南互通接线项目加快推进，城市道路“中梗阻”进一步打通。汀江生态休闲慢道综合旅游项目加快推进，新增公共停车位420个、公厕16座，加快打造“15分钟生活圈”，城市生活更加舒适。规范住宅小区物业管理，老旧住宅小区增设电梯工作有序推进，城市更加宜居宜业。优化城区公交线网，置换新能源公交汽车27辆，满足群众绿色出行需求。建立城市“网格精细化”管理机制，“大城管”格局逐步形成。汀江城区段获评省级水利风景区；创建国家园林县城通过评审。

乡村振兴有序推进。启动29个乡村振兴试点村建设，乡村振兴亮点逐渐显现。扎实推进农村人居环境整治，全面开展危旧房屋拆除整治“清零行动”，共拆除“空心房”、危旧住房等40万平方米。农村“厕所革命”全力推进，拆除旱厕6930座，新建改造三格化粪池、户厕8058户，新建公厕43座。7个最美村落、19个乡镇集镇改造提升项目完成投资1.1亿元，新增3925个农村停车位。启动农村生活垃圾分类试点，垃圾焚烧发电厂项目加快推进，生活垃圾处理“村收集、镇（乡）转运、县处理”机制日益规范，农村环境更加宜居。

生态文明建设扎实推进。认真抓好中央生态环境保护督察组交办信访件及反馈问题的整改。全面落实“河（湖）长制”，争取各类生态补偿资金1.17亿元，大力开展流域水环境综合治理，巩固提升养殖业污染防治成果，国控、省控断面水质达标率100%。扎实开展重点区域大气污染综合治理，城区环境空气质量优良天数比例达99.7%。抓好矿山生态环境恢复治理，完成水土流失综合治理5.6万亩，植树造林2.1万亩，森林覆盖率达77.5%。严格落实生态环境体制改革各项要求，网格化环保监管工作持续推进，环境监测监管应急能力不断提升。世界地质公园创建工作有序推进。

基础设施全力推进。上杭高铁站综合交通枢纽、国道205城区过境线等项目前期工作加快推进。“2345”交通圈加快打造，基本完成岩下山至古田公路、金山电站至珊瑚乡公路路面重铺、大中线（溪口段）主体工程等项目建设，基本完成101条“四好农村路”、500个农村公路错车道改造等项目建设；国道205才溪过境线、古田至步云公路改造等项目有序推进。统筹安排4410万元实施96项农村饮水安全巩固提升工程，基本实现水质监测检测全覆盖，基本解决群众高峰期和节假日用水紧张问题。汀江防洪工程二期、旧县片区烟区水源、白砂锦绣水库等项目有序推进。

脱贫攻坚巩固提升。聚焦“两不愁、三保障”，全面提高脱贫质量，扎实推进教育扶贫，受益学生8126人次。完成贫困户住房和易地扶贫搬迁问题整改工作。实现贫困户健康扶贫、医疗商业保险投保和家庭医生签约履约服务全覆盖，贫困人口大病专项救治总报销比例达90%以上。实施激励性产业扶贫项目329个，循环使用小额信贷资金1亿元，产业扶贫保险承保率达97%，产业增收更加稳定。全县建档立卡的4个重点乡镇、50个贫困村和6822户19088人全部实现脱贫摘帽。

社会保障更加有力。推进精准就业，城镇新增就业1880人、下岗失业人员再就业1310人，城镇登记失业率2.65%。完成16个乡镇社会保障服务中心标准化建设，基层社保服务水平显著提升。建成农村儿童之家258个。养老服务体系不断健全，在全市率先完成17所乡镇敬老院社会化运营改革试点工作。新建农村幸福院33个，闽西古田光荣院顺利竣工。持续推进殡葬改革，基本实现乡村公益性公墓和骨灰堂全覆盖，规范城区治丧行为成效显著，文明治丧新风逐渐形成。

民生福祉明显增强。19项为民办实事项目基本完成。教育事业加快发展。统筹安排3.5亿元实施18所城乡中小学、幼儿园新建或扩容项目。完成15个农村教职工宿舍“暖心工程”，农村教师生活补助平均每人每月提高到500元，农村教师待遇明显改善；教师教绩专项奖励金提高至3000万元，设立陈丕显教育促进会、兴业证券—上杭县革命老区教育基金、通贤中学教育促进会等，尊师重教氛围更加浓厚。加强引导和监管，校外托管机构经营更加规范。“健康上杭”加快打造。县医院整体搬迁项目稳步推进，新妇幼保健院投入使用，完成县皮防院康复医养中心及3个乡镇卫生院预防接种门诊项目，统筹安排3970万元实施职工周转房建设。新改扩建村卫生室30个，家庭医生签约服务工作有序推进，群众看病就医更加方便。建成“母婴室”33个。上杭县医院胸痛中心通过国家级认证；县中医院通过二级甲等中医医院评审；国家卫生县城创建、省级慢性病综合防控示范区建设分别通过验收。文体事业蓬勃发展。“月月有戏”和“群文十大活动”受到群众好评。加强文化遗产保护工作，《闽西上杭傀儡戏》通过第五批国家非物质文化遗产代表性项目预审。获评福建省体育产业示范基地、第二批福建省科普示范县。

社会环境更加和谐。“七五”普法工作不断深化，获评全国“七五”普法中期先进县。扎实推进“平安上杭”建设，社会保持安定稳定。扫黑除恶专项斗争纵深推进，“治根”取得显著成效。“红土肃毒”专项治理深入推进。电信网络诈骗犯罪专项治理有序推进，实现“两降两升”目标。12345便民服务平台和“e龙岩”随手拍相关工作均居全市前列。严格落实食品安全“四个最严”要求，扎实推进食品安全放心县创建，食品药品安全形势保持稳定。宗教领域和谐稳定，古田苏家坡村入选全国民族团结进步示范区。加强应急管理体系建设，安全生产隐患排查治理专项行动扎实开展，应急能力有效提升。建立健全退役军人服务保障体系，实现县、乡、村退役军人服务机构全覆盖。

加强政府自身建设。扎实开展“不忘初心、牢记使命”主题教育，解决群众最关心、最迫切问题34件。严格落实中央八项规定及其实施细则精神和省市县实施办法，严格执行公务用车、办公用房、公务接待标准，“三公”经费支出下降7.3%。推进法治政府建设，自觉接受人大监督、政协监督、监察监督和社会监督，审计监督进一步加强。抓好220件人大代表建议、180件政协委员提案特别是5件重点督办代表建议和10件重点委员提案办理工作，办理质量明显提升。

（摘编：王诗诚）

武平县社会发展概况

2019年，武平县坚持高质量发展落实赶超，实现了经济发展稳中有进和社会大局安定稳定。初步统计，全年实现地区生产总值225.2亿元、增长8%；固定资产投资增长7.7%；财政总收入14.2亿元、增长3.2%，其中地方级财政收入9.6亿元、增长7%；城镇居民人均可支配收入36795元、增长9.3%，农村居民人均可支配收入17890元、增长9.5%。

一年来社会发展的主要工作和成效是：

脱贫攻坚战实现省级扶贫开发工作重点县摘帽目标。投入扶贫资金2.4亿元。5个贫困乡镇、58个贫困村、建档立卡贫困人口6033户17369人全部脱贫，"两不愁三保障"问题得到有效解决。实施激励性产业扶贫项目278个，覆盖73.3%的贫困人口。累计为2222户贫困户发放扶贫小额信贷1.3亿元。为2151户贫困户投保产业扶贫保险。教育扶贫惠及贫困学生4871人次，补助403.1万元。贫困户免费参合参保率达100%。

污染防治攻坚战深入推进。完成市对县党政领导生态环保目标责任书考核任务。国家生态文明建设示范县创建规划（2017—2021年）深入实施，武平县国家重点生态功能区产业准入负面清单修订执行，生态保护红线划定工作有序推进。第二轮中央生态环保督察交办信访件和反馈问题得到有效整改落实。河（湖）长制深入实施。全县可养区内174个规模生猪养殖场全面完成升级改造。武东、永平等8个乡镇生活污水处理厂建成运行。全县14条省控小流域断面水质均达到或优于Ⅲ类水质。县级集中式饮用水源水质达标率100%。城区生活垃圾填埋场二期和建筑垃圾消纳场投入使用，垃圾资源化产业园启动建设。象洞、东留等9个乡镇垃圾简易填埋场完成整治。完成植树造林3.1万亩、水土流失治理4.7万亩、矿山恢复治理63亩。城区空气质量保持全省前列、全市第一。

防范化解重大风险攻坚战扎实开展。突出抓好金融风险防控工作。针对地方法人金融机构、地方政府债务、房地产等重点领域，完善金融风险监测、评估和处置机制。严厉打击非法集资、套路贷和恶意逃废债行为。评定信用乡镇7个、信用村144个，金融生态进一步优化。全县不良贷款率从年初的0.75%下降到0.66%。

城市生活品质日益提升。"四城同创"深入推进，创建国家卫生县城通过评审，武平成功入选建设新时代文明实践中心第二批全国试点县。建成万星影视城城市综合体和碧桂园、中梁首府、盛世鑫城等一批人居提质项目。城区常住人口突破11万人。环城快速通道实现全线贯通。南环路建成通车。平川大道完成改造提升。长排路开工建设。新建平川河鸿鹭桥、益寿桥2座廊桥。新建成城区4个停车场，新增车位278个；开工建设原东门市场立体停车场；实行城区智慧停车服务。建成西郊公园和香樟田园公社。完成平川河（东门桥－七坊桥）两岸生态修复改造工程。城区五大主出入口道路沿线沿街环境综合整治取得初步成效。新建城区供水管网11公里、污水管网11公里、燃气管网14.1公里。新建改造城区公厕8座。拆除城区"两违"4.1万平方米。"智慧武平"管理服务机制更加完善。

乡村振兴扎实推进。大力实施特色现代农业提质增收行动"851工程"，全县农林牧渔业实现总产值59.5亿元，增长3.6%。五大特色农产品加快发展。百香果种植2万亩，实现产值2.2亿元。优轩公司百香果深加工项目开工建设。象洞鸡出笼580万羽，实现产值5.8亿元。城厢、岩前被列入省级乡村振兴特色镇。云寨村入选中国美丽休闲乡村。27个省、市、县乡村振兴试点村建设扎实推进。制订实施武平县农村个人建房暂行管理办法。深入推进农村人居环境整治“一革命四行动”，新建乡镇公厕30座，新建改造三格化粪池3611户，拆除危旧空心房23.1万平方米。实施城乡生活垃圾分类试点工作，东留镇“垃圾兑换超市”做法得到省政府肯定。实施农村集中式饮水安全巩固提升工程35处。

基础设施日臻完善。武平高铁站交通枢纽一体化工程前期工作扎实推进。浦武高速公路武平段前期工作取得重大进展。完成客都汇至梁野山景区入口道路提升工程。县道象洞至上杭上登、武东陈埔至上杭寨背公路完成改造，十方高梧至中堡林坊公路改造完成施工图审查。完成农村公路建设97.3公里、危桥改造4座、道安生命防护工程127.5公里。创建“四好农村路”示范路454公里。12个乡镇实现农村客运公交化改造。完成岩前、东留、永平3条中小河流域治理和中山河安全生态水系建设，建成汀江防洪工程（一期）武平段5.4公里。云寨水库（仙女湖）完工验收。建成跃进110千伏输变电、岩前灵岩光伏电站35千伏送出工程等5个输变电项目。中山出米岩风力发电项目并网发电。全县行政村实现光纤网络全覆盖。

社会保障得到加强。重点群体就业工作得到有效落实。城乡居民养老保险补助标准提高到每人每月148元，城乡居民基本医疗保险财政补助标准提高到每人每年490元。养老、医疗、失业、工伤、生育保险稳步扩面。退役军人服务保障体系进一步健全，优抚安置政策全面落实，发放优抚金3365.2万元。城乡低保补助标准提高到每人每月538元。启动社会救助对象保障标准与物价上涨挂钩联动机制，发放临时补贴203.1万元。建成县医院医养中心、县社区养老服务中心，开工建设县老年人活动中心、颐养家园（三期）项目，建成城厢镇敬老院和32个村级幸福院，6个乡镇敬老院改造升级为四星级农村幸福院。配租保障性住房4批次、185户449人。

社会事业全面进步。重振教育强县雄风稳步推进。全县高考本科上线率稳中有升，本一上线率超全省5.99个百分点，中考统招分数线在全市排名实现提升进位。武平一中通过省一级达标学校复评。武平职专规范化建设完成省级达标验收。陈伟光工作室成为全市首个教育部授牌的名师领航工程工作室。成立刘亚楼教育基金。“四校三园”扎实推进，县教师进修学校附小集文校区、十方第二中心幼儿园建成招生，平川幼儿园完成扩建，十方高梧中心幼儿园建成。县医院创建三级乙等综合性医院通过市级预评审。县第二医院儿童保健大楼开工建设。建成标准化村卫生所144所，培训乡村医生439名。国家级慢性非传染性疾病综合防控示范区建设通过国家评估。完成刘亚楼将军纪念馆改版升级。完成刘亚楼将军故居（出生地）、春园别墅、永平竹苞松茂（一期）3处红色旧址群和均庆寺、道南楼2处省级文保单位修缮工程。成功举办第三届“元初客家欢”乡村春晚、第二届农民丰收节、第五届梁野山自行车大赛等活动。央视农业农村频道《乡村大舞台》首期节目在武平录制。县青少年手球活动中心建成。武平运动员在省级以上赛事获24枚金牌，武平运动员邓蓝萍在2019年亚洲青年女子拳击锦标赛中获银牌。

社会治理能力持续提升。制订实施应急管理基础能力建设三年行动方案（2019—2021年），组建应急抢险救援队伍，设立突发事件应急处置专项基金，建成自然灾害防灾减灾信息系统一期，初步构建起科学高效的应急管理体制机制。有效应对6轮强降雨。设立17个安全生产专项整治领导小组，以道路交通安全为重点的综合整治深入推进，安全隐患得到有效整改，安全生产形势稳中向好。食品安全“一品一码”可追溯体系不断完善，通过省级食品安全社会共治示范县验收。获评全省“七五”普法中期先进县。

（摘编：郭虹）

长汀县社会发展概况

2019年，长汀县以习近平新时代中国特色社会主义思想为指导，顶住经济下行压力，践行新发展理念，全县经济社会呈现稳中有进、稳中提质的高质量发展态势。全年完成地区生产总值256.3亿元、增长7.8%，财政总收入14.2亿元、增长2.6%，其中地方公共财政收入9.3亿元、增长3%。固定资产投资增长12%。社会消费品零售总额99.5亿元、增长10.3%。城镇居民人均可支配收入27670元、增长8.5%，农村居民人均可支配收入16730元、增长9%。

2019年社会发展的主要工作和成效是：

名城面貌焕发新姿。推动制定《龙岩市长汀历史文化名城保护条例》，持续推进名城保护利用，“红色小上海”旧址保护提升（一期）等工程加快推进，完成原商贸大厦和中国银行长汀支行综合楼外墙立面改造，汀州古城和“红色小上海”历史风貌逐步恢复。成功举办第七届国家历史文化名城保护日系列活动。启动垃圾分类试点，扎实开展“市容环卫、城市颜值、功能设施”三个专项行动，城市更加干净有序、美丽文明。

乡村振兴步伐加快。农村人居环境综合整治和铁路、高速公路沿线环境整治统筹推进，拆除“空心房”79.5万平方米、“两违”整治64万平方米，新建污水管网2.5千米，完成农村厕所改造26座，村容村貌显著提升。整合资金2184万元，重点打造策武南坑等5个提升村和南山中复等5个培育村。中复、南坑、三洲入选市级乡村旅游试点村，露湖、寨头、丁黄、上蕉、张地入选市级人居环境整治试点村。务实开展“软弱涣散村”帮扶工作，消除经营性收入10万元以下村162个。

生态建设再上新台阶。聚焦“天蓝、水碧、土净”，41个生态环保攻坚项目完成投资7.1亿元、占年度任务的104%，空气环境质量优良天数比例99.4%，国、省控断面水质达标率100%，危险废物处置利用率97%。坚决落实整改第二轮中央环保督察反馈问题，对33件信访交办件即交即办即改。统筹省、市、县资金2.5亿元，实施水土流失精准治理深层治理“三大工程”21个项目，完成水土流失治理9.6万亩、植树造林3.7万亩，分别占年度任务的101.8%、175.5%，水土流失率下降0.5个百分点。主动参与《龙岩市长汀水土流失区生态文明建设促进条例》立法。《长汀水土流失治理启示》入选全国“不忘初心、牢记使命”主题教育教材。

基础设施日趋完善。浦武高速长汀段勘察设计顺利推进，并积极争取列入国家高速公路网建设；建成安保工程220公里，改造乡村道路40公里，完成危桥改造24座。编制完成城乡供水一体化工程建设规划，荣丰水库、余田坑水库主体完工。完成电网改造262.6公里、天然气管道25公里、高标准农田建设1.9万亩、补充耕地728亩。

精准脱贫巩固提升。严格落实“两不愁三保障”，全面完成造福工程易地扶贫搬迁安置工作，发放各类教育补助1768.9万元，报销各类医疗保障3765.2万元。强化产业带动，发放贫困户小额扶贫贷款1.6亿元，实施激励性产业扶贫项目320个，带动4013户14311名贫困人口增收。现行标准下贫困人口全部脱贫，贫困乡和贫困村全部摘帽，提前一年全面完成脱贫任务。

民生保障坚实有力。投入31.8亿元用于民生支出，占财政总支出的83%。2019年为民办实事项目基本完成。新增农村劳动力转移就业1423人，新增城镇就业 3344 人，城镇登记失业率 2.57%。城乡居民基本医疗保险和养老保险覆盖率达 95%，企业基本养老保险、失业保险、工伤保险提前完成年度参保任务。城乡居民基本养老保险基础养老金、被征地农民养老保障金分别提高至每月 148 元、255 元，受益群众 7.6 万人。社会救助体系不断完善，发放各类救助资金 5222 万元。残疾人“两项补贴”制度实现全覆盖。

公共服务共建共享。4 所小学、3 所幼儿园投入使用，新增学位 2450 个，教育资源日趋优化。全县中考“五率”评估居全市前列，长汀一中本一上线率居全市第二。公立医院综合改革获得国务院通报表扬，成为全国紧密型县域医疗卫生共同体建设试点县。妇幼保健院综合大楼等 5 个项目竣工，新增床位 306 个。群众性文体活动蓬勃开展，成功举办世界客属第二十五次公祭客家母亲河·汀江大典，在省级以上体育竞赛中获得 48 枚奖牌。中央红色交通线旧址——春生公祠被公布为第八批全国重点文物保护单位。

社会治理精准高效。深化平安县乡村三级联创，深入开展扫黑除恶专项斗争，严打严防涉麻制毒和电信网络诈骗犯罪，涉麻制毒整治“打财断血”经验做法得到国家禁毒委和公安部的充分肯定并向全国推广。“七五”普法和依法治县稳步推进。持续开展社会矛盾和安全隐患大排查大整治行动，有效化解信访积案 22 件；未发生较大安全生产事故，事故起数、死亡人数同比双下降；未发生食品药品安全源头事故和群体性事件。信贷不良率下降到 0.87%，金融生态环境持续优化。同时，市场监管、税务、统计、科技、综合执法、退役军人、双拥共建、民族宗教、台港澳侨事务、工商联、工青妇、红十字会、档案、党史地方志、气象、库区移民、国防后备力量建设和民兵预备役、人民防空、防震减灾等各项工作取得新成效。

重点领域改革多点突破。统筹推进“放管服”系统集成改革和工程建设项目审批制度改革，加强权责清单标准化建设，推广“闽政通 APP”和“e 龙岩”手机端网上办事，实现省、市、县、乡四级联动，40% 以上事项实现“一趟不用跑”，80%事项实现“最多跑一趟”，企业和群众办事更加便捷高效。供销综合改革专项试点通过全国基层合作经济组织验收。深化县属国有企业分类改革，国投公司、古韵汀州公司加快向现代企业转变。投融资体制改革稳步推进，政府性债务管控更加系统规范。

营商环境更加优良。24 项营商环境提升行动改革任务提前完成，营商环境指数居全市前列。出台扶持现代服务业发展、鼓励外贸出口等政策措施，兑现各类奖励、补助资金 2.8 亿元。落实更大规模减税降费，减免各类税费 1.5 亿元。用好用活财政杠杆，撬动金融资本投放实体经济，为 27 家企业提供融资担保和应急还贷资金 1 亿元。征地拆迁促重点项目落地百日攻坚大会战成果丰硕，完成征地 4443 亩、拆迁 8.2 万平方米；有效盘活低效闲置用地 145 亩、闲置厂房 2.8 万平方米，嫁接项目 7 个。有效保障企业人才、用工需求，奖励人才 104 人 60.6 万元，解决企业用工 2366 人。

政府自身建设持续强化。坚持党对政府工作的全面领导，树牢“四个意识”、坚定“四个自信”、坚决做到“两个维护”，坚决落实县委决策部署。自觉接受县人大及其常委会法律监督、工作监督和县政协民主监督，88 件人大代表建议、107 件政协委员提案全部办复。扎实开展“不忘初心、牢记使命”主题教育。深化形式主义、官僚主义专项整治，强化二级绩效管理，干部队伍作风持续改进。落实县政府常务会议定期学习法律制度，依法行政能力有效提升。认真落实全面从严治党主体责任和意识形态工作责任制，严格落实中央八项规定及其实施细则精神和市委 2 号文件精神，强化审计监督，三公经费下降 22.2%，查处违反中央八项规定精神问题 30 起 51 人，党纪政务处分 28 人，效能问责 37 人次。

2020 年长汀县经济社会发展的主要预期目标是：实现地区生产总值增长 8%；规模工业增加值增长 8.8%；固定资产投资增长 10%；财政总收入增长 2%；地方公共财政收入增长 3%；社会消费品零售总额增长 9.5%；城镇居民人均可支配收入增长 8%；农村居民人均可支配收入增长 8.5%。

（摘编：游学荣）

连城县社会发展概况

2019年，连城县面对错综复杂的宏观环境和日益激烈的区域竞争，坚持以习近平新时代中国特色社会主义思想为指导，牢固树立新发展理念，准确把握高质量发展要求，应对多重压力、防范各类风险、战胜诸多困难，全县经济社会发展稳中向好，“三个连城”建设迈出坚实步伐。全年实现生产总值226亿元，增长8.2%；城乡500万元以上固定资产投资增长14%；社会消费品零售总额79.5亿元，增长14.5%；财政总收入10亿元，增长4%；地方级财政收入6.5亿元，增长9.7%；城镇居民人均可支配收入33919元，增长9.5%；农村居民人均可支配收入17069元，增长10%。蝉联福建省县域经济发展“十佳”县。

集中力量补短板，城市面貌明显改观。实施城建项目81个、完成投资19.1亿元，县城建成区面积增加至12平方公里，城镇化率提高3个百分点。推进“多规合一”，启动编制国土空间总体规划，完成城区给排水管网、历史文化街区保护专项规划编制。幸福北路、人民路等道路建设稳步推进，观景路二期和培田路实现通车，文川河沿河步道全线基本贯通，完成城区主干道“白改黑”综合改造3.5公里，新改建管网34公里，新增公厕8座、公共停车场3个。扎实开展省级文明县城创建工作，实行城区环卫保洁服务市场化运营，实施城区停车场、户外广告、地下管道特许经营管理，开展乱停乱放、占道经营、三轮车等专项整治行动，拆除“两违”面积76.8万平方米。

统筹兼顾强基础，乡村振兴全面起势。坚持农业农村优先发展，持续加大强农惠农富农力度，“三农”基础更加牢固。现代农业蓬勃发展，新增“三品一标”品牌2个、市级龙头企业1家、省级家庭示范农场3家、白鸭标准化养殖场2家，创亿元蛋鸡养殖项目建成投产，“莲乡西遇”区域公用品牌投入运营，获评“世界地瓜之都”，全年实现农林牧渔业总产值57.5亿元。基础设施日臻完善，创建“四好农村路”300公里，完成农村公路安保工程265公里，建成“三产路”126公里，改造危桥12座、农村电网121.2公里，建设高标准基本农田1.9万亩。“一革命四行动”成效显著，16个村“千村整治、百村示范”项目稳步推进，新建成9个乡镇污水处理设施，新改建乡村公厕16座、三格化粪池2969户，改造农村危房1160户，整治空心房、裸房13.3万平方米。推进农村集体产权制度改革，发展农民专业合作社28家，培育新型职业农民420人。广泛开展文明村镇创建活动，持续深化移风易俗，建立健全村规民约体系，全面组建农村志愿者队伍。石丰村入选全国“千村万寨展新颜”展示活动，培田村入选全国乡村治理示范村候选名单，林坊镇被认定为全国“一村一品”示范村镇，姑田镇和庙前丰图村获评省级历史文化名镇名村。

咬定目标不放松，脱贫攻坚战果丰硕。聚焦“两不愁三保障”，压紧压实硬政策、硬指标、硬责任，深入实施“349工程”，扎实开展摘帽退出“百日会战”行动，建档立卡贫困人口全部脱贫，62个贫困村和5个贫困乡镇全部出列，省级扶贫开发重点县摘帽退出通过市级初验。实施激励性产业扶贫项目264个，发放扶持资金946.2万元。开展职业技能培训1033人次，实现就业3078人。实施“教育关爱”工程，发放教育扶贫资金366.9万元，资助贫困学生4219人次。落实健康扶贫政策，贫困人口医疗保险参保率达100%，报销医疗费用2510.8万元、惠及8797人次。完成造福工程易地扶贫搬迁31户118人、灾后重建17户40人，全面实现贫困户住房安全有保障。

重拳出击治污染，生态环境巩固提升。“绿水青山就是金山银山”理念深入人心，中央、省市环保督察交办问题得到有效整改。严格落实河（湖）长制，开展河湖“清四乱”专项整治行动，城区生活污水处理厂二期和食品加工专业园区污水处理厂投入使用，国控省考断面水质和全县集中式饮用水源地水质全部达标，城镇生活垃圾无害化处理率、污水处理率分别达99.6%和93.1%。严控大气污染物排放总量，空气质量优良天数比例达100%。稳步推进闽江流域山水林田湖草生态保护修复项目，有序实施文亨田心铁矿废弃矿山综合整治工程和庙前历史遗留工矿重金属污染治理工程，开展铁路沿线环境综合整治工作，植树造林1.3万亩，治理水土流失6万亩。全面完成第二次全国污染源普查工作。

不遗余力惠民生，百姓福祉持续增进。在财政收支压力加大的情况下，民生支出达23.6亿元、增长4.9%，占一般公共预算支出的82.2%，28项为民办实事项目基本完成。开工建设5所乡镇中心幼儿园，完成冠豸小学、冠豸幼儿园主体工程建设，连城一中、冠豸中学、第二实验小学等扩容工程投入使用。改造提升莒溪、新泉等7个乡镇卫生院，县妇幼保健院、莲峰社区卫生服务中心实现整体搬迁。建成养老服务照料中心3个、农村幸福院32个。改造提升县图书馆和26个村级综合文化服务中心，开工建设冠豸书屋。芷溪宗祠建筑、采陔公祠列入第八批全国文物保护单位。稳步推进城乡供水一体化项目，石槽坑水库和龙咀水库基本建成，城区第二水源北团蕉坑取水工程实现稳定供水。城镇新增就业1365人、失业人员再就业778人，农村劳动力转移就业5245人，城镇登记失业率为2.51%，城乡居民基本医疗保险和基本养老保险参保率分别达98.2%和99.8%。深入推进扫黑除恶专项斗争，严厉打击各类违法犯罪活动，顺利退出省禁毒重点关注地区名单。做好安全生产、食药安全、粮食安全、森林防火、防汛抗旱等工作，加强消防救援能力建设，应急管理水平不断提升，“5·17”灾后恢复重建取得阶段性胜利。支持驻莲部队和民兵预备役建设，国防、征兵、人防和双拥工作扎实推进。妇女、儿童、青少年、老龄、残疾人、工会、民族宗教、慈善、红十字、地方志、档案、移民、外事侨务等工作有效开展。

驰而不息优作风，自身建设不断加强。深化落实省委“五抓五看”“八个坚定不移”具体部署，始终将全面从严治党贯穿政府工作全过程，全力推动中央、省市和县委决策部署落地见效。深入开展“不忘初心、牢记使命”主题教育，持续推进“两学一做”学习教育常态化制度化。严格执行政府工作规则，规范行政决策行为，自觉接受县人大法律监督、工作监督和县政协民主监督，办理人大代表建议128件、政协提案121件。全面落实党风廉政建设责任制，严格落实中央八项规定及实施细则精神，高标准抓好省委巡视反馈问题整改。认真落实中央“基层减负年”要求，加强机关效能建设，集中整治形式主义、官僚主义突出问题。完善绩效管理体系，强化正向激励，鼓励担当作为，不断提振干事创业精气神。

2020年，连城县工作的总体要求是：以习近平新时代中国特色社会主义思想为指导，全面贯彻党的十九大和十九届二中、三中、四中全会精神，统筹推进“五位一体”总体布局，协调推进“四个全面”战略布局，坚持稳中求进工作总基调，坚持新发展理念，按照习近平总书记对福建、龙岩工作的重要讲话、重要指示批示精神，努力营造有利于创新创业创造的良好发展环境，坚决打赢三大攻坚战，全面做好“六稳”工作，全力补齐“三大短板”，聚力突破“四大板块”，推动高质量发展落实赶超，加快建设美丽连城、创业连城、幸福连城。经济社会发展的主要预期目标是：力争全县生产总值增长8.5%，增幅排名全市第一；城乡500万元以上固定资产投资增长12%，增幅排名全市第一；财政总收入10.8亿元，增长8%，增幅排名全市第一；地方级财政收入突破7亿元，增长8%；规模以上工业增加值增长10.7%；社会消费品零售总额增长12%；城镇居民人均可支配收入增长9.5%；农村居民人均可支配收入增长10%；城镇登记失业率控制在4%以内；完成节能减排降碳任务。

（摘编：游学荣）

漳平市社会发展概况

2019年，漳平市坚持稳中求进工作总基调，以“产业发展项目建设年”为抓手，推动高质量发展落实赶超，新漳平建设迈出新步伐。全市生产总值273.7亿元、增长8%；固定资产投资增长12%；社会消费品零售总额增长8%；一般公共预算总收入14.4亿元、增长9.3%，地方一般公共预算收入9.1亿元、增长9.6%。城镇居民人均可支配收入增长8.3%，农村居民人均可支配收入增长9.1%。

社会发展主要工作和成效是：

坚持建管并举，城市颜值越来越高。推进规划建设。完成《漳平市总体规划（2020—2035）》及城区老酒厂控规、菁城片区控规编制。筹措安排6.5亿元补齐城区基础设施短板。顶兴路、中和路三期等项目基本建成，和平中北路、万祥西路、双拥西路等6条道路完成“白改黑”8.3公里，4个停车场投用、停车位增至1508个；环卫设施不断完善，新建或改造公厕56座，新改建污水、供水管网27公里，更换、新增果皮箱400个、垃圾桶500个。慈善驿站、桂林市场等人性化设施建成投用。强化精细管理。推行巷长制、街长制，建设市级夜景照明管控平台，推进“城管+”执法模式，有效整治“两违”、渣土扬尘、焚烧垃圾、占道经营等行为，拆除“两违”建筑355宗、面积47.6万平方米，新增城区绿地35.9万平方米，绿化、亮化、净化、美化得到巩固提升。厚植生态优势。国家生态文明示范区创建有序推进，巩固提升“农村治水、城区治气”成果，创建“绿盈乡村”54个，实施生态环保攻坚项目38个、完成投资8.3亿元。抓好中央第二轮环保督察反馈问题整改，办结率100%。加强饮用水源地保护，持续开展小流域治理，“河（湖）长制”全面推行。巩固养殖业污染治理成果，畜禽规模养殖场标准化升级改造431户。落实环保目标责任考评奖惩措施，加强重点行业企业污染综合治理，年度节能减排任务全面完成。加强森林资源保护，阔叶林管护、林分修复取得新成效。

坚持“三农”优先，乡村振兴有力推进。扎实推进农业供给侧改革，初步形成“农业+旅游业”“农业+加工业”等多种经营新业态，粮食作物播种14万亩，产量6万吨。“木、竹、花、茶、菜”特色产业产值突破90亿元，漳平水仙茶被列为“全国首批地理标志保护工程”，台企培育的3个彩叶桂花新品种被授予国家植物新品种特权。农村土地经营权确权登记颁证基本完成，农村土地流转8.6万亩，新建各类钢架大棚、配置节水灌溉设备1300亩。现有龙岩市级以上农民专业合作示范社38家、家庭农场61家，农业科技试验示范基地5个，“三品一标”企业17家、农产品地理标志2个，农产品质量抽检合格率99.7%以上。不断改善镇村面貌。制定乡村振兴战略规划（2018—2022年）、乡村振兴试点村建设实施方案，乡村振兴试点村实施项目177个、完成投资1.2亿元，美丽乡村完成投资3522万元。整治裸房19.7万平方米、“空心房”15.5万平方米；旧村复垦370亩、县级耕地开发372亩，实施高标准农田项目9个、整理耕地面积1.4万亩、指标交易2629亩；“四好农村路”建成32.9公里、完成投资1.8亿元；现有村级污水处理设施233个、三格化粪池6352个、农村水冲式公厕115个；建成万里安全生态水系项目5个、中小河流域治理项目2个。西园、和平、芦芝、拱桥集镇改造提升、人居环境整治等工作有力有效。永福重抓漳平台创园休闲农业旅游区建设，新镇区规划建设加快，溪滨路改造提升、燕溪桥段堤岸景观亲水平台投用，李庄千里花卉基地、环台品茶山道路等项目加快推进；新桥工业集中区建设加快，签约项目2个、入驻企业1家，康宝硅橡胶、污水处理厂投用。南洋茶旅生态小镇、双洋古镇建设力度加大，南洋国家湿地公园二期、双洋高铁连接线及配套设施等项目建成。溪南东湖村被列为省级传统村落扶持村，象湖新大桥、赤水涵口水库、京口至易坑（灵地段）建成，官田、吾祠农村家园清洁行动不断深化。坚决打好脱贫攻坚战。注重扶贫与扶志、扶智相结合，把脱贫工作精准落实到村、到户、到贫困人口。发放小额贷款1907万元；实施“百家经营主体”带动帮扶贫困户465户、人均增收3000多元；181个村（社区）开展激励性扶贫项目208个、参与贫困户2149户6974人、贫困户覆盖率71.2%；1150户2520人建档立卡贫困户列入低保、占贫困人口25.7%。1个乡和3个村及13户43人贫困人口脱贫退出，实现了全市贫困乡镇、贫困村、贫困人口全部摘帽。提高乡村服务能力。长期驻扎农村服务的驻村第一书记44人、大学生村官（选调生）50人、“三支一扶”53人、大学生志愿者12人。科技特派员制度创新发展，龙岩市级以上个人科技特派员46名、科技特派员团队2个，培训新型职业农民410人。

坚持民生为本，公共服务更加优质。扎实创建“教育强市”。工业园区幼儿园、农村薄弱学校改造、漳平一中及漳平二中改扩建等项目建成，新增学位2628个，公办及普惠性民办幼儿园就读率95.3%，边远乡村小学生享受课间营养餐574人，午间托管延伸至附城学校，城区小学低年级课后延时服务全覆盖，省政府教育“两项督导”评估获优秀等级。“一校多区”、小学教育集团管理不断深化，农村薄弱初中委托或封闭（半封闭）管理成效显现。不断完善医共体建设。加快健全紧密型医共体管理机制，抓好市总医院建管，市精神卫生防治综合楼、吾祠及和平卫生院、标准化村级卫生所等项目建成，县域就诊率76.6%，基本公共卫生服务增至14类55项。加大社会保障力度。落实更加积极就业创业政策，城镇登记失业率2.1%，城镇新增就业1534人、失业人员再就业355人、农村劳动力转移1034人，支持各类就业补助1062.8万元，失业保险参保人数1.48万人。城乡居民低保标准提高至每人每年6960元。配租配售各类保障性住房624套。社区居家养老服务照料中心增至8个、养老服务站增至12个，农村幸福院增至96个；免收基本殡葬费用。加快文体事业发展。开展了10项群文、11项文艺、12项全民健身等活动，举办了水仙茶、樱花文化旅游节及永福妈祖文化节、乡村国际马拉松赛，参加少儿举重等体育赛事取得佳绩。5个球类体育场地建成。全国第四次经济普查全面完成。提高社会治理水平。纵深推进扫黑除恶专项斗争，新增打掉黑社会性质组织1个、恶势力犯罪集团2个、破获涉恶类案件77起，刑事警情下降15.5%。“雪亮工程”视频点位覆盖64个村（社区），公共安全管理水平稳步提升；落实安全生产责任，道路交通、危险化学品、消防安全、建筑施工等重点行业领域安全整治深入开展，森林防火、防汛抗旱等工作有序推进，食品药品监管不断加强。移风易俗成效明显，社会风气持续净化。

坚持党的领导，政府效能不断提升。用习近平新时代中国特色社会主义思想武装头脑、指导实践、推动工作，隆重庆祝中华人民共和国成立70周年，传承“听党的话、跟党走”的红色基因和“闹革命走前头、搞生产争上游”的优良传统，焕发新漳平建设新动能。深入开展“不忘初心、牢记使命”主题教育，结合8个重点问题专项整治，突出解难题化积案，破解了一批事关群众切实利益的痛点难点问题，进一步明确了今后努力方向和改进措施。坚持和加强党的全面领导，切实担起全面从严治党主体责任，巩固提升巡视巡察整改成果，严格落实中央八项规定及其实施细则精神，政府系统党风廉政建设和反腐败工作扎实推进。落实中央“基层减负年”要求，突出抓好精文简会、规范督查检查工作，全市性文件、会议分别同比下降58%、60%。推进依法行政，始终将法律法规作为政府工作的基准和底线，自觉接受人大监督、政协监督、监察监督和社会监督，办理市人大代表建议80件、市政协提案123件，办结率、满意率均为100%；宪法学习宣传、“七五”普法深入开展。权力运行网上公开全面推进，审计监督进一步加强。

（摘编：康明辉）

宁德市社会发展综述

2019年是中华人民共和国成立70周年，是宁德市发展历程中具有重要意义的一年。习近平总书记参加十三届全国人大二次会议福建代表团审议时对宁德工作予以肯定，并亲自给寿宁下党乡乡亲们回信，为新时代新宁德发展擘画美好蓝图，极大地鼓舞了全市人民。宁德市坚持新发展理念，坚持高质量发展落实赶超，全面实施“一二三”发展战略，经济社会发展又迈上新台阶，有望提前一年完成赶超任务。预计省里考核的12项主要经济指标中，9项指标增幅超过全省平均水平，6项增幅居全省第一。全市生产总值增长10%；一般公共预算总收入221.58亿元，地方一般公共预算收入126.8亿元，分别增长10.3%、5.3%；固定资产投资增长6.5%；社会消费品零售总额669亿元、增长10%；城镇登记失业率2.72%；城镇居民人均可支配收入35900元、增长9%；农村居民人均可支配收入17680元、增长9.5%。

一年来社会发展的主要工作和成效是：

中心城区功能增强。产业经济的主导地位更加突出。东侨国家级经济技术开发区综合考核全国排名从第153位跃升至第49位、居全省第一。交通完备、配套齐全的现代化三屿汽车城如期建成。锂电新能源小镇建设全面展开，发展经验成为全国典型。城市南北向交通瓶颈正在突破，福宁北路延伸段、七都溪特大桥、疏港路一级主干道建成通车。主城区主干道7个交叉路口完成优化改造。新增路外公共停车位744个、充电桩750个。东湖塘25孔闸改造全面完成。人民广场、东湖南岸公园二期、镜台山公园登山道建成开放。

基础设施互联互通。积极融入闽东北协同发展区建设，确定宁德（福安）至福州长乐机场城际铁路建设方案。衢宁铁路宁德段率先完成架梁铺轨。漳湾作业区7#泊位建成投用，湾坞作业区8#泊位开工建设。沈海复线宁德段全线贯通，打通了第二条南北向大通道。沙埕湾跨海公路路基主体工程基本建成。宁古高速开工建设。建成国省干线93.1公里、农村公路241公里。新增502辆荣威新能源汽车投入农村客运，全面实现“村村通客车”。

社会保障力度加大。全市民生支出267.08亿元，占一般公共预算支出78.5%。完成30件为民办实事项目。发放就业创业服务各项奖补资金1.38亿元，新增城镇就业3.16万人。全面实现城乡低保标准一体化。普通门诊费用纳入基本医保报销。城乡基本医保市级、市外定点医疗机构报销比例提高5%。大病保险起付线降至1.23万元，报销比例提高5%，取消封顶限制。居家养老服务照料中心覆盖所有街道和中心城区乡镇，农村养老服务设施覆盖率提高到87.7%，新增养老床位2572张。生活不能自理特困人员集中供养标准提高1.7倍，集中供养率从7.1%提高到60.3%。保障性安居工程开工376套、建成1481套、配租配售1542套。

公共服务有效供给增加。新建公办幼儿园14所，新增普惠性民办幼儿园90所，学前教育普惠率从55.6%提高到82.3%。新认定义务教育管理标准化学校58所，完成270所乡村小规模学校标准化建设。宁德一中新校区完成主体工程。全市新增学位1.9万个。宁德职业技术学院新校区一期建成投用，市职教集团完成组建，职业院校对接地方产业的招生比例提高到42%。闽东乡村振兴学院、闽东乡村振兴研究院挂牌成立。宁德师范学院二级医学院、市妇幼保健院（儿童医院）、市康复医院综合病房楼、市中医院医养结合项目开工建设，闽东医院门急诊综合大楼建成投用。建成“双达标”基层医疗卫生机构55个，完成全市村卫生所一体化达标建设。全市新增医疗床位621张。新增4个全国重点文物保护单位。市文化传媒集团完成组建。创排《山海的交响》献礼新中国成立70周年。3个单位荣获全国民族团结进步模范集体。获得全国少数民族传统体育运动会一等奖项目2个。成功举办市第五届运动会。

社会大局和谐稳定。扎实推进全国文明城市创建工作，城市文明程度和市民文明素质不断提升。持续深化平安建设，深入开展扫黑除恶专项斗争，严厉打击各类违法犯罪，群众安全感率达98.93%。杨春同志被追授为“时代楷模”。城乡基层社会治理体系进一步健全，信访积案和突出问题有效化解。5个村镇被认定为全国乡村治理示范村镇。宗教工作法治化水平不断提升，天主教闽东教区主教府建成投用。完成“两违”综合治理455万平方米。安全生产形势继续保持稳定。应急管理和防灾减灾救灾能力不断提升。坚持“四个最严”要求，深化“餐桌污染”治理，有效保障食品药品安全。国防动员、后备力量建设、退役军人服务保障、双拥共建、军民融合和海防、人防、反走私工作得到加强。工、青、妇、计生协、科协、统计、老区、老龄、残联、移民、档案、地方志、气象、外事、侨务、台港澳、关心下一代等工作取得新进展。

脱贫攻坚取得历史性成就。全市7.2万建档立卡贫困户全面实现脱贫，453个贫困村和古田、屏南、寿宁三个省级扶贫开发工作重点县实现“摘帽”，柘荣、周宁两个省级扶贫开发工作重点县达到退出标准。市扶贫办荣获全国脱贫攻坚奖“组织创新奖”。扶贫开发“宁德模式”吸引了老挝、柬埔寨、越南、南非等国家政党考察团前来学习考察。认真贯彻回信重要精神，制定实施乡村振兴规划和“1+5”政策措施，开启从摆脱贫困向乡村振兴跃升的新征程。坚持“抓两头带中间”，确定省级特色乡镇12个、试点村110个，甄选产业薄弱村306个，发放各类产业专项资金1.8亿元，选派首批乡村振兴指导员28名、选认科技特派员829名进驻乡村第一线。

金融生态明显改善。国家普惠金融改革试验区获批创建。地级市综合信用指数全国排名从上年初第223位跃升至第76位。不良贷款余额和不良贷款率连续五年实现“双下降”。成功引进招商银行、深圳前海勤智资本、上汽股权投资、中信建投证券。金融机构本外币存贷款余额双双突破2000亿元，分别增长11.5%、15.1%，增幅均居全省第一。制造业融资余额达362亿元、增长45.8%。小微企业贷款余额突破300亿元。

环境治理持续加强。中央生态环境保护督察、国家自然资源督察反馈问题整改扎实推进，一批突出环境问题得到解决。中心城区空气质量优良天数比例达98.4%，同比提高3.1个百分点。县级以上集中式饮用水水源地水质100%达标，重点流域水质保持优良。福鼎城乡供水一体化试点经验在全省推广。中心城区黑臭水体整治取得阶段性成效，水环境质量持续改善。海上养殖综合整治取得决定性成果，完成禁养区渔排清退总任务的92%，提前完成藻类清退总任务，分别完成渔排和藻类升级改造总任务的89%、99%，成为全国水产养殖高质量绿色发展典型案例。治理水土流失20.2万亩，超额完成废弃矿山年度复绿任务。“一革命四行动”纵深推进，全国农村人居环境整治暨厕所革命现场会在该市召开。评选认定香樟、桂花为市树市花。荣获国家森林城市称号。福安、寿宁分别获评全国绿化模范市、国家生态文明建设示范县。屏南成为全国开展美好环境与幸福生活共同缔造活动试点县。

自身建设提升加强。严格按照“五个想一想”“五个走前头”要求，扎实开展“不忘初心、牢记使命”主题教育，严格落实中央八项规定及其实施细则精神和省市《实施办法》，深入推进党风廉政建设和反腐败工作。贯彻落实中央“基层减负年”要求，认真解决形式主义官僚主义突出问题。自觉接受人大及其常委会监督并报告工作，办理市人大代表建议307件。提请市人大常委会审议地方性法规草案4件。出台规范性文件22件。支持政协履行政治协商、民主监督、参政议政职能，办理市政协提案361件。完成政府机构改革，全面深化二级绩效管理，持续加强机关效能建设。

2020年宁德市工作的总体要求是：以习近平新时代中国特色社会主义思想为指导，全面贯彻落实党的十九大和十九届二中、三中、四中全会精神，深入贯彻习近平总书记重要讲话重要指示批示和回信重要精神，坚决贯彻党的基本理论、基本路线、基本方略，增强“四个意识”、坚定“四个自信”、做到“两个维护”，认真落实中央和省委、市委经济工作会议的部署要求，紧扣全面建成小康社会目标任务，坚持稳中求进工作总基调，坚持新发展理念，坚持以供给侧结构性改革为主线，坚持以改革开放为动力，推进高质量发展落实赶超，深入实施“一二三”发展战略，坚决打赢三大攻坚战，全面做好“六稳”工作，统筹推进稳增长、促改革、调结构、惠民生、防风险、保稳定，确保“十三五”规划圆满收官，努力走好具有闽东特色的乡村振兴和高质量发展之路，同全国全省一道全面建成小康社会。经济社会发展的主要预期目标是：全市生产总值增长9%左右；规上工业增加值增长12%以上；一般公共预算总收入增长6%，地方一般公共预算收入增长3%；固定资产投资增长7.5%左右；进出口总值增长10%；实际利用外资增长5%；社会消费品零售总额增长9.5%；城镇登记失业率控制在4%以内；城镇居民人均可支配收入增长8.5%，农村居民人均可支配收入增长9%；完成年度各项节能减排任务。

2020年社会发展重点做好以下工作：

完善保障体系。落实就业优先政策，新增城镇就业2万人以上。深入开展欠薪攻坚行动，确保实现农民工工资“零拖欠”。持续推动社保扩面增缴，稳步提高城乡低保、特困救助供养、残疾人补贴和基本公共卫生服务项目政府补助标准，确保民生特别是困难群众基本生活得到有效保障和改善。落实城镇职工医保省级统筹调剂和县域医共体打包付费政策。扩大居家养老、机构养老服务覆盖面，推进养老机构公建民营和养老设施改造提升，护理型床位占比提高到80%以上。新增养老床位1000张以上。继续推进殡葬改革，抓好公益性公墓建设。新建保障性安居工程800套，续建7461套。探索建立租赁住房制度，让更多住房困难家庭实现“安居梦”。推进城市自来水厂及管网改造提升，建立二次供水设施日常维护管理机制，确保城市供水安全。

优化公共服务。严格落实城镇小区配建幼儿园规定，新建公办幼儿园12所，学前教育普惠率提高到85%以上。开展婴幼儿照护服务试点。建成投用宁德一中新校区等46个教育项目，新增学位1.96万个。开工建设宁德市教师进修学院新校区。建成投用宁德师范学院二级医学院。统筹抓好民族教育、特殊教育和终身教育。深化“三医联动”改革和公立医院综合改革，支持做强两大医疗集团和县级总医院，新增医疗床位1000张以上。完成基层医疗卫生机构“双达标”建设任务。开展短缺药品保供稳价工作，保障群众基本用药需求。建成投用“四大馆”，深化宁德大剧院、方志馆前期工作。支持创作文艺精品，开展千场文化惠民活动，讲好宁德故事、弘扬“闽东之光”。办好撤地设市20周年系列纪念活动。深入实施红色基因传承工程，加强文化遗产保护与活化利用。加快宁德畲族文化园和少数民族特色村寨建设。

加强社会治理。深化平安建设，加快完善立体化信息化社会治安防控体系和网络综合治理体系，建立健全扫黑除恶长效常治机制，严厉打击各类违法犯罪。丰富拓展“海上枫桥”经验，创新完善矛盾纠纷多元化解机制，推动社会治理和服务重心下移，提高基层社会治理现代化水平。加强应急管理体系建设，提高防灾减灾救灾能力。强化安全风险分级管控和隐患排查治理，坚决防范和遏制重特大事故发生。落实加强食品安全工作行动方案和治理“餐桌污染”工作七条措施，全力保障群众“舌尖上的安全”。依法加强宗教事务管理。强化国防动员、后备力量建设，健全退役军人工作体系和保障制度，巩固军政军民团结，实现全国双拥模范城“五连冠”。

（摘编：王诗诚）

蕉城区社会发展概况

2019年，蕉城区坚持以习近平新时代中国特色社会主义思想为指导，全面贯彻党的十九大及十九届二中、三中、四中全会精神，认真落实习近平总书记重要讲话重要指示批示精神，奋力谱写新时代蕉城坚持高质量发展落实赶超的宏伟篇章，全面融入宁德市“一二三”发展战略，紧紧围绕“再创黄金期、建设新蕉城”中心任务，加快实施“创双百促提升”赶超行动，牢牢把握上汽项目“金娃娃”落地蕉城的历史性机遇，全力打造千亿产业集群，经济社会取得加速度、快节奏发展。全年完成地区生产总值563亿元，增长13.1%，蕉城人民为之努力奋斗多年的闽东经济中心地位得以确立；一般公共预算总收入38亿元，增长20.3%；地方一般公共预算收入20.93亿元，增长16.3%；固定资产投资238亿元，增长11%；社会消费品零售总额162.7亿元，增长9%；城镇居民人均可支配收入37838元，增长10%；农村居民人均可支配收入17922元，增长10%。

城市颜值逐步提升。创建全国文明城市，市政基础设施加快建设，城市功能不断增强，市容市貌明显改观。署前路棚改一期加快建设。天德路一期建成通车，青山路、墩洋路、古溪路、长溪路一期、东湖市场前道路、芦坪路等6条道路完成改造，八一五路东段拓宽改造加快推进，连城路动工建设。完成18条小街巷道路改造及39条小街巷路灯建设。新增城区停车场6个，停车泊位691个。开通城区至八都公交线路。启动蕉城区中国历史文化名城申报工作，《宁德鹏程老街：鹏程万里　始于足下》纪录片完成拍摄并在央视播出。“两违”综合治理稳步推进，拆除“两违”面积65万平方米，占全年目标任务107%，有效遏制违建，出台《蕉城区历史遗留“两违”房屋分类处置实施细则（试行）》。镜台山公园建成上山道路和休闲步道，南漈公园夜景工程加快建设。八一五路、宁川路实现美化花化，城区绿地率达37.9%。餐厨垃圾处置中心建成投用。确定3个垃圾分类试点小区。

乡村建设加快推进。农村人居环境整治深入推进，“一革命四行动”成效明显，八都溪池村、金涵上金贝村、霍童邑坂村作为全国农村人居环境整治暨“厕所革命”现场会观摩点。铁路、高速公路和旅游公路沿线环境综合整治成效明显。九都等8个乡镇污水处理厂完成建设，累计完成270个行政村改厕改水。13个行政村农村饮水安全巩固提升项目完成建设。出台《蕉城区实施乡村振兴战略规划》，赤溪、霍童两个省级乡村振兴特色乡镇和15个试点村建设扎实推进。洋中、三都获评中国历史文化名镇，霍童再获“中国民间文化艺术之乡”称号，赤溪镇赤溪村获评中国休闲美丽乡村，新增5个国家级传统村落、5个省级历史文化名村，对20个村实施美丽乡村建设，4个少数民族特色村寨试点村加快创建。出台《蕉城区农村村民住宅建设规划管理实施办法（试行）》，推动解决农村建房问题。文明乡风建设持续推进，乡村治理体系进一步健全，赤溪获评全国乡村治理示范镇。

生态治理成效明显。海上养殖综合整治深入推进，累计清退渔排15.8万框，海域面貌发生重大变化，三都澳重现碧海蓝天。深化河长制，落实最严格水资源管理制度，霍童溪、七都溪水质保持Ⅲ类以上，大金溪、小金溪水质提升至Ⅳ类。全面摸清中心城区24条内河情况，开展河道清淤疏浚、排口整治，分步实施老城区截污纳管、雨污分流，黑臭水体综合治理取得阶段性成效。建成3个中小河流治理项目，治理河道12公里。霍童溪八都下坂水质自动监测站获评第一批全国最美水质自动监测站。完成国家森林城市创建，实施造林绿化约9500亩，占年度任务的124%。治理水土流失7500亩，完成年度任务。10个大气污染治理减排项目完成建设，一批餐饮点油烟排放得到有效治理，全年环境空气质量二级以上达标率98.6%，同比提高6个百分点。

社会保障稳步提高。脱贫攻坚成效持续巩固提升，全区贫困村全部“摘帽”，2018年新增的贫困户全部脱贫，完成造福工程易地扶贫搬迁101户486人。33个为民办实事项目稳步实施。保障房建设加快推进，九仙花苑建成，兰田小区二期、金马小区二期、金兰小区、小塘花苑等完成主体建设，三屿安置小区动工建设。新增城镇就业、下岗失业人员再就业、农村劳动力转移就业人数超额完成年度任务。失能特困人员集中供养率达61%。区福利院获评“全国民政先进集体”。双拥共建工作扎实推进，退役军人服务保障进一步加强，完成2019年度13名转业士官安置任务。

社会事业协调发展。城南中心小学扩建项目投入使用，民族实验小学建设项目主体封顶，蕉城七小等10个补短板项目前期工作加快推进。完成12所乡镇敬老院“三个一批”改造，新增农村幸福院15所，基本建成蕉南下宅园社区五星级居家养老服务照料中心，为3200名特殊对象购买居家养老专业化服务。建成21个标准化村卫生所。赤溪镇获评国家级卫生乡镇。启动“霍童洞天”申报世界文化遗产工作，成功举办第一届洞天福地研究与保护国际学术研讨会。霍童（黄鞠）灌溉工程、白鹤岭福温古道获评全国重点文物保护单位。出版《寻剑——无名英雄蔡威传奇》一书，同名纪录片完成拍摄。完成第七次全国体育场地普查、第三次全国国土调查工作。区民政局获评“第二次全国地名普查先进集体”。

社会大局和谐稳定。强化金融风险防控，成立金融服务中心，不良贷款率降至1.29%，创2015年以来最低。公共安全领域突出问题大排查大化解大整治攻坚行动深入开展，扫黑除恶专项斗争、禁毒攻坚、信访维稳等工作扎实推进。圆满完成新中国成立70周年大庆安保维稳任务。中心城区道路路口公安视频监控实现全覆盖。完成区级和16个乡镇（街道）综治网格化中心升级改造。司法行政处罚执行一体化建设工作全面推进，成立社区矫正警察蕉城大队。“蕉城掌上12348”上线运行。霍童镇、赤溪镇及18个村开展法治乡村试点建设。民族团结进步事业创新发展，承办了宁德市“三月三”畲族文化活动周。宗教领域和谐稳定。蕉南街道创新社区治理模式，推行“三个五”工作法，提升城市基层治理水平。区慈善总会开展了“情暖万家”等慈善公益活动。

自身建设稳步推进。政务公开不断深化，行政复议等工作有序开展，依法行政能力和水平不断提高。持续兴起“大学习”热潮，扎实开展“不忘初心、牢记使命”主题教育，做实“四个贯穿全过程”，实施“五大感恩奋进行动”，争当“六个先进表率”，学习教育取得良好成效。深入推进全面从严治党，加强政府系统党风廉政建设和反腐败斗争，严格落实中央八项规定及其实施细则精神和省、市、区实施办法。加强政府绩效管理，驰而不息纠治“四风”，切实解决形式主义官僚主义突出问题。广泛开展向“时代楷模”杨春同志学习活动，激发干部比学赶超工作热情。自觉接受人大及其常委会监督并报告工作，依法执行人大及其常委会决议、决定，办理区人大代表议案、建议62件。自觉接受政协民主监督，定期向政协通报情况，办理区政协委员提案133件。

2020年蕉城区工作的总体要求是：以习近平新时代中国特色社会主义思想为指导，全面贯彻党的十九大和十九届二中、三中、四中全会精神，认真落实习近平总书记重要讲话重要指示批示精神，紧扣全面建成小康社会目标任务，坚持稳中求进工作总基调，坚持新发展理念，坚持以供给侧结构性改革为主线，坚持以改革开放为动力，推动高质量发展，坚决打赢三大攻坚战，全面做好“六稳”工作，全面融入宁德市“一二三”发展战略，围绕“再创黄金期、建设新蕉城”中心任务，加快实施“创双百促提升”赶超行动，努力争创乡村振兴的蕉城样板，巩固提升闽东经济中心地位，确保全面建成小康社会和“十三五”规划圆满收官。

（摘编：李哲）

福安市社会发展概况

2019年，福安市坚持高质量发展落实赶超，聚焦“一二三”发展战略，全面实施“一二六”行动计划，经过全市上下共同努力，经济社会发展取得新成效。全市生产总值增长9.5%；固定资产投资增长2.3%；社会消费品零售总额101亿元，增长10.5%；公共财政总收入49.9亿元，增长9%；地方公共财政收入26.7亿元，增长5%；实际利用外资4595万元，完成年度任务的153%；城镇居民人均可支配收入38248元，增长9%；农村居民人均可支配收入18402元，增长9%；城镇登记失业率2.74%。

社会发展的主要工作和成效是：

基础设施不断完善。实施城乡基础设施项目62个，完成投资16.2亿元。宁德汽车城（南浦）互通、韩赛快速通道廉首大桥建成投用，溪北洋大道全线贯通，湾坞新城小区、鲤鱼顶隧道南洞等项目基本竣工，高速西互通连接线公路、富春大道三期等一批城市主干道加快建设，栖云桥、新殡仪馆开工建设。赛岐梨园自来水厂竣工并实现供水，12个农村饮水巩固提升工程建成投用，罗江自来水厂取水口上移工程开工建设。新增公交线路2条，新建城乡公共停车泊位358个、公厕47座。铺设天然气管道25公里、污水管道14公里。建成龟湖东岸栈道、富春溪湿地公园步道、富春溪西岸绿道长汀段等城市景观工程，新增城市绿化面积13万平方米。新改建农村公路50公里、农村公路生命防护工程90公里，新增“村村通”新能源客车70辆。获评“四好农村路”全省、全国示范县。成立北部片区建设指挥部，北部乡镇13个交通项目完成投资7256万元，县道财洪至上白石镇区公路（上白石大桥）等5条新改建公路竣工通车。

人居环境不断提升。全省乡村产业振兴推进会、宁德市实施乡村振兴战略现场推进会在该市召开。社口、穆云被列为省乡村振兴战略重点特色乡镇，棠溪等15个村被列为省首批“千村试点万村推进”试点村。实施“一事一议”奖补项目150个，落实财政奖补资金3056万元。26个省级“千村整治、百村示范”美丽乡村建设共完成投资1600万元。农村改水完成142个村，农村改厕新建2895户、改造25057户。廉村成为全国农村人居环境整治暨厕所革命现场会观摩点。穆阳荣获国家卫生乡镇称号。率先在宁德市完成铁路沿线村庄人居环境整治任务，小梨等6个村入选全省铁路沿线人居环境整治优秀案例，高速公路沿线118个村庄人居环境整治工作全面启动，农村人居环境整治成为宁德市工作亮点。仙源里等12个村被评为第五批中国传统村落，坎下等5个村被命名为中国少数民族特色村寨，晓阳镇、溪柄镇榕头村等4个镇（村）入选第六批省历史文化名镇名村，大留村入选省首批地名文化遗产千年古村落。

脱贫攻坚精准有效。出台《关于打赢脱贫攻坚战三年行动的实施意见》，造福工程完成搬迁214户877人、农村危旧房改造125户、地灾点整治28个，余下8个贫困村全部实现脱贫摘帽。发放建档立卡贫困户风险补偿金贷款7901万元。实施贫困户产业扶贫项目1981个，投入产业扶贫资金1192万元。实施村级集体经济“进五争十”三年行动，全面消除村集体经济收入在5万元以下的薄弱村，实现241个行政村集体经济收入达10万元以上。全省少数民族特色村寨建设助推民族乡村脱贫攻坚与振兴发展现场观摩交流会在我市召开。下岐村、溪邳村连家船民上岸安居工程成为全国精准扶贫示范点。老挝人民革命党中央总书记、国家主席本扬等外国政要到下岐村学习考察精准扶贫工作。下岐村共接待老挝、越南、泰国等18个国家（地区）外宾9批169人次。

社会保障扩面提标。市财政重点民生支出36.39亿元，占全年公共财政预算支出的77.3%，增长9.2%。49件为民办实事项目基本完成。四大领域民生补短板项目完成投资22.95亿元。新增就业及下岗再就业8515人、农村富余劳动力转移就业6698人。扶持高校毕业生自主创业项目102个，市大学生创业园（孵化基地）建成试运营。建成保障性住房608套。城乡居民医保参保率达99.6%、养老保险扩面任务完成139.3%。基础养老金月人均提高到138元，发放基础养老金1.53亿元。革命“五老”、城乡低保人员年补助标准继续提高，全面实现城乡低保标准一体化，发放城乡低保等各类补助金1.5亿元。新建居家养老服务照料中心2所、农村幸福院64所，市五福圆护理院获评省五星级养老服务机构。“三沿六区”坟墓专项整治基本完成。

各项事业协调发展。新增各类技能人才515人，选任省、宁德市级科技特派员94人。组建国家、省众创空间10家。20家企业通过科技部科技型中小企业评价系统备案认证。新增国家、省高新技术企业14家、省科技“小巨人”领军企业3家。7所学校教学综合楼建成投用，新增学位2250个。高考取得新成绩，义务教育质量名列全省前茅。市职业技术学校获评国家中等职业教育改革发展示范学校。市大剧院投入运营。《中国影像志·福安廉村》荣获第七届亚洲微电影艺术节最佳作品奖，《坦洋·坦洋》荣获中国微电影大赛最佳音乐片奖。《全景福安》荣获第六届全国市（县）电视台推优展播活动最佳作品一等奖。阳头街道黄氏宗祠被列为全国重点文物保护单位，公布福安市级非物质文化遗产代表性项目13个。“兰田暴动”主题公园开工建设。成功举办市第十届职工运动会、富春溪汽车河道越野赛等体育赛事。第二届全国青运会我市运动员李欣怡荣获女子乙组10米气步枪冠军，陈嘉伟、陈杰婷荣获田径4100米混合接力赛冠军。公立医院改革加快推进，完成市医院、赛岐卫生院医疗资源整合。公共卫生服务经费年人均提高到60元。村卫生所一体化管理基本实现全覆盖。新中医院加快建设，潭头卫生院综合楼等6个医疗项目开工建设。民族宗教工作取得新成效。市政府荣获全国民族团结进步模范集体称号。被命名为中国畲族医药文化之乡，《福安畲医畲药》荣获科技部民族医药著作奖一等奖。畲族文化中心开工建设。创建省级文明城市活动深入开展。全国新时代文明实践中心试点县（市）建设通过省级评估。阳春社区获评全国最美志愿服务社区。

社会保持和谐稳定。“七五”普法工作成效良好。推行“最多投一次”信访工作机制，化解各类信访问题137件。扫黑除恶专项斗争深入开展，群众满意率居宁德市第一、全省前列。“飓风肃毒”“两打两控”战果居全省40个重点县（市）前列。市拘留所荣获全国安全隐患整治工作示范公安监所称号，市公安局指挥情报中心成为全省公安机关扁平化指挥体系建设一级达标单位，交警大队女子护学岗中队荣获省人民满意的公务员集体称号。交通事故快处快赔、多元调处、三位一体、警保联动“路上枫桥”工作机制作为公安工作典型经验在全省推广。不良贷款率降至1.69%，实现省、宁德市防控目标。获评全国社会治理创新典范城市。溪邳村获评全国乡村治理示范村。

重点改革加快落地。全面完成机构改革职能划转、人员转录，公务员职务与职级并行改革有序推进。市行政服务中心入驻审批和公共服务事项1442项。工程建设项目审批制度改革实现“六个一”，政务服务基本实现“一网通办”，“一窗受理、集成服务”试点工作顺利推进，营商环境持续改善。农村集体产权制度改革完成集体经济组织成员身份认定，集体林权制度、商事制度等领域改革成效较好。国企改革持续深化，法人治理结构逐步完善，国资监管进一步加强。高质量完成第四次全国经济普查。

（摘编：康明辉）

福鼎市社会发展概况

2019年，福鼎市坚持以习近平新时代中国特色社会主义思想为指导，认真落实习近平总书记重要讲话和指示批示精神，坚持稳中求进工作总基调，坚持新发展理念，落实“六稳”工作要求，主动融入宁德市“一二三”发展战略，对接“湾区宁德”建设布局，突出山海统筹，加快乡村振兴，经济社会总体保持平稳健康发展。全市生产总值增长3%；一般公共预算总收入29.4亿元，增长4%；地方一般公共预算收入18.6亿元，与上年持平；城镇居民人均可支配收入38250元，增长8.5%；农村居民人均可支配收入17880元，增长9%。

一年来社会发展的主要工作和成效是：

城市形象稳步提升。“新绿亮洁”有效推进，滨海新区开发提速，环莲峰山半岛路网基本闭合，百胜山隧道双道通车，福东大道主体完工，城市框架全面拉开。城东北路完成“白改黑”，新改建城市道路、供水管网、燃气管网各15公里、雨污管网24.5公里。园林城市加快打造，新增绿化面积9.9万平方米、绿道慢道15.2公里。桐山溪沿岸夜景照明工程竣工投用，完成城区路灯节能改造1.2万盏，城市夜景更加靓丽。“数字城管”建成运行，成为宁德首个县级城市管理平台。“脏乱堵”整治持续巩固，引进市场化道路维护机制，改造一批背街小巷，新增保洁面积55.2万平方米。客运服务优化完善，动车站检票大厅升级投用。新增停车场4个、公共停车位400个、新能源充电桩60个。厘清法律症结，依法注销桐南片区房屋拆迁行政许可，依法中止发放桐北片区房屋拆迁行政许可。启动桐北片区规划修编，实施南北片区危房收储置换，保障群众住房安全。地下人防工程进入清产核资，合作续建加快对接。停滞楼盘成功“复活”，财富广场恢复续建，建都新天地竣工验收，水岸家园实现交房。

镇村建设卓有成效。太姥山、前岐双双上榜“全国千强镇”，点头入选省级商务特色镇，店下临港工业重镇加快打造，其他乡镇发展各有亮点。深入推进“一革命四行动”，完成建制村改厕改水，开展“两高一线”环境整治，治理“两违”78.7万平方米。坚持问题导向，严格督查问效，认真落实国务院人居环境督查问题整改，全面开展整治“回头看”，加快清运农村陈年垃圾。生活垃圾焚烧发电厂建成投运，嵛山启动垃圾分类试点。“四好农村路”加快实施，晋级改造22公里，完成安防工程20公里，在全省率先实现三级路网市场化养护1490公里。除险加固水库4座。投放村村通新能源客车40辆。新改建10KV电网线路196公里。打造美丽镇村示范村22个、整治村80个，列入省级美丽乡村18个。赤溪全国农村综合改革试点持续深化，入选农业农村部全国乡村振兴典型案例，获评省级四星级乡村旅游村。柏洋入选全国乡村治理示范村候选名单。

环境保护深入攻坚。坚决打好蓝天、碧水、净土保卫战，严肃认真推进中央生态环保督察信访件整改。加强防尘降尘治理，城市空气质量不断改善，优良天数超过360天。文渡集中供热（二期）建成投用，10蒸吨以下燃煤锅炉基本淘汰，合成革挥发性有机物治理初见成效。全面建立市、乡“双河长”制度，硖门溪、福东溪、双岳溪提升改造，建设安全生态水系33公里，6条小流域优良水质比例96.4%。完成南溪水库水源保护区规范化整治、呇里水厂水源保护区调整。

龙安污水管网完成“暗改明”，店下龙安综合污水处理厂投产运行，前岐、硖门、沙埕污水管网加快闭合。海漂垃圾实现常态化治理。综合固废项目稳定运行，开展废铅蓄电池收集转运试点，关闭拆除散乱污企业18家。植树造林5196亩，治理水土流失1.8万亩。建立公检法与林业联席会议机制，涉林案件立案575起、查处505起，有效遏制毁林势头。统筹做好空间规划，强化自然资源保护，基本完成海岸线修测、污染源普查和国土调查。

精准脱贫巩固提升。深入实施打赢脱贫攻坚战三年行动，实行分级管理，全覆盖挂钩，差别化帮扶，投入财政扶贫资金9740万元，发放扶贫小额贷款1.1亿元。45个建档立卡贫困村全部摘帽，2309户7440人建档立卡贫困户全部脱贫。着力解决“两不愁三保障”突出问题，发放在校贫困生补助资金373万元，农村贫困人员定点就医补助比例达95%，造福工程扶贫搬迁8户30人，住房安全改造提升232户709人。发放产业扶贫资金791万元，同步跟进产业扶贫保险，覆盖率居全省前列。

社会事业协调发展。实施教育补短板项目28个，完成投资2.6亿元，新增学位9930个。27所中小学获评省义务教育管理标准化学校、12所获评省教改示范校，中高考成绩分别位居宁德市第一、第二位，普惠性幼儿园覆盖率76.6%。县域综合医改稳步推进，市总医院稳定运行，市医院上榜全国县级医院百强。加快卫生基础设施建设，市二院新院区主体完工。公共文化服务体系逐步完善，县级融媒体中心加快建设，文化艺术中心主体封顶，前岐闽浙边界红色文化展示馆投入使用。城市IP动画片《太姥娘娘与白茶仙子》广获好评，白茶系列微电影《最美的样子3》顺利杀青，《太姥文化丛书》《太姥文化研究资料丛刊》、畲族革命题材长篇小说《风眼》陆续出版。举办“闽东之光·文韵太姥”鲁迅文学奖获得者采风创作、“精品文艺·花开福鼎”原创歌曲展演活动。张元记红茶制作技艺、提线木偶戏入选省级非遗项目。体育事业蓬勃发展，全民健身氛围浓厚，该市运动健儿在全国第2届青年运动会、第11届少数民族运动会上荣获2金5银。

民生保障不断加强。全年民生支出33亿元，占一般公共预算支出83%。29个为民办实事项目扎实推进，6个民生票决项目基本完成。城镇新增就业4627人，发放失业保险金219万元，城镇登记失业率2.9%。应用推广“云住工”系统，有效预防欠薪隐患。社会福利中心（一期）通过初验，桐山、山前社区居家养老中心主体完工，扩建乡镇敬老院13个，新建农村幸福院23个。城乡居民医保政府补助标准提至520元/人，取消大病报销封顶限制，基础养老金每人每月提至138元。住房公积金实现“即提即贷”。配租公租房957套，续建经济适用房468套，改造农村危房655户。加大双拥优抚安置力度，发放各类抚恤补助金2880万元，退役军人服务保障体系实现全覆盖。健全完善社会救助，发放低保金及各类专项救助资金1.1亿元。

平安福鼎持续深化。扎实开展“七五”普法。稳步实施省级社会治理创新综合试点、精神障碍社区康复服务试点。纵深推进扫黑除恶专项斗争，打掉涉恶犯罪集团2个、团伙2个。深入实施“雪亮工程”，高标准建立市综治中心，织密治安防控“七张网”，实现现行命案全破。坚持和发展新时代“枫桥经验”，探索闽浙边界联防联调，信访突出问题积极化解。移风易俗深入人心，文明实践中心建成投用。金融风险有效防控，处置不良贷款6.4亿元，不良率控制在0.9%。“餐桌污染”治理力度加大，食品药品安全状况良好。安全生产形势保持稳定，防灾减灾救灾和应急处置能力不断加强。工青妇、民族、宗教、老龄、老区、移民、残联、统计、档案、保密、外事、侨务、台港澳、计生协、老干部、关心下一代等工作都取得新进展。

（摘编：张海生）

霞浦县社会发展概况

2019年，霞浦县坚持以习近平新时代中国特色社会主义思想为指导，学习贯彻党的十九大和十九届二中、三中、四中全会精神，团结依靠全县人民，充分调动和凝聚一切积极因素，攻坚克难、砥砺奋进，较好完成了年初确定的目标任务。全年地区生产总值增长8.3%；固定资产投资（不含农户）增长20%；公共财政总收入12.77亿元，下降2.4%，地方公共财政收入8.58亿元，下降4.3%；城镇居民人均可支配收入35504元、增长8.7%，农村居民人均可支配收入17772元、增长8.5%。

2019年社会发展主要工作和成效是：

城乡建设聚劲发力。城市建设有序推进。新、改建城市道路8.27公里，牛濑路（龙泉路至六一七路）、山河路（新一中至福鼎楼）、空海大道（山河路至六一七路）等6条道路建成投用。铺设燃气中低压管道22.55公里，接驳小区5个，通气2736户。建成渗滤液处理站二期项目，推进北山里制水车间供水扩建工程和护城河黑臭水体一期、三河流域（城区段）河道二期整治，铺设污水管网8.5公里，清淤疏浚河道4.4公里。府前路全智能立体停车库投入运营。镇容村貌持续改善。强势推进农村人居环境整治，实现乡镇污水处理设施和行政村生活污水治理全覆盖。积极开展“两高一线”“两违两乱”综合整治，“青山挂白”、农村裸房和违章搭盖问题得到有效治理，拆除违章建筑75.38万平方米、坟墓480座、乱滥建寺观教堂和民间信仰场所19座。积极打造三沙光影小镇、长春大京旅游小镇、崇儒畲乡风情小镇，“一镇一品、一镇一韵”发展格局加速形成。沙江竹江村、八堡村和柏洋院边村列入第五批中国传统村落名录。基础设施不断夯实。投入交通建设2.2亿元，新建、改造农村路网65公里，建成生命防护线路33条、整治隐患路段147公里，新建陆岛码头4个，改造罗汉溪、炉坑危桥2座，东冲路A3标段主体完工，溪南东安大桥实现通车，松城涌山路、盐田杯溪路、海岛通乡路等14条“三产路”加快推进。投入电网建设1.3亿元，新增变电容量8万千伏安、线路7.27公里，110千伏赤岸变2号主变扩建、35千伏洪江变2号主变扩建和崇儒、水门输变电工程竣工投运。投入水利建设6760万元，完成盐田、崇儒、北壁、长春小流域治理和杯溪河道安全生态水系建设，建成溪南、下浒、柏洋3座水厂和大墓里水库、三赤水闸除险加固项目，开通西洋岛、官井洋和东吾洋3条渔业专用航道。

三大攻坚有力有效。脱贫攻坚不松劲。认真落实“两不愁、三保障”标准，全县剩余27户87人贫困对象全部脱贫。完成25户83人造福工程搬迁和82户贫困户危旧房改造，发放建档立卡在校生就学补助金490多万元，缴交参保金、女性安康险、政府救助保险等410多万元，投入慢性病、大病救助叠加报销补助金500万元。扩大扶贫小额信贷覆盖面，财政贴息143万元，为1172户贫困户发放贷款3546万元。污染防治不停步。扎实推进第二轮中央生态环境保护督察交办信访件问题整改，交办信访件31件、办结28件，办结率90.3%。划定生态红线，产业准入负面清单、生态修复补偿等长效机制逐步健全。全面落实河（湖）长制，新建安全生态水系12.5公里，综合治理水土流失面积1.1万亩。造林绿化面积5.45万亩，森林覆盖率提高到62.84%，新增国家森林乡村5个、福建省森林村庄7个，牙城镇获评福建省森林城镇。全力抓好海上养殖综合整治和海洋渔业转型升级工作，投入资金近5亿元，清退禁养区渔排4.56万口、藻类1.3万亩，完成渔排改造下水17.55万口，藻类改造下水33.8万亩，发放水域滩涂养殖证142宗、面积32.7万亩，顺利完成了市委、市政府下达的年度清海任务。风险化解不懈怠。至11月末，全县金融机构存贷款余额分别为165.09亿元和183.41亿元，增长11.78%、11.49%；处置不良贷款1.76亿元，不良贷款率1.44%。

百姓福祉持续增进。社会保障力度加大。全年民生支出25.36亿元，占财政支出的72.7%。新增城镇就业3211人，农村富余劳动力转移就业6910人，城镇登记失业率控制在4%以内。全面落实最低生活保障、特困供养、社区养老、优抚安置、救灾救济等政策。累计发放城乡低保资金7400多万元，城乡居民医疗保险、养老保险参保率分别完成市下达任务的102%和97.8%。村（社区）主干基本报酬提高至每月2800元。公共服务供给加强。24个教育补短板项目完成投资2.15亿元，六小、七小、一中宿舍楼等8个项目建成使用，新增学位3690个；创建省级义务教育管理标准化学校9所，认定普惠性幼儿园22所，县职业中专荣获“福建省规范化中等职业学校”称号，县教师进修学校成功创建“福建省示范性县级教师进修学校”，全县高考本一、本科上线率均居全市第一。20个卫生补短板项目完成投资3.8亿元，县医院新院、县精神病医院二期、溪南卫生院扩建项目完成主体工程，建成标准化村卫生所168个、中医馆10个，县医院、中医院分别被国家卫健委、中医药局确定为全面提升县级医院综合能力建设单位。医疗卫生体制改革被列为全国紧密型医疗卫生共同体试点县。24个养老补短板项目完成投资900万元，新建农村幸福院20个，县社会福利中心投入运营。文体事业持续发展。积极实施文化惠民工程，全民健身、文化下乡等活动广泛开展；新建、整合基层综合性文化服务中心79个，设立福建省社科院霞浦海洋文化研究基地，编辑出版《霞浦文学七十年》《顺着味蕾品霞浦》等书籍；霞浦心海合唱团荣获中国合唱节成人组银奖。成功举办2019中国霞浦休闲海钓大赛、福建霞浦（三沙）国际山地马拉松赛、全国山地自行车联赛、第二十届“徐章铎杯”海峡两岸足球邀请赛、霞浦旅游形象大使大赛。霞浦一中高中男子、初中女子足球队分别荣获省青少年校园足球联赛一等奖，U16男子足球队荣获“我爱足球”福建赛区冠军，并代表福建省参加全国赛获第四名。社会大局和谐稳定。平安建设扎实推进，扫黑除恶专项斗争全面深化，禁毒、打击电信网络诈骗等专项行动扎实开展，全县社会治安形势持续好转。成功举办信访工作理论与实践暨“四下基层”研讨会；开展信访积案“百日攻坚”行动，排查化解矛盾纠纷和信访突出问题35件，三沙调解员黄光清获选第三届“福建省十大法治人物”。建成食品安全“一品一码”全过程可追溯体系，落实药品安全风险防控措施，食品药品安全形势持续向好。安全生产形势保持稳定，防灾减灾救灾和应急处置能力不断提升。民族工作和谐发展，宗教领域管理更加规范。

自身建设切实加强。改革开放积极有为。三沙港区扩大开放通过国家级验收；全力优化提升营商环境。深化“放管服”改革，深入实施“一窗受理、集成服务”，加大联审联办机制推行力度，重大投资项目实行“模拟审批”和代办服务。全年梳理“一趟不用跑、最多跑一趟”办事清单806项，全县35个单位893项审批和服务事项入驻网上办事大厅，行政审批事项时限压缩率达33.68%。积极推进街道管理体制改革，完成新析置街道前期工作。新一轮政府机构改革全面完成，机构设置和职能配置进一步优化。法治政府加快建设。严格落实法治政府建设主体责任，深入开展“七五”普法，“一村（社区）一法律顾问”实现全覆盖。荣获全省“七五”普法中期先进集体。自觉接受人大法律监督、政协民主监督，认真听取和吸纳社会各界意见建议，办理人大代表意见建议177件、政协委员提案126件。

2020年全县经济社会发展主要预期目标是：地区生产总值增长8.0%—8.5%；公共财政总收入、地方财政收入分别增长5%、3%；规上工业增加值增长12%；固定资产投资增长12%；出口总值增长6%；实际利用外资增长60%以上；社会消费品零售总额增长10%；城镇居民人均可支配收入增长9%，农村居民人均可支配收入增长9.5%；城镇登记失业率控制在4%以内；完成年度各项节能减排任务。

（摘编：李哲）

寿宁县社会发展概况

2019年8月4日，习近平总书记亲自给下党乡乡亲们回信，全县人民奔走相告、欢腾喜悦，山城迎来千载难逢的历史机遇。顺利退出省级扶贫开发工作重点县，告别了绝对贫困，持续30多年的脱贫攻坚取得阶段性胜利。获评国家生态文明建设示范县，绿色发展成为最强音。一年来，在以习近平同志为核心的党中央坚强领导下，寿宁县坚持以习近平新时代中国特色社会主义思想为指导，认真贯彻党的十九大和十九届二中、三中、四中全会精神，按照省委省政府和市委市政府的决策部署，坚持高质量发展落实赶超，全力稳增长、促改革、调结构、惠民生、防风险、保稳定，经济社会发展取得新成效。全县生产总值增长8.4%；固定资产投资增长10%；一般公共预算总收入5.3亿元、增长4.4%；地方一般公共预算收入3.3亿元、增长0.6%；社会消费品零售总额31亿元、增长11.3%；城镇居民人均可支配收27880元、增长8.5%；农村居民人均可支配收15235元、增长9.3%。

社会发展的主要工作和成效是：

“大城镇”加快推进。东部新城加速开发建设，东区中学等一批先行项目有序实施，“三桥四坝五路”等基础配套项目前期工作全面铺开。旧城改造稳步实施，蟾溪生态治理及城区市政提升工程、三峰公园二三期等项目取得新进展，完成工业路、梦龙街等9个路段市政提升，新增城市绿地1200平方米。梳理城市公共空间，新建盘活停车泊位466个。南阳镇区改造提升进展顺利，闽浙茶都一期等产城融合项目有序推进。

镇村特色更加彰显。完成3个乡镇集镇控制性详规和13个美丽乡村建设规划、14个传统村落保护性发展规划编制。寿宁列入省级乡村振兴重点县，凤阳镇列入省级乡村振兴特色乡镇，竹管垅、水洋等10个村列入省级乡村振兴试点村。犀溪镇获批建设省级森林城镇，溪源等3个村入选首批福建省森林村庄，韶托等6个村列入国家森林乡村推荐名单。

宜居水平稳步提高。县污水处理厂、南阳镇污水处理厂和城区园林绿地养护推向市场化运营。深入开展“一革命四行动”，完成44个村改水、196个村改厕，新建农村厕所9360户，新建改建城乡公厕13座、村庄公厕66座。全面完成农村房屋安全隐患排查整治。加快“两高一线”沿线村庄环境整治，农村房屋外立面改造869座、土坯房整治124座、平改坡237座，补植绿化9400平方米。深化“两违”治理，拆违面积26.26万平方米。路长制工作扎实开展，乡村公路绿化景观提升100公里。推广应用新能源客车31辆，新建充电桩60个，全县行政村实现村村通客车。

脱贫攻坚精准高效。全县建档立卡贫困人口全面脱贫。深入实施“我+1”产业扶贫计划，投入产业扶贫专项资金1618万元，帮助贫困户发展增收项目2280个。新增小额扶贫信贷4594万元，覆盖率61.84%。成立农业担保融资有限公司，担保贷款1300万元。首创预防因病因灾致贫返贫保障险，贫困群体致贫返贫风险有效降低。加大教育精准扶贫力度，发放补助438万元。落实贫困人口“先诊疗、后付费”政策，住院报销比例达96%。造福工程同步搬迁97人，农村危房改造599户。

污染防治卓有成效。中央环保督察反馈问题整改基本完成。全面推行河湖长制，制定河湖名录，完成河道岸线和河岸生态保护蓝线划定。深入开展饮用水源地环境安全隐患排查，完成7个饮用水源地问题整改和20座小水电站最小下泄流量改造、3家加油站双层罐防渗改造。集中式生活饮用水水源地、国控断面水质和小流域水质达标率均为100%。完成7家煤改电、煤改气企业大气减排项目，二氧化硫等排放有效削减，空气质量优良率100%。建立县域土壤监测网络体系，开展小微企业危废集中收集试点，关停“散乱污”企业7家。森林防火和林业有害生物防治不断加强。植树造林2600亩，森林抚育2.8万亩，综合治理水土流失1709公顷。

民生保障力度加大。全县民生支出15.56亿元，占一般公共预算支出的81.9%。29件为民办实事项目基本完成，90个民生社会事业补短板项目加快实施。发放就业创业服务补助资金867万元、创业担保贷款1762万元，城镇新增就业人1112人，农村劳动力转移就业人3500人，城镇登记失业率控制在2.31%。积极创建和谐劳动关系，三祥新材股份有限公司获评全国模范劳动和谐企业。农村低保标准由5100元提升至6456元，实现城乡低保标准一体化。城乡社区居家养老服务运营中心投入使用，被省民政厅评为五星级养老服务设施。建成茗溪社区老年人照料中心和25个农村幸福院。开展乡镇敬老院公建民营试点，床位使用率达50%。茗溪完成撤村改居工作。

公共服务有效供给。鳌阳小学获评全国教育系统先进集体。寿宁一中一级达标高中创建硬件基本达标，寿宁二中创建三级达标校通过市级复评。鳌阳中学改造提升工程竣工验收。城区“五校迁建”、平溪“三校联动”加快实施。15个“全面改薄”项目完成建设。新建乡镇公办幼儿园3所，规范提升民办幼儿园7所，新增普惠性学位450个。“壮腰工程”扎实推进，“两香”校园文化品牌在全市推广。医药卫生体制改革持续深化，药品零差率有效落实。县医院二期病房大楼实现竣工，县康复医院主体完工。完成鳌阳社区卫生服务中心改造和7所乡镇卫生院中医馆建设，新建改建村卫生所22个，基层医疗卫生服务体系不断完善。

文体事业更加繁荣。寿宁列入全国首批革命文物保护利用片区分县名单。乌金紫砂陶制作技艺列入第六批省级非物质文化遗产代表性项目名录。卢明基被中国茶叶流通协会授予“中国制茶大师”称号。成功举办庆祝新中国成立70周年文艺晚会，“闽东之光·寿宁梦龙”文化周等节庆活动精彩纷呈。袁程飞获举重世界杯赛暨东京奥运会资格赛亚军，陈杰获第二届全国青运会田径乙组银牌，寿宁健儿在省青少年锦标赛、市第五届运动会上佳绩频传。“寿宁高山茶”杯山地越野赛、“不忘初心·难忘下党”屏峰越野赛顺利举办。新建老年人健身康乐家园26个、新增多功能运动场2个。

社会秩序保持稳定。“平安寿宁”建设纵深推进，扫黑除恶专项斗争强力开展，群众安全感明显提升。圆满完成大庆安保维稳任务，信访工作态势平稳可控。组建全市公安机关首支女子骑行队，成为城区交通“靓丽风景线”。安全生产形势总体稳定，食品药品安全保障有力，防灾减灾和应急处置能力不断提升。退役军人县乡村三级服务体系全面建成，尊崇军人氛围更加浓厚。国防及人民防空建设得到加强，武警官兵、消防救援队伍在维护稳定、抢险救灾等方面发挥重要作用。涉老机构和组织不断发展壮大。双拥支前、扶残助残工作深入开展。统计、档案、党史地方志等事业健康发展。

法治建设深入推进。全面推进法治政府建设，完善政府法律顾问制度，推行县政府常务会议定期学法制度，领导干部尊法学法守法用法意识明显提升。自觉接受人大依法监督、政协民主监督和社会各界监督，广泛听取代表委员意见，74件人大代表议案建议、7工件政协委员提案全部办复。

（摘编：赵旭东）

周宁县社会发展概况

2019年，周宁县坚持以习近平新时代中国特色社会主义思想为指导，以习总书记给寿宁下党乡乡亲的回信重要精神为动力，全面贯彻党的十九大和十九届二中、三中、四中全会精神，既沉心静气、稳中求进，又抢抓机遇、攻坚克难，较好地完成了年初既定的目标任务，全面建成小康社会取得了新的重大进展。

2019年社会发展主要工作和成效是：

立足城乡统筹，高质量发展的空间更广。规划引领“走前头”。启动周宁“多规合一”编制及信息系统平台建设，完成城区排洪防涝和污水专项规划，以及纯池等6个乡镇总规批复和140个村庄规划分类工作。全省县城规划帮扶提升现场会在周宁召开，我县获得连续3年每年500万元奖补。城区面貌新变化。城区加速向西延伸拓展，三源大道、鲤鱼溪南路实现通车，仙风大道、龙潭北路等项目加快建设，工人文化宫、公安和司法（森林公安）业务技术用房投用。老城区基础设施进一步改善，兴业街、中兴街、东洋溪（一期）夜景工程全面完工，城北片区等综合改造项目完成预期目标，整治背街小巷17条，铺设雨污分流管道19公里，改造供水管网15公里，新增公共停车位250个。城区环卫保洁、园林绿化、公厕管理、河道修复实现市场化运营，新增城市公交线路3条、社区巴士30辆，清理“两违”、拆除违规广告牌匾、机关围墙等18万平方米，城市管理进一步规范。乡村发展劲头足。完成补充耕地697亩，实施旧村复垦214亩，建成高标准农田9800亩，全县耕地保有量16.5万亩、高于市下达指标，粮食安全责任制有效落实。继续实施“百千万亿”产业计划，完成高山冷凉花卉、高山蔬菜、高山水果3个专项规划编制。省级现代茶业产业园和茶叶绿色高质高效项目稳步实施，建成物联网平台，生态有机茶园突破1万亩。出台《促进花卉产业发展十三条措施》，成功引进延周百合、向山兰园、三杉生物科技等龙头花企。首届“农民丰收节”“风物福建·找到周宁”活动成功举办，“滴水购”“印象周宁”等电商平台上线运行。加强农村人居环境整治，深入实施“一革命四行动”，开展“两高”沿线村庄整治，新建城乡公厕29座，投入“村村通”新能源汽车33辆，涌现出龙住院、坂坑等宜居示范村，芹溪等10个村入选省级乡村振兴试点村，紫竹等8个村列入中国传统村落名录。

抓好“三大攻坚战”，高质量发展的基础更稳。精准脱贫决胜在望。全县在册建档立卡贫困人口和35个贫困村全部脱贫、出列，省级扶贫开发重点县退出指标全面达标并通过市级审核。“两不愁、三保障”稳定实现，筹集资金5000多万元统一运营，收益用于贫困村村财收入和完全无劳力贫困家庭兜底保障；全县义务教育阶段无一人因贫辍学、无一户因学返贫，贫困人口大病报销救助比例提高至医疗总费用的95%，住房和饮水安全有效保障。生态环境持续优化。坚决落实中央生态环境保护督察交办件整改工作，第一轮整改工作全部完成销号，第二轮交账销号率69.2%，超过序时目标进度。综合治理水土流失1250亩，植树造林5111亩，森林覆盖率72.3%，生态保护红线得到优化调整，空气达标比例100%，小流域水质全面达到或优于Ⅲ类标准。以防控金融风险为重点，成立县金融办，出台《金融服务周宁经济高质量发展十二条措施》，大力加强普惠金融工作，引进中国银行在周宁设立分支机构，信用乡镇、信用村分别达5个、80个，预计全年金融机构贷款余额比增20.4%、增幅全市第一，不良贷款率降至0.62%、全市最低。

扩大改革开放，高质量发展的活力更强。重点改革步伐加快。序时完成政府机构改革，职能分工更加优化，权责边界更加清晰。农村土地承包经营权确权进入颁证扫尾；农村集体产权制度改革完成清产核资，并试点集体资产市场化运营改革，村集体经济收入达10万元和5万元的行政村分别占55%、100%。深化“放管服”改革，县级行政审批服务事项“最多跑一趟”“一趟不用跑”占入驻事项的97%；推进商事制度改革，办理“多证合一”营业执照1300多份，新增市场主体1535户、注册资金达30亿元。政府投资小规模建设工程“阳光平台”通过项目423个，涉及资金3.7亿元；财审审减率达7.7%，节省财政资金3000多万元。坚持“花钱必问效”，财政资金绩效管理覆盖率连续三年居全市前列。圆满完成第四次全国经济普查。开放合作持续拓展。

聚焦民生改善，高质量发展的成果更实。社会保障力度加大。全年财政用于民生支出14.9亿元，占一般公共预算支出的85%。24项为民办实事项目全面完成。新增城镇就业1011人，城镇登记失业率为3.3%。推进全民参保计划，社会保障提标扩面，农村低保标准从每人每年5100元提高到6456元，被征地农民养老保障金标准从每人每月110元提高到255元，退役士兵社保接续工作全面完成。建成17所农村幸福院、2个居家养老服务照料中心，基层社会救助实现全覆盖。公共服务稳步提升。尊师重教的氛围更加浓厚，职业成人教育学校正式投用，第三实验幼儿园等一批补短板项目竣工，全年教育硬件投资达1.4亿元，新增学位3720个；出台教育内涵建设提升质量《意见》，教师职称评聘、继续教育、名师名校长培养等激励政策全面实施。医改工作稳步推进，公立医院薪酬制度改革有效落实，医保基金运行质量居全市前列，县医院门急诊大楼和精神病康复医院主体工程基本完工，新（改、扩）建村卫生所80所。113名科技特派员活跃在“三农”一线，全国首个“中华鲟保种中心”落户周宁。竞技体育和全民健身活动蓬勃开展。社会大局和谐稳定。继续实施“雪亮工程”，城乡公共区域视频监控近4000路，总量居全市山区县首位；公安执法办案实现“六位一体”智能化管理，“公安+保险”模式得到省市肯定。开通全省首个“扫黑除恶”综治云平台，专项斗争形成压倒性态势。健全社会矛盾排查预警机制，扩大法律援助、司法救助覆盖面，一批信访积案和行政诉讼案件得到化解。安全生产形势保持稳定，防灾减灾救灾和应急处置能力不断提升，工程治理消除地质灾害隐患点22个，非洲猪瘟、松材线虫等疫情防控有效，成功创建全国平安农机示范县、省级农产品质量安全县、省级食品安全社会共治示范县。

提升治理效能，高质量发展的环境更优。坚持重大事项向县委报告制度，自觉接受人大监督，广泛听取政协和社会各界意见，办理县人大代表建议110件、县政协委员提案97件。大力整治形式主义、官僚主义，县政府发文数量和全县性会议分别下降46%、46.7%。坚决落实国家减税降费政策，全年为企业减负近6000万元。深入实施“回归工程”，建立引资引智长效机制，聘请38名专家担任政府顾问，与北京大学等高校达成意向合作项目7个。出台优化营商环境政策文件，建成县创新创业孵化中心。落实关心关爱干部措施，住房公积金缴存基数在全市率先按工资总额统筹，乡镇机关工作人员待遇高于县直机关同职级干部20%的政策即将实施。推动工作绩效改革，重日常和实绩，变“相马”为“赛马”，比学赶超氛围更加浓厚。强化全县政务新媒体规范管理，严把政治关法律关保密关。

2020年周宁县主要预期目标是：地区生产总值增长10%；规上工业增加值增长15%；一般公共预算总收入和地方级一般公共预算收入分别增长5%、8%；固定资产投资增长15%；实际利用外资持平；社会消费品零售总额增长10%；城乡居民人均可支配收入分别增长9%、10%；节能减排完成省市下达目标任务。

（摘编：黄万良）

柘荣县社会发展概况

2019年，柘荣县在以习近平同志为核心的党中央坚强领导下，坚持以习近平新时代中国特色社会主义思想为指导，全面贯彻落实党的十九大和十九届二中、三中、四中全会精神，坚持稳中求进工作总基调，深入贯彻新发展理念，主动融入全市“一二三”发展战略，聚焦“六个着力”，狠抓“六大计划”，突出项目引领、着力脱贫攻坚、推进园区建设、实施乡村振兴、统筹城乡发展、驱动改革创新、补齐民生短板，促进经济社会平稳健康发展。全县实现地区生产总值增长10%；固定资产投资增长10%；社会消费品零售总额增长10.5%；一般公共预算总收入4.3亿元，下降5.7%，地方一般公共预算收入2.51亿元，下降9.7%；城镇居民人均可支配收入29293元，增长9%；农村居民人均可支配收入15749元，增长10%。

一年来社会发展的主要工作和成效是：

城乡环境焕发新貌。提升城乡连接和对外开放通道，完成国道104柘荣城关过境公路A2标段项目建设和省道S201柘荣城关至柘泰交界段路面硬化，省道S201鸳鸯头叉口至东源桥头段公路建设顺利推进。城市建设管理进一步加强，县城总体规划完成中期评估，老城区、东部新城、南部新城控制性详细规划及新城城市设计得到优化。完成滨河路改造提升，文昌北路白改黑、塔下路、安亭路建设加快实施。“三边三节点”柳城东西路及周边景观提升工程和全民健身漫步道（一期）建设全面竣工，并在全省县城规划建设管理帮扶现场会上作典型经验发言。持续开展城区绿化美化亮化工程，推进“智慧城市”建设。新改建城区停车场4个、新增停车位269个。持续推进“两违”整治，拆除违建11.89万平方米，腾出土地7.91万平方米。乡村人居环境大幅改善，实施12个美丽乡村建设，完成全县行政村农村改厕、污水和生活垃圾治理。农村危旧房改造和高速沿线环境综合整治工作全面推进。加快“四好农村路”建设，新建农村公路31.24公里、安保工程19公里，实现“村村通客车”。坚决打好污染防治攻坚战，县垃圾无害化处理场改造一期完成主体工程，县综合污水处理厂PPP项目加快推进，第二污水处理厂及配套管网建成试用，结合龙溪污水治理和道路建设铺设污水管网7公里。积极开展海绵城市试点工作，新建改造雨水管道7公里。深化水环境保护治理，启动“智慧河长”建设，并完成青岚水库水系连通工程竹家楼水库大坝、赛江三期柘荣段、石山溪流域安全生态水系、前山下村段防洪堤及清淤工程、石山洋防洪排涝工程、榴坪溪安全生态水系等工程建设。县城乡供水一体化试点项目顺利启动。积极争创国家级森林县城，新增造林绿化面积6689亩、赎买重点区位商品林3800亩，治理水土流失15400亩，建成国家级森林村庄2个、省级森林村庄5个。县林业局被国家林业和草原局评为全国生态建设突出贡献先进集体。

乡村振兴扎实推进。认真贯彻落实习总书记回信重要精神，以高度的责任感、使命感抓好精准脱贫，加快乡村振兴步伐。现行标准下贫困发生率下降至零，建档立卡贫困户全部实现脱贫，贫困村全部退出，脱贫摘帽进入考核验收阶段，全县人民朝全面建成小康社会目标奋力前行。集中力量解决“两不愁三保障”突出问题，健康医疗、教育资助、安全住房、低保兜底等扶贫政策全面落实。实施产业扶贫、就业扶贫项目1446个，拨付建档立卡贫困户发展资金432.83万元，发放小额信贷扶持资金1422万元。把产业振兴作为乡村振兴的“头号工程”，大力实施太子参产业振兴计划、茶叶区域品牌培育计划、农业龙头企业培育计划，培育壮大“2+N”特色农业产业体系，培育省级家庭农场示范场7家、农民专业合作社7家、农业产业化龙头企业31家，创建市级以上休闲农业示范点3个、“三品一标”农产品9个。城郊乡被列入第九批全国“一村一品”示范村镇，并入选全国农业产业强镇示范建设项目，启动全国首个产业化、智能化太子参植物工厂建设。天人药业牵头创办的全市首家省级农业产业化联合体获批成立。加快推进总投资77亿元的145个乡村振兴项目建设，10个省级试点村、16个县级试点村建设初见成效，创建“绿盈乡村”36个。

发展环境持续优化。全面完成新一轮政府机构改革，动态调整权力清单、责任清单。并联审批、“多证合一”“一窗受理、集成服务”等制度全面推行，“一趟不用跑”和“最多跑一趟”事项占所有审批事项的90%，全年新增各类市场主体1578户，增长17.48%。完成第四次全国经济普查和第三次全国国土调查外业调查和建库工作。启动农村股份合作制改革，土地确权登记颁证、农垦改革“两个三年”任务、农场办社会职能改革基本完成。医药卫生体制改革持续深化，县总医院运行机制不断健全，公立医院薪酬制度改革和绩效考核以及医保基金总额付费改革试点等工作稳步推进。深化财税体制改革，减税降费政策全面落实。出台优化营商环境措施44项，设立县政府质量奖，为企业发展注入新动力。强化金融风险管控，全县金融机构贷款余额38亿元，增长12.3%。

社会事业普惠民生。社会保障体系不断健全，10件为民办实事项目基本完成。城乡低保标准统一提高到6456元，城乡居民养老保险参保率为99.8%。新增经济适用住房供给380套，落实廉租住房租赁补贴90户，配租配售率达100%。创建“无欠薪项目部”31个，覆盖职工2230人。社会事业协调发展，实施民生补短板项目43个，完成投资7.2亿元。教育振兴扎实推进，三中综合楼等一批补短板项目建成投用，中高考再创佳绩，一中高分通过“一标”校复评，机关幼儿园获评省级示范园，我县顺利通过省“两项督导”评估。成功举办庆祝新中国成立70周年主题教育系列宣传活动和“闽东之光·柘荣剪纸”文创周。文化艺术中心、游泳馆、凤岐吴氏大宅修缮保护等项目顺利推进。分级诊疗制度深入实施，45所村卫生所实现基础设施、基本设备双达标，下转至基层医疗机构患者1.3万余人次。农村养老机构覆盖率提升至61%，每千名老年人口拥有养老床位41.6张。社会治理扎实有效，关爱留守儿童“133”工作经验在全省推广，社区矫正和安置帮教工作居全市前列。进一步改革完善全县应急管理体系，全面提升应急管理综合能力，及时有效应对自然灾害，安全生产形势保持稳定。加强食品药品安全监管，全年未发生食品安全事故。双拥共建工作扎实开展，军民共建活动富有成效。深化“平安柘荣”创建工作，推进“雪亮工程”建设，完善治安防控体系，扫黑除恶专项斗争取得实效。群众信访答复率100%，矛盾纠纷调处成功率99.3%。群众安全感率达99.71%，位列全省第六、全市第一。广泛开展法治文化建设和法治创建工作，被评为全省“七五”普法中期先进县。

自身建设全面加强。全面贯彻落实中央八项规定及其实施细则精神和省、市《实施办法》有关规定，认真落实“基层减负年”措施，持之以恒纠正“四风”，“三公”经费持续下降。严格落实全面从严治党主体责任和意识形态工作责任制，切实履行“一岗双责”，增强“四个意识”、坚定“四个自信”、做到“两个维护”。严格执行重大行政决策十条规定，政府决策科学化、民主化、法治化水平不断提升。自觉接受人大、政协监督，定期报告、通报工作，办理县人大代表建议62件、县政协委员提案93件，办复率均达100%。大力弘扬“马上就办、真抓实干”优良传统作风，强化政府效能督查和绩效考核，行政运行更加顺畅高效。强化审计监督和权力运行监督，开展村级财务“一年一审一结”，村级财务管理水平全面提升。

（摘编：赵旭东）

古田县社会发展概况

2019年，古田县坚持以习近平新时代中国特色社会主义思想为指导，全面贯彻党的十九大和十九届二中、三中、四中全会精神，以坚持高质量发展落实赶超为主线，扎实推进稳增长、促改革、调结构、惠民生、防风险、保稳定各项工作，经济社会发展稳中向好。全县生产总值增长8.5%；一般公共预算总收入12.1亿元、增长3.1%，地方一般公共预算收入8.1亿元、增长3.6%，扣除减税降费影响，一般公共预算总收入、地方一般公共预算收入分别增长12.4%、9.3%；固定资产投资增长10.5%；社会消费品零售总额增长9.3%；城镇居民人均可支配收入33480元、增长8.5%，农村居民人均可支配收入18801元、增长10%。

2019年社会发展主要工作和成效是：

夯基础、强功能，城市品质日益提升。新型城镇化试点扎实开展，返乡创业就业政策有效落实，常住人口城镇化率达47.9%。实施重点市政项目19个，完成投资2.03亿元。印石公园跨路、跨河天桥建成投用，滨河东路建成通车，古屏路二期及雨污分流、县第二水厂一期、城西片区供水站建设完工。建成人才主题展示馆、二期人才公寓102套，文化“三馆”即将封顶。新改建供水管网9.8公里、雨污管网16.1公里，新增城区停车位152个，改造提升园林景观5.3万平方米。旧城改造试点稳步推进，上井垅片区完成68%拆迁协议签订，文安、胜利片区完成1107户房屋分户测绘。与光大集团完成城区环卫保洁和垃圾转运交接，实现城区环卫作业和垃圾清运市场化运营。“两违”专项治理持续深化，拆除违建47万平方米。

抓典型、强示范，乡村振兴扎实推进。出台乡村振兴战略规划，创新“两库”建设，建成全市首个乡村振兴学院。筛选确定25个乡村振兴重点培育村，杉洋、前洋、金翼、端上等省级示范村累计完成投资1.8亿元，试点示范效应初显。19个村入选第五批中国传统村落名录。平湖端上村成功列入省级重点改善提升历史文化名镇名村和传统村落。卓洋半山村村民住宅小区成为省农村建筑工匠培训会观摩点。“一革命四行动”深入推进，创新开展农村人居环境整治大比拼活动。全面完成行政村改厕改水，累计改水279个村(居)、改厕6110户。新改建村镇卫生公厕150座，改造农村危房488户。高铁沿线环境综合整治全面完成，高速沿线环境综合整治完成年度任务。农村基础设施建设力度加大，新增高效节水灌溉面积5000亩、高标准农田1.5万亩，完成农村电网改造89公里，提升改造县乡道100公里。投放新能源小型乘用车59台，全县行政村实现100%通客车。

抓重点、克难点，三大攻坚战有效突破。脱贫攻坚取得决定性胜利。顺利实现省级扶贫开发工作重点县脱贫“摘帽”，建档立卡贫困人口全部脱贫，71个建档立卡贫困村全部脱贫退出。产业、教育、健康、住房安全、低保兜底等政策有效落实，整村推进工作扎实开展，为全面建成小康社会奠定坚实基础。金融风险有效防范。政司银企联动协作持续深化，处置不良贷款4100万元，不良贷款率降至1.96%。“民富中心”模式被《人民日报》《新华社》等中央主流媒体专题报道。金融机构贷款余额150.6亿元、增长10.6%。污染防治成效明显。中央、省环保督察反馈问题有效落实整改，第二轮中央生态环境保护督察信访件办结率达80%以上。轻微污染天气防范和应急处置能力持续提升，城区空气质量达标天数比例达99.6%。河（湖）长制纵深推进，全省首个“智慧湖泊”管理平台——翠屏湖流域水质在线监测项目建成运行，闽江流域山水林田湖草生态修复工程深入推进，17条省级小流域达到或优于Ⅲ类标准。第二次全国污染源普查全面完成。9个矿山治理工程通过市政府复查验收。造林绿化9509亩，治理水土流失1.2万亩。

抓改革、促创新，营商环境不断优化。全面落实工程建设项目审批制度改革，工程建设项目审批时间压缩至90个工作日以内。企业开办时间压缩至3个工作日、环节减至3个。认真落实各项惠企政策，累计兑现财政扶持奖励资金2176万元、新增减税降费1亿元。深化“放管服”改革，50个高频事项实现“一趟不用跑”、100个高频事项实现“最多跑一趟”。网上行政审批系统完成全面提升改造，网上可办率达90%以上，71%以上审批服务事项实现“一窗受理”。新建行政服务中心项目完成选址和招标备案等前期工作。

补短板、促和谐，民生保障稳步增强。财政在保障和改善民生上持续加力，民生支出22.5亿元，占财政支出84.8%。15项为民办实事项目按序时推进。社会保障力度加大。新增城镇就业3068人、农村劳动力转移就业2336人。新增各类参保人员5万多人。发放城乡低保资金及农村特困供养资金3519万元。机关事业单位退休人员、城乡居民、企业职工养老金待遇稳步提高，为1846名超过60周岁城乡居民落实退休待遇。城市低保户、特困人员房屋修缮工作全面启动。老年养护院竣工验收，新增3家居家养老服务照料中心、25所农村幸福院，10所敬老院实现公建民营。教育事业全面发展。实施教育建设项目14个，完成投资1.5亿元。松台小学投入使用，城西幼儿园等6个项目完成主体封顶。教育“两项督导”顺利完成省级督导评估迎检工作，50所学校通过市级示范性学校、标准化学校评估，古田一中通过省一级达标高中学校复查。全市高考文科第一名花落古田。医疗卫生服务更加健全。古田县总医院成立并运行，补齐县医院“六大中心”医疗设备配置，完成乡镇卫生院、社区卫生服务中心“新六件”配备。县医院迁建项目动工建设，同仁医院项目主体封顶，县精神病防治院迁建项目顺利竣工。县医院入选国家全面提升县级医院综合能力创建名单。文体活动异彩纷呈。成功举办第十一届“海峡论坛·陈靖姑文化旅游节”及陈靖姑信俗文化两岸交流活动。拍摄并播出大型纪录片《千年临水情》28集。古田籍运动员在市第五届运动会上取得46金34银26铜的好成绩。社会治理有效提升。扫黑除恶专项斗争取得阶段性成效，禁毒整治成效明显，社会治安持续向好。信访工作扎实推进。“七五”普法扎实开展，获评全国中期先进县。食品药品安全风险有效防控。

转作风、提效能，自身建设切实加强。扎实开展“不忘初心、牢记使命”主题教育，增强“四个意识”，坚定“四个自信”，做到“两个维护”。坚决扛起全面从严治党主体责任，严格落实中央八项规定及其实施细则精神和省市县《实施办法》，不折不扣落实“基层减负年”要求，坚决整治形式主义、官僚主义。全面深化二级绩效管理，机关效能建设有效提升。认真执行人大决议决定，主动向政协通报情况，办复人大代表建议58件、政协提案92件。加强法治政府建设，规范重大行政决策程序，持续推进政务公开，重大事项决策公开化透明化。

2020年古田县经济社会发展主要预期目标是：全县生产总值增长7.5%、力争8%；一般公共预算总收入增长3%，地方一般公共预算收入增长3%；固定资产投资增长10%；农林牧渔业总产值增长4%；规上工业增加值增长14%；社会消费品零售总额增长7.5%；外贸出口13.5亿元；实际利用外资增长5%；城镇居民人均可支配收入增长8.5%；农村居民人均可支配收入增长9%；完成年度节能减排任务。

（摘编：杨立群）

屏南县社会发展概况

2019年，屏南县坚持以习近平新时代中国特色社会主义思想为指导，坚持高质量发展落实赶超，主动融入市委“一二三”发展战略，落实县委“六个三”工作要求，团结带领全县人民携手共进、攻坚克难，扎实推进稳增长、促改革、调结构、惠民生、防风险、保稳定各项工作，实现省级扶贫开发工作重点县“摘帽”退出，较好地完成了年初确定的各项目标任务。初步统计，全年实现地区生产总值增长10%；固定资产投资增长10%；社会消费品零售总额25亿元，增长10%；实际利用外资2692万元；一般公共预算总收入6.64亿元，增长6.1%，其中地方一般公共预算收入同口径增长4.5%；城镇居民人均可支配收入30057元，增长9.3%；农村居民人均可支配收入16008元，增长9.5%。

社会发展主要工作和成效如下：

城市面貌持续改善。实施城乡民生基础设施建设项目35个，完成投资6亿元。东区旅游生态城功能配套进一步完善。G235溪坪段、上洋头大道、城区高速出入口、文化西路、南洋路等城区道路提升改造项目基本建成或投入使用，城区一环路实现闭合。公交枢纽应急指挥中心、水景公园建成主体，长汾中路、文化路西段等一批公建项目以及中心城市广场等商住项目加快建设，“两宫三校四中心”、龙湖路、夏鑫南路北段等项目启动前期工作。城区路灯改造与强电缆化工程一期、河道污水收集工程一期、一中立体停车场和城区LNG储存气化站建成投入使用，新增公共停车位150个、公共充电桩38个，新建城区污水管网7公里、供水管网8公里、燃气管道10公里、城市公厕6个、园林绿地121亩。新投放一批新能源公共汽车、共享电动车，引进大型商超永辉超市入驻。城市基础设施和公共服务持续改善，市民生活出行更加便捷。

乡村振兴持续发力。乡村文创呈现新格局。建成先锋厦地水田书店、前汾溪中国美院社会美育综合实践基地等一批文创项目，龙潭－四坪、厦地－前汾溪、双溪－前洋等文创基地集聚发展。文创推进乡村振兴经验列入省委深改办改革典型复制推广案例并上报中央深改办。先后承办中组部深度贫困地区加快发展专题班、住建部中国传统村落保护发展培训班、文旅部中国传统村落保护与文化扶贫双创人才培训班、福建省传统村落保护与活化利用现场会等活动，承接省内外党校现场教学90多批5000多人。新华社将龙潭村作为全国四方位代表之一，向全国人民表达新年祝福；《中华民居》杂志将“龙潭模式”誉为文创激活古村的“中国样本”。乡村发展焕发新活力。完成乡村振兴战略规划、乡村振兴产业发展规划及10个省级乡村振兴试点村村庄规划编制。坚持“一村一品”，形成王林芙蓉李、半圳茶树菇、仕洋高山蔬菜、岭下高山葡萄、村头百香果、北墘老酒、降龙脐橙等一批产业特色村。深入开展省级农村集体产权制度改革试点县工作，基本完成农村土地承包经营权确权登记颁证，新增两权抵押贷款1.5亿元。扎实推进省级“十县百镇千村”信息化示范县建设，龙潭村率先在全市开通村级5G基站。乡村面貌展现新颜值。完成房屋安全隐患整治294栋，实施美丽乡村项目12个、传统村落保护项目4个，新增国家级传统村落7个、省级历史文化名村5个。建设与改造乡村公路31公里，熙岭乡、代溪镇获评“四好农村路”市级示范乡镇。

新增乡镇公共停车位50个、乡村公厕13座。乡村治理取得新成效。作为全省唯一县份入选全国开展美好环境与幸福生活共同缔造活动第一批试点县，熙岭乡党委被省委、省政府授予人民满意的公务员集体称号。

绿色理念持续树牢。第二轮中央环保督查交办13个信访件全部完成整改，并全部验收销号。建成棠口溪上培至园坪河段生态整治项目，新建3个饮用水水源地水质自动监测站。霍童溪流域屏南段、闽江流域屏南段和省控园坪断面水质均达Ⅲ类标准，城乡饮用水源水质监测达标率100%。全面落实河湖长制，智慧河长信息平台建成投入使用，水电站下泄流量整改任务全部完成。城区定点屠宰场加快建设，9个乡镇污水处理设施建成或投入使用。完成造林绿化7500亩、治理水土流失1.03万亩、治理修复矿山80亩。新增“绿盈乡村”76个，岭下村、棠口村获评省级森林村庄。完成第二次全国污染源普查、第三次全国国土调查、生态保护红线评估自查工作。

民生福祉持续增进。脱贫攻坚成效显著。全国第二批农村改革试验区扶贫开发综合改革试点工作得到农业农村部肯定，大数据信贷扶贫经验在全国扶贫小额贷款培训会上作交流发言。推行“强精健体”工作法，投入6818万元实施脱贫攻坚项目273个，发放产业扶贫专项资金2156万元、贫困家庭子女助学金138万元、医疗扶贫救助资金46.3万元，实施住房质量提升工程97户，完成造福工程46户174人，新增公益岗位214个，全县建档立卡农村贫困人口全部脱贫，39个贫困村全部“摘帽”退出，全面消除村集体经济年经营性收入5万元以下“薄弱村”。公共服务明显提升。24个为民办实事项目有效落实。省政府教育“两项督导”获优秀等级。一中新校区、新蕾幼儿园、甘棠幼儿园投入使用，屏城和熙岭幼儿园通过验收。列入省市名师名校长培养工程32人，陆桂梅老师获全国优秀教师称号。医疗卫生体制改革持续推进，中医院门诊医技综合楼、精神病院二期、疾控中心实验室综合楼主体建成，8个乡镇卫生院项目加快推进，县医院医学影像诊断中心、心电诊断中心建成，全面完成一体化村所建设。路下乡、代溪镇获评国家级卫生乡镇，熙岭乡、双溪镇获评省级卫生乡镇。白水洋运动休闲体验基地入选国家体育产业示范项目。第二届全国青年运动会获得1金2银。列入全国首批革命文物保护利用片区。建成20个基层综合性文化服务中心，完成漈下建筑群、福文化展示中心等一批文物保护工程。宁德市乡村文化振兴工作现场推进会、全省非国有博物馆培训班在屏南召开。社会保障力度加大。全面实现城乡低保标准一体化，农村低保标准从5100元提高到6456元。全面实施全民参保计划，城乡居民医疗保险综合参保率97.2%，城乡居民养老保险参保率96.5%。新增城镇就业800人，城镇登记失业率控制在4%以内。提升改造农村幸福院15个、乡镇敬老院7个。弘扬拥军优属优良传统，慰问重点优抚对象439万元，为退役军人家庭悬挂光荣牌3300多面。社会治理不断提升。深入实施“七五”普法，率先在全市完成人民陪审员选任和乡镇公共法律服务站全覆盖，人民调解工作经验在全省推广。深入开展党政领导大接访活动，群众信访按“路线图”处理答复率100%，有效化解信访积案及信访突出问题29件。强化金融风险防范化解工作，加大民间标会专项整治力度，不良贷款率降至1.3%。大庆安保维稳任务圆满完成，扫黑除恶专项斗争扎实推进，社会舆情监测引导持续加强，食品药品安全保障有力，安全生产形势总体平稳，社会大局保持和谐稳定。

政府形象持续优化。机构改革稳步推进。实现涉改部门职能调整优化整合，工作任务衔接有序。深化综合行政执法改革，组建市场、交通、农业、文化旅游等4个领域综合行政执法队伍，构建多部门协调配合工作格局。营商环境持续优化。开展“营商环境优化提升”行动，出台优化营商环境正向激励实施办法等政策，梳理公布“一趟不用跑”和“最多跑一趟”事项937项，压缩企业开办时间至1.5个工作日，推行企业简易注销改革。全面开展工程建设项目审批制度改革，整合报建审批事项11项。

（摘编：林学军）

平潭综合实验区社会发展综述

2019年是中华人民共和国成立70周年，也是习近平总书记来岚视察5周年。平潭综合实验区在省委省政府和实验区党工委的坚强领导下，坚持以习近平新时代中国特色社会主义思想为指导，深入贯彻落实习近平总书记对平潭的重要指示批示精神，牢牢把握“一岛两窗三区”战略定位，坚持稳中求进工作总基调，坚持新发展理念，扎实做好“六稳”工作，统筹推进稳增长、促改革、调结构、惠民生、防风险、保稳定，握指成拳深化攻坚行动，心无旁骛实施“八大工程”，奋力推动经济社会高质量发展。全年完成地区生产总值280.4亿元，增长9.1%；一般公共预算总收入70.8亿元，增长17%，其中上划中央收入25.3亿元，增长14.5%；地方一般公共预算收入45.5亿元，增长18.4%；固定资产投资与上年度持平；社会消费品零售总额75亿元，增长9.2%；进出口总额95.4亿元，增长61.6%；实际利用外资13.8亿元；城镇登记失业率3.25%；城镇居民人均可支配收入41780元，增长8.1%；农村居民人均可支配收入17460元，增长9.1%；节能减排完成省政府下达指标。

一年来社会发展的主要工作和成效是：

“八大工程”引领发展。实施党的建设主体责任工程，深入开展“不忘初心、牢记使命”主题教育，社会生态明显好转，干部精气神更加饱满。实施经济发展产业培育工程，发挥产业扶持政策效应，产业发展迈出重大步伐。实施特色鲜明滨海旅游工程，打造北部生态廊道、猴研岛、象鼻湾旅游新名片，文旅融合催生新业态新动能。实施两岸同胞共同家园工程，对台工作10件实事有效落实，“两个同等待遇”落深落细，台胞台企登陆第一家园桥头堡更具活力。实施体制机制改革创新工程，机构改革稳步推进，营商环境进一步优化，改革开放再出发的优势进一步显现。实施民生保障补齐短板工程，统筹推进各项社会事业发展，群众幸福感获得感持续提升。实施基础设施完善配套工程，加快补齐城市功能短板，城乡面貌焕然一新。实施社会治理专项提升工程，坚决推进扫黑除恶，深化七大专项行动，移风易俗破除陋习，社会治理成效明显。通过一年来的努力，“八大工程”延续了“七大攻坚”的良好态势，实现圆满收官。

两岸融合走深走实。大力推动应通尽通、平潭先通，新增“平潭－高雄”客货直航航线，全年往来两岸旅客超过19万人次，台胞占60%以上。两岸经贸合作更加紧密，累计进口农渔产品货值突破4亿元，增长2.6倍，对台进出口贸易额19.5亿元，增长24%，新增台企170家。对台职业资质和行业标准采认持续扩大，已直接采信95小项台湾职业资格，60多家台企落地备案。社会融合持续深化，启动建设台胞社区，设立全国首个“一站式”台胞台企服务中心，全国首创向台胞发放金融信用证书，台胞使用“麒麟卡”超过1500张。民间互动频繁活跃，成功举办第八届共同家园论坛、第四届海峡两岸村里长交流会等两岸交流活动40多场次，两岸融合治理试点村居扩大至55个。文化交流扎下深根，国台办、国家文物局批准设立海峡两岸南岛语族考古教学实习基地，两岸国学中心被评为福建省对台交流基地。通过一年来的努力，“两岸一家亲”理念在平潭形成了更加生动的实践。

国际旅游岛加快建设。扎实推进全域旅游示

范区建设，获评中国最美文化生态旅游名区、中国体育旅游十佳目的地。创新运营模式，大力招大商、招好商，引进华侨城集团、世茂集团、佳源集团，打造竹屿湾欢乐南岛、大练海峡恋岛、南寨山开发等文旅综合项目。拓展乡村旅游，东美古村、磹水风韵古村完成首期改造提升，北港文创村获评首批全国乡村旅游重点村。完善景区配套，持续推进重点景区改造提升，建成一批生态停车场、旅游厕所、观景平台。挖掘文化内涵，抓紧抢救词明戏、闽剧等地方特色传统文化，壳丘头考古遗址公园入选全国重点文物保护单位，南岛语族考古文化研究影响力不断扩大。打响“平潭蓝”品牌，成功举办旅游嘉年华系列活动，沙滩排球、风筝冲浪、自行车赛等高端运动赛事常态化开展。全年接待游客580万人次，增长20%。通过一年来的努力，平潭旅游知名度、美誉度进一步提升。

城市品质日益提升。进一步强化规划引领，高质量完成《平潭综合实验区国土空间规划(2018—2035)》编制工作，并获省委省政府审议通过。投入逾60亿元用于城市基础设施建设。坚持生态优先，坚决打好污染防治攻坚战，“麒麟活脉”“绿岛花城”项目有序推进，建设安全生态水系22.4公里，新增绿化1.35万亩，空气质量综合指数位居全省首位，荣获“国家森林城市”称号。市政道路加速成网，高铁中心站站前广场城市综合体和周边路网建设加快推进，新建城市道路13条、改建市政道路4条，城市交通“中梗阻”之弊逐步突破。市政配套更加完善，完成金井新城夜景提升工程，新客运站投入运营，餐厨垃圾处理厂正式启用，新建和改造城区供水、污水管网67公里，建成3个市民休闲公园。深入开展全国文明城市创建工作，市民整体素质明显提升。城市管理逐步规范，基本建成2个立体停车场、1个地下停车场，新增车位730个，处置“两违”22.8万平方米，完成省下达年度目标152%，搭建数据中心，社会治理智能化水平持续提升。通过一年来的努力，城市发展不断刷新颜值、彰显气质。

乡村振兴扎实推进。实施乡村振兴战略规划，获批首批国家城乡融合发展试验区，上楼村、红卫村等20个村列入省级乡村振兴工作试点村。特色农业打出品牌，“岚坤牌”甘薯获中国绿色食品博览会金奖，“平潭紫菜”获批“农产品地理标志”。粮食安全基础进一步夯实。农村集体产权制度改革基本完成。农村交通更加通达，乡镇实现100%通二级路、建制村实现100%通公交，完成农村示范路建设100公里，获评“四好农村路”全省示范县。人居环境整治力度加大，实施农村“厕所革命”，新建和改造城乡公厕86座，建设改造三格化粪池2000户，4个离岛实现生活垃圾无害化处理，基本完成农村污水治理一期工程。坚决打好精准脱贫攻坚战，区定扶贫开发对象241户838人全部脱贫，脱贫攻坚质量和水平显著提升。通过一年来的努力，全面建成小康社会取得了新的重大进展。

民生福祉持续增进。全年财政投入民生支出近70亿元，占一般公共预算支出的75%。完成特殊教育学校、社区卫生服务中心、24小时城市书房等为民办实事项目。社会事业短板加快补齐，新改扩建中小学校、普惠制幼儿园8所，厦门大学平潭研究院正式揭牌；持续深化医疗体制改革，实行“三保合一”，7家基层医疗卫生机构完成提升改造；完善文体公共服务体系，完成广播电视高清改造，建成33个全民健身路径，组织文化惠民活动1500场次。社会保障水平持续提升，新增城乡就业1850人，率先实施城乡低保一体化，低保标准从每人每年5544元提高到7920元，养老保障水平居于全省前列，基本建成棚改安置房1943套、公共租赁房1488套，新增20家农村幸福院、2个社区居家养老服务照料中心。坚决打好防范化解重大风险攻坚战，不良贷款率全省最低，政府债务余额严格控制在核定限额内。安全生产形势总体稳定，应急防灾减灾救灾能力持续提升。龙凤路获评省级食品安全示范街。社会治理不断创新，全面深化“七五”普法，老年协会规范登记注册率达到100%，破获首个涉黑案件，打掉2个恶势力犯罪集团、6个恶势力犯罪团伙，群众安全感满意率升幅居全省第一。与此同时，国防动员、民族宗教、统计、信访、人防、科普、气象、保密、档案等工作继续加强，广播影视、新闻出版、文学艺术以及老年人、妇女儿童、残疾人、慈善等各项事业都取得了长足进步。

一年来，平潭综合实验区坚持以习近平新时代中国特色社会主义思想武装头脑、指导实践，坚持在实验区党工委领导下开展工作。深入推进依法行政，提请省人大常委会修改《平潭综合实验区条例》，自觉接受人大监督、民主监督、监察监督、行政监督、司法监督和社会监督，办理代表建议 133 件、委员提案 139 件，办结率均为 100%。不折不扣落实“基层减负年”要求，大力整治形式主义、官僚主义，一批历史遗留问题和信访积案有效化解。加强机关效能建设，持续整治“庸懒散”、不作为、慢作为、乱作为，树立了忠诚干净担当的良好形象。

2020 年是全面建成小康社会和“十三五”规划收官之年。收官之年要打好决胜之战。平潭综合实验区要以习近平新时代中国特色社会主义思想为指导，全面贯彻党的十九大和十九届二中、三中、四中全会精神，深入贯彻中央经济工作会议和省委十届九次全会、省委经济工作会议精神，紧紧围绕统筹推进“五位一体”总体布局和协调推进“四个全面”战略布局，坚持稳中求进总基调，坚持新发展理念，坚持以供给侧结构性改革为主线，坚持以改革开放为动力，紧咬全面建成小康社会和“十三五”规划目标不放松、紧盯高质量发展要求不发散，发扬斗争精神、深化“八大工程”，全面做好“六稳”工作，统筹推进稳增长、促改革、调结构、惠民生、防风险、保稳定，持续掀起新一轮创业热潮，奋力推进“一岛两窗三区”建设。综合研判宏观经济环境，深入分析当前发展态势，明确了平潭综合实验区发展的主要预期目标是：地区生产总值增长 9%，力争更快一些；一般公共预算总收入增长 12%；地方一般公共预算收入增长 12%；固定资产投资增长 10%；进出口总额增长 15%；实际利用外资增长 10%；社会消费品零售总额增长 10%，居民消费价格涨幅控制在 3% 左右；城镇居民人均可支配收入增长 8.5%，农村居民人均可支配收入增长 9.5%；生态指标完成或超额完成省下达的任务。

（摘编：吴强）

第七篇

统计数据

说明：

本篇内容摘自《2020福建统计年鉴》，采用近三年的数据（除注明外）。

（摘编：王诗诚）

福建省行政区划（2019年底）

设区市名称	县级行政单位数（个）				县级行政单位名称
	合计	县	县级市	市辖区	
总　计	85	44	12	29	
福州市	13	6	1	6	鼓楼区　仓山区　台江区　马尾区　晋安区　长乐区　福清市　闽侯县　连江县　罗源县　闽清县　永泰县　平潭县
厦门市	6			6	思明区　海沧区　湖里区　集美区　同安区　翔安区
莆田市	5	1		4	城厢区　涵江区　荔城区　秀屿区　仙游县
三明市	12	9	1	2	三元区　梅列区　永安市　明溪县　清流县　宁化县　大田县　尤溪县　沙县　将乐县　泰宁县　建宁县
泉州市	12	5	3	4	鲤城区　丰泽区　洛江区　泉港区　石狮市　晋江市　南安市　惠安县　安溪县　永春县　德化县　金门县
漳州市	11	8	1	2	芗城区　龙文区　龙海市　云霄县　诏安县　漳浦县　长泰县　东山县　南靖县　平和县　华安县
南平市	10	5	3	2	延平区　建阳区　邵武市　武夷山市　建瓯市　顺昌县　浦城县　光泽县　松溪县　政和县
龙岩市	7	4	1	2	新罗区　永定区　漳平市　长汀县　上杭县　武平县　连城县
宁德市	9	6	2	1	蕉城区　福安市　福鼎市　霞浦县　古田县　屏南县　寿宁县　周宁县　柘荣县

平均每天主要社会经济活动

项　　目	2010	2018	2019
一、全省每天创造的财富			
地区生产总值（亿元）	41.10	105.99	116.15
农林牧渔总产值（亿元）	6.10	11.59	12.70
工业总产值（亿元）	65.22	158.17	173.08
一般公共预算总收入（亿元）	5.63	13.82	14.10
#地方一般公共预算收入	3.15	8.24	8.36
一般公共预算支出（亿元）	4.64	13.24	13.91
原煤（吨）	66924	25142	22787
原盐（吨）	915	630	598
发电量（万千瓦时）	37159.45	63392.33	65929.81

续表

项　　目	2010	2018	2019
粗钢（吨）	29778	57553	65487
钢材（吨）	36728	79889	102402
生铁（吨）	15310	26913	28441
水泥（吨）	158718	240635	258716
平板玻璃（重量箱）	74385	135602	140108
布（万米）	854. 80	2951. 78	2815. 20
纱（吨）	5061	15595	15915
服装（万件）	800. 75	1293. 17	1452. 06
机制纸及纸板（吨）	11837	21135	22058
农用化肥（吨）	1586	1867	2473
烧碱（吨）	551	1015	1068
彩色电视机（台）	24742	26835	21667
卷烟（箱）	4623	4686	4816
罐头（吨）	5567	8662	8163
粮食（吨）	16018	13660	13532
油料（吨）	605	582	604
甘蔗（吨）	1526	716	719
茶叶（吨）	747	1146	1205
水果（吨）	13993	17529	18674
肉类（吨）	5277	7015	6990
水产品（吨）	16094	21428	22317
食用菌（吨）	2090	3461	3654
二、全省每天消费量			
能源消费量（万吨标准煤）	25. 18	35. 98	37. 58
社会消费品零售总额（亿元）	16. 48	47. 06	51. 77
三、每天其他经济活动			
国际旅游外汇收入（万美元）	815. 96	2490. 85	2806. 43
能源生产总量（万吨标准煤）	8. 93	11. 19	11. 93
货运周转量（亿吨公里）	8. 17	20. 97	22. 73
客运周转量（万人公里）	17774. 25	31596. 71	32603. 29
货物进出口总额（万美元）	29802. 81	51390. 58	52900. 35
出口总额（万美元）	19587. 16	31694. 62	32926. 90
进口总额（万美元）	10215. 66	19695. 96	19973. 45
主要港口货物吞吐量（万吨）	89. 55	152. 90	162. 97
邮电业务总量（万元）	32717. 53	69124. 11	106322. 19

续表

项　　目	2010	2017	2018
邮寄函件（万件）	69.04	25.48	13.03
图书出版总印数（万份）	21.23	31.40	39.41
杂志出版总印数（万份）	8.06	6.80	5.91
报纸出版总印数（万份）	273.92	215.22	202.22
四、全省每天婚姻变动			
结婚对数（对）	1038	750	658
离婚对数（对）	120	251	267

全省法人单位数和从业人员数（2019 年）

项　　目	法人单位数（个）			从业人员数（万人）
		单产业法人	多产业法人	
按登记注册类型分	**941290**	**921351**	**19939**	**1793.72**
内资	926938	907577	19361	1628.04
国有	36747	33497	3250	122.20
集体	7359	6703	656	12.61
股份合作	375	319	56	5.68
联营	324	322	2	0.47
国有联营	38	38		0.08
集体联营	97	96	1	0.15
国有与集体联营	28	28		0.03
其他联营	161	160	1	0.21
有限责任公司	25809	24088	1721	227.67
国有独资公司	2191	1960	231	33.80
其他责任有限公司	23618	22128	1490	193.87
股份有限公司	2090	1634	456	47.23
私营	775297	763564	11733	1140.59
私营独资	51455	51060	395	39.71
私营合伙	10260	10204	56	9.15
私营有限责任公司	708780	697746	11034	1065.61
私营股份有限公司	4802	4554	248	26.12
其他	78937	77450	1487	71.59
港澳台商投资	9647	9332	315	105.69
合资经营（港或澳、台资）	2309	2213	96	22.58
合作经营（港或澳、台资）	76	73	3	0.58

续表

项　　目	法人单位数（个）	单产业法人	多产业法人	从业人员数（万人）
港、澳、台商独资经营	7092	6895	197	77.82
港、澳、台商投资股份有限公司	98	84	14	4.23
其他港澳台商投资	72	67	5	0.48
外商投资	4705	4442	263	59.99
中外合资	1315	1243	72	14.49
中外合作	33	32	1	0.51
外商独资	3189	3019	170	40.13
外商投资股份有限公司	80	66	14	3.31
其他外商投资	88	82	6	1.55
按机构类型分	**941290**	**921351**	**19939**	**1793.72**
企业	819712	804242	15470	1602.47
事业单位	26728	25534	1194	79.15
机关	7717	5876	1841	34.35
社会团体	16479	16436	43	8.08
其他	70654	69263	1391	69.67
按行业分	**941290**	**921351**	**19939**	**1793.72**
农、林、牧、渔业	51198	51080	118	43.98
农业	26884	26837	47	24.70
林业	5960	5930	30	5.99
畜牧业	7378	7362	16	5.19
渔业	6161	6149	12	4.85
农、林、牧、渔服务业	4815	4802	13	3.25
采矿业	1569	1532	37	6.91
煤炭开采和洗选业	120	114	6	2.37
石油和天然气开采业				
黑色金属矿采选业	227	215	12	1.18
有色金属矿采选业	167	162	5	0.61
非金属矿采选业	998	984	14	2.70
开采辅助活动	38	38		0.02
其他采矿业	19	19		0.03
制造业	135042	133765	1277	541.18
农副食品加工业	5485	5398	87	25.14
食品制造业	3976	3907	69	18.93

续表

项目	法人单位数（个）	单产业法人	多产业法人	从业人员数（万人）
酒、饮料和精制茶制造业	5117	5034	83	13.26
烟草制品业	11	10	1	0.59
纺织业	5055	5015	40	29.79
纺织服装、服饰业	9704	9597	107	49.85
皮革、毛皮、羽毛及其制品和制鞋业	10566	10506	60	69.63
木材加工和木、竹、藤、棕、草制品业	5476	5433	43	15.51
家具制造业	4272	4239	33	10.67
造纸和纸制品业	3553	3532	21	12.08
印刷和记录媒介复制业	2969	2929	40	7.50
文教、工美、体育和娱乐用品制造业	9341	9271	70	32.23
石油加工、炼焦和核燃料加工业	250	244	6	1.38
化学原料和化学制品制造业	3492	3437	55	12.78
医药制造业	670	654	16	4.29
化学纤维制造业	231	231		4.28
橡胶和塑料制品业	6788	6750	38	23.98
非金属矿物制品业	16995	16883	112	47.16
黑色金属冶炼和压延加工业	493	487	6	7.52
有色金属冶炼和压延加工业	660	647	13	6.32
金属制品业	10794	10720	74	23.93
通用设备制造业	7171	7114	57	18.34
专用设备制造业	6548	6493	55	16.43
汽车制造业	1740	1724	16	12.06
铁路、船舶、航空航天和其他运输设备制造业	871	868	3	4.15
电气机械和器材制造业	4395	4351	44	24.31
计算机、通信和其他电子设备制造业	3551	3482	69	34.76
仪器仪表制造业	1016	996	20	4.09
其他制造业	2126	2114	12	6.90
废弃资源综合利用业	656	648	8	1.09
金属制品、机械和设备修理业	1070	1051	19	2.23
电力、热力、燃气及水生产和供应业	6424	6228	196	16.40
电力、热力生产和供应业	5202	5068	134	13.18
燃气生产和供应业	172	141	31	0.80
水的生产和供应业	1050	1019	31	2.42

续表

项目	法人单位数（个）	单产业法人	多产业法人	从业人员数（万人）
建筑业	45252	42563	2689	443.64
房屋建筑业	13407	12035	1372	291.18
土木工程建筑业	8729	7943	786	77.30
建筑安装业	3924	3726	198	10.16
建筑装饰和其他建筑业	19192	18859	333	65.00
批发和零售业	317458	313146	4312	212.11
批发业	181867	180011	1856	123.61
零售业	135591	133135	2456	88.50
交通运输、仓储和邮政业	19662	18885	777	45.18
铁路运输业	39	37	2	0.08
道路运输业	11239	10956	283	24.71
水上运输业	1206	1163	43	3.28
航空运输业	123	115	8	3.01
管道运输业	7	7		0.01
多式联运和运输代理业	4341	4197	144	5.04
装卸搬运和仓储业	1731	1694	37	3.84
邮政业	976	716	260	5.21
住宿和餐饮业	14732	14093	639	28.09
住宿业	5126	4980	146	13.13
餐饮业	9606	9113	493	14.96
信息传输、软件和信息技术服务业	46518	46083	435	43.65
电信、广播电视和卫星传输服务	802	724	78	5.90
互联网和相关服务	8305	8233	72	7.33
软件和信息技术服务业	37411	37126	285	30.42
金融业	3773	3263	510	27.06
货币金融服务	1332	1074	258	10.26
资本市场服务	1314	1298	16	1.22
保险业	505	285	220	14.84
其他金融业	622	606	16	0.74
房地产业	21837	20631	1206	42.50
房地产业	21837	20631	1206	42.50
租赁和商务服务业	99757	98293	1464	97.54
租赁业	7233	7137	96	5.85

续表

项目	法人单位数（个）	单产业法人	多产业法人	从业人员数（万人）
商务服务业	92524	91156	1368	91.69
科学研究和技术服务业	40404	39532	872	33.90
研究和试验发展	7519	7474	45	4.31
专业技术服务业	17463	16734	729	21.19
科技推广和应用服务业	15422	15324	98	8.40
水利、环境和公共设施管理业	6225	6083	142	12.23
水利管理业	647	627	20	0.68
生态保护和环境治理业	947	926	21	0.99
公共设施管理业	4064	3971	93	10.25
土地管理业	567	559	8	0.31
居民服务、修理和其他服务业	17847	17445	402	21.34
居民服务业	7770	7555	215	10.50
机动车、电子产品和日用产品修理业	7097	6963	134	5.76
其他服务业	2980	2927	53	5.08
教育	22422	21397	1025	66.03
教育	22422	21397	1025	66.03
卫生和社会工作	6777	6623	154	21.17
卫生	5087	4946	141	19.54
社会工作	1690	1677	13	1.63
文化、体育和娱乐业	25113	24806	307	20.32
新闻和出版业	335	327	8	0.74
广播、电视、电影和影视录音制作业	2980	2930	50	2.84
文化艺术业	8710	8638	72	5.88
体育	3163	3079	84	2.53
娱乐业	9925	9832	93	8.33
公共管理、社会保障和社会组织	59280	55903	3377	70.49
中国共产党机关	1543	1407	136	2.45
国家机构	14881	13035	1846	40.62
人民政协、民主党派	271	259	12	0.34
社会保障	262	256	6	0.37
群众团体、社会团体和其他成员组织	24966	24906	60	12.57
基层群众自治组织	17357	16040	1317	14.14

各设区市按机构类型分的法人单位数（2019 年）

单位：个

地区	法人单位数	企业法人	事业法人	机关法人	社团法人	其他法人
福建省	941290	819712	26728	7717	16479	70654
福州市	174456	153771	4616	1275	4338	10456
厦门市	188781	182683	1271	444	1228	3155
莆田市	62711	55597	2029	458	833	3794
三明市	44734	30957	2895	1010	1638	8234
泉州市	243683	224684	4169	1087	3398	10345
漳州市	78912	63662	3939	1084	1227	9000
南平市	53527	38301	3712	865	1364	9285
龙岩市	40763	30820	1964	679	1378	5922
宁德市	53723	39237	2133	815	1075	10463

各设区市按行业门类分的法人单位数（2019 年）

单位：个

项目	福建省	福州市	厦门市	莆田市	三明市	泉州市	漳州市	南平市	龙岩市	宁德市
农、林、牧、渔业	51198	6208	1515	2269	7228	6668	7092	7342	3638	9238
采矿业	1569	51	10	18	534	232	132	149	356	87
制造业	135042	13461	21757	7105	5321	56094	12369	6704	4279	7952
电力、热力、燃气及水生产和供应业	6424	642	171	161	1285	831	789	838	1021	686
建筑业	45252	11547	8884	2511	1827	9501	3857	2742	2024	2359
批发和零售业	317458	52597	69017	30658	9998	94992	22726	13172	11806	12472
交通运输、仓储和邮政业	19662	4134	5156	728	1089	3601	1945	1157	883	969
住宿和餐饮业	14732	3234	4127	878	448	2966	1160	582	652	685
信息传输、软件和信息技术服务业	46518	12745	15829	2316	1105	7801	2393	1577	1372	1380
金融业	3773	1263	1216	92	149	453	183	134	140	143
房地产业	21837	4656	4906	1168	1128	4432	2058	1246	1084	1159
租赁和商务服务业	99757	25492	24624	4377	2886	23748	6663	4478	3022	4467
科学研究和技术服务业	40404	10565	10594	1971	1545	7673	3276	1723	1424	1633
水利、环境和公共设施管理业	6225	1006	919	353	620	992	880	560	419	476
居民服务、修理和其他服务业	17847	4020	5322	888	579	3423	1370	818	640	787
教育	22422	4073	4690	1573	1152	4128	2842	1381	1387	1196
卫生和社会工作	6777	1816	782	330	585	1051	616	717	455	425
文化、体育和娱乐业	25113	5158	6518	1164	983	5749	1920	1429	1110	1082
公共管理、社会保障和社会组织	59280	11788	2724	4151	6272	9348	6641	6778	5051	6527
国际组织										

人口　就业　工资

主要年份年末常住人口及人口变动

年　份	常住总人口（万人）	按性别分类		按城乡分		人口出生率（‰）	人口死亡率（‰）	人口自然增长率（‰）	人口密度（人/平方公里）
		男	女	城镇	农村				
2017	3911	1997	1914	2534	1377	15.00	6.20	8.80	316
2018	3941	2016	1925	2593	1348	13.20	6.20	7.00	318
2019	3973	2021	1952	2642	1331	12.90	6.10	6.80	321

各种受教育程度人口占总人口的比重

单位:%

项　　目	1982 年	1990 年	1995 年	2000 年	2010 年	2018 年	2019 年
大专以上	0.6	1.2	1.4	3.0	8.4	11.2	11.4
高中（含中专）	5.7	7.0	6.7	10.6	13.9	15.9	15.8
初中	12.6	16.9	20.4	33.5	37.9	38.6	38.7
小学	36.3	43.2	43.8	37.8	29.8	25.8	25.9

注：1982 年、1990 年、2000 年及 2010 年为人口普查数，1995 年、2018 年和 2019 年为人口抽样调查样本数。

家庭户类型构成

单位:%

项　　目	1982 年	1990 年	2000 年	2010 年
一人户	7.7	5.8	9.1	12.1
二人户	8.2	8.6	15.5	17.2
三人户	12.2	16.8	25.4	24.3
四人户	17.1	23.6	24.7	21.7
五人户	18.4	21.4	15.8	13.7
六人户	14.7	11.8	5.9	6.4
七人户	10.1	5.9	2.2	2.6
八人户	11.6	2.9	0.8	1.1
九人户		1.4	0.3	0.5
十人及以上户		1.8	0.3	0.4

六次全国人口普查人口基本情况

项　　目	1953 年	1964 年	1982 年	1990 年	2000 年	2010 年
一、总户数和总人口						
家庭户（万户）	320	360	514	658	874	1121
总人口（万人）	1285	1676	2587	3005	3410	3689
男	662	869	1331	1543	1757	1898
女	623	807	1256	1462	1653	1791
性别比（女性 = 100）	106.4	107.8	105.9	105.6	106.3	106.0
平均每户人数（人/户）	4.0	4.7	4.9	4.4	3.6	3.0
二、城乡人口（万人）						
城镇人口		223	548	642	1432	2106
乡村人口		1453	2039	2363	1978	1583
城镇化率（%）		13.3	21.2	21.4	42.0	57.1
三、民族人口（万人）						
汉族人口			2562	2958	3351	3610
占总人口比重（%）			99.0	98.4	98.3	97.8
少数民族人口			25	47	59	80
占总人口比重（%）			1.0	1.6	1.7	2.2
四、人口年龄构成						
0—14 岁人口（万人）	460	709	945	946	760	571
占总人口比重（%）	35.8	42.3	36.5	31.5	22.3	15.5
15—64 岁人口（万人）	782	914	1530	1907	2422	2828
占总人口比重（%）	60.9	54.5	59.1	63.5	71.0	76.7
65 岁及 65 岁以上人口（万人）	43	53	113	152	228	291
占总人口比重（%）	3.3	3.2	4.4	5.0	6.7	7.9
百岁老年人口（人）	16	14	45	143	373	1058
男	3	2	7	16	46	221
女	13	12	38	127	327	837
总抚养比（%）	**64.2**	**83.3**	**69.2**	**57.6**	**42.2**	**30.5**
少儿抚养比	58.8	77.6	61.8	49.6	32.7	20.2
老年抚养比	5.4	5.8	7.4	8.0	9.5	10.3
老少比（%）	9.2	7.4	12.0	16.1	30.1	51.0
平均预期寿命（岁）			**68.50**	**70.50**	**72.55**	**75.76**
男			66.20	68.40	70.30	73.27
女			70.70	72.60	75.07	78.64
五、受教育人口						
每十万人拥有小学及以上文化程度人口（人）						
小学		26716	36334	43213	40200	29801

续表

项　　目	1953 年	1964 年	1982 年	1990 年	2000 年	2010 年
初中		5070	12601	16891	35700	37886
高中及中专		1826	5716	6991	11300	13876
大专以上		439	608	1228	3200	8361
文盲人口			651	477	327	90
文盲率（%）		58.8	25.2	15.9	9.6	2.4
六、劳动力和就业状况						
劳动适龄人口（万人）	701	816	1364	1710	2188	2556
男（16—59 岁）	367	444	736	911	1148	1353
女（16—54 岁）	335	372	628	799	1040	1203
占总人口比重（%）	54.6	48.7	52.7	56.9	64.2	69.3
七、各种婚姻人口占 15 岁及以上人口比重（%）			**100**	**100**	**100**	**100**
未婚			28.4	25.1	24.1	22.9
有配偶			63.4	67.8	69.6	70.6
离婚			0.6	0.6	0.7	1.1
丧偶			7.6	6.5	5.6	5.4
八、婚姻状况						
育龄妇女人数（万人）	319	354	608	778	1006	1121
生育旺盛期组（女 20—29 岁）	106	109	212	293	328	359
生育率（‰）			94.4	90.8	32.9	
总和生育率			2.7	2.4	1.0	
九、人口自然变动						
出生率（‰）	36.67	38.59	27.91	24.44	11.60	11.27
死亡率（‰）	12.55	8.68	6.35	6.71	5.85	5.16
自然增长率（‰）	24.12	29.91	21.56	17.73	5.75	6.11

就业基本情况

项　　目	2010 年	2018 年	2019 年
就业人员合计（万人）	**2241.59**	**2791.37**	**2781.26**
第一产业	636.54	584.98	548.85
第二产业	820.89	982.23	909.65
第三产业	784.16	1224.15	1322.76
就业人员构成（%）			
第一产业	28.4	21.0	19.7
第二产业	36.6	35.2	32.7
第三产业	35.0	43.8	47.6
按城乡分就业人数（万人）			

续表

项　　目	2010 年	2018 年	2019 年
城镇非私营单位就业人员	**507.14**	**705.36**	**639.58**
#国有单位	155.51	155.75	147.14
集体单位	16.58	9.97	9.32
股份合作单位	8.14	5.41	5.47
联营单位	1.95	0.45	0.32
有限责任公司	87.40	332.76	276.30
股份有限公司	31.28	51.17	52.97
港澳台商投资单位	110.25	87.61	84.33
外商投资单位	81.88	55.50	48.58
城镇私营和个体从业人员	**338.64**	**691.24**	**833.32**
乡村就业人员	**1395.81**	**1394.77**	**1308.35**
城镇非私营单位在岗职工人数（万人）	**485.94**	**588.80**	**522.82**
国有单位	145.74	128.45	118.99
城镇集体单位	15.38	7.55	6.66
其他单位	324.83	452.79	397.16
私营单位从业人员数（万人）	**362.67**	**579.79**	**617.59**
城镇登记失业人数（万人）	**14.49**	**17.33**	**16.81**
城镇登记失业率（%）	**3.77**	**3.71**	**3.50**

全社会就业情况（年底数）

年份	从业人员数（万人）							城镇登记失业人数（万人）	城镇登记失业率（%）
	合计	#城镇非私营单位在岗职工	国有单位	城镇集体单位	其他单位	#城镇个私劳动者	#劳务派遣人员		
2017	2805.74	566.62	133.44	7.62	425.56	697.53	51.35	17.15	3.87
2018	2791.37	588.80	128.45	7.55	452.79	691.24	58.14	17.33	3.71
2019	2781.26	522.82	118.99	6.66	397.16	833.32	55.95	16.81	3.50

城镇非私营单位企业、事业、机关年末在岗职工人数

单位：万人

年　份	总　计	企　业	事　业	机　关
2017	566.62	455.58	76.43	32.19
2018	588.80	477.25	75.75	33.10
2019	522.82	407.65	75.74	33.93

城镇非私营单位企业、事业、机关在岗职工含劳务派遣人员平均工资

年　份	平均货币工资（元）				指数（上年＝100）			
	总　计	企　业	事　业	机　关	合　计	企　业	事　业	机　关
2017	69029	63578	90614	93891	109.3	107.5	112.8	116.6
2018	76266	69939	101857	107169	110.5	110.0	112.4	114.1
2019	84374	77020	111146	112462	110.6	110.1	109.1	104.9

城镇非私营单位从业人员平均劳动报酬（2019 年）

单位：元

项　　目	单位从业人员	在岗职工	劳务派遣人员	其他从业人员
合　计	**81814**	**87117**	**58066**	**56546**
按企事业机关分				
企业	75384	78465	61906	60254
事业	105976	116863	50633	39276
机关	106713	128508	46516	38576
按国民经济行业分				
农、林、牧、渔业	51430	64591	36718	22859
采矿业	61314	60062	99019	68664
制造业	71641	71600	60486	92491
电力、热力、燃气及水生产和供应业	119694	128380	68142	51331
建筑业	64846	65818	61506	64442
批发和零售业	82363	84072	60094	68165
交通运输、仓储和邮政业	90085	93558	69366	54885
住宿和餐饮业	46387	46648	49291	37374
信息传输、软件和信息技术服务业	124370	126897	70158	94147
金融业	116732	173602	83150	44222
房地产业	81052	83526	57568	46095
租赁和商务服务业	62639	65659	48127	41335
科学研究和技术服务业	118649	124193	76120	59562
水利、环境和公共设施管理业	62162	67133	41359	35423
居民服务、修理和其他服务业	66063	67087	50975	56294
教育	96557	104712	47526	36420
卫生和社会工作	119961	127791	62951	61996
文化、体育和娱乐业	84160	93254	47049	36344
公共管理、社会保障和社会组织	106176	127501	46858	37764
按三次产业分				
第一产业	51430	64591	36718	22859
第二产业	70108	71486	61501	66536
第三产业	95811	105315	53443	44688

城镇非私营单位在岗职工含劳务派遣人员平均工资（2019 年）

单位：元

行　　业	在岗职工平均工资	国有单位	集体单位	其他单位
合　计	**84374**	**111211**	**79508**	**76019**
按企事业机关分				
企业	77020	102290	63278	75972
事业	111146	112805	98182	95902
机关	112462	112687	85940	93505
按国民经济行业分				
农、林、牧、渔业	61785	65800	43930	48183
采矿业	61117	53403	58305	63983
制造业	71297	98692	82671	71136
电力、热力、燃气及水生产和供应业	125627	96285	38031	128890
建筑业	64935	79221	63027	64512
批发和零售业	83311	123622	39386	81280
交通运输、仓储和邮政业	90909	85199	49160	92045
住宿和餐饮业	46676	54736	33626	46290
信息传输、软件和信息技术服务业	124902	116186	61847	125462
金融业	169030	150950	231092	174890
房地产业	82669	73600	51919	83550
租赁和商务服务业	64124	66874	48120	64050
科学研究和技术服务业	121195	127738	122854	116593
水利、环境和公共设施管理业	64577	71551	46091	61121
居民服务、修理和其他服务业	66815	82956	59130	65939
教育	101280	109153	100044	71121
卫生和社会工作	122947	130399	85808	89870
文化、体育和娱乐业	88407	101031	66133	72581
公共管理、社会保障和社会组织	111509	111944	98052	90369
按三个产业分				
第一产业	61785	65800	43930	48183
第二产业	70476	82030	70857	70282
第三产业	100826	112636	82826	89609

私营单位从业人员平均劳务报酬

单位：元

项　　目	2010	2018	2019	2019 年比上年增长（%）
合　计	**21039**	**52930**	**57141**	**8.0**
按国民经济行业分				
农、林、牧、渔业	18670	40488	41032	1.3
采矿业	20428	48945	54269	10.9
制造业	20082	52325	56924	8.8
电力、燃气及水的生产和供应业	21435	38695	44688	15.5
建筑业	23914	55760	59959	7.5
交通运输、仓储和邮政业	21681	50855	58038	14.1
信息传输、计算机服务和软件业	27749	78363	81306	3.8
批发和零售业	21512	48181	52206	8.4
住宿和餐饮业	16881	40428	44796	10.8
金融业	32156	58423	64487	10.4
房地产业	24411	54779	56501	3.1
租赁和商务服务业	20618	50329	57330	13.9
科学研究、技术服务和地质勘查业	23329	56024	64121	14.5
水利、环境和公共设施管理业	18073	40299	46284	14.9
居民服务和其他服务业	19168	41385	44235	6.9
教育	24306	38301	43723	14.2
卫生、社会保障和社会福利业	23527	53030	59677	12.5
文化、体育和娱乐业	19582	38296	42862	11.9
公共管理和社会组织	17113			
按三个产业分				
第一产业	18670	40488	41032	1.3
第二产业	20940	53948	58417	8.3
第三产业	21502	50088	54882	9.6

人民生活

主要年份城乡居民家庭人均收入

单位：元

年　份	居民人均可支配收入			城镇居民人均可支配收入			农村居民人均可支配（纯）收入		
	数　值	比上年增长（%）		数　值	比上年增长（%）		数　值	比上年增长（%）	
		名　义	实　际		名　义	实　际		名　义	实　际
2017	30048	8.8	7.5	39001	8.3	6.9	16335	8.9	8.0
2018	32644	8.6	7.0	42121	8.0	6.4	17821	9.1	7.5
2019	35616	9.1	6.3	45620	8.3	5.6	19568	9.8	6.9

城镇居民人均可支配收入及构成

单位：元

项　　目	2017 年	2018 年	2019 年
可支配收入	**39001.36**	**42121.31**	**45620.46**
工资性收入	23886.01	25890.87	27992.19
经营净收入	5158.96	5573.90	6210.88
财产净收入	4579.48	4983.24	5511.99
转移净收入	5376.90	5673.30	5905.4
可支配收入构成（%）	**100.00**	**100.00**	**100.00**
工资性收入	61.24	61.47	61.36
经营净收入	13.23	13.23	13.61
财产净收入	11.74	11.83	12.08
转移净收入	13.79	13.47	12.94

城镇居民人均生活消费支出

单位：元

项　　目	2017 年	2018 年	2019 年
生活消费支出	25980.45	28145.13	30945.55
食品烟酒	8551.59	9000.74	9536.7
衣着	1438.00	1554.12	1659.44
居住	6829.11	7716.27	8954.9
生活用品及服务	1478.07	1516.21	1556.8
交通通信	3353.04	3630.66	3715.12
教育文化娱乐	2483.46	2727.62	3066.29
医疗保健	1235.07	1374.81	1691.54
其他用品及服务	612.13	624.70	764.75

城镇居民人均生活消费支出构成

单位:%

项　　目	2017 年	2018 年	2019 年
生活消费支出	100.00	100.00	100.00
食品烟酒	32.92	31.98	30.82
衣着	5.53	5.52	5.36
居住	26.29	27.42	28.94
生活用品及服务	5.69	5.39	5.01
交通通信	12.91	12.90	12.01
教育文化娱乐	9.56	9.69	9.91
医疗保健	4.75	4.88	5.47
其他用品及服务	2.36	2.22	2.47

农村居民按收入五等分分组的人均可支配收入

单位：元

项　　目	2017 年	2018 年	2019 年
低收入户	**6069.11**	**6422.14**	**7831.41**
中等偏下户	11228.13	11574.66	13790.16
中等收入户	15102.75	16538.50	18119.38
中等偏上户	20038.63	22448.44	23636.82
高收入户	33443.99	37903.18	36954.33

农村居民人均生活消费支出

单位：元

项　　目	2017 年	2018 年	2019 年
生活消费支出	14003.40	14942.80	16281.35
食品烟酒	5162.17	5339.76	5783.98
衣着	630.79	677.07	774.47
居住	3547.94	3649.08	3798.93
生活用品及服务	721.00	764.75	809.06
交通通信	1554.97	1817.09	1903.36
教育文化娱乐	1174.58	1359.44	1614.99
医疗保健	906.50	1015.81	1210.44
其他用品及服务	305.44	319.80	386.12

农村居民人均生活消费支出构成

单位:%

项　　目	2017 年	2018 年	2019 年
生活消费支出	100.00	100.00	100.00
食品烟酒	36.86	35.73	35.53
衣着	4.50	4.53	4.76
居住	25.34	24.42	23.33
生活用品及服务	5.15	5.12	4.97
交通通信	11.10	12.16	11.69
教育文化娱乐	8.39	9.10	9.92
医疗保健	6.47	6.80	7.43
其他用品及服务	2.18	2.14	2.37

设区市城镇居民人均可支配收入（2019 年）

单位：元

地　区	人均可支配收入	工资性收入	经营净收入	财产净收入	转移净收入
福建省	**45620**	**27992**	**6211**	**5512**	**5905**
福州市	47920	30288	4123	6436	7073
厦门市	59018	41797	5179	7273	4769
莆田市	40065	21331	6693	6173	5869
三明市	37942	24250	5529	2932	5231
泉州市	49592	28596	11689	5596	3711
漳州市	38975	22726	6719	3623	5907
南平市	35148	20736	4203	3697	6512
龙岩市	38815	26624	4916	4172	3101
宁德市	35887	16469	10850	3808	4760

设区市城镇居民人均生活消费支出（2019 年）

单位：元

地　区	生活消费支出	食品烟酒	衣着	居住	生活用品及服务	交通通信	教育文化娱乐	医疗保健	其他用品及服务
福建省	**30946**	**9537**	**1659**	**8955**	**1557**	**3715**	**3066**	**1692**	**765**
福州市	32662	10253	1634	10216	1442	3773	3439	1310	594
厦门市	38442	11239	1948	12333	1838	4981	3546	1595	961
莆田市	26541	8831	1367	7804	1461	3019	2250	1262	547
三明市	26431	8787	1682	6062	1642	3025	2979	1627	626
泉州市	30754	9579	1761	8533	1775	3874	2895	1416	922

续表

地　区	生活消费支出	食品烟酒	衣着	居住	生活用品及服务	交通通信	教育文化娱乐	医疗保健	其他用品及服务
漳州市	26590	8983	1370	6484	1414	3060	2766	1818	695
南平市	22821	7235	1458	5137	1447	2472	2983	1657	431
龙岩市	25915	8747	1597	6117	1226	3263	2940	1543	483
宁德市	24868	8223	1769	5571	1462	2575	2762	1897	608

设区市农村居民人均可支配收入（2019 年）

单位：元

地　区	人均可支配收入	工资性收入	经营净收入	财产净收入	转移净收入
福建省	**19568**	**8949**	**7179**	**345**	**3096**
福州市	21320	11259	5319	1120	3622
厦门市	24802	16526	5355	1176	1745
莆田市	19687	9460	4846	482	4900
三明市	18312	6860	9152	371	1929
泉州市	22142	11759	7924	346	2113
漳州市	19885	9740	7983	183	1979
南平市	17385	6370	9337	169	1510
龙岩市	18859	7450	9011	222	2175
宁德市	17804	5502	10304	196	1802

设区市农村居民人均生活消费支出（2019 年）

单位：元

地　区	生活消费支出	食品烟酒	衣着	居住	生活用品及服务	交通通信	教育文化娱乐	医疗保健	其他用品及服务
福建省	**16281**	**5784**	**774**	**3799**	**809**	**1903**	**1615**	**1210**	**386**
福州市	17711	6525	1078	4198	1333	1544	1455	1050	528
厦门市	20697	6955	948	5481	1098	3164	1639	1079	332
莆田市	16251	6357	718	3655	927	1528	2050	595	421
三明市	13473	4848	641	2945	692	1606	1619	841	281
泉州市	16794	6863	710	4158	742	2157	1072	697	397
漳州市	13830	5279	531	3488	500	1436	1227	1072	295
南平市	12721	4522	760	2686	558	1848	1250	939	158
龙岩市	13576	5241	615	3033	601	1616	1285	857	328
宁德市	13577	5225	634	3479	490	1076	1167	1220	285

科　技

研究与试验发展（R&D）人员情况

单位：人

年　份	合　计	科研机构	高等院校	规模以上工业企业	大中型	其　他
2016	201090	5405	28985	145083	104073	21617
2017	207608	5703	31827	145529	104536	24549
2018	243391	5781	35239	172832	118359	29539

各单位技术买卖情况（2019 年）

项　目	买卖项数（项）	买卖金额（万元）
总计	**17572**	**2918834**
机关法人	922	105872
事业法人	3224	119752
社团法人	54	1131
企业法人	13209	2673588
自然人	79	4045
其他组织	84	14447

研究与试验发展（R&D）活动指标

项　目	2005 年	2010 年	2018 年
R&D 人员折合全时人员（人）	**35815**	**76737**	**160922**
基础研究	1452	3435	6557
应用研究	7005	8090	16742
试验发展	27358	65218	137623
#科学研究与开发机构	1336	2756	5158
高等院校	1332	5892	13251
大中型工业企业	14621	44062	84144
R&D 经费内部支出（亿元）	**53.73**	**170.90**	**642.79**
基础研究	1.17	4.19	24.88
应用研究	5.13	9.49	47.28

续表

项　　目	2005 年	2010 年	2018 年
试验发展	46.82	157.22	570.63
#科学研究与开发机构	2.35	6.54	28.82
基础研究	0.56	1.99	11.30
应用研究	0.80	2.80	8.49
试验发展	0.78	1.75	9.03
高等院校	2.31	6.94	43.67
基础研究	0.59	1.82	12.64
应用研究	1.11	4.31	26.28
试验发展	0.57	0.82	4.76
大中型工业企业	34.89	116.12	382.17
基础研究			0.010
应用研究	1.34	0.43	5.48
试验发展	33.36	115.68	376.68
R&D 经费内部支出按支出来部分			
政府资金	5.32	17.61	68.52
企业资金	47.14	148.45	556.70
国外资金	0.13	1.38	1.41
其他	1.14	3.46	16.16
R&D 经费内部支出占 GDP 比重（%）	**0.82**	**1.16**	**1.66**

各类型专利申请和授权情况

单位：项

年　份	专利申请数	发　明	实用新型	外观设计	专利授权数	发　明	实用新型	外观设计
2017	128079	26460	76724	24895	68304	8718	39608	19978
2018	166610	37216	96225	33169	102622	9858	67822	24942
2019	153279	30083	87377	35819	98955	8963	61530	28462

各单位专利申请授权情况

单位：项

项　目	合　计	个人	大专院校	科研单位	企业	机关团体
申请专利数						
2017	128079	39718	7980	1688	77694	999
2018	166610	50159	11139	1571	102443	1298
2019	153279	36365	12744	1482	101515	1173
授权专利数						
2017	68304	19279	4055	733	43814	423
2018	102622	27014	5180	986	68917	525
2019	98955	21311	6627	911	69323	783

技术市场基本情况

项　目	合　计	技术开发	技术转让	技术咨询	技术服务
合同数（项）					
2017	6008	3717	326	260	1705
2018	7753	4372	320	183	2878
2019	8786	4553	360	188	3685
合同金额（万元）					
2017	1032793	460102	402225	2676	167790
2018	1109488	598017	322392	4681	184399
2019	1459417	600920	191035	3365	664097

技术市场合同数与合同金额情况（2019 年）

项　目	合同数（项）	合同金额（万元）
合　计	**8786**	**1459417.15**
按合同类别分		
技术开发合同	4553	600920.12
技术转让合同	360	191034.65
技术咨询合同	188	3365.03
技术服务合同	3685	664097.35
按服务目标分		
农、林、牧、渔业发展	878	12303.08

续表

项　目	合同数（项）	合同金额（万元）
工商业发展	952	578463.40
能源生产、分配和合理利用	273	13183.35
基础设施以及城市和农村规划	171	7694.42
环境保护、生态建设及污染防治	263	13395.10
卫生事业发展	197	29625.69
教育事业发展	172	9275.41
社会发展和社会经济发展	3957	538496.04
非定向研究	93	2953.65
民用空间探测及开发	40	1056.65
地球和大气层的探索与利用	40	4479.47
国防	24	4347.32
其他民用目标	1726	244143.55
按技术流向分		
本省	5782	541633.78
省外	3004	917783.37

地方国有企事业单位专业技术人员数

单位：人

年　份	合　计	#工程技术人员	#农业技术人员	#卫生技术人员	#科学研究人员	#教学人员
2017	702224	89515	12950	116238	8565	380596
2018	721428	95893	12841	116666	7519	363947
2019	729248	86129	12486	121358	7674	380581

地方国有企事业单位各行业技术人员数

单位：人

行　　业	2015 年	2018 年	2019 年
合　计	**677624**	**721428**	**729248**
按行业分			
农、林、牧、渔业	22558	21325	21712
采矿业	3240	2528	2336
制造业	12627	15096	16575
电力、燃气及水的生产和供应业	5267	6426	7042

续表

行　　业	2015 年	2018 年	2019 年
建筑业	12809	17436	18962
交通运输、仓储和邮政业	18627	18210	19445
信息传输、计算机服务和软件业	7926	12177	13359
批发和零售业	4804	4960	4831
住宿和餐饮业	765	618	616
金融业	23748	27412	27199
房地产业	5936	7153	7412
租赁和商务服务业	2955	3570	4027
科学研究、技术服务和地质勘查业	14618	14613	15093
水利、环境和公共设施管理业	9983	9961	11347
居民服务和其他服务业	3962	14155	15840
教育	389241	389974	385199
卫生、社会保障和社会福利业	133027	118584	122375
文化、体育和娱乐业	16601	18353	16425
公共管理和社会组织	15229	18877	19453
按三个产业分			
第一产业	22558	21325	21712
第二产业	33943	41486	4915
第三产业	647449	658617	662621

教　育

主要年份专任教师数和在校学生数

年　份	专任教师数（人）				在校学生数（万人）				每万常住人口拥有大学在校学生数（人）
	普通高等学校	普通中等学校	#普通中学	普通小学	普通高等学校	普通中等学校	#普通中学	普通小学	
2017	45398	170370	150600	168857	75.10	226.83	185.28	307.09	232.8
2018	46555	173068	152990	172012	77.24	233.77	192.10	321.39	233.8
2019	49120	177006	156590	177930	86.12	242.69	200.38	334.40	256.7

各级各类民办教育基本情况（2019 年）

单位：人

项　目	学校数（所）	毕业生数	招生数	在校学生数	教职工数	#专任教师数
民办高等教育	**36**	**59798**	**98871**	**263549**	**18688**	**13228**
民办高校	36	43876	80871	199010	13729	9394
本科	11	19477	29382	97278	8043	5443
专科	20	24399	51489	101732	5686	3951
独立学院	5	15922	18000	64539	4959	3834
本科	5	15922	18000	64539	4959	3834
高中阶段教育	**109**	**37702**	**42243**	**105163**	**20991**	**6886**
高中	80	23290	28375	76754	19786	5990
中等职业学校	29	14412	13868	28409	1205	896
初中阶段教育	**74**	**48877**	**60274**	**169871**	**13076**	**10599**
初中	74	48877	60274	169871	13076	10599
民办普通小学	**94**	**20351**	**24672**	**137924**	**5139**	**3973**
民办幼儿园	**5929**	**313005**	**324834**	**869067**	**115410**	**60201**

各类学校数

单位：所

年　份	普通高等学校	成人高等学校	中等职业教育	普通中学	#高中	技工学校	小学	幼儿园
2017	89	3	184	1774	534	62	5190	8041
2018	89	3	180	1784	538	62	5189	8161
2019	90	3	180	1793	544	62	5160	8664

各类学校专任教师数

单位：人

年　份	普通高等学校	中等职业教育	普通中学	#高中	技工学校	小学	幼儿园
2017	45398	16479	150600	50720	3291	168857	85310
2018	46555	16485	152990	51144	3593	172012	90917
2019	49120	16780	156590	51950	3640	177930	97910

各类学校在校学生数

单位：万人

年　份	普通高等学校	成人高等学校	中等职业教育	普通中学	#高中	技工学校	小学	幼儿园
2017	75.10	10.34	34.55	185.28	63.71	7.00	307.09	165.49
2018	77.24	8.91	33.58	192.10	63.39	8.08	321.39	168.41
2019	86.12	9.18	33.48	200.38	63.93	8.83	334.40	169.59

各类学校招生数

单位：万人

年　份	普通高等学校	成人高等学校	中等职业教育	普通中学	#高中	技工学校	小学	幼儿园
2017	21.38	2.48	11.65	64.16	20.89	3.34	53.40	63.82
2018	23.86	3.56	12.29	66.25	21.08	3.78	60.84	65.78
2019	30.21	3.47	13.01	70.51	22.19	4.06	62.17	63.43

各类学校毕业生数

单位：万人

年　份	普通高等学校	成人高等学校	中等职业教育	普通中学	#高中	技工学校	小学
2017	20.44	5.29	11.78	55.74	19.65	1.62	43.83
2018	20.43	4.54	10.78	57.75	20.61	1.92	45.70
2019	20.02	3.00	11.04	60.96	21.02	2.24	48.79

研究生数

单位：人

年　份	在校学生数	招生数	毕业生数
2017	47587	17620	11973
2018	53129	18803	12245
2019	58710	20050	13301

职业技术培训机构基本情况（2019 年）

项　　目	学校数（所）	注册学生数（人）	结业学生数（人）	教职工数（人）	#专任教师数
总计	**1648**	**765683**	**1011374**	**13910**	**8135**
职工技术培训学校（机构）	**59**	**141185**	**205852**	**1739**	**1595**
#教育部门和集体办	57	140878	202467	1692	1563
民办	2	307	3385	47	32
农村成人文化技术培训学校（机构）	**1050**	**382584**	**552588**	**2832**	**384**
#教育部门和集体办	1050	382584	552588	2832	384
民办					
其他培训机构（含社会培训机构）	**539**	**241914**	**252934**	**9339**	**6156**
#教育部门和集体办	15	37295	46967	399	377
民办	516	201435	202878	8907	5809

分科研究生数（2019 年）

单位：人

项　　目	在校学生数	招生数	毕业生数	博士生			硕士生		
				在校生数	招生数	毕业生数	在校生数	招生数	毕业生数
合计	**58710**	**20050**	**13301**	**7536**	**1818**	**1019**	**51174**	**18232**	**12282**
学术型学位	**27905**	**8863**	**6972**	**7335**	**1738**	**1008**	**20570**	**7125**	**5964**
哲学	280	75	59	113	23	12	167	52	47
经济学	1570	472	416	466	97	57	1104	375	359
法学	1679	549	452	451	99	61	1228	450	391
教育学	801	242	231	151	28	19	650	214	212
文学	1507	431	423	369	68	48	1138	363	375
历史学	465	141	101	159	35	16	306	106	85
理学	7604	2470	1848	2543	680	363	5061	1790	1485
工学	6937	2244	1607	1547	373	203	5390	1871	1404
农学	1611	505	369	399	90	48	1212	415	321
医学	2509	848	712	404	106	89	2105	742	623
管理学	2429	700	613	651	120	84	1778	580	529
艺术学	513	186	141	82	19	8	431	167	133
专业学位	**30805**	**11187**	**6329**	**201**	**80**	**11**	**30604**	**11107**	**6318**
哲学									
经济学	1336	555	321				1336	555	321
法学	1728	644	354				1728	644	354
教育学	2878	1222	966	122	25	11	2756	1197	955
文学	788	350	247				788	350	247

续表

项　　目	在校学生数	招生数	毕业生数	博士生			硕士生		
				在校生数	招生数	毕业生数	在校生数	招生数	毕业生数
历史学	45	16	10				45	16	10
理学									
工学	8856	3471	1325				8856	3471	1325
农学	1518	654	373				1518	654	373
医学	4247	1537	1090	79	55		4168	1482	1090
管理学	8447	2372	1493				8447	2372	1493
艺术学	962	366	150				962	366	150

普通高等学校本科分科学生情况

单位：人

项　　目	2017 年	2018 年	2019 年
在校学生数	**497440**	**505489**	**518096**
哲学	157	163	154
经济学	39518	41029	41845
法学	15963	15420	15159
教育学	16618	18142	20050
文学	44496	45654	48111
历史学	1413	1432	1466
理学	28564	27918	27621
工学	171578	173511	175820
农学	9958	9969	9686
医学	26677	27396	28705
管理学	101017	101900	103551
艺术学	41481	42955	44385
招生数	**125798**	**134812**	**140108**
哲学	18	25	18
经济学	10525	11283	10864
法学	3364	3589	3687
教育学	4601	5515	6403
文学	11330	12098	13122
历史学	312	341	358
理学	6544	6867	7096
工学	43450	46053	46573
农学	2481	2523	2397
医学	5956	6867	7201

续表

项　　目	2017 年	2018 年	2019 年
管理学	26500	28317	290009
艺术学	10717	11334	11837
毕业生数	**121774**	**120998**	**121645**
哲学	46	45	43
经济学	10531	9598	9602
法学	4199	4368	4269
教育学	3630	3871	4321
文学	11900	11076	10937
历史学	407	367	355
理学	7006	7327	7103
工学	39465	39357	40634
农学	2111	2319	2474
医学	5596	6041	5747
管理学	27062	26272	26232
艺术学	9821	10357	9928

普通高等学校专科分科学生数（2019 年）

单位：人

项　　目	在校学生数	招生数	毕业生数
合计	**343135**	**161941**	**78524**
农林牧渔大类	4369	1839	1214
资源环境与安全大类	3396	1492	708
能源动力与材料大类	3661	1709	608
土木建筑大类	32838	15652	8885
水利大类	1653	769	411
装备制造大类	26785	14185	6233
生物与化工大类	1750	846	489
轻工纺织大类	4029	1909	617
食品药品与粮食大类	9369	4496	1978
交通运输大类	16945	9026	3289
电子信息大类	50351	24785	9432
医药卫生大类	40740	17587	9016
财经商贸大类	61838	28069	17373
旅游大类	10549	5015	2648
文化艺术大类	25318	12500	4686
新闻传播大类	4438	1960	864
教育与体育大类	40923	18124	9284
公安与司法大类	33		48
公共管理与服务大类	4150	1978	741

成人高等学校分科学生情况

单位：人

项　　目	2010 年	2018 年	2019 年
招生数	**36025**	**18598**	**17993**
经济学	1904	294	239
法　学	798	298	395
教育学	5063	2506	2949
文　学	2226	331	399
历史学	36		
理　学	352	56	33
工　学	9142	4746	4468
农　学	338	298	352
医　学	4545	4252	3761
管理学	11621	5727	5310
艺术学		90	87
在校学生数	**99038**	**45813**	**48231**
经济学	5821	694	636
法　学	2352	610	710
教育学	11746	6424	7271
文　学	7489	812	959
历史学	116	6	3
理　学	1012	138	103
工　学	24131	12243	12492
农　学	1190	820	940
医　学	13041	9877	9953
管理学	32140	13966	14925
艺术学		223	239
毕业生数	**34699**	**19784**	**15204**
经济学	2854	422	268
法　学	1120	310	292
教育学	4537	2162	2020
文　学	4309	456	253
历史学	75	16	3
理　学	1178	118	63
工　学	6323	5997	4162
农　学	508	440	184
医　学	4025	4977	3653
管理学	9770	4792	4239
艺术学		94	67

成人高等学校专科分科学生数（2019 年）

单位：人

项　　目	在校学生数	招生数	毕业生数
合计	**43539**	**16722**	**14815**
农林牧渔大类	5524	1527	1542
资源环境与安全大类	51	24	18
材料与能源大类	57		62
土木建筑大类	4122	1523	1468
水利大类			11
装备制造大类	2604	683	1190
生物与化工大类	326	74	67
轻工纺织大类	31	14	20
食品药品与粮食大类	113	61	
交通运输大类	394	108	64
电子信息大类	1948	627	395
医药卫生大类	4968	1655	2817
财经商贸大类	15973	7285	5079
旅游大类	323	135	91
文化艺术大类	421	218	235
新闻传播大类			
教育与体育大类	5279	2122	1298
公安与司法大类	22	22	13
公共管理与服务大类	1383	644	445

技工学校数、学生数和专任教师数

年　份	学校数（所）	招生数（人）	在校学生数（人）	毕业生数（人）	专任教师数（人）
2017	62	33381	70021	16203	3291
2018	62	37794	80832	19219	3593
2019	62	40590	88270	22410	3640

中等职业教育分科学生数（2019 年）

单位：人

项　　目	毕业生数	招生数	#招初中毕业生数	在校学生数
合计	**110432**	**130126**	**118115**	**334826**
农林牧渔类	9239	6551	3297	17540
资源环境类	8	121	121	183
能源与新能源类	182	94	92	409

续表

项目	毕业生数	招生数		在校学生数
			#招初中毕业生数	
土木水利类	5378	7508	6332	17622
加工制造类	8747	11233	10200	27743
石油化工类	365	484	375	1130
轻纺食品类	1656	1905	1854	4425
交通运输类	13012	13305	10707	31153
信息技术类	17482	24459	23584	61599
医药卫生类	7716	7284	6717	21348
休闲保健类	1056	2059	2055	4822
财经商贸类	17666	20389	19699	52578
旅游服务类	7038	8868	8161	22960
文化艺术类	7121	9592	9367	23931
体育与健身	936	1373	1365	3588
教育类	12013	13723	13151	41314
公共管理与服务类	632	674	534	1352
其他	125	504	504	1129

小学学龄儿童入学率升学率和初中升学率

单位:%

年份	小学学龄儿童入学率	小学升学率	初中升学率
2017	99.97	98.73	85.51
2018	99.99	98.85	86.16
2019	99.98	99.05	88.12

文　化

主要年份文化事业情况

年　份	艺术表演团体（个）	公共图书馆（座）	博物馆（座）	图书出版总印数（万份）	期刊出版总印数（万份）	报纸出版总印数（万份）	广播综合人口覆盖率（%）	电视综合人口覆盖率（%）
2017	426	90	123	10809	3032	83957	99.01	99.15
2018	454	91	128	11461	2481	78555	99.04	99.19
2019	453	93	130	14385	2158	73810	99.62	99.71

主要年份各类文化事业机构数

单位：个

年　份	艺术事业		公共图书馆	博物馆	群众文化事业	
	艺术表演团体	表演场馆			艺术（文化）馆	文化站
2017	426	59	90	123	97	1126
2018	454	54	91	128	97	1126
2019	453	57	93	130	97	1122

群众文化（艺术）馆站业务活动及经费情况（2019 年）

项　目	总计	群众文化（艺术）馆	文化站
单位数（个）	1219	97	1122
从业人员（人）	4097	901	3196
举办展览（个）	4561	1143	3418
组织文艺活动（次）	22273	4456	17817
举办训练班（次）	23046	12363	16683
培训人次（千人次）	1302	787	515
组织公益性讲座次数（次）	785	785	
本年收入总额（千元）	601037	313928	287109
本年支出合计（千元）	630996	329114	301882

艺术表演团体按剧种分演出情况（2019 年）

项　目	剧团数（个）	从业人员（人）	本年新排上演剧目（个）	演出场次（千场）	演出观众人数（千人次）	艺术表演团体演出收入（千元）
艺术表演团体	**453**	**13404**	**93**	**86.67**	**42989**	**471394**
话剧、儿童剧、滑稽剧种	53	937	4	6.78	860	26305
歌舞、音乐类	35	1454	18	4.52	1560	26419
杂技、魔术、马戏类	2	120	1	0.18	162	2216
京剧、昆曲类	4	159	2	0.20	130	2636
京剧	4	159	2	0.20	130	2636
地方戏曲类	300	9581	60	65.92	35823	392426
曲艺类	20	442	5	2.96	1329	7881
综合性艺术表演团体	36	711	3	6.11	3125	13511

图书、博物馆情况

项　目	2017 年	2018 年	2019 年
图书馆			
公共图书馆图书总藏量（千册）	33220	37450	42419
#图书藏量（千册）	26500	30006	34238
报刊藏量（千册）	2550	2659	2910
视听文献、缩微制品藏量（千册）	755	787	808
电子图书（千册）	26270	31945	33126
组织各类讲座次数（次）	2327	2451	3055
各类讲座参加人次（千人次）	290	293	403
举办展览次数（次）	1092	971	1048
参观展览人次（千人次）	2420	2653	2112
举办培训班次数（次）	2396	2395	2165
参加培训班人次（千人次）	1100	199	173
总流通人次（千人次）	29701	33549	38912
博物馆			
文物藏品（件）	606176	670838	679751
#一级品	1097	1094	1094
二级品	3045	3055	3056
三级品	103260	103022	104482
参观人次（千人次）	29330	37154	41668
#文物机构青少年参观人次	9780	10720	11822

图书出版情况

年　份	图书种数（种）	本版图书种数	#新出	总印数（万册、万张）	#租型	总印张（千印张）	#租型	定价总金额（万元）
2017	4493	4289	2545	10809	3709	856126	262909	163964
2018	4568	4359	2372	11461	3677	927633	267531	180039
2019	4587	4379	2226	14385	4208	1112785	296365	213280

图书出版分类情况（2019 年）

项　目	图书种数（种）	#本版图书新出	总印数（万册、万张）	#新出	总印张（千印张）	#新出
总　计	**4587**	**2226**	**14385**	**3310**	**1112785**	**292054**
#使用“中国标准书号”合计	**4587**	**2226**	**14385**	**3309**	**1112703**	**291972**
马列主义、毛泽东思想	2	1	1		117	81
哲学	76	52	48	19	6878	2900
社会科学总论	34	25	20	17	2783	2208
政治、法律	161	111	73	29	8721	4150
军事	10	8	21		4973	4576
经济	176	104	54	32	12619	8252
文化、科学、教育、体育	2457	770	13008	2420	963606	198693
语言、文字	85	48	40	17	4536	1928
文学	599	405	543	346	49669	32715
艺术	221	173	102	92	8083	7513
历史、地理	258	204	100	65	12076	8297
自然科学总论	9	8	4	3	280	227
数理科学、化学	29	6	7	2	1230	257
天文学、地球科学	19	15	11	8	752	577
生物科学	19	11	8	6	797	572
医学、卫生	132	95	94	47	13506	5602
农业科学	53	26	22	10	2059	985
工业技术	170	96	84	37	12507	5271
交通运输	5	4	3	3	234	225
环境科学	18	13	128	122	5321	5177
综合性图书	53	50	13	12	1861	1674

书刊报纸出版情况

年份	出版社（个）	出版种数（种）			总印数（万份）		
		图书	期刊	报纸	图书	期刊	报纸
2017	11	4493	176	42	10809	3032	83957
2018	11	4568	176	43	11461	2481	78555
2019	11	4587	174	42	14385	2158	73810

音像电子出版物出版情况

项目	2016年		2017年		2018年		2019年	
	种数（种）	数量（万张）	种数（种）	数量（万张）	种数（种）	数量（万张）	种数（种）	数量（万张）
出版								
录音制品	32	9.60	44	8.41	26	27.18	29	7.87
录像制品	42	7.43	50	18.55	48	17.78	32	5.87
电子出版物	52	21.33	22	10.08	30	10.15	26	8.55
复制								
磁带制品		7.89		0.31		1.93		1.27
光盘制品		1201.53		899.04		148.16		93.75

广播电视事业发展情况

项目	2017年	2018年	2019年
广播电台数量（座）			
广播电台	4	4	4
电视台	5	5	5
广播电视台	68	68	76
节目套数（套）			
广播	91	93	93
电视	101	101	101
全年播出节目时间（万小时）			
广播	52.07	52.88	53.15
电视	39.52	39.54	41.28
全年节目制作时间（万小时）			
广播	26.37	26.63	26.17
电视	7.84	6.24	7.02
人口覆盖率（%）			
广播	99.01	99.04	99.62
电视	99.15	99.19	99.71
有线广播电视用户（万户）	727.02	716.23	727.40
#数字电视用户	727.02	716.20	727.40

续表

项　　目	2017 年	2018 年	2019 年
付费数字电视用户	307.77	411.30	474.10
#双向电视用户	153.90	193.20	255.80
广播电视网络互联网用户数（万户）	111.23	144.70	174.20
有线电视入户率（%）	67.18	66.19	64.79
广播电视总收入（亿元）	135.21	140.18	162.79
实际创收收入（亿元）	93.72	116.25	130.38
#广告收入	17.18	21.12	21.86
#广播广告收入	3.94	3.26	2.83
电视广告收入	10.74	8.11	10.98
网络收入	30.39	32.50	35.40
广播电视节目销售收入	5.24	3.27	4.28

广播电视制作播出情况

项　　目	2017 年	2018 年	2019 年
广播			
本年广播节目制作（小时）	263745	266335	261696
#新闻资讯类	52563	54873	55971
专题服务类	75490	72725	62328
综艺益智类	77036	81901	66473
广告类	12161	9081	10890
平均每日播音时间（小时）	1426	1449	1456
#播出自制节目	897	880	864
购买交换节目	84	106	116
电视			
有线广播电视用户数（万户）	727.02	716.23	727.40
#数字电视用户数（万户）	727.02	716.20	727.40
本年电视节目制作（小时）	78353	62379	70246
#新闻资讯类	26973	25051	25215
专题服务类	16253	15578	17811
综艺益智类	4666	4263	3611
影视剧类	295	268	491
广告类	7183	6782	6523
本年制作电视剧（集）	119	280	80
平均每周播出时间（小时）	7600	7605	7938
全年电视剧播出数（集）	108329	109600	121161

各设区市有线电视用户数

单位：万户

地　区	2017 年	2018 年	2019 年
全　省	**727.02**	**716.23**	**727.40**
福州市	153.47	153.64	152.47
厦门市	82.63	83.59	77.38
莆田市	49.51	33.10	48.66
三明市	49.99	50.95	51.54
泉州市	139.83	140.05	140.19
漳州市	83.41	85.56	86.18
南平市	69.52	67.55	66.80
龙岩市	44.74	46.50	47.92
宁德市	53.93	55.30	56.27

各设区市电视节目综合人口覆盖率

单位:%

地　区	2017 年	2018 年	2019 年
全　省	**99.15**	**99.19**	**99.71**
福州市	100.00	100.00	100.00
厦门市	100.00	100.00	100.00
莆田市	98.70	98.73	100.00
三明市	99.33	99.35	99.56
泉州市	98.48	98.51	99.62
漳州市	99.19	99.21	99.65
南平市	98.73	98.77	99.32
龙岩市	98.63	98.88	99.52
宁德市	99.47	99.48	99.55

体　育

当年在聘技术等级运动员人数

单位：人

项　　目	2017 年	2018 年	2019 年
等级运动员	1163	1578	2161
#女	451	646	861
国际级运动健将			
#女			
国家级运动健将	2		
#女	2		
一级运动员	313	421	555
#女	104	186	230
二级运动员	848	1157	1606
#女	345	460	631

竞技体育比赛奖牌情况

单位：枚

项　　目	2017 年	2018 年	2019 年
世界比赛	**10.0**	**19**	**20**
金牌	2.0	9	16
银牌	4.0	6	1
铜牌	4.0	4	3
亚洲比赛	**14.0**	**12**	**28**
金牌	5.0	4	17
银牌	4.0	2	8
铜牌	4.0	6	3
全国比赛	**114.5**	**129**	**93**
金牌	38.5	44	38
银牌	39.5	39	32
铜牌	36.5	46	23

卫 生

主要年份卫生机构和人员情况

项 目	卫生机构数（个）	#医院、卫生院	卫生机构床位数（张）	#医院、卫生院	卫生机构技术人员数（人）	#医生	每千人口拥有卫生机构床位数（张）	每千人口拥有医生数（人）
2017	27217	1489	183418	170440	231546	84045	4. 7	2. 1
2018	27588	1522	192513	178757	247346	91100	4. 9	2. 3
2019	27788	1560	202374	188146	263427	95532	5. 1	2. 5

各类卫生机构数

单位：个

项 目	2017 年	2018 年	2019 年
合 计	**27217**	**27588**	**27788**
医院	**608**	**641**	**678**
基层医疗卫生机构	**26074**	**26421**	**26596**
社区卫生服务中心（站）	676	692	663
卫生院	881	881	882
门诊部	781	1021	1181
诊所、卫生所、医务室	5127	5547	6274
村卫生室	18609	18280	17596
专业公共卫生机构	**471**	**450**	**420**
疾病预防控制中心	96	97	96
专科疾病防治院	25	25	24
健康教育所			
妇幼保健院、所、站	89	90	91
急救中心	7	6	11
采供血机构	9	9	9
卫生监督所	87	86	87
计划生育技术服务机构	158	137	102
其他卫生机构	**64**	**76**	**94**
疗养院	8	8	7
医学科学研究机构	8	8	8
医学在职培训机构	20	19	16
其他	28	41	63

各类卫生机构床位数

单位：张

项　　目	2017 年	2018 年	2019 年
合　计	**183418**	**192513**	**202374**
#医院	140213	147897	156893
疗养院	1761	1559	1558
社区卫生服务中心（站）	3455	3639	3983
卫生院	30227	30860	31523
门诊部	7		
妇幼保健院、所、站	6015	6524	6628
专科疾病防治院	1709	2003	1743

各类卫生技术人员数

单位：人

项　　目	2017 年	2018 年	2019 年
合　计	**231546**	**247346**	**263427**
#执业医师	73377	78738	85089
执业助理医师	10668	12362	14443
注册护士	101285	109327	116284
药师（士）	14597	14805	15475
检验人员	8653	9334	9895

各类卫生机构情况（2019 年）

项　　目	卫生机构（个）	医疗床位（张）	卫生技术人员（人）		
				#医生	#注册护士
合　计	**27788**	**202374**	**263427**	**99532**	**116284**
医院	**678**	**156893**	**161335**	**52924**	**82361**
综合医院	376	103222	115909	38139	59917
中医医院	82	19697	21170	7488	9492
中西医结合医院	11	2939	3261	1118	1628
民族医院	1	60	35	14	15
专科医院	200	30475	20697	6089	11193
护理院	8	500	263	76	116
基层医疗卫生机构	**26596**	**35506**	**83817**	**39765**	**28196**
社区卫生服务中心（站）	663	3983	13008	5390	4719
卫生院	882	31523	32865	11826	11515
门诊部	1181		16152	8428	5783
诊所、卫生所、医务室	6274		16158	8948	5718

续表

项　　目	卫生机构（个）	医疗床位（张）	卫生技术人员（人）	#医生	#注册护士
村卫生室	17596		5634	5173	461
专业公共卫生机构	**420**	**8417**	**16934**	**6452**	**5254**
疾病预防控制中心	96		3597	2036	228
专科疾病防治院	24	1743	870	351	240
妇幼保健院、所、站	91	6628	9945	3767	4211
急救中心	11	46	369	140	184
采供血机构	9		596	67	326
卫生监督所	87		1330		
计划生育技术服务机构	102		227	91	65
其他卫生机构	**94**	**1558**	**1341**	**391**	**473**
疗养院	7	1558	332	83	204
医学科学研究机构	8		66	42	6
医学在职培训机构	16		45	20	14
其他	63		898	246	249

基层医疗卫生机构情况（2019年）

项　　目	社区卫生服务中心（站）	卫生院	门诊部	诊所、卫生所、医务室	村卫生室
机构数（个）	**663**	**882**	**1181**	**6274**	**17596**
卫生技术人员数（人）	**13008**	**32865**	**16152**	**16158**	**5634**
#执业医师	4462	8217	7075	7495	1461
执业助理医师	928	3609	1353	1453	3712
注册护士	4719	11515	5783	5718	461
药师（士）	1226	3113	805	1088	
检验人员	487	1472	537	14	

农村村级卫生组织情况

项　　目	2017年	2018年	2019年
村设置医疗点数（个）	**18609**	**18280**	**17596**
执业（助理）医师（人）	3731	4192	3790
注册护士（人）	373	443	461
乡村医生和卫生人员数（人）	**25261**	**23295**	**21161**
乡村医生	24540	22527	20586
卫生员	721	768	575

各类医院医疗服务情况

年份	诊疗人数（万人次）	#门急诊	入院人数（万人）	出院人数（万人）	病床周转数（次）
2017	9881.51	9775.34	446.10	444.37	33.90
2018	10157.32	10038.41	467.93	467.77	33.70
2019	10851.16	10752.37	497.43	496.28	33.40

医院、卫生院、妇幼保健院医疗服务情况（2019 年）

项目	诊疗人数（万人次）	#门急诊	入院人数（万人）	出院人数（万人）	死亡率（%）	病床周转数（次）	病床使用率（%）
医院	**10851.16**	**10752.37**	**497.43**	**496.28**	**0.15**	**33.40**	**82.16**
#综合医院	7974.06	7892.84	375.11	374.02	0.17	38.10	82.90
中医医院	1723.74	1715.58	61.19	60.97	0.13	32.10	79.46
专科医院	919.99	918.35	50.69	50.91	0.04	18.20	81.24
卫生院	**3350.31**	**3173.33**	**80.91**	**80.70**	**0.01**	**26.80**	**45.49**
妇幼保健院	**1023.77**	**970.38**	**22.82**	**22.78**	**0.01**	**40.70**	**57.49**

防病工作情况

项目	2017 年	2018 年	2019 年
甲乙类传染病发病总例数（万个）	23.46	25.08	22.12
传染病发病率（1/10 万）	605.45	641.18	561.28
传染病死亡总人数（人）	205	273	261
传染病死亡率（1/10 万）	0.53	0.70	0.66
结核病登记病人数（例）	14798	16575	15998
登记患病率（‰）	0.38	0.43	0.41
结核病新发病人数（例）	13786	14194	14467
结核病登记新发病率（1/10 万）	35.91	36.64	36.99
“五苗”接种率（%）	99.78	98.90	99.70
乙肝疫苗全程接种率（%）	99.86	99.84	99.76

法定报告传染病发病及死亡情况（2019 年）

项目	发病率（1/10 万）	死亡率（1/10 万）	病死率（%）
总计	**561.28**	**0.66**	**0.12**
病毒性肝炎	120.30	0.03	0.02
痢疾	0.69		
伤寒副伤寒	1.81		
艾滋病	2.96	0.51	17.25

续表

项目	发病率（1/10万）	死亡率（1/10万）	病死率（%）
淋病	14.81		
梅毒	69.12	0.01	0.02
麻疹	0.23		
百日咳	0.98		
流脑			
猩红热	2.85		
出血热	0.94		
狂犬病			
布氏杆菌病	0.37		
乙脑			
疟疾	0.29	0.01	2.65
新生儿破伤风	0.01		33.33
肺结核	43.86	0.09	0.16

前十位疾病死亡原因及构成（2019年）

项目	占疾病死亡总人数比重（%）	项目	占疾病死亡总人数比重（%）
城市	**93.09**	**农村**	**92.85**
恶性肿瘤	29.19	恶性肿瘤	31.17
心脏病	19.10	脑血管病	16.45
脑血管病	15.88	心脏病	15.29
呼吸系统疾病	9.55	损伤和中毒	10.75
损伤和中毒	9.16	呼吸系统疾病	10.49
内分泌、营养和代谢疾病	4.01	内分泌、营养和代谢疾病	2.73
消化系统疾病	2.30	消化系统疾病	2.38
神经系统疾病	1.91	神经系统疾病	1.84
精神障碍		泌尿生殖系统疾病	0.95
泌尿生殖系统疾病	1.21	传统病	0.80

民　政

婚姻登记情况

单位：对

年　份	结婚登记件数	内地居民登记结婚	涉外及华侨、港澳台居民登记结婚	离婚登记件数	内地居民登记离婚	涉外及华侨、港澳台居民登记离婚
2017	291447	286595	4852	89801	88965	836
2018	273649	268292	5357	91597	90664	933
2019	240345	235234	5111	97500	96724	836

社会救济情况

项　　目	2010 年	2018 年	2019 年
社会救济			
城镇居民最低生活保障人数（人）	181530	60851	61852
#女性	59498	27157	28412
#老年人	35936	14568	15044
#残疾人	19764	16757	16938
城市居民最低保障家庭数（户）	84876	38989	40319
城市低保资金全年计划支出（万元）	28851	36884	35814
农村最低生活保障人数（人）	713217	378088	414534
#女性	194465	158368	175247
#老年人	174188	108627	119928
#未成年人	80935	51916	59506
#残疾人	85429	68775	79005
农村居民最低生活保障家庭数（户）	305692	206531	228283
农村低保资金全年计划支出（万元）	64367	176064	189387
城市特困人员供养人数（人）		4482	5062
城市特困人员全年供养支出（万元）		5495	6806
农村特困人员供养人数（人）		65803	63038
农村特困人员全年供养支出（万元）		82613	81562

提供住宿的社会服务机构数

单位：个

项　　目	2017 年	2018 年	2019 年
合计	**440**	**363**	**609**
#光荣院	24	24	
社会福利院	65	63	65
城市养老服务机构	117		
农村养老服务机构	97		
养老公寓等各类养老机构		123	202
社会福利医院	14	13	13
儿童福利机构	11	11	10
救助类服务机构（救助管理站）	43	42	41

提供住宿的社会服务机构基本情况（2019 年）

项　　目	床位数（张）	年末在院人数（人）	社会（助理）工作师人数（人）
总计	**73845**	**30994**	**479**
#养老公寓等各类养老机构	41601	17878	143
社会福利院	12869	4195	163
社会福利医院	3714	3337	37
儿童福利机构	1138	581	32
救助类服务机构	2029	74	72
特困人员救助供养机构	11823	4462	15

司 法

主要年份律师、公证、调解工作情况

项 目	2015 年	2018 年	2019 年
律师工作			
律师事务所（个）	660	918	1039
专职律师（人）	7211	9512	10676
兼职律师（人）	426	446	450
聘请常年法律顾问单位（个）	16310	24020	25470
律师业务情况			
民事诉讼（件）	128245	156693	191690
行政诉讼（件）	4010	7870	11070
非诉讼法律事务（件）	16905	22966	32829
解答法律咨询和代写法律事务文书（件）	180682	83353	77523
公证工作			
公证处（个）	90	93	93
公证人员（人）	979	1202	1297
#公证员	417	427	442
办理公证书（件）	491618	554978	547063
国内公证	229152	337075	317111
涉外及港澳台	262466	217903	229952
调解工作			
人民调解委员会（个）	19817	20298	20480
调解人员（万人）	9. 60	9. 71	9. 41
调解纠纷（万件）	17. 26	12. 41	13. 32
专职司法助理员（人）	2481	2253	2575

国内公证业务分类情况（2019 年）

单位：件

项　　目	办证件数
合计	**547063**
合同（协议）	7804
继承	32435
委托	112392
声明	56180
赠与	720
遗嘱	8638
现场监督	1534
婚姻状况、亲属关系、收养关系	42491
出生、生存、死亡	43854
身份、经历、学历、学位、职务、职称	4908
有无违法犯罪记录	30548
公司章程	26
保全证据	38222
证书（执照）	46766
签名（印章）	19617
文本相符	80741
赋予执行效力	9696
执行证书	69
抵押登记	5
提存	88
保管	4
其他	10325

社会保险

主要年份社会保险情况

项　　目	2010 年	2018 年	2019 年
养老保险			
城镇企业职工养老保险			
期末参加基本养老保险职工人数（万人）	466.88	789.47	843.20
期末领取基本养老保险离退休人数（万人）	93.33	144.03	151.08
基本养老保险基金收入（亿元）	149.55	534.02	628.82
基本养老保险基金支出（亿元）	135.85	444.96	484.92
基本养老保险基金累计结余（亿元）	104.63	762.65	794.55
机关事业单位养老保险			
期末参加基本养老保险职工人数（万人）	54.93	94.19	95.01
期末领取基本养老保险离退休人数（万人）	20.13	46.58	48.05
基本养老保险基金收入（亿元）	55.32	216.67	195.74
基本养老保险基金支出（亿元）	52.65	279.67	297.24
基本养老保险基金累计结余（亿元）	36.60	175.95	181.66
城乡居民社会养老保险			
期末参加基本养老保险人数（万人）		1525.64	1554.14
基本养老保险基金收入（亿元）		103.61	120.12
基本养老保险基金支出（亿元）		81.97	90.20
基本养老保险基金累计结余（亿元）		165.54	195.46
医疗保险			
期末参加基本医疗保险人数（万人）	1226.25	3804.74	3788.10
城镇职工	554.67	853.06	841.38
城镇居民	671.58	2951.68	2946.72
基本医疗保险基金收入（亿元）	113.72	537.94	588.55
城镇职工	106.22	324.96	354.41
城镇居民	7.50	212.98	234.14
基本医疗保险基金支出（亿元）	96.01	455.11	520.93
城镇职工	88.96	249.42	278.93
城镇居民	7.05	205.69	242.00
基本医疗保险基金累计结余（亿元）	174.86	713.83	783.29
城镇职工	169.99	610.23	687.55
城镇居民	4.87	103.60	95.74
基本医疗保险基金收缴率（%）	99.29	99.50	99.60

续表

项　　目	2010 年	2018 年	2019 年
失业保险			
期末参加失业保险人数（万人）	374.18	570.27	610.62
期末领取失业保险金人数（万人）	3.17	5.05	5.91
失业保险基金收入（亿元）	11.63	22.77	24.64
失业保险基金支出（亿元）	5.60	16.41	19.96
失业保险基金累计结余（亿元）	52.25	177.95	147.03
工伤、生育保险			
期末参加工伤保险的城镇企业职工人数（万人）	417.74	853.94	891.15
工伤保险基金收入（亿元）	5.90	20.23	19.81
工伤保险基金支出（亿元）	2.86	18.60	20.88
工伤保险基金累计结余（亿元）	22.37	63.92	62.85
期末参加生育保险的职工人数（万人）	374.41	651.87	621.73
生育保险基金收入（亿元）	4.32	17.08	18.95
生育保险基金支出（亿元）	2.95	19.30	18.61
生育保险基金累计结余（亿元）	8.18	14.86	13.38

各设区市主要社会保险参保人数（2019 年）

单位：万人

地　区	参加城镇基本养老保险人数	参加城乡居民社会养老保险人数	参加基本医疗保险人数	参加失业保险人数	参加工伤保险人数	参加生育保险人数
全　省	**1137.34**	**1554.14**	**3788.10**	**610.62**	**891.15**	**621.73**
省　直	52.39		37.81		23.83	26.69
福州市	218.15	244.02	661.26	133.84	184.53	117.65
#平潭	5.77	19.15	39.69	3.08	6.91	2.96
厦门市	292.77	27.43	421.88	240.66	241.95	227.70
莆田市	46.66	161.41	331.03	23.99	52.05	22.69
三明市	62.77	124.62	262.73	23.30	40.84	22.09
泉州市	169.27	370.96	703.16	72.89	118.66	78.69
漳州市	104.94	216.76	480.33	44.53	78.40	46.42
南平市	70.48	134.78	287.76	20.46	57.70	20.84
龙岩市	59.62	138.67	280.94	27.78	46.99	29.18
宁德市	60.27	135.48	321.21	23.17	46.20	29.77

各设区市城镇基本养老保险人数（2019 年）

单位：万人

地　区	参加城镇基本养老保险职工人数	参加城镇企业基本养老保险人数	参加城镇机关事业养老保险人数	期末领取基本养老保险金离退休人数	企业单位领取人数	机关事业单位领取人数
全　省	**938.21**	**843.20**	**95.01**	**199.13**	**151.08**	**48.05**
省　直	35.91	22.95	12.97	16.48	9.87	6.61
福州市	177.26	163.66	13.60	40.89	32.81	8.08
#平潭	4.37	3.58	0.78	1.41	0.92	0.49
厦门市	259.02	251.89	7.13	33.75	31.15	2.60
莆田市	38.35	31.78	6.57	8.30	5.36	2.94
三明市	44.40	36.53	7.88	18.37	14.09	4.28
泉州市	152.65	138.25	14.40	16.62	11.10	5.52
漳州市	84.46	74.82	9.64	20.47	15.66	4.81
南平市	49.41	42.16	7.25	21.08	16.02	5.06
龙岩市	47.62	40.02	7.60	12.00	7.87	4.13
宁德市	49.12	41.15	7.97	11.16	7.14	4.02

市县数据

年末户籍统计人口数（2019年）

单位：万人

地　区	年末户籍统计总人口	按城乡分		按性别分	
		城镇	乡村	男	女
全　省	**3896.47**	**1960.06**	**1936.41**	**2003.26**	**1893.21**
福州市	**710.08**	**408.59**	**301.50**	**361.72**	**348.36**
福州市辖区	289.66	242.73	46.93	144.61	145.04
鼓楼区	58.90	58.90		28.97	29.93
台江区	31.83	31.83		15.66	16.17
仓山区	62.07	62.07		30.33	31.74
马尾区	18.28	13.32	4.96	9.07	9.20
晋安区	42.47	39.04	3.43	20.78	21.69
长乐区	76.11	37.57	38.54	39.80	36.31
福清市	139.12	60.13	79.00	71.66	67.47
闽侯县	70.33	31.97	38.37	35.82	34.52
连江县	67.82	30.23	37.59	35.16	32.66
罗源县	26.96	10.22	16.74	14.06	12.90
闽清县	32.49	10.52	21.97	17.10	15.39
永泰县	38.57	9.93	28.65	20.47	18.10
平潭县	45.12	12.85	32.27	22.84	22.28
厦门市	**259.24**	**224.22**	**35.02**	**127.54**	**131.70**
厦门市辖区	259.24	224.22	35.02	127.54	131.70
思明区	84.75	84.75		41.20	43.54
海沧区	23.88	23.88		11.56	12.32
湖里区	36.39	36.39		18.11	18.28
集美区	36.22	28.64	7.58	17.69	18.53
同安区	40.39	21.01	19.38	20.18	20.21
翔安区	37.61	29.55	8.06	18.80	18.82
莆田市	**363.50**	**169.04**	**194.46**	**185.71**	**177.79**
莆田市辖区	245.82	119.43	126.39	124.89	120.93
城厢区	43.67	21.84	21.83	21.89	21.79
涵江区	45.10	29.33	15.76	22.39	22.71
荔城区	60.59	37.36	23.22	30.30	30.29
秀屿区	96.46	30.89	65.57	50.32	46.15

续表

地　　区	年末户籍统计总人口	按城乡分		按性别分	
		城镇	乡村	男	女
仙游县	117.68	49.61	68.07	60.82	56.86
三明市	**288.52**	**107.21**	**181.31**	**150.86**	**137.65**
三明市辖区	28.85	23.33	5.52	14.33	14.52
梅列区	15.33	14.06	1.27	7.53	7.80
三元区	13.52	9.27	4.25	6.80	6.72
永安市	32.95	18.02	14.93	16.93	16.03
明溪县	11.80	3.78	8.02	6.13	5.67
清流县	15.46	4.65	10.81	8.10	7.36
宁化县	37.52	9.13	28.39	19.69	17.82
大田县	41.61	13.78	27.82	22.63	18.98
尤溪县	45.21	11.89	33.32	24.31	20.90
沙县	27.12	9.40	17.73	13.94	13.19
将乐县	18.68	6.09	12.59	9.71	8.97
泰宁县	13.81	3.66	10.14	7.14	6.67
建宁县	15.51	3.48	12.04	7.96	7.55
泉州市	**760.70**	**400.90**	**359.80**	**393.86**	**366.85**
泉州市辖区	140.86	95.16	45.70	70.64	70.21
鲤城区	27.11	27.11		13.23	13.89
丰泽区	28.50	28.50		13.72	14.77
洛江区	20.54	6.38	14.16	10.67	9.87
泉港区	42.19	22.77	19.42	21.70	20.50
石狮市	35.11	27.38	7.73	17.80	17.30
晋江市	119.37	69.85	49.52	60.95	58.42
南安市	166.51	90.62	75.89	87.74	78.77
惠安县	104.72	51.34	53.38	52.94	51.78
安溪县	121.10	35.43	85.67	64.48	56.62
永春县	60.36	28.69	31.67	31.96	28.41
德化县	35.19	12.84	22.35	18.67	16.51
漳州市	**522.31**	**259.22**	**263.08**	**267.87**	**254.44**
漳州市辖区	82.41	66.05	16.36	40.30	42.11
芗城区	47.46	40.50	6.96	23.24	24.22
龙文区	16.95	14.98	1.97	8.35	8.60
龙海市	90.16	40.50	49.66	45.27	44.89
云霄县	46.78	18.64	28.14	24.65	22.13
漳浦县	94.43	48.55	45.89	48.56	45.87

续表

地　区	年末户籍统计总人口	按城乡分		按性别分	
		城镇	乡村	男	女
诏安县	68.49	25.63	42.86	35.75	32.74
长泰县	21.19	11.33	9.87	10.76	10.43
东山县	22.17	13.14	9.03	11.15	11.02
南靖县	36.05	15.17	20.87	18.45	17.60
平和县	61.88	23.21	38.67	32.99	28.90
华安县	16.74	7.59	9.16	8.69	8.05
南平市	**318.26**	**113.92**	**204.34**	**164.18**	**154.07**
南平市辖区	85.69	38.13	47.56	43.86	41.83
延平区	49.76	24.90	24.86	25.48	24.28
建阳区	35.93	13.23	22.70	18.37	17.56
邵武市	30.39	12.53	17.87	15.54	14.85
武夷山市	24.67	10.77	13.90	12.52	12.15
建瓯市	54.91	17.29	37.62	28.36	26.55
顺昌县	23.25	8.34	14.91	11.99	11.26
浦城县	42.58	9.71	32.86	21.95	20.62
光泽县	16.24	4.50	11.74	8.47	7.77
松溪县	16.76	4.80	11.96	8.75	8.01
政和县	23.77	7.85	15.92	12.75	11.02
龙岩市	**318.24**	**144.55**	**173.69**	**165.22**	**153.02**
龙岩市辖区	107.10	59.92	47.18	54.55	52.55
新罗区	58.13	44.89	13.25	28.84	29.29
永定区	48.97	15.04	33.93	25.71	23.26
漳平市	29.36	12.23	17.13	15.45	13.91
长汀县	54.91	21.79	33.12	29.09	25.83
上杭县	52.48	21.02	31.46	27.07	25.41
武平县	39.93	17.24	22.69	20.76	19.17
连城县	34.45	12.36	22.10	18.30	16.16
宁德市	**355.63**	**132.41**	**223.22**	**186.31**	**169.32**
宁德市辖区	51.76	24.67	27.08	26.19	25.57
蕉城区	51.76	24.67	27.08	26.19	25.57
福安市	67.67	26.28	41.39	35.62	32.04
福鼎市	60.49	20.67	39.82	31.36	29.14
霞浦县	55.09	20.03	35.06	28.98	26.11
古田县	42.75	13.75	29.01	22.60	20.16
屏南县	19.08	6.45	12.63	10.20	8.88

续表

地　区	年末户籍统计总人口	按城乡分		按性别分	
		城镇	乡村	男	女
寿宁县	26.52	8.97	17.55	14.20	12.32
周宁县	21.26	7.37	13.89	11.44	9.82
柘荣县	11.00	4.22	6.79	5.73	5.27

年末常住人口数（2019 年）

单位：万人

地　区	常住人口数	城镇人口	乡村人口	城镇化水平（%）
全　省	**3973.00**	**2642.05**	**1330.95**	**66.5**
福州市	**780.00**	**549.90**	**230.10**	**70.5**
福州市辖区	395.00	354.23	40.77	98.0
鼓楼区	73.00	73.00		100.0
台江区	48.00	48.00		100.0
仓山区	85.80	85.80		100.0
马尾区	26.20	20.54	5.66	78.4
晋安区	87.00	86.39	0.61	99.3
长乐区	75.00	40.50	34.50	54.0
福清市	133.00	69.16	63.84	52.0
闽侯县	74.00	42.48	31.52	57.4
连江县	60.00	28.80	31.20	48.0
罗源县	22.00	10.82	11.18	49.2
闽清县	24.50	10.05	14.45	41.0
永泰县	25.50	10.74	14.76	42.1
平潭县	46.00	23.69	22.31	51.5
厦门市	**429.00**	**382.67**	**46.33**	**89.2**
厦门市辖区	429.00	382.67	46.33	89.2
思明区	102.30	102.30		100.0
海沧区	41.60	37.90	3.70	91.1
湖里区	102.60	102.60		100.0
集美区	74.80	65.82	8.98	88.0
同安区	66.30	47.87	18.43	72.2
翔安区	41.40	26.16	15.24	63.2
莆田市	**291.00**	**179.55**	**111.45**	**61.7**
莆田市辖区	204.30	136.11	68.19	66.6
城厢区	43.40	30.81	12.59	71.0

续表

地　　区	常住人口数	城镇人口	乡村人口	城镇化水平（%）
涵江区	48.80	38.36	10.44	78.6
荔城区	52.50	38.75	13.75	73.8
秀屿区	59.60	28.19	31.41	47.3
仙游县	86.70	43.44	43.26	50.1
三明市	**259.00**	**157.80**	**101.20**	**60.9**
三明市辖区	39.50	36.75	2.75	93.0
梅列区	18.90	18.64	0.26	98.6
三元区	20.60	18.11	2.49	87.9
永安市	35.80	25.20	10.60	70.4
明溪县	10.30	5.60	4.70	54.4
清流县	13.60	6.80	6.80	50.0
宁化县	28.80	13.30	15.50	46.2
大田县	32.20	17.00	15.20	52.8
尤溪县	36.30	17.20	19.10	47.4
沙县	23.40	15.50	7.90	66.2
将乐县	15.40	8.70	6.70	56.5
泰宁县	11.60	6.07	5.53	52.3
建宁县	12.10	5.70	6.40	47.1
泉州市	**874.00**	**587.33**	**286.67**	**67.2**
泉州市辖区	160.30	135.89	24.41	84.8
鲤城区	44.50	44.50		100.0
丰泽区	60.30	60.30		100.0
洛江区	21.90	13.05	8.85	59.6
泉港区	33.60	18.04	15.56	53.7
石狮市	69.40	55.45	13.95	79.9
晋江市	211.90	142.82	69.08	67.4
南安市	151.00	91.36	59.64	60.5
惠安县	102.20	60.86	41.34	59.6
安溪县	102.70	50.32	52.38	49.0
永春县	46.80	28.17	18.63	60.2
德化县	29.70	22.45	7.25	75.6
漳州市	**516.00**	**309.60**	**206.40**	**60.0**
漳州市辖区	79.79	72.55	7.24	90.9
芗城区	60.23	54.93	5.30	91.2
龙文区	19.56	17.62	1.94	90.1

续表

地　　区	常住人口数	城镇人口	乡村人口	城镇化水平（%）
龙海市	96.31	58.27	38.04	60.5
云霄县	41.23	21.73	19.50	52.7
漳浦县	86.05	46.98	39.07	54.6
诏安县	67.80	29.52	33.28	47.0
长泰县	22.87	12.88	9.99	56.3
东山县	22.60	13.58	9.02	60.1
南靖县	35.34	19.28	16.08	54.5
平和县	52.40	25.94	26.46	49.5
华安县	16.61	8.89	7.72	53.5
南平市	**269.00**	**154.68**	**114.32**	**57.5**
南平市辖区	79.80	52.19	27.61	65.4
延平区	47.00	32.38	14.62	68.9
建阳区	32.80	19.81	12.99	60.4
邵武市	27.70	19.28	8.42	69.6
武夷山市	23.80	14.04	9.76	59.0
建瓯市	45.50	23.89	21.61	52.5
顺昌县	19.20	9.85	9.35	51.3
浦城县	30.00	14.70	15.30	49.0
光泽县	13.80	6.62	7.18	48.0
松溪县	12.30	5.99	6.31	48.7
政和县	16.90	8.11	8.79	48.0
龙岩市	**264.00**	**153.12**	**110.88**	**58.0**
龙岩市辖区	110.20	73.99	36.21	67.1
新罗区	74.20	56.39	17.81	76.0
永定区	36.00	17.60	18.40	48.9
漳平市	24.10	13.54	10.56	56.2
长汀县	40.10	21.09	19.01	52.6
上杭县	37.40	18.40	19.00	49.2
武平县	27.60	14.13	13.47	51.2
连城县	24.60	11.96	12.64	48.6
宁德市	**291.00**	**167.62**	**123.38**	**57.6**
宁德市辖区	46.00	30.64	15.36	66.6
蕉城区	46.00	30.64	15.36	66.6
福安市	57.70	37.45	20.25	64.9
福鼎市	54.20	33.06	21.14	61.0

续表

地　　区	常住人口数	城镇人口	乡村人口	城镇化水平（%）
霞浦县	46.70	23.02	23.68	49.3
古田县	33.00	16.10	16.90	48.8
屏南县	14.20	6.55	7.65	46.1
寿宁县	17.90	8.88	9.02	49.6
周宁县	12.30	6.36	5.94	51.7
柘荣县	9.00	5.56	3.44	61.8

城镇单位年末从业人员数（2019 年）

单位：人

地　　区	单位从业人员数	在岗职工（含劳务派遣人员）	国　有	城镇集体	其　他	其他从业人员
全　省	**6395845**	**5787681**	**1362670**	**70960**	**4354051**	**608164**
福州市	**1761930**	**1504112**	**312566**	**27039**	**1164507**	**257818**
福州市辖区	1237197	1043832	192576	18469	832787	193365
鼓楼区	531540	456177	81756	3572	370849	75363
台江区	177552	122777	23541	1109	98127	54775
仓山区	163714	151621	31922	7293	112406	12093
马尾区	123941	121425	11496	324	109605	2516
晋安区	138031	94502	24903	3795	65804	43529
长乐区	102419	97330	18958	2376	75996	5089
福清市	177997	168616	31062	2072	135482	9381
闽侯县	84969	80827	35477	2797	42553	4142
连江县	41944	37389	14903	1461	21025	4555
罗源县	36462	34363	8246	391	25726	2099
闽清县	69917	66161	9230	1358	55573	3756
永泰县	84197	47214	9271	238	37705	36983
平潭县	29247	25710	11801	253	13656	3537
厦门市	**1269027**	**1209043**	**176356**	**2353**	**1030334**	**59984**
厦门市辖区	1269027	1209043	176356	2353	1030334	59984
思明区	454445	416763	79506	1115	336142	37682
海沧区	182115	177499	14713	56	162730	4616
湖里区	223833	218639	28462	290	189887	5194
集美区	181663	178495	24506	208	153781	3168
同安区	104848	99716	19132	488	80096	5132
翔安区	122123	117931	10037	196	107698	4192

续表

地　　区	单位从业人员数	在岗职工（含劳务派遣人员）	国　有	城镇集体	其　他	其他从业人员
莆田市	**451454**	**414642**	**80484**	**7049**	**327109**	**36812**
莆田市辖区	401243	366121	62038	4722	299361	35122
城厢区	96975	85747	27191	2422	56134	11228
涵江区	91267	83185	11927	975	70283	8082
荔城区	158802	145770	10670	435	134665	13032
秀屿区	54199	51419	12250	890	38279	2780
仙游县	50211	48521	18446	2327	27748	1690
三明市	**252104**	**226469**	**113250**	**5795**	**107424**	**25635**
三明市辖区	103346	89225	30037	1013	58175	14121
梅列区	59839	47151	21811	790	24550	12688
三元区	43507	42074	8226	223	33625	1433
永安市	32345	30139	14702	492	14945	2206
明溪县	8422	7110	5150	188	1772	1312
清流县	10457	9455	6656	86	2713	1002
宁化县	11641	10369	7416	225	2728	1272
大田县	17867	17212	11397	2384	3431	655
尤溪县	19457	17787	11267	473	6047	1670
沙县	20234	18964	8998	879	9087	1270
将乐县	10020	9486	6963	22	2501	534
泰宁县	6928	6256	5232		1024	672
建宁县	11387	10466	5432	33	5001	921
泉州市	**1292809**	**1234437**	**209825**	**11928**	**1012684**	**59372**
泉州市辖区	360753	339687	99192	1984	238511	21066
鲤城区	154452	144549	45526	1106	97917	9903
丰泽区	135038	126682	39222	524	86936	8356
洛江区	43036	41763	4839	321	36603	1273
泉港区	28227	26693	9605	33	17055	1534
石狮市	100581	95693	7308	584	87801	4888
晋江市	269953	262613	27720	3206	231687	7340
南安市	130168	122160	22368	1036	98756	8008
惠安县	213592	209493	18608	2130	188755	4099
安溪县	129842	122343	15409	1432	105502	7499
永春县	60064	55312	9167	854	45291	4752
德化县	27856	27136	10053	702	16381	720

续表

地　　区	单位从业人员数	在岗职工（含劳务派遣人员）				其他从业人员
			国　有	城镇集体	其　他	
漳州市	**517320**	**448016**	**142972**	**4847**	**300197**	**69304**
漳州市辖区	178180	150970	42284	1066	107620	27210
芗城区	134829	115129	34756	1041	79332	19700
龙文区	43351	35841	7528	25	28288	7510
龙海市	118259	97569	22159	890	74520	20690
云霄县	24633	21477	11319	53	10105	3156
漳浦县	58199	48813	18278	458	30077	9386
诏安县	31369	27314	10602	599	16113	4055
长泰县	35272	34682	6935	558	27189	590
东山县	14697	12989	7272	101	5616	1708
南靖县	23252	21980	8731	257	12992	1272
平和县	17312	16545	9876	326	6343	767
华安县	16147	15677	5516	539	9622	470
南平市	**239662**	**211858**	**106890**	**3895**	**101073**	**27804**
南平市辖区	109030	91925	41014	1194	49717	17105
延平区	64847	65017	25186	722	39109	9040
建阳区	44183	26908	15828	472	10608	8065
邵武市	27019	24943	10247	776	13920	2076
武夷山市	22864	20118	10998	130	8990	2746
建瓯市	20021	18453	10478	924	7051	1568
顺昌县	12384	10905	7399	459	3047	1479
浦城县	19131	17919	9219	129	8571	1212
光泽县	7479	7065	5775	110	1180	414
松溪县	9451	9174	5673	126	3375	277
政和县	12283	11356	6087	47	5222	927
龙岩市	**304249**	**276454**	**111023**	**4786**	**160645**	**27795**
龙岩市辖区	137877	117730	54987	1837	60906	20147
新罗区	114132	95230	40651	1612	52967	18902
永定区	23745	22500	14336	225	7939	1245
漳平市	43019	42032	9416	381	32235	987
长汀县	41956	39067	11052	1249	26766	2889
上杭县	41751	39900	13987	561	25352	1851
武平县	23578	22348	11185	511	10652	1230
连城县	16068	15377	10396	247	4734	691

续表

地　　区	单位从业人员数	在岗职工（含劳务派遣人员）				其他从业人员
			国　有	城镇集体	其　他	
宁德市	**274055**	**229726**	**109304**	**3268**	**117154**	**44329**
宁德市辖区	121919	85772	30481	448	54843	36147
蕉城区	121919	85772	30481	448	54843	36147
福安市	38917	37859	17823	243	19793	1058
福鼎市	37951	37000	14119	1016	21865	951
霞浦县	18722	17460	12636	581	4243	1262
古田县	19136	18077	9999	748	7330	1059
屏南县	9656	8045	6152	127	1766	1611
寿宁县	11758	10647	7036	61	3550	1111
周宁县	8644	7800	6198	8	1594	844
柘荣县	7352	7066	4860	36	2170	286

城镇单位在岗职工（含劳务派遣人员）平均工资（2019 年）

单位：元

地　　区	在岗职工平均工资				在岗职工平均工资比上年增长（%）
		国　有	城镇集体	其　他	
全　省	**84374**	**111211**	**79508**	**76019**	**10.6**
福州市	**88952**	**113272**	**83183**	**82572**	**6.9**
福州市辖区	92178	116493	87950	86664	7.6
鼓楼区	97108	119427	77912	92348	4.2
台江区	94105	141477	59925	83007	19.5
仓山区	84065	107418	78417	77800	8.4
马尾区	92875	108612	73385	91376	10.4
晋安区	93818	112818	146499	83712	9.1
长乐区	76529	97593	54235	71867	7.1
福清市	76075	89594	101128	72564	-0.6
闽侯县	102339	135430	64525	77904	16.9
连江县	82725	95565	83005	73963	11.7
罗源县	72091	98236	50101	63935	2.7
闽清县	78400	93786	46268	76617	-0.9
永泰县	71254	94185	52916	65588	
平潭县	89644	120168	67257	64383	14.3
厦门市	**97779**	**170030**	**93056**	**85449**	**14.8**
厦门市辖区	9779	170030	93056	85449	14.8
思明区	107047	188182	83412	88129	10.7

续表

地　　区	在岗职工平均工资	国　有	城镇集体	其　他	在岗职工平均工资比上年增长（%）
海沧区	85023	150798	77333	78723	9.2
湖里区	111669	153773	65921	105348	35.4
集美区	89770	167788	86360	77721	12.7
同安区	83811	136362	127667	71560	10.1
翔安区	81992	169872	126730	73944	15.0
莆田市	**70204**	**91736**	**87872**	**64390**	**7.3**
莆田市辖区	71069	96544	97400	65228	6.8
城厢区	85160	107571	127536	72069	6.9
涵江区	61941	90102	60278	60638	1.8
荔城区	65214	89166	65035	63279	2.1
秀屿区	74005	84681	72719	70537	14.6
仙游县	63734	75478	98526	55413	7.2
三明市	**86559**	**96123**	**62264**	**76998**	**9.3**
三明市辖区	94843	105697	87843	88511	8.3
梅列区	104331	103705	97867	105104	13.0
三元区	81840	111017	52093	72893	20.9
永安市	82143	100878	41590	65411	7.7
明溪县	84454	90016	49858	70739	22.2
清流县	81826	94360	66155	51503	12.9
宁化县	100724	105418	27244	94364	27.3
大田县	73950	84474	51606	51725	6.3
尤溪县	82322	93365	92267	59704	10.1
沙县	75449	86731	62138	65637	1.4
将乐县	78147	84981	55682	58795	3.0
泰宁县	94645	96229		86705	10.1
建宁县	75390	84486	64758	65497	9.8
泉州市	**72321**	**111390**	**82408**	**64132**	**9.7**
泉州市辖区	81696	110751	82642	69535	9.3
鲤城区	74854	96985	87065	64268	19.6
丰泽区	96716	131672	71417	81206	40.6
洛江区	62304	113266	94926	55296	7.1
泉港区	76791	89011	17884	69827	6.2
石狮市	71679	131076	85031	66625	16.2
晋江市	73550	134186	94815	66062	13.5
南安市	68930	96710	59571	62876	10.3

续表

地　区	在岗职工平均工资	国　有	城镇集体	其　他	在岗职工平均工资比上年增长（%）
惠安县	63652	106730	90609	59065	2.7
安溪县	70496	113485	96212	63941	6.6
永春县	59601	107111	46570	50427	4.5
德化县	61989	81441	50833	50498	11.9
漳州市	**83421**	**104995**	**90028**	**73226**	**11.9**
漳州市辖区	87187	125707	80776	71790	12.4
芗城区	88923	129948	81603	70670	12.1
龙文区	81561	105996	45083	74952	16.2
龙海市	88778	106878	150539	83136	14.4
云霄县	74100	83523	40566	63453	10.9
漳浦县	77978	86520	76183	72742	5.9
诏安县	69118	90420	78158	54988	10.2
长泰县	74385	107368	70043	66213	9.9
东山县	89123	106055	82406	68203	7.2
南靖县	84030	104693	65864	70956	9.8
平和县	82972	85274	76512	79587	22.8
华安县	81664	103707	75145	70016	6.6
南平市	**76230**	**900645**	**59476**	**61773**	**8.9**
南平市辖区	79151	96617	56150	65410	7.0
延平区	79389	99580	52653	66994	7.0
建阳区	78570	91887	61342	59495	7.3
邵武市	72833	86450	64749	63134	11.5
武夷山市	75698	85625	64447	63671	10.9
建瓯市	75976	88369	61353	59055	6.6
顺昌县	76491	89869	54721	52579	10.5
浦城县	74836	90579	58938	58672	12.2
光泽县	83227	90897	59241	48209	12.7
松溪县	68195	84416	49667	41481	1.7
政和县	65362	77180	69957	51224	9.4
龙岩市	**78850**	**96621**	**73053**	**66088**	**12.5**
龙岩市辖区	88703	102457	88064	76313	14.0
新罗区	91260	107372	93992	78836	12.3
永定区	77972	88637	48073	59601	21.3
漳平市	61488	90254	52244	52093	9.9
长汀县	68377	90254	60632	59019	14.3

续表

地　区	在岗职工平均工资	国　有	城镇集体	其　他	在岗职工平均工资比上年增长（%）
上杭县	82647	98743	87623	73083	12.7
武平县	72287	95587	54028	46230	9.3
连城县	71769	76703	60608	61237	8.8
宁德市	**82982**	**83995**	**56985**	**82756**	**13.7**
宁德市辖区	93649	96129	73112	92440	14.8
蕉城区	93649	96129	73112	92440	14.8
福安市	84337	81471	36215	87567	6.8
福鼎市	73817	84565	54968	67242	10.1
霞浦县	74161	71202	51912	86162	22.5
古田县	70127	81026	60346	55787	9.3
屏南县	84151	85872	84134	77742	12.9
寿宁县	70666	76499	19082	58980	2.2
周宁县	74568	74441	20000	75335	21.4
柘荣县	73254	75829	39250	68166	9.6

城乡居民人均可支配收入（2019 年）

单位：元

项　目	城镇居民人均可支配收入		农村居民人均可支配收入	
	数值	比上年增长（%）	数值	比上年增长（%）
全　省	**45620**	**8.3**	**19568**	**9.8**
福州市	**47920**	**7.8**	**21320**	**9.8**
福州市辖区				
鼓楼区	56446	7.7		
台江区	52399	8.0		
仓山区	44495	7.9		
马尾区	53119	8.3	27599	9.7
晋安区	48327	7.6	21799	10.2
长乐区	49226	7.6	24315	9.5
福清市	48559	8.1	25212	10.0
闽侯县	45177	8.8	20434	10.5
连江县	39176	7.5	19537	9.6
罗源县	35756	8.6	16449	10.6
闽清县	34230	8.7	16101	9.4
永泰县	33475	8.2	15856	10.7
平潭县	41646	7.8	17577	9.8

续表

项　　目	城镇居民人均可支配收入		农村居民人均可支配收入	
	数值	比上年增长（%）	数值	比上年增长（%）
厦门市	**59018**	**8.5**	**24802**	**10.7**
厦门市辖区				
思明区	71162	8.8		
海沧区	53925	8.5	30557	10.1
湖里区	57995	8.1		
集美区	52999	8.7	29948	10.6
同安区	49818	8.5	22942	10.7
翔安区	41968	8.3	22467	10.8
莆田市	**40065**	**7.8**	**19687**	**9.4**
莆田市辖区				
城厢区	45848	7.8	21709	9.0
涵江区	38062	8.5	18972	8.9
荔城区	44771	7.3	22145	9.4
秀屿区	33587	7.9	20564	10.0
仙游县	34519	7.7	17910	9.9
三明市	**37942**	**8.8**	**18312**	**10.3**
三明市辖区				
梅列区	44015	9.3	20187	10.1
三元区	41212	8.8	21001	9.3
永安市	38910	8.0	19671	10.1
明溪县	32596	8.4	16962	11.2
清流县	33268	8.8	17423	10.0
宁化县	30469	9.1	16783	10.5
大田县	37678	9.2	18309	9.6
尤溪县	36429	10.0	18729	10.3
沙县	38698	8.2	20528	9.7
将乐县	36386	9.0	18395	12.3
泰宁县	34777	8.5	17307	10.3
建宁县	31424	8.7	17073	10.4
泉州市	**49592**	**7.5**	**22142**	**9.2**
泉州市辖区				
鲤城区	47755	7.6		
丰泽区	58405	7.2		
洛江区	43268	7.2	18777	9.2
泉港区	37951	7.6	21471	9.1

续表

项　　目	城镇居民人均可支配收入		农村居民人均可支配收入	
	数值	比上年增长（%）	数值	比上年增长（%）
石狮市	62881	6.7	27380	9.7
晋江市	53185	7.0	25965	9.2
南安市	49340	7.1	23698	9.6
惠安县	46743	7.8	22711	9.9
安溪县	34579	8.2	18028	9.1
永春县	34448	7.5	17142	8.4
德化县	36608	8.1	16984	9.8
漳州市	**38975**	**8.3**	**19885**	**9.3**
漳州市辖区				
芗城区	43720	8.8	19762	8.9
龙文区	44420	8.4	21378	9.1
龙海市	40053	8.1	20935	10.1
云霄县	34686	6.9	18388	9.4
漳浦县	39447	9.4	21700	9.8
诏安县	32124	8.6	17734	9.2
长泰县	40251	7.3	20950	9.4
东山县	38928	8.2	22436	7.9
南靖县	35426	8.6	18895	9.3
平和县	34424	8.3	19285	9.3
华安县	36309	8.3	19610	10.4
南平市	**35148**	**8.2**	**17385**	**9.6**
南平市辖区				
延平区	36161	8.1	19162	9.7
建阳区	35796	8.3	17347	9.1
邵武市	37111	7.9	19991	9.5
武夷山市	36298	8.1	18791	8.7
建瓯市	35139	9.2	19031	10.3
顺昌县	32045	7.9	16582	9.1
浦城县	33191	8.9	15908	9.8
光泽县	31849	8.5	15124	10.5
松溪县	31001	8.5	13428	9.5
政和县	31081	7.7	13823	10.3
龙岩市	**38815**	**8.5**	**18859**	**9.9**
龙岩市辖区				
新罗区	43405	8.3	22560	9.6

续表

项　　目	城镇居民人均可支配收入		农村居民人均可支配收入	
	数值	比上年增长（%）	比上年数值	比上年增长（%）
永定区	40820	9.4	19843	9.8
漳平市	36945	8.4	18945	9.2
长汀县	27846	9.2	16883	10.0
上杭县	42288	8.5	18444	9.9
武平县	36593	8.7	18036	10.4
连城县	33392	7.8	17132	10.3
宁德市	**35887**	**9.0**	**17804**	**10.3**
宁德市辖区				
蕉城区	37784	9.8	18022	10.6
福安市	38203	8.9	18514	9.7
福鼎市	38307	8.7	17933	9.3
霞浦县	35602	9.0	18051	10.2
古田县	33746	9.4	18894	10.4
屏南县	30021	9.2	16159	10.5
寿宁县	28023	9.1	15359	10.2
周宁县	30809	8.3	16547	10.4
柘荣县	29229	8.8	15791	10.3

普通教育专任教师及在校学生数（2019年）

单位：人

地　　区	专任教师数			在校生数		
	普通高中	普通初中	小学	普通高中	普通初中	小学
全　省	**51952**	**104637**	**177930**	**639259**	**1364564**	**3343976**
福州市	**8770**	**18165**	**32240**	**112689**	**257483**	**619568**
福州市辖区	4065	7451	14456	55852	118863	296419
鼓楼区	1351	1787	2978	18683	29406	58576
台江区	454	698	1262	6733	11025	26902
仓山区	818	1775	4400	11860	29712	84604
马尾区	369	612	963	4171	7080	17106
晋安区	399	986	2008	5328	18696	52502
长乐区	674	1593	2845	9077	22944	56729
福清市	1654	3753	6259	21310	53935	122102
闽侯县	684	1681	2876	8694	24542	61058
连江县	755	1774	2939	8854	20638	51075
罗源县	269	612	1309	2835	6743	19307

续表

地　　区	专任教师数			在校生数		
	普通高中	普通初中	小学	普通高中	普通初中	小学
闽清县	358	932	1439	3931	9464	19415
永泰县	361	867	1206	4184	9598	19742
平潭县	624	1095	1756	7029	13700	30450
厦门市	**4057**	**8890**	**18264**	**52050**	**125920**	**347811**
厦门市辖区	4057	8890	18264	52050	125920	347814
思明区	1734	2531	4360	22148	36670	79072
海沧区	269	928	2036	3519	12402	38217
湖里区	151	1261	3202	2076	19392	60552
集美区	819	1620	3356	9462	23153	65005
同安区	721	1734	3765	9481	23404	67038
翔安区	363	816	1545	5364	10899	37927
莆田市	**5048**	**8710**	**15644**	**66812**	**122223**	**276975**
莆田市辖区	3530	5863	11155	46612	86856	200052
城厢区	902	1444	2367	10831	20905	42011
涵江区	682	1157	2056	9369	13742	34093
荔城区	1096	1529	3071	14902	26450	64215
秀屿区	850	1733	3661	11510	25759	59733
仙游县	1518	2847	4489	20200	35367	76923
三明市	**3879**	**7700**	**12470**	**46718**	**84845**	**213929**
三明市辖区	606	992	1525	8721	12520	29218
梅列区	244	560	800	3866	7190	16602
三元区	362	432	725	4855	5330	12616
永安市	515	1013	1598	5730	11496	26704
明溪县	152	274	481	1472	2276	5975
清流县	193	345	675	2174	4191	10585
宁化县	465	785	1309	5583	9369	23637
大田县	412	998	1902	4606	11223	34700
尤溪县	534	1207	1625	6226	9521	26947
沙县	453	968	1323	5816	11277	24769
将乐县	243	462	770	2802	5322	13330
泰宁县	158	302	620	1806	3675	8802
建宁县	148	354	642	1782	3975	9262
泉州市	**10847**	**21923**	**36203**	**136594**	**308407**	**801744**
泉州市辖区	2759	4718	7921	33034	64653	148309
鲤城区	1278	1822	2843	15981	27753	51738

续表

地　　区	专任教师数			在校生数		
	普通高中	普通初中	小学	普通高中	普通初中	小学
丰泽区	563	1151	2284	7133	17334	43374
洛江区	376	582	1076	4290	7956	19754
泉港区	542	1163	1718	5630	11610	33443
石狮市	754	1255	2252	11738	24934	66296
晋江市	1902	3905	6800	27572	66497	188304
南安市	1848	3861	5728	21312	46935	134273
惠安县	1304	2793	4028	15205	29557	86911
安溪县	1199	3101	6088	14647	49582	112556
永春县	656	1443	2096	7637	15502	38456
德化县	425	847	1290	5449	10747	26639
漳州市	**7105**	**14087**	**21618**	**82638**	**175779**	**384335**
漳州市辖区	1576	2405	3612	19964	38278	72437
芗城区	1302	1859	2323	16913	29880	48745
龙文区	274	546	1289	3051	8398	23692
龙海市	1399	2485	3998	15188	29065	72227
云霄县	606	1312	2124	7415	16071	31086
漳浦县	1036	2467	3238	12589	29596	66559
诏安县	632	1459	2393	7424	18738	46251
长泰县	252	589	895	2419	5635	16967
东山县	303	520	869	2841	5775	15477
南靖县	399	808	1318	4424	8925	19916
平和县	648	1599	2416	8103	17987	33807
华安县	254	443	755	2271	5709	9608
南平市	**3776**	**8031**	**13124**	**45559**	**98490**	**204931**
南平市辖区	1015	2222	3921	12601	28641	58855
延平区	601	1333	2267	7120	15915	33189
建阳区	414	889	1654	5481	12726	25666
邵武市	343	859	1203	4012	8835	19192
武夷山市	267	645	1132	3468	8118	19133
建瓯市	610	1275	2118	6847	17100	36239
顺昌县	441	712	837	5684	5615	11164
浦城县	443	1052	1542	5798	13858	22329
光泽县	220	409	812	2655	5337	9585
松溪县	190	367	633	1966	4627	11488
政和县	247	490	926	2528	6359	16946

续表

地　　区	专任教师数			在校生数		
	普通高中	普通初中	小学	普通高中	普通初中	小学
龙岩市	**4323**	**8476**	**13627**	**45558**	**87684**	**227519**
龙岩市辖区	1596	3183	5836	18208	36628	95323
新罗区	969	1852	3725	12002	24276	64733
永定区	627	1331	2111	6206	12352	30590
漳平市	318	838	1346	4139	7847	21809
长汀县	726	1279	2062	8177	15029	38578
上杭县	749	1223	1725	6398	11992	30648
武平县	457	993	1397	4622	8627	21451
连城县	477	960	1261	4014	7561	19710
宁德市	**4147**	**8655**	**14740**	**50641**	**103733**	**267164**
宁德市辖区	740	1410	2920	8669	18074	53473
蕉城区	740	1410	2920	8669	18074	53473
福安市	944	1710	2865	11802	24854	55941
福鼎市	640	1396	2241	8539	16913	46481
霞浦县	529	1192	2093	7093	14903	44067
古田县	418	1090	1503	4762	9115	22219
屏南县	213	484	794	2157	4317	10998
寿宁县	287	665	948	3441	7085	12960
周宁县	236	473	828	2596	5166	12240
柘荣县	140	235	548	1582	3306	8785

卫生主要指标（2019 年）

地　　区	卫生机构数（个）	卫生机构床位数（张）	卫生技术人员数（人）	#执业医师	#注册护士
全　省	**27788**	**202374**	**263427**	**85089**	**116284**
福州市	**4635**	**39665**	**63194**	**22013**	**27902**
福州市辖区	1973	26819	45016	16623	20102
鼓楼区	404	10485	18676	7201	8240
台江区	256	5061	9364	3526	4363
仓山区	477	4538	7545	2763	3369
马尾区	122	548	1052	360	462
晋安区	330	3676	5127	1786	2406
长乐区	384	2511	3252	987	1262
福清市	709	4159	6249	1919	2800
闽侯县	410	1800	2958	886	1127

续表

地　区	卫生机构数（个）	卫生机构床位数（张）	卫生技术人员数（人）		
				#执业医师	#注册护士
连江县	427	1580	2646	862	1015
罗源县	249	1198	1302	353	576
闽清县	291	1482	1464	394	684
永泰县	273	1221	1238	379	534
平潭县	303	1406	2321	597	1064
厦门市	**2111**	**18784**	**36957**	**14048**	**16302**
厦门市辖区	2111	18784	36957	14048	16302
思明区	570	8163	14679	5526	6680
海沧区	320	1556	3617	1461	1452
湖里区	184	1623	3251	1180	1473
集美区	398	4001	8924	3401	3996
同安区	426	1713	3618	1390	1495
翔安区	213	1728	2868	1090	1206
莆田市	**1339**	**14794**	**16016**	**5030**	**7268**
莆田市辖区	999	10995	12368	4116	5550
城厢区	201	3042	3718	1290	1787
涵江区	255	4521	4889	1592	2286
荔城区	272	1290	2085	700	844
秀屿区	271	2142	1676	534	633
仙游县	340	3799	3648	914	1718
三明市	**2627**	**15251**	**17537**	**5375**	**7678**
三明市辖区	278	3484	4490	1557	2001
梅列区	144	1887	2922	1051	1290
三元区	134	1597	1568	506	711
永安市	362	2620	3039	1009	1428
明溪县	109	504	593	167	222
清流县	133	590	768	191	340
宁化县	276	1372	1474	456	632
大田县	477	1555	1433	380	652
尤溪县	360	1744	1887	516	778
沙县	249	1277	1497	447	655
将乐县	151	875	964	262	402
泰宁县	115	726	777	227	308
建宁县	117	504	615	163	260
泉州市	**5039**	**36797**	**44710**	**14535**	**19218**

续表

地　　区	卫生机构数（个）	卫生机构床位数（张）	卫生技术人员数（人）	#执业医师	#注册护士
泉州市辖区	751	11783	17474	5651	8247
鲤城区	176	6725	8855	2743	4515
丰泽区	246	3089	6099	2112	2696
洛江区	144	683	896	278	350
泉港区	185	1286	1624	518	686
石狮市	359	1830	3160	1161	1336
晋江市	1058	5235	7553	2556	2829
南安市	974	6070	4895	1586	1967
惠安县	475	3612	3989	1261	1588
安溪县	726	4524	4014	1132	1771
永春县	380	2424	2033	639	797
德化县	316	1319	1592	549	683
漳州市	**4035**	**27882**	**29054**	**7966**	**12627**
漳州市辖区	565	9484	11090	3447	5205
芗城区	359	8344	9319	2907	4450
龙文区	206	1140	1771	540	755
龙海市	938	4068	4270	1237	1917
云霄县	277	1919	1749	434	825
漳浦县	689	3504	3641	863	1538
诏安县	427	2540	2316	541	861
长泰县	163	1024	1115	295	478
东山县	161	1030	1124	278	422
南靖县	364	1290	1628	404	516
平和县	288	2356	1575	360	673
华安县	163	667	546	107	192
南平市	**2175**	**16339**	**17491**	**4868**	**7828**
南平市辖区	504	6043	6441	1830	3047
延平区	265	3752	3970	1237	1809
建阳区	239	2291	2471	593	1238
邵武市	190	1986	2015	582	955
武夷山市	230	1173	1297	427	461
建瓯市	334	2572	2599	698	1176
顺昌县	191	681	992	260	425
浦城县	290	1724	1553	417	640
光泽县	159	686	781	212	337

续表

地　　区	卫生机构数（个）	卫生机构床位数（张）	卫生技术人员数（人）		
				#执业医师	#注册护士
松溪县	152	633	828	193	359
政和县	125	841	985	249	428
龙岩市	**2950**	**18709**	**20489**	**6053**	**9441**
龙岩市辖区	953	8906	10625	3548	5065
新罗区	594	6871	8842	3003	4351
永定区	359	2035	1783	545	714
漳平市	290	1329	1482	402	627
长汀县	431	2961	2607	559	1191
上杭县	580	2056	2179	632	873
武平县	448	1840	1889	498	851
连城县	248	1617	1707	414	834
宁德市	**2877**	**14153**	**17979**	**5201**	**8020**
宁德市辖区	483	3330	4698	1501	2276
蕉城区	483	3330	4698	1501	2276
福安市	548	2391	3153	1029	1462
福鼎市	452	2245	3406	966	1479
霞浦县	300	1899	2363	578	1022
古田县	424	1392	1576	429	651
屏南县	181	765	673	181	285
寿宁县	207	926	920	216	395
周宁县	162	702	719	152	283
柘荣县	120	503	471	149	167

社会保险和低保情况（2019 年）

单位：万人

地　　区	期末参加基本养老保险职工人数	期末参加城乡居民社会养老保险人数	期末参加基本医疗保险人数	城镇居民最低生活保障人数	农村居民最低生活保障人数
全　省	**938. 21**	**1554. 14**	**3788. 10**	**6. 19**	**41. 45**
福州市	**177. 26**	**244. 02**	**661. 25**	**0. 71**	**4. 92**
福州市辖区	130. 02	53. 89	282. 47	0. 41	0. 87
鼓楼区		1. 22	62. 47	0. 03	
台江区		1. 19	34. 99	0. 12	
仓山区		5. 91	61. 24	0. 11	0. 14
马尾区	10. 56	5. 06	20. 30	0. 05	0. 11
晋安区		4. 67	40. 39	0. 06	0. 07
长乐区	7. 74	35. 84	63. 07	0. 03	0. 56

续表

地　　区	期末参加基本养老保险职工人数	期末参加城乡居民社会养老保险人数	期末参加基本医疗保险人数	城镇居民最低生活保障人数	农村居民最低生活保障人数
福清市	16.61	68.12	127.53	0.08	0.74
闽侯县	10.22	30.04	70.82	0.03	0.72
连江县	5.72	30.34	56.31	0.03	0.70
罗源县	3.04	11.01	23.68	0.03	0.45
闽清县	4.00	14.56	28.28	0.03	0.37
永泰县	3.29	16.91	32.48	0.05	0.51
平潭县	4.37	19.15	39.69	0.04	0.56
厦门市	**259.02**	**27.43**	**421.88**	**0.69**	**0.37**
厦门市辖区	259.02	27.43	421.88	0.69	0.37
思明区	53.22	1.41		0.19	
海沧区	45.63	0.87		0.04	0.03
湖里区	23.68	2.58		0.08	
集美区	14.38	12.32		0.05	0.03
同安区	32.72	1.73		0.11	0.24
翔安区	24.35	8.52		0.22	0.06
莆田市	**38.35**	**161.41**	**331.03**	**0.17**	**4.17**
莆田市辖区	30.91	116.56	226.45	0.15	2.46
城厢区	5.54	16.77	38.35	0.03	0.39
涵江区	7.56	22.12	42.91	0.07	0.42
荔城区	10.42	21.59	53.03	0.04	0.47
秀屿区	3.54	56.08	85.93		1.18
仙游县	7.44	44.85	104.58	0.03	1.71
三明市	**44.40**	**124.62**	**262.73**	**0.46**	**3.28**
三明市辖区	12.75	5.00	45.14	0.08	0.06
梅列区	3.20	1.39	5.19	0.03	0.02
三元区	2.58	3.61	9.35	0.05	0.05
永安市	7.61	12.07	30.48	0.07	0.20
明溪县	1.57	5.91	10.81	0.03	0.17
清流县	1.85	6.94	13.63	0.02	0.23
宁化县	2.85	16.94	31.62	0.05	0.53
大田县	3.90	18.72	35.46	0.02	0.53
尤溪县	3.37	22.82	40.26	0.03	0.62
沙县	4.80	12.11	25.75	0.06	0.26
将乐县	2.36	9.44	17.11	0.03	0.19
泰宁县	1.68	6.87	13.01	0.03	0.18
建宁县	1.65	7.79	14.00	0.03	0.30

续表

地　　区	期末参加基本养老保险职工人数	期末参加城乡居民社会养老保险人数	期末参加基本医疗保险人数	城镇居民最低生活保障人数	农村居民最低生活保障人数
泉州市	**152.65**	**370.96**	**703.16**	**0.84**	**6.14**
泉州市辖区	54.87	41.04	120.14	0.30	0.84
鲤城区	10.48	4.32	18.19	0.08	
丰泽区	16.35	6.01	26.61	0.09	
洛江区	4.63	9.10	19.71	0.02	0.16
泉港区	4.14	21.62	36.66	0.11	0.68
石狮市	10.98	18.93	34.39	0.17	
晋江市	39.03	59.95	115.36	0.20	0.60
南安市	16.26	86.18	147.60	0.04	1.58
惠安县	12.84	57.35	97.83	0.05	0.86
安溪县	7.84	61.19	102.25	0.04	1.26
永春县	5.90	30.43	53.04	0.03	0.60
德化县	4.92	15.89	32.55	0.02	0.40
漳州市	**84.46**	**216.76**	**480.33**	**1.45**	**7.95**
漳州市辖区	32.60	18.31	103.59	0.37	0.25
芗城区	10.65	10.71	24.43	0.24	0.21
龙文区	0.28	7.60	12.29	0.14	0.04
龙海市	11.43	42.74	79.42	0.30	1.16
云霄县	5.24	19.17	42.19	0.24	1.63
漳浦县	9.33	40.73	86.57	0.14	1.25
诏安县	4.12	24.52	61.32	0.13	1.34
长泰县	5.62	8.54	20.91	0.03	0.34
东山县	4.23	9.05	20.12	0.10	0.22
南靖县	4.85	17.47	32.77	0.05	0.50
平和县	4.85	27.78	54.35	0.08	1.04
华安县	2.19	8.46	15.82	0.02	0.23
南平市	**49.41**	**134.78**	**287.76**	**0.81**	**4.46**
南平市辖区	21.33	33.08	78.77	0.24	0.93
延平区	7.17	16.94	36.83	0.18	0.54
建阳区	5.35	16.14	33.03	0.06	0.40
邵武市	5.56	12.58	28.01	0.12	0.46
武夷山市	3.78	10.37	22.76	0.06	0.27
建瓯市	4.57	23.71	49.47	0.10	0.77
顺昌县	3.65	10.20	20.36	0.08	0.33
浦城县	4.34	19.69	38.80	0.05	0.59
光泽县	2.70	7.40	14.74	0.06	0.28

续表

地　区	期末参加基本养老保险职工人数	期末参加城乡居民社会养老保险人数	期末参加基本医疗保险人数	城镇居民最低生活保障人数	农村居民最低生活保障人数
松溪县	1.68	7.78	14.51	0.03	0.32
政和县	1.80	9.97	20.34	0.06	0.51
龙岩市	**47.62**	**138.67**	**280.94**	**0.30**	**4.55**
龙岩市辖区	25.43	41.16	98.35	0.09	1.15
新罗区	11.96	17.74	45.03	0.07	0.30
永定区	5.15	23.42	40.79	0.01	0.85
漳平市	3.62	14.45	26.44	0.05	0.53
长汀县	4.72	23.96	46.31	0.10	0.75
上杭县	6.55	24.59	46.21	0.02	0.81
武平县	3.92	19.63	34.59	0.02	0.74
连城县	3.37	14.87	29.05	0.03	0.58
宁德市	**49.12**	**135.48**	**321.21**	**0.74**	**5.61**
宁德市辖区	15.82	16.11	52.71	0.09	0.47
蕉城区	9.65	16.11	45.88	0.09	0.47
福安市	10.07	26.91	57.96	0.15	1.16
福鼎市	8.54	24.68	56.68	0.09	0.82
霞浦县	4.13	21.29	48.71	0.12	0.74
古田县	3.64	16.22	36.71	0.06	0.53
屏南县	1.53	8.27	16.72	0.02	0.45
寿宁县	2.43	9.39	23.24	0.07	0.66
周宁县	1.41	8.43	18.23	0.03	0.50
柘荣县	1.55	4.16	10.24	0.10	0.28

第八篇

政策选编

福建省社会发展政策选编

中共福建省委　福建省人民政府印发《福建省中长期青年发展规划（2018—2025年）》

2019年1月7日福建日报刊登：中共福建省委、福建省人民政府印发了《福建省中长期青年发展规划（2018—2025年）》，并要求各地各部门结合实际认真贯彻落实。

《福建省中长期青年发展规划（2018—2025年）》公布如下：

青年兴则民族兴，青年强则国家强。青年一代有理想、有本领、有担当，国家就有前途，民族就有希望。为促进我省青年更好成长、更快发展，依据中共中央、国务院印发的《中长期青年发展规划（2016—2025年）》及党和国家有关政策法规，按照我省经济社会发展的总体目标和要求，结合青年发展实际，制定本规划。

本规划所指的青年，年龄范围是14—35周岁（规划中涉及婚姻、就业、未成年人保护等领域时，年龄界限依据有关法律法规的规定）。

序　言

党和国家历来高度重视青年、关怀青年、信任青年，始终坚持把青年作为党和人民事业发展的生力军。党的十八大以来，以习近平同志为核心的党中央从党和国家事业发展全局出发，高度重视和大力推进青年工作，提出必须加强党对青年工作的领导，明确了青年工作的战略地位、中国青年运动的时代主题、青年工作的职责使命、青年一代健康成长的正确道路、青年工作的路径方法、共青团改革发展的目标任务，推动青年事业发展取得历史性成就。

省委和省政府历来高度重视青年工作、关心青年成长，积极为青年施展才华创造条件、提供舞台，推动我省青年发展事业取得明显成效。全省青年的思想政治面貌总体健康向上，拥护中国共产党的领导；青年的基本生活条件不断改善，物质生活水平显著提高，精神文化生活日益丰富；青年受教育程度不断提高，青壮年人口文盲基本消除，新增劳动力平均受教育年限达到13.5年，超过全国平均水平；青年发展权益得到更好维护，青年的创新意识、创业能力不断增强，在奋力推进新时代新福建建设的火热实践中实现着自身的成长成才。

同时，也要清醒地看到，我省青年发展事业与新时代福建发展的新要求、广大青年的新期待相比，还存在一定的差距，主要是：青年思想教育的时代性、实效性有待增强；青年体质健康水平有待提高；青年社会教育和实践教育需要加强；青年就业的结构性矛盾比较突出；青年创业创新的热情有待进一步激发；青年一代的工作和生活压力不断增大；统筹协调青年发展工作的体制机制还不完善，等等。

青年是推动新时代福建发展的生力军和中坚力量。福建各项事业要发展，青年首先要发展。各级党委和政府及社会各界要把青年发展摆在事关全局发展的战略位置，整体思考、科学规划、全面推进，构建更加完善的青年发展工作体系，努力形成青年人人都能成才、人人皆可出彩的生动局面，引领全省广大青年为建设机制活、产业优、百姓富、生态美的新福建、实现中华民族伟大复兴的中国梦贡献青春力量。

一、指导思想、根本遵循、总体目标

1. 指导思想。坚持以习近平新时代中国特色社会主义思想为指导，深入贯彻党的十九大精神和习近平总书记关于青年工作的重要论述，全面贯彻落实省第十次党代会和省委全会工作部署，坚持党管青年原则，牢牢把握为实现中华民族伟大复兴中国梦不懈奋斗的时代主题，充分照顾青年的特点和利益，优化青年成长环境，服务青年紧迫需求，维护青年发展权益，促进青年全面发展，引导青年树立共产主义远大理想和中国特色社会主义共同理想，牢固树立“四个意识”，坚定“四个自信”，坚决维护习近平总书记核心地位、坚决维护党中央权威和集中统一领导，自觉团结凝聚在党的周围，更好成长为中国特色社会主义事业的合格建设者和可靠接班人，在新时代新福建建设的新征程中担当新使命、展现新作为。

2. 根本遵循。坚持马克思主义青年观和中国特色社会主义青年运动方向，全面贯彻落实以习近平同志为核心的党中央关于青年工作的决策部署，引导广大青年坚定不移听党话、跟党走；坚持以青年为本，尊重青年主体地位，把服务与成才紧密结合，让青年有更多获得感，促进青年在投身建设新福建、实现中国梦的实践中放飞青春梦想、实现全面发展；坚持全局视野，从战略高度看待青年发展事业，党委加强领导，政府、群团组织、社会等各方面协同施策，共同营造有利于青年发展的良好环境。

3. 总体目标。到2020年，我省的青年发展政策体系和工作机制初步形成，广大青年思想政治素养和全面发展水平进一步提升，在“再上新台阶、建设新福建”、决胜全面建成小康社会伟大实践中的生力军和突击队作用得到充分发挥。到2025年，我省的青年发展政策体系和工作机制更加完善，广大青年思想政治素养和全面发展水平明显提升，不断成长为志存高远、德才并重、情理兼修、勇于开拓，堪当建设机制活、产业优、百姓富、生态美的新福建，实现中华民族伟大复兴中国梦历史重任的有生力量。

二、发展领域、发展目标、发展措施

（一）青年思想道德

发展目标：全省广大青年积极践行社会主义核心价值观，中国特色社会主义道路自信、理论自信、制度自信、文化自信进一步增强，思想道德水平和文明素质进一步提高，为实现中国梦而奋斗的共同思想道德基础更加巩固。

发展措施：

1. 加强青年理想信念教育。深入开展共产主义、中国特色社会主义和中国梦学习宣传教育，开展习近平新时代中国特色社会主义思想学习教育，引导广大青年坚定跟党走中国特色社会主义道路的信心和决心。广泛开展“我的中国梦”“青年大学习”等主题教育活动，持续举办网上爱国话题活动，深化党史国史、改革开放史教育，加强国防教育和总体国家安全观教育，使中国梦成为青年共同追求的奋斗目标，使中国特色社会主义成为青年衷心拥护的发展道路，使共产主义成为青年矢志追求的远大理想，增进青年对党的信赖、信念、信心。注重引导青年学习马克思主义基本原理，树立辩证唯物主义和历史唯物主义的世界观、方法论。深入实施青年马克思主义者培养工程。实施高校思想政治理论课建设体系创新计划，建设学生真心喜爱、终身受益的高校思想政治理论课。发挥人文社会科学育人功能，使各类课程与思想政治理论课同向同行，形成协同效应。

2. 在青年中培育和践行社会主义核心价值观。引导青年勤学、修德、明辨、笃实，使社会主义核心价值观内化为青年的坚定信念，外化为青年的自觉行动。大力弘扬以爱国主义为核心的民族精神和以改革创新为核心的时代精神，引导青年学习了解党史国史、近现代史和改革开放史，继承五四运动以来的革命文化传统，弘扬古田会议精神，坚持爱国、爱党、爱社会主义相统一，自觉培养爱国之情、砥砺强国之志、实践报国之行。弘扬中华优秀传统文化，深入挖掘朱熹、林则徐、严复等福建历史文化名人精神内核，增强文化自信和价值观自信。广泛开展形式多样的青年群众性精神文明创建活动，引导青年大力弘扬社会公德、职业道德、家庭美德，积极倡导和培育诚信品格，争当“向上向善好青年”。加强民族团结宣传教育，推动各族青年交往交流交融，树立正确的国家观、民族观、历史观、文化观、宗教观，自觉抵制宗教极端思想，共同维护祖国统一和各民族繁荣发展。开展青年国防教育，推动军地青年共建共育，教育适龄青年自觉履行兵役义务。

3. 分类开展青年思想教育和引导。面向中学中职学生，广泛开展“与人生对话”主题活动，引导他们从小确立人生奋斗的远大志向，培养爱国、爱党、爱社会主义的感情。面向大学生，广泛开展“与信仰对话”主题活动，组建优秀青年宣讲团，在全省巡回讲演，引导大学生认识马克思主义的真理性，坚定走中国特色社会主义道路的信念。面向企业青年，广泛开展岗位建功活动，引导他们正确看待个人、企业、社会、国家的关系，以积极、务实、理性的态度面对职业生涯中遇到的具体问题。面向进城务工青年，注重把解决思想问题与解决实际问题相结合，在排忧解难、传递关怀中引导他们心向党和政府、矢志拼搏奋斗。面向农村青年，广泛宣传党和政府的支农惠农政策，引导他们树立“农村天地广阔、青年大有可为”的思想认识。

4. 强化网上思想引领。把互联网作为开展青年思想教育的重要阵地，团结、带动和壮大网上积极力量，大力开展正面宣传，推进“青年好声音”系列网络文化行动，增强网络正能量，消解网络负能量。提升网络舆情分析和引导能力，疏导青年情绪，澄清误解和谣言，引导青年形成正确认知。在青年群体中广泛开展网络素养教育，引导青年科学、依法、文明、理性用网。持续强化青年网络文明志愿者行动，组织动员广大青年注册成为网络文明志愿者，参与监督和遏止网上各种违法和不良信息传播，为构建清朗网络空间作贡献。

（二）青年教育

发展目标：青年受教育权利得到更好保障，基本公共教育服务均等化逐步实现，教育公平程度明显提升。新增劳动力平均受教育年限达到13.5年以上，高等教育毛入学率达到50%以上，并高于全国平均水平。

发展措施：

1. 提高学校育人质量。全面贯彻党的教育方针，坚持立德树人，深化教育改革，把增强学生社会责任感、法治意识、创新精神、实践能力作为重点任务贯彻到学校教育全过程，培养德智体美劳全面发展的社会主义建设者和接班人。改善课堂教学，调动青年学生自主学习的积极性，完善知识结构，培养创新兴趣和科学素养。科学设计开展实践育人活动，通过探索实施高校共青团“第二课堂成绩单”制度等途径，帮助学生开阔视野、了解社会、提升综合素质。丰富学生创新实践平台，深入开展“挑战杯”竞赛等活动，支持培育学生科技创新社团，营造校园科技创新氛围，为学生开展科技创新探索提供必要条件。将中小学共青团、少先队工作纳入教育督导。完善现代职业教育体系，推进产教融合、校企合作，办好全省职业院校技能大赛。深化考试招生制度改革，把促进学生健康成长成才作为改革的出发点和落脚点，扭转片面应试教育倾向。建设高素质专业化教师队伍，严格教师准入制度，突出教师职业道德教育和业务能力培训，深化教师评价管理体系改革。深入开展文明校园等创建活动，进一步优化育人环境。在社会科学研究机构、高等学校加强青年学研究。

2. 科学配置教育资源。加大公共教育投入向我省偏远贫困地区的倾斜力度，逐步缩小地区间教育资源差距。普及高中阶段教育，实施中等职业教育免除学杂费政策，对建档立卡的家庭经济困难学生实施普通高中免除学杂费。认真落实国家贫困地区定向招生专项计划。完善贫困家庭学生、进城务工青年、少数民族青年和残疾青年等特殊青年群体帮扶救助机制，健全资助体系、完善资助方式，实现家庭经济困难学生资助全覆盖。进一步完善和落实进城务工人员随迁子女接受义务教育后在当地参加升学考试政策。

3. 强化社会实践教育。完善扶持政策，加大经费投入，加强青年社会实践基地建设，鼓励机关、军队、企事业单位、社会组织为有组织的青年社会实践提供帮助和便利。在青年中广泛开展科普教育和群众性科技创新活动，引导广大青年讲科学、爱科学、学科学、用科学。广泛开展大中专学生志愿者“三下乡”、志愿服务等社会实践活动，鼓励青年参与社会公共服务和社会公益事业。推进青年信用体系建设，逐步应用到青年入学、就业、创业等领域，引导青年践行诚信理念。

4. 促进青年终身学习。强化家庭教育基础作用，全面宣传普及家庭教育科学理念、知识和方法，以良好家教、家风培育青年。积极发展继续教育，建立个人学习账号和学分累计制度，开展师生互动式、同伴共享式技能学习培训。加大青年社会教育投入，建立多渠道筹措资金投入机制。创造社会教育良好环境，规划青年成长成才各个环节的教育需求，统筹协调文化、出版、影视、网络等资源，实现对青年教育空间的全覆盖。构建并推行终身职业技能培训制度。推动各类学习资源开放共享，鼓励社会力量和民间资本提供多样化教育服务，推进教育信息化，发展在线教育和远程教育，扩大优质教育资源覆盖面，构建灵活开放的终身教育培训体系。

5. 培育青年人才队伍。实施青年英才开发计划，在重点学科领域培养扶持一批青年拔尖人才；支持高水平研究型大学和科研院所优势基础学科建设一批国家青年英才培养基地，加快发展支撑引领新产业、新技术、新业态的新学科、新专业，布局建设新一代信息技术、新材料、生物医药、节能环保、高端装备、新能源及新能源汽车、海洋高新、现代特色农业、生产性服务业和社会文化建设等重点领域人才培养培训基地。统筹推进党政人才、企业经营管理人才、专业技术人才、高技能人才、农村实用人才、社会工作人才等领域青年人才队伍建设。建立健全对青年人才普惠性支持措施。加大教育、科技和其他各类人才工程项目对青年人才培养支持力度，在省重大人才工程项目中设立青年专项。改进完善青年人才工作管理体制，完善党管人才的领导体制，改进人才管理方式，优化人才发展环境，善于发现、重点支持、放手使用青年优秀人才。鼓励和支持青年人才参与战略前沿领域研究，着力培养一批青年科技创新领军人才。实施“海纳百川”高端人才聚集计划、“福腾200”福建省优秀青年人才成长计划。加强知识产权保护，鼓励青年人才创新创造。坚持自主培养开发与引进并举，用好省内优秀人才，吸引外省和海外高层次青年人才、急需紧缺青年专门人才。

（三）青年健康

发展目标：持续提升我省青年营养健康水平和体质健康水平，青年体质达标率不低于90%，并高于全国平均水平；有效控制青年心理健康问题发生率，青年心理健康辅导和服务水平得到较大提升；引领青年积极投身健康福建建设。

发展措施：

1. 提高青年体质健康水平。实施全民健身计划，严格执行《国家体育锻炼标准》和《国家学生体质健康标准》，在学校教育中强化体质健康指标的硬约束。加强学校体育工作，完善体育与健康课程标准，发挥学校体育考核评价体系的导向作用，保证体育课时和课外锻炼时间得到落实。组织青年广泛参与全民健身运动，培养体育运动爱好，提升身体素质，掌握运动技能，养成终身锻炼的习惯。在城乡社区建设更多适应青年特点的体育设施和场所，配备充足的体育器材，方便青年就近就便开展健身运动。鼓励和支持青年体育类社会组织发展，带动更多青年培养体育兴趣和爱好。

2. 加强青年心理健康教育和服务。注重加强对青年的人文关怀和心理疏导，引导青年自尊自信、理性平和、积极向上，培养良好心理素质和意志品质。促进青年身心和谐发展，指导青年正确处理个人与他人、个人与集体、个人与社会的关系。加强对不同青年群体社会心态和群体情绪的研究、管控和疏导，引导青年形成合理预期，主动防范和化解群体性社会风险。加大青年心理健康科普宣传力度，提高心理卫生知晓率。支持各级各类青年专业心理辅导机构和社会组织建设，大力培养青年心理辅导专业人才。重点抓好学校心理健康教育，在高校、中学和职业学校普遍设置心理健康辅导咨询室，有条件的学校配备专职心理健康教育师资队伍。构建和完善青年心理问题高危人群预警及干预机制。加强源头预防，注重对青年心理健康问题成因的研究分析，及时识别青年心理问题高危人群，采取有效措施解决或缓解青年在学业、职业、生活和情感等方面的压力。

3. 提高各类青年群体健康水平。重视服务残疾青年的专业康复训练，落实器材、场所等配套保障。解决农村地区、贫困地区青年学生的营养健康问题。引导高校学生“走下网络、走出宿舍、走向操场”，养成健康文明的生活习惯。做好青年职业病的预防和治疗工作，大幅度降低在职青年职业病发生率。关注进城务工青年健康状况，开展健康监测。动员社会力量，通过志愿服务、慈善捐助等形式为青年群体提供有针对性的健康服务。

4. 加强青年健康促进工作。编撰和出版有关生命教育的读物，引导青年尊重生命、热爱生活。定期组织青年参与公共场所安全演练，开展灾害逃生、伤害自护、防恐自救、互助互救等体验教育，增强青年在应对突发性事件中的自我保护意识和防灾避险能力。在青年中倡导健康生活方式，加强健康教育，提升青年健康素养水平。广泛开展禁烟宣传，让青年成为支持禁烟、自觉禁烟的主体人群。完善艾滋病和性病的防治工作机制，针对重点青年群体加强宣传教育，推广有效的干预措施，切实降低艾滋病和性病发生率。做好禁毒宣传教育工作，提高青年群体尤其是青年学生群体对毒品及其危害性的认识。强化对娱乐场所的监管，严厉打击吸毒贩毒、卖淫嫖娼等违法犯罪行为。

（四）青年婚恋

发展目标：青年婚恋观念更加文明、健康、理性；青年婚姻家庭和生殖健康服务水平进一步提升；青年的相关法定权利得到更好保障。

发展措施：

1. 加强青年婚恋观、家庭观教育和引导。将婚恋教育纳入高校教育体系，强化青年对情感生活的尊重意识、诚信意识和责任意识，引导青年树立文明、健康、理性的婚恋观。发挥大众传媒以及网络新媒体的社会影响力，加大正面婚恋观念的宣传力度，鲜明抵制负面的婚恋观念，形成积极健康的舆论导向。倡导结婚登记颁证、集体婚礼等文明节俭的婚庆礼仪。引导青年树立正确的家庭观念，倡导尊老爱幼、男女平等、夫妻和睦、勤俭持家、邻里团结，传承优良家教家风，培育家庭文明。加强青年敬老、养老、助老道德建设，大力弘扬孝敬老人的传统美德，广泛开展敬老、养老、助老社会实践活动。

2. 切实服务青年婚恋交友。支持开展健康的青年交友交流活动，重点做好大龄未婚青年等群体的婚姻服务工作。规范已有的社会化青年交友信息平台，通过实名制、线上线下相结合等方式，打造一批诚信度较高的青年交友信息平台。依法整顿婚介服务市场，严厉打击婚托、婚骗等违法婚介行为。充分发挥工会、共青团、妇联等群团组织和社会组织的作用，为青年婚恋交友提供必要的基础保障和适合青年特点的便利条件。

3. 开展青年性健康教育和优生优育宣传教育。在青年中加强对国家人口发展战略和政策的宣传教育，促进人口均衡发展。加大对性知识的普及力度，在有条件的学校推广性健康课程，加强专兼职性健康教育师资队伍建设。预防和减少不当性行为对青年造成的伤害，大幅度降低意外妊娠的发生率。大力弘扬以“婚育文明、性别平等；计划生育、优生优育；生殖健康、家庭幸福”为核心的婚育文化，坚决抵制非医学需要的胎儿性别鉴定和选择性别人工终止妊娠行为。加大对适龄青年的婚育辅导力度，加大适龄青年婚前检查、孕前检查和产前检查的普及力度。

4. 保障青年在孕期、产假、哺乳期期间享有的法定权益。督促用人单位全面落实女性青年在怀孕、生育和哺乳期间依法享有的各项权利。鼓励条件成熟的地区探索在物质、假期等方面给予青年更多支持。

（五）青年就业创业

发展目标：青年就业比较充分，高校毕业生就业保持在较高水平；青年就业权利保障更加完善，青年的薪资待遇、劳动保护、社会保险等合法权益得到充分保护；青年创业服务体系更加完善，创业活力明显提升。

发展措施：

1. 推动完善促进青年就业创业政策体系。加强经济政策与就业政策衔接，在制定财政、金融、产业、贸易、投资等重大政策时，综合评价对就业岗位、就业环境、失业风险等带来的影响，促进经济增长与扩大就业联动、结构优化与就业转型协同，进一步完善积极就业政策。发挥公共财政促进青年就业作用，完善落实财政金融扶持政策，扶持发展现代服务业、战略性新兴产业、劳动密集型企业和小微企业，吸纳青年就业。加强对灵活就业、新就业形态的支持，促进青年自主就业，鼓励多渠道多形式就业。健全促进青年就业创业工作机制，进一步完善青年就业创业配套政策及法规规章。加强就业统计工作，健全青年就业统计指标体系。

2. 加强青年就业服务。实施青年就业见习计划。健全城乡均等的公共就业创业服务体系，完善服务功能，全面落实免费公共就业服务，对就业困难青年提供就业援助，帮助长

期失业青年就业。加快发展人力资源服务业，实施“互联网＋人力资源服务”行动，打造适合青年特点的就业服务模式。加强青年职业培训，健全面向青年的劳动预备制培训计划，落实职业培训补贴政策，进一步扩大培训规模。实施离校未就业高校毕业生就业促进计划，为毕业生提供职业指导、就业信息、就业见习、就业帮扶等服务。开展青年农民工职业技能培训，通过订单、定向和定岗式培训，对农村未升学初高中毕业生等新生代农民工开展就业技能培训，为有创业意愿和培训需求的青年农民工提供创业培训。开展青年重点群体职业培训，加大贫困家庭子女、青年失业人员和转岗职工、退役青年军人和残疾青年等劳动者职业技能和创业培训力度，按规定提供培训补贴，农村贫困家庭学员执行“雨露计划”培训优惠政策，对农村贫困家庭学员和城市居民最低生活保障家庭学员给予生活补贴。

3. 推动青年投身创业实践。建立青年创业人才汇聚平台，建设青年创业导师队伍，开展普及性培训和“一对一”辅导相结合的创业培训活动，帮助青年增强创业意识、增进创业本领。推进青年创业第三方综合服务体系建设，搭建各类青年创业孵化平台，完善政策咨询、融资服务、跟踪扶持、公益场地等孵化功能。深化“银团合作”，加大青年创业金融服务落地力度，优化银行贷款等间接融资方式，支持创业担保贷款发展，拓宽股权投资等直接融资渠道，支持在海峡股权交易中心建设福建省青年创新创业板。支持青年创业基金发展，发挥好福建新兴产业创业投资引导基金等政府引导基金的作用，带动社会资本投入，解决青年创业融资难题。建设青年创业项目展示和资源对接平台，搭建青年创业信息公共服务网络，办好“创青春”“挑战杯”等青年创新创业品牌活动。着力培育服务青年创业的社会组织，建设专业化的服务队伍和服务实体。深入实施大学生创业引领计划，建立健全教学与实践相融合的高校创新创业教育体系，显著提升青年创新型人才培养质量。深入开展农村青年创业致富带头人培养，实施现代青年农场主培养计划和农村青年创业致富“领头雁”培养计划，支持青年返乡创业。完善互联网创新创业政策，实施青年电商培育工程。开展“福建省青年创业奖”评选，及时发现、培养、树立一批青年创业典型，推动形成鼓励创新、宽容失败的体制机制和社会环境，更好激发青年创新潜能和创业活力。

4. 加强青年就业权益保障。完善青年就业、劳动保障权益保护机制，加大劳动保障监察执法、劳动人事争议调解仲裁诉讼、安全生产监管监察工作力度。加强人力资源市场监管，规范招人用人制度，营造公平就业环境。完善失业保险、社会救助与就业的联动机制。

（六）青年文化

发展目标：更好引导青年传承中华优秀传统文化、弘扬社会主义先进文化。青年文化活动更加丰富，文化精品不断增多，传播能力大幅提升，人才队伍发展壮大，服务设施、机构和体制更加健全。青年对提升国家文化软实力贡献率显著提高。

发展措施：

1. 加强文化精品创作生产。积极培育、选送和推介优秀作品参加精神文明建设“五个一工程”、国家舞台艺术精品创作工程、中国艺术节、中国文化艺术政府奖、中国新闻奖、中国出版政府奖等国家级重大工程项目、奖项的评选，鼓励文化机构、文艺工作者特别是青年文化人才，创作生产展现当代青年奋发向上、崇德向善、传承中华文明和福建优秀传统文化的文化精品。引领网络文化，保护网络文化知识产权，扶持高质量网络文化产品生产，加强微电影、动漫、短视频

等内容创作创新，提升优秀网络文化产品供给能力和传播能力。发挥福建海峡文化产业投资基金、福建省文化产业发展投资基金的作用，鼓励优秀青年文化人才参与创作，支持青年题材优秀图书、影视、音乐、舞蹈、戏剧、曲艺、美术等生产、发行和推广。

2. 丰富青年文化活动。广泛开展优秀文化作品全省巡展巡演。深入挖掘中华优秀传统文化和福建地方特色文化的时代价值，开展优秀传统文化艺术展示交流，引导青年积极参与文化遗产保护、传统工艺振兴、民间文艺传承。以校园文化、企业文化、军营文化、乡村文化、社区文化、社团文化为载体，加强基层特色文化品牌建设，推动青年人均年度图书阅读量和艺术鉴赏、科普水平逐年提高。扩大对外青年人文交流，学习、吸收、借鉴世界优秀文化成果，讲好福建故事、传播好福建声音，不断提升文化自信。

3. 造就青年文化人才。通过“四个一批”人才、文化名家和哲学社会科学领军人才等项目，实施青年文化人才培养计划，资助具备文化创新能力、掌握现代传媒技术、熟悉国际人文交流、善于经营管理的青年文化人才主持重大课题研究、领衔重点文化项目。建立健全文化人才分类培训机制，加强后备文化人才队伍建设，面向青年文化工作者开展文化创意服务、文化生产实践、文化经营管理、媒体融合发展、国际合作规则等方面培训，凝聚文化研究、创作、表演、传播、经营、管理、志愿服务等青年人才。

4. 优化青年文化环境。鼓励和支持有条件的报刊、电台、电视台、网络新媒体设立青年栏目、节目，制作和传播有益于青年健康成长的内容，增加青年题材报道内容和播出时间，大力宣传青年在推动经济社会发展中的积极作用。在报刊和网络重点栏目、电视和院线黄金时段，增加优秀青年文化精品的宣传内容、频次，引导青年树立高尚精神追求、文明生活方式和正确消费观念。推进公共文化设施免费开放，通过落实国家规定的税收优惠、财政补贴以及社会捐赠等方式，完善保障机制，增强针对青年群体的服务功能。

5. 积极支持青年文化建设。加强文化理论研究，及时掌握青年文化需求、文化观念、文化潮流的动态变化，引领和指导青年文化实践。扶持以服务青年为主要功能的报纸、刊物、新闻出版、网站等文化企事业单位发展。完善公益性演出补贴制度，通过票价补贴、剧场运营补贴等方式，支持青年艺术表演团体公益演出。促进企业和民间资本增加对青年文化事业的投入。鼓励政府投资、资助或拥有版权的文化产品无偿用于公益性青年文化活动和服务。鼓励和支持各类文化单位在五四青年节面向青年免费或低收费开展文化活动、提供文化服务。采取政府购买、项目补贴、定向资助等方式，鼓励青年文化阵地、青年文化团体等社会力量承接青年文化服务。

（七）青年社会融入与社会参与

发展目标：青年更加主动、自信地适应社会、融入社会。青年社会参与的渠道和方式进一步丰富和畅通，实现积极有序、理性合法参与。共青团、青联、学联组织在促进青年社会融入和社会参与中的主导作用充分发挥，带动各类青年组织在促进青年有序社会参与中发挥积极作用。青年参与社会主义现代化建设的积极性主动性进一步增强，青年志愿服务水平进一步提高。不同青年群体相互理解尊重。闽台港澳和对外青年交流合作不断拓展。

发展措施：

1. 健全党领导下的以共青团为主导的青年组织体系。积极推进共青团改革，充分发挥共青团作为党的助手的作用。加强共青团自身建设，适应青年发展的新情况新特点，不断创新组织设置，更多更广地覆盖新兴领域青年和流动青年；尊重青年主体地位，调动广大青年参与的积极性和主动性，活跃基层团组织，完善青年社会参与的基本组织依托。教育广大共青团员切实增强先进性光荣感，自觉做共产主义远大理想和中国特色社会主义共同理想的坚定信仰者和忠实实践者，充分发挥在青年中的模范作用和对青年的凝聚作用。充分发挥青联在爱国主义、社会主义旗帜下广泛团结各族各界青年的功能，强化共青团在青联组织中的引领作用，推动青联组织带领各族各界青年在大团结大联合中实现共同发展。加强共青团对学联组织的指导，推动学联组织引导学生追求进步、维护学生合法权益。发展培育青年社团，加强对各行各业青年的凝聚和服务。更好联系、服务和引导青年社会组织，促进青年有序社会参与。支持共青团、青联、学联依法承接政府职能转移，更好参与青年社会事务管理和服务；支持各类青年社会组织立足自身优势，以合适方式参与政府购买服务。

2. 着力促进青年更好实现社会融入。鼓励和支持青年参与社会实践和公益服务，推动理论学习与劳动实践相结合，突出个人实践与社会公益有机统一，学会自我教育、自我管理、自我提升，在为家庭谋幸福、为他人送温暖、为社会作贡献的过程中增加人生历练，强化社会交往能力和社会责任感。充分发挥家庭在青少年社会融入中的重要作用，鼓励青少年自强自立，为青少年接触社会、开展社会交往创造更多机会、提供有效指导。推进校内外实践教育有机衔接，落实社会实践课时，建立校内外结合的实践课程体系，形成学校教育与校外教育有效衔接、学科学习与实践学习有机结合的育人机制，促进青年学生学会生存生活，学会做人做事，主动了解社会、适应社会。积极促进在我省就学、就业少数民族青年和进城务工青年及其子女的社会融入，帮助他们更快适应当地习俗、更好融入所在社区。加强对各类青年社会组织的培育和凝聚，加大对公益性、服务性青年社会组织的培育和扶持力度，吸引和带动青年广泛参与各类社会服务，不断培养和提升社会化技能。引导青年正确认识网络空间与现实社会的关系，多到社会实践中长见识、练本领，防止沉迷网络。在全社会推动形成鼓励青年多样化参与、支持青年个性发展、宽容青年失误的氛围，为青年更好融入社会营造良好环境。

3. 引领青年有序参与政治生活和社会公共事务。支持共青团、青联、学联代表和带领青年积极参与人大、政府、政协、司法机关、社会有关方面各类协商，就涉及青年成长发展的重大问题协商探讨、提出意见、凝聚共识，充分发挥政治参与职能。开展“共青团与人大代表、政协委员面对面”等活动，探索建立有关人大代表、政协委员青少年事务联系机制，为青年参与畅通渠道、搭建平台。鼓励青年参与城乡基层群众自治，推动完善民主恳谈、民主议事制度，在实践中提高青年政治参与能力。推荐优秀青年代表担任人民陪审员、人民监督员、人民调解员等，依法履行相关职责。

4. 鼓励青年在经济社会发展中充分发挥生力军和突击队作用。围绕全省整体发展战略需要，深化各类建功活动，树立先进典型，激励青年在各行各业特别是重点工程和急难险重任务中积极创新，拓展工作领域和空间，形成发展新动力。鼓励青年积极参与生态环境保护，引导青年带头践行绿色生产生活方式，积极参与植绿护绿、内河整治、绿色环保志愿服务等活动，共建生态文明，共创美丽福建。组织动员广大青年积极投身脱贫攻坚，充分发挥青年企业家、青年科技工作者、青年致富带头人、青年志愿者等群体作用，为贫困地区改善区域发展环境、促进经济社会发展提供资金、人才、技术、管理等支持。摸清底数、精准施策，充分发挥教育和就业创业在青年脱贫中的重要作用，促进贫困青年早日脱贫。坚持围绕大局、服务社会需求、突出青年特色，深化青年志愿服务工作，组织引导全省青年大力弘扬“奉献、友爱、互助、进步”的志愿精神。

5. 引导青年社会组织健康有序发展。加强对青年社会组织的政治引领，完善党委和政府与青年社会组织沟通交流机制，把对青年社会组织的管理和引导纳入法治化轨道。改进对青年社会组织的联系服务，充分发挥共青团和青联组织作用，通过资金支持、提供阵地场所、培训骨干人员等方式扶持青年社会组织健康发展。重点支持行为规范、运作有序、公信力强、适应经济社会发展要求的青年社会组织，重点发展科技类、公益慈善类、城乡社区服务类青年社会组织，积极发挥重点青年社会组织的示范带动作用。改善对青年社会组织的监督管理，建立完善民政部门和共青团、青联等群团组织及有关职能部门协同发挥作用的管理机制。

6. 增进不同青年群体的交流融合。整合各方资源，帮助解决重点、新兴领域青年群体的实际困难，增进新生代农民工、青年企业家、青年社会组织骨干、青年新媒体从业人员、高校青年教师、归国留学青年等群体的政治认同和社会参与。发挥共青团组织优势，主动联系新的社会阶层青年群体，吸纳他们中的优秀分子进入组织体系。创造条件推动不同阶层、不同领域青年群体进行经常性对话交流，增进理解、认同和包容，舒缓社会压力，融洽社会关系。

7. 增强台港澳青年的国家认同、民族认同和文化认同。实施闽台港澳青年交流计划，以中华文化为纽带，不断探索创新工作方式，提高交流实效，实现在多元文化背景下包容差异、消除隔阂、增进认同。办好海峡青年论坛、海峡青年节、两岸青年联欢节、闽港澳行业青年交流等活动，增进与台港澳青年社团的交流合作，完善交流机制。积极创造条件，搭建台港澳青年来闽就业及创新创业平台，支持台港澳青年在福建发展中寻找发展机会，为台港澳青年来闽就业创业提供便利服务。帮助台港澳青年形成对“一国两制”的正确认知、对祖国文化的认同。

8. 支持青年参与国际交往。拓宽青年参与国际交往的渠道，为青年开展国际交流与合作搭建更广阔的平台。支持举办“21 世纪海上丝绸之路青年创新大会”等活动，拓展与闽籍华侨华人、海外留学人员的联络，激发他们参与 21 世纪海上丝绸之路核心区建设热情。完善选拔方式、丰富选拔手段，让更多的青年群体代表参与国际交流。培养推荐青年优秀人才到国际组织任职。加大宣传力度，提升青年国际交流活动的影响力和辐射面。

（八）维护青少年合法权益

发展目标：青少年权益维护的法规规章和政策体系更加完善，得到全面贯彻实施。青少年权益保护的工作体系和工作机制更加健全，合法权益得到切实维护。侵害青少年合法权益的行为受到有效打击和遏制。

发展措施：

1. 全面贯彻实施有关青少年发展的法律法规。加强《中华人民共和国未成年人保护法》、《中华人民共和国预防未成年人犯罪法》、《福建省实施〈中华人民共和国未成年人保护法〉办法》以及教育、卫生、就业创业、社会保障等领域涉及青少年权益的法律法规贯彻实施，切实保障青年合法权益。共青团等群团组织要及时了解和研判青年发展状况，监督涉及青年发展权益的法律法规和政策执行，代表青年向有关部门反映问题、提出建议，推动及时有效解决青年实现发展权益面临的现实困难和突出问题。

2. 完善青少年权益维护法规规章和政策。针对青年权益保障中的突出问题，制定修改相关法规规章和政策，在现有法规规章和政策体系中增加有利于维护青年普遍性权益的内容。以《中华人民共和国未成年人保护法》、《中华人民共和国预防未成年人犯罪法》和《中华人民共和国刑事诉讼法》中的“未成年人刑事案件诉讼程序”专章为依据，建立健全涵盖福利、保护、司法等内容的未成年人法规规章制度。加快制定电子商务、个人信息保护、互联网信息服务管理、未成年人网络保护等方面的法规规章，严格落实互联网服务提供者的主体责任，有效防范暴力、色情、赌博、毒品、迷信、邪教等腐朽没落文化以及丑化党和国家形象及革命先烈的信息传播。

3. 健全青少年权益保护机制。尊重青年主体地位，拓展青年权益表达渠道，充分发挥共青团、青联、学联组织代表和反映青年普遍性利益诉求的作用。建立青年权益状况舆情监测体系和舆论引导机制。支持共青团建设青少年维权工作网络平台和 12355 青少年服务台，把法治宣传教育与法律服务结合起来，带动青年社会组织、青少年事务社会工作者积极参与维护青少年权益。深化“青少年维权岗”创建活动，建立健全基层青少年维权工作机制。加强对困难青年群体、进城务工青年及其未成年子女等群体的关爱和权益维护工作。完善法律援助工作网络，鼓励和支持法律服务机构、社会组织、事业单位等依法为未成年人提供公益性法律服务和援助。健全未成年人行政保护与司法保护衔接机制，加强监护缺失、受到监护侵害的未成年人权益保护工作。

4. 依法打击侵害青少年合法权益的行为。贯彻落实涉及青少年权益保护的法律法规，严厉打击拐卖、性侵害、遗弃、虐待等侵害未成年人合法权益的违法犯罪行为。大力开展青少年禁毒工作，依法惩处涉及青少年的毒品违法犯罪活动。严厉打击涉校违法犯罪活动。加强网络领域综合执法，严厉打击各类涉青少年网络违法犯罪。

（九）预防青少年违法犯罪

发展目标：青少年法治宣传教育常态化、全

覆盖，青少年法治观念和法治意识不断增强，成长环境进一步净化。形成比较完善的重点青少年群体服务管理和预防犯罪工作格局，建立针对有严重不良行为和涉罪青少年进行教育矫治的有效机制，青少年涉案涉罪数据逐步下降。

发展措施：

1. 加强法治宣传教育。在青少年中广泛开展法治宣传教育，使青少年明确基本的法律底线和行为边界，自觉尊法学法守法用法。把法治教育纳入我省国民教育体系，在中小学设立法治知识课程。坚持课堂教学主渠道，积极开拓第二课堂，配齐配强中小学校兼职法治副校长、辅导员。落实国家机关“谁执法谁普法”普法责任制，深入开展“法治进校园”全省巡讲活动，建立法官、检察官、行政执法人员、律师在法律实施过程中面向青少年开展法治教育的制度规范。把法治教育纳入精神文明创建和平安建设内容，健全媒体公益普法制度，注重运用网络新媒体扩大宣传教育覆盖面，统筹青少年法治教育实践基地建设，发展壮大青少年普法工作队伍和志愿者队伍。

2. 优化青少年成长环境。清理和整治社会文化环境，加大“扫黄打非”工作力度，打击各类侵权盗版行为，加强对影视节目的审查，强化以未成年人为题材和主要销售对象的出版物市场监管。加强校园周边环境治理和安全防范工作，严格落实禁止在中小学校园周边开办上网服务营业场所、娱乐场所、彩票专营场所等相关规定。依法采取必要惩戒措施，有效遏制校园欺凌、校园暴力等案（事）件发生。净化网络空间，完善网络文化、网络出版、网络视听节目审查制度和市场监管，定期开展专项整治行动，持续整治网络涉毒、淫秽色情及低俗信息。推动互联网上网服务行业健康发展，进一步规范上网服务营业场所服务管理，依法查处违规接纳未成年人的行为，依法查处无证无照场所。

3. 做好重点青少年群体服务管理工作。大力推进“为了明天”预防青少年违法犯罪工程，推动预防青少年违法犯罪工作列入各地工作规划和财政预算，不断健全组织机构和工作体系。在全省县级地区全面推开并不断深化重点青少年群体服务管理工作，明确各类群体工作重点，建立覆盖完整、切实有效、主责清晰、协调联动的工作机制。强化家庭监护和学校教育职责，防止青少年脱离与家庭、学校的联系，出现不良行为时能够及时采取有针对性的预防措施。加强专门学校建设和专门教育工作，在有条件的设区市建设专门学校，畅通有严重不良行为未成年人进入专门学校接受教育矫治的渠道，研究建立符合条件的涉案未成年人进入专门学校接受教育矫治的程序。完善专门学校管理体制和运行机制，加强教师队伍建设，不断提高教育矫治水平。大力推进青少年事务社工队伍建设，充分发挥青少年事务社会工作专业人才和社会工作服务机构作用，对重点青少年群体提供困难帮扶、法治教育、法律援助、心理疏导、行为矫治等专业服务。

4. 完善未成年人司法保护制度。深化未成年人司法改革，公安机关、人民检察院、人民法院、司法行政机关要加强专门机制建设，明确专门机构或者指定专人办理未成年人违法犯罪案件。改革完善未成年人收容教养制度。在侦查、起诉、审判、刑事执行涉及未成年人案件中，落实社会调查、心理疏导与测评、分押分管、严格限制适用逮捕措施、强制辩护、合适成年人参与、当事人和解、附条件不起诉、分案起诉、法庭教育、回访帮教、犯罪记录封存、分类矫治等特殊保护制度。有条件的地区建立未成年人帮教基地。妥善安置附条件不起诉、适用非监禁刑、特赦的未成年人以及解除收容教养和其他刑满释放的青少年。

（十）青年社会保障

发展目标：社会保障体系充分覆盖青年急需的保障需求，并在各类青年群体之间逐步实现均等化。

发展措施：

1. 加强对残疾青年的关心关爱和扶持保障。健全完善残疾青年教育、医疗、就业等方面的服务保障政策，进一步提高保障水平和服务能力。推动残疾青年平等参与社会生活、共享经济社会发展成果，依法保障残疾青年政治、经济、社会、文化教育权利。大力开展面向残疾青年的专业社会工作和志愿服务，鼓励和引导社会各界参与、支持残疾青年权益维护，培育理解、尊重、关心、帮助残疾青年的社会风尚。

2. 加强青年社会救助工作。完善社会救助制度，健全救助服务管理工作机制。加大对流浪未成年人的救助力度，促使其回归家庭，有针对性地解决流浪未成年人在心理健康等方面存在的问题。为家庭困难的失学、失业、失管青年提供就业、就学、就医、生活等方面的帮助。加大临时救助政策的落实力度，解决包括进城务工青年在内的困难群众突发性、紧迫性、临时性生活困难。努力解决部分农村留守儿童中存在的学业失教、生活失助、亲情失落、心理失衡、安全失保问题。大力推进城镇基本公共服务向常住人口全覆盖，为进城务工青年与其未成年子女共同生活提供生活居住、日间照料、义务教育、医疗卫生等方面的帮助。

三、重点项目

1. 青年马克思主义者培养工程。着重在青年学生骨干、团干部、青年知识分子等青年群体中选拔一批骨干作为培养对象，以理想信念教育为核心，开设党性教育、理论学习、实践锻炼、工作锤炼、对外交流等方面的课程，进行阶段性集中教育培训，着力培养一批对党忠诚、信仰坚定、素质优良、作风过硬的中国特色社会主义事业合格建设者和可靠接班人。注重后续跟踪培养，动态调整培养方式，充分发挥骨干力量对各行业的示范带动作用。福建省青年马克思主义者培养工程分省级、省级以下（包括市级、校级、院系级等）两级实施。

2. 青年社会主义核心价值观培养工程。坚持不懈用党的科学理论武装青年，推动邓小平理论、“三个代表”重要思想、科学发展观特别是习近平新时代中国特色社会主义思想进课堂、进教材、进头脑。把社会主义核心价值观融入青年教育全过程，搭建课堂教学、社会实践、文化熏陶等多位一体的育人平台。设计制作一系列青年社会主义核心价值观的图文、动漫、视频等产品，通过各类新媒体、传统媒体等渠道广泛传播。广泛开展革命传统教育和公民道德宣传，开展道德模范、向上向善好青年等推荐评选和学习宣传活动，深入开展社会道德实践，引导青年形成修身律己、崇德向善、诚信互助、礼让宽容的道德风尚。引导青年传承弘扬中华优秀传统文化，深刻挖掘重要节庆日、纪念日蕴藏的丰富教育资源，引导青年汲取中华优秀传统文化的思想精华和道德精髓，增强做中国人的骨气和底气。

3. 青年体质健康提升工程。深化学校体育改革，强化体育课和课外锻炼，以足球为突破口，集中打造青年群众性体育活动载体，大力开展阳光体育系列活动和大学生“走下网络、走出宿舍、走向操场”主题课外体育锻炼活动，使坚持体育锻炼成为青年的生活方式和时尚。培养青年体育运动爱好，经常性参加足球、篮球、排球、田径、游泳、乒乓球、羽毛球、网球等体育运动项目和健身操（舞）、健步走、传统武术、太极拳、骑车、登山、跳绳、踢毽等健身活动，力争使每个青年具备1项以上体育运动爱好，养成终身锻炼的习惯。引导青年树立健康促进理念，在健康促进事业中发挥积极作用。完善青年体质健康监测体系，实现定期抽样监测和公开发布监测结果，倡导青年形成良好的饮食、用眼和睡眠习惯，控制肥胖、近视、龋齿等常见病的发生率。改进普通高校高水平运动队招生工作，激励青年学生参与体育锻炼。

4. 青年就业见习计划。加强制度建设，进一步推进我省高校学生见习工作制度化。按照“项目化运作、社会化动员、规范化管理”思路，在企业、社区、科研院所建设一批见习、实习基地，开发一批具有职业发展空间、技能训练机会的见习、实习岗位，健全完善考核评估机制，促进岗位更新。把大学生实习纳入高校实践学分管理。把未就业大中专毕业生、各类社会青年纳入就业见习范围。加强青年就业见习培训和管理，提高见习实效。充分汇聚政府、企业、社会的力量，为青年参与就业见习提供补贴与支持。

5. 青年文化精品工程。支持青年文化精品创作推广，加大资金投入，支持青年文化创意赛事及文化体验，大力培育青年文化创意人才和社会组织。加大挖掘力度，联合党政机关、社会组织、民间机构等，积极创作一批思想主题鲜明、青少年喜闻乐见、艺术性观赏性俱佳的视频、游戏、图文、动漫、微电影等涵盖各文化类别的青年题材文艺精品，打造一批有影响力的青年网络新媒体产品展播平台，开展全省性青年互联网创新创意活动。积极开展省级文化、出版类评奖推荐活动，每年向青年推荐一批优秀影视、网络、动漫等文化作品。

6. 青年网络文明发展工程。深入推进“阳光跟帖”行动，引导广大青年依法上网、文明上网、理性上网，争当“中国好网民”。发展壮大青年网络文明志愿者队伍，持续广泛、强有力、有针对性地发出青年好声音。鼓励支持互联网企业、社会组织、文化机构制作推广符合社会主义核心价值观和青年喜欢的网络新媒体文化产品。加大财政资金投入，加大对全省各级团组织新媒体矩阵的建设扶持力度，建设一批共青团新媒体工作室（中心）。加大对青少年新媒体领域社会组织的引导和支持力度，举办网络安全、网络技能、网络文化产品等方面竞赛，广泛开展培训和指导，发掘、吸引、培养各方面的青年网络人才。加大网络文明队伍指挥协调系统建设力度，开发运行平台，形成管理机制，提升组织效能。积极倡导和开展网络公益活动，使互联网空间成为青年成长的温馨家园。

7. 福建青年志愿者行动。全面推行青年志愿者实名注册制度，发挥共青团员示范作用，到2025年实现实名注册的青年志愿者总数达到500万名。稳步培育青年志愿服务骨干队伍，构建分层分类志愿服务项目库，扩大基层志愿服务组织覆盖，加强激励评价、保险保障等机制建设，形成规模宏大、来源广泛、门类齐全、管理规范的全省青年志愿服务队伍、项目和组织体系，推动青年志愿服务制度化、日常化、便利化开展。坚持以社区为主阵地，广泛开展青年学雷锋志愿服务活动。深入开展大学生志愿服务西部计划、福建省大学生志愿服务欠发达地区计划。坚持立德树人，建立健全学生志愿服务工作体系。深化关爱农民工子女志愿服务专项行动和福建青年志愿者助残“阳光行动”，大力开展“共青团员义务星期六”活动、“维护交通秩序青年志愿服务专项行动”、“青春之光”爱老计划、“保护母亲河、有我河小禹”等品牌项目。积极参与并做好重大赛事和会议的志愿服务工作。

8. 青年民族团结进步促进工程。实施青年民族团结交流项目，每年开展边疆民族地区青年与福建各族青年互访、联谊活动，鼓励不同民族青年之间结对子、互帮互助。开展高校“中华文化进校园”活动，每年在高校举办图片、影视展和歌舞活动，宣传中华民族形成发展历史，增进中华文化认同，宣传各民族为祖国作出的贡献，增强各族青年学生的中华民族共同体意识。在广大青年中开展民族常识和民族法律法规政策知识大赛。在少数民族流动人口较多的沿海地区和城市开展“中华一家亲，可爱城市共同建”活动，为外来少数民族青年融入城市提供帮助。

9. 台港澳青少年交流工程。举办海峡青年论坛、两岸青年社团负责人圆桌会议、两岸青年联欢节、21世纪海上丝绸之路青年创新大会、闽港澳中小学夏令营、闽台八闽文化之旅夏令营、闽港澳结缔姊妹学校活动、闽港澳行业青年交流、“闽南风·海峡情”等活动，扩大交流规模，提升交流质量。继续办好台港澳青少年实习实践、体验营、训练营和形式多样的交流考察活动，组织青少年开展常态化的结对交流和项目合作，促进相互了解。做好台湾青年来闽创业就业相关工作，加强福建101台湾青年创业服务中心网站、APP、微信公众号等三大网络平台建设，依托海峡人才网等打造台湾青年来闽求职就业的权威专业性平台，建设一批省级台湾青年就业创业基地。

10. 青少年事务社会工作专业人才队伍建设工程。到2020年建成6500人、到2025年建成10000人的全省青少年事务社会工作专业人才队伍，全面参与基层社区社会工作，重点在青少年成长发展、权益维护、犯罪预防等领域发挥作用。建立青少年事务社会工作人才基地，加大对全省青少年事务社会工作专业人才的培养力度，不断提升我省青少年事务社会工作服务水平。支持我省培养青少年事务社会工作专业人才的高等教育学科建设，建立具有青少年事务社会工作继续教育资质的培训机构，到2020年至少建立2家青少年事务社会工作重点实训基地和5家青少年事务社会工作服务标准化示范单位。制订省级青少年社会工作服务标准，推动各级团组织以及青少年服务组织和机构设置社会工作岗位，培育青少年事务社会工作服务机构，逐步实现每个“青年之家”综合服务平台至少配备1名青少年事务社会工作专业人才。把青少年社会工作服务和人才队伍建设纳入政府购买服务指导性目录，组织实施涵盖重点群体、重点领域、重点环节的青少年事务社会工作项目。依法成立青少年事务社会工作领域的社会组织，推进青少年事务社会工作人才队伍管理信息系统平台建设，实现全省各县（市、区）团属社工机构全覆盖。建立健全青少年事务领域社区、社会组织、专业社会工作联动机制和社会工作专业人才、志愿者协作机制。完善青少年事务社会工作专业人才培养、评价、使用、激励相关政策配套体系。

四、组织实施

1. 加强对规划实施工作的组织领导。在省委统一领导下，设立推动规划落实的厅际联席会议机制，团省委具体承担协调、督促职责。各地各部门要高度重视青年工作，关心、支持青年事业的发展，形成工作合力。县级以上党委和政府建立青年工作联席会议机制，负责推动本规划在本地区的落实，协调解决规划落实中的问题，县级以上团委具体承担协调、督促职责。在规划实施中，要积极回应和解决青年关心的问题，多为青年办实事。

2. 建立健全青年发展规划体系。以本规划为指导，副省级城市要根据实际编制本地区青年发展规划，其他有条件的地区可根据实际编制本地区青年发展规划。注重加强青年发展规划与各地经济社会发展规划及相关专项规划的衔接，更加重视青年发展工作。

3. 充分发挥共青团维护青年发展权益重要作用。全省共青团要按照省委有关加强和改进党的群团工作规定以及群团工作会议精神，全面推进自身改革，保持和增强政治性、先进性、群众性，始终紧跟党走在时代前列、走在青年前列，切实代表和维护青年发展权益。同时，要引导青年识大体、顾大局，依法理性表达诉求，自觉维护社会和谐稳定。

4. 加强服务青年发展阵地建设。大力推进“青年之声”网络互动社交平台建设，依托城乡社区综合服务设施建设“青年之家”综合服务平台，加强网上网下深度融合对接，使其成为服务青年发展的重要阵地。

5. 保障青年发展经费投入。各级政府将本规划实施所需经费纳入财政预算。动员社会力量，多渠道筹集资金，支持青年发展。

6. 营造规划实施良好社会环境。大力宣传党和国家关于青年工作的重大战略思想和方针政策，宣传关心青年就是关心未来的理念，宣传青年先进典型和成功经验，形成全社会关心、支持青年发展的良好社会氛围，形成推动本规划实施的强大合力。

7. 建立规划实施情况监测评估机制。对本规划实施情况进行年度监测、中期评估和终期评估，制定和调整促进青年发展政策措施，推动本规划实现。建立和完善与青年发展有关的统计指标体系，收集、整理、分析相关数据和信息，建立和完善省、市两级青年发展监测数据库。

【发文机关】中共福建省委 福建省人民政府
【标　　题】中共福建省委 福建省人民政府印发《福建省中长期青年发展规划（2018—2025年）》
【发文日期】2019年1月7日

中共福建省委办公厅　福建省人民政府办公厅印发《关于分类推进人才评价机制改革的实施意见》

2019年1月23日东南网刊发：近日，中共福建省委办公厅、福建省人民政府办公厅印发《关于分类推进人才评价机制改革的实施意见》，并发出通知，要求各地各部门结合实际认真贯彻落实。

《关于分类推进人才评价机制改革的实施意见》全文公布如下：

为贯彻落实《中共中央办公厅、国务院办公厅印发〈关于分类推进人才评价机制改革的指导意见〉的通知》，创新人才评价机制，发挥人才评价指挥棒作用，现结合我省实际，就分类推进人才评价机制改革提出如下实施意见。

一、总体要求

坚持以习近平新时代中国特色社会主义思想为指导，全面贯彻党的十九大精神，认真落实党中央、国务院及省委和省政府关于深化人才发展体制机制改革的决策部署，立足服务人才强省战略和创新驱动发展战略，坚持党管人才原则，坚持服务发展，坚持科学公正，坚持改革创新，坚持以用为本，以科学分类为基础，以激发人才创新创业活力为目的，加快形成导向明确、精准科学、规范有序、竞争择优的科学化社会化市场化人才评价机制，努力形成人人渴望成才、人人努力成才、人人皆可成才、人人尽展其才的良好局面。

二、健全完善分类人才评价标准

（一）分类分层评价人才。以职业属性和岗位要求为基础，健全科学的人才分类评价体系。根据不同职业、不同岗位、不同层次人才特点和职责，坚持共通性与特殊性、水平业绩与发展潜力、定性与定量评价相结合，重在实际应用，重在产生效益，重在业内评价，分类建立健全涵盖品德、知识、能力、业绩和贡献等要素，科学合理、各有侧重的人才评价标准。加快新兴职业领域人才评价标准开发工作。加强对评价标准跟踪评估，建立评价标准动态更新调整机制。

（二）把品德作为人才评价的首要内容。注重德才兼备，加强对人才政治立场、科学精神、职业道德、从业操守等评价考核。倡导爱国奋斗、敬业奉献、诚实守信，强化社会责任，从严治理弄虚作假和学术不端行为，实行学术造假“一票否决”。各类人才在品德方面有突出表现，并受到相应表彰奖励的，在人才评价体系中设置相应权重。完善人才评价诚信体系，建立诚信守诺、失信行为记录和惩戒制度。

（三）凭能力、实绩、贡献评价人才。不唯学历、不唯资历、不唯论文，注重考察各类人才的专业性、创新性和履责绩效、创新成果、实际贡献。实行代表性成果评价，突出评价研究成果质量、原创价值和对经济社会发展实际贡献。着力解决评价标准“一刀切”问题，在区分不同行业、不同领域人才的基础上，建立以同行评价为基础的人才业内评价机制，合理设置和使用论文、专著、影响因子等评价指标，实行差别化评价，不求全责备，鼓励人才在不同领域、不同岗位作出贡献、追求卓越。

三、改进和创新人才评价方式

（一）实行多元评价。按照社会和业内认可的要求，注重引入市场评价和社会评价，发挥多元评价主体作用。丰富评价手段，科学灵活采用考试、评审、考评结合、考核认定、个人述职、面试答辩、实践操作、业绩展示等不同方式，提高评价的针对性和精准性。推进人才评价定性与定量相结合，把职业道德、专业水平、工作实绩、实践经历、考核结果、面试答辩等作为量化的重要内容。探索利用大数据、云计算等信息技术手段，为多维度评价人才提供依据。

（二）**科学设置评价周期**。遵循不同类型人才成长发展规律，科学合理设置评价考核周期，注重过程评价和结果评价、短期评价和长期评价相结合，克服评价考核过于频繁的倾向，力避评价指标重历史轻发展的问题。探索实施聘期评价制度。突出中长期目标导向，适当延长基础研究人才、青年人才等评价考核周期，鼓励持续研究和长期积累。

（三）**畅通评价通道**。进一步打破户籍、地域、所有制、身份、人事关系等限制，依托具备条件的行业协会、专业学会、公共人才服务机构等，畅通非公有制经济组织、社会组织和新兴职业等领域人才申报评价渠道。对引进的海外高层次人才和急需紧缺人才，建立评价绿色通道。完善外籍人才、港澳台人才申报评价办法。

（四）**共享评价信息**。按照既出成果、又出人才的要求，在各类工程项目、科技计划、机构平台等评审评估中加强人才评价，完善在重大科研、工程项目实施、急难险重工作中评价、识别人才机制。深入推进项目评审、人才评价、机构评估改革，树立正确评价导向，进一步精简整合、取消下放、优化布局评审事项，简化评审环节，改进评审方式，减轻人才负担。避免简单通过各类人才计划头衔评价人才，避免多个类似人才项目同时支持同一人才。加强评价结果共享，避免多头、频繁、重复评价人才，让人才少跑腿、少填表、少准备资料，集中更多时间深耕专业。

四、分类推进人才评价体系改革

（一）**完善学术型人才评价办法**。树立学术价值的评价导向，实行同行学术评价，重点评价研究成果的科学价值、社会主义意识形态属性、原始创新能力以及学术水平和影响等。高等院校、省属科研机构和公立医院要结合聘任制改革进一步完善不同学科学术型人才评价标准和评价方式，改变单一将科研（经费）、论文期刊档次和论文发表数量与学术人才评价挂钩办法，把重要学术组织或期刊任职等纳入重要评价指标。

（二）**完善技术型人才评价办法**。落实《福建省实施〈中国制造2025〉行动计划》，以新兴产业、智能制造、绿色制造、“互联网+”以及数字经济等领域为重点，适应工程技术专业化、标准化程度高、通用性强等特点，分专业领域建立健全工程技术人才评价标准，着力解决评价标准过于追求学术化问题，SCI（科学引文索引）和核心期刊论文发表数量、论文引用榜单和影响因子排名等仅作为评价参考，重点评价其掌握必备专业理论知识和解决工程技术难题以及技术创造发明、技术推广应用等实际能力和业绩。

（三）**完善管理型人才评价办法**。健全以市场和出资人认可为重要标准的企业经营管理人才评价体系，突出对经营业绩、综合素质和对社会贡献的考核，重点评价其服务经济社会发展、行业引领作用、创造社会价值和经济效益的业绩贡献。对作出重大贡献的优秀企业家和经营管理人才，可放宽学历、资历、年限等申报条件。建立社会化的职业经理人评价制度，重点评价职业素养、职业能力、职业知识及技能。深化国有企业管理人才评价制度改革，建立完善公开、公平、竞争、择优的经营管理人才评价使用机制。

（四）**完善技能型人才评价办法**。健全以职业能力为导向、以工作业绩为重点、注重职业道德和知识水平的技能人才评价体系。完善职业资格评价、职业技能等级认定、专项职业能力考核等多元化评价方式，做好评价结果有机衔接。坚持职业标准和岗位要求、职业能力考核和工作业绩评价、专业评价和企业认可相结合的原则，对技术技能型人才突出实际操作能力和解决关键生产技术难题要求，对知识技能型人才突出掌握运用理论知识指导生产实践、创造性开展工作要求，对复合技能型人才突出掌握多项技能、从事多工种多岗位复杂工作要求，引导鼓励技能人才培育精益求精的工匠精神。

（五）**完善创新型人才评价办法**。构建以创新素质、知识技能和创新绩效为主要内容的创新型人才评价体系，把取得的自主知识产权和重大技术突破、成果转化及学科领域活跃度和影响力等作为重要评价指标，着重评价其技术创新与集成能力、关键共性技术难题破解能力以及对产业发展的实际贡献等。

五、加快推进重点领域人才评价改革

（一）改革科技人才评价制度。围绕实施创新驱动发展战略建设创新型省份目标，结合科技体制改革，建立健全以科研诚信为基础，以创新能力、质量、贡献、绩效为导向的分类科技人才评价体系。对主要从事基础研究的人才，着重评价其提出和解决重大科学问题的原创能力、成果的科学价值、学术水平和影响等。对主要从事应用研究和技术开发的人才，着重评价关键技术、共性技术、成果转化情况及技术成果的突破性和带动性。对从事社会公益研究、科技管理服务和实验技术的人才，重在评价考核工作绩效，引导其提高服务水平和技术支持能力。

改变片面将论文、专利、项目、经费数量等与科技人才评价直接挂钩的做法，建立并实施有利于科技人才潜心研究和创新的评价制度。适应科技协同创新和跨学科、跨领域发展等特点，进一步完善科技创新团队评价办法，实行以合作解决重大科技问题为重点的整体性评价。对创新团队负责人以把握研究发展方向、学术造诣水平、组织协调和团队建设等为评价重点。尊重认可团队所有参与者的实际贡献，杜绝无实质贡献的虚假挂名。

（二）改革哲学社会科学和文化艺术人才评价制度。坚持马克思主义指导地位、为人民做学问的研究立场、以人民为中心的创作导向，注重政治标准和学术标准、继承性和民族性、原创性和时代性、系统性和专业性相统一，建立健全中国特色的哲学社会科学和文化艺术人才评价体系，推进中国特色哲学社会科学学科体系、学术体系、话语体系建设。

根据理论研究、应用对策研究等不同类型，对哲学社会科学人才实行分类评价。对主要从事理论研究的人才，重点评价其在推动理论创新、传承文明、学科建设等方面的能力贡献。对主要从事应用对策研究的人才，重点评价其为党和政府决策提供服务支撑的能力业绩。推行理论文章、决策咨询研究报告、建言献策成果、优秀网络文章等与论文、专著等效评价。

根据艺术研究、艺术创作、艺术管理、艺术普及与服务、民间艺术传承与发展等不同领域文化艺术人才，以弘扬社会主义核心价值观、挖掘推广中华优秀传统文化、革命文化、社会主义先进文化以及福建文化精神为根本任务，重点对代表作质量和社会影响力、专业能力和社会效益、提供公共文化服务能力和服务效果等实行分类评价。探索专家评价和社会评价相结合的综合评价方式。

（三）改革教育人才评价制度。坚持立德树人，把教书育人作为教育人才评价的核心内容，将师德考核贯穿于日常教育教学、科学研究和社会服务的全过程。将师德表现作为教师绩效考核、职称（职务）评聘、岗位聘用和奖惩的首要内容，实行师德“一票否决”。

深化高校教师评价制度改革，坚持社会主义办学方向，坚持思想政治素质和业务能力双重考察、全面考核和突出重点相结合，注重对师德师风、教育教学、科学研究、社会服务、专业发展的综合评价。根据不同类型高校、不同岗位教师的职责特点，分类分层次分学科设置评价内容和评价方式。坚持发展性评价与奖惩性评价相结合，充分发挥发展性评价的导向引领作用，合理发挥奖惩性评价的激励约束作用。突出教育教学业绩评价，将人才培养中心任务落到实处，要求所有教师都必须承担教育教学工作，建立健全教学工作量评价标准，明确教授、副教授等各类教师承担本专科生课程、研究生公共基础课程的教学课时要求。完善教学质量评价制度，多维度考评教学规范、教学运行、课堂教学效果、教学改革与研究、教学获奖等教学工作实绩。

职业教育（含技工院校）教师评价要适应现代职业教育发展需要，按照兼备专业理论知识和技能操作实践能力的要求，完善“双师型”教师评价标准，吸纳行业、企业作为评价参与主体，重点评价其职业素养、专业教学能力和生产一线实践经验，普及推广项目教学、案例教学、情景教学、工作过程导向教学，实践性教学课时原则上要占总课时数一半以上。

中小学（含幼儿园）教师评价要适应中小学

素质教育和课程改革新要求，建立促进教师不断提高的评价体系，强调教师对自己教学行为、质量的分析和反思，深入推动教书育人工作的专业性、实践性、长期性评价，注重教育教学方法、一线实践经历和工作业绩。严禁简单用学生升学率和考试成绩评价中小学教师。

（四）改革医疗卫生人才评价制度。强化医疗卫生人才临床实践能力评价，完善涵盖医德医风、临床实践、科研带教、公共卫生服务等要素的评价指标体系，合理确定不同医疗卫生机构、不同专业岗位人才评价重点。对主要从事临床工作的人才，重点考察其临床医疗医技水平、实践操作能力和工作业绩，引入临床病历、诊治方案等作为评价依据。对主要从事科研工作的人才，重点考察其创新能力业绩，突出创新成果的转化应用能力。对主要从事疾病预防控制等的公共卫生人才，重点考察其流行病学调查、传染病疫情和突发公共卫生事件处置、疾病及危害因素监测与评价等能力。

建立符合全科医生岗位特点的评价机制，考核其掌握全科医学基本理论知识、常见病多发病诊疗、预防保健和提供基本公共卫生服务的能力，将签约居民数量、接诊量、服务质量、群众满意度作为重要评价因素。

按照强基层、保基本及分级诊疗要求，建立更加注重临床水平、服务质量、工作业绩的基层医疗卫生人才评价机制，鼓励医疗卫生人才服务基层，更好满足基层人民群众健康需求。

（五）改革产业人才评价制度。建立与产业发展需求、经济结构相适应的产业人才评价机制，推动行业龙头企业或行业协会参与制定行业人才评价标准，突出评价破解关键技术难题能力、自主知识产权研究成果产业化运用能力和创新创业实践能力。支持条件成熟的行业龙头企业组建评价机构，深化产业人才评价改革。推进人才积分制探索创新，以“层次 + 贡献 + 企业评价”构成人才评价办法，着重评价经济效益、行业效益及社会效益，形成以实绩贡献评价人才的导向。

六、建立完善以用为本的人才评价机制

（一）创新区域人才评价机制。充分发挥“六区叠加”的政策优势，以建设闽东北、闽西南两大协同发展区为契机，探索建立符合区域经济社会发展特点的人才评价机制。实行更加简便高效的人才引进评价认定办法，以用人主体认可、业内认同和实际贡献为导向，探索建立资格条件制、推荐制、积分制等人才评价制度。分类研究制定区域急需引进的国际金融、国际物流、互联网经济、国际旅游、文化创意等方面人才评价认定标准。

（二）创新台籍人才评价机制。建立完善在闽台籍人才评价方式，合理设置从业年限、学术技术能力和经济管理水平等评价指标，既认可台湾人才在台湾地区从业期间的学术技术能力，又重点评价其引领和带动我省某一领域科技进步、产业升级、文化繁荣和社会发展的实际能力。鼓励支持台湾同胞参加向台湾居民开放的国家职业资格考试。台湾专业技术人员持台湾地区有关机构颁发的会计、规划等执业证书，按其证书许可范围，可在我省自贸试验区内按有关规定开展相应业务。引进到我省高校、公立医院工作的台湾专业技术人才，所在单位可根据实际需要，直接认定其专业技术水平，自主聘任相应专业技术职务（职称）。在闽工作的台湾文化艺术专业人才，可以按规定参加文化主管部门的系列职称评审。在闽从事传统工艺美术设计、制作的台籍专业人才，可按规定参加福建省工艺美术大师评选。继续面向台湾同胞开展福建省非物质文化遗产代表性项目代表性传承人评选。

（三）创新特殊人才评价机制。围绕实施“海纳百川”人才聚集工程和“八闽英才”培育工程，健全我省特级人才和 A、B、C 类等高层次人才评价机制，采用一事一议、一人一策的特殊方式，重点评价其贡献和实际水平。对引进的海外高层次人才、急需紧缺人才，放宽资历、年限等条件限制，建立评价“绿色通道”；对取得重大基础研究和前沿技术突破、解决重大工程技术难题、在各项经济社会事业发展中作出重大贡献的特殊人才，建立评价“直通车”制度；对国家“千人计划”和“万人计划”人选等高层次人才，可按规定程序直接认定相应专业最高级别职称。

（四）创新优秀青年人才评价机制。完善青年人才评价激励措施，实施省青年拔尖人才选拔、青年科技人才托举计划和“福腾200”项目，加大各类科技、文化、教育、人才工程项目对青年人才支持力度，在科技类科研项目、社科类科研项目和科研奖项设立青年专项。探索建立优秀青年人才举荐制度，组建由各行业杰出人才和领军企业高管青年人才组成的举荐委员会，重点遴选支持一批有较大发展潜力、有真才实学、堪当重任的优秀青年人才。

（五）创新基层人才评价激励机制。对长期在基层一线和艰苦边远地区工作的人才，加大爱岗敬业表现、实际工作业绩、工作年限等评价权重，着力拓展基层人才职业发展空间。引导人才良性竞争和有序流动，三明、南平、龙岩、宁德和省级扶贫开发工作重点县的科研人员因政策倾斜因素获得的国家及省级人才称号、人才项目等支持，在支持周期内原则上不得跟随人员向沿海发达地区流转。围绕乡村振兴战略和精准脱贫目标，健全以职业农民为主体的农村实用人才评价制度，对农业专业大户、农产品经纪人和农民专业合作社、专业协会、产业化龙头企业负责人等农村实用人才，着重评价执行政策、科学发展、服务群众、依法办事和解决试验、示范推广、农业生产中问题的能力。完善社会工作专业人才职业水平评价制度，以社会救助、老年人服务、残疾人服务、青少年服务、妇女儿童服务、矫治帮扶等领域为重点，着重评价运用社会工作专业理念、理论、方法、技巧及相关法规政策开展服务、管理、督导和研究的综合能力。加强社会工作者职业化管理与激励保障，提升社会治理和社会服务现代化水平。

七、大力推进人才评价管理服务方式转变

（一）突出用人单位主导作用。保障和落实用人单位自主权，支持用人单位健全人才评价组织管理，建立人才分类评价指标体系，结合自身功能定位和发展方向评价人才，突出岗位履职评价，促进人才评价与培养、使用、激励等相衔接，使人才发展与单位使命更好协调统一。合理界定和下放人才评价权限，推动具备条件的高校、科研院所、医院、文化机构、大型企业、国家实验室、新型研发机构及其他人才智力密集单位自主开展评价聘用（任）工作。防止人才评价行政化、“官本位”倾向，充分发挥学术委员会等作用。开展自主评价的单位要主动适应改革，勇于探索实践，强化责任意识，人才管理部门不再进行资格审批，通过完善信用机制、第三方评估、检查抽查等方式加强事中事后监管。

（二）健全市场化、社会化管理服务体系。进一步明确政府、市场、用人主体在人才评价中的职能定位，建立权责清晰、管理科学、协调高效的人才评价管理体制。推动人才管理部门转变职能、简政放权，强化政府人才评价宏观管理、政策法规制定、公共服务、监督保障等职能，减少审批事项和微观管理。发挥市场、社会等多元评价主体作用，积极培育发展各类人才评价社会组织和专业机构，逐步有序承接政府转移的人才评价职能。建立人才评价机构综合评估、动态调整机制。

（三）优化公平公正的评价环境。加强人才评价文化和综合治理体系建设，健全完善规章制度，坚持谁评谁负责，提高评价质量和公信力，维护人才合法权益。严格规范评价程序，建立健全申报、审核、公示、反馈、申诉、巡查、举报、回溯等制度。加强评价专家数据库建设和资源共享，建立随机、回避、轮换的专家遴选机制，优化专家来源和结构，强化业内代表性。建立评价专家责任和信誉制度，实施退出和问责机制。强化人才评价综合治理，依法清理规范各类人才评价活动和发证、收费等事项，加强考试环境治理，落实考试安全主体责任。加强人才评价文化建设，提倡开展平等包容的学术批评、学术争论，保障不同学术观点的充分讨论，营造求真务实、鼓励创新、宽容失败的评价氛围和环境。

（四）探索建立人才评价退出机制。加强人才评价机构监管，建立人才评价机构综合评估、动态调整机制，确保有效开展人才评价工作。探索建立基于职业操守和诚信情况的评价退出机制，对于不能正常履约、学术不端、“水土不服”的入选人才，通过可靠论证和用人单位、主管部门的专业判断，实行分类管理、区别对待，人性化、柔性化推动人才有序退出；对通过弄虚作假等违纪违规行为取得的各类人才称号，一律予以撤销。

八、加强分类推进人才评价改革的组织实施

（一）**加强组织领导**。各地各有关部门要坚持以党的政治建设为统领，坚持党管人才原则，切实加强党委和政府对改革完善人才评价机制的统一领导，落实意识形态工作责任制，加强人才队伍建设。党委组织部门牵头抓总，有关部门各司其职、密切配合，发挥社会力量重要作用，认真抓好组织落实。要深入调查研究，及时解决改革中遇到的新情况新问题，加强分类指导，强化督促检查，确保分类人才评价改革任务落地见效。

（二）**加强协同配合**。各地各有关部门要自觉把分类人才评价融入人才工作大局，与前期人才培养开发、后期人才使用激励相衔接，与职称制度、职业资格制度改革相结合，与实施各类人才计划相结合。各有关单位要切实负起责任，健全工作机制，加强协调配合，形成工作合力，把各项任务落实、落细、落具体。

（三）**加强宣传落实**。大力宣传分类推进人才评价机制改革的重要意义、基本精神和主要内容，宣传实施过程中的典型经验、做法和成效。要深入细致做好政策解读，将改革的主要政策传达给各行各业人才。加强舆论引导，积极回应社会关切，积极营造分类推进人才评价机制改革的良好氛围。

【发文机关】中共福建省委办公厅　福建省人民政府办公厅

【标　　题】中共福建省委办公厅　福建省人民政府办公厅印发《关于分类推进人才评价机制改革的实施意见》

【发文日期】2019 年 1 月 23 日

福建省人民政府关于印发福建省深化高等学校考试招生综合改革实施方案的通知

各市、县（区）人民政府，平潭综合实验区管委会，省人民政府各部门、各直属机构，各大企业，各高等院校：

现将《福建省深化高等学校考试招生综合改革实施方案》印发给你们，请认真贯彻执行。

福建省人民政府

2019年4月20日

（此件主动公开）

福建省深化高等学校考试招生综合改革实施方案

为全面贯彻落实习近平新时代中国特色社会主义思想、党的十九大以及全国教育大会精神，根据《国务院关于深化考试招生制度改革的实施意见》（国发〔2014〕35号）和《福建省深化考试招生制度改革实施方案》（闽政〔2016〕20号）等文件要求，结合福建实际，制定本实施方案。

一、总体目标

全面贯彻党的教育方针，落实立德树人根本任务，培养德智体美劳全面发展的社会主义建设者和接班人，遵循人才培养和选拔规律，深化考试招生制度改革，坚决扭转唯分数、唯升学等不科学的教育评价导向。从有利于促进学生健康发展、有利于科学选拔人才、有利于维护社会公平出发，按照2018年启动高等学校考试招生综合改革的部署安排，2020年实施新的高职院校分类考试招生制度，2021年实施新的普通高等学校考试招生制度，逐步形成分类考试、综合评价、多元录取的高等学校考试招生模式，健全促进公平、科学选才、监督有力的高等学校考试招生体制机制。

二、主要任务

（一）完善普通高中学业水平考试和综合素质评价制度

1. 完善普通高中学业水平考试制度

（1）考试科目。自2018年秋季普通高中入学新生起，普通高中学业水平考试分为合格性考试和选择性考试。合格性考试包括语文、数学、外语、思想政治、历史、地理、物理、化学、生物、信息技术、通用技术、体育与健康、音乐、美术等14门科目。选择性考试包括思想政治、历史、地理、物理、化学、生物等6门科目，学生根据自身兴趣特长、高校人才选拔要求等，从上述科目中选择3门参加考试。

（2）考试对象。普通高中在校学生均须参加学业水平合格性考试，其中参加统一高考的学生还应参加选择性考试；参加统一高考的高中阶段其他学校在校生和社会人员可只参加选择性考试。

（3）考试内容。考试内容以国家普通高中课程标准（含学业质量要求）和高校人才选拔要求为依据。坚持立德树人，科学设计命题内容，注重学科必备知识、关键能力、学科素养、核心价值的考查，着重考查学生独立思考和运用所学知识分析问题、解决问题的能力。

（4）考试方式。语文、数学、外语（含听

力)、思想政治、历史、地理、物理、化学、生物、通用技术等10门合格性考试科目和思想政治、历史、地理、物理、化学、生物等6门选择性考试科目采用书面闭卷笔试，信息技术合格性考试实行无纸化上机考试，物理、化学、生物、通用技术4门合格性考试另设实验（实践）操作测试。体育与健康、音乐和美术3门合格性考试科目实行学科技能或素养测试。

（5）考试时间与次数。高中各科目合格性考试相应安排在高中三个学年进行，高一年级学生参加省级统一组织实施的合格性考试科目原则上不超过4科，学生在完成必修学分课程的基础上参加合格性考试。普通高中学生在校期间参加相关科目合格性考试成绩不合格者，可补考1次。补考仍不合格者，可在离校后2年内继续申请补考。

选择性考试每年组织1次，安排在6月份全国统一高考后进行，限报考当年统一高考的考生参加。选择性考试成绩计入高校招生录取总成绩时仅限当年有效。考生若再次参加高考，3门选择性考试科目可更换。

（6）成绩评定与使用。合格性考试每门满分100分，成绩以合格、不合格呈现，60分及以上为合格。合格性考试各科目（含操作测试项目）成绩合格是学生毕业的必要条件。语文、数学、外语、思想政治、信息技术、通用技术（不含实践操作）合格性考试原始成绩作为高职院校分类考试招生录取的依据。

思想政治、历史、地理、物理、化学、生物6门选择性考试科目每门满分100分。物理、历史以原始分呈现，思想政治、地理、化学、生物4门科目成绩以等级转换分形式呈现。

2. 完善普通高中学生综合素质评价制度

（1）评价内容。综合素质评价是深入推进素质教育的一项重要制度，旨在客观反映学生德智体美劳全面发展情况。内容包括思想品德、学业水平、身心健康、艺术素养、社会实践五个维度。

（2）评价管理。高中学校要认真实施学生综合素质评价，所有普通高中学生入学后均须由学校在“福建省普通高中学生综合素质评价信息管理系统”建立综合素质评价信息账户，客观真实、简洁有效记录学生成长过程，确保材料真实可信。各级教育行政部门要建立诚信责任追究制度，严格审查综合素质评价材料。

（3）评价使用。高等学校根据自身办学特色、人才培养要求以及招生章程，制定科学规范的高中学生综合素质评估及其使用办法，并适时向社会公布。招生录取时，高等学校对学生的综合素质档案进行客观评价，评价结果作为招生录取重要参考。

（二）完善中等职业学校学业水平考试和综合素质评价制度

1. 完善中等职业学校学业水平考试制度

（1）考试科目。自2017年秋季中等职业学校（以下简称中职学校）入学新生起实施，中职学校学业水平考试分为合格性考试和等级性考试，合格性考试包括公共基础知识（含语文、数学、英语、德育、计算机应用基础）、专业基础知识、专业技能考试3个部分；等级性考试包括公共基础知识中的语文、数学、英语、德育和专业基础知识。

（2）考试对象。中职学校全日制学历教育在籍学生（含高职院校招收的中职学生）均须参加学业水平合格性考试。等级性考试由学生自主选择参加。高中阶段其他学校在校生和社会人员也可报名参加合格性考试和等级性考试。

（3）考试内容。以教育部《中等职业学校专业教学标准（试行）》和高校人才培养要求为依据。坚持立德树人，科学设计考试内容，强化基础性、综合性、时代性、实践性，全面考核学生掌握公共基础知识、专业基础知识和专业技能的程度，重点考核学生独立思考和运用专业知识与技能分析问题和解决问题的能力。

（4）考试方式。公共基础知识中的语文、数学、英语、德育和专业基础知识合格性考试与等级性考试均采取书面闭卷笔试方式。计算机应用基础合格性考试采取上机考试方式。专业技能合格性考试采取现场实际操作或应用信息化综合实训平台考核方式。

（5）考试时间。计算机应用基础考试安排在一年级下学期，德育、语文、数学、英语考试安排在二年级下学期，专业技能考试安排在三年级上学期。

（6）成绩评定与使用。

合格性考试。公共基础知识中的德育、语文、数学、英语满分200分；计算机应用基础满分100分。专业基础知识满分150分。专业技能满分100分。考试成绩以原始分记载、以等级呈现，共分A、B、C、D、E五个等级（其中E为不合格），作为评估中职学校办学质量重要依据，是学生毕业的依据之一。

等级性考试。公共基础知识等级性考试满分合计100分。专业基础知识满分100分。考试成绩以原始分记载，合格性考试和等级性考试成绩作为高职院校录取新生的依据之一。

2. 完善中等职业学校学生综合素质评价制度

（1）评价内容。综合素质评价坚持德智体美劳全面发展的人才培养目标，内容包括思想品德、身心健康、学业成绩、能力素质等方面。

（2）评价管理。学生入学后由学校在“福建省中等职业学校学生综合素质评价信息管理平台”上建立综合素质档案。通过过程测评、毕业总评对学生开展综合素质评价。

（3）评价使用。综合素质毕业总评分由思想品德、身心健康、学业成绩、能力素质积分构成。综合素质毕业总评合格是学生毕业的必备条件。招生录取时，高职院校对学生综合素质做出客观评价，评价结果作为招生录取的重要参考。

（三）深化普通高等学校考试招生改革

普通高等学校考试招生以普通本科招生为主。

1. 考试科目、内容、时间与成绩构成

（1）科目设置。2021年起，普通高考科目由统一高考科目和普通高中学业水平选择性考试科目组成。统一高考科目为语文、数学、外语（含英语、俄语、日语、法语、德语、西班牙语）3门，不分文理。选择性考试科目由考生在物理、历史2门中选择1门，在思想政治、地理、化学、生物4门中选择2门。

（2）考试安排。语文、数学、外语3门统一高考科目考试和思想政治、历史、地理、物理、化学、生物6门选择性科目考试统一在每年6月份举行。外语科目考试含听力和笔试两个部分，待条件成熟后实行“一年两考”。

（3）考试成绩。高校招生录取总成绩由语文、数学、外语3门统一高考科目成绩和3门选择性考试科目成绩构成，满分750分。其中，语文、数学、外语科目每门满分150分，选择性考试科目每门满分100分。物理、历史成绩采用原始分计入高校招生录取总成绩；思想政治、地理、化学、生物成绩依据转换规则转换后计入高校招生录取总成绩，等级转换赋分办法另行公布。

2. 选考科目要求。高校要根据专业人才培养对学生学科专业基础的需要，科学合理设置选考科目要求，并提前向社会公布。

3. 改革高等学校招生录取方式。2021年起，按照物理科目组合、历史科目组合两类分列招生计划、分开划线、分开投档录取。普通高校依据语文、数学、外语3门统一高考科目成绩和考生自主选考的3门选择性考试科目成绩，参考学生综合素质评价，择优录取。本科院校招生实施“院校+专业组”平行志愿投档录取模式。高职专科院校招生继续实行专业平行志愿投档录取模式。

（四）推进高职院校分类考试招生改革

高职院校分类考试招生以高职（专科）招生为主，并作为高职院校招生的主渠道。2020年起，高职院校分类招生与普通高校招生相对分开，实行“文化素质+职业技能”评价方式，不再单独组织高等职业教育入学考试。

1. 面向中职学校毕业生招生。高职院校招收中职毕业生，依据中职学校学业水平考试成绩和职业技能测试成绩，参考学生综合素质评价择优录取。

录取总成绩750分，其中公共基础知识（德育、语文、数学、英语）的合格性考试和等级性考试成绩300分，专业基础知识的合格性考试和等级性考试成绩250分，职业技能测试成绩200分。

2. 面向普通高中毕业生招生。高职院校招收普通高中毕业班学生，学生须参加职业适应性测试，依据普通高中学业水平合格性考试成绩，参考学生综合素质评价及职业适应性测试结果择优录取。

录取总成绩750分，其中语文、数学、外语每门各占150分（原则上按普通高中学业水平合格性考试卷面分值100分的1∶1.5比例转换），思想政治、信息技术、通用技术每门各占100分。

三、保障措施

（一）加强组织领导

深化高考综合改革是科学选拔人才、提高教育质量、服务经济社会发展的重要举措。省级建立高考综合改革工作联席会议制度，各市、县（区）党委、政府要高度重视，建立相应的高考综合改革工作联席会议制度，制定推进高考综合改革各项配套政策，加强组织领导、统筹规划、系统设计，明确相关部门职责分工，加大教育、编办、人社、财政、公安、宣传、保密等部门之间的协同攻坚，确保高考综合改革顺利实施。

（二）加强条件保障

各级政府在组织、制度、人事、经费等方面，为实施高考综合改革提供强有力的条件保障，抓紧落实城乡统一的普通高中教职工编制标准，对高中学校可能出现的师资、教室、场馆、教学设备等资源短缺问题，要根据高中教育发展和考试改革要求做好充分准备，增强学校课程实施的基础能力；要努力搭建区域资源共享平台，解决资源不均衡的问题，满足学校实施高考综合改革的基本办学需求。普通高中学校要全面实施国家课程方案和课程标准，深化教学改革，创新机制、主动作为、深入挖潜，科学统筹教学资源，满足学生多样化选择的需求。各级招生考试机构要完善考试安全体系，加强队伍专业化建设，完善标准化考点建设，确保公平、有序、高效的考试秩序。

（三）加强工作落实

省教育厅修订完善福建省普通高中、中等职业学校学业水平考试和学生综合素质评价实施办法。各级教育行政部门、招生考试机构要完善组织管理制度，深入实施高校招生阳光工程，加大信息公开，完善监督管理机制，加强诚信制度建设，严查诚信失范行为，确保考试招生公开公平公正。各高等学校要加强学校招生委员会建设，发挥招生主体作用，科学设置招生录取专业选考科目要求，规范招生管理工作，健全自律机制，创新招生管理模式，探索适应高考综合改革需要的人才培养模式，提高人才选拔与培养质量。各高中阶段学校要完善教学组织管理，建立选课走班教学管理制度，加强学生发展指导与选课指导，健全教学督导评估体系，强化综合素质评价管理与使用，提供真实有效的评价信息。

（四）加强宣传服务

各级各有关部门、各类学校要加强对高考综合改革政策、规定和要求的宣传、解读和培训，让社会各界全面准确了解改革方案，给考生和社会以明确稳定的预期，凝聚社会共识，夯实改革基础。要创新咨询服务方式方法，提高服务质量。加强舆情监测，及时回应社会关切，积极营造高考综合改革的良好社会环境和舆论氛围。

【发文机关】福建省人民政府

【标　　题】福建省人民政府关于印发福建省深化高等学校考试招生综合改革实施方案的通知

【文号】闽政〔2019〕5号

【发文日期】2019年4月20日

福建省人民政府关于修改《福建省“古泉州（刺桐）史迹遗址”文化遗产保护管理办法》的决定

《福建省人民政府关于修改〈福建省“古泉州（刺桐）史迹遗址”文化遗产保护管理办法〉的决定》已经2019年12月17日省人民政府第46次常务会议通过，现予以公布，自公布之日起施行。

省长　唐登杰

2019年12月18日

福建省人民政府关于修改《福建省“古泉州（刺桐）史迹遗址”文化遗产保护管理办法》的决定

福建省人民政府决定对《福建省“古泉州（刺桐）史迹遗址”文化遗产保护管理办法》作如下修改：

一、将第五条修改为：“‘古泉州（刺桐）史迹遗址’文化遗产所在地县级以上人民政府的公安、财政、民族宗教、自然资源、住建、生态环境、林业、水利、海洋与渔业、市场监管、文化和旅游等有关行政主管部门和乡（镇）人民政府，以及海事管理机构、港口行政管理部门按照各自职责，做好‘古泉州（刺桐）史迹遗址’文化遗产保护和管理的相关工作。”

二、将第十条第二款修改为：“‘古泉州（刺桐）史迹遗址’文化遗产保护管理规划应当纳入同级人民政府的国民经济和社会发展规划、国土空间规划等。”

三、将第十一条第二款修改为：“遗产区和缓冲区边界由泉州市人民政府划定，并设立界碑（桩）。”

四、将第十四条修改为：“‘古泉州（刺桐）史迹遗址’文化遗产所在地县级人民政府应当对遗产区和缓冲区内的文物、人文景观和古树名木作出明确的标志，并设立保护设施。”

五、将第二十九条第一项修改为：“未经文物行政主管部门同意、自然资源部门批准，在遗产区、缓冲区内进行工程建设的；”

六、将第三十二条修改为：“‘古泉州（刺桐）史迹遗址’文化遗产分布在泉州市所辖的鲤城区、丰泽区、洛江区、晋江市、石狮市、南安市、安溪县、德化县和泉州台商投资区的范围内，包括万寿塔、六胜塔、石湖码头、江口码头（文兴码头、美山码头）、真武庙、九日山祈风石刻、泉州天后宫、磁灶窑系金交椅山窑址、德化窑遗址、安溪青阳冶铁遗址、泉州府文庙、老君岩造像、泉州开元寺、伊斯兰教圣墓、清净寺、草庵摩尼光佛造像、南外宗正司遗址、市舶司遗址、德济门遗址、洛阳桥、顺济桥遗址、安平桥等与泉州宋元时期海洋贸易相关的文化遗产。”

本决定自公布之日起施行。

《福建省“古泉州（刺桐）史迹遗址”文化遗产保护管理办法》根据本决定作相应修改，重新公布。

福建省“古泉州（刺桐）史迹遗址”文化遗产保护管理办法

第一章　总　则

第一条　为了加强“古泉州（刺桐）史迹遗址”文化遗产的保护和管理，根据《中华人民共和国文物保护法》和《福建省文物保护管理条例》等有关法律、法规，结合本省和泉州市实际，制定本办法。

第二条　本办法适用于本省“古泉州（刺桐）史迹遗址”文化遗产的保护和管理。

本办法所称的“古泉州（刺桐）史迹遗址”文化遗产是指与“古泉州（刺桐）”有关的具有历史、艺术、科学价值的“海上丝绸之路”文物、建筑群等遗迹和遗址。

第三条　“古泉州（刺桐）史迹遗址”文化遗产的保护管理，应当坚持保护为主、抢救第一、合理利用、加强管理的原则，确保遗产的真实性和完整性。

第四条　“古泉州（刺桐）史迹遗址”文化遗产所在地县级以上人民政府应当加强领导，建立健全工作机制，负责遗产保护管理工作。

省、泉州市人民政府文物行政主管部门负责遗产保护和管理工作的指导；“古泉州（刺桐）史迹遗址”文化遗产所在地县级人民政府文物行政主管部门负责遗产保护的监督管理；“古泉州（刺桐）史迹遗址”文化遗产所在地县级以上人民政府应当明确机构具体负责遗产的日常保护和管理。

第五条　“古泉州（刺桐）史迹遗址”文化遗产所在地县级以上人民政府的公安、财政、民族宗教、自然资源、住建、生态环境、林业、水利、海洋与渔业、市场监管、文化和旅游等有关行政主管部门和乡（镇）人民政府，以及海事管理机构、港口行政管理部门按照各自职责，做好“古泉州（刺桐）史迹遗址”文化遗产保护和管理的相关工作。

第六条　“古泉州（刺桐）史迹遗址”文化遗产所在地村（居）民委员会依法制定村规民约，建立群众性保护组织，参与保护“古泉州（刺桐）史迹遗址”文化遗产。

第七条　“古泉州（刺桐）史迹遗址”文化遗产的所有权和使用权受法律保护。所有权人和使用权人应当按照有关法律、法规和本办法的规定，保护“古泉州（刺桐）史迹遗址”文化遗产，依法参与涉及所有权人和使用权人利益事项的管理。

第八条　“古泉州（刺桐）史迹遗址”文化遗产所在地县级以上人民政府应当充分发挥“海上丝绸之路”的桥梁纽带作用，加强与港澳台和国际的交流与合作。

第九条　对保护和管理工作做出突出贡献的单位或者个人，由“古泉州（刺桐）史迹遗址”文化遗产所在地县级以上人民政府或者有关部门给予表彰和奖励。

第二章　规划和管理

第十条　泉州市人民政府应当根据保护管理的需要，组织编制“古泉州（刺桐）史迹遗址”文化遗产保护管理规划及其详细规划，并依法报批。

“古泉州（刺桐）史迹遗址”文化遗产保护管理规划应当纳入同级人民政府的国民经济和社会发展规划、国土空间规划等。

保护管理规划及其详细规划经批准公布后，应当严格执行，不得擅自更改；确需更改的，应当报原批准机关批准。

第十一条　“古泉州（刺桐）史迹遗址”文化遗产根据保护要求划定为遗产区和缓冲区，分级进行保护。遗产区和缓冲区区划应当与其文物保护单位的保护范围和建设控制地带相衔接，并纳入城市紫线范围。

遗产区和缓冲区边界由泉州市人民政府划定，并设立界碑（桩）。

第十二条　“古泉州（刺桐）史迹遗址”文化遗产的遗产区和缓冲区内禁止进行任何损害或者破坏遗产的建设活动。

遗产区内不得建设与遗产保护无关的建设工程或者实施爆破、钻探、挖掘等作业，确因保护需要进行建设的，应当符合保护管理规划及其详细规划，不得破坏遗产的历史风貌和生态环境，并依法报批。

缓冲区内确因生产、生活需要进行建设的，应当符合保护管理规划及其详细规划，不得破坏遗产的历史风貌和生态环境，不得建设危害遗产安全的建筑物、构筑物，不得建设污染遗产及其环境的设施，不得开展影响遗产安全及其环境的活动，并依法报批。

第十三条 县级人民政府及其有关部门对不符合“古泉州（刺桐）史迹遗址”文化遗产保护管理规划及其详细规划的建筑物、构筑物应当逐步整改、迁建或者依法拆除，造成所有权人或者使用权人经济损失的，应当依法给予补偿；对周边遭到破坏的景观、植被等应当责令相关责任人及时修复。

第三章 保护措施

第十四条 “古泉州（刺桐）史迹遗址”文化遗产所在地县级人民政府应当对遗产区和缓冲区内的文物、人文景观和古树名木作出明确的标志，并设立保护设施。

第十五条 “古泉州（刺桐）史迹遗址”文化遗产所在地县级人民政府应当做好生态环境保护，防止生态破坏、水土流失和水资源污染，不得损害或者破坏“古泉州（刺桐）史迹遗址”文化遗产原生态资源；周边一重山范围内林木林地逐步依法纳入生态公益林管理，并依法给予林权所有者适当的补偿。

第十六条 “古泉州（刺桐）史迹遗址”文化遗产所在地县级人民政府文物行政主管部门应当建立日常监测巡视制度、定期通报制度、重大事项专家咨询制度；委托相关机构对遗产保护状况进行监测，发现可能危及遗产安全的，应当及时依法采取相应措施予以保护，并向省、泉州市人民政府文物行政主管部门和所在地县级人民政府报告。

第十七条 在“古泉州（刺桐）史迹遗址”文化遗产的遗产区内禁止下列行为：

（一）在遗产及其保护设施、保护标志上张贴、涂污、刻划，或者移动、拆除遗产保护设施、标志；

（二）采石、采砂、采矿、造坟、毁林、排污、堆放垃圾；

（三）存储易燃、易爆、腐蚀性等危险物品；

（四）设置户外广告设施、修建人造景点等；

（五）引进与当地生态环境不相协调的外来生物物种；

（六）法律、法规、规章禁止的其他行为。

第十八条 “古泉州（刺桐）史迹遗址”文化遗产所在地县级人民政府负责组织安全防范、公共消防设施建设，组织有关部门对遗产设施、场所的用电、用气、用火等管理情况定期检查，开展应急自救教育和培训。

第十九条 “古泉州（刺桐）史迹遗址”文化遗产的所有权人或者使用权人应当与所在地县级人民政府文物行政主管部门签订保护责任书，负责保养、维修和安全防范等工作，接受其指导和监督。

所有权人或者使用权人发现“古泉州（刺桐）史迹遗址”文化遗产有损毁危险的，应当及时向县级人民政府文物行政主管部门和遗产日常保护管理机构报告。县级人民政府文物行政主管部门应当及时组织修缮，修缮费用由县级以上人民政府给予补助。

第二十条 “古泉州（刺桐）史迹遗址”文化遗产的修缮，应当由依法取得相应文物保护工程资质证书的设计、施工、监理单位承担。修缮应当遵循不改变文物原状的原则，修缮方案应当依法报批。县级人民政府文物行政主管部门应当监督修缮过程，省、泉州市人民政府文物行政主管部门应当加强对修缮的指导。

第二十一条 “古泉州（刺桐）史迹遗址”文化遗产遭受灾害造成重大损失、发生或者可能发生危及遗产安全的突发事件时，所在地县级人民政府文物行政主管部门和遗产日常保护管理机构应当及时采取应急措施，组织抢救保护，并向同级人民政府和上级文物行政主管部门报告。

第二十二条 “古泉州（刺桐）史迹遗址”文化遗产所在地各级人民政府应当根据保护管理规划，鼓励、支持从事有利于遗产资源保护的绿化和生态保护等活动。

第二十三条　在“古泉州（刺桐）史迹遗址”文化遗产的遗产区和缓冲区内拍摄电影、电视或者举办大型活动，应当制定详细的预案，采取有效的保护措施，并依法报批。

第二十四条　“古泉州（刺桐）史迹遗址”文化遗产所在地县级人民政府应当积极采取措施，继承、保护和弘扬与遗产有关的民俗风情、民间艺术等非物质文化遗产，收集和保存文化、艺术、工艺珍品；组织培训遗产保护管理的专业技术和管理人员。

“古泉州（刺桐）史迹遗址”文化遗产所在地县级以上人民政府可以根据需要设置专题博物馆（展示馆、陈列室），展示、宣传遗产历史文化作品等。

第四章　经费保障

第二十五条　泉州市、“古泉州（刺桐）史迹遗址”文化遗产所在地县级人民政府应当将遗产保护所需经费纳入同级财政预算统筹安排，专项用于遗产的规划、保护、管理、修缮、展示和利用。

遗产保护经费应当专款专用，严格管理，不得挪作他用。

第二十六条　泉州市人民政府依法设立“古泉州（刺桐）史迹遗址”文化遗产保护专项资金。保护专项资金可以通过政府投入、社会捐助、景区门票收入等多种渠道筹集。保护专项资金应当依法管理和使用，并接受监督。

鼓励公民、法人和其他组织通过捐资、捐赠和技术支持等各种方式参与“古泉州（刺桐）史迹遗址”文化遗产保护。

第五章　法律责任

第二十七条　违反本办法第十条第三款规定，擅自更改保护管理规划及其详细规划的，由上级人民政府责令改正，通报批评，并依照行政管理权限由有权机关对负有责任的主管人员和其他直接责任人员依法给予处分。

第二十八条　违反本办法第十七条第一项至第五项规定的，由“古泉州（刺桐）史迹遗址”文化遗产所在地县级以上人民政府文物行政主管部门责令改正，逾期不改正的，处3万元以下罚款。

第二十九条　违反本办法第十二条、第二十条规定，有下列行为之一的，由“古泉州（刺桐）史迹遗址”文化遗产所在地县级以上人民政府文物行政主管部门责令改正，造成严重后果的，依法处以罚款；构成犯罪的，依法追究刑事责任：

（一）未经文物行政主管部门同意、自然资源部门批准，在遗产区、缓冲区内进行工程建设的；

（二）设计、施工、监理单位未依法取得相应文物保护工程资质证书，擅自从事修缮的。

第三十条　违反本办法第二十五条第二款规定，将“古泉州（刺桐）史迹遗址”文化遗产保护经费挪作他用的，由有关行政主管部门对相关责任人员依法给予处分；构成犯罪的，依法追究刑事责任。

第三十一条　有关行政主管部门工作人员违反本办法规定，在保护管理过程中玩忽职守、滥用职权、徇私舞弊的，对负有责任的主管人员和其他直接责任人员依法给予处分；构成犯罪的，依法追究刑事责任。

第六章　附　则

第三十二条　“古泉州（刺桐）史迹遗址”文化遗产分布在泉州市所辖的鲤城区、丰泽区、洛江区、晋江市、石狮市、南安市、安溪县、德化县和泉州台商投资区的范围内，包括万寿塔、六胜塔、石湖码头、江口码头（文兴码头、美山码头）、真武庙、九日山祈风石刻、泉州天后宫、磁灶窑系金交椅山窑址、德化窑遗址、安溪青阳冶铁遗址、泉州府文庙、老君岩造像、泉州开元寺、伊斯兰教圣墓、清净寺、草庵摩尼光佛造像、南外宗正司遗址、市舶司遗址、德济门遗址、洛阳桥、顺济桥遗址、安平桥等与泉州宋元时期海洋贸易相关的文化遗产。

第三十三条　本办法自2016年3月1日起施行。2003年11月7日福建省人民政府发布的《福建省“海上丝绸之路：泉州史迹”文化遗产保护管理办法》同时废止。

【发文机关】福建省人民政府

【标　　题】福建省人民政府关于修改《福建省“古泉州（刺桐）史迹遗址”文化遗产保护管理办法》的决定

【文　　号】福建省人民政府令第211号

【发文日期】2019年12月18日

福建省人民政府办公厅关于印发推广第二批支持创新相关改革举措任务分工的通知

各市、县（区）人民政府，平潭综合实验区管委会，省人民政府各部门、各直属机构，各大企业，各高等院校：

按照国务院办公厅要求，我省对落实推广知识产权保护、科技成果转化激励、科技金融创新、军民深度融合以及管理体制创新等5方面20项改革举措进行了任务分工。经省政府领导同意，现将《推广第二批支持创新相关改革举措的任务分工》印发给你们，请认真贯彻执行。

各地各有关部门要深入学习贯彻习近平总书记在参加十三届全国人大二次会议福建代表团审议时的重要讲话精神，坚定实施创新驱动发展战略，加快政府职能深刻转变，着力解决影响创新创业创造的突出体制机制问题，营造鼓励创新创业创造的社会氛围。要建立主要负责同志亲自抓落实的工作机制，按照任务分工，确保2019年底前在我省全面推广第二批支持创新相关改革举措。省发改委、科技厅要加强统筹协调、督促落实，定期跟踪改革举措推广落实工作进展情况，重大问题及时向省政府报告。

福建省人民政府办公厅

2019年3月22日

（此件主动公开）

推广第二批支持创新相关改革举措任务分工

序号	改革举措	主要内容	责任单位
一、知识产权保护方面5项			
1	知识产权民事、刑事、行政案件“三合一”审判	优化调整中基层法院“三合一”案件管辖布局；充实完善全省法院知识产权审判庭刑事审判人员队伍，实现知识产权民事、刑事、行政案件审判“三合一”。	省法院、检察院、知识产权局
2	省级行政区内专利等专业技术性较强的知识产权案件跨市（区）审理	加强对市级（福州）知识产权法庭的指导，集中优势审判资源管辖技术性、专业性较强的案件，在有条件的地市（厦门、泉州）筹划增设知识产权法庭，实现裁判标准统一。	省法院、知识产权局
3	以降低侵权损失为核心的专利保险机制	鼓励保险机构完善专利保险业务合作和推广模式，创新符合省内创新主体需求的保险产品，面向全省推广小额专利权质押贷款保证保险，降低创新主体的损失。	省知识产权局、银保监局
4	知识产权案件审判中引入技术调查官制度	加强制定和完善技术调查官的选任和工作机制，知识产权案件审判中可以引入技术调查官。	省法院、知识产权局

续表

序号	改革举措	主要内容	责任单位
5	基于“两表指导，审助分流”的知识产权案件快速审判机制	制定符合自身审判实际情况的《诉讼要素表》和《有效抗辩释明表》，法官助理庭前指导当事双方填写上述两个表格，明确诉辩主张；法官庭审时主要审理上述两个表格中的焦点问题，进一步提高庭审效率，缩短诉讼周期。	省法院、知识产权局
二、科技成果转化激励方面3项			
6	技术经理人全程参与的科技成果转化服务模式	依托国家技术转移海峡中心人才培养基地，开展技术经理人培训；培育壮大技术转移服务机构，帮助高校、科研院所提高成果转化率和成功率。	省科技厅
7	技术股与现金股结合激励的科技成果转化相关方利益捆绑机制	鼓励和支持企业按照省政府《关于印发〈福建省企业科技创新股权和分红激励试行办法〉的通知》（闽政〔2015〕22号）和《国有科技型企业股权和分红激励暂行办法》（财资〔2016〕4号）的有关规定，积极开展股权和分红激励，探索建立企业科技创新的中长期激励机制；优先支持符合条件的转制科研院所、高新技术企业和科技服务型企业开展员工持股。	省国资委、科技厅
8	“定向研发、定向转化、定向服务”的订单式研发和成果转化机制	紧扣我省新兴产业和重点产业发展技术需求，组织实施高校产学合作项目，依托高校自身科研基础和优势，对接企业开展技术研发和成果转化。	省科技厅
三、科技金融创新方面4项			
9	基于“六专机制”的科技型企业全生命周期金融综合服务	推动政银保企多方合作，在依法合规、风险可控的前提下，鼓励符合条件的银行业机构探索开展基于“六专”机制的科技型企业全生命周期金融综合服务。	省银保监局、科技厅、人行福州中心支行
10	推动政府股权基金投向种子期、初创期企业的容错机制	针对省级和地方股权基金中的种子基金、风险投资基金设置不同比例的容错率，推动种子基金、风险投资基金投资企业发展早期。	省财政厅、发改委
11	以协商估值、坏账分担为核心的中小企业商标质押贷款模式	加强商标质押融资工作的宣传与指导，鼓励符合条件的银行机构创新商标权、专利权等无形资产质押融资模式，进一步拓展中小企业融资途径。	中国人民银行福州中心支行、省银保监局、工信厅、知识产权局
12	创新创业团队回购地方政府产业投资基金所持股权的机制	我省各级政府设立的各类产业投资基金在参股高层次创新创业团队所办企业时，可约定在一定时期内，创新创业团队可根据企业发展需要按照投资本金和同期商业贷款利息回购股权。	省财政厅、发改委
四、军民深度融合方面6项			
13	在军用技术转民用过程中建立以股权为纽带、市场化运作的技术再研发机制	引导军工央企来闽投资创办设立子公司、分公司、研究机构，促进军民两用技术成果加快转化；鼓励我省优势企业参与军用技术再研发；筹建军民科技创新转化中心，推动更多国防专利民用，更多民口单位创新成果“参军”。	省委军民融合办

续表

序号	改革举措	主要内容	责任单位
14	以共建研究机构、共用军民标准信息、共享检验检测资源为核心的军地协同通用技术标准创新机制	发挥省内标准化研究机构，宁德、龙岩国家新型工业化产业示范基地（军民结合）等军民融合产业园区要素集成、技术融合和信息汇聚的优势，联合建立高端军民标准化研究机构；建立军民通用标准资源共享服务平台，加强军民通用技术标准制定、共享、共用。	省委军民融合办，省市场监管局
15	服务军民融合科技型中小企业的专业金融机构	筹建军民融合金融服务联盟，推动商业银行成立军民融合专业支行，开发适应军民融合企业发展需求的金融产品；引导金融机构加大对福建省军民融合重点领域的信贷投放力度。	省委军民融合办，人行福州中心支行、福建银保监局
16	军民融合产业统计指标体系	探索制定适合福建省实际的军民融合企业认定标准、分类标准和编码；建立健全军民融合产业统计方法制度和统计体系，加强军民融合产业地市一级统计力量。	省委军民融合办，省市场监管局
17	非关系国家战略安全和非涉及国家核心机密的军工企业混合所有制改革	鼓励符合条件军工企业开展混合所有制改革；支持省内民营企业通过参股、控股、兼并等方式，积极参与国家军工科研院所改制重组或成立科研生产联合体，实现“民参军”。	省委军民融合办，省发改委、国资委、财政厅
18	军工单位建立竞争性采购制度	组织企业积极对接国家有关军工技术、军工产品采购平台，及时有效获取供需信息等资源，畅通“民参军”通道。	省委军民融合办
五、管理体制创新方面 2 项			
19	以授权为基础、市场化方式运营为核心的科研仪器设备开放共享机制	按照《国务院关于国家重大科研基础设施和大型科研仪器向社会开放的意见》（国发〔2014〕70号），在不改变所有权前提下，授权专业服务机构对科研仪器设备进行市场化运营管理，促进科技资源的所有权与经营权形式上分离，提高科研仪器设备使用效率（免税进口的科研仪器设备按有关政策规定执行）。	省科技厅、财政厅、国资委
20	以地方立法形式建立推动改革创新的决策容错机制	逐步推动以地方性法规的形式建立相应的容错机制，对政府部门、国有企业负责人在推动战略性新兴产业发展和实施创新项目中出现工作过失或影响任期目标实现的，只要没有谋取私利、符合程序规定，可免除行政追责和效能问责。	省发改委、国资委、审计厅

【发文机关】福建省人民政府办公厅

【标　　题】闽政办〔2019〕19号

【文　　号】福建省人民政府办公厅关于印发推广第二批支持创新相关改革举措任务分工的通知

【发文日期】2019年3月22日

福建省人民政府办公厅
关于公布省级证明事项取消目录的通知

各市、县（区）人民政府、平潭综合实验区管委会，省人民政府各部门、各直属机构，各大企业，各高等院校：

为贯彻落实党中央、国务院关于减证便民、优化服务的部署要求，根据国务院办公厅印发的《关于做好证明事项清理工作的通知》（国办发〔2018〕47号）要求，经省政府常务会议研究，决定取消《福建省组织机构代码管理办法》等5部省政府规章设定的10项证明事项和《福建省政府质量奖管理办法》等5件省政府及省政府办公厅规范性文件设定的5项证明事项。

对列入取消清单的证明事项，各地各有关部门不得以任何理由要求公民、法人和其他组织出具。涉及的省政府规章、省政府及省政府办公厅规范性文件将按规定程序进行修改或废止。

附件：1. 省政府规章设定的证明事项取消目录

2. 省政府及省政府办公厅规范性文件设定的证明事项取消目录

福建省人民政府办公厅

2019年1月19日

（此件主动公开）

附件1

省政府规章设定的证明事项取消目录

序号	证明名称	证明用途	设定依据	取消后的办理方式
			依据名称、文号及条文内容	
1	批准组织机构成立的文件	申办组织机构代码证书	《福建省组织机构代码管理办法》（福建省人民政府令第45号）第七条　各组织机构在核准登记或批准成立之日起三十日内，应到核准其登记或批准其成立的管理机关同级的代码主管部门申办代码证书，并提交下列文件：（一）《全国组织机构代码申请表》；（二）营业执照或批准其成立的机关批文、社团组织登记证书。	取消
2	组织机构的名称、住所、法定代表人或负责人变更证明	换发组织机构代码证书	《福建省组织机构代码管理办法》（福建省人民政府令第45号）第九条　组织机构的名称、住所、法定代表人或负责人发生变更的，应自变更之日起三十日内，持变更证明到原发证机关办理换证手续，并交回原发的代码证书；代码主管部门应自受理之日起七日内核准并换发代码证书。	取消

续表

序号	证明名称	证明用途	设定依据 依据名称、文号及条文内容	取消后的办理方式
3	代码证书遗失或毁损证明	补办代码证书	《福建省组织机构代码管理办法》（福建省人民政府令第45号）第十条 代码证书遗失或毁损的，应及时向原发证机关提交有关证明和申请补办代码证书报告；代码主管部门审查、核实后，对原代码证书公告无效，并予以补发代码证书。	取消
4	组织机构终止证明	办理代码证书注销	《福建省组织机构代码管理办法》（福建省人民政府令第45号）第十一条 组织机构依法终止，原组织机构的法定代表人或负责人应自终止之日起三十日内，持有关证明和代码证书到原发证机关办理注销代码手续；代码主管部门审查、核实后，收缴原发的代码证书，并注销其代码标识，开具代码注销证明，并公告注销。一经注销的代码标识，不得重新赋予其他组织机构。	取消
5	营业执照或者相关合法经营资质证明	申请注册厂商识别代码	《福建省商品条码管理办法》（福建省人民政府令第135号）第八条第一款 生产者、销售者和服务提供者可以向编码分支机构申请注册厂商识别代码。申请时应当填写《中国商品条码系统成员注册登记表》，出示营业执照或者相关合法经营资质证明并提供复印件。	通过政府内部核查或政府部门间信息共享核验。
6	名称、地址、法定代表人等信息变更证明	变更单位名称、地址、法定代表人等信息	《福建省商品条码管理办法》（福建省人民政府令第135号）第十一条 系统成员变更名称、地址、法定代表人等信息时，应当自有关主管部门变更登记之日起30个工作日内持有效的变更证明文件和《系统成员证书》向编码分支机构申请办理变更手续。	通过政府内部核查或政府部门间信息共享核验。
7	商品条码的注册证明	境内企业的产品使用在境外注册的商品条码	《福建省商品条码管理办法》（福建省人民政府令第135号）第二十条 境内生产的产品使用境内企业在境外注册的商品条码，应当自使用之日起3个月内持该商品条码的注册证明、授权委托书等相关材料到编码分支机构登记备案，由编码分支机构将备案材料报送中国物品编码中心。	根据中国物品编码中心《关于调整境外码备案业务流程的通知》（物编中心函〔2015〕48号）的要求，该业务已统一由中国物品编码中心受理。
8	资信证明	医疗机构设置审批	《福建省医疗机构管理办法》（福建省人民政府令第32号）第十四条申请设置医疗机构，应当提交以下材料： （一）设置申请书； （二）设置可行性研究设计平面图； （三）选址报告和建筑设计平面图。 前款第二项材料应附具申请设置单位或者设置人的资信证明。	由申请人出具书面承诺。

续表

序号	证明名称	证明用途	设定依据	取消后的办理方式
			依据名称、文号及条文内容	
9	骨灰去向证明	丧事承办人向殡仪馆领取骨灰	《福建省殡葬管理办法》（福建省人民政府令第83号）第十六条　骨灰处理应当尽量少占地或者不占地，提倡播撒、深埋、植树葬等不保留骨灰的安置方式。需保留骨灰的，可凭遗体火化证存放或埋葬在经县级以上人民政府民政部门批准的骨灰堂（楼、塔）或公墓。丧事承办人向殡仪馆领取骨灰时，应提交骨灰安放（安葬）证等骨灰去向的有效证明。禁止将骨灰埋葬在非公墓区。国家另有规定的除外。	取消
10	制造单位委托代理销售电梯的证明材料和在中国境内注册的证明材料	销售进口电梯备案	《福建省电梯安全管理办法》（福建省人民政府令第115号）第十条第三款　销售进口电梯的，电梯销售者应当持制造单位委托代理销售电梯的证明材料和在中国境内注册的证明材料，向省人民政府特种设备安全监督管理部门备案。	根据《中华人民共和国特种设备安全法》第31条的规定，进口电梯，向进口地负责特种设备安全监督管理的部门提前告知。

附件2

省政府及省政府办公厅规范性文件设定的证明事项取消目录

序号	证明名称	证明用途	设定依据	取消后的办理方式
			依据名称、文号及条文内容	
1	工作年限证明	办理参保职工养老保险费政策性补缴年限及标准确认	《福建省人民政府办公厅转发省劳动和社会保障厅、福建省财政厅关于新参保企业及其职工补缴基本养老保险费若干问题的补充通知》（闽政办〔2001〕231号）第五条　私营业主、个体工商户主以及其他自谋职业、流动就业人员工作年限，按其领取工商行政部门核发的营业执照后的从业时间认定。	取消
2	无犯罪记录证明等	设立小额贷款公司准入审核	《福建省小额贷款公司暂行管理办法》（闽政办〔2012〕32号）第十六条　申请设立小额贷款公司，应由主发起人（或最大股东）组成小额贷款公司筹备组，向所在地县级经贸行政管理部门提交下列申请材料：（七）股东基本情况，主要内容是：小额贷款公司股东名册（含法人股东的名称、法定代表人姓名、注册地址等）、经营情况、经股东（代表）大会通过的同意投资设立小额贷款公司的决定、法人代码证复印件、经过工商年检的法人营业执照复印件、贷款卡复印件、工商企业登记情况表、人行信用报告、未偿还金融机构贷款本息情况、纳税记录、关联企业名单、法定代表人无犯罪记录证明等事项；自然人股东的	通过政府内部核查或政府部门间信息共享核验。

续表

序号	证明名称	证明用途	设定依据 依据名称、文号及条文内容	取消后的办理方式
			姓名、简历、住所、身份证复印件、无犯罪记录证明、人行信用报告、入股资金来源和个人财产性收入的相关证明材料；出资人自有固定住所的证明材料；第二十条　达到开业条件的，由小额贷款公司筹备组提出开业申请。开业申请材料主要包括以下内容：（四）选举董事、监事的决议及拟任董事长、董事、高级管理人员的简历和从业证明、无犯罪记录证明、个人信用报告等相关材料。	
3	未就业证明	生育保险报销	《福建省人民政府办公厅转发省人社厅、省财政厅关于进一步加强生育保险工作意见的通知》（闽政办〔2014〕100 号）第六条　参保男职工未就业配偶生育的，按照国家规定享受生育的医疗费用待遇。	采取书面告知承诺方式。
4	纳税额证明	申报福建省政府质量奖	《福建省政府质量奖管理办法》（闽政〔2018〕3 号）第十二条　省质量行政主管部门每年向社会公开发布申报通知。符合福建省政府质量奖申报条件的企业或组织，填写《福建省政府质量奖申报表》，按照评审标准和填报要求，对实施卓越绩效评价准则情况进行自我评价，同时应向主管税务机关申请开具相关纳税额证明，并将申报表、自我评价报告和必要的证实性材料一并寄送所在地设区市（含平潭综合实验区管委会）质量行政主管部门。	通过政府内部核查或政府部门间信息共享核验。
5	企业提供有关部门和有资质的社会第三方机构等出具的证明材料	企业申报福建名牌产品	《福建名牌产品管理办法》（闽政〔2018〕6 号）第十四条　福建名牌产品评价工作每年进行一次。企业在自愿的基础上，如实填写《福建名牌产品申请表》并提供有关部门和有资质的社会第三方机构等出具的证明材料，按规定日期报送所在地县（市、区）质量行政主管部门。	由企业自我申报相关经济指标，出具书面承诺，并附该企业已有的相关材料（如审计报告、企业财务报表、企业统计年报等）。

【发文机关】福建省人民政府办公厅
【标　　题】福建省人民政府办公厅关于公布省级证明事项取消目录的通知
【文　　号】闽政办〔2019〕3 号
【发文日期】2019 年 1 月 19 日

福建省人民政府办公厅转发省住建厅等六部门关于全省房屋安全隐患排查整治专项行动方案的通知

各市、县（区）人民政府，平潭综合实验区管委会，省人民政府各部门、各直属机构，各大企业，各高等院校：

省住建厅、自然资源厅、农业农村厅、公安厅、市场监管局、应急厅制定的《全省房屋安全隐患排查整治专项行动方案》已经省政府研究同意，现转发给你们，请认真组织实施。

福建省人民政府办公厅

2019年2月22日

（此件主动公开）

全省房屋安全隐患排查整治专项行动方案

省住建厅　省自然资源厅　省农业农村厅

省公安厅　省市场监管局　省应急厅

为全面消除房屋安全隐患，认真吸取福州“2·16”房屋坍塌事故教训，加强房屋安全管理，决定全面开展房屋安全隐患排查整治专项行动，特制定本行动方案。

一、总体要求

坚持党委领导、政府负责、行业主管、市县主责、乡镇（街道）落实的原则，突出房屋安全问题导向，坚持以人民为中心，疏堵结合，有力有效排查整治房屋安全隐患，严肃追责问责，坚决遏制房屋安全事故，切实保障人民生命财产安全，为我省高质量发展落实赶超提供坚实的安全保障。

二、目标任务

通过开展为期一年的房屋安全隐患排查整治专项行动，集中力量摸底排查、处置整治。3个月内整治、化解一批重大房屋安全隐患；一年内基本消除重点区域的房屋安全隐患。各市、县要创造条件，争取通过三至五年的努力，推动集中连片旧屋区改造、城中村改造，全面消除房屋安全隐患，改善城乡面貌。

三、工作安排

（一）动员部署（2月28日前完成）

各市、县（区）政府要结合本地实际按照本次整治专项行动有关要求制定实施方案，召开动员部署会议，明确具体任务、行动要求和职责分工，同时充分利用新闻媒体、微信等各种宣传手段广泛发动，推行媒体公示制，定期公布排查整治情况，及时曝光违法违规典型案例，形成全社会参与的强大舆论声势，提高群众建房和使用安全意识。3月5日前，各设区市政府、平潭综合实验区管委会要将动员部署情况及实施方案报送省专项行动领导小组办公室（省住建厅）。

（二）摸底排查（5月31日前完成）

按照属地管理原则，采取业主自查，乡镇（街道）排查，市、县抽查的方式，对全省房屋安全隐患开展全覆盖集中排查。

1. 排查重点。坚持七个重点“不放过”：

（1）建设年限长、建设标准低、失修失养，经鉴定的危房；

（2）未按规定审批、无专业设计、无专业施工、无竣工验收的房屋（含厂房）；

（3）擅自加层、改扩建的房屋；

(4) 生产、经营、居住功能混杂的“三合一”自建房;

(5) 用于出租特别是群租牟利的自建房;

(6) 擅自改变功能作为居住使用的厂房;

(7) 池塘、河道、高边坡回填等软弱地基上的自建房。

特别是位于城乡结合部、城中村、各类开发区(工业园区)及周边等重点区域,未经审批、未经专业设计施工、用于经营的自建房,要作为本次排查整治的重中之重。

2. 排查步骤。

(1) 自查自纠。业主是房屋安全第一责任人,3月31日前,村(居)委会要组织业主对照排查标准进行自查,填报相关信息,整改自查发现的隐患,并将自查整改情况和自查表报告乡镇(街道)。

(2) 乡镇(街道)排查。排查与业主自查自纠工作同步开展,要逐幢对房屋是否经过专业的设计、施工,是否擅自改变房屋结构和使用功能,是否存在工程质量安全隐患进行排查。

(3) 市、县抽查。市、县要实地组织抽查,并利用卫片航拍技术,将重点区域排查结果在卫片编号标记,实行比对核查。

3. 排查方法。排查工作应以公安机关标准地址二维码管理信息为基础,抽调设计、施工、监理、检测等单位的专业技术人员参加。市、县要发动群众参与,建立投诉举报制度,公布举报电话,对核实的举报线索坚决予以查处,并给予举报人适当奖励。

4. 立卡建档。排查发现存在安全隐患的房屋信息全部录入全省统一的信息系统,隐患排查、跟踪处置全过程留痕,实现对整治专项行动的信息化闭环管理。按照“谁排查谁签字、谁管理谁负责”的要求,排查结果应经属地乡镇、街道主要负责人审核签字,县(市、区)政府分管领导确认签字后于6月上旬上报设区市政府和省专项行动领导小组办公室备案。

(三) 处置整治(2020年2月29日前完成)

1. 按照有安全隐患的房屋“零容忍”,人民群众住房安全有保障的要求,本着“急的先查先治”原则,各地对排查发现的房屋安全隐患要抓紧彻底整治。对整体危险和局部危险房屋,各地要采取果断措施,彻底消除安全隐患,该停用的,坚决停用;该拆除的,坚决拆除;该加固的,立即予以加固。

2. 对存在重大安全隐患和危及周边安全的房屋,特别是擅自加层的、砖混的、未经专业设计施工的房屋,要边查边清,未能提供安全性证明的,要及时责成业主和使用人停止使用,立即撤出居住人员,腾空封房,责令限期拆除,排除隐患。存在一般安全隐患的房屋,乡镇(街道)要责令业主采取措施消除隐患。各级住建部门要主动靠前服务,提供安全性鉴定单位名单,供业主选择。

3. 对业主未按要求落实整改的,可按照《行政强制法》《国务院关于特大安全事故行政责任追究的规定》《福建省违法建设处置若干规定》和《福建省人民政府关于重大安全事故行政责任追究的规定》等,依法强制执行,采取停止供水、供电、供气服务等措施。乡镇、街道要将存在安全隐患的房屋信息及时告知房屋居住人,引导疏导撤离,属于出租房屋居住人的,地方政府要妥善处理居住人员的居住问题。对将危险房屋作为经营场所,特别是无证无照从事经营的,要依法进行查处。以暴力、威胁、恐吓干扰排查整治行动,涉嫌违法犯罪的,公安机关要依法查处,对业主和使用人涉嫌犯罪的,要依法追究刑事责任。

四、保障措施

(一) 强化组织保障。省政府专项行动小组各成员单位要密切协作,形成合力,深入一线调查研究,共同做好指导督促工作。各市、县(市、区)政府要做好人员和经费保障,成立由主要领导总负责,分管领导具体负责的工作推进机制。各县(市、区)、乡镇街道党政主要领导要亲自动员部署、检查落实,亲自进村入户了解情况,亲自组织推动拆除并严查责任,对影响恶劣的要较真碰硬,形成震慑。各地要结合“大棚房”问题清理整治、“两违”综合治理、农村人居环境整治等统筹推进专项行动。

(二) 强化督促检查。专项行动实行包片负责制,其中省住建厅负责包片福州市、平潭综合实验区,省自然资源厅负责莆田市、泉州市,省农业农村厅负责厦门市、漳州市，省公安厅负责宁德市、南平市，省应急厅负责三明市，省市场监管局负责龙岩市，设区市（含平潭综合实验区）也应建立包片制度。省、市、县三级要采取“四不两直”和“双随机”检查方式，开展明察暗访，可以聘请专家、有经验的退休干部参加。对问题突出的重点区域和进展缓慢的市、县（区）由省、市专项行动领导小组进行挂牌督办，对重点隐患实行清单式管理，限期整改，逐一销号清零。

（三）**强化纪律保障**。各地、各部门要主动作为，奋勇担当，以铁的纪律抓好工作落实，绝不允许推诿扯皮、被动应付，不得以罚代批。要结合扫黑除恶专项斗争，坚决铲除排查发现的黑恶势力和保护伞。对责任落实不到位、工作推进不力的相关责任人，要依法依纪严肃问责。

（四）**强化技术保障**。省里制定统一的排查标准，在省住房城乡建设信息网公布，供各地排查参考使用；开展在线咨询，提供技术指导服务。各地、各部门在此次行动中，要注重运用法律、行政等多种手段，多管齐下，综合施策，推动解决疑难问题和重大矛盾。

（五）**强化长效管理**。坚持疏堵结合，加快推进开发区（工业园区）及周边保障租赁房建设，切实解决外来务工人员居住问题。建立健全网格化巡查、规划设计引导、建材管控等制度，加强源头防范。推动“多规”衔接，保障村民建房用地及用地指标要求，强化规划管控，简化农村村民住宅建设审批程序。住建、房管部门要认真履行房屋租赁管理职责，建立健全房屋租赁管理制度，制定相应管理办法。建立全省统一的房屋租赁信息服务监管系统，与公安机关外来人口出租登记信息系统联网。

各设区市政府、平潭综合实验区管委会每季度第一个月10日前将本地区上季度整治落实情况报送省专项行动领导小组办公室，由省专项行动领导小组办公室汇总后呈报省委和省政府。

省专项行动领导小组成员单位联系方式：

省住建厅：0591－87606536，87609203，87605193

省自然资源厅：0591－87600023

省农业农村厅：0591－87856122

省公安厅：0591－87093315

省应急厅：0591－87513416

省市场监管局：0591－63097629

【发文机关】福建省人民政府办公厅

【标　　题】福建省人民政府办公厅转发省住建厅等六部门关于全省房屋安全隐患排查整治专项行动方案的通知

【文　　号】闽政办〔2019〕11号

【发文日期】2019年2月22日

福建省人民政府办公厅关于印发福建省全面推行行政执法公示制度执法全过程记录制度重大执法决定法制审核制度实施方案的通知

各设区市人民政府、平潭综合实验区管委会，省人民政府各部门、各直属机构：

《福建省全面推行行政执法公示制度执法全过程记录制度重大执法决定法制审核制度实施方案》已经省委、省政府同意，现印发给你们，请认真贯彻执行。

福建省人民政府办公厅

2019 年 6 月 17 日

（此件主动公开）

福建省全面推行行政执法公示制度执法全过程记录制度重大执法决定法制审核制度实施方案

为贯彻落实《国务院办公厅关于全面推行行政执法公示制度执法全过程记录制度重大执法决定法制审核制度的指导意见》（国办发〔2018〕118 号），促进严格规范公正文明执法，结合我省实际，制定本实施方案。

一、总体要求

以习近平新时代中国特色社会主义思想为指导，全面贯彻党的十九大和十九届二中、三中全会精神，坚持依法规范、执法为民、务实高效、改革创新、统筹协调的基本原则，全面实现执法信息公开透明、执法全过程留痕、执法决定合法有效，全面提高执法效能，推动形成权责统一、权威高效的行政执法体系和职责明确、依法行政的政府治理体系，为高质量发展落实赶超、加快新时代新福建建设提供有力法治保障。

2019 年年底前，全省各级行政执法部门要严格按照国务院办公厅要求，在行政处罚、行政强制、行政检查、行政征收征用、行政许可等行为中全面推行行政执法公示制度、执法全过程记录制度、重大执法决定法制审核制度（以下统称“三项制度”）。全面推行“三项制度”要与综合执法改革、加强执法队伍建设紧密结合。

二、全面推行行政执法公示制度

（一）结合政府信息公开工作，确定统一的执法信息公示平台，全面准确及时主动公开行政执法主体、人员、职责、权限、依据、程序、救济渠道和随机抽查事项清单等信息，并进行动态调整。

责任单位：各级人民政府，平潭综合实验区管委会

进度安排：2019 年 12 月底前

（二）省级行政执法部门要加强对本系统行政执法公示工作的指导，明确本系统公示内容的采集、传递、审核、发布职责，规范信息公示内容的标准、格式。

责任单位：省级行政执法部门

进度安排：2019 年 12 月底前报省司法厅备案

（三）建立行政执法决定说明理由制度，推行说理式执法。在采用一般程序办理的行政处罚、行政强制等行政决定文书中，要对证据采信、依据选择和自由裁量三个方面予以重点说明。

责任单位：各级行政执法部门

进度安排：长期执行

（四）建立健全执法决定信息公开发布、撤销和更新机制。已公开的行政执法决定被依法撤销、确认违法或要求重新作出的，应当及时从执法信息公示平台撤下原行政执法决定信息。

责任单位：各级行政执法部门

进度安排：2019 年 8 月底前全面实施

（五）建立行政执法统计年报制度，地方各级行政执法部门应当于每年 1 月 31 日前公开本部门上年度行政执法总体情况有关数据，并报本级人民政府、上级主管部门和本级司法行政部门。

责任单位：各级行政执法部门

进度安排：长期执行

三、全面推行执法全过程记录制度

（六）省级行政执法部门可依据相关法律、法规，参照国务院部门行政执法文书格式，结合实际制定完善本系统各类执法文书范本、电子信息格式，规范执法文书制作。

责任单位：省级行政执法部门

进度安排：2019 年 12 月底前完成，并报省司法厅备案

（七）省级行政执法部门要建立健全本系统执法音像记录管理制度，明确执法音像记录的设备配备、使用规范、记录要素、存储应用、监督管理等要求。研究制定执法行为用语指引，指导执法人员规范文明开展音像记录。

责任单位：省级行政执法部门

进度安排：2019 年 12 月底前完成，并报省司法厅备案

（八）各级行政执法部门要根据工作需要配备音像记录设备、建设询问室和听证室等音像记录场所，鼓励在一定区域内相对集中设置问询室和听证室。

责任单位：各级行政执法部门

进度安排：持续推进

（九）完善执法案卷管理制度，建立健全数字化记录信息归档管理制度和记录信息调阅监督制度，要明确有关部门和行政执法人员、行政相对人的执法信息调阅权限。

责任单位：省司法厅，省级行政执法部门

进度安排：持续推进

（十）积极探索成本低、效果好、易保存、防删改的信息化记录储存方式，通过技术手段对同一执法对象的文字记录、音像记录进行集中储存。

责任单位：各级行政执法部门

进度安排：持续推进

四、全面推行重大执法决定法制审核制度

（十一）制定《福建省重大行政执法决定法制审核办法》，规范审核机构、范围、程序、内容、责任及人员配置等。

责任单位：省司法厅

进度安排：2019 年 9 月底前

（十二）要明确具体负责本单位重大执法决定法制审核的工作机构，确保法制审核工作有机构承担、有专人负责。法制审核人员不得承办具体行政执法事务。

责任单位：各级行政执法部门

进度安排：2019 年 8 月底前全面实施

（十三）加强法制审核队伍建设，法制审核人员的配置要与形势任务相适应，原则上各级行政执法部门的法制审核人员不少于本单位执法人员总数的 5%。

责任单位：省司法厅，各级行政执法部门

进度安排：2019 年 10 月底前基本完成

（十四）探索建立同一行政执法系统内法律顾问、公职律师统筹调用机制，实现法律专业人才资源共享。探索建立法律顾问、公职律师参与法制审核工作的激励机制。

责任单位：省司法厅，省级行政执法部门

进度安排：持续推进

（十五）省级行政执法部门要加强对下级行政执法部门法制审核工作的指导、督促，要针对本部门不同行政执法领域、类别、层级，制定重大行政执法决定事项标准。省级行政执法部门要以制定各类法制审核文书范本或法制审核工作手册的形式，规范全省同一行政执法领域的法制审核工作。

责任单位：省级行政执法部门

进度安排：2019 年 10 月底前基本完成，并报省司法厅备案

五、全面推进行政执法信息化建设

（十六）大力推进行政执法综合管理监督信息

系统建设，构建行政执法信息化体系，做到执法信息网上录入、执法程序网上流转、执法活动网上监督、执法决定实时推送、执法信息统一公示、执法信息网上查询。

责任单位：省司法厅、发改委（数字办）、经济信息中心，各级人民政府，平潭综合实验区管委会，各级行政执法部门

进度安排：持续推进

（十七）结合全国统一规范的执法数据标准制定工作，充分利用政务信息共享平台，加快推进跨地区、跨部门执法信息系统互联互通，实现数据共享共通。

责任单位：省发改委，各设区市人民政府、平潭综合实验区管委会

进度安排：持续推进

（十八）梳理涉及各类行政执法的基础数据，建立以行政执法主体信息、权责清单、办案信息、监督信息和统计分析信息等为主要内容的全省行政执法信息资源库，逐步形成集数据储存、共享功能于一体的行政执法数据中心。

责任单位：省司法厅、发改委，各级行政执法部门

进度安排：持续推进

（十九）研究开发行政执法裁量智能辅助信息系统，向执法人员精准推送办案规范、法律法规规定、相似案例等信息，提出处理意见建议，生成执法决定文书，有效约束规范行政自由裁量权，确保执法尺度统一。

责任单位：省司法厅、发改委（数字办）、经济信息中心，各级人民政府，平潭综合实验区管委会，各级行政执法部门

进度安排：持续推进

六、加大组织保障力度

（二十）各级人民政府及其部门的主要负责同志作为全面推行“三项制度”工作的第一责任人，要切实加强对行政执法工作的领导，做好“三项制度”组织实施工作，定期听取有关工作情况汇报，及时研究解决工作中的重大问题。

责任单位：各级人民政府，平潭综合实验区管委会，各级司法行政部门、行政执法部门

进度安排：持续推进

（二十一）县级以上人民政府要建立司法行政、编制管理、公务员管理、信息公开、电子政务、发展改革、财政、市场监管等单位参加的全面推行“三项制度”工作协调机制，指导协调、督促检查工作推进情况。

责任单位：县级以上人民政府

进度安排：2019 年 6 月底前

（二十二）根据“三项制度”推行情况，适时制定、完善相关制度，建立健全科学合理的“三项制度”体系。修订《福建省行政执法资格认证与执法证件管理办法》。加强和完善行政执法案例指导、行政执法裁量基准、行政执法案卷管理和评查、行政执法投诉举报、行政执法考核监督等制度建设。

责任单位：省司法厅，各级行政执法部门

进度安排：持续推进

（二十三）将推行“三项制度”确定的任务纳入法治政府建设考评指标体系和绩效考核体系，建立督查情况通报制度。对工作不力的要及时督促整改，对工作中出现问题造成不良后果的单位及人员要通报批评，依纪依法问责。

责任单位：省司法厅、效能办，各级人民政府，平潭综合实验区管委会，省直有关部门

进度安排：持续推进

（二十四）建立健全行政执法经费保障机制，将各级行政执法部门依法履职所需的执法装备需求等必要经费列入同级政府财政预算予以保障，严禁将收费、罚没收入同部门利益直接或变相挂钩。

责任单位：各级财政部门，各级行政执法部门

进度安排：2019 年 12 月底前

（二十五）省级行政执法部门应当严格落实国家有关规定并牵头制定我省行业执法装备配备标准、装备配备规划、设施建设规划和年度实施计划。

责任单位：省财政厅，省级行政执法部门

进度安排：2019 年 12 月底前

（二十六）加强行政执法人员资格管理，统一行政执法证件样式，建立全省行政执法人员和法制审核人员数据库。鼓励和支持行政执法人员参加国家统一法律职业资格考试，对取得法律职业

资格的人员免于执法资格考试。

责任单位：省司法厅，各级行政执法部门

进度安排：2019 年 12 月底前

（二十七）建立科学的考核评价体系和人员激励机制。保障执法人员待遇，完善基层执法人员工资政策，建立和实施执法人员人身意外伤害和工伤保险制度，落实国家抚恤政策，提高执法人员履职积极性，增强执法队伍稳定性。

责任单位：省委组织部，省财政厅、人社厅，各级行政执法部门

进度安排：持续推进

（二十八）各地各部门全面推行“三项制度”的情况和工作中遇到的问题及时报省司法厅，省司法厅要加强对全面推行“三项制度”的指导协调，会同有关部门进行监督检查和跟踪评估，重要情况及时报告省政府。

责任单位：省司法厅，各级行政执法部门

进度安排：长期执行

【发文机关】福建省人民政府办公厅

【标　　题】福建省人民政府办公厅关于印发福建省全面推行行政执法公示制度执法全过程记录制度重大执法决定法制审核制度实施方案的通知

【文　　号】闽政办〔2019〕35 号

【发文日期】2019 年 6 月 17 日

福建省人民政府办公厅
关于贯彻落实国家基本药物制度的实施意见

各市、县（区）人民政府，平潭综合实验区管委会，省人民政府各部门、各直属机构，各大企业，各高等院校：

为贯彻落实《国务院办公厅关于完善国家基本药物制度的意见》（国办发〔2018〕88 号，以下简称《意见》），结合我省实际，现提出以下实施意见。

一、充分认识实施基本药物制度的重要意义

《意见》的发布实施，是落实习近平新时代中国特色社会主义思想和党的十九大精神、深化医改的具体举措，对于巩固完善国家基本药物制度，促进药品供应保障体系建设，强化基本药物“突出基本、防治必需、保障供应、优先使用、保证质量、降低负担”的功能定位，助力分级诊疗制度建设，缓解“看病贵”，推动医药产业转型升级和供给侧结构性改革具有重要意义。各级政府、公立医疗机构要高度重视，提高认识，抓好贯彻落实。

二、确保国家基本药物优先配备使用

（一）**加强配备使用管理**。制定福建省公立医院基本药物配备使用管理办法。坚持基本药物主导地位，公立医疗机构根据功能定位和诊疗范围，合理配备基本药物，保障临床基本用药需求，逐年提高基本药物配备使用数量比例和销售额比例。药品集中采购平台和医疗机构信息系统应对基本药物进行标注，提示医疗机构优先采购、医生优先使用。将基本药物使用情况作为处方点评的重点内容，对无正当理由不首选基本药物的予以通报。对医师、药师和管理人员加大基本药物制度和基本药物临床应用指南、处方集的培训力度，提高基本药物合理使用和管理水平。鼓励其他医疗机构配备使用基本药物。（责任单位：省卫健委、医保局）

（二）**做好上下级医疗机构用药衔接**。各地应将基本药物制度与医联体建设、分级诊疗、家庭医生签约服务、慢性病健康管理等有机结合，在各级医疗机构全面配备优先使用基本药物基础上，规范上下级医疗机构用药的品种、剂型、规格，实现上下联动，保障基层首诊、双向转诊、分级诊疗用药需求。在高血压、糖尿病、严重精神障碍等慢性病管理中，探索通过医保报销倾斜等方式推动基本药物全额保障，最大限度减少患者药费支出负担。（责任单位：省卫健委、医保局）

（三）**建立优先使用激励机制**。医疗机构科学设置临床科室基本药物使用指标，并纳入考核。将基本药物使用情况与基层实施基本药物制度补助资金的拨付挂钩。在制定和实施临床路径和诊疗指南的过程中，鼓励优先选择基本药物。深化医保支付方式改革，建立健全医保经办机构与医疗机构间“结余留用、合理超支分担”的激励和风险分担机制。深化药品采购制度改革，建立健全药品采购激励机制，药品采购价格高于医保最高销售限价的，由医疗机构承担，低于医保最高销售限价的，归医疗机构所得。通过制定药品医保支付标准等方式，引导医疗机构和医务人员合理诊疗、合理用药。（责任单位：省卫健委、医保局、财政厅）

（四）**实施临床使用监测**。依托现有资源建立健全省级药品使用监测平台和省、市、县三级监测网络体系，并与国家平台衔接。重点监测医疗机构基本药物的配备品种、使用数量、采购价格、供应配送等信息，以及处方用药是否符合诊疗规范。积极参与以基本药物为重点的国家药品临床综合评价，指导临床安全合理用药。加强部门间信息互联互通，对基本药物从原料供应到生产、流通、使用、价格、报销等实行全过程动态监测。（责任单位：省卫健委、医保局、药监局、工信厅）

三、提升我省基本药物生产供应保障水平

（五）**提高有效供给能力**。把实施基本药物制度作为完善医药产业政策和行业发展规划的重要内容，推动我省企业建设与国际先进水平接轨的生产质量体系，鼓励企业技术进步和技术改造，增强基本药物生产供应能力。对于临床必需、用量小或交易价格偏低、企业生产动力不足等因素造成市场供应易短缺的基本药物，由政府搭建平台，通过市场撮合，确定合理采购价格、定点生产、统一配送、纳入储备等措施保证供应。（责任单位：省工信厅、药监局、医保局、卫健委）

（六）**完善采购配送机制**。充分考虑药品的特殊商品属性，发挥政府和市场两方面作用，坚持集中采购方向，落实药品分类采购，引导形成合理价格。推进市（县）域内公立医疗机构集中带量采购，推动降药价，规范基本药物采购的品种、剂型、规格，满足群众需求。鼓励肿瘤等专科医院开展跨区域联合采购。生产企业作为保障基本药物供应配送的第一责任人，应当切实履行合同，尤其要保障偏远、交通不便地区、基层医疗卫生机构的药品配送。建立约束机制，规范企业及时配送药品，因企业原因造成用药短缺，企业应当承担违约责任，并列入福建省药品集中采购不诚信记录。医保经办机构应当按照协议约定及时向医疗机构拨付医保资金。医保经办机构和医疗机构应当严格按照合同约定及时结算货款；对拖延货款的，要给予通报批评，并责令限期整改。（责任单位：省医保局、卫健委、工信厅）

（七）**加强短缺预警应对**。加强药品研发、生产、流通、使用等多源信息采集。加快实现各级医疗机构短缺药品信息网络直报。跟踪监测原料药货源、企业库存和市场交易行为等情况，综合研判潜在短缺因素和趋势，尽早发现短缺风险，针对不同短缺原因分类应对。对垄断原料市场和推高药价导致药品短缺，涉嫌构成垄断协议和滥用市场支配地位行为的，依法开展反垄断调查，加大惩处力度。（责任单位：省医保局、工信厅、药监局、市场监管局、卫健委）

（八）**逐步提高实际保障水平**。完善医保支付政策，对于基本药物目录内的治疗性药品，医保部门在调整医保目录时，按程序将符合条件的优先纳入目录范围。对于国家免疫规划疫苗和抗艾滋病、结核病、寄生虫病等重大公共卫生防治的基本药物，加大政府投入，降低群众用药负担。（责任单位：省医保局、卫健委、财政厅）

四、提升质量安全水平

（九）**强化质量安全监管**。对基本药物实施全品种覆盖抽检，向社会及时公布抽检结果。鼓励企业开展药品上市后再评价。加强基本药物不良反应监测，强化药品安全预警和应急处置机制。加强对基本药物生产环节的监督检查，督促企业依法合规生产，保证质量。（责任单位：省药监局）

（十）**推进仿制药质量和疗效一致性评价**。对已纳入基本药物目录的仿制药，鼓励我省企业积极开展一致性评价。鼓励医疗机构优先采购和使用通过一致性评价、价格适宜的基本药物。（责任单位：省药监局、医保局、卫健委）

五、强化组织保障

（十一）**加强组织领导**。实施国家基本药物制度是党中央、国务院在卫生健康领域作出的重要部署，各级政府要落实领导责任、保障责任、管理责任、监督责任，将国家基本药物制度实施情况纳入政府绩效考核体系，确保取得实效。各相关部门要细化政策措施，健全长效机制，加强协作配合，形成工作合力。

（十二）**加强督导评估**。建立健全基本药物制度实施督导评估制度，充分发挥第三方评估作用，强化结果运用，根据督导评估结果及时完善基本药物制度相关政策。鼓励各地结合实际，重点围绕保障基本药物供应和优先使用、降低群众负担等方面，探索有效做法和模式，及时总结推广。

（十三）**加强宣传引导**。通过电视、广播、报刊、网络新媒体等多种渠道，充分宣传基本药物制度的目标定位、重要意义和政策措施。坚持正确舆论导向，加强政策解读，妥善回应社会关切，合理引导社会预期，营造实施基本药物制度的良好社会氛围。

福建省人民政府办公厅
2019 年 2 月 21 日

（此件主动公开）

【发文机关】福建省人民政府办公厅
【标　　题】福建省人民政府办公厅关于贯彻落实国家基本药物制度的实施意见
【文　　号】闽政办〔2019〕10 号
【发文日期】2019 年 2 月 21 日

福建省人民政府办公厅关于印发深入开展消费扶贫助力打赢脱贫攻坚战实施方案的通知

各市、县（区）人民政府，平潭综合实验区管委会，省人民政府各部门、各直属机构，各大企业，各高等院校：

《福建省深入开展消费扶贫助力打赢脱贫攻坚战实施方案》已经省政府研究同意，现印发给你们，请结合实际认真贯彻落实。

福建省人民政府办公厅

2019年4月25日

（此件主动公开）

福建省深入开展消费扶贫助力打赢脱贫攻坚战实施方案

为贯彻落实《国务院办公厅关于深入开展消费扶贫助力打赢脱贫攻坚战的指导意见》，深入开展消费扶贫，助力打赢脱贫攻坚战，提出以下实施方案。

一、动员全社会扩大贫困地区产品和服务消费

（一）推动机关和国有企事业单位带头参与消费扶贫。将消费扶贫纳入省直部门挂钩帮扶的工作内容，有挂钩帮扶任务的单位食堂在同等条件下优先采购定点帮扶的省级扶贫开发工作重点县（以下简称重点县）的农产品。鼓励各级机关和国有企事业单位在同等条件下优先采购贫困地区产品，优先从贫困地区聘用工勤人员，优先接收贫困户子女就业，在工会职工集体福利用于发放节日慰问品的开支中，安排一定比例用于采购贫困地区农产品。教育、卫生健康、机关事务管理等部门要引导鼓励高校、医院、机关食堂等，在保障质量安全的前提下，与贫困地区建立农产品定向直供直销关系。鼓励从事批发贸易的国有企业加强与贫困地区企业对接合作，帮助推销贫困地区产品。结合军队生活服务保障社会化改革，鼓励驻闽部队将贫困地区优质产品纳入采购名录，在同等条件下优先采购。（省扶贫办、总工会、教育厅、卫健委、机关管理局、国资委、省委军民融合办，有挂钩帮扶任务的省直单位负责）

（二）鼓励民营企业等社会力量参与消费扶贫。将消费扶贫纳入“千企帮千村”精准扶贫行动，鼓励民营企业采取“以购代捐”“以买代帮”等方式采购贫困地区产品和服务。鼓励金融机构对贫困地区符合条件的项目和经营主体，加大信贷支持力度。开展福建共青团助力消费扶贫“百千万”行动，动员100家企业与重点县对接购买农产品，培养100名农村青年致富带头人，通过青年创新创业大赛挖掘100个优秀项目，组织1000个青年文明号与贫困户结对帮扶，使超过10000人次受益。精选贫困地区优质农产品，通过“福建青创”微信平台进行销售。（省工商联、民政厅、扶贫办、总工会、团省委、妇联、金融监管局、人行福州中心支行等负责）

二、加强东西部消费扶贫协作

（三）深化东西部产品购销协作。动员我省开展闽宁“携手奔小康”的县（市、区）协助推销帮扶地区的特色农产品。组织引导我省农产品批发市场、商贸流通企业和机关、学校、医院等单位与帮扶地区建立长期稳定的供销关系，设立帮扶地区特色农产品营销网点。依托海峡两岸经贸交易会、晋江“食交会”、南安“农订会”、漳州“农博会”、莆田“艺博会”等各类经贸平台，加强帮扶地区农产品及手工艺品的品牌宣传。（省扶贫办、工信厅、商务厅、工商联等负责）

（四）拓展东西部扶贫协作内涵。将消费扶贫纳入东西部扶贫协作和对口支援政策框架，在签订的年度帮扶协议中明确消费扶贫相关举措。加大劳务扶贫协作力度，加强组织管理、培训指导、岗位对接和就业服务，鼓励社会力量参与劳务对接，帮助贫困地区劳动力稳岗就业。（省扶贫办、人社厅等负责）

三、拓宽贫困地区农产品流通和销售渠道

（五）培育参与消费扶贫的流通示范企业。支持中心城市和贫困地区扶持一批消费扶贫示范企业，对积极参与消费扶贫并有突出贡献的商场、超市等流通企业，在绿色商场创建中予以优先考虑。完善县、乡、村三级物流配送体系，推动产地和消费地以骨干企业为平台，形成农产品从田间到餐桌的全链条联动。（省商务厅、发改委、农业农村厅等负责）

（六）深化电商扶贫营销。支持贫困地区建设电商运营中心和基层（乡村）电商服务站点，为农村电商经营者提供产品开发、包装设计、网店运营等服务。优先支持重点县开展电子商务进农村示范创建工作，支持贫困地区建设县域电子商务产业基地（园区），培育规模化电商企业。持续开展信息进村入户整省推进工作，至2019年底建设1万个益农信息社、选聘1万名村级信息员，在省级信息进村入户平台设立扶贫频道。发挥各类电子商务企业、电商平台作用，为贫困地区名优特农产品搭建线上线下展示展销平台。推动贫困地区与大型电商企业的扶贫频道对接，开展网络促销。（省商务厅、农业农村厅、发改委、工信厅、财政厅、通信管理局、邮政管理局等负责）

（七）拓展农产品销售渠道。推动批发市场、电商企业、大型超市等与贫困地区建立长期稳定的产销关系。支持贫困地区参加“农博会”“农交会”“林博会”“茶博会”“闽货华夏行”等活动，专设消费扶贫展区，集中展示销售贫困地区特色农产品。指导贫困地区供销合作组织与农产品加工、流通企业开展购销合作，2019—2020年设立贫困地区产品销售专区40个，开展产销对接活动5场。鼓励贫困地区在景区景点、游客服务中心、高速公路服务区开设特色农产品销售专区。省级粮食储备订单收购计划保持在20万吨以上并向贫困县倾斜。探索建立贫困地区农产品滞销预警机制，组织电商企业、商贸流通企业到贫困地区采购滞销农产品。（省商务厅、农业农村厅、发改委、交通运输厅、文旅厅、粮储局、供销社等负责）

（八）完善贫困地区流通服务体系。鼓励贫困地区因地制宜建设冷藏冷冻保鲜库等设施，以租赁、共享等方式降低参与消费扶贫企业的运营成本。支持贫困地区冷库改造提升，对重点县申报项目可将投资额要求降低50%，在专项资金补助上给予倾斜。充分运用购置冷藏运输工具省级补助政策，鼓励运输企业新增或更新节能环保型冷藏运输车辆。支持供销、邮政及各类企业把服务网点延伸到贫困村，鼓励交通运输企业与邮政、快递、供销等分拨中心开展业务合作，促进农村渠道共建、设施共享。推进新农村现代流通服务网络工程，2019年新建30个项目。深入实施“快递下乡”工程，推动“村村通邮，乡乡通快递”，打通贫困地区农产品进城“最后一公里”。（省商务厅、发改委、交通运输厅、邮政管理局、供销社等负责）

四、提升贫困地区农产品质量安全水平

（九）加快农产品标准化体系建设。以优质、安全、绿色为导向，推动一批农业地方标准制修订工作。2019年在重点县扶持创建91个优质农产品标准化生产示范基地，对验收合格的给予奖励。鼓励农业院校、科研院所、龙头企业培育适合不同贫困地区的优良种质资源和新品种，推广先进适用种养技术。深入实施科技特派员制度，每年选派360名省级科技特派员，培训重点县本土科技人员50名。优先办理重点县绿色食品、有机食品、地理标志农产品认证或登记，对获证主体予以奖补。（省农业农村厅、科技厅、市场监管局等负责）

（十）推进农产品规模化供给。鼓励龙头企业、电商企业、大型超市等与贫困地区农民专业合作社、家庭农场等建立利益联结机制，建设标准化

生产及原料基地，发展订单农业。实施农产品产地初加工补助政策，支持贫困地区蔬菜、水果生产基地优先建设蔬果商品化处理中心和组装式冷藏库。支持推进贫困地区畜禽产品、乳制品、蔬菜水果、食用菌加工等技改项目建设，给予政策倾斜和资金支持。（省农业农村厅、商务厅、工信厅、财政厅等负责）

（十一）**打造区域性特色农产品品牌**。支持贫困地区挖掘国家地理标志产品保护资源，注册地理标志商标，打造区域性特色农产品品牌，省财政对新获得核准注册地理标志商标的注册人给予一次性奖励10万元，对列入省推广示范名单的可由同级政府给予不超过10万元的一次性奖励。大力培育地理标志商标龙头企业，鼓励采取“企业（合作社、协会）+农户（基地）+商标”模式，推动形成一批知名地理标志商标。深入实施“广告精准扶贫”，2019年扶持农产品不少于20个，省级及以下投入不少于3000万元，推动农产品广告登陆中央主流媒体。以“清新福建、绿色农业”为主题，组织各类媒体广泛宣传推介贫困地区特色农产品。（省委宣传部、省农业农村厅、商务厅、发改委、广电局、市场监管局、人行福州中心支行等负责）

五、支持贫困地区发展休闲农业和乡村旅游

（十二）**推进农村基础设施建设**。加快“四好农村路”建设，重点推进通乡镇公路、连接多个建制村的通村公路“单改双”，2019年完成30个乡镇的县道三级路改造，改善840个建制村通畅条件，支持贫困地区建成350公里具有旅游路、资源路、产业开发路性质的交通扶贫路。实施农村“厕所革命”，逐步实现星级村镇旅游厕所“数量充足、实用免费、管理有效”。支持贫困地区发展休闲农业，在安排农村一二三产业融合发展等专项资金时给予倾斜。对从事休闲农业和乡村旅游的贫困户，实施改厨、改厕、改客房、整理院落“三改一整”工程。深入实施乡村旅游“百镇千村”提质升级三年行动，优先支持贫困地区开发乡村旅游项目，对省级重点乡村旅游村予以奖励扶持。对贫困地区美丽乡村建设优先给予技术指导和资金支持。加大对休闲农业和乡村旅游基础设施建设的用地支持，列入省重点或参照省重点管理的项目，建设用地年度计划指标由省里统筹，不进行供地率等控制指标考核；允许使用城乡建设用地增减挂钩跨省域调入节余指标，贫困地区补充耕地指标优先安排上网交易。（省农业农村厅、文旅厅、住建厅、发改委、自然资源厅、交通运输厅等负责）

（十三）**提升乡村经营主体服务能力**。2019年培训不少于3万名新型职业农民，其中23个重点县新增培训8000名以上。扩大农村实用人才服务站建设覆盖面，广泛开展信息咨询、技术指导、成果推广、人才培训等活动。将重点县全部纳入农技推广服务特聘计划实施范围，从农业乡土专家、种养能手、农业龙头企业和专业合作社中招募一批特聘农技员，进村入户推广农业“五新”。加大对乡村旅游扶贫重点村村干部、乡村旅游带头人、经营户等的培训力度，鼓励有条件的贫困地区组建休闲农业和乡村旅游协会、产业及区域品牌联盟等组织，提高贫困地区乡村旅游发展能力。（省农业农村厅、文旅厅、人社厅、市场监管局、扶贫办、发改委等负责）

（十四）**做好乡村规划设计**。推进多规合一，科学编制休闲农业和乡村旅游规划。动员旅游规划设计单位开展扶贫公益行动，为贫困地区编制休闲农业和乡村旅游规划，鼓励高校和旅游企业为贫困地区提供旅游线路设计、产品开发、品牌宣传等指导。优先支持贫困地区申报中国美丽休闲乡村、全国休闲农业精品园区（农庄）、全国休闲农业和乡村旅游精品景点线路，以及省级休闲农业示范点、最美休闲乡村、休闲农业乡村旅游精品线路等。（省农业农村厅、自然资源厅、住建厅、文旅厅等负责）

（十五）**加强乡村休闲旅游宣传推介**。支持贫困地区开展休闲农业和乡村旅游相关主题活动。宣传推广景区带村、能人带户、“合作社+农户”“公司+农户”等乡村旅游扶贫典型示范项目。组织各类媒体特别是网络新媒体，分时分类免费向社会推介贫困地区的美食美景、民风民俗、精品景点线路等，展示贫困地区特色旅游资源。大力发展“乡村旅游+互联网”模式，开展乡村旅游在线宣传推广、特产销售、线路营销。（省农业农村厅、文旅厅、省委宣传部、省广电局、商务厅

等负责）

六、保障措施

（十六）**加强组织领导**。省发改委、扶贫办、商务厅、文旅厅、供销社、财政厅等单位要根据职责分工，加强对消费扶贫工作的统筹协调，细化落实相关政策举措。各设区市政府、平潭综合实验区管委会要承担起本地区消费扶贫工作主体责任，根据产地、消费地的不同定位，明确目标任务，完善配套政策，建立工作机制，推动消费扶贫深入开展。贫困地区县级政府要积极对接消费地机关和企事业单位，提高消费扶贫工作的主动性、针对性、有效性。及时总结和宣传推广消费扶贫工作中涌现出来的经验做法、先进典型，营造全社会参与消费扶贫的良好氛围。（省发改委、扶贫办、商务厅、文旅厅、供销社、财政厅等负责）

（十七）**完善利益机制**。完善公司、合作社、致富带头人与贫困人口的利益联结机制，提高贫困人口在农产品销售和休闲农业、乡村旅游中的参与度。扶持培育贫困地区农民合作社，深入实施农业生产发展资金支持农民合作社发展项目。扶持村集体经济组织发展壮大，发挥消费扶贫对集体经济和贫困人口增收的带动作用。（省农业农村厅、文旅厅、财政厅等负责）

（十八）**加大激励力度**。省财政厅、发改委、农业农村厅、商务厅、文旅厅等单位要统筹资金、项目、政策资源，加大对消费扶贫的支持力度。对在贫困地区从事农产品加工、仓储物流和休闲农业、乡村旅游的企业，在金融、土地等方面给予政策倾斜。对参与消费扶贫有突出贡献的企业、社会组织和个人，采取适当方式给予奖励激励。（省财政厅、发改委、农业农村厅、商务厅、文旅厅、自然资源厅、人行福州中心支行等负责）

（十九）**强化督促落实**。将消费扶贫纳入年度脱贫攻坚工作计划，作为考核扶贫开发、对口帮扶工作的重要内容。各地各有关部门要统筹做好消费扶贫的组织实施和跟踪检查，及时总结工作开展情况，定期统计购买建档立卡贫困村、贫困户和带贫成效突出企业、合作社的产品相关数据，报送省发改委、扶贫办。（省发改委、扶贫办、商务厅、文旅厅、供销社、财政厅等负责）

【发文机关】福建省人民政府办公厅
【标　　题】福建省人民政府办公厅关于印发深入开展消费扶贫助力打赢脱贫攻坚战实施方案的通知
【文　　号】闽政办〔2019〕28号
【发文日期】2019年4月25日

各设区市社会发展政策选编

福州市人民政府
关于鼓励社会力量兴办教育的实施意见（试行）

各县（市）区人民政府，市直有关部门：

为深入贯彻习近平总书记在民营企业座谈会上重要讲话精神和《国务院关于鼓励社会力量兴办教育促进民办教育健康发展的若干意见》（国发〔2016〕81号），鼓励社会力量投资兴办教育，更好发挥社会力量在发展教育、促进创新、改善民生、增加就业等方面的重要作用，进一步促进我市民办教育持续健康发展，现制定以下意见：

一、扶持民办教育健康发展

（一）加强民办教育用地统筹安排

各地在安排用地指标时应适当统筹安排公办、民办教育项目用地。每年各地教育、自然资源和规划部门要根据本地区各级各类教育学位缺额需求情况，合理确定民办学校建设用地需求，自然资源和规划部门应根据用地缺口提供建设用地。在仓山区、晋安区及滨海新城、高新区等重点开发区域，应在城市规划中统筹安排部分教育项目用地，用于具备优质教育资源的社会力量举办民办学校，其中：仓山区、晋安区和高新区用地主要用于举办义务教育阶段以及从学前教育到高中阶段或从小学到高中阶段的一贯制学校；滨海新城主要用于举办优质高中学校或中等职业学校；其他县（市）区教育用地项目主要用于举办幼儿园、义务教育阶段学校或中等职业学校。

本市每年安排若干个教育项目用地，经市项目用地协调小组审定后，用于具备优质教育资源的社会力量举办民办学校，社会力量举办过优质学校的，优先供地。优质学校指：举办的高中学校应被评为省二级达标学校以上；举办的中等职业学校应被评为省规范化现代中等职业学校以上；举办的义务教育学校应被评为省义务教育管理标准化学校或达到其评估条件。如社会办学者获取的教育用地面积达到50亩以上，则举办者还应当符合以下要求：1. 学校规划建筑面积不少于18000平方米；2. 总投资额在2亿元以上（不含征地费用）；3. 第一年办学资金到位1亿元以上；4. 举办者原则上为规模以上优质企业。

市自然资源和规划局将符合办学要求的行政事业单位、高校、国企和部队等单位低效用地和文化创意园等场所，按照规定程序调整规划用地性质，将部分符合办学要求的场所收储用作教育用地，落实新增各级各类民办学校用地计划指标。

责任单位：市教育局、市自然资源和规划局，各县（市）区政府、高新区管委会

（二）加大用地政策支持

非营利性民办学校享受公办学校同等政策，按划拨等方式供应土地，地价按同级别住宅基准地价（扣除规费）和征迁成本两者择高确定；营利性民办学校可按协议出让、招标、拍卖、挂牌方式取得用地。同一宗地有两个以上意向用地者申请的协议出让项目，应当以招标、拍卖或者挂牌方式出让。出让价格根据基准地价、综合成本价、市场评估价三者综合确定，综合成本按片区统筹计算。教育用地土地使用权人申请改变全部

或者部分土地用途的，政府应当将申请改变用途的土地收回（按时价定价）。

责任单位：市自然资源和规划局、市财政局、市教育局，各县（市）区政府、高新区管委会

（三）积极支持民办学校引进优秀教育人才

根据《福州市引进中小学优秀青年教育人才办法》，对引进五类优秀教育人才的民办学校按照学校隶属关系由同级教育行政部门人才经费专项列支引进优秀教育人才奖励金。

责任单位：市教育局、市财政局、市人力资源和社会保障局，各县（市）区政府、高新区管委会

（四）鼓励民办学校提高教职工待遇

鼓励民办学校为教职工在参加企业职工基本养老保险和基本医疗保险基础上建立企业年金和商业补充医疗保险等，提高教师各项待遇。各地设立的民办教育专项资金可用于奖补非营利性民办学校设立教师企业年金和商业补充医疗保险。

责任单位：市教育局、市财政局、市人力资源和社会保障局、市医保局，各县（市）区政府、高新区管委会

（五）落实民办学校财税优惠政策

积极落实社会力量参与办学各类税费减免政策（详见附件）。民办学校用电、用水、用气等执行与公办学校相同的价格政策。

责任单位：市税务局、市发改委、市建设局、市财政局，各县（市）区政府、高新区管委会

二、实行民办教育分类扶持政策

（一）民办学前教育方面

1. 调整收费政策。民办幼儿园收费实行市场调节价，具体收费标准由民办幼儿园自主确定。民办普惠性幼儿园保育教育费实行最高限价管理，允许根据办园不同等级收费，收费标准由各县（市）区教育行政部门以合同约定等方式确定，标准可以提高至当地同质公办幼儿园收费标准的1.8倍。

责任单位：市教育局，各县（市）区政府、高新区管委会

2. 允许小区配套幼儿园委托举办民办普惠性幼儿园。根据《国务院办公厅关于开展城镇小区配套幼儿园治理工作的通知》（国办发〔2019〕3号），对已移交当地教育行政部门的小区配套幼儿园，如当地公办园学额达到50%以上，可委托社会力量举办普惠性民办园，但应做好准入资质审核和动态监管。

责任单位：市教育局，各县（市）区政府、高新区管委会

3. 允许利用闲置场所举办民办幼儿园。在不改变土地使用权权利主体、容积率和建筑物主体结构，保证建筑和消防结构安全的前提下，允许社会力量利用空置办公楼、厂房和学校等房产进行装修改造后办学。由社会力量向属地教育行政部门提出申请，上述房产的建筑、消防安全经有资质的第三方机构进行可靠性鉴定并出具合格报告，教育行政部门组织自然资源和规划、建设、消防部门进行联审后，可将上述闲置房产调整为幼儿园使用，举办各类型非营利性或营利性民办幼儿园。当地普惠性幼儿园如未达到85%以上，应优先安排举办普惠性民办幼儿园。

责任单位：市自然资源和规划局、市建设局、市消防救援支队、市教育局，各县（市）区政府、高新区管委会

4. 各地可因地制宜开展民办幼儿园审批工作。各县（市）区教育行政部门根据国家指导性幼儿园建设设计规范标准，结合本地区情况制定民办幼儿园审批规范，因地制宜开展民办幼儿园审批工作。

责任单位：各县（市）区政府、高新区管委会

（二）民办义务教育方面

1. 调整收费政策。民办学校对接受教育者可以收取学费（培训费）、住宿费，民办义务教育阶段收取的学费、住宿费由批准其办学的同级价格部门根据其办学成本进行审批。

责任单位：市发改委、市教育局，各县（市）区政府、高新区管委会

2. 鼓励购买义务教育阶段民办学位。在学位紧张的地方，积极采取政府购买服务的方式，向民办学校购买用于安排符合条件的随迁子女入读的义务教育阶段学位，作为公办学校学位的有效补充。

责任单位：市教育局，各县（市）区政府、

高新区管委会

3. 创新办学模式。支持优质公办学校参与、联合民办学校举办义务教育阶段民办学校；支持国有资本依法参与举办义务教育阶段民办学校。支持公办学校与民办学校相互购买管理服务、教学资源、科研成果。探索在不改变薄弱公办义务教育阶段学校公益属性的前提下由优质民办学校进行委托管理；允许各级政府将公办闲置校舍交由优质教育品牌举办义务教育阶段民办学校，并可以给予低租金优惠。

责任单位：市教育局，各县（市）区政府、高新区管委会

4. 允许利用闲置场所举办以进城务工人员子女为主要招收对象的低收费民办义务教育阶段学校。采取一事一议的办法，在不改变土地使用权权利主体、容积率和建筑物主体结构，保证建筑和消防结构安全的前提下，允许社会力量利用空置办公楼、厂房和学校等房产进行装修改造后办学。由社会力量向属地教育行政部门提出申请，上述房产的建筑、消防安全经有资质第三方机构进行可靠性鉴定并出具合格报告，教育行政部门组织自然资源和规划、建设、消防部门进行联审后，可将上述闲置房产调整为以进城务工人员子女为主要招收对象的低收费民办义务教育阶段学校。

责任单位：市自然资源和规划局、市建设局、市消防救援支队、市教育局，各县（市）区政府、高新区管委会

（三）民办普通高中教育方面

1. 调整收费政策。营利性民办普通高中学校的学费、住宿费实行市场调节价管理，由学校自主确定；非营利性民办普通高中学校学费、住宿费由批准其办学的同级价格部门根据其办学成本进行审批。

责任单位：市发改委、市教育局，各县（市）区政府、高新区管委会

2. 重点引进优质普通高中。鼓励引进非营利性优质民办品牌高中项目。对当年投资额1亿元以上的新建优质非营利性民办普通高中学校项目，办学一年后按项目实际固定资产投资总额给予学校1%、总额不超过500万元的一次性奖励，奖励经费由办学所在地县（市）区政府财政承担。对优质品牌高中，在土地用地上优先予以提供。各地要组织专家组评审，公开公平公正认定优质民办高中品牌。支持国有资本以国有建设用地使用权作价出资或入股等方式提供土地依法与社会力量共同举办民办学校。

责任单位：市教育局、市财政局、市国资委，各县（市）区政府、高新区管委会

（四）民办中等职业教育方面

1. 创新办学模式。探索举办混合所有制职业学校，允许社会力量以资本、知识、技术、管理等参与办学并享有相应权利。

责任单位：市教育局，各县（市）区政府、高新区管委会

2. 引进优质职业学校。鼓励引进非营利性优质民办职业学校项目。对当年投资额1亿元以上的新建优质非营利性民办职业学校项目，在办学一年后，根据办学情况，按项目实际固定资产投资总额给予学校1%、总额不超过500万元的一次性奖励，奖励经费由办学所在地政府财政承担。各级政府要通过组织专家组评估，公开公平公正认定优质职业学校品牌。

责任单位：市教育局、市财政局，各县（市）区政府、高新区管委会

（五）民办高等教育方面

1. 支持社会力量兴办高等教育。鼓励社会力量以资本、知识、技术、管理等参与公办职业院校改革。鼓励和吸引大型国有企业以及各种公有、民营、外资等社会力量，通过多种形式合作举办符合经济社会发展需求的混合所有制职业院校或二级办学机构。支持市属民办高校引进境外知名大学设立相对独立的二级学院，建设示范性中外合作办学项目（机构），开展多形式、多层次中外合作办学。

责任单位：市教育局

2. 提升民办高校办学质量。促进民办高校明确办学方向，培育优质学科、专业、课程、师资等，整体提升办学质量。支持不同类型、不同层次的民办高校积极探索一流大学、一流学科、一流专业建设。引导行业企业与民办高校加强合作，深化产教融合，合作开展实习实训基地建设、重

点实验室建设、大学生创新创业孵化基地建设，并组建高质量、特色鲜明的职教联盟等。

责任单位：市教育局

（六）民办特殊教育方面

鼓励扶持社会力量举办特殊教育学校。县级以上地方人民政府及其有关部门对民办特殊教育学校应当按照国家有关规定予以支持。对举办民办特殊教育类学校，在办学场所、财政奖补等方面予以优先考虑。鼓励和支持民办学校招收残疾学生。民办学校或者特殊教育学校对接受特殊教育者可以收取学费（培训费）、住宿费，民办学校或者特殊教育学校收取的学费由批准其办学的同级价格部门根据其办学成本进行审批。鼓励县（市）区采取购买服务的方式向民办学校或其他教育机构购买特殊教育“送教上门”服务。

责任单位：各县（市）区政府、高新区管委会，市财政局、市发改委、市教育局

三、本实施意见自颁布之日起施行。

附件：社会力量参与办学各类税费减免政策一览表

福州市人民政府

2019 年 4 月 17 日

附件

社会力量参与办学各类税费减免政策一览表

减免对象	减免项目	减免要求
民办幼儿园	收取的教育费、保育费免征增值税	在报经当地有关部门备案并公示的收费标准范围内收取
从事学历教育的民办学校	学费、住宿费、课本费、作业本费、考试报名费收入，以及学校食堂提供的餐饮服务取得的伙食费收入免征增值税	经有关部门审核批准并按规定标准收取
企业办的各类学校自用的房产、土地	免征房产税、城镇土地使用税	
非营利性民办学校	符合条件的非营利性收入免征企业所得税	按照税法规定进行免税资格认定后享受该项减免
企业支持教育事业的公益性捐赠支出	在年度利润总额 12% 以内的部分，准予在计算应纳税所得额时扣除	
个人支持教育事业的公益性捐赠支出	按照税收法律法规及政策的相关规定在个人所得税前予以扣除	

【发文机关】福州市人民政府

【标　　题】福州市人民政府关于鼓励社会力量兴办教育的实施意见（试行）

【文　　号】榕政综〔2019〕117 号

【发文日期】2019 年 4 月 17 日

厦门市人民政府办公厅关于市人民政府行政复议行政应诉案件处理程序若干问题的通知

各区人民政府，市直各委、办、局，各开发区管委会：

为提高行政复议、行政应诉案件工作效率，进一步规范行政复议、行政应诉案件的有关处理程序，根据《中华人民共和国行政复议法》《中华人民共和国行政诉讼法》《厦门市市级机构改革实施方案》（厦委办发〔2019〕4号）等有关规定，经市政府同意，现将有关事项通知如下：

一、下列行政复议事项，一般不再报请市政府审批，由市司法局依法办理：

（一）市司法局受理公民、法人和其他组织向市政府及市政府行政复议委员会提出的行政复议申请，对不符合法定条件不应予以受理的，由市司法局依法处理；

（二）公民、法人和其他组织向市政府及市政府行政复议委员会提出的行政复议申请，符合法定条件予以受理的，由市司法局审查后依法处理；

（三）行政复议案件办理过程中的程序性法律文书，由市司法局经审查后直接作出。

二、案情复杂、社会影响较大、可能认定抽象行政行为违法的以及市司法局认为案情重大需要报请审批的行政复议案件，由市司法局报请市政府审批。

三、市政府作为被申请人的行政复议案件，收到省政府行政复议答复通知书后，由市司法局转送承办原行政行为的部门草拟行政复议答复书并提交证据材料，经市司法局审核后提交省政府行政复议机构。

四、市司法局具体办理行政复议案件，出具有关法律文书时，应当加盖“厦门市人民政府行政复议专用章”。

五、对当事人不服市政府作出的行政行为，向法院提出行政诉讼的案件，在法院受理后，由市司法局按照《福建省行政应诉办法》（省政府令第185号）规定，组织办理应诉事宜。

六、市政府作为被告的行政应诉案件，由市司法局根据案件具体情况报请市政府决定负责人是否出庭；不能出庭的，应向法院提交情况说明。

七、市司法局组织办理行政应诉案件，出具有关法律文书时，应当加盖“厦门市人民政府行政应诉专用章”。

八、本通知自印发之日起施行。原《厦门市人民政府办公厅关于市人民政府行政复议案件处理程序若干问题的通知》（厦府办〔2001〕223号）同时废止。

厦门市人民政府办公厅

2019年5月28日

（此件主动公开）

【发文机关】厦门市人民政府办公厅

【标　　题】厦门市人民政府办公厅关于市人民政府行政复议行政应诉案件处理程序若干问题的通知

【文　　号】厦府办〔2019〕60号

【发文日期】2019年5月28日

漳州市人民政府办公室关于加快推进“互联网+医疗健康”发展的实施意见

各县（市、区）人民政府，漳州、常山、古雷开发区管委会，漳州台商投资区、漳州高新区管委会，市直各单位：

为贯彻落实《福建省人民政府办公厅关于加快推进“互联网+医疗健康”发展的实施意见》（闽政办〔2018〕90号）等文件精神，全面推进我市“互联网+医疗健康”发展，更好满足人民群众日益增长的医疗健康需求，结合我市实际，制定如下实施意见。

一、发展目标

到2020年，全市支撑“互联网+医疗健康”发展的基础体系逐步建立，基本建成统一权威、互联互通的全民健康信息平台；医疗服务、公共卫生、医疗保障、药品供应等领域信息系统融合发展，医疗、医药、医保和健康各相关领域信息共享和业务协同取得明显成效；初步形成覆盖全人口、全生命周期的全民健康便民惠民服务体系，群众获取医疗与健康信息服务更加便捷。

二、主要任务

（一）建立健全“互联网+医疗健康”服务体系

1. 大力发展互联网医疗服务。允许符合条件的医疗机构通过省级平台注册互联网医院，按照统一标准规范建设互联网医院平台。在确保医疗质量和信息安全的前提下，由注册或者备案的执业医师为患者在线提供部分常见病、慢性病复诊服务，允许医生在掌握患者病历资料后，为此类患者在线开具处方，并提供在线支付和药品配送等配套服务。支持医学检验机构、医疗卫生机构联合互联网企业，发展疾病预防、检验检测等医疗健康服务。

责任单位：市卫健委、市场监管局、医保局、发改委（大数据局），各县（市、区）人民政府、开发区（投资区、高新区）管委会

2. 整合优化就医服务资源。建立市级统一健康门户，汇聚整合医疗健康行业各级各类便民应用，提供统一的预约挂号、移动支付、报告查询、健康咨询等服务，规范渠道入口。建立市级预约诊疗服务平台，汇聚各级医疗机构号源并优先向基层转诊和我市统一健康门户提供号源，完善预约诊疗管理规范，全面提升门诊、医技检查、体检以及住院预约服务水平。推广床旁结算和预出入院服务应用，优化出入院服务流程。

责任单位：市卫健委、市场监管局、医保局、发改委（大数据局）、财政局，各县（市、区）人民政府、开发区（投资区、高新区）管委会

3. 提升医疗保障信息服务能力。加强医疗保障管理信息系统统筹建设，实现医疗保障数据与相关部门数据联通共享，促进医疗保障数据在民生、健康、商业保险等领域的应用。拓展基于电子社保卡、电子健康卡在线支付功能，推进“一站式”结算。支持与医疗保险、商业保险、银联、第三方支付平台合作，拓宽在线支付渠道。继续扩大医保联网定点医疗机构范围，逐步将更多基层医疗机构纳入异地就医直接结算。大力推行医保实时智能审核和实时监控，将临床路径、合理用药、支付政策等规则嵌入医院信息系统，严格医疗行为和费用监管。

责任单位：市医保局、卫健委、发改委（大数据局）、财政局、银保监分局、人行，各县

（市、区）人民政府、开发区（投资区、高新区）管委会

4. 强化药品供应保障服务支撑。建立药品物流配送平台，对线上开具的常见病、慢性病处方，经药师审核后，医疗机构、药品经营企业可依托平台进行配送；鼓励建立区域合理用药点评管理系统，加强对基层医疗卫生机构用药指导。加强各医疗机构用药衔接，依托平台建立处方流转机制，构建有利于双向转诊的药品配备模式，确保转诊的常见病、慢性病患者以及基层中医馆的用药需求。

责任单位：市卫健委、市场监管局、医保局、商务局，各县（市、区）人民政府、开发区（投资区、高新区）管委会

5. 重视发展远程医疗服务。以世界银行贷款助力医改项目建设为契机，依托全省县域分级诊疗协同平台，建设以基卫系统为县域协同的医疗网络体系，实现远程医疗服务覆盖全市所有医疗联合体和县级医院，并逐步向基层医疗机构延伸。加强基层中医馆信息化建设，为开展中医辨证论治、远程会诊、远程教育、治未病等提供支撑。

责任单位：市卫健委、发改委（大数据局）、财政局，各县（市、区）人民政府、开发区（投资区、高新区）管委会

6. 推动公共卫生精细服务。推动公共卫生服务体系向互联网延伸。建立市级120急救调度指挥系统、院前急救车载监护系统，连接医院信息平台，实现院前院内急救一体化，提高急救效能。健全食品安全突发事件信息直报和舆情监测网络体系，将食品安全风险监测和食品监督抽检有机结合，提高全市食品安全总体水平和监测预警能力。

责任单位：市卫健委、应急局、市场监管局、发改委（大数据局），各县（市、区）人民政府、开发区（投资区、高新区）管委会

7. 着力提升健康管理水平。全面推广使用家庭医生电子化签约服务，为签约居民在线提供就医咨询、预约转诊、康复随访、延伸处方、健康管理等服务。鼓励有条件的机构统筹整合医疗、体检、护理、康复和区域养老服务资源，探索建立有序共享、功能合理的居家健康服务网络，为群众提供老年护理、长期照护等服务。建立慢性病一体化管理机制，探索推进健康智能设备等产生的数据规范接入全民健康信息平台，支持居民健康信息自主查询、管理。

责任单位：市卫健委、民政局、发改委（大数据局），各县（市、区）人民政府、开发区（投资区、高新区）管委会

8. 强化政务信息共享协同。对接“健康福建”12320公众服务平台，推广使用漳州市统一健康门户，充分利用市网上办事大厅、漳州通APP、政务数据汇聚共享平台等公共平台，加强政务信息共享和业务协同，以“漳州市智能审批平台”“生育登记智能秒办”服务模式为导向，为群众提供便捷高效的政务服务。

责任单位：市卫健委、发改委（大数据局），各县（市、区）人民政府、开发区（投资区、高新区）管委会

（二）加快完善“互联网＋医疗健康”支撑体系

9. 推广使用电子健康卡。建立电子健康卡应用系统，对接福建省电子健康卡管理服务信息系统，完成受理环境建设，探索结合“人脸识别”技术，使用基于“多码融合”技术的电子健康卡，开展医保在线结算等医疗服务应用。

责任单位：市卫健委、医保局、发改委（大数据局）、财政局、人行，各县（市、区）人民政府、开发区（投资区、高新区）管委会

10. 升级卫健专网接入带宽。落实《新时代“数字漳州·宽带工程”行动计划》，实施电信普遍服务机制，重点支持政务外网卫健专网接入带宽升级，逐步降低政务外网接入费用。省市全民健康信息平台网络接入带宽不低于1000M，三级医院不低于200M，二级医院不低于100M，乡镇基层医疗卫生机构不低于50M，以满足医疗卫生机构间远程医疗业务的需要。完善移动宽带网络覆盖，支撑开展急救车载远程诊疗。

责任单位：市卫健委、发改委（大数据局）、工信局、通管办，各县（市、区）人民政府、开发区（投资区、高新区）管委会

11. 统筹推进数据整合共享。加快推进互联互通的全民健康信息平台建设，今后新建医疗健康

信息系统均依托并接入市全民健康信息平台建设，实现与省、市数据共享交换平台的对接联通。畅通部门、区域、行业之间的数据传输通道，实现区域健康医疗数据的市级汇聚，探索建立适合健康产业应用的主题数据库，为数据挖掘、分析利用以及健康服务产业发展应用提供数据支撑。推进智慧医保建设，实现统一平台管理，支持跨地区费用核查和即时结算。加快推进卫健、扶贫、民政、医保等部门信息共享，强化农村贫困人口信息动态管理，实现贫困户人口和家庭、患者和病种精准识别。

责任单位：市卫健委、医保局、扶贫办、民政局、发改委（大数据局）、工信局、科技局、商务局、财政局，各县（市、区）人民政府、开发区（投资区、高新区）管委会

12. 提升医疗机构信息化能力。根据全省统一部署，实施县域医疗机构信息化能力提升工程，加快补齐县域医疗信息化短板。以《全国医院信息化建设标准与规范（试行）》等国家标准为指引，规范建设医院信息平台。医院信息化建设要严格服从省、市统筹规划设计，执行报告制度，避免重复建设，确保信息安全。

责任单位：市卫健委、发改委（大数据局）、财政局、市场监管局，各县（市、区）人民政府、开发区（投资区、高新区）管委会

13. 鼓励应用医疗健康新兴技术。鼓励医疗机构、区域平台和相关企业合作，利用大数据、人工智能等新兴技术开展多种医疗健康场景下的技术应用，提高医疗健康服务效率。2020 年底前，市级信息平台和医疗机构分别应用不少于 2 项案例。

责任单位：市发改委（大数据局）、卫健委、工信局、科技局、商务局、民政局，各县（市、区）人民政府、开发区（投资区、高新区）管委会

（三）着力强化“互联网 + 医疗健康”保障体系

14. 加强政策保障支持。根据国家、省级政策精神，加强部门协同，在实体医院申请注册建立互联网医院、开展互联网医疗服务业务、引入第三方合作开发互联网医疗服务平台等方面，制定出台诊疗收费政策以及医师多点执业等相关配套措施。加强对互联网医疗企业财税政策支持。

责任单位：市医保局、市场监管局、卫健委、发改委（大数据局）

15. 完善信息化管理监测。对接省全民健康信息综合监管平台，建立医疗服务调查评估与资质核验机制，定期按比例抽检互联网医疗服务记录，对互联网医疗健康服务从业人员或机构进行资质核验，确保医疗健康服务质量和安全。建立医疗责任分担机制，推行在线知情同意告知，防范和化解医疗风险，保障“互联网 + 医疗健康”行业健康发展。

责任单位：市卫健委，市委网信办，市公安局、发改委（大数据局），各县（市、区）人民政府、开发区（投资区、高新区）管委会

16. 保障数据信息安全。严格执行信息安全和医疗健康数据保密规定，建立完善个人隐私信息保护制度，严格管理患者信息、用户资料、基因数据等，对非法买卖、泄露信息行为依法依规予以惩处。患者信息等敏感数据应当存储在境内，确需向境外提供的，应当依照有关规定进行安全评估。推进以电子签名为重点的网络可信体系建设与应用，确保“互联网 + 医疗健康”服务产生的数据留痕可溯。全面落实信息安全等级保护制度，加强医疗卫生机构、互联网医疗健康服务平台、智能医疗设备以及关键信息基础设施、数据应用服务的信息防护，完善网络安全工作制度，落实网络安全经费和安全技术措施，定期开展网络安全风险评估、安全等级评测和应急演练工作。

责任单位：市卫健委，市委网信办，市发改委（大数据局）、公安局，各县（市、区）人民政府、开发区（投资区、高新区）管委会

17. 提升市场化运作水平。在加大政府投入、充分利用世界银行贷款资金的同时，积极引导社会资本加大对互联网与医疗健康产业融合发展项目的投资。市、县两级卫健部门要加强规划，做好信息化资源整合，市财政局、工信局、发改委（大数据局）等政府相关部门要完善扶持措施，加大支持力度，提升医疗机构基础设施保障能力，安排必要经费促进基础设施标准化建设与运维，以适应“互联网 + 医疗健康”服务新业态可持续

发展需要。

责任单位：市卫健委、发改委（大数据局）、财政局、工信局，各县（市、区）人民政府、开发区（投资区、高新区）管委会

18. 加强信息化人才队伍建设。积极营造有利于优秀人才脱颖而出的良好环境，引进和培养高端、复合型医疗信息化人才。医疗机构要按照医院等级、床位、信息化建设的需求，设置信息科负责信息业务管理、应用管理、基础设施管理、信息技术保障等工作，并配足信息专业技术人才。

责任单位：市卫健委、人社局、教育局，各县（市、区）人民政府、开发区（投资区、高新区）管委会

三、工作要求

各地各有关部门要充分认识支持“互联网+医疗健康”发展的重要意义，及时出台配套政策措施，确保各项部署落到实处。要不断丰富完善促进“互联网+医疗健康”发展的政策措施，营造有利环境，积极培育典型，总结推广经验。要大力宣传“互联网+医疗健康”的政策措施和进展成效，加强社会舆论监测和引导，营造浓厚的加快“互联网+医疗健康”发展社会氛围。

漳州市人民政府办公室

2019年7月28日

（此件主动公开）

【发文机关】漳州市人民政府办公室
【标　　题】漳州市人民政府办公室关于加快推进“互联网+医疗健康”发展的实施意见
【文　　号】漳政办〔2019〕67号
【发文日期】2019年7月28日

泉州市人民政府办公室
关于印发泉州市足球改革发展实施方案的通知

各县（市、区）人民政府，泉州开发区、泉州台商投资区管委会，市人民政府各部门、各直属机构，各大企业，各高等院校：

《泉州市足球改革发展实施方案》已经市政府同意，现印发给你们，请认真贯彻执行。

泉州市人民政府办公室
2019 年 4 月 9 日

泉州市足球改革发展实施方案

为贯彻落实国家、省有关足球改革精神，加快我市足球事业改革发展，结合我市实际，制定本实施方案。

一、阶段目标

第一阶段目标（2019—2020 年）：完成市、县两级足球协会（以下简称足协）改革；改造新增足球场地 105 块（总数达到 526 块以上，平均每万人拥有足球场地 0.6 块以上）；建成国家、省、市级相互衔接的青少年足球人才训练（培养）基地和国家级、省级校园足球特色学校 250 所；培育高水平足球赛事，将泉州市“市长杯”成人、青少年、幼儿足球比赛打造成为具有全国影响力的足球品牌赛事；力争拥有 1 个高水平的中冠级别足球俱乐部；引导体育行业企业开发足球附属产品，培育足球服务市场。

第二阶段目标（2021—2030 年）：健全以足协为组织者和实施者的新型管理体制；改造新增足球场地，平均每万人拥有足球场地达到 1 块以上；充分发挥全国青少年校园足球改革试验区作用，建成国家级、省级校园足球特色学校 350 所；完善赛事体系，建立以泉州市“市长杯”成人、青少年、幼儿足球杯赛、联赛为基础，其他社会足球比赛为补充的竞赛体系；提升职业足球水平，力争位居全省前列，拥有 1 个中乙职业足球俱乐部和 1 个具有较高水平的中冠足球俱乐部；加强足球产业开发，引导多元资本投入，足球人口和足球产业规模位居全省前列。

二、主要任务

（一）大力发展校园足球

以全国青少年校园足球改革试验区为抓手，加大师资培养力度，发展足球特色学校，推动校园足球普及。制定并实施校园足球师资专项培养计划，通过校园足球教师单列招聘、开展分期分层足球专项业务培训和“足球教练员进校园”等，提升足球专业师资队伍素质；引进发达地区或国外高水平足球教练员到具备条件的足球特色学校任教；支持泉州师范学院等在泉高校通过国际合作等多种方式建立足球学院，设置足球专业，培养更多基层足球教师和教练员。制定实施校园足球活动计划，开设特色足球课程，建设足球特色学校。至 2020 年，力争 10% 的特色学校达到省级校园足球特色学校示范校标准；至 2030 年，力争达到 20%；促进足球特色学校与体育院校、足球俱乐部和企业共建，实现资源优势互补互通。健全校园足球教学、训练、竞赛和保障体系，加快校园足球运动全方位普及，促进校园足球运动科学发展。

责任单位：市体育局、教育局、人社局，各

高等院校，各县（市、区）人民政府，泉州开发区、泉州台商投资区管委会

（二）积极发展社会足球

以提高群众参与度为重点，加强足球运动指导，打造足球发展典范，推动足球运动普及。充分发挥足协优势，加强对社会足球的赛事组织、人才培训、监督裁判、纪律仲裁等方面的支持、指导和服务；鼓励社会力量参与足球社会指导员队伍建设。鼓励具备条件的县（市、区）加快推进足球改革发展，逐步形成一批结合实际、各具特色、优势突出的足球县（市、区）；打造城乡足球协调发展典范，推进我市足球重点县的布局，以点带面提高全市足球运动整体水平。鼓励机关、企事业单位、社会组织、社区组建或联合组建业余足球队，开展常态化的足球竞赛，并有序纳入区域足球联赛体系，纳入全民健身系列活动体系；因地制宜开展丰富多彩的群众性足球活动，组织草根型足球竞赛活动，不断提高足球运动的社会认可度和参与度。至2020年，鲤城区、丰泽区、石狮市、晋江市、南安市、惠安县等形成10个以上在相关行政部门注册的业余足球俱乐部，其他县（市、区）至少建立5个；至2030年，各县（市、区）普遍建立10个以上。

责任单位：市体育局，市足协，各县（市、区）人民政府，泉州开发区、泉州台商投资区管委会

（三）努力发展职业足球

以职业足球俱乐部建设为核心，加大扶持力度，推进职业足球梯队建设。引导和支持有实力的县级政府、企业及各类民间资本按照职业足球准入标准，以合作、合资、入股等多种方式投资组建职业足球俱乐部。至2020年，力争拥有1个高水平的中冠级别足球俱乐部；至2030年，力争拥有中乙级别和高水平中冠级别足球俱乐部各1个。促进校园、青少年俱乐部、专业运动队、职业足球俱乐部各领域之间人才选拔和输送渠道的有效衔接。

责任单位：市体育局、教育局，团市委，市足协，各高等院校，各县（市、区）人民政府，泉州开发区、泉州台商投资区管委会

（四）培育足球专业人才

以壮大专业人才队伍为目标，创新人才发展平台，畅通人才成长通道，加强足球专业人才培养。发挥高校、职业俱乐部、企业、社会团体等平台的作用，支持高水平退役足球运动员、裁判员等通过人才招聘渠道，担任足球教练员、裁判员、社会体育指导员，或兼职从事校园足球教育工作，或到企业单位成为群众足球活动的骨干，或从事社会足球管理和服务工作；进入我市高校、俱乐部和政府部门就业的各类符合泉州市高层次人才认定条件的足球专业人才，可按规定享受我市“人才港湾计划”的相关待遇。建立校园足球后备人才信息管理平台，与体育部门运动员注册信息系统共享互通。在各级少体校开设足球专业课程，选择各级典型示范校建立“大学（中专、大专）—中学—小学—幼儿园”一条龙足球人才培养体系，打通人才培养通道。依托足协、足球俱乐部等社会组织，将足球专业技能培训纳入体育教师培训的范畴；加强与海外华人足球运动员的联系，引进高水平海外华人足球人才；探索足球专业人才培养奖励措施，促进优秀足球人才进入专业运动队。

责任单位：市体育局、教育局、人社局，团市委，各高等院校，市足协，各县（市、区）人民政府，泉州开发区、泉州台商投资区管委会

（五）加快场地设施建设

以完善足球场地设施为载体，增加足球场地数量、建设专业培训基地、提升设施运营效率。引导新增的公共设施和居住区同时配套建设足球场地设施，推动市级及条件成熟的县（市、区）建设城市足球公园；以利用江滨南岸的江南公园闲置地建设足球训练场地为示范，鼓励统筹利用现有设施、存量建设用地和荒草地、盐碱地、河漫滩、沙滩、废弃矿山等未利用土地，以及市政公园或社区公园内的闲置地和边缘地块、城市高架桥底、人防工程等空间，建设多样化的足球场地设施。至2020年，改造新增校园足球场地75块以上、社会足球场地30块以上。加快推进国家级、省级、市级青少年足球训练基地建设，鼓励和支持泉港区、石狮市、晋江市、南安市、惠安县等县（市、区）及职业足球俱乐部以合资、独资、特许经营等方式建设集教学、竞赛、培训、科研、

医疗一体化的的专业足球训练基地（综合体），规划建设高水平职业足球训练基地。支持具备对外开放条件的公共足球场地通过委托授权、购买服务等方式，招标选择专业的社会组织或企业负责管理运营，促进公共足球场地免费或低收费向社会开放，提升设施运营效率；积极推动具备条件的校园足球场地在课外时间免费或低收费有序向社会开放。海峡体育中心和侨乡体育中心参照对市直体育运动队训练的保障方式为市体育局或市足协主办的公益性足球赛事提供场地保障。

责任单位：市发改委、教育局、体育局、财政局、资源规划局、城管局、国资委，市足协，各县（市、区）人民政府，泉州开发区、泉州台商投资区管委会

（六）完善足球赛事体系

以泉州市“市长杯”成人、青少年、幼儿足球杯赛、联赛为基础，以其他社会足球比赛为补充，规范赛事组织管理，完善赛事体系。由市足球改革发展联席会议办公室牵头，市足协具体负责实施，每年举办一届泉州市“市长杯”足球比赛，建立与全国大中学生足球联赛、省级足球联赛、全国“U”字号青少年足球联赛有机衔接的足球竞赛体系。至2020年，参加校园足球四级联赛队伍达200支；至2030年，稳定在300支。扶持业余足球联赛、区域性足球赛等赛事发展，培育打造本土足球品牌赛事。承办好国际大体联亚洲杯、世界杯系列赛事；鼓励有条件的县（市、区）、有实力的企业举办和承办国际沙滩足球赛、海峡两岸足球邀请赛、区域性足球冠军赛等高水平特色足球赛事。建立健全裁判员公正执法、教练员和运动员遵纪守法的约束机制；赛事组织机构和体育部门要会同公安机关、足协加强和规范赛事的组织管理及安全保卫工作；强化足球管理部门与公检法等方面的协作，维护足球竞赛秩序，坚决依法打击假赌黑等违法犯罪行为。

责任单位：市体育局、教育局、公安局，团市委，市足协，各高等院校，各县（市、区）人民政府，泉州开发区、泉州台商投资区管委会

（七）促进足球产业发展

以足球产业融合发展为依托，引导足球产业升级，创新足球商业模式，打造足球产业跨领域发展的新局面。培育足球服务市场，完善区域足球产业链；依托体育产业发展专项资金，引导多元资本进入足球产业领域，支持符合足球发展的项目；鼓励企业开展足球制品、运动服装、器材设施、纪念品的研发设计、生产制造和销售推广，积极扶持3～5个足球体育用品制造业龙头企业。大力推进足球产业与互联网技术的深度融合，重点引入移动互联网、电子商务、大数据等新技术和新业态；提升足球场馆和赛事服务的信息化、智能化、网络化管理水平，构建线上线下联动的足球服务模式。以足球专业基地为依托，逐步打造集足球训练、竞赛表演、健身休闲于一体的足球产业综合体；鼓励有能力的企业、乡镇打造足球特色小镇。积极推动足球与旅游、文化创意、媒体广告、网络服务等行业互动融合发展。加快培育足球动漫、足球游戏、足球电子竞技等新兴产业。

责任单位：市工信局、文旅局、体育局、发改委、商务局、数字办，市足协，各大企业，各县（市、区）人民政府，泉州开发区、泉州台商投资区管委会

三、组织保障

（一）强化组织领导

建立市足球改革发展联席会议制度，统筹推进我市足球改革发展，督促检查全市足球改革发展重点任务完成情况，协调解决我市足球改革发展工作中的重大事项和重大问题。联席会议由市政府分管体育工作的领导担任召集人，成员由市委宣传部，市发改委、教育局、工信局、公安局、民政局、财政局、人社局、资源规划局、住建局、文旅局、国资委、市场监管局、体育局、金融监管局，团市委，市税务局等部门组成，联席会议办公室（市足改办）设在市体育局，主任由体育局分管足球工作的领导担任，成员由市教育局、体育局、足协选派人员组成，负责日常工作。市、县两级足协改革参照国家和省足协的组织架构和管理体制组建，领导机构名单应向同级体育行政部门、民政部门报备。各县（市、区）足协按照章程以会员名义加入市足协，接受行业指导和管理，承担本区域会员组织建设、竞赛、培训、足球活动开展、宣传等职责。

责任单位：市委宣传部，市发改委、体育局、教育局、财政局、工信局、公安局、民政局、人社局、资源规划局、住建局、文旅局、国资委、市场监管局、金融监管局，团市委，市税务局，市足协，各县（市、区）人民政府，泉州开发区、泉州台商投资区管委会

（二）落实政策保障

落实国务院办公厅《关于印发中国足球改革发展总体方案的通知》（国办发〔2015〕11号）、省政府办公厅《关于印发福建省足球改革发展实施方案的通知》（闽政办〔2017〕19号）有关用地、税费减免等优惠政策，参照享受市政府《关于加快发展体育产业促进体育消费十一条措施的通知》（泉政文〔2017〕66号）的重点项目用地保障政策。将足球场地建设用地纳入教育、体育等专项规划，预留建设空间。按照“政府主导、分级配套、多方参与”的投入机制，加大财政对足球项目发展的支持力度，将足球改革发展所需经费列入市、县两级财政预算。体育、教育部门在安排专项资金时应当对足球项目发展给予倾斜。每年从市级体育彩票公益金中安排一定资金用于足球公益活动和足球人才培养。鼓励有条件的高校、企业单独或合作参与投资足球俱乐部、赞助足球赛事和公益项目。支持符合条件的足球用品公司、赛事运营公司等企业进入资本市场。

责任单位：市资源规划局、体育局、教育局、财政局、发改委、城管局、金融监管局，市税务局，各县（市、区）人民政府，泉州开发区、泉州台商投资区管委会

（三）加强足球文化建设

加大足球改革发展宣传力度，提升社会关注度和影响力。运用网络、电视等方式对“市长杯”足球赛、国际大体联赛事等大型赛事进行录播或直播，塑造地区足球明星，为地区球迷文化、竞赛文化和体育文化的建设打下良好的基础。充分调动社会各届足球人士的积极性，培育健康、快乐、进取的足球文化理念，让参与足球活动成为健康生活的重要方式。

责任单位：市委宣传部，市教育局、文旅局、体育局，团市委，各县（市、区）人民政府，泉州开发区、泉州台商投资区管委会

【发文机关】泉州市人民政府办公室
【标　　题】泉州市人民政府办公室关于印发泉州市足球改革发展实施方案的通知
【文　　号】泉政办〔2019〕28号
【发文日期】2019年4月9日

三明市人民政府关于进一步做好当前和今后一个时期促进就业工作的实施意见

各县（市、区）人民政府，市直各单位，各高等院校：

就业是最大的民生。为深入贯彻落实《国务院关于做好当前和今后一个时期促进就业工作的若干意见》（国发〔2018〕39号）和《福建省人民政府关于进一步做好当前和今后一个时期促进就业工作的实施意见》（闽政〔2018〕29号）精神，进一步支持企业稳定岗位，促进就业创业，强化培训服务，突出抓好2019年就业工作，现结合我市实际，提出以下实施意见：

一、支持企业稳定发展

（一）**加大稳岗支持力度**。对不裁员或少裁员的参保企业，可返还其上年度实际缴纳失业保险费的50%，企业实际缴纳失业保险费金额按照税务部门缴费凭证确认。2019年1月1日至12月31日，对经当地工信部门认定，面临暂时性生产经营困难且恢复有望的企业（以下简称困难企业）或经过兼并重组、破产重整后的新企业，坚持不裁员或少裁员的，返还标准按照企业申请时当地月人均失业保险金6个月金额和参保职工人数确定。少裁员的按照净裁员率低于统筹地区2018年末城镇登记失业率确定。上述资金由失业保险基金列支。对经当地工信部门认定，2019年春节当月保持连续生产的重点企业，以及2019年3—5月期间连续生产的受市场因素影响较大的企业，积极采取措施稳定职工队伍的，对当月用电量不低于上月用电量85%的，按用工人数给予1—2万元的一次性稳定用工就业奖补，所需资金从就业补助资金中支出。

责任单位：市人社局、发改委、工信局、财政局、税务局，各县（市、区）人民政府

（二）**发挥政府性融资担保机构作用支持小微企业**。推动政策性融资担保机构与省再担保公司开展再担保业务，引导辖区银行业金融机构合作开展4：4：2银担风险分担业务，扩大政策性融资担保机构合作范围和覆盖面，做大政银担比例风险分担再担保业务规模。引导担保机构开展小微企业融资担保服务，对为小型和微型企业提供贷款担保的担保机构，分别按年度担保额的1%和1.6%比例予以风险补偿。

责任单位：市金融监管局、工信局、财政局，人行三明中心支行、三明市银保监分局，各县（市、区）人民政府

二、鼓励支持就业创业

（三）**加大创业担保贷款贴息及奖补政策支持力度**。符合创业担保贷款申请条件的人员自主创业的，可申请最高15万元的创业担保贷款，大中专院校（含技校）在校生及毕业5年内的毕业生贷款额度最高30万元。小微企业当年新招用符合创业担保贷款申请条件的人员数量达到企业现有在职职工人数25%（超过100人的企业达到15%）并与其签订1年以上劳动合同的，可申请最高300万元的创业担保贷款。将符合条件的创业孵化基地运营主体纳入小微企业创业担保贷款对象范围。将创业担保贷款条件放宽到法定劳动年龄段内在三明行政区域内依法经市场监管部门登记注册并正常经营3个月以上的创业人员，由此产生的贴息资金由市级财政承担。推动奖补政策落到实处，按各地当年新发放创业担保贷款总额的1%，奖励创业担保贷款工作成效突出的人社部门、经办银

行、创业担保贷款担保基金运营管理机构等单位用于其工作经费补助，引导其进一步提高服务创业就业的积极性。

责任单位：市财政局、人社局、市场监管局，人行三明中心支行、三明市银保监分局，各县（市、区）人民政府

（四）**支持创业载体建设**。鼓励中小企业和高校积极参加国家、省、市创新创业大赛，搭建创新创业平台，开展创新创业活动，激发创新潜力，强化创新创业成果转化，推动中小企业转型升级；大力发展科技型小微企业，培育新业态新模式，带动更多高校毕业生就业。落实税收优惠、资金资助、政府购买服务等政策，鼓励高校、科研院所、企业、创业投资机构和各类社会组织等，利用现有房屋和闲置厂房等兴办创业孵化基地、创业大本营、众创空间等各类创业孵化载体，为创业者提供低成本场地支持、指导服务和政策扶持。对符合条件的民营互联网创业孵化基地、高校毕业生创业孵化基地、创业大本营、农村互联网创业园等对象采取先建后补方式，采用“属地申报、县级审核、市级审批”的办法，给予20万—100万元的补助，所需资金从就业补助资金中列支。对获评省级创业孵化基地、示范基地的，给予50万元补助；获评国家级基地的，按照中央标准予以补助，中央没有标准的，给予80万元补助。支持稳定就业压力较大地区为失业人员自主创业免费提供经营场地。加强人力资源市场建设，扶持一批人力资源服务产业园、人力资源服务骨干企业，加大政府购买人力资源服务成果力度。

责任单位：市人社局、科技局、工信局、财政局、住建局、市场监管局，各县（市、区）人民政府

（五）**落实就业创业扶持政策**。继续扶持我市优秀创业创新项目，对经评审认定获得市级优秀的创业创新项目，给予3万—5万元的资金扶持；对获得县级优秀的创业创新项目给予1万—3万元资金扶持。每年资助一批具有发展潜力和带头示范作用突出的初创企业经营者参加高层次进修学习，可按每人最高1万元标准给予补助，所需费用从就业补助资金中支出。鼓励举办创业孵化基地专家巡回服务、签约创业导师帮扶、创业成果展示、创业大赛等各类活动，提升服务能力，相关支出可纳入就业创业服务补助范围，所需资金从就业补助资金中列支。积极为退役军人提供政策咨询、职业指导和职业介绍等基本公共就业服务，促进退役军人就业创业；退役军人从事个体经营，符合条件的可享受国家相关税收优惠。落实惠台系列举措，进一步鼓励和支持台湾同胞来明创业就业。

责任单位：市人社局、财政局、退役军人局、税务局、台港澳办，各县（市、区）人民政府

（六）**扩大就业见习补贴范围**。从2019年1月1日起，将就业见习补贴范围由离校2年内未就业大中专（含技校）毕业生扩展至16—24岁失业青年，就业见习时长由3—6个月扩展至3—12个月，按不低于当地最低工资标准的60%给予就业见习补贴。

责任单位：市人社局、财政局，各县（市、区）人民政府

（七）**推进精准就业扶贫**。实施家门口扶贫就业工程，鼓励各类企业在乡（镇）、村设立扶贫加工点、扶贫车间、扶贫基地，对吸纳贫困家庭劳动力就业数量多、成效好且稳定就业一年以上的，由各地从就业补助资金中给予每人不超过1000元一次性资金奖补，政策执行到2020年12月31日。对获评国家级就业扶贫基地（典型企业）的，吸纳建档立卡劳动力稳定就业达到30人以上的企业，可给予一次性最高20万元奖补。鼓励各地通过购买服务的方式，创造更多基层公共管理和社会服务等适合高校毕业生（其中残疾人高校毕业生占一定比例）的岗位，所需资金从就业补助资金中列支。鼓励开展省际有组织劳务协作扶贫，支持承担东西部对口劳务协作任务的地区吸纳建档立卡劳动力来明就业，按规定给予政策和资金倾斜。

责任单位：市人社局、财政局、扶贫办，各县（市、区）人民政府

三、积极实施培训

（八）**支持困难企业开展职工在岗培训**。引导企业依法履行职工教育培训职责，足额提取职工教育经费，积极开展岗位适应性培训和在岗技能提升培训。2019年1月1日至12月31日，困难企业可组织开展职工在岗培训，所需经费按规定从

企业职工教育经费中列支，不足部分可按取得职业资格证书的人数和规定标准，给予企业职业培训补贴支持。

责任单位：市人社局、财政局，各县（市、区）人民政府

（九）开展失业人员培训。支持各类职业院校（含技工院校）、普通高等学校、职业培训机构和符合条件的企业承担失业人员职业技能培训或创业培训。职业院校要充分利用实训基地等教学资源，为失业人员提供多种形式的就业技能服务。对培训合格的失业人员按规定给予职业培训补贴或技能提升补贴。各地人社、财政部门可探索通过整建制购买就业技能培训或创业培训项目方式，为去产能失业人员、建档立卡劳动力免费提供就业技能培训或网络创业培训。对承担项目制培训任务的培训单位，按培训人数给予每人最高1000元的培训补贴。2019年1月1日至2020年12月31日，对其中就业困难人员和零就业家庭成员在培训期间再给予生活费补贴，补贴标准最高为当地当月的失业保险金最低标准。参加培训时间少于10天的，按当月失业保险金最低标准的50%确定生活费补贴。生活费补贴政策每人每年只享受一次，且享受生活费补贴当月不可同时领取失业保险金，享受生活费补贴当月应领未领的失业保险金在之后月份可顺延领取。鼓励毕业年度离校未就业建档立卡贫困家庭、城乡低保家庭、零就业家庭高校毕业生，残疾高校毕业生和离校1年以上未就业高校毕业生积极参加职业培训，培训期间同等享受失业人员培训生活费补贴。

责任单位：市人社局、财政局、教育局，各县（市、区）人民政府

（十）放宽技术技能提升补贴申领条件。2019年1月1日至2020年12月31日，将技术技能提升补贴申领条件由企业职工参加失业保险3年以上放宽至参保1年以上。参保职工取得职业资格证书或职业技能等级证书的，可在参保地申请技术技能提升补贴，所需资金由失业保险基金列支。

责任单位：市人社局、财政局，各县（市、区）人民政府

四、及时开展下岗失业人员帮扶

（十一）实行失业登记常住地服务。失业人员可在常住地公共就业服务机构根据公安部门发放的居住证办理失业登记，申请享受当地就业创业服务、就业扶持政策、重点群体创业就业税收优惠政策。其中，大龄、残疾、低保家庭等劳动者可在常住地根据公安部门发放的居住证申请认定为就业困难人员，享受就业援助。

责任单位：市人社局、公安局、财政局、税务局，各县（市、区）人民政府

（十二）落实失业保险待遇。对符合条件的失业人员，由失业保险基金发放失业保险金，其个人应缴纳的基本医疗保险费从失业保险基金中列支。失业保险经办机构为失业人员缴纳职工基本医疗保险费的期限与领取失业保险金的期限相一致。领取失业保险金人员重新就业的，其失业保险待遇从次月开始停发。

责任单位：市人社局、医保局，各县（市、区）人民政府

（十三）保障困难群众基本生活。对符合条件的生活困难下岗失业人员，给予临时生活补助，补助标准根据家庭困难程度、地区消费水平等综合确定。对符合条件的就业困难人员，按有关规定在元旦春节“两节”期间开展慰问，所需资金从就业补助资金中列支。对符合最低生活保障条件的家庭，及时纳入低保范围。鼓励支持有劳动能力的低保对象积极就业，在核算其家庭收入时，可按规定扣减就业成本。通过综合施策，帮助困难群众解困脱困。

责任单位：市财政局、人社局、民政局，各县（市、区）人民政府

五、落实各方责任

（十四）落实地方政府主体责任。地方各级人民政府要切实承担本地区促进就业工作的主体责任，建立由政府负责人牵头、相关部门共同参与的工作机制，因地制宜，多措并举，统筹做好本地区促进就业工作，分级预警、分层响应、分类施策。各县（市、区）要按照本实施意见要求，组织有关部门结合本地实际和财力水平合理确定享受政策的困难企业范围，突出重点帮扶对象，合理确定补贴等标准，用足用好财政资金，促进各项政策尽快落地见效。

责任单位：各县（市、区）人民政府

（十五）**强化部门职能作用**。市人社局要统筹协调促进就业政策制定、督促落实、统计监测等工作。市财政局要加大资金支持力度，保障促进就业政策落实。其他有关部门和单位要立足职能职责，积极出台促进就业创业的政策措施，开展更多有利于促进就业的专项活动，共同做好促进就业工作。公安、农业农村、民政和残联等部门要主动配合人社部门完善离校未就业毕业生实名信息和困难毕业生实名信息，为毕业生享受就业帮扶政策和公共就业服务提供便利。

责任单位：市直有关单位

（十六）**切实抓好政策服务**。各地各有关部门要积极开展政策宣传，向社会公布政策清单、申办流程、补贴标准、服务机构及联系方式、监督投诉电话，深入企业宣讲政策，开展精准服务。对申请享受就业创业扶持政策和就业创业服务的困难企业、下岗失业人员，要依托信息系统开展实名制管理服务。要优化流程，精简证明，提高政策申领便利化水平，加强监管，确保各项政策资金规范便捷地惠及享受对象。

责任单位：市直有关单位，各县（市、区）人民政府

（十七）**指导企业等各方履行社会责任**。要引导困难企业更加注重运用市场机制、经济手段，通过转型转产、培训转岗、支持“双创”等，多渠道分流安置职工，依法处理劳动关系。积极指导企业与职工充分协商，依法制定职工安置方案。引导职工关心企业生存与发展，困难企业与职工协商一致的，可采取协商薪酬、调整工时、轮岗轮休、在岗培训等措施，保留就业岗位，稳定劳动关系。引导劳动者树立正确就业观，主动提升就业能力，通过自身努力实现就业创业。广泛调动社会各界积极性，形成稳定、扩大就业的合力。

责任单位：市直有关单位，各县（市、区）人民政府

各地要认真贯彻落实省、市政府关于保障元旦春节“两节”期间生产稳定运行的工作部署，支持企业多措并举做好稳工引工工作，切实加强元旦春节“两节”期间企业用工保障。要用好用足中央财政工业企业结构调整专项奖补政策，统筹工业企业结构调整专项奖补资金，用于《财政部关于印发〈工业企业结构调整专项奖补资金管理办法〉的通知》（财建〔2018〕462号）规定的职工分流安置支出，确保我市化解过剩产能职工妥善安置。各地要对现有补贴项目进行梳理，在保持政策连续性、稳定性的基础上，对补贴项目、补贴方式进行归并简化，提高资金使用效益。各地贯彻落实本意见的有关情况及发现的重要问题，要及时报送市人社局。

三明市人民政府
2019年1月23日

【发文机关】三明市人民政府
【标　　题】三明市人民政府关于进一步做好当前和今后一个时期促进就业工作的实施意见
【文　　号】明政〔2019〕1号
【发文日期】2019年1月23日

莆田市人民政府办公室转发市医保局等部门关于进一步完善城乡居民医疗救助体系实施办法的通知

各县（区）人民政府（管委会），市直有关单位：

市医保局、财政局、农业农村局、卫健委、民政局、退役军人局、残联等部门联合制定的《关于进一步完善城乡居民医疗救助体系的实施办法》已经市政府同意，现转发给你们，请认真贯彻执行。

莆田市人民政府办公室

2019 年 5 月 29 日

关于进一步完善城乡居民医疗救助体系的实施办法

市医保局 市财政局 市农业农村局
市卫健委 市民政局 市退役军人局
市残疾人联合会

为进一步完善我市城乡居民医疗救助体系，根据《福建省人民政府办公厅转发省医改办等部门关于完善城乡居民医疗救助体系实施意见的通知》（闽政办〔2016〕10 号）等文件精神，结合我市实际，制定本实施办法。

一、总体要求

进一步完善全市多层次的城乡居民医疗救助体系，建立管理科学、标准合理、程序简便、操作规范的城乡居民医疗救助制度，加强医疗救助政策与基本医疗保险政策的衔接，统筹集中各类医疗救助资金，加大医疗救助力度，切实解决城乡困难群众因病致贫、因病返贫问题，努力实现困难群众“病有所医”的目标。

二、基本原则

（一）政府主导、社会参与，政府救助与社会扶助相结合。

（二）救助水平与我市经济社会发展水平和财政承受能力相适应。

（三）整合资源、明确标准、部门联动、分类管理、分层救助。

（四）着力救急、突出救难、促进公平、推进便捷、保障有力。

（五）与职工基本医疗保险和城乡居民基本医疗保险制度相衔接。

（六）救助基金多方筹资、专款专用、收支平衡、略有结余。

三、医疗救助对象

我市医疗救助对象是指具有本市户籍、符合救助条件的城乡居民，分为四类：

第一类：特困供养人员；

第二类：城乡低保对象、建档立卡的贫困人口、重点优抚对象、革命“五老”人员、计划生育特殊家庭成员（指特别扶助对象）、持第二代《残疾人证》的残疾人（更新后持第三代《残疾人证》的残疾人）、孤儿；

第三类：低收入家庭的老年人、未成年人和重病患者；

第四类：因病致贫家庭重病患者。

低收入家庭是指经民政部门认定、家庭月人均收入在当地城乡最低生活保障标准两倍以内（含两倍）、未享受城乡低保待遇的家庭。因病致贫家庭是指发生高额医疗费用、超过家庭承受能力、基本生活出现严重困难的家庭。

四、医疗救助方式及标准

医疗救助以资助救助对象参加我市城乡居民基本医疗保险、特殊门诊救助、住院救助、一次性定额救助、重特大疾病救助等方式开展，努力构建多层次的救助模式。

（一）资助参保缴费

对第一、二类救助对象，其参加我市城乡居民基本医疗保险个人缴纳的费用，由政府给予全额资助。

（二）特殊门诊救助

第一类救助对象特殊门诊（以医保经办机构确定的病种为准）救助比例为基本医疗保险报销后个人负担的合规医疗费用的100%，第二类救助对象特殊门诊救助比例为基本医疗保险报销后个人负担的合规医疗费用的60%，每人每年原则上最高救助限额为10000元。我市城乡居民重大疾病终末期肾病由城乡居民医疗救助基金支付定额标准的20%，医疗救助不受封顶线限制。

（三）住院救助

第一、二类救助对象在医保定点医疗机构发生的政策范围内住院费用中，对经基本医疗保险、城乡居民大病保险及各类补充医疗保险、商业保险报销后个人负担的合规医疗费用，在年度救助限额内，第一类救助对象和第二类救助对象中的重性精神病患者、分娩孕妇按100%，第二类其他救助对象按70%的比例给予救助，每人每年原则上最高救助限额为25000元。

（四）一次性定额救助

根据我市社会经济发展水平，按照基金收支基本平衡、略有结余的原则，对第三类救助对象开展一次性定额救助。第三类救助对象年度内因病住院发生的医疗费用，经基本医疗保险、城乡居民大病保险及各类补充医疗保险、商业保险报销后，家庭承担个人自付仍有困难的，可向医保经办机构申请一年一次性定额救助。根据当年城乡居民医疗救助基金结余情况，在次年2月底前集中受理一次性定额救助，原则上在第二季度前给予救助，个人自付20000元以上至50000元的，一年给予2000元的一次性定额救助；个人自付50000元以上的，一年给予5000元的一次性定额救助。

（五）重特大疾病救助

对患重特大疾病（以医保经办机构确定的病种为准）的医疗救助对象（其中第四类救助对象只能申请重特大疾病救助），在年度内享受基本医疗保险、城乡居民大病保险及各类补充医疗保险、商业保险等报销和上述医疗救助及其他社会救助后，剩余个人负担的医疗费用先由其个人支付，对发生高额医疗费用、超过家庭承受能力、基本生活出现严重困难的，持户口簿、身份证、医学疾病证明书或出院小结、本人（或监护人）银行账号，填写《莆田市城乡居民救助对象一次性定额救助或重特大疾病救助申请表》、《医疗救助申请家庭经济状况查询授权书》等材料，在次年2月底前向医保经办机构提出申请（每人每年只能申请一次），医保经办机构受理并进行初步审核，经民政部门认定救助申请家庭经济状况后，医保经办机构根据当年城乡居民医疗救助基金结余情况，原则上在第二季度前给予救助。

1. 认定条件。申请家庭应同时具备下列条件，方可申请重特大疾病医疗救助（申请对象为第一类救助对象、低保对象或建档立卡的贫困人口无需进行再认定）：

（1）收支水平认定条件

在上一自然年度内，申请家庭月人均收入在我市城乡最低生活保障标准4倍以内（含4倍）且家庭医疗费用支出明显困难的。

（2）家庭财产认定条件

家庭总金融资产总额超过12万元；拥有两套及以上住房（商品房或安置房）；拥有轿车、货车等机动车辆、船舶和大型农机具的家庭。以上3种情况的家庭都不能申请重特大疾病救助。

2. 救助标准。住院（门诊）医疗费用的计算时间为上年度的1月1日至12月底（以发票时间为准），医疗费用不得重复计算，实行医疗费用自付总额对应档次的救助方式，即自付费用在2万—5万元（含5万元）的，按自付费用的10%给予救助；自付费用在5万—10万元（含10万元）的，按自付费用的15%给予救助；自付费用在10万—20万元（含20万元）的，按自付费用的20%给予救助；自付费用在20万—30万元（含30万元）的，按自付费用的25%给予救助；自付费用超过 30 万元的在享受 20 万—30 万元相对应的档次救助后，超过部分再按 10% 的比例给予救助；原则上每人每年最高救助总额不超过 10 万元。

五、不属于城乡居民医疗救助范围的情形

（一）我市城乡居民基本医疗保险规定的医疗用药目录、诊疗项目目录和医疗服务设施目录范围以外的费用（一次性定额救助和重特大疾病救助不受此条款约束）。

（二）因违法犯罪、自杀、自残、打架斗殴、酗酒、吸毒等发生的医疗费用。

（三）未经基本医疗保险报销的。

（四）被核查出有不符合低收入家庭一次性定额救助或重特大疾病救助申请的情形。

六、医疗救助服务

（一）各有关部门和单位要加强协作配合，进一步完善医疗救助“一站式”即时结算服务，做到医疗救助与基本医疗保险、城乡居民大病保险、疾病应急救助、商业保险等信息管理平台互联互享，实现“一站式”信息交换和即时结算，为救助对象提供方便快捷的救助服务。

（二）医保定点医疗机构作为城乡居民医疗救助的定点医疗机构，参照城乡居民基本医疗保险规定的用药目录、诊疗项目目录和医疗服务设施目录为城乡居民医疗救助对象提供医疗服务。

（三）第一、二类救助对象住院和特殊门诊救助程序为：救助对象持社保卡等相关证件到医保定点医疗机构就诊，医保定点医疗机构按照医疗救助的有关规定，为救助对象提供医疗救助费用“一站式”即时结算服务，垫付应由医疗救助基金支付的医疗费用，再与医保经办机构结算，救助对象只需支付个人自付部分的医疗费用。

对未得到“一站式”即时结算服务（含异地就医）的第一、二类救助对象，在医保定点医疗机构就医并结算后，可持相关证件（身份证、二代残疾证或低保证明等材料）及本人（或监护人）银行账号等相关材料向医保经办机构提出申请，并按规定享受救助。对于当年度未能在“一站式”救助结算的医疗费用，未在次年第一季度前提交救助相关材料至医保经办构的，原则上不再给予救助。

（四）除“一站式”即时结算服务外，其他医疗救助资金发放采取社会化形式。

（五）建立健全医疗救助工作的民主监督机制，接受群众的社会监督，做到政策公开、资金公开、保障对象公开。

（六）医保定点医疗机构要完善并落实各项诊疗规范和管理制度，保证服务质量，合理检查、合理用药、合理收费，不得要求医疗救助对象支付按规定应予减免的费用。

七、医疗救助基金筹集和管理

（一）城乡居民医疗救助基金按已有规定由多渠道筹集，主要来源于各级财政预算资金、彩票公益金、社会捐赠资金、救助基金利息收入以及其他资金。自 2017 年起城乡居民医疗救助基金筹集标准为救助对象每人每年 400 元，市、县（区、管委会）财政应按要求足额配套资金，列入财政预算，并根据上级新规定和我市经济社会发展水平、财政承受能力、医疗保障水平等因素适时调整和保障。

（二）三、四级残疾人和孤儿医疗救助基金筹集由市、县（区、管委会）财政按 2：8 比例承担并列入同级财政预算。

（三）市医保中心根据当地城乡居民医疗救助对象人数和救助基金筹资标准，编制年度城乡居民医疗救助资金预算，报财政部门审核安排。

（四）市财政局应在社会保障基金财政专户中建立“城乡居民医疗救助基金”专账，统筹使用全市城乡居民医疗救助基金，并按照社会保障基金财政专户管理有关规定，对救助基金的各项收入和支出实行专账核算、专项管理。

（五）市医保中心根据年度城乡居民医疗救助资金预算和救助资金使用需求，定期向市财政局报送救助资金使用计划。市财政局对市医保中心报送的救助资金使用计划进行审核后，及时将救助资金拨付至城乡医疗救助基金专账。

（六）医疗救助基金实行市级统筹和专款专用，统一征缴、统一拨付，做到基金收支基本平衡、略有结余，同时，不得从中提取管理费或列支其他任何费用。年度医疗救助基金有结余的，应全部结转下年度使用，不得挪作他用或转作本级财政下年度预算。如年度出现医疗救助基金不足，由市、县（区、管委会）财政按辖区内的医疗救助人数占比各自承担。

（七）医保、财政、审计等部门要加强对医疗救助基金使用情况的监督检查。采取隐瞒、欺诈等手段骗取医疗救助基金的，依法责令退还；对截留、挤占、挪用、贪污等违法违纪行为，依照有关法律法规严肃处理；构成犯罪的，由司法机关依法追究刑事责任。

八、组织与实施

（一）加强组织领导

1. 医疗救助实行“政府主导、医保主管、部门配合、社会参与”的工作运行机制。城乡居民医疗救助经办管理采取政府购买社会服务方式解决，经费由财政给予保障。

2. 医保部门主管医疗救助工作，医保经办机构负责编制做好年度医疗救助资金预决算和医疗救助的具体经办实施工作。

3. 财政部门负责医疗救助资金的筹集和拨付，并会同医保等相关部门，加强对资金管理和使用情况的监督检查。

4. 民政部门负责提供特困供养人员、城乡低保对象、革命“五老”人员、孤儿等医疗救助对象名单给医保经办机构，并根据文件规定的资格条件认定低收入家庭的老年人、未成年人和重病患者，以及重特大疾病医疗救助的申请家庭经济状况（收支水平和家庭财产）。

5. 卫健部门负责加强对医疗机构的管理，规范医疗服务行为，督促落实医疗保障政策，并及时提供计划生育特殊家庭成员（指特别扶助对象）名单给医保经办机构。

6. 农业农村部门负责建档立卡贫困人口的认定，并将名单及时提供给医保经办机构。

7. 退役军人部门负责重点优抚对象的认定，并将名单及时提供给医保经办机构。

8. 残疾人联合会负责残疾人的认定，并将名单及时提供给医保经办机构。

9. 审计部门负责依法对医疗保障基金进行审计监督。

10. 有关单位、组织和个人应如实提供所需资料，配合做好医疗救助工作的调查核实。

（二）强化统筹协调

各相关部门要加强协调配合，做好医疗救助与基本医疗保险、城乡居民大病保险、疾病应急救助、商业保险等的政策衔接，进一步提升城乡居民医疗救助管理和服务水平，加强救助对象审核，规范资金管理，提高资金效益，增强救助可及性，更好地发挥医疗救助救急救难作用。

本实施办法自印发之日起实施，之前医疗救助相关政策与本实施办法不一致的，以本实施办法为准。上级对医疗救助工作有新规定的，按上级规定执行。

【发文机关】莆田市人民政府办公室

【标　　题】莆田市人民政府办公室转发市医保局等部门关于进一步完善城乡居民医疗救助体系实施办法的通知

【文　　号】莆政办〔2019〕42 号

【发文日期】2019 年 5 月 29 日

南平市人民政府
关于南平市推进基本公共服务均等化的实施意见

各县（市、区）人民政府，武夷新区管委会，市人民政府各部门、各直属机构，各大企业，各大中专院校：

为进一步完善我市基本公共服务体系，加快实现基本公共服务均等化，根据《国务院关于印发“十三五”推进基本公共服务均等化规划的通知》（国发〔2017〕9号）、《福建省人民政府关于印发福建省推进基本公共服务均等化行动计划的通知》（闽政〔2018〕16号）和《南平市国民经济和社会发展第十三个五年规划纲要》精神，结合我市实际，现提出如下实施意见：

一、总体要求

（一）指导思想

坚持以习近平新时代中国特色社会主义思想为指引，全面贯彻党的十九大和十九届二中、三中全会精神，统筹推进“五位一体”总体布局和协调推进“四个全面”战略布局，牢固树立和贯彻落实“创新、协调、绿色、开放、共享”的新发展理念，坚持以人民为中心，坚持在发展中保障和改善民生，围绕公共教育、劳动就业创业、社会保险、医疗卫生、社会服务、住房保障、公共文化体育、残疾人服务等八大领域，以普惠性、保基本、均等化、可持续为方向，健全基本公共服务制度，完善服务项目和基本标准，强化公共资源投入保障，提高基本公共服务水平，努力提升全市人民群众的获得感、公平感、安全感和幸福感，为建设“机制活、产业优、百姓富、生态美”的新南平奠定坚实基础。

（二）主要目标

到2020年，基本公共服务体系更加完善，体制机制更加健全，在幼有所育、学有所教、劳有所得、病有所医、老有所养、住有所居、弱有所扶等方面持续取得新进展，基本公共服务均等化总体实现。

南平市基本公共服务领域主要发展指标

指　标	2016年	2020年
基本公共教育		
九年义务教育巩固率（%）	89.9	>96
义务教育基本均衡县（市、区）的比例（%）	100	100
基本劳动就业创业		
城镇新增就业人数（万人）*	2.2	9.5
农民工职业技能培训（万人次）*	2.3	11
基本社会保险		
基本养老保险参保率（%）	87.7	90

续表

指　标	2016 年	2020 年
基本医疗保险参保率（%）	>95	>95
基本医疗卫生		
孕产妇死亡率（1/10 万）	10.38	低于全国平均值
婴儿死亡率（‰）	3.06	低于全国平均值
5 岁以下儿童死亡率（‰）	4.46	低于全国平均值
基本社会服务		
养老床位中护理型床位比例（%）	14.1	30
生活不能自理特困人员集中供养率（%）	17.3	50
基本住房保障		
城镇保障性安居工程建设（万套）*	0.78	1.34
建档立卡贫困户、分散供养特困人员、低保户、贫困残疾人家庭和其他贫困户，以及原中央苏区、革命老区国家重点优抚对象和革命‘五老’人员家庭等农村危房改造（万户）*	0.37	0.83
基本公共文化体育		
公共图书馆年流通人次（万）	147.17	216
文化馆（站）年服务人次（万）	108.24	295
博物馆年服务人次（万）	167.6	310
广播、电视人口综合覆盖率（%）	98.6	99
国民综合阅读率（%）	78	82
经常参加体育锻炼人数（万人）	35	38
残疾人基本公共服务		
困难残疾人生活补贴和重度残疾人护理补贴覆盖率（%）	92.8	>95
残疾人基本康复服务覆盖率（%）	60	80

注：带*号的主要发展指标为“十三五”期间的累计数。

二、主要任务

（一）基本公共教育领域

1. 促进义务教育均衡发展。建立“城乡统一、重在农村”的义务教育经费保障机制，推进“三免一补”政策城乡全覆盖。统筹推进县域内城乡义务教育一体化改革发展，基本实现县域校际资源均衡配置，扩大优质教育资源覆盖面，提高乡村学校和教学点办学水平。加快推进义务教育学校标准化建设。实施农村义务教育学生营养改善计划。推行县域内公办学校校长、教师交流轮岗制度，建立科学的农村中小学教师流动机制。保障进城务工人员随迁子女平等接受义务教育。

2. 推动普通高中优质特色发展。全面落实国家高中阶段教育普及攻坚计划，统筹高中阶段教育发展，优化学校布局结构，把中学建设纳入城乡建设发展总体规划。加大普通高中建设投入，积极争取中央和省级资金支持，改造提升教育基础薄弱县高中，确保学位供给充足。实施中等职业教育免除学费并发放助学金；对建档立卡等家庭经济困难学生（含非建档立卡的家庭经济困难残疾学生、城乡低保家庭学生、农村特困救助供养学生）实施普通高中免除学杂费并发放家庭经济困难学生助学金。到 2020 年，普通高中资源配置适应教育教学改革新要求，省一级达标高中比例争取达 30%，90% 公办高中完成达标建设，高中阶段毛入学率达到 96% 以上。

3. 推进学前教育优质普惠发展。实施第三期学前教育行动计划、幼儿园建设工程包，推动各地配建、改建一批普惠性幼儿园，加大普惠性学前教育资源供给。探索建立政府购买普惠性民办幼儿园教育服务机制，建立健全学前教育资助制度，资助普惠性幼儿园在园家庭经济困难儿童、孤儿和残疾儿童接受学前教育。力争到2020年基本建成“广覆盖、保基本、有质量”的学前教育公共服务体系，适龄幼儿入园率达98%，公办性质幼儿园在园幼儿比例提高到50%，普惠性幼儿园覆盖率达85%，各级示范性幼儿园资源覆盖面扩大到40%。

（二）基本劳动就业创业领域

1. 完善公共就业服务体系。统筹推进高校毕业生、大中专毕业生、城乡就业困难人员、农村转移劳动力和退役军人等重点人群就业。落实5个省级扶贫开发县对口帮扶政策，推动精准就业扶贫。大力消除影响平等就业的制度障碍，完善覆盖城乡的促进各类劳动者平等就业的公共就业服务体系，整合政府公共就业和人才服务机构，强化就业创业服务功能，建立人力资源全市统一配置平台，建立统一规范灵活的人力资源市场，逐步实现就业管理和就业服务工作全程信息化，不断提高公共就业服务能力。完善失业保险制度，充分发挥失业保险预防失业、促进就业功能。构建失业监测、失业预警、失业调控一体化的保障体制。推进人力资源市场诚信体系和标准化建设。

2. 大力推动创业带动就业。放宽市场准入限制，简化审批手续，降低创业门槛，优化创业环境。搭建一批优质创业服务平台，充分释放创业带动就业倍增效应，重点抓好科研人才创业、高校毕业生等青年人群创业，鼓励外出务工、经商人员回乡就业创业和农村电商创业。引导社会资本和金融资本支持创业活动，壮大创业投资规模，整合发展高校毕业生就业创业基金，探索建立一批示范性的创业孵化基地和农村创业园等有效的创业服务载体。加强创业教育和创业培训，强化网络创业的指导和服务，将现行就业政策覆盖到网络创业就业领域。

3. 加强职业技能培训。推行终身职业技能培训制度，全方位提升劳动者就业创业能力。开展各种形式的就业技能培训、岗位技能提升培训和创业培训。发挥企业在职业培训中的主体作用，实施劳动者素质提升行动和特殊就业人群职业培训计划，开展贫困家庭子女、未升学初高中毕业生、农民工、失业人员、转岗职工、退役军人和残疾人政府补贴性职业培训。推行企业新型学徒制、校企合作等培训模式。

4. 积极构建和谐劳动关系。全面实施劳动合同制度，继续实施集体合同制度攻坚计划，全面推进劳动用工备案制度建设，加强对企业劳动用工的动态管理。健全协调劳动关系三方机制，加强劳动关系协调机制和劳动标准体系建设；健全劳动人事争议调解仲裁机制，强化劳动保障监察执法体系建设，依法保障职工取得劳动报酬、休息休假、劳动安全卫生、享受社会保险和接受职业技能培训的权利，严厉打击恶意欠薪逃匿、使用童工、强迫劳动、非法职业中介等严重违法行为，维护劳动者合法权益，营造构建和谐劳动关系的良好环境。

（三）基本社会保险领域

1. 完善社会保障制度。深化基本养老保险制度改革，继续实行统账结合的城镇职工基本养老保险制度。深化机关事业单位养老保险制度改革，实行一体化的城乡居民基本养老保险制度。整合城乡居民基本医疗保险制度，实行医保基金市级统筹、垂直管理。完善基本医疗保险可持续筹资机制，深化医疗保险支付方式改革，全面实行按病种收（付）费为主的复合式付费方式。全面实施城乡居民大病保险制度，合并实施生育保险和基本医疗保险，探索建立长期护理保险制度。继续完善失业保险制度，充分发挥失业保险预防失业、促进就业和保障生活的功能。继续完善预防、补偿、康复三位一体的工伤保险制度体系，着力推动工伤保险逐步实现省级统筹。

2. 促进社会保险关系转续。纳入标准统一、全国联网的社会保障管理信息系统，完善并简化转续流程，推行网上认证、网上办理转续，推动实现全国范围内社会保险待遇异地领取、直接结算，方便参保职工、失业和退休人员流动就业、异地生活。全面开展医疗费用智能化审核监控，完善医疗保险关系转移接续政策，提高管理服务水平。

3. 推进全民社会保障信息化。按省上统一部署，加快金保工程二期“五险合一”经办信息系统和公共服务平台项目建设，深入推进社会保险信息系统共建共享，推动改善社会保险经办等服务条件。运用社保补贴信息管理系统，加强社保补贴业务管理，规范社保补贴业务流程，提升信息化管理水平。开展网上社保办理、个人社保权益查询、跨地区医保结算等互联网应用。

（四）基本医疗卫生领域

1. 加强重大疾病防治和基本公共卫生服务。继续实施国家基本公共卫生服务项目和重大公共卫生服务项目。加大疾病联防联控力度，加强传染病、慢性病、地方病等综合防治和职业病危害防治。广泛开展爱国卫生运动，扎实推进卫生城镇创建活动和城乡环境卫生整洁行动。加强全民健康教育，推进公共场所禁烟，切实提高全民健康素养水平。提升突发公共卫生事件应急处置能力，健全突发公共卫生事件风险评估、信息沟通和问责机制，规范专项应急预案，完善卫生应急专家库，加强卫生应急专业救援队伍力量。

2. 完善医疗卫生服务体系。优化医疗卫生资源布局，完善以县级医院为龙头、基层医疗卫生机构和村卫生室（社区卫生服务站）为基础的基层医疗卫生服务网络。强化市级、县级医院综合能力建设，全面提升基层医疗卫生机构规范化和标准化水平。进一步发挥中医药独特优势，发展中医药健康服务及相关产业。加强医疗卫生人才队伍建设，注重医疗、公共卫生、中医药以及卫生计生管理人才的培养，促进全市医学科研、临床教学、技术应用整体水平跨越发展。力争到2020年，实现每千常住人口医疗机构床位数达6.3张，全市所有二级公立医院和公办基层医疗卫生机构全部参与医联体建设，基层医疗卫生机构基础设施、基本设备双达标。

3. 加强妇幼健康服务和计划生育管理。实施全面两孩政策，完善计划生育服务管理，推行生育登记服务制度。加强高危孕产妇和新生儿健康管理，继续开展孕前优生健康检查。努力提高妇女常见病筛查率，力争扩大农村妇女宫颈癌、乳腺癌项目检查覆盖范围。继续落实计划生育技术服务，推进流动人口卫生计生基本公共服务均等化。加强出生人口性别比综合治理。完善计划生育家庭奖励扶助制度和特别扶助制度。

4. 保障食品药品安全。全面落实企业主体责任，实行食品安全风险管理，扩大抽检监测覆盖面。推进食品安全追溯体系建设，推进一品一码食品安全信息追溯管理体系建设。构建药品生产监管的风险防控体系和质量责任体系，强化药品安全风险管理。加强药品流通监管可追溯体系建设。推行药品经营企业分级分类管理。提升农村食品药品安全监管水平，加强对互联网销售食品药品等新业态的监管。

（五）基本社会服务领域

1. 增强社会救助能力。完善最低生活保障制度和特困人员救助供养制度，强化与住房、教育、医疗、就业等专项救助制度的衔接。合理界定医疗救助对象，完善重特大疾病医疗救助制度，加强医疗救助与基本医疗保险、大病保险、医疗叠加保险和其他救助制度的有效衔接。全面建立临时救助制度，加强流浪乞讨人员救助管理。加大农村特困人员供养服务机构建设，提升集中供养能力。对丧失劳动能力的贫困家庭实施兜底性保障政策，对符合条件的因病致贫家庭提供医疗救助。加强各项救助制度的有效衔接，救助对象向低收入家庭、“支出型贫困”家庭适度拓展。

2. 提升社会福利水平。落实城乡特困老人与经济困难的高龄、失能老人的补贴政策。为属地80周岁以上的城乡老人办理意外伤害保险。完善居家养老服务评估机制，提升社区居家养老服务水平。推进精神障碍患者社区康复服务。进一步完善孤儿基本生活保障制度，做好困境儿童保障工作，统筹推进未成年人社会保护试点和农村留守儿童关爱保护工作，构建“家庭、社会、政府”三位一体的保障网络。加强儿童福利机构、未成年人保护中心及基层服务网络建设，引导社会力量积极参与未成年人保障服务。

3. 完善社会事务管理。持续推进婚姻登记机关标准化建设，完善婚姻信息数据库建设，提高婚姻登记信息化管理水平。推广结婚登记颁证和婚姻家庭辅导常态化服务。完善儿童被收养前寻亲公告程序，全面建立收养能力评估制度。持续推进城乡公益性骨灰楼堂和公墓建设，实现公益性骨灰存放设施城乡全覆盖。推进殡葬基本公共服务，持续巩固遗体火化率，加强节地生态安葬设施建设，将节地生态安葬服务纳入殡葬基本公共服务体系。健全完善殡葬基本服务保障制度，进一步贯彻落实免除城乡困难群众殡葬基本服务费政策，适度拓展保障项目。持续开展环保技术改造，提升殡仪馆火化设备设施环保水准。

4. 健全优抚安置制度。全面落实优抚安置各项制度政策，提升对复员退伍军人、军休人员的优抚安置和服务保障能力。完善优抚政策和优抚对象抚恤优待标准调整机制，逐步提高抚恤优待标准。将优抚安置对象优先纳入社区服务、养老服务、医疗卫生服务等体系，探索政府购买服务的方式建立市、县（区）、乡镇（街道）、村（社区）四级复退军人服务机制。

5. 健全养老服务体系。构建以居家为基础、社区为依托、机构为补充，覆盖城乡的养老服务体系。支持主要面向失能和半失能老年人的老年养护院、医养结合设施和居家养老服务照料中心、荣誉军人休养院、光荣院、农村特困人员救助供养服务机构等服务设施建设，增加护理型床位和设施设备。依托“互联网+”，加快居家养老信息化建设。支持养老机构与周边医疗机构建立协调机制，实现资源共享。积极开展养老护理人员培养培训。推进社区适老化无障碍改造。

（六）基本住房保障领域

1. 完善公共租赁住房制度。加大公租房保障力度，对低保、低收入住房困难家庭实现应保尽保。对环卫、公交等行业的住房困难群体实施分类保障，将符合条件的新就业无房职工、外来务工人员和青年医生、青年教师等纳入保障范围。坚持实物保障与货币补贴相结合，结合发展住房租赁市场，推进公租房货币化保障，支持公租房保障对象通过市场租房，政府对符合条件的家庭给予租赁补贴。完善租赁补贴制度，结合市场租金水平和保障对象实际情况，合理确定租赁补贴标准。提高公租房运营保障能力，健全准入退出管理机制。

2. 促进城镇棚户区住房改造。将棚户区改造与生态修复、城市修补有机结合起来，优先改造连片规模大、住房条件困难、安全隐患严重、环境较差、居民改造意愿迫切的区域，重点推进老城区城中村改造，有序推进旧住宅小区综合整治、危旧住房和非成套住房改造，棚户区改造政策覆盖重点镇。完善配套基础设施，加强工程质量监管。到2020年，力争改造棚户区1.34万户。

3. 加大农村危房改造力度。落实省上农村危房改造的政策措施，切实帮助贫困农户解决住房安全保障问题。2018年基本完成农村危房改造的目标任务；2019年补缺补漏，完成存量农村危房改造任务；2020年巩固提升，改造对象重点是居住在危房中的农村建档立卡贫困户、分散供养特困人员、低保户、贫困残疾人家庭和其他贫困户，以及原中央苏区、革命老区国家重点优抚对象和革命“五老”人员家庭。

（七）基本公共文化体育领域

1. 完善公共文化服务体系。不断完善市、县（区）、乡镇（街道）、村（社区）四级公共文化服务基础设施网络，加快推进武夷新区艺术中心、博物馆、公共图书馆（美术馆）、文化馆（民俗博物馆、非遗展示中心）等市级重点文化设施建设，改造提升一批县级公共图书馆、博物馆、文化馆、非遗展示馆，推进县级文化馆、图书馆总分馆制建设，积极推进基层综合文化服务中心建设，到2020年全市基层综合文化服务中心基本实现综合功能。把农村文化建设纳入对口帮扶计划，坚持开展送书、送戏、送电影下乡等文化下乡活动。推动全民阅读，加强残疾人等特殊群体的基本阅读权益保障。保障农家书屋图书补充更新，改进管理，发挥更好服务作用。

2. 提升广播影视服务水平。加强广播电视数字化覆盖、广播电视无线发射台站、有线电视网络、地方应急广播体系、基层广播电视播出机构制播能力、广播电视和视听新媒体监管平台等建设，推动数字广播电视基本实现全覆盖、户户通。加快广播电视播出机构采编播系统高清化改造，基本实现高清电视播出。持续实施农村数字电影放映“2131”工程。

3. 加强文化遗产保护传承。切实加强文物保护，做好朱子文化提档升级工作。实施革命文物保护利用工程，编制我市革命文物保护利用规划。

推进古廊桥和‘万里茶道’申遗工作，推动武夷山城村汉城国家考古遗址公园建设。大力弘扬闽北优秀传统文化，提升闽北文化知名度和影响力。加强非物质文化遗产保护和合理利用，加快推进朱子文化生态保护实验区建设，重点做好武夷岩茶（大红袍）制作技艺申报人类非物质文化遗产代表作名录，以及南平南词、政和四平戏、邵武傩舞、建瓯挑幡、建窑建盏烧制技艺和浦城剪纸等非物质文化遗产传承发展工作。

4. 大力开展全民健身活动。强化公共体育服务职能，完善全民健身服务体系，提高群众身体素质和健康水平。建设一批便民利民的中小型体育场馆、全民健身活动中心、足球场、健身步道等场地设施，每个县（市、区）完成300公里以上健身步道建设，基本建成市、县（区）、乡镇（街道）、村（社区）四级公共体育设施体系和城市社区“1分钟体育健身圈”。人均体育场地面积达到2平方米，新建居住区和社区人均室外体育用地面积0.3平方米以上，人均室内建筑面积0.1平方米以上。健全全民健身组织，积极推进体育类社会团体、基金会、社会服务机构等社会组织发展，加强全民健身站点建设。建立全民健身公共服务信息化平台，探索建立健身健康智慧管理平台和服务平台。

（八）残疾人基本公共服务领域

1. 保障残疾人基本生活。完善和落实针对残疾人特殊困难和特殊需求的社会救助政策，保障符合条件的城乡贫困残疾人能享受到最低生活保障和其他生活救助待遇。对符合条件的生活困难、靠家庭供养且无法单独立户成年无业重度（一级、二级）残疾人及精神、智力残疾等级为三级的成年无业残疾人，可按照单人户纳入最低生活保障范围。对获得最低生活保障后仍有困难的重度残疾人，采取必要措施给予生活保障。对“以老养残”“一户多残”等特殊困难家庭中，因抚养（扶养、赡养）人生活困难、事实无力供养的残疾人，符合特困人员救助供养有关规定的，纳入救助供养范围。

2. 加强残疾人就业创业和社保服务。为有劳动能力和就业意愿的城乡残疾人免费提供就业创业服务，按规定提供免费职业培训。对超比例安排残疾人就业进行奖励，多渠道扶持残疾人自主创业和灵活就业，为智力、精神和重度肢体残疾人提供辅助性就业等服务。落实残疾人参加社会保险个人缴费资助政策，完善重度残疾人医疗报销制度，做好重度残疾人就医费用结算服务。

3. 改善残疾人康复、教育、文化体育和无障碍服务。实施残疾人精准康复服务行动，满足城乡残疾人的基本康复服务需求。推进乡镇卫生院、社区卫生服务中心设立康复室，配备适宜的康复设备和专业人员。逐步提高家庭医生签约服务对残疾人的覆盖率。实施残疾儿童康复训练补助、人工耳蜗植入手术等基本康复服务补贴制度。残疾人基本型辅具补贴实现全覆盖。积极推进残疾儿童少年学前至高中阶段15年免费教育。推广国家通用手语和通用盲文。推动公共文化体育场所设施免费或优惠向残疾人开放。积极推动贫困或重度残疾人参加文化进家庭项目。加大残疾人自强健身示范点建设，为残疾人体育健身提供便利。健全残疾人体育组织，培养为残疾人服务的体育教师和社会体育指导员，开展残疾人体育健身活动，推广残疾人健身项目，传播残疾人健身知识。

三、保障措施

（一）强化责任落实。市直有关部门要按照职责分工，做好行业发展规划、专项建设规划与本实施意见的衔接，明确工作责任和进度安排，推动各领域重点任务的落实。各责任单位要按照《南平市基本公共服务清单》（以下简称《清单》，详见附件1）和《重点任务分工方案》（详见附件2）规定的服务项目、服务对象、服务内容和保障标准、支出责任以及重点任务，制定年度实施计划，进一步完善保障措施，认真履行部门职责，确保项目和任务落实到位。各县（市、区）政府负责推进落实国家、省、市级人民政府确定的基本公共服务清单及相关政策措施，制定办事指南，明确责任单位，优化服务流程，提高质量效率，并加大财力统筹，确保本级财政承担的投入分年、足额落实到位，推进服务清单及区域内均等化政策措施有效落实，并及时向市政府和有关部门报告进展情况。

（二）加大资金投入。各县（市、区）政府要以《公共文化服务保障法》为依据，基本公共服务均等化为导向，不断优化财政支出结构，切实加大民生投入力度，优先保障重点民生项目资金。要积极争取中央和省级资金，支持贫困地区和薄弱环节提高基本公共服务能力。同时，要进一步拓宽投融资渠道，增加基本公共服务基础设施投入；积极采取以奖代补、贴息等方式，鼓励和引导社会、企业和个人投入基本公共服务领域。稳定基本公共服务投入，明确《清单》项目支出责任，确保服务项目及标准落实到位。要进一步完善资金管理办法，统筹安排、合理使用、规范管理各类公共服务投入资金，提高项目管理水平。

（三）**完善配套政策**。加强规划布局和用地保障，综合服务半径、人口结构、承载能力等方面因素，统筹布局全市城乡各类基本公共服务设施。各县（市、区）政府要将基本公共服务设施建设纳入社会发展规划、土地利用总体规划和相关城乡专项建设规划，优先保障项目规划选址和土地供应。加强社会信用体系支撑，将公共服务机构、从业人员、服务对象信用记录，纳入信用信息共享平台，对严重失信主体采取失信惩戒措施。在基本公共服务重点领域，加大人才培养力度，提升基层公共服务人员素质和能力。

（四）**强化督查测评**。发展改革部门要加强对本实施意见落实情况的跟踪分析。各地和市直各有关部门对本地区、本领域基本公共服务均等化工作要强化过程监督，完善督促考核机制，评估相关措施和清单项目的实施效果，及时完善调整相关政策和保障标准。积极推进政务公开和政府信息公开，拓展公众参与路径和渠道，广泛听取社会各界意见和建议，妥善回应社会关切。

附件：1. 南平市基本公共服务清单（略）

2. 重点任务分工方案（略）

南平市人民政府

2019 年 3 月 19 日

【发文机关】南平市人民政府

【标　　题】南平市人民政府关于南平市推进基本公共服务均等化的实施意见

【文　　号】南政综〔2019〕39 号

【发文日期】2019 年 3 月 19 日

龙岩市人民政府办公室
关于切实做好降低社会保险费率有关工作的通知

各县（市、区）人民政府，龙岩经济技术开发区（龙岩高新区）、厦龙山海协作经济区管委会，市直各单位：

为做好我市降低社会保险费率工作，根据《福建省人民政府办公厅关于印发福建省降低社会保险费率综合工作方案的通知》（闽政办〔2019〕29号）精神，结合我市实际，现就有关事项通知如下：

一、统一思想认识

降低社会保险费率，是党中央、国务院作出的重大决策，是省委、省政府的具体工作部署，对于减轻企业负担、优化营商环境、完善社会保险制度具有重要作用。全市各级各有关部门要以习近平新时代中国特色社会主义思想为指导，全面贯彻党的十九大和十九届二中、三中全会精神，深刻领会降低社会保险费率的有关精神，进一步提高对降低社会保险费率重要性、必要性和紧迫性的认识，把思想认识统一到党中央、国务院和省委、省政府的决策部署上来，做到思想上高度重视，行动上不折不扣，切实把降低社会保险费率的好事办实，实事办好，确保企业社保缴费实际负担有实质性下降，切实做到让企业对降低费率有“获得感”，让退休人员对养老金发放有“安全感”，让在职参保人员对社会保险制度持续健康运行有“信任感”。

二、确保政策到位

严格执行《福建省人民政府办公厅关于印发福建省降低社会保险费率综合工作方案的通知》（闽政办〔2019〕29号）的有关规定，自2019年5月1日起，我市企业职工基本养老保险单位缴费费率从18%降至16%，机关事业单位养老保险单位缴费费率从20%同步降至16%。失业保险、工伤保险阶段性降低费率政策延续一年，从2019年5月1日起，至2020年4月30日，具体费率按省人社厅、财政厅、税务局《关于继续阶段性降低失业保险和工伤保险费率的通知》（闽人社文〔2018〕171号）规定执行，到期后根据国家、省的部署再行调整。认真落实省人社厅、财政厅、税务局《关于做好全口径城镇单位就业人员平均工资核定城镇职工基本养老保险缴费基数上下限工作的通知》（闽人社文〔2019〕100号）精神，做好全市基本养老保险缴费基数的核定工作。

三、认真落实保障

降低养老保险缴费费率和调整缴费基数政策后，执行省级统筹制度的企业职工基本养老保险当期基金收支缺口，由省级统筹基金历年累计结余弥补；机关事业单位养老保险的当期基金收支缺口，按统筹层次由当地机关事业养老保险统筹基金历年累计结余弥补，不足部分由同级财政安排资金补助。各县（市、区）必须保障资金及时筹集到位，确保养老金按时足额发放。

四、切实加强领导

市政府成立“龙岩市降低社会保险费率工作协调小组”，由市政府分管领导担任组长，市人社局、财政局、税务局、统计局、医保局等单位负责同志为成员，及时研究、解决降低社会保险费率和社会保险费征收体制改革工作中遇到的问题；协调小组办公室设在市人社局。各级各有关部门要加强领导，精心组织，确保各项政策措施落到实处。对贯彻实施降费工作中的有关情况及发现的重要问题，要及时报送市协调小组办公室（市人社局），需要市政府协调解决的问题应及时报告。

龙岩市人民政府办公室
2019 年 4 月 30 日

（此件主动公开）

【发文机关】龙岩市人民政府办公室
【标　　题】龙岩市人民政府办公室关于切实做好降低社会保险费率有关工作的通知
【文　　号】龙政办〔2019〕45 号
【发文日期】2019 年 4 月 30 日

宁德市人民政府关于印发
宁德市进一步加快养老事业发展工作措施的通知

各县（市、区）人民政府，东侨经济技术开发区管委会，市政府各部门、各直属机构：

《宁德市进一步加快养老事业发展的工作措施》已经市政府研究同意，现印发给你们，请遵照执行。

宁德市人民政府

2019 年 10 月 18 日

（此件主动公开）

宁德市进一步加快养老事业发展的工作措施

为贯彻落实《国务院办公厅关于推进养老服务发展的意见》（国办发〔2019〕5 号）文件精神，加大养老事业补短板工作力度，满足全市老年人对于优质高效养老服务的需求，现提出以下措施：

一、全面推广公建民营

（一）产权归属。采取公建民营的养老机构，运营方负责机构国有资产日常维护和管理，运营方不得以国有资产进行抵押、贷款。

（二）运营期限。根据国家关于 BOT、ROT 模式相关规定，明确机构运营期限最长不超过 30 年。

（三）招标程序。各县（市、区）福利中心、敬老院可通过公开招标、邀请招标等多种方式实现公建民营，可以跨区域捆绑打包。鼓励公建民营养老机构招标采取综合评标法。

（四）承包费用。原则上不收取承包经营费，有收取的统筹用于支持兜底保障对象的养老服务和机构的再投入建设。公建民营养老机构争取的各级政策补助、奖补资金可拨付运营方使用。

（五）入住对象。公建民营养老机构优先保障生活不能自理特困人员老年人的集中供养需求，其余床位向社会开放。

责任单位：各县（市、区）人民政府、东侨经济技术开发区管委会，市民政局、财政局、发改委、国资委。

二、加大民营养老扶持力度

（一）提升民营养老机构质量安全。未经消防审批的民营养老机构按照“三个一批”要求进行整改，对整改合格的非营利性“民建民营”养老机构，各县（市、区）财政按照整改费用的 60% 给予奖补资金。

（二）鼓励发展普惠养老项目。各县（市、区）积极参与“城企联动普惠养老专项行动”，至少生成 1 个以上的普惠养老项目。发改、民政、卫健等有关部门要主动对接和配合，为普惠养老项目生成落地提供服务。鼓励发展老年人家门口的社区小型、嵌入式服务设施，和针对长期护理的专业性养老机构。支持国投等国有企业参与专项行动，做大做强养老产业。

（三）减轻养老服务税费负担。养老服务机构符合现行政策规定条件的，可享受小微企业等财税优惠政策。落实养老服务机构用电、用水、用气享受居民价格政策，不得以土地、房屋性质等为理由拒绝执行相关价格政策。在社区提供日间照料、康复护理、助餐助行等服务的居家养老服务企业（社会组织）同等享受以上政策。

责任单位：各县（市、区）人民政府、东侨经济技术开发区管委会，市财政局、住建局、发改委、民政局、卫健委、自然资源局、国资委、税务局、市场监督局。

三、大力提高居家养老服务水平

（一）扩大政府购买居家养老专业化服务的覆盖面。按照每人每月30元标准，将7类特定对象老年人全部纳入购买服务范围。所需资金列入县（市、区）财政预算。

（二）落实居家养老服务照料中心运营补贴。各县（市、区）财政对已验收并开展服务的居家养老服务照料中心，按沿海县每平方米每年300元、山区县每平方米每年200元的标准给予运营补贴。各县（市、区）应将公建的居家养老服务照料中心（站）免租金提供给居家养老服务企业（组织）使用。

（三）引导居家养老企业品牌化运营。根据第三方评估机构对各县（市、区）居家养老专业化服务开展情况的评估分数，市级财政对全市排名前三县（市、区）的居家养老专业化企业，分别给予50万、30万、20万元的品牌奖励，用于该企业服务场所硬件设施的改造提升。评估每年一次，所需资金按原有渠道列入预算。

责任单位：各县（市、区）人民政府、东侨经济技术开发区管委会，市民政局、财政局、发改委。

四、加大农村养老保障力度

（一）提高特困人员集中供养标准。其中，基本生活标准按照当地居民最低生活保障标准的240%确定，照料护理标准按照当地最低工资标准的24%、60%、96%确定。本次提标所需资金，除省级补助外，不足部分由各县（市、区）财政负担。

（二）打造农村区域性养老中心。各县（市、区）可将有条件的乡镇敬老院打造成农村区域性养老中心，将附近乡镇特困供养对象集中安置在区域性养老中心供养。

（三）集中安置全护理特困人员。各县（市、区）可将全护理的特困人员老年人统一安置到具备护理条件的养老机构进行集中供养。特困人员住院所发生的医疗费用除医保报销和医疗救助外，可以从节余的困难群众救助补助资金中列支，不足部分由县级财政负担，由县级民政部门与医疗机构按时统一结算。

（四）推广蕉城区慈善幸福院模式。每个沿海县至少建设10所，每个山区县至少建设5所，主要收养半护理特困老年人和空巢老人。建设经费参照“财政出一点、地方配套一点、镇村自筹一点、社会捐助一点”的原则。

（五）巩固农村留守老年人关爱巡访制度。由乡镇（街道）包村干部、村（居）干部兼任村级助老员，走访、探望所在村（居）的留守老年人，动态更新信息台账。各地至少培育一家为老服务的社会组织，通过政府购买服务方式，由社会组织为农村留守老年人提供关爱服务。

责任单位：各县（市、区）人民政府、东侨经济技术开发区管委会，市民政局、财政局、自然资源局、人社局、国资委。

五、强化政府和部门保障力度

（一）加大各级财政投入。市本级和地方各级政府要根据《2019—2020年宁德市养老工作任务分解表》，足额保障养老补短板项目建设资金。各级用于社会福利事业的彩票公益金，到2022年将不低于80%的资金用于支持发展养老事业。

（二）加大养老从业人员培育力度。将养老护理员纳入我市重点产业职业培训需求指导目录，参加培训并取得结业证书的，在500元/人的基础上提高30%给予培训补贴。继续开展“最美养老护理员”评选活动，开展每年一届养老护理员职业技能竞赛，并给予一定奖励。

（三）将养老机构内设医疗机构纳入医保报销。养老机构内设的医疗机构经卫生健康行政部门审批或备案取得《医疗机构执业许可证》后，符合医保准入条件的优先纳入医保定点，参保人员在纳入医保定点的养老机构内设医疗机构就医，发生的符合基本医疗保险规定的医疗费用，可用社会保障卡结算。

（四）支持改造闲置校舍开办养老服务。因在中小学布局调整中被撤并停办的，且今后该校址不再用于举办同类学校的闲置校舍，经教育部门同意并履行相关规定手续后，可由村委会对闲置校舍进行统一管理，进行翻新改建，用于农村幸福院、居家养老服务照料中心、老年学校、老年人健身康乐家园等养老设施建设；或是对外出租，引入社会力量承包经营养老服务。

（五）**加大养老工作奖惩力度**。将养老服务政策落实情况纳入政府年度绩效考核范围，对落实养老服务政策积极主动、养老服务体系建设成效明显的，在安排财政补助及有关基础设施建设资金、遴选相关试点项目方面给予倾斜支持，进行激励表彰。对养老工作滞后的县（市、区）要重点督办，向当地主要领导通报有关情况，限期整改。

责任单位：各县（市、区）人民政府、东侨经济技术开发区管委会，市财政局、人社局、民政局、卫健委、医保局、教育局、住建局、自然资源局、效能办。

附件：2019—2020年宁德市养老工作任务分解表（1—6）（略）

【发文机关】宁德市人民政府
【标　　题】宁德市人民政府关于印发宁德市进一步加快养老事业发展工作措施的通知
【文　　号】宁政〔2019〕13号
【发文日期】2019年10月18日

平潭综合实验区管委会关于印发《平潭综合实验区生活垃圾分类管理办法》的通知

各片区管理局，区直各单位：

《平潭综合实验区生活垃圾分类管理办法》已经2019年实验区党工委第45次委员会议研究同意，现印发给你们，请结合实际认真贯彻执行。

平潭综合实验区管委会

2019年12月6日

平潭综合实验区生活垃圾分类管理办法

第一章　总　则

第一条　为加强实验区生活垃圾分类管理，促进垃圾源头减量、资源化利用和无害化处置，根据《城市生活垃圾管理办法》《福建省城乡生活垃圾管理条例》等有关规定，结合实验区实际，制定本管理办法。

第二条　本办法适用于全区的生活垃圾分类投放、收集、运输、处置及相关管理活动。

第三条　本办法所称生活垃圾，是指在日常生活中或者为日常生活提供服务活动中产生的固体废弃物以及法律、法规规定视为生活垃圾的固体废弃物。

生活垃圾分类，是指按照生活垃圾的组成、利用价值以及环境影响等，根据不同处理方式的要求，实施分类投放、分类收集、分类运输和分类处置的行为。

第四条　生活垃圾分类遵循政府推动、强制分类、系统推进、全民参与的原则。倡导全社会践行低碳绿色生活方式，减少生活垃圾产生。

第五条　区交建局负责全区生活垃圾分类的监督管理工作。各片区管理局负责本辖区内生活垃圾的分类投放、收运及相关监督工作的具体落实。生活垃圾分类管理工作所需经费纳入区财政预算。

区经发局、财金局、旅游文体局、资源生态局、社会事业局、执法应急局、市场监管局、农业农村局以及其他有关主管部门按照职责分工协同做好生活垃圾分类管理工作。

第六条　单位和个人应当履行生活垃圾分类投放义务，按照垃圾分类的有关规定和要求，主动开展生活垃圾分类活动，培养生活垃圾分类习惯。

第二章　分类标准与分类投放

第七条　生活垃圾按照以下标准进行分类：

（一）可回收物：指适宜回收和可循环再利用的生活废弃物，主要包括废纸、废塑料、废金属、废玻璃、废织物、废弃家具、废弃电器电子产品等。

（二）易腐垃圾：指餐饮垃圾、厨余垃圾等易腐性的生活废弃物，主要包括废弃的食材、剩菜剩饭、蔬菜瓜果、肉类、水产品等。

（三）有害垃圾：指对人体健康、自然环境造成直接或者潜在危害的生活废弃物，主要包括废电池、灯管，废药品、温度计、血压计，废油漆、杀虫剂、消毒剂及其包装物等。

（四）其他垃圾：指除可回收物、易腐垃圾和有害垃圾之外的其他生活废弃物。

第八条 统一规范全区生活垃圾分类收集容器标识颜色，可回收物为蓝色、易腐垃圾为绿色、有害垃圾为红色、其他垃圾为橘黄色。根据不同的场所和产生垃圾特性，设置不同收集容器种类。

居住区设回收物、易腐垃圾、有害垃圾、其他垃圾四类垃圾收集容器；办公场所设可回收物、有害垃圾、其他垃圾三类收集容器；餐饮场所设易腐垃圾、其他垃圾两类收集容器；公共区域设可回收物、其他垃圾两类收集容器；农村设易腐垃圾（湿垃圾）、其他垃圾（干垃圾）两类收集容器。

第九条 任何单位和个人应当按照规定的时间、地点，用符合要求的垃圾袋或容器分类投放生活垃圾，不得随意抛弃、倾倒、堆放生活垃圾。

（一）可回收物应当投放至可回收物收集容器或者交给经区经发部门备案的再生资源回收企业；

（二）居民家庭产生的厨余垃圾应当滤出水分后投放至易腐垃圾收集容器；

（三）从事餐饮服务、食品生产加工、集体供餐等活动的单位应当将其产生的餐饮垃圾交由具备法定条件的单位收集运输处理，不得直接排入公共水域、厕所、市政管道或者混入其他类型生活垃圾；

（四）有害垃圾投放至有害垃圾收集容器或者交给有资质的有害垃圾处理企业；

（五）其他垃圾投放至其他垃圾收集容器。

可回收物中体积大、整体性强的废弃家具、电器等大件垃圾，应当预约或委托物业服务企业预约再生资源回收经营者或环境卫生作业服务单位上门收运。

第十条 生活垃圾分类投放实行管理责任人制度。

（一）国家机关、企业事业单位、社会团体以及其他组织的办公和生产场所，由本单位负责；

（二）住宅小区，由业主或者业主委员会负责；

（三）道路、广场、公园、公共绿地、公共水域等公共场所，由管理单位或者其委托的单位负责；

（四）客运站、港口、码头、船舶以及旅游、文化、体育、娱乐、商业等公共场所，由经营管理单位负责；

（五）村庄，由村民委员会负责。

实行物业管理的区域，由受委托的物业服务企业负责。物业服务合同对管理责任人的责任归属有约定的，从其约定。

不能确定管理责任人的，由所在片区管理局确定并向责任区域公示。

第十一条 生活垃圾分类管理责任人应当承担下列责任：

（一）建立生活垃圾日常分类管理制度；

（二）开展生活垃圾分类知识宣传，引导、监督单位和个人实施生活垃圾分类；

（三）按照分类方法、分类标志设置生活垃圾分类收集点和收集容器，并保持生活垃圾分类收集容器正常使用；

（四）对不符合分类投放要求的行为予以劝告改正，对拒不改正的，应当向区综合执法部门及当地片区管理局报告。

（五）将分类投放的生活垃圾交由符合规定的单位分类收集、运输。发现收集、运输单位违反分类收集、运输要求的，应当向区综合执法部门报告。

各片区管理局应当对所辖区域内管理责任人履行管理责任的情况进行监督。

第十二条 国家机关、事业单位、社会团体、公共场所管理单位以及国有企业，应当率先实施生活垃圾分类，建立健全本单位生活垃圾分类制度，明确内部管理岗位和职责。

第三章 分类收集、运输与处置

第十三条 垃圾分类收集、运输单位应当对有害垃圾、可回收物、大件垃圾、废旧电器电子产品实行预约或者定期收集、运输，对易腐垃圾和其他垃圾实行每日定时收集、运输。

第十四条 收集、运输单位应当遵守下列规定：

（一）配备符合安全要求的专用车辆以及人员，车辆应当密闭、整洁、完好，有明显的标识；

（二）按时分类收集生活垃圾并分类运输至规定的转运站或者处置场所，不得混装混运，不得将危险废物、医疗废物、工业废物、建筑垃圾等混入生活垃圾；

（三）运输过程中不得随意倾倒、丢弃、遗撒、滴漏；

（四）保持生活垃圾收集设施和周边环境干净整洁；

（五）建立管理台账，记录生活垃圾来源、种类、数量、去向等，并定期向区环卫管理部门备案；

（六）制定生活垃圾分类收集、运输应急方案，报区环卫管理部门备案。

第十五条 收集、运输单位发现交付的生活垃圾不符合分类要求的，应当要求生活垃圾分类投放管理责任人改正；拒不改正的，有权拒绝接收，并向区综合执法部门及所在地片区管理局报告。

第十六条 生活垃圾应当按照相关规定和技术标准分类处置：

（一）可回收物交由资源化利用企业进行回收利用；

（二）易腐垃圾交由区餐厨垃圾处理厂处置；

（三）有害垃圾按照国家有关规定进行无害化处置；

（四）其他垃圾由区生活垃圾焚烧发电厂进行焚烧处理。

第十七条 处置单位应当遵守下列规定：

（一）按照规定的分类标准接收生活垃圾；

（二）严格按照各项工程技术规范、操作规程和污染控制标准处置生活垃圾，及时处理处置过程中产生的废水、废气、废渣等；

（三）建立处理台账，记录每日生活垃圾的运输单位、种类、数量，并定期向区环卫管理部门报送数据；

（四）建立健全环境信息公开制度，定期检测生活垃圾处置设施主要污染物排放数据、环境检测等信息，并及时报送区资源生态部门；

（五）制定应对设施故障、事故等突发事件的应急方案，并报区环卫管理部门备案；

（六）国家和福建省有关生活垃圾处置的其他规定。

第十八条 处置单位发现交付的生活垃圾不符合分类要求的，应当要求收集、运输单位改正；拒不改正的，有权拒绝接收，并向区综合执法部门及所在地片区管理局报告。

第四章 监督管理与促进保障

第十九条 区交建部门应当建立健全生活垃圾分类全过程监督管理和综合考评制度。区环卫管理部门应当结合生活垃圾分类管理责任目标和任务要求，对生活垃圾分类投放、收集、运输、处置等情况进行监督检查，根据需要可以向生活垃圾处理设施现场派驻监督员。

各片区管理局、社区、村委会应当开展日常巡查，引导、督促单位和个人做好生活垃圾分类工作。

第二十条 区效能部门应当将各片区、各部门开展生活垃圾分类实施纳入工作绩效考评体系。

区文明单位、文明校园、文明村镇等精神文明创建活动应当将生活垃圾分类的实施纳入评选标准。

第二十一条 区环卫管理部门应当逐步建立统一的生活垃圾分类管理信息系统，定期向社会公开相关信息，并与经发、环保等部门实现信息共享。

第二十二条 区综合执法部门应当畅通举报和投诉渠道，及时受理和依法查处有关生活垃圾分类管理的举报和投诉。

第二十三条 各片区管理局、区环卫管理部门可以通过购买服务方式，支持社会企业参与生活垃圾分类工作；并安排分类督导员，指导居民按照生活垃圾分类标准正确投放。

第二十四条 区宣传部门应当采用多种方式向公众普及生活垃圾分类知识，增强公众的垃圾分类意识。区教育部门应当编印生活垃圾分类知识读本或教材，督促各学校组织开展生活垃圾分类教育和实践等活动。全区各媒体、户外广告企业应当开展生活垃圾分类处理的公益宣传。

第二十五条 区经发部门应当构建再生资源回收利用体系，推进可回收物处置项目建设，制定优惠政策和激励措施，鼓励再生资源回收企业在公共机构、社区、企业等场所设置专门的分类回收设施。区资源生态部门应当完善有害垃圾收运处置体系。

第二十六条 按照“谁产生、谁付费”的原则，区环卫管理部门要制定生活垃圾处理费标准，并逐步建立计量收费、分类计价的生活垃圾收费制度。各片区、各部门应当建立生活垃圾分类激励机制，采取多种方式引导个人正确分类投放生活垃圾。

第五章 法律责任

第二十七条 按照《福建省城乡生活垃圾管理条例》第六十四条规定，对未将生活垃圾分类投放到指定收集点的收集容器内，随意倾倒、抛撒、焚烧或者堆放生活垃圾的，由区综合执法部门责令停止违法行为，限期改正，逾期不改正的，对单位处五千元以上五万元以下的罚款，对个人处二百元以下的罚款。

第二十八条 按照《福建省城乡生活垃圾管理条例》第六十五条规定，对将易腐垃圾直接排入公共水域、厕所、市政管道或者混入其他类型生活垃圾的，由区综合执法部门责令限期改正，处五千元以上五万元以下的罚款。

对将易腐垃圾交由不具备法定条件的单位或者个人收集运输处理的，由区综合执法部门责令限期改正，处五千元以上三万元以下的罚款；情节严重的，由区市场监督管理部门依法暂扣营业执照或者经营许可证。

第二十九条 按照《福建省城乡生活垃圾管理条例》第六十六条规定，对未将大件废弃家具投放到指定的地点或者交由收集、运输单位处理的，由区综合执法部门责令限期改正，逾期不改正的，对单位处五千元以上五万元以下的罚款，对个人处二百元以下的罚款。

第三十条 按照《福建省城乡生活垃圾管理条例》第六十七条规定，对生活垃圾分类投放管理责任人未履行工作责任的，由区综合执法部门责令限期改正；逾期不改正的，对单位处一千元以上五千元以下的罚款，对个人处二百元以下的罚款。

第三十一条 按照《福建省城乡生活垃圾管理条例》第六十八条规定，在运输生活垃圾过程中随意倾倒、丢弃、遗撒、滴漏的收运企业，由区综合执法部门责令停止违法行为，限期改正，处一万元以上五万元以下的罚款。

第三十二条 按照《福建省城乡生活垃圾管理条例》第七十条规定，对未按照各项工程技术规范、操作规程处置生活垃圾或者处理废水、废气、废渣的处置企业，由区综合执法部门责令停止违法行为，限期改正，处三万元以上十万元以下的罚款。

第六章 附 则

第三十三条 居民装饰装修房屋产生的建筑垃圾，按照国家和福建省有关规定进行分类处置。

第三十四条 本办法自2020年1月1日起实施。

【发文机关】平潭综合实验区管委会
【标　　题】平潭综合实验区管委会关于印发《平潭综合实验区生活垃圾分类管理办法》的通知
【发文日期】2019年12月6日

第九篇

荣誉成果

福建省荣获 2018 年度国家科学技术奖成果

2019 年 1 月 8 日在北京举行的国家科学技术奖励大会上，福建 7 项成果获 2018 年度国家科学技术奖。其中，厦门大学郑南峰等人主持完成的《金属纳米材料的表面配位化学》获国家自然科学奖二等奖；厦门钨业股份有限公司方奇、杨金洪参与完成的《基于硫磷混酸协同浸出的钨冶炼新技术》获国家技术发明奖二等奖；厦门亿力吉奥信息科技有限公司和国网福建省电力有限公司参与的《复杂大电网时空信息服务平台关键技术与应用》、福建省农业科学院土壤肥料研究所参与完成的《我国典型红壤区农田酸化特征及防治关键技术构建与应用》、厦门金龙联合汽车工业有限公司参与完成的《基于共用架构的汽车智能驾驶辅助系统关键技术及产业化》、新大陆科技集团有限公司参与完成的《城市集中式再生水系统水质安全协同保障技术及应用》以及福建傲农生物科技集团股份有限公司参与完成的《猪抗病营养技术体系创建与应用》等 5 项成果获国家科学技术进步奖二等奖。

（摘编：尚岩）

福建省第十三届社会科学优秀成果奖名单

2019年12月17日福建省人民政府下发的《福建省人民政府关于颁发福建省第十三届社会科学优秀成果奖的决定》（闽政文〔2019〕222号）提出，为深入贯彻习近平新时代中国特色社会主义思想和党的十九大精神，激励广大社会科学工作者坚持正确的政治方向和学术导向，不断提高我省社会科学研究水平，根据《福建省第十三届社会科学优秀成果评奖实施办法》，经学科组评审、意识形态审读、专家组票决、省评委会研究通过和获奖成果公示，省人民政府决定授予《中国特色话语：陈安论国际经济法学》等20项成果福建省第十三届社会科学优秀成果一等奖，《新时代马克思主义文化创新发展的新维度》等70项成果福建省第十三届社会科学优秀成果二等奖，《海峡两岸——闽台地缘》等150项成果福建省第十三届社会科学优秀成果三等奖，《我国建立国家公园体制的问题与对策建议》等30项成果福建省第十三届社会科学优秀成果青年佳作奖（视同三等奖），并按有关奖励规定，分别颁发证书、奖金。

希望获奖单位、个人始终坚持以习近平新时代中国特色社会主义思想为指导，深入学习贯彻习近平总书记关于哲学社会科学的重要论述，为党和人民述学立论，多出具有原创性开拓性、体现中国特色、具有福建风格的精品力作，为繁荣我省哲学社会科学事业，加快构建中国特色哲学社会科学，加快新时代新福建建设作出新的更大贡献。

福建省第十三届社会科学优秀成果奖名单

一等奖（20项）

成果名称	成果形式	成果作者
中国特色话语：陈安论国际经济法学	专著	陈　安
资本逻辑与虚无主义	专著	张有奎
实践限度：中共概念史研究的技艺认知	论文	郭若平
现象学与分析哲学融合进路中的自我问题研究	论文	李忠伟
久旷大仪：汉代儒学政制研究	专著	李若晖
中国现阶段经济发展中的煤炭需求	论文	林伯强　吴　微
全球系统性金融风险溢出与外部冲击	论文	杨子晖　周颖刚
公共服务质量管理：理论、方法与应用	专著	陈振明 等
西方民主理论：古典与现代	专著	陈炳辉
十九世纪欧洲知识精英的美国观	论文	王晓德
中国近代外债制度的本土化与国际化	专著	张　侃

续表

成果名称	成果形式	成果作者
唐五代文编年史	专著	吴在庆　丁　放
20 世纪中国古代文学在英国的传播与影响	专著	葛桂录
台湾汉语音韵学史	专著	李无未
当代小说修辞性语境差阐释	专著	祝敏青　林钰婷
闽台文化大辞典	专著	福建省炎黄文化研究会
高考制度公平性研究：异地高考政策与随迁子女社会融入	专著	吕慈仙
体育学基本理论与学科体系建构：逻辑进路、研究进展与视域前瞻	论文	方千华　王润斌　徐建华　谢正阳　李凤梅
中华大典・艺术典・音乐艺术分典	专著	王耀华　陈克秀　王　州
福建生态文明试验区建设中生态产品价值实现的对策研究	调查报告、咨询报告	福建师范大学经济学院课题组

二等奖（70 项）

成果名称	成果形式	成果作者
新时代马克思主义文化创新发展的新维度	论文	管　宁
我国流域生态服务供给机制创新研究	专著	黎元生
历史唯物主义视域下的“中国现代性”建构	论文	张艳涛
泉州践行“晋江经验”的新发展新启示	专著	中国社会科学院　“‘晋江经验’新发展新启示”课题组
走出传统节约观的迷思——基于社会主义生态文明视角的研究	专著	蔡华杰
解放战争中华东部队军粮供应述论——基于战时军事物流系统构建与运行的视角	论文	陈　佳
妈祖文化志	专著	中共福建省委党史研究和地方志编纂办公室、莆田市湄洲妈祖祖庙董事会、台湾妈祖联谊会
“做”伦理学：现代道德哲学及其代价	论文	张　曦
中华美学概论	专著	杨春时
竞争力理论的百年流变及其在当代的拓展研究	专著	黄茂兴
知识产权保护对中国对外贸易的影响研究	专著	余长林
Does Environmental Regulation Drive away Inbound Foreign Direct Investment? Evidence from a Quasi – Natural Experiment in China（环境监管是否会赶走外国直接投资？来自中国一个准自然实验的证据）	论文	蔡熙乾　陆　毅　吴明琴　余林辉
中国环境信息披露政策是否有效：基于资本市场反应的研究	论文	方　颖　郭俊杰
城市规模、空间集聚与电力强度	论文	姚　昕　潘是英　孙传旺
生产线升级与企业内性别工资差距的收敛	论文	魏下海　曹　晖　吴春秀
中国式“压力型”财政激励的财源增长效应	论文	谢贞发　严　瑾　李　培
存款保险制度、银行异质性与银行个体风险	论文	郭　晔　赵　静

续表

成果名称	成果形式	成果作者
宋代经济管理思想及其当代价值研究	专著	方宝璋
Joint Initial Stocking and Transshipment - Asymptotics and Bounds（期初订货与转运联合策略研究——渐进最优与界问题）	论文	姚大卫　周　翔　庄伟芬
财经媒体地域偏见实证研究	论文	游家兴　陈志锋　肖曾昱　薛小琳
A prospect theory based - analysis of housing satisfaction with relocations: Field evidence from China（基于前景理论的住房拆迁安置满意决定分析：来自中国的田野证据）	论文	严金海　Helen
闽台历史民俗文化资源保护与产业化问题研究	专著	刘芝凤 等
The role of corporate philanthropy in family firm succession: A social outreach perspective（企业慈善在家族企业传承中的作用：社会拓展视角）	论文	潘　越　翁若宇　许年行　陈锦全
Trust, Investment, and Business Contracting（社会资本、投资和商业契约）	论文	詹姆斯. 洪　程颖梅　吴超鹏
论资排辈、CEO 任期与独立董事的异议行为	论文	杜兴强　殷敬伟　赖少娟
“保守”的婚姻：夫妻共同持股与公司风险承担	论文	肖金利　潘　越　戴亦一
变系数空间计量模型的理论和应用	专著	陈建宝　乔宁宁
政府治理转型的中国路径：从改革开放到新时代	专著	吕志奎
理解公共服务：基于多重约束的机制选择	专著	李德国
《晋书·刑法志》译注	专著	周东平
环境民事公私益诉讼并行审理的困境与出路	论文	张旭东
法学学派争鸣与罗马法的“争鸣的法”的性格——以被盖尤斯《法学阶梯》记载的 21 个学派争议为中心	论文	徐国栋
认知神经科学在法学中的应用研究	专著	郭春镇　王凌皞
社会质量、社会建设与幸福感	专著	徐延辉
低成本劳动力时代的终结	专著	甘满堂
阶层的文化维度：文化资本与中产阶级研究	专著	肖日葵
朱熹及其后学的历史学考察	专著	陈支平
唐前期色役的番期与役期	论文	吴树国
产业招募与二十世纪八十年代以来美国南部制造业转型	论文	韩　宇
晋唐佛教文学史	专著	李小荣
台湾古籍丛编（1 - 10 辑）	专著	陈庆元
明代建阳书坊之小说刊刻	专著	涂秀虹
中国美学西化问题研究	专著	代　迅
哈葛德《三千年艳尸记》中的非洲风景与帝国意识	论文	潘　红
《文源》评注	专著	林志强 等
汉语方言调查	专著	李如龙

续表

成果名称	成果形式	成果作者
林义光《文源》研究	专著	叶玉英 等
“义位←→义位变体”互逆解释框架——基于《现代汉语词典》5－7 版比对的新词新义考察	论文	谭学纯
弱传播	专著	邹振东
“两微”舆情生成、传播与治理	调查报告、咨询报告	匡文波
耶鲁大学图书馆馆藏日本侵华战争珍稀档案汇编与翻译	专著	岳　峰 等
福建历代私家藏书	专著	方宝川　方　挺 等
国家大学生学习质量提升路径研究	专著	史秋衡　王　芳
How Dispositional Social Risk－Seeking Promotes Trusting Strangers（社会风险特质促进普遍信任的心理机制）	论文	王益文　张　振　林崇德
这样教写作不难——基于小学生心理特征的写作教学序列与模式	专著	施茂枝
大学本科毕业率与高等教育质量相关性分析——基于中美大学本科毕业率数据的比较分析	论文	邬大光　滕曼曼　李端淼
Intolerance of Uncertainty and Adolescent Sleep Quality：the Mediating Role of Worry（青少年不确定性的容忍性与睡眠质量的关系：担忧的中介作用）	论文	林荣茂　谢姗姗　严由伟　颜文靖
福建省体育产业发展报告及政策研制	调查报告、咨询报告	泉州师范学院体育学院课题组
族群体育与认同建构	专著	杨海晨
中国傀儡戏史	专著	叶明生
明清南音传本曲牌研究	专著	张兆颖
论成人与完人——西周雅乐舞与古希腊体乐舞教育研究	专著	王晓茹
听见南音历史的声音	专著	郑国权
明清宫藏闽台关系档案图录	专著	中国第一历史档案馆、福建省档案馆、福建师范大学
中国—北极关系的表达与分析：世界地图的视角	论文	何光强
中国改革开放全景录（福建卷）	专著	李鸿阶　黄　玲
马克思 200 年	专著	福建省中国特色社会主义理论体系研究中心
福建省深化集体林权制度改革的政策建议	调查报告、咨询报告	戴永务　董加云　洪燕真　刘伟平
“31 条惠台政策”在推动落实过程中存在的问题分析及工作建议	调查报告、咨询报告	苏美祥　林中威
福建自贸区与福厦泉自主创新示范区“双自联动”产业发展研究	调查报告、咨询报告	福建省自贸区研究课题组

三等奖（150 项）

成果名称	成果形式	成果作者
海峡两岸——闽台地缘	专著	郑衡泌　林国平
中国崛起为世界发展提供更大空间	论文	陈　清
政府主导型土地储备模式的经济学分析	专著	戴双兴
社会主义协商民主推进国家治理现代化研究	专著	李　建
习近平完善与发展中国特色社会主义制度的理论创新维度	论文	冯　霞
中国政府与社会组织关系研究——基于“国家与社会关系”的视角	专著	康宗基
双重维度下的国家经济自主性研究	专著	舒　展
文化境遇与历史时空：马克思主义学说在中国（1899—1923）	专著	王昌英
重思历史唯物主义理论：基于英美学者理论的分析	专著	吴苑华
从“我”到“我们”：霍耐特社会自由观的历史叙事	论文	李　猛
“控制自然”还是“顺应自然”——评生态马克思主义对马克思自然观的理解	论文	陈永森
西方马克思主义视阈中的资本主义社会关系再生产及其层次	论文	林　密　王玉珏
1921—1935 年中共对“人民”概念的认知与定位	论文	侯竹青
长期执政条件下政党权威的巩固	专著	刘　明
论一种康德式的至善后果主义	论文	张会永
朱熹与“四端亦有不中节”问题——兼论恻隐之心、情境与两种伦理学的分野	论文	谢晓东
论“问题导向”的科学哲学	论文	马　雷
宋元福建科技史研究	专著	贺　威
师教：中国南方法师仪式传统比较研究	专著	黄建兴
中庸原论：儒家情感形上学之创发与潜变	专著	杨少涵
朱熹《中庸》学阐释	专著	乐爱国
社会转型与人文关切	专著	林默彪
碳关税可以有效解决碳泄漏和贸易竞争力问题吗？——基于异质性企业贸易模型的分析	论文	杨　曦　彭水军
中国省际资本回报率与投资过度	论文	柏培文　许　捷
Dynamic jumps in global oil price and its impacts on China's bulk commodities（国际油价动态跳跃及其对中国大宗商品市场的影响）	论文	张传国　刘　峰　余丹林
灾难冲击与我国最优财政货币政策选择	论文	赵向琴　袁　靖　陈国进
经济增长与马克思主义视角下的收入和财富分配	论文	王艺明
长期经济增长的需求因素制约——政治经济学视角的增长理论与实践分析	论文	郭克莎　杨　阔
Agricultural Water Allocation under Uncertainty：Redistribution of Water Shortage Risk（不确定性下的农业用水分配：缺水风险的再分配）	论文	李　曼　许文超　朱廷举

续表

成果名称	成果形式	成果作者
贸易自由化、南北异质性与战略性环境政策	论文	洪丽明　吕小锋
空间计量经济学	专著	叶阿忠 等
“一带一路”与中国自贸试验区融合发展战略	专著	福建师范大学福建自贸区综合研究院
中国居民能源消费与公众环境感知	专著	孙传旺
贸易成本、比较优势与出口结构——基于30个国家行业面板数据的经验研究	论文	胡朝霞　潘夏梦
中国环境规制的经济绿色发展效应	专著	高　明　黄清煌
清洁能源消费、环境治理与中国经济可持续增长	论文	林美顺
中国资本市场低价股的溢价之谜	论文	罗进辉　向元高　金思静
差别费用扣除与个人所得税制改革——基于微观数据的评估	论文	雷根强　郭　玥
Oil price shocks, economic policy uncertainty and industry stock returns in China: Asymmetric effects with quantile regression（油价波动与经济政策不确定性对中国行业股票的非对称效应研究：基于分位数回归模型）	论文	游万海　郭亚伟　朱慧明　唐　勇
“营改增”、企业议价能力与企业实际流转税税负——基于中国上市公司的实证研究	论文	童锦治　苏国灿　魏志华
Nonlinear programming method for interval - valued n - person cooperative games（区间型多人合作对策的非线性规划方法）	论文	洪防璇　李登峰
Exact and heuristic algorithms for rapid and station arrival - time guaranteed bus transportation via lane reservation（基于精确和启发式算法的考虑专用道优化设置的快速到站时间保证公交系统优化研究）	论文	吴　鹏　车阿大　储　凤　方云飞
农田水利基础设施合作治理的制度安排	专著	蔡晶晶
半强制分红政策、再融资动机与经典股利理论——基于股利代理理论与信号理论视角的实证研究	论文	魏志华　李常青　吴育辉　黄佳佳
异质性视角下农户公共产品需求研究——以福建为例	专著	刘小锋
目标兼容性、投资视野与家族控制：以研发资金配置为例	论文	吴炳德　王志玮　陈士慧　朱建安　陈　凌
中国城市车辆耗能与公共交通效率研究	论文	杜之利
技术创新、金融结构优化与供给侧改革	专著	程　宇
创新网络、吸收能力与企业技术创新	专著	林春培　张振刚
民营企业董事长的党员身份与公司财务违规	论文	戴亦一　余　威　宁　博　潘　越
Manufacturing decisions and government subsidies for electric vehicles in China: A maximal social welfare perspective（中国电动汽车生产决策与政府补贴：以最大化社会福利视角）	论文	郑小雪　林海燕　刘　志　李登峰
Semi - disposability of undesirable outputs in data envelopment analysis for environmental assessments（环境效率评价数据包络分析方法中非期望产出的半可处置性）	论文	陈　磊　王应明　赖福军

续表

成果名称	成果形式	成果作者
Optimal decisions for fixed - price group buying business originated in China: a game theoretic perspective（中国式固定价格团购最优决策：一个博弈论视角）	论文	倪冠群　徐寅峰　徐玖平　董玉成
Is deregulation of forest land use rights transactions associated with economic well - being and labor allocation of farm households? Empirical evidence in China（林地使用权流转是否与农户家庭经济福利和劳动力资源配置有关？——来自于中国的经验证据）	论文	洪燕真　张宏浩　戴永务
关键审计事项段能够提高审计报告的沟通价值吗？	论文	王艳艳　许　锐　王成龙　于李胜
A Disjunctive Belief Rule - Based Expert System for Bridge Risk Assessment with Dynamic Parameter Optimization Model（基于动态参数优化模型的析取置信规则库专家系统及其在桥梁风险评估的应用）	论文	杨隆浩　王应明　常雷雷　傅仰耿
An integrated framework for effective safety management evaluation: Application of an improved grey clustering measurement（一种基于改进灰色聚类方法的风险等级综合评估体系及算法研究）	论文	李　翀　陈可嘉　向小东
The implications of high - speed rail for Chinese cities: Connectivity and accessibility（高速铁路对中国城市的影响：基于可达性和连通性的视角）	论文	许旺土　周江评　杨林川　李令遐
海外华人网络是否有助于 OFDI 逆向技术溢出？	论文	衣长军　李　赛　陈初昇
产品市场竞争优势、资本结构与商业信用支持——基于中国上市公司的实证研究	论文	吴育辉　黄飘飘　陈　维　吴世农
应急物流配送车辆路网路径实时生成方法研究	专著	郭武斌
国民幸福感的指标体系构建与影响因素分析：基于 LASSO 的筛选方法	论文	张兴祥　钟　威　洪永淼
空间滞后分位数回归模型的工具变量估计及参数检验	论文	李坤明　方丽婷
公民意识的时代性与本土化	专著	傅慧芳
美国总统选举政治研究	专著	林宏宇
农村环境整治参与度低是当前我省乡村生态振兴的突出短板	调查报告、咨询报告	《公众参与农村环境治理机制研究》课题组
全球化、经济社会发展与公众的政府信任：以 48 个国家为样本的实证分析	论文	李艳霞　郭夏玫
比例原则在民法上的适用及展开	论文	郑晓剑
法学的观念与方法	专著	魏磊杰　吴雅婷
菲律宾所提南海仲裁案法理研究	调查报告、咨询报告	施余兵
我国地方立法权配置的理论与实践研究	专著	宋方青　姜孝贤　程庆栋
论地方政府事权的法理基础与宪法结构	论文	王建学
国际社会利益与国际法结构变迁	专著	陈海明
海事法律冲突与法律适用研究	专著	屈广清

续表

成果名称	成果形式	成果作者
中日“文化基因”解码（上下卷）	专著	尚会鹏
故事与讲故事：叙事社会学何以可能——兼谈如何讲述中国故事	论文	刘子曦
从在线到离线：基于互联网的集体行动的形成及其影响因素——以反建X餐厨垃圾站运动为例	论文	卜玉梅
媒介使用对中国城乡居民政府信任的影响	论文	胡　荣　庄思薇
社会资本与民间借贷风险：影响机理、效应分析及防控路径	专著	林丽琼
社会流动与农民工创业行为研究	专著	黄建新
教育获得与教育流动实证研究	专著	张义祯
福建侨批业研究（1896—1949）	专著	焦建华
从古文字角度谈《夏商周：从神话到史实》的若干问题	论文	张惟捷
明代九边军费考论	专著	王尊旺
东周青铜礼器制度研究——以中原和楚地为中心	专著	张闻捷
枲枲之局：清代湘潭的米谷贸易与地方社会	专著	陈　瑶
菲律宾华人文化重构研究	专著	姜兴山
锡良与清末川边新政	论文	潘　崇
位置叙事学：移动互联时代的艺术创意	专著	黄鸣奋
有经有权：郭沫若与毛泽东文艺体系的传播与建立	论文	刘　奎
明清中国与琉球文学关系考	专著	夏　敏
文学解读基础	专著	孙绍振
中国现代传记文学史论	专著	辜也平
“陈三五娘”故事的传播研究	专著	黄科安 等
意义的旋涡：当代文学认同叙述研究	专著	陈舒劼
新时期以来文学审美论的多元建构与中国现代文论的建设	论文	谢慧英
老舍作品在俄罗斯	专著	李春雨
美国亚裔文学研究	专著	张龙海 等
话语研究的方法论与研究方法	论文	毛浩然　徐赳赳　娄开阳
《说文解字六书疏证》研究	专著	李春晓
民国时期基础教育语文教材语言研究	专著	苏新春　李　娜
汉语语法发展史稿	专著	林玉山
论汉语小称范畴的显赫性及其类型学意义	论文	郭　中
安徽祁门方言完成体标记“着”“失”“掉”	论文	陈　瑶　陈泽平
恩施方言研究	专著	王树瑛
对《科学》和《自然》上两个递归实验的质疑：基于对汉语母语者的测试	论文	丁彧藻　陈保亚
On the vP Peripheral Topography of Mandarin and its Dialects《汉语及其方言轻动词边缘地貌图》	专著	钟叡逸　郑通涛

续表

成果名称	成果形式	成果作者
公共关系的文化想象——身份、仪式与修辞	专著	宫　贺
菲律宾华文报刊与中国文化传播	专著	赵振祥 等
环境风险社会放大的传播治理	专著	邱鸿峰
华夏传播学引论	专著	谢清果
妈祖文献整理与研究丛刊（第2辑）	专著	妈祖文献整理与研究丛刊编纂委员会
朱子学年鉴（2017）	专著	朱子学会、厦门大学国学研究院?
数据挖掘在Web资源开发与利用中的应用研究	专著	刘忠宝
图书馆电子书版权授权模式研究	论文	傅文奇　吴小翠
教育学会与中国近代教育学术研究	专著	杨卫明
片段再认任务在内隐序列学习研究中的有效性检验	论文	杨海波　刘电芝
A research analytics framework - supported recommendation approach for supervisor selection（基于科研分析框架的导师推荐方法研究）	论文	张明玉　马　建　刘志迎　孙见山　Silva
学术守门人探论：高校学术同行评议与利益冲突	专著	李泽彧 等
The relationship between sexual sensation seeking and problematic Internet pornography use：A moderated mediation model（性感觉寻求和问题性网络色情使用的关系：网络色情活动和第三人效应的多重模型）	论文	陈丽君　杨　颖　苏文亮　郑丽军 CODY　MARC
尼古丁对内隐记忆及外显记忆的影响	论文	林静远　林无忌　孟迎芳
加拿大高校招生考试制度研究	专著	李　欣
大学与政府之间的法律关系研究	专著	覃红霞
翻转课堂与高校教学创新	专著	郭建鹏
自闭症谱系障碍儿童对不同类型社交场景注意模式的眼动差异	论文	魏　玲　连　榕　余宥依　孙　超
高等教育学的“学科”“领域”之争——基于知识社会学视角的考察	论文	陈兴德
福建省志·体育志（1998—2008）	专著	中共福建省委党史研究和地方志编纂办公室
超人类主义对体育的挑战	论文	朱彦明
我国学校体育场地动态发展的特征分析——基于全国体育场地“五普、六普”的数据挖掘视角	论文	魏德样　王　健
演进·体系·互动——国际奥林匹克学院的组织社会学考察	专著	王润斌　肖丽斌
全球足球联赛主场优势的特点与成因	论文	陈　亮　李　荣　?江　华
竖译南音指·谱·曲	专著	李寄萍　张光宇
中国小提琴音乐创作研究（1900—1949年）	专著	陈　习
IP电影：“各态历经”的建构——第五个反思的样本	论文	颜纯钧

续表

成果名称	成果形式	成果作者
学堂乐歌之父——沈心工研究	专著	谷玉梅
福建遗存古塔形制与审美文化研究	专著	孙　群
艺术灭亡的神话——法兰克福学派从本雅明到“新左派”的美学思想	专著	陈世雄
福建南音旋法阐微	论文	许国红
内地高校香港学生国家认同亟待加强　华侨大学课题组提四点建议	调查报告、咨询报告	骆文伟
“台独史观”的建构与严重影响	论文	陈孔立
闽台水产品国际竞争力比较研究	专著	郑思宁
社会主义核心价值教程	专著	李进金
金砖国家峰会概览	专著	全国经济综合竞争力研究中心福建师范大学分中心
朝夕勿忘亲令语：闽西客家的祖训家规	专著	刘大可
福建省“十三五”规划《纲要》实施情况中期评估研究	调查报告、咨询报告	《福建省“十三五”规划〈纲要〉实施情况中期评估研究》课题组
林业碳汇权利及其民法规则研究	调查报告、咨询报告	林旭霞
当前我省营商环境存在的主要弱项及对策建议	调查报告、咨询报告	邵雅利
建议在 13 个省区设立教育部直属高校	调查报告、咨询报告	刘海峰
我省区域协调发展存在问题分析与建议	调查报告、咨询报告	肖庆文　蒋国发
2018 年福建省商圈发展研究报告	调查报告、咨询报告	林榅荷　许安心 等

青年佳作奖（30 项）

成果名称	成果形式	成果作者
我国建立国家公园体制的问题与对策建议	调查报告、咨询报告	冯　鑫
国企改革发展是振兴实体经济的压舱石	论文	肖　斌
马克思《马·柯瓦列夫斯基〈公社土地占有制，其解体的原因、进程和结果〉一书摘要》研究读本	专著	贾向云
清初福建朱子学研究	专著	方　遥
论断定的知识规范	论文	郑伟平
地方政府债务风险与金融部门风险的“双螺旋”结构—基于非线性 DSGE 模型的分析	论文	金　昊
考虑个体微观特征的通勤行为建模与仿真	专著	田丽君
基于价格领导制的默契合谋与反垄断规制——来自中国白酒市场的证据	论文	刘丰波
Assessment of sustainable livelihoods of different farmers in hilly red soil erosion areas of southern China（中国南方红壤丘陵水土流失区不同类型农户可持续生计评估）	论文	王成超

续表

成果名称	成果形式	成果作者
基于灰靶理论的区域协同创新能力动态评价与分析	论文	李美娟
基于 REVD 考虑碳排放的零部件再制造决策	论文	刘碧玉
The parameter calibration and optimization of social force model for the real - life 2013 Ya'an earthquake evacuation in China〔中国雅安地震灾难（2013）真实逃生模拟社会力模型的参数标定与优化〕	论文	李梅芳
On the Use of Overt Anti - Counterfeiting Technologies（论显性防伪技术的使用）	论文	高月涛
“行政共同体”：对城市政府结构化过程的一种解释	论文	张　翔
司法决策的过程——现实主义进路的解说	专著	周　赟
转型期中国的公众参与和社会资本构建	专著	陈福平
现实与思想：再论春秋“华夷之辨”	论文	朱圣明
台湾当代散文空间诗学研究——以台北为中心	专著	林　强
张衡《二京赋》文体发微	论文	黄燕平
Harmony in diversity: The language codes in English - Chinese poetry translation（和而不同——英诗汉译过程中的语言密码）	论文	潘夏星
系词的形式与功能——兼论名词谓语句	论文	张姜知
台湾日据时期“治警事件”中的舆论抗争始末析	论文	吴琳琳
中国现代图书馆先驱戴志骞研究	专著	郑锦怀
高校混合所有制办学形式研究	论文	罗先锋
自闭症儿童教育与指导	专著	连　翔
联合国 2015 年后发展议程视域下全球体育秩序变革研究	论文	任慧涛
约翰·肯尼思·塔文纳神圣简约主义音乐的神性表达与现代意识	论文	许　琛
台湾长期照顾服务体系的转型发展	专著	沈君彬
福建茶文化读本	专著	郭　莉
我国网络百科存在的主要问题及对策建议	调查报告、咨询报告	孔苏颜

（摘编：吴强）

福建省荣获第二届中国生态文明奖名单

中国生态文明奖是2014年经党中央批准设立的生态文明建设领域唯一政府奖项，每3年评选表彰一次。2019年6月5日，在浙江杭州举办的2019世界环境日全球主场活动上，第二届中国生态文明奖揭晓，共35个先进集体和54名先进个人获奖。我省武夷山市生态环境局和长汀县三洲镇戴坊村村民兰林金、福建师范大学教授刘剑秋获奖。

获奖单位介绍：

武夷山生态环境局始终坚持生态环境保护为先、保护为重，确保优良的生态环境不受破坏。2018年，武夷山市被生态环境部授予“国家生态文明建设示范市”称号。同时，在全国率先开展生态系统服务价值核算试点。

获奖人员介绍：

兰林金2002年因事故失去了双臂和一只左眼，从2010年开始，他承包了村里水土流失最严重的2270亩荒山，用惊人的毅力垦荒近千亩，种植850余亩油茶和100多亩的黄栀子等经济作物，不仅让自己一家摆脱了贫困，更让家乡的生态环境得到持续改善。

刘剑秋是福建师范大学生命科学学院教授。2001年寒假期间，他和同事们在对闽江河口湿地生物多样性调查过程中，发现湿地面积不断减少。为此他呼吁抢救性保护闽江河口段湿地资源，推动了闽江河口湿地国家级自然保护区的建立。

（摘编：吴强）

福建省公立医院改革获中央财政奖励

据省财政厅消息，2019年，财政部继续安排专项资金支持全国城市和县级公立医院实施综合改革，并对真抓实干、改革成效明显的地方予以奖励补助。我省获得公立医院综合改革绩效奖励资金8591万元，奖励额度位居全国首位。

省财政厅将根据公立医院综合改革考核结果，统筹中央资金，对改革成效明显、受到国务院办公厅通报表扬的市县予以一定额度的奖励，切实发挥财政资金在推动实施公立医院综合改革中的激励作用。

（摘编：林学军）

福建省列入全国首批 革命文物保护利用片区县（市、区）名单

2019年3月6日中央宣传部、财政部、文化和旅游、国家文物局下发的《关于公布〈革命文物保护利用片区分县名单（第一批）〉的通知》（文物政发〔2019〕8号）提出，为贯彻落实中共中央办公厅、国务院办公厅《关于实施革命文物保护利用工程（2018—2022年）的意见》，按照集中连片、突出重点、国家统筹、区划完整的原则，坚持以革命史实为基础、以党史文献为参考、以革命文物为依据，依托土地革命战争时期的革命根据地和抗日战争时期的抗日根据地，确定第一批革命文物保护利用片区分县名单，计15个片区、645个县。现将第一批革命文物保护利用片区分县名单予以公布。

我省共有45个县（市、区）分别入选原中央苏区片区、海陆丰片区、闽浙赣片区。

一、入选原中央苏区片区共有41个县（市、区）：

三明市	梅列区、三元区、明溪县、清流县、宁化县、大田县、尤溪县、沙县、将乐县、泰宁县、建宁县、永安市
泉州市	安溪县、永春县、德化县、南安市
漳州市	芗城区、云霄县、漳浦县、诏安县、南靖县、平和县、华安县、龙海市
南平市	延平区、建阳区、顺昌县、浦城县、光泽县、松溪县、政和县、邵武市、武夷山市、建瓯市
龙岩市	新罗区、永定区、长汀县、上杭县、武平县、连城县、漳平市

二、入选海陆丰片区共有2个县：诏安县、平和县

三、入选闽浙赣片区共有13个县（市、区）：

南平市	延平区、建阳区、浦城县、光泽县、松溪县、政和县、邵武市、武夷山市、建瓯市
宁德市	屏南县、寿宁县、福安市、福鼎市

（摘编：林学军）

福建省第六批省级非物质文化遗产代表性项目名录

2019年2月25日福建省人民政府下发的《福建省人民政府关于公布第六批省级非物质文化遗产代表性项目名录的通知》（闽政〔2019〕3号）提出，根据《中华人民共和国非物质文化遗产法》《福建省民族民间文化保护条例》有关规定，经研究，同意省文旅厅组织专家评审后提出的第六批省级非物质文化遗产代表性项目名录79项。其中，新增项目名录68项，第一至第五批省级非物质文化遗产代表性项目名录的扩展项目7项，第一至第五批省级非物质文化遗产代表性项目名录的新增保护单位4项，现予以公布。

各地、各部门要深入学习贯彻习近平新时代中国特色社会主义思想，按照《中华人民共和国非物质文化遗产法》《福建省民族民间文化保护条例》等法律法规和有关规定，做好非物质文化遗产代表性项目的保护传承工作，弘扬优秀传统文化，为坚持高质量发展落实赶超、加快新时代新福建建设作出积极贡献。

福建省第六批省级非物质文化遗产代表性项目名录

一、新增项目名录（合计68项）

序号	类别	项目名称	申报地区	申报单位
1	Ⅰ民间文学	福州方言八音	福州市	福州市鼓楼区社会科学界联合会
2		郭居敬“二十四孝”诗选及怜目唱本	三明市	尤溪县朱子文化研究会、大田县郭居敬孝文化研究会
3	Ⅱ传统音乐	泉州大鼓吹	泉州市	泉州市高甲戏传承中心
4		闽南大鼓吹、小八音	漳州市	长泰县文化馆
5	Ⅲ传统舞蹈	高跷舞（洪塘）	福州市	福州市仓山区文化馆
6		跳鼓舞（厦门）	厦门市	厦门市文化馆
7	Ⅳ传统戏剧	福建布袋木偶戏（厦门）	厦门市	厦门市弘晏庄木偶皮影戏传习中心
8		龙岩山歌戏	龙岩市	龙岩山歌戏传习中心
9	Ⅵ传统体育、游艺与杂技	闽东传统武术（龙桩拳）	宁德市	宁德市龙桩拳协会
10		泉州妆阁	泉州市	泉州市非物质文化遗产保护中心
11		何阳拳	漳州市	漳州市龙文区田丰武术馆
12	Ⅶ传统美术	福建农民画（同安、漳平）	厦门市	厦门市同安区文化馆
			龙岩市	漳平市农民画院
13		莆田玉雕	莆田市	湄洲湾职业技术学院上塘宝玉石学院

续表

序号	类别	项目名称	申报地区	申报单位
14		莆田石雕	莆田市	莆田市国珍雕刻工艺有限公司
15		泉州彩扎	泉州市	泉州市艺术馆
16		松溪版画制作技艺	南平市	松溪蓝坊版画艺术有限公司
17	Ⅷ传统技艺	手工彩绘玻璃	省直	福建杰瑞堂集团有限公司
18		福州油纸伞制作技艺	福州市	福州市福伞文化发展有限公司
19		厦门漆宝斋漆艺	厦门市	厦门湖里区漆宝斋漆艺传习中心
20		传统水碓制造技艺（古田）	宁德市	古田县文化馆
21		乌金紫砂陶制作技艺（寿宁）	宁德市	寿宁县梦龙陶艺有限公司
22		仙游字画裱褙技艺（黄步英装裱技艺）	莆田市	仙游永盛斋古书画修复中心
23		莆仙传统乐器制作技艺（惠洋十音传统乐器制作技艺）	莆田市	莆田市荔城区黄石金福文体乐器商行
24		泉州佛像雕塑技艺	泉州市	泉州市非物质文化遗产保护中心
25		泉州漆器髹饰技艺	泉州市	泉州市民间工艺美术家协会
26		漳台大广弦制作技艺	漳州市	漳州市昱恒乐器有限公司
27		长泰竹编技艺	漳州市	长泰县林墩手工竹艺作坊
28		平和龙艺扎制技艺	漳州市	平和县西山候山宫管理委员会
29		玉扣纸制作工艺	三明市	宁化县治平畲族乡竹业协会
30		清流长校打锡技艺	三明市	清流县长校镇文化服务中心
31		明溪微雕技艺	三明市	明溪朝南北文化传播有限公司
32		将乐分室龙窑建造技艺	三明市	将乐县文化馆
33		曜变烧制技艺	南平市	南平市曜变陶瓷研究院
34		九曲竹排制作技艺	南平市	武夷山风景名胜区旅游管理服务中心
35		建瓯林氏金银器制作技艺	南平市	建瓯市文化馆（非物质文化遗产保护中心）
36		福建贝雕（平潭）	平潭综合实验区	福建映像海坛文化创意有限公司
37		元宵丸制作技艺（耳聋伯）	福州市	福州耳聋伯食品有限公司
38		澳头蠔干粥传统制作技艺	厦门市	厦门沃头中餐有限公司
39		大笼甜粿传统制作技艺	厦门市	厦门市同安区凤岗老年人协会
40		古田红曲黄酒传统酿造技艺	宁德市	古田县吴氏八角井红釉酒研究所
41		张元记红茶制作技艺	宁德市	福鼎市张元记茶业有限公司
42		漳州传统乌龙茶精制工艺	漳州市	福建省漳州茶厂
43		白水贡糖制作技艺	漳州市	龙海市金旺旺食品有限公司
44		酱油酿造技艺（长泰）	漳州市	长泰县酱油厂
45		大田红釉制作技艺	三明市	大田县宫边红釉专业合作社
46		永安贡川闽笋制作工艺	三明市	永安市贡川镇新农村建设服务中心
47		建瓯乌衣红曲“三冬老”黄酒酿造技艺	南平市	建瓯市文化馆（非物质文化遗产保护中心）

续表

序号	类别	项目名称	申报地区	申报单位
48	Ⅸ传统医药	陈氏丹药制作技艺	省直	福建中医药大学附属第三人民医院
49		吴炳煌浅针术	省直	福建中医药大学附属康复医院
50		泉州正骨疗法（廖氏）	泉州市	泉州市正骨医院
51		泉州养生香制作技艺	泉州市	福建省沉瑜香香文化开发有限公司
52		“建昌帮”中药炮制传统技艺（光泽）	南平市	光泽县中药材行业协会
53	Ⅹ民俗	畲族婚俗（罗源）	福州市	罗源县文化馆
54		海上龙舟竞赛（连江）	福州市	连江县文化馆
55		长乐龙门平安清醮习俗	福州市	福州市长乐区文化馆
56		有应公信俗	厦门市	厦门市集美区马銮有应宫管理委员会
57		闽东林公祈福习俗（周宁）	宁德市	周宁县博物馆
58		吴圣天妃信俗	莆田市	仙游游洋兴角宫
59		枫亭水阁巡游	莆田市	仙游县枫亭镇霞街社区居民委员会
60		通远王信俗	泉州市	泉州海丝通远王文化研究中心
61		漳州疍民习俗	漳州市	漳州九龙江进发宫文物保护小组
62		清流欧阳真仙信俗	三明市	清流县赖坊镇文化服务中心
63		清流长校拔龙	三明市	清流县长校镇文化服务中心
64		杨时祭祀习俗	三明市	将乐县文化馆
65		永安小陶二十八宿花灯	三明市	永安市小陶镇文化事业服务中心
66		朱子家礼（成年礼、拜师礼、婚礼）	南平市	南平市民俗学会
			南平市	南平市民俗学会
			南平市	南平市朱子文化研究会
67		闽北走桥习俗（政和、光泽、邵武）	南平市	政和县文化馆、光泽县文化馆、邵武市文化馆
68		建瓯太保信俗	南平市	建瓯市文化馆（非物质文化遗产保护中心）

二、第一至第五批省级非物质文化遗产代表性项目名录

扩展项目名录（合计7项）

序号	类别	项目名称	申报地区	申报单位
1	Ⅱ传统音乐	十番音乐（连江）	福州市	连江县文化馆
2	Ⅷ传统技艺	闽南传统民居营造技艺（漳州）	漳州市	福建省古厝文化研究会
3	Ⅸ传统医药	畲族医药（蕉城）	宁德市	宁德市原生态畲族文化发展有限公司
4	Ⅷ传统技艺	白茶制作技艺（柘荣）	宁德市	福建省百丈岩茶业有限公司
5		白茶制作技艺（建阳）	南平市	南平市建阳区白茶协会
6	Ⅹ民俗	清水祖师信俗（厦金香山庙会）	厦门市	厦门市翔安区新店镇香山岩管理委员会
7		伏虎禅师信俗（长汀）	龙岩市	长汀县文化馆

三、第一至第五批省级非物质文化遗产代表性项目名录
新增保护单位（合计4项）

序号	类别	项目名称	申报地区	新增保护单位
1	Ⅳ传统戏剧	提线木偶戏（福鼎）	宁德市	福鼎市姚氏京剧剧社
2	Ⅵ传统体育、游艺与杂技	泉州刣狮	泉州市	南安市朴里武术馆
3	Ⅶ传统美术	惠安石雕	泉州市	泉州台商投资区文体旅游服务中心
4	Ⅹ民俗	闽东畲族婚俗	宁德市	福安市畲歌协会

（摘编：王诗诚）

福建省喜获中国戏剧两项大奖

2019年4月26日晚，第七届中国戏剧奖在广西南宁揭晓。本届中国戏剧奖一共评选出20个获奖名额，其中梅花奖演员15名，曹禺剧本奖5个。由福建省文联、省戏剧家协会组织选送的福建省芳华越剧团尹派“非遗”传承人、一级演员陈丽宇，凭借越剧《团圆之后》的精湛表现，在激烈的比拼中脱颖而出，以戏曲类“探花”的佳绩，荣获第七届中国戏剧奖·梅花表演奖（第29届中国戏剧梅花奖）。同时，由省剧协组织推荐的闽剧剧本《双蝶扇》（福建省实验闽剧院编剧王羚创作），以戏曲类排名“榜眼”的高票，荣膺第七届中国戏剧奖·曹禺剧本奖（第23届曹禺剧本奖）。我省继上届捧回这2个重磅奖项之后再度实现“双丰收”，获奖数占此次总奖项数的10%，本届仅福建、江苏捧得这一“剧坛双璧”，我省总成绩位居全国前两名。其中，梅花奖更是取得了9届蝉联的骄人佳绩。这是我省参评该项赛事以来实现的又一次重要突破。

（摘编：郭虹）

福建省入选第二批中国全球重要农业文化遗产预备名单

2019年7月5日福建日报报道，日前，农业农村部公布第二批中国全球重要农业文化遗产预备名单。福建安溪铁观音茶文化系统、福建福鼎白茶文化系统位列其中。

福建安溪铁观音茶文化系统位于安溪县西坪镇，总面积146平方公里，已有1000多年的茶树栽培历史；福建福鼎白茶文化系统位于福鼎市，境内茶树广布，其白茶选育栽培始于清代咸丰年间。

全球重要农业文化遗产保护项目由联合国粮农组织于2002年发起，旨在建立全球重要农业文化遗产及其有关的景观、生物多样性、知识和文化保护体系。此次全国共有36个传统农业系统列入第二批中国全球重要农业文化遗产预备名单。

（摘编：彭金龙）

福建省新增两处国家湿地公园

2019年12月25日，国家林业和草原局公布2019年试点国家湿地公园验收结果。我省的漳平南洋国家湿地公园、武平中山河国家湿地公园完成试点建设，顺利通过国家验收，正式跻身国家湿地公园。

漳平南洋国家湿地公园地处九龙江流域上游北溪、双洋河下游，规划总面积326公顷，湿地率近40%，于2014年获批开展试点建设。其核心定位为南方丘陵山区河岸带退化湿地生态系统修复、福建西南部典型的以河流为主体的复合型湿地生态系统、九龙江流域上游水资源和湿地生物多样性保护示范区。

武平中山河国家湿地公园是我省唯一的跨省流域湿地公园，位于闽粤赣三省接合部，规划总面积1529.3公顷。其建设主要目标是打造成为以保护和恢复河流自然生态系统为主，集科普、示范、休闲为一体的闽粤赣边区国家级湿地公园。

截至目前，我省共建立国家级湿地公园8个（含试点），分别为长乐闽江河口国家湿地公园、长汀汀江国家湿地公园、永安龙头国家湿地公园、漳平南洋国家湿地公园、武平中山河国家湿地公园、永春桃溪国家湿地公园、政和念山国家湿地公园、建宁闽江源国家湿地公园。

（摘编：彭金龙）

福建省入选首批全国乡村旅游重点村名单

2019年7月28日，文化和旅游部在全国乡村旅游（民宿）工作现场会上发布首批320个全国乡村旅游重点村名单。其中，福建共有11个村入选。

1. 泰宁县杉城镇际溪村
2. 连城县宣和乡培田村
3. 南靖县梅林镇官洋村
4. 寿宁县下党乡下党村
5. 平潭综合实验区流水镇北港村
6. 尤溪县洋中镇桂峰村
7. 寿宁县犀溪镇西浦村
8. 长泰县马洋溪生态旅游区山重村
9. 惠安县崇武镇大岞村
10. 福安市溪潭镇廉村村
11. 政和县石屯镇石圳村

（摘编：郭虹）

福建省获评中国美丽休闲乡村名单

2019年12月22日福建日报报道，农业农村部公布2019年中国美丽休闲乡村名单。我省共有10个村入选。

它们分别是南靖县梅林镇官洋村、福州市晋安区寿山乡九峰村、平潭综合实验区流水镇北港村、宁德市蕉城区赤溪镇赤溪村、泰宁县梅口乡水际村、武平县城厢镇云礤村、南平市建阳区麻沙镇水南村、安溪县芦田镇福岭村、厦门市海沧区东孚街道过坂社区、厦门市同安区五显镇三秀山村。

为大力实施休闲农业和乡村旅游精品工程，培育一批美丽休闲乡村，农业农村部在全国开展中国美丽休闲乡村推介活动。经地方推荐、专家审核和网上公示等程序，共推介260个村为2019年中国美丽休闲乡村。

（摘编：康明辉）

福建省入选全国乡村治理体系建设试点单位名单

2019年12月19日福建日报报道，中央农办、农业农村部等六部门正式批复全国115个县（市、区）为乡村治理体系建设首批试点单位。我省厦门市海沧区、长泰县、晋江市等三地入选。

批复意见要求，各试点单位要按照批复的试点方案，突出问题导向，体现系统思维，坚持因地制宜，注重探索创新，扎实推进各项试点任务，在乡村治理的重要领域和关键环节形成可复制、可推广的经验做法，为走中国特色社会主义乡村善治之路探索新路子、创造新模式。本轮试点期至2021年12月底。

（摘编：王诗诚）

福建省节水型城市名单

福建省节水型城市——漳州市

2019年6月30日福建省住房和城乡建设厅、福建省发展和改革委员会下发的《关于命名漳州市为“福建省节水型城市”的通知》（闽建城函〔2019〕113号）提出，根据住房和城乡建设部、国家发展和改革委员会《关于印发〈国家节水型城市申报与考核办法〉和〈国家节水型城市考核标准〉的通知》（建城〔2018〕25号）的规定，经福建省住房和城乡建设厅、福建省发展和改革委员会组织专家预审、现场考核、综合评审及公示，决定命名漳州市为“福建省节水型城市”。

福建省节水型城市——石狮市

2019年12月30日福建省住房和城乡建设厅、福建省发展和改革委员会下发的《关于命名石狮市为“福建省节水型城市”的通知》（闽建城函〔2019〕145号）提出，根据住房和城乡建设部、国家发展和改革委员会《关于印发〈国家节水型城市申报与考核办法〉和〈国家节水型城市考核标准〉的通知》（建城〔2018〕25号）的规定，经福建省住房和城乡建设厅、福建省发展和改革委员会组织专家预审、现场考核、综合评审及公示，决定命名石狮市为“福建省节水型城市”。

（摘编：杨立群）

福建省第一批省级考古遗址公园名单

2019年1月9日福建日报报道，日前，省文物局公布了第一批省级考古遗址公园，其中8个列入评定名单：昙石山考古遗址公园、东溪窑（南靖、华安）考古遗址公园、德化窑考古遗址公园、永春苦寨坑考古遗址公园、将乐岩仔洞考古遗址公园、明溪南山考古遗址公园、浦城猫耳山考古遗址公园、平潭壳丘头考古遗址公园，2个列入立项名单：漳平奇和洞考古遗址公园、平潭海坛海峡水下考古遗址公园。到目前，我省拥有国家考古遗址公园1个（三明万寿岩考古遗址公园），列入国家考古遗址公园立项名单1个（武夷山城村汉城遗址）；列入年度全国十大考古新发现5个（万寿岩遗址、猫耳山遗址、管九土墩墓、奇和洞遗址、苦寨坑窑址）；列入国家文物局“十三五”大遗址项目6个（万寿岩遗址、城村汉城遗址、南山遗址、德化窑遗址、万里茶道、明清海防）。

（摘编：王诗诚）

福建省第六批省级历史文化名镇名村名单

2019年6月21日福建省人民政府下发的《福建省人民政府关于公布第六批省级历史文化名镇名村的通知》（闽政文〔2019〕101号）提出，为深入贯彻落实习近平总书记关于文化遗产保护的重要论述，保护好我省优秀的乡土建筑，促进乡村历史文化遗产的传承和延续，根据国务院《历史文化名城名镇名村保护条例》《福建省历史文化名城名镇名村和传统村落保护条例》的有关规定要求，经研究，认定第六批省级历史文化名镇名村名单38个，现予以公布：

一、历史文化名镇（9个）

（一）长乐区梅花镇
（二）南安市东田镇
（三）沙县富口镇
（四）仙游县榜头镇
（五）秀屿区笏石镇
（六）涵江区梧塘镇
（七）连城县姑田镇
（八）福安市晓阳镇
（九）福安市穆阳镇

二、历史文化名村（29个）

（一）永泰县白云乡白云村
（二）闽清县下祝乡洋头村
（三）云霄县和平乡莆顶村
（四）诏安县深桥镇仕江村
（五）南安市英都镇良山村
（六）泉港区峰尾镇诚峰村
（七）晋江市金井镇围头村
（八）惠安县辋川镇辋川村
（九）尤溪县梅仙镇半山村
（十）邵武市桂林乡横坑村
（十一）延平区巨口乡上埔村
（十二）涵江区江口镇园顶村
（十三）秀屿区山亭镇莆禧村
（十四）长汀县四都镇红都村
（十五）连城县庙前镇丰图村
（十六）蕉城区飞鸾镇碗窑村
（十七）蕉城区霍童镇坑头村
（十八）蕉城区霍童镇桃花溪村
（十九）蕉城区虎贝镇文峰村
（二十）蕉城区洋中镇东山村
（二十一）屏南县路下乡芳院村
（二十二）屏南县熙岭乡四坪村
（二十三）屏南县熙岭乡前塘村
（二十四）屏南县熙岭乡熙岭村
（二十五）屏南县熙岭乡龙潭村
（二十六）古田县平湖镇端上村
（二十七）古田县大甲镇林峰村
（二十八）福安市溪尾镇坂中村
（二十九）福安市溪柄镇榕头村

各级各有关部门要切实提高政治站位，坚定文化自信，把高标准精心守护、永续传承历史文脉作为重要政治责任，充分认识和挖掘文物与文化遗产的精神财富、文化价值，提高文物保护利用及文化遗产保护传承的科学化水平。要加强历史文化名镇名村保护工作的宣传，加快推进保护规划编制，完善规章制度，加大资金投入，切实做好历史文化名镇名村的保护管理工作。

（摘编：游学荣）

福建省第二十一批村镇住宅小区建设试点名单

2019年9月19日福建省住房和城乡建设厅下发的《关于公布第二十一批村镇住宅小区建设试点名单的通知》提出，为改善和提升村镇人居环境，提高村镇住宅建设水平，根据各地申报，经研究，确定龙岩市新罗区适中镇保丰住宅小区等19个小区为第二十一批村镇住宅小区建设试点，现予公布。

第二十一批村镇住宅小区建设试点名单

1. 龙岩市新罗区适中镇保丰住宅小区
2. 寿宁县大安乡大熟住宅小区
3. 将乐县古镛镇和平住宅小区
4. 沙县富口镇富兴住宅小区
5. 清流县龙津镇下戈住宅小区
6. 南安市英都镇荣星村凤山住宅小区
7. 南安市英都镇后店坝住宅小区
8. 德化县龙门滩硕儒住宅小区
9. 永春县湖洋镇美莲住宅小区
10. 永春县吾峰镇吾西住宅小区
11. 南靖县船场镇集星村大福住宅小区
12. 诏安县四都镇山后村霞埔住宅小区
13. 诏安县四都镇田美村尚美住宅小区
14. 诏安县桥东镇外凤村新凤住宅小区
15. 光泽县鸾凤乡君山住宅小区
16. 光泽县鸾凤乡坪山村莫家墩住宅小区
17. 光泽县鸾凤乡武林春彭家山住宅小区
18. 光泽县寨里镇大青住宅小区
19. 光泽县止马镇仁厚住宅小区

（摘编：周忠志）

第二批福建省科普示范县（市、区）名单

2019年9月11日福建日报报道，为提升基层科普公共服务能力，日前，省科协公布第二批福建省科普示范县（市、区）名单，共有14个县（市、区）入选，它们是福州市台江区、马尾区、连江县，漳州市漳浦县、云霄县，泉州市丰泽区、洛江区、石狮市、南安市、德化县，南平市建瓯市、松溪县，龙岩市上杭县，宁德市蕉城区。截至目前，全省共有2批47个县（市、区）被评为科普示范县（市、区）。

（摘编：郭虹）

福建省首批示范性普通高中建设学校名单

2019 年 1 月 4 日福建省教育厅在其网站上发布《关于公布福建省首批示范性普通高中建设学校名单的通知》（闽教基〔2018〕101 号）提出，根据我厅《关于遴选培育省级示范性普通高中建设学校的通知》（闽教基〔2017〕53 号），在学校申请、县级审核、市级推荐基础上，经省级专家组评估、社会公示、学校改进提升、厅长办公会议研究，决定立项福州一中等 44 所学校为福建省首批示范性普通高中建设学校，建设周期为 2018 年至 2021 年。

福建省首批示范性普通高中建设学校名单

福州（含省属，7 所）：福州一中、福建师大附中、福州格致中学、福州三中、福州高级中学、福州八中、长乐一中

厦门（7 所）：厦门双十中学、厦门一中、厦门六中、同安一中、厦门集美中学、厦门二中、厦门外国语学校

泉州（11 所）：泉州五中、晋江一中、泉州七中、晋江市养正中学、南安一中、泉州市培元中学、安溪一中、泉州一中、泉州市城东中学、惠安一中、德化一中

漳州（3 所）：厦门大学附属实验中学、云霄一中、龙海一中

莆田（6 所）：莆田五中、莆田一中、莆田二中、莆田四中、莆田十中、仙游一中

三明（4 所）：三明九中、三明二中、三明一中、尤溪一中

南平（1 所）：南平一中

龙岩（3 所）：龙岩一中、上杭一中、长汀一中

宁德（2 所）：福安一中、霞浦一中

（摘编：吴强）

福建省第五批省级语言文字规范化示范校名单

2019年4月10日福建省教育厅、福建省语言文字工作委员会下发的《关于公布第五批省级语言文字规范化示范校名单的通知》（闽教体〔2019〕6号）提出，为贯彻落实《国家通用语言文字法》和《国家中长期语言文字事业改革和发展规划纲要（2012—2020年）》，2016年省教育厅组织开展了第五批省级语言文字规范化示范校创建活动。在各设区市初评和推荐的基础上，省教育厅组织专家对申报学校的材料进行认真评审，同时组建评估小组赴各地开展抽检，确认其中111所学校达到了省级语言文字规范化示范校的标准。经公示无异议，现决定授予福州市钱塘小学屏北分校等111所学校“福建省语言文字规范化示范校”称号。现将名单予以公布。

第五批省级语言文字规范化示范校名单

福州（17所）

福州市钱塘小学屏北分校	连江县第二实验小学	福州市乌山小学
福州市第十九中学	台江区宁化小学	仓山区第四中心小学
仓山区第一中心小学	福州市西园中心小学	福清市音埔小学
福清市玉屏中心小学	长乐市洞江小学	永泰县第一中学
闽清县第一幼儿园	闽清县教师进修校附小	连江县第一中学
连江县丹阳中心小学	福清市实验幼儿园	

厦门（17所）

厦门市海沧区东孚中心幼儿园	厦门市前埔北区小学	厦门市安兜小学
厦门市同安区教师进修学校附属小学	厦门市翔安区莘英小学	厦门市集美区英村（兑山）幼儿园
厦门市翔安区实验幼儿园	厦门市集美区杏林中心幼儿园	厦门市吕岭小学
厦门市同安区西塘小学	厦门市集美区上塘中学	厦门市集美区杏滨中心幼儿园
厦门市同安区朝阳幼儿园	厦门市同安区兴国幼儿园	厦门市湖里区实验幼儿园
厦门市同安区洗墨池幼儿园	厦门市同安区西柯第二中心幼儿园	

漳州（15所）

漳州市芗城第二实验小学	漳州市第二实验小学迎宾校区	龙海市东园中心小学
龙海市港尾中心小学	长泰县坂里中心小学	长泰县古农农场中学

续表

华安县实验幼儿园	东山县康美中心小学	福建省云霄第一中学
云霄县和平东方小学	平和县实验幼儿园	平和县福田小学
漳州台商投资区东美中心小学	漳州台商投资区锦宅小学	漳州台商投资区石厝小学

泉州（1 所）

晋江市金井毓英中心幼儿园		

三明（19 所）

大田县第六中学	大田县均溪中心小学	尤溪县第一中学
将乐县艺术幼儿园	梅列区实验幼儿园	三元区第二实验小学
永安市燕江小学	明溪县职业中学	宁化县第二实验小学
大田县鸿图中学	大田县第五中学	将乐县水南学校
大田县吴山中心小学	清流县实验中学	将乐县第四中学
宁化县城东小学	明溪县夏阳中心小学	清流县嵩溪中心小学
三明市第十二中学		

莆田（10 所）

莆田市外国语学校	莆田哲理中学	秀屿区秀山初级中学
莆田第八中学	荔城区北高岱峰初级中学	秀屿区笏石坝津小学
秀屿区第二实验小学	秀屿区笏石西徐小学	仙游县第二实验小学
荔城区新度中心幼儿园		

南平（14 所）

南平一中	南平实验小学	延平区实验小学新城分校
南平师范第二附属小学	建阳三中	建阳区西门小学
建阳区曼山小学	邵武市故县中心小学	邵武市城郊八一希望小学
建瓯建州小学	建瓯市第一中学附属小学	昌埔上中心小学
顺昌金桥中学	浦城新华小学	

龙岩（10 所）

龙岩师范附属小学	龙岩师范附属小学分校	上杭县职业中专学校
上杭县第二实验小学	上杭县实验幼儿园	武平县教师进修学校附属小学
武平县第一中学	武平县十方中心小学	漳平市宝娘幼儿园
永定区实验幼儿园		

宁德（5所）

周宁县第二实验幼儿园	柘荣县实验幼儿园	蕉城区机关幼儿园
福安市甘棠中心幼儿园	福鼎市桐山中心幼儿园	

平潭综合实验区（3所）

平潭城东小学	平潭城北小学	平潭第二实验小学

（摘编：游学荣）

福建省获评第七届全国道德模范人员名单

2019年9月5日，中央文明委在北京召开第七届全国道德模范座谈会，并举行颁奖仪式。座谈会上表彰了第七届全国道德模范58名，我省东山县百货公司退休干部林建德、福清市城头镇吉钓岛医生王锦萍分别获评诚实守信和助人为乐类全国道德模范。此外，我省推荐的江华、陈小山、吴奕澈、翁希明、张旺文、林上斗、蔡玉华、蔡春宝等8位同志获第七届全国道德模范提名奖。

全国道德模范主要事迹：

林建德，1982年退休，开办“政协老年诊所”，义务为老年人看病；1987年起，林建德担任公园街老人协会会长，自费开办老年学校，帮助老人学法、懂法、用法，运用法律调解家庭、邻里纠纷，维护老年人的权益。从“一五”普法到“七五”普法，30多年来，林建德始终坚持普及法律知识，帮助老人维护权利安度晚年，为老人们义务提供法律咨询3000多人次，调解家庭纠纷600余起，是学员们的“知心老大哥”、社区的“法律传播人”。

王锦萍，1986年中专毕业后，毅然回到吉钓岛，成为岛上唯一的村医。无论白天黑夜，她总是随叫随到，且不计报酬。她对岛上每个人的身体健康都了然于胸，是孩子们的健康守护神，是空巢老人的好女儿。她30多年如一日坚守小岛，救死扶伤，秉承着为人民服务的宗旨，践行着“医者父母心”的社会责任，在平凡岗位上守护着一片生命的蓝天。

（摘编：郭虹）

福建人王文教被授予“人民楷模”国家荣誉称号

2019年9月17日国家主席习近平签署主席令，根据十三届全国人大常委会第十三次会议17日下午表决通过的全国人大常委会关于授予国家勋章和国家荣誉称号的决定，授予42人国家勋章、国家荣誉称号。

共和国勋章

根据主席令，授予于敏、申纪兰（女）、孙家栋、李延年、张富清、袁隆平、黄旭华、屠呦呦（女）“共和国勋章”。

友谊勋章

授予劳尔·卡斯特罗·鲁斯（古巴）、玛哈扎克里·诗琳通（女，泰国）、萨利姆·艾哈迈德·萨利姆（坦桑尼亚）、加林娜·维尼阿米诺夫娜·库利科娃（女，俄罗斯）、让－皮埃尔·拉法兰（法国）、伊莎白·柯鲁克（女，加拿大）“友谊勋章”。

人民科学家

授予叶培建、吴文俊、南仁东（满族）、顾方舟、程开甲“人民科学家”国家荣誉称号；

人民教育家

授予于漪（女）、卫兴华、高铭暄“人民教育家”国家荣誉称号；

人民艺术家

授予王蒙、秦怡（女）、郭兰英（女）“人民艺术家”国家荣誉称号；

人民英雄

授予艾热提·马木提（维吾尔族）、申亮亮、麦贤得、张超“人民英雄”国家荣誉称号；

人民楷模

授予王文教、王有德（回族）、王启民、王继才、布茹玛汗·毛勒朵（女，柯尔克孜族）、朱彦夫、李保国、都贵玛（女，蒙古族）、高德荣（独龙族）“人民楷模”国家荣誉称号；

民族团结杰出贡献者

授予热地（藏族）“民族团结杰出贡献者”国家荣誉称号；

“一国两制”杰出贡献者

授予董建华“‘一国两制’杰出贡献者”国家荣誉称号；

外交工作杰出贡献者

授予李道豫“外交工作杰出贡献者”国家荣誉称号；

文物保护杰出贡献者

授予樊锦诗（女）“文物保护杰出贡献者”国家荣誉称号。

这42人名单中有一位福建人被授予“人民楷模”国家荣誉称号，他就是“国羽拓荒者”王文教，男，汉族，中共党员，1933年11月生，福建南安人，原国家羽毛球队总教练，第五、六届全国政协委员。1954年，他为振兴新中国羽毛球事业，从印尼回到祖国，曾多次获得全国羽毛球赛男子单打、双打冠军。退役后先后执教福建羽毛球队、国家羽毛球队，在他任总教练期间，中国羽毛球队获得了1982、1986、1988、1990年汤姆斯杯团体赛冠军，涌现出56个世界单项冠军。荣获国际羽联终身成就奖。

（摘编：苏建平）

中宣部追授杨春“时代楷模”称号

2019年8月30日，中共中央宣传部在北京向全社会宣传发布杨春的先进事迹，追授他“时代楷模”称号。“时代楷模”发布仪式现场，宣读了《中共中央宣传部关于追授杨春同志“时代楷模”称号的决定》，播放了反映杨春先进事迹的短片。

杨春生前是宁德市公安局蕉城分局副局长。他不忘初心、牢记使命，从部队转业到公安机关28年，以铁一般的理想信念奋战在维护稳定、服务群众第一线，忠诚履行人民公安为人民的庄严承诺，在平凡岗位上做出了不平凡的业绩。2019年1月23日凌晨，因长期超负荷工作，杨春同志突发疾病，牺牲在工作岗位上，年仅49周岁。

2019年6月，杨春被追授为全国“人民满意的公务员”。7月16日，中共福建省委追授杨春同志“全省优秀共产党员”称号。7月31日，人力资源和社会保障部、公安部联合追授杨春同志“全国公安系统一级英雄模范”称号。

（摘编：赵旭东）

福建省被授予第九届全国“人民满意的公务员”和“人民满意的公务员集体”名单

第九届全国“人民满意的公务员”和“人民满意的公务员集体”表彰大会于2019年6月25日在北京举行，习近平总书记等中央领导同志亲切会见受表彰代表。我省5名公务员被授予全国“人民满意的公务员”称号，他们是：宁德市公安局蕉城分局原副局长杨春同志被追授为全国“人民满意的公务员”称号，福州市园林中心杨晓、厦门市湖里区委台港澳工作办公室方旭明、明溪县司法局城关司法所方秋轩、莆田市湄洲湾北岸经济开发区交通运输局谢超群。3个集体被授予“人民满意的公务员集体”称号，它们是：福建省环境监察总队、福州市行政（市民）服务中心管理委员会、晋江市公安局刑事侦查大队。

我省受表彰对象是经各地各部门自下而上、层层把关、逐级推荐的。他们在坚持高质量发展落实赶超、加快新时代新福建建设中，勤恳工作、担当作为，充分展示了新时代忠诚干净担当的公务员队伍精神风貌。

（摘编：吴强）

第 47 届南丁格尔奖福建省获得者名单

2019 年 8 月 29 日福建省人民政府下发《福建省人民政府关于表彰奖励第 47 届南丁格尔奖获得者李红同志的决定》（闽政文〔2019〕144 号）提出，我省省立医院副院长、福建医科大学护理学院院长李红同志，从事护理工作 29 年来，自觉践行“人道、博爱、奉献”红十字精神，兢兢业业、开拓创新、扎实工作，全心全意为人民健康服务，在临床护理、健康促进和教育科研等方面成绩卓著，荣获红十字国际委员会颁发的第 47 届南丁格尔奖章，是本届我国唯一的一位获奖者，为祖国和我省赢得了荣誉。为表彰先进、树立典型，激励广大医护工作者不忘初心、砥砺奋进，推动我省卫生健康事业再上新台阶，经研究决定，对李红同志予以表彰，并颁发奖金 20 万元。

（摘编：康明辉）

福建省 4 名科技特派员和 2 家组织实施单位获通报表扬

2019 年 10 月 21 日，在北京召开的科技特派员制度推行 20 周年总结会议上，我省科技特派员苏海兰、黄瑞宝、谢福鑫、黄新忠等 4 名科技特派员及三明市农业科学研究院、南平市科学技术局等 2 个科技特派员组织实施单位，获科技部通报表扬。在会上，我省南平市和科技特派员代表省农科院苏海兰作交流发言。

从 1999 年开始在全国率先推行科特派制度至今，全省共派出科特派 16348 人次，省级科特派已覆盖全省 916 个乡镇，覆盖率 100%；服务领域涵盖全省十大特色农业产业，并向二、三产业延伸，仅由省级科特派领办创办的企业和专业合作社就有 5298 家。全省科技特派员共创办企业、创业基地、形成利益共同体和专业技术协会或经济合作组织 2184 家，实施科技开发项目 1581 项，推广新技术 3109 项（次），引进新品种 2273 项（次），服务企业、农户 161033 个，50855 户农民实现创业增收。

（摘编：郭虹）

福建获国家保护森林和野生动植物资源先进集体和先进个人名单

2019年8月12日福建日报报道，近日，国家林业和草原局发布关于表彰保护森林和野生动植物资源先进集体、先进个人、优秀组织奖的决定。

一、福建省被授予“保护森林和野生动植物资源先进集体”称号名单（9个）

1. 福州市林业局
2. 福建虎伯寮国家级自然保护区
3. 安溪县林业局
4. 三明市野生动植物与湿地保护中心
5. 福建梅花山华南虎繁育研究所
6. 宁德市野生动植物与湿地保护管理站
7. 武夷山国家公园管理局
8. 福州植物园
9. 福建省森林公安局

二、福建省被授予“保护森林和野生动植物资源先进个人”称号名单（10人）

1. 福州市长乐区林业局局长林国金
2. 厦门市市政园林局林政资源管理处处长郭荣芳
3. 漳州市野生动植物保护管理站站长林国洪
4. 德化县林业局副书记陆木庆
5. 永安市林业局高级工程师苏玉梅
6. 邵武将石省级自然保护区管理处站长谢少和
7. 宁德市野生动植物与湿地保护管理站站长章斌
8. 福建省林业调查规划院野生动植物与湿地资源监测室主任潘标志
9. 福建省野生动植物保护管理中心主任科员施明乐
10. 福建省洋口国有林场原场长林强

（摘编：彭金龙）

福建省2019年度全国最美家庭名单

2019年5月15日，全国妇联在京召开“家家幸福安康工程”启动部署暨2019年度全国最美家庭揭晓会。会议揭晓999户全国最美家庭，福建省共计25户家庭上榜，现通报如下：

熊　焰、孙　玲家庭（福州市鼓楼区五凤街道白龙社区）

黄玉麟、张福端家庭（福州市鼓楼区鼓东街道七星井社区）

徐世君、崔　泾家庭（福州市鼓楼区南街街道柳河社区）

廖东山、陈心颖家庭（福州市台江区义洲街道保兴社区）

吴喜达、余小晶家庭（福州市晋安区鼓山镇东山村）

郑行春、杨　璞家庭（永泰县赤锡乡赤锡村）

徐友群、刘　梅家庭（厦门市思明区梧村街道双涵社区）

龚清武、沈丽叶家庭（厦门市思明区厦港街道下沃社区）

吴锡祺、曾文子家庭（漳浦县大南坂乡腊山村）

李胜利、林石磊家庭（漳州市芗城区石亭镇下苍村）

胡云豹、郑鸣琴家庭（安溪县凤城镇凤明社区）

符享庆、黄雪梅家庭（泉州市鲤城区海滨街道新门社区）

张凌鸿、张银珠家庭（宁化县翠江镇红卫社区）

郑世隆、陈美英家庭（永安市燕东街道忠义社区）

宋启宁、吴美金家庭（莆田市城厢区凤凰山街道龙德井社区）

林金坤、苏金梅家庭（莆田市涵江区涵东街道顶铺社区）

苏　贝、杜艳丽家庭（仙游县赖店镇土山村83大院）

沈德才、伍夏云家庭（邵武市水北街道桥头社区）

张宁昌、吴球秀家庭（顺昌县仁寿镇富石村）

曹美珍家庭（连城县莲峰镇南街社区）

修文平、易小贞家庭（长汀县河田镇上修坊村）

江仁雄、曹宝珠家庭（古田县泮洋乡上洋村）

钟增添、潘美琴家庭（武平县城厢镇始通村）

陈安铃、郑兴莲家庭（福安市范坑乡范坑村）

陈必巍、周娇娇家庭（平潭综合实验区岚城乡中湖村）

（摘编：康明辉）

福建省获表彰的第六次全国自强模范暨助残先进名单

2019年5月16日，第六次全国自强模范暨助残先进表彰大会在北京召开，我省14个个人（集体）受表彰。

“全国自强模范”名单：陈宏良、柯丽婷、谢启明、林旭、陈建国。

“全国残联系统先进工作者”名单：徐世元。

“全国助残先进个人”名单：钟陶秀、林建肯、林朝阳。

“全国助残先进集体”名单：厦门仙岳医院、晋江市特殊教育学校。

“残疾人之家”名单：漳州市残疾人康复教育中心、龙岩市残疾人福利基金会、福建省盲人协会。

（摘编：黄万良）

福建省第二届“最美教师”名单

2019年9月6日，福建省第二届“最美教师”寻访活动发布仪式在福建师大举行。从3月份开始，我省启动了福建省第二届“最美教师”寻访活动，全省共有80名教师成为“最美教师”的候选人。通过地市推荐、网络评选、专家评选、公示等程序环节，最终确定10名“最美教师”、30名“最美教师”提名奖获得者。此外，鉴于生前的优秀表现和突出贡献，7月突患重病不幸离世的厦门六中音乐教师高至凡也被追授福建省第二届“最美教师”。

第二届福建省“最美教师”名单

1. 福州市闽清县杉村学校毛文丑
2. 漳州市漳浦县特殊教育学校李丽娇
3. 龙岩市上杭县官庄中心小学吴思禄
4. 泉州第五中学陈理萍
5. 宁德市古田县第二小学陈容斌
6. 南平第一中学林莉
7. 福建省儿童保育院郑晞
8. 莆田学院郑若宜
9. 三明工贸学校童春香
10. 厦门市同安区河田小学詹江贺
11. 厦门六中高至凡

（摘编：李哲）

第四届福建省“人民满意的公务员”和“人民满意的公务员集体”名单

2019年8月18日中共福建省委、福建省人民政府下发《关于表彰第四届全省“人民满意的公务员”和“人民满意的公务员集体”的决定》提出，党的十八大以来，全省广大公务员深入学习贯彻习近平新时代中国特色社会主义思想，认真贯彻落实中央决策部署和省委工作要求，增强“四个意识”，坚定“四个自信”，做到“两个维护”，不忘初心、牢记使命，在贯彻落实新发展理念，坚持高质量发展落实赶超、加快新时代新福建建设，打好防范化解重大风险、精准脱贫、污染防治攻坚战，推动“一带一路”建设等重大工作任务中，履职尽责、担当作为，涌现出一大批人民满意的公务员和公务员集体。

在全省上下深入开展“不忘初心、牢记使命”主题教育，以优异成绩迎接中华人民共和国成立70周年之际，为了表彰先进、弘扬正气，展示公务员信念坚定、为民服务、勤政务实、敢于担当、清正廉洁的时代风采，激励广大公务员新时代新担当新作为，建设忠诚干净担当的高素质专业化公务员队伍，省委和省政府决定，授予吴吉仁等30名同志全省“人民满意的公务员”称号，授予福州市国土资源综合行政执法支队等15个单位全省“人民满意的公务员集体”称号。受表彰个人享受省部级表彰奖励获得者待遇。

这次受表彰的公务员和公务员集体，是全省公务员队伍的优秀代表。广大公务员和各级公务员集体要向受表彰的先进个人和集体学习，自觉做习近平新时代中国特色社会主义思想的坚定信仰者、忠实实践者，不忘初心、牢记使命，担当作为、真抓实干，切实做到对党忠诚、对人民负责、为人民服务、让人民满意。希望受表彰的公务员和公务员集体珍惜荣誉，谦虚谨慎，发扬成绩，再接再厉，为党和人民再立新功。

当前，我们正处于全面建成小康社会决胜阶段，改革发展稳定各项任务繁重艰巨。各级党委和政府要把深入开展做人民满意的公务员活动作为一项重要任务，与学习贯彻习近平新时代中国特色社会主义思想和党的十九大精神结合起来，与开展“不忘初心、牢记使命”主题教育结合起来，与做好当前工作结合起来，大力宣传“人民满意的公务员”和“人民满意的公务员集体”先进事迹，激励引导广大公务员见贤思齐、奋发有为，进一步增强“四个意识”，坚定“四个自信”，做到“两个维护”，更加紧密地团结在以习近平同志为核心的党中央周围，牢记全心全意为人民服务的根本宗旨，大力弘扬“马上就办、真抓实干”的优良作风，解放思想、改革创新，埋头苦干、久久为功，全力推动高质量发展落实赶超，奋力谱写新时代新福建建设新篇章，为全面建成小康社会、实现中华民族伟大复兴作出新的更大贡献！

第四届全省“人民满意的公务员”名单（30名）

吴吉仁　连江县敖江镇党委副书记、镇长

林柳强　福州市晋安区政府党组成员、福兴经济开发区管委会主任，甘肃省渭源县委常委、副县长（挂职）

许鸿升　闽清县公安局经济犯罪侦查大队大队长

陈清洲　厦门市公安局集美分局二级高级警长

肖进南　厦门市海沧区劳动保障监察大队大队长

陈少华　漳州市龙文区人民法院党组成员、执行局局长，一级法官

叶高发　长泰县岩溪镇经济发展办公室主任、珪后村党委书记

郭景良　永春县达埔镇党委书记

吴美满（女）　泉州市人民检察院金融与知识产权犯罪检察部主任，四级高级检察官

张素敏（女）　三明市精神文明建设展览馆馆长

黄祥丰　三明市信访局督查科科长

陈　静（女）　莆田市城厢区人民法院党组成员、政治处主任

唐国清　湄洲岛国家旅游度假区党工委台湾工作办公室主任

薛吉峰　南平市信访局接访科科长

郑世文　南平市延平区人民法院刑事审判庭庭长，一级法官

胡雄华　南平市建阳区书坊乡人大主席团主席

邱全文　漳平市委政法委员会副书记、信访局局长

张田华　龙岩市林业局党组书记、局长

崔向新　宁德市蕉城区八都镇党委书记

朱　玮（女）　福鼎市妇女联合会主席

孙树群　平潭综合实验区环境与国土资源局党组书记、局长

刘栋钢　平潭综合实验区流水片区开发管理局副局长

刘才添　省公安厅交通警察总队南平高速公路支队四大队原一级警员

王高辉　省发展和改革委员会综合处处长

兰翠河（畲族）　福州司法强制隔离戒毒所二大队大队长

朱海滨　省公路管理局农村公路管理处处长、二级主任科员

方彦国　省退役军人事务厅移交安置和就业创业处处长

吴明华（女）　省纪律检查委员会监察委员会组织部四级主任科员

蔡奋山　省审计厅农林水处二级主任科员，驻安溪县西坪镇龙地村党支部第一书记

唐峥嵘　省海洋与渔业执法总队执法船轮机长、二级主任科员

第四届全省“人民满意的公务员集体”名单（15个）

福州市国土资源综合行政执法支队

厦门市市场监督管理局企业注册登记窗口

南靖县人民法院土楼人民法庭

泉州市水利局

三明市公安局白沙派出所

大田县生态环境保护指挥中心

莆田市发展和改革委员会重点项目管理科

南平市科学技术局科技特派员工作办公室

古田会议纪念馆

中共屏南县熙岭乡委员会

福安市公安局交警大队女子护学岗中队

平潭综合实验区行政审批局

省商务厅自贸试验区综合协调处

省人民检察院第七检察部

省财政厅国库支付中心

（摘编：吴强）

福建省第八批援藏和第十批援宁工作队记功奖励人员名单

2019年9月30日福建省人民政府下发《福建省人民政府关于给予我省第八批援藏和第十批援宁工作队记功奖励的决定》（闽政文〔2019〕177号）提出，2019年1月以来，我省第八批援藏和第十批援宁工作队圆满完成各项对口支援工作任务。两支工作队伍牢记省委、省政府的重托，坚持对口帮扶、互动联动、共同发展，艰苦奋斗，忠于职守，爱岗敬业，求真务实，开拓创新，不辱使命，取得良好的业绩，得到当地党委、政府和广大群众的高度评价。

为表彰第八批援藏和第十批援宁工作队作出的贡献，推动对口援建工作深入开展，鼓励干部到艰苦地区建功立业，省政府决定，给予我省第八批援藏和第十批援宁工作队各记集体二等功一次。

希望受记功表彰的单位和个人再接再厉，以更加饱满的热情、求真务实的作风做好各项工作，为推进高质量发展落实赶超、加快新时代新福建建设作出新的更大贡献！

福建省第八批援藏工作队人员名单（共89人）

姓　名	援藏单位及职务	援藏前单位及职务
周青松	昌都市委副书记，福建省第八批援藏工作队领队	平潭综合实验区党工委委员、管委会副主任
苏永波	昌都市委组织部副部长	省委组织部办公室副主任
苏生财	昌都市委宣传部副部长	省委宣传部宣传教育处副调研员
林成笔	昌都市法院刑事审判庭副庭长	省高院立案二庭正科级助审员
温晓勇	昌都市检察院公诉处第一处长（副县级）	省检察院干部处副处长、助检员
谢雅星	昌都市政府法制办副主任	省政府督查室副主任（正处长级）
徐大伟	昌都市发改委副主任	省铁路建设办公室副调研员
谢福仁	昌都市教育局（体育局）党委委员、副局长	省邮电学校党委副书记、副校长
李海明	昌都市科技局副局长	省科技厅办公室副调研员
李　祺	昌都市公安局法制支队副支队长	省公安厅机场公安局副主任科员
黄　展	昌都市民政局副局长	省民政厅人事处（社会工作处）副调研员
李聪志	昌都市儿童福利一院副院长、专业技术人员	厦门市社会福利中心门诊部（松柏医院）外科医师
曾生镗	昌都市司法局副局长	省榕城司法强制隔离戒毒所党委委员、政治处主任
胡　波	昌都市司法局强制隔离戒毒所科级干部	省榕城司法强制隔离戒毒所管理科科长

续表

姓　名	援藏单位及职务	援藏前单位及职务
郑智强	昌都市财政局副局长	省注册会计师管理中心副主任
孟宪涛	昌都市人社局（公务员局）副局长	省公务员局职位管理处（综合处）副处长
廖加宁	昌都市国土资源局常务副局长	省煤田地质局规划发展处副处长
林建国	昌都市环境保护局专业技术人员	省近岸海域环境监测站综合科科长、高级工程师
黄　航	昌都市水利局专业技术人员	省水利水电工程建设公司市场开发部工程师
蔡志雄	昌都市水利局专业技术人员	省围垦建设工程有限公司工程师
刘芃明	昌都市住建局专业技术人员	省住建厅城建处工程师
张立峰	昌都市文化局（新闻出版局）党组书记	省文化厅计划财务处处长
李潘炡	昌都市交通运输局总工程师	省高速技术咨询有限公司副总经理
林明臻	昌都市交通局项目管理中心专业技术人员	省交通建设质量安全监督局副总工兼水运工程监督处副处长、工程师
翁　铖	昌都市卫生局（计生委）副局长	省卫计委疾病控制处副处长
陈玲思	昌都市藏医院妇产科专业技术人员	省妇幼保健院妇产科主治医师
李建华	昌都市藏医院妇产科专业技术人员	福建医科大学附属第一医院妇产科主治医师
王程毅	昌都市藏医院儿科专业技术人员	省妇幼保健院儿科主治医师
陈　慧	昌都市藏医院儿科专业技术人员	福建医科大学附属协和医院儿科主治医师
陈　峰	昌都市政府国资委党委委员、副主任	省产权交易中心副总经理
严桂忠	昌都市广电局党委书记	省新闻出版广电局印刷发行管理处处长
林　湫	昌都市旅游局局长	省旅游宣传中心主任
林启福	昌都市经合局（区协办）副局长	省经信委软件服务业处副调研员
谭忠盛	昌都市委党校副校长	省委党校、福建行政学院后勤服务处（基建处）副调研员
张紫迎	昌都市电视台党组书记	省广播电视台传输发射中心副主任
柯东阳	昌都新区管委会副主任	泉州市泉港区政府党组成员
林　闽	昌都市工商局党组成员、副局长	省工商局商检分局副调研员
陈晓东	左贡县委副书记	厦门市委办公厅综合二处处长
周奕麟	左贡县副县长	厦门团市委经济部部长
林进祝	左贡县发改委科级干部	厦门市翔安区重点工程项目前期工作办公室主任科员
陈建强	左贡县财政局科级干部	厦门市湖里区财政局预算科科长
刘　斯	左贡县教育局教研室专业技术人员	厦门市信息学校信息部教学部长、高级讲师
林黎星	左贡县教育局教研室专业技术人员	厦门市集美职业技术学校助理讲师
肖卫东	左贡县住建局专业技术人员	厦门市城市规划设计研究院工程师
郑　浩	八宿县委副书记	连江县政府副县长、党组成员
姚　伟	八宿县副县长	福州市仓山区政府副区长、党组成员
李陈彬	八宿县发改委科级干部	福州市铁路（轨道）建设办公室主任
邱泽天	八宿县财政局科级干部	长乐市卫计局党组成员、卫计系统党委副书记

续表

姓　名	援藏单位及职务	援藏前单位及职务
陈　锋	八宿县旅游局专业技术人员	福州市旅游服务中心助理经济师
黄逸仙	八宿县住建局专业技术人员	闽清县住建局村镇建设站站长、工程师
韩卫华	洛隆县委副书记	泉州市丰泽区政府副区长、党组成员
吴保忠	洛隆县副县长	泉州市鲤城高新技术产业开发区党工委书记
龚时荣	洛隆县发改委科级干部	泉州市发改委办公室主任科员
吴文从	洛隆县财政局科级干部	泉州市人大常委会财经委预算审查监督科科长
蔡再荣	洛隆县电视台副台长	泉州广播电视台新闻中心新闻早报责编、主任记者
陈平磊	洛隆县卫生服务中心专业技术人员	泉州市第一医院急诊科副主任、主治医师
张谋智	洛隆县卫生服务中心专业技术人员	泉州市第一医院妇产科主治医师
彭华烨	洛隆县交通局专业技术人员	泉州市交通规划建设管理处路桥工程师
谢周疆	洛隆县住建局专业技术人员	泉州市城市规划设计研究院建筑师（聘用）
叶　毓	边坝县委副书记	漳州市龙文区政府副区长、党组成员
方响宏	边坝县财政局科级干部	云霄县云陵镇党委副书记、镇长
施文永	边坝县水利局水利队专业技术人员	漳州九龙江洪水预警中心高级工程师
刘秋松	边坝县交通运输局专业技术人员	漳州市公路局计划养护科职员、工程师
林晓宇	边坝县电视台专业技术人员	漳州电视台文艺部主任助理、记者
江敬荣	边坝县委常委、常务副县长	龙岩市委办公室副主任、室务会成员
蔡仁淼	边坝县发改委科级干部	漳平市和平镇党委副书记、镇长
邱德胜	边坝县卫生服务中心医生	龙岩人民医院副院长、副主任医师
艾鹏胜	边坝县卫生服务中心医生	武平县医院血液肿瘤科主任助理、主治医师
赖安兴	边坝县住建局专业技术人员	龙岩市城乡规划设计院工程师
蔡芳芹	昌都市农牧局专业技术人员	省动物卫生监督所助理兽医师
罗志贤	昌都市林业局专业技术人员	福州植物园高级工程师
曾　雨	昌都市环保局专业技术人员	省环境影响评价技术中心规划环评评估科副科长
林　峰	昌都市住建局专业技术人员	省城乡规划设计研究院工程师
陈淑艳	昌都市妇幼保健院妇产科专业技术人员	福建省立医院产科主管护师
张培茹	昌都市妇幼保健院妇产科专业技术人员	福建医科大学附属第二医院妇产科主治医师
郑义熔	昌都市妇幼保健院儿科专业技术人员	省妇幼保健院新生儿科医师
徐永红	昌都市妇幼保健院儿科专业技术人员	福建中医药大学附属人民医院儿科主治医师
李军平	昌都市投资公司智慧城市建设专业技术人员	省星云大数据应用服务有限公司工程师
李永昌	左贡县教育局教研室专业技术人员	厦门市国祺中学一级教师
许爱珍	左贡县卫计委专业技术人员	厦门大学附属第一医院鹭江街道社区卫生服务中心放射科主治医师
唐　昊	八宿县旅游局专业技术人员	福州市旅游质量监督管理所干部
刘君烨	八宿县住建局专业技术人员	福州市规划勘测设计研究总院规划二所助理工程师
卢世锋	洛隆县教育局专业技术人员	惠安县岩峰中学政教处主任、一级教师

续表

姓　名	援藏单位及职务	援藏前单位及职务
颜永德	洛隆县交通局专业技术人员	泉州市公路局直属分局助理工程师
潘川顺	边坝县教育局专业技术人员	龙海市海澄中学政教处副主任、一级教师
丘灿明	边坝县卫生服务中心医生	龙岩市第二医院呼吸内科主治医师
苏亮星	边坝县卫生服务中心医生	龙岩市永定区坎市医院内科主治医师
林成勇	边坝县农牧局专业技术人员	东山县农林水利局经营管理站农业经济师
黄　勇	边坝县住建局专业技术人员	长汀县卧龙—南屏山风景区管委会城乡规划工程师

福建省第十批援宁工作队人员名单（共21人）

姓　名	援宁单位及职务	援宁前单位及职务
陆　菁	宁夏回族自治区扶贫办（移民局）党组成员、副主任（副局长），固原市委常委、副市长，福建省第十批援宁工作队领队	省妇联副主席、党组成员
余　华	固原市政府副秘书长	省委办公厅机关党委办公室副主任
李仲福	固原市原州区委常委、副区长	福州经济技术开发区委、马尾区委政法委副书记兼区综治办主任（副处级）
黄　浩	固原市原州区区长助理	福州经济技术开发区、马尾区纪委驻区民政局纪检组组长（正科级）
樊学双	固原市隆德县委常委、副县长	闽侯县政府副县长、党组成员
林　隽	固原市隆德县县长助理	闽侯县政府办党组书记、主任，县效能办主任
吴志怀	固原市彭阳县委常委、副县长	厦门市思明区厦港街道办事处副主任、党工委委员
连一洲	固原市彭阳县县长助理	厦门市思明区城市管理行政执法局筼筜行政执法中队中队长
陈忠义	固原市泾源县委常委、副县长	厦门市海沧区（海沧台商投资区管委会）经信局信息化处处长
蔡飞元	固原市泾源县县长助理	厦门市海沧区委办公室秘书科科长
杨艺明	中卫市海原县委常委、副县长	漳浦县绥安镇党委书记（副处长级）
陈阳升	中卫市海原县县长助理	漳浦县大南坂镇党委副书记、镇长
曾培煌	银川市永宁县闽宁镇副镇长	漳州台商投资区角美镇副镇长，区行政服务中心副主任
徐情根	吴忠市盐池县委常委、副县长	泉州市洛江区委常委
吕培基	吴忠市盐池县县长助理	泉州市洛江区人社局党组书记、局长，区委组织部副部长（兼）
王文杨	吴忠市同心县委常委、副县长	永春县桃城镇党委书记（副处级）
颜伟煌	吴忠市同心县县长助理	永春县东平镇党委书记
涂德望	吴忠市红寺堡区委常委、副区长	德化县浔中镇党委副书记、镇长（副处级）
苏文忠	吴忠市红寺堡区区长助理	德化县委办公室副主任、主任科员
蔡　志	固原市西吉县委常委、副县长	莆田市涵江区政府副区长、党组成员
陈海防	固原市西吉县县长助理	莆田市涵江区新县镇党委书记

（摘编：郭虹）

福建省台办系统先进集体和先进工作者名单

2019年2月12日，福建省人力资源和社会保障厅、中共福建省委台港澳工作办公室下发《福建省人力资源和社会保障厅　中共福建省委台港澳工作办公室关于表彰全省台办系统先进集体和先进工作者的决定》提出，近年来，全省台办系统干部职工在省委、省政府正确领导和中央台办大力指导下，会同全省各级各有关部门，坚持以习近平新时代中国特色社会主义思想和党的十九大精神为指导，全面贯彻落实中央对台大政方针和决策部署，树牢“四个意识”、坚定“四个自信”，坚决做到“两个维护”，按照省委十次党代会的要求，立足“两个服务”，奋力先行先试，推动闽台交流合作取得新成效，涌现出一批先进集体和先进工作者，有力地推动了新时代我省对台事业发展，为新福建建设作出了积极贡献。为表彰先进，弘扬正气，树立典型，进一步激发全省台办系统广大干部职工的积极性和创造性，不断开创我省对台工作新局面，省人力资源和社会保障厅、省委台港澳办决定，授予中共福州市委台港澳工作办公室等15个单位“全省台办系统先进集体”荣誉，授予唐跃新等30名同志“全省台办系统先进工作者”荣誉。希望受表彰的先进集体和先进工作者珍惜荣誉、发扬成绩、谦虚谨慎、再接再厉，继续为对台事业的发展再立新功。全省各级台港澳工作部门和广大对台工作者要以受表彰的先进集体和先进工作者为榜样，紧紧围绕深入贯彻落实习近平新时代中国特色社会主义思想和党的十九大精神，锐意进取、攻坚克难、扎实工作，为服务高质量发展落实赶超，为推动两岸关系和平发展，推进祖国和平统一进程，作出新的更大贡献！

全省台办系统先进集体（15个）

1. 中共福州市委台港澳工作办公室（原中共福州市委台湾工作办公室）
2. 中共福州市马尾区委台港澳工作办公室（原中共福州市马尾区委台湾工作办公室）
3. 中共厦门市思明区委台湾工作办公室
4. 福建省厦门台湾渔民事务工作站
5. 中共漳浦县委台港澳工作办公室（原中共漳浦县委台湾工作办公室）
6. 中共南靖县委台港澳工作办公室（原中共南靖县委台湾工作办公室）
7. 中共晋江市委台港澳工作办公室（原晋江市侨台外事局）
8. 中共安溪县委台港澳工作办公室（原中共安溪县委台湾工作办公室）
9. 中共三明市委台港澳工作办公室（原中共三明市委台湾工作办公室）
10. 中共湄洲岛党工委台湾工作办公室
11. 中共武夷山市委台湾工作办公室
12. 中共上杭县委台湾工作办公室
13. 中共福鼎市委台港澳工作办公室（原中共福鼎市委台湾工作办公室）
14. 平潭综合实验区党工委台湾工作部联络交流处
15. 中共福建省委台港澳工作办公室联络处（原中共福建省委台湾工作办公室联络处）

全省台办系统先进工作者（30个）

1. 中共福州市委台港澳工作办公室沿海三通处处长唐跃新（原中共福州市委台湾工作办公室沿海三通处处长）

2. 中共福州市台江区委台港澳工作办公室主任陈少聪（原中共福州市台江区委台湾工作办公室主任）

3. 中共福州市仓山区委台港澳工作办公室主任王坚（原中共福州市仓山区委台湾工作办公室主任）

4. 中共连江县委台港澳工作办公室秘书宣传科科长谢云芳（原中共连江县委台湾工作办公室秘书宣传科科长）

5. 中共福清市委台港澳工作办公室副主任张勤（原中共福清市委台湾工作办公室副主任）

6. 中共厦门市委台湾工作办公室秘书处副处长郑婉宜

7. 福建省厦门台湾渔民事务工作站站长李基智

8. 中共厦门市思明区委台湾工作办公室主任科员王聪梨

9. 中共厦门市湖里区委台湾工作办公室主任科员方旭明

10. 中共厦门市翔安区委台湾工作办公室主任科员曾益

11. 中共漳州市委台港澳工作办公室机关党委专职副书记唐福功（原中共漳州市委台湾工作办公室机关党委专职副书记）

12. 中共漳州市委台港澳工作办公室主任联络交流科科长杨清泉（原中共漳州市委台湾工作办公室主任联络交流科科长）

13. 中共平和县委台港澳工作办公室主任曾溪辉（原中共平和县委台湾工作办公室主任）

14. 中共龙海市委台港澳工作办公室综合科科长陈国树（原中共龙海市委台湾工作办公室综合科科长）

15. 中共泉州市委台港澳工作办公室副调研员林荣清（原中共泉州市委台湾工作办公室副调研员）

16. 中共南安市委台港澳工作办公室台胞接待站副站长黄文平（原中共南安市委台湾工作办公室台胞接待站副站长）

17. 中共石狮市委台港澳工作办公室科员贾存友（原石狮市委侨台外事局台湾事务股科员）

18. 中共三明市委台港澳工作办公室人秘科科长胡国楠（原中共三明市委台湾工作办公室人秘科科长）

19. 中共清流县委台港澳工作办公室主任张岐山（原中共清流县委台湾工作办公室主任）

20. 中共宁德市委台港澳工作办公室科员陈从标（原中共宁德市委台湾工作办公室科员）

21. 中共霞浦县委台港澳工作办公室主任科员华永超（原中共霞浦县委台湾工作办公室主任科员）

22. 中共莆田市涵江区委台湾工作办公室主任科员蔡志安

23. 中共仙游县委台湾工作办公室主任林怀金

24. 中共建瓯市委台湾工作办公室主任郑永键

25. 中共邵武市委台湾工作办公室主任张守良

26. 中共龙岩市委台港澳工作办公室宣传交流科科长廖福年（原中共龙岩市委台湾工作办公室宣传交流科科长）

27. 中共龙岩市新罗区委台湾工作办公室主任郭瑞欣

28. 平潭综合实验区党工委台湾工作部办公室主任周晓庆

29. 中共福建省委台港澳工作办公室经济处主任科员吴国强（原中共福建省委台湾工作办公室经济处主任科员）

30. 海峡论坛事务中心专业技术十级职员施谢晖

（摘编：彭金龙）

福建省民政系统先进集体和先进工作者名单

2019年4月14日福建省人力资源和社会保障厅、福建省民政厅下发的《福建省人力资源和社会保障厅　福建省民政厅关于表彰全省民政系统先进集体和先进工作者的决定》（闽人社文〔2019〕85号）提出，近年来，在省委、省政府的领导下，全省各级民政部门和广大民政工作者深入学习贯彻习近平新时代中国特色社会主义思想和党的十九大、十九届二中、三中全会精神，积极践行“民政为民、民政爱民”工作理念，以人为本，为民服务，涌现出一大批先进集体和先进工作者，有力推动我省民政事业科学发展，为新福建建设作出了重要贡献。

为表彰先进，树立典型，进一步激发全省民政系统广大干部职工的积极性和创造性，不断开创民政工作新局面，省人力资源和社会保障厅、省民政厅决定，授予福建省民政厅社会救助处等38个单位“全省民政系统先进集体”，授予林艳等98名同志“全省民政系统先进工作者”。

希望受表彰的先进集体和先进工作者珍惜荣誉、发扬成绩、谦虚谨慎、再接再厉，为全省民政事业的持续发展再立新功。全省各级民政部门和广大民政工作者要以受表彰的先进集体和先进工作者为榜样，更加紧密地团结在以习近平同志为核心的党中央周围，在习近平新时代中国特色社会主义思想指引下，进一步增强“四个意识”，坚定“四个自信”，自觉践行“两个维护”，坚持改革创新，聚焦脱贫攻坚，聚焦特殊群体，聚焦群众关切，更好地履行基本民生保障、基层社会治理、基本社会服务等职责，为全面建成小康社会，建设新福建作出新的更大贡献。

全省民政系统先进集体和先进工作者名单

一、全省民政系统先进集体（38个）

1. 福建省民政厅社会救助处
2. 福建省救助管理总站
3. 福州市文林山革命公墓管理处
4. 福州市晋安区民政局
5. 福州市马尾区民政局
6. 福州市闽清县民政局
7. 福州市永泰县民政局
8. 厦门市湖里区民政局
9. 厦门市翔安区民政局
10. 厦门市殡仪服务中心
11. 漳州市军队离休退休干部休养所
12. 南靖县婚姻登记服务中心
13. 东山县殡仪馆
14. 漳浦县救助管理站
15. 泉港区民政局
16. 晋江市民政局
17. 泉州台商投资区管委会民生保障局
18. 南安市民政局
19. 安溪县民政局
20. 沙县民政局
21. 尤溪县民政局
22. 宁化县民政局婚姻登记中心
23. 明溪县殡仪馆
24. 莆田市城厢区民政局
25. 莆田市涵江区民政局
26. 莆田市秀屿区民政局
27. 南平市民政局

28. 邵武市民政局
29. 武夷山市社会福利中心
30. 松溪县民政局社会福利和社会事务股
31. 闽西革命烈士陵园管理处
32. 龙岩市永定区救助管理站
33. 长汀县殡葬管理所
34. 漳平市绿园殡仪服务中心
35. 宁德市城乡低保管理中心
36. 柘荣县民政局
37. 霞浦县婚姻登记中心
38. 屏南县低保管理中心

二、全省民政系统先进工作者（98 名）

1. 林　艳（福建省救助申请家庭经济状况核对中心　主任）
2. 江丽玲（福建省民政厅　主任科员）
3. 杨玉华（福州市民政局　办公室主任、人事处处长）
4. 顾　萍（福州市军队离休退休干部服务中心　党支部书记、主任）
5. 蒋朝荣（福州市军队离休退休干部五凤休养所　水电工）
6. 林　辉（福州市台江区民政局　低保管理中心主任）
7. 刘晓初（福州市仓山区民政局　办公室主任）
8. 吴礼荣（福州市晋安区民政局　副局长）
9. 叶剑平（福州市马尾区民政局　办公室主任）
10. 陈家辉（福州市长乐区民政局　社会事务科负责人）
11. 姚远见（福清市殡葬管理所　副所长）
12. 姚为强（闽侯县社会福利中心　副主任）
13. 黄淑斌（连江县民政局　低保科科长）
14. 彭盛强（罗源县社会福利中心　主任）
15. 黄　卉（闽清县民政局　办公室主任）
16. 张厚国（永泰县救助管理站　负责人）
17. 庄美珍（厦门市思明区民政局　副局长）
18. 蔡网抱（厦门市海沧区海沧街道办事处街政办负责人）
19. 吴清良（厦门市同安区民政局　社会事务科科长）
20. 王心颖（厦门市老龄工作委员会办公室副调研员）
21. 陈伟和（厦门市殡仪服务中心　组长）
22. 白龙翔（厦门市民政局　副主任科员）
23. 韩韬轶（厦门市海峡两岸婚姻家庭服务中心　主任）
24. 林碧玉（厦门市社会福利中心　护理长）
25. 李家贯（厦门市军队离休退休干部前埔休养所　科长）
26. 杨志辉（漳州市民政局　办公室主任）
27. 罗堆金（漳州市第二军队离退休干部休养所　主任科员）
28. 曾仕富（漳州市福康医院　病区主任）
29. 王建龙（龙海市民政局　科长）
30. 黄瑜玲（漳浦县救助管理站　干部）
31. 方雪丽（云霄县城乡居民最低生活保障工作管理处　职工）
32. 林惠文（诏安县福利院光荣院　院长）
33. 杨英武（东山县民政局　社会事务股股长）
34. 吴曜云（南靖县城乡居民最低生活保障所主任）
35. 张永发（平和县民政局　综合股干部）
36. 童素华（华安县民政局　人秘股股长）
37. 薛文琴（长泰县民政局　办公室负责人）
38. 刘　洪（泉州市民政局　双拥办主任）
39. 蓝志坚（泉州市救助管理站　站长）
40. 吕碧扶（泉州鲤城区社会福利院　院长）
41. 林亮艺（泉州市洛江区民政局　办公室负责人）
42. 卢伟阳（泉州台商投资区民政事务与老年服务中心　主任）
43. 吴志坚（晋江市民政局　办公室主任）
44. 王晴莹（中共石狮市委社会工作部　综合股股长）
45. 陈婉丽（南安市民政局　婚姻登记处主任）
46. 王　滨（惠安县民政局　救灾救助股副股长）
47. 林电义（安溪县殡仪馆　经理）
48. 李志泉（永春县光荣院　院长）

49. 王光堃（德化县民政局　办公室负责人）
50. 林桂榕（三明市梅列区民政局　副局长）
51. 林民发（三明市三元区民政局　主任科员）
52. 林维欣（永安市婚姻登记服务中心　工作人员）
53. 陈春菊（明溪县婚姻登记中心　工作人员）
54. 刘　忠（清流县民政局　局长）
55. 江祖林（清流县城乡低保工作站　工作人员）
56. 廖秀英（泰宁县婚姻登记服务中心　工作人员）
57. 陈忠霞（将乐县区划地名和行政区域界线办　工作人员）
58. 詹金花（大田县民政局　办公室负责人）
59. 林志红（三明市民政综合执法支队　科员）
60. 徐方圆（三明市救助管理站　科员）
61. 余道君（建宁县客坊乡民政办　主任）
62. 林丽霞（莆田市慈康医院　护理部主任）
63. 郑益军（莆田市民政局　办公室副主任）
64. 陈一晖（莆田市区划地名办公室　科员）
65. 黄金茶（仙游县民政局　局长）
66. 朱成献（莆田市荔城区民政局　股长）
67. 黄惠杰（莆田市湄洲湾北岸经济开发区民政局　负责人）
68. 叶亚萍（莆田市湄洲岛国家旅游度假区社会事务管理局　办事员）
69. 王欣然（南平市民政局　办公室主任）
70. 陈梅莲（南平市延平区救助申请家庭经济状况核对中心　主任）
71. 梁文辉（建阳区社区建设和救助管理中心站长）
72. 刘秀明（武夷山市民政局　副局长）
73. 吴建勇（建瓯市民政局　副局长）
74. 张　露（浦城县民政局　优抚安置办主任）
75. 陈伙兰（光泽县民政局　双拥办主任）
76. 李　莉（顺昌县民政局　优安办、老龄工作股负责人）
77. 张忠荣（松溪县救助申请家庭经济状况核对中心　主任）
78. 吴立新（政和县石屯镇民政办　主任）
79. 林卫平（南平市殡仪馆　殡仪服务工）
80. 丘永红（龙岩市民政局　福利慈善和社会事务科科长）
81. 黎本拥（龙岩市民政局　救灾救助科科长）
82. 张　慧（龙岩新罗区民政局　副局长、双拥办主任）
83. 马林华（龙岩市永定区民政局　人秘股股长）
84. 李世文（上杭县民政局　区划地名股股长）
85. 范　晖（武平县民政局　福利慈善和社会事务股股长）
86. 吴胜荣（长汀县汀州镇民政办　主任）
87. 罗晓红（连城县民政局城乡低保和救助家庭经济状况核对中心主任）
88. 张俊友（漳平市民政局婚姻登记处　主任）
89. 章徐良（宁德市蕉城区社会福利院　负责人）
90. 高爱金（古田县民政局　计财股副股长）
91. 周理宗（屏南县殡葬执法大队　队长）
92. 刘方明（周宁县民政局　副主任科员）
93. 吴祖斌（寿宁县民政局　站长）
94. 尤瑶玲（福安市婚姻登记中心　办事员）
95. 杨　斌（柘荣县民政局　双拥优抚安置股负责人）
96. 张　伦（福鼎市福利院　管理人员）
97. 刘星星（霞浦县军休所　干部）
98. 陈　芳（福安精神病人疗养院　护士长）

（摘编：李哲）

福建省残联系统先进集体和先进工作者名单

2019年5月20日福建省人力资源和社会保障厅、福建省残疾人联合会下发《福建省人力资源和社会保障厅　福建省残疾人联合会关于表彰全省残联系统先进集体和先进工作者的决定》（闽人社文〔2019〕116号）提出，近年来，在省委、省政府的领导下，全省各级残联组织和广大残疾人工作者深入学习贯彻习近平新时代中国特色社会主义思想和党的十九大、十九届二中、三中全会精神，围绕中心，服务大局，开拓创新，真抓实干，为推进我省残疾人事业高质量发展，建设新福建作出了积极贡献，涌现出了一大批先进集体和先进工作者。为表彰先进，树立典型，鼓舞士气，充分调动残联系统干部的积极性、主动性和创造性，继续投身残疾人事业攻坚，推动新时代新福建建设，省人力资源和社会保障厅、省残疾人联合会决定，授予福州市马尾区残疾人联合会等35个单位“全省残联系统先进集体”，授予严臻等37名同志“全省残联系统先进工作者”。

希望受表彰的先进集体和先进工作者珍惜荣誉、发扬成绩、谦虚谨慎、再接再厉，为我省残疾人事业高质量发展再立新功。全省各级残联组织和广大残疾人工作者要以受表彰的先进集体和先进工作者为榜样，更加紧密地团结在以习近平同志为核心的党中央周围，在习近平新时代中国特色社会主义思想和党的十九大精神的指引下，进一步增强“四个意识”，坚定“四个自信”，做到“两个维护”，坚持改革创新，为全面建成小康社会，建设新福建作出新的更大贡献。

全省残联系统先进集体和先进工作者名单

一、全省残联系统先进集体（35个）

福州市（4个）

马尾区残疾人联合会

长乐区残疾人联合会

罗源县残疾人联合会

永泰县残疾人联合会

厦门市（3个）

厦门市心欣幼儿园

思明区残疾人联合会

湖里区残疾人联合会

漳州市（5个）

漳州市残疾人就业服务指导中心

芗城区残疾人联合会

龙海市残疾人联合会

华安县残疾人联合会

东山县铜陵镇残疾人联合会

泉州市（5个）

丰泽区残疾人联合会

泉港区残疾人联合会

石狮市灵秀镇残疾人联合会

南安市残疾人联合会

安溪县残疾人联合会

三明市（4个）

大田县残疾人联合会

宁化县湖村镇残疾人联合会

沙县残疾人就业服务指导中心

尤溪县残疾人康复辅具管理站

莆田市（3个）

荔城区残疾人联合会
涵江区江口镇残疾人联合会
莆田市残疾人劳动就业服务管理站
南平市（3 个）
南平市残疾人就业服务指导中心
建阳区残疾人联合会
建瓯市残疾人联合会
龙岩市（3 个）
漳平市永福镇残疾人联合会
上杭县残疾人联合会
连城县庙前镇残疾人联合会
宁德市（3 个）
宁德市残疾人就业服务指导中心
古田县残疾人联合会
周宁县残疾人就业服务所
省残联（2 个）
福建省残疾人联合会教育就业部
福建省残疾人劳动就业服务中心

二、全省残联系统先进工作者（37 名）

福州市（2 名）
严 臻（女） 晋安区残疾人就业服务指导中心职员
黄道亮 闽清县残联副理事长
厦门市（3 名）
吴萱萱（女） 集美区残联理事长
闫 洁（女） 厦门市心欣幼儿园教师
刘 宁（女） 厦门市残疾人联合会组联处残疾人联络员
漳州市（4 名）
余淑云（女） 龙文区残联康复股负责人
林玉法 漳浦县残联副理事长
林 敏（女） 南靖县残联办公室负责人
郑静燕（女） 诏安县残联办公室主任
泉州市（5 名）
黄晓雯（女） 泉州市残联宣传文体教育部主任
吴庆辉 鲤城区残联科员
龚永利 安溪县残联理事长
康建民 永春县残联残疾人联络员
林连生 南安市向阳乡残联残疾人联络员
三明市（4 名）
李燕萍（女） 明溪县残联副理事长
张恒硕 三明市残疾人康复中心副主任
肖思兰（女） 泰宁县残联办公室主任
林冬梅 永安市燕西街道办事处残疾人联络员
莆田市（3 名）
蔡国照 仙游县残联理事长
黄德雄 莆田城厢区常太镇残联残疾人联络员
林志锋 莆田市残联办公室主任
南平市（4 名）
钟 强 南平市残联康复科科长
张李生 顺昌县郑坊镇残联残疾人联络员
章春萍（女） 光泽县残联康复办负责人
胡小兰（女） 松溪县残疾人劳动服务管理站站长
龙岩市（4 名）
傅 强 龙岩市残联副调研员
卢林彤（女） 龙岩市残联业务科科长
罗春花（女） 新罗区残联业务股副股长
刘滢霞（女） 漳平市残联综合股股长
宁德市（4 名）
苏淋诗 宁德市残联副理事长
兰乾江 屏南县残疾人劳动就业服务指导中心工作人员
吴光延 周宁县残疾人康复中心负责人
吴云琴（女） 霞浦县松港街道办事处残疾人联络员
平潭综合实验区（1 名）
李宗武 平潭综合实验区残疾人服务中心维权教就部负责人
省直（3 名）
张 泉 福建省残联维权发展部科员
孙 琼（女） 福建省残疾人康复教育中心职员
颜晓蓉（女） 福建省残疾人康复教育中心聋康部主任

（摘编：康明辉）

第三届“福建省十大法治人物”名单

2019年12月6日，由省委全面依法治省委员会办公室、省委宣传部、省委政法委、省司法厅、省法学会主办，福建法治报社、法制日报社福建记者站承办的第三届“福建省十大法治人物”颁奖礼在福州举行。副省长、省公安厅党委书记、厅长田湘利，省政协副主席杜源生，省法院党组书记、院长吴偕林，省检察院党组书记、检察长霍敏出席活动。

活动现场为10名第三届“福建省十大法治人物”获奖者颁奖。第三届“福建省十大法治人物”分别为中共福建省委政法委员会执法监督室二级主任科员康志纯、福建省高级人民法院生态环境审判庭副庭长秦传熙、厦门市人民检察院第四检察部主任戴静、福州市公安局鼓楼刑侦大队副大队长陈明月、厦门市公安局湖里分局法制队队长刘敏玲、明溪县司法局城关司法所所长方秋轩、福建师范大学法学院院长林旭霞、莆田市妇女维权法律服务中心主任徐素瑜、三明市公安局白沙派出所（集体）、福建省未成年犯管教所教育科（集体）。

（摘编：林学军）

第五届福建省“荣誉公民”名单

2019年9月27日，省长唐登杰在福州会见了第五届福建省“荣誉公民”并向他们颁发荣誉证书。

“荣誉公民”是福建省授予外国友人的最高荣誉称号，自1993年设立以来，已连续评选五届。本届共评出8位“荣誉公民”，分别是：日本长崎县知事中村法道、宁德时代新能源科技股份有限公司首席技术官博阁仁、福建奔驰汽车有限公司总裁兼首席执行官郭鹏凯、福州大学土木工程学院院长布鲁诺、日本财团理事长尾形武寿、百威亚太区总裁兼首席执行官杨克、福建省博特生物科技有限公司特聘研究员伊格、华侨大学教授菲利普。

（摘编：郭虹）

第三批福建省中小学心理健康教育名师工作室名单

2019年12月25日福建省教育厅下发的《福建省教育厅关于公布第三批福建省中小学心理健康教育名师工作室名单的通知》（闽教思〔2019〕20号）提出，根据《福建省教育厅办公室关于遴选建设第三批中小学校心理健康教育名师工作室的通知》（闽教办思〔2019〕10号）部署安排，在各地申报的基础上，经专家评审、公示，确定宁德市第五中学等20所中小学校入选第三批省级中小学心理健康教育名师工作室。现予公布。

各地教育部门和学校要深入贯彻落实全国和全省教育大会以及学校思想政治理论课教师座谈会精神，大力加强教师队伍建设，努力构建德智体美劳全面培养的教育体系，形成更高水平的人才培养体系。要切实加强中小学生心理健康教育工作，强化系统设计、支撑保障，推动心理健康教育融入思想道德教育、文化知识教育、社会实践教育各环节，着力增强学生综合素质。

各名师工作室要进一步细化建设方案，积极开展富于创造性、具有推广价值和示范意义的研究和实践工作；工作室应广泛吸纳校内外心理健康教育教师参与，建立工作团队，结合工作特色和资源优势，积极组织开展心理健康教育教师研讨和交流活动；要认真梳理工作中的好做法、好经验，提炼工作特色和亮点，形成工作室的特色与品牌。每年12月底前向我厅思政处报送年度工作总结和相关工作案例。

建设期为2年，考核合格后予以结项，不合格者予以通报。每个中小学心理健康教育名师工作室省级奖补5万元（厦门市名师工作室奖补经费由厦门市级财政统筹安排），奖补经费下拨至各设区市教育局。

第三批福建省中小学心理健康教育名师工作室

（排名不分先后）

序号	学校名称	领衔名师
1	宁德市第五中学	夏丽雪
2	福建省同安第一中学	郑艳春
3	漳州第二职业中专学校	陈丽华
4	福州四中	邹　丹
5	莆田第二中学	邹筱清
6	福建省龙岩师范附属小学	林小燕
7	芗城实验小学	高　莉
8	福建省泉州市泉港区青少年学生校外活动中心	房香莲
9	福建省厦门集美中学	廖潭林

续表

序号	学校名称	领衔名师
10	福州机电工程职业技术学校	郭　清
11	福州格致中学	汤璐璐
12	尤溪一中文公分校	陈细珠
13	清流县第一中学	吴华燕
14	福建师范大学附属小学	黄　硕
15	福建省安溪第八中学	胡银杉
16	莆田第十中学	林　凌
17	福建省建阳第一中学	叶宏莉
18	邵武第四中学	丁美爱
19	福安市第一中学	郑　青
20	福建省惠安第一中学	柯永红

（摘编：王诗诚）

福建省2019年度实事助学基金杰出教师名单

2019年8月26日实事助学基金会、福建省教育厅下发《关于表彰2019年度实事助学基金杰出教师的决定》（闽教师〔2019〕30号）提出，近年来，我省23个省级扶贫开发工作重点县广大教师恪尽职守、教书育人、无私奉献，为全省教育改革发展作出了积极贡献，涌现出一批优秀教师。为进一步激励广大教师献身贫困地区教育事业，表彰他们为扶贫开发工作重点县教育事业做出的贡献，激发广大教师的积极性和创造性，争当有理想信念、有道德情操、有扎实知识、有仁爱之心的好老师，实事助学基金会和我厅决定授予刘清锋等100位教师2019年度“实事助学基金杰出教师”荣誉称号。

2019年度实事助学基金杰出教师名单

一、福州市

刘清锋　永泰县赤锡中学
卓晓永　永泰县盘谷中心小学
何裕添　永泰县埔埕中学
邱伙金　永泰县葛岭中心小学
鄢灿金（女）　永泰县第三中学

二、漳州市

林捍东　云霄县竹塔学校
吴连云（女）　云霄县下河中心小学
何金海　云霄县马铺中心小学
蔡桂莲（女）　云霄县火田中学
汤燕群（女）　云霄县元光小学
林火平　诏安县梅岭中学
邱小洪　诏安县边城中学
沈秋恋（女）　诏安县桥东中学
沈小清（女）　诏安县深桥镇中心小学
何文辉　诏安县建设乡中心小学
林丽君（女）　平和县五寨中心小学
张月梅（女）　平和县广兆中学
朱永林　平和县大溪中学
林丽辉（女）　平和县大溪中心小学
吴婉玲（女）　平和县崎岭中心小学

三、三明市

黄菊仙（女）　清流县城关小学
翟韶闽　清流县实验中学
张丽娟（女）　清流县余朋学校
邱林香（女）　清流特殊学校
吴道兴　明溪县枫溪学校
揭燕芳（女）　明溪县胡坊学校
苏国相（女）　明溪县实验小学
郑明隽（女）　明溪县城关中心小学
肖业平　泰宁县大田乡中心小学
李生贵　泰宁县朱口镇第一中心小学
邱小凤（女）　泰宁县梅口乡中心小学
康祖龙　泰宁县第三中学
应学洪　建宁县城关小学
张邦宏　建宁县黄埠中心小学
史运平　建宁县伊家中心小学
李国泰　建宁县溪源中学
吴和国　宁化县第四中学
李秋金（女）　宁化县第二中学
邱启雄　宁化县泉上中心学校泉下小学
刘剑宁　宁化县曹坊中心学校
张凤秀（女）　宁化县淮土中心学校
邱芳华　宁化县第五中学
邱廷河　宁化县第七中学

吴美香（女） 宁化县红旗小学

四、南平市

范代华 松溪祖墩中心小学
张彩珍（女） 松溪县第二中学
曹义森 松溪县郑墩中心小学
严昌发 松溪县东中心小学
王日富 浦城县古楼中心小学
戴文军 浦城县官路乡东坑小学
王春枝（女） 浦城县山下中心小学
邱森贵 浦城县富岭镇浮流小学
刘成和 顺昌县高阳中心小学
范明林 顺昌县际会中学
谢忠兰（女） 顺昌县建西中心小学
杨松元 顺昌县仁寿中学
游党寿 光泽县华桥增坊小学
曾乃钦 光泽县李坊杨里小学
张锦锦（女） 光泽县司前中心小学
官世才 光泽县止马中心小学
李招春 政和县星溪官湖小学
余机伙 政和县铁山中学
暨风秀（女） 政和县实验小学
李木义 政和县镇前中学

五、龙岩市

兰才娣（女） 武平县十方中心学校
刘伟峰 武平县实验小学
危劲松 武平县中堡中心学校
危春花（女） 武平县初级中学
钟秋萍（女） 武平县武东中学
黄玲妹（女） 连城县隔川中学
徐秀红（女） 连城县冠豸中学
罗志成 连城县城关第二中心小学
傅钦生 连城县朋口中心小学
林诚忠 长汀县策武陈坊小学
江仁太 长汀县古城中心学校
林洪金 长汀县四都中学
吴逢贵 长汀县涂坊河甫小学
钟永生 长汀县濯田东山小学

六、宁德市

陈　清 古田县第二小学
林丽琴（女） 古田县大桥中心小学
陈伟锋 古田县第一小学
江启立 古田县第五中学
陈　良 古田县岭里初级中学
卓正兴（女） 屏南县甘棠初级中学
徐立华（女） 屏南县岭下中心小学
陈兆科 屏南县路下华侨中学
傅翠娟（女） 周宁县第十中学
周罗贵 周宁县第八中学
吴谢宝 周宁县浦源中心小学
占奶生 寿宁县斜滩中心小学
陈榕宁（女） 寿宁县鳌阳中心小学
陈朝辉 寿宁县第二中学
肖作良 寿宁县犀溪中学分校
陈国良 柘荣县乍洋中心校
游晓霞（女） 柘荣县第一中学附属初级中学
郑　芬（女） 霞浦县实验小学
蔡巧玉（女） 霞浦县横江初级中学
李腾云 霞浦县海岛里沃小学
雷玉荣 霞浦县长春中心小学
叶钦庚 霞浦县第十八中学

（摘编：游学荣）

福建省见义勇为模范（群体）和先进个人（群体）名单

2019年1月9日，全省第二十五次见义勇为英雄模范表彰大会在福州召开。省委常委、政法委书记王洪祥出席大会并讲话，省人大常委会副主任黄琪玉出席会议，副省长田湘利主持会议，省政协副主席魏克良、省级老同志陈荣春出席会议。

王洪祥指出，当前，全省上下正在认真学习贯彻习近平新时代中国特色社会主义思想和党的十九大精神，全面推进落实省委决策部署，坚持高质量发展落实赶超，奋力推进新时代新福建建设。我们不仅需要物质层面的国富民强，更需要精神层面的自强不息，需要进一步倡导见义勇为、弘扬社会正气，唱响英雄正气歌、提升民族精气神。要大力弘扬见义勇为精神，为实现中国梦凝聚强大正能量；不断完善见义勇为权益保障机制，让全社会感受见义勇为的崇高价值；积极扩大见义勇为社会效应，努力建设更高水平的平安福建；切实加强组织领导，努力营造崇尚正义、弘扬正气的良好社会氛围，继续谱写福建见义勇为工作的新篇章。

大会表彰全省见义勇为模范（群体）和先进个人（群体）共37人，省政府授予林兴春等7人“福建省见义勇为模范（模范群体）”荣誉称号；省见义勇为人员奖励和保护工作委员会授予周国荣等30位“福建省见义勇为先进个人”荣誉称号。大会还为受表彰的模范和先进个人及见义勇为志愿者先进集体颁发奖励金共330万元。

福建省见义勇为模范名单

林兴春　福州市长乐区玉田镇坑田村村民

刘　澍　甘肃省新闻出版广电局退休干部

沈汉元　东山县陈城镇宫前村村民

林长春　晋江市紫帽镇缺井村村民

李财春　明溪县盖洋镇温庄村村民

张宝立　生前系建瓯市建安街道原居民

丁　铨　平潭县北厝镇湖南村村民

福建省见义勇为先进个人名单

周国荣　福清市龙江街道松潭村村民

鄢剑平　生前系永泰县梧桐镇坵演濑头村村民

许泽流　厦门市思明区大同路居民

谭和平　厦门市湖里区个体装修工人（湖北随州人）

彭泽华　厦门鑫安宾馆保安部经理

贾国情　厦门鑫安宾馆保安部主管（湖北十堰人）

吴　勤　厦门鑫安宾馆大堂副理（广东揭西人）

高智伟　龙海市石码镇居民

陈小山　漳浦县佛昙镇后许村村民

陈伟平　漳浦县绥安镇居民

林荣照　漳浦县绥安镇居民

李利昌　南安市供电公司职员

郑华文　晋江市荣誉大酒店职员（江西抚州人）

郭成进　石狮市一轩船务有限公司船员

郭　团　石狮市一轩船务有限公司水手

郭国防　石狮市一轩船务有限公司船长

吴明添　仙游县新万鑫精密薄板有限公司员工

柯乙山　莆田市人民检察院驾驶员

肖丽昆　莆田市秀屿区平海镇平海村村民

林智瑞　沙县人民检察院退休干部
王建新　光泽县供电公司高级政工师
陈建锋　漳平市永福镇石洪村村委会副主任
钟富荣　武平县平川镇兴南村村民
池水才　连城县朋口镇鱼潭村村民
傅春雷　连城县朋口镇朋兴村村民
易钰松　福鼎市桐山街道居民
陈诗阳　霞浦县长春镇大京村渔民
黄作惠　霞浦县长春镇大京村渔民
黄武福　平潭县澳前镇龙山村村民
李桂金　平潭县澳前镇龙山村村民

（摘编：赵旭东）

福建省参加第十八届亚洲运动会获得银牌、铜牌运动员和教练员名单

2019年5月29日福建省人力资源和社会保障厅、福建省体育局下发的《福建省人力资源和社会保障厅　福建省体育局关于给予我省参加第十八届亚洲运动会获得银牌、铜牌运动员和教练员记三等功的决定》（闽人社文〔2019〕122号）提出，我省体育健儿在第十八届亚洲运动会上，顽强拼搏，奋勇争先，有12人次获得金牌、8人次获得银牌、4人次获得铜牌，多个项目取得历史突破，取得了优异成绩，为福建赢得了荣誉。为表彰我省参加第十八届亚洲运动会银牌、铜牌的运动员和教练员，省人力资源和社会保障厅、省体育局决定，给予获得银牌的黄东萍等7名运动员、获得铜牌的施嘉洛运动员，以及培养他们的陈宏等6名教练员，共14位同志各记三等功。

第十八届亚洲运动会我省获得银牌、铜牌的运动员和教练员名单（共14名）

一、获得银牌运动员7名

羽毛球：黄东萍
击　剑：傅依婷　陈情缘
田　径：王庆玲　葛曼琪
激流回旋：陈芳佳
射　击：白一廷

二、获得铜牌运动员1名

击　剑：施嘉洛

三、获得银铜牌教练员6人

羽毛球：陈　宏
击　剑：何永强
田　径：牟连娟　刘朝旭
激流回旋：刘小辉
射　击：刘　佳

（摘编：杨立群）

福建省表彰奖励参加第三届亚残运会获奖运动员、教练员及有关人员

2019年07月07日福建省人民政府下发的《福建省人民政府关于表彰奖励参加第三届亚残运会获奖运动员、教练员及有关人员的决定》（闽政文〔2019〕106号）提出，我省残疾人运动员团结拼搏、奋勇争先，在印度尼西亚雅加达举行的第三届亚洲残疾人运动会比赛中获得13枚金牌、12枚银牌、5枚铜牌，为祖国和我省赢得了荣誉。为表彰我省参加本届亚洲残疾人运动会的运动员、教练员及其他有关人员，经研究决定：

给予获得金牌的运动员杨丽婉、朱德宁、林思彤、柯丽婷、罗清泉、叶超群、陈超，教练员杨小平、林秀炳、黄华兵等10人各记一等功一次。

对获得金牌的运动员、教练员各奖励20万元，对获得银牌的运动员、教练员各奖励8万元，对获得铜牌的运动员、教练员各奖励5万元，对获得第四名、第五名和第八名的运动员、教练员分别各奖励0.9万元、0.8万元和0.5万元。对科研、医务、后勤等其他有关人员按运动员、教练员奖金总额的15%予以奖励。

（摘编：黄万良）

第十五届世界夏季特奥会福建运动员获六金三银

当地时间2019年3月21日，第十五届世界夏季特殊奥林匹克运动会在阿联酋首都阿布扎比闭幕。本次比赛中，我省熊罗伟、陈桂玲、林锋、林宇琪等4名特奥运动员代表中国队参赛，共获得6金3银的好成绩，其中来自三明的熊罗伟一人独得3枚金牌。

第十五届世界夏季特奥会于3月14日开幕，共有200个代表团逾7500名运动员参赛。中国代表团共有104名选手参加了10个项目的角逐。

（摘编：郭虹）

第十篇

年度人才

闽籍院士陈俊武被授予“时代楷模”称号

2019年10月7日中央宣传部向全国宣传发布闽籍院士陈俊武的先进事迹，授予他“时代楷模”称号。“时代楷模”发布仪式现场宣读了《中共中央宣传部关于授予陈俊武同志“时代楷模”称号的决定》，播放了反映陈俊武先进事迹的短片。

陈俊武祖籍福州长乐（鹤上镇云路村），1927年出生，1948年北京大学化工系毕业。陈俊武是中国科学院院士、中国石化集团有限公司科技委顾问、中石化洛阳工程有限公司技术委员会名誉主任，是我国著名炼油工程技术专家、煤化工技术专家、催化裂化工程技术奠基人。他心有大我、至诚报国，新中国成立之初就投身到党和人民的事业，与共和国同成长、共奋进，为新中国石化工业不懈奋斗70年。他敢为人先、勇于登攀，推动我国催化裂化技术从无到有、从弱到强，为我国炼油工业进步作出开创性的贡献，进入耄耋之年，仍然奋战在科研一线。他淡泊名利、甘为人梯，为国家培养一大批高水平石化专家，资助多名贫困学生和优秀青年。荣获“全国优秀共产党员”“全国劳动模范”“全国五一劳动奖章”“全国优秀科技工作者”等称号，获得国家科技进步奖一等奖、国家技术发明奖一等奖。

（摘编：吴强）

福建新增两位院士

中国科学院、中国工程院2019年11月22日公布2019年新当选的院士名单，其中，在我省厦门工作的中国科学院城市环境研究所朱永官研究员当选中国科学院院士，出生并成长在龙岩永定区的华东理工大学涂善东教授当选为中国工程院院士。

朱永官生于1967年8月，2001年入选中科院“引进海外杰出人才计划”，2002年回国工作，曾任中国科学院城市环境研究所所长，现任该所党委书记。他长期从事环境土壤学与生物地球化学研究，先后主持国家自然科学基金委重大项目和中国科学院先导专项等，曾获国家自然科学二等奖（第一完成人）、中国青年科学家奖、中国科学院十大杰出青年、福建省杰出科技人才奖等荣誉。

涂善东1961年11月生于福建龙岩永定，华东理工大学教授，化学工程与技术学家。他长期从事化工设备安全工程技术的研究与开发，先后5次获国家科技奖励，其中包括国家科技进步二等奖3项（2项为第一完成人）、 等奖1项（第二完成人），国家技术发明二等奖1项（第二完成人），省部级特等奖及一等奖10项；获国家发明专利授权69项、国际专利4项。

（摘编：李哲）

福建籍青年科学家获首届“科学探索奖”名单

2019年11月2日，厦门大学化学化工学院的郑南峰、北京大学生命科学学院的李毓龙，两位福建籍青年科学家在北京获颁首届“科学探索奖”。

2019年“科学探索奖”有效报名人数达1335人。最终，来自9大领域的50位青年科学家获奖。

郑南峰的获奖理由是“肯定他在金属纳米材料表界面化学方面的成绩，为精细化学品生产提供了绿色新途径，鼓励他在利用廉价金属替代稀有贵金属材料等问题上的探索”。李毓龙的获奖理由是“肯定他在‘发展新型遗传编码荧光探针，助力解析生理及病理情况下神经元的通信连接’的创新型贡献，支持他在‘开发新型成像方法、解析神经微环路’等方面的探索”。巧合的是，两位获奖福建籍青年科学家都来自我省龙岩漳平市，且都毕业于漳平一中。

（摘编：杨立群）

福建省自然科学研究系列高级专业技术职务任职资格人员名单

2019年8月29日福建省人力资源和社会保障厅下发《关于批准确认陈德金等15位同志自然科学研究系列高级专业技术职务任职资格的通知》（闽人社批复〔2019〕434号）：经研究，批准确认由省自然科学研究系列高级职务评审委员会评审通过的陈德金等15位同志自然科学研究系列高级专业技术职务任职资格。任职资格确认时间为2019年8月29日，现予公布，名单如下：

一、省科技厅（2人）

副研究员：陈德金、李小稳

二、福州市（2人）

副研究员：王英超、张韬

三、厦门市（7人）

研究员：许文江、李志斌

副研究员：王伟、常强、叶秋萍、李友筑、刘兰兰

四、泉州市（2人）

研究员：凌永胜

副研究员：林金秀

五、漳州市（1人）

副研究员：袁滨

六、三明市（1人）

副研究员：陈芝华

（摘编：吴强）

福建省社会科学研究系列高级职务任职资格人员名单

黄启才等18位同志社会科学研究系列高级职务任职资格人员名单

2019年6月25日福建省人力资源和社会保障厅下发《关于批准确认黄启才等18位同志社会科学研究系列高级职务任职资格的通知》（闽人社批复〔2019〕274号）：经研究，批准确认由省社会科学研究系列（第二十三届）高级职称评审委员会评审通过的黄启才等18位同志社会科学研究系列高级职务任职资格。任职资格确认时间为2019年6月25日，现予公布，名单如下：

一、研究员（6人）

福建社会科学院：黄启才、苏美祥、陈舒劼、叶世明

中共福建省委党校福建行政学院：陈洪杏

厦门市：

厦门理工学院：姚加惠

二、副研究员（12人）

福建社会科学院：孔苏颜、郑海婷、李慧芬、陈文庆、薛孝斌、林中威

福建省文化和旅游厅：吴思富

福建省教育厅：杨清、姚静、龚森

泉州市：

泉州学研究所：林丽珍、彭志坚

蔡承彬等4位同志高级职务任职资格人员名单

2019年12月23日福建省人力资源和社会保障厅下发《关于批准确认蔡承彬等4位同志社会科学研究系列高级职务任职资格的通知》（闽人社批复〔2019〕660号）：经研究，批准确认由省社会科学研究系列第二十四届高级专业技术职务任职资格评审委员会评审通过的蔡承彬等3位同志研究员职务任职资格，牛风蕊同志副研究员职务任职资格。任职资格确认时间为2019年12月23日，现予以公布，名单如下：

一、研究员（3人）

福建社会科学院：蔡承彬、王春丽、王伟

二、副研究员（1人）

福州大学：牛风蕊

（摘编：游学荣）

福建省党校系统教师高级专业技术职务任职资格名单

2019年7月1日福建省人力资源和社会保障厅下发《关于批准确认侯竹青等27人党校系统教师高级专业技术职务任职资格的通知》（闽人社批复〔2019〕292号）：经研究，批准确认福建省党校系统教师高级专业技术职务任职资格评审委员会评审通过的侯竹青等4人的教授任职资格、郑辉军等14人的副教授任职资格、陈秉峰等9人的高级讲师任职资格。任职资格确认时间为2019年7月1日，现予公布，名单如下：

一、教授（4人）

中共福建省委党校、福建行政学院：侯竹青、刘明、沈瞿和、陈忠禹

二、副教授（14人）

1. 中共福建省委党校、福建行政学院：郑辉军、郝涛、史晓丹、闫兴、刘芳、刘荷、谭苑苑、凌承纬
2. 厦门市：付小红、成正、王博
3. 福州市：李娣
4. 莆田市：郭建勋
5. 泉州市：谢珍珍

三、高级讲师（9人）

1. 福州市：陈秉峰、郑勤
2. 漳州市：林鸿生
3. 龙岩市：邱群锋
4. 南平市：邓颖、马桂瑞
5. 宁德市：欧淑斌、苏昌强、林胜平

（摘编：林学军）

福建省技校系列正高级讲师任职资格人员名单

2019年4月4日福建省人力资源和社会保障厅下发《关于批准确认周莛冰技校系列正高级讲师任职资格的通知》（闽人社批复〔2019〕134号）：经研究，批准确认2017年度福建省技工院校教师正高级专业技术职务任职资格评审委员会评审通过的宁德技师学院周莛冰同志技校系列正高级讲师的任职资格。任职资格确认时间为2019年4月4日，现予以公布。

（摘编：郭虹）

福建省技校系列副高级职务任职资格人员名单

2019年4月4日建省人力资源和社会保障厅下发《关于批准确认吴丽彬等30人技校系列副高级职务任职资格的通知》（闽人社批复〔2019〕133号）：经研究，批准确认2017年度福建省技工院校高级专业技术职务任职资格评审委员会评审通过的吴丽彬等30人技校系列副高级职务任职资格。任职资格确认时间为2019年4月4日，现予公布，名单如下：

一、高级讲师（21人）

（一）省人社厅

福建省技师学院：吴丽彬、肖锦龙

福建省第二高级技工学校：吴杰、温慧

（二）福建省移民开发局

福建工程移民职业技术学校：陈雪梅

（三）福州市

福州第一技师学院：许峰、唐亚

（四）厦门市

厦门技师学院：郑晓亮、傅子权、孙礼亮

（五）宁德市

宁德技师学院：江素云、王伟红、刘影秋

（六）泉州市

泉州市高级技工学校：张映雪、傅鸽治

（七）龙岩市

龙岩技师学院：黄春耀、肖杰、翁小莉、林海

（八）三明市

永安市技工学校：黄庆江

（九）南平市

南平市闽北高级技工学校：谢建沿

二、高级实习指导教师（9人）

（一）省人社厅

福建省技师学院：黄亮、陈冲

福建省第二高级技工学校：方元林、王钧浚

（二）福州市

福州第一技师学院：高国栋

（三）厦门市

厦门技师学院：林雪纷、杨非

（四）龙岩市

龙岩技师学院：郭祖红

（五）三明市

永安市技工学校：张河东

（摘编：赵旭东）

福建省中等职业学校正高级讲师任职资格人员名单

2019年8月28日福建省人力资源和社会保障厅下发《关于批准确认杨运齐等11人中等职业学校正高级讲师任职资格的通知》（闽人社批复〔2019〕422号）：经研究，批准确认福建省中等职业学校（不含技校）正高级讲师任职资格评审委员会评审通过的杨运齐等11人中等职业学校正高级讲师的任职资格。任职资格确认时间为2019年8月28日，现予公布，名单如下：

一、省教育厅（4人）

福建省职业技术教育中心：杨运齐、游金水

福建工业学校：胡晓云

福建建筑学校：林启豫

二、省供销社（1人）

福建商贸学校：陈秀美

三、省林业厅（1人）

福建省生态工程职业技术学校：黄立晴

四、厦门市（2人）

厦门教育科学研究院：曾志斌

厦门信息学校：林志峰

五、泉州市（1人）

福建省安溪茶业职业技术学校：陈加友

六、莆田市（1人）

福建省湄洲湾职业技术学校：王友华

七、龙岩市（1人）

龙岩华侨职业中专学校：沈惠芳

（摘编：黄万良）

福建省中等职业学校（不含技校）教师副高级专业技术职务任职资格人员名单

2019年11月22日福建省人力资源和社会保障厅下发《关于批准确认刘爱霞等273人中等职业学校（不含技校）教师副高级专业技术职务任职资格的通知》（闽人社批复〔2019〕591号）：经研究，批准确认福建省中等职业学校（不含技校）教师副高级专业技术职务任职资格评审委员会评审通过的刘爱霞等270人中等职业学校（不含技校）高级讲师的任职资格、孔岭岚等3人中等职业学校（不含技校）高级实习指导教师的任职资格。任职资格确认时间为2019年11月22日，现予公布，名单如下：

一、高级讲师（270人）

（一）省教育厅（22人）

福建省职业技术教育中心：刘爱霞、毛行静、林思煌

福建工业学校：林艳如、李旭东

福建理工学校：黄芬、李淑馨、刘玮

福建建筑学校：万玮

福建第二轻工业学校：陈玲、李梦晴、邹险峰、温响村、郗会英

福建省邮电学校：余云峰、韩晶、方癸华、叶钰涓、杨佳、陈蔚、林惠恋、王博华

（二）省供销社（10人）

福建经济学校：林丹颖、蔡金仙、郭宏、张敏、陈春华、土小青、齐权、林惠、陈胜蓝、陈映红

（三）省粮食和物资储备局（3人）

福建工贸学校：林睿晶

福建经贸学校：蔡鸿璋、姜春英

（四）省林业局（6人）

福建三明林业学校：刘永华、钱龙花、朱琳、叶小丽、兰火长、康建萍

（五）福州市（26人）

福州建筑工程职业中专学校：游育敏、欧阳丽晖、陈军

福州机电工程职业技术学校：林海榕、吴宣军、卓水英、郑华、薛而立

福州商贸职业中专学校：李建珍

福州跨洋中等职业学校：宋成谊

福建省福州文教职业中专学校：彭文桢、刘永萍

福州经济技术开发区职业中专学校：王荣、苏卫东、林洁

福建省长乐职业中专学校：郑惠、黄小雅、林秀琴

福建省福清卫生学校：林春梅、朱晓玲、李清凤

福建省连江职业中专学校：熊宗芳

福建省罗源县高级职业中学：陈妹妹、张弛、郑云滨、张善湘

（六）厦门市（12人）

厦门工商旅游学校：刘奕麟、刘子攀、李丹

厦门信息学校：廖怀东、沈丽琼

集美工业学校：陈斐、陈莹、沈少川、杨鹭佳

厦门市集美职业技术学校：杨超

厦门市同安职业技术学校：林宗朝

厦门市海沧职业中专学校：林来金

（七）宁德市（24人）

宁德职业中专学校：范金秋、陈言东、周明浦、王功兴、唐韩峰

福建宁德财经学校：李彩琴、黄辉

福建省福安职业技术学校：陈美玉、许惠芳、曾柳娟、林巧云、陈爱林、吴朋兴、林颖、陈珊

柘荣职业技术学校：张碧玉、游丽琴、金泽旺、张世辉、游金妹、游良铃

福建省福鼎职业中专学校：董留基

霞浦职业中专学校：蔡毓辉

福建省闽东卫生学校：蔡婉琴

（八）莆田市（17人）

福建省莆田职业技术学校：陈海云、林海群、杨俊明、俞进腾、杨建进

莆田科技职业技术学校：张淑琼、翁志锋

莆田华侨职业中专学校：李航

福建省湄洲湾职业技术学校：张容芳、黄建华、杨智平、郭小勇、黄峰扬、吴素梅、陈祖荣、郑开锦

福建省仙游职业中专学校：王立昌

（九）泉州市（69人）

泉州市工商旅游职业中专学校：郑斌斌、王小红、陈加志、陈淑全

泉州华侨职业中专学校：许舟鸿、林养秋、叶章生

泉州市农业学校：关丽芳、叶秀妹、张艳红、张艳萍

泉州市泉中职业中专学校：胡莉虹

晋江职业中专学校：蔡巧聘、陈火焚、石荣燕、袁花、蔡双文、庄晓东、陈霞、陈冬琪、林火焰、王文顶、吴瑞芳

晋江华侨职业中专学校：朱小娟

晋江市晋兴职业中专学校：许文霞、王英成、洪应党、黄尔青、柯永红、饶晓雪、庄荣江、蔡厚军

晋江安海职业中专学校：桂伟伦、叶海燕、林振盛、苏金钗、黄东昌、吴英林、李银清、陈志勇

南安职业中专学校：杨智鸿、陈开宠、黄文波

南安市工业学校：黄文进

南安市红星职业中专学校：马廷秀、王华山

惠安职业中专学校：张碧波、张敬山、龚万裕、汪惠英

惠安开成职业中专学校：刘立放、陈顺兴、陈伙强

安溪华侨职业中专学校：陈伟群、林云川、汪直文、王晓鹏、林克龙

安溪茶业职业技术学校：李志颖

安溪陈利职业中专学校：张贻座、王两辉

安溪卫生职业中专学校：钟丽青

安溪县慈山农业学校：王金山

永春职业中专学校：陈金灿、颜东川、李迎春

德化职业技术学校：曾映雪、卢美彬

石狮鹏山工贸学校：陈凯棋

（十）漳州市（23人）

漳州第一职业中专学校：陈彩娟、许一桢、陈小华、张天赐、陈艺梅、王萌绿

漳州第二职业中专学校：赵为船、吴冠芬、李立锋、沈丽贤、叶镇坤、林玉荣、章艳艳

福建省漳州财贸学校：方祝英、谢元中

福建省龙海职业技术学校：林美英

福建省东山岛职业中专学校：余少娥

福建省漳浦职业技术学校：陈惠源

漳浦县机关干部业余学校：林艾非

南靖县第一职业技术学校：陈夜珠、简雪丽、董曲珍

平和职业技术学校：曾丽芬

（十一）龙岩市（28人）

福建龙岩华侨职业中专学校：陈丽婵、俞标滨、郭建东、罗国敏、吴晖、陈建

福建省龙岩市农业学校：卢建坤

福建省龙岩卫生学校：范楚丹、王四妹、王会宁

福建省上杭职业中专学校：李斌、黄德锋、丘新芳、黄宜鑫、黄梅英、包小平

福建省武平职业中专学校：陈标宽、潘桂英、谢新昌、陈霜冰

福建省长汀职业中专学校：谢桥连、廖斌、陈晓星、吴观长、赖雪涛、姜金林、赖秀坤

漳平职业中专学校：乐大杰

（十二）三明市（16人）

福建省三明职业中专学校：吴冬萍、陈林

福建省三明市农业学校：陈晓玲

福建省三明工贸学校：邹林根、张建生、刘洪锦、王富韬、童春香、夏金龙

福建省永安职业中专学校：林颖琼、戴彩霞

福建省尤溪职业中专学校：张起恒、池英强

三明市明溪县职业中学：吕萍、吴建华、梁荣清

（十三）南平市（12 人）

福建省南平职业中专学校：宋春华

南平市武夷旅游商贸学校：张长美、陈秀玉

福建省邵武职业中专学校：谢明庆、王祝英、张平芳

武夷山旅游职业中专学校：叶献忠、张华英、吴旭

顺昌中等职业学校：张福新

光泽县职业技术教育中心：邱力勇

福建闽北卫生学校：王小英

（十四）平潭综合实验区（2 人）

平潭职业中专学校：薛来贵、薛莹

二、高级实习指导教师（3 人）

（一）省教育厅（1 人）

福建工业学校：孔岭岚

（二）省粮食和物资储备局（1 人）

福建经贸学校：倪平

（三）厦门市（1 人）

集美工业学校：颜伟民

（摘编：郭虹）

福建省中小学正高级教师职称人员名单

2019年4月9日福建省人力资源和社会保障厅下发《关于批准确认郑云清等88位同志中小学正高级教师职称的通知》（闽人社批复〔2019〕143号）：经研究，批准确认由福建省中小学正高级教师职称评审委员会评审通过的郑云清等88位同志中小学正高级教师职称。任职确认时间为2019年4月9日，现予公布，名单如下：

一、省教育厅（5人）

省普通教育教学研究室：郑云清、叶回玉

福建省福州第一中学：张群林、陈颖

福建省福州实验小学：杨承军

二、省妇联（1人）

福建省金山幼儿园：朱娜珍

三、团省委（1人）

福州青少年活动中心：林芳

四、福建师范大学（2人）

福建师范大学附属中学：张滨、黄榕青

五、福州市（17人）

福州教育研究院：薛蓉

长乐区教师进修学校：林华民

福建省福州第二中学：郑辉

福建省福州第三中学：黄炳锋、杜开颜

福建省福州第八中学：林枫

福建省福州高级中学：林松

闽清县第一中学：黄伟明

福州教育学院附属第一小学：王卫红

福州教育学院附属第二小学：高玉

福州市钱塘小学：林武

福州市屏西小学：陈华

福州市宁化小学：洪丽玲

闽侯县甘蔗小学学区：张依芳

闽清县实验小学：林世凤

福清市城关小学：夏金

福州市仓山区实验幼儿园：陈瑜

六、厦门市（13人）

福建省厦门第一中学：苏宁峰

福建省厦门第二中学：廖金祥

福建省厦门第六中学：杨书松

厦门外国语学校：邹春盛、钱永昌

福建省厦门双十中学：张瑞炳、陈温柔

厦门海沧实验中学：陈元章

厦门市群惠小学：张达红

厦门市湖里第二实验小学：傅结龙

厦门市同安区第一实验小学：张茹华

厦门市金尚小学：傅赛涛

厦门市第十幼儿园：姚莉娜

七、漳州市（10人）

南靖县教师进修学校：庄加荣

福建省漳州市第一中学：杨娟、林丽彬

福建省漳州市第二中学：张芬芳

福建省漳州市第三中学：周毅铭

福建省漳州市第五中学：戴志龙

福建省漳浦第一中学：陈荣龙

福建省漳州市实验小学：蔡志雄

诏安县城北小学：沈友娟

漳州市聋哑学校：陈海霞

八、泉州市（8人）

泉港区教师进修学校：郭卫东

晋江市紫峰中学：邵琼

惠安高级中学：李亚珍

永春第一中学：蒲志辉

石狮市华侨中学：蔡振树

安溪县实验小学：林丽卿
泉州市实验小学：曾旭晴
泉州幼儿师范学校附属幼儿园：刘雪芬

九、三明市（5人）

尤溪县教师进修学校：孙志满
永安市第一中学：孙春燕
大田县第一中学：颜文景、郑仁水
泰宁县第一中学：黄胜华

十、莆田市（6人）

莆田市秀屿区教师进修学校：唐少雄
莆田第一中学：王闽阳
莆田第二中学：黄福群
莆田第十中学：林光亮
莆田市实验小学：张珊珊
莆田市城厢区逸夫实验小学：吴淑红

十一、南平市（5人）

南平市教师进修学院：杨有德
建瓯市教师进修学校：祝桂兴
福建省建瓯第一中学：黄荣全
光泽县寨里中心小学：邱贻根
建瓯市实验幼儿园：吴海云

十二、龙岩市（5人）

连城县林坊中学：罗月旺
上杭县第二中学：曾尚锦、丘银生
福建省长汀师范附属小学：赖荣明
龙岩市特殊教育学校：章勇

十三、宁德市（9人）

宁德市教师进修学院：缪惠安
霞浦县教师进修学校：郑文
宁德第一中学：李晖、杨恩彬
古田县第一中学：卓张众
福安市第一中学：陈琼莹
福安师范学校附属小学：黄艳枫
寿宁县实验小学：夏忠
福安市第一实验幼儿园教育集团：张青

十四、平潭综合实验区（1人）

平潭一中：周日

（摘编：杨立群）

福建省企业政工系列高级政工师任职资格人员名单

2019年10月8日福建省人力资源和社会保障厅下发《关于批准确认叶丹等43位同志企业政工系列高级政工师任职资格的通知》（闽人社批复〔2019〕509号）：经研究，批准确认福建省企业政工系列高级专业技术职务任职资格评审委员会评审通过的叶丹等43位同志的高级政工师任职资格。任职资格确认时间为2019年10月8日，现予公布，名单如下：

一、福建日报社：叶丹

二、福建建工集团有限责任公司：杨永芳、丁燕青

福建七建集团有限公司：张海燕

三、福建省汽车工业集团有限公司：魏兴福

四、福建省投资开发集团有限责任公司：厉娜

福建省华兴集团有限责任公司：林子红

五、福建省交通运输集团有限责任公司

莆田港务集团有限公司：徐艳

六、福建省高速公路集团有限公司

福州管理分公司：谢翔

福建省高速技术咨询有限公司：吕晓赟

七、福建省船舶工业集团有限公司

福建省马尾造船股份有限公司：黄克雄

八、福建省能源集团有限责任公司

福建煤电股份有限公司：汤家有、陈庆能

福建省天湖山能源实业有限公司：吴碧波、陈英阳

福建省福能电力燃料有限公司：林松

福建省能源集团财务有限公司：陈光龙

福建福能社区商业管理有限公司：罗春源

福建省福能集团总医院：郑丽英

福建省鸿山热电有限责任公司：霍福钧

九、福建省冶金（控股）有限责任公司

福建省三钢（集团）有限责任公司：黄飞

福建三钢闽光股份有限公司：蒋莲莲

福建省南平铝业股份有限公司：徐锋

十、福州市

福州广播电视台：何南、陈燕、董建东

十一、厦门市

厦门轨道交通集团有限公司：曾锦红

厦门安居集团有限公司：钟兴弘

厦门港务物流有限公司：张碧水

厦门海沧城建集团有限公司：陈华真

厦门公交集团有限公司：刘跃国、曾添福、薛泽雄、姚扁福、吴宝民

厦门航空有限公司：蔡顺驰

十二、泉州市

泉州华联集团有限公司：张家平

泉州广播电视台：吕良湖、黄君蓉、郑达云、孙海滨

十三、三明市

尤溪县闽中茶叶市场有限公司：张扬美

十四、宁德市

福建省白马船厂：陈浩

（摘编：彭金龙）

福建省出版系列高级职务任职资格人员名单

2019 年 8 月 27 日福建省人力资源和社会保障厅下发《关于批准确认王金团等 22 位同志出版系列高级职务任职资格的通知》（闽人社批复〔2019〕429 号）：经研究，批准确认福建省出版系列高级职务评审委员会评审通过的王金团等 6 位同志的编审任职资格、宋一明等 16 位同志的副编审任职资格。任职资格确认时间为 2019 年 8 月 27 日，现予公布，名单如下：

一、编审（6 人）

海峡出版发行集团：王金团、史霄鸿

福建广播电视大学：姚青群

福建省教育厅：吴明洪

福州大学：郑美莺

福建中医药大学：林明和

二、副编审（16 人）

海峡出版发行集团：宋一明、林丽萍、满艺、魏智海、金月华、李永远

省委宣传部：樊巍、唐瑜敏

省社会科学界联合会：徐淑云

省卫生健康委员会：林丹

省科学技术厅：黄浩海

中国海峡人才市场：龙超凡、黄旭升

省农业科学院：林海清

厦门市：甘世恒、曾妍妍

（摘编：王诗诚）

福建省翻译系列一级翻译任职资格

2019 年 3 月 8 日福建省人力资源和社会保障厅下发《关于批准确认郑洵、卢璇屹同志翻译系列一级翻译任职资格的通知》（闽人社批复〔2019〕80 号）：经研究，批准确认福建师范大学协和学院郑洵同志翻译系列一级翻译（笔译）的任职资格，福建省外经贸干部培训中心卢璇屹同志翻译系列一级翻译（口译）的任职资格。任职资格确认时间为 2019 年 3 月 8 日，现予公布。

（摘编：郭虹）

福建省艺术系列高级专业技术职务任职资格人员名单

2019年4月19日福建省人力资源和社会保障厅下发《关于确认傅磊等64人艺术系列高级专业技术职务任职资格的通知》（闽人社批复〔2019〕156号）：经研究，批准确认福建省艺术系列高级职务任职资格评审委员会评审通过的傅磊等64人艺术系列高级专业技术职务的任职资格。任职资格确认时间为2019年4月19日，现予公布，名单如下：

一、正高级（18人）

（一）省文化和旅游厅（8人）

1. 一级导演

福建人民艺术剧院：傅磊

2. 一级演员

福建省歌舞剧院：孙砾、谢冰华

福建人民艺术剧院：陆开文

3. 一级演奏员

福建省歌舞剧院：陈少诺

福建省实验闽剧院：陈兆和

福建省芳华越剧团：邱志文

4. 一级艺术管理

福建省歌舞剧院：曾宏艺

（二）省文联（1人）

一级美术师

福建省画院：张永海

（三）福州市（1人）

一级演员

福州市闽都文化艺术中心：陈乃航

（四）厦门市（4人）

1. 一级演员

厦门歌仔戏研习中心：曾宝珠、黄小英

2. 一级艺术管理

厦门小白鹭民间舞艺术中心：陈凤辉

3. 一级美术师

厦门书画院：牛惠民

（五）泉州市（2人）

1. 一级演员

泉州市木偶剧团：傅端凤

2. 一级演奏员

泉州市南音传承中心：曾家阳

（六）漳州市（1人）

一级艺术管理

漳州艺术学校：张怡涛

（七）宁德市（1人）

一级导演

宁德市畲族歌舞艺术传承中心：雷高平

二、副高级（46人）

（一）省文化和旅游厅（18人）

1. 二级演员

福建省歌舞剧院：林鸿雁、林徐源

福建省杂技团：陈燕云、杨伟锋、彭海天、陆韦沁

福建京剧艺术传承保护中心：时增帅

福建人民艺术剧院：刘娜

2. 二级演奏员

福建省歌舞剧院：陈庄、高玲玲、李宇涛

福建省芳华越剧团：廖小红

3. 二级舞美设计师

福建人民艺术剧院：黄秋明

4. 二级艺术管理

福建省闽台文化交流中心：何小花

5. 主任舞台技师

福建省歌舞剧院：岳军

福建省实验闽剧院：高胜

福建省杂技团：齐欣

福建京剧艺术传承保护中心：蔡进平

（二）**省文联**（3人）

二级美术师

福建省画院：王芳、王双凤、罗芳华

（三）**福州市**（3人）

1. 二级演员

福州市闽都文化艺术中心：兰华娟

2. 二级演奏员

福州闽剧艺术传承发展中心：陈敬昱

3. 主任舞台技师

福州市闽都文化艺术中心：欧阳晓婕

（四）**厦门市**（5人）

1. 二级演员

厦门艺术学校：雍文勇、卢晓静

厦门市南乐团：郑黎春

厦门市金莲陞高甲剧团：林良禹

2. 二级文学创作

厦门广播电视集团：黄宁

（五）**漳州市**（3人）

1. 二级演员

漳州市布袋木偶传承保护中心：姚文坚

漳浦县竹马戏（芗剧）传承保护中心：许美香

2. 二级编剧

漳州市歌仔戏（芗剧）传承保护中心：黄秀宝

（六）**泉州市**（9人）

1. 二级演员

泉州市高甲戏传承中心：黄剑翼、李伟强

泉州市木偶剧团：许少伟

晋江市掌中木偶艺术保护传承中心：尤天相、陈代宫

2. 二级演奏员

泉州市南音传承中心：陈特超

福建省梨园戏传承中心：赵毅晖

3. 二级艺术管理

泉州市高甲戏传承中心：周杰俊

4. 主任舞台技师

福建省梨园戏传承中心：黄琪铭

（七）**莆田市**（2人）

二级演员

仙游县莆仙戏鲤声艺术传承保护中心：林清霞、林平芳

（八）**三明市**（1人）

二级文学创作

尤溪县朱子文化研究会：郑建光

（九）**龙岩市**（1人）

主任舞台技师

龙岩市汉剧传习中心：钟声铭

（十）**宁德市**（1人）

二级演员

宁德市畲族歌舞艺术传承中心：陈毅坚

（摘编：苏建平）

福建省文物博物系列高级专业技术职务任职资格名单

2019年11月21日福建省人力资源和社会保障厅下发《关于批准确认汪震等23人文物博物系列高级专业技术职务任职资格的通知》（闽人社批复〔2019〕589号）：经研究，批准确认2018年度福建省文物博物系列高级职务任职资格评审委员会评审通过的汪震等23人文物博物系列高级职务的任职资格。任职资格确认时间为2019年11月21日，现予公布，名单如下：

一、研究馆员（6人）

（一）省文旅厅（2人）

福建博物院：汪震

福建省昙石山遗址博物馆：吴卫

（二）宁德市（1人）

福安市博物馆：张玉文

（三）泉州市（2人）

福建省泉州海外交通史博物馆：陈小茜

泉州市文物保护研究中心：姚洪峰

（四）三明市（1人）

三明市博物馆：郑华

二、副研究馆员（17人）

（一）省文旅厅（3人）

福建博物院：潘征、景献慧

福建省昙石山遗址博物馆：连颖

（二）福州市（1人）

福州市林则徐纪念馆：钟田田

（三）厦门市（2人）

陈嘉庚纪念馆：林东霞

厦门市博物馆：宋叶

（四）宁德市（2人）

周宁县博物馆：郑勇

屏南县博物馆：陈云娥

（五）莆田市（1人）

仙游县博物馆：茅玉香

（六）泉州市（4人）

福建省泉州海外交通史博物馆：林永峰

泉州华侨历史博物馆：梁春光

泉州市博物馆：盛荣红

安溪县博物馆：易曙峰

（七）漳州市（1人）

毛主席率领红军攻克漳州纪念馆：郑爱清

（八）龙岩市（1人）

武平县博物馆：钟世礼

（九）三明市（1人）

尤溪县朱子文化研究会：罗琼

（十）南平市（1人）

邵武市博物馆：高绍萍

（摘编：张海生）

福建省副研究馆员职务任职资格人员名单

2019年12月16日福建省人力资源和社会保障厅下发《关于批准确认陈张靖等56位同志副研究馆员职务任职资格的通知》（闽人社批复〔2019〕656号）提出，经研究，批准确认由省档案系列高级职务任职资格评审委员会评审通过的陈张靖等56位同志副研究馆员职务任职资格。任职资格确认时间为2019年12月16日，现予公布，名单如下：

一、中国海峡人才市场（2人）：陈张靖

福建永福电力设计股份有限公司：张弛

二、福建医科大学（3人）

福建医科大学附属协和医院：尹良鑫

福建医科大学附属第一医院：李倬倩、王孝廉

三、福建省高速公路集团有限公司（1人）

福建省福宁高速公路有限责任公司：叶伊林

四、福建建工集团有限责任公司（1人）：林静

五、福建省商务厅（1人）

福建国际经济技术合作促进中心：翁韶琼

六、福建日报报业集团（1人）

福建日报社：苏静

七、福建省卫健委（2人）

福建省立医院：陈懋、郑富豪

八、福建工程学院（1人）：方永梅

九、福建省自然资源厅（1人）

福建省制图院：江玫

十、福建省供销合作社联合社（1人）

福建经济学校：倪运先

十一、福建省地震局（1人）

福建省地震局应急指挥与宣教中心：魏娟

十二、集美大学诚毅学院（1人）：陈清钦

十三、厦门市（5人）

厦门大学附属第一医院：王秀真、王丹

厦门市城市建设档案馆：陶涛

厦门市第五医院：李妙蓉

厦门华厦学院：纪华恩

十四、漳州市（3人）

漳州市风景园林中心：廖雅莉

漳州市国有资产产权（物权）交易中心：沈鹤慧

漳州市城市建设档案馆：于君霞

十五、泉州市（13人）

泉州市不动产交易登记档案馆：吕雅玲、吴艺辉

泉州南安市城建档案室：黄桂华

泉州德化县房产管理处：陈瑞群

泉州晋江市政府干部档案管理中心：吴秋燕

泉州市公路局直属分局：黄祝娥

泉州德化县唐寨山森林公园管理处：于树青

泉州永春医院：黄鸿辉

泉州市光前医院：侯瑞兰

泉州市第三医院：黄新金

泉州幼儿师范高等专科学校：詹秀琴

泉州市城市建设档案馆：黄少婴

泉州市环境卫生管理处：李慧芬

十六、三明市（4人）

三明市交通建设集团有限公司：罗革娜

三明高新技术产业开发区金沙管委会：肖艳清

三明清流县社会劳动保险管理中心：黄炳辉

三明学院：黄宇宏

十七、莆田市（1人）

莆田市秀屿区人事档案室：柯元锦

十八、南平市（2人）

南平市第一医院：陈君

浦城县事业单位服务中心：曾晓燕

十九、龙岩市（5人）

龙岩市第三医院：唐长秀

紫金矿业集团股份有限公司：赖秀琴

龙岩市永定区教工档案室：赖晓文

龙岩市长汀县公安局机关后勤服务中心：沈铜兴、张必金

二十、宁德市（7人）

宁德市古田县远程教育中心：黄昭眉

宁德市医院：周炯辉

宁德市蕉城区土地测绘规划队：石巧明

宁德市柘荣县人民政府经济研究中心：朱乃观

宁德市周宁县城乡居民社会养老保险管理中心：郑夕云

宁德福鼎市机关事业单位社会保险管理中心：郑秀华

宁德市古田县人事人才公共服务中心：周珍

（摘编：周忠志）

福建省卫生系列高级专业技术职务任职资格人员名单

2019年11月26日福建省人力资源和社会保障厅下发《关于批准确认张荣标等785名同志卫生系列高级专业技术职务任职资格的通知》（闽人社批复〔2019〕611号）：经研究，批准确认由全省卫生系列高级专业技术职务任职资格评审委员会评审通过的张荣标等785名同志卫生系列高级专业技术职务任职资格，确认时间为2019年11月26日，现予公布，名单如下：

一、福建省卫生健康委（21人）

主任医师：张荣标、陈武、罗朝晨、周淑姮、陈锦辉、陈美祥

主任技师：黄宗锈、赵康涛、柯宗枝

研究员：林文津

副主任医师：江典伟、林修全、郑月燕、陈光敏、张智芳、黄丽芳、陈威、林峥、郑阅

副主任技师：黄灵艳、黄淑铭

二、福建省退役军人事务厅（1人）

副主任护师：陈良艳

三、福建省食品药品监督管理局（2人）

主任药师：郑景峰、陈鹭颖

四、福建省林业局（1人）

副主任护师：邱文娟

五、福建省地质矿产勘查开发局（1人）

副主任医师：张成宝

六、厦门大学（3人）

副主任医师：肖国鸣、杨琛、许永胜

七、福州大学（2人）

副主任医师：叶剑飞

中医副主任医师：陈惟荣

八、福建省能源集团有限责任公司（3人）

副主任医师：赖步洪、杨求兰

副主任护师：林霞

九、中国海峡人才市场（28人）

主任医师：胡国秀

副主任医师：胡洁、侯林华、陈守月、黄文华、高秀芹、吴哲、郑德燕、郑燕、池淑宏、杨光、黄滨、龚宏勋、林秀华、陈今、李海涛、沈志勇、冯静、李敏、王琰、薛亮、唐龙观、叶培香

中医副主任医师：李学斌、汤金泉

副主任药师：黄珊

副主任技师：黄艺生、齐兴峰

十、福州市（48人）

主任医师：刘凡、林慧、蔡继勇、黄岩、何椴娜、熊圣仁、马千里、吴建军、翁碧海、林玉平、杨庆武、丛伟东、陈明森、刘首云、朱德华、王元信、陈章明、黄圣余、陈树兴、李红艳、张弘、刘宝荣、蔡春花、张宏、蔡圣珠、陈苏演、余小燕、邱朔、陈建国、陈建辉、林建斌、姚行松、陈代星、程念宁、张启连、潘仰魁、陈煜沁

中医主任医师：黄方正、陈红梅、黄炜铭、林锦松、薛严锋、林浩、严玉清

主任技师：郭晓林

主任护师：赵敏

副主任医师：王银模

副主任护师：何凌云

十一、厦门市（123人）

主任医师：林晓毅、杨清默、陈波、林天胜、苏晓东、李津、王婉瑜、陈国兵、刘顺翠、廖瑞哲、王勉、胡伟平、张俊、叶文琳、吴俊华、张开颜、苏蕊、李志峰、樊树强、蔡铭泉、段波、李佳艺、黄辉萍、张佐炳、严春华、张以勤、王占天、傅日斌、林清池、林苏华、张丹彤、袁思

波、赵一麟、李燕妮、廖习如、纪荣浪、林鸿、张春辉、黄建军、陆辉、聂志华、冯水土、伍能生、陈伟斌、江宏飞、吴锡阶、陈贵兵、裴宇文、杨光明、高宝华、林智、郑立槟、官文凯、林晨、余剑华、陈金龙、傅鉴乾、林津、丁伟红、施雄文、钱丽娜、傅美娇、潘秋华、林碧珠、姚岭松、陈沁、朱国刚、李小芬、庄建福、李学来、胡志坚*、吴宗翰*、柳复兆*、颜君霖*、陈润芜*、王宏振*、蔡秀佩*、褚晏彰*、廖汉聪*、刘国圣*

中医主任医师：康瑾婕、邱明山、章亭、张文斌、陈俊良*

中西医结合主任医师：赵斌

主任药师：戚欢阳、曾晓晖

主任技师：陈富臻、张军能、裴斌

主任护师：邓建玉、高艺桑、许淑君、王新华、徐娟、洪花、张锦婷、郑桑萍、张玉丽、侯宏然、沈庆宝、林丽芬、谢艺君、林志华、伍建辉、徐国华、许梅英、姚娇、蔡庆红、洪玉萍、吴秀玉、黄严金、周锦华、李莉、李敏娇、洪瑞莲、陈瑞云、林梅云、戴小榕、赵晓燕、胡银华

副主任护师：林丽芳

十二、宁德市（119人）

主任医师：冯作炫、李瑾、汤一榕、李大勇、陈先达、顾翔、林雪松、林鹏生、蔡素清、陈东亮、陈继良、陈宋全、林宁峰、兰涛、刘清平、盛明雄、王志玉、林晖、张扬平、郑冬银、郭捷、王晓霞、陈建斌、林蔡春、吴大昌、兰华芳、林义兆、陈献宇、江斌、阮以斌、池翔、李强、黄成国、韦林陈、黄宝、陈永东、高坚、詹志松、肖天龙、徐加住、蔡炳、蔡昌文、陈伟华、卓水生

中医主任医师：林甦、章高鹏、施丹华

主任药师：苏志立

中药主任药师：蔡铃英、张铭玉

主任技师：陈勇、郭良、章亚彦

主任护师：吴碧昭、陈少源、李晓红、林惠萍

副主任医师：黄丽娟、徐杨斌、黄荣城、高长华、魏秀霞、邢培秋、陈秋雁、陈芳、黄建斌、江恒谦、江文匡、李丰、李婷、梁亚贵、刘羽、彭强、宋钰、朱晶珠、胡敬辉、叶爱梅、胡文峰、姚松康、卓恩传、李华仙、林鹏杰、肖新恩、魏琳宁、苏光冬、张美芳、陈钦、陈雄、郑英华、张士德、叶子菁、胡炫松、张熙、杨思助、刘厚发、叶云恺、吴琼、杨成春、苏伟

中医副主任医师：王国平

副主任药师：李锡浩、胡道锋、郭华民

中药副主任药师：叶希奇、张文勇

副主任技师：陈韡、彭捷、陈康银、龚啟斌、韩善梅、刘洁、王若涛、左娟、邱赟、冯友玉、兰丽平、朱李登、谢伟杰、李罗云

十三、莆田市（16人）

主任医师：张云仪、柯丽莉、康国辉、陈健、陈岸翔、陈挺剑、肖芳、刘敏、李峰

中医主任医师：王美莺

中药主任药师：郑建欣

主任护师：陈素云、连美升、朱婉婷

副主任医师：黄峰黎

副主任药师：吴新榕

十四、泉州市（55人）

主任医师：郑锦阳、王木成、张帮辉、何雪阳、陈德波、何华、蔡耿明、曾荣东、何约明、陈伟文、陈仰纯、程君涛、粘忠柱、黄东波、郭庆奋、张光磊、林文雄、颜丽华、张丽玲、黄海燕、肖文东、朱波琴、骆世明、黄东红、王小振、陈贤庆、丁育钧、王鸿飞、张荣文、黄香莲、肖文焕、陈东兴、连小明、张建川、庄惠蓉、陈惠忠、房梅兰、丁红兵、陈东明、林才玉、郑文进、陈庆辉

中医主任医师：朱良哲、廖立行、李灿新、张一耕

主任药师：汤秋华、陈维成

主任技师：陈学民、林振忠、郑友限、陈勇军

主任护师：柯丽清、陈丽莉、官亚华

十五、漳州市（67人）

主任医师：张良基、庄涵虚、周雪丽、陈文腾、陈柏龄、张力、石炎川、郭孟贤、沈绿瑛、甘立菁、林建聪、郑水顺、李红喜、刘淑亮、邱陆阵、叶南芳、杨少华、林俊东、郑和国、黄仲玲、詹寅典、陈川聪、苏浓树、许程生、张名福、黄森城、张远天、洪斌、陈慧忠

中医主任医师：刘雪娜、李雪琴、黄凌、洪嘉志、陈天顺、张建顺、许伟明、郑和泉、黄美

瑞、蔡乙凤

主任药师：范展霞、林亚田

主任技师：林俊华、冯建捷

主任护师：陈玉苹、江塔珠

副主任医师：黄前进、杨榕源、许小敏、林陆添、辜智强、林雪芹、吴龙生、陈建平、吴朝泉

中医副主任医师：晏上海

中西医结合副主任医师：邱长安

副主任药师：谢丽君、王璟、戴永万、谢建章

中药副主任药师：林秀玲、胡国贤

副主任技师：陈秋虾、钟凌、吴文平

副研究员：林智敏、陈艺平

十六、龙岩市（61 人）

主任医师：陈日江、苏永华、李仕海、李甘杨、陈若玺、温裕庆、李传旺、卢彩成、何小辉、邱金庆、魏明禄、罗冬生、刘茂富、杨砺娇、吴水新、陈韶平、杨泉礼、周华兴、谢超、李品山、薛美华、童友良

中医主任医师：陈绎志、刘可期、胡岗、陈镜锋、陈力槟、郑晓怡、周生群

主任技师：马斌

主任护师：叶清花、吴福才、钟永英

副主任医师：蓝琼、陈莺、林添华、王永斌、刘远铭、曾祥美、陈晓、卢从贤、李春林、李炳康、林燕飞、张荣发

副主任药师：刘美岑、沈洁、卢沛珠、毛平

中药副主任药师：江艳华

副主任技师：谢丹萍、卢新兆、董仁康、李耿祥、廖亦红、陈美珠、曾德成、张福新、黄丽琼、赖新连、沈春梅

十七、三明市（87 人）

主任医师：严拱榕、郭晖、傅鸿亮、陈燊、刘清求、谢秋红、高树芳、刘桑燕、周希汉、魏振铨、上官明化、钟进财、王菁、张建平、夏普、张东升、田荣茂、梁郁、张群英、熊斌、罗上旗、程前、刘诗富、郭永强、沈玉亮、肖先水、余小华、郭尚乐、王培真、王正隆、陈培煌、陈永坚、郑登达

中医主任医师：陈卫军、辜建明、蔡舒航、陈庆雨、邓家富、余时胜

主任药师：郑祥云、詹连香、吴万初

中药主任药师：陈坤全、胡恩、郑明井

主任护师：邓水珠、杨金玲、苏珠英、冯锦春、龚德金、江英、艾穆秀、谢维凤

副主任医师：陈菲、周莹、张英瑜、孔华美、曾敦征、汤畴旺、郑上椿、王彦君、黄文瑜、周龙军、吴鑫、赵廷辉、蔡良烜、王翌、梁素蓉、肖连旺、邱顺年、周晓明、袁勇、饶玉珍、王亮

中医副主任医师：黄克沦

副主任药师：周木阳、黄春丽、吴璇龄、吴运林、胡国英、郑香莲、林艳、罗林、陈德泽

中药副主任药师：郑秀妹、张丽明、唐小玲

十八、南平市（137 人）

主任医师：陈健、郑宇、陈文培、曾卡斌、叶扬英、王乃军、魏海翔、彭旭桦、黄洪磊、陈凡、余霞英、林兴、林延泽、詹文珍、惠绍川、邓彩萍、陈志杰、阮文仲、严秀文、黄家梅、余国平、吴华锋、乔建萍、池少勇、唐朝霞、熊喜龙、朱荣清、李益萍、邹桂凤、兰小美、罗丰、雷滋华、徐毅、余秀兰、吴忠意、尹鹭华

中医主任医师：王可文、陈勋善、徐小旺、傅斌红、葛飞、范小琴

中西医结合主任医师：吴开春、周时兴

主任药师：杨金彪

主任技师：高世华、叶桂云、陈明发、张泽泉、邱文东

主任护师：郑华珠、杨淑容、陈映雪、毛勇敏、钟小珠、郭玉贞、叶娟、肖招华、胡芝红、傅春英、孙云萍、黄彩珍

副主任医师：阙文忠、范欣、叶青燕、王艳、陈郁敏、罗森、谌阳、杨柳、程进波、熊琴、曾志芳、刘劲、谢人永、朱茜、张丽英、董秀华、陈宪彩、董维秀、叶建平、魏小金、孟月会、陈义忠、郑爱凤、邹希斌、池雅珍、郑平、宋群芳、李秀贞、宣瑾、朱红芳、舒伟安、武琳、兰毅琼、罗长容、万样生、梅英姣、隆华贵、郑重、叶玉娟、江美芳、陆秀芳、范淑华、赖海珍、游水珍、应文娟、吴世荣、张振球、邹祖斌、毛城丽、伍云、邝国芬、汪玲芳、王雄、吕庭荣、张宝珠

副主任药师：陈小鸿、魏瞻玉

中药副主任药师：林玉茂、毛春芳、王兆生、范达和、祝永衡

副主任技师：葛绍锋、李国玉、游元飞、徐丽琴、蒋明栋、王强、应元福、柯莉、黄志明、丁爱玲、白志霞、陈见奇、孙永军

十九、平潭综合实验区管委会（10人）

副主任医师：高华、高岚雄、吴岚英、魏晓霞、周廷霞

副主任技师：王香月

副主任护师：杨青、陈兰琼、李霞萍、林云玲

备注：标注“*”的为台籍人员。

（摘编：杨立群）

福建省基层卫生高级专业技术职务任职资格名单

2019 年 11 月 26 日福建省人力资源和社会保障厅下发《关于批准确认吴卫洪等 119 名同志基层卫生高级专业技术职务任职资格的通知》（闽人社批复〔2019〕606 号）：经研究，批准确认由全省卫生系列高级专业技术职务任职资格评审委员会评审通过的吴卫洪等 119 名同志基层卫生高级专业技术职务任职资格，确认时间为 2019 年 11 月 26 日，现予公布，名单如下：

一、福州市（8 人）

基层主任医师：吴卫洪、兰邦旺、赖惠英、方剑锋、余乃洪

基层中医主任医师：黄勤越、张育广、任锋

二、厦门市（4 人）

基层主任医师：郑颂毅、李萍珍

基层中医主任医师：蒋龄卓

基层主任护师：叶淑惠

三、宁德市（16 人）

基层主任医师：何帮华、蔡方钦、林景亮、王运勤、龚扬华、王淑婵

基层中医主任医师：肖禾、郭飚

基层副主任医师：黄宗凑、王祖金、陈嫩英、苏鲁

基层副主任药师：马世武

基层副主任技师：郭玲娜、雷菊梅、林煜

四、泉州市（13 人）

基层主任医师：丁端端、许少茹、刘永锋、郑鸿源、赖原仲、蔡剑平

基层中医主任医师：肖辉鹏、吴江海、姚俊红、林凌峰

基层主任技师：杨春年

基层主任护师：邓瑞珠、许秀琴

五、漳州市（12 人）

基层主任医师：沈友信、李宝春

基层中医主任医师：方娜丽、陈荣秋

基层中药主任药师：林玉麟

基层主任护师：黄连娘

基层副主任医师：郭建成、黄震洋

基层中药副主任药师：曾杰莉、邹水根

基层副主任技师：汤乃胜、肖艺红

六、龙岩市（15 人）

基层主任医师：赖汉南、苏绍荣、张富春、曹振中

基层中医主任医师：江文庆、陈东辉、温福城、李吉清

基层主任药师：陈桃生

基层主任技师：俞桂秀

基层副主任医师：卢恩文、钟福杭

基层副主任药师：曾庆荣

基层中药副主任药师：吴龙花

基层副主任技师：吴夏艳

七、三明市（29 人）

基层主任医师：郑学友、林伙明、刘小燕、刘木林、陈帮征、李元太、江弥根、李宝生、伍礼荣、聂立雄、肖远辉、吴荣志、王龙平、魏启财、詹家涌、罗朝锦、邱盛篇、吴素莲、于耀堂

基层中医主任医师：李洁、江长征、叶滨成、魏基钦

基层中西医结合主任医师：熊益居

基层主任护师：陈万根、廖祥群、黄桂华

基层副主任医师：杨秀珍

基层中药副主任药师：林玉平

八、南平市（21 人）

基层主任医师：叶玉兴、官云娇、廖春宝、黄美英、庄文华、林闽江、吴敢明、江维钦、游彩惠、叶光强、邱建军、黄礼传

基层中医主任医师：张永秀、杨文华

基层主任药师：陈绍锦

基层主任护师：徐礼香

基层副主任医师：陈维萍、黄志红、王舒霖、叶华梅、何亮

九、平潭综合实验区管委会（1人）

基层副主任医师：吴朝晖

（摘编：康明辉）

福建省医疗按摩专业 主治医疗按摩师任职资格人员名单

2019年1月15日福建省人力资源和社会保障厅下发《关于确认郭志鸿等21位同志盲人医疗按摩专业主治医疗按摩师任职资格的通知》（闽人社批复〔2019〕23号）：经研究，批准确认2018年度福建省盲人医疗按摩专业中级专业技术职务任职资格评审委员会评审通过的郭志鸿等21位同志盲人医疗按摩专业主治医疗按摩师的任职资格。任职资格确认时间为2019年1月15日，现予公布，名单如下：

一、福州市（5人）

1. 福州市按摩医院：郭志鸿、郭志华
2. 福州市台江区洋中街道达道社区卫生服务站：王丰、陈天湉
3. 邵华中医内科诊所：郭小明

二、厦门市（8人）

1. 厦门市第三医院：张晓东
2. 厦门市集美区舒易盲人按摩店：林育钦
3. 厦门同安郑素丽盲人医疗按摩所：郑素丽
4. 厦门海沧郑亦工盲人医疗按摩所：郑亦工
5. 厦门集美心健盲人医疗按摩所：陈心健
6. 厦门同安许炜素盲人医疗按摩所：许炜素
7. 厦门翔安佳希盲人医疗按摩所：洪佳希
8. 厦门湖里凯东盲人医疗按摩所：涂凯东

三、宁德市（4人）

1. 福鼎市医院：林日贤
2. 古田城东余晨晖盲人医疗按摩所：余晨晖
3. 屏南县陈派任盲人医疗按摩所：张享铃
4. 霞浦王进国盲人医疗按摩所：王进国

四、泉州市（1人）

丰泽区吴金泽中医诊所：郑林林

五、漳州市（1人）

厦门思明荣嘉盲人医疗按摩所：许炜桢

六、三明市（2人）

1. 福建省残疾人劳动就业服务中心：邓盛平
2. 大田县福乐盲人推拿中心：苏文炜

（摘编：康明辉）

福建省2019年度名中医访问学者名单

2019年11月29日福建省卫生健康委员会下发《福建省卫生健康委员会关于确定2019年度名中医访问学者的通知》（闽卫中医函〔2019〕841号）提出，根据《福建省卫生健康委员会关于遴选推荐2019年度名中医访问学者候选人的通知》（闽卫中医函〔2019〕527号），经研究，决定选派王建挺等20人（名单如下）以我省2019年度名中医访问学者的身份到省内外名中医、国医大师所在单位跟师学习一年。

2019年度名中医访问学者名单

序号	名中医访问学者		拟访问名中医	
	姓名	所在单位	姓名	工作单位
1	王建挺	福建中医药大学附属人民医院	王　琦	北京中医药大学
2	易东木	福建中医药大学附属第二人民医院	禤国维	广东省中医院
3	谢步霓	福建中医药大学附属第二人民医院	熊继柏	国医大师临床教学基地（湖南养天和中医馆）
4	李军军	福建中医药大学附属第三人民医院	杜　建	福建中医药大学国医堂
5	吴人杰	福建中医药大学附属康复医院	林丽珠	广州中医药大学附属第一医院
6	马　坤	福建省立医院	刘英锋	江西中医药大学岐黄国医书院
7	朱　灯	福建医科大学孟超肝胆医院	李学麟	福建中医药大学附属人民医院
8	王官纯	福州经济技术开发区医院	刘英锋	江西中医药大学岐黄国医书院
9	郑梓灌	厦门医学院附属第二医院	郭艳幸	河南省洛阳正骨医院
10	吴小云	厦门市中医院	肖承悰	北京中医药大学东直门医院
11	谢成利	厦门市海沧医院	叶　玲	福建中医药大学附属第二人民医院
12	刘　洁	厦门市同安区中医医院	钟秀美	泉州市中医院
13	林建顺	龙海市第一医院	赖新生	广州中医药大学第一附属医院
14	陈艺红	东山县医院	肖诏玮	福州市中医院
15	欧凌君	泉州市中医院	黄俊山	福建省中医药研究院
16	吴昌彬	沙县中医医院	李学麟	福建中医药大学附属人民医院
17	陈　弦	福建省南平市人民医院	房繄恭	中国中医科学院针灸医院
18	黄杨华	宁德市中医院	赖新生	广州中医药大学第一附属医院
19	陈　轩	宁德市中医院	刘凤斌	广州中医药大学第一附属医院
20	曾雪榕	莆田市第一医院	禤国维	广东省中医院

（摘编：黄万良）

图书在版编目（CIP）数据

福建社会发展年鉴. 2020 / 福建社会发展年鉴编委会编. —福州：福建科学技术出版社，2021. 1
ISBN 978-7-5335-6325-7

Ⅰ. ①福… Ⅱ. ①福… Ⅲ. ①社会发展 - 福建 - 2020 - 年鉴 Ⅳ. ①D675.7-54

中国版本图书馆CIP数据核字（2020）第267691号

书　名	2020福建社会发展年鉴
编　者	福建社会发展年鉴编委会
协　编	福建省海峡数据信息中心 福建省产业经济发展促进会
出版发行	福建科学技术出版社
社　址	福州市东水路76号（邮编350001）
网　址	www.fjstp.com
经　销	福建新华发行（集团）有限责任公司
印　刷	福州力人彩印有限公司
开　本	889毫米×1194毫米　1/16
印　张	50
插　页	4
图　文	800码
版　次	2021年1月第1版
印　次	2021年1月第1次印刷
书　号	ISBN 978-7-5335-6325-7
定　价	493.00元